Handbuch der kommunalen Wissenschaft und Praxis

Thomas Mann · Günter Püttner
(Herausgeber)

Handbuch der kommunalen Wissenschaft und Praxis

Band 2 Kommunale Wirtschaft

Dritte, völlig neu bearbeitete Auflage

Springer

Professor Dr. Thomas Mann
Juristische Fakultät
der Universität Göttingen
Platz der Göttinger Sieben 6
37073 Göttingen
Deutschland
tmann2@gwdg.de

Professor Dr. Günter Püttner
Juristische Fakultät
der Universität Tübingen
Wilhelmstraße 7
72074 Tübingen
Deutschland
guenter.puettner@jura.uni-tuebingen.de

Die Vorbereitung und Herausgabe dieses Handbuchs wurde finanziell gefördert durch die Fritz-Thyssen-Stiftung, Köln.

ISBN 978-3-540-77526-3 e-ISBN 978-3-540-77527-0
DOI 10.1007/978-3-540-77527-0
Springer Heidelberg Dordrecht London New York

Die Deutsche Nationalbibliothek verzeichnet diese Publikation in der Deutschen Nationalbibliografie; detaillierte bibliografische Daten sind im Internet über http://dnb.d-nb.de abrufbar.

Einbandentwurf: WMXDesign GmbH, Heidelberg

Gedruckt auf säurefreiem Papier

Springer ist Teil der Fachverlagsgruppe Springer Science+Business Media (www.springer.com)

Vorwort

Die dritte Auflage des Handbuchs der Kommunalen Wissenschaft und Praxis behandelt im vorliegenden zweiten Band „Kommunale Wirtschaft“ zunächst den unions- und verfassungsrechtlichen Rahmen sowie die allgemeinen Zulässigkeitsvoraussetzungen kommunaler Wirtschaftstätigkeit. Nachfolgend werden eingehend die gängigen Rechtsformen kommunaler Unternehmen und Spezialfragen der Führung kommunaler Unternehmen beleuchtet. Darüber hinaus werden in Einzelbeiträgen die sektoriellen Besonderheiten ausgewählter kommunalwirtschaftlicher Tätigkeitsfelder dargestellt. Weitere kommunale Aufgaben mit wirtschaftlicher Dimension, z.B. die Wasserversorgung, Abwasserbeseitigung oder das Kommunale Krankenhauswesen, werden ebenso wie Fragen der Wirtschafts*förderung* in Band 3 (Kommunale Aufgaben) Berücksichtigung finden.

Die Herausgeber sind in ganz besonderer Weise Herrn *Jan Wagner* zu Dank verpflichtet, der mit hohem Zeiteinsatz und Akribie den Beiträgen einheitliche Gestalt gegeben und den abschließenden Satz besorgt hat. Bei der redaktionellen Bearbeitung der Manuskripte wurde er durch die gewissenhafte Mitarbeit von Frau *Karen Gebhardt* unterstützt, die ebenso wie die studentischen Hilfskräfte *Kristina Wiehen* und *Simon Breuker* auch an der abschließenden Fehlerkorrektur beteiligt gewesen ist.

Göttingen/Tübingen im Dezember 2010

Thomas Mann
Günter Püttner

Aus dem Vorwort zu Band 1 der 3. Auflage

Dieses Handbuch kann inzwischen auf eine eigene Traditionslinie verweisen. Die erste Auflage, drei Bände umfassend, wurde einem Wunsch der Praxis folgend zwischen 1956 und 1959 von Hans Peters herausgegeben. Mehr als zwanzig Jahre später erwies sich eine Neuauflage als notwenig, die zwischen 1981 und 1985 in sechs Bänden unter der Herausgeberschaft von Günter Püttner erschienen ist. Seitdem haben die kommunale Realität und vor allem auch das Kommunalrecht zahlreiche Entwicklungen durchlaufen, die durch die Vorauflage nicht mehr zeitgemäß abgebildet werden. Der beschleunigte gesellschaftliche Wandel hat die Alltagswelt in den Gemeinden ebenso verändert, wie sich die maßgeblichen Rechtsgrundlagen im Zeichen von Europäisierung, Ökonomisierung und Deregulierung gewandelt haben. Beispiele wie das Kommunalwahlrecht für Unionsbürger, die Abschaffung der kommunalen Doppelspitze in Niedersachsen und Nordrhein-Westfalen, die landesverfassungsrechtliche Einführung eines Konnexitätsprinzips, der Wandel von der Kameralistik zur Doppik oder die stärkere Diversifizierung im Rechtsformenspektrum kommunaler wirtschaftlicher Unternehmen lassen als einzelne Teilaspekte bereits die Dimension dieses Veränderungsprozesses erahnen, der sich in den gut 25 Jahren seit dem Erscheinen des ersten Bandes der Vorauflage vollzogen hat.

Die Grundkonzeption des Handbuchs konnte Kontinuität wahrend beibehalten werden. Es dokumentiert die aktuellen Forschungsergebnisse der Kommunalwissenschaften als Schnittstelle mehrerer geisteswissenschaftlicher Disziplinen, ergänzt durch die Einbindung des empirischen Wissens aus der kommunalen Praxis. Erneut sind Autoren mit zum Teil unterschiedlichen Akzentuierungen und Auffassungen vertreten, so dass der Leser einen Überblick über den vorhandenen Meinungspluralismus erhält. … Der Dank der Herausgeber gilt den *kommunalen Spitzenverbänden*, die auch diese Auflage wiederum mit Rat und Tat, vor allem durch die Vermittlung geeigneter Autoren, unterstützt haben.

Göttingen/Tübingen im Januar 2007

Thomas Mann
Günter Püttner

Inhaltsübersicht

Teil 13 Führung kommunaler Unternehmen

Teil 14 Ausgewählte Wirtschaftsbereiche (Teil I)

Inhaltsverzeichnis

Autorenverzeichnis

Heinrich Albers
Beigeordneter a.D., Sarstedt

Prof. Dr. Florian Becker
Universitätsprofessor, Kiel

Prof. Dr. Christoph Brüning
Universitätsprofessor, Kiel

Dr. Jörg Geerlings
Rechtsanwalt, Neuss, Abgeordneter im nordrhein-westfälischen Landtag

Dr. Rolf Gerlach
Präsident des Sparkassenverbandes Westfalen-Lippe, Münster

Prof. Dr. Hans-Günter Henneke
Geschäftsführendes Präsidialmitglied des Deutschen Landkreistags, Berlin

Dr. Harald Huffmann
Rechtsanwalt, Düsseldorf

Prof. Dr. Norbert Kämper
Rechtsanwalt, Düsseldorf

Folkert Kiepe
Beigeordneter beim Deutschen Städtetag für Stadtentwicklung, Bauen, Wohnen und Verkehr, Köln

Dr. Martin Kleemeyer
Verbandsdirektor des Zweckverbandes Großraum Braunschweig a.D.

Prof. Dr. Winfried Kluth
Universitätsprofessor, Halle

Dr. Dieter Kraemer
Geschäftsführer der VBW Bauen und Wohnen GmbH, Bochum

Prof. Dr. Thomas Mann
Universitätsprofessor, Göttingen, Richter am Niedersächsischen Oberverwaltungsgericht, Lüneburg

Andreas Meyer
Bereichsleiter für Finanzen und Steuern im Verband kommunaler Unternehmen, Berlin

Dipl.-Pol. Oliver Mietzsch
Verkehrsreferent beim Deutschen Städtetag, Köln

Prof. Dr. Michael Nierhaus
em. Universitätsprofessor, Potsdam

Prof. Dr. Janbernd Oebbecke
Universitätsprofessor, Münster

Prof. Dr. Christian Pielow
Universitätsprofessor, Bochum

Prof. Dr. Dr. h.c. Rainer Pitschas
Universitätsprofessor, Speyer

Dr. Alexander Schink
Rechtsanwalt, Bonn, Staatssekretär a.D.

Prof. Dr. Utz Schliesky
Direktor des schleswig-holsteinischen Landtags, apl. Universitätsprofessor, Kiel

Katrin Schoppa
Wissenschaftliche Mitarbeiterin, Speyer

Dr. Alexander Schraml
Vorstand des Kommunalunternehmens des Landkreises Würzburg

Gordona Sommer
Geschäftsführerin der GEWOFAG Holding GmbH, München

Prof. Dr. Rudolf Wendt
Universitätsprofessor, Saarbrücken

Abkürzungsverzeichnis

a. A.	andere(r) Ansicht
Abb.	Abbildung
Abg.	Abgeordnete(r)
Abghs.	Abgeordnetenhaus
ABl.	Amtsblatt
Abs.	Absatz
Abschn.	Abschnitt
ADR	Annalen des Deutschen Reiches
AdR	Ausschuss der Regionen
a. E.	am Ende
a. F.	alte Fassung
AfK	Archiv für Kommunalwissenschaften
AfP	Archiv für Presserecht
AfS	Archiv für Sozialgeschichte
AG	Aktiengesellschaft; Ausführungsgesetz
ALR	Allgemeines Landrecht
ÄndG	Änderungsgesetz
Anh.	Anhang
Anm.	Anmerkung
AO	Abgabenordnung; Amtsordnung
AöR	Archiv des öffentlichen Rechts
Art.	Artikel
AS	Amtliche Sammlung von Entscheidungen der Oberverwaltungsgerichte Rheinland-Pfalz und Saarland
Aufl.	Auflage
Az.	Aktenzeichen
BauGB	Baugesetzbuch
BauR	Baurecht
Bay	Bayern, bayerisch
BayBgm.	Der Bayerische Bürgermeister
BayObLG	Bayerisches Oberstes Landesgericht
BayVBl.	Bayerische Verwaltungsblätter
BB	Betriebs-Berater
BBauBl.	Bundesbaublatt
Bbg	Brandenburg, brandenburgisch
Bd.	Band
Bde.	Bände
Bearb.	Bearbeiter
Bek.	Bekanntmachung
ber.	berichtigt
Berl	Berlin, Berliner

Beschl.	Beschluss
BezO	Bezirksordnung
BezVG	Bezirksverwaltungsgesetz
BFuP	Betriebswirtschaftliche Forschung und Praxis
BG	Beamtengesetz
BGB	Bürgerliches Gesetzbuch
BGBl.	Bundesgesetzblatt
BGH	Bundesgerichtshof
BGHZ	Entscheidungen des Bundesgerichtshofes in Zivilsachen
BKG	Brand- und Katastrophenschutzgesetz
BMBF	Bundesministerium für Bildung und Forschung
BMVBW	Bundesministerium für Verkehr, Bau- und Wohnungswesen
BMWA	Bundesministerium für Wirtschaft und Arbeit
BR	Bundesrat
BRAO	Bundesrechtsanwaltsordnung
Brem	Bremen, bremisch
BremStGHE	Entscheidungen des Staatsgerichtshofes der Freien Hansestadt Bremen
BRKG	Gesetz über den Brandschutz, Rettungsdienst und Katastrophenschutz
BRRG	Beamtenrechtsrahmengesetz
BSHG	Bundessozialhilfegesetz
BT	Bundestag
BV	Bayerische Verfassung
BVerfG	Bundesverfassungsgericht
BVerfG-K	Bundesverfassungsgericht, Entscheidung durch Kammer
BVerfGE	Entscheidungen des Bundesverfassungsgerichts
BVerfGG	Bundesverfassungsgerichtsgesetz
BVerwG	Bundesverwaltungsgericht
BVerwGE	Entscheidungen des Bundesverwaltungsgerichts
BW	Baden Württemberg, baden-württembergisch
BWahlG	Bundeswahlgesetz
BWGZ	Baden-Württembergische Gemeindezeitung
BWVPr.	Baden-Württembergische Verwaltungspraxis
DAF	Deutsche Arbeitsfront
DDR	Deutsche Demokratische Republik
ders.	derselbe
DfK	Deutsche Zeitschrift für Kommunalwissenschaften
DGO	Deutsche Gemeindeordnung
dies.	dieselbe(n)
Difu	Deutsches Institut für Urbanistik
Diss.	Dissertation
DISUD	Deutsches Institut für sachunmittelbare Demokratie
DJT	Deutscher Juristentag
DLT	Deutscher Landkreistag

DNG	Die Niedersächsische Gemeinde
Dok.	Dokument
DÖV	Die öffentliche Verwaltung
Drs.	Drucksache
DRV	Deutsche Rentenversicherung
DST	Deutscher Städtetag
DStGB	Deutscher Städte- und Gemeindebund
DVBl.	Deutsches Verwaltungsblatt
DVP	Deutsche Verwaltungspraxis
EAG	Europäische Atomgemeinschaft
ebd.	ebenda
EG	Europäische Gemeinschaft(en)
EGMR	Europäischer Gerichtshof für Menschenrechte
EGV	Vertrag zur Gründung der Europäischen Gemeinschaft
EigVO	Eigenbetriebsverordnung
Einf.	Einführung
EKC	Europäische Charta der kommunalen Selbstverwaltung
EMRK	Europäische Menschenrechtskonvention
endg.	endgültig
EnWG	Energiewirtschaftsgesetz
Erl.	Erläuterung
ERS	Satzung des Europarates
ESC	Europäische Sozialcharta
ESVGH	Entscheidungssammlung des Hessischen Verwaltungsgerichtshofs und des Verwaltungsgerichtshofs Baden-Württemberg mit Entscheidungen der Staatsgerichtshöfe beider Länder
EU	Europäische Union
EuGH	Gerichtshof der Europäischen Gemeinschaften
EuGRZ	Europäische Grundrechte-Zeitschrift
EuR	Europarecht
EUV	Vertrag über die Europäische Union
EUZBLG	Gesetz über die Zusammenarbeit von Bund und Ländern in Angelegenheiten der Europäischen Union
EuZW	Europäische Zeitschrift für Wirtschaftsrecht
EWG	Europäische Wirtschaftsgemeinschaft
f.	folgende
FAG	Finanzausgleichsgesetz
ff.	folgende
FFH	Flora-Fauna-Habitat
FG	Festgabe
FiWi	Finanzwirtschaft
Fn.	Fußnote
FS	Festschrift

FSHG	Gesetz über den Feuerschutz und die Hilfeleistung
FVG	Finanzverwaltungsgesetz
G.	Gesetz
GBl.	Gesetzblatt
geänd.	geändert
gem.	gemäß
GemKHBVO	Gemeindekrankenhausbetriebsverordnung
GewArch.	Gewerbearchiv
GewO	Gewerbeordnung
GG	Grundgesetz
GGO	Gemeinsame Geschäftsordnung der Bundesministerien
GKG, GkG	Gesetz über kommunale Gemeinschaftsarbeit
GKWG	Gemeinde- und Kreiswahlgesetz
GKZ, GkZ	Gesetz über kommunale Zusammenarbeit
GLKrWG	Gemeinde- und Landkreiswahlgesetz
GLKrWO	Gemeinde- und Landkreiswahlordnung
GmbH	Gesellschaft mit beschränkter Haftung
GO	Gemeindeordnung; Geschäftsordnung
GS	Gedächtnisschrift; Gesetzsammlung
GV, GVBl.	Gesetz- und Verordnungsblatt
GVG	Gerichtsverfassungsgesetz
GVOBl.	Gesetz- und Verordnungsblatt
GV/RP	Die Gemeindeverwaltung in Rheinland-Pfalz
GWB	Gesetz gegen Wettbewerbsbeschränkungen
Hess	Hessen, hessisch
HessVGRspr.	Rechtsprechung der Hessischen Verwaltungsgerichte
HGO	Hessische Gemeindeordnung
HGrG	Haushaltsgrundsätzegesetz
HKO	Hessische Landkreisordnung
HKWP	Handbuch der kommunalen Wissenschaft und Praxis
h. L.	herrschende Lehre
h. M.	herrschende Meinung
Hmb	Hamburg, hamburgisch
HRG	Hochschulrahmengesetz
Hrsg.	Herausgeber
Hs.	Halbsatz
HSGZ	Hessische Städte- und Gemeindezeitung
HV	Hamburgische Verfassung; Hessische Verfassung
HVerfG	Hamburgisches Verfassungsgericht
HwO	Handwerksordnung
HZ	Historische Zeitschrift
i. d. F.	in der Fassung
i. E.	im Erscheinen

IGH .... Internationaler Gerichtshof
IHKG .... Industrie- und Handelskammerngesetz
IMS .... Informationen zur modernen Stadtgeschichte
IWK .... Internationale Wissenschaftliche Korrespondenz zur Geschichte der deutschen Arbeiterbewegung

JA .... Juristische Arbeitsblätter
JbGMOD .... Jahrbuch für die Geschichte Mittel- und Ostdeutschlands
JöR .... Jahrbuch des öffentlichen Rechts der Gegenwart
JR .... Juristische Rundschau
Jura .... Juristische Ausbildung
JuS .... Juristische Schulung
JVBl. .... Justizverwaltungsblatt
JZ .... Juristenzeitung

Kap. .... Kapitel
KdF .... Kraft durch Freude
KFAG .... Kommunalfinanzausgleichsgesetz
KGG .... Gesetz über kommunale Gemeinschaftsarbeit
KGSt .... Kommunale Gemeinschaftsstelle für Verwaltungsvereinfachung
KJHG .... Kinder- und Jugendhilfegesetz
KO .... Kommunalordnung
KOM .... Kommission
KommJur .... Kommunaljurist
KommZG .... Gesetz über kommunale Zusammenarbeit
KomWG .... Kommunalwahlgesetz
KomZG .... Gesetz über kommunale Zusammenarbeit
KPBl. .... Kommunalpolitische Blätter
KPD .... Kommunistische Partei Deutschlands
KritV .... Kritische Vierteljahresschrift für Gesetzgebung und Rechtswissenschaft
KrO .... Kreisordnung
KrW/-AbfG .... Kreislaufwirtschafts- und Abfallgesetz
KStZ .... Kommunale Steuer-Zeitschrift
KSVG .... Kommunalselbstverwaltungsgesetz
KUV................ Bayrische Verordnung über Kommunalunternehmen
KV .... Kommunalverfassung
KWahlG .... Kommunalwahlgesetz
KWBG .... Gesetz über kommunale Wahlbeamte
KWG .... Kommunalwahlgesetz
KWO .... Kommunalwahlordnung

LAbfG .... Landesabfallgesetz
LAG .... Landesarbeitsgericht
LBKG.............. Landesgesetz über den Brand- und Katastrophenschutz

LHO	Landeshaushaltsordnung
lit.	littera
Lit.	Literatur
LKO, LKrO	Landkreisordnung
LKT	Landkreistag
LKV	Landes- und Kommunalverwaltung
LOG	Landesorganisationsgesetz
LPlG	Landesplanungsgesetz
LS	Leitsatz
LSA	(Land) Sachsen-Anhalt, sachsen-anhaltinisch
LT	Landtag
LV	Landesverfassung
LVerfG	Landesverfassungsgericht
LVerfGE	Entscheidungen der Verfassungsgerichte der Länder
LwKG	Landwirtschaftskammergesetz
MBliV	Ministerialblatt für die Preußische Innere Verwaltung
MinBl.	Ministerialblatt
MV	Mecklenburg-Vorpommern, mecklenburg-vorpommerisch
m. w. N.	mit weiteren Nachweisen
Nachw.	Nachweis
Nds	Niedersachsen, niedersächsisch
NdsVBl.	Niedersächsische Verwaltungsblätter
Neudr.	Neudruck
Neufass.	Neufassung
n. F.	neue Fassung
NF	Neue Folge
NGO	Niedersächsische Gemeindeordnung
NJ	Neue Justiz
NJW	Neue Juristische Wochenschrift
NKWG	Niedersächsisches Kommunalwahlgesetz
NLO	Niedersächsische Landkreisordnung
NordÖR	Zeitschrift für öffentliches Recht in Norddeutschland
NSDAP	Nationalsozialistische Deutsche Arbeiterpartei
NStZ	Neue Zeitschrift für Strafrecht
NStZ-RR	Neue Zeitschrift für Strafrecht, Rechtsprechungs-Report
NSV	Nationalsozialistische Volkswohlfahrt
NV	Niedersächsische Verfassung
NVwZ	Neue Zeitschrift für Verwaltungsrecht
NVwZ-RR	Neue Zeitschrift für Verwaltungsrecht, Rechtsprechungs-Report
NW	Nordrhein-Westfalen, nordrhein-westfälisch
NWVBl.	Nordrhein-Westfälische Verwaltungsblätter
NZBau	Neue Zeitschrift für Baurecht und Vergaberecht
NZS	Neue Zeitschrift für Sozialrecht

NZV .... Neue Zeitschrift für Verkehrsrecht

o. J. .... ohne Jahr(gang)
OLG .... Oberlandesgericht
ÖPNV .... Öffentlicher Personennahverkehr
OVG .... Oberverwaltungsgericht
OVGE .... Entscheidungen der Oberverwaltungsgerichte für das Land Nordrhein-Westfalen in Münster und für das Land Niedersachsen in Lüneburg

PartG .... Parteiengesetz
PlenProt. .... Plenarprotokoll
PPLR .... Public Procurement Law Review
PPP .... Public Private Partnership
Pr .... Preußen, preußisch

RdE .... Recht der Energiewirtschaft
RegBl. .... Regierungsblatt
RGBl. .... Reichsgesetzblatt
RGRE .... Rat der Gemeinden und Regionen Europas
RGZ .... Entscheidungen des Reichsgerichts in Zivilsachen
RiA .... Das Recht im Amt
RL .... Richtlinie
Rn. .... Randnummer
ROG .... Raumordnungsgesetz
RP .... Rheinland Pfalz, rheinland-pfälzisch
Rs. .... Rechtssache
Rspr. .... Rechtsprechung

S. .... Satz; Seite
SA .... Sturmabteilung
Saarl .... Saarland, saarländisch
Sächs .... Sachsen, sächsisch
SächsVBl. .... Sächsische Verwaltungsblätter
SchlHA .... Schleswig-Holsteinische Anzeigen
SED .... Sozialistische Einheitspartei Deutschlands
SGB .... Sozialgesetzbuch
SH .... Schleswig-Holstein, schleswig-holsteinisch
SHGT .... Schleswig-Holsteinischer Gemeindetag
SKZ .... Saarländische Kommunalzeitschrift
Slg. .... Sammlung
SOG .... Sicherheits- und Ordnungsgesetz
Sp. .... Spalte
SpkG .... Sparkassengesetz
st. Rspr. .... ständige Rechtsprechung
StädteT .... Der Städtetag

StGB .... Strafgesetzbuch
StGH .... Staatsgerichtshof
StPO .... Strafprozessordnung
str. .... streitig
StWuStP .... Staatswissenschaft und Staatspraxis

Thür .... Thüringen, thüringisch
ThürVBl. .... Thüringer Verwaltungsblätter

UAbs. .... Unterabsatz
UIG .... Umweltinformationsgesetz
UmwG .... Umwandlungsgesetz
UPR .... Umwelt- und Planungsrecht
Urt. .... Urteil
UVP .... Umweltverträglichkeitsprüfung

v. .... vom; von
VBl. .... Verwaltungsblatt
VBlBW .... Verwaltungsblätter für Baden-Württemberg
Verf. .... Verfassung
VerfG .... Verfassungsgericht
VerfGH .... Verfassungsgerichtshof
VerfGHG .... Verfassungsgerichtshofgesetz
VerwArch. .... Verwaltungsarchiv
VerwRspr. .... Verwaltungs-Rechtsprechung
VG .... Verwaltungsgericht
VGemO .... Verwaltungsgemeinschaftsordnung
VGH .... Verwaltungsgerichtshof
VGHE .... Sammlung von Entscheidungen des Bayerischen Verwaltungsgerichtshofs mit Entscheidungen des Bayerischen Verfassungsgerichtshofs
vgl. .... vergleiche
v. H. .... von Hundert
VNV .... Vorläufige Niedersächsische Verfassung
VO .... Verordnung
VOBl. .... Verordnungsblatt
Vol. .... Volume
Vorb. .... Vorbemerkung
VR .... Verwaltungsrundschau
VvB .... Verfassung von Berlin
VVDStRL .... Veröffentlichungen der Vereinigung der Deutschen Staatsrechtslehrer
VwGO .... Verwaltungsgerichtsordnung
VwRR .... Verwaltungsrechtsreport
VwVfG .... Verwaltungsverfahrensgesetz

WahlG	Wahlgesetz
WestFo	Westfälische Forschungen
WG	Wahlgesetz
WissR	Wissenschaftsrecht
WiVerw	Wirtschaft und Verwaltung
WM	Wertpapier-Mitteilungen
WRV	Weimarer Reichsverfassung
WuB	Entscheidungssammlung zum Wirtschafts- und Bankrecht
ZaöRV	Zeitschrift für ausländisches öffentliches Recht und Völkerrecht
ZAR	Zeitschrift für Ausländerrecht und Ausländerpolitik
ZBR	Zeitschrift für Beamtenrecht
ZEuS	Zeitschrift für Europarechtliche Studien
ZfDD	Zeitschrift für Direkte Demokratie
ZfP	Zeitschrift für Politik
ZG	Zeitschrift für Gesetzgebung
ZHR	Zeitschrift für das gesamte Handels- und Wirtschaftsrecht
Ziff.	Ziffer
ZNER	Zeitschrift für Neues Energierecht
ZögU	Zeitschrift für öffentliche und gemeinwirtschaftliche Unternehmen
ZParl.	Zeitschrift für Parlamentsfragen
ZPO	Zivilprozessordnung
ZPol.	Zeitschrift für Politikwissenschaft
ZRP	Zeitschrift für Rechtspolitik
ZTR	Zeitschrift für Tarifrecht
zugl.	zugleich
zul.	zuletzt
ZUM	Zeitschrift für Urheber- und Medienrecht
ZwVG	Zweckverbandsgesetz

Teil 10

Europa- und verfassungsrechtlicher Rahmen der Kommunalwirtschaft

§ 39 Kommunalwirtschaftliche Aktivitäten als Dienste von allgemeinem wirtschaftlichem Interesse

Winfried Kluth

Schrifttum

O. M. Andresen, Die Pflichten der EU-Mitgliedstaaten zum Abbau versorgungspolitisch motivierter Marktinterventionen, 2005; *M. Bullinger*, Französischer service public und deutsche Daseinsvorsorge, JZ 2003, 597 ff.; *M. Burgi*, Das öffentliche Unternehmen im Gefüge des primären Gemeinschaftsrechts, EuR 32 (1997), 261 ff.; *ders.*, Verwalten durch öffentliche Unternehmen im europäischen Institutionenwettbewerb, VerwArch 93 (2002), 255 ff.; *ders.*, Künftige Aufgaben der Kommunen im sozialen Bundesstaat, DVBl. 2007, 70 ff.; *S. Broß*, Daseinsvorsorge – Wettbewerb – Gemeinschaftsrecht, JZ 2003, 874 ff.; *T. v. Danwitz*, Die Rolle der Unternehmen der Daseinsvorsorge im Verfassungsentwurf, in: J. Schwarze (Hrsg.), Der Verfassungsentwurf des Europäischen Konvents, 2004, S. 251 ff.; *J. Essebier*, Dienstleistungen von allgemeinem wirtschaftlichem Interesse und Wettbewerb. Eine rechtsvergleichende Untersuchung zu Art. 86 II EG, 2005; *E. Forsthoff*, Die Verwaltung als Leistungsträger, 1938; *J. Schwarze* (Hrsg.), Daseinsvorsorge im Lichte des Wettbewerbsrechts, 2001; *T. Franz*, Gewinnerzielung durch kommunale Daseinsvorsorge, 2005; *C. Franzius*, Die Europäische Dimension des Gewährleistungsstaates, Der Staat (45) 2006, 547 ff.; *ders.*, Der „Gewährleistungsstaat" – ein neues Leitbild für den sich wandelnden Staat?, Der Staat (42) 2003, 489 ff.; *J. Hellermann*, Örtliche Daseinsvorsorge und gemeindliche Selbstverwaltung. Zum kommunalen Betätigungs- und Gestaltungsspielraum unter den Bedingungen europäischer und staatlicher Privatisierungs- und Deregulierungspolitik, 2000; *R. Hrbek/M. Nettesheim* (Hrsg.), Europäische Union und mitgliedstaatliche Daseinsvorsorge, 2002; *W. Kahl*, Freiheitsprinzip und Sozialprinzip in der Europäischen Union, in: H. Bauer/D. Czybulka/W. Kahl/A. Vosskuhle (Hrsg.), FS für Reiner Schmidt, 2006, S. 75 ff.; *J. A. Kämmerer*, Daseinsvorsorge als Gemeinschaftsziel oder: Europas „soziales Gewissen", NVwZ 2002, 1041 ff.; *W. Kluth*, Anstaltslast und Gewährträgerhaftung öffentlicher Finanzinstitute angesichts des gemeinschaftsrechtlichen Beihilfeverbots, in: Bitburger Gespräche Jahrbuch 2002/I, 2003, S. 111 ff.; *ders.*, Zur Bedeutung des Art. 16 EGV für die Wahrnehmung von Aufgaben der Daseinsvorsorge durch die Kommunen, in: Henneke (Hrsg.), Kommunale Perspektiven im zusammenwachsenden Europa, 2002, S. 68 ff.; *M. Knauff*, Der Gewährleistungsstaat: Reform der Daseinsvorsorge. Eine rechtswissenschaftliche Untersuchung unter besonderer Berücksichtigung des ÖPNV, 2004; *M. Krajewski*, Öffentliche Dienstleistungen im europäischen Verfassungsrecht, DÖV 2005, 665 ff.; *A. Krautscheid* (Hrsg.), Die Daseinvorsorge im Spannungsfeld von europäischem Wettbewerb und Gemeinwohl, 2009; *C. Linder*, Daseinsvorsorge in der Verfassungsordnung der Europäischen Union. Primärrechtliche Grundzüge eines Rechts der Dienste von allgemeinem wirtschaftlichem Interesse, 2004; *E.-J. Mestmäcker*, Daseinsvorsorge und Universaldienst im europäischen Kontext. Ein Beitrag zur Funktion von Art. 90 Abs. 2 EGV, in: F. Ruland/B. Baron v. Maydell/H.-J. Papier (Hrsg.), FS für Hans F. Zacher, 1998, S. 635 ff.; *J.-C. Pielow*, Grundstrukturen öffentlicher Versorgung, 2001; *R. Ruge*, Das Grünbuch der

EG-Kommission zu den Leistungen der Daseinsvorsorge – Neue Konturen für einen alten Irrwisch?, ZRP 2003, 353 ff.; *W. Rüfner*, Daseinsvorsorge und soziale Sicherheit, in: J. Isensee/P. Kirchhof (Hrsg.), Handbuch des Staatsrechts, Bd. IV, 3. Aufl. 2006, S. 1049 ff.; *R. Schmidt*, Die Liberalisierung der Daseinsvorsorge, Der Staat (42) 2003, 225 ff.; *H. Schweitzer*, Daseinsvorsorge, „service public", Universaldienst, 2001; *S. Simon*, Liberalisierung von Dienstleistungen der Daseinsvorsorge im WTO- und EU-Recht, 2009; *S. Storr*, Der Staat als Unternehmer, 2001; *H.-H. Trute*, Gemeinwohlsicherung im Gewährleistungsstaat, in: G. F. Schuppert/F. Neidhardt (Hrsg.), Gemeinwohl – Auf der Suche nach Substanz, 2002, S. 329 ff.; *G. v. Unruh*, Vorsorge für das Dasein, DÖV 2005, 779 ff.

Inhaltsübersicht

Rn.

A. Dienste von allgemeinem wirtschaftliche Interesse als gemeinschaftsrechtliche Kategorie zur Erfassung der Kommunalwirtschaft

I. Kommunalwirtschaft zwischen Staat und Markt

Die industrielle Revolution des 18. Jahrhunderts hat mit dem Kapitalismus und der Kapitalismuskritik auch einen Grundlagenstreit über die Rolle(n) des Staates in der und in Bezug auf die Wirtschaft ausgelöst.[1] Reine und gemäßigte marktwirtschaftliche Modelle standen und stehen dabei reinen und gemäßigten staatswirtschaftlichen Modellen gegenüber.[2] Die großen Mitgliedstaaten der Europäischen Union sind aus diesem Blickwinkel auch heute noch Beispiele für unterschiedliche Gestaltungsmodelle. So spielen Staatsunternehmen etwa in Frankreich bis in die 1

[1] Prägnante Übersicht zu den Wirtschaftsmodellen bei *Messner*, Das Naturrecht, 7. Aufl. 1984, S. 981 ff. Siehe auch *Schmidt*, in: FS Stober, 2008, S. 19 ff.

[2] Übersicht zu den Modellen bei *Stober*, Allgemeines Wirtschaftsverwaltungsrecht, 16. Aufl. 2008, § 4.

Gegenwart eine weitaus größere Rolle als dies in Deutschland und Großbritannien der Fall ist.[3]

2 Auf der kommunalen, insbesondere der gemeindlichen Ebene stand die Beantwortung der Frage, in welchen Bereichen eine wirtschaftliche bzw. unternehmerische Betätigung der Kommunen angezeigt ist, seit Beginn dieser Entwicklung unter anderen Vorzeichen. Einerseits stand bei der unternehmerischen Betätigung der Kommunen die Befriedigung spezifisch örtlicher Bedürfnisse im Vordergrund, die unter den (unscharfen) Begriff der Daseinsvorsorge[4] subsumiert werden. Andererseits gehört es zur **Tradition der Kommunalwirtschaft**, dass über Art und Umfang einer wirtschaftlichen Betätigung vor Ort *politisch,* d.h. nach außerrechtlichen Zweckmäßigkeitskriterien entschieden wird und daher je nach *politischer* Mehrheit unterschiedliche Strategien verfolgt wurden und werden.[5] Deshalb sind vereinzelt auch (rein) erwerbswirtschaftliche Aktivitäten zu verzeichnen. Die Kommunalwirtschaft ist deshalb in ihren Erscheinungs- und Gestaltungsformen trotz einiger Konstanten[6] äußerst facettenreich.[7]

3 Aus einer juristischen Perspektive stellt sich der Rechtsrahmen der Kommunalwirtschaft als ein nahezu unerschöpfliches Exerzierfeld grundlegender Fragestellungen dar, bei denen es um die Bewältigung von Spannungsverhältnissen bzw. um die Suche nach einem Gleichgewicht und Ausgleich geht. Durch die Einbettung der Kommunalwirtschaft in einen **gemeinschaftsrechtlichen Kontext** ist dies in den letzten Jahren u.a. durch einzelne Judikate des EuGH[8] noch einmal verdeutlicht worden. Exemplarisch können insoweit folgende Themenfelder hervorgehoben werden:

- Wettbewerb *versus* Solidarität;
- autonome Marktstrukturen *versus* (orts-) politische Gestaltung;
- mitgliedstaatliche / örtlich-kommunale Gestaltungsfreiheit *versus* gemeinschaftsrechtliche Kontrolle;
- Freiheitsprinzip *versus* Sozialprinzip.[9]

---

[3] Zu Einzelheiten *Toninelli,* The rise and fall of state-owned enterprise in the western world, 2000. Zur „Staatswirtschaft“ in Deutschland siehe *Storr,* Der Staat als Unternehmer, 2001, S. 11 ff.

[4] Zu seiner Prägung durch *Ernst Forsthoff* (Die Verwaltung als Leistungsträger) und seiner weiteren Entwicklung siehe nur *Franz,* Gewinnerzielung durch kommunale Daseinsvorsorge, 2005, S. 11 ff.

[5] Das gilt, bezogen auf die Landesebene, auch für den Rechtsrahmen der Kommunalwirtschaft. So führten Regierungsbeteiligungen der FDP in den letzten Jahrzehnten regelmäßig zu einer „Verschärfung“ der Zulässigkeitsregelungen zugunsten privater Unternehmen. Siehe dazu die *Franz* (Fn. 4), S. 215 ff.; *Schink,* NVwZ 2002, 130 ff.

[6] Das gilt vor allem für Pflichtaufgaben wie Wasser- und Abwasserversorgung.

[7] Siehe näher *Franz* (Fn. 4), S. 27 ff.

[8] EuGH, Rs. C-280/00, Slg. I-2003, 7747 – Altmark Trans und Regierungspräsidium Magdeburg; EuGH, Rs. C-26/03, Slg. I-2005, 26 - Stadt Halle. Siehe auch *Franz* (Fn. 4), S. 149 ff.

[9] Dazu *Kahl,* in: FS Schmidt, 2006, S. 75 ff.

Diese Gegensatzpaare umschreiben das Spannungsverhältnis auf verschiedenen Ebenen, nämlich der Ebene des Ordnungsprinzips, der Entscheidungsform und der Kompetenzebene. Es geht demnach sowohl um Sach- als auch um Kompetenzfragen, d.h. darum, welches die bessere *inhaltliche* Antwort für ein konkretes Versorgungsproblem mit Gütern und Dienstleistungen darstellt und *wer* zur (Letzt-) Entscheidung[10] in dieser Frage berufen ist.[11] **4**

Während das deutsche Verfassungsrecht vor allem in der **Kompetenzfrage** traditionell den Kommunen eine große Gestaltungsfreiheit einräumt, weil die Entscheidung über die Ausgestaltung der Kommunalwirtschaft als Teil des Selbstverwaltungsrechts eingestuft wird,[12] nimmt das Unionsrecht – so jedenfalls eine verbreitete Wahrnehmung – darauf weniger oder kaum Rücksicht.[13] Das hat seinen Grund darin, dass das Unionsrecht auf innermitgliedstaatliche Kompetenzstrukturen grundsätzlich keine Rücksicht nimmt und alle (mitglied-)staatlichen Aktivitäten den gleichen Anforderungen unterwirft. **5**

Diese zweifelsohne zutreffenden Feststellungen bedeuten indes nicht, dass das **Unionsrecht** der Kommunalwirtschaft (ebenso wie anderen staatlichen Unternehmen[14]) weder verständnis- noch konzeptionslos gegenübersteht. In der Rechtsfigur der Dienstleistungen (so der Wortlaut in Art. 106 Abs. 2 AEUV) bzw. Dienste (so der Wortlaut in Art. 14 AEUV) von allgemeinem wirtschaftlichem Interesse verfügt das Primärrecht seit der Ursprungsfassung des EWGV (1958) über ein Modell, das Raum für den Ausgleich von Wettbewerb und Solidarität bzw. Markt- und Politiksteuerung von unternehmerischen Leistungen lässt. Dieses Grundmodell wurde durch den Vertrag von Amsterdam (Einfügung von Art. 16 EGV, nunmehr Art. 14 AEUV) und den Vertrag von Lissabon (Aufnahme der Formulierung „soziale Marktwirtschaft" in Art. 3 Abs. 3 EUV und Erweiterung des Regelungsgehalts von Art. 14 AEUV) weiterentwickelt. Es gilt deshalb zu zeigen, dass damit auch die Kommunalwirtschaft erfasst wird und herauszuarbeiten, welche inhaltlichen Vorgaben für deren Ausgestaltung damit verbunden sind. **6**

---

10 Dies schließt auch den Aspekt der gerichtlichen Kontrolle ein.

11 Ähnliche Differenzierung bei *Krajewski*, DÖV 2005, 665 (670).

12 *Tettinger*, in: Mann/Püttner (Hrsg.), HKWP, Bd. 1, 2. Aufl. 2007, § 11 Rn. 14. Zur Sonderfrage der wirtschaftlichen Betätigung außerhalb des Gemeinde- oder Kreisgebiets *Eisenblätter*, Die extraterritoriale Kommunalwirtschaft, 2007.

13 Zu den unions- und gemeinschaftsrechtlichen Einwirkungen auf die kommunale Selbstverwaltung eingehend *Ruffert*, in: Mann/Püttner (Hrsg.), HKWP, Bd. 1, 2. Aufl. 2007, § 38.

14 Zu ihnen eingehend *Püttner*, Die öffentlichen Unternehmen, 2. Aufl. 1995; *Storr* (Fn. 3); *Holoubek*, Der Staats als Wirtschaftssubjekt und Auftraggeber, VVDStRL 60 (2001), S. 513 (518 ff.).

II. Der gemeinschaftsrechtliche Kontext der Kommunalwirtschaft

7 In Wissenschaft und Praxis wurde das Recht der Kommunalwirtschaft lange Zeit ohne intensive Einbeziehung des Gemeinschaftsrechts bearbeitet.[15] Vereinzelt in den achtziger und immer intensiver am Ende der neunziger Jahren wurde die gemeinschaftsrechtliche Dimension der Kommunalwirtschaft im Zusammenhang mit der Durchsetzung von wettbewerbs-, vergabe- und beihilferechtlichen Vorgaben verstärkt wahrgenommen und diskutiert.[16] An die Stelle der nie zutreffenden Einschätzung, die Gestaltungsfreiheit der kommunalen Selbstverwaltung werde durch das Gemeinschaftsrecht nicht tangiert, trat dabei zunächst die Befürchtung, das Gemeinschaftsrecht entziehe einer sinnvollen Gestaltung der kommunalen Daseinsvorsorge die Grundlage.[17] Auch aus diesem Grunde sollte durch die Einfügung von Art. 16 EGV (aufgegangen in Art. 14 AEUV) durch den Amsterdamer Vertrag[18] verdeutlicht werden, dass die **Leistungen der Daseinsvorsorge ein Schlüsselelement des europäischen Gesellschaftsmodells** sind.[19] Durch den Vertrag von Lissabon wurde der Text der Norm ergänzt[20] und die Rechtsetzungsbefugnis der Union für die „Grundsätze und Bedingungen“ der Dienste präzisiert.[21] Dieses grundsätzlich positive Bekenntnis entbindet indes nicht von der Aufgabe, die einzelnen normativen Vorgaben des Gemeinschaftsrechts für die Kommunalwirtschaft in ihrem Zusammenspiel zu ermitteln. Dabei kann zwischen folgenden normativen Kontexten unterschieden werden:

- Die Bestimmung der Reichweite der Einbeziehung der Kommunalwirtschaft in den Anwendungsbereich des Wettbewerbs- und Beihilfenrechts der Art. 101 ff. und Art. 107 f. AEUV (ex Art. 81 ff. und 87 f. EGV).

---

[15] Siehe exemplarisch *Kluth*, Grenzen kommunaler Wettbewerbsteilnahme, 1988; *Schliesky*, Öffentliches Wettbewerbsrecht, 1997.

[16] Siehe nur *Cox* (Hrsg.), Daseinsvorsorge und öffentliche Dienstleistungen in der Europäischen Union, 2000; *Hellermann*, Örtliche Daseinsvorsorge und gemeindliche Selbstverwaltung, 2000; *Schwarze* (Hrsg.), Daseinsvorsorge im Lichte des Wettbewerbsrechts, 2001; *Henneke* (Hrsg.), Kommunale Perspektiven im zusammenwachsenden Europa, 2002.

[17] So das klassische Bedrohungsszenario; siehe etwa *Knemeyer*, BayVBl. 2000, 449 ff., der u.a. davon spricht, dass die Europäische Union die Kommunen wie „wehrlose Verwalter“ behandle. Siehe auch *Blanke*, DVBl. 1993, 819 ff.; *Faber*, DVBl. 1991, 1126 ff.

[18] Ergänzt durch die Protokollerklärung Nr. 13.

[19] Mitteilung der Kommission „Leistungen der Daseinsvorsorge“, ABl. Nr. C 17/4.

[20] Die erste Ergänzung in Art. 14 AEUV (ex Art. 16 EGV) bezieht sich auf die „Grundsätze und Bedingungen“, die „insbesondere jene wirtschaftlicher und finanzieller Art“ betreffen sollen.

[21] Dazu heißt es in Satz 2: „Diese Grundsätze und Bedingungen werden vom Europäischen Parlament und vom Rat durch Verordnungen gemäß dem ordentlichen Gesetzgebungsverfahren festgelegt, unbeschadet der Zuständigkeit der Mitgliedstaaten, diese Dienste im Einklang mit den Verträgen zur Verfügung zu stellen, in Auftrag zu geben und zu finanzieren.“

- Die Qualifikation kommunalwirtschaftlicher Aktivitäten als öffentliche Unternehmen und die Bedeutung des Art. 345 AEUV (ex Art. 295 EGV - Garantie der mitgliedstaatlichen Eigentumsordnungen) in diesem Zusammenhang.
- Die genaue Bestimmung der durch Art. 106 Abs. 2 AEUV (ex Art. 86 Abs. 2 EGV) eröffneten Handlungs- und Gestaltungsspielräume der Mitgliedstaaten und die Zuständigkeit zu deren Anwendung und Überwachung.
- Die Konkretisierung der Schutz- und Handlungspflichten der Gemeinschaftsorgane sowie der Mitgliedstaaten in Bezug auf die Dienste von allgemeinem wirtschaftlichem Interesse auf Grund des Art. 14 AEUV (ex Art. 16 EGV).

Die Anwendung dieser normativen Vorgaben führt nach Ansicht der EU- **8**
Kommission zu **drei Prinzipien**, die das Verhältnis des Gemeinschaftsrechts zur Kommunalwirtschaft bzw. den Diensten von allgemeinem wirtschaftlichem Interesse prägen:

- Die **Neutralität** des Gemeinschaftsrechts **im Hinblick auf öffentliches oder privates Eigentum** an Unternehmen.[22]
- Die **Gestaltungsfreiheit der Mitgliedstaaten** bei der Definition von Leistungen der Daseinsvorsorge, die (nur) einer Kontrolle auf offenkundige Bewertungsfehler unterworfen ist.[23]
- Die Wahrung der **Verhältnismäßigkeit**, die sicherstellt, dass Einschränkungen des Wettbewerbs und Begrenzungen der Freiheiten im Binnenmarkt nicht über das zur wirksamen Erfüllung der Aufgabe notwendige Maß hinausgehen.[24]

Die Kommunalwirtschaft ist damit strukturell umfassend in einen gemein- **9**
schaftsrechtlichen Kontext eingebunden, der ihr heutiges Erscheinungsbild prägt, den Kommunen aber noch ausreichende Gestaltungsspielräume belässt. Insbesondere führen diese Vorgaben nicht zu einem gemeinschaftsweit einheitlichen Erscheinungsbild der staatlichen und kommunalen wirtschaftlichen Betätigungen, weshalb in **Art. 36 Grundrechte-Charta**, der sich auf den Zugang zu entsprechenden Leistungen bezieht, auf die jeweiligen mitgliedstaatlichen Regelungen verwiesen wird.[25] Die wirtschaftliche Betätigung von Staat und Kommunen bzw. die Bereitstellung der Dienste von allgemeinem wirtschaftlichem Interesse durch sie ist vielmehr weiterhin durch die historischen und politischen Besonderheiten

---

[22] Dazu *Ruffert*, in: Henneke (Hrsg.), Kommunale Perspektiven im zusammenwachsenden Europa, 2002, S. 10 ff.

[23] Dazu auch EuGH Rs. C-159/94, Slg. 1997, I-5815, Rn. 55 f.; *Pielow*, in: Tettinger/Stern (Hrsg.), Europäische Grundrechte-Charta, 2006, Art. 36 Rn. 17.

[24] Mitteilung der Kommission „Leistungen der Daseinsvorsorge in Europa“ v. 29.9.2000, ABl. C 17/4; *Franz* (Fn. 4), S. 163 f.; *Storr* (Fn. 3), S. 325 ff. Siehe auch EuGH Rs. C-159/94, Slg. 1997, I-5815, Rn. 94, 101 f. Vertiefend zu den einzelnen Maßgaben später im Text.

[25] Dazu näher *Pielow* (Fn. 23), Art. 36 Rn. 26 ff. auch mit dem zutreffenden Hinweis, dass dieser Zugang nicht in den Verfassungen der Mitgliedstaaten geregelt ist und Art. 36 Grundrechte-Charta insoweit auch nicht auf einer gemeinsamen Verfassungsüberlieferung beruht.

der einzelnen Mitgliedstaaten geprägt. Die Vergemeinschaftung der Rechtsmaterie stellt deshalb auch die spezifische Tradition der deutschen Kommunalwirtschaft nicht grundsätzlich[26] in Frage, verändert aber in einigen bedeutsamen Punkten den zu beachtenden rechtlichen Rahmen.

B. Rechtskategorien zur Erfassung und Verortung der Kommunalwirtschaft

I. Die Bereitstellung von Sach- und Dienstleistungen als Begriffskern der Kommunalwirtschaft

10 Für die rechtliche Würdigung ist es angesichts der Vielgestaltigkeit der Kommunalwirtschaft unerlässlich, den formalen Kern aller erfassten Betätigungen in der Bereitstellung von Sach- und / oder Dienstleistungen einschließlich der dafür erforderlichen Infrastrukturen zu erblicken.[27] Weitere Merkmale wie die Gewinn- bzw. Überschusserzielung und das Vorliegen von Wettbewerb sind sekundäre Kennzeichen, d.h. sie müssen nicht vorliegen, um von einer (kommunalen) wirtschaftlichen Betätigung zu sprechen.[28] Dies gilt für die kommunalrechtliche und die gemeinschaftsrechtliche Würdigung gleichermaßen.

II. Abgrenzung von hoheitlicher Leistungsverwaltung

11 Die Normen des deutschen bzw. europäischen Wirtschafts- und Wettbewerbsrechts kommen auf die kommunale Bereitstellung von Sach- oder Dienstleistungen nur unter der ausschließenden Bedingung zur Anwendung, dass es sich **nicht um eine hoheitliche Tätigkeit** handelt. Das folgt für das deutsche Recht aus dem sachlichen Anwendungsbereich der Normen, für das Gemeinschaftsrecht aus der Bereichsausnahme der Art. 51, 62 AEUV, deren Wertungen auf Art. 106 AEUV zu übertragen sind.[29]

12 Die Abgrenzung erweist sich im Einzelfall aber als überaus schwierig, da weder die Tätigkeit als solche noch die Verwendung öffentlich-rechtlicher Organisations- und Handlungsformen für sich betrachtet ausreichen, um eine eindeutige Zuordnung vorzunehmen. Der EuGH stellt in seiner bisherigen Rechtsprechung,

---

26 Anders verhält es sich dort, wo eine Dienstleistung durch EU-Richtlinien harmonisiert ist, wie das z.B. im Bereich der Elektrizität der Fall ist.

27 *Kluth* (Fn. 15), S. 3 ff.

28 Inzwischen ist in den Gemeindeordnungen auch die gesetzgeberische Stilblüte der nichtwirtschaftlichen wirtschaftlichen Betätigung ausgemerzt worden, die letztlich nur dazu diente, für bestimmte Formen der wirtschaftlichen Betätigungen weniger strenge Anforderungen zu stellen.

29 *Kämmerer*, Privatisierung, 2001, S. 101 f.; *Weiß*, EuR 2003, 165 (169).

die nur zum Teil direkt kommunale Unternehmen betraf, darauf ab, dass hoheitliche Befugnisse ausgeübt und allgemeine Belange des Staates verfolgt werden.[30]

13 Die Bildung abstrakter Kategorien ist in diesem Bereich wenig sinnvoll, da es einen erheblichen **Gestaltungsspielraum der Mitgliedstaaten** gibt und diese in bestimmten Grenzen darüber entscheiden können, ob eine Dienstleistungen dem hoheitlichen Bereich zugeordnet wird oder als wirtschaftliche Leistung erbracht wird. Soweit die Leistungen gegen Entgelt erbracht werden, besteht aber auch im Falle einer öffentlich-rechtlichen Ausgestaltung eine Vermutung für eine wirtschaftliche Dienstleistung, jedenfalls dann, wenn die Leistung auch durch Private bereitgestellt wird bzw. werden kann.

III. Zuordnung eines Unternehmens zu einer Kommune

14 Für die Zuordnung eines Unternehmens zu einer Kommune bzw. zu mehreren Kommunen (etwa im Falle einer Sparkasse, die durch einen kommunalen Zweckverband getragen wird[31]) ist bei einer öffentlich-rechtlichen Organisationsform (Eigenbetrieb, Anstalt des öffentlichen Rechts) die Zuordnung der Leitungsgewalt bzw. bei einer privatrechtlichen Organisationsform der Umfang der Beteiligung als maßgebliches Kriterium zugrunde zu legen.[32] Bei rechtlich selbständigen gemischt-wirtschaftlichen Unternehmen kommt eine Qualifikation als kommunales Unternehmen nur bei einer Mehrheitsbeteiligung in Frage.[33] In den übrigen Fällen handelt es sich um die Beteiligung an einem privaten Unternehmen.

C. Dienste von allgemeinem wirtschaftlichem Interesse als genuin gemeinschaftsrechtliche Begriffskategorie

I. Die begrifflich-konzeptionelle Eigenständigkeit der Dienste von allgemeinem wirtschaftlichem Interesse

15 In der Verwendung des Begriffs „Dienste/Dienstleistungen von allgemeinem wirtschaftlichem Interesse" kommt die bewusste Entscheidung für eine sowohl begriffliche als auch konzeptionelle Eigenständigkeit im Verhältnis zu den in den verschiedenen mitgliedstaatlichen Rechtsordnungen und Verwaltungstraditionen verankerten Modellen zum Ausdruck.[34] Indes erschöpfte sich der positive Gehalt dieser Eigenständigkeit lange Zeit bis in die jüngste Gegenwart hinein in dieser

---

30 Zu Einzelheiten EuGH Rs. C-42/92, Slg. 1993, I-4047, Rn. 9 f. - Thijssen; *Schlag*, in: Schwarze (Hrsg.), EU-Kommentar, 2. Aufl. 2009, Art. 45 Rn. 4 f.

31 Dazu *Staats*, Fusionen bei Sparkassen und Landesbanken, 2006.

32 *Kluth* (Fn. 15), S. 13 ff.

33 *Kluth* (Fn. 15), S. 21 ff.

34 *Pielow* (Fn. 23), Art. 36 Rn. 4.

Abgrenzung selbst, ohne dass der Begriff ausbuchstabiert und die Funktionen konkretisiert wurden. Erst in der Zeit **nach dem Amsterdamer Vertrag** kam es zu verstärkten **Bemühungen um Konkretisierungen**, die aber bis heute nur wenige Konturen aufweisen.[35] Es ist deshalb weiterhin unerlässlich, sich die beiden zentralen Orientierungspunkte des Dienste von allgemeinem wirtschaftlichem Interesse vor Augen zu führen: den französischen service public und die deutsche Daseinsvorsorge.

II. Bezüge zu (französischem) service public und (deutscher) Daseinsvorsorge

16 In den romanischen Ländern, insbesondere in Frankreich, erfasst der Begriff **„service public"** die Sonderstellungen sowohl öffentlicher als auch privater Unternehmen, die sich infolge der Betrauung mit der Erbringung von Dienstleistungen im gemeinwirtschaftlichen Interesse durch eine verstärkte Bindung an das öffentliche Interesse auszeichnen.[36] Als funktionaler Begriff umfasst der service public das Ziel von Verwaltungshandeln und schließt dabei auch Qualitätsstandards und den gleichen Zugang für alle Bürger in seine Konzeption mit ein; hinzu kommt, dass der service public sowohl durch Verwaltungsträger und öffentliche Unternehmen als auch durch private Unternehmen erbracht werden kann. Das Konzept ist also nicht auf staatliches Handeln beschränkt. Enger – und nicht als Synonym für das gesamte staatliche Handeln – verstanden umfasst er jedenfalls die Staatstätigkeiten, die nach deutscher Terminologie vom Oberbegriff der Leistungsverwaltung erfasst werden.[37] Aus deutscher Perspektive ist dieses Konzept am ehesten vergleichbar mit der Daseinsvorsorge.

17 Das auf Überlegungen von *Ernst Forsthoff* zurückgehende deutsche Konzept der **Daseinsvorsorge**[38] umfasst die Erbringung von Leistungen, auf die der in der modernen Welt lebende Mensch angewiesen ist.[39] Leistungen der Daseinsvorsorge sind gemeinwohlorientierte Leistungen wirtschaftlicher oder nichtwirtschaftlicher Natur, an deren Erbringung die Allgemeinheit und der Staat ein besonderes Inte-

---

[35] Zu Einzelheiten *Simon*, Liberalisierung von Dienstleistungen der Daseinsvorsorge im WTO- und EU-Recht, 2009, S. 329 ff.

[36] Zu Rechtsqualität und Entwicklung des service public ausführlich *Pielow*, Grundstrukturen öffentlicher Versorgung, 2001, S. 111 ff.; siehe auch *Burgi*, EuR 1997, 261 (263); *Mestmäcker*, in: Ruland (Hrsg.), FS für H. F. Zacher, 1998, S. 635 ff.; *Püttner*, in: H. Cox (Hrsg.), Daseinsvorsorge und öffentliche Dienstleistungen in der Europäischen Union. Zum Widerstreit zwischen freiem Wettbewerb und Allgemeininteresse, 2000, S. 45 (50 ff.); *Celestine/Felsner*, RIW 1997, 105 ff.

[37] *Pielow* (Fn. 36), S. 146.

[38] Dazu eingehend *Rüfner,* in: Isensee/Kirchhof (Hrsg.), Handbuch des Staatsrechts, Bd. IV, 3. Aufl. 2007, § 96 Rn. 3 ff.

[39] Vgl. *Püttner* (Fn. 36), S. 45 (49) unter Verweis auf *Forsthoff*, Die Verwaltung als Leistungsträger, 1938, S. 12.

resse haben.[40] Die Formulierung „Daseinsvorsorge“ wird heute als Rechtsbegriff verstanden[41], da sie in die Gesetzessprache einging und ihr in vielen Gerichtsentscheidungen Bedeutung zukam.

III. Dienstleistungen von allgemeinem wirtschaftlichem Interesse

Die Dienste bzw. Dienstleistungen von allgemeinem wirtschaftlichem Interesse beziehen sich ausschließlich auf marktbezogene Aktivitäten und stellen somit eine Untergruppe der Daseinsvorsorge dar. Im **Protokoll über Dienste von allgemeinem Interesse** zum Vertrag von Lissabon wird in Art. 2 als „Gegenbegriff“ erstmalig offiziell der Ausdruck Dienste von allgemeinem Interesse verwendet und klargestellt, dass diese nicht in den Anwendungsbereich des Unionsrechts fallen. 18

1. Begriffsgenese

In den ersten Jahrzehnten seiner Rechtsprechung entwickelte der Europäische Gerichtshof kaum konkrete Definitionskriterien betreffend den Begriff der Dienstleistungen von allgemeinem wirtschaftlichem Interesse. Erst beginnend mit dem **Urteil Corbeau**[42] setzte er sich detaillierter mit den einzelnen Voraussetzungen des Art. 106 Abs. 2 AEUV (ex Art. 86 Abs. 2 EGV) auseinander. Dabei fällt selbst in der folgenden Rechtsprechung des Europäischen Gerichtshofes auf, dass sich dieser seit dem Urteil im Fall *Corbeau* zwar umfassender mit dem Begriff der Dienstleistungen von allgemeinem wirtschaftlichem Interesse befasste. Der Gerichtshof verwies allerdings gleichwohl auch häufig lediglich pauschal auf die Unbestreitbarkeit der Zuordnung von Tätigkeiten zu diesem Tatbestandsmerkmal. 19

2. Begriffsverständnis

Der Begriff „Dienste“ erstreckt sich auf wirtschaftliche Leistungen im weitesten Sinne. Er ist folglich nicht auf Dienstleistungen im Sinne von Art. 57 AEUV beschränkt. Erforderlich ist das Vorliegen einer konkret dem Gemeinwohl dienenden wirtschaftlichen Aktivität, die ohne Rücksicht auf Sonderfälle und die Wirtschaft- 20

---

[40] *Dohms*, in: Schwarze (Hrsg.), Daseinsvorsorge im Lichte des Wettbewerbsrechts, 2001, S. 41; *Pielow* (Fn. 36), S. 18 f. Vgl. zu Gemeinwohlsicherung und Gewährleistungsstaat auch *Trute*, in: Schuppert/Neidhardt (Hrsg.), Gemeinwohl – Auf der Suche nach Substanz, 2002, S. 329 (344).

[41] Vgl. *Ronellenfitsch*, DVBl. 2008, 201. Kritisch *Knauff*, Der Gewährleistungsstaat, 2004, S. 52.

[42] EuGH, Rs. C-320/91, Slg. 1993, I-2533 – Corbeau. Vgl. im Hinblick auf die Elektrizitätsversorgung EuGH, Rs. C-393/92, Slg. 1994, I-1477 – Almelo; Rs. C-157/94, Slg. 1997, I-5699 – Kommission/Niederlande.

lichkeit eines jeden einzelnen Vorgangs erbracht wird.[43] Es **obliegt dem einzelnen Mitgliedstaat** festzulegen, welche konkreten Tätigkeiten Dienstleistungen von allgemeinem wirtschaftlichem Interesse sind und somit von der Privilegierung der Art. 14, 106 Abs. 2 AEUV erfasst werden. Diese Entscheidung kann von den Gemeinschaftsorganen lediglich auf ihre offenkundige Fehlerhaftigkeit überprüft werden.

3. Definitorische Klärung oder kasuistische Konturierung

21 Im Laufe seiner anfänglich recht spärlich, später zunehmend umfangreichen Kasuistik gelang dem Europäischen Gerichtshof, den Begriff der Dienstleistungen von allgemeinem wirtschaftlichem Interesse zu konturieren. Im Anschluss an seine erste Entscheidung zum Begriff der Dienstleistungen von allgemeinem wirtschaftlichem Interesse aus dem Jahre 1971[44] entschied er beispielsweise im **Fall Porto di Genova**[45], dass das gesetzliche Monopol für die Be-, Ent- und Umladung, Lagerung sowie den Umschlag von Waren oder anderen Gütern im Hafen keine Dienstleistung von allgemeinem wirtschaftlichem Interesse darstelle. Der Gerichtshof begründete dies damit, dass an Hafenarbeiten kein allgemeines wirtschaftliches Interesse bestünde, dass sich von demjenigen an anderen Tätigkeiten des Wirtschaftslebens besonders unterscheide.

22 Überdies entschied der Gerichtshof, dass die **Arbeitsvermittlung**[46] eine Dienstleistung von allgemeinem wirtschaftlichem Interesse ist. Gleiches gelte für die Bedienung von kommerziell nicht rentablen, jedoch aus Gründen des Allgemeininteresses erforderlichen **Verkehrslinien**[47]. Dagegen wurde das Vorliegen einer Dienstleistung von allgemeinem wirtschaftlichem Interesse abgelehnt für eine deutsche **Verwertungsgesellschaft**, die Urheber- und verwandte Schutzrechte von Künstlern, Bild- und Tonträgerherstellern wahrnahm.[48] Ebenfalls als keinen Dienst von allgemeinem wirtschaftlichem Interesse betrachtete der Gerichtshof den **Verkauf von Telekommunikationsendgeräten**.[49] Detaillierter mit den einzelnen Voraussetzungen des Art. 106 Abs. 2 AEUV setzte sich der Gerichtshof erst beginnend mit dem Urteil *Corbeau*[50] auseinander.

---

[43] *Kallmayer/Jung*, in: Calliess/Ruffert (Hrsg.), EUV/EGV, 3. Aufl. 2007, Art. 16 EGV Rn. 8; *Jung*, ebda., Art. 86 Rn. 37.

[44] EuGH, Rs. 10/71, Slg. 1971, 723 – Hafen van Mertert.

[45] EuGH, Rs. C-179/90, Slg. 1991, 5889 (5931) – Porto di Genova.

[46] EuGH, Rs. C-41/90, Slg. 1991, 1979 (2017) – Höfner und Elser/Macrotron.

[47] EuGH, Rs. 66/86, Slg. 1989, 803 (853) – Ahmed Saeed. Vgl zu den Leistungen externer Bestattungsdienste auch Schlussanträge GA *Da Cruz Villaca* v. 11.2.1988, Rs. 30/87, Slg. 1988, 2489 (2499) – Corinne Bodson.

[48] EuGH, Rs. 7/82, Slg. 1983, 483 (504) – GVL.

[49] EuGH, Rs. C-202/88, Slg. 1991, I-1223 (1263) – Frankreich/Kommission.

[50] EuGH, Rs. C-320/91, Slg. 1993, I-2533 – Corbeau. Vgl. im Hinblick auf die Elektrizitätsversorgung EuGH, Rs. C-393/92, Slg. 1994, I-1477 – Almelo; Rs. C-157/94, Slg. 1997, I-5699 – Kommission/Niederlande. Zum Monopol für Festmacherdienste

IV. Terminologische und funktionale Unterschiede zwischen Unionsrecht und deutschem Recht

1. Funktionaler Regelungsansatz des Unionsrechts

Das Recht der Europäischen Union thematisiert die wirtschaftliche Betätigung des Staates ausdrücklich vor allem in **Art. 106 Abs. 1 AEUV**, ohne dabei irgendwelche Vorgaben zum Zweck oder Bereich der wirtschaftlichen Betätigung zu machen. Verlangt wird lediglich, dass den öffentlichen Unternehmen keine Sonderrechte eingeräumt werden, die den Wettbewerb behindern. Will ein Mitgliedstaat öffentlichen (aber auch privaten Unternehmen) Sonderrechte wie z.B. Steuererleichterungen oder sonstige Vergünstigungen gewähren oder gar ein (lokales oder allgemeines) Monopol zuweisen, so ist dies nur nach den besonderen Rechtfertigungsvoraussetzungen des Art. 106 Abs. 2 AEUV zulässig. 23

Art. 106 AEUV, der auf die sich infolge staatlicher unternehmerischer Betätigung ergebende Gefährdung des Wettbewerbs im Binnenmarkt eingeht, liegen drei Zielsetzungen[51] zugrunde. Die Norm konkretisiert den **Grundsatz der Gleichbehandlung privater und öffentlicher Unternehmen**.[52] Überdies verhindert sie eine mittelbare mitgliedstaatliche Vertragsverletzung kraft bestimmenden Einflusses auf Unternehmen. Schließlich statuiert sie in Absatz 2 eine begrenzte Ausnahme vom Geltungsbereich europäischen Wettbewerbsrechts für öffentliche oder private Unternehmen.[53] Dabei verdeutlichen insbesondere die ersten beiden Zielsetzungen den das Unionsrecht prägenden funktionalen Regelungsansatz. Entscheidend ist die größtmögliche Verwirklichung der in Art. 3 Abs. 3 EUV verankerten Ziele der Wirtschafts- und Wettbewerbspolitik innerhalb des Binnenmarktes.[54] Diesbezüglich wäre beispielsweise eine streng formal auf die Rechtsform eines Unternehmens abstellende oder sonstige, Raum zu Umgehungen des Unionsrechts bietende Betrachtungsweise schädlich. 24

Diese Regelungstechnik verdeutlicht, dass der (öffentliche) Zweck einer staatlichen wirtschaftlichen Betätigung für das Unionsrecht nur dann und insoweit Bedeutung erlangt, als den Unternehmen Privilegien gegenüber sonstigen Marktteilnehmern eingeräumt werden.[55] Nur in diesem Fall wird auch eine Zweckbindung 25

EuGH, Rs. C-266/96, Slg. 1998, I-3949 – Corsica Ferries France. Vgl. überdies auch EuGH, verb. Rs. C-34/01 und 38/01, Slg. 2003, I-14243 – Enirisorse. Zur Abfallentsorgung EuGH, Rs. C-203/96, Slg. 1998, I-4075 (4132) – Dusseldorp.

[51] Vgl. *Jung* (Fn. 43), Art. 86 Rn. 3; *Pernice/Wernicke,* in: Garbitz/Hilf (Hrsg.), EUV/EGV, Art. 86 Rn. 5 ff.

[52] *Pernice/Wernicke* (Fn. 51), Art. 86 Rn. 5; *Hochbaum/Klotz,* in: v. d. Groeben/Schwarze, 6. Aufl. 2003, Art. 86 Rn. 4; *v. Vormizeele,* in: Schwarze (Hrsg.), EU-Kommentar, 2. Aufl. 2009, Art. 86 Rn. 4.

[53] *Jung* (Fn. 43), Art. 86 Rn. 34; *Pernice/Wernicke* (Fn. 51), Art. 86 Rn. 31; *Hochbaum/Klotz* (Fn. 52), Art. 86 Rn. 27; *v. Vormizeele* (Fn. 52), Art. 86 Rn. 50 f.

[54] *Jung* (Fn. 43), Art. 86 Rn. 34.

[55] Man spricht auch von „Unternehmen mit Sonderaufgaben", *Pernice/Wernicke* (Fn. 51), Art. 86 Rn. 31.

durchgesetzt: es muss sich um **Dienstleistungen von allgemeinem wirtschaftlichem Interesse** handeln. Nur für solche Betätigungen sind Privilegien zulässig und nach Art. 106 Abs. 2 AEUV zu rechtfertigen.

2. Die öffentliche Zweckbindung als Besonderheit des deutschen Kommunalwirtschaftsrechts

26 Das deutsche öffentliche Recht hingegen nähert sich der wirtschaftlichen Betätigung des Staates auf einem traditionell liberal-rechtsstaatlichen Weg. Es fragt nach dem öffentlichen Zweck oder öffentlichen Interesse, das eine staatliche Betätigung im Bereich der Wirtschaft rechtfertigt. Dahinter verbirgt sich eine dichotome Sichtweise von Staat und Gesellschaft, bei der die Wirtschaft grundsätzlich der Gesellschaft – und damit privaten Akteuren – zugeschrieben wird, während der Staat in diesen Bereich nur eintreten darf, wenn dies aus als öffentliche Interessen qualifizierbaren Gründen erforderlich erscheint.[56] Dieser Theorieansatz konkretisierte sich im schillernden **Konzept der Daseinsvorsorge**. Eine bereichsgenaue Konturierung der Daseinsvorsorge ist dabei jedoch bis heute nicht gelungen. Gerade die Privatisierungswellen der letzten Jahre zeigten, dass selbst letzte Reservate staatlicher Zuständigkeiten (wie etwa die Sicherheitsverwaltung) auch einer (zumindest teilweisen) Privatisierung zugänglich sind.[57]

27 Besonders intensiv schlug sich dieser deutsche Regelungsansatz im **kommunalen Wirtschaftsrecht** nieder. Dabei findet sich zur Rechtfertigung – abgesehen von spezialgesetzlich geregelten Betätigungsbereichen wie dem Sparkassenwesen – häufig nur der pauschale Hinweis auf den mit der Betätigung verfolgten „öffentlichen Zweck". So heißt es etwa in § 116 GO LSA: „Die Gemeinde darf sich ... wirtschaftlich betätigen, wenn 1. ein öffentlicher Zweck die Betätigung rechtfertigt, ...". Dieser öffentliche Zweck ist durch eine Berücksichtigung anderweitiger Aufgabenzuweisungen der Gemeindeordnung zu konkretisieren. An erster Stelle ist dabei auf den kommunalen Versorgungsauftrag für die Einwohner mit kulturellen, sozialen und wirtschaftlichen Leistungen zu verweisen, der sich u.a. in § 2 Abs. 1 Satz 2 GO LSA findet: „[Die Gemeinde] ... stellt in den Grenzen ihrer Leistungsfähigkeit die für ihre Einwohner erforderlichen sozialen, kulturellen und wirtschaftlichen öffentlichen Einrichtungen bereit." Die unternehmerische Betätigung hat gegenüber diesem Auftrag eine instrumentelle Bedeutung (→ § 41, Rn. 28 ff.).

3. Das Verhältnis beider Regelungsebenen zueinander

28 Die divergente Regelungsstruktur des Unionsrechts und des deutschen öffentlichen Rechts werfen die Frage nach ihrem Verhältnis zueinander auf. Grundsätzlich ist zu konstatieren, dass zwischen beiden Konzeptionen eine Wechselwirkung

---

[56] *Kluth* (Fn. 15), S. 23 ff.

[57] Zur Entwicklung im Sicherheitsrecht siehe *Möstl*, Die staatliche Garantie für die öffentliche Sicherheit, 2002, S. 313 ff.

besteht. Das Unionsrecht hebt die Perspektive des deutschen öffentlichen Rechts nicht auf, sondern ergänzt und konkretisiert sie.[58] Dabei hilft ihr der Grundsatz vom Anwendungsvorrang[59]. Danach können die Mitgliedstaaten frei darüber entscheiden, in welchen Bereichen sie eine Betätigung öffentlicher Unternehmen zulassen.[60] Folglich sind sie auch frei, öffentliche Zwecke zu bestimmen, die eine kommunalwirtschaftliche Betätigung ermöglichen bzw. legitimieren. Beschränkend greift das Unionsrecht aber ein, sobald diesen Unternehmen Sonderrechte verliehen oder finanzielle Unterstützungen (Beihilfen) gewährt werden sollen. In diesen Fällen sind die Mitgliedstaaten an das **Rechtfertigungserfordernis des Art. 106 Abs. 2 AEUV** sowie das Beihilfenrecht gebunden.

Das deutsche Recht ist damit *enger* bei der Bestimmung der Betätigungsfelder dafür aber *weiter* bei der Bestimmung der Betätigungsmodalitäten. Das Europarecht ist weiter bei den Betätigungsfeldern aber *enger* bei den Betätigungsmodalitäten. Wegen seines Vorrangs addieren sich in der Praxis der Kommunalwirtschaft nur die beiden Beschränkungen, so dass es aus der Sicht des deutschen Gesetzgebers und der Kommunen zu einer Beschneidung ihrer bisherigen Gestaltungsfreiheit kommt. 29

D. Kommunalwirtschaft und EU-Wettbewerbsrecht

Art. 106 AEUV konkretisiert die sich bereits aus Art. 3 Abs. 3, 4 Abs. 3 EUV, 101, 102 AEUV ergebenden mitgliedstaatlichen Pflichten. Statuiert werden **Bewirkungs- und Unterlassungspflichten der Staaten**, ohne die wegen der möglichen massiven staatlichen Einflussnahme auf öffentliche Unternehmen und Unternehmen, denen sie besondere oder ausschließliche Rechte gewähren, Wettbewerbsbehinderungen unschwer möglich wären. Konkret formuliert Art. 106 Abs. 1 AEUV die strikte Geltung des Primärrechts, insbesondere der wettbewerbsrechtlichen Vorschriften, auch für öffentliche Unternehmen und Unternehmen, denen besondere oder ausschließliche Rechte gewährt werden. 30

I. Anwendungsbereich

1. Funktionaler Unternehmensbegriff

Nach dem allgemeinen Unternehmensbegriff des europäischen Wettbewerbsrechts, der auch Art. 101, 102 AEUV zugrunde liegt, kommt es **entscheidend** auf 31

[58] Siehe dazu auch *Kluth*, in: Haug/Rosenfeld (Hrsg.), Neue Grenzen städtischer Wirtschaftstätigkeit: Ausweitung versus Abbau?, 2009, S. 45 (46 ff.).

[59] Vgl. EuGH, Slg. 1964, 1251 ff. – Costa/ENEL; Slg. 1970, 1125 ff. – Internationale Handelsgesellschaft; Slg. 1978, 629 ff. – Simmenthal II; BVerfGE 37, 271 ff. – Solange I; BVerfGE 73, 339 ff. – Solange II; BVerfGE 81, 155 ff. – Maastricht.

[60] So auch *Pernice/Wernicke* (Fn. 51), Art. 86 Rn. 38.

die Funktion, nicht die Rechtsform oder national-rechtliche Qualifikation der handelnden Einheit an. Nach dem Europäischen Gerichtshof umfasst der Unternehmensbegriff „... jede eine wirtschaftliche Tätigkeit ausübende Einheit, **unabhängig von ihrer Rechtsform** und der Art ihrer Finanzierung.“[61] Demnach ist erforderlich, aber auch ausreichend, eine gewisse organisatorische Selbständigkeit, nicht jedoch eine rechtliche Trennung vom Staat oder eigene Rechtspersönlichkeit. Die Zugrundelegung dieses Begriffs gewährleistet eine einheitliche Auslegung und Anwendung des Tatbestandsmerkmals „Unternehmen“ in den Mitgliedstaaten. Auf diese Weise wird eine Umgehung des Gemeinschaftsrechts durch die Mitgliedstaaten infolge der Wahl einer bestimmten Rechtsform verhindert.

2. Erfassung von Beteiligungen

32 Zur Gewährleistung von Versorgungsdienstleistungen sind die Mitgliedstaaten beispielsweise finanziell in Form klassischer (direkter oder indirekter) Subventionierung bestimmter Wirtschaftstätigkeiten, der „Quersubventionierung“ zwischen lukrativen und defizitären Geschäftssparten innerhalb öffentlicher Versorgungsunternehmen und bürgschaftsähnlichen Gewährleistungen wie Anstaltslast und Gewährträgerhaftung für öffentliche Finanzinstitute und Kapitalbeteiligungen an gemischt-wirtschaftlichen (Versorgungs-)Unternehmen und Vollfinanzierung einzelner Versorgungsdienstleistungen aus öffentlichen Haushalten verwickelt. Besteht ein **Konzern**, kann die Muttergesellschaft auch für die Wettbewerbsverstöße der Töchter haftbar sein, wenn die verbundenen Unternehmen eine solche wirtschaftliche Einheit bilden, dass die von den Weisungen der Muttergesellschaft abhängige Tochtergesellschaft ihr Verhalten nicht mehr autonom zu bestimmen vermag. Hierfür kann unter Umständen eine bloße Mehrheitsbeteiligung genügen, sofern beispielsweise eine personelle Verflechtung zwischen den verbundenen Unternehmen als besonderer Umstand hinzutritt.[62]

3. Binnenmarktrelevanz

33 Der Binnenmarktbezug ergibt sich aus der Formulierung „**Entwicklung des Handelsverkehrs**“ in Art. 106 Abs. 2 S. 2 AEUV, der eine gemeinschaftliche Dimension der Handelsstrukturen erfordert, da diese Entwicklung im Gemeinschaftsinteresse steht. Das „**Interesse der Union**“ im Sinne von Art. 106 Abs. 2 S. 2 AEUV erschließt sich aus den in Art. 3 EUV, 3-6, 8, 18, 28, 119 AEUV sowie den Vorschriften betreffend Grundfreiheiten und Wettbewerbsrecht niedergelegten Unionszielen und -grundsätzen. Vorrangiges Ziel ist dabei gemäß Art. 3 Abs. 3 EUV die Errichtung eines Binnenmarktes, der durch den Vertrag von Lissabon an Leit-

---

[61] EuGH, Rs. C-41/90, Slg. 1991, I-1979, Rn. 21 – Höfner und Elser/Macrotron. Hierzu auch *Pielow* (Fn. 28), S. 47 f.; *Essebier*, Dienstleistungen von allgemeinem wirtschaftlichem Interesse und Wettbewerb, 2005, S. 56 ff.

[62] Detaillierter hierzu *Emmerich*, in: Dauses (Hrsg.), Handbuch des EU-Wirtschaftsrechts, Bd. 2, H.I § 1 Rn. 68.

bild einer in hohe Maße wettbewerbsfähigen sozialen Marktwirtschaft ausgerichtet ist. Der Binnenmarkt ist nach Art. 26 Abs. 2 AEUV durch einen unionsweiten, von Grenzen unabhängigen Handel gekennzeichnet. Die Entwicklung des Handelsverkehrs bezieht sich mithin auf den dynamischen Prozess der Vermehrung und Intensivierung innergemeinschaftlicher Handelsströme.[63]

Ob im Falle einer kommunalen wirtschaftlichen Betätigung von einer Binnen- 34
marktrelevanz auszugehen ist, muss im **Einzelfall** unter Berücksichtigung des Umfangs und der regionalen Erstreckung der Betätigung sowie der Attraktivität des jeweiligenkommunalen Marktes für ausländische Anbieter untersucht werden.

II. Ausnahmen nach Art. 106 Abs. 2 AEUV

Dem zwischen service public und marktwirtschaftlich orientierter Wirtschaftsver- 35
fassung bestehenden Spannungsverhältnis widmet sich insbesondere Art. 106 Abs. 2 AEUV. Dieser Norm – wie auch Art. 119 Abs. 1 AEUV – lässt sich eine grundsätzlich **wettbewerbsorientierte Wirtschaftsverfassung** entnehmen. Leistungen nach gemeinwohlorientierten Grundsätzen stellen hingegen die Ausnahme dar. Art. 106 Abs. 2 AEUV bietet gleichwohl – verglichen zu Art. 101 Abs. 1, 103 Abs. 2 lit. c) AEUV komfortablere – Möglichkeiten zu (Legal-) Ausnahmen versorgungswirtschaftsbezogener Unternehmenstätigkeiten von den (insbesondere wettbewerbsrechtlichen) Vorschriften des AEUV.

1. Überblick

Gemäß Art. 106 Abs. 2 AEUV unterliegen auch Unternehmen, die mit Dienstleis- 36
tungen von allgemeinem wirtschaftlichem Interesse betraut sind, den Vorgaben des AEUV, insbesondere dem Wettbewerbs- und Beihilfenrecht. Soweit die Anwendung dieser Vorschriften allerdings die Erfüllung der den Unternehmen übertragenen besonderen Aufgaben rechtlich oder tatsächlich verhindert, kommt es zu Ausnahmen bzw. Freistellungen.

Art. 106 Abs. 2 AEUV stellt eine abwägungsabhängige, eng begrenzte Be- 37
reichsausnahme für die Erfüllung öffentlicher Aufgaben dar.[64] Er lässt Abweichungen von den unternehmensbezogenen Vorschriften des Wettbewerbs- und Beihilfenrechts zu, soweit dies erforderlich ist, um den Unternehmen, an deren Tätigkeit ein allgemeines wirtschaftliches Interesse besteht, die Erfüllung ihrer Aufgaben zu ermöglichen. Damit drückt die Vorschrift einen Kompromiss zwischen dem Vertragsziel des unverfälschten Wettbewerbs und der mitgliedstaatlichen

---

[63] Siehe *Andresen*, Die Pflichten der EU-Mitgliedstaaten zum Abbau versorgungspolitisch motivierter Marktinterventionen, 2005, S. 272; *Hochbaum/Klotz* (Fn. 52), Art. 86 Rn. 62.

[64] So *Jung* (Fn. 43), Art. 86 Rn. 34. A.A. *Burgi*, EuR 1998, 261 (277); *Pernice/Wernicke* (Fn. 51), Art. 86 Rn. 33: Abschied vom Regel-Ausnahme-Verhältnis.

wirtschaftspolitischen Gestaltungskompetenz aus.[65] Im Unterschied zu Art. 106 Abs. 1 AEUV findet Absatz 2 auf öffentliche wie private Unternehmen Anwendung, sofern diese mit Dienstleistungen von allgemeinem wirtschaftlichem Interesse betraut sind.

2. Akt der Betrauung

38 Durch den Betrauungsakt wird einem zumindest individualisierbar bezeichneten Unternehmen von einem Mitgliedstaat eine besondere Aufgabe kraft Hoheitsaktes (Gesetz, Rechtsverordnung, Satzung, Verwaltungsakt, verwaltungsrechtlicher Vertrag aber auch intern wirkender Gemeinderatsbeschluss)[66] übertragen. Aufgrund dessen bedarf es für die **Betrauung** eines oder mehrerer Rechtsetzungs- oder Verwaltungsakte mit ausreichend bestimmten Festlegungen hinsichtlich der besonderen Aufgabe und des betrauten Unternehmens. Diese beinhalten beispielsweise die genaue Beschreibung von Art und Dauer der Gemeinwohlverpflichtung sowie Nennung der beauftragten Unternehmen, des geographischen Geltungsbereichs der Betrauung sowie der Parameter für Berechnung, Überwachung und Änderung von Ausgleichsleistungen.[67]

39 Mithin ist eine **aktive hoheitliche Verleihung von Kompetenzen** für eine Aufgabe von allgemeinem wirtschaftlichem Interesse in einem die dargelegten formalen Anforderungen erfüllenden Akt notwendig. Möglich ist dies auch durch aktiv übertragende öffentlich-rechtliche Konzessionen[68], nicht jedoch im Wege passiv gewährender Erlaubnisse, der Eröffnung eines Rechtsrahmens für eine grundsätzlich jedermann offen stehende Versorgungstätigkeit oder die Unterstellung eines Wirtschaftszweigs unter staatliche Aufsicht.[69]

3. Vorliegen einer besonderen Aufgabe

40 Die Formulierung **„allgemeines wirtschaftliches Interesse“** in Art. 14, 106 Abs. 2 AEUV bezieht sich auf alle wirtschaftlichen Aktivitäten zur Sicherung der Infrastruktur und Daseinsvorsorge[70] sowie Tätigkeiten im Interesse der öffentlichen Sicherheit.[71] Die Rechtsprechung[72] spricht von „... Leistungen zugunsten sämtlicher Nutzer im gesamten Hoheitsgebiet des betreffenden Mitgliedstaates,

---

65 *Jung* (Fn. 43), Art. 86 EGV Rn. 34.

66 *Pernice/Wernicke* (Fn. 51), Art. 86 Rn. 41; *Hochbaum/Klotz* (Fn. 52), Art. 86 Rn. 63; *v. Vormizeele* (Fn. 52), Art. 86 Rn. 60.

67 *Pernice/Wernicke* (Fn. 51), Art. 86 Rn. 42.

68 EuGH, Rs. C-393/92, Slg. 1994, I-1477, Rn. 47 – Almelo; Rs. C-159/94, Slg. 1997, I-5815, Rn. 66 – Kommission/Frankreich.

69 Vgl. *Andresen* (Fn. 63), S. 262 ff.; *Jung* (Fn. 43), Art. 86 EGV Rn. 39 m. w. N.

70 *Jung* (Fn. 43), Art. 86 EGV Rn. 36; *Pernice/Wernicke* (Fn. 51), Art. 86 Rn. 32.

71 Vgl. EuGH, Rs. C-266/96, Slg. 1998, I-3949, Rn. 45, 60 – Corsica Ferries France.

72 EuGH, Rs. C-320/91, Slg. 1993, I-2533, Rn. 15 – Corbeau; EuG, Rs. T-528 u.a./93, Slg. 1996, II-649, Rn. 116 – Métropole télévision.

ohne Rücksicht auf Sonderfälle und auf die Wirtschaftlichkeit jedes einzelnen Vorgangs".

Das allgemeine wirtschaftliche Interesse wird unionsrechtlich nicht definiert. 41
Nach Art. 106 Abs. 2 AEUV sind die mit Dienstleistungen von allgemeinem wirtschaftlichem Interesse betrauten Unternehmen diejenigen, denen eine besondere Aufgabe übertragen wurde. Die **Definition dieser Aufgaben erfolgt durch die Mitgliedstaaten** unter Berücksichtigung eines möglichst breit gestreuten Meinungsspektrums unter besonderer Berücksichtigung der Nutzer der Dienstleistungen.[73] Die Entscheidung ist von den Unionsorganen lediglich auf ihre offenkundige Fehlerhaftigkeit überprüfbar, was einen breiten mitgliedstaatlichen Gestaltungsspielraum eröffnet.[74]

Die Definitionskriterien sind gleichwohl unionsrechtlich zu bestimmen, da es 42
sich bei dem allgemeinen wirtschaftlichem Interesse um einen unionsrechtlichen Begriff handelt. Insoweit ist der Begriff von öffentlichen Interessen nichtwirtschaftlicher Art einerseits[75] und reinen Individual- oder Gruppeninteressen andererseits[76] abzugrenzen. Die Dienstleistungen müssen zumindest *auch* im öffentlichen Interesse erbracht werden.

4. Sachliche Rechtfertigung von Sonderrechten

Die Ausgestaltung des öffentlichen Sektors fällt in die mitgliedstaatliche Wirt- 43
schaftskompetenz, deren Ausübung grundsätzlich darauf überprüft wird, ob sie mit den auf den Binnenmarkt bezogenen unionsrechtlichen Vorschriften vereinbar ist. *Mestmäcker*[77] geht zwar davon aus, dass öffentlich-rechtlichen Organisationen der öffentliche Zweck derart inhärent sei, dass sich die damit verbundenen Privilegien im Ergebnis von selbst rechtfertigen. Eine solche Aussage vermag in ihrer Pauschalität jedoch nicht zu überzeugen. Denn im Idealzustand marktwirtschaftlicher Wirtschaftsordnungen genießt der Einzelne eine umfassende wirtschaftliche Betätigungsfreiheit. Diese ermöglicht es ihm, mit Wettbewerbern in Konkurrenz zu treten. Infolge wirtschaftspolitischer Interventionen finden sich einzelne Anbieter in einer Sonderstellung am Markt, wohingegen die grundrechtlich geschützte

---

[73] Europäische Kommission, Entscheidung zur Anwendung von Art. 86 Abs. 2 EGV, ABl. 2005 L 312/67, Erwägungsgrund 10. Vgl. auch *Dohms* (Fn. 40), S. 41 (58); *Ruffert*, → Bd. 1, § 38, Rn. 29.

[74] Vgl. auch *Andresen* (Fn. 63), S. 261 f.; *Pielow* (Fn. 36), S. 79-83; *Kluth*, in: Bitburger Gespräche Jahrbuch 2002/I, S. 111 (127); *ders.*, in: Henneke (Hrsg.), Kommunale Perspektiven im zusammenwachsenden Europa, 2002, S. 68 (74); *Dohms* (Fn. 40), S. 41 (58).

[75] Vgl. Europäische Kommission, Leistungen der Daseinsvorsorge in Europa, ABl. 1996 C 281/3, Rn. 18; Mitteilung der Kommission, Weißbuch zu Dienstleistungen von allgemeinem wirtschaftlichen Interesse, 12.5.2004, KOM (2004) 374 endg., Anhang 1. Ausführlich zu Tätigkeiten nichtwirtschaftlicher Natur auch *Dohms* (Fn. 40), S. 41 (44 ff.).

[76] Siehe beispielsweise EuGH, Rs. 127/73, Slg. 1974, 313, Rn. 23 – BRT/SABAM II.

[77] *Mestmäcker* (Fn. 36), 1998, S. 635 (643).

private wirtschaftliche Betätigungsfreiheit anderer Anbieter eingeschränkt wird. Zur Klärung der Rechtfertigung konkreter wirtschaftspolitischer Marktstruktur- und –verhaltensinterventionen bedarf es der Feststellung der Zielvorstellungen der jeweiligen Maßnahmen.[78] Zu fragen ist, ob das „öffentliche Interesse" als Gesellschaftsinteresse verfolgt wird. Die Existenz von **Staatsaufgaben** hat ihre Ursachen häufig im Marktversagen.[79] Dabei können verteilungspolitische Gründe, die Sicherstellung von **Universaldienstleistungen** und der Schutz vor einer Unterversorgung eine Rolle spielen. Für öffentliche Güter fehlen die grundsätzlichen Voraussetzungen für das Funktionieren des Marktmechanismus. Jeder wartet solange, bis andere für die Bereitstellung dieser Güter sorgen, um sie dann als „free rider" kostenlos mitzunutzen. Weiterhin können unüberwindbare Koordinationshindernisse bestehen, das heißt der niedrigste Preis, zu dem ein Anbieter verkaufen würde, kann noch immer über dem höchsten Preis liegen, zu dem der Nachfrager zu kaufen bereit ist. Da der Marktmechanismus in diesem Bereich nicht funktioniert, wird er durch politische Entscheidungsverfahren ersetzt. Der Staat sorgt für die Bereitstellung und stellt die Finanzierung sicher.

5. Beschränkte Reichweite der Sonderrechte

44 Die Gewährung und Aufrechterhaltung von Sonderrechten verstößt gegen Art. 106 Abs. 1 i.V.m. 102 AEUV, wenn die mitgliedstaatliche Gewährung nicht nur zur Errichtung einer marktbeherrschenden Stellung führt, sondern das Unternehmen infolge der staatlich geschaffenen Rechtslage diese zwangsläufig missbrauchen muss oder wahrscheinlich missbrauchen wird.[80]

45 Überdies darf die einem Unternehmen durch mitgliedstaatliches Sonderrecht verschaffte marktbeherrschende Stellung nicht durch Gewährung eines weiteren ausschließlichen Rechts zugunsten desselben Unternehmens auf einen benachbarten, jedoch getrennten Markt ohne objektive Rechtfertigung ausgedehnt werden.[81]

46 Durchbrechungen des Grundsatzes der strikten Geltung aller unternehmensbezogenen Vertragsbestimmungen sind auch für die in Art. 106 Abs. 2 AEUV genannten Unternehmen nur innerhalb bestimmter Grenzen möglich. Zunächst muss eine Befolgung der Vertragsvorschriften die Erfüllung der jeweils übertragenen Aufgabe verhindern. Notwendig ist das **Bestehen eines konkreten Konflikts**[82] zwischen der Aufgabenerfüllung des im öffentlichen Interesse handelnden Unternehmens und der Einhaltung seiner unionsrechtlichen Vertragspflichten. Der

[78] Zu diesen *Andresen* (Fn. 63), S. 75 ff.

[79] Dieses umfasst Unteilbarkeiten (natürliches Monopol, ruinöse Konkurrenz), technologische externe Effekte und Informationsasymmetrien sowie –defizite.

[80] Vgl. EuGH, Rs. C-41/90, Slg. 1991, I-1979, Rn. 34 – Höfner und Elser/Macrotron; Rs. C-260/89, Slg. 1991, I-2925, Rn. 37 – *ERT*; Rs. C-170/90, Slg. 1991, I-5889, Rn. 17-19 – Porto di Genova.

[81] EuGH, Rs. C-18/88, Slg. 1991, I-5941, Rn. 17-21, 24 – RTT.

[82] *Jung* (Fn. 43), Art. 86 EGV Rn. 45; *Pernice/Wernicke* (Fn. 51), Art. 86 EGV Rn. 54 f. m. w. N.

Wortlaut „verhindern“ impliziert, dass eine bloße Erschwerung oder Behinderung der Erfüllung der übertragenen Aufgabe nicht genügt. Die Durchführung der betreffenden Dienstleistung muss unmöglich im Sinne von unzumutbar sein, das heißt es darf keinen anderen technisch möglichen und wirtschaftlich sowie rechtlich zumutbaren Weg geben.[83]

Als weitere Begrenzung ist zu beachten, dass gemäß Art. 106 Abs. 2 Satz 2 AEUV die **Entwicklung des Handelsverkehrs nicht** entgegen den Interessen der Union **beeinträchtigt** werden darf. Nach dieser Schranken-Schranke steht die in Art. 106 Abs. 2 AEUV enthaltene Ausnahme von der strikten Vertragsgeltung für Unternehmen mit besonderen Aufgaben unter folgenden Vorbehalten: **47**

Zunächst darf die Entwicklung des Handelsverkehrs durch die Befolgung der nationalstaatlichen (öffentlichen) Interessen nicht derart beeinträchtigt sein, dass die Unionsinteressen verletzt werden.[84] Zudem muss ein Abweichen vom Binnenmarktrecht für die Erfüllung der besonderen Unternehmensaufgabe erforderlich sein. Das **Prinzip der Erforderlichkeit** wirkt sich insofern aus, als die Durchbrechungen der Vertragsvorschriften in Intensität und Umfang nur so weit gehen dürfen, als dies für die Erfüllung der übertragenen Gemeinwohlaufgaben unbedingt erforderlich ist.[85] **48**

Da die Verdrängung der „normalen“ Vorgaben des Wettbewerbs- und Beihilfenrechts über Art. 106 Abs. 2 AEUV als ultima ratio auf Einzelfälle beschränkt ist, müssen zuvor sämtliche andere Möglichkeiten (zum Beispiel Art. 101 Abs. 3, 108 Abs. 3, 2 UAbs. 3 AEUV) erfolglos geblieben sein. **49**

III. Einfluss des Beihilfen- und Vergaberechts auf die Kommunalwirtschaft

Das Beihilfenrecht sowie auch das Vergaberecht erwiesen sich in den letzten Jahren für die Kommunalwirtschaft als höchst bedeutsam. **50**

1. Geltung des Beihilfenrechts

Staatliche Kapitalbeteiligungen oder Kapitalzuführungen an öffentliche Unternehmen sind grundsätzlich eine Beihilfe.[86] Sie können jedoch gerechtfertigt sein, **51**

---

[83] EuGH, Rs. C-159/94, Slg. 1997, I-5815, Rn. 52, 59, 96, 101 f. – Kommission/Frankreich; Rs. C-157/94, Slg. 1997, I-5699, Rn. 53 – Kommission Niederlande; Rs. C-158/94, Slg. 1997, I-5789, Rn. 53 f. – Kommission/Italien. Detaillierter zur Verhinderung *Pielow* (Fn. 36), S. 86-88; *Andresen* (Fn. 63), S. 264 ff.

[84] Vgl. *Andresen* (Fn. 63), S. 270 f.; *Ehricke*, EuZW 1998, 741 (746).

[85] EuGH, Rs. C-320/91, Slg. 1993, I-2533, Rn. 14 – Corbeau; *Bach*, Wettbewerbsrechtliche Schranken für staatliche Maßnahmen nach europäischem Gemeinschaftsrecht, 1992, S. 48.

[86] Siehe allgemein zum Beihilfenbegriff *Kluth* (Fn. 74), S. 111 (118); *Cremer*, in: Calliess/Ruffert, EUV/EGV, 3. Aufl. 2007, Art. 87 EGV Rn. 9.

wenn nachgewiesen wird, dass ein privater Investor unter den gegebenen Umständen ebenfalls eine derartige Kapitalbeteiligung vorgenommen hätte (**private investor test**[87]). Das Beihilfenrecht führt oberhalb eines bestimmten Schwellenwertes (de-minimis-Regelung) zu einer Anzeige- und Genehmigungspflicht und ist zudem mit einem Verbot von Quersubventionierungen verbunden, wie sie im Verbund großer Stadtwerke üblich waren. Dadurch werden kommunale Gestaltungsspielräume verengt, zugleich aber auch die Transparenz erhöht und neue Anreize für Bemühungen um höhere Wirtschaftlichkeit in den defizitären Bereichen geschaffen. Art. 107 Abs. 1 AEUV errichtet kein starres Beihilfenverbot, sondern eine dynamisch und abwägend ausgestaltete, kooperativ wahrzunehmende **Beihilfenaufsicht**, die vor allem für den Bereich der öffentlichen Unternehmen, die Dienste von allgemeiner wirtschaftlicher Bedeutung darbieten, offen und flexibel ausgestaltet ist.

52 Im Bereich des Beihilfenrechts der Art. 107, 108 AEUV wirft insbesondere die Beurteilung der Marktangemessenheit der Ausgleichszahlungen für die Erbringung von Dienstleistungen von allgemeinem wirtschaftlichem Interesse interessante Fragestellungen auf. Hier trug das Land Sachsen-Anhalt mit der **Altmark Trans-Entscheidung**[88] in besonderer Weise zur Rechtsentwicklung bei. Danach fällt der staatliche Ausgleich aus der Erfüllung unionsschaftlicher Pflichten nicht unter den Beihilfetatbestand, wenn der Ausgleich die tatsächlich bestehenden Kosten nicht übersteigt, der Begünstigungscharakter ist ausgeschlossen ist, wenn (1) das begünstigte Unternehmen seitens des Mitgliedstaates tatsächlich mit der Erfüllung unionsschaftlicher Verpflichtungen betraut worden ist, (2) die Parameter, anhand deren der Ausgleich berechnet wird, zuvor objektiv und transparent aufgestellt wurden, (3) der geleistete finanzielle Ausgleich nicht über das hinausgeht, was zur Deckung der Kosten der Erfüllung der unionswirtschaftlichen Verpflichtung erforderlich ist und (4) die Höhe des Ausgleichs auf Grundlage einer Kostenanalyse bestimmt wurde, die ein durchschnittliches, gut geführtes Unternehmen bei der Erfüllung der fraglichen Verpflichtung hätte. Soweit der mit dem vierten Kriterium geforderte Vergleich hingegen nicht realisierbar ist, ist ein offenes, transparentes und diskriminierungsfreies Vergabeverfahren durchzuführen.[89]

2. Auswirkungen auf die organisatorische Gestaltungsfreiheit der Kommunen

53 Die Anwendung des Wettbewerbs- und Beihilfenrechts beeinflusst insbesondere die Gestaltung der organisatorischen und finanziellen Beziehungen zwischen

---

[87] Zu diesem *Emmerich* (Fn. 62), H.II Rn. 125 m. w. N.

[88] EuGH, Rs. C-280/00, Slg. I-2003, 7747 – Altmark Trans. Vgl. auch zuvor bereits EuGH, Rs. C-53/00, Slg. 2001, I-9067 – Ferring.

[89] Vgl. *Cremer* (Fn. 86), Art. 87 EGV Rn. 12.

Kommunen und kommunalen Unternehmen.[90] Dabei ergibt sich eine bedeutsame Vorgabe für die Organisation kommunaler wirtschaftlicher Betätigung aus dem Vergaberecht. Hier entschied der EuGH in seiner **Stadt-Halle-Entscheidung**[91], dass auch die Vergabe von Aufträgen an Unternehmen, an denen neben der Kommune ein Privater zu einem geringen Prozentsatz beteiligt ist, nicht als **Inhouse-Vergabe** zu qualifizieren ist.[92] Folglich ist auch in diesen Fällen ein offenes Vergabeverfahren durchzuführen. Dadurch werden die Kooperation mit Privaten (→ § 47, Rn. 1 ff.) sowie die damit verbundene Nutzung ihres Know-hows und Kapitals für die kommunale Aufgabenerfüllung empfindlich eingeschränkt (→ s. näher § 43, Rn. 42 ff.).

E. Regelungsgehalt(e) und Funktionen des Art. 14 AEUV

Art. 14 AEUV zielt auf die Stärkung der Stellung von service public und Daseinsvorsorge in der gemeinschaftsrechtlichen Wirtschafts- und Wettbewerbsordnung. Er verschiebt das in Art. 106 Abs. 2 AEUV statuierte Regel-Ausnahme-Verhältnis zu Gunsten der Dienstleistungen von allgemeinem wirtschaftlichem Interesse. Das Primärrecht erkennt damit die besondere Bedeutung auch der Kommunalwirtschaft an, soweit es sich um Dienste von allgemeinem wirtschaftlichem Interesse handelt und liefert mit dem Verweis auf die „Förderung des sozialen und territorialen Zusammenhalts“ zugleich eine ansatzweise Begründung dafür, warum dies der Fall ist. **54**

I. Genese der Vorschrift

Der heutige Art. 14 AEUV wurde als damaliger Art. 16 EGV durch den Vertrag von Amsterdam mit Wirkung zum 1. Mai 1999 in das Primärrecht eingeführt. Die Norm ist ein **Kompromiss** und lässt das auch in Wortlaut und Systematik deutlich erkennen.[93] Während das Europäische Parlament[94] dafür plädierte, den service **55**

---

[90] Siehe zum Bereich des öffentlichen Personennahverkehrs *Brinker*, in: Schwarze (Hrsg.), Daseinsvorsorge im Lichte des Wettbewerbsrechts, 2001, S. 185 ff.; OVG Magdeburg, ZUR 1998, 210 ff.; BVerwG, EuR 2000, 792 ff.

[91] EuGH Rs. C-26/03, Slg. I-2005, 1 – Stadt Halle.

[92] Zum Teckal-Urteil des EuGH (Rs. C-107/98, Slg. 1999, I-8121) und der Frage, unter welchen Voraussetzungen ein vergaberechtsfreies In-house-Geschäft angenommen werden darf *Jaeger*, in: Schwarze (Hrsg.), Daseinsvorsorge im Lichte des Wettbewerbsrechts, 2001, S. 165 (182). *Ders.* resümiert auf S. 184, dass sich die Kommunen bei verständiger Anwendung des Lauterkeits-, Kartell- und Vergaberechts unter dem Deckmantel der Daseinsvorsorge nicht erfolgreich der Anwendung des Wettbewerbsrechts entziehen können.

[93] Hierzu *Kämmerer*, NVwZ 2002, 1041 (1042); *Essebier* (Fn. 61), S. 46 ff.; *Buchard*, in: Schwarze (Hrsg.), EU-Kommentar, 2. Aufl. 2009, Art. 86 EGV Rn. 1.

public im EG-Vertrag zu definieren, seine eigenständige Bedeutung im Vertrag festzuschreiben und ein subjektives Recht aller EG-Bürger auf garantierte Mindestleistungsstandards zu schaffen, verteidigte die Kommission[95] das in Art. 106 AEUV (ex Art. 86 EGV) niedergelegte Regel-Ausnahme-Verhältnis. Sie befürwortete allenfalls eine Erweitung der in Art. 3 AEUV (ex Art. 3 EGV) aufgezählten Gemeinschaftspolitiken um den Punkt der „Förderung gemeinwohlorientierter Leistungen".

II. Verhältnis zu Art. 101 ff. AEUV

56 Das in Art. 106 Abs. 2 AEUV statuierte Regel-Ausnahme-Verhältnis zugunsten der Marktwirtschaft wird von Art. 14 AEUV ebenso wenig verändert wie Inhalt und Interpretation von Art. 106 Abs. 1 AEUV. Dies verdeutlicht der Wortlaut „unbeschadet des Artikels 4 des Vertrags über die Europäische Union und der Artikel 93, 106 und 107 dieses Vertrags ...".[96] Gleichwohl wirkt sich Art. 14 AEUV auf das Verhältnis von Wettbewerb und den Diensten von allgemeinem wirtschaftlichem Interesse aus. Denn **Art. 14 AEUV** begründet zwar **keine grundsätzliche Änderung der Wirtschaftsordnung der Gemeinschaft**, gestaltet er die in Art. 119 Abs. 1 AEUV niedergelegte marktwirtschaftliche Grundausrichtung näher aus bzw. präzisiert sie.[97] In diesem Zusammenhang wird auch von der Begründung eines „wettbewerbsrechtlichen Übermaßverbots" gesprochen.[98]

III. Eigenständiger Regelungsgehalt

57 Der Auffassung, die Art. 14 AEUV als Formelkompromiss auf kleinstem gemeinsamen Nenner mit gegen Null tendierendem, schwer zu erschließendem rechtsnormativem Gehalt betrachtet, kann nicht zugestimmt werden. Vielmehr ist die Norm als **eine der Grundsatznormen des AEUV** zu betrachten, die für die Auslegung der nachfolgenden spezielleren Vorschriften zu beachten sind.[99]

58 Überdies stellt Art. 14 AEUV eine an Gemeinschaft und Mitgliedstaaten gerichtete Aufgabenzuweisungsnorm dar. Denn sein Normtext verweist darauf, dass

---

[94] Vgl. z. B. Entschließung zu dem allgemeinen Rahmen für einen Entwurf zur Revision der Verträge, ABl. 1997, C 33/66.

[95] Mitteilung über Leistungen der Daseinsvorsorge in Europa, ABl. 1996, C 281/3, Rn. 73 f.; Europäische Kommission, Stärkung der Politischen Union und Vorbereitung der Erweiterung – Stellungnahme der Kommission zur Einberufung der Regierungskonferenz, KOM (96) 90 endg., 28.02.1996, Kap. 8.

[96] So *Andresen* (Fn. 63), S. 226 f.; *v. Miert*, Competition Policy Newsletter 1997, Nr. 2, 3 f; *Ruffert*, → Bd. 1, § 38, Rn, 30.

[97] *Andresen* (Fn. 63), S. 225.

[98] *V. Danwitz*, in: Schwarze (Hrsg.), Der Verfassungsentwurf des Europäischen Konvents, 2004, S. 251 (267); zustimmend *Krajewski*, DÖV 2005, 665 (673).

[99] So auch *Krajewski*, DÖV 2005, 665 (671 f.) m. w. N.

es Aufgabe sowohl der Europäischen Union als auch der Mitgliedstaaten ist, im Rahmen ihrer jeweiligen Befugnisse dafür Sorge zu tragen, die Grundsätze und Bedingungen für das Funktionieren dieser Dienste so zu gestalten, dass diese ihren Aufgaben nachkommen können.

1. Daseinsvorsorge als gemeinsamer Wert von Union und Mitgliedstaaten

Art. 14 AEUV statuiert erstmals eine positive Sorge- bzw. Schutzpflicht von Uni- **59**
on und Mitgliedstaaten, damit die Erbringer von Dienstleistungen von öffentlichem Interesse ihre Zwecke auch tatsächlich und rechtlich zu erfüllen vermögen.[100] Infolge der Norm **werden die Gewährleistung von service public und Daseinsvorsorge zur gemeinsamen**, das heißt innerhalb ihrer jeweiligen Befugnisse kooperativ wahrzunehmenden **Aufgabe von Union und Mitgliedstaaten**. Mithin ist die Grundsatzentscheidung des Art. 14 AEUV nicht nur als Auslegungsmaßstab zu berücksichtigen. Vielmehr werden auch Handlungspflichten begründet, die mit Hilfe wettbewerbsrechtlicher Instrumentarien umzusetzen sind.[101] Da die Unionsaufgabe als Gestaltungsauftrag ausgelegt ist und ein Implementierungsverfahren erfordert, kommt Art. 14 AEUV Prinzipiencharakter zu. Allerdings wird die statuierte Pflicht infolge zweier Umstände abgeschwächt. Zum einen ist für das genannte Ziel lediglich „Sorge zu tragen". Zum anderen besteht die mitgliedstaatliche Pflicht nur „im Rahmen ihrer jeweiligen Befugnisse im Anwendungsbereich der Verträge".

2. Bedeutung für die Förderung des sozialen und territorialen Zusammenhalts

Zentrales Kennzeichen des Art. 14 AEUV ist der für die Bestimmung der Dienste **60**
von allgemeinem wirtschaftlichem Interesse als gemeinsamer Wert der Europäischen Union inhärente Hinweis auf die **Förderung des sozialen und territorialen Zusammenhalts**, der bei der Festlegung der Dienste zu beachten ist. Auch Art. 36 der Grundrechte-Charta[102] erkennt den Zugang der Unionsbürger zu Dienstleistungen von allgemeinem wirtschaftlichem Interesse als Mittel zur Förderung des sozialen und territorialen Zusammenhalts in der Europäischen Union an. Was unter „Förderung des sozialen und territorialen Zusammenhalts" zu verstehen ist, definiert weder das primäre, noch das sekundäre Unionsrecht. Auslegungshilfen können sich aus der Wendung „wirtschaftlichen und sozialen Zusammenhalts" (vgl. Art. 3 Abs. 3 UAbs. 3 EUV, Titel XVIII Art. 174 ff. AEUV) ergeben. Unter Hin-

---

[100] *Pielow* (Fn. 36), S. 100.

[101] *Kluth* (Fn. 74), S. 111 (130).

[102] Diese gilt gem. Art. 51 Abs. 1 Grundrechte-Charta im Verhältnis des Bürgers zu den Organen und Einrichtungen der Union und – soweit diese ausschließlich Unionsrecht durchführen – zu den Mitgliedstaaten. Solange nicht in die Verträge integriert, kann sie jedoch nicht eingeklagt werden.

weis auf die sehr verschiedenen mitgliedstaatlichen Verständnisse hat *Essebier*[103] aufgezeigt, dass in Deutschland unter der Förderung des sozialen und territorialen Zusammenhalts die **Bereitstellung einer Basisinfrastruktur** verstanden wird.

61 **a) Sozialer Zusammenhalt.** Sozialer Zusammenhalt bezieht sich auf die Schaffung untereinander vernetzter Gesellschaftsschichten und Individuen. Dabei bedarf eine soziale Vernetzung eines Informations- und Meinungsaustausches. Eine allgemeine Schulbildung ermöglicht es, dass alle Bürger an diesem Austausch teilnehmen können. Zudem ist die **kulturelle und politische Einheit** zu fördern. Diese Aufgabe wird in erheblichem Umfang durch Rundfunkanstalten wahrgenommen. Als zweite wesentliche Komponente verlangt die soziale Vernetzung ein gewisses Maß an **Einheitlichkeit der Lebensverhältnisse.**[104] Damit fördern Dienstleistungen von allgemeinem wirtschaftlichem Interesse die Schaffung einer sozialen, kulturellen und politischen Gemeinschaft.[105]

62 **b) Territorialer Zusammenhalt.** Der territoriale Zusammenhalt betont den räumlichen Gesichtspunkt, dem die Sektoren dienen, die zur Überwindung von Raum und Entfernung beitragen.[106] Hierzu zählen Bereiche, die sowohl die **Mobilität** von Personen und den Gütertransport sowie die **Kommunikation** sicherstellen, als auch die ein Leben in den verschiedenen Regionen eines Flächenstaates ermöglichenden Tätigkeiten.[107]

63 **c) Förderung des Zusammenhalts.** Die Förderung des Zusammenhalts wird im französischen Recht zur Begründung des service public herangezogen, etwa zur Rechtfertigung eines für die Post im gesamten Staatsgebiet bestehenden Einheitspreises. Dadurch soll zur nationalen Einheit, zur **Solidarität zwischen den Bürgern** und zur **Integration von Bevölkerungen** beigetragen werden. Dabei sind vor dem Hintergrund der veränderten territorialen Bevölkerungsstruktur nur noch die Leistungen sicherzustellen, die für das alltägliche Leben unverzichtbar sind. Es bedarf keines gleichen Niveaus an Leistungen im gesamten Staatsgebiet. Vielmehr genügt ein den Bedürfnissen der Benutzer in einem bestimmten Gebiet, auch dem einer Kommune, angepasstes Maß.[108]

---

[103] *Essebier* (Fn. 61), S. 139 ff. (141).

[104] *Pielow* (Fn. 23), Art. 36 Rn. 33.

[105] *Pielow* (Fn. 23), Art. 36 Rn. 33. Siehe vertiefend auch *Glaesner*, Der Grundsatz des wirtschaftlichen und sozialen Zusammenhalts im Recht der europäischen Wirtschaftsgemeinschaft, 1990.

[106] Siehe auch *Priebe*, in: Schwarze (Hrsg.), EU-Kommentar, 2. Aufl. 2009, Art. 158 Rn. 1 f. zur „Kohäsionspolitik", bei der durch den Vertrag von Lissabon in der Kapitelüberschrift der territoriale Zusammenhalt ergänzt wurde.

[107] Beispielsweise Eisenbahnen, Energieversorgung. Weitere Beispiele bei *Essebier* (Fn. 61), S. 142.

[108] Vgl. *Essebier* (Fn. 61), S. 141.

3. Positive Schutzpflicht

Inhaltlich begründet Art. 14 AEUV eine positive Verpflichtung für Mitgliedstaaten und Gemeinschaft, durch eine geeignete Gestaltung der Rahmenbedingungen dafür Sorge zu tragen, dass die Träger von Diensten im allgemeinen wirtschaftlichen Interesse ihren Aufgaben angemessen nachkommen können.[109] Dabei ist jedoch zu beachten, dass Art. 14 AEUV entgegen den Forderungen des Europäischen Parlaments **kein subjektives Recht** der Unionsbürger auf Versorgung mit einem Mindeststandard an Leistungen begründet.[110] Auch Art. 36 Grundrechte-Charta enthält lediglich ein subjektives Recht auf Zugang zu den bereits *angebotenen* gemeinwirtschaftlichen Diensten, nicht auf die erstmalige Bereitstellung solcher Dienste.[111] Als Zielvorgabe ohne subjektiv-rechtlichen Gehalt rückt die Norm in die Nähe eines Verfassungszieles.[112] 64

IV. Aufgaben der Unionsorgane und der Mitgliedstaaten

1. Befugnisse im Anwendungsbereich des Vertrages

Mit der Neufassung des Art. 14 AEUV verfügt die Europäische Union über eine unbestrittene Regelungsbefugnis, die allerdings nur durch den Erlass von Verordnungen durch das Europäische Parlament und den Rat ausgeübt werden kann. Der systematisch näher liegende **Erlass von Richtlinien ist nicht vorgesehen.**[113] Die weniger weit reichenden Regelungsbefugnisse der Kommission nach Art. 106 Abs. 3 AEUV[114] bleiben unberührt, dürften aber kaum Bedeutung besitzen. Diese Rechtsetzungsbefugnisse sind so auszuüben, dass die Mitgliedstaaten die ihnen zugewiesenen wirtschaftspolitischen Gestaltungsrechte leichter und mit einem hohen Maß an Rechtssicherheit gebrauchen können. 65

Im Falle der Mitgliedstaaten geht es darum, den Bereich der kommunalen wirtschaftlichen Betätigung sachgegenständlich zu konkretisieren. Dies geschieht im Wege eines zweistufigen Vorgehens. Auf einer ersten Stufe bestimmt der Landes- 66

[109] *Pielow* (Fn. 36), S. 100.

[110] *Pielow* (Fn. 23), Art. 36 Rn. 19.

[111] *Kallmayer/Jung* (Fn. 43), Art. 16 EGV Rn. 12; *Pielow* (Fn. 23), Art. 36 Rn. 19. Allerdings wird teilweise die Ansicht vertreten, aus Art. 36 Grundrechte-Charta folge ein gegen die Europäische Union gerichtetes subjektives Recht, den nach mitgliedstaatlichem Recht gewährleisteten Zugang nicht zu behindern; siehe *Krajewski*, DÖV 2005, 665 (668) unter Hinweis auf *Riedel*, in: Meyer (Hrsg.), Grundrechte-Charta, 2. Aufl. 2006, Art. 36 Rn. 12. Dass darüber hinaus das allgemeine Diskriminierungsverbot sowie die Grundfreiheiten zu beachten sind, ist keine spezifische Folge von Art. 36 Grundrechte-Charta.

[112] So die Interpretation bei *Krajewski*, DÖV 2005, 665 (672 f.).

[113] *V. Danwitz* (Fn. 98), S. 266 spricht insoweit von einem subsidiaritätsrechtlichen Missgriff.

[114] Zu deren Bedeutung vor der Rechtsänderung siehe *Simon* (Fn. 35), S. 336 ff.

gesetzgeber den allgemeinen Rahmen für die wirtschaftliche Betätigung. Diesen können die Kommunen dann durch einzelfallbezogene Entscheidungen konkretisieren, soweit nicht der Gesetzgeber eine Betätigungspflicht statuiert (pflichtige Selbstverwaltungsaufgabe). Auf einer zweiten Stufe wird darüber entschieden, ob und inwieweit für die Ausführung der Aufgabe Sonderrechte begründet werden müssen, die nach Art. 106 Abs. 2 AEUV eine Abweichung von den Vorschriften des Wettbewerbsrechts ermöglichen. Voraussetzung dafür ist neben dem förmlichen Betrauungsakt die inhaltliche Rechtfertigung nach Maßgabe des Art. 106 Abs. 2 AEUV.

2. Sicherung des Funktionierens der Dienste

67 Neben der Definition der Dienste von allgemeinem wirtschaftlichem Interesse obliegt deren Organisation und Unterstützung zunächst ebenfalls den Mitgliedstaaten (vgl. auch Art. 5 Abs. 3 EUV). Darüber hinaus wird nach Art. 14 AEUV jedoch auch die Union verpflichtet und die Förderung allgemeinwirtschaftlich motivierter Dienste ausdrücklich zu einer **konkurrierenden Unionsaufgabe** erklärt. Die Norm statuiert mithin die Gewährleistung von service public und Daseinsvorsorge zur gemeinsamen, das heißt innerhalb ihrer jeweiligen Befugnisse kooperativ wahrzunehmenden Aufgabe von Union und Mitgliedstaaten.[115]

3. Kooperations- und Rücksichtnahmepflichten

68 Daraus resultieren bestimmte Kooperations- und Rücksichtnahmepflichten für die Mitgliedstaaten sowie die Union. Diese Pflichten reflektieren den auch der europäischen Wettbewerbspolitik zugrunde liegenden funktional-gewalten-teilenden Ansatz. Eine Teilpositivierung der Kooperations- und Rücksichtnahmepflicht als allgemeinen Rechtsgrundsatz stellt **Art. 4 Abs. 3 EUV** (ex Art. 10 EGV) dar.[116] Kooperations- als auch Rücksichtnahmepflichten umfassen jeweils verfahrensrechtliche als auch materielle Aspekte einer Handlungs- sowie Unterlassungspflicht. Alle diese Dimensionen kommen in Art. 14 AEUV zur Geltung.

F. Der Gestaltungsspielraum der Landesgesetzgeber bei der Ausgestaltung der Kommunalwirtschaft

I. Regelungszuständigkeit der Landesgesetzgeber

69 Auf staatlicher Ebene ist es nach der Kompetenzordnung des Grundgesetzes Aufgabe der Landesgesetzgeber, den gesetzlichen Rahmen für die Kommunalwirt-

---

[115] Eingehende Ableitung bei *Kluth* (Fn. 74), S. 68 (78 ff.).

[116] Dazu *Kahl*, in: Calliess/Ruffert (Hrsg.), EUV/EGV, 3. Aufl. 2007, Art. 10 EGV Rn. 7, 11 ff.

schaft **so zu gestalten, dass die einzelnen Kommunen unionsrechtskonform agieren können**. Nach dem aus Art. 84 Abs. 1 S. 7 und Art. 85 Abs. 1 S. 2 GG folgenden Verbot, den Kommunen durch Bundesgesetz Aufgaben zu übertragen, stellt die Kommunalwirtschaft eine ausschließliche Domäne der Landesgesetzgeber dar.[117] Soweit es jedoch um die kommunalwirtschaftliche Betätigung in allgemein regulierten Bereichen geht, wie z.B. im Bereich der Elektrizität, sind selbstverständlich auch die dort geltenden EU-Richtlinien und diese umsetzenden Bundesgesetze zu beachten.

II. Konkretisierung der Zwecke der Kommunalwirtschaft

Dem Auftrag, innerhalb seiner Zuständigkeit die Funktionsfähigkeit der Dienste **70** von allgemeinem wirtschaftlichem Interesse sicherzustellen, kommt der Landesgesetzgeber unter anderem dadurch nach, dass er die Kommunen dazu verpflichtet, **den Zweck einer wirtschaftlichen Betätigung entsprechend den Anforderungen an einen Betrauungsakt, rechtsverbindlich festzulegen**. Durch die Einbeziehung der Entscheidung über die Aufnahme einer wirtschaftlichen Betätigung oder Beteiligung in den Kreis der Vorbehaltsaufgaben des Rates bzw. Kreistages, werden die Kommunalgesetze dieser Vorgabe grundsätzlich gerecht. Erforderlich ist aber die *genaue* Zweckbestimmung im Einzelfall sowie die Entscheidung über die Inanspruchnahme von Sonderrechten nach Art. 106 Abs. 2 AEUV (→ § 46, Rn. 7 ff. Zur gesellschaftsrechtlichen Notwendigkeit einer genauen Zweckprogrammierung).

III. Konkretisierung der Instrumente der Kommunalwirtschaft

Aus Art. 14 AEUV folgen keine über den Status quo hinausgehenden Vorgaben **71** für die Organisationsrechtsform einer kommunalwirtschaftlichen Betätigung. Vielmehr bleibt es bei der bislang bereits anerkannten **Freiheit der Wahl der Organisationsrechtsform** (→ § 43, Rn. 7). Bei der Nutzung privatrechtlicher Rechtsformen ist ein ausreichender steuernder Einfluss zu sichern, damit die gesetzlichen und gemeinschaftsrechtlichen Vorgaben eingehalten werden können.

Aus Art. 107 AEUV folgt auch kein allgemeines Verbot der gesetzlichen Be- **72** gründung einer Anstaltslast für öffentliche Unternehmen (→ § 45, Rn. 13). Die besonderen Wettbewerbsvorteile, die von einer **Anstaltslast** für öffentliche Banken ausgehen, beruhen auf den Besonderheiten des Ratings in diesem Bereich (→ § 53 a, Rn. 204 ff.). Für sonstige Bereiche der wirtschaftlichen Betätigung wirkt sich dieser Zusammenhang jedoch nicht spürbar aus, so dass in diesen Fällen das

[117] Zu Einzelheiten *Knitter*, Das Aufgabenübertragungsverbot des Art. 84 Abs. 1 S. 7 GG, 2008; *Germann*, in: Kluth (Hrsg.), Föderalismusreformgesetz, 2007, Art. 84, 85, Rn. 104 ff.

Beihilfenrechtsregime erst greift, wenn auf Grund einer Anstaltslast eine Zuwendung an das kommunale Unternehmen erfolgen soll.[118]

G. Unionskompetenz zur Konkretisierung der Dienstleistungen von allgemeinem wirtschaftlichem Interesse

I. Rechtsgrundlage

73 Bis zum Vertrag von Lissabon fehlte es an einer ausdrücklichen Rechtsgrundlage der Union, um Gegenstände der Dienstleistungen von allgemeinem wirtschaftlichem Interesse zu definieren und die Rahmenbedingungen ihrer Erbringung zu regeln.[119] Durch **Art. 14 S. 2 AEUV** wird nunmehr eine Rechtsgrundlage bereitgestellt, deren sachliche Reichweite jedoch begrenzt ist und die der Europäischen Union im Verhältnis zu den Mitgliedstaaten keine zusätzlichen Sachkompetenzen einräumt.[120]

II. Zulässige Regelungsgegenstände

74 Die auf der Grundlage des Art. 14 S. 2 AEUV erlassenen Verordnungen können „Grundsätze und Bedingungen insbesondere wirtschaftlicher und finanzieller Art" enthalten, die das Funktionieren der Dienste von allgemeinem wirtschaftlichem Interesse in den Mitgliedstaaten sicherstellen. Es geht darum, durch ein erhöhtes Maß an Transparenz und Vorhersehbarkeit des unionsrechtlichen (Ausnahme-) Rahmens das Handeln der Mitgliedstaaten einschließlich der Kommunen um Bereich der Dienste von allgemeinem wirtschaftlichem Interesse zu erleichtern und Rechtsunsicherheiten abzubauen[121], die u.U. auch Investitionen behindern oder verzögern können.

75 Als mögliche Regelungsgegenstände werden diskutiert:

- Eine generelle Befreiung von der beihilferechtlichen Notifizierungspflicht für im einzelnen bestimmte Tätigkeitsbereiche;[122]
- Vorgabe von Kriterien bzw. Ausgestaltung von „zulässigen" Finanzierungsmechanismen;[123]

---

[118] Zu Einzelheiten *Kluth* (Fn. 74), S. 111 (121 ff.).

[119] Diskutiert wurde der Rückgriff auf Art. 106 Abs. 3 AEUV (ex Art. 86 Abs. 3 EGV). Siehe dazu auch *Hochbaum/Klotz* (Fn. 52), Art. 86 Rn. 99 ff.

[120] So auch *Simon* (Fn. 35), S. 352; *v. Danwitz* (Fn. 98), S. 260 ff.

[121] Siehe dazu schon *Kluth* (Fn. 74), S. 81 f. In der kommunalen Praxis wird in den meisten Fällen jedoch die rechtliche Unsicherheit in Kauf genommen, wenn dadurch die Gestaltungsspielräume größer bleiben.

[122] *V. Danwitz* (Fn. 98), S. 262; *Krajewski*, DÖV 2006, 665 (671).

- die Konkretisierung der Altmark-Trans-Kriterien zur finanziellen Unstützung von Diensten von allgemeinem wirtschaftlichem Interesse;[124]
- eine Themenliste von Betätigungsfeldern, die als Dienste von allgemeinem wirtschaftlichem Interesse anzusehen sind;[125]
- die Vorgabe von allgemeinen (Mindest-) Qualitätsstandards für Dienste von allgemeinem wirtschaftlichem Interesse;[126]
- die Konkretisierung der Nutzerrechte, zugleich im Sinne der Ausgestaltung des Rechts auf Zugang zu Diensten von allgemeinem wirtschaftlichem Interesse gem. Art. 36 Grundrechte-Charta.[127]

Während die ersten vier Themenfelder unproblematisch als zulässige Regelungsgegenstände angesehen werden können, bestehen erhebliche Zweifel, ob auch Qualitätsstandards und Nutzerrechte durch die Europäische Union auf der Grundlage des Art. 14 S. 2 AEUV geregelt werden können. Dagegen spricht, dass in beiden Bereichen das **Subsidiaritätsprinzip für eine Regelungszuständigkeit der Mitgliedstaaten** spricht. Dies wird besonders deutlich, wenn man Art. 36 Grundrechte-Charta in die Betrachtung einbezieht, das dieser eine Achtung der mitgliedstaatlichen Regelungen ausdrücklich anspricht und damit voraussetzt, dass es insoweit jedenfalls auf der Basis von Art. 14 AEUV keine harmonisierenden Regelungen gibt. Denkbar ist eine solche Harmonisierung aber auf der Basis der sonstigen materiellen Rechtsetzungsbefugnisse, etwa nach Art. 114 AEUV und weiteren Sonderermächtigungen für einzelne Politikfelder, wie sie für die Bereiche Verkehr, Elektrizität und Telekommunikation bereits vorliegen.[128] **76**

III. Zuständigkeit und Verfahren

Anders als im Falle des Art. 106 Abs. 3 AEUV, der die Kommission zum Erlass von Richtlinien und Beschlüssen ermächtigt,[129] steht der **Kommission** im Bereich des Art. 14 S. 2 AEUV **lediglich das Initiativrecht** gem. Art. 289 Abs. 1 AEUV **77**

---

[123] Weißbuch (Fn. 75), S. 16 f.; *v. Danwitz* (Fn. 98), S. 262; *Krajewski*, DÖV 2006, 665 (671).

[124] *Schweitzer*, in: Schwarze (Hrsg.), Der Verfassungsentwurf des Europäischen Konvents, 2004, S. 269 (307); *Krajewski*, DÖV 2006, 665 (671).

[125] *Krajewski*, DÖV 2006, 665 (671).

[126] *Rodriguez*, Revue du marché commun et de l'Union européenne, 2003, S. 503 (512); *Krajewski*, DÖV 2006, 665 (671).

[127] *Krajewski*, DÖV 2006, 665 (671).

[128] Überblick bei *Pielow* (Fn. 36), S. 537 ff. Siehe auch die Einzelbeiträge in Ruffert/Fehling (Hrsg.), Regulierungsrecht, 2010.

[129] Dazu näher *Pernice/Wernicke* (Fn. 51), Art. 86 Rn. 70 ff.; *Hochbaum/Klotz* (Fn. 52), Art. 86 Rn. 99 ff. Ein bedeutsames Anwendungsbeispiel sind die Transparenzrichtlinien; siehe dazu auch EuGH, Rs. 188 bis 190/80, Slg. 1982, 2445 – Kommission / Frankreich, Italien, Vereinigtes Königreich.

zu. Die Verordnungen sind durch das Europäische Parlament und den Rat im ordentlichen Gesetzgebungsverfahren gem. Art. 289 AEUV zu erlassen.

H. Ausblick: Gestaltungsspielräume der Kommunen im Bereich der Dienste von allgemeinem wirtschaftlichem Interesse

78 Durch Art. 14 AEUV und Art. 36 Grundrechte-Charta sind die Dienste von allgemeinem wirtschaftlichem Interesse in den Werten der Union und ihrer primärrechtlichen Rechtsordnung sichtbarer Verankert worden. Spürbare Veränderungen gegenüber der seit Beginn in Art. 106 Abs. 2 AEUV verankerten primärrechtlichen Regelung der Dienste von allgemeinem wirtschaftlichem Interesse sind bislang kaum zu erkennen. Allenfalls in der Rechtsprechung des EuGH, der den **Gestaltungsspielraum** der Mitgliedstaaten deutlicher hervorhebt, sind mittelbare Zusammenhänge zu erkennen. Auch im Bereich der kommunalwirtschaftlichen Aktivitäten sind es vor allem die vergabe- und beihilfenrechtlichen Vorgaben, die Veränderungen bewirkt haben, nicht aber Art. 14 AEUV. Alle Versuche, grundlegende Rechtsetzungsakte zu den Diensten von allgemeinem wirtschaftlichem Interesse zu erlassen, die nunmehr auf Art. 14 S. 2 AEUV gestützt werden können, sind an politischen Widerständen gescheitert. Daran dürfte sich in absehbarer Zeit nichts ändern. Es hat den Anschein, dass die Kommission das Thema nicht mit Nachdruck verfolgt.

§ 40 Selbstverwaltungsgarantie und wirtschaftliche Betätigung der Kommunen

Michael Nierhaus

Schrifttum

F. Becker, Grenzenlose Kommunalwirtschaft, DÖV 2000, 1032 ff.; *G. Britz*, Funktion und Funktionsweise öffentlicher Unternehmen im Wandel, NVwZ 2001, 380 ff.; *F. Brosius-Gersdorf*, Wirtschaftliche Betätigung von Gemeinden außerhalb ihres Gebietes, AöR 130 (2005), 392 ff.; *D. Ehlers*, Die Möglichkeiten und Grenzen kommunaler Wirtschaftsbetätigung, in: J. Ipsen (Hrsg.), Kommunalwirtschaft im Umbruch, 11. Bad Iburger Gespräche, 2001, S. 10 ff.; *ders.*, Empfiehlt sich, das Recht der öffentlichen Unternehmen im Spannungsfeld von öffentlichem Auftrag und Wettbewerb national und gemeinschaftlich neu zu regeln?, Gutachten E zum 64. Deutschen Juristentag, 2002; *ders.*, Die Entwicklung des kommunalen Wirtschaftsrechts, Der Landkreis 2007, 456 ff.; *K. Eisenblätter*, Die extraterritoriale Kommunalwirtschaft, 2007; *R. Grawert*, Kommunale Wirtschaftsbetätigung im System eines unverfälschten Wettbewerbs, in: C. Reichard (Hrsg.), Kommunen am Markt - Aktuelle Fragen der wirtschaftlichen Betätigung von Kommunen, 2001, S. 9 ff.; *A. Guckelberger*, Die wirtschaftliche Betätigung kommunaler Unternehmen außerhalb des Gemeindegebiets, BayVBl. 2006, 293 ff.; *T. Heilshorn*, Gebietsbezug der Kommunalwirtschaft, 2003; *J. Hellermann*, Örtliche Daseinsfürsorge und gemeindliche Selbstverwaltung, 2000; *ders./J. Wieland*, Die wirtschaftliche Betätigung der Kommunen außerhalb ihres Gebietes, in: G. Püttner (Hrsg.), Zur Reform des Gemeindewirtschaftsrechts, 2002, S. 117 ff.; *H.-G. Henneke*, Das Recht der Kommunalwirtschaft in Gegenwart und Zukunft, NdsVBl. 1999, 1 ff.; *H. D. Jarass*, Aktivitäten kommunaler Unternehmen außerhalb des Gemeindegebietes, DVBl. 2006, 1 ff.; *J. Kühling*, Verfasungs- und kommunalrechtliche Probleme grenzüberschreitender Wirtschaftstätigkeit von Gemeinden, NJW 2001, 177 ff; *T. Mann*, Öffentliche Unternehmen im Spannungsfeld von öffentlichem Auftrag und Wettbewerb, JZ 2002, 819 ff.; *H. Pünder/R. Dittmar*, Die wirtschaftliche Betätigung der Gemeinden, Jura 2005, 760 ff.; *C. Scharpf*, Die wirtschaftliche Betätigung von Gemeinden zwischen Grundrechtsrelevanz und kommunalem Selbstverwaltungsrecht, GewArch. 2005, 1 ff.; *C. Scheps*, Das Örtlichkeitsprinzip im kommunalen Wirtschaftsrecht, 2006; *K. Stern*, Die Reform des gemeindlichen Wirtschaftsrechts in Nordrhein-Westfalen im Lichte der verfassungsrechtlichen Selbstverwaltungsgarantie, in: F. Kirchhof/H.-J. Papier/H. Schäffer (Hrsg.), FS für Detlef Merten, 2007, S. 293 ff.; *K. Stern/G. Püttner*, Die Gemeindewirtschaft, Recht und Realität, 1965; *B. Stüer/U. Schmalenbach*, Rechtsgrundlagen der Kommunalwirtschaft, NWVBl. 2006, 161 ff.; *B. Uhlenhut*, Wirtschaftliche Betätigung der Gemeinden außerhalb ihres Gebietes, 2004; *J. Wieland/J. Hellermann*, Der Schutz des Selbstverwaltungsrechts der Kommunen gegenüber Einschränkungen ihrer wirtschaftlichen Betätigung im nationalen und europäischen Recht, 1995.

Inhaltsübersicht Rn.

A. Einleitung und Eingrenzung

1 Das kommunale Wirtschaftsrecht wird in dreifacher Weise rechtlich gesteuert: durch das Europäische Gemeinschaftsrecht, das Verfassungsrecht und das einfache Gesetzesrecht. Themen dieses Beitrags sind nicht die unions- und gemeinschaftsrechtlichen Einwirkungen auf die deutsche kommunale Selbstverwaltung (→ Bd. 1 § 38).[1] Ausgespart bleiben auch die Einzelfragen wirtschaftlicher Betätigung der Kommunen und ihrer Unternehmen (→ § 41). Anzuknüpfen ist vielmehr an die Verfassungsgarantie der kommunalen Selbstverwaltung (→ Bd. 1 § 11).

2 Ausgehend von der **Selbstverwaltungsgarantie des GG** (und ihren landesverfassungsrechtlichen Schwesternormen) sind die Auswirkungen des Art. 28 Abs. 2 GG auf die wirtschaftliche Betätigung der Kommunen zu untersuchen. Insbesondere wegen des in Art. 28 Abs. 2 S. 1 GG enthaltenen sachlichen Gewährleistungsgehalts der „Angelegenheiten der örtlichen Gemeinschaft" – des spezifischen Ortsbezugs auch der wirtschaftlichen Betätigung – soll der Schwerpunkt der nach-

[1] Mit dem EU-Reformvertrag „Vertrag von Lissabon" v. 13.12.2007 (ABl. EU Nr. C 306 v. 17.12.2007) ist eine grundlegende Neujustierung des Verhältnisses von europäischer und kommunaler Ebene erfolgt: u. a. die ausdrückliche Achtung des kommunalen Selbstverwaltungsrechts als Bestandteil der nationalen Identität der EU-Mitgliedstaaten, eine Ausdehnung der Subsidiaritäts- und Verhältnismäßigkeitskontrolle auf die kommunale Ebene, eine Stärkung des Ausschusses der Regionen mit eigenem Klagerecht vor dem EuGH und Festschreibung des Konsultationsrechts der repräsentativen Kommunalverbände in der EU (siehe dazu *Weber*, EuZW 2008, 7 ff.; *Zimmermann*, KommJur 2008, 41 ff.).

folgenden Ausführungen bei den **Gemeinden** liegen, ohne dass damit der Stellenwert der **kreiskommunalen Wirtschaftstätigkeit** niedriger angesetzt wird.

Im Mittelpunkt der aktuellen Auseinandersetzungen um die Kommunalwirtschaft stehen seit einiger Zeit – mit weiterhin anschwellender Tendenz[2] – Geltung und Reichweite des **Örtlichkeitsprinzips** bzw. des **Regionalprinzips**. Der Ortsbezug der Kommunalwirtschaft wird sub specie Art. 28 Abs. 2 S. 1 GG unter verschiedenen Aspekten zu untersuchen sein: u. a. seiner Gewährleistungsgehalte (Rn. 23 ff.), der Kern- und Randbereichszugehörigkeit der kommunalen Wirtschaftstätigkeit (Rn. 28 ff.), der Kompetenzordnung, einschließlich der Extraterritorialität (Rn. 24 ff.), der Finanzhoheit (Rn. 30) sowie der Reformen des kommunalen Wirtschaftsrechts mit Schwerpunkten u. a. bei den Freistellungen für die öffentliche Daseinsvorsorge (Rn. 40), Nebenleistungen (ressourcennutzende und -unabhängige Nebengeschäfte bzw. Rand- und Annextätigkeiten, Rn. 10, 41, 43), Berichtspflichten (Rn. 38) und Auswirkungen auf die berechtigten Interessen der von kommunaler Wirtschaftskonkurrenz betroffenen sog. Ziel- oder Drittkommunen (Rn. 45). 3

Die verfassungsrechtlichen Grenzen, die der Kommunalwirtschaft aus dem **Demokratieprinzip** (Art. 28 Abs. 1 S. 1 und 2 GG) mit Blick auf die Legitimation der Zielkommunen (Rn. 44) und die **Grundrechte** der wettbewerblich betroffenen privaten **Marktteilnehmer** (Art. 12, 14, 2 Abs. 1 GG) erwachsen (Rn. 48 f.), können dabei nicht ganz ausgespart werden, müssen allerdings aus Raumgründen recht knapp gehalten werden. Alle diesbezüglichen Erörterungen setzen zunächst einen kurzen Überblick über die Entwicklungstendenzen und den bis heute erreichten Stand des **kommunalen Wirtschaftsrechts der deutschen Bundesländer** voraus (Rn. 5 ff.). 4

B. Entwicklung des deutschen kommunalen Wirtschaftsrechts

I. Abgrenzung wirtschaftlicher und nichtwirtschaftlicher Betätigungen

Unter wirtschaftlicher Betätigung wird prinzipiell das Herstellen, Anbieten oder Verteilen von Gütern, Dienstleistungen oder vergleichbaren Leistungen verstanden, die ihrer Art nach auch (von Privaten am Markt) mit der Absicht der Gewinnerzielung erbracht werden können.[3] Damit fällt nahezu die gesamte kommunale 5

---

[2] Siehe aus der neueren monographischen Literatur nur *Eisenblätter*, Die extraterritoriale Kommunalwirtschaft, 2007; *Heilshorn*, Gebietsbezug der Kommunalwirtschaft, 2003; *Scheps*, Das Örtlichkeitsprinzip im kommunalen Wirtschaftsrecht, 2006; *Uhlenhut*, Wirtschaftliche Betätigung der Gemeinden außerhalb ihres Gebietes, 2004, jeweils m. w. N.

[3] Ähnlich § 91 Abs. 1 S. 1 BbgKV i. d. F. des Art. 1 KommRRefG v. 18.12.2007 (GVBl. Bbg I S. 286), § 107 Abs. 1 S. 3 GO NW. Auf die Unterscheidung zwischen wirtschaft-

Leistungsverwaltung unter dem weiten Dach der Daseinsvorsorge in den Kontext der Kommunalwirtschaft. Will der Gesetzgeber bestimmte Leistungserbringungen von den einengenden kommunalwirtschaftlichen Bestimmungen ausnehmen, so muss er enumerativ formulierte Ausgrenzungen vornehmen. Nur die Gesetzgeber in Bayern[4], Brandenburg[5], Sachsen-Anhalt[6] und Thüringen[7] haben die **Unterscheidung von wirtschaftlicher und nichtwirtschaftlicher Betätigung** aufgegeben.

6 In den übrigen Gemeindeordnungen finden sich aber größtenteils noch umfängliche Kataloge, in denen – kraft gesetzlicher Fiktion – bestimmte Tätigkeiten, Einrichtungen und Betriebe als nichtwirtschaftlich eingestuft sind, z. B. Pflichtaufgaben oder Betätigungen in Bereichen des Bildungs-, Gesundheits- und Sozialwesens, der Kultur, des Sports, der Erholung, der Abfall- und Abwasserbeseitigung sowie der Eigenbedarfsdeckung[8] (→ § 41 Rn. 11 f.). Sollten alle diese Bereichsausnahmen etwa mit einem Dispens von der öffentlichen Zweckverfolgung und dem Örtlichkeitsprinzip verbunden sein,[9] drängen sich verfassungsrechtliche Bedenken geradezu auf (Rn. 40).[10]

II. Die kommunalwirtschaftliche Schrankentrias

7 **§ 67 Abs. 1 DGO** von 1935 – das große und fortwirkende Vorbild für die Voraussetzungen und Grenzen kommunaler Wirtschaftstätigkeit[11] – enthielt **drei Voraussetzungen**: die Rechtfertigung durch einen **öffentlichen Zweck**, das Vorliegen eines **angemessenen Verhältnisses zur Leistungsfähigkeit der Gemeinde und zum voraussichtlichen Bedarf** sowie das Erfordernis, dass der **Zweck nicht besser und wirtschaftlicher durch einen anderen erfüllt wird oder erfüllt werden kann**. Diese zentrale Weichenstellung für die Abgrenzung von Kommunal- und Privatwirtschaft wurde anfangs nahezu durchgängig von den Kommunalgesetzge-

---

licher Betätigung der Kommunen einerseits und dem Begriff des wirtschaftlichen Unternehmens andererseits wird nur eingegangen, wenn es darauf ankommt. Näher zu dieser Unterscheidung etwa *Ehlers*, Gutachten E zum 64. Deutschen Juristentag, 2002, E S. 29 f.

4 § 87 GO Bay.

5 § 91 BbgKV.

6 § 116 GO LSA.

7 § 71 ThürKO.

8 Stellvertretend: § 121 Abs. 2 S. 1 GO H. Weitere Nachweise bei *Eisenblätter* (Fn. 2), S. 35.

9 Vgl. z. B. OVG Koblenz, GewArch. 2006, 288.

10 So hält z. B. *Ehlers*, NWVBl. 2000, 1 (3 ff.), die generelle Ausklammerung der kommunalen Energieversorgung, der Wasserversorgung, des öffentlichen Verkehrs und des Betriebs von Telekommunikationsleitungsnetzen (zu § 107 GO NW a. F.) von den kommunalwirtschaftlichen Bindungen für verfassungswidrig. § 107 Abs. 2 Nr. 1–5 GO NW n. F. geht sogar noch weiter (z. B. hinsichtlich des Messe- und Ausstellungswesens).

11 *Nierhaus*, Kommunalrecht für Brandenburg, 1. Aufl. 2003, Rn. 608.

bern der Länder übernommen; zwischenzeitlich, insbesondere in den letzten Jahren, haben sich jedoch teilweise gravierende Änderungen ergeben.

1. Bezugsobjekt, Zeitpunkt und Bestandsschutz

Dies gilt zunächst hinsichtlich des **Bezugsobjekts** der Anforderungen an die Kommunalwirtschaft und damit zugleich des **Zeitpunktes** für ihr Vorliegen.[12] So stellen Hessen[13], Mecklenburg-Vorpommern[14], Nordrhein-Westfalen[15], Sachsen[16] und Sachsen-Anhalt[17] nicht mehr auf die Errichtung, wesentliche Erweiterung (bzw. Übernahme) eines Unternehmens oder einer Beteiligung daran ab. Ein bestimmter Zeitpunkt und eine Organisationsverfestigung werden durch die wirtschaftliche Betätigung schlechthin als Bezugspunkt abgelöst. *Ehlers* hält die Abkehr von der Devise „einmal gestattet, für immer erlaubt" für sachgerecht.[18] Damit ist verfassungsrechtlich die Frage des **Bestandsschutzes** der bestehenden Unternehmen für den Fall einer Verschärfung des Rechtsrahmens aufgeworfen (Rn. 36 ff.).[19] Dieses Problem stellt sich beispielsweise auch im Zusammenhang mit **Berichtspflichten**, mittels derer u. a. festgestellt werden soll, ob die öffentlich-rechtlichen Voraussetzungen für die Marktpräsenz kommunaler Wirtschaftsunternehmen noch bestehen.[20] 8

2. Öffentliche Zwecksetzung

Im Hinblick auf die **öffentliche Zwecksetzung** sind nur (deklaratorische) Klarstellungen auszumachen: Im Saarland[21], in Sachsen-Anhalt[22] und nunmehr auch in Brandenburg[23] ist ausdrücklich normiert, dass eine **ausschließliche Gewinnerzielung keinen legitimen bzw. auseichenden öffentlichen Zweck** darstellt (Rn. 27). Aus der Sicht der Selbstverwaltungsgarantie und der Grundrechte privater Wettbewerber ist es jedenfalls nicht notwendig, für die wirtschaftliche Betätigung der Kommunen einen *„dringenden"* öffentlichen Zweck zu fordern (*„erfordert"*), wie es zuletzt in Nordrhein-Westfalen geschehen ist.[24] Bislang ist diese „Verschär- 9

[12] Vgl. *Ehlers*, Der Landkreis 2007, 456 (458).
[13] § 121 Abs. 1 GO H.
[14] § 68 Abs. 1 KV MV.
[15] § 107 Abs. 1 GO NW.
[16] § 97 Abs. 1 GO Sachs.
[17] § 117 Abs. 1 GO LSA.
[18] *Ehlers*, Der Landkreis 2007, 456 (458).
[19] Siehe VerfGH Koblenz, DVBl. 2000, 992 (994); *Stern*, in: Kirchhof/Papier/Schäffer (Hrsg.), FS für D. Merten, 2007, S. 293 (302 f.).
[20] Z. B. § 91 Abs. 6 BbgKV.
[21] § 108 Abs. 3 S. 3 SaarlKSVG.
[22] § 116 Abs. 1 S. 2 GO LSA.
[23] § 91 Abs. 2 Nr. 1 GO Bbg.
[24] § 107 Abs. 1 S. 1 Nr. 1 GO NW.

fung" jedenfalls ohne besondere Konsequenzen geblieben[25] (→ § 21 Rn. 30; § 42 Rn. 33 f.).

3. Nebengeschäfte

10 Verfassungsrechtlich relevant erscheint demgegenüber die Frage, in welchem Umfang das Erfordernis der öffentlichen Zwecksetzung erwerbswirtschaftlich orientierte Nebengeschäfte zulässt. In der Rechtsprechung spielt die Unterscheidung zwischen Haupt-, Hilfs- und Nebengeschäften – auch ressourcennutzende sowie ressourcenunabhängige Rand- und Annexnutzungen genannt[26] – eine nicht zu unterschätzende Rolle.[27] Selbst*verwaltung* als öffentliche Zweckverfolgung setzt insoweit verfassungsrechtliche Maßstäbe (s. auch Rn. 9, 27, 42). **§ 91 Abs. 5 Nr. 1 und 2 BbgKV** versucht erstmals diese einfachgesetzlich wie folgt umzusetzen: Im Rahmen der wirtschaftlichen Betätigung dürfen Nebenleistungen nur erbracht werden, wenn diese im Wettbewerb üblicherweise (zusammen) mit der Hauptleistung erbracht werden, diese nach Art und Umfang für die Geschäftstätigkeit von untergeordneter Bedeutung sind und den öffentlichen Hauptzweck nicht beeinträchtigen.[28]

4. Subsidiaritätsklauseln

11 Verfassungsrechtliche Aufmerksamkeit verdienen vor allem die Änderungen respektive Differenzierungen der kommunalwirtschaftlichen **Subsidiaritätsklauseln** (→ § 41 Rn. 38 ff.; § 42 Rn. 36 ff.).

12 In der Anfangszeit wurde die Regelung des § 67 Abs. 1 Nr. 3 DGO übernommen, wonach Gemeinden nur dann weder wirtschaftliche Unternehmen errichten noch wesentlich erweitern durften, wenn der (öffentliche) Zweck nicht besser und wirtschaftlicher durch einen anderen erfüllt wird oder erfüllt werden kann. Diese eher **moderate Grenzziehung**[29] einer sog. **einfachen** oder **gängigen Subsidiaritätsklausel**[30] bedeutet, dass die Kommunalwirtschaft bereits dann keinen Konkurrenzbeschränkungen unterliegt, wenn sie zur öffentlichen Zweckerreichung ebenso gut und wirtschaftlich in der Lage ist wie die Privatwirtschaft oder sonstige öffentliche Wirtschaft. Diese alte Rechtslage gilt heute allerdings nur noch in den

---

25 So *Held*, in: ders. u. a. (Hrsg.), Kommunalverfassungsrecht Nordrhein-Westfalen, 2001, § 107 GO Anm. 5.3; ebenso *Ehlers*, Der Landkreis 2007, 456 (459).

26 Siehe hier nur *Eisenblätter* (Fn. 2), S. 36 f., 108 ff. m. w. N.; ferner *Stüer/Schmalenbach*, NWVBl. 2006, 161 (167).

27 Stellvertretend OVG Münster, NVwZ 2003, 1520 ff. – Parkhaus/Parkplatzbewirtschaftung versus Vermietung des Oberdecks an ein Fitnessstudio.

28 Vgl. jetzt auch § 116 Abs. 2 S. 2, Abs. 3 S. 2 GO LSA.

29 *Ehlers*, Der Landkreis 2007, 456 (459).

30 *Eisenblätter* (Fn. 2), S. 130; *Henneke*, NdsVBl. 1999, 1 (2). *Leder*, DÖV 2008, 173 (175) will die einfache Subsidiaritätsklausel auf eine spezielle Ausformung des Grundsatzes der Sparsamkeit und Wirtschaftlichkeit reduzieren.

Ländern Brandenburg[31], Mecklenburg-Vorpommern[32], Sachsen[33] und Schleswig-Holstein[34].

Sog. **qualifizierte oder verschärfte Subsidiaritätsklauseln** in den anderen neun Bundesländern verfolgen demgegenüber ein *Besser-Prinzip*[35], d. h. den wirtschaftenden Kommunen wird einfachgesetzlich aufgegeben, die (private und öffentliche) Konkurrenz zu überrunden, indem der Marktzu- und -auftritt bereits dann nicht mehr zugelassen wird, wenn der öffentliche Zweck durch andere Betriebe ebenso gut und wirtschaftlich erfüllt wird oder erfüllt werden kann.[36] Dieses Regel-Ausnahme-Verhältnis zugunsten der Privatwirtschaft bedeutet zugleich eine Beweislastumkehr zulasten der Kommune, die sich wirtschaftlich betätigen will. Ohne verfassungsrechtlichen Belang sind die Restriktionen einiger Subsidiaritätsklauseln, die sich nur noch auf das Tätigwerden außerhalb der kommunalen Daseinsvorsorge beziehen und damit deutlicher bzw. ausschließlich Markt und Wettbewerb im Blick haben.[37] 13

Abgesehen von der Auferlegung von Pflichten zur Markterkundung, zu Marktanalysen, einem Marktdialog (→ § 41 Rn. 46) und teilweise zur Einrichtung von informellen Clearingstellen (so in Bayern), sind solche Vorschriften von verfassungsrechtlichem (rechtsstaatlich-bestandschützendem) Interesse, die – wie im hessischen[38] und saarländischen Kommunalrecht[39] – die Kommunen darauf festlegt, in regelmäßigen Abständen zu prüfen, ob und inwieweit die wirtschaftlichen Unternehmen materiell privatisiert werden können. § 91 Abs. 6 BbgKV sieht im Rahmen von Beteiligungsberichten vor, dass in fünf bzw. zehn Jahresabständen ein ausführlicher Nachweis über die fortdauernde Erfüllung der gesetzlichen Voraussetzungen nach den Abs. 2 Nr. 1, Abs. 3 S. 1 und Abs. 5 zu führen ist. 14

---

[31] § 91 Abs. 3 BbgKV (abw. § 100 Abs. 3 S. 1 GO Bbg a. F.) mit ausdrücklichem Ausschluss des Drittschutzcharakters in § 91 Abs. 1 S. 2 BbgKV. Zum Rechtsschutz gegen öffentliche Konkurrenzwirtschaft siehe die gleichnamige Schrift von *Stamer* (2007).

[32] § 68 Abs. 1 S. 1 Nr. 3 KV MV, allerdings mit der umgekehrten Formulierung: „wenn die Gemeinde die Aufgabe ebenso gut und wirtschaftlich wie Dritte erfüllen kann."; zuletzt *Leder*, DÖV 2008, 173 (176).

[33] § 97 Abs. 1 S. 1 Nr. 3 GO Sachs.

[34] § 101 Abs. 1 Nr. 3 GO SH.

[35] *Henneke*, NdsVBl. 1999, 1 (2).

[36] § 102 Abs. 1 Nr. 3 GO BW; Art. 87 Abs. 1 S. 1 Nr. 4 GO Bay; § 121 Abs. 1 Nr. 3 S. 1 GO H; § 108 Abs. 1 S. 2 Nr. 3 GO Nds; § 107 Abs. 1 S. 1 Nr. 3 GO NW; § 85 Abs. 1 Nr. 3 GO RP; § 108 Abs. 1 Nr. 3 SaarlKSVG; § 116 Abs. 1 S. 1 Nr. 3 GO LSA; § 71 Abs. 1 Nr. 4 ThürKO.

[37] Z. B. Art. 87 Abs. 1 S. 1 Nr. 4 GO Bay und § 71 Abs. 1 Nr. 4 ThürKO; vgl. auch § 116 Abs. 1 S. 1 GO LSA („auch außerhalb ihrer öffentlichen Verwaltung"). Kritisch *Leder*, DÖV 2008, 173 (175).

[38] § 121 Abs. 7 GO H, wonach auch zu überprüfen ist, inwieweit ihre wirtschaftliche Betätigung noch die Voraussetzungen des Abs. 1 erfüllt.

[39] § 108 Abs. 6 S. 1 SaarlKSVG. Nach S. 2 ist privaten Dritten die Möglichkeit zu geben darzulegen, ob und wie sie die dem öffentlichen Zweck dienende wirtschaftliche Betätigung ebenso gut und wirtschaftlich erfüllen können. Das Ergebnis ist der Kommunalaufsicht zu berichten (S. 3).

5. Geltung und Öffnung des Örtlichkeitsprinzips

15 Im Mittelpunkt der derzeitigen rechtlichen und wirtschaftlichen Debatte stehen eindeutig die verfassungsrechtliche Fundierung (Art. 28 Abs. 1 S. 1 GG: „...Angelegenheiten der örtlichen Gemeinschaft...“) und einfachgesetzliche (kommunalrechtliche) Umsetzung des Örtlichkeitsprinzips sowie seiner Reichweite und Durchbrechungsmöglichkeiten (→ § 41 Rn. 21 ff.). Diese Feststellung gilt gleichermaßen für die wirtschaftliche Tragweite der extraterritorialen Wirtschaftstätigkeiten wie für die literarische Befassung mit dem Thema.[40]

16 Bevor unter dem Aspekt der **kommunalverfassungsrechtlichen ne-ultra-vires-Lehre des Art. 28 Abs. 2 S. 1 GG**[41] auf die Verfassungsmäßigkeit der einzelnen Öffnungsklauseln eingegangen wird, sind diese systematisch knapp darzustellen. Von insgesamt 13 Gemeindeordnungen verzichten nur noch vier auf Klauseln, die wirtschaftliche Betätigungen der Gemeinden außerhalb ihres Gebietes oder sogar bundesgrenzüberschreitend erlauben. Darunter stellt nur (noch) Niedersachsen in § 108 Abs. 1 S. 1 NGO klar, dass sich Gemeinden nur zur „Erledigung von Angelegenheiten der örtlichen Gemeinschaft wirtschaftlich betätigen“ dürfen. In Mecklenburg-Vorpommern (§ 68 KV MV), Rheinland-Pfalz (§ 85 GO RP) und Sachsen (§ 97 SächsGO) fehlt diese dem GG entnommene örtliche Radizierung der kommunalen Wirtschaftstätigkeit, allerdings ebenfalls eine extraterritoriale Marktöffnungsklausel für wirtschaftliche Unternehmen.

17 Die Aussagen der einzelnen **Expansionsklauseln**[42] können hier nicht im Einzelnen dargestellt werden. Als grobes Raster lassen sich immerhin die folgenden Normstrukturen ausmachen: Übergreifende Gemeinsamkeit weisen die Bezugnahmen auf die kommunale **Schrankentrias**[43] auf.[44] Macht es überhaupt Sinn – oder ist es im Gegenteil verfassungsrechtlich geboten? –, die Schrankentrias auf die örtlichen Verhältnisse zu beziehen, wo doch gerade außerörtliches Tätigwerden erlaubt werden soll (Rn. 45 ff.)?

---

[40] Siehe die Nachweise in Fn. 2; ferner die Nachweise in Fn. 89 ff. bei *Ehlers*, Der Landkreis 2007, 456 (460 f.).

[41] *Schmidt-Aßmann/Röhl*, in: Schmidt-Aßmann (Hrsg.), Besonderes Verwaltungsrecht, 13. Aufl. 2005, 1. Kap. Rn. 15; *Nierhaus*, in: Sachs (Hrsg.), Grundgesetz, 4. Aufl. 2007, Art. 28 Rn. 35; *Tettinger*, in: v. Mangoldt/Klein/Starck (Hrsg.), Kommentar zum Grundgesetz, Bd. 2, 5. Aufl. 2005, Art. 28 Rn. 173.

[42] Begriff nach *Becker*, DÖV 2000, 1032 (1033); vgl. auch *Heilshorn*, VerwArch. 96 (2005), 88 (98: „Gebietsklausel“); *Britz*, NVwZ 2001, 380 (386: „Außerörtlichkeitsklauseln“).

[43] In Bayern und Thüringen: Vierfachschranke (Die dem Unternehmen zu übertragenden Aufgaben müssen zusätzlich für die Wahrnehmung außerhalb der allgemeinen Verwaltung geeignet sein.).

[44] § 102 Abs. 7 S. 1 GO BW; Art. 87 Abs. 2 GO Bay; § 121 Abs. 5 Nr. 1 GO H; § 107 Abs. 3 S. 1 GO NW; § 108 Abs. 4 Nr. 1 SaarlKSVG; § 116 Abs. 3 und 4 GO LSA (teilw. abweichend und ohne Ausland); § 101 Abs. 2 S. 1 GO SH; § 71 Abs. 4 S. 1 ThürKO.

§ 116 Abs. 3 S. 4, Abs. 4 S. 4 GO LSA und § 101 Abs. 2 S. 3 GO SH sehen zusätzlich – deklaratorisch[45] – vor, dass die Zielkommunen so rechtzeitig über die Aufnahme der grenzüberschreitenden Wirtschaftstätigkeit **informiert** werden müssen, dass sie Gelegenheit haben, ihre berechtigten Interessen geltend zu machen. 18

Bis auf Brandenburg (Rn. 21) verlangen alle Bundesländer mit Extraterritorialitätsklauseln, dass die **berechtigten Interessen der betroffenen kommunalen Gebietskörperschaften gewahrt werden müssen.**[46] 19

Allein § 71 Abs. 4 S. 3 ThürKO schreibt für alle aktiv grenzüberschreitenden Wirtschaftstätigkeiten von Kommunen eine **Genehmigungspflicht** vor. § 107 Abs. 3 S. 3 und 4 GO NW macht nur, aber immerhin die Aufnahme einer wirtschaftlichen Betätigung auf „**ausländischen Märkten**" – neben dem Vorliegen der Voraussetzungen des Abs. 1 S. 1 Nr. 1 und 2 – von einer Genehmigung abhängig. Gleiches geschieht durch die Vorschrift des § 116 Abs. 5 GO LSA für das „**Ausland**". Insoweit gilt es, die verfassungsrechtlichen Grenzen von Auslandsaktivitäten zu ermitteln (Rn. 41 ff.). 20

Abweichend von den übrigen Bundesländern erlaubt **§ 91 Abs. 4 Nr. 2 BbgKV** nunmehr ein Eindringen in Gebiete von **kommunalen Auftrags- oder Konzessionsgebern** für den Fall, dass eine Wahrnehmung dieser Aufgabe gemäß § 1 des Gesetzes über kommunale Gemeinschaftsarbeit im Land Brandenburg[47] grundsätzlich möglich wäre.[48] Diese Vorschrift könnte durch das damit vorausgesetzte Erfordernis des Einvernehmens und der Organisationshoheit verfassungsrechtlich gerechtfertigt oder sogar gefordert sein (Rn. 45). Im Übrigen ist nach Abs. 4 S. 1 dieser Bestimmung eine wirtschaftliche Betätigung außerhalb der Versorgung der örtlichen Gemeinschaft (sowie die Nutzung von Einrichtungen bzw. Angeboten in der Gemeinde) weiterhin (vgl. § 100 Abs. 2 BbgGO a. F.) unzulässig. Darin ist insgesamt eine **behutsame Lockerung des Örtlichkeitsprinzips** (*Ehlers*[49]) zu erblicken. 21

[45] Weil sich Anhörungsrechte bereits verfassungsunmittelbar aus Art. 28 Abs. 2 GG als „Ergänzungsgarantien" ergeben, *Nierhaus* (Fn. 41), Art. 28 Rn. 74, 78.

[46] § 102 Abs. 7 S. 1 GO BW; Art. 87 Abs. 2 S. 1 GO Bay; § 121 Abs. 5 Nr. 2 S. 1 GO H; § 107 Abs. 3 S. 1 GO NW; § 108 Abs. 4 Nr. 2 S. 1 SaarlKSVG; § 116 Abs. 3 S. 1, Abs. 4 S. 1 GO LSA; § 101 Abs. 2 S. 1 GO SH; § 71 Abs. 4 S. 1 ThürKO. In den (größtenteils liberalisierten) Versorgungsbereichen *Strom*, *Gas*, teilweise auch (*Fern-*)*Wärme* gelten nur diejenigen Interessen als berechtigt, die nach den Vorschriften des EnWG oder allgemeinen bzw. maßgeblichen Wettbewerbsvorschriften eine Einschränkung des Wettbewerbs zulassen (vgl. z. B. § 102 Abs. 7 S. 2 GO BW; Art. 87 Abs. 2 S. 2 GO Bay; § 107 Abs. 3 S. 2 GO NW; § 71 Abs. 4 S. 2 ThürKO; siehe im Übrigen § 116 Abs. 3 S. 3 GO LSA); zur Verfassungsmäßigkeit dieser Vorschriften *Leder*, DÖV 2008, 173 (180).

[47] GVBl. I 1999, S. 194.

[48] Dazu positiv *Ehlers*, Der Landkreis 2007, 456 (461).

[49] Schriftliche Anhörung zum Gesetzentwurf der Landesregierung für ein Gesetz zur Reform der Kommunalverfassung v. 24.10.2007, S. 3.

C. Verfassungsrechtliche Vorgaben für die wirtschaftliche Betätigung der Kommunen

I. Das gemeindliche Wirtschaftsrecht im Lichte der Bedeutung der verfassungsrechtlichen Selbstverwaltungsgarantie

1. Die Gewährleistungsgehalte der Verfassungsgarantie der kommunalen Selbstverwaltung

22 a) Entwicklung und Reform des gemeindlichen Wirtschaftsrechts (Rn. 5 ff.) haben gezeigt, dass es sowohl zu einer mehr oder weniger moderaten Lockerung (z. B. Extraterritorialitätsklauseln) als auch zu einer Verschärfung (z. B. qualifiziertes Subsidiaritätsprinzip, Minderung des Bestandsschutzes für kommunale Unternehmen) der öffentlich-rechtlichen Voraussetzungen für kommunale Wirtschaftstätigkeit gekommen ist. Diese berühren in vielfältiger Weise die **Garantie der kommunalen Selbstverwaltung in Art. 28 Abs. 2 GG** und die mit dieser Durchgriffsnorm[50] korrespondierenden Parallelbestimmungen der Landesverfassungen.[51]

23 Nach der Mindestgarantie des Art. 28 Abs. 2 S. 1 GG und den entsprechenden Schutz gewährleistenden Regelungen der Landesverfassungen[52] muss den Gemeinden das Recht gewährleistet sein, alle Angelegenheiten der örtlichen Gemeinschaft im Rahmen der Gesetze in eigener Verantwortung zu regeln. Zu dieser sog. **institutionellen Garantie mit beschränkt individueller Wirkung**[53] zählt unstreitig der – zugegebenermaßen wenig konturenscharfe – Bereich der **kommunalen Daseinsvorsorge.**[54] Aktivitäten von besonderem Gewicht entfalten die Gemeinden in den Bereichen Strom-, Gas- und Wasserversorgung, im öffentlichen Personennahverkehr, in der Abfallbeseitigung und -entsorgung, in der Abwasserbeseitigung und stationären Krankenversorgung, in Bildungs-, Sport- und Kultureinrichtungen, im Sparkassenwesen[55] sowie bei dem Betreiben von Kommunikationsnetzen.[56]

---

[50] Dazu näher *Nierhaus*, in: Verfassungsgerichtsbarkeit im Land Brandenburg, FG zum 10jährigen Bestehen des BbgVerfG, 2003, S. 75 (77 ff.); *ders.* (Fn. 41), Art. 28 Rn. 39; *Schmidt-Aßmann/Röhl* (Fn. 41), 1. Kap. Rn. 9; *Vogelgesang*, in: Friauf/Höfling (Hrsg.), Berliner Kommentar zum Grundgesetz, Art. 28 Rn. 92; *Tettinger* (Fn. 41), Art. 28 Rn. 141 m. w. N. auch für die Gegenauffassung (bloße Normativbestimmung).

[51] Nachweise zu den geltenden Landesverfassungsgarantien bei *Nierhaus* (Fn. 41), S. 983; zur Rechtsprechung der Landesverfassungsgerichte *Lange*, NdsVBl., Sonderheft zum 50jährigen Bestehen des NdsStGH, 15.7.2005, 19 ff.

[52] Siehe nur VerfGH Münster, DVBl. 2001, 1595 (1597); VerfG Potsdam, LVerfGE 2, 93 (101 f.).

[53] VerfG Potsdam, NVwZ-RR 2000, 129 (134); *Nierhaus* (Fn. 11), Rn. 77; umfassende Nachweise bei *Stern* (Fn. 19), S. 293 (295 Fn. 9).

[54] Hierzu sowie zum folgenden eingehend *Tettinger* (Fn. 41), Art. 28 Rn. 207 ff.; grundlegend *Stern/Püttner*, Die Gemeindewirtschaft, Recht und Realität, 1965.

[55] Speziell dazu *Stern/Burmeister*, Die kommunalen Sparkassen. Verfassungs- und verwaltungsrechtliche Probleme, 1972; zuletzt *Nierhaus*, in: Ennuschat u.a. (Hrsg.), GS für P. J. Tettinger, 2007, S. 317 ff.

Diese Aufgabenfelder zählen traditionell zu dem Bereich der Angelegenheiten der örtlichen Gemeinschaft[57], auch wenn sich nicht selten die – hier nicht zu beantwortende – Frage stellt, welche konkreten Aufgaben aus dem Bereich des „Örtlichen" in den des „Überörtlichen" hinausgewachsen sind und damit nach Art. 28 Abs. 2 S. 2 GG in die Zuständigkeit der Kreise fallen.

b) Allerdings finden sich im **Schrifttum** nicht nur vereinzelt Stimmen, die – vor allem sub specie räumliche Beschränkung der Kommunalwirtschaft oder ihrer gesetzlichen Verlagerung in die Privatwirtschaft – die **Anwendbarkeit des Art. 28 Abs. 2 S. 1 GG auf die erwerbswirtschaftliche Betätigung der Gemeinden** prinzipiell **verneinen.**[58] Verkürzt lautet die Begründung: Nur für das hoheitliche Handeln seien Kompetenzen zur Abgrenzung der Handlungsbefugnisse verschiedener Hoheitsträger angebracht und notwendig. Für das wirtschaftliche Handeln müssten allein die Maßstäbe des Wettbewerbs(rechts) gelten. **24**

Die Auffassung, Kommunen bedürften im Falle wirtschaftlichen Tätigwerdens anders als bei hoheitlichem Agieren keiner kompetenziellen Grundlage, hat sich zu Recht nicht durchgesetzt.[59] Erstaunlicherweise hat sich allerdings auch *Papier*[60] *gegen* die Meinung gewandt, Art. 28 Abs. 2 S. 1 GG enthalte Kompetenzgrenzen für Gemeinden bei ihrer wirtschaftlichen Betätigung. Unter – nicht überzeugender – Berufung auf die Rastede-Entscheidung des BVerfG[61] beantwortet er die Frage, ob der Gesetzgeber von der Möglichkeit Gebrauch machen könne, nicht-örtliche Aufgaben den Gemeinden zu übertragen, „nach politischen Zweckmäßigkeitsgesichtspunkten". Bemerkenswert ist allerdings der Zusatz, dass eine „überörtli- **25**

---

56 *Stern/Püttner* (Fn. 54); zu den Daseinsvorsorgeaufgaben der Wasser- und Energieversorgung z. B. BVerfG, JZ 1990, 335; VerfGH Koblenz, DVBl. 2000, 992.

57 Nicht überzeugend *Ruffert*, NVwZ 2000, 763, der die Gemeindewirtschaft nicht dem Garantieelement der Aufgabenallzuständigkeit, sondern der Eigenverantwortung zuordnet. Beide Schutzbereiche umfassen vielmehr gleichermaßen die Kommunalwirtschaft. Im Übrigen setzt das *modale* Element (Eigenverantwortlichkeit) das *sachliche* (Allzuständigkeit) voraus!

58 Siehe *Wieland/Hellermann*, Der Schutz des Selbstverwaltungsrechts der Kommunen gegenüber Einschränkungen ihrer wirtschaftlichen Betätigung im nationalen und europäischen Recht, 1995, S. 26 ff.; *dies.*, in: Püttner (Hrsg.), Zur Reform des Gemeindewirtschaftsrechts, 2002, S. 117 (124 ff.); *Moraring*, WiVerw 1998, 233 (244 f.); *ders.*, Gemhlt 1998, 223 (227 f.); *Wieland*, in: Henneke (Hrsg.), Optimale Aufgabenerfüllung im Kreisgebiet?, 1999, S. 193 (196); weitere Nachweise bei *Ehlers*, Der Landkreis 2007, 456 (460 Fn. 89).

59 Siehe nur *Mann*, JZ 2002, 819 (825 m. w. N.); *Tettinger*, in: Mann/Püttner (Hrsg.), HKWP, Bd. 1, 3. Aufl. 2007, § 11 Rn. 10; ferner *Heintzen*, NVwZ 2000, 743 ff.; *Oebbecke*, ZHR 164 (2000), 375 ff.; *Heilshorn* (Fn. 2), S. 101 ff.; *ders.*, VerwArch. 96 (2005), 88 ff.; *Eisenblätter* (Fn. 2), S. 145 ff.; *Scheps* (Fn. 2), S. 57 ff., 73 ff., 153 ff., 171 ff. jeweils m. w. N.

60 DVBl. 2003, 686 (688); ähnlich *Jarass*, DVBl. 2006, 1 (3).

61 BVerfGE 79, 127 (152: „Der Gesetzgeber ist dagegen in seiner Zuordnung frei, wenn die Aufgabe keinen oder keinen relevanten örtlichen Charakter besitzt; sie fällt dann aus dem Gewährleistungsbereich des Art. 28 Abs. 2 Satz 1 GG heraus.").

che“[62] wirtschaftliche Betätigung einer Gemeinde in das Selbstverwaltungsrecht anderer Gemeinden eingreifen könne. In der Tat gilt bei Aufgaben, auch wirtschaftlichen, mit örtlichem bzw. örtlich relevantem Charakter die Selbstverwaltungsgarantie gleichermaßen für die Nachbargemeinden als Zielkommunen wirtschaftlicher Fremdbetätigung.[63] Wenn außerörtliche Wirtschaftstätigkeit auf die Kompetenzgrenze der Zielgemeinde stoßen soll, dann ist diese Betätigung selbst kompetenzbegrenzt. Bei der ne-ultra-vires-Lehre handelt es sich deshalb im Grunde um beide Seiten derselben Medaille: Das Abwehrrecht der Zielgemeinde begrenzt das Selbstverwaltungsrecht der Fremdkommune auf deren Örtlichkeit!

26 Es ist im Übrigen mehr als befremdlich, angesichts des Wortlauts des Art. 28 Abs. 2 S. 1 GG, der von *allen* Angelegenheiten der örtlichen Gemeinschaft spricht, den wirtschaftlichen Teil der dem Selbstverwaltungsrecht zuzurechnenden Aufgaben von der örtlichen Radizierung auszunehmen und damit kompetenzfrei zu stellen – von der „Flucht in das Privatrecht“[64] einmal ganz abgesehen. Auf das ebenfalls einschlägige Demokratieprinzip wird noch zurückzukommen sein (Rn. 44).[65]

27 Es bleibt dabei: Außerhalb des Art. 28 Abs. 2 GG ist keine selbstverwaltungsrechtliche und demokratische Legitimation für kommunales wirtschaftliches Handeln zu generieren. Seine Grenzen stellen zugleich Kompetenzgrenzen i. S. der **ne-ultra-vires-Lehre** (Rn. 16, 25) dar.[66] Also handelt es sich bei der Festlegung der Zulässigkeit und der Grenzen der Kommunalwirtschaft vor allem um ein „Problem des Verfassungsrechts“[67] und nicht (nur) des Wettbewerbsrechts. Wenn Kommunal*verwaltung* auch dann Verwaltung ist und bleibt, wenn sie wirtschaftet, verliert sie den Schutz und die Legitimationsbasis der Selbstverwaltungsgarantie nur und erst dann, wenn sie sich von öffentlichen Aufgaben löst und **erwerbswirtschaftlich-fiskalische Tätigkeiten** aufnimmt, bei denen **Gewinnstreben** Selbstzweck ist.[68]

28 c) Nach der Kern-Randbereich-Dogmatik (→ Bd. 1 § 11 Rn. 18 ff.) ist die **Möglichkeit wirtschaftlicher Betätigung** vom **Kernbereich** des Art. 28 Abs. 2 GG umfasst. Da damit kein gegenständlich bestimmter oder nach feststehenden Maßstäben bestimmbarer Aufgabenkatalog umschrieben ist[69] und wirtschaftliche Betä-

---

[62] *Papier*, DVBl. 2003, 686 (688); gemeint ist wohl „außerörtlich“.

[63] Zutreffend *Tettinger* (Fn. 59), § 11 Rn. 10 Fn. 21.

[64] Siehe nur *Eisenblätter* (Fn. 2), S. 67, die zu Recht die Aufspaltung von zu erfüllender Aufgabe und ihrer Ausführungsmodalität kritisiert.

[65] *Guckelberger*, BayVBl. 2006, 293 (295); *Brosius-Gersdorf*, AöR 130 (2005), 392 (429 ff.); *Eisenblätter* (Fn. 2), S. 148 ff. jeweils m. w. N.

[66] *Pieroth*, in: Jarass/ders. (Hrsg.), Grundgesetz, 9. Aufl. 2007, Art. 28 Rn. 10; *Tettinger* (Fn. 59), § 11 Rn. 10 m. w. N.

[67] *Schmidt-Aßmann/Röhl* (Fn. 41), 1. Kap. Rn. 118; ebenso *Tettinger* (Fn. 59), § 11 Rn. 10.

[68] VerfGH Koblenz, DVBl. 2000, 992, unter Berufung auf BVerfGE 61, 82 (107); abweichend *Cremer*, DÖV 2003, 921 ff.

[69] BVerfGE 79, 123 (146), sondern nur ein gemeindliches Aufgabenerfindungs- und -zugriffsrecht hinsichtlich gesetzlich nicht anderweitig zugewiesener Aufgaben.

tigung nur eine Form darstellt, mit der Gemeinden ihre öffentlichen Aufgaben wahrnehmen, bezieht sich der verfassungsrechtliche Kernbereichsschutz auf das Recht der wirtschaftlichen Betätigung als solches.[70]

Art. 28 Abs. 2 GG schützt darüber hinaus auch die **selbständige und eigenverantwortliche Nutzung des kommunalen Vermögens**. Nach der Rechtsprechung des BVerfG ist es „ein Aspekt eigenverantwortlichen kommunalen Wirtschaftens ..., daß die Kommunen ihr Vermögen selbständig verwalten und auch wirtschaftlich nutzen können".[71] 29

Neben dem verfassungsunmittelbaren Anspruch der Kommunen auf finanzielle Mindestausstattung garantiert Art. 28 Abs. 2 S. 1 i. V. m. S. 3 GG auch das **Recht auf aufgabengerechte Finanzausstattung**.[72] *K. Stern* hat jüngst im Zusammenhang mit der Reform des gemeindlichen Wirtschaftsrechts in Nordrhein-Westfalen[73] zu Recht darauf aufmerksam gemacht, dass aus diesem Erfordernis und zugleich darüber hinausgehend eine **Pflicht des Landesgesetzgebers** erwächst, die **eigenwirtschaftliche Betätigung der Gemeinden auszuweiten**.[74] Bleibt der Gesetzgeber in Zeiten finanzieller Unterausstattung untätig, schränkt er in verfassungswidriger Weise sowohl die **Finanzhoheit** der Gemeinden als auch ihr **Aufgabenzugriffs- und Erfindungsrecht** als Kernbestandteil der Selbstverwaltungsgarantie ein. 30

2. Verfassungsrechtliche Schranken für die Ausgestaltung des Kommunalwirtschaftsrechts

a) Wenn also die wirtschaftliche Betätigung der Gemeinden als Teil der Daseinsvorsorge zum überkommenen und typusprägenden Bild der kommunalen Selbstverwaltung zählt,[75] hat der Kommunalwirtschaftsgesetzgeber darauf zu achten, dass wirtschaftliche Leistungen, deren der Bürger zur Sicherung seiner Existenz bedarf – wie z. B. die Wasser- und Energieversorgung – als Aufgaben den kommunalen Gebietskörperschaften zugeordnet bleiben. Die Kernbereichszugehörigkeit der Kommunalwirtschaft im obigen Sinne (→ Rn. 24 ff., 28, 33)[76] bedeutet freilich nicht, dass die Gesamtheit der Normen und Grundsätze, die den **historisch** 31

---

70 Vgl. *Scharpf*, GewArch. 2005, 1 (2). Ähnlich BVerfGE 103, 332 (366), für die Planungshoheit: „Denn selbst wenn der Kernbereich der Selbstverwaltung die Planungshoheit umfassen sollte, so kann dies wiederum nur für deren Wesensgehalt und nicht für die Planungshoheit in vollem Umfange und all ihren Erscheinungsformen gelten."

71 BVerfG – Kammer –, DVBl. 1999, 697 (698); ebenso *Stern* (Fn. 19), S. 293 (299 m. w. N. in Fn. 27).

72 Siehe dazu *Nierhaus*, LKV, 2005, 1 ff.; *ders.*, in: Geis/Lorenz (Hrsg.), FS für H. Maurer, 2001, S. 239 ff.; *ders.* (Fn. 41), Art. 28 Rn. 84 ff. m. w. N. aus Lit. und Rspr.

73 Siehe dazu *Wellmann*, NWVBl. 2007, 1 ff.; *Wurzel*, Landkreis 2007, 576 ff.

74 *Stern* (Fn. 19), S. 293 (296); vgl. auch *Otting*, DVBl. 1997, 1258 (1262).

75 VerfGH Koblenz, DVBl. 2000, 992; *Stern* (Fn. 19), S. 293 (297 ff., 301).

76 In den Worten des VerfGH Koblenz, DVBl. 2000, 992: „Die Verfassungsgeber in Bund und Ländern fanden bereits eine entfaltete kommunale Wirtschaftstätigkeit vor und nahmen sie in den – für Entwicklungen offenen – Aufgabenbereich der Kommunen auf.".

gewachsenen Begriff der kommunalwirtschaftlichen Selbstverwaltung ausmachen, unantastbar und einer **gesetzlichen Weiterentwicklung** unzugänglich wären. Dem um- und ausgestaltenden Gesetzgeber ist von Verfassungs wegen nur, aber immerhin **verboten, wesentliche Teile der Kommunalwirtschaft** (z. B. durch materielle Privatisierung) **zu beseitigen,** das Selbstverwaltungsrecht insoweit auszuhöhlen oder den Gemeinden die Gelegenheit zu kraftvoller wirtschaftlicher Betätigung zu nehmen.[77]

32 Gemessen daran und zugleich in Abgrenzung zu dem unter Gesetzesvorbehalt stehenden **Randbereich der kommunalen Selbstverwaltungsgarantie (Schranken und Schranken-Schranken)**[78] sind einige – zwangsläufig ausgewählte – **Eingriffe** in das gemeindliche Selbstverwaltungsrecht auf dem Sektor der Kommunalwirtschaft verfassungsrechtlich in den Blick zu nehmen. In einer Gesamtschau ergeben sich daraus die **Schutzwirkungen,** die Art. 28 Abs. 2 GG **für die wirtschaftliche Betätigung** der Kommunen entfaltet.

33 b) Einem verfassungsrechtlichen Test mussten sich zunächst die **qualifizierten** oder **verschärften Subsidiaritätsklauseln** (Rn. 13) unterziehen lassen, nach denen eine Gemeinde wirtschaftliche Unternehmen nur mehr errichten, übernehmen und wesentlich erweitern darf, wenn der öffentliche Zweck nicht (bereits) ebenso gut und wirtschaftlich durch einen privaten Dritten erfüllt wird oder erfüllt werden kann. Nach dem insgesamt überzeugenden Grundsatzurteil des VerfGH RP vom 28. März 2000[79] liegt in dieser Verschärfung[80] **kein Kernbereichseingriff**. „Harte" Subsidiaritätsregelungen stellen zwar eine einschneidende Änderung der Rahmenbedingungen der Kommunalwirtschaft dar, verdrängen aber die Kommunen nicht vollständig aus dem Wettbewerb. Für die Wertung, dass qualifizierte, die Privatwirtschaft begünstigende Subsidiaritätsklauseln den Kommunen noch beträchtliche, die Selbstverwaltungsgarantie in ihrem Kernbereich wahrende wirtschaftliche Handlungsspielräume belassen, sind viele Gründe relevant.[81] Letztlich sind es zwei Überlegungen, die dem Verdikt der Verfassungswidrigkeit entgegenstehen: zum einen der einem Wirtschaftlichkeits- und Qualitätsvergleich[82] zugrunde liegende **unternehmensbezogene Ansatz**[83], zum anderen der **Beurteilungsspielraum**, der der Gemeinde im Rahmen dieses Vergleichs sowohl im Hinblick

---

[77] Siehe zusammenfassend *Tettinger* (Fn. 59), § 11 Rn. 18 ff. m. w. N. aus Rspr. und Lit.

[78] Dazu *Nierhaus* (Fn. 41), Art. 28 Rn. 44, 64 ff.

[79] DVBl. 2000, 992 ff.

[80] Die Gemeinde muss nachweisen, dass sie die Dienstleistungen und Güter *besser* und *wirtschaftlicher* als private Wettbewerbsteilnehmer erbringen bzw. produzieren kann.

[81] Siehe im Einzelnen VerfGH Koblenz, DVBl. 2000, 992 (993 ff.).

[82] Vor allem im Hinblick auf Güte, Nachhaltigkeit, d. h. Dauerhaftigkeit und Zuverlässigkeit der betreffenden Leistung.

[83] Der maßgebende Bezugspunkt ist das gesamte Unternehmen, nicht einzelne Sparten oder Teile; siehe OVG Münster, NVwZ 2003, 1520 (1522); *Leder*, DÖV 2008, 173 (176).

auf die Wirtschaftlichkeit als auch die Güte der Leistung oder Produktion zuzugestehen ist.[84]

Qualifizierte Subsidiaritätsregeln verletzen die Selbstverwaltungsgarantie auch nicht in ihrem dem Kernbereich vorgelagerten **Randbereich**. Gemeinden können zwar jede örtlich radizierte Aufgabe (Rn. 23) an sich ziehen, die nicht im Gemeinwohlinteresse durch Gesetz bereits anderen Trägern öffentlicher Verwaltung übertragen sind. Außerhalb dieser Kernbereichsdefinition[85] hat das BVerfG für den Randbereich der Selbstverwaltungsgarantie ein materiell zu verstehendes Aufgabenverteilungsprinzip zugunsten der Gemeinden entwickelt,[86] das aber im Sinne eines „Rundumschutzes"[87] und einer Stärkung der dezentralen Verwaltungsebene nur im Verhältnis zu den Ämtern[88], den Landkreisen[89] und letztlich zum Staat gilt. **Art. 28 Abs. 2 GG enthält** somit **kein Verteilungsprinzip zwischen Kommunen und Wirtschaft**;[90] aus der Sicht den Privatwirtschaft sind der wirtschaftenden Selbstverwaltungskörperschaften nur grundrechtliche Grenzen gezogen (Rn. 48 ff.). 34

Im Hinblick auf die für Einschränkungen des Selbstverwaltungsrechts erforderlichen **Gemeinwohlgründe** begegnen die verschärften Subsidiaritätsklauseln ebenfalls keinen verfassungsrechtlichen Bedenken. Der Gesetzgeber kann verfassungslegitime Regelungszwecke für sich reklamieren, z. B. neben der Bewahrung der Gemeinden vor unvertretbaren Risiken[91] den Schutz der Privatwirtschaft vor übermäßiger kommunaler Konkurrenz[92] oder den Vorrang der Privatinitiative, wo das gemeinsame Wohl der Einwohner eine eigene Wirtschaftstätigkeit der Gemeinde gerade nicht erfordert.[93] 35

c) Nicht nur speziell aus Anlass von Reformen des Gemeindewirtschaftsrechts[94], 36
sondern generell im Hinblick auf die Wirkungsdauer der (öffentlichen) Zweckbin-

---

[84] VerfGH Koblenz, DVBl. 2000, 992 (994 ff. m. w. N.); siehe ferner *Nierhaus* (Fn. 11), Rn. 616 m. w. N. und *Leder*, DÖV 2008, 173 (175), der deshalb im Örtlichkeitsprinzip die eigentliche Schranke des öffentlichen Zwecks sieht.

[85] BVerfGE 79, 127 (146).

[86] BVerfGE 79, 127 (150 ff.).

[87] *Nierhaus* (Fn. 41), Art. 28 Rn. 40.

[88] VerfG Potsdam, LVerfGE 5, 79 (85 ff.).

[89] BVerfGE 79, 127 (150).

[90] VerfGH Koblenz, DVBl. 2000, 992 (996); siehe auch *Nierhaus* (Fn. 41), Art. 28 Rn. 49.

[91] VerfGH Koblenz, DVBl. 2000, 992 (996), obwohl der Leistungsfähigkeitsbezug in einer eigenständigen Schranke enthalten ist (siehe Rn. 7).

[92] Siehe *Pünder/Dittmar*, Jura 2005, 760 (763 f. m. w. N.).

[93] So für VerfGH Koblenz, DVBl. 2000, 992 (996 f.). Demgegenüber schließt § 91 Abs. 1 S. 2 BbgKV nunmehr den Drittschutz ausdrücklich aus: „Die nachfolgenden Regelungen dienen ausschließlich dem Schutz der Leistungsfähigkeit der Gemeinden."

[94] Siehe z. B. Art. 87 Abs. 1 S. 3 GO Bay, wonach Unternehmen, die vor dem 1.9.1998 ohne Ausrichtung auf einen öffentlichen Zweck errichtet oder übernommen wurden, weitergeführt werden dürfen. *Ehlers* (Fn. 3), S. 75 hält diese Vorschrift für verfassungswidrig.

dungsklausel[95] stellen sich äußerst schwierige Fragen des **Vertrauensschutzes für bestehende kommunale Unternehmen**.[96]

37 Ist generell die wirtschaftliche *Betätigung*[97] oder das *Unterhalten* kommunaler Unternehmen[98] (zeitlicher) Anknüpfungspunkt für die Schrankentrias oder Teile derselben, so unterliegt der gemeindliche Betrieb nicht nur bei seiner Einrichtung, sondern während des gesamten Betriebs bereits der **einfachgesetzlichen Gemeinwohlbindung**.[99]

38 Das Problem des Bestandsschutzes stellt sich allerdings in voller Schärfe für alle übrigen Wirtschaftsklauseln, die eine öffentliche Zwecksetzung nur für die Errichtung, Übernahme, (wesentliche) Erweiterung und teilweise auch für die Beteiligung an wirtschaftlichen Unternehmen fordern. Der VerfGH RP hat daraus – unbeschadet bestehender **Berichtspflichten**[100] – gefolgert, dass Unternehmen im Sinne des **Bestandsschutzes** auch dann fortgeführt werden dürfen, wenn der öffentliche Zweck ebenso gut und wirtschaftlich durch einen privaten Dritten erfüllt wird oder erfüllt werden kann. Der Bestandsschutz sei keineswegs gleichbedeutend mit Stagnation. Dem Bedürfnis, angestammte Tätigkeitsfelder marktgerecht zu ergänzen, lasse das Gesetz durchaus Raum.[101] Wegen der **verfassungsrechtlichen Fundierung der Notwendigkeit einer öffentlichen Zwecksetzung** wird aber auch die gegenteilige Auffassung vertreten, für kommunale Unternehmen müsse stets eine öffentliche Zweckbindung vorliegen.[102]

39 Die Pflicht zur Berücksichtigung des Vertrauensschutzes für bereits am Markt tätige Unternehmen folgt letztlich aus dem auch bei Eingriffen in die Selbstverwaltungsgarantie zu berücksichtigenden Grundsatz der Verhältnismäßigkeit.[103] Eine Schlichtung des **Konflikts zwischen Verhältnismäßigkeitsprinzip / Bestandsschutz einerseits und verfassungsrechtlicher öffentlicher Zweckbindung andererseits** kann nicht allein im Sinne einer Forderung nach längeren

95 Siehe nur *Ehlers* (Fn. 3), S. 74 f.; *Eisenblätter* (Fn. 2), S. 124 ff.

96 Zutreffend *Stern* (Fn. 19), S. 293 (303).

97 § 121 Abs. 1 S. 1 GO H; § 107 Abs. 1 S. 1 GO NW; § 116 Abs. 1 S. 1 GO LSA.

98 § 97 Abs. 1 S. 1 GO Sachs.

99 *Eisenblätter* (Fn. 2), S. 124.

100 Z. B. § 91 Abs. 2 i. V. m. § 82 Abs. 2 S. 2 Nr. 5 oder § 83 Abs. 4 S. 2 Nr. 5 BbgKV; § 108 Abs. 2 S. 2 GO NW; § 90 Abs. 2 S. 3 Nr. 4 GO RP. Diese Berichtspflichten sind verfassungsrechtlich unbedenklich, weil die verfassungsrechtlich gewollte Teilnahme der Bürger an der Kommunalverwaltung ein berechtigtes Interesse der Öffentlichkeit begründet zu erfahren, in welcher Form, in welchem Umfang und mit welchem Ergebnis die Gemeinde wirtschaftet (so VerfGH Koblenz, DVBl. 2000, 992 LS 3).

101 VerfGH Koblenz, DVBl. 2000, 992 (994); zustimmend *Stern* (Fn. 19), S. 293 (303).

102 Z. B. von *Ehlers*, in: Ipsen (Hrsg.), Kommunalwirtschaft im Umbruch, 11. Bad Iburger Gespräche, 2001, S. 10 (19); *ders.* (Fn. 3), S. 70 ff., 74 f.; *Eisenblätter* (Fn. 2), S. 124.

103 Zutreffend *Stern* (Fn. 19), S. 293 (302 f.). Zum Problem, ob das Übermaßverbot auch für Art. 28 Abs. 2 GG Geltung beansprucht, *Nierhaus* (Fn. 41), Art. 28 Rn. 72 f. mit umfassenden Nachweisen. Bejahend BVerfGE 103, 332 (366 f.); bereits früher BVerfGE 95, 1 (27); ebenso VerfGH Weimar, LKV 2005, 665 (668) und VerfG Potsdam seit LVerfGE 2, 93 (101) std. Rspr.

Übergangsfristen[104] gelöst werden, sondern nur in der Weise, dass der Bestandsschutz (nur) für den Fall einer Verschärfung der Existenz- und Betätigungsbedingungen Vorrang hat vor der verfassungsrechtlichen Verpflichtung der Kommunen und ihrer Unternehmen, (permanent) nur öffentliche Zwecke zu verfolgen.[105]

d) Manche Gemeindeordnungen nehmen bestimmte Tätigkeiten der kommunalen **40**
Daseinsvorsorge von der Schrankentrias ganz oder teilweise aus (Rn. 5 f.). Derartige **Freistellungen** sind verfassungsrechtlich bedenklich, wenn sie viele und wirtschaftlich bedeutsame Betätigungsfelder **von der öffentlichen Zweckbindung** und **Subsidiaritätsklausel** dispensieren.[106] Diese Freistellungsklauseln ermächtigen die Kommunen qua gesetzlicher Fiktion im Ergebnis dazu, sich nicht gemeinwohlverträglich (vulgo: gemeinwohlschädlich) zu verhalten, indem sie sich auch dann wirtschaftlich betätigen dürfen, wenn sie den öffentlichen Zweck schlechter, unwirtschaftlicher, kostenungünstiger oder unzuverlässiger als ein privates Unternehmen erfüllen. Mit Blick auf die von solcher kommunaler Konkurrenz betroffenen privaten Marktteilnehmer, denen Kunden weggenommen werden, kann nicht mehr von einem gemeinwohlfördernden Verhalten der Kommunen gesprochen werden. Das Rechtsstaatsprinzip verlangt indes i. V. m. den Grundrechten, dass jegliches Handeln der Träger öffentlicher Gewalt durch einen öffentlichen Zweck respektive ein Gemeinwohlerfordernis gerechtfertigt sein muss.[107]

e) Besondere Aufmerksamkeit finden derzeit die **Extraterritorialitätsklauseln** **41**
der Kommunalgesetze (Rn. 15 ff.).[108] Dabei geht es im Kern um die Auswirkungen des in Art. 28 Abs. 2 S. 1 GG enthaltenen **Örtlichkeitsprinzips** oder (allgemeinen) **kommunalverfassungsrechtlichen Regionalprinzips**[109] auf die wirtschaftliche Betätigung der Gemeinden extra muros, und zwar in doppelter Hinsicht: Erlaubt zum einen das nur auf Angelegenheiten der örtlichen Gemeinschaft bezogene Selbstverwaltungsrecht – verstanden als negative (ne-ultra-vires) Kompetenzregel – der expandierenden Gemeine überhaupt den Marktaustritt in kommunalfremde Gebiete? Erwächst zum anderen den von kommunaler Fremd-

---

[104] So aber *Ehlers* (Fn. 3), S. 75.

[105] So wohl auch *Stern* (Fn. 19), S. 293 (303). Überzeugend ist sein Vorschlag, als Orientierungsmaßstab die Bestands- und Entwicklungsgarantie des öffentlich-rechtlichen Rundfunks heranzuziehen. Zum „Bestandsschutz-Kompromiss" des § 66 Abs. 2 ThürKV siehe *Leder*, DÖV 2008, 173 (183).

[106] So *Ehlers*, NWVBl. 2000, 1 (4) hinsichtlich Energieversorgung, Wasserversorgung und öffentlichem Verkehr; noch weitergehend jetzt § 107 Abs. 2 Nr. 1-5 GO NW. Im Ergebnis ebenso *Pünder/Dittmar*, Jura 2005, 760 (764).

[107] Zutreffend *Ehlers*, NWVBl. 2000, 1 (4 m. w. N. in Fn. 22); vgl. auch *Leder*, DÖV 2008, 173 (174 f.).

[108] Siehe neben den in Fn. 2 zitierten Monographien noch die Fn. 113.

[109] So OVG Münster, OVGE 36, 60 (64); zustimmend *Mann*, JZ 2002, 819 (825); ähnlich *Löwer*, VVDStRL 60 (2001), 416 (437: „Grundprinzip der Kompetenzexklusivität"); speziell zum sparkassenrechtlichen Regionalprinzip, das sich aus dem allgemeinen kommunalverfassungsrechtlichen Örtlichkeitsprinzip ableitet, *Stern/Nierhaus*, Das Regionalprinzip im öffentlich-rechtlichen Sparkassenwesen, 1991, S. 52 ff. m. w. N.

konkurrenz betroffenen sog. Zielkommunen aus dem ihnen gleichermaßen zustehenden Selbstverwaltungsrecht ein Abwehranspruch gegen ein Eindringen in ihren originär-eigenen Gemeinde- und Marktbereich? Ergänzend sind **landes- und bundesgrenzüberschreitende wirtschaftliche Aktivitäten** auf den verfassungsrechtlichen Prüfstand zu stellen (Rn. 46 f.). Auch bei der extraterritorialen Wirtschaftstätigkeit ist zwischen dem Unternehmensgegenstand und den unterschiedlichen Formen der **Neben- oder Hilfsgeschäfte** zu unterscheiden (Rn. 33, 43).

42 aa) Die verschärfte Konkurrenz in einigen Wirtschaftsbereichen (z. B. Energieversorgung, Abfallwirtschaft, öffentlicher Personennahverkehr, vereinzelt auch Telekommunikationsleistungen), teilweise auch deren Liberalisierung haben einige Kommunalgesetzgeber (Rn. 5 f.) dazu veranlasst, den kommunalen Unternehmen unter bestimmten Voraussetzungen (Rn. 43 ff.) den Marktaustritt in kommunalfremde Regionen zu erlauben. Durch diese Erweiterung des Aktionsradius soll die Chancengleichheit mit privaten Wettbewerbern hergestellt werden. Gebietsübergreifende Versorgungsaktivitäten kollidieren allerdings zwangsläufig mit der **räumlichen Beschränkung des kommunalen Selbstverwaltungsrechts auf die „Angelegenheiten der örtlichen Gemeinschaft“ (Art. 28 Abs. 2 S. 1 GG)**. Das BVerfG hat in seiner Rastede-Entscheidung dem örtlichen Wirkungskreis nur die Aufgaben zugerechnet, die Ausdruck derjenigen Bedürfnisse und Interessen sind, „die in der örtlichen Gemeinschaft wurzeln oder auf sie einen spezifischen Bezug haben, die also den Gemeindeeinwohnern gerade als solchen gemeinsam sind, indem sie das Zusammenleben und -wohnen der Menschen in der (politischen) Gemeinde betreffen“.[110] In früheren Judikaten spricht das BVerfG ergänzend von Aufgaben, „die von dieser örtlichen Gemeinschaft eigenverantwortlich und selbständig bewältigt werden können“.[111] Zwar bezieht sich diese „Legaldefinition“ auf hoheitliche Tätigkeiten. Sie gilt aber auch für wirtschaftliche Betätigungen der Gemeinden, wenn man die kommunale Selbst*verwaltung* einschließlich der **Wirtschaftstätigkeit** mit der herrschenden und auch hier (Rn. 24 ff.) vertretenen Meinung **„in Verfolgung öffentlicher Zwecke als materielle Verwaltung“ einstuft**.[112]

43 Die Erbringung wirtschaftlicher Leistungen an Gebietsfremde im Wege **gezielt-aktiver Grenzüberschreitung** ist mithin prinzipiell **verfassungswidrig**, weil die Verbandskompetenz des Art. 28 Abs. 2 S. 1 GG mittelbar auch die Kommunalwirtschaft in räumlicher Hinsicht begrenzt.[113] Sie legitimiert die kommunalen Un-

---

[110] BVerfGE 79, 127 (151 f.).

[111] BVerfGE 8, 122 (134); 50, 195 (201); 52, 95 (120); siehe auch BVerfGE 86, 148 (220 f.).

[112] *Mann*, JZ 2002, 819 (825).

[113] *Becker*, DÖV 2000, 1032 ff.; *Burmeister*, in: Püttner (Hrsg.), HKWP Bd. 5, 1. Aufl. 1984, S. 3 (42); *Ehlers*, NWVBl. 2000, 1 (5 ff.); *Grawert*, in: Grupp/Ronellenfitsch (Hrsg.), FS für W. Blümel, 1999, S. 119 (127-129); *ders.*, in: Reichard (Hrsg.), Kommunen am Markt, 2001, S. 9 (23 f.); *Held*, in: Henneke (Hrsg.), Optimale Aufgabenerfüllung im Kreisgebiet?, 1998, S. 181 ff.; *ders.*, in: Henneke (Hrsg.), Organisation kommunaler Aufgabenerfüllung, 1998, S. 113 (124); *ders.*, in: Schiller-Dickhut/Mu-

ternehmen nur zu solchen grenzüberschreitenden Handlungen, die einen **Bezug zur Versorgung der eigenen Einwohner** aufweisen. Einzige **Ausnahme** von diesem Verbot bilden **ressourcennutzende Nebengeschäfte**, sofern ihnen ein auf das Gemeinwohl der eigenen Einwohner ausgerichtetes Hauptgeschäft zugrunde liegt und sie nach Art und Umfang für die Geschäftstätigkeit von untergeordneter Bedeutung sind.[114]

bb) Neben der örtlich radizierten Verbandskompetenz ist auch das **Demokratieprinzip** mitentscheidend für die Limitierung der gebietsfremden Wirtschaftstätigkeit.[115] Auch die „Gemeindegewalt" i. w. S.[116] muss nach Art. 20 Abs. 1 und 2, Art. 28 Abs. 1 S. 1 und 2 GG demokratisch legitimiert sein. Nur das „in örtlichen Gemeinschaften fragmentierte Staatsvolk"[117] ist in der Lage, es selbst betreffende Entscheidungen auf der Ortsstufe zu legitimieren. Insofern ist auch das demokratische **Legitimationssubstrat örtlich begrenzt**. Dieser Legitimationsstrang gilt auch **im horizontalen Verhältnis** benachbarter Gemeindevölker. Die Beschränkung auf die örtliche Gemeinschaft als Ausfluss des allgemeinen kommunalverfassungsrechtlichen Regionalprinzips stellt – nicht nur im Sparkassenrecht[118] – ein wichtiges **Element der Risikobegrenzung** dar.[119] Nach allem muss die Entscheidung über wirtschaftliche Betätigung vor Ort in den Händen der jeweils demokratisch unmittelbar legitimierten Kommunalvertreter liegen. 44

---

rawski (Hrsg.), Kommunale Unternehmen auf der Flucht nach vorn, 1999, S. 23 (26 ff.); *Henneke*, NdsVBl. 1998, 273 (278 f.); *ders.*, NdsVBl. 1991, 1 (9); *Knemeyer/Kempen*, in: Achterberg/Püttner/Würtenberger (Hrsg.), Besonderes Verwaltungsrecht II, 2. Aufl. 2000, Rn. 44; *Klüber*, Das Gemeinderecht in den Ländern der Bundesrepublik Deutschland, 1972, S. 23 ff., 241 f.; *Löwer*, NWVBl. 2000, 241 (244); *Lux*, NWVBl. 2000, 7 (9); *Nierhaus* (Fn. 41), Art. 28 Rn. 49; *Rennert*, JZ 2003, 385 (390 f.); *Stern/Nierhaus* (Fn. 109), S. 57, 156 ff. Abschwächend: *Gern*, NJW 2002, 2593 (2594 f.); *Cronauge*, GemH 1997, 265 (268); *Averhaus*, Gemeinden in der Telekommunikation, 2001, S. 203. A. A.: *Hellermann*, Örtliche Daseinsvorsorge und gemeindliche Selbstverwaltung, 2000, S. 157 f.; *ders./Wieland* (Fn. 58), S. 117 (126, 128, 136 f.); *Jarass*, DVBl. 2006, 1 (2 f.); grundsätzlich auch *Blümel*, in: Isensee/Kirchhof (Hrsg.), HStR, Bd. IV, 1990, § 101 Rn. 8.

[114] Vgl. jetzt § 91 Abs. 5 BbgKV; eingehend *Eisenblätter* (Fn. 2), S. 108 ff. m. w. N. zu den erwerbswirtschaftlichen Rand- oder Annexnutzungen mit der Unterscheidung zwischen ressourcennutzenden und ressourcenunabhängigen Nebengeschäften; aus der Rspr. exemplarisch OVG Münster, NVwZ 2003, 1520 (1522 f.); zur Pflicht, das gemeinsame Wohl der Einwohnerschaft zu fördern, OVG Koblenz, DÖV 2006, 611 (612 f.).

[115] Siehe vor allem *Löwer*, NWVBl. 2000, 241 (244); *ders.*, VVDStRL 60 (2001), 416 (437 f.); *Brosius-Gersdorf*, AöR 130 (2005), 392 (423 ff.); *Eisenblätter* (Fn. 2), S. 96 ff., 148 ff. m. w. N.; im Ergebnis ebenso *Mann*, JZ 2002, 819 (825); a. A. *Jarass*, DVBl. 2006, 1 (4).

[116] Begriff nach *Brosius-Gersdorf*, AöR 130 (2005), 392 (423 f.).

[117] *Löwer*, VVDStRL 60 (2001), 416 (437).

[118] Dazu *Stern/Nierhaus* (Fn. 109), S. 52 ff. m. w. N.

[119] *Löwer*, VVDStRL 60 (2001), 416 (438).

45 cc) Fraglich ist allein, ob die „**Kompetenzexklusivität**" in der horizontalen Kommunalordnung im Sinne eines verfassungskräftigen **Verbots des Handelns** extra muros gesetzlich überhaupt nicht durchbrechbar[120] **oder** in **verfassungskonformer Weise gesetzlich flexibler gestaltbar** ist.[121] Unter folgenden **Maßgaben** ist die Reichweite des Örtlichkeitsprinzips gestaltbar: Es kommt nicht zwingend auf die kartographischen Verwaltungsgrenzen an,[122] sondern auf den **Aufgabenbezug**, d. h. den Unternehmens(haupt)zweck und damit auf die Förderung des Wohls der eigenen Einwohner.[123] Für die Konkretisierung dieses Bezugsgeflechts erscheint das **Kriterium der Wertschöpfung** als exklusiver Maßstab zu schwammig.[124] Mit Rücksicht auf das **Selbstverwaltungsrecht der Zielkommunen** fordern viele Gemeindeordnungen für extraterritoriale Betätigungen (Rn. 15 ff.), dass die Voraussetzungen der **Schrankentrias** vorliegen müssen und die **berechtigten Interessen der betroffenen Gemeinden** gewahrt sind. Die berechtigten Interessen der Zielkommunen sind dann *nicht* gewahrt, wenn sich die Gemeinden selbst wirtschaftlich betätigen oder betätigen wollen, mit der fremdkommunalen Konkurrenz – etwa aus Gründen des Schutzes des örtlichen Gewerbes[125] – nicht einverstanden sind und durch die Konkurrenz (unmittelbar oder mittelbar) erheblich beeinträchtigt werden.[126]

46 Von dem prinzipiellen Verbot gebietlicher Entgrenzung sind natürlich **grenzüberschreitende interkommunale Betriebe** ausgeschlossen.[127] Einen moderaten Mittelweg geht insoweit § 91 Abs. 4 S. 2 Nr. 2 BbgKV in Verbindung mit öffentlicher Auftragsvergabe oder Konzessionierung.[128] Nach der föderalen Kompetenzordnung des GG können (landesrechtliche) Gemeindeordnungen Kommunen nicht

---

[120] So z. B. *Löwer*, VVDStRL 60 (2001), 416 (438).

[121] So in der Sache *Mann*, JZ 2002, 819 (825); ausführlich *Eisenblätter* (Fn. 2), S. 145 ff. mit umfassenden Nachweisen; *Ehlers*, Der Landkreis 2007, 456 (460 f.).

[122] Vgl. allerdings auch OVG Koblenz, NVwZ-RR 1992, 340 (Sparkassenautomat in fremdem Trägergebiet!).

[123] Vgl. auch die funktions- und nicht anlagenbezogene Betrachtungsweise bei BVerwGE 122, 350 (354 ff.).

[124] Zutreffend *Ehlers*, Der Landkreis 2007, 456 (461); abw. OVG Koblenz, DÖV 2006, 611 (613); *Kühling*, NJW 2001, 177 (178); *Rehn/Cronauge*, Gemeindeordnung für Nordrhein-Westfalen, Bd. II, 2004, Anm. VIII.2., S. 35; *Stüer/Schmalenbach*, NWVBl. 2006, 161 (165).

[125] Das könnte z. B. ein verfassungslegitimer Grund für die wirtschaftliche Enthaltsamkeit der örtlich zuständigen Gemeinde sein!

[126] *Ehlers*, Der Landkreis 2007, 456 (461); *ders.* (Fn. 3), S. 98, 100; bezüglich des Einverständnisses bereits *Nierhaus* (Fn. 41), Art. 28 Rn. 49; abschwächend *Leder*, DÖV 2008, 173 (180); zu weiteren verfassungsrechtlich geforderten Begrenzungen *Oebbecke*, ZHR 164 (2000), 375 (385 ff.); *Held*, NWVBl. 2000, 201 (206); *Grawert* (Fn. 113), S. 119 (137 f.); *Lux*, NWVBl. 2000, 7 (9 f.); *Becker*, DÖV 2000, 1032 (1035 ff.); *Kühling*, NJW 2001, 177 (178 ff.).

[127] Zutreffend *Mann*, JZ 2002, 819 (825).

[128] *Ehlers*, Der Landkreis 2007, 456 (461) hält ein *Einverständnis* mit der fremdkommunalen Betätigung für ausreichend.

dazu ermächtigen, **landesgrenzüberschreitend** wirtschaftlich tätig zu werden.[129] Auch Zweckverbandslösungen müssten staatsvertraglich abgesichert werden.

Die Gemeindeordnungen, die eine Aufnahme einer Wirtschaftsbetätigung im **Ausland** erlauben, machen diese von einer *rechts*aufsichtsbehördlichen **Genehmigung** (Rn. 20) oder von einer vorherigen Unterrichtung der Aufsicht[130] abhängig. Genehmigungsabhängige Auslandsbetätigungen widersprechen indes der durch Art. 28 Abs. 2 S. 1 GG konkretisierten verfassungsrechtlichen Pflicht der Gemeinden, durch wirtschaftliche Betätigung einen öffentlichen Zweck zu verfolgen, der unmittelbar den eigenen Gemeindeeinwohnern zu Gute kommen muss.[131] Die Versorgung von Ausländern mit deutschen kommunalen Leistungen stellt keinen legitimen öffentlichen Zeck dar. Im Übrigen dürfte in den meisten Fällen zu bezweifeln sein, dass die Auslandsaktivität in einem angemessenen Verhältnis zur Leistungsfähigkeit der deutschen Kommunen steht.[132] 47

II. Grundrechtliche Grenzen

Abgesehen von den dargestellten Ingerenzen des Art. 28 Abs. 2 GG auf das kommunale Wirtschaftsrecht und die wirtschaftliche Betätigung der Kommunen ist abschließend kurz die Bindung der Kommunalwirtschaft (Art. 1 Abs. 3 GG) an die **Unternehmergrundrechte** (insbesondere Art. 12 und Art. 14 GG) zu behandeln, weil andernfalls die Aufzeigung der verfassungsrechtlichen Grenzen unvollständig wäre (s. auch → § 42 Rn. 43 ff.). Die vielzitierten Sätze des BVerwG „Art. 12 Abs. 1 GG schützt nicht vor Konkurrenz, auch nicht vor dem Wettbewerb der öffentlichen Hand"[133] und Grundrechtsschutz greife erst dann ein, wenn durch das Entstehen eines faktischen Monopols des öffentlichen (hier: kommunalen) Wettbewerbers die wirtschaftliche Betätigung eines privaten Konkurrenten unmöglich gemacht oder unzumutbar erschwert werde[134], vermögen – gemessen an der Schutzbereichs-, Eingriffs- und Rechtfertigungsdogmatik – nicht zu überzeugen. Es liegt vielmehr bereits ein (finaler) mittelbar-faktischer Grundrechtseingriff vor, wenn die Möglichkeit eines privaten Wettbewerbers, sich als Unternehmer erfolg- 48

---

[129] Allg. Meinung: Siehe nur *Eisenblätter* (Fn. 2), S. 147 f. m. w. N. (zur Verbandskompetenz der Bundesländer).

[130] § 101 Abs. 3 S. 2 GO SH.

[131] So zutreffend *Eisenblätter* (Fn. 2), S. 154 f.

[132] Zu diesem Erfordernis *Ehlers*, Der Landkreis 2007, 456 (461); zur Vereinbarkeit mit dem Europäischen Gemeinschaftsrecht siehe *Guckelberger*, BayVBl. 2006, 293 (299 f.); *Ehlers*, Der Landkreis 2007, 456 (461 ff.) m. w. N.

[133] BVerwGE 39, 329 (336); BVerwG, NJW 1978, 1539 (1540); abw. BVerwGE 17, 306 (313).

[134] BVerwG, DVBl. 1996, 152 (153); vgl. auch BVerwGE 39, 329 (336 ff.); BVerwG, NJW 1978, 1539 f.; OVG Münster, NVwZ 2003, 1520 (1523 m. w. N.); prinzipiell zustimmend *Pieroth/Hartmann*, DVBl. 2002, 421 ff.

reich zu betätigen, durch gezielte wirtschaftliche Expansion in erheblichem Maße eingeschränkt wird.[135]

49 Ist eine kommunalwirtschaftliche Betätigung auch bei spürbarer Wettbewerbsbeeinträchtigung durch eine öffentliche Zweckverfolgung unter Beachtung des Subsidiaritätsprinzips gerechtfertigt, scheidet allerdings eine Grundrechtsverletzung aus.[136]

[135] *Ehlers* (Fn. 3), S. 40 f.; vgl. auch *Selmer*, in: Stober/Vogel (Hrsg.), Wirtschaftliche Betätigung der öffentlichen Hand, 2000, S. 75 (84); *Di Fabio*, in: Maunz/Dürig (Hrsg.), Grundgesetz, Art. 2 Abs. 1 Rn. 122. Zum „Eingriff durch Konkurrenz" siehe *Mann*, in: Sachs (Hrsg.), Grundgesetzkommentar, 6. Aufl. 2010, Art. 12 Rn. 73 m. w. N. in Fn. 317; *Stamer*, Rechtsschutz gegen öffentliche Konkurrenzwirtschaft, 2007, S. 79 ff.

[136] *Ehlers* (Fn. 3), S. 89.

Teil 11

Die Zulässigkeit kommunaler Wirtschaftsbetätigung

§ 41 Kommunalrechtliche Voraussetzungen der wirtschaftlichen Betätigung

Janbernd Oebbecke

Schrifttum

D. Ehlers, Die wirtschaftliche Betätigung der öffentlichen Hand in der Bundesrepublik Deutschland, JZ 1990, 1089 ff.; *Ders.*, Empfiehlt es sich, das Recht der öffentlichen Unternehmen im Spannungsfeld von öffentlichem Auftrag und Wettbewerb national und gemeinschaftsrechtlich neu zu regeln?, Gutachten E zum 64. Deutschen Juristentag, München 2002; *A. Faber*, Aktuelle Entwicklungen des Drittschutzes gegen die kommunale wirtschaftliche Betätigung, DVBl. 2003, 761 ff.; *C. Franzius*, Die wirtschaftliche Betätigung der Kommunen, Jura 2009, 677 ff.; *H. Freese*, Die geringe Steuerungswirkung von echten Subsidiaritätsklauseln im Gemeindewirtschaftsrecht, NdsVBl. 2009, 192 ff.; *A. Guckelberger*, Die wirtschaftliche Betätigung kommunaler Unternehmen *außerhalb* des Gemeindegebiets, BayVBl. 2006, 293 ff.; *T. Heilshorn*, Gebietsbezug der Kommunalwirtschaft, 2003; *H. D. Jarass*, Kommunale Wirtschaftsunternehmen und Verfassungsrecht, DÖV 2002, 489 ff.; *Ders.*, Aktivitäten kommunaler Unternehmen außerhalb des Gemeindegebiets, insbesondere im öffentlichen Personennahverkehr, DVBl. 2006, 1 ff.; *W. Neutz*, in: G. Wurzel/A. Schraml/R. Becker (Hrsg.), Rechtspraxis der kommunalen Unternehmen, 2. Aufl. 2010, Teil C; *J. Oebbecke*, Die örtliche Begrenzung kommunaler Wirtschaftstätigkeit, ZHR 164 (2000), 375 ff.; *C. Scharpf*, Von „Ressourcennutzung" und „Annextätigkeiten", DÖV 2006, 23 ff.; *A. Schink*, Wirtschaftliche Betätigung kommunaler Unternehmen, NVwZ 2002, 129 ff.; *M. Uechtritz/O. Otting*, in: W. Hoppe/M. Uechtritz (Hrsg.), Handbuch Kommunale Unternehmen, 2. Aufl. 2007, § 6; *J. Winkel*, „Die Bedeutung der kommunalen Unternehmen für die Daseinsvorsorge und für die kommunalen Haushalte", NWVBl. 2008, 285 ff.

Inhaltsübersicht

Rn.

A. Grundlagen

I. Wirtschaftliche Betätigung als rechtspolitisches Thema

1 Die wirtschaftliche Betätigung der Kommunen dürfte inzwischen der rechtspolitisch wie rechtsdogmatisch am stärksten umstrittene Regelungsbereich des Kommunalrechts überhaupt sein. Die Zahl der einschlägigen Publikationen ist unüberschaubar. Das Thema ist stark **symbolisch aufgeladen**[1] („Privat vor Staat"[2]). Aufwand und Intensität der Auseinandersetzung über bescheidene Regelungsänderungen stehen in keinem nachvollziehbaren Verhältnis zu deren praktischen Auswirkungen.[3] Das zeigt auch die eher geringe Zahl einschlägiger gerichtlicher Verfahren. Dementsprechend kommt die Klärung der offenen Fragen durch die Gerichte nur langsam voran. Die rechtspolitische Auseinandersetzung wird vor allem mit Bezug auf solche Tätigkeitsfelder geführt, auf denen es wie bei der Versorgung mit Strom, Gas und Wasser oder bei der Abfallentsorgung um lukrative Märkte geht. Dagegen spielten Bildungsangebote bisher allenfalls ausnahmsweise eine Rolle[4], die Konkurrenz kommunaler und privater Kulturangebote, etwa von Konzertveranstaltungen, soweit ersichtlich noch nie.

2 Die **beteiligten Interessen** sind recht überschaubar.[5] Auf kommunaler Seite soll Marktversagen korrigiert oder vorgebeugt werden, indem Leistungen erbracht werden, die Private nicht oder nur zu ungünstigen Bedingungen anbieten. Die Erträge aus der wirtschaftlichen Betätigung sollen die stets knappen Finanzen aufbessern. Die private Wirtschaft wehrt sich gegen die Konkurrenz der Kommunen, die wegen der auch von ihrer privaten Konkurrenz gezahlten Steuern nicht um ihre wirtschaftliche Existenz fürchten muss. Der staatliche Gesetzgeber sorgt sich darum, dass Verluste aus der stets mit Risiken behafteten Wirtschaftstätigkeit im Wettbewerb auf die sonstige Tätigkeit der Kommunen durchschlagen können.

3 In der **rechtspolitischen Auseinandersetzung** geht es letztlich darum, ob bei den Kommunen die in der Geschichte lange Zeit dominierende oder wenigstens sehr verbreitete Finanzierung des Staates aus eigenwirtschaftlicher Tätigkeit wenigstens ein Stück erhalten bleibt oder ob sich insoweit das Leitbild des „Steuerstaates" durchsetzt. Bei den Bürgern - das zeigen zahlreiche erfolgreiche Bürgerbegehren und -entscheide gegen Privatisierungsvorhaben - genießt die

[1] *Jarass*, DÖV 2002, 489 (490).

[2] Etwa *Dünchheim/Schöne*, DVBl. 2009, 146; siehe auch *Neutz*, in: Wurzel/Schraml/Becker, Rechtspraxis der kommunalen Unternehmen, 2. Aufl. 2010, Teil C Rn. 1.

[3] So auch *Freese*, NdsVBl. 2009, 192 (193).

[4] OLG Düsseldorf, NWVBl. 1997, 353 f.

[5] Siehe dazu *Oebbecke*, ZHR 164 (2000), 375 (376).

wirtschaftliche Betätigung der Kommunen große Sympathien.

Solange die Berechtigung der Gemeinden zur Wahrnehmung ihrer Aufgaben auch durch Beteiligung am Marktgeschehen nicht ohne Gründe des Gemeinwohls oder unter Verstoß gegen das Übermaßverbot eingeschränkt wird, werden die weiten **Regelungsspielräume** der Länder weder durch das hier nicht zu behandelnde Verfassungsrecht noch durch das Recht der Europäischen Union[6] in relevantem Umfang eingeschränkt. 4

II. Die Entwicklung der gesetzlichen Regelungen

Bis in die dreißiger Jahre des zwanzigsten Jahrhunderts wurde die wirtschaftliche Betätigung der Kommunen keinen spezifischen Regeln unterworfen.[7] Aufbauend auf Bestimmungen des Preußischen Gemeindefinanzgesetzes vom 15. Dezember 1933[8] enthielt die **Deutsche Gemeindeordnung vom 30. Januar 1935**[9] (→ Bd. 1, § 7 Rn. 16 ff.) eine Regelung, die dem geltenden Recht in den Ländern bis heute zugrunde liegt. § 67 Abs. 1 DGO enthielt die so genannte Schrankentrias - Rechtfertigung durch öffentlichen Zweck, angemessenes Verhältnis zur Leistungsfähigkeit der Gemeinde, Subsidiaritätsklausel -, in Absatz 2 wurden Unternehmen, zu denen die Gemeinde gesetzlich verpflichtet ist, und Einrichtungen des Bildungs-, Sozial- und Gesundheitswesens ausgenommen. Absatz 3 und 4 enthielten ein generelles Verbot der Errichtung von Bankunternehmen und eine Rückausnahme davon zugunsten der Sparkassen. 5

Die landesrechtlichen Regelungen der wirtschaftlichen Betätigung im Kommunalverfassungsrecht der Länder variieren dieses Modell auf die verschiedenste Weise[10], ohne dass es irgendwo aufgegeben worden wäre. Eine grundlegend andere Lösung bietet bisher nur Thüringen an.[11] § 66 Abs. 2 und Abs. 3 S. 2 KO ermöglichen es den Kommunen, Anteile an Unternehmen lediglich als Vermögensanlage zu halten. Sie unterliegen dann nicht den kommunalwirtschaftsrechtlichen Restriktionen.[12] Auch davon abgesehen sind die **Differenzen** zwischen den ein- 6

6 Siehe etwa *Ehlers*, Empfiehlt es sich, das Recht der öffentlichen Unternehmen im Spannungsfeld von öffentlichem Auftrag und Wettbewerb national und gemeinschaftsrechtlich neu zu regeln?, Gutachten E zum 64. Deutschen Juristentag, 2002, passim; *Heilshorn*, Gebietsbezug der Kommunalwirtschaft, 2003, S. 177 ff.

7 Zur Entwicklung *Zeiß*, in: Peters (Hrsg.), HKWP, Bd. 3, 1. Aufl. 1959, S. 612 ff.; *Uechtritz/Otting*, in: Hoppe/Uechtritz (Hrsg.), Handbuch Kommunale Unternehmen, 2. Aufl. 2007, § 6 Rn. 2 ff.; *Neutz* (Fn. 2), Teil C Rn. 21 ff.

8 PrGS S. 442 ff.

9 RGBl. Teil I, S. 49.

10 Tabellarische Übersicht bei *Neutz* (Fn. 2), Teil C Rn. 51.

11 Dazu *Zimmermann*, Die Überwindung kommunalrechtlicher Schranken des Gemeindewirtschaftsrechts?, 2008, vor allem S. 45 ff.; *Leder*, DÖV 2008, 173 (181); *Oebbecke*, DVBl. 2009, 1152 (1156 ff.).

12 Ähnliche Ergebnisse lassen sich durch aufsichtliches Nichtstun erzielen. Siehe dazu die Antwort der Landesregierung Nordrhein-Westfalen, LT-Drs, 14/5175, S. 1 ff. und *Ennuschat*, NWVBl. 2009, 1.

zelnen landesrechtlichen Regelungen inzwischen so stark, dass die Rechtslage länderübergreifend nur noch schwer dargestellt werden kann.[13]

7 Zur Regelungsvielfalt tragen in erheblichem Umfang auch die Änderungen bei, durch welche den Kommunen nach der **Liberalisierung der Energiemärkte** (→ § 54 Rn. 33 ff.; Bd. 1, § 38 Rn. 32 f.) ermöglicht werden sollte, verloren gegangene Marktpositionen zu kompensieren.[14] Zu diesem Zweck wurde etwa die Subsidiaritätsklausel auf ein „Tätigwerden außerhalb der kommunalen Daseinsvorsorge" beschränkt[15] oder Aktivitäten außerhalb des Gemeindegebietes zugelassen[16].

III. Begriff

1. Wirtschaftliche „Unternehmen" und „Betätigung"

8 § 67 DGO sprach von „wirtschaftlichen Unternehmen", verzichtete aber auf eine Definition und enthielt lediglich einen Negativkatalog. Der Begriffsbestandteil „Unternehmen" kann aber nahelegen, dass eine mehr oder weniger **verselbständigte Organisationseinheit** vorliegen muss.[17] Zugleich wirft er die Frage auf, ob die Restriktionen auch dann greifen, wenn die Gemeinde auf jede organisatorische Verselbständigung verzichtet.[18] Die Länder, welche lediglich von „wirtschaftlicher Betätigung" sprechen, schließen derartige Zweifel aus.

2. Definition

9 Während die meisten Länder nach wie vor nicht ausdrücklich bestimmen, wann ein Unternehmen oder eine Betätigung „wirtschaftlich" ist, findet sich in einzelnen Kommunalverfassungsgesetzen eine auf die Ausführungsanweisung zu § 67 DGO[19] zurückgehende **Legaldefinition**: „das Herstellen, Anbieten oder Verteilen von Gütern, Dienstleistungen oder vergleichbaren Leistungen, die ihrer Art nach auch mit der Absicht der Gewinnerzielung erbracht werden könnten"[20]. Diese De-

[13] Zutreffend *Franzius*, Jura 2009, 677.

[14] Dazu etwa *Guckelberger*, BayVBl. 2006, 293 ff.; *Geerlings*, NWVBl. 2008, 90 ff.; rechtspolitisch *Burgi*, Neuer Ordnungsrahmen für die energiewirtschaftliche Betätigung der Kommunen, 2010, S. 1 ff.

[15] Etwa § 102 Abs. 1 Nr. 3 GO BW; Art. 87 Abs. 1 S. 1 Nr. 4 GO Bay; ähnlich § 107 Abs. 1 S. 1 Nr. 3 GO NW.

[16] Etwa § 91 Abs. 4 Nr. 1 Bbg KV; § 116 Abs. 3 GO LSA; § 101 Abs. 2 GO SH.

[17] So ausdrücklich VGH Mannheim, Beschl. v. 6.3.2006 - 1 S 2490/05 -, NVwZ-RR 2006, 714 (715); zur Unschärfe des Begriffs „Unternehmen" *Ehlers* (Fn. 6), S. E 73.

[18] Verneinend OLG Celle, NZBau 2009, 394.

[19] Runderlass des Reichs- und Preußischen Ministers des Innern v. 22.3.1935 (RMiBliV S. 475).

[20] § 91 Abs. 1 S. 1 BbgKV; ähnlich § 107 Abs. 1 Satz 3 GO NW.

finition leistet praktisch nichts.[21] Wo rechtliche Schranken nicht entgegenstehen, kann ja jede Tätigkeit auch von Privaten und mit der Absicht der Gewinnerzielung vorgenommen werden. Wo es außerhalb des Kommunalrechts rechtliche Schranken für die private Tätigkeit gibt wie das grundsätzliche staatliche Gewaltmonopol oder die Abfallbeseitigungspflicht für den Hausmüll, sind ohnehin diese maßgeblich. Es ist insoweit konsequent, wenn Art. 87 BayGO auf das Adjektiv „wirtschaftlich" verzichtet und seine Regelung nur auf „Unternehmen" bezieht, worunter neben dem Eigenbetrieb und dem selbständigen Kommunalunternehmen die Organisationsformen des privaten Rechts verstanden werden. Ganz konsequent ist der Verzicht auf die Abgrenzung wirtschaftlich - nichtwirtschaftlich[22] aber auch in Bayern nicht durchgeführt worden: „Alle Tätigkeiten oder Tätigkeitsbereiche, mit denen die Gemeinde oder ihre Unternehmen an den vom Wettbewerb beherrschten Wirtschaftsleben teilnehmen, um Gewinn zu erzielen, entsprechen keinem öffentlichen Zweck."[23]

Das komplexe sachliche Abgrenzungsproblem ist auch mit Hilfe anderer Groß- **10**
formeln wie „**Daseinsvorsorge**"[24] (→ § 39 Rn. 17; Bd. 1, § 11 Rn. 14) nicht sachgerecht lösbar.

3. Ausgenommene Tätigkeitsbereiche

Seit § 67 Abs. 2 DGO hilft sich die Gesetzgebung damit, dass sie bestimmte mehr **11**
oder weniger präzise beschriebene Tätigkeitsbereiche von der Anwendung der gemeindewirtschaftsrechtlichen Vorschriften ausnimmt. Hier wird von „nichtwirtschaftlicher **Betätigung**"[25] gesprochen (→ § 40 Rn. 5 f.). Der Zuschnitt dieser Bestimmungen ist in den Ländern unterschiedlich, hat sich historisch eher zufällig entwickelt[26] und kann nur als „kontingent" charakterisiert werden.

Die einfach- oder wie in Art. 83 Abs. 1 BayVerf verfassungsgesetzlichen Be- **12**
stimmungen nennen klarstellend neben den Aktivitäten, zu denen eine gesetzliche Verpflichtung besteht[27], vor allem Hilfsbetriebe zur Deckung des gemeindlichen Eigenbedarfs. In den meisten Ländern sind außerdem weite Bereiche kommunaler Aktivitäten mit Formulierungen wie „Einrichtungen des Unterrichts-, Erziehungs- und Bildungswesens[28], der Kunstpflege, der körperlichen Ertüchtigung, der Ge-

---

[21] Zum Folgenden: *Oebbecke*, in: Wallerath (Hrsg.), Kommunen im Wettbewerb, 1. Aufl. 2001, S. 15 f.; *Ehlers* (Fn. 6), S. E 29; ähnlich schon *Schmidt-Jortzig*, in: Püttner (Hrsg.), HKWP, Bd. 5, 2. Aufl. 1984, S. 53 ff.

[22] Siehe *Oebbecke* (Fn. 21), S. 16.

[23] Art. 87 Abs. 1 S. 2 GO Bay.

[24] Dazu *Uechtritz/Otting* (Fn. 7), § 6 Rn. 56; *Krajewski*, VerwArch. 99 (2008), 174.

[25] Siehe § 107 Abs. 4 S. 1 GO NW.

[26] Ähnlich schon *Schoch*, DÖV 1993, 377 (379).

[27] So in Hessen das Friedhofswesen, siehe VGH Kassel, NVwZ-RR 2009, 852 (853).

[28] Hierzu zählen etwa Kindertageseinrichtungen siehe VG Frankfurt a. M., NVwZ-RR 2009, 396 f.

sundheits- und Wohlfahrtspflege sowie öffentliche Einrichtungen ähnlicher Art"[29] ausgenommen.[30] In der Praxis scheitern an diesen Ausnahmekatalogen etwa viele Konkurrentenklage in der Abfallwirtschaft.[31] Wegen dieser **Ausnahmen** kommt es zu Klagen meistens nur dort, wo zweifelhaft ist, ob Aktivitäten wie Saunabetriebe[32], Nachhilfeunterricht[33], Vermietung von Räumen an Fitness-Studios[34] oder Schilderpräger[35] noch darunter zu subsumieren sind. Die Ausnahmekataloge werden materiell teilweise noch dadurch ausgeweitet, dass sie lediglich als Regelbeispiele gefasst sind.[36]

B. Zulässigkeitsprüfung

I. Anlass und Gegenstand

13 Unterschiedlich geregelt ist in den Landesgesetzen der Anlass der Zulässigkeitsprüfung. Bei Neuregelungen stellen sich Bestandsschutz-[37] und **Übergangsfragen**[38].

14 Überwiegend wird auf die Aufnahme, wesentliche Erweiterung[39] oder Beteiligung an entsprechenden Gesellschaften, also den „**Marktzutritt**"[40] abgestellt. Andere stellen auf die Betätigung als solche ab.[41] In diesem Fall muss die Gemeinde die Vereinbarkeit ihrer Aktivitäten nicht nur für den einen Zeitpunkt des Marktzutritts feststellen, sondern permanent im Auge behalten oder in vorgegebenen Ab-

---

[29] § 102 Abs. 4 Nr. 2 GO BW; deutlich weiter § 107 Abs. 2 GO NW; in Sachsen fehlt diese Gruppe ganz.

[30] Es finden sich auch gesetzestechnisch abweichende, inhaltlich aber gleichwertige andere Lösungen. Siehe die Verweisung in Art. 87 Abs. 1 S. 1 Nr. 1 GO Bay oder die Beschränkung des Anwendungsbereichs der gesetzlichen Bestimmungen in § 91 Abs. 4 S. 1 GO Bbg.

[31] Siehe etwa die Fälle von OVG Münster, NVwZ 2005, 1211 ff.; OVG Koblenz, GewArch. 2006, 288; zu den Fragen der Koordination von Abfallrecht und Kommunalrecht etwa *Frenz*, GewArch. 2006, 100.

[32] OVG Lüneburg, NVwZ 2009, 258 ff.

[33] OLG Düsseldorf, NWVBl. 1997, 353 f.

[34] OVG Münster, NVwZ 2003, 1520 ff.; OVG Magdeburg, LKV 2009, 91 ff.

[35] OVG Münster, NvwZ-RR 2005, 198.

[36] § 108 Abs. 3 GO Nds.

[37] Siehe dazu etwa VG Darmstadt, Urt. v. 24.4.2007 - 9 E 937/05 -, LKRZ 2007, 271 ff.; *Heilshorn* (Fn. 6), S. 192; *Stiel*, NWVBl. 2009, 46 ff.

[38] Siehe etwa die Regelung in § 121 Abs. 1 S. 2 GO Hess oder OVG Münster, NVwZ 2008, 1031 (1033); siehe dazu auch *Oebbecke*, ZHR 164 (2000), 375 (383).

[39] Zum Begriff siehe VerfGH Koblenz, Urt. v. 28.11.1998 - VGH N 12/98 -, Juris Rn. 25 f.

[40] So OVG Münster, NVwZ 2008, 1031 (1032); kritisch *Uechtritz/Otting* (Fn.7), § 6 Rn. 107 ff.

[41] Etwa § 121 Abs. 1 GO Hess.

ständen[42] prüfen.[43] Das Saarland stellt auf die Aufnahme der Tätigkeit ab, verpflichtet die Gemeinde aber durch eine Soll-Vorschrift, in regelmäßigen Abständen zu prüfen, ob eine materielle Privatisierung in Betracht kommt.[44]

Gegenstand der Prüfung ist die einzelne Betätigung. Die notwendige Abgrenzung ist nicht ganz einfach, aber in verschiedener Hinsicht wichtig. **15**

Zum einen geht es um die **Abgrenzung zwischen einer neuen Aufgabe** und einer bloßen Änderung. Sie ist in den Ländern von Bedeutung, wo eine rechtliche Prüfung nur bei Aufnahme einer Betätigung vorgenommen wird. Weil nach den meisten Gemeindeordnungen die Vertretung entscheiden muss, wenn die Gemeinde sich einer bisher nicht wahrgenommenen Aufgabe annimmt, ist sie auch für die kommunalverfassungsrechtliche Bestimmung der Entscheidungszuständigkeit von Belang. Die vielfach übliche Praxis, dass Eigenbetriebe oder Eigengesellschaften, sei es durch ihre Leitungen oder durch die Aufsichtsorgane vollendete Fakten schaffen, findet hier schon eine formelle Grenze. **16**

Zum anderen geht es um den **Zuschnitt** des Beurteilungsgegenstandes. Gehört eine Tätigkeit noch zu einer bestimmten Aufgabe, muss sie einheitlich beurteilt werden. Handelt es sich um verschiedene Aufgaben, muss jede für sich den rechtlichen Anforderungen genügen. Vor allem hier liegt der Schwerpunkt der Diskussion über die so genannten Annextätigkeiten oder Randnutzungen.[45] **17**

Wo sich keine ausdrücklichen Regelungen finden[46], kann für die so genannten **Annextätigkeiten** oder Nebenleistungen darauf abgestellt werden, ob die Kombination am Markt übliche ist.[47] Vorreiter müssen kommunale Unternehmen bei neuen Angebotskombinationen nicht sein. **18**

Die **Ausnutzung von Leerkapazitäten** oder vorhandener Ressourcen wird für zulässig gehalten, wenn diese für die Hauptbetätigung unerlässlich sind.[48] Soweit die Kapazitäten für die Erfüllung des öffentlichen Zwecks notwendig sind, ist ihre Auslastung wegen des Grundsatzes der Wirtschaftlichkeit wohl nicht nur erlaubt[49], sondern sogar geboten. Sie stellt aber entgegen einer vom OVG NW vertretenen **19**

---

[42] So § 121 Abs. 7 GO Hess; dazu *Pegatzky/Sattler*, NVwZ 2005, 1376 (1377).

[43] Bayern hat einen Stichtag festgesetzt und lässt für früher errichtete Unternehmen nur noch eine Fortführung, aber keine - auch keine unwesentliche - Erweiterung mehr zu (Art. 87 Abs. 1 S. 3 GO Bay).

[44] § 108 Abs. 6 SaarlKSVG.

[45] Siehe etwa *Uechtritz/Otting* (Fn. 7), § 6 Rn. 91 ff.; *Schmidt-Jortzig* (Fn. 21), S. 62 f.

[46] So für Nebenleistungen in § 91 Abs. 5 BbgKV; § 121 Abs. 4 GO Hess; § 107 Abs. 1 S. 2 GO NW; § 108 Abs. 3 S. 1 und 2 SaarlKSVG; § 116 Abs. 2 S. 2 und 3 GO LSA.

[47] Etwa OVG Lüneburg, NVwZ 2009, 258 (259), wo eine Sauna als unselbständige Nebeneinrichtung eines Frei- und Hallenbades angesehen wird; auf das Marktübliche stellt auch ab *Jarass*, DVBl. 2006, 1 (7); für enge Grenzen bei der Zulässigkeit auch *Scharpf*, DÖV 2006, 23 (25 ff.).

[48] VerfGH Koblenz, Urt. v. 28.11.1998 - VGH N 12/98 -, Juris Rn. 28; ähnlich *Schink*, NVwZ 2002, 129 (133 f.); *Ehlers* (Fn. 6), S. E 74; *Heilshorn* (Fn. 6), S. 190; zu Schwierigkeiten dieser Abgrenzung *Uechtritz/Otting* (Fn. 7), § 6 Rn. 97 ff.; eher großzügiger *Jarass*, DVBl. 2006, 1 (8).

[49] *Scharpf*, DÖV 2006, 23 ff.

Auffassung nicht als solche einen öffentlichen Zweck dar.[50]

20 Das OVG NW hat eine davon etwas abweichende Lösung vorgeschlagen, die eine Differenzierung zwischen diesen beiden Fallgruppen wohl überflüssig macht. Nach seiner Auffassung ist für die Anwendung des § 107 Abs. 1 GO NW nicht eine handlungsbezogene, sondern eine betriebsbezogene Betrachtungsweise maßgeblich, weil die Legaldefinition des § 107 Abs. 1 S. 3 GO NW auf den „Betrieb von Unternehmen" abstelle. Damit sei zu fragen, ob sich das Unternehmen noch im **Rahmen des Unternehmensgegenstandes** bewegt. So werde eine auf jede einzelne unternehmerische Handlung blickende „atomisierende" Betrachtungsweise vermieden. Das Gericht greift dann auf die im Gesellschaftsrecht angewandten Kriterien zurück und hält eine eigentlich gegenstandsfremde Tätigkeit für zulässig, wenn sie der Wirtschaftlichkeit der Unternehmensführung dient.[51]

II. Kriterien

1. Kommunale Zuständigkeit

21 Wirtschaftliche Betätigung ist kommunale Aufgabenwahrnehmung und muss als solche die Grenzen der **Zuständigkeitsordnung** beachten.[52] Gute Gründe lassen sich dafür anführen, dass diese hier gesondert erörterte Voraussetzung auch in dem Erfordernis der Verfolgung eines öffentlichen Zwecks enthalten ist.[53]

22 Dass es sich bei der wirtschaftlichen Betätigung um eine Angelegenheit der örtlichen Gemeinschaft handelt, ist grundsätzlich nicht zweifelhaft.[54] Rechtliche Grenzen ergeben sich für **Aktivitäten jenseits der Gemeindegrenzen**[55] (→ § 40 Rn. 15 ff., Rn. 41 ff.). Diese sind allerdings nicht enger als bei anderen Aufgaben.[56] Die auswärtige Produktion zugunsten der eigenen Einwohner ist ohne weiteres zulässig. Damit sind der Betrieb eines Wasserwerks oder die Beteiligung an einem Kraftwerk jenseits der Gemeindegrenzen unbedenklich. Unbedenklich ist auch der Betrieb von Einrichtungen im Gemeindegebiet, die Gebietsfremde mitversorgen.[57]

23 Zulässig ist auch die **kommunale Kooperation**. Diese ist nicht auf die traditionellen Formen der kommunalen Zusammenarbeit zwischen den Kommunen (→ Bd. 1, § 29) beschränkt, sondern rechtfertigt auch die Kooperation kommunaler

---

50 So OVG Münster, NVwZ 2008, 1031 (1035).

51 OVG Münster, NVwZ 2003, 1520 (1522 f.); zustimmend *Antweiler*, NVwZ 2003, 1466 (1468).

52 *Ehlers*, JZ 1990, 1089 (1095 f.).

53 *Oebbecke*, ZHR 164 (2000), 375 (382); *Pape/Holz*, NVwZ 2007, 636 (637 f.).

54 Näher dazu *Oebbecke*, in: Henneke (Hrsg.), Kommunale Aufgabenerfüllung in Anstaltsform, 2000, S. 11 (19) m. w. N.

55 Dazu jeweils ausführlich *Ehlers* (Fn. 6), S. E 94 ff.; *Uechtritz/Otting* (Fn. 7), § 6 Rn. 18 ff.

56 Zum Folgenden siehe *Oebbecke*, ZHR 164 (2000), 375 (378 ff.).

57 OVG Münster, NVwZ 2008, 1031 (1034); OLG Düsseldorf, Beschl. v. 13.8.2008 - Verg 42/07 -, Juris Rn. 32.

Unternehmen verschiedener Kommunen.[58] Bereits ein nicht weiter formalisiertes Einverständnis der gebietszuständigen Gemeinde rechtfertigt die Versorgungstätigkeit in deren Gebiet.[59] Diese Grundsätze verlangen heute auch für die grenzüberschreitende Zusammenarbeit Geltung.

Grundsätzlich unzulässig ist dagegen eine auf die **Versorgung gebietsfremder Abnehmer** gerichtete wirtschaftliche Betätigung **jenseits der Gemeindegrenzen**, wenn die zuständige Kommune diese nicht wie in den erwähnten Fällen der kommunalen Kooperation mit trägt. In diesen Fällen bedarf es nach Art. 28 Abs. 2 GG nicht nur wegen der Aufgabenwahrnehmung im Gebiet einer fremden Kommune, sondern auch wegen der Überschreitung des eigenen Gebiets einer gesetzlichen Regelung.[60] Diese ist mangels Einverständnisses der betroffenen Kommune nur dann verfassungskonform, wenn der darin liegende Eingriff in deren Zuständigkeit gerechtfertigt ist. Bei der Versorgung mit Strom und Gas werden im Rahmen der Rechtfertigung nach einer Reihe von Gesetzen nur noch solche Interessen als berechtigt anerkannt, die nach den Bestimmungen des Energierechts eine Einschränkung des Wettbewerbs zulassen.[61] Die Genehmigungen, welche manche Länder für die wirtschaftliche Betätigung im Ausland verlangen[62], wird man mangels gegenteiliger Anhaltspunkte als rein rechtsaufsichtlich ansehen müssen.[63] 24

Problematisch bleibt die **demokratische Legitimation** (Art. 20 Abs. 2 GG) solcher auswärtigen Aktivitäten. Die damit angesprochenen Fragen sind nach wie vor weitgehend ungeklärt.[64] 25

2. Ausschluss von Bankunternehmen

Eine Prüfung anhand der gesetzlichen Zulässigkeitsvoraussetzungen ist entbehr- 26

---

[58] Verfassungsrechtlich nicht unbedenklich deshalb § 91 Abs. 4 Nr. 2 BbgKV, weil diese Bestimmung solche Kooperationen nur „im Rahmen öffentlicher Aufträge oder Konzessionen" zulässt.

[59] Dazu siehe *Oebbecke*, ZHR 164 (2000), 375 (380); *Guckelberger*, BayVBl. 2006, 293 (296); deshalb wäre gegen die Abfallentsorgungstätigkeit im Fall von OVG Münster, NVwZ 2005, 1211 ff. auch dann unter dem Gesichtspunkt der kommunalen Zuständigkeit nichts einzuwenden, wenn es sich um eine wirtschaftliche Betätigung handelte.

[60] OVG Münster, NVwZ 2008, 1031 (1035); siehe auch *Oebbecke*, ZHR 164 (2000), 375 (387 f.); zur Zulassung grenzüberschreitender wirtschaftlicher Betätigung in einem anderen Bundesland siehe *Guckelberger*, BayVBl. 2006, 293 (298).

[61] Siehe etwa Art. 87 Abs. 2 S. 2 GO Bay; § 102 Abs. 7 S. 2 GO BW; § 121 Abs. 5 Nr. 2 GO Hess; § 107 Abs. 3 S. 2 GO NW; § 116 Abs. 3 S. 3 GO LSA; kritisch *Ehlers*, NWVBl. 2000, 1 (5); *Scharpf*, NvwZ 2005, 148 (151 f.); *Guckelberger*, BayVBl. 2006, 293 (296); vermittelnd *Uechtritz/Otting* (Fn. 7), § 6 Rn. 45.

[62] Etwa § 107 Abs. 3 S. 3 GO NW.

[63] Die unter rechtsstaatlichen Gesichtspunkten gegen diese Genehmigungsvorbehalte erhobenen Bedenken (etwa *Guckelberger*, BayVBl. 2006, 293 [299]) sind deshalb nicht begründet.

[64] Dazu siehe vor allem *Heilshorn* (Fn. 6), S. 101 ff. und 170 ff.; außerdem etwa *Oebbecke*, ZHR 164 (2000), 375 (388 f.); *Ehlers* (Fn. 6), S. E 101; *Jarass*, DVBl. 2006, 1 (4); *Winkel*, NWVBl. 2008, 285 (287).

lich, wenn eine bestimmte wirtschaftliche Betätigung wegen ihres Gegenstandes in jedem Fall unzulässig ist. Seit § 67 Abs. 3 und 4 DGO dürfen Gemeinden außer Sparkassen keine Bankunternehmen betreiben.[65] Die Übernahme eines einzelnen Geschäftsanteils an einer Kreditgenossenschaft wird teilweise zugelassen.[66]

3. Einschätzungsprärogative

27 Bei der Entscheidung, ob die im Folgenden näher darzustellenden Voraussetzungen der Schrankentrias vorliegen, steht der Kommune jeweils eine Einschätzungsprärogative zu.[67] Ihre Erstreckung kann nach den einzelnen Voraussetzungen, nach den verschiedenen gesetzlichen Regelungen wie in verschiedenen Fällen[68] differieren. Dieser kommunalpolitisch zu füllenden Beurteilungsspielraum ist nicht nur von den Gerichten, sondern auch von den Aufsichtsbehörden zu respektieren.

4. Schrankentrias

28 a) Seit § 67 Abs. 1 Nr. 1 DGO wird verlangt, dass der **öffentliche Zweck**[69] das Unternehmen bzw. die Betätigung rechtfertigt[70] oder erfordert[71].

29 Weil nur zulässige Zwecke verfolgt werden dürfen, gibt es hier Querverbindungen zu den unter Rn. 21 ff. diskutierten Zuständigkeitsfragen: Die Versorgung Gebietsfremder außerhalb des eigenen Gebiets ist regelmäßig kein öffentlicher Zweck. Weitgehende Übereinstimmung besteht anders als noch vor einigen Jahrzehnten[72] auch darüber, dass die **Gewinnerzielung als solche**[73] keinen öffentlichen Zweck darstellt.[74] Das gilt auch, wo es an einer entsprechenden gesetzlichen

---

65 Näher *Neutz* (Fn. 2), Teil C Rn. 78 ff.

66 Etwa Art. 87 Abs. 4 S. 3 GO Bay; § 108 Abs. 7 GO NW.

67 *Freese*, NdsVBl. 2009, 192 (193).

68 Zu letzterem *Winkel*, NWVBl. 2008, 285 (286).

69 Siehe dazu *Hösch*, DÖV 2000, 393 (400 ff.).

70 § 102 Abs. 1 Nr. 1 GO BW; § 91 Abs. 2 Nr. 1 BbgKV; § 121 Abs. 1 S. 1 Nr. 1 GO Hess; § 68 Abs. 1 Nr. 1 KV MV; § 108 Abs. 1 Nr. 1 GO Nds; § 85 Abs. 1 Nr. 1 GO RP; § 108 Abs. 1 Nr. 1 SaarlKSVG; § 97 Abs. 1 S. Nr. 1 GO Sachs; § 116 Abs. 1 S. 1 Nr. 1 GO LSA; § 101 Abs. 1 Nr. 1 GO SH.

71 Art. 87 Abs. 1 S. 1 Nr. 1 GO Bay; § 107 Abs. 1 S. 1 Nr. 1 GO NW; § 71 Abs. 1 Nr. 1 GO Thür.

72 Siehe dazu die Nachweise bei *Oebbecke* (Fn. 54), S. 17 Fn. 19.

73 Enger für die nicht-wirtschaftliche Betätigung in Nordrhein-Westfalen OVG Münster, NWVBl. 2006, 231 (232); dagegen *Glückert/Franßen*, NWVBl. 2007, 465.

74 VerfGH Koblenz, Urt. v. 28.11.1998 - VGH N 12/98 -, Juris Rn. 29; OVG Münster, NVwZ 2003, 1520 (1523); *Schink*, NVwZ 2002, 129 (133 f.); *Faber*, DVBl. 2003, 761 (763); *Jarass*, DVBl. 2006, 1 (4 f.); *Uechtritz/Otting* (Fn. 7), § 6 Rn. 49 ff.; aus dem älteren Schrifttum *Burmeister*, in: Püttner (Hrsg.), HKWP, Bd. 5, 2. Aufl. 1984, S. 42 m. w. N.; *Schmidt-Jortzig* (Fn. 21), S. 58 f.; anders *Cremer*, DÖV 2003, 921.

Klarstellung[75] fehlt. Auch Arbeitsplatzeffekte werden als nicht ausreichend angesehen.[76] Im Übrigen sind der Aufgabenerfindungsfreude der Kommunen aber praktisch kaum Grenzen gesetzt, weil der Begriff des öffentlichen Zwecks „jedweden im Aufgabenbereich der Gemeinde liegenden Gemeinwohlbelang" umfasst.[77] In der Rechtsprechung ist als öffentlicher Zweck akzeptiert worden, „dem Bürger die Beschaffung amtlicher Kfz-Kennzeichen zu erleichtern"[78]; auch das Ziel, einen „Innenstadtbereich attraktiver zu gestalten und zu beleben", ist in Betracht gezogen worden[79].

Nordrhein-Westfalen hat in der Vergangenheit immer mal wieder einen **„dringenden" öffentlichen Zweck** verlangt.[80] Diese in der Praxis nicht allein wegen der Einschätzungsprärogative, die der Kommune beim „Erfordern" zusteht, weitgehend irrelevante[81] Verschärfung hat dort in der rechtspolitischen Debatte eine erstaunliche symbolische Bedeutung (→ § 40 Rn. 9; § 42 Rn. 33 f.). **30**

Die Auswahl und nähere Konturierung des verfolgten öffentlichen Zwecks ist auch für die noch zu erörternde Subsidiaritätsprüfung von Bedeutung, weil sie weitgehend den **Maßstab** für die Feststellung vorgibt, ob die Aufgabenwahrnehmung durch die Kommune im Vergleich ebenso gut oder besser ist[82]. **31**

Der öffentliche Zweck muss die wirtschaftliche Betätigung rechtfertigen bzw. erfordern. Auch für „erfordern" genügt es, dass die Betätigung „für den öffentlichen Zweck objektiv erforderlich im Sinne von vernünftigerweise geboten" ist.[83] Die Verfolgung des Zwecks muss also im Rahmen einer **Abwägung** im Blick auf gegenläufige Gesichtspunkte höher zu bewerten sein.[84] Je schwerer der Markteingriff ist, desto gewichtiger muss der verfolgte öffentliche Zweck sein.[85] In die Betrachtung muss auch eingehen, ob die Kommune sich bemüht hat, den Markteingriff etwa durch eine Ausschreibung und Vergabe zum Höchstgebot abzumildern.[86] **32**

Die Feststellung, ob der Zweck die wirtschaftliche Betätigung rechtfertigt bzw. **33**

---

[75] Solche Klarstellungen etwa in Art. 87 Abs. 1 S. 2 GO Bay; § 91 Abs. 2 Nr. 1 a. E. BbgKV; § 108 Abs. 3 S. 3 SaarlKSVG; § 116 Abs. 1 S. 2 GO LSA.

[76] VerfGH Koblenz, Urt. v. 28.11.1998 - VGH N 12/98 -, Juris Rn. 28; a. A. *Ehlers* (Fn. 6), S. E 71; *Jarass*, DVBl. 2006, 1 (5) m. w. N.

[77] OVG Münster, NVwZ-RR 2005, 198; zur Weite des Aufgabenbegriffs auch *Jarass*, DÖV 2002, 489 (490 f.); *Faber*, DVBl. 2003, 761 (763 f.); *Ehlers* (Fn. 6), S. E 71; Beispiele etwa bei *Stüer/Schmalenbach*, NWVBl. 2006, 161 (165 f.).

[78] OVG Münster, NvwZ-RR 2005, 198.

[79] OVG Münster, NVwZ 2003, 1520 (1523).

[80] So § 107 Abs. 1 S. 1 Nr. 1 GO NW in der bis zum 28.12.2010 geltenden Fassung; siehe dazu *Uechtritz/Otting* (Fn. 7), § 6 Rn. 5; zu einer früheren Fassung siehe *Schmidt-Jortzig* (Fn. 21), S. 56 f.

[81] Richtig *Ennuschat*, NWVBl. 2009, 1, Fn. 1.

[82] *Ehlers* (Fn. 6), S. E 80.

[83] OVG Münster, NVwZ 2008, 1031 (1035); OLG Düsseldorf, Beschl. v. 13.8.2008 - Verg 42/07 -, Juris Rn. 34.

[84] In diesem Sinne *Ehlers* (Fn. 6), S. E 76.

[85] OVG Münster, NVwZ 2003, 1520 (1523); OVG Münster, NVwZ-RR 2005, 198 (199).

[86] OVG Münster, NvwZ-RR 2005, 198 (200).

erfordert, stellt eine nur beschränkt nachprüfbare Entscheidung der jeweiligen Kommune dar.[87]

34 b) Bereits § 67 Abs. 1 Nr. 2 DGO setzte voraus, das Unternehmen müsse nach Art und Umfang in einem angemessenen Verhältnis zur **Leistungsfähigkeit** der Gemeinde und zum voraussichtlichen Bedarf stehen. Fast wortgleich wird damit bis heute in den Ländern ein selbstverständliches, aber nicht selten missachtetes[88] Gebot rationalen Verwaltungshandelns[89] ausdrücklich vorgegeben.[90]

35 Der vorgeschriebene Abgleich muss zum einen im Blick auf die **Leistungsfähigkeit der Gemeinde** erfolgen. Dabei wird man nicht allein die Einwohnerzahl der Gemeinde, sondern auch ihre Finanzkraft und den Gesamtumfang der wirtschaftlichen Betätigung berücksichtigen müssen.

36 Zum anderen ist der **voraussichtliche Bedarf** zu berücksichtigen. Dieser hängt auch vom vorgesehenen Tätigkeitsgebiet und vom verfolgten Zweck ab.

37 Jedenfalls bei der Entscheidung über die Angemessenheit wird man der Kommune einen eigenen **Einschätzungsspielraum** zubilligen müssen.

38 c) Die wirtschaftliche Betätigung ist nur zulässig, wenn „der Zweck nicht besser und wirtschaftlicher durch einen anderen erfüllt wird oder erfüllt werden kann" (§ 67 Abs. 1 Nr. 3 DGO). In den Ländergesetzen finden sich Modifikationen dieser auch als „Funktionssperre" bezeichneten **Subsidiaritätsklausel**[91] in verschiedene Richtungen (→ § 40 Rn. 11 ff.; § 42 Rn. 36 ff.):

39 Statt „besser und wirtschaftlicher" heißt es in einigen Ländern[92] „ebenso gut". Auf den ersten Blick wird damit die Argumentationslast rechtlich erhöht. Weil die Kommune nicht nur den verfolgten Zweck definiert, sondern auch bestimmt, was „gut" bzw. „besser" ist, kommt jedoch auch dieser Verschärfung kaum praktische Bedeutung zu. Auch diese Formulierung hat hohen politischen **Symbolwert**. Soweit die Gesetze verlangen, dass der öffentliche Zweck die Betätigung erfordert, wird überhaupt bezweifelt, dass die Subsidiaritätsklausel eine substanzielle Beschränkung hat. Die vorrangig zu prüfenden Frage, ob der öffentliche Zweck die Betätigung erfordert, könne bei ihrem Eingreifen ja nicht bejaht werden.[93]

40 Eine andere Modifikation kann Bedeutung haben, wenn **öffentliche Aufgabenträger**, etwa eine Kammer oder eine andere kommunale Körperschaft, erfolgreich auf dem betreffenden Feld aktiv sind. Wenn es, wie nach vielen Gesetzen nicht

[87] Dazu VerfGH Koblenz, Urt. v. 28.11.1998 - VGH N 12/98 -, Juris Rn. 28; OVG Münster, NVwZ 2008, 1031 (1035).

[88] *Winkel*, NWVBl. 2008, 285 (287 f.).

[89] *Stüer/Schmalenbach*, NWVBl. 2006, 161 (166) sehen dieses Erfordernis als durch den Grundsatz der Sparsamkeit und Wirtschaftlichkeit vorgegeben an.

[90] Dazu *Neutz* (Fn. 2), Teil C Rn. 127 ff.

[91] *Neutz* (Fn. 2), Teil C Rn. 131 ff.; zur Bedeutung des Subsidiaritätsprinzips *Ehlers*, JZ 1990, 1089 (1096 f.).

[92] So §§ 121 Abs. 1 S. 1 Nr. 3 GO Hess, 68 Abs. 1 Nr. 3 KV MV.

[93] OVG Münster, NVwZ 2003, 1520 (1521); dagegen VG Gießen, NVwZ-RR 2005, 201 m. w. N.

auf die Zweckerfüllung durch „einen anderen"[94], „Dritte"[95] oder „auf andere Weise"[96], sondern auf die durch einen „privaten Anbieter"[97] oder „privaten Dritten"[98] ankommt, spielt das keine Rolle.

Thüringen konkretisiert das Subsidiaritätserfordernis materiell durch die Vorgabe, es dürfe keine „wesentliche Schädigung und keine Aufsaugung selbständiger Betriebe in Landwirtschaft, Handel, Gewerbe und Industrie bewirkt" werden.[99] Einige Länder schreiben die besondere Berücksichtigung der Belange des Mittelstands durch besondere **Mittelstandsförderungsgesetze** vor.[100] 41

Hinsichtlich der Frage, ob die Leistung von anderer Seite ebenso gut oder besser erbracht werden kann, steht der Gemeinde ein Einschätzungsspielraum zu.[101] 42

III. Prozedurale Sicherungen

Materielle Beschränkungen der kommunalen Wirtschaftsbetätigung sind nur so effektiv wie ihre Durchsetzung durch Aufsichtsbehörden und Gerichte. Hier und da finden sich nach wie vor **Genehmigungsvorbehalte**, welche eine Kontrolle durch die Aufsichtsbehörden ermöglichen und erzwingen.[102] 43

Wegen des Abbaus von Genehmigungsvorbehalten, Personalabbau bei den Aufsichtsbehörden und hier und da auch aufgrund politischer Einwirkungen auf die Aufsichtsbehörden ist die **Kommunalaufsicht** nicht überall sehr wirksam. Auf den in einigen Ländern bis heute fehlenden gerichtlichen Rechtsschutz für die private Konkurrenz wird unter Rn. 47 eingegangen (s. auch → § 42). 44

Bei dieser Sachlage haben einige Länder prozedurale Sicherungen etabliert, indem sie Vorgaben dafür machen, wie der kommunale Entscheidungsprozess vor Aufnahme einer wirtschaftlichen Betätigung ausgestaltet sein soll. Die nicht zu unterschätzende Wirkung dieser Instrumente[103] steht und fällt freilich damit, dass in den Vertretungen der Gemeinde überhaupt **explizit entschieden** wird. 45

In der einfacheren Form ist lediglich eine auch als „**Branchendialog**" bezeichnete Anhörung der örtlichen Selbstverwaltungsorganisationen von Handwerk, Industrie und Handel vorgeschrieben.[104] Anderswo sind Angebote einzuholen und Vergleichsberechnungen vorzunehmen[105] oder die Vertretung sogar zusätzlich zu 46

---

94 Etwa Art. 87 Abs. 1 S. 1 Nr. 4 GO Bay; § 101 Abs. 1 Nr. 4 S. 1 GO Thür.

95 So § 68 Abs. 1 Nr. 3 KV MV.

96 So § 101 Abs. 1 Nr. 3 GO SH.

97 Etwa § 102 Abs. 1 Nr. 3 GO BW; § 91 Abs. 3 S. 1 BbgKV.

98 §§ 108 Abs. 1 S. 2 Nr. 3 GO Nds, 108 Abs. 1 Nr. 3 SaarlKSVG; dazu *Stiel*, NordÖR 2006, 379 (381 f.).

99 § 71 Abs. 2 GO Thür.

100 Nachweise bei *Neutz* (Fn. 2), Teil C Rn. 189.

101 OLG Celle, NZBau 2009, 394 (395) m. w. N.

102 Für die Aufnahme einer Tätigkeit im Ausland § 107 Abs. 3 S. 3 GO NW; § 116 Abs. 5 GO LSA.

103 Skeptisch *Schink*, NVwZ 2002, 129 (138).

104 § 102 Abs. 2 GO BW.

105 § 91 Abs. 3 S. 2 BbgKV.

einer Anhörung der Organisationen der betroffenen Wirtschaftskreise „auf der Grundlage einer Markterkundung umfassend über die Chancen und Risiken der beabsichtigen unternehmerischen Betätigung sowie über deren zu erwartende Auswirkungen auf das Handwerk und die mittelständische Wirtschaft zu unterrichten"[106] (**Marktanalyse,** → § 40 Rn. 14).

C. Rechtsschutz

47 Spezifische Rechtsschutzfragen werfen die Bestimmungen über die wirtschaftliche Betätigung nur auf, soweit der **Rechtsschutz des privaten Konkurrenten** in Rede steht. Sie hätten sich durch eine ausdrückliche Regelung leicht lösen lassen. § 91 Abs. 1 S. 2 BbgKV tut das zu Lasten der Privaten: „Die nachfolgenden Bestimmungen dienen ausschließlich dem Schutz der Leistungsfähigkeit der Gemeinden". Damit ist die Durchsetzung der kommunalwirtschaftsrechtlichen Bestimmungen allein Sache der Aufsichtsbehörden.

48 Allerdings wäre die Einführung eines **Verbandsklagerechts** etwa der Kammern angesichts einer vielerorts wenig zupackenden[107] Aufsicht für die Effektivität der gesetzlichen Regelungen nützlich gewesen. Von solcher Konsequenz haben die Landesgesetzgeber aber selbst da Abstand gehalten, wo sie den Normtext selbst stark mittelstandsfreundlich aufgepolstert haben. So blieb die Beantwortung der Frage nach dem Rechtsschutz des Konkurrenten weitgehend der Justiz überlassen.

I. Verwaltungsgerichtsbarkeit

49 Die Verwaltungsgerichtsbarkeit hat es lange Zeit abgelehnt, ein Klagerecht des Konkurrenten anzunehmen, sondern ging gegen Kritik aus dem Schrifttum[108] davon aus, die Bestimmungen bezweckten allein den **Schutz öffentlicher Interessen**. Inzwischen ist die Lage in den Ländern unterschiedlich.[109]

50 In Rheinland-Pfalz wird seit einer Entscheidung des Verfassungsgerichtshofs[110] die Subsidiaritätsklausel des § 85 Abs. 1 Nr. 3 GO RP als **drittschützend** angesehen.[111] Dasselbe gilt für Baden-Württemberg.[112] Das OVG NW sieht das Erforder-

---

[106] § 121 Abs. 6 GO Hess; ähnlich § 107 Abs. 5 GO NW; § 108 Abs. 5 SaarlKSVG; § 71 Abs. 1 Nr. 4 S. 2 GO Thür; zu den Anforderungen an solche Marktanalysen *Stiel*, NordÖR 2006, 379 (380).

[107] So schon *Held*, in: Kommunale Wirtschaft zwischen Wettbewerb und Gemeindewirtschaftsrecht, 1995, S. 18 (19).

[108] Nachweise dazu bei OVG Münster, NVwZ 2003, 1520 (1521).

[109] Siehe dazu etwa *Berger*, DÖV 2010, 118; *Jungkamp*, NVwZ 2010, 546; *Mann*, DVBl. 2009, 817; für Sachsen siehe *Sollondz*, LKV 2003, 297 (300 ff.).

[110] VerfGH Koblenz, Urt. v. 28.11.1998 - VGH N 12/98 -, Juris Rn. 33.

[111] OVG Koblenz, GewArch. 2006, 288.

[112] VGH Mannheim, NvwZ-RR 2006, 714 (715); zur Rechtslage in Baden-Württemberg siehe auch *Stehlin/Grabolle*, VBlBW 2007, 41; *Heilshorn*, VBlBW 2007, 161.

nis des öffentlichen Zwecks als drittschützend an[113] und lässt Klagen der Konkurrenten und anderer Wirtschaftsteilnehmer zu, deren Marktinteressen durch die kommunale Wirtschaftstätigkeit beeinträchtigt werden.[114] Der Hessische VGH und das OVG des Saarlandes haben zu erkennen gegeben, dass sie dazu tendieren, den dortigen Subsidiaritätsklauseln eine drittschützende Wirkung beizumessen[115]; das niedersächsische OVG ist eher skeptisch[116].

In anderen Ländern wird dies unter Hinweis auf die jeweilige gesetzliche Regelung nach wie vor abgelehnt.[117] In der Tat kommt es auf die durchaus unterschiedlichen Gesetze an.[118] Entscheidend ist, ob man annimmt, dass die Vorschriften im Sinne der Schutznormtheorie den Schutz der privaten Konkurrenten bezwecken (zu Einzelheiten → § 42 Rn. 22 ff.). 51

II. Ordentliche Gerichtsbarkeit

Die ordentliche Gerichtsbarkeit hielt und hält die Bestimmungen des kommunalen Wirtschaftsrechts für **Regelungen über den Zugang zum Wettbewerb**, nicht für solche über das Verhalten im Wettbewerb und lehnte Ansprüche nach dem UWG ab.[119] Nach einem durch einige Oberlandesgerichte in den neunziger Jahren[120] ausgelösten kurzen Intermezzo bestätigte der Bundesgerichtshof diese Linie.[121] Ein deliktsrechtlicher Anspruch aus § 1 UWG liegt danach nur dann vor, wenn ein Rechtsverstoß eine Handlung so prägt, dass sie gerade auch als Wettbewerbsverhalten sittenwidrig im Sinne des § 1 UWG ist. Auch wenn man annehme, dass eine kommunalwirtschaftsrechtliche Bestimmung dem Schutz Privater vor der Konkurrenz der Gemeinden diene, gehe es nicht um das Verhalten im Wettbewerb[122], sondern um die Erhaltung einer Marktstruktur. Der BGH lehnt es auch ab, die Bestimmungen als Schutzgesetz im Sinne des § 823 Abs. 2 BGB anzusehen[123] (zu 52

[113] Siehe dazu auch *Hösch*, DÖV 2000, 393 (402).

[114] OVG Münster, NVwZ 2003, 1520 (1522); zu beiden Annahmen kritisch *Antweiler*, NVwZ 2003, 1466 (1467 f.).

[115] VGH Kassel, NVwZ-RR 2009, 852 (853); OVG Saarlouis, Beschl. v. 22.10.2008 - 3 B 279/08 -, Juris Rn. 13 ff.

[116] OVG Lüneburg, NVwZ 2009, 258 (259 f.); kritisch *Roling*, NVwZ 2009, 226; zum Drittschutz in Niedersachsen auch *Freese*, NdsVBl. 2009, 192 (193 ff.).

[117] OVG Magdeburg, LKV 2009, 91 (92); OLG Karlsruhe, Urt. v. 14.11.2001 - 6 U 43/01 -, Juris Rn. 15 ff.; in der Tendenz auch OVG Lüneburg, NVwZ 2009, 258 (259 f.).

[118] *Wendt*, in: Ennuschat u. a. (Hrsg.), GS für P. J. Tettinger, 2007, S. 335 (345).

[119] Dazu etwa *Faber*, DVBl. 2003, 761 (764 f.); *Wendt* (Fn. 118), S. 335; *Sodan*, in: Jacobs/Papier/Schuster (Hrsg.), FS für P. Raue, 2006, S. 335 ff.; *Uechtritz/Otting* (Fn. 7), § 6 Rn. 140 ff.

[120] Etwa OLG Düsseldorf, NWVBl. 1997, 353 f.; OLG Hamm, NJW 1998, 3504 ff.; OLG München, NVwZ 2000, 835 ff.; zu dieser Rechtsprechung etwa *Tomerius*, LKV 2000, 41 (43 ff.).

[121] BGH, DVBl. 2002, 1282 (1284 ff.); BGH, NJW 2003, 586 ff.

[122] Zu einem solchen Fall OLG Frankfurt, KommJur 2008, 377 ff.

[123] BGH, DVBl. 2002, 1282 (1284).

Einzelheiten → § 42 Rn. 8 ff.).

53 Inzwischen hat sich die Diskussion in das **Vergaberecht** verlagert.[124] Einige Vergabesenate überprüfen die Einhaltung der kommunalwirtschaftsrechtlichen Bestimmungen über den Marktzutritt im Vergabeverfahren. Ein Verstoß stelle eine gegen Vergaberecht verstoßende Wettbewerbsverfälschung und -verzerrung dar.[125] Dagegen hält das OVG NW im Vergabeverfahren lediglich unter dem Gesichtspunkt der „Leistungsfähigkeit" des beauftragten Unternehmens eine Überprüfung auf offensichtliche Verstöße für zulässig.[126] Wenn die Feststellung keiner besonderen rechtlichen Klärung bedürfe, diene es der Beschleunigung und Konzentration des Rechtsschutzes, dem im Vergabeverfahren Rechnung zu tragen.[127]

54 In der Tat bestehen gegen jede Überprüfung der gemeindewirtschaftsrechtlichen Bindungen durch die ordentlichen Gerichte **erhebliche Bedenken** im Blick auf die Widerspruchsfreiheit der Rechtsordnung. Ein Instrument zur Klärung von Auslegungsdivergenzen zwischen ordentlichen und Verwaltungsgerichten steht nämlich erst im Verhältnis der obersten Bundesgerichte zur Verfügung,die Nachprüfung des nach der Verwaltungsgerichtsordnung irreversiblen Landesrechts endet aber beim Oberverwaltungsgericht.[128] Bei einer Nachprüfung im Vergabeverfahren verstärkt sich diese Schwierigkeit noch dadurch, dass die Gerichte am Sitz des Auftraggebers die Gesetze auslegen müssen, die für den nicht selten in einem anderem Lande sitzenden und dem dortigen Kommunalrecht unterworfenen Bieter gelten.[129]

55 Dagegen verfängt auch der Hinweis auf Europarecht nicht. Selbst wenn sich die allgemeinen vergaberechtlichen Prinzipien dazu „eignen"[130], wettbewerbsbezogene Verhaltenspflichten der öffentlichen Hand durchzusetzen, kann daraus nicht geschlossen werden, dass Verzicht auf eine Kontrolle im Vergabeverfahren und eine Durchsetzung dieser Pflichten im verwaltungsgerichtlichen Verfahren europarechtswidrig ist.

56 Das in dem Vorschlag der Überprüfung auf offensichtliche Fehler liegende Friedensangebot des OVG NW ist wegen der in der Beschränkung auf die „Offensichtlichkeit" liegenden Unschärfe problematisch. Es ist auch praktisch entbehrlich, wenn die Verwaltungsgerichte über einen Antrag des Konkurrenten hinreichend zügig entscheiden. Wo der private Konkurrent dagegen mangels drittschützender Regelungen des Landesrechts nicht Rechtsschutz vor den Verwaltungsgerichten suchen kann, ist es nicht Sache der ordentlichen Gerichte diese rechtspolitische Entscheidung des Landesgesetzgebers im Vergabeverfahren zu korrigieren.

---

[124] Siehe etwa *Faber*, DVBl. 2003, 761 (765 ff.); *Mann*, NVwZ 2010, 857 ff.

[125] Siehe OLG Celle, NZBau 2001, 648; OLG Düsseldorf, Beschl. v. 13.8.2008 - Verg 42/07 -, Juris Rn. 22 ff.; siehe auch OLG Düsseldorf, NZBau 2002, 626; OLG Düsseldorf, VergabeR 2006, 509 für Überprüfung im Vergabeverfahren.

[126] In diese Richtung auch OLG Celle, NZBau 2009, 394 (396).

[127] OVG Münster, NVwZ 2008, 1031 (1032 f.).

[128] *Oebbecke*, ZHR 164 (2000), 375 (391 f.).

[129] Zutreffend *Ennuschat*, NVwZ 2008, 966 (968).

[130] So OLG Düsseldorf, Beschl. v. 13.8.2008 - Verg. 42/07 -, Juris Rn. 22.

§ 42 Rechtschutz privater Konkurrenten gegen wirtschaftliche Betätigungen der Gemeinden

Rudolf Wendt

Schrifttum

R. Cosson, Begrenzungen kommunaler wirtschaftlicher Betätigung im Bereich der Abfallwirtschaft, DVBl. 1999, 891 ff.; *T. Darsow*, Rechtsfragen im Zusammenhang mit der Subventionierung kommunaler Unternehmen, LKV 2002, 1 ff.; *J. Dietlein*, Berufs-, Arbeitsplatz- und Ausbildungsfreiheit, in: K. Stern, Staatsrecht Bd. IV/1, 2006, S. 1757 ff.; *D. Ehlers*, Die wirtschaftliche Betätigung der öffentlichen Hand in der Bundesrepublik Deutschland, JZ 1990, 1089 ff.; *ders.*, Rechtsprobleme der Kommunalwirtschaft, DVBl. 1998, 497 ff.; *H.-U. Erichsen*, Gemeinde und Private im wirtschaftlichen Wettbewerb, 1987; *T. Franz*, Gewinnerzielung durch kommunale Daseinsvorsorge, 2005; *J. Hellermann*, Örtliche Daseinsvorsorge und gemeindliche Selbstverwaltung, 1999; *H.-G. Henneke*, VerfGH Rheinland-Pfalz bestimmt Zulässigkeit und Grenzen kommunalwirtschaftlicher Betätigung mit Augenmaß, Der Landkreis 2000, 450 f.; *P.-M. Huber*, Konkurrenzschutz im Verwaltungsrecht, 1991; *J. Ipsen*, Rechtsschutz gegen kommunale Wirtschaftstätigkeit, ZHR 170 (2006), 422 ff.; *M. Kaltenborn*, Gemeinden im Wettbewerb mit Privaten, WuW 2000, 488 ff.; *M. Knauff/F. Nolte*, Narrenfreiheit für kommunale Unternehmen?, VR 2003, 3 ff.; *L. Knemeyer*, Wettbewerbsrelevante Dienstleistungen der Industrie- und Handelskammern – Zulässigkeit und Grenzen, WiVerw. 2001, 1 ff.; *W. Löwer*, Energieversorgung zwischen Staat, Gemeinde und Wirtschaft, 1989; *T. Mann*, Öffentliche Unternehmen im Spannungsfeld von öffentlichem Auftrag und Wettbewerb, JZ 2002, 819 ff.; *ders.*, Die öffentlich-rechtliche Gesellschaft, 2002; *H. Meyer*, (Rechts-)Wege zur Überprüfung der wirtschaftlichen Betätigung der Kommunen, Der Landkreis 2003, 29 ff.; *L. Micker*, Die Konkurrenz zwischen privaten und kommunalen Wirtschaftsunternehmen, NWVBl. 2004, 181 ff.; *M. Pagenkopf*, Einige Betrachtungen zu den Grenzen für privatwirtschaftliche Betätigung der Gemeinden – Grenzen für Grenzzieher?, GewArch. 2000, 177 ff.; *H.-J. Papier*, Kommunale Daseinsvorsorge im Spannungsfeld zwischen nationalem Recht und Gemeinschaftsrecht, DVBl. 2003, 686 ff.; *B. Pieroth/B. J. Hartmann*, Grundrechtsschutz gegen wirtschaftliche Betätigung der öffentlichen Hand, DVBl. 2002, 421 ff.; *M. Ruffert*, Kommunalwirtschaft und Landes-Wirtschaftsverfassung, NVWZ 2000, 763 ff.; *C. Scharpf*, Drittschutz für die Privatwirtschaft?, GewArch. 2004, 317 ff.; *I. Scherer*, Marktverhaltensregeln im Interesse der Marktbeteiligten – Funktionsorientierte Ausrichtung des neuen Rechtsbruchtatbestandes in § 4 Nr. 11 UWG, WRP 2006, 401 ff.; *A. Schink*, Wirtschaftliche Betätigung kommunaler Unternehmen, NVwZ 2002, 129 ff.; *C. Stamer*, Rechtsschutz gegen öffentliche Konkurrenzwirtschaft, 2007; *K. Stern*, Staatsrecht Bd. IV/1, 2006; *P. J. Tettinger*, Rechtsschutz gegen kommunale Wettbewerbsteilnahme, NJW 1998, 3473 f.; *ders./W. Erbguth/T. Mann*, Besonderes Verwaltungsrecht, 9. Aufl. 2007; *R. Wendt*,

Eigentum und Gesetzgebung, 1985; *ders.*, Handwerkskammern und berufliche Bildung, in: J. Bröhmer (Hrsg.), FS für G. Ress, 2005, S. 1353 ff.

Inhaltsübersicht

A. Einleitung

1 Seit einigen Jahren ist eine deutliche Ausweitung der wirtschaftlichen Betätigung der Gemeinden im Bundesgebiet zu verzeichnen. Vielfach ist festgestellt worden, dass die Kommunalwirtschaft boomt.[1] Mitursächlich hierfür ist die Finanznot der Kommunen, die diese vermehrt dazu veranlasst, neue, **lukrative Einnahmequellen** zu erschließen. Insbesondere mit der Gründung privatrechtlicher Unternehmen versuchen die Gemeinden oftmals, ihren Haushalt zu entlasten. Dabei zeigen sich die Gemeinden häufig äußerst erfinderisch: Nicht selten erschließen sie neue, d. h. **außerhalb der klassischen Daseinsvorsorge** liegende Geschäftsfelder oder engagieren sich sogar außerhalb des Gemeindegebietes. Das Feld kommunaler wirtschaftlicher Betätigung ist breit gefächert. Es reicht von der Übernahme landschaftsgärtnerischer Arbeiten für private Auftraggeber[2] oder Aufgaben-wahrnehmung im Bereich des Bestattungswesens[3] über das Angebot von Entsorgungs-

[1] *Schink*, NVwZ 2002, 129 ff.
[2] OLG Karlsruhe, NVwZ 2001, 712 ff.
[3] BGH, NJW 1987, 60 ff.

leitungen außerhalb des Gemeindegebietes[4] bis hin zum Nachhilfeunterricht durch kommunale Volkshochschulen[5] oder Betrieb einer kommunalen Saunaanlage[6].

Für private Unternehmen bedeutet dies häufig eine spürbare Veränderung der Marktsituation. Aus ihrer Sicht ist die öffentliche Hand mit deutlichen Wettbewerbsvorteilen ausgestattet und daher kein Konkurrent unter vielen. Vor dem Hintergrund der angespannten Auftragslage wachsen daher auch die Bemühungen privater Unternehmen, die wirtschaftliche Betätigung von Gemeinden auf ihren Geschäftsfeldern zu unterbinden. 2

Trotz dieser zahlreichen Versuche ist in Rechtsprechung und Literatur bislang umstritten, ob **private Unternehmen** in diesem Zusammenhang **Rechtsschutz** erlangen können. Der Erfolg einer Klage hing bis in die jüngste Zeit nicht zuletzt von dem gewählten Rechtsweg ab. Während klagende Unternehmen vor den Verwaltungsgerichten in der Regel keinen Erfolg hatten – was der Verwaltungsgerichtsbarkeit sogar den Vorwurf der Rechtsverweigerung eintrug[7] –, waren die Erfolgsaussichten einer Klage vor den ordentlichen Gerichten in der Vergangenheit wesentlich höher. 3

Denn über viele Jahre hinweg waren es die Zivilgerichte, die die Zulässigkeit einer solchen wirtschaftlichen Betätigung nach Maßgabe der **Vorschriften gegen den unlauteren Wettbewerb** überprüft haben. Die sog. „Schilderverkauf"-Entscheidung des Bundesgerichtshofs aus dem Jahre 1974 kann hierfür als Beispiel herangezogen werden: In diesem Verfahren hatte sich ein privates Unternehmen, das Kennzeichenschilder für Kraftfahrtzeuge verkaufte, dagegen gewandt, dass ein Landkreis durch seine Zulassungsstelle ebenfalls Kennzeichenschilder anbot, und dieses Geschäftsgebaren als wettbewerbswidrig beanstandet.[8] Obwohl der Schilderverkauf mit der amtlichen Tätigkeit der Kfz-Zulassung und Kennzeichenzuteilung eng verbunden war, nahm der Bundesgerichtshof ein Wettbewerbsverhältnis zwischen dem klagenden Unternehmen und dem Landkreis an, da dieser am geschäftlichen Verkehr teilnehme und die gleichen Leistungen auch von Privaten angeboten würden. Ein sittenwidriges Verhalten im Sinne von § 1 UWG a. f. verneinte der Bundesgerichtshof hingegen; aus einem Verstoß gegen die die wirtschaftliche Betätigung von Gemeinden und Landkreisen regelnden Vorschriften könne keine Sittenwidrigkeit gefolgert werden, da diese Normen nur den Zugang zum Wettbewerb regelten und nichts darüber aussagten, wie er auszuüben sei.[9] Eher nebenbei verwies der Bundesgerichtshof zudem auf die den Mitbewerbern zustehende Möglichkeit, die Zulässigkeit der erwerbswirtschaftlichen Tätigkeit der Gemeinden und Landkreise im Verwaltungsrechtsweg nachprüfen zu lassen.[10] 4

---

[4] OLG Düsseldorf, NVwZ 2000, 714 ff.

[5] OLG Düsseldorf, NJW-RR 1997, 1470 ff.

[6] OVG Münster, DÖV 1986, 339 ff.

[7] *Henneke*, DVBl. 2000, 997 (999).

[8] BGH, NJW 1974, 1333 ff.

[9] BGH, NJW 1974, 1333.

[10] BGH, NJW 1974, 1333.

5 Nicht nur am Beispiel dieser Entscheidung, sondern auch am Beispiel zahlreicher anderer Entscheidungen zeigt sich, dass bei Erörterung der Frage nach dem Rechtsschutz privater Konkurrenten gegen wirtschaftliche Betätigungen von Gemeinden der Frage der Abgrenzung der Rechtswege zu den Zivil- und Verwaltungsgerichten erhebliche Bedeutung zukommt.

6 Anknüpfungspunkt für die Frage, ob privaten Unternehmen ein Unterlassungsanspruch gegen die wirtschaftliche Betätigung von Gemeinden zusteht, ist – unabhängig von dem beschrittenen Rechtsweg – die **jeweilige gemeinderechtliche Vorschrift**, die die Zulässigkeit wirtschaftlicher Betätigung von Gemeinden regelt. Schon § 67 der Deutschen Gemeindeordnung vom 30. Januar 1935 (DGO)[11] setzte der wirtschaftlichen Betätigung der Kommunen erstmals Grenzen.[12] Hiernach durften die Gemeinden wirtschaftliche Unternehmen nur errichten oder wesentlich erweitern, wenn ein öffentlicher Zweck das Unternehmen rechtfertigte, das Unternehmen in einem angemessenen Verhältnis zur Leistungsfähigkeit der Gemeinde stand und der Zweck nicht besser oder wirtschaftlicher durch einen anderen erfüllt werden konnte.

7 In Anlehnung an diese Vorgängervorschrift enthalten die aktuellen gemeinderechtlichen Vorschriften der Länder neben einer **Zweckbindungsklausel** eine **Verhältnismäßigkeitsklausel** und zumeist auch eine sog. **Subsidiaritätsklausel** bzw. **Funktionssperre**.[13] Insbesondere auf letztere berufen sich sowohl die Befürworter als auch die Gegner eines Rechtsschutzes privater Konkurrenten. Zunehmend kommt aber auch den Grundrechten Bedeutung bei der Beantwortung dieser Frage zu.

B. Rechtsschutz vor den ordentlichen Gerichten

8 Unstreitig in die Kompetenz der ordentlichen Gerichte fällt die Überprüfung bestimmter Verhaltensweisen im Wettbewerb, die möglicherweise den Vorschriften des Wettbewerbsrechts widersprechen.[14] Die ordentlichen Gerichte haben jedoch in der Vergangenheit nicht nur das Marktverhalten (das **„Wie“**), sondern auch den Markteintritt durch eine Gemeinde (das **„Ob“**) überprüft.

I. Die Rechtsprechung der Zivilgerichte

9 Schon im Jahre 1965 hat etwa der Bundesgerichtshof in der Entscheidung „Blockeis II“ die Auffassung vertreten, dass ein Verstoß gegen die die Zulässigkeit einer wirtschaftlichen Betätigung einer Gemeinde regelnde Vorschrift jedenfalls

---

[11] RGBl. I S. 49.

[12] Siehe zur Entstehungsgeschichte dieser Norm *Pagenkopf*, GewArch. 2000, 177 (180).

[13] *Kaltenborn*, WuW 2000, 488 (493).

[14] *Mann*, in: Tettinger/Erbguth/Mann (Hrsg.), Besonderes Verwaltungsrecht, 10. Aufl. 2009, § 9 Rn. 312.

dann als wettbewerbswidrig zu qualifizieren sei, wenn der Gemeinde ein vorsätzliches und fortgesetztes Handeln vorzuwerfen sei.[15]

Besonders bekannt geworden sind jedoch in den vergangenen Jahren Entschei- 10
dungen des OLG Düsseldorf sowie des OLG Hamm. Das OLG Düsseldorf gab dem Antrag auf Erlass einer einstweiligen Verfügung eines Anbieters von Nachhilfeunterricht statt, der sich damit gegen ein entsprechendes Angebot einer Gemeinde gewandt hatte.[16] In dem Angebot von Nachhilfeunterricht durch die Gemeinde im Rahmen einer Volkshochschule sah das OLG Düsseldorf einen Verstoß gegen die die Zulässigkeit einer wirtschaftlichen Betätigung regelnden Vorschrift des § 107 GO NW. Da diese Bestimmung dem Schutz der privaten Wirtschaft gegen eine privatwirtschaftliche Betätigung der Gemeinden diene,[17] begründe ein Verstoß gegen die Regelung zugleich die Sittenwidrigkeit im Sinne des § 1 UWG a. f., so dass ein Unterlassungsanspruch des privaten Anbieters aus dieser Vorschrift gegeben sei.[18] Ohne Belang war für das Gericht dabei, ob das Verhältnis zwischen den Teilnehmern und der Antragsgegnerin, die den Nachhilfeunterricht anbot, öffentlich-rechtlich ausgestaltet war.[19]

Auch in späteren Entscheidungen hat das OLG Düsseldorf entscheidend darauf 11
abgestellt, ob ein Verstoß der Gemeinde gegen die seiner Auffassung nach drittschützende Norm des § 107 GO NW vorlag.[20] Ebenso wie das OLG Düsseldorf sah auch das OLG Hamm in der unter dem Namen „Gelsengrün“ weithin bekanntgewordenen Entscheidung in dem **Verstoß gegen die Voraussetzungen des § 107 GO NW** einen **Verstoß gegen die guten Sitten** im Sinne des § 1 UWG a. f. und stellte maßgeblich darauf ab, dass ein solcher wettbewerbsrechtlich relevanter Verstoß auch schon darin liege, dass eine wettbewerbliche Tätigkeit überhaupt aufgenommen werde, sofern dem Verletzer der Marktzutritt, so wie er von ihm gesucht werde, von Gesetzes wegen verboten sei; dies gelte etwa, wenn der Marktzutritt von besonderen Voraussetzungen abhängig sei.[21]

Diese Rechtsprechung ist **im öffentlich-rechtlichen Schrifttum** zu Recht 12
scharf **kritisiert** worden.[22] Zutreffend wurde darauf hingewiesen, dass das „Ob“ der wirtschaftlichen Betätigung einer Gemeinde nicht Gegenstand eines zivilrechtlichen Unterlassungsanspruchs – wie des § 1 UWG a. f. – sein kann, sondern allein der öffentlich-rechtlichen Kompetenzordnung unterliegt.[23] Der rechtswidrige Markt-eintritt durch eine Gemeinde und somit der Rechtsbruch findet schon vor

---

[15] BGH, DVBl. 1965, 362 (363).

[16] OLG Düsseldorf, NJW-RR 1997, 1470 ff.

[17] Die Frage des Drittschutzcharakters der jeweiligen landesrechtlichen Bestimmungen wird an späterer Stelle im Rahmen des verwaltungsgerichtlichen Rechtsschutzes behandelt.

[18] OLG Düsseldorf, NJW-RR, 1470 (1471).

[19] OLG Düsseldorf, NJW-RR, 1470 (1471).

[20] OLG Düsseldorf, NVwZ 2000, 111 ff.; NVwZ 2002, 248 ff.

[21] OLG Hamm, NJW 1998, 3504 f.

[22] *Ehlers*, DVBl. 1998, 497 (503); siehe auch die Nachweise bei *Kaltenborn*, WuW 2000, 488 (494), Fn. 49.

[23] *Ehlers*, DVBl. 1998, 497 (503).

der Entstehung eines abstrakten Rechtsverhältnisses statt, mithin ist der Anwendungsbereich des Wettbewerbsrechts nicht eröffnet. Letzteres soll seinem Regelungszweck nach Schutz gegen die unlautere Art und Weise einer wirtschaftlichen Betätigung bieten. Nicht ausreichend ist die Missachtung der öffentlich-rechtlichen Kompetenzordnung, die lediglich zur Rechtswidrigkeit des Marktzutritts führt. Allein die Tatsache, dass die gewerbliche Betätigung von einem öffentlichen Unternehmen ausgeht, das in der Öffentlichkeit mehr Vertrauen genießt, führt nicht per se zur Unlauterkeit einer Wettbewerbshandlung.[24] Erst wenn über die Verletzung der die wirtschaftliche Betätigung von Gemeinden regelnden Vorschrift ein weiterer Aspekt betreffend die Art und Weise der wirtschaftlichen Betätigung hinzutritt, handelt es sich um eine wettbewerbsrechtliche Problematik, die in die Zuständigkeit der ordentlichen Gerichte fällt. Der Gegenauffassung, die auf Grund der oftmals schwierigen Abgrenzung von Marktzutritts- und Verhaltensregelungen Rechtsschutzlücken befürchtet,[25] ist angesichts der eindeutigen Qualifizierung der die Erwerbstätigkeit der öffentlichen Hand regelnden Bestimmungen in den Gemeindeordnungen nicht zuzustimmen.

13 Eine Nachprüfungsbefugnis der ordentlichen Gerichte bezüglich der Entscheidung einer Gemeinde, am Wettbewerb überhaupt teilzunehmen, besteht hiernach nicht.[26] Indem die ordentlichen Gerichte auch über das „Ob" einer wirtschaftlichen Betätigung der öffentlichen Hand entschieden, würden sie die Rechtswegabgrenzung des § 13 GVG, nach der verhindert werden soll, dass fachfremde Gerichte entscheiden, missachten. Über das Institut der Vorfrageentscheidung würden sie den Entscheidungsvorrang der allgemeinen Verwaltungsgerichte durchbrechen.[27] Insbesondere *Pagenkopf*[28] verurteilt die „klare Kompetenzüberschreitung" durch die Zivilgerichte, die die Einhaltung der gemeinderechtlichen Voraussetzungen für eine Erwerbstätigkeit der Gemeinde überprüfen, ohne hierbei den Vorrang der Verwaltungsgerichte bei der Beurteilung öffentlich-rechtlicher Sachverhalte, insbesondere bei der Auslegung der landesrechtlichen Bestimmungen, zu beachten. In der Tat wurde die Reichweite des § 13 GVG durch die ordentlichen Gerichte in der Vergangenheit lange verkannt.

II. Klärung durch den Bundesgerichtshof

14 Der geschilderten **„systemwidrige(n) Expansion des Wettbewerbsrechts"**[29] durch die Zivilrechtsprechung haben mittlerweile jedoch sowohl der Bundesge-

---

[24] *Mann,* JZ 2002, 819 (824).

[25] *Doepner*, WRP 2003, 1292 (1297, 1299); *Dreher*, ZIP 2002, 1648 (1649).

[26] *Pagenkopf*, GewArch. 2000, 177 (182).

[27] *Erichsen*, Gemeinde und Private im wirtschaftlichen Wettbewerb, 1987, S. 48; *Meyer*, Der Landkreis 2003, 29 (30).

[28] *Pagenkopf*, GewArch. 2000, 177 (183).

[29] *Mann* (Fn. 14), § 9 Rn. 315.

richtshof als auch der Gesetzgeber Einhalt geboten. Die Wende[30] stellte die Entscheidung des Bundesgerichtshofs vom 25. April 2002 in dem Rechtsstreit „Elektroarbeiten"[31] dar. In der Sache ging es um einen Unterlassungsanspruch eines Elektrohandwerkers gegen eine Stadtwerke-GmbH, deren Alleingesellschafterin die Landeshauptstadt München war und die auch für private Anbieter Elektroarbeiten durchführte. Entgegen den Vorinstanzen sah der Bundesgerichtshof das Handeln der beklagten Landeshauptstadt nicht als sittenwidrig im Sinne von § 1 UWG a. F. an, da ein Verstoß einer Gemeinde gegen die die Zulässigkeit einer wirtschaftlichen Betätigung regelnde Vorschrift – in diesem Rechtsstreit: Art. 87 BayGO– nicht zugleich sittenwidrig im Sinne des § 1 UWG a. F. sei.[32] Unabhängig von der Frage, ob diesen Vorschriften des Kommunalrechts drittschützende Wirkung zukomme, fordert der Bundesgerichtshof nunmehr einen sogenannten qualifizierten Rechtsbruch, der über den Verstoß gegen eine bloße Marktzutrittsregelung hinausgeht.

Zu Recht stellt der Bundesgerichtshof dabei maßgeblich auf den Zweck des Wettbewerbsrechts ab: Zielsetzung des § 1 UWG a. F. sei, die Lauterkeit des Wettbewerbs im Interesse sowohl der Marktbeteiligten als auch der Allgemeinheit zu schützen; daher müsse auch der darin enthaltene **Begriff der Sittenwidrigkeit wettbewerbsbezogen** ausgelegt werden.[33] Nicht ausreichend sei, dass bei einer Wettbewerbshandlung ein Gesetzesverstoß lediglich mitverwirklicht werde, vielmehr müsse der Gesetzesverstoß die Handlung in der Weise prägen, dass diese **gerade auch als Wettbewerbsverhalten sittenwidrig** im Sinne des § 1 UWG a. F. sei.[34] Der Bundesgerichtshof weist ferner daraufhin, dass § 1 UWG a. F. nicht den Zweck verfolge, Wettbewerber unter Berufung darauf, dass ein Gesetz ihren Marktzutritt verbiete, vom Markt fernzuhalten, wenn das betreffende Gesetz den Marktzutritt nur aus Gründen verhindern wolle, die den Schutz des lauteren Wettbewerbs nicht berührten.[35] Anders als z. B. Vorschriften, die die Ausübung bestimmter Tätigkeiten im Interesse des Schutzes der Allgemeinheit von dem Nachweis besonderer Fachkenntnisse abhängig machten, habe Art. 87 BayGO als die die wirtschaftliche Betätigung von Gemeinden regelnde Vorschrift auch keine sekundäre wettbewerbsbezogene Schutzfunktion. Der in Art. 87 BayGO zum Ausdruck kommende Zweck, die Privatwirtschaft vor dem Marktzutritt von Gemeinden zu schützen, wenn die in dieser Vorschrift genannten Voraussetzungen nicht vorlägen, korrespondiere nicht mit der Schutzrichtung des § 1 UWG a. F., der ge- 15

---

[30] Wenige Jahre zuvor noch hatte der Bundesgerichtshof die Revision gegen die Entscheidung „Gelsengrün" des OLG Hamm zurückgewiesen, weil die Rechtssache keine grundsätzliche Bedeutung und die Revision zudem keine Aussicht auf Erfolg habe (BGH, Beschl. v. 8. 10. 1998 – I ZR 284/97, unveröffentlicht); siehe hierzu *Dreher*, ZIP 2002, 1648 (1649).

[31] BGH, BGHZ 150, 343 ff.

[32] BGH, BGHZ 150, 343 (346).

[33] BGH, BGHZ 150, 343 (347).

[34] BGH, BGHZ 150, 343 (347).

[35] BGH, BGHZ 150, 343 (347).

rade nicht dazu diene, nach öffentlichem Recht eventuell gegebene Ansprüche zu ergänzen oder entsprechende Lücken auszufüllen.[36]

16 Nach Auffassung des Bundesgerichtshofs kann sich die Unlauterkeit der wirtschaftlichen Tätigkeit einer Gemeinde zwar ausnahmsweise auch aus ihrer Eigenschaft als öffentlich-rechtlicher Gebietskörperschaft und der damit verbundenen besonderen Stellung gegenüber den anderen Marktteilnehmern, insbesondere den Verbrauchern, ergeben.[37] Beispielhaft nennt das Gericht eine Verquickung der öffentlich-rechtlichen Aufgaben mit der wirtschaftlichen Tätigkeit, den **Missbrauch der amtlichen Autorität** oder des Vertrauens in die **Objektivität** und **Neutralität** der Amtsführung oder die Gefährdung des Bestands des Wettbewerbs auf dem einschlägigen Markt. Der bloße Verstoß gegen die entsprechende landesrechtliche Regelung über die Zulässigkeit einer wirtschaftlichen Betätigung von Gemeinden reicht hingegen nach Auffassung des Bundesgerichtshofs nicht aus.

17 Noch in demselben Jahr hat der Bundesgerichtshof in seiner Entscheidung „Altautoverwertung" – in diesem Fall zu der entsprechenden Vorschrift des § 107 GO NW – seine Entscheidung in der Sache „Elektroarbeiten" bestätigt.[38] Im Schrifttum fand diese Rechtsprechung zumeist ein positives Echo.[39] Zu Recht wurde dabei insbesondere die nun erfolgte Unterscheidung zwischen dem Marktverhalten eines Unternehmens (dem „Wie") und dem Marktzutritt (dem „Ob") begrüßt.[40]

18 Der Gesetzgeber hat sich der Auffassung des Bundesgerichtshofs angeschlossen. Privaten Marktteilnehmern dürfte mit der **Reform des Gesetzes gegen unlauteren Wettbewerb** im Jahre 2004[41] der Weg zu den Zivilgerichten wegen eines mit dem Verstoß gegen die kommunalrechtlichen Marktzutrittsregeln begründeten wettbewerbsrechtlichen Unterlassungsanspruchs nun endgültig versperrt sein. Die Generalklausel des § 1 UWG a. F., nach der ein Verstoß gegen die guten Sitten erforderlich war, wurde durch § 3 UWG ersetzt. Hiernach sind unlautere Wettbewerbshandlungen, die geeignet sind, den Wettbewerb zum Nachteil der Mitbewerber, der Verbraucher oder der sonstigen Marktteilnehmer nicht nur unerheblich zu beeinträchtigen, unzulässig. § 4 UWG konkretisiert diese Vorschrift, indem er in einem – nicht abschließenden – Katalog verschiedene unlautere Handlungen nennt. Gemäß § 4 Nr. 11 UWG handelt auch derjenige unlauter, der einer gesetzlichen Vorschrift zuwiderhandelt, die auch dazu bestimmt ist, im Interesse der Marktteilnehmer das Marktverhalten zu regeln. Mit diesem Rechtsbruchstatbestand[42] wollte der Gesetzgeber – explizit auf die Entscheidung des

---

[36] BGH, BGHZ 150, 343 (350).

[37] BGH, BGHZ 150, 343 (349).

[38] BGH, NJW 2003, 586 ff.

[39] *Meier*, VR 2002, 410 (411); *Meyer*, Der Landkreis 2003, 29 (30); *Knauff/Nolte*, VR 2003, 3 (7).

[40] Zweifel äußert diesbez. *Ehlers*, JZ 2003, 318 (320).

[41] Gesetz gegen den unlauteren Wettbewerb v. 3. 7. 2004 (BGBl. I S. 1414), geändert durch Art. 165 des Gesetzes v. 19. 4. 2006 (BGBl. I S. 866).

[42] Bisweilen spricht die Literatur auch von der Fallgruppe „Vorsprung durch Rechtsbruch", siehe *Dreher*, ZIP 2002, 1648; *Ehlers*, JZ 2003, 318.

Bundesgerichtshofs Bezug nehmend[43] – die Vorschrift so fassen, dass nicht jede Wettbewerbshandlung, die auf dem Verstoß gegen eine gesetzliche Vorschrift beruht, wettbewerbswidrig ist: „Vielmehr wurde eine Beschränkung danach vorgenommen, dass der **verletzten Norm** zumindest eine sekundäre **Schutzfunktion zu Gunsten des Wettbewerbs** zukommen muss. Es wird dementsprechend nur ein Verstoß gegen solche Normen erfasst, die zumindest auch das **Marktverhalten im Interesse der Marktbeteiligten** regeln."[44] Nicht nur das verwaltungsrechtliche, sondern auch das wettbewerbsrechtliche Schrifttum geht davon aus, dass ein Verstoß gegen die die wirtschaftliche Betätigung von Kommunen beschränkenden Normen nunmehr keine Unlauterkeit im Sinne von §§ 3, 4 Nr. 11 UWG mehr begründen kann.[45] Entscheidend ist, dass sich ein eventuell gegebener Drittschutz der kommunalrechtlichen Normen[46] nur auf das „Ob" des Marktzutrittes beschränkt, während das Wettbewerbsrecht lediglich innerhalb eines bestehenden Wettbewerbsverhältnisses greifen soll.

Die Entscheidung des Bundesgerichtshofs sowie insbesondere auch die Umset- **19**
zung dieser Rechtsprechung durch den Gesetzgeber sind ausdrücklich zu begrüßen. Sie haben der Ausweitung des Wettbewerbsrechts unter Missachtung der gerichtlichen Kompetenzverteilung ein Ende gesetzt. Der gesetzgeberischen Entscheidung werden sich die ordentlichen Gerichte künftig nicht entziehen können. Für die rechtsschutzsuchenden Unternehmen bedeutet diese Änderung des Gesetzes gegen den unlauteren Wettbewerb eine erhöhte Sicherheit bei der Entscheidung, welcher Rechtsweg einzuschlagen ist.

Dies gilt insbesondere auch vor dem Hintergrund, dass der Bundesgerichtshof **20**
auch andere zivilrechtliche Ansprüche eines privaten Unternehmens gegen den Marktzutritt der öffentlichen Hand verneint. Ein **quasinegatorischer Unterlassungsanspruch** wegen Verletzung eines Schutzgesetzes (§ 1004 BGB analog in Verbindung mit § 823 Abs. 2 BGB) scheitert nach dem Bundesgerichtshof gerade am Erfordernis eines Schutzgesetzes.[47] Ein Schutzgesetz im Sinne von § 823 Abs. 2 BGB liegt vor, wenn der Schutz zumindest auch auf bestimmte Rechtsgüter oder Interessen des Einzelnen zielt.[48] Nach der Rechtsprechung des Bundesgerichtshofs ist darüber hinaus erforderlich, dass die in Frage stehende Norm in der Weise einem gezielten Individualschutz gegen eine näher bestimmte Art der Schädigung dienen soll, dass an die Verletzung des geschützten Interesses die **de-**

---

[43] Entwurf eines Gesetzes gegen den unlauteren Wettbewerb (UWG) der Bundesregierung v. 22. 8. 2003, BT-Drs. 15/1487, S. 19.

[44] Entwurf eines Gesetzes gegen den unlauteren Wettbewerb (UWG) der Bundesregierung v. 22. 8. 2003, BT-Drs. 15/1487, S. 19.

[45] *Scherer*, WRP 2006, 401 (405); *Scharpf*, GewArch. 2004, 317 (318).

[46] Hierzu an späterer Stelle mehr.

[47] BGH, NJW 2003, 586 (588); a. A. *Hauck*, WRP 2006, 323 (329), der einen solchen Anspruch im Hinblick auf § 121 Abs. 1 Nr. 3 HGO bejaht.

[48] *Teichmann*, in: Jauernig (Hrsg.), Kommentar zum BGB, 12. Aufl. 2007, § 823 Rn. 44.

liktische Einstandspflicht des Verletzers geknüpft wird.[49] Dieses vom Bundesgerichtshof aufgestellte Kriterium ist nicht deckungsgleich mit einem eventuellen Drittschutz der Norm; über diesen hinaus muss vielmehr gerade eine deliktische Einstandspflicht bestehen. Ein solcher Schutzzweck kann den die wirtschaftliche Betätigung von Gemeinden regelnden Normen jedoch nicht entnommen werden. Dementsprechend sieht das Gericht, obwohl es in dieser Entscheidung den drittschützenden Charakter des § 107 GO NW bejaht, diese Bestimmung nicht als Schutzgesetz im Sinne von § 823 Abs. 2 BGB an, da sie nicht den Zweck verfolge, die einzelnen Unternehmen dadurch vor einem Wettbewerb durch gemeindliche Unternehmen zu schützen, dass ein Verstoß Individualansprüche auf Schadensersatz und Unterlassung begründen könne.[50]

21 Ob eine kommunale Wirtschaftsbetätigung als Eingriff in den **eingerichteten und ausgeübten Gewerbebetrieb** qualifiziert werden kann mit der Folge, dass § 823 Abs. 1 BGB Anwendung fände, mag bezweifelt werden.[51] Ebenso dürfte ein (Schadensersatz-)Anspruch aus § 826 BGB mangels Vorliegen der Tatbestandsvoraussetzungen nicht gegeben sein. Die Beurteilung einer wirtschaftlichen Betätigung einer Gemeinde obliegt damit nun den Verwaltungsgerichten.

C. Rechtsschutz vor den Verwaltungsgerichten

22 Im Unterschied zu den Klagen vor den ordentlichen Gerichten waren Klagen vor den Verwaltungsgerichten **über lange Zeit hinweg wenig erfolgversprechend**. Dabei war die Frage nach der Eröffnung des Verwaltungsrechtswegs nach § 40 Abs. 1 S. 1 VwGO allerdings problemlos zu bejahen. Da durch die entsprechende kommunalwirtschaftliche Norm allein ein Träger hoheitlicher Gewalt berechtigt und verpflichtet wird, ist das Rechtsverhältnis zwischen den Beteiligten öffentlich-rechtlich geprägt.[52] Damit streiten die Beteiligten, wie § 40 Abs. 1 S. 1 VwGO es verlangt, um Rechtsfolgen aus der Anwendung öffentlich-rechtlicher Normen; der Eröffnung des Verwaltungsrechtswegs steht mithin nichts entgegen. Problematischer ist die Zulässigkeitsvoraussetzung der Klagebefugnis.

---

[49] BGH, NJW 2003, 586 (588). Dieser Aspekt wird zum Teil verkannt, so von *Hauck*, WRP 2006, 323 (329), der lediglich auf den drittschützenden Charakter der Norm abstellt.

[50] BGH, NJW 2003, 586 (588). In demselben Sinne äußert sich OVG Münster, NVwZ 2003, 1520 (1522): „Zwar mögen die Fragen, ob eine Norm Schutznorm i. S. des § 823 Abs. 2 BGB und ob sie drittschützend im Sinne des Verwaltungsrechts ist, zusammenhängen (…), jedoch sind sie nicht deckungsgleich. Die erste Frage bemisst sich danach, ob die Norm den Schutz eines anderen in der Form bezweckt, dass er im Falle einer Verletzung bürgerlich-rechtlichen Schadensersatz verlangen kann (…), während die zweite Frage sich danach bemisst, ob die Norm einen Anspruch eines begünstigten Dritten gegen den Hoheitsträger auf Einhaltung dieser Norm schafft."

[51] Ablehnend *Knauff/Nolte*, VR 2003, 3 (8).

[52] OVG Münster, NVwZ 2003, 1520 (1521); *Pagenkopf*, GewArch. 2000, 177 (182).

Richtet sich ein privater Unternehmer gegen die wirtschaftliche Betätigung einer Gemeinde, so geschieht dies in aller Regel in Form der allgemeinen Leistungsklage. Erhoben wird eine Unterlassungs- oder allgemeine Beseitigungsklage, da es sich bei der Entscheidung einer Kommune, sich wirtschaftlich zu betätigen, nicht um einen Verwaltungsakt, sondern um einen verwaltungsinternen Akt handelt[53]. Für die Leistungsklage ist – ebenso wie für die Anfechtungs- und Verpflichtungsklage – nach ganz herrschender Auffassung eine **Klagebefugnis** erforderlich.[54] In analoger Anwendung von § 42 Abs. 2 VwGO wird die Möglichkeit des Bestehens eines subjektiv-öffentlichen Rechts des von kommunaler Konkurrenz betroffenen privaten Unternehmers auf Unterlassung oder Einstellung der wirtschaftlichen Betätigung der Gemeinde verlangt. 23

I. Drittschützender Charakter der kommunalrechtlichen Vorschriften über die wirtschaftliche Betätigung der Gemeinden?

Solche **subjektiven (Abwehr-)Rechte** für von öffentlicher Konkurrenz Betroffene aus dem Bereich des öffentlichen Rechts können vornehmlich durch einfachgesetzliche Vorschriften begründet werden. Erforderlich ist jedoch, dass die in Frage stehenden Rechtssätze ausschließlich oder doch jedenfalls neben dem mit ihnen verfolgten allgemeinen Interesse zumindest auch dem Schutz von Individualinteressen derart zu dienen bestimmt sind, dass die Träger der Individualinteressen die Einhaltung des Rechtssatzes sollen verlangen können.[55] 24

Zumeist stützen sich die klagenden privaten Unternehmen gerade auf die die wirtschaftliche Betätigung der Gemeinden regelnden kommunalrechtlichen Bestimmungen. Entscheidend ist daher, ob der jeweils einschlägigen Norm ein solcher **Drittschutzcharakter** zuzuschreiben ist. Auf Grund der Zuordnung des Kommunalrechts zum Kompetenzbereich der Länder ist dies grundsätzlich an Hand der jeweiligen Landesregelung zu bestimmen. Trotz einiger Unterschiede bei der Ausgestaltung der in Vorschriften der Gemeindeordnungen[56] regelmäßig enthaltenen drei Klauseln, nämlich der Zweckbindungsklausel, der Verhältnismäßigkeitsklausel und der Subsidiaritätsklausel, weisen die einzelnen Regelungen schon auf Grund ihres gemeinsamen Ursprungs wesentliche Übereinstimmungen auf (→ § 41 Rn. 28 ff.). 25

---

[53] *V. Mutius,* Kommunalrecht, 1996, Rn. 519.

[54] *Kopp/Schenke*, VwGO, 15. Aufl. 2007, § 42 Rn. 62 m. w. N.

[55] BVerwGE 92, 313 (317).

[56] § 102 GO BW, Art. 87 GO Bay, § 100 GO BB, § 121 GO H, § 68 GO MV, § 108 GO Nds, § 107 GO NW, § 85 GO RP, § 108 SaarlKSVG, § 97 GO Sachs, § 116 GO LSA, § 101 GO SH, § 71 GO Thür. Einen tabellarischen Überblick über die Regelungen in den einzelnen Bundesländern gibt *Wellmann*, NWVBl. 2007, 1 (2 ff.).

1. Die Rechtsprechung der Verwaltungsgerichte

26 Im Gegensatz zu Normen des Zivilrechts zielen öffentlich-rechtliche Normen in der Regel nicht auf Individualrechtsschutz. Dementsprechend wurde die Frage nach der drittschützenden Wirkung der gemeinderechtlichen Bestimmungen über die wirtschaftliche Betätigung der Gemeinden bislang von der verwaltungsgerichtlichen Rechtsprechung zumeist ablehnend beantwortet.[57] Dies führte zum Scheitern der auf diese Vorschriften gestützten verwaltungsgerichtlichen Klagen von kommunaler Konkurrenz betroffener Privater. Für § 102 GO BW hat etwa der VGH Baden-Württemberg betont, dass der Normzweck ausschließlich auf die Wahrung öffentlicher Belange gerichtet sei.[58] Mit der Begrenzung der wirtschaftlichen Betätigung einer Gemeinde, meinte man, solle lediglich die Verwaltungskraft der Gemeinde für die eigentlichen gemeindlichen Verwaltungsaufgaben erhalten werden.[59]

27 Waren Klagen vor den Verwaltungsgerichten mithin lange Zeit nicht erfolgversprechend, bahnt sich inzwischen ein Wandel an. Anderer als der geschilderten Auffassung sind neuerdings der Verfassungsgerichtshof Rheinland-Pfalz, das OVG Nordrhein-Westfalen und der VGH Baden-Württemberg. In einem Urteil aus dem Jahre 2000 stellt der Verfassungsgerichtshof Rheinland-Pfalz sowohl auf den **Wortlaut** als auch auf den **Zweck der** in Rheinland-Pfalz neu gefassten[60], **verschärften Subsidiaritätsklausel** (§ 85 Abs. 1 Nr. 3 GO RP) ab, um ein subjektiv-öffentliches Recht anzunehmen.[61] Nach der in Rheinland-Pfalz – wie in einigen anderen Ländern – neu gefassten Subsidiaritätsklausel dürfen die Gemeinden wirtschaftliche Unternehmen nur errichten, übernehmen oder wesentlich erweitern, wenn der öffentliche Zweck „nicht ebenso gut und wirtschaftlich" durch einen „privaten Dritten" erfüllt wird oder erfüllt werden kann. Das OVG Nordrhein-Westfalen bejaht ebenfalls im Ergebnis den drittschützenden Charakter des die Zulässigkeitsvoraussetzungen für eine wirtschaftliche Betätigung der Gemeinden festschreibenden § 107 GO NW.[62] Zwar äußert das Gericht Zweifel daran, ob schon der Subsidiaritätsklausel allein der drittschützende Charakter entnommen werden kann.[63] Jedenfalls die Betätigungsschranke des § 107 Abs. 1 S. 1 Nr. 1 GO NW, wonach ein **öffentlicher Zweck die wirtschaftliche Betätigung erfordern** muss, begründet aber nach Auffassung des Gerichts subjektive Rechte.[64] Darüber hinaus ergebe sich, stellt das Gericht fest, der Drittschutz auch daraus, dass das Gesetz die Zulässigkeit gemeindlicher wirtschaftlicher Betätigung in Form der Gründung von bzw. Beteiligung an Unternehmen gem. § 107 Abs. 5 GO

[57] VGH München, BayVBl. 1976, S. 628 (629); VGH Mannheim, NJW 1995, 274 (274); VGH Kassel, DöD 1998, 39 (40); VGH Kassel, KommJur. 2005, 24 (26).

[58] VGH Mannheim, NJW 1995, 274 (274).

[59] VGH München, BayVBl. 1976, 628 (629).

[60] GO RP in der Fassung v. 2.4. 1998.

[61] VGH Koblenz, DVBl. 2000, 992 (995).

[62] OVG Münster, NVwZ 2003, 1520 (1521); Zustimmung findet diese Entscheidung etwa bei *Grooterhorst/Törnig*, DÖV 2004, 685 (687).

[63] OVG Münster, NVwZ 2003, 1520 (1521).

[64] OVG Münster, NVwZ 2003, 1520 (1521).

NW an eine Marktanalyse unter anderem über die **Auswirkungen auf das Handwerk und die mittelständische Wirtschaft** knüpfe.[65] Zum geschützten Personenkreis zählt das OVG Nordrhein-Westfalen alle Wirtschaftsteilnehmer, deren Marktinteressen durch die kommunale wirtschaftliche Betätigung beeinträchtigt werden.[66] An dieser Entscheidung hält das OVG Nordrhein-Westfalen bis zum heutigen Tage fest.[67]

Für den VGH Baden-Württemberg bildet ebenfalls die Verschärfung der Subsidiaritätsklausel[68] das zentrale Argument für das nunmehrige Verständnis der den Marktzutritt regelnden Vorschrift des Kommunalwirtschaftsrechts als einer Schutznorm für den Konkurrenten. Der Gesetzgeber habe bis zum Ende des Jahres 2005 bei dem Vorliegen eines öffentlichen Zwecks und der Beachtung der Leistungsfähigkeit der Gemeinde eine wirtschaftliche Betätigung der Gemeinde erst ausgeschlossen, wenn der öffentliche Zweck nicht besser und wirtschaftlicher durch einen anderen erfüllt worden sei oder habe erfüllt werden können. Nunmehr habe er aber die Bestimmung des § 102 Abs. 1 Nr. 3 GO BW verschärft und die vorherige sogenannte einfache Subsidiaritätsklausel in eine echte, Drittschutz vermittelnde Subsidiaritätsklausel umgewandelt, nach der der Vorrang – jetzt ausdrücklich erwähnter – privater Dritter bereits bei einer Leistungsparität von gemeindlicher und privater Wirtschaftstätigkeit zu beachten sei. Zugleich habe er als verfahrensrechtliche Absicherung in § 102 Abs. 2 GO BW die Entscheidungszuständigkeit des Gemeinderats und die vorherige Anhörung der örtlichen Selbstverwaltungsorganisationen von Handwerk, Industrie und Handel – den sogenannten Branchendialog – normiert.[69] Mit dem letzteren Argument knüpft der VGH Baden-Württemberg an die Rechtsprechung des OVG Nordrhein-Westfalen an. 28

Das Bundesverwaltungsgericht selbst hat keine Befugnis zur Entscheidung über diesen Fragenkreis, da die Auslegung von Landesrecht gem. § 137 Abs. 1 VwGO nicht revisibel ist.[70] Da jedoch auch eine irreversible Vorschrift vom Bundesverwaltungsgericht selbständig angewendet werden kann, wenn sich das Berufungsgericht nicht mit ihr befasst hat,[71] hatte das Bundesverwaltungsgericht dennoch in einem Verfahren die Gelegenheit, sich mit dieser Problematik näher zu beschäftigen. Dieses Verfahren betraf die wirtschaftliche Betätigung einer badenwürttembergischen Gemeinde auf dem Gebiet des Bestattungswesens. In seiner Entscheidung hat das Gericht der die wirtschaftliche Betätigung von Gemeinden regelnden Vorschrift des § 85 GO BW den Schutzcharakter für die wirtschaftlichen Konkurrenten abgesprochen.[72] Dies geschah maßgeblich vor dem Hinter- 29

---

[65] OVG Münster, NVwZ 2003, 1520 (1521).
[66] OVG Münster, NVwZ 2003 , 1520 (1522).
[67] OVG Münster, NVwZ-RR 2005, 198 ff.; NVwZ 2005, 1211 ff.; NVwZ-RR 2005, 738 f.
[68] Durch Gesetz v. 1. 12. 2005.
[69] VGH Mannheim, DÖV 2006, 831 (832).
[70] BVerwGE 39, 329 (332).
[71] BVerwGE 39, 329 (332).
[72] BVerwGE 39, 329 (336).

grund, dass die Vorschrift in der Fassung, die zu diesem Zeitpunkt galt, keine Subsidiaritätsklausel vorsah.[73]

2. Klärung des Schutzzwecks der einschlägigen kommunalrechtlichen Vorschriften

30 Angesichts der unterschiedlichen Rechtsprechung bedarf die Klärung des Schutzzwecks der einschlägigen Normen besonderer Sorgfalt. Die Drittschutzwirkung der landesrechtlichen Bestimmungen und damit der dort enthaltenen drei Klauseln – **Zweckbindungsklausel, Verhältnismäßigkeitsklausel, Subsidiaritätsklausel** – muß an Hand des geltenden Auslegungskanons ermittelt werden. Hierbei sind neben dem Wortlaut der jeweiligen Vorschrift ihre Entstehungsgeschichte, ihr systematischer Zusammenhang und schließlich ihr Sinn und Zweck zu berücksichtigen.

31 Beispielhaft soll an dieser Stelle § 107 GO NW zitiert werden, dessen heutige Fassung die Entwicklungen auf diesem Gebiet deutlich nachzeichnet. Sofern andere landesrechtliche Vorschriften signifikante Abweichungen aufweisen, wird dies jedoch gekennzeichnet.

32 § 107 GO NW lautet – beschränkt auf die hier untersuchte Problematik – in seiner heutigen Fassung:

„Zulässigkeit wirtschaftlicher Betätigung

(1) Die Gemeinde darf sich zur Erfüllung ihrer Aufgaben wirtschaftlich betätigen, wenn

1. ein öffentlicher Zweck die Betätigung erfordert,

2. die Betätigung nach Art und Umfang in einem angemessenen Verhältnis zu der Leistungsfähigkeit der Gemeinde steht und

3. bei einem Tätigwerden außerhalb der Energieversorgung, der Wasserversorgung, des öffentlichen Verkehrs sowie des Betriebes von Telekommunikationsleitungsnetzen einschließlich der Telefondienstleistungen der öffentliche Zweck durch andere Unternehmen nicht besser und wirtschaftlicher erfüllt werden kann

Das Betreiben eines Telekommunikationsnetzes umfaßt nicht den Vertrieb und/oder die Installation von Endgeräten von Telekommunikationsanlagen. Als wirtschaftliche Betätigung ist der Betrieb von Unternehmen zu verstehen, die als Hersteller, Anbieter oder Verteiler von Gütern oder Dienstleistungen am Markt tätig werden, sofern die Leistung ihrer Art nach auch von einem Privaten mit der Absicht der Gewinnerzielung erbracht werden könnte. […]

(5) Vor der Entscheidung über die Gründung von bzw. die unmittelbare oder mittelbare Beteiligung an Unternehmen im Sinne des Absatzes 1 ist der Rat auf der Grundlage einer Marktanalyse über die Chancen und Risiken des beabsichtigten wirtschaftlichen Engagements und über die Auswirkungen auf das Handwerk und die mittelständische Wirtschaft zu unterrichten. Den örtlichen Selbstverwaltungsorganisationen von Handwerk, Industrie und

---

[73] BVerwGE 39, 329 (336).

Handel und der für die Beschäftigten der jeweiligen Branche handelnden Gewerkschaften ist Gelegenheit zur Stellungnahme zu den Marktanalysen zu geben. […]" [74]

Der Wortlaut dieser Norm sowie der meisten Bestimmungen scheint für einen Drittschutz zu sprechen. Übereinstimmend fordern die einzelnen Gemeindeordnungen im Rahmen der Zweckbindungsklausel das Vorliegen eines **öffentlichen Zwecks** (→ § 40 Rn. 9; § 41 Rn. 28 ff.) . Hierunter ist eine **gemeinwohlorientierte**, im unmittelbaren öffentlichen Interesse der Einwohner liegende **Zielsetzung** zu verstehen.[75] Nach der Feststellung des Bundesverwaltungsgerichts kommt es hierbei nicht darauf an, ob die Betätigung zur Daseinsvorsorge gehört.[76] Obwohl den Gemeinden hinsichtlich der Bejahung eines öffentlichen Zwecks eine **Einschätzungsprärogative** zugestanden werden muss, handelt es sich hierbei dennoch um eine materielle Tatbestandsvoraussetzung für die Zulässigkeit wirtschaftlicher Betätigung und nicht um ein rein formales Erfordernis, das sich bereits aus der positiven Entscheidung der zuständigen Gemeindeorgane ergibt.[77] 33

Im Einzelnen sind bei der Zweckbindungsklausel leichte Unterschiede zu verzeichnen. Während in Nordrhein-Westfalen und Bayern ein öffentlicher Zweck die Betätigung „erfordern" muss[78], begnügen sich die meisten Gemeindeordnungen mit der Forderung, dass „ein öffentlicher Zweck die Betätigung rechtfertigt"[79]. Unabhängig von der Formulierung im Einzelnen liegt eine Interpretation der Bestimmungen im Sinne einer Subsidiarität insofern nahe, als beim Fehlen eines öffentlichen Zwecks der Zugriff auf die entsprechende Aktivität ohne weiteres Privaten vorbehalten bleibt. Hierin kann man mehr als eine bloß reflexhafte Begünstigung privater Dritter sehen. Ob der Wortlaut der Zweckbindungsklauseln allein den drittschützenden Charakter der Normen erweist, mag dennoch bezweifelt werden. 34

Auf die Anknüpfung an die **Leistungsfähigkeit** der Gemeinde in den Verhältnismäßigkeitsklauseln (→ § 41 Rn. 34 ff.) kann die Auslegung im Sinne eines Drittschutzes allerdings nicht gestützt werden. Diese Klauseln in den einzelnen Gemeindeordnungen dienen schon ihrem Wortlaut nach nicht dem Schutz privater Konkurrenten. Ihr Zweck besteht vielmehr darin, den öffentlichen Zweck durch objektiv-rechtliche, dem Bereich der Volkswirtschaft entstammenden Begriffe 35

[74] Allerdings steht eine Änderung dieser Vorschrift bevor. Der Referentenentwurf eines Gesetzes zur Stärkung der kommunalen Selbstverwaltung in NRW sieht die Bindung der wirtschaftlichen Betätigung der Gemeinde an das Vorliegen eines *„dringenden"* öffentlichen Zwecks und eine Verschärfung der Subsidiaritätsklausel dahingehend vor, dass dieser Zweck durch private Unternehmen nicht ebenso gut und wirtschaftlich erfüllt werden kann; siehe hierzu auch *Wellmann*, NWVBl. 2007, 1 ff.

[75] *Knauff/Nolte*, VR 2003, 3 (4); *Kaltenborn*, WuW 2000, 488 (491).

[76] BVerwGE 39, 329 (333); a. A. *Micker*, NWVBl. 2004, 181 (182), unter unzutreffender Berufung auf diese Entscheidung des BVerwG.

[77] *Ipsen*, ZHR 170 (2006), 422 (430).

[78] § 107 Abs. 1 S. 1 Nr. 1 GO NW; Art. 87 Abs. 1 Nr. 1 GO Bay.

[79] So etwa § 121 Abs. 1 S. 1 Nr. 1 GO H; § 116 Abs. 1 S. 1 Nr. 1 GO LSA.

einzugrenzen[80] und die Gemeinden vor unvertretbaren **wirtschaftlichen Risiken** zu bewahren.

36 Die **Subsidiaritätsklauseln** der landesrechtlichen Bestimmungen (→ § 40 Rn. 11 ff.; § 41 Rn. 38 ff.) verlangen – in leicht abgewandelter Ausgestaltung je nach Bundesland –, dass der Zweck nicht **„ebenso gut und wirtschaftlich“** [81] – bzw. nicht **„besser und wirtschaftlicher“** [82] – durch **„einen anderen“**[83] oder durch **„einen privaten Dritten“**[84] erfüllt werden können darf. § 107 Abs. 1 S. 1 Nr. 3 GO NW begrenzt die Subsidiarität dabei auf ein Tätigwerden außerhalb der Energieversorgung, der Wasserversorgung, des öffentlichen Verkehrs sowie des Betriebs von Telekommunikationsleitungsnetzen ein. Ähnliche Einschränkungen finden sich in § 116 Abs. 2 GO LSA bzw. in § 71 Abs. 1 Nr. 4 ThürGO, § 102 Abs. 1 Nr. 3 GO BW sowie Art. 87 Abs. 1 S. 1 Nr. 4 BayGO, die diese Subsidiarität jeweils auf ein Tätigwerden außerhalb der kommunalen Daseinsvorsorge beschränken. Für die Frage des Drittschutzes im Anwendungsbereich der Subsidiaritätsklauseln ist bedeutsam, dass aus der Nennung anderer Wirtschaftsteilnehmer, namentlich im Falle der ausdrücklichen Erwähnung *„privater Dritter“,* in der überwiegenden Mehrzahl der Subsidiaritätsklauseln und der zu beobachtenden Rechtsentwicklung in Richtung einer Ersetzung der einfachen durch „echte“ oder „strikte“ Subsidiaritätsklauseln heute wesentlich stärker, als dies früher der Fall war, auf die drittschützende Wirkung der Vorschriften geschlossen wird.[85] Die Gegenauffassung stützt sich auf die weite Fassung der verwendeten unbestimmten Rechtsbegriffe. Diese spreche für einen weiten Prognose- und Beurteilungsspielraum der Gemeinden, der nur eingeschränkter richterlicher Kontrolle unterliege,[86] und stehe einem effektiven Rechtsschutz Dritter entgegen. Dem wird zu Recht entgegengehalten, dass die Beurteilung der eigenen Leistungserbringung durch die Gemeinde hinsichtlich der Wirtschaftlichkeit und Güte, solange sie sich in dem

---

80 *Pagenkopf*, GewArch. 2000, 177 (180).

81 Siehe beispielsweise § 102 Abs. 1 Nr. 3 GO BW, Art. 87 Abs. 1 S. 1 Nr. 4 GO Bay, § 121 Abs. 1 S. 1 Nr. 3 GO H, § 108 Abs. 1 Nr. 3 SaarlKSVG.

82 Siehe etwa § 107 Abs. 1 S. 1 Nr. 3 GO NW, § 97 Abs. 1 S. 1 Nr. 3 GO Sachs, § 101 Abs. 1 Nr. 3 GO SH. In diesem Fall wird, wie bereits erwähnt, von einer einfachen Subsidiaritätsklausel gesprochen, die einen Vorrang Privater nur für den Fall begründet, dass dieser die Aufgabe besser und wirtschaftlicher erfüllen kann. Hingegen stellt die echte Subsidiaritätsklausel auf ein qualitativ besseres Produkt bei gemeindlicher Aufgabenerfüllung ab und bedeutet zugleich, dass es den Gemeinden verwehrt ist, die ihnen an sich obliegenden öffentlichen Aufgaben mit der Begründung (wieder) an sich zu ziehen, sie könnten diese Aufgaben ebenso gut und wirtschaftlich erfüllen; vgl. *Ipsen*, ZHR 170 (2006), 422 (448 f.).

83 Art. 87 Abs. 1 S. 1 Nr. 4 GO Bay.

84 § 121 Abs. 1 S. 1 Nr. 3 GO H; § 108 Abs. 1 Nr. 3 GO Nds; § 85 Abs. 1 Nr. 3 GO RP; § 108 Abs. 1 Nr. 3 SaarlKSVG; § 97 Abs. 1 S. 1 Nr. 3 GO Sachs; eine ähnliche Formulierung enthält § 102 Abs. 1 Nr. 3 GO BW.

85 VGH Koblenz, DVBl. 2000, 992 (995); VGH Mannheim, DÖV 2006, 831 (832); *Henneke*, DVBl. 2000, 997 (999); *Kaltenborn*, WuW 2000, 488 (495); *Scharpf*, GewArch. 2004, 317 (319).

86 *Pagenkopf*, GewArch. 2000, 177 (181).

durch das Gesetz gezogenen Rahmen hält, eine gerichtlich voll nachprüfbare Rechtsfrage ist.[87] Zur Unterstützung der Gegenauffassung könnte allerdings der Wortlaut derjenigen Gemeindeordnungen, nach denen der Zweck nicht besser und wirtschaftlicher auf „andere Weise" erfüllt werden können darf,[88] ohne dass Bezug auf Dritte genommen wird, herangezogen werden. Auch ließe sich darauf hinweisen, dass Brandenburg sogar ganz auf eine Subsidiaritätsklausel verzichtet.

Auch derjenige, der bereit ist, den landesrechtlichen Bestimmungen bereits auf 37
Grund ihres Wortlauts drittschützenden Charakter zuzubilligen, kann die Prüfung an dieser Stelle nicht abbrechen. Wenig ergiebig ist allerdings der Blick auf die systematische Stellung der einzelnen Vorschriften innerhalb der Gemeindeordnungen. Die Vorschriften sind im organisatorischen Teil der jeweiligen Gemeindeordnungen zu finden. Diese Stellung lässt hinsichtlich der materiellrechtlichen Frage des Drittschutzes nicht ohne weiteres Aufschlüsse erwarten.

Ob eine drittschützende Wirkung der jeweiligen landesrechtlichen Vorschriften 38
bereits im Blick auf die **Vorgängervorschrift des § 67 DGO** aus deren Entstehungsgeschichte heraus begründet werden kann, ist strittig. Gegenüber der Auffassung, dass bereits § 67 DGO Drittschutz vermittelt habe,[89] wird eingewandt, dass die aus dem Jahre 1935 stammende Vorschrift vornehmlich der Sicherung der anderen Stände des Reichs, der sogenannten „Wirtschaftsstände", zu Lasten der zu bloßen Befehlsempfängern degradierten Gemeinden gedient habe.[90] Überhaupt könne man nicht annehmen, dass der historische Gesetzgeber von 1935 beabsichtigt habe, die von ihm geschaffenen Normen im Sinne des liberalen Rechtsstaats als subjektiv-öffentliche Rechte auszugestalten.[91] Schon daher kann die Vorschrift für das Verständnis der heutigen Nachfolgevorschriften nicht ohne weiteres herangezogen werden.[92]

Unter diesen Umständen muss dem Zweck der jeweiligen Vorschriften zentrale 39
Bedeutung zufallen. Indizien für einen durch eine Vorschrift vermittelten Drittschutz sind allgemein die **Erwähnung Dritter** in der Vorschrift, die **Abgrenzbarkeit des geschützten Personenkreises** sowie die **Intensität der Interessengefährdung.**[93] Allgemein anerkannt ist, dass die Bestimmungen des Gemeindewirtschaftsrechts in erster Linie die Gemeinden vor finanzieller und organisatorischer Überforderung schützen sollen.[94] Das schließt aber nicht aus, dass daneben der Schutz der Mitbewerber als gleichberechtigter Zweck anzuerkennen sein kann.[95] Angesichts der regelmäßigen Erwähnung Dritter – als solche kommen unabhängig von der ausdrücklichen Nennung praktisch nur *private Dritte* in Betracht – in den

---

87 VGH Koblenz, DVBl. 2000, 992 (995 f.).

88 § 101 Abs. 1 Nr. 3 GO SH.

89 *Cosson*, DVBl. 1999, 891 (895).

90 *Pagenkopf*, GewArch. 2000, 177 (180).

91 *Stamer*, Rechtsschutz gegen öffentliche Konkurrenzwirtschaft, 2007, S. 59.

92 *Pagenkopf*, GewArch. 2000, 177 (180).

93 BVerwGE 27, 29 (33).

94 *Knauff/Nolte*, VR 2003, 3 (6); dies gilt insbes. für die Wirtschaftlichkeitsklausel, siehe *Ipsen*, ZHR 170 (2006), 422 (440).

95 *Cosson*, DVBl. 1999, 891 (895).

die wirtschaftliche Betätigung der Gemeinden beschränkenden Vorschriften, der Abgrenzbarkeit des geschützten Personenkreises, der Intensität der Gefährdung der (privaten) Drittinteressen, die leicht ein existentielles Ausmaß annehmen kann, und nicht zuletzt des in der erdrückenden Mehrzahl der Vorschrift normierten Vorrangs der Drittinteressen drängt sich in der Tat der Schluss auf, dass die Interessen der privaten Wirtschaftsteilnehmer durch die Begrenzung der kommunalen Erwerbswirtschaft, die gerade zu ihren Gunsten wirkt, gezielt geschützt werden sollen.[96] Was könnte man für die gesetzliche Statuierung eines Drittschutzes mehr verlangen? Bei alledem kann nicht entscheidend ins Gewicht fallen, ob der normierte Vorrang der Interessen konkurrierender Privater jeweils mehr oder weniger stark ausgeprägt ist.[97] Aus der Rechtsentwicklung hin zu einer Verschärfung der Subsidiaritätsklauseln kann vielmehr ein Wandel des allgemeinen Rechtsbewusstseins dahingehend abgeleitet werden, dass eine bloß reflexhafte Begünstigung privater Konkurrenten heute für ungenügend gehalten wird.

40 Für einen Drittschutz spricht ebenfalls, dass in den vergangenen Jahren in einen Teil der Gemeindeordnungen das Erfordernis eines **Markterkundungsverfahrens** auf der Basis einer Marktanalyse aufgenommen worden ist. Wenn etwa nach § 107 Abs. 5 GO NW[98] vor der Entscheidung einer Gemeinde über die Gründung von bzw. die unmittelbare oder mittelbare Beteiligung an wirtschaftlichen Unternehmen der Rat der Gemeinde auf der Grundlage einer Marktanalyse über die Chancen und Risiken des beabsichtigten wirtschaftlichen Engagements und über die Auswirkungen auf das Handwerk und die mittelständische Wirtschaft zu unterrichten ist, ist dies ein deutliches Indiz dafür, dass von der Gemeindeordnung die wirtschaftliche Betätigung der Gemeinde auch als mögliche Beeinträchtigung der örtlichen Wirtschaft gesehen wird[99] und der Schutz privater Konkurrenten mitintendiert ist. Verstärkt wird diese Einschätzung dadurch, dass es weiter heißt, dass den örtlichen Selbstverwaltungsorganisationen von Handwerk, Industrie und Handel und der für die Beschäftigten der jeweiligen Branche handelnden Gewerkschaften Gelegenheit zur Stellungnahme zu den Marktanalysen zu geben ist. Zwar ist auch der mit diesem Markterkundungsverfahren verfolgte Zweck nicht unumstritten. Es überzeugt aber nicht, wenn die Ansicht vertreten wird, dass die Regelungen über ein vorgeschaltetes Markterkundungsverfahren nicht (auch) dem Schutz privater Konkurrenten dienten, sondern allein ein Instrument zur Herstellung einer ausreichenden Informationsbasis des Rates vor einschlägigen Entscheidungen seien.[100] Richtiger erscheint es, mit dem VGH Baden-Württemberg die in der entsprechenden Vorschrift des § 102 Abs. 2 GO BW normierte Entscheidungszuständigkeit des Gemeinderats und vorherige Anhörung der örtlichen

---

[96] So für § 107 Abs. 1 GO NW *Frenz*, GewArch. 2006, 100 (101); allgemein *Henneke*, DVBl. 2000, 997 (999).

[97] Zur geringen Relevanz der konkreten Fassung der einzelnen Subsidiaritätsklauseln vgl. auch *Henneke*, DVBl. 2000, 997 f.

[98] Ferner etwa § 108 Abs. 5 SaarlKSVG.

[99] OVG Münster, NVwZ 2003, 1520 (1521).

[100] So etwa noch *Tettinger/Erbguth*, Besonderes Verwaltungsrecht, 8. Aufl. 2005, § 9 Rn. 319; unentschieden *Mann* (Fn. 14), § 9 Rn. 319.

Selbstverwaltungsorganisationen von Handwerk, Industrie und Handel als verfahrensrechtliche Absicherung des **Schutzes der berechtigten Belange der privaten Konkurrenten** zu begreifen.[101]

41 Folgt man dem, lässt sich auch die den Gemeinden nach einigen Gemeindeordnungen obliegende **Verpflichtung zur periodischen Überprüfung**, inwieweit die Voraussetzungen für eine wirtschaftliche Betätigung der Gemeinde noch gegeben sind und inwieweit die Tätigkeiten privaten Dritten übertragen werden[102] bzw. wirtschaftliche Unternehmen materiell privatisiert werden können,[103] als Ausdruck eines intendierten Drittschutzes verstehen. Nach § 108 Abs. 6 S. 2 SaarlKSVG ist hierbei privaten Dritten die Möglichkeit zu geben darzulegen, ob und wie sie die dem öffentlichen Zweck dienende wirtschaftliche Betätigung ebenso gut und wirtschaftlich erfüllen können. Mit diesen Regelungen sollen sicherlich die Gemeinde vor einer unnötigen finanziellen Belastung geschützt werden. Dies braucht aber nicht der einzige Regelungszweck zu sein. Der Beweis, dass die Vorschrift nicht *auch* den Schutz konkurrierender Privater mit umfasst, sondern in zwingender Weise ausschließt, dürfte schwer zu erbringen sein.

42 Welches letztlich der Zweck einer die Zulässigkeit des wirtschaftlichen Handelns von Kommunen regelnden Vorschrift ist, ist offenbar für einige Bundesländer leichter festzustellen als für andere. Dies trifft etwa für diejenigen Bundesländer zu, die, wie Rheinland-Pfalz und Baden-Württemberg, die jeweilige Subsidiaritätsklausel erst vor wenigen Jahren verschärft haben. Bei der Neufassung dieser Klauseln war den dortigen Landesgesetzgebern die Diskussion um die Schutzwirkung der die wirtschaftliche Betätigung der Gemeinden regelnden Vorschriften bekannt. Daher kann aus der **Aufnahme „privater Dritter"** in die Subsidiaritätsklauseln[104] und der **Einführung strikter Subsidiarität** gemeindlicher Wettbewerbsteilnahme[105] tatsächlich auf einen Drittschutz geschlossen werden. In Rheinland-Pfalz war es in diesem Sinne das ausdrücklich erklärte Ziel des Gesetzgebers, die Privatwirtschaft vor einer Beeinträchtigung ihrer Interessen zu schützen.[106] Ebenso brachte der baden-württembergische Gesetzgeber im Gesetzgebungsverfahren eindeutig den Willen zum Ausdruck, den betroffenen Konkurrenten – entsprechend der Intention der Neuregelung der Subsidiaritätsklausel, einer übermäßigen Ausweitung der gewerbswirtschaftlichen Betätigung der Gemeinden entgegenzuwirken und die Privatwirtschaft auf grundsätzlich ihr vorbehaltenen Geschäftsfeldern vor kommunaler Konkurrenzbetätigung zu schützen – das Recht zur gerichtlichen Überprüfung der Einhaltung dieser objektiv-rechtlichen Vorgabe

---

[101] VGH Mannheim, DÖV 2006, 831 (832).

[102] § 121 Abs. 7 GO H.

[103] § 108 Abs. 6 S. 1 SaarlKSVG.

[104] § 85 Abs. 1 Nr. 3 GO RP in der Fassung v. 2. 4. 1998; § 102 Abs. 1 Nr. 3 GO BW in der Fassung v. 1. 12. 2005.

[105] § 85 Abs. 1 Nr. 3 GO RP in der Fassung v. 2. 4. 1998; § 102 Abs. 1 Nr. 3 GO BW in der Fassung v. 1. 12. 2005.

[106] LT-Drs. 13/2306, S. 29; vgl. hierzu VGH Koblenz, DVBl. 2000, 992 (995).

einzuräumen.[107] In diesen Fällen bestätigt auch die **Gesetzgebungsgeschichte** der die wirtschaftliche Betätigung der Gemeinde beschränkenden Vorschriften zweifelsfrei, dass die Vorschriften Drittschutz vermitteln wollen, mit der Folge, dass die für die Zulässigkeit einer Klage vor den Verwaltungsgerichten erforderliche Klagebefugnis zu bejahen ist.[108] Ob die gemeindliche Beurteilung der Zulässigkeit der wirtschaftlichen Betätigung haltbar ist, ist dagegen eine Frage der Begründetheit. Der Kommune obliegt es dann darzulegen, warum ihre eigene Leistungserbringung wirtschaftlicher oder besser ist; ob sich diese Beurteilung der Gemeinde im Rahmen der gesetzlichen Vorschrift hält, stellt ein verwaltungsgerichtlich voll nachprüfbare Rechtsfrage dar.[109]

II. Die kommunalrechtlichen Vorschriften über die wirtschaftliche Betätigung der Gemeinden im Lichte der Grundrechte

43 Es wäre allerdings kein befriedigendes Ergebnis, wenn nur einige Landesbestimmungen auf diese Weise ein Drittschutz vermittelten, andere jedoch nicht. In Abhängigkeit von Nuancen der Ausgestaltung der die wirtschaftliche Betätigung regelnden Norm in dem jeweiligen Bundesland oder je nach Entstehungszeitpunkt der Norm stünde privaten Unternehmen danach der Verwaltungsrechtsweg offen, oder Rechtsschutz wäre gar nicht, d. h. weder vor den ordentlichen Gerichten noch vor den Verwaltungsgerichten, zu erreichen.

1. Fragestellung

44 In den vergangenen Jahren ist daher vermehrt die Frage gestellt worden, ob die jeweiligen Normen nicht zugleich der Zuordnung verfassungsrechtlich geschützter Rechtsgüter dienen.[110] Insbesondere *Tettinger*, der sich in einem vielbeachteten Beitrag aus dem Jahre 1998 für einen ***grundrechtlich*** **fundierten Abwehran-**

[107] LT-Drs. 13/4767, S. 8 f.; LT-Plenarprotokoll 13/103 v. 30. 11. 2005, S. 7413 f., 7418, 7420; vgl. hierzu VGH Mannheim, DÖV 2006, 831 (832).

[108] Auch für § 107 GO NW sieht das OVG Münster, NVwZ 2003, 1520 (1521), durch die Gesetzgebungsgeschichte den drittschützenden Charakter bestätigt. Die amtliche Begründung des Gesetz gewordenen Entwurfs (Gesetzentwurf der Landesregierung, LT-Drs. 12/3730, S. 105 f.) spreche davon, dass sich der Entwurf unter Ablehnung von Extrempositionen (Aufgabe des Subsidiaritätsprinzips einerseits, Verbot kommunalwirtschaftlicher Betätigung andererseits) für einen Mittelweg entscheide, der „den unterschiedlichen Interessen gerecht wird". Es gehe bei § 107 GO NW nicht alleine darum, im Interesse des Schutzes der Gemeinden vor den Gefahren wirtschaftlicher Betätigung und im Interesse öffentlicher Zwecke, die eine gemeindliche wirtschaftliche Betätigung erforderten, diese zu regeln, sondern um einen Ausgleich in einem teils widerstreitenden Interessengeflecht, zu dem auch die Interessen jedenfalls der örtlichen Wirtschaftsteilnehmer zählten.

[109] VGH Koblenz, DVBl. 2000, 992 (995 f.); zustimmend *Henneke*, DVBl. 2000, 997 (999).

[110] Bejahend *Ehlers*, JZ 1990, 1089 (1097).

spruch gegenüber wirtschaftlicher Betätigung der öffentlichen Hand ausgesprochen hat,[111] ist es zu verdanken, dass der Wirkkraft der Grundrechte für die Frage des Rechtsschutzes gegenüber wirtschaftlicher Betätigung von Gemeinden zunehmend Rechnung getragen wird. Ließen die einschlägigen landesrechtlichen Bestimmungen eine Interpretation im Lichte der Grundrechte im Sinne der Vermittlung eines Schutzes für konkurrierende Private zu, wäre eine effektive verwaltungs- und verfassungsgerichtliche Kontrolle der wirtschaftlichen Betätigung der Gemeinden gewährleistet. Geringfügigen Abweichungen in der Ausgestaltung der die wirtschaftliche Betätigung regelnden Normen in den einzelnen Bundesländern oder dem Entstehungszeitpunkt der Normen käme nur eine begrenzte Bedeutung zu. Erst recht wäre spätestens dann, wie *Tettinger* zu Recht feststellt, ein „weiteres zivilgerichtliches Dilettieren in Zentralbereichen des allgemeinen Verwaltungsorganisationsrechts und speziell des Kommunalrechts überflüssig geworden."[112]

Es fragt sich daher, ob den kommunalrechtlichen Vorschriften über die wirtschaftliche Betätigung von Gemeinden im Lichte der Grundrechte drittschützender Charakter beigemessen werden kann.[113] Ein solcher drittschützender Charakter ergibt sich jedenfalls nicht schon aus einem allgemeinen, von den Grundrechten losgelösten oder aus den Grundrechten als „negativen Kompetenznormen" abgeleiteten Verfassungsprinzip der Nachrangigkeit staatlichen Handelns gegenüber privatem Handeln.[114] Nach ganz überwiegender Auffassung existiert **kein allgemeiner verfassungskräftiger Grundsatz der Subsidiarität** staatlicher gegenüber gesellschaftlichen Aktivitäten.[115] Für den Bereich der Wirtschaft wird die Ablehnung eines allgemeinen Grundsatzes der Subsidiarität staatlichen Handelns damit begründet, dass das Grundgesetz gerade wirtschaftspolitisch neutral konzipiert sei. Dabei wird insbesondere auf das Sozialstaatsprinzip verwiesen.[116] Auch wenn die These von der wirtschaftspolitischen Neutralität des Grundgesetzes erheblichen Relativierungen ausgesetzt ist,[117] kann in der Tat eine „ökonomische Zuständigkeitsordnung" im Sinne einer strikten, von den jeweils berührten öffentlichen Interessen[118] unabhängigen Nachrangigkeit wirtschaftlichen Staatshandelns nicht aus dem Grundgesetz abgeleitet werden.[119] **45**

Auf der anderen Seite kann aus Art. 28 Abs. 2 S. 1 GG, der die Grundlage für **46**

[111] *Tettinger*, NJW 1998, 3473 (3474).

[112] *Tettinger*, NJW 1998, 3473 (3474).

[113] So *v. Mutius* (Fn. 53), Rn. 522.

[114] Zur letzteren Sichtweise *Hösch*, WiVerw. 2000, 159 (172).

[115] Vgl. die Nachweise bei *Wendt*, in: Bröhmer (Hrsg.), FS für G. Ress, 2005, S. 1353 (1364 f.).

[116] *Hellermann*, Örtliche Daseinsvorsorge und gemeindliche Selbstverwaltung, 1999, S. 163; *Knemeyer*, WiVerw. 2001, 1 (19); *Ehlers*, JZ 1990, 1089 (1096).

[117] Vgl. etwa *Wendt*, Eigentum und Gesetzgebung, 1985, S. 261 ff.

[118] Auf die Maßgeblichkeit der jeweiligen öffentlichen Interessen stellt auch ab *Manssen*, in: v. Mangoldt/Klein/Starck (Hrsg.), Kommentar zum Grundgesetz, Bd. 1, 6. Aufl. 2010, Art. 12 Rn. 83.

[119] *Di Fabio,* in: Maunz/Dürig (Hrsg.), Grundgesetz, Kommentar, Stand: Juli 2001, Art. 2 Abs. 1 Rn. 120; *Wendt* (Fn. 115), S. 1353 (1364 f.).

eine durch einen öffentlichen Zweck legitimierte wirtschaftliche Betätigung der Gemeinde bildet[120], kein unbegrenztes Recht der Kommunen auf wirtschaftliche Betätigung, sondern nur ein solches unter Beachtung der grundrechtsgeschützten Positionen Dritter abgeleitet werden.[121] Denn unstreitig haben die Gemeinden die Grundrechte Privater zu beachten. Im Hinblick auf das konkurrenzbetroffene private Unternehmen ist zum einen an die **Berufsfreiheit gemäß Art. 12 Abs. 1 GG** zu denken, die die freie unternehmerische Betätigung einschließlich des Verhaltens des Unternehmers im Wettbewerb umfasst.[122] Zum anderen kommt als Schranke die **von Art. 14 Abs. 1 GG geschützte Eigentumsfreiheit** in Betracht. Dieses Grundrecht umfasst auch den Schutz des eingerichteten und ausgeübten Gewerbebetriebs, zu dem etwa auch der Kundenstamm gehört.[123] Inwieweit hierneben dem „Auffanggrundrecht" der allgemeinen Handlungsfreiheit des Art. 2 Abs. 1 GG, die auch die Freiheit zur wirtschaftlichen Entfaltung bzw. zum Wettbewerb beinhaltet,[124] noch Bedeutung zukommt, mag dahinstehen.[125]

2. Eingriff in die Berufsfreiheit privater Dritter (Art. 12 Abs. 1 GG) durch kommunale Wettbewerbsteilnahme

47 Dennoch wird von der Rechtsprechung und der wohl immer noch vorherrschenden Meinung in der Literatur darauf abgestellt, dass von der öffentlichen Hand nicht verlangt werden könne, auf weitere wirtschaftliche Betätigungen zu verzichten.[126] In der Sache tendiert die **Auffassung** dahin, einen **Grundrechtseingriff nur in Extremfällen** anzunehmen.[127] Diese hohen Anforderungen, die an einen Grundrechtseingriff gestellt werden, sowie die Schwierigkeiten des Nachweises bedeuten für die betroffenen Unternehmen in der Praxis, dass ein auf die Wirtschaftsgrundrechte gestützter Unterlassungsanspruch gegen wirtschaftliche Betätigungen der Kommunen kaum erfolgreich geltend gemacht werden kann.[128]

---

[120] *Papier*, DVBl. 2003, 686 (689).

[121] *Darsow*, LKV 2002, 1 (4).

[122] *Knemeyer*, WiVerw. 2001, 1 (23); *Wendt* (Fn. 115), S. 1353 (1367).

[123] Vgl. etwa BGHZ 23, 157 (163); *Wendt*, in: Sachs (Hrsg.), Grundgesetz, Kommentar, 5. Aufl. 2009, Art. 14 Rn. 47 ff., *ders.* (Fn. 115), S. 1353 (1367); vgl. aber auch BVerfGE 77, 84 (118).

[124] Vgl. BVerfGE 32, 111 (316); BVerwGE 30, 191 (198); 60, 154 (159); *Wendt* (Fn. 115), S. 1353 (1367).

[125] Zum Streitstand siehe *Gubelt*, in: v. Münch/Kunig, Grundgesetz-Kommentar, Bd. 1, 5. Aufl. 2000, Art. 12 Rn. 93.

[126] BVerwGE 39, 329 (337 f.); 71, 183 (193); BVerwG, DVBl. 1996, 152 (153); VGH Koblenz, DVBl. 2000, 992 (993); OVG Münster, NVwZ 2003, 1520 (1523); NVwZ-RR 2005, 198 (200); VGH Mannheim, DÖV 2006, 831 (834); *Depenheuer*, in: v. Mangoldt/Klein/Starck (Hrsg.), Kommentar zum Grundgesetz, Bd. 1, 6. Aufl. 2010, Art. 14 Rn. 103.

[127] Vgl. näher *Wendt* (Fn. 115), S. 1353 (1368) m. w. N.

[128] *Wendt* (Fn. 115), S. 1353 (1368); *Ehlers*, JZ 1990, 1089 (1097).

Die Rechtsprechung und ein erheblicher Teil des Schrifttums verneinen zum einen weitgehend aus Art. 12 Abs. 1 GG ableitbare subjektive Abwehrrechte privater Konkurrenten gegenüber der wirtschaftlichen Betätigung der öffentlichen Hand. Da dieses Grundrecht, wird erkannt, keinen Schutz vor Konkurrenz gewähre, schütze es auch nicht vor dem Wettbewerb der öffentlichen Hand.[129] Das Grundgesetz garantiere der Privatwirtschaft gerade nicht die Ausschließlichkeit des wirtschaftlichen Handelns.[130] Auch im Schrifttum herrscht die Ansicht vor, dass dem Prinzip der Wettbewerbsfreiheit gerade die Konkurrenz zugrunde liege, die durch das Grundrecht erst ermöglicht werden solle.[131] Das Hinzutreten eines kommunalen Unternehmens als Konkurrent beinhalte lediglich eine weitgehend systemimmanente Verschärfung des marktwirtschaftlichen Konkurrenzdrucks.[132] Zudem wird geltend gemacht, dass das Grundgesetz gerade keine Vorschrift enthalte, die ein subjektives Recht auf Erhaltung eines bestimmten Geschäftsumfanges oder auf Sicherung weiterer Erwerbsmöglichkeiten vermittele.[133] Grundrechtsschutz gegenüber wirtschaftlicher Betätigung der öffentlichen Hand besteht nach dieser Auffassung daher (auch) unter dem Blickwinkel des Art. 12 Abs. 1 GG nur in den Fällen, in denen hierdurch die wirtschaftliche Betätigung des Grundrechtsberechtigten unzumutbar eingeschränkt wird,[134] etwa durch Errichtung eines **rechtlichen** oder **faktischen Monopols** seitens der öffentlichen Hand[135] oder durch einen von der öffentlichen Hand geführten **Vernichtungswettbewerb**.[136] Diese Sichtweise wird vom Schrifttum aber mehr und mehr in Frage gestellt. 48

Insbesondere *Tettinger*[137] hat gegenüber der geschilderten Argumentation die Frage aufgeworfen, ob der Grundrechtsschutz Privater aus Art. 12 Abs. 1 GG nicht auch darauf zu erstrecken ist, dass Hoheitsträger als Konkurrenten nicht außerhalb ihres gesetzlich fundierten und damit limitierten Kompetenzbereichs wirtschaftlich agieren und dass sie die ihnen durch das grundrechtlich wie rechtsstaatlich verankerte Übermaßverbot gezogenen Schranken beachten, und hierfür 49

---

[129] BVerwGE 39, 329 (336); 71, 183 (193); BVerwG, DVBl. 1996, 152 (153); VGH Koblenz, DVBl. 2000, 992 (993); OVG Münster, NVwZ 2003, 1520 (1523); VGH Mannheim, DÖV 2006, 831 (834); *Jarass*, in: ders./Pieroth (Hrsg.), Grundgesetz, Kommentar, 11. Aufl., 2011, Art. 12 Rn. 23; *Manssen* (Fn. 118), Art. 12 Rn. 83.

[130] BVerwGE 39, 329 (336).

[131] *Pieroth/Hartmann*, DVBl. 2002, 421 (426).

[132] BVerwGE 71, 183 (193); BVerwG, DVBl. 1996, 152 (153); so im Ansatz auch *Papier*, DVBl. 2003, 686 (689).

[133] *Pieroth/Hartmann*, DVBl. 2002, 421 (426).

[134] BVerwG, DÖV 1978, 851; OVG Münster, NVwZ 2003, 1520 (1523); NVwZ-RR 2005, 198 (200); VGH Mannheim, DÖV 2006, 831 (834); *Papier*, DVBl. 2003, 686 (689); *Jarass* (Fn. 129), Art. 12 Rn. 16.

[135] VGH Koblenz, DVBl. 2000, 992 (993); OVG Münster, NVwZ 2003, 1520 (1523); NVwZ-RR 2005, 198 (200); *Papier*, DVBl. 2003, 686 (689); *Manssen* (Fn. 118), Art. 12 Rn. 83; *Huber*, Konkurrenzschutz im Verwaltungsrecht, 1991, S. 321.

[136] VGH Koblenz, DVBl. 2000, 992 (993); *Manssen* (Fn. 118), Art. 12 Rn. 83; *Huber* (Fn. 135), S. 328.

[137] *Tettinger*, NJW 1998, 3473 (3474).

Kritik[138], aber auch Zustimmung[139] geerntet. Diese Frage kann indes bejaht werden. Nicht von Belang ist hierbei, dass sich die wirtschaftliche Betätigung der öffentlichen Hand nicht final und unmittelbar gegen die berufliche Betätigung eines privaten Unternehmens richtet. Denn angesichts des Freiraums, den das Grundrecht der Berufsfreiheit aus Art. 12 Abs. 1 GG sichern will, können auch solche Maßnahmen, die nicht diesen unmittelbaren Berufsbezug aufweisen, auf Grund ihrer vorhersehbaren und letztlich auch in Kauf genommenen spürbaren tatsächlichen Auswirkungen geeignet sein, den Schutzbereich des Art. 12 Abs. 1 GG (mittelbar) zu beeinträchtigen.[140] Ein Moment der Finalität kann ihnen insofern doch nicht abgesprochen werden.[141] Dies führt dazu, dass bei dem wirtschaftlichen Tätigwerden einer Gemeinde außerhalb ihres gesetzlich limitierten Kompetenzbereiches – bei spürbarer[142] Beeinträchtigung des privaten Konkurrenten – ein **„Eingriff durch Konkurrenz"** anzunehmen ist.[143] Ja man wird weitergehend allgemein kommunalwirtschaftliche Betätigungen, von denen **spürbare Beeinträchtigungen** bzw. nachweisbare Freiheitsverkürzungen privater Konkurrenten ausgehen, **an Art. 12 Abs. 1 GG zu messen** haben,[144] weil sie die Wettbewerbslage verändern und eine Beeinträchtigung der beruflichen Betätigungs- bzw. Wettbewerbsfreiheit bewirken. Da für die Frage der Eingriffsqualität einer staatlichen Maßnahme Elemente der Rechts- und Pflichtwidrigkeit außer Betracht bleiben müssen, ist entscheidend allein, ob das umstrittene Handeln des Staates/der Gemeinde thematisch in den Gewährleistungsbereich des Grundrechts des Art. 12 Abs. 1 GG fällt. Der Schutzbereich des Grundrechts ist nicht erst und allein bei einer Missachtung der (einfach-)gesetzlichen Rahmenbedingungen für die kommunale Wirtschaftstätigkeit eröffnet.

50 Die grundrechtliche Abwehrfähigkeit der Konkurrenztätigkeit der öffentlichen Hand beruht wesentlich darauf, dass staatliche bzw. **kommunale Wettbewerbsteilnahme** gerade **nicht Wahrnehmung grundrechtlicher Autonomie** be-

---

[138] Kritisch äußern sich insbesondere *Pieroth/Hartmann*, DVBl. 2002, 421 (424 f.).

[139] *Schink*, NVwZ 2002, 129 (138); *Micker*, NWVBl. 2004, 181 (183).

[140] BVerfGE 13, 181 (185 f.); *Mann*, in: Sachs (Hrsg.), Grundgesetz, Kommentar, 5. Aufl. 2009, Art. 12 Rn. 94 f.

[141] *Ipsen*, ZHR 170 (2006), 422 (442).

[142] *Stamer* (Fn. 91), S. 184, verlangt für einen Eingriff, dass die wirtschaftliche Betätigung der öffentlichen Hand „konkret einem Grundrechtsträger Konkurrenz macht".

[143] *Tettinger*, NJW 1998, 3473 (3474); *Mann*, Die öffentlich-rechtliche Gesellschaft, 2002, S. 93 ff.; *Mann* (Fn. 140), Art. 12 Rn. 95.

[144] Vgl. etwa *Schmidt*, Öffentliches Wirtschaftsrecht, Allg. Teil, 1990, S. 523, 526: „... jede staatliche Wettbewerbsteilnahme unter Heranziehung des Grundsatzes der Verhältnismäßigkeit an Art. 12 Abs. 1 GG zu messen"; *Scholz*, in: Maunz/Dürig (Hrsg.), Grundgesetz, Kommentar, Art. 12 Rn. 401 ff.; *Kluth*, Grenzen kommunaler Wettbewerbsteilnahme, 1988, S. 51 ff.; *Ruffert*, NVwZ 2000, 763 (764); *Pielow*, Grundstrukturen öffentlicher Versorgung in Europa, 2001, S. 492 ff., 511 ff., 701 ff.; *Rixen*, Sozialrecht als öffentliches Wirtschaftsrecht, 2005, S. 270 ff.; *Dietlein*, in: Stern (Hrsg.), Staatsrecht, Bd. IV/1, 2006, S. 1859 ff.; *Wendt* (Fn. 115), S. 1353 (1368 f.); *Di Fabio* (Fn. 119), Art. 2 Abs. 1 Rn. 122; *Nierhaus* → § 40 Rn. 48).

deutet.[145] Sie hat damit ersichtlich eine andere rechtliche Qualität als der Marktzutritt neuer privater, ebenfalls grundrechtsberechtigter Wettbewerber. Es wird ein Wettbewerbsverhältnis zwischen Grundrechtsträger und Grundrechtsverpflichtetem begründet und die konkurrierende Grundrechtsausübung privater Marktteilnehmer fremder Ingerenz ausgesetzt. Faktische Belastungen des privaten Konkurrenten durch staatliche bzw. kommunale Wirtschaftsbetätigung sind gerade auch wegen des hiermit verbundenen öffentlichen Zwecks als Ergebnis der Ausübung einer besonderen Form der öffentlichen Gewalt, eben als zweckgebundene Verwaltungstätigkeit, anzusehen. Auch insofern kann sich die öffentliche Hand nicht ihrer Grundrechtsbindung nach Art. 1 Abs. 3 GG entziehen.[146] Der Zugang zu einer Sachentscheidung durch das angerufene Verwaltungsgericht ist damit eröffnet.[147]

Geht man unter Zugrundelegung des skizzierten, im Vergleich zum Eingriffs- **51**
verständnis der herrschenden Meinung weiteren und deutlich im Vordringen befindlichen Eingriffsbegriffes von einer Tangierung des Schutzbereichs der Berufsfreiheitsgarantie des Art. 12 Abs. 1 GG durch staatliche bzw. kommunale Wettbewerbsteilnahme aus, gefährdet das nicht den Fortbestand öffentlicher Wirtschaftstätigkeit im allgemeinen und führt erst recht nicht zur grundsätzlichen Unzulässigkeit einer wirtschaftlichen Betätigung der Gemeinden. Vielmehr werden wirtschaftliche Betätigungen der Gemeinden damit lediglich in einem weiteren Umfang als bisher anerkannt dem **Erfordernis einer Rechtfertigung** ausgesetzt. Die Festlegung einer Eingriffsschwelle[148] ist vor diesem Hintergrund dogmatisch nicht haltbar und auch nicht notwendig.

Im Rahmen der verfassungsrechtlichen Rechtfertigung von Eingriffen in die **52**
Berufs- und Wettbewerbsfreiheit konkurrierender Privater, die gem. Art. 12 Abs. 1 S. 2 GG einem einfachen Gesetzesvorbehalt unterliegt, kommen als **gesetzliche Grundlagen** vor allem die **Regelungen des kommunalen Wirtschaftsrechts** über die Zulässigkeit wirtschaftlicher kommunaler Betätigung in Betracht.[149] Die Regelungen über die Zulässigkeit kommunaler Wirtschaftstätigkeit in den Gemeindeordnungen der Länder stellen entgegen den Ausführungen des rheinland-pfälzischen Verfassungsgerichtshofs[150] nicht bloße dem Vorrang des

---

[145] Vgl. *Dietlein* (Fn. 144), S. 1862.

[146] *Di Fabio* (Fn. 119), Art. 2 Abs. 1 Rn. 122; vgl. insofern auch VGH Koblenz, DVBl. 2000, 992 ff.

[147] Ebenso *Ipsen*, ZHR 170 (2006), 422 (452), der allerdings eine Klagebefugnis nur ab einer festzulegenden Erheblichkeitsschwelle bejaht.

[148] In diesem Sinne äußert sich *Ehlers*, JZ 1990, 1089 (1096); *ders.*, Gutachten E für den 64. Deutschen Juristentag, 2002, E 41: „Einschränkung in erheblichem Maße"; *Hauck*, WRP 2006, 323 (327), befürchtet, dass sonst beinahe jede wirtschaftliche Betätigung der öffentlichen Hand ein rechtfertigungsbedürftiger Eingriff wäre: „Dies könnte insbesondere dazu führen, dass aus Art. 12 Abs. 1 GG ein allgemeiner Gesetzesvollziehungsanspruch privater Unternehmen gegen unliebsame hoheitliche Konkurrenz abgeleitet werden könnte.".

[149] *Franz*, Gewinnerzielung durch kommunale Daseinsvorsorge, 2005, S. 103.

[150] VGH Koblenz, DVBl. 2000, 992 (993).

Gesetzes unterfallende Einschränkungen des kommunalen Selbstverwaltungsrechts, sondern auch vom Grundsatz des Gesetzesvorbehalts verfassungsrechtlich geforderte Ermächtigungsgrundlagen zur Rechtfertigung von Eingriffen in die Berufs- und Wettbewerbsfreiheit privater Konkurrenten dar.[151] Bei dem Eingriff durch konkurrierende kommunale Wirtschaftstätigkeit handelt es sich in der Regel um eine **Beeinträchtigung auf der Ebene der Berufsausübung** und damit um einen Eingriff auf der untersten Stufe der Berufsfreiheit. Auf dieser Ebene genügen nach der die Anforderungen des Verhältnismäßigkeitsgrundsatzes konkretisierenden sogenannten Stufentheorie des Bundesverfassungsgerichts zur Eingriffsrechtfertigung schon **vernünftige Erwägungen des Gemeinwohls.**[152] Ob ein hinreichender Gemeinwohlbelang gegeben ist, ist im Einzelfall nachzuprüfen.[153] Dies ist jedoch keine Frage der Klagebefugnis mehr, sondern vielmehr im Rahmen der Begründetheit bei der erforderlichen Rechtsverletzung zu untersuchen.

3. Eingriff in die Eigentumsfreiheit privater Dritter (Art. 14 GG) durch kommunale Wettbewerbsteilnahme

53 Die Rechtsprechung der Verwaltungsgerichte verneint nicht nur weitgehend einen Grundrechtsschutz privater Konkurrenten aus Art. 12 Abs. 1 GG gegenüber einer kommunalen Wettbewerbsteilnahme. Auch hinsichtlich der Eigentumsgarantie des Art. 14 GG soll nichts anderes gelten. Nach der ständigen Rechtsprechung des Bundesverwaltungsgerichts schützt die Eigentumsgarantie nicht anders als die Berufsfreiheitsgarantie allgemein nicht vor dem Auftreten eines neuen Konkurrenten und damit auch nicht vor einer Konkurrenz der öffentlichen Hand.[154] Dies soll zumindest so lange gelten, wie die private wirtschaftliche Betätigung nicht unmöglich gemacht oder unzumutbar eingeschränkt wird oder nicht eine unerlaubte Monopolstellung entsteht.[155] Die Auffassung, Art. 14 GG schütze weder vor privater noch vor staatlicher bzw. kommunaler Konkurrenz beim Wirtschaften,[156] ist in dieser Allgemeinheit jedoch nicht haltbar. Folgte man ihr, würden hiermit wiederum die Besonderheiten im Wettbewerb zwischen Grundrechtsträger und Grundrechtsverpflichtetem verwischt.[157] Zudem weist diese Auffassung Widersprüche auf, da sie in den Fällen der bloß mittelbaren Eingriffe Grundrechtsbeeinträchti-

[151] *Di Fabio* (Fn. 119), Art. 2 Abs. 1 Rn. 123; *Löwer*, Energieversorgung zwischen Staat, Gemeinde und Wirtschaft, 1989, S. 216 ff.

[152] BVerfGE 7, 377 (405).

[153] *Di Fabio* (Fn. 119), Art. 2 Abs. 1 Rn. 123.

[154] BVerwGE 17, 306 (314); 39, 329 (337); BVerwG, NJW 1995, 2938 ff.; ferner VGH Koblenz, DVBl. 2000, 992 (993); OVG Münster, NVwZ 2003, 1520 (1523); VGH Mannheim, DÖV 2006, 831 (834).

[155] BVerwGE 17, 306 (314); 39, 329 (337); BVerwG, NJW 1995, 2938 ff.; ferner VGH Koblenz, DVBl. 2000, 992 (993); VGH Mannheim, DÖV 2006, 831 (834); einen Schutz lediglich gegenüber der Errichtung und dem Fortbestehen öffentlicher Monopole bejaht auch *Depenheuer* (Fn. 126), Art. 14 Rn. 103.

[156] So etwa auch *Pagenkopf*, GewArch. 2000, 177 (183).

[157] *Kluth,* Jura 2001, 371 (374).

gung und Grundrechtsverletzung gleichsetzt und beides ablehnt. Beide Ebenen sind indes strikt voneinander zu trennen. Auf der Grundlage eines modernen Eingriffsbegriffs ist wie im Falle der Berufsfreiheit auch bei der Eigentumsfreiheit allein darauf abzustellen, ob das Verhalten der öffentlichen Hand in zurechenbarer Weise das durch den grundrechtlichen Schutzbereich erfasste Verhalten in relevanter Weise beeinträchtigt.[158] Die **Veränderung der Wettbewerbslage** durch Wettbewerbsteilnahme der öffentlichen Hand stellt damit zwar einen **Eingriff in den Schutzbereich der Eigentumsgarantie** dar. Aber auch im Einzugsbereich der Eigentumsfreiheit gefährdet ein solch weites Eingriffsverständnis nicht der Fortbestand der öffentlichen Wirtschaftstätigkeit.[159] Es hat auch hier lediglich zur Folge, dass eine wirtschaftliche Betätigung der öffentlichen Hand, hier der Kommunen, in einem weiteren Umfang als bisher dem Erfordernis der **verfassungsrechtlichen Rechtfertigung** unterworfen ist. Zur Rechtfertigung eines Eingriffes in die von Art. 14 Abs. 1 GG verbürgte Eigentumsfreiheit privater Leistungsanbieter durch die konkurrierende Wirtschaftstätigkeit einer Gemeinde genügt jedoch bei gegebener gesetzlicher Grundlage im Kern, dass die jeweilige Betätigung der **Erfüllung von Aufgaben** dient, an deren Erfüllung ein **besonderes Interesse der Gemeinschaft** besteht.[160] Das öffentliche Interesse der Gemeinschaft muß mithin im Einzelfall gegenüber den Interessen „konkurrierender" privater Leistungsanbieter überwiegen.[161]

4. Respektierung der grundrechtlichen Anforderungen durch die Vorschriften über die kommunale Wirtschaftstätigkeit

Es spricht daher trotz der fortbestehenden Skepsis in Rechtsprechung und Literatur alles dafür, die Vorschriften der Länder, die die wirtschaftliche Betätigung der Gemeinden an beschränkende Voraussetzungen binden, auch als Ausdruck der **Respektierung der Anforderungen** zu begreifen, die für die Gemeinden unter Heranziehung des Verhältnismäßigkeitsprinzips **aus der Eigentums- und Berufsfreiheit** konkurrierender Privater erwachsen. Den kommunalrechtlichen Vorschriften über die wirtschaftliche Betätigung der Gemeinden ist mithin in der Tat drittschützender Charakter zugunsten konkurrierender Privater beizumessen. Mit Rücksicht auf die durch diese Normen geschützten Interessen der örtlichen Marktteilnehmer müssen der durch die wirtschaftliche Betätigung bewirkte **Markteingriff und der verfolgte öffentliche Zweck in einem angemessenen Verhältnis** stehen. Je schwerer der Markteingriff ist, desto dringlicher muss im Hinblick auf die Art des öffentlichen Zwecks oder die Gebotenheit der Betätigung die wirtschaftliche Betätigung der Gemeinde sein.[162] Es ist ohne weiteres ersichtlich, dass dieses Verständnis der Vorschriften über die kommunale Wirtschaftstätigkeit es 54

---

[158] *Wendt* (Fn. 115), S. 1353 (1368) m. w. N.; vgl. auch *Di Fabio* (Fn. 119), Art. 2 Abs. 1 Rn. 122.

[159] *Franz* (Fn. 149), S. 98.

[160] *Wendt* (Fn. 115), S. 1353 (1369); *ders.* (Fn. 123), Art. 14 Rn. 51.

[161] *Wendt* (Fn. 115), S. 1353 (1369).

[162] Vgl. OVG Münster, NVwZ 2003, 1520 (1523); NVwZ-RR 2005, 198 (199).

den Gemeinden nicht verwehrt, sich auf ihren angestammten, die Selbstverwaltung traditionell prägenden Betätigungsfeldern auch weiterhin in angemessenem Umfang wirtschaftlich zu betätigen. Es erlaubt ihnen darüber hinaus, sich neuen Herausforderungen zu stellen.

D. Ergebnis

55 Die Beurteilung der Zulässigkeit kommunaler Wirtschaftstätigkeit und die Abwehr unzulässiger Wettbewerbsteilnahme sind nicht allein der Staatsaufsicht zu überlassen. Rechtsschutz vor den ordentlichen Gerichten kann nach dem geschilderten Wandel der Rechtsprechung und den hieran anknüpfenden Änderungen des Gesetzes gegen den unlauteren Wettbewerb allerdings heute nicht mehr begehrt werden. Diese Entwicklung ist erfreulich, löst sie doch die Problematik der Rechtswegabgrenzung zutreffend zugunsten der Verwaltungsgerichte.

56 Rechtsschutz gegen als unzulässig erachtete wirtschaftliche Betätigungen der Gemeinden können private Konkurrenten daher von den Verwaltungsgerichten zu erwarten. Geboten wäre es jedoch, dass die Verwaltungsgerichte ihre traditionelle Zurückhaltung in diesem Bereich in noch stärkerem Maße aufgäben, als dies bereits geschehen ist. Um einen effektiven Rechtsschutz nicht von den Nuancen der Ausgestaltung der die wirtschaftliche Betätigung der Gemeinde regelnden Vorschriften in den einzelnen Bundesländern abhängig zu machen, sollten diese **Normen im Lichte der Grundrechte als Drittschutz vermittelnde Normen** verstanden werden. Ein solches Verständnis würde die Rechte privater Unternehmer wahren, ohne zugleich den Fortbestand der Wirtschaftstätigkeit der öffentlichen Hand zu gefährden.[163] Es würde vielmehr das Bewusstsein dafür schärfen, dass **wirtschaftliches Handeln der kommunalen Selbstverwaltung lediglich als Modus der Aufgabenerfüllung**, nicht dagegen als Selbstzweck eigen ist.[164]

[163] Vgl. auch *Henneke,* Der Landkreis 2000, 450 (451); *ders*., DVBl. 2000, 997 (999).
[164] Zutreffend *Ipsen*, ZHR 170 (2006), 422 (454).

Teil 12

Die Rechtsformen kommunaler Unternehmen

§ 43 Kriterien für die Wahl der Rechtsform

Rainer Pitschas/Katrin Schoppa

Schriftum

H. P. Bull, Über Formenwahl, Formwahrheit und Verantwortungsklarheit in der Verwaltungsorganisation, in: M.-E. Geis/D. Lorenz (Hrsg.), FS für Hartmut Maurer, 2001, S. 545 ff.; *D. Ehlers*, Empfiehlt es sich, das Recht der öffentlichen Unternehmen im Spannungsfeld von öffentlichem Auftrag und Wettbewerb national und gemeinschaftsrechtlich neu zu regeln? – Gutachten E für den 64. Deutschen Juristentag, in: Ständige Deputation des Deutschen Juristentages (Hrsg.), Verhandlungen des 64. Deutschen Juristentages, Berlin 2002; *W. Erbguth/F. Stollmann*, Erfüllung öffentlicher Aufgaben durch private Rechtssubjekte? – Zu den Kriterien bei der Wahl der Rechtsform –, DÖV 1993, 798 ff.; *J. Hecker*, Privatisierung unternehmenstragender Anstalten öffentlichen Rechts – Anstaltsrechtliche, demokratiestaatliche und privatisierungstheoretische Überlegungen am Beispiel der Teilprivatisierung der Berliner Wasserbetriebe (BWB) – VerwArch 92 (2001), 261 ff.; *T. Mann*, Die „Kommunalunternehmen" – Rechtsformalternative im kommunalen Wirtschaftsrecht, NVwZ 1996, 557 ff.; *ders.*, Die öffentlich-rechtliche Gesellschaft, 2002; *J. Meinen*, Konzernrecht im kommunalen Bereich, 2006; *U. Neusinger/P. Lindt*, Ein Unternehmen auf dem Vormarsch – 7 Jahre bayerisches Kommunalunternehmen, BayVBl. 2002, 689 ff.; *T. Siegel*, Wie rechtssicher sind In-House-Geschäfte?, NVwZ 2008, 7 ff.

Inhaltsverzeichnis

A. Einführung

1 Eine empirische Analyse Anfang dieses Jahrtausends hat für die prozentmäßige Verteilung von Rechtsformen kommunaler Beteiligungen in Städten mit über 50.000 Einwohnern Folgendes ergeben: GmbHs waren zu 73,4 % vertreten, Eigenbetriebe und eigenbetriebsähnliche Einrichtungen hielten 9,2 %, AGs 4,9 % und Zweckverbände 4,7 %. Genossenschaften, eingetragene Vereine, Stiftungen und Anstalten erreichten zusammen 4,4 %.[1] Damit liegt der größte „Marktanteil“ eindeutig bei den privaten Rechtsformen, insbesondere bei der GmbH.[2] Das Erscheinungsbild kommunaler Unternehmen ist damit sehr facettenreich.[3]

2 Kommunen können ihre Aufgaben sowohl in öffentlicher als auch in privatrechtlicher Form erfüllen, in jedem Fall sind sie gewissen Restriktionen unterworfen. Die hier zu untersuchende Wahl der Rechtsform bezieht sich auf die **„Organisationsprivatisierung“**, die nicht mit einer **materiellen Privatisierung** zu

[1] *Edeling/Reichard und Mitarbeiter*, Auswertungsbericht. Kommunale Betriebe in Deutschland – Ergebnisse einer empirischen Analyse der Beteiligungen deutscher Städte der GK 1-4. Datenreport, 2003, zitiert in *Edeling*, in: ders./Stölting/Wagner, Öffentliche Unternehmen zwischen Privatwirtschaft und öffentlicher Verwaltung, 2004, S. 23. Zur Schwierigkeit, einen empirischen Befund zu erhalten, siehe auch *Mühlenkamp*, Öffentliche Unternehmen, 1994, S. 37.

[2] Für weitere, weniger bedeutsame private Rechtsformen vgl. statt vieler: *Ziekow*, Öffentliches Wirtschaftsrecht, 2007, § 7 Rn. 17 und ausführlich *Müller*, Rechtsformenwahl bei der Erfüllung öffentlicher Aufgaben (Institutional chioce), 1993, S. 453 ff.

[3] Allein die ca. 950 Stromnetzbetreiber Deutschlands unterscheiden sich alle in Größe, Integrationsstand, Struktur, Leistungsangebot und auch der Rechtform, vgl. *Jansen/Barnekow/Stoll*, Innovationsstrategien von Stadtwerken – lokale Stromversorger zwischen Liberalisierungsdruck und Nachhaltigkeitszielen, FÖV Discussion Papers 41, 2007, S. 9.

verwechseln ist.[4] Immer geht dieser Entscheidung ein Prozess der Abwägung der Vor- und Nachteile der jeweiligen Rechtsformen voraus. Dabei müssen die verschiedensten Aspekte berücksichtigt werden; es stellen sich z. B. Anschlussfragen für die Gründung, den laufenden Betrieb und die Abwicklung des kommunalen Unternehmens. Diese Konsequenzen gilt es schon im Vorfeld zu berücksichtigen. Es existiert – wie oben gezeigt – eine Vielfalt an sowohl öffentlich-rechtlichen als auch privatrechtlichen Unternehmensformen. Doch mit einer Entscheidung zwischen den Rechtsregimen ist es noch nicht getan. Ziel der gemeindlichen Unternehmen ist es auch stets, erfolgreich zu wirtschaften;[5] die gewählte Rechtsform muss die Erreichung dieses Zieles ermöglichen. Zu untersuchen ist hier auch nicht nur die Rechtsformenwahl bei der Gründung neuer Unternehmen, sondern auch, ob es für bestehende Unternehmen günstig wäre, ihre Rechtsform zu **ändern**.[6]

Nach dem zweiten Weltkrieg gingen die Gemeinden dazu über, ihre Unterneh- **3**
men – inzwischen meist Eigenbetriebe – in Privatrechtsformen **umzuwandeln**.[7] Diese Entwicklung verlief jedoch nicht regional gleichmäßig. Gerade in Bayern blieb der Großteil der Unternehmen öffentlich-rechtlich, da mit einem Eigenbetriebsvorrang[8] eine Überhandnahme von Kapitalgesellschaften gestoppt werden sollte, um einen Einflussschwund der Gemeinden zu verhindern.[9] In Nordrhein-Westfalen hingegen gab es in Städten mit mehr als 50.000 Einwohnern (zum Referenzzeitpunkt) doppelt so viele Eigengesellschaften wie Eigenbetriebe.[10] Die beiden beliebtesten Privatrechtsformen für kommunale Unternehmen stellen die Aktiengesellschaft und die Gesellschaft mit beschränkter Haftung dar.

---

[4] Zu den verschiedenen Privatisierungsformen vgl. statt vieler *Voßkuhle*, in: Hoffmann-Riem/Schmidt-Aßmann/Voßkuhle (Hrsg.), GVwR, Bd. I, 2006, § 1 Rn. 58 ff. und *Ipsen*, in: Ipsen/Stüer (Hrsg.), FS für H.-W. Rengeling, 2008, S. 75 ff.

[5] Zum diesbez. Druck, dem die Kommunen ausgesetzt sind, siehe *Knemeyer*, BayVBl. 1999, 1.

[6] *Uechtritz*, in: Hoppe/Uechtritz (Hrsg.), Handbuch Kommunale Unternehmen, 2. Aufl. 2007, § 16 Rn. 2. Zur Umwandlung siehe ausführlich *Gaß*, Die Umwandlung gemeindlicher Unternehmen, 2003, S. 152 ff. und schon *Scholz/Pitschas*, in: Püttner (Hrsg.), HKWP, Bd. 5, 2. Aufl. 1984, S. 128 (130).

[7] *Knemeyer/Kempen*, in: Achterberg/Püttner/Würtenberger (Hrsg.), Besonderes Verwaltungsrecht, Bd. II, 2. Aufl. 2000, § 17 – Kommunales Wirtschaftsrecht, Rn. 77; *Püttner*, in: Püttner (Hrsg.), Zur Reform des Gemeindewirtschaftsrechts, 2002, S. 143 (146).

[8] Der Eigenbetriebvorrang entfiel mit der Einführung des „Kommunalunternehmens", vgl. *Mann*, Die öffentlich-rechtliche Gesellschaft, 2002, S. 318.

[9] Das ursprüngliche bayerische Erfordernis, dass die Privatrechtsform die öffentliche Aufgabe besser erfüllen können muss, ist inzwischen der Voraussetzung gewichen, dass im Gesellschaftsvertrag oder in der Satzung sichergestellt ist, dass das Unternehmen den öffentlichen Zweck gem. Art. 87 Abs. 1 S. 1 Nr. 1 erfüllt und dass die Gemeinde angemessenen Einfluss im Aufsichtsrat oder in einem entsprechenden Gremium erhält; vgl. Art. 92 Abs. 1 Nrn. 1 und 2 GO Bay, siehe auch *Gaß* (Fn. 6), S. 68 ff. Zum Problem der „relativen Instrumentierungsfeindlichkeit des Gesellschaftsrechts" schon Ehlers, Verwaltung in Privatrechtsform, 1984, S. 273. Zur Priorität der Eigenbetriebe in Bayern auch Knemeyer/Kempen (Fn. 7), Rn. 87.

[10] Dazu Mann, NVwZ 1996, 557.

4 Sind alle Kapitalanteile eines privatrechtlichen Unternehmens in der Hand der Gemeinde, so spricht man von einer **Eigengesellschaft**, andernfalls von einem **gemischt-wirtschaftlichen Unternehmen**.[11]

5 Im Mehrebenensystem hat vornehmlich – aber nicht nur – Europa die kommunalwirtschaftliche Landschaft in einen Wettbewerbsmarkt umgestaltet. Betroffen ist vor allem der Energiesektor[12] (→ § 54). Private drängen in den Markt, der zuvor von kommunalen Unternehmen beherrscht wurde; im Gegenzug bemühen sich kommunale Unternehmen ihrerseits um Teilhabe an Märkten, die zuvor privat geprägt waren. Dies führt zu einer gegenseitigen Beeinflussung von „Handlungsformen und Handlungsmaximen".[13] Aber kommunale Unternehmen werden nicht nur von Privaten beeinflusst; sie greifen auch immer häufiger auf Private als Kooperationspartner zurück. Dies ist zum einen den begrenzten Mitteln der öffentlichen Hand bzw. der fatalen Lage vieler kommunaler Haushalte geschuldet, zum anderen aber auch dem Streben nach Wirtschaftlichkeit[14] als Teil des „neuen Steuerungsmodells".[15] Dabei handelt es sich z. B. um Public Private Partnerships – PPPs (Öffentlich-Private Partnerschaften), die als „Organisations-Public Private Partnership" Kooperationen in Form eines Gemeinschaftsunternehmens „institutionalisieren"[16] (→ § 47).

6 Die Diskussion um Privatisierung der letzten Jahre tendiert dazu, privaten Rechtsformen bei öffentlichen Unternehmen höhere ökonomische Effizienz zuzuschreiben, da diese sich von den hergebrachten öffentlich-rechtlichen Zwängen lösen und daher in der neuen Wettbewerbslandschaft besser bestehen könnten.[17] Hier ist jedoch zu fragen, ob dies nicht nur ein der aktuellen Mode geschuldeter Trugschluss ist.[18] Ein weiterer wichtiger Aspekt dabei ist die „öffentliche Leis-

---

[11] Dazu bereits *Scholz*, Das Wesen und die Entwicklung der gemeindlichen öffentlichen Einrichtungen, 1967, S. 105 ff. Vgl. auch *Knemeyer/Kempen* (Fn. 7), Rn. 78; *Ronellenfitsch*, in: Isensee/Kirchhof (Hrsg.), HStR, Bd. IV, 3. Aufl. 2006, § 98 Rn. 25; *Mann*, in: Ennuschat u. a. (Hrsg.), FS für P. J. Tettinger, 2007, S. 295. Zum Begriff des gemischtwirtschaftlichen Unternehmens im europäischen Gemeinschaftsrecht vgl. *Korte*, in: Kluth/Müller/Peilert (Hrsg.), FS für R. Stober, 2008, S. 127 (128).

[12] *Uechtritz* (Fn. 6), Rn. 2.

[13] *Uechtritz* (Fn. 6), Rn. 3, m. w. N. dort in Fn. 4.

[14] Siehe zur Wirtschaftlichkeit als Handlungsmaßstab der Verwaltung: Pitschas, in Hoffmann-Riem/Schmidt-Aßmann/Voßkuhle (Hrsg.), GVwR, Bd. I, 2006, § 42 Rn. 122 ff.; vgl. auch Schliesky, DVBl. 2007, 1453 ff.

[15] Vgl. *Voßkuhle* (Fn. 4), Rn. 53 ff.

[16] *Tettinger*, NwVBl 2005, 1 (4); *Uechtritz* (Fn. 6), Rn. 4. Eine weitere Form der PPP ist die „Vertrags-PPP", dazu näher: *Brinktrine*, IR 2007, 291 ff.

[17] Diese Tendenz spiegelt sich auch in der Anzahl der privatrechtlich organisierten kommunalen Unternehmen wider. Eine schnelle Versorgung der Mitarbeiter mit Arbeitsmaterial (z. B. Computern) ist z. B. bei der GmbH ohne langwierige Beschaffungsvorgänge möglich – dieser Komfort ist im Arbeitsalltag nicht zu unterschätzen.

[18] Dies vermutet auch *Hauser*, Die Wahl der Organisationsform kommunaler Einrichtungen, 1987, S. 221.

tungspolitik", die eine absolute wirtschaftliche Freiheit im Rahmen einer Gewährleistungsverantwortung ausschließen mag.[19]

I. Rechtsformenwahl als Entscheidungsproblem

1. Entscheidungsdeterminanten und Zielkompatibilität

a) Grundsätzliche Wahlfreiheit. Den Gemeinden steht die Wahl zwischen öffentlichem und privatem Recht grundsätzlich frei.[20] Es gilt das **Prinzip der organisatorischen Wahlfreiheit**,[21] bei dem die Gemeinde grundsätzlich nach ihrem sachgerechten **eigenen Ermessen** über die Rechts- und Organisationsform eines ihrer Unternehmen entscheidet.[22] Dazu gehört auch das Recht zur **Organisationsänderung**, also z. B. einen bisher in die Verwaltung eingegliederten Eigenbetrieb zu verselbstständigen.[23] Zur freien Rechtsformwahl kommt die **freie Wahl der Handlungsformen** hinzu, d. h. die Möglichkeit zu wählen, ob das öffentlich-rechtlich organisierte Unternehmen öffentlich- oder privatrechtlich handelt. Beschränkt wird diese Wahlfreiheit nur durch die ausdrückliche Bestimmung der Rechtsform durch die Rechtsordnung.[24] 7

Die Gemeindeordnungen verlangen in der Regel die Rechtfertigung der Tätigkeit des Unternehmens durch einen öffentlichen Zweck[25], was nicht heißt, dass die Unternehmen keinen Gewinn erwirtschaften dürfen.[26] Eine rein erwerbswirtschaft- 8

---

[19] Vgl. *Scholz/Pitschas* (Fn. 6), S. 133.

[20] BVerwG, NJW 1994, 1169; auch herrschende Meinung in der Literatur, siehe *Uechtritz* (Fn. 6), Rn. 9, m. w. N. in Fn. 14 und Rn. 20.

[21] BVerwGE 94, 229 (231 f.); vgl. in der Literatur schon *Scholz/Pitschas* (Fn. 6), S. 129, 149; *Knemeyer/Kempen* (Fn. 7), Rn. 67; *Mann* (Fn. 8), S. 39 m. w. N.; *Püttner* (Fn. 7), S. 143; auch *Ehlers*, Empfiehlt es sich, das Recht der öffentlichen Unternehmen im Spannungsfeld von öffentlichem Auftrag und Wettbewerb national und gemeinschaftsrechtlich neu zu regeln? – Gutachten E für den 64. Deutschen Juristentag, in: Ständige Deputation des Deutschen Juristentages (Hrsg.), Verhandlungen des 64. Deutschen Juristentages, Berlin 2002, E 105. Auch das Europarecht steht der freien Rechtsformenwahl nicht entgegen, vgl. *Burgi*, Der Landkreis 2003, 26 m. N. in Fn. 7.

[22] *Püttner*, Die öffentlichen Unternehmen, 1985, S. 85 f.; *Erbguth/Stollmann*, DÖV 1993, 798 (799); für den Vorrang des öffentlichen Rechts im Zweifelsfalle *Ehlers*, DVBl. 1998, 497 (505).

[23] Vgl. *Scholz/Pitschas* (Fn. 6), S. 129 f.

[24] BGH, NJW 1985, 197 (200); *Erbguth/Stollmann*, DÖV 1993, 798 (799); *Hellermann*, in: Hoppe/Uechtritz (Hrsg.), Handbuch Kommunale Unternehmen, 2. Aufl. 2007, § 7 Rn. 12.

[25] Siehe z. B. § 85 Abs. 1 Nr. 1 GO RP.

[26] Die Gewinnerzielungsabsicht darf jedoch nur sekundärer Zweck sein, vgl. *Scholz/Pitschas* (Fn. 6), S. 140.

liche Tätigkeit ist jedoch nicht gewünscht, ja wird teilweise als verfassungswidrig angesehen.[27]

9 b) **Ziele und Zwecke des Unternehmens** sind wichtige Entscheidungsdeterminanten; der „Organisationszweck spielt eine zentrale Rolle für die Organisationsstruktur".[28] Sie stehen am Beginn der Überlegungen, welche Rechtsform am besten geeignet sein könnte. Doch gerade bei öffentlichen Unternehmen ist eine Zielsetzung nicht immer von vorneherein klar determiniert – sie mag mehrpolig sein oder sich wandeln (→ § 46 Rn. 12). Die Leistungsaufgaben sind hierbei Indizien, an denen eine Ausrichtung erfolgen kann, es handelt sich dabei immer um eine „Tatfrage".[29] Im Anschluss an die Zielbestimmungen müssen diese wiederum in eine Rangfolge gebracht werden; die **Gewinnerzielungsabsicht** muss dabei immer zurückstehen.[30]

10 Geht man von einer öffentlich-rechtlichen „Ausgangssituation" eines gemeindlichen Unternehmens aus, so stellt sich die Frage nach Vorteilen einer privatrechtlichen Ausgestaltung. **Wirtschaftlichkeit und Effizienz** sind dabei in der heutigen Diskussion entscheidende Schlagworte.[31] Die Struktur- und Aufbauorganisation von Verwaltungen beeinflusst ihre Wirtschaftlichkeit und führt daher zu einem „**institutional choice**".[32] Die privatrechtlichen Formen versprechen mit den gesellschaftsvertraglichen Möglichkeiten höhere Effizienz und Autonomie bei der Unternehmensleitung. Weiterhin erhofft man sich eine Entlastung der öffentlichen Haushalte.[33] Diese Vorteile korrespondieren jedoch eventuell mit einem zu hohen Kontrollverlust des kommunalen Rechtsträgers, der im Rahmen der spezifischen Aufgabenbindung vielleicht nicht mehr zu verantworten wäre.[34] Eine Gemeinde, die vor einer solchen Entscheidung steht, hat weitaus mehr Faktoren bei der Rechtsformenwahl zu berücksichtigen, als ein privater Unternehmer.[35]

---

[27] Siehe hierzu und zur Fragwürdigkeit des Verzichts auf die Überprüfung des öffentlichen Zwecks eines kommunalen Unternehmens aufgrund der gesetzlichen Fiktion der Nichtwirtschaftlichkeit *Britz*, NVwZ 2001, 380 (382 f.).

[28] Vgl. *Müller* (Fn. 2), S. 285.

[29] *Scholz/Pitschas* (Fn. 6), S. 137. Eine Aufzählung von allgemeinen Zielen der öffentlichen Verwaltung bietet *Müller* (Fn. 2), S. 290 ff.

[30] *Scholz/Pitschas* (Fn. 6), S. 140.

[31] Dazu *Pitschas* (Fn. 14), Rn. 111 ff.

[32] *Pitschas* (Fn. 14), Rn. 135.

[33] Vgl. beispielsweise *Lenk/Rottmann*, in: Bräunig/Greiling (Hrsg.), FS für P. Eichhorn, 2007, S. 212 (215). Zur Kapitalbeschaffung bei der AG siehe auch *Ade*, in: Ade (Hrsg.), Handbuch kommunales Beteiligungsmanagement, 1997, S. 90 f.; zur Außenfinanzierung *Mühlenkamp* (Fn. 1), S. 101 ff.

[34] *Scholz/Pitschas* (Fn. 6), S. 133 f.

[35] *Scholz/Pitschas* (Fn. 6), S. 135. Siehe auch unten B. III.

2. Entscheidungsoptimierung

Nach dem Gesagten muss immer eine **Einzelfallprüfung** erfolgen[36], im Rahmen derer dem Recht genüge getan, die gleichzeitig aber auch dem Ziel und Zweck des Unternehmens dienlich erfolgen muss. Entscheidende Faktoren sind dabei nicht nur haushalts-, gesellschafts-, steuer-, personal- und haftungsrechtliche Entwicklungen, ökonomische Belange und technologische Gegebenheiten[37], sondern auch sozialpolitische und Belange der Daseinsvorsorge und Gewährleistungsverantwortung. Jede Rechtsform bringt verschiedene Konsequenzen mit sich, sei es beispielsweise was ihre interne Organisation angeht, sei es, was die Außenbeziehungen zu anderen öffentlichen Rechtsträgern oder zu den Bürgern anbelangt. Diese gilt es, gegeneinander abzuwägen und in Einklang zu bringen. Eine „Einkleidung" von öffentlicher Wirtschaftstätigkeit in private Rechtsformen bedarf daher nicht nur Regelungen durch sowohl das öffentliche wie auch das Wirtschaftsrecht, sondern „auch und mehr noch der integrativen Analyse der verschiedenen Einflussfaktoren, die zur Wahl der Rechtsform führen".[38] 11

II. Rechtsformenwahl zwischen öffentlichem und privatem Recht

Kommunale Unternehmen unterliegen nach dem Gesagten zunächst dem öffentlich-rechtlichen Rechtsregime, was den Weg zum Privatrecht erst eröffnen und ebnen muss. Insoweit hat jedes kommunale Unternehmen als staatliches Wesen das Grundgesetz und die jeweiligen Landesverfassungen zu beachten, und seine Tätigkeit darf diesen nicht widersprechen.[39] Erforderlich ist jedenfalls der **ausreichende Einfluss** der Kommune auf das Unternehmen (das eventuell in privater Rechtsform gestaltet ist) über ihre (demokratisch legitimierten) Organe. 12

Eine öffentlich-rechtliche Organisationsform bietet einen durch Verfahrensrecht gewährleisteten **Grundrechtsschutz**.[40] Beispielhaft sei auf den Datenschutz verwiesen. Allerdings ist dieser Aspekt kein zwingendes Argument für eine öffentlich-rechtliche Ausgestaltung; erforderlich ist lediglich die Einhaltung der entsprechenden Vorgaben z. B. beim Umgang mit personenbezogenen Daten, die Verpflichtung hierzu trifft auch organisationsprivatisierte Unternehmen.[41] Doch ist eine solche Bindung für den Bürger ungewiss. 13

Das **Rechtsstaats- und das Demokratieprinzip** bilden zwei weitere Kriterien für die Wahl der öffentlich-rechtlichen Organisationsform, da **Transparenz** als wichtiges Element dieser beiden Prinzipien bei einer solchen eher gegeben sind, 14

---

36 *Uechtritz* (Fn. 6), Rn. 19.

37 *Erbguth/Stollmann*, DÖV 1993, 798 (801). Zu Organisationsmotiven auch schon *Stober*, NJW 1984, 449 (452).

38 *Scholz/Pitschas* (Fn. 6), S. 134.

39 *Erbguth/Stollmann*, DÖV 1993, 798 (799).

40 *Erbguth/Stollmann*, DÖV 1993, 798 (807). Zur mangelnden Transparenz der Verfahrensgestaltung ebenda, 808.

41 *Erbguth/Stollmann*, DÖV 1993, 798 (808).

als bei einem Privatrechtssubjekt, bei dem z. B. auch der Anteil der öffentlichen Hand nicht offensichtlich ist.[42]

15 Nach einer Ansicht in der Literatur ist der **Rechtsschutz** gegen ein privatrechtliches Unternehmen geringer als bei einem öffentlich-rechtlichen Unternehmen, da das zivilrechtliche Verfahren[43] den Bürger mehr auf sich selbst stellt.[44] Dieser Nachteil erscheint jedoch nicht schwerwiegend genug, um eine Privatrechtform abzulehnen. Es kann nicht ernsthaft davon gesprochen werden, dass das Verfahren vor den ordentlichen Gerichten keinen ausreichenden Rechtsschutz bietet. Ein weiterer Vorteil der öffentlich-rechtlichen Unternehmen ist der, dass sie ein Wahlrecht zwischen öffentlich-rechtlichem und privaten Handeln haben, was den Privatrechtlich verfassten Unternehmen nicht zusteht.[45]

16 Eine Gefahr bei der Organisationsprivatisierung ist der Verlust des „bürgerschaftlichen Elements der kommunalen Selbstverwaltung".[46] Die Wahl einer privaten Rechtsform darf daher keinesfalls eine Schmälerung der Rechte (und auch Pflichten) der Bürger mit sich bringen. Ein „potentielles rechtsstaatliches Defizit" ist immer gegen mögliche Vorteile der privaten Organisation abzuwägen.[47] Da privatrechtliche Rechtssubjekte im Gegensatz zu den öffentlich-rechtlich verselbstständigten Organen nicht der staatlichen Aufsicht unterliegen, tendieren sie dazu, der staatlichen Kontrolle zu entgleiten. Dieser Verlust muss über **Einflussnahmemöglichkeiten**, die das Privatrecht bietet, ausgeglichen werden. Dies kann z. B. bei einer Gesellschaft mit beschränkter Haftung über die Beteiligung an den entsprechenden privatrechtlich ausgestalteten Unternehmen oder Weisungen an die Organe (siehe z. B. § 6 Abs. 3 S. 2 und § 37 Abs. 1[49], 45 Abs. 1[50] GmbHG), die Möglichkeit der Entscheidung über den Geschäftsführeinsatz (gemäß §§ 38 Abs. 1 und 46 Nr. 5 GmbHG) sowie die Einsichts- und Auskunftsrechte der Gesellschafter (nach § 51 Abs. 1 GmbHG) geschehen. Zu Details: → § 46 Rn. 13 ff.

1. Grundgesetzliche Schranken

17 Zu fragen ist, ob das Grundgesetz dem Staat bzw. staatlichen Organen (zu denen öffentliche Unternehmen gehören) privatrechtliches Handeln – und damit auch die

[42] *Erbguth/Stollmann*, DÖV 1993, 798 (808 f.).

[43] Hier sind vor allem der Verhandlungsgrundsatz, der Gerichtskostenvorschuss, die Möglichkeit der Versäumnisurteile und die Abhängigkeit der Berufungsmöglichkeit an einen bestimmten Streitwert zu nennen.

[44] *Erbguth/Stollmann*, DÖV 1993, 798 (809).

[45] *Ronellenfitsch* (Fn. 11), Rn. 28.

[46] *Gaß* (Fn. 6), S. 61 f.; *Uechtritz* (Fn. 6), Rn. 19.

[47] *Erbguth/Stollmann*, DÖV 1993, 798 (801), die betonen, dass durch die Wahl einer privaten Rechtsform an sich noch kein Rechtsverlust des Bürgers entsteht, da dieser eine solche Wahl grundsätzlich hinnehmen muss.

[48] Danach kann die Bestellung der Geschäftsführer im Gesellschaftsvertrag erfolgen.

[49] Danach kann die Vertretungsbefugnis durch den Gesellschaftsvertrag oder durch Beschlüsse der Gesellschafter beschränkt werden.

[50] Danach bestimmen sich die Rechte der Geschäftsführer nach dem Gesellschaftsvertrag.

privatrechtliche Organisation von gemeindlichen Unternehmen – gegenüber dem Bürger erlaubt.

Art. 28 Abs. 2 GG prägt als normative Basis die kommunale Selbstverwaltung. 18
In Art. 28 Abs. 1 S. 2 kommt die „politisch demokratische Funktion der kommunalen Selbstverwaltung" zum Ausdruck.[51] In den in diesem Zusammenhang einschlägigen Vorschriften des Grundgesetzes[52] lassen sich keine Argumente gegen die Wahl privater Rechtsformen im Bereich der kommunalen Unternehmen finden. Z. B. zeigt **Art. 33 Abs. 4 GG**, dass die Aufgabenerledigung auch durch privatrechtlich Angestellte des öffentlichen Dienstes erfüllt werden können („in der Regel"). Dabei handelt es sich lediglich um eine „aufgabenorientierte quantitative Begrenzung der rechtsformbezogenen Wahlfreiheit des Staates".[53] **Art. 87 Abs. 2 und 3** („Körperschaften und Anstalten des öffentlichen Rechts") sowie **Art. 20 Abs. 2 S. 2** („Organe") **GG** schließen ebenfalls privatrechtliche Organisationsformen nicht aus, noch stellen sie eine abschließende Aufzählung dar.[54] Auch historisch spricht nichts gegen die privatrechtliche Betätigung des Staates; sie wurde bereits vor Inkrafttreten des Grundgesetzes praktiziert und der Verfassungsgeber hat keine Regelung geschaffen, die dies ausdrücklich untersagt.[55] Das Grundgesetz steht also privatrechtlich organisierten Einheiten der Verwaltung nicht entgegen.

2. Einfach-Gesetzliche Schranken

Jedes **Fachrecht** kann ausdrücklich oder konkludent bestimmen, dass einzelne 19
Verwaltungstätigkeiten nur durch öffentlich-rechtliche Träger erfüllt werden können. Es sind dies z. B. § 12 EichG, nach dem die Physikalisch-Technische Bundesanstalt eine bundesunmittelbare, nicht rechtsfähige Anstalt des öffentlichen Rechts ist, und § 40 Abs. 2 S. 3 BAFöG, nach dem ein Studentenwerk nur ein Amt für Ausbildungsförderung sein kann, wenn es eine Anstalt des öffentlichen Rechts ist.[56]

Die **Sparkassengesetze** der Länder schreiben für Sparkassen die Rechtsform 20
der rechtsfähigen Anstalt des öffentlichen Rechts vor, siehe z. B. § 1 Abs. 1 SpkG RP, § 1 Abs. 1 SpkG NW § 3 BaySpkG, § 1 Abs. 1 S. 2 SächsSpkG. Diese Verselbstständigung der Sparkassen wurzelt in zwei Notverordnungen aus dem Jahre 1931, mit denen die Spareinlagen aus dem Zugriffsbereich der städtischen Kämmerer genommen werden sollten.[57]

Die **Bundeshaushaltsordnung** (BHO) bestimmt in ihrem § 65 Abs. 1 lit. 1, 21
dass der Bund sich an der Gründung eines Unternehmens in einer privaten Rechtsform oder an einem bestehenden Untenehmen in einer privaten Rechtsform nur

---

51 *Uechtritz* (Fn. 6), Rn. 18.
52 Zu Rechtsformenwahl bei bundeseigener Verwaltung siehe *Mann* (Fn. 8), S. 45 ff.
53 *Mann* (Fn. 8), S. 49, näher zu dieser Vorschrift ebenda, S. 49 ff.; so auch *Müller* (Fn. 2), S. 227.
54 BVerfG, DVBl. 1983, 539 (541, 543); *Erbguth/Stollmann*, DÖV 1993, 798 (800).
55 *Erbguth/Stollmann*, DÖV 1993, 798 (800).
56 Siehe zu den älteren Vorschriften: *Erbguth/Stollmann*, DÖV 1993, 798 (800).
57 *Knemeyer/Kempen* (Fn. 7), Rn. 63, 76. Dazu auch *Mann* (Fn. 8), S. 107 f.

beteiligen soll, wenn ein gewichtiges Interesse des Bundes vorliegt und sich der vom Bund angestrebte Zweck **nicht besser und wirtschaftlicher auf andere Weise** erreichen lässt; weiterhin muss er nach lit. 3 dieser Vorschrift einen **angemessenen Einfluss**, insbesondere im Aufsichtsrat oder einem entsprechenden Überwachungsorgan erhalten.

22 Auch die **Gemeindeordnungen** der Länder stellen auf diese Aspekte ab[58] – siehe z. B. § 87 Abs. 1 GemO RP, § 108 Abs. 1 GemO NW, Art. 92 Abs. 1 BayGO, § 96 Abs. 1 SächsGemO, aufgrund derer eine Abwägung der wirtschaftlichen Gesichtspunkte zu erfolgen hat.[59] Teilweise gibt es einen **„echten" Vorrang** des öffentlichen Rechts in den Gemeindeordnungen.[60] Dies ist dann der Fall, wenn private Rechtsformen nur dann zugelassen werden, wenn der öffentliche Zweck nicht ebenso gut durch ein öffentlich-rechtlich ausgestaltetes Unternehmen erfüllt werden kann.[61] Des Weiteren besteht eine Einschränkung der Wahlfreiheit im Ausschluss von Privatrechtsformen, deren Haftung nicht begrenzt ist[62], die Ausgestaltung in einer BGB-Gesellschaft oder OHG wäre somit nicht möglich.[63]

B. Kriterien der Entscheidungsoptimierung

23 Die Rechtsformenwahl erfolgt – wie gesagt – im Hinblick auf Vor- und Nachteile, die dem entsprechenden Unternehmen aufgrund seiner Rechtsform entstehen. In verschiedenen Phasen eines Unternehmens treten jedoch verschiedene Aspekte zutage, die von vorneherein zu beachten sind. So kann ein Vorteil, den eine Rechtsform bei der Unternehmensgründung (gleichsam in seiner „ersten **Lebensphase**") verspricht, bei der Unternehmenstätigkeit („zweiten Lebensphase") oder der Unternehmensauflösung („dritten Lebensphase") hinderlich sein. Das Kriterium der Flexibilität spielt in allen diesen Lebensphasen eine Rolle. Flexibilität kann sich auf die Möglichkeiten bei der Gründung und Auflösung, Haushaltsführung, auf die interne Organisation und das flexible wirtschaftliche Handeln des Unternehmens selbst beziehen.[64] Grundsätzlich sind jegliche Kriterien, die im „Leben" eines Unternehmens bedeutsam werden können, bereits bei der Gründung zu beachten. Dargestellt werden sie in diesem Beitrag dort, wo sie zum Tragen kommen.

---

58 Hierzu auch *Ehlers* (Fn. 21), E 107 f.

59 *Erbguth/Stollmann*, DÖV 1993, 798 (800).

60 *Röger*, Insolvenz kommunaler Unternehmen in Privatrechtsform, 2005, S. 130.

61 Ungefähre Formulierung, siehe z. B. § 73 Abs. 1 Nr. 2 ThürKO.

62 Z. B. § 108 Abs. 1 Nr. 3 GO NW; § 87 Abs. 1 Nr. 4 GO RP. Dazu auch *Siekmann*, in: Püttner (Hrsg.), Zur Reform des Gemeindewirtschaftsrechts, 2002, S. 159 (160). Der Grund liegt in der Überlegung, dass die geringere Steuerungsmöglichkeit durch eine Haftungsbegrenzung „kompensiert" werden soll, vgl. *Mann* (Fn. 8), S. 220.

63 *Hauser* (Fn. 18), S. 5 f.; *Meinen*, Konzernrecht im kommunalen Bereich, 2006, S. 54.

64 Für die interne Organisation und Flexibilisierung des Verwaltungshandelns: *Ade* (Fn. 33), S. 39; *Gaß* (Fn. 6), S. 59 ff., 61 ff.; *Uechtritz* (Fn. 6), Rn. 23.

I. Kriterien bei Unternehmensgründung und Liquidation

1. Flexibilität

a) Für die Unternehmensgründung[65] selbst ist es vorteilhaft, eine Rechtsform zu wählen, die nicht an starre Organisationsgefüge gebunden ist. Teilweise ist es schwierig, öffentlich-rechtliche Unternehmen zu schaffen.[66] Sie können in der Regel nur dann relativ reibungslos gegründet werden, wenn „typusbildende Modellgesetze“[67] vorliegen, die eine Gründung – z. B. durch Verwaltungsakt – erleichtern. Ein Beispiel hierfür sind die Sparkassengesetze der Länder.[68] Solche Gesetze sind jedoch die Ausnahme, sodass eine Neuerrichtung meist ein **zeitraubendes eigenes Gesetzgebungsverfahren** erfordert, was naturgemäß unflexibel ist.[69] 24

Bei einem privatrechtlichen Unternehmen hingegen werden die Regelungen, die für das Unternehmen gelten sollen – z. B. die Satzung – in einem (Gesellschafts-)Vertrag festgelegt.[70] Daraufhin erhält das Unternehmen qua staatlichen Hoheitsakt Rechtsfähigkeit (beim Verein geschieht dies nach § 22 BGB, bei der Gesellschaft mit beschränkter Haftung durch Registereintragung nach §§ 7, 8 GmbHG, bei der Aktiengesellschaft gemäß § 36 AktG). Selbst das Erfordernis einer notariellen Beglaubigung (z. B. § 2 Abs. 1 S. 1 GmbHG und § 23 Abs. 1 S. 1 AktG) verzögert die Gründung nicht nennenswert. Hier ist allerdings zu bedenken, dass dieser Vorteil (die Schnelligkeit und Flexibilität bei der Gründung) auch nur für die Gründung selbst gilt. Bei der eigentlichen Unternehmenstätigkeit, die in der Regel den weitaus längeren Lebensabschnitt ausmacht, ist davon nichts mehr bemerkbar. Der Vorteil ist also nur dann von Interesse, wenn es um ein Unternehmen geht, was kurzfristig geschaffen werden muss oder sich Projekten widmen soll, für die noch nicht feststeht, ob die öffentliche Hand sie weiterhin zu ihren Aufgaben machen möchte, so dass die Schaffung einer festen Institution (noch) nicht notwendig oder sinnvoll erscheint.[71] 25

b) Liquidation. Sind öffentlich-rechtliche Unternehmen durch ein Sondergesetz errichtet worden, so hängt ihre **Auflösung** von einer erneuten Tätigkeit des Gesetzgebers ab, falls das Errichtungsgesetz selbst nichts anderes vorsieht.[72] Eine 26

[65] Flexibilität bei der Unternehmensgründung korrespondiert in der Regel mit Flexibilität bei der Unternehmensauflösung.

[66] *Ehlers* (Fn. 9), S. 293 ff.

[67] *Erbguth/Stollmann*, DÖV 1993, 798 (802).

[68] Sparkassen werden regelmäßig durch Genehmigung der Aufsichtsbehörde gegründet (siehe z. B. § 1 Abs. 2 S. 2 SpkG RP, § 1 Abs. 1 S. 1 SpkG NW, § 1 Abs. 1 SpkG Bay, § 1 Abs. 2 S. 2 SpkG Sachs).

[69] *Erbguth/Stollmann*, DÖV 1993, 798 (802). Zur Komplexität der Errichtung eines Zweckverbandes siehe nur *Cronauge/Westermann*, Kommunale Unternehmen, 2006, Rn. 243.

[70] Muster eines solchen Gesellschafts-Vertrages einer Stadtwerke GmbH bei *Cronauge/Westermann* (Fn. 69), Anhang 4, Rn. 425.

[71] *Erbguth/Stollmann*, DÖV 1993, 798 (804).

[72] *Erbguth/Stollmann*, DÖV 1993, 798 (802).

flexible Auflösung solcher Kommunalunternehmen wird daher eher die Ausnahme bleiben. Eine vereinfachte Auflösung von Unternehmen bietet das Privatrecht (siehe z. B. § 41 BGB für den Verein, § 60 Abs. 1 Nr. 2 GmbHG, § 262 Abs. 1 Nr. 2 AktG). Eine solche vereinfachte Auflösung ist – gleichsam zur Gründung spiegelbildlich –dann interessant, wenn Unternehmen für befristete Aufgaben gegründet werden oder eine gefestigte Schaffung (noch) nicht erwünscht ist, weil die öffentliche Hand die Aufgabe eventuell nicht dauerhaft übernehmen möchte.[73]

2. Kosten

27 Weiterhin wird angeführt, dass die Gründung z. B. einer Kapitalgesellschaft einige Kosten verursacht. Die Kosten nach der Kostenordnung halten sich dabei jedoch in Grenzen,[74] siehe § 32 KostO. Bei einem Geschäftswert in Höhe von 1.000.000 € beträgt die einfache Gebühr 1.557 € (Anlage zu § 32 KostO). Bei der GmbH und bei der Aktiengesellschaft fallen mitunter 20/10-tel-Gebühren an (siehe §§ 36 Abs. 2 KostO).[75] Solche Kosten entstehen bei der Errichtung eines öffentlich-rechtlichen Unternehmens nicht.[76] Jedoch ist fraglich, ob die Vorteile, den eine privatrechtliche Organisationsform durch die flexible Gründung mit sich bringt, durch diesen Kostennachteil soweit geschmälert werden, dass die öffentliche Hand eine solche finanzielle Investition nicht tätigen würde.[77] Bei einer diesbezüglichen Abwägung sind in jedem Fall auch die anderen positiven Aspekte einer privatrechtlichen Organisationsform mit einzubeziehen, um beurteilen zu können, ob sich die Kosten bei der Gründung rentieren können.

II. Kriterien bei der Unternehmenstätigkeit

1. Flexibilität

28 Wie oben bereits erwähnt unterscheidet sich Flexibilität für den Bereich der Rechtsformenwahl bei der Ausgestaltung des Unternehmens selbst von der beim (wirtschaftlichen) Handeln des Unternehmens. Für die Unternehmenstätigkeit bedeutet Flexibilität, dass die Leitungsorgane weitgehend selbstständig handeln können, um „aus eigener Sachkunde auf die Entwicklungen der ökonomischen Bedingungen reagieren“ zu können.[78] Flexibilität mischt sich vor allem bei der Unternehmenstätigkeit immer als Teilaspekt in andere Kriterien hinzu und ist daher nicht scharf von ihnen trennbar.

---

[73] *Erbguth/Stollmann*, DÖV 1993, 798 (804); Flexibilität bei der Unternehmensgründung korrespondiert in der Regel mit Flexibilität bei der Unternehmensauflösung.

[74] So auch *Püttner* (Fn. 7), S. 147, der lediglich für die Aktiengesellschaft das Kostenargument das Kostenargument in Erwägung zieht.

[75] Beachte auch §§ 39 Abs. 4, 44 Abs. 1 und 79 KostO.

[76] Für den Regie- und Eigenbetrieb sowie zum Zweckverband, der lediglich Bekanntmachungskosten nach § 9 GkG verursacht, vgl. *Hauser* (Fn. 18), S. 175.

[77] Anders jedoch *Erbguth/Stollmann*, DÖV 1993, 798 (804).

[78] *Uechtritz* (Fn. 6), Rn. 30.

Die **interne Organisation** der Ausgestaltung des Unternehmens zeichnet größere Flexibilität aus, wenn sie privatrechtlich gefasst ist.[79] Die hierarchischen Verwaltungsstrukturen einer öffentlich-rechtlichen Rechtsform, was z. B. die interne Kommunikation angeht, sind hinderlich für schnelle Entscheidungsabläufe und Reaktionsfähigkeit (→ § 44 Rn. 76). Allerdings zeigen Formen der **Zusammenarbeit und Koordinierung**, dass auch die öffentliche Hand zur flexiblen Ablauforganisation in der Lage ist.[80] 29

2. *Einwirkungs-, Steuerungs- und Kontrollmöglichkeiten*

Gerade gemeindliche Unternehmen in Privatrechtsform tendieren aufgrund ihrer Selbstständigkeit dazu, sich dem Einfluss der Kommune zu entziehen.[81] Es ist jedoch darauf zu achten, dass der mittelbare Einfluss, den Bürger über die kommunalen Organe und Gremien haben, in ausreichender Weise gewahrt bleibt; dies gebietet das Demokratieprinzip des Art. 20 Abs. 2 S. 1 GG[82]. Das Kriterium der Einwirkungs- und Steuerungsmöglichkeiten ist „ambivalent" und steht in direkter Wechselwirkung mit dem Kriterium der Flexibilität für die Unternehmenstätigkeit.[83] Durch Privatisierung erhält ein Unternehmen Unabhängigkeit von rechtlichen – möglicherweise hinderlichen – Vorgaben und weitere Flexibilität. Die „Kehrseite der Medaille" ist eine geringere Kontroll- und Steuerungsmöglichkeit der Rechtsträger bzw. der Kommunen.[84] Unter Umständen kommt es durch die Privatisierung zu einer Schwächung der demokratischen Legitimation und zu einem „Dilemma zwischen Autonomie und Einwirkung"[85]. 30

a) Steuerungs- und Kontrollmöglichkeit als zwingendes Kriterium. Das Erfordernis der **Einwirkungsmöglichkeit** des öffentlichen Trägers – oder der Instru- 31

---

[79] Vgl. statt vieler anderer *Altenmüller*, BWVBl. 1984, 61. Vgl. z. B. *Püttner* (Fn. 7), S. 148 f.

[80] Als Beispiel mögen der Kooperationsausschuss nach § 9 ADVG NW (Gesetz über die Organisation der automatisierten Datenverarbeitung in Nordrhein-Westfalen (ADV – Organisationsgesetz – ADVG NW) und der Kooperationsausschuss ADV (KoopA ADV) dienen. Letzterem gehören der Bund, die Länder und die kommunalen Spitzenverbände an; er ist ein Gremium, in dem gemeinsame Grundsätze des Einsatzes der Informations- und Kommunikationstechniken (IT) und wichtige IT-Vorhaben in der öffentlichen Verwaltung einvernehmlich abgestimmt werden. Er wurde bereits am 10.2.1970 gegründet. Weitere Beispiele bei *Erbguth/Stollmann*, DÖV 1993, 798 (806).

[81] *Schulz*, BayVBl. 1996, 97 (101); *Gaß* (Fn. 6), S. 30; zum „Vorrang des Gesellschaftsrechts" näher *Oebbecke*, in: Hoppe/Uechtritz (Hrsg.), Handbuch Kommunale Unternehmen, 2. Auflage 2007, § 9 Rn. 2 f.

[82] *Gaß* (Fn. 6), S. 30; dazu auch *Hecker*, VerwArch 92 (2001), 261 (273 ff.) und *Meinen*, (Fn. 63), S. 141; so auch *Mann* (Fn. 11), S. 298 und *ders.* (Fn. 8), S. 120, wo er in diesem Zusammenhang auch rechtsstaatliche und sozialstaatliche Aspekte sowie die Garantie der kommunalen Selbstverwaltung anführt.

[83] *Uechtritz* (Fn. 6), Rn. 37 f.

[84] Dazu auch *Ronellenfitsch* (Fn. 11), Rn. 30.

[85] *Scholz/Pitschas* (Fn. 6), S. 142.

mentierbarkeit des Unternehmens – ist eine der rechtlichen Schranken, die einer vollkommen freien Rechtsformenwahl im Wege stehen. Kommunale Unternehmen können sich nicht darauf beschränken, höchste Flexibilität erzielen zu wollen – um, wie es bei Unternehmen in privater Hand regelmäßig der Fall ist, höchste Gewinne zu erwirtschaften –,[86] sondern müssen stets die anderen Ziele im Auge behalten, zu denen sie als Träger öffentlicher Verantwortung verpflichtet sind. Dies liegt in der **Verpflichtung des Staates zum Gemeinwohl** begründet.[87] Daher ist auch die Möglichkeit zur Einwirkung der Kommune auf das Unternehmen eines der ersten Kriterien, die bei der Rechtsformenwahl und bei der Gründung des Unternehmens beachtet werden[88], auch wenn es erst bei der Unternehmenstätigkeit selbst zum Tragen kommt. Effektive Kontrollmöglichkeiten sind im Besonderen dann von Bedeutung, wenn es darum geht, mehrere Sparten öffentlich-rechtlicher Dienstleistungen miteinander zu koordinieren (z. B. Versorgungs-, Verkehrs-, Umwelt- und Stadtentwicklungsplanung).[89]

32 **Private Rechtsformen** unterliegen zwingenden Vorgaben des Gesetzes. Gesellschaftsrecht ist Bundesrecht und geht daher den landesrechtlichen Gemeindeordnungen vor,[90] sodass nach einigen Gemeindeordnungen mit einer Aktiengesellschaft – gerade diese ist, bedingt durch ihre Struktur, gegenüber Einflussnahme recht resistent[91] – nur gewirtschaftet werden darf, wenn der öffentliche Zweck nicht ebenso gut in einer anderen Rechtsform erfüllt wird oder erfüllt werden kann.[92] Hinzu kommt, dass den öffentlichen Gesellschaftern auch ein „angemessener Einfluss" auf die Gesellschaft möglich sein muss.[93] Da bei privatrechtlich ausgestalteten Unternehmen die entscheidenden Organe nicht „eigene Organe" der Kommune – anders als bei z. B. Regie- oder Eigenbetrieben – sondern Organe der Eigen- oder Beteiligungsgesellschaften sind, ist eine Einflussnahme ex ante nur mittelbar möglich – gefordert ist hier jedoch auch nur eine „richtlinienprägende Generalkompetenz"[94]

33 **b) Konzernierung als Ausgleich der Steuerungs- und Kontrollmöglichkeit.** Eine Möglichkeit, private Rechtsformen besser in die Entscheidungsprozesse der

---

[86] *Ehlers*, DVBl. 1998, 497 (498 f.); *Papier*, DVBl. 2003, 686 (689).

[87] *Britz*, NVwZ 2001, 380 (382). Dazu ausführlich für die AG auch *Cronauge/Westermann* (Fn. 69), Rn. 221.

[88] *Uechtritz* (Fn. 6), Rn. 37.

[89] *Uechtritz* (Fn. 6), Rn. 38.

[90] Vgl. dazu aber auch u. Rn. 89 f.

[91] Vgl. unten Rn. 71 f. und → § 46 Rn. 13 ff., 70 ff.. Die öffentliche Hand hat als Aktionärin gegenüber dem Vorstand der Aktiengesellschaft keine rechtlich gesicherten Weisungsbefugnisse, vgl. statt vieler *Mann* (Fn. 8), S. 214 f.

[92] Siehe z. B. § 87 Abs. 2 GO RP; § 108 Abs. 3 GO NW. Zur „Priorität des Eigenbetriebes" vgl. *Knemeyer/Kempen* (Fn. 7), Rn. 87.

[93] Siehe nur Art. 92 Abs. 1 Nr. 2 GO Bay; § 108 Abs. 1 Nr. 6 GO NW; § 87 Abs. 1 S. 1 Nr. 3 GO RP und § 96 Abs. 1 Nr. 2 GO Sachs. Zu den einzelnen Einflussnahmemöglichkeiten – z. B. bei der Organbildung, durch Weisungsrechte, durch Mittel des Konzernrechts – siehe *Mann* (Fn. 8), S. 190 ff.

[94] *Mann* (Fn. 8), S. 189.

Gemeinde einzubinden, besteht in der **Konzernierung** von gemeindlichen Unternehmen (→ § 46 Rn. 46 ff.). Herrschende Unternehmen[95] eines Konzernverbundes haben weitgehende Einwirkungs- und Steuerungsmöglichkeiten gegenüber den beherrschten Unternehmen. Im Rahmen eines Beherrschungsvertrages gem. § 291 Abs. 1 S. 1 AktG[96] kann das herrschende Unternehmen gemäß § 308 Abs. 1 S. 1 AktG dem Vorstand des beherrschten Unternehmens hinsichtlich der Leitung des Unternehmens Weisungen erteilen.[97] Nach Abs. 1 S. 2 der Vorschrift können dem beherrschten Unternehmen auch Weisungen erteilt werden, die für die Gesellschaft nachteilig sind, wenn sie den Belangen des Unernehmens oder der mit ihm und der Gesellschaft konzernverbundenen Unternehmen dienen.[98] Diese gesellschaftsvertragliche Variante löst das Problem der mangelnden Einflussmöglichkeiten der Gemeinde bei einer Aktiengesellschaft; bei einer GmbH kann eine ausreichende Einwirkungsmöglichkeit auch über den Gesellschaftsvertrag selbst erreicht werden.[99] Da § 293 Abs. 1 S. 2 AktG eine Mehrheit von mindestens drei Vierteln des bei der Beschlussfassung vertretenen Grundkapitals fordert, ist ein solcher Beherrschungsvertrag nur bei Eigengesellschaften oder solchen gemischtwirtschaftlichen Unternehmen möglich, bei denen die Kommune eine entsprechende Mehrheit hat.[100]

3. Kooperationsfähigkeit

Das Bedürfnis und der Trend zu einer Kooperation sowohl mit anderen kommuna- **34**
len Unternehmen als auch mit privaten Unternehmen hat in den letzten Jahren zugenommen[101] und ist politisch gewünscht.[102] Gemeinhin ist man der Ansicht, dass die Ausgestaltung privatrechtlich organisierter Unternehmen es ihnen eher erlaube, mit anderen Rechtssubjekten zu kooperieren.[103] Öffentlich-rechtlich ausgestaltete Unternehmen sind z. B. aufgrund von Spezialgesetzen gegründet, und verfassungsrechtliche Bedenken machen es den Parlamenten schwer, entsprechende Kooperationen vorzusehen. Bei privatrechtlichen Gebilden entstehen solche ver-

---

95 Zur Unternehmenseigenschaft der Kommune siehe *Meinen* (Fn. 63), S. 79 ff. Seit BGHZ 69, 334 ff. ist der Staat als möglicher Unternehmer im Sinne des Konzernrechts anerkannt. Näher dazu auch *Ehinger*, Die juristischen Personen des öffentlichen Rechts als herrschende Unternehmen, 2000.

96 Eingehend dazu *Meinen* (Fn. 63), S. 167 ff.; siehe schon *Scholz/Pitschas* (Fn. 6), S. 149 und auch *Ronellenfitsch* (Fn. 11), Rn. 30.

97 *Ade* (Fn. 33), S. 131; näher dazu *Meinen* (Fn. 63), S. 172, 199 ff. („Weisungen im öffentlichen Interesse").

98 Näher zu den Einflussnahmemöglichkeiten über das Konzernrecht siehe *Gaß* (Fn. 6), S. 401 ff.

99 Dazu auch *Knemeyer/Kempen* (Fn. 7), Rn. 85; *Uechtritz* (Fn. 6), Rn. 45.

100 *Mann* (Fn. 8), S. 217.

101 *Uechtritz* (Fn. 6), Rn. 64.

102 *Ziekow/Windoffer*, NZBau 2005, 665 (666).

103 *Erbguth/Stollmann*, DÖV 1993, 798 (804). Andere beurteilen öffentlich-rechtliche Rechtsformen als zur Kooperation mit privatrechtlich organisierten Dritten als „grundsätzlich ungeeignet", vgl. *Uechtritz* (Fn. 6), Rn. 69.

fassungsrechtlichen Bedenken eher nicht.[104] Die oben bereits erwähnten Formen der Zusammenarbeit und Koordinierung belegen jedoch das Gegenteil.[105]

35 a) **Öffentlich-rechtliche Unternehmen.** Sind die Gemeindeunternehmen öffentlich-rechtlich ausgestaltet, sind ihre Kooperationsmöglichkeiten in der Tat reglementiert. **Regie- und Eigenbetriebe** können sich mangels Rechtspersönlichkeit nicht an anderen Unternehmen – seien sie öffentlich-rechtlich oder privatrechtlich organisiert – beteiligen.[106] Beteiligte sind in diesen Fällen die Kommunen selbst.[107]

36 Eine Möglichkeit der Kooperation bietet jedoch die **interkommunale Zusammenarbeit**[108] (→ Bd. 1, § 29). Da Regie- und Eigenbetriebe Teil der Verwaltung ihrer Trägerkommune sind, kann diese mit z. B. benachbarten Gebietskörperschaften öffentlich-rechtliche Vereinbarungen schließen. Nach solchen Vereinbarungen ist es möglich, die von der Einrichtung der Trägerkommune erfüllte Aufgabe auch für die Vereinbarungspartner zu erfüllen oder diesen eine Mitbenutzung der Einrichtung zu gestatten; siehe z. B. § 23 KomGArbG NW (Gesetz über kommunale Gemeinschaftsarbeit des Landes Nordrhein-Westfalen) oder § 24 HessKGG (Gesetz über kommunale Gemeinschaftsarbeit des Landes Hessen). Ein beliebter Anwendungsbereich einer solchen Zusammenarbeit sind Volkshochschulen.[109]

37 **Kommunalunternehmen** (als rechtsfähige Anstalt des öffentlichen Rechts) sind aufgrund ihrer Rechtspersönlichkeit in der Lage, sich an anderen Unternehmen zu beteiligen[110]; dies jedoch unter den Voraussetzungen, die auch für die Kommune selbst gelten[111] (→ § 45 Rn. 21 ff.). Beispielsweise gibt Art. 87 Abs. 3 S. 1 BayGO in Verbindung mit dessen Abs. 1 und Art. 86 die gleichen Restriktionen bei der Beteiligung an einem Unternehmen wie bei einer Gründung vor und stellt die selben Rechtsformen zur Verfügung. Sinngleiches gilt für die §§ 107 und 108 GO NW, §§ 85 und 87 GemO RP sowie §§ 95 und 96 SächsGO.

38 Eine weitere Kooperationsmöglichkeit öffentlich-rechtlicher Form besteht im **kommunalen Zweckverband**[112], als Form interkommunaler Zusammenarbeit. Mitglieder eines Zweckverbandes können sowohl juristische Personen des öffent-

---

[104] *Ehlers* (Fn. 9), S. 336.

[105] Vgl. B. I. 1., Fn. 80.

[106] *Uechtritz* (Fn. 6), Rn. 69.

[107] *Uechtritz* (Fn. 6), Rn. 65.

[108] Vgl. dazu *Hauser* (Fn. 18), S. 198 und *Hellermann* (Fn. 24), Rn. 137 ff.

[109] Siehe z. B. die „Öffentlich-rechtliche Vereinbarung zwischen der Stadt Krefeld und der Stadt Neukirchen-Vluyn zur Wahrnehmung von Aufgaben nach dem Weiterbildungsgesetz" (Bezirksregierung 31.1.6.04 – Düsseldorf) vom 14.12.2005, Amtsblatt für den Regierungsbezirk Düsseldorf, 187. Jahrgang, Nr. 51, ausgegeben am 22.12.2005, G 1292, S. 549, abrufbar unter: http://www.brd.nrw.de/wirueberuns/Amtsblatt/2005/Amtsblatt_Nr_51_vom22_12_2005.pdf; Abrufdatum 13.12.2010.

[110] Für eine Beteiligung an einem Zweckverband vgl. *Uechtritz* (Fn. 6), Rn. 68, für Unternehmen allgemein Rn. 69. Zur „sektoralen Durchsetzung mit kapitalgesellschaftsrechtlichen Strukturelementen" vgl. *Mann* (Fn. 8), S. 113 f.

[111] Vgl. auch *Neusinger/Lindt*, BayVBl. 2002, 689 (694).

[112] Allerdings können auch hier Private beteiligt werden, vgl. grundlegend *Britz*, VerwArch 91 (2000), S. 418 ff. und *Cronauge/Westermann* (Fn. 69), Rn. 242.

lichen Rechts, also Körperschaften, Stiftungen und Anstalten des öffentlichen Rechts, sowie natürliche juristische Personen des Privatrechts sein.[113] Daher ist eine Kooperation im Rahmen des Zweckverbandes allen Rechtsformen kommunaler Unternehmen möglich (→ Bd. 1, § 29 Rn. 29 ff.).

Hier ist auch die Möglichkeit zu untersuchen, im Rahmen einer „**Public Private Partnership**“ (PPP) agieren zu können (→ § 47). Unter den Begriff „Public Private Partnership“ oder anders „Öffentlich-Private Partnerschaften“ (ÖPP)[114] fallen sowohl „Vertrags-PPP“ (hauptsächlich für Beschaffungsvorgänge der öffentlichen Hand gebildet) und „Organisations-PPP“ (die eigentlichen Gemeinschaftsunternehmen). Die Organisations-PPP ermöglicht den Kommunen beispielsweise, sich außerhalb einer Kreditaufnahme neue Finanzmittel zu beschaffen und privates Know-How zu nutzen. Ist ein solches Gemeinschaftsunternehmen im Rahmen der „Organisations-PPP“ gegründet, wird ihm in der Regel die entsprechende Aufgabe mit dem Modell der „Vertrags-PPP“ übertragen.[115] Die Kommune ist in diesen Fällen als Gesellschafter des mit dem Privaten neu geschaffenen Unternehmens beteiligt. Wie und in welchen gesellschaftsrechtlichen Formen sie beteiligt ist, steht ihr – wie bereits ausgeführt – frei.[116] Für die reine Kooperationsfähigkeit im Rahmen einer PPP ergibt sich also kein Vorteil einer Rechtsform gegenüber einer anderen (ausgenommen sind wieder die Regie- und Eigenbetriebe). 39

b) Privatrechtliche Unternehmen. Sind die kommunalen Unternehmen in privater Rechtsform gegründet, erweisen sie sich dagegen „kooperationsfreundlicher“.[117] Eine GmbH oder AG kann sich an Dritten, privatrechtlich organisierten Rechtssubjekten beteiligen, ist jedoch auch den selben Restriktionen unterworfen wie die öffentlich-rechtlich ausgestalteten Unternehmen.[118] Dies liegt in der Bestrebung begründet zu verhindern, dass die Gemeinden ihre gemeinderechtlichen Verpflichtungen durch Gründung von privatrechtlichen Tochterunternehmen unterlaufen.[119] 40

c) Bei der Beteiligung Dritter an kommunalen Unternehmen ist zu unterscheiden: Nicht möglich ist es für private Dritte, sich an öffentlich-rechtlichen Unternehmen zu beteiligen – die Gemeindeordnungen sehen dies nicht vor.[120] Nur juristische Personen des öffentlichen Rechts können Träger eines Kommunalunter- 41

[113] *Cronauge/Westermann* (Fn. 69), Rn. 242.

[114] Dazu siehe z. B. *Hellermann* (Fn. 24), Rn. 162 ff.

[115] *Uechtritz* (Fn. 6), Rn. 65.

[116] *Uechtritz* (Fn. 6), Rn. 65. Siehe die Vorschriften der Art. 87 Abs. 3 S. 1 GO Bay in Verbindung mit dessen Abs. 1 und Art. 86; §§ 107 und 108 GO NW, §§ 85 und 87 GO RP sowie §§ 95 und 96 GO Sachs.

[117] *Uechtritz* (Fn. 6), Rn. 71.

[118] Vgl. nur Art. 87 Abs. 3 S. 1 GO Bay in Verbindung mit dessen Abs. 1 und Art. 86, §§ 107 und 108 GO NW, §§ 85 und 87 GO RP sowie §§ 95 und 96 GO Sachs.

[119] *Zugmaier*, BayVBl. 2001, 233 (235).

[120] Siehe dazu aber auch *Hecker*, VerwArch 92 (2001), 261 ff., insbes. 270 ff.

nehmens sein.[121] Des Weiteren bestehen verfassungsrechtliche Bedenken gegen eine solche Konstellation im Hinblick auf das Demokratieprinzip.[122] Anders dagegen wird die Beteiligung Dritter an privatrechtlich ausgestalteten Kommunalunternehmen beurteilt.[123] Allerdings müssen die gemeinderechtlichen Vorgaben über die Sicherung des Einflusses des Trägers und über die Sicherung des öffentlichen Zwecks durch die Unternehmensverfassung eingehalten werden.[124] Dies gelingt bei der GmbH aufgrund ihrer flexiblen Ausgestaltungsmöglichkeiten besser als bei der AG.[125] Daher sollte eine Kommune, die private Dritte an ihrem Unternehmen beteiligen möchte, dieses privatrechtlich – vorzugsweise als GmbH – ausgestalten.

4. Vergaberechtsfreiheit

42 Die Frage, ob das Vergaberecht[126] bei der Übertragung von öffentlichen Aufgaben an kommunale Unternehmen angewendet werden muss, hängt ebenfalls und unter anderem von der Rechtsform der zu beauftragenden Unternehmen[127] ab. Dabei ist es in der Regel im Interesse der Gemeinden, dass die Aufgabenübertragung vergaberechtsfrei ablaufen kann.

43 **a) „In-House-Geschäfte".** Das Vergaberecht ist immer dann abwendbar, wenn der Hoheitsträger eine Aufgabe an eine von ihm getrennte Person überträgt. Die EuGH-Rechtsprechung hat ihre Kriterien für sog. „**In-House-Geschäfte**" (eine Übertragung z. B. an eine Eigengesellschaft oder ein gemischt-wirtschaftliches Unternehmen) inzwischen fortentwickelt und ihre Anwendbarkeit eingeschränkt.[128] Das ursprüngliche Kriterium der Personenverschiedenheit wurde schon in der Rechtssache Teckal[129] abgeschwächt.[130] Nunmehr reichte es aus, dass der Übertragende „über den Leistungserbringer eine Kontrolle ausübt, wie über seine eigenen Dienststellen" (Kontrollkriterium) und dass dieser wiederum die Tä-

---

[121] Vgl. dazu *Thode/Peres*, BayVBl. 1999, 6 (8).

[122] Für den Bereich der Wasserversorgung siehe VerfGH Berlin, NVwZ 2000, 794 (795), maßgeblich ist die letztentscheidende Einflussmöglichkeit, Verweis auf BVerfG, NVwZ 1996, 574 = BVerfGE 93, 37; näher dazu *Hecker*, VerwArch 92 (2001), 261 ff. und *Gaß* (Fn. 6), S. 118 ff.

[123] Vgl. auch *Püttner* (Fn. 7), S. 148.

[124] *Oebbecke* (Fn. 81), Rn. 55 ff.

[125] Statt vieler *Gaß* (Fn. 6), S. 45 ff. und *Oebbecke* (Fn. 81), Rn. 56.

[126] Dazu z. B. *Otting/Ohler*, in: Hoppe/Uechtritz (Hrsg.), Handbuch Kommunale Unternehmen, 2. Aufl. 2007, § 14.

[127] Zur Auftraggebereigenschaft von privatrechtlich organisierten Unternehmen vgl. BGH, NJW 2007, 3277 ff. und KG Berlin, NVwZ-RR 2007, 603 ff.

[128] *Leder*, DÖV 2008, 173 (177); *Krajewski/Wethkamp*, DVBl. 2008, 355. Zur In-House-Vergabe auch *Siegel*, NVwZ 2008, 7 ff. und *ders.*, NVwZ 2008, 620 (621).

[129] EuGH, Rs. C-107/98, Slg. 1999, I-8121 (Rn. 49) – Teckal.

[130] *Krajewski/Wethkamp*, DVBl. 2008, 355.

tigkeiten im Wesentlichen für die Gebietskörperschaften verrichtet, die seine Anteile innehaben (Wesentlichkeitskriterium).[131]

b) **Das Kontrollkriterium** ist bei Eigenbetrieben und Regiebetrieben unproblematisch erfüllt.[132] Bei **gemischt-wirtschaftlichen Unternehmen** hat die **EuGH-Entscheidung Stadt Halle**[133] eine Änderung gebracht. Eine auch noch so geringe Beteiligung eines privaten Unternehmens am Kapital einer Gesellschaft[134] schließe aus, dass das Kontrollkriterium erfüllt sein könne, mithin der Auftraggeber über dieses Unternehmen eine ähnliche Kontrolle ausübe wie über eigene Dienststellen.[135] Dies führt in diesen Fällen immer zu einer Anwendung des Vergaberechts. Als Gegenargument lässt sich unter anderem anführen, dass die Kontrollmöglichkeit nicht von der Beteiligung des privaten Kapitals determiniert wird, sondern von der konkreten Ausgestaltung des Verhältnisses des Auftraggebers zum Leistungserbringer.[136] Durch das Urteil Stadt Halle werden PPP-Ausgestaltungen für Gemeinden schwieriger durchzuführen sein und unattraktiver.[137] **44**

Die Rechtssache **Parking Brixen**[138] hat nun auch für reine **Eigengesellschaften** die automatische Vergaberechtsfreiheit beschränkt. Auch hier wurde das Kontrollkriterium vom EuGH untersucht. Er stellte fest, dass auch eine 100 %-ige Beteiligung einer Kommune an einer AG[139] nicht allein ausreichend ist, um die Erfüllung des Kontrollkriteriums zu bejahen und begründete dies unter anderem mit der „Natur dieser Gesellschaftsform".[140] Da eine AG weniger leicht zu kontrollieren ist als eine GmbH, wird letztere eher die hohen Anforderungen des EuGH im Rahmen der Vergaberechtsfreiheitsprüfung bestehen. Durch das Urteil Parking Brixen wurde die reine Organisationsprivatisierung relativ unattraktiv, obwohl bei **45**

---

[131] EuGH, Rs. C-107/98, Slg. 1999, I-8121 (Rn. 50) – Teckal. So auch EuGH, NVwZ 2008, 177 (179) – zur Liberalisierung der Postdienste. Zum Wesentlichkeitskriterium näher *Siegel*, NVwZ 2008, 7 (11).

[132] Zur Vergaberechtsfreiheit von Eigenbetrieben auch *Hauser* (Fn. 18), S. 215; *Krajewski/Wethkamp*, DVBl. 2008, 355 (356).

[133] EuGH, Rs. C-26/03, Slg. 2005, I-1 – Stadt Halle = DVBl. 2005, 365.

[134] An der Abfallbeseitigungsgesellschaft, auf die die Abfallentsorgung der Stadt Halle (Saale) übertragen werden sollte, hatte die Stadtwerke Halle GmbH, die zu 100 % eine Eigengesellschaft der Stadt Halle war, 75,1 % der Anteile, die restlichen 24,9 % der Anteile gehörten einem privaten Investor, vgl. *Krajewski/Wethkamp*, DVBl. 2008, 355 (356).

[135] EuGH, Rs. C-26/03, Slg. 2005, I-1 (Rn. 49) – Stadt Halle. Siehe dazu *Siegel*, NVwZ 2008, 7 (8).

[136] *Krajewski/Wethkamp*, DVBl. 2008, 355 (357).

[137] *Knauff*, EuZW 2005, 731 (732); *Krajewski/Wethkamp*, DVBl. 2008, 355 (358).

[138] EuGH, Rs. C-458/03, Slg. 2005, I-8585 – Parking Brixen = DVBl. 2006, 63.

[139] Die Gemeinde Brixen hielt zunächst 100 % der Aktien an der Parking Brixen AG. Eine spätere Minderheitsbeteiligung privater Investoren sollte möglich sein, zu keinem Zeitpunkt jedoch sollte die Gemeinde ihre Mehrheitsbeteiligung aufgeben, vgl. *Krajewski/Wethkamp*, DVBl. 2008, 355 (357 f.).

[140] EuGH, Rs. C-458/03, Slg. 2005, I-8585 (Rn. 67) – Parking Brixen. Vgl. auch *Siegel*, NVwZ 2008, 7 (8 f.).

der Prüfung des Kontrollkriteriums immer der konkrete Einzelfall in einer Gesamtschau zu untersuchen ist.[141]

46 Bei **gemischt-öffentlichen Unternehmen**, also solchen, an denen mehrere (aber auch nur) Hoheitsträger beteiligt sind, ist ebenfalls eine Gesamtbetrachtung vorzunehmen. Die Anwendung des Kontrollkriteriums ist in diesen Fällen nunmehr durch die Entscheidungen in den **Rechtssachen Carbotermo**[142] und **Asemfo/Tragsa**[143] durch den EuGH geklärt. Dem EuGH kam es darauf an, dass in diesen Fällen der öffentliche Auftraggeber und andere hoheitliche Stellen das gesamte Kapital des Leistungserbringers trugen.[144] Entscheidend ist, inwiefern der Gesellschaft eigene Entscheidungsgewalt zukommt.[145]

47 Für **Zweckverbände** hat der Fall Hinte die allgemeine Auffassung erschüttert, dass es sich bei der Aufgabenerfüllung durch Zweckverbände stets um einen vergaberechtsfreien Bereich handele.[146] Die Kommission verneinte eine Vergaberechtsfreiheit dann, wenn die Kommune die „Funktion eines Bestellers" beibehalte, indem sie sich die Kontrolle über die konkrete Ausgestaltung der Dienstleistung vorbehalte.[147] Nach anderer Ansicht handelt es sich in diesen Fällen um eine reine „In-House-Vergabe", die das Kontrollkriterium erfüllt.[148] Bei **vertraglichen Kooperationen** hat der EuGH in der Rechtssache Kommission/Spanien festgestellt, dass solche Kooperationen grundsätzlich nicht vergaberechtsfrei sind,[149] in der deutschen Rechtssprechung wird allerdings nach Mandatierung (reine Aufgaben-, nicht auch Zuständigkeitsübertragung) und Delegation unterschieden. Erstere ist ein vergaberechtlicher Vorgang, da keine Kontrolle über den mandatierten Hoheitsträger gegeben ist und daher ein „In-House-Geschäft" ausscheidet.[150] Streitig ist die Bewertung bei der Delegation (Aufgaben

[141] *Krajewski/Wethkamp*, DVBl. 2008, 355 (358); im Ergebnis auch *Knauff*, EuZW 2005, 731 (732). Zur Vergabefreiheit und zum Kontrollkriterium bei konzernähnlichen Strukturen siehe *Krajewski/Wethkamp*, DVBl. 2008, 355 (359 f.).

[142] EuGH, Rs. C-340/04, Slg. 2006, I-4137 – Carbotermo = DVBl. 2006, 1122.

[143] EuGH, Rs. C-295/05, Slg. 2007, I-2999 – Asemfo/Tragsa.

[144] Bei der Entscheidung Carbotermo stand das Kapital der auftragnehmenden Gesellschaft zu 99,89 % im Eigentum der auftraggebenden Gemeinde, die restlichen Anteile gehörten Nachbarkommunen. Bei Asemfo/Tragsa trug der spanische Staat 99 % der Anteile des leistungserbringenden Unternehmens, der Rest wurde von vier autonomen Regionen gehalten, vgl. *Krajewski/Wethkamp*, DVBl. 2008, 355 (360). Dazu auch *Siegel*, NVwZ 2008, 7 (10).

[145] *Dreher*, NZBau 2004, 14 (17); *Krajewski/Wethkamp*, DVBl. 2008, 355 (361).

[146] *Krajewski/Wethkamp*, DVBl. 2008, 355 (361).

[147] Europäische Kommission zitiert bei *Krajewski/Wethkamp*, DVBl. 2008, 355 (361), Fn. 81.

[148] *Krajewski/Wethkamp*, DVBl. 2008, 355 (362); so auch OLG Düsseldorf, NZBau 2006, 662 für Zweckverbände.

[149] EuGH, Rs. C-84/03, Slg. 2005, I-139 – Kommission/Spanien = DVBl. 2005, 459.

[150] *Krajewski/Wethkamp*, DVBl. 2008, 355 (362) m. w. N.

werden mit befreiender Wirkung auf andere Hoheitsträger übertragen); die Mehrheit der Stimmen plädiert jedoch für Vergaberechtsfreiheit.[151]

5. Personalbezogene Faktoren

a) Öffentliches Dienstrecht. Dem **öffentlichen Dienst** wird **mangelnde Wirtschaftlichkeit** nachgesagt. Zunächst liegen die öffentlich-rechtlichen Gehälter meist über denen in der freien Wirtschaft, so dass die Wahl einer privaten Rechtsform in der Regel eine Einsparung an Personalkosten mit sich bringen würde.[152] Weiterhin wird dem **öffentlichen Dienstrecht** vorgeworfen, aufgrund des Laufbahnsystems habe er eine fest durchstrukturierte und damit unflexible Stellenpolitik. Das Beamtenverhältnis auf Lebenszeit, das Laufbahnprinzip und der hohe Kündigungsschutz begünstigten die Vernachlässigung des Leistungsprinzips, ebenso sei das Besoldungs- und Entlohnungssystem nicht leistungsorientiert genug, was dazu führe, dass qualifizierte Kräfte in der Hoffnung auf höhere Bezahlung eher in die freie Wirtschaft strebten.[153] Auch wurde bemängelt, dass im öffentlich Dienst mehr Personal arbeite, als tatsächlich benötigt würde.[154] Diese Vorwürfe sind jedoch nicht unbedingt berechtigt. Im Rahmen des Art. 33 Abs. 4 GG können Führungskräfte im Angestelltenverhältnis beschäftigt werden, was außertarifliche Vereinbarungen ermöglicht.[155] Auch kann das öffentliche Besoldungsrecht verhindern, dass hochbezahlte Aufsichtsposten geschaffen werden, die nicht immer unbedingt mit Fachleuten besetzt werden.[156] Zwar ist es im öffentlichen Dienst schwieriger, fachlich ungeeignete Mitarbeiter auszutauschen, allerdings ist es grundsätzlich aufgrund der Sicherheiten, die der öffentliche Dienst bietet, einfacher, Personal anzuwerben.[157] Ein weiterer (wenn auch nicht sehr bedeutender) Punkt in diesem Zusammenhang ist, dass Beamte unter Umständen versetzt werden können, was Mobilität mit sich bringt.[158] Zu beachten ist auch, dass Beamte aufgrund des Streikverbots einen Betrieb, der auf Daseinsvorsorge ausgerichtet ist, beständiger aufrechterhalten als privatrechtlich angestellte Mitarbeiter; der öffentliche Dienst ist generell krisenfester.[159] 48

[151] *Flömer/Tomerius*, NZBau 2004, 660 (663); *Frenz*, VergabeR 2006, 831 (839); *Krajewski/Wethkamp*, DVBl. 2008, 355 (362 f.); anders hingegen OLG Naumburg, VergabeR 2006, 88.

[152] *Ehlers* (Fn. 9), S. 305 mit Beispiel in Fn. 65; *Uechtritz* (Fn. 6), Rn. 46.

[153] *Gaß* (Fn. 6), S. 131.

[154] *Erbguth/Stollmann*, DÖV 1993, 798 (803), m. w. N.

[155] *Ehlers* (Fn. 9), S. 307. In der Praxis sind die Gehälter der Führungskräfte im Sinne des Betriebsfriedens jedoch an denen des öffentlichen Dienstrechts angeglichen, vgl. *Gaß* (Fn. 6), S. 131.

[156] *Ehlers* (Fn. 9), S. 308 f. m. w. N.; *Uechtritz* (Fn. 6), Rn. 52, Fn. 90.

[157] *Ehlers* (Fn. 9), S. 305 mit Beispiel in Fn. 48; *Uechtritz* (Fn. 6), Rn. 46.

[158] *Erbguth/Stollmann*, DÖV 1993, 798 (805).

[159] *Uechtritz* (Fn. 6), Rn. 48.

49 **b) Privates Arbeitsrecht.** Privatrechtlich organisierte Unternehmen sind an das private Arbeitsrecht gebunden. Solche Unternehmen gehören jedoch meist Arbeitgeberverbänden an, die über eine Mitgliedschaft in der Vereinigung kommunaler Arbeitgeberverbände das Dienstrecht auch für ihre Arbeitnehmer anwendbar werden lassen.[160] Trotzdem sind – nach Abwägung der einzelnen Faktoren – privatrechtlich organisierte Unternehmen in ihrer Personalpolitik flexibler[161], auch wenn sie faktisch – jedoch nicht verpflichtend – häufig öffentlich-rechtlichen Organisationen gleichgestellt werden.[162]

50 **c) Was die Mitbestimmung der Arbeitnehmerschaft** in kommunalen Unternehmen anbelangt ist zwischen betrieblicher (oder personeller[163]) und unternehmerischer (oder direktiver[164]) Mitbestimmung zu unterscheiden[165] (→ § 50 Rn.4 ff.). Die betriebliche Mitbestimmung bezieht sich auf Organisation, Arbeitsablauf und personelle und soziale Einzelentscheidungen. Die unternehmerische Mitbestimmung soll die Arbeitnehmer an den eigentlichen unternehmerischen Entscheidungen des Unternehmens beteiligen.[166]

51 Die betriebliche Mitbestimmung **bei öffentlich-rechtlichen Unternehmen** richtet sich nach dem BPersVG und den Personalvertretungsgesetzen der einzelnen Bundesländer; für privatrechtlich organisierte Unternehmen gilt das BetrVG.[167] Eine unternehmerische Mitbestimmung ist bei Regie-, Eigenbetrieben und Kommunalunternehmen (als rechtsfähige Anstalt des öffentlichen Rechts) in der Regel nicht vorgesehen.[168] Eine Ausnahme gilt jedoch bei einigen Ländern für den Eigenbetrieb.[169] Die unternehmerische Mitbestimmung führt zur Zulassung von Entscheidungsträgern, die nicht demokratisch legitimiert sind,[170] was aller-

---

160 *Hauser* (Fn. 18), S. 23.

161 *Uechtritz* (Fn. 6), Rn. 52.

162 M. w. N. *Uechtritz* (Fn. 6), Rn. 52.

163 *Mann* (Fn. 8), S. 139.

164 *Mann* (Fn. 8), S. 139.

165 Grundlegend zur Mitbestimmung in öffentlich-rechtlichen Unternehmen *Püttner*, DVBl. 1984, 165 ff.

166 Hier ist nach einer Ansicht zu bedenken, dass kommunale Unternehmen gerade nicht auf Gewinnerzielung gerichtet sind, was die Argumente für unternehmerische Mitbestimmung – Gleichberechtigung von Kapital und Arbeit, Kontrolle wirtschaftlicher Macht etc. – aushebelt, vgl. *Knemeyer/Kempen* (Fn. 7), Rn. 113; so auch *Mann* (Fn. 8), S. 160.

167 *Gaß* (Fn. 6), S. 134 f. Diese Vorschriften und die des BetrVG sind zum großen Teil kongruent, vgl. *Mann* (Fn. 8), S. 140; zu dieser „Ungleichbehandlung" kritisch *Mühlenkamp* (Fn. 1), S. 90.

168 Siehe nur Art. 90 Abs. 3 S. 6 Nr. 1 GO Bay und § 114a Abs. 8 S. 8 Go NW (hier für den Verwaltungsrat).

169 Vgl. z. B. § 114 Abs. 3 GO NW (Drittelparität im Werksausschuss). Dazu und zur diesbezügl. Uneinheitlichkeit näher *Mann* (Fn. 8), S. 40 f. Für Niedersachsen siehe beispielsweise § 110 Abs. 1 S. 1 PersVG.

170 *Knemeyer/Kempen* (Fn. 7), Rn. 112.

dings für jedes Mitglied eines Kollegialorgans gefordert ist.[171] Denn die Mitglieder der Leitungs- und Aufsichtsorgane sind durch die Beschäftigtenvertretung gewählt, die nicht Teil einer ununterbrochenen demokratischen Legitimationskette sind.[172] Insgesamt bietet das öffentliche Recht jedoch genug Einwirkungsmöglichkeiten auf das Handeln der kommunalen Unternehmen in öffentlich-rechtlicher Form, sodass der Unternehmensträger „die Balance zwischen Autonomie der Unternehmensführung und Steuerung durch den Unternehmensführer variabel ausgestalten“[173] kann. Hier ist das Kriterium der „doppelten Mehrheit“ hilfreich, das das Bundesverfassungsgericht eingeführt hat. Danach muss „die Mehrheit [der Mitglieder] der Einigungsstelle uneingeschränkt personell demokratisch legitimiert“ sein und die „Entscheidung darüber hinaus von einer Mehrheit der so legitimierten Mitglieder getragen“ werden[174] (→ § 50 Rn. 53).

Für **privatrechtlich ausgestaltete Unternehmen** regeln das BetrVG und das MitbestG (drittel-)paritätische Mitgliedschaften der Arbeitnehmer in den Aufsichtsräten[175] (→ § 50 Rn. 5 ff.). Problematisch ist hier wiederum die direktive, unternehmerische Mitbestimmung.[176] Das Kriterium der „doppelten Mehrheit“ wird vom Bundesverfassungsgericht bei reinen Unternehmensentscheidungen als untauglich angesehen. Da privatrechtlich verfasste öffentliche Unternehmen ihre direktive Mitbestimmung in praxi aber genauso ausgestalten, wie andere private Unternehmen, muss von einem erheblichen Legitimationsdefizit bei privatrechtlichen Rechtsformen ausgegangen werden.[177] 52

6. Haftungs- und Insolvenzfragen

Bei der Frage der Haftung geht es darum, ob die Gemeinde gegenüber Dritten für Verbindlichkeiten des Unternehmens haftet. Das Privatrecht bietet den Vorteil, im Falle der Insolvenz die Teilhaber nur entsprechend ihres Anteils mit ihrem Vermögen haften zu lassen (bei der GmbH und der AG) und die Trägerkörperschaft von einer Einstandspflicht freizustellen.[178] Da die Kommune bei einer Privat- 53

[171] BVerfGE 38, 258 (271); 47, 253 (272, 275). Siehe auch *Püttner*, DVBl. 1984, 165 (166).

[172] *Mann* (Fn. 8), S. 139, 57.

[173] *Mann* (Fn. 8), S. 148.

[174] BVerfGE 93, 37 (66, 72). Hierzu eingehend und die verschiedenen Stufen der Mitbestimmungsangelegenheiten behandelnd *Mann* (Fn. 8), S. 142. Für den Fall der Berliner Wasserbetriebe siehe *Hecker*, VerwArch 92 (2001), 261 (274).

[175] Näher dazu *Gaß* (Fn. 6), S. 135.

[176] *Mann* (Fn. 8), S. 258 f.

[177] Im Ergebnis daher den privatrechtlichen Rechtsformen ablehnend gegenüberstehend *Mann* (Fn. 8), S. 261, 265 ff.

[178] *Ehlers* (Fn. 9), S. 315 f.; *Uechtritz* (Fn. 6), Rn. 56. *Hauser* (Fn. 18), S. 170 und *Erbguth/Stollmann*, DÖV 1993, 798 (807) weisen darauf hin, dass es im Übrigen eine Insolvenz privatrechtlich organisierter gemeindlicher Unternehmen seit Bestehen der Bundesrepublik nicht gegeben habe. Inzwischen ist es jedoch schon zu Insolvenzen kommunaler Unternehmen gekommen (z. B. OLG Celle, NVwZ-RR 2000, 754 ff.). Dieser Trend wird sich angesichts der leeren gemeindlichen Kassen und der wirtschaftli-

rechtsform diejenige wählen soll, bei der die Haftung begrenzt ist[179], wird die Ausgestaltung in einer BGB-Gesellschaft oder OHG regelmäßig nicht möglich sein.[180] Der Vorteil der Haftungsbeschränkung soll nach einer Meinung im Schrifttum der öffentlichen Hand nicht zugute kommen – von ihr wird die Übernahme der Haftung bzw. die Abwendung der Insolvenz erwartet,[181] was im Sozial- und Rechtsstaatsprinzip begründet sei sowie in der Tatsache, dass die öffentliche Hand aufgrund ihrer Einwirkungsmöglichkeit auf das Unternehmen eine Garantenstellung treffe.[182]

54 Nach anderer Ansicht kann aus dem Grundgesetz keine Haftung der Gemeinden für ihre privatrechtlich organisierten Unternehmen gelesen werden. Art. 115 GG[183] kann danach sogar als Argument für eine Verpflichtung des Staates zur Risikobegrenzung herangezogen werden.[184] Des Weiteren würde eine Haftung der grundsätzlichen Freiheit der öffentlichen Hand entgegenstehen, private und damit haftungsbeschränkende Rechtsformen für ihre gemeindlichen Unternehmen zu wählen. Auch wären die entsprechenden Vorschriften der Gemeindeordnungen, in denen Privatrechtsformen nur gewählt werden können, wenn die Haftung begrenzt wird, sinnlos.[185]

55 Eine **Durchgriffshaftung** von Gläubigern des Unternehmens ist jedoch nicht gegeben[186]; ohne eine gesetzliche Gewährträgerhaftung[187] oder Garantieübernahmen qua Privatrecht ist eine solche nur unter konzernrechtlichen Gesichtspunkten denkbar.[188] Nach anderer Ansicht ist das marktwirtschaftliche Handeln einer Kommune eine Ausnahme und lässt daher den ordnungspolitischen Auftrag der Haftungsbeschränkung privatrechtlicher Unternehmensformen als Argument unangewendet, sodass sich die Gemeinde nicht darauf berufen kann.[189] Hiergegen

---

chen Lage der kommunalen Unternehmen weiterentwickeln, vgl. *Uechtritz* (Fn. 6), Rn. 57.; so auch schon *Hauser* (Fn. 18), S. 170. Dazu auch *Siekmann* (Fn. 62), S. 163 mit Fn. 19.

179 Vgl. beispielsweise § 108 Abs. 1 Nr. 3 GO NW; § 87 Abs. 1 Nr. 4 GO RP.

180 *Meinen* (Fn. 63), S. 54.

181 *Gaß* (Fn. 6), S. 78 f.; Nachweise auch bei *Hauser* (Fn. 18), S. 171. Nach OLG Celle trifft eine Gemeinde als Alleingesellschafterin einer GmbH allerdings keine gesteigerte Konkursabwendungspflicht, OLG Celle, NVwZ-RR 2000, 754 (756). Zum Insolvenzabwendungsgebot näher *Siekmann* (Fn. 62), S. 170 ff.

182 Dazu kritisch und im Einzelfall abwägend *Ehlers* (Fn. 9), S. 321 f.; im Ergebnis zustimmend aufgrund der „dogmatischen Grundlagen der Anstaltslast“ *Röger* (Fn. 60), S. 207 f.

183 Nach Art. 115 Abs. 1 S. 1 GG bedürfen die Aufnahme von Krediten sowie die Übernahme von Bürgschaften, Garantien oder sonstigen Gewährleistungen, die zu Ausgaben in künftigen Rechnungsjahren führen können, einer der Höhe nach bestimmten oder bestimmbaren Ermächtigung durch Bundesgesetz.

184 *Hauser* (Fn. 18), S. 172.

185 *Siekmann* (Fn. 62), S. 161.

186 *Gaß* (Fn. 6), S. 83; *Röger* (Fn. 60), S. 139 ff.; *Uechtritz* (Fn. 6), Rn. 60.

187 Dazu *Röger* (Fn. 60), S. 184 ff.

188 *Siekmann* (Fn. 62), S. 175; *Röger* (Fn. 60), S. 139 ff., 148, 155.

189 Nachweise zu dieser Ansicht bei *Röger* (Fn. 60), S. 172 f.

ist wiederum anzuführen, dass dann die Freiheit der Rechtsformenwahl zu einer Farce würde und sich außerdem aus dem öffentlichen Recht eine grundsätzliche Haftungsbegründung des öffentlich-rechtlichen Trägers ergeben müsste.[190] In einem **Konzern** kann eine Gemeinde als das herrschende Unternehmen haften und die Gemeinde als Trägerkörperschaft auch eine Verpflichtung zur Insolvenzabwendung treffen.[191] Auch in Fällen eines Kontrahierungszwanges (z. B. bei einem Anschluss- und Benutzungszwang), bei denen das Argument der Freiwilligkeit eines Vertragsabschlusses mit einem privatrechtlich organisierten Unternehmen nicht gelten kann, wird eine Haftung der Trägerkörperschaft im Falle einer Insolvenz zu bejahen sein.[192]

7. Investitions-, Finanzierungs- und Steuerfragen

a) Investition und Finanzierung. Einige Teile der Literatur vertreten die Ansicht, **56**
dass die **Kreditwürdigkeit** von privatrechtlichen Unternehmen in der freien Wirtschaft als höher bewertet würde. Dies kann daran liegen, dass privatrechtliche Ausformungen den Kreditgebern vertrauter sind[193] oder dass diese nicht den Privilegien des Zwangsvollstreckungsrechts unterliegen[194] (siehe § 882a ZPO[195]). Des Weiteren können privatrechtlich organisierte kommunale Unternehmen Sicherheiten bestellen, was öffentlich-rechtlich ausgestalteten Unternehmen zumindest nicht uneingeschränkt möglich ist. [196]Richtig ist auch, dass Kredite bei Kommunen in „die Gesamtdeckung" genommen werden, sodass es Kreditinstituten nicht möglich ist, zu beurteilen, ob die kreditierten Maßnahmen wirtschaftlich sind.[197] Auch

---

[190] *Röger* (Fn. 60), S. 173.

[191] *Siekmann* (Fn. 62), S. 175 ff.

[192] *Uechtritz* (Fn. 6), Rn. 61; zur „Sonderopferlage des Bürgers" im Bereich der Daseinsvorsorge *Röger* (Fn. 60), S. 176 ff.

[193] Ähnlich auch *Püttner* (Fn. 7), S. 148.

[194] *Ehlers* (Fn. 9), S. 323, Fn. 164.

[195] Diese Vorschrift regelt die Zwangsvollstreckung gegen juristische Personen des öffentlichen Rechts wegen einer Geldforderung und räumt diesen einige Erleichterungen und Befreiungen ein.

[196] Uechtritz (Fn. 6), Rn. 62; vgl. dazu für allgemeine Anforderungen an Kredite der gemeinde mit den Ausnahmebestimmungen z. B. § 85 Abs. 5 GO NW; Art. 71 Abs. 6 GO Bay. Beachte aber im Besonderen die Vorschrift zu Sicherheitsleistungen bei Unternehmen in privater Rechtsform, § 108 Abs. 1 Nr. 9 GO NW: „Die Gemeinde darf Unternehmen und Einrichtungen in einer Rechtsform des privaten Rechts nur gründen oder sich daran beteiligen, wenn ... bei Unternehmen der Telekommunikation einschließlich von Telefondienstleistungen nach § 107 Abs. 1 S. 1 Nr. 3 im Gesellschaftsvertrag die unmittelbare oder im Rahmen einer Schachtelbeteiligung die mittelbare Haftung der Gemeinde auf den Anteil der Gemeinde bzw. des kommunalen Unternehmens am Stammkapital beschränkt ist. Zur Wahrnehmung gleicher Wettbewerbschancen darf die Gemeinde für diese Unternehmen weder Kredite nach Maßgabe kommunalwirtschaftlicher Vorzugskonditionen in Anspruch nehmen noch Bürgschaften und Sicherheiten i. S. v. § 86 leisten."

[197] *Hauser* (Fn. 18), S. 164.

soll die geringere Kapitalausstattung der öffentlich-rechtlich organisierten Unternehmen eine Rolle spielen.[198] Allerdings begründet sich die Bonität eines öffentlich-rechtlich organisierten Unternehmens regelmäßig in der Finanzkraft des jeweiligen Rechtsträgers. Nur ein Zusammenbruch der öffentlichen Haushalte könnte eine Ablösung von Krediten gefährden.[199] De facto jedoch erhalten Kommunen Kredite zu weitaus günstigeren Konditionen als juristische Personen des Privatrechts, was auch darin begründet liegen wird, dass Kommunen für ihre öffentlich-rechtlich organisierten Unternehmen unbeschränkt haften.[200] Positiv zu bewerten bei einer privaten Rechtsform ist jedoch die relative Flexibilität und Geschwindigkeit, mit der ein Kreditverfahren abgeschlossen werden kann. Die Kreditaufnahme einer Gemeinde wiederum ist an viele Voraussetzungen gebunden.[201]

57 **b) Steuerrecht.** Obwohl beide Rechtsformenarten grundsätzlich gleich behandelt werden sollen,[202] ergeben sich aus dem Steuerrecht immer noch Vorteile für Privatrechtsformen.[203] Offenbar spielt dieses Kriterium in der Praxis zumindest keine untergeordnete Rolle.[204] Die Berücksichtigung der Steuerlast bei der Entscheidung über die Rechtsform darf allerdings nicht dazu führen, dass andere Kriterien, wie z. B. Kapitalaufbringung und Haftung, in den Hintergrund treten.[205] Entscheidende Steuer für kommunale Unternehmen ist die **Körperschaftssteuer** (→ § 49 Rn. 52 ff.); das KStG knüpft mit § 1 Abs. 1 Nr. 1 KStG[206] an die Rechtsform an und ist deswegen bei der Rechtsformenwahl zu berücksichtigen. Für das **Kommunalunternehmen** (als rechtsfähige Anstalt des öffentlichen Rechts) gilt, dass § 1 Abs. 1 Nr. 1 KStG nicht anwendbar ist; dies ist vor allem für die „Hoheitsbetriebe" nach

---

198 *Erbguth/Stollmann*, DÖV 1993, 798 (803).

199 Der Staat ist nach h. M. nicht insolvenzfähig, so schon BVerfGE 15, 126 (135), siehe auch *Ehlers* (Fn. 9), S. 316, Fn. 121 m. w. N. Juristische Personen des öffentlichen Rechts wiederum sind grundsätzlich insolvenzfähig, dazu *ders.*, ebenda S. 322. Zur Insolvenzfähigkeit kommunaler Gesellschaften näher *Siekmann* (Fn. 62), S. 164 ff. Zu Haushaltsnotlagen bei Kommunen vgl. *Duve*, DÖV 2008, 22 ff.

200 *Uechtritz* (Fn. 6), Rn. 62.

201 Vgl. nur Art. 71 GO Bay; § 85 GO NW; §§ 103 und 105 GO RP. Eine Ausnahme bei den öffentlich-rechtlich ausgestalteten Unternehmen bildet das Kommunalunternehmen, vgl. *Gaß* (Fn. 6), S. 86 mit Fn. 156.

202 *Hauser* (Fn. 18), S. 130.

203 A. A. *Erbguth/Stollmann*, DÖV 1993, 798 (806). Näher zum Aspekt der Steuerbelastung beispielsweise *Beinert*, in: Hoppe/Uechtritz (Hrsg.), Handbuch Kommunale Unternehmen, 2. Aufl. 2007, § 11 Rn. 105 ff.

204 Siehe m. w. M. *Hauser* (Fn. 18), S. 129.

205 *Uechtritz* (Fn. 6), Rn. 82.

206 Nach dieser Vorschrift „sind die folgenden Körperschaften, Personenvereinigungen und Vermögensmassen, die ihre Geschäftsleitung oder ihren Sitz im Inland haben unbeschränkt körperschaftsteuerpflichtig: Kapitalgesellschaften (insbesondere Europäische Gesellschaften, Aktiengesellschaften, Kommanditgesellschaften auf Aktien, Gesellschaften mit beschränkter Haftung)" (Steuerpflicht kraft Rechtsform).

§ 4 Abs. 5 S. 1 KStG[207] der Abfall- und Abwasserentsorgung vorteilhaft.[208] Ob gemeindliche Unternehmen „Betriebe gewerblicher Art" (§ 1 Abs. 1 Nr. 6 KStG) sind, ist nur nach Steuerrecht zu beurteilen[209] (→ § 49 Rn. 6 ff.). Nur mit „Betrieben gewerblicher Art" (BgA) unterliegen die Gemeinden der unbeschränkten Steuerpflicht.[210] Da die Gewerbesteuer den Gemeinden zusteht (§ 1 GewStG), könnte sie für kommunale Einrichtungen, die als Gewerbebetriebe nach § 2 Abs. 1 GewStG anzusehen sind, sogar von Vorteil sein, da sie dem im Rahmen der Körperschaftssteuer zu berücksichtigenden Gewinn als Betriebsausgabe abzuziehen ist.[211] Dies ist jedoch lediglich für solche Betriebe relevant, die mit Gewinnerzielungsabsicht arbeiten.[212] Der Gesellschaftssteuer unterliegen Kapitalgesellschaften (§ 10 Abs. 1 KVStG); sie besteuert die Kapitalzufuhr in inländische Kapitalgesellschaften. Weiterhin sind relevant die Umsatzsteuer, die Vermögenssteuer, die Grundsteuer und die Grunderwerbssteuer[213] (→ § 49).

8. Haushalts-, Rechnungs- und Prüfungswesen

a) Öffentlich-rechtliche Unternehmen. Im Rahmen des **Haushaltsrechts** sind öffentlich-rechtlich ausgestaltete Unternehmen relativ unflexibel; sie unterliegen einer haushaltsrechtlichen Ordnungs- und Wirtschaftlichkeitsprüfung nach §§ 48 Abs. 1 und 2, 42 Abs. 1 HGrG.[214] Der Eigenbetrieb jedoch ist auch geschaffen worden, um ihm eine eigene Haushaltsführung zu ermöglichen.[215] Der Haushalt der Kommune veranschlagt nur den Jahresgewinn oder -verlust des Eigenbetriebes.[216] Der an die Stelle des Haushaltsplanes tretende Wirtschaftsplan erlaubt größere Flexibilität.[217] Ähnlich ist die Lage beim Kommunalunternehmen (als rechtsfähige Anstalt des öffentlichen Rechts).[218] Ebenso ist bei den öffentlich-rechtlichen Unternehmen ein schnelles Reagieren auf Veränderungen durch Genehmigungsvorbehalte verzögert.[219] Ein Vorteil dabei ist jedoch der Zwang zu 58

[207] „Zu den Betrieben gewerblicher Art gehören nicht Betriebe, die überwiegend der Ausübung der öffentlichen Gewalt dienen (Hoheitsbetriebe)".

[208] *Mann* (Fn. 8), S. 342. Siehe dazu auch unten Rn. 79.

[209] Eingehend dazu *Hauser* (Fn. 18), S. 131 ff.

[210] Dabei muss es sich um wirtschaftliche Tätigkeit von einigen Gewicht handeln, vgl. *Krautter*, in Ade (Hrsg.), Handbuch kommunales Beteiligungsmanagement, 1997, S. 315 ff. m. w. N.

[211] Näher dazu m. w. N. *Hauser* (Fn. 18), S. 145 ff.

[212] *Krautter* (Fn. 210), S. 323.

[213] Siehe *Hauser* (Fn. 18), S. 152 ff. und *Krautter* (Fn. 210), S. 323 ff.

[214] *Mann* (Fn. 8), S. 235.

[215] *Hauser* (Fn. 18), S. 104. Der Eigenbetrieb wird als Sondervermögen der Kommune gesondert verwaltet, siehe z. B. § 95 GO NW, § 80 GO RP, Art. 88 Abs. 1 GO Bay, § 91 Abs. 1 Nr. 1 GO Sachs. Auch schon *Scholz* (Fn. 11), S. 104.

[216] *Cronauge/Westermann* (Fn. 69), Rn. 163.

[217] *Uechtritz* (Fn. 6), Rn. 75.

[218] *Cronauge/Westermann* (Fn. 69), Rn. 200 ff.; *Uechtritz* (Fn. 6), Rn. 76.

[219] *Erbguth/Stollmann*, DÖV 1993, 798 (803).

Transparenz, dem die Gebote der Haushaltsklarheit und Öffentlichkeit zugrunde liegen. Diesem Zwang unterliegen privatrechtliche Unternehmen nicht.[220]

59 Beim **Rechnungswesen** stellt sich die Lage ebenso dar: nur der Regiebetrieb unterliegt dem gleichen Rechnungswesen wie die Trägerkörperschaft. Der Eigenbetrieb und das Kommunalunternehmen (als rechtsfähige Anstalt des öffentlichen Rechts) haben neben dem System der Kameralistik auch die Doppik als Alternative zur Verfügung[221] (→ § 48 Rn. 3 ff.).

60 Für das **Prüfungswesen** (→ § 48 Rn. 49 ff.) gilt, dass der Regiebetrieb und der Eigenbetrieb – anders als privatrechtliche Unternehmen, bei denen dies nur die öffentlich-rechtlichen Träger bzw. Gesellschafter sind – vollständig der Beurteilung durch das Rechnungsprüfungsamt unterliegen.[222] Beim Eigenbetrieb wird teilweise eine Prüfung der Jahresabschlüsse durch öffentlich bestellte Wirtschaftsprüfer vorgeschrieben.[223] Das Kommunalunternehmen (als rechtsfähige Anstalt des öffentlichen Rechts) wird nach den für große Kapitalgesellschaften geltenden handelsrechtlichen Bestimmungen des Handelsgesetzbuches (§§ 316 ff. HGB) geprüft.[224] Der Wegfall der örtlichen oder überörtlichen Rechnungsprüfung bei Kommunalunternehmen (und auch bei privatrechtlich organisierten kommunalen Unternehmen) wird angesichts der Tatsache, dass es sich um öffentliches Vermögen handelt, kritisch gesehen.[225] Die Gemeinde kann jedoch durch Satzung zumindest eine zusätzliche örtliche Prüfung qua Satzung anordnen.[226]

61 **b) Privatrechtlich ausgestaltete kommunale Unternehmen** unterliegen nicht den Vorgaben des Haushaltsrechts; das Rechnungs- und Prüfungswesen richtet sich allein nach den einschlägigen Bestimmungen des GmbHGs und des Aktiengesetzes.[227] Nach § 44 HGrG wird lediglich eine Betätigungsprüfung durchgeführt. Nach Abs. 1 der Vorschrift prüft der Rechnungshof die Betätigung des Bundes oder des Landes bei Unternehmen in einer Rechtsform des privaten Rechts, an denen der Bund oder das Land unmittelbar oder mittelbar beteiligt ist, unter Beachtung kaufmännischer Grundsätze. Hier wird die öffentliche Hand und ihre Betätigung in dem Unternehmen geprüft.[228] Die hier angewandte Doppik führt zu einem Jahresabschluss mit Vermögensaufstellung und Gewinn- und Verlustrechnungen (§ 242 Abs. 3 HGB); bei den Kapitalgesellschaften kommt ein Anhang

---

220 *Erbguth/Stollmann*, DÖV 1993, 798 (805).

221 *Neusinger/Lindt*, BayVBl. 2002, 689 (695).

222 *Mann* (Fn. 8), S. 128; *Uechtritz* (Fn. 6), Rn. 79.

223 Vgl. beispielsweise § 110 Abs. 1 GO Sachs; siehe auch *Cronauge/Westermann* (Fn. 69), Rn. 164; näher zu den Besonderheiten der Eigenbetriebe *Mann* (Fn. 8), S. 131 ff.

224 *Neusinger/Lindt*, BayVBl. 2002, 689 (695); siehe z. B. Art. 91 Abs. 1 und Art. 94 Abs. 1 Nr. 2 GO Bay.

225 *Gaß* (Fn. 6), S. 139.

226 *Uechtritz* (Fn. 6), Rn. 80.

227 *Hauser* (Fn. 18), S. 123 ff.; siehe hierzu eingehend *Cronauge/Westermann* (Fn. 69), Rn. 213 ff., 236.

228 Näher dazu *Mann* (Fn. 8), S. 235.

und ein Lagebericht hinzu (§§ 264 ff. HGB).[229] Besondere Prüfungs- und Informationsrechte sind in den Gemeindeordnungen teilweise ebenfalls vorgesehen.[230]

c) Gemischt-wirtschaftliche Unternehmen. § 53 Abs. 1 Nr. 1 HGrG bietet für gemischt-wirtschaftliche Unternehmen mit Anteilsmehrheit der öffentlichen Hand oder Eigengesellschaften, bzw. für Gesellschaften mit Anteilseignung einer Gebietskörperschaft in Höhe von mindestens 25 %, die dieser mit anderen zumindest mehrheitlich gemeinsam gehört, eine erweiterte Jahres-abschlussprüfung. Diese Prüfung untersucht zusätzlich zu den Prüfungs-gegenständen des Handelsrechts die Ordnungsgemäßheit der Geschäftsführung nach Abs. 1 Nr. 1 der Vorschrift sowie die wirtschaftlichen Verhältnisse nach Abs. 1 Nr. 2. Dieses Sonderrecht wird in der Praxis rege genutzt.[231] **62**

III. „Weiche" Kriterien

Bisher wurden lediglich „harte" Kriterien beleuchtet, also solche, deren Schwerpunkt auf dem ökonomischen oder zweckmäßigen Bereich liegen. Da den Staat jedoch auch eine Verantwortung trifft, bestimmte Dienstleistungen oder Ressourcen zur Verfügung zu stellen („**Daseinsvorsorge**"), müssen auch andere, „weiche" Kriterien bei der Rechtsformenwahl in die Entscheidung mit einbezogen werden.[232] Denn für die Bereiche der Energiewirtschaft und Personenbeförderung, die Wasserwirtschaft, Krankenhausversorgung[233] etc. hat der Staat die „**Daseinsverantwortung**".[234] Das Deutsche Institut für Urbanistik (difu) schätzt den Investitionsbedarf der Gemeinden in Deutschland bis zum Jahr 2009 auf 686 Milliarden Euro. Der größte Teil dieser Summe ist für die hier relevanten Bereiche Verkehr, soziale Infrastruktur, Wasser und Umwelt vorgesehen.[235] Die leeren Kassen der deutschen Kommunen[236] und ihre Verschuldung führen zu Privatisierungen auf dem kommunalen Sektor. Bei der Privatisierung der Wasserwirtschaft wird zusätzlich der hohe Preis des deutschen Wassers angeführt.[237] **63**

---

229 *Mann* (Fn. 8), S. 230.

230 *Cronauge/Westermann* (Fn. 69), Rn. 213 mit Beispielen.

231 Näher dazu *Mann* (Fn. 8), S. 232 ff.

232 Im Ergebnis auch *Scholz/Pitschas* (Fn. 6), S. 149. Zu Aspekten der Ethik siehe *Brede*, in: Bräunig/Greiling (Hrsg.), FS für P. Eichhorn, 2007, S. 511 ff.

233 Dazu die Beiträge in Löwer (Hrsg.), Universitätsklinika in öffentlich-rechtlicher und privatrechtlicher Organisationsform, in: Wissenschaftsrecht – Beiheft 17, 2006.

234 So bereits und grundlegend *Forsthoff*, Die Verwaltung als Leistungsträger, 1938, S. 6 f. sowie *Ronellenfitsch* (Fn. 11), Rn. 49.

235 *Hennies*, in: Pitschas/Ziekow (Hrsg.), Kommunalwirtschaft im Europa der Regionen, Schriftenreihe der Hochschule Speyer, Bd. 164, 2004, S. 137 (151).

236 So auch *Lubenau*, in: Pitschas/Ziekow (Hrsg.), Kommunalwirtschaft im Europa der Regionen, Schriftenreihe der Hochschule Speyer, Bd. 164, 2004, S. 165 (167).

237 *Hennies* (Fn. 235) S. 156 f.

64 Privatisierung führt zu einem „Funktionswandel" des Staates – vom Leistungs- zum Regulierungs- oder Gewährleistungsstaat.[238] Gerade die Wasserversorgung ist für das Leben so essentiell, dass der Staat sich auf keinen Fall aus der Daseinsverantwortung entziehen darf, was nicht heißt, dass Private oder – a maiore ad minus – privat Organisierte solche Aufgaben nicht wahrnehmen können.[239] Jedoch kann sich vor allem bei einer privatrechtlichen Wasserversorgung die Frage stellen, was geschieht, wenn den Angeschlossenen wegen Zahlungsverzuges das Wasser einfach abgestellt würde oder die Kosten für das Wasser stiegen.[240]

65 Grundsätzlich wird die materielle Privatisierung von Bereichen der Daseinsvorsorge kritisch gesehen.[241] Vor allem der Kontrollverlust wird hier angemahnt. Auch bei der reinen Organisationsprivatisierung führt dieser Aspekt zur Besorgnis.[242] In vielen Fällen wird aber durch eine konzernrechtliche Strukturierung (durch Beherrschungsverträge wird die privatrechtlich ausgestaltete Eigengesellschaft in einer Holdinggesellschaft eingebunden) die Steuerungsfähigkeit gewahrt.[243]

C. Herkömmliche Rechtsformen, ihre Bewertung und Weiterbildungsmöglichkeiten

I. Historische Entwicklung der Rechts- und Organisationsformen

66 Im Folgenden sollen nunmehr die einzelnen Rechtsformen und ihre jeweiligen Vor- und Nachteile, was die Erfüllung der einschlägigen Kriterien angeht, be-

---

[238] *Mayer*, Vom Niedergang des unternehmerisch tätigen Staates, 2006, S. 21.

[239] *Pitschas*, in: ders./Ziekow (Hrsg.), Kommunalwirtschaft im Europa der Regionen, Schriftenreihe der Hochschule Speyer, Bd. 164, 2004, S. 33 (35); *Ronellenfitsch* (Fn. 11), Rn. 51; *Schoch*, NVwZ 2008, 241 ff. Siehe auch § 18a Abs. 2a WHG oder § 63 Abs. 4 SächsWG, nach denen die Abwasserbeseitigungspflicht auf einen Dritten ganz oder teilweise befristet und widerruflich übertragen kann. Nach § 57 Abs. 3 SächsWG können die Träger der öffentlichen Wasserversorgung ihre Wasserversorgungspflicht auf juristische Personen des Privatrechts übertragen. Zur Abfallentsorgung siehe z. B. § 12 Abs. 1 BbgAbfG. Zu Konzessionsverträgen siehe *Burgi*, Die Dienstleistungskonzession ersten Grades, 2004 und *Hummel*, in: Frank/Langwehr (Hrsg.), FS für H. Faber, 2007, S. 301 ff.

[240] Diese Besorgnis äußert auch *Bull*, in: Geis/Lorenz (Hrsg.), FS für H. Maurer, 2001, S. 545 (558).

[241] Zu den Erfahrungen auf europäischer Ebene vgl. *Hennies* (Fn. 235), S. 152 ff. und *Mayer* (Fn. 238); vgl. auch *Schneidereith/v. Weizsäcker*, in: v. Weizsäcker/Young/Finger (Hrsg.), Grenzen der Privatisierung – Wann ist des Guten zuviel?, 2006, S. 286 ff. (287).

[242] Siehe oben unter B. III.

[243] Vgl. *Edeling* (Fn. 1), S. 24; näher zur Einschaltung einer Holding-GmbH auch *Mann* (Fn. 8), S. 222.

leuchtet werden.[244] Dabei wird historisch vorgegangen, um nachzuzeichnen, welche Rechtsformen sich aus welchen Bedürfnissen und Erfahrungen mit früher entstandenen Rechtsformen heraus entwickelt haben.

1. Regiebetrieb

Der Regiebetrieb[245] ist der Archetypus der gemeindeeigenen Unternehmen und öf- **67**
fentlich-rechtlich ausgestaltet. Er ist unselbstständig organisiert und unterliegt einzig den kommunalrechtlichen Regelungen (→ § 44 Rn. 1 ff.). Daher wird er teilweise gerade nicht als kommunale Unternehmensform angesehen, weil die wirtschaftliche Betätigung innerhalb der Gemeinde verbleibt.[246] Er „markiert" sozusagen „das untere Ende auf der Skala der Autonomie".[247] Der Regiebetrieb hat keine eigenen Organe und **wird vollständig von der Kommune organisiert**. Das betrifft sowohl das Personal als auch die Haushaltsführung.[248] Die „Rückkopplung" an die Kommunalverwaltung führt zu einer **relativen Unbeweglichkeit dieser Organisationsform**. In der Regel trifft der Gemeinderat alle Entscheidungen in langwierigen Verhandlungen.[249] Daher gilt der Regiebetrieb als den Anforderungen des modernen Wirtschaftens nicht gewachsen.[250] Um dem entgegenzuwirken gibt es Ansätze, den Regiebetrieben eine effizientere Arbeit zu ermöglichen, indem die Haushaltswirtschaft des Regiebetriebes ganz oder teilweise nach kaufmännischen Grundsätzen geführt oder er strukturell an die Eigenbetriebe angenähert wird.[251] Der Regiebetrieb ist jedoch gerade deswegen auch die Rechtsform, die am leichtesten von der Kommune kontrolliert werden kann.[252] Haftungsrechtlich muss die Kommune unmittelbar und unbeschränkt für das Unternehmen einstehen, da dieses vollkommen unselbstständig ist.[253] Der Regiebetrieb ist nicht kooperationsfähig, da er sich mangels Rechtspersönlichkeit nicht an anderen

[244] Kriterien, die allgemein für alle öffentlich-rechtlichen und/oder privatrechtlichen Unternehmensformen gelten, sind teilweise lediglich unter A. II. oder B. behandelt.

[245] Unter den Regiebetrieb fallen auch sog. kostenrechnende Einrichtungen, vgl. *Hellermann* (Fn. 24), Rn. 30.

[246] *Ziekow* (Fn. 2), § 7 Rn. 9; *Hellermann* (Fn. 24), Rn. 24, der dies aber lediglich für ein „Problem sachgerechter Terminologie" hält (m. w. N. zu der Begriffsverwendung einzelner Gemeindeordnungen); *Uechtritz* (Fn. 6), Rn. 31.

[247] *Gaß* (Fn. 6), S. 62.

[248] *Hellermann* (Fn. 24), Rn. 23.

[249] *Gaß* (Fn. 6), S. 62.

[250] Daher hat beispielsweise Baden-Württemberg 1991 die Verpflichtung von Gemeinen ab 10.000 Einwohnern zur Führung von Gemeindeunternehmen in Form der Eigenbetriebe abgeschafft, um größere Flexibilität zu erreichen, siehe LT-Dr. 10/5918, S. 10, 42 (zitiert nach *Hellermann* (Fn. 24), Rn. 26 f.

[251] Siehe z. B. § 110 Abs. 2 GO Nds und die möglichen Maßnahmen, die *Hellermann* (Fn. 24), Rn. 29, nennt.

[252] *Uechtritz* (Fn. 6), Rn. 39.

[253] *Hauser* (Fn. 18), S. 170; *Siekmann* (Fn. 62), S. 160.

Unternehmen beteiligen kann. Er kann jedoch im Rahmen einer interkommunalen Zusammenarbeit eingesetzt werden.[254]

68 Zunächst wurde diese Rechtsform für nichtwirtschaftliche Einrichtungen von Gemeinden wie z. B. bei der Abfallentsorgung oder Abwasserbeseitigung gewählt, wobei auch hier teilweise bereits Eigenbetriebe eingesetzt werden.[255]

2. Eigenbetrieb

69 Im Gegensatz zum Regiebetrieb ist der Eigenbetrieb (→ § 44 Rn. 25 ff.) der herkömmlich zur wirtschaftlichen Betätigung der Kommunen genutzte Organisationstypus[256] und inzwischen die „Standardform“[257]. Er ist gegenüber der Trägerkörperschaft partiell selbstständig und als nichtsrechtsfähige öffentlich-rechtliche Anstalt ausgestaltet.[258] Eigenbetriebe werden außerhalb der allgemeinen Verwaltung als Sondervermögen[259] ohne eigene Rechtspersönlichkeit geführt.[260] Beim Eigenbetrieb hat die Kommune gegenüber dem Regiebetrieb einen **wesentlich größeren Spielraum**, was die Organisation des Betriebes anbelangt. Seine Schaffung wird an mancher Stelle als Kompromiss zwischen Kontrollmöglichkeiten durch die Gemeinde und Effizienzsteigerung beim Wirtschaften gesehen.[261] Dieser „**Kompromisscharakter**“ scheidet auch die Meinungen über die Tauglichkeit des Eigenbetriebes zu Wirtschaftlichkeit.[262] Durch die vier Organe (Werkleitung, Werksausschuss, Gemeinderat und Bürgermeister), deren Kompetenzen teilweise auch nicht klar abgegrenzt sind,[263] würden eine flexible und damit effiziente Unternehmensführung nicht begünstigt. Dieser Effekt ließe sich aber durch eine strikte Isolierung von Unternehmensleitung und -kontrolle abschwächen.[264] Nach anderer Ansicht lässt gerade die enge Bindung von Verwaltung und Rat die Einheit der Kommunalverwaltung unangetastet, gleichzeitig ermöglicht die exakt zugeschnittene Ausformung des Eigenbetriebes eine Unternehmensführung nach kaufmännischen Maßstäben.[265]

70 Der Eigenbetrieb ermöglicht in seiner Geschäftsordnung auch Konstellationen, die sonst in GmbH-Verträgen vereinbart werden, was ein weiteres Argument für

[254] Siehe B. II. 3.

[255] § 86 Abs. 2 S. 2 und 3 GO RP.

[256] *Knemeyer/Kempen* (Fn. 7), Rn. 70. Zu den Eigenbetrieben schon *Scholz* (Fn. 11), S. 103 ff. und *Zeiß*, Das Recht der gemeindlichen Eigenbetriebe, 4. Aufl. 1993.

[257] *Schmidt-Aßmann/Röhl*, Kommunalrecht, in: Schmidt-Aßmann (Hrsg.), BesVerwR, 2005, 1. Kap., Rn. 124.

[258] *Hellermann* (Fn. 24), Rn. 33. Dazu auch schon *Scholz* (Fn. 11), S. 103 ff.

[259] Hierzu näher *Mann* (Fn. 8), S. 102 ff.

[260] Siehe beispielsweise Art. 88 Abs. 1 GO Bay, § 86 Abs. 1 GO RP.

[261] *Gaß* (Fn. 6), S. 63, Fn. 43.

[262] *Uechtritz* (Fn. 6), Rn. 26.

[263] *Knemeyer/Kempen* (Fn. 7), Rn. 71; *Cronauge/Westermann* (Fn. 69), Rn. 146 f.; *Uechtritz* (Fn. 6), Rn. 32.

[264] *Gaß* (Fn. 6), S. 63.

[265] *Uechtritz* (Fn. 6), Rn. 26.

die Flexibilität ist.[266] Insgesamt wird der Eigenbetrieb was Selbstständigkeit, Unabhängigkeit und Eigenverantwortlichkeit der Unternehmensleitung angeht aber als eher ungünstig beurteilt.[267] Die Anbindung an die Kommune ermöglicht dieser zwar eine starke Einwirkungsmöglichkeit und eine Abstimmung mit den politischen Zielen[268] – wodurch der Eigenbetrieb besonders gut für den Bereich der Versorgungsleistungen geeignet ist –[269], sie verhindert aber auch auf der anderen Seite eine wirtschaftliche Arbeitsweise.[270] Haftungsrechtlich gilt hier dasselbe wie für den Regiebetrieb: die Kommune haftet vollumfänglich[271]; und ebenso wenig wie der Regiebetrieb ist auch der Eigenbetrieb kooperationsfähig, kann jedoch im Rahmen einer interkommunalen Zusammenarbeit tätig werden.[272]

3. Aktiengesellschaft

Das Aktiengesetz enthält **weitgehend zwingende Vorgaben**, die durch den Ge- 71
sellschaftsvertrag nicht modifiziert werden können. Die Gemeinde selbst ist als Anteilseigner nicht in der Lage, eine Kompetenzverlagerung zu ihren Gunsten auf den Aufsichtsrat zu verlegen.[273] Das AktG bestimmt für die AG eine zweigliedrige Vorstandsverfassung; der Aufsichtsrat ist auf seine Kontrollfunktion beschränkt und darf keine Einzelweisungen an den Vorstand geben.[274] Der Hauptversammlung ist es lediglich erlaubt, über die Grundlagen der Gesellschaft und die Bestellung des Aufsichtsrates zu entscheiden.[275] Der Vorstand der Aktiengesellschaft leitet das kommunale Unternehmen eigenverantwortlich.[276] Das macht die AG zu einer sehr flexiblen Unternehmensform, die frei nach kaufmännischen Grundsätzen handeln, allerdings wenig durch den Unternehmensträger – also die Gemeinde – beeinflusst werden kann.[277] Dadurch, dass der Vorstand lediglich die Interessen der Aktionäre vertritt,[278] scheidet eine unmittelbare Kontrolle dieser aus.

Insgesamt ist die Aktiengesellschaft eher danach ausgerichtet, die Interessen 72
vieler Teilhaber zu vertreten, und nicht so sehr darauf, individuelle Bedürfnisse

---

[266] *Erbguth/Stollmann*, DÖV 1993, 798 (806).

[267] Siehe statt vieler *Gaß* (Fn. 6), S. 63.

[268] *Ade* (Fn. 64), S. 41.

[269] *Altenmüller* (Fn. 79), 61 (62).

[270] *Knemeyer*, BayVBl. 1999, 1 (3).

[271] *Hauser* (Fn. 18), S. 170; *Siekmann* (Fn. 62), S. 160.

[272] Siehe B. II. 3.

[273] *Uechtritz* (Fn. 6), Rn. 29.

[274] Vgl. z. B. *Bull* (Fn. 240), S. 562.

[275] Die Möglichkeit, nach § 103 Abs. 2 AktG jederzeit Aufsichtsratsmitglieder abzuberufen, ist jedoch als informelle Einflussmöglichkeit nicht zu unterschätzen, vgl. statt vieler *Bull* (Fn. 240), S. 563.

[276] Siehe § 76 Abs. 1 AktG. Näher zur Organisationsverfassung der Aktiengesellschaft auch *Mann* (Fn. 8), S. 174 f.; auch schon *Scholz/Pitschas* (Fn. 6), S. 144.

[277] *Cronauge/Westermann* (Fn. 69), Rn. 221, die auch auf die Beachtung des Sozialstaatsprinzips hinweisen (ebenda, mit Rechtssprechungsnachweisen zum Sozialstaatsprinzip); *Uechtritz* (Fn. 6), Rn. 35, 44.

[278] *Hueck/Windbichler*, Gesellschaftsrecht, 21. Aufl. 2008, § 27 Rn. 22.

der Träger (bei einem Kommunalunternehmen also der Gemeinde) zu beachten,[279] denn „gesellschaftsfremde" Interessen darf der Aufsichtsrat nicht berücksichtigen.[280] Jedoch ermöglicht die Aktiengesellschaft die weitestgehende Selbstständigkeit, Unabhängigkeit und Eigenverantwortlichkeit der leitenden Personen. Im Gegensatz zum Regiebetrieb steht sie damit „am oberen Ende der Skala der Autonomie".[281] Die Gemeinde hat jedoch die Möglichkeit, über einen Konzernverbund Einfluss auch auf eine Aktiengesellschaft zu nehmen.[282]

4. GmbH

73 Das GmbH-Gesetz mit seiner „Allerweltsorganisation"[283] der GmbH hingegen eröffnet den Kommunen einen relativ weiten Gestaltungsspielraum für die Unternehmensorganisation und ist die **weitaus beliebteste private Form für ein Kommunalunternehmen**.[284] Lediglich zwei Organe (ein oder mehrere Geschäftsführer und die Gesamtheit der Gesellschafter) sind verpflichtend.[285] Inwieweit die Entscheidungsbefugnisse und Weisungsgebundenheiten im Gesellschaftsvertrag geregelt sind steht den Gründern frei. Somit ist es möglich, entweder die unternehmerischen Strömungen zu begünstigen oder der Gesellschafterversammlung weitgehende Ingerenzrechte einzuräumen.[286] Auch das Handeln des Unternehmens ist bei der GmbH weitgehend flexibel ausgestaltet, wenn der Gesellschaftsvertrag dies vorsieht.[287] Dies ermöglicht es der Gemeinde, die Unternehmensführung individuell an der konkreten Aufgabenstellung des Unternehmens auszurichten.[288] In Bezug auf die Einwirkungsmöglichkeiten der Gemeinde bei der GmbH bietet diese einen **weiten Spielraum**, da die Regelungen des GmbH-Gesetzes zur Kompetenzverteilung weitgehend dispositiv sind[289] und der Gesellschaftsvertrag daher zugunsten der Gemeinde ausgestaltet werden kann[290] (→ § 46 Rn. 13 ff.). Bestimmte Entscheidungen können durch den Gesellschaftsvertrag oder durch einen Beschluss der Gesellschafter an diese abgegeben werden.[291] Ist die Gemeinde –

---

279 *Knemeyer/Kempen* (Fn. 7), Rn. 80; *Uechtritz* (Fn. 6), Rn. 29; im Ergebnis auch *Bull* (Fn. 240), S. 556.

280 *Strobel*, DVBl. 2005, 77 (79 f.); *Uechtritz* (Fn. 6), Rn. 44.

281 *Gaß* (Fn. 6), S. 64, siehe auch oben unter C. I. 1. (zum Regiebetrieb).

282 Siehe dazu B. II. 2.

283 *Bull* (Fn. 240), S. 545 (555).

284 *Meinen* (Fn. 63), S. 55.; auch schon *Scholz/Pitschas* (Fn. 6), S. 145 f. Im Ergebnis auch *Ehlers* (Fn. 21), E 148.

285 *Gaß* (Fn. 6), S. 45 ff. Näher zur Organisationsverfassung der GmbH vgl. *Mann* (Fn. 8), S. 177 ff.

286 *Ade* (Fn. 64), S. 55 ff.; *Uechtritz* (Fn. 6), Rn. 28.

287 *Gaß* (Fn. 6), S. 64. Insofern ist die GmbH mit dem Kommunalunternehmen vergleichbar (ebenda).

288 *Ronellenfitsch* (Fn. 11), Rn. 26; *Uechtritz* (Fn. 6), Rn. 36.

289 Siehe § 45 Abs. 1 und 2 GmbHG.

290 *Uechtritz* (Fn. 11), Rn. 43.

291 Siehe § 37 Abs. 1 GmbHG.

wie bei der Eigengesellschaft – entweder alleinige Gesellschafterin oder ist sie mehrheitlich beteiligt, so hat sie eine unmittelbare Einflussnahme auf die Geschäftsführung inne. Allerdings stehen diese Möglichkeiten auch unter der Beschränkung durch die vorgeschriebene Zweigliedrigkeit der Organisationsstruktur, die in jedem Fall gewahrt werden muss – etwas Spielraum muss der Geschäftsführung bleiben.[292]

5. Kommunalunternehmen als rechtsfähige Anstalt des öffentlichen Rechts

a) Schaffung einer neuen öffentlich-rechtlichen Rechtsform. Das Kommunalunternehmen als rechtsfähige Anstalt des öffentlichen Rechts (→ § 45) ist eine Unternehmensform, die ab dem 1. Januar 1994 zunächst in Berlin in Erscheinung getreten ist.[293] Sie „schließt eine seit jeher beklagte Lücke“[294], da bisher gemeindliche Unternehmen eigene Rechtspersönlichkeit nur in Privatrechtsform erlangen konnten.[295] Kommunalunternehmen sollen einerseits eine größere **Selbstständigkeit** als die herkömmlichen öffentlich-rechtlichen Formen besitzen – auch sind die Zuständigkeiten zureichend abgegrenzt –[296], andererseits eher als die Aktiengesellschaft eine **Einflussnahme** der Kommunen ermöglichen[297] und die Vorteile des öffentlichen Rechts nutzbar machen.[298] Mit dem Gesetz zur Änderung des kommunalen Wirtschaftsrechts vom 26. Juli 1994 wurde auch in Bayern die Möglichkeit geschaffen, bereits bestehende Regie- und Eigenbetriebe in solche „Kommunalunternehmen“ umzuwandeln bzw. neue Kommunalunternehmen zu schaffen.[299] Damit hat Bayern seiner Vorliebe für eine Öffentlich-Rechtlichkeit seiner gemeindlichen Unternehmen nochmals Ausdruck verliehen.[300] 74

b) Erscheinungsformen und Ausgestaltung. Das Kommunalunternehmen als öffentlich-rechtliche Anstalt hat sich inzwischen in mehreren Bundesländern etab- 75

---

[292] *Gaß* (Fn. 6), S. 362 f.; dazu auch *Hueck/Windbichler* (Fn. 278), § 2 Rn. 10 f. Trotzdem keinen entscheidenden Grund für einen grundsätzlichen Vorteil der GmbH gegenüber der AG bei der Umwandlung einer Körperschaft des öffentlichen Rechts sehend *Lecheler*, in: Geis/Lorenz (Hrsg.), FS für H. Maurer, 2001, S. 665 (668).

[293] Siehe das Eigenbetriebsreformgesetz vom 9.7.1993 (Berliner GVBl. 1993, S. 319), was in Art. I das Berliner Betriebegesetz (BerlBG) verkündete. Zuvor sind Versuche, eine öffentlich-rechtliche Rechtsform zu erschaffen, gescheitert, vgl. *Scholz/Pitschas* (Fn. 6), S. 131.

[294] *Ipsen*, Niedersächsisches Kommunalrecht, 2006, Rn. 608; dort auch zu den niedersächsischen Vorschriften. Den Begriff der „Lücke“ verwendet auch *Knemeyer*, in: Henneke (Hrsg.), Organisation kommunaler Aufgabenerfüllung, 1998, S. 131 (135).

[295] So auch z. B. *Schmidt-Aßmann/Röhl* (Fn. 257), 1. Kap. Rn. 126.

[296] *Gaß* (Fn. 6), S. 63.

[297] *Mann*, NVwZ 1996, 557. Dazu ausführlich auch *ders.* (Fn. 8), S. 124.

[298] *Mann*, NVwZ 1996, 557; *Knemeyer*, BayVBl. 1999, 1 (3).

[299] BayGVBl. 1995, 376. Für die Schaffung selbstständiger Anstalten bedarf es immer eines Errichtungsgesetzes, vgl. *Mann* (Fn. 8), S. 108, 110.

[300] *Mann*, NVwZ 1996, 557. Siehe auch oben unter A., bei Fn. 8.

liert,[301] und nur diese können sich dieser Rechtsform bedienen.[302] Diese Konstellation ermöglicht es, Kommunalunternehmen als öffentliche Anstalt nicht „durch“ Gesetz, sondern „aufgrund“ eines Gesetzes zu errichten,[303] was die Flexibilität bei der Unternehmensgründung und -ausgestaltung steigert und einhellig als positiv beurteilt wird.[304] Die auf kommunaler Ebene errichteten Sparkassen sind z. B. solche Anstalten.[305]

76 Die Kompetenzen teilen sich der Vorstand und der (mitbestimmte) Verwaltungsrat, wobei letzterer sowohl die Überwachungsfunktion als auch einzelne Entscheidungsbefugnisse hat[306] (→ § 45 Rn. 60 ff.). Anders als bei der AG geben die Gemeindeordnungen den Kommunalunternehmen die Möglichkeit, durch Satzung von der gesetzlichen Ausgestaltung abzuweichen und dem Verwaltungsrat größere Kompetenzen zuzuweisen.[307] Diese Variante bietet sich bei Aufgaben an, die in den Bereich der kommunalen Daseinsvorsorge fallen.[308]

77 **Haftungsrechtlich** besteht für das Kommunalunternehmen trotz rechtlicher Selbstständigkeit keine Haftungsbegrenzung.[309] Über die gemeindliche Gewährträgerschaft, die regelmäßig in den Gemeindeordnungen angeordnet ist, muss die Trägerkörperschaft für Verbindlichkeiten des Kommunalunternehmens einstehen – dies aber erst dann, wenn der Gläubiger sich nicht aus dem rechtlich selbststän-

---

301 Siehe § 86a f. GO RP; Art. 114a GO NW; Art. 89 ff. GO Bay; § 1 Abs. 1 BerlBG.

302 *Mann* (Fn. 8), S. 108 f., 317 ff. Dass sich das Kommunalunternehmen – trotz der guten Erfahrungen in den Bundesländern, in denen es eingesetzt wird – nicht weiter verbreitet hat, verwundert *Waldmann*, NVwZ 2008, 284.

303 *Mann*, NVwZ 1996, 557 (558).

304 *Uechtritz* (Fn. 6), Rn. 27.

305 *Ziekow* (Fn. 2), § 7 Rn. 10. Zu den Rechtsproblemen bei der Gründung einer kommunalen Sparkasse vgl. *Nierhaus*, in: Ennuschat u. a. (Hrsg.), FS für Peter J. Tettinger, 2007, S. 317 ff.

306 Näher dazu *Neusinger/Lindt*, BayVBl. 2002, 689 (692). Des Weiteren haben teilweise eine Gewährträgerversammlung und ein Beirat Befugnisse bzw. Beratungsrechte, vgl. dazu und zu den konkreten Ausgestaltungen in den verschiedenen Bundesländern *Mann* (Fn. 8), S. 317 ff.

307 Siehe § 86b Abs. 1 S. 1 GO RP („Die Anstalt wird von einem Vorstand in eigener Verantwortung geleitet, soweit nicht durch die Satzung der Gemeinde etwas anderes bestimmt ist.“); Art. 90 Abs. 1 S. 1 GO Bay („Das Kommunalunternehmen wird von einem Vorstand in eigener Verantwortung geleitet, soweit nicht gesetzlich oder durch die Unternehmenssatzung etwas anderes bestimmt ist.“); § 114a Abs. 6 S. 1 GO NW („Die Anstalt wird von einem Vorstand in eigener Verantwortung geleitet, soweit nicht gesetzlich oder durch die Satzung der Gemeinde etwas anderes bestimmt ist.“).

308 *Gaß* (Fn. 6), S. 72, der in diesem Zusammenhang auf die Wasserversorgung hinweist und betont, dass bei freiwilligen kommunalen Tätigkeiten im sozialen oder kulturellen Bereich die Entscheidung anders ausfallen mag.

309 Zum Wegfall der Anstaltslast und der Gewährträgerhaftung bei Sparkassen durch die „Brüsseler Konkordanz“ siehe *Quardt*, EuZW 2002, 424 ff. und *Jochum*, NZBau 2002, 69 ff.

digen Vermögen des Unternehmens befriedigen konnte[310] (§ 45 Rn. 10 ff.). Da Kommunalunternehmen durch eine **unbeschränkte Gewährträgerhaftung** abgesichert sind,[311] begegnen ihnen kaum Schwierigkeiten bei der Beschaffung von Finanzmitteln.[312]

Aufgrund seiner Rechtspersönlichkeit kann ein Kommunalunternehmen sich an einem **Zweckverband** beteiligen.[313] Weiterhin ist eine kommunale Zusammenarbeit für ein Kommunalunternehmen dann möglich, wenn eine Gemeinde ein solches für mehrere Gemeinden gründet (sie bleibt dabei Trägerkörperschaft); das Kommunalunternehmen übernimmt dann qua Zweck-ereinbarung die Erfüllung der Aufgabe für die beteiligten Gemeinden.[314] **78**

Vorteilhaft sind insbesondere auch die Dienstherrenfähigkeit (§ 121 Nr. 2 BRRG) und die Fähigkeit zur eigenständigen Wahrnehmung öffentlicher Aufgaben (auch durch hoheitliche Tätigkeit). Weiterhin kann die Anstalt Begünstigte eines Abschluss- und Benutzungszwanges sein[315] und unterfällt der Rechtsaufsicht. Auch ist § 1 Abs. 1 Nr. 1 KStG nicht anwendbar; dies ist vor allem für die „Hoheitsbetriebe“ nach § 4 Abs. 5 S. 1 KStG der Abfall- und Abwasserentsorgung vorteilhaft.[316] Nach § 2 Abs. 3 S. 1 UStG i.V.m. § 4 Abs. 5 KStG, § 3 GewStG und § 3 Abs. 1 GrStG ist das Kommunalunternehmen auch von der Umsatz-, Gewerbe- und Grundsteuer befreit.[317] **79**

6. Public Private Partnership

a) Erscheinungsformen. Der Begriff der Public Private Partnership[318] vereinigt eine Vielzahl von verschiedenen Kooperationsmodellen in sich (→ § 47 Rn. 7 ff.). Zu den Bereichen, in denen PPPs eingesetzt werden, gehören beispielsweise die Energieversorgung, die Entsorgung, der öffentliche Personennahverkehr, die Errichtung und der Betrieb von Freizeit-, Sport- und Kultureinrichtungen sowie die innere Sicherheit (sog. „Police Private Partnership“).[319] „Public Private Partnerships“ sind sowohl „Vertrags-PPP“ (hauptsächlich für Beschaffungsvorgänge der **80**

---

[310] Schwierig ist diese Lage aufgrund der zwischenzeitlich abgeschafften Anstaltslast und Gewährträgerhaftung bei den Sparkassen (siehe oben und Fn. 309) zu beurteilen. Insofern für Unwirksamkeit und eine Ausrichtung der Haftung am Privatinvestorenprinzip plädierend *Waldmann*, NVwZ 2008, 284 (285).

[311] Siehe § 86a Abs. 4 GO RP; § 114a Abs. 5 GO NW; Art. 89 Abs. 4 GO Bay.

[312] *Mann*, NVwZ 1996, 557 (558).

[313] *Uechtritz* (Fn. 6), Rn. 68.

[314] Näher dazu *Gaß* (Fn. 6), S. 112 f.

[315] Dazu und zum Vergleich mit anderen Rechtsformen auch *Ehlers* (Fn. 21), E 145.

[316] *Mann* (Fn. 8), S. 341 f.

[317] *Waldmann*, NVwZ 2008, 284.

[318] Zur „Unzulänglichkeit bisheriger Definitionsversuche“ vgl. nur *Ziekow*, VerwArch 97 (2006), S. 626 (627); *Engel*, GewArch 2006, 179 (180); *Ziekow/Windoffer*, Public Private Partnership – Struktur und Erfolgsbedingungen von Kooperationsarenen, 2008, S. 25 ff.

[319] *Ziekow/Windoffer*, NZBau 2005, 665; *Ziekow/Windoffer* (Fn. 318), S. 18 f.; zu einem Beispiel im Bereich der Wasserwirtschaft vgl. *Lubenau* (Fn. 236), S. 165 ff.

öffentlichen Hand gebildet) und „Organisations-PPP" (die eigentlichen Gemeinschaftsunternehmen). Die öffentliche Hand vergibt im Rahmen der „klassischen" Vergabe[320] oder im Verfahren mit wettbewerblichem Dialog[321] an Private die Möglichkeit, eine öffentliche Aufgabe mit ihr zusammen zu erfüllen.

81 b) **Die Ausgestaltung der Kooperationsformen** selbst ist ebenfalls vielseitig. Sie hängt hauptsächlich davon ab, welche Form die Kooperation hat und wie ausgeprägt ihre Institutionalisierung ist; die gefestigste Form ist dabei die der gemischtwirtschaftlichen Gesellschaften.[322] Bei der Entscheidung, ob ein Projekt im Rahmen einer PPP durchgeführt werden soll, stellen die **Sicherung der Aufgabenerfüllung** und das Ergebnis eines **Wirtschaftlichkeitsvergleichs**[323] zwischen der Aufgabenerfüllung durch die Projektgesellschaft oder durch Eigenleistung wichtige Kriterien dar.[324] Bei einer PPP sollen Effizienzvorteile bis zu 20 % zu erreichen sein.[325] Neben einigen Überlegungen im Rahmen einer „lebenszyklusorientierten Verfahrenssteuerung"[326], kommt insbesondere die „PPP-Folgenabschätzung"[327] zum Tragen, die u. a. vorläufig Realisierungsalternativen beurteilt, die die Verwaltung im Rahmen ihrer „Ziel- und Strategieformulierung" zur Erfüllung der öffentlichen Aufgabe entwickelt hat. Hierbei kommt es zu einer vorläufigen Analyse der Maßnahmen und einer **Kosten-Nutzen-Analyse**.[328] Vergleichsobjekt ist das Referenzprojekt – das **Public Sector Comparator** (PSC) bzw. das „konventionelle Referenzprojekt"[329] –, das die Realisierungsvariante der öffentlichen Aufgabe auf konventionellem Wege – also durch Eigenerstellung – darstellt.[330]

82 Der PPP-Leitfaden zur Realisierung öffentlicher Baumaßnahmen in Bayern z. B. nennt einige zwingend erforderliche Kriterien[331] für einen Eignungstest, der

[320] *Ziekow/Windoffer* (Fn. 318), S. 110 ff.

[321] *Ziekow/Windoffer* (Fn. 318), S. 116 ff.

[322] *Ziekow/Windoffer*, NZBau 2005, 665 (666) mit Beispiel der „Schul-Facility-Management GmbH", an der der Kreis Offenbach über eine Beteiligungsgesellschaft 5,1% der Anteile hält. Normalerweise jedoch wird der öffentlichen Hand ein Anteil von 51% zugeteilt, vgl. *Ziekow/Windoffer* (Fn. 318), S. 23, Fn. 24.

[323] Vgl. beispielsweise Art. 7 BayHO. Bei der retrospektiven PPP-Folgenabschätzung wird sowohl die Maßnahmen- als auch die Vollzugswirtschaftlichkeit geprüft, siehe *Ziekow/Windoffer* (Fn. 318), S. 148 ff.; dazu auch *Engel*, GewArch 2006, 179 (182).

[324] *Ziekow/Windoffer*, NZBau 2005, 665 (666).

[325] Auf die Individualität jedes Projektes hinweisend *Engel*, GewArch 2006, 179 (182).

[326] Dazu *Ziekow/Windoffer* (Fn. 318), S. 69 ff.

[327] Näher hierzu: *Ziekow/Windoffer* (Fn. 318), S. 81 ff.

[328] *Ziekow/Windoffer*, NZBau 2005, 665 (670), die dort auch die Skizze einer Risiko-Chancen-Matrix behandeln. Zu den Faktoren, die bei der Kosten-Nutzen-Analyse eine Rolle spielen, siehe auch *Ziekow/Windoffer* (Fn. 318), S. 97 ff.

[329] *Ziekow/Windoffer* (Fn. 318), S. 119 f.

[330] *Ziekow/Windoffer*, NZBau 2005, 665 (670).

[331] „Public Private Partnership zur Realisierung öffentlicher Baumaßnahmen in Bayern" Teil I – Grundlagen, S. 16, abrufbar unter: http://www.bauindustrie-bayern.de/fileadmin/docs_pub/akppp/bbiv/PPP-Leitfaden_Teil_1.pdf; abgerufen am 16.6.2008.

der Wirtschaftlichkeitsprüfung vorangeht,[332] welche darüber entscheidet, ob das Projekt über die PPP oder konventionell angewickelt werden soll.[333]

7. Kommunaler Zweckverband

Als besondere Form der Kooperation sei hier der kommunale Zweckverband genannt, der bereits im 19. Jahrhundert in Erscheinung getreten ist.[334] Er ist die am meisten verbreitete und zugleich **„typische" Form interkommunaler Zusammenarbeit**[335] und wird entweder durch öffentlich-rechtlichen Vertrag zwischen den Beteiligten oder durch Gesetz oder Verfügung der Aufsichtsbehörde geschaffen.[336] Beliebte Einsatzbereiche sind die Abfallbehandlung und -beseitigung, Abwasserbeseitigung, Trinkwasserversorgung, Rettungswesen, öffentlicher Personennahverkehr etc.[337] **83**

Als **Körperschaft des öffentlichen Rechts** – also streng genommen ohne eigene Rechtsform[338] – ist der Zweckverband rechtlich selbstständig. Besonders ist, dass bei Übernahme einer kommunalen Aufgabe durch den Zweckverband die Gemeinde, die die Aufgabe abgegeben hat, vollkommen von der Verpflichtung zur Aufgabenerfüllung freigestellt wird. Mitglieder eines Zweckverbandes können sowohl juristische Personen des öffentlichen Rechts, also Körperschaften und auch Stiftungen und Anstalten des öffentlichen Rechts, sowie natürliche juristische Personen des Privatrechts sein.[339] Daher ist eine **Kooperation** im Rahmen des Zweckverbandes allen Rechtsformen kommunaler Unternehmen möglich. **84**

Die Bildung eines Zweckverbandes verläuft in oft schwierigen Verhandlungen, setzt mehrere Genehmigungsschritte der beteiligten Mitglieder und sonstige Handlungen voraus (→ Bd. 1, § 29 Rn. 34 ff.); daher eignet sich der Zweckverband hauptsächlich für langfristig angelegte Projekte und Vorhaben, die einen hohen Aufwand an Personal und Kapitaleinsatz fordern.[340] Die Zusammensetzung der Verbandsversammlung, die aus je einem weisungsgebundenen Mitglied der Mitgliedskörperschaften besteht, bedingt, dass die Einwirkungsmöglichkeit der einzelnen Mitglieder auf den Verband selbst – im Vergleich zu Einwirkungsmöglichkeiten beim Eigenbetrieb – fraglich bleibt.[341] **85**

[332] *Ziekow/Windoffer* (Fn. 318), S. 86.
[333] *Engel*, GewArch 2006, 179 (182).
[334] *Hellermann* (Fn. 24), Rn. 141.
[335] *Cronauge/Westermann* (Fn. 69), Rn. 241.
[336] *Mann* (Fn. 8), S. 115.
[337] *Cronauge/Westermann* (Fn. 69), Rn. 241.
[338] *Mann* (Fn. 8), S. 115.
[339] *Cronauge/Westermann* (Fn. 69), Rn. 242; siehe auch *Hellermann* (Fn. 24), Rn. 144.
[340] *Cronauge/Westermann* (Fn. 69), Rn. 243.
[341] *Mann* (Fn. 8), S. 127.

II. Bewährung und Fortentwicklung der öffentlich-rechtlichen Rechtsformen

86 Nach dem Gesagten sprechen einige Aspekte für eine privatrechtliche Ausgestaltung gemeindlicher Unternehmen. Das Hauptargument der Praxis ist die höhere Effizienz und Flexibilität von Privatrechtssubjekten, sowohl was das Wirtschaften als auch die Kooperation mit anderen Rechtsträgern anbelangt. Die Kontrolle und die Unternehmensführung insgesamt, z. B. interne Entscheidungsprozesse, werden erleichtert, und die Kommunalunternehmen können somit besser im Wettbewerb bestehen.[342] Weiterhin wird auf eine Lockerung der haushaltsrechtlichen Bindungen gesetzt, was politische Einflüsse zurückdrängen soll.[343]

87 Vor einem allzu kritiklosen Glauben an die Verheißungen des privaten Rechts ist jedoch abzuraten. Gute Gründe lassen sich für eine **Bevorzugung öffentlich-rechtlicher Ausgestaltungen** anführen, auch wenn vor allem die klassischen Formen des Regie- und Eigenbetriebes den Anforderungen moderner Kommunalunternehmen nicht mehr gewachsen zu sein scheinen. Als zweifellos nachteilig – und auch als Hauptargument der Verfechter der öffentlichen Rechtsformen – erweisen sich die eingeschränkten Kontrollmöglichkeiten der kommunalen Rechtsträger bei privatrechtlichen Organisationsformen (vor allem der Aktiengesellschaft). Leitungspolitische (d. h. sozialwirtschaftliche) Ziele werden durch unzulängliche Steuerung gefährdet; Privatrechtsformen mindern generell die Kontrolleffektivität.[344]

88 Die Kontrollmöglichkeiten des Rechtsträgers bei öffentlich-rechtlich ausgestalteten Unternehmen ist hingegen insgesamt als hoch zu bewerten.[345] Die angeprangerte Ineffizienz und Unwirtschaftlichkeit öffentlich-rechtlich ausgestalteter Unternehmen dürfte nicht zwingend sein. Grundsätzlich ist es auch möglich, z. B. einen Eigenbetrieb wirtschaftlich zu führen.[346] Auch der vielbesorgten „Flucht ins Privatrecht" wird durch die Wahl einer öffentlich-rechtlichen Organisationsform vorgebeugt.[347]

1. Verwaltungsgesellschaftsrecht

89 Ein von Teilen der Literatur vorgeschlagener Lösungsansatz ist der des „**Verwaltungsgesellschaftsrechts**".[348] Dieser Vorschlag fundiert darauf, dass in Konfliktsituationen des Gesellschafts- mit dem öffentlichen Recht das Letztere durch Modi-

---

[342] *Erbguth/Stollmann*, DÖV 1993, 798 (802), die die Entscheidungskriterien, die in diesem Zusammenhang genannt werden, dort aufzählen.

[343] *Scholz/Pitschas* (Fn. 6), S. 146.

[344] *Scholz/Pitschas* (Fn. 6), S. 147. Ein klares Plädoyer hält *Bull* (Fn. 240), S. 561, wenn er dort sagt: „Wenn eine Diskrepanz zwischen den Pflichten der Verwaltung und den Möglichkeiten ihrer Ingerenz besteht, muß auf die privatrechtliche Form verzichtet werden".

[345] *Mann* (Fn. 8), S. 135.

[346] *Scholz/Pitschas* (Fn. 6), S. 147 mit Fn. 114.

[347] *Scholz/Pitschas* (Fn. 6), S. 148.

[348] Dazu auch *Ehlers* (Fn. 21), E 146 ff.

fikation das erstere überlagern soll.[349] Teil der Überlegungen ist es, Weisungen der Gesellschafter an den Vorstand einer von der öffentlichen Hand gehaltenen Aktiengesellschaft zuzulassen, um so den „verfassungsrechtlichen Ingerenzanforderungen"[350] gerecht werden zu können.[351] Jedoch scheint das Konzept insgesamt nicht zielführend zu sein.[352] Denn einen zwingenden „**Anwendungsvorrang**" des öffentlichen Rechts vor dem Privatrecht oder dessen zwingende verfassungskonforme Auslegung gibt es nicht.[353] Der in diesem Zusammenhang oft vorgebrachte **Art. 31 GG** kann als Kollisionslösungsnorm nicht herangezogen werden,[354] da es nicht primär um die Kollision von Bundes- und Landesrecht (im Sinne einer unterschiedlichen Regelung desselben Sachverhaltes) geht, sondern um Wertungswidersprüche aufgrund verfassungsrechtlicher Ingerenzen.[355] Sollte eine private Rechtsform den Anforderungen des öffentlichen Rechts in einem konkreten Fall nicht genügen, so ist nicht notwendigerweise die jeweilige Rechtsform zu modifizieren, sondern es ist zu überlegen, ob eine andere (unter Umständen öffentlich-rechtliche) Rechtsform den Anforderungen entspricht. Dies macht die Rechtsformen**wahl** aus.[356]

Auch gibt es Überlegungen zur **Änderung des privaten Gesellschaftsrechts**, **90**
um den Bedürfnissen von öffentlich-rechtlichen Gesellschaftern zu entsprechen. Um der mangelnden Kontrollmöglichkeit bei Aktiengesellschaften entgegenzuwirken könnte beispielsweise bei Aktiengesellschaften mit einer Anteilsmehrheit in öffentlicher Hand ein Weisungsrecht zugunsten dieser an den Vorstand oder den Aufsichtsrat geschaffen werden.[357] Die Schaffung einer **neuen privatrechtlichen Rechtsform** verspricht in Anbetracht der Tatsache, dass es zunächst wenig sinnvoll erscheint, eine speziell für öffentlich-rechtliche Bedürfnisse ausgestaltete

[349] Nach *Ipsen*, JZ 1955, 593 ff. und *Kraft*, Das Verwaltungsgesellschaftsrecht, 1982; vgl. statt vieler zuletzt *v. Danwitz*, AöR 120 (1995), 596 (622 ff.) und *Krebs*, Die Verwaltung 29 (1996), 309 ff.

[350] *Mann* (Fn. 8), S. 396. Zu der hier hineinspielenden Lehre von „Verwaltungsprivatrecht" siehe *Krebs*, in: Schmidt-Aßmann/Krebs, Rechtsfragen städtebaulicher Verträge, 1992, S. 137 ff. sowie auch *Burgi*, in: Hoffmann-Riem/Schmidt-Aßmann/Voßkuhle (Hrsg.), GVwR Bd. I, 2006, § 18 Rn. 65 f., die beide Kritik üben. Ebenfalls dazu *v. Danwitz*, AöR 120 (1995), 596 (601 f.) m. w. N.; zur Rechtsprechung vgl. BGH, DVBl. 1984, 1118 = NJW 1985, 197 (200).

[351] *Ehlers* (Fn. 21), E 147.

[352] *Mann* (Fn. 8), S. 279, 294 f. und *ders.* (Fn. 11), S. 300 f.

[353] Zu einer „differenzierenden Betrachtung" mahnend *v. Danwitz*, AöR 120 (1995), 596 (619 ff.).

[354] So z. B. *Püttner*, DVBl. 1986, 748 (751).

[355] *V. Danwitz*, AöR 120 (1995), 596 (616). So im Ergebnis auch *Mann* (Fn. 11), S. 301.

[356] Dazu (die „übergangene Entscheidungsalternative") und zu weiteren kritischen Argumenten gegen das Verwaltungsgesellschaftsrecht *Mann* (Fn. 8), S. 280. Im Ergebnis auch *Ehlers* (Fn. 21), E 147.

[357] Dazu näher und kritisch *Mann* (Fn. 8), S. 298 f. Eine Ausweitung der Rechte der öffentlich-rechtlichen Gesellschafter könnte allerdings zu einer „Aushöhlung" des gesellschaftsrechtlichen Gleichbehandlungsgrundsatzes führen, vgl. BVerfGE 14, 263 (285); BGHZ 20, 363 (369).

Rechtsform im Privatrecht anzusiedeln, auch deswegen nicht, eine adäquate Lösung zu sein, weil die Anstalt des öffentlichen Rechts an sich noch relativ großen Spielraum belässt, um den jeweiligen Anforderungen gerecht werden zu können.[358]

2. Neue öffentlich-rechtliche Rechtsformen

91 Lange[359] wurde auch nach einer **neuen öffentlich-rechtlichen Organisationsform** für öffentliche Unternehmen gesucht. Da das öffentliche Recht keinem Typenzwang wie das private Gesellschaftsrecht unterliegt, sind der Kreativität des Gesetzgebers keine Grenzen gesetzt.[360] Bis in die neunziger Jahre hat sich keiner der zahlreichen Vorschläge durchsetzen können.[361] Die **rechtsfähige Anstalt des öffentlichen Rechts** ist diejenige öffentlich-rechtliche Organisationsform, die sich als „neue Kreation" in einigen Bundesländern bereits durchgesetzt hat.[362] Sie bietet dem Gesetzgeber bei der Ausgestaltung der Organisationsverfassung weiten Spielraum[363] und erhöht die Flexibilität des Unternehmens unter gleichzeitiger Betonung der Steuerungsmöglichkeiten.[364]

92 Ein neuartiger Rechtsformenentwurf des Bundesgesetzgebers, der den Ländern eine weitere Variante für ihre Rechtsformenwahl eröffnen könnte[365], bietet sich auf der Grundlage der relativ offenen **Anstaltsverfassung** an. Die Anstaltsträgerschaft der öffentlichen Hand ist dabei unabdingbar. Im Gegensatz dazu sollten Anstaltslast und Gewährträgerhaftung nicht als zwingend in den Entwurf aufgenommen werden, da sie unter Umständen am Beihilfetatbestand des Art. 87 Abs. 1 EGV zu messen sind.[366] Eine solche „öffentlich-rechtliche Gesellschaft" muss die Trennung der Leitungs- und Kontrollfunktionen gewährleisten und den demokratischen Legitimationsanforderungen entsprechen. Die Einwirkungsmöglichkeiten müssen die „verfassungsrechtlichen Ingerenzanforderungen" berücksichtigen, wobei die Möglichkeit bestehen muss, wirtschaftliche Effizienz und Flexibilität soweit wie möglich zu entfalten.[367]

---

[358] *Mann* (Fn. 8), S. 300.

[359] Erste Ansätze erfolgten schon im Jahre 1930, vgl. *Mann* (Fn. 8), S. 305. Zu den weiteren Vorschlägen bezüglich kommunaler Unternehmen und Vorbildern aus dem Ausland ausführlich ebenda, S. 308 ff., 321 ff.

[360] Im Ergebnis auch *Bull* (Fn. 240), S. 552; für Anstalten auch *Hecker*, VerwArch 92 (2001), 261 (270).

[361] Vgl. *Ronellenfitsch* (Fn. 11), Rn. 27; so auch *Waldmann*, NVwZ 2008, 284.

[362] Siehe dazu unter Rn. 74 ff. Trotzdem ist zu beobachten, dass der Trend immer noch zu den gesellschaftsrechtlichen Formen geht, vgl. *Mann* (Fn. 11), S. 295.

[363] *Ehlers* (Fn. 21), E 145; *Mann* (Fn. 8), S. 317.

[364] *Mann* (Fn. 8), S. 317 ff. Im Ergebnis auch *Waldmann*, NVwZ 2008, 284 ff.

[365] Aus kompetenziellen Gründen könnte ein Gesetz auf Bundesebene eine Rechtsform nicht zwingend vorschreiben, vgl. *Mann* (Fn. 8), S. 347 ff.

[366] Dazu *Koenig*, EuZW 1995, 595 ff.; *Schneider/Busch*, EuZW 1995, 602; für Sparkassen vgl. *Quardt*, EuZW 2002, 424 ff. und *Jochum*, NZBau 2002, 69 ff.

[367] *Mann* (Fn. 8), S. 395 f.

D. Fazit

Die Entwicklung der kommunalen Unternehmenswirtschaft steht an einer Weggabelung. In der Praxis werden inzwischen – das zeigt die Empirie – in überwältigendem Ausmaß die Möglichkeiten genutzt, die das Privatrecht bietet. Das ist nicht unproblematisch. Die Rechtsformenwahl stellt sich als ein Entscheidungsproblem dar, dessen Lösung komplexen Anforderungen unterliegt. Zahlreiche Kriterien und durchaus gegenläufige Organisationsprinzipien sowie anstaltsrechtliche, demokratiestaatliche und effizienzorientierte Überlegungen bestimmen die „Lebensphasen“ eines Kommunalunternehmens. 93

Bei näherem Hinsehen wird ein Legitimitätsvorsprung öffentlich-rechtlich verankerter Unternehmenswirtschaft offenbar. Dies ist wohl auch der Grund für die Zunahme öffentlich-privater Partnerschaften („Verwaltungspartnerschaften“) in der Vergangenheit. Auch die vergaberechtlichen Bindungen bei der Erfüllung öffentlicher Aufgaben in Privatrechtsform bestätigen den erwähnten Vorrang. Es ist daher sinnvoll, an frühere Versuche zur Entwicklung öffentlich-rechtlicher Unternehmensformen anzuknüpfen, um diese zukünftig in der kommunalen Unternehmenswirtschaft zu etablieren und bevorzugt zu nutzen. 94

§ 44 Regie- und Eigenbetriebe

Christoph Brüning

Schrifttum

U. Cronauge/G. Westermann, Kommunale Unternehmen, 5. Aufl. 2006; *H.-U. Erichsen*, Kommunalrecht des Landes Nordrhein-Westfalen, 2. Aufl. 1997, S. 270; *W. Hoppe/M. Uechtritz*, Handbuch Kommunale Unternehmen, 2. Aufl. 2007; *G. Püttner*, Die öffentlichen Unternehmen, 2. Aufl. 1985; *U. Schneider*, Regie- und Eigenbetrieb, in: *G. Wurzel/A. Schraml/R. Becker* (Hrsg.), Rechtspraxis der kommunalen Unternehmen, 2005, S. 87f.; *H. Schraffer*, Der kommunale Eigenbetrieb 1993.

Inhaltsübersicht

A. Regiebetrieb

I. Grundlagen

1 Der Regiebetrieb ist eine Organisationsform kommunaler (wirtschaftlicher) Betätigung **ohne eigene Rechts- und Parteifähigkeit.**[1] Im Unterschied zum Eigenbetrieb, der organisatorisch ein verselbstständigtes kommunales Unternehmen ist, bleibt der Regiebetrieb Teil der unmittelbaren Kommunalverwaltung.

1. Einordnung als kommunales Unternehmen

2 Ob ein Regiebetrieb trotz fehlender organisatorischer Verselbständigung gegenüber der Kommune als kommunales Unternehmen angesehen werden kann, ist davon abhängig ob der Begriff des kommunalen Unternehmens **mit organisatorischer Selbstständigkeit** übersetzt wird. Da beim Regiebetrieb die Organisation der (wirtschaftlichen) Betätigung innerhalb der Ämterverwaltung verbleibt, kann er einerseits gerade als Alternative zur Unternehmensgründung angesehen werden.[2] Funktional stellt diese Konstruktion andererseits eine Möglichkeit für die organisatorische Umsetzung kommunaler Wirtschaftsbetätigungen dar.[3] Dafür, auch Regiebetriebe mit wirtschaftlicher Aufgabenstellung als kommunale Unternehmen zu erfassen, spricht der gemeinschaftsrechtliche Begriff des öffentlichen Unternehmens.[4]

3 Die in den verschiedenen Gemeindeordnungen niedergelegten **Rechtsgrundlagen** sind insoweit uneinheitlich und mehrdeutig: Einige Gemeindeordnungen benennen mögliche Organisationsformen und lassen eine Führung von Unternehmen innerhalb der Gemeindeverwaltung als Regiebetrieb – mehr oder weniger – ausdrücklich zu.[5] Manche Gemeindeordnungen unterscheiden (zudem) zwischen wirtschaftlicher Betätigung und einzelnen Organisationsformen kommunaler Unternehmen.[6] Eine Vielzahl von Gemeindeordnungen behandelt schließlich primär wirtschaftliche Unternehmen bezüglich Errichtung, Übernahme, Erweiterung etc.[7] Insofern wird nicht entscheidend zwischen wirtschaftlicher Betätigung und Organisationsform unterschieden, sondern beides gleichgesetzt, ohne näher zu bestim-

---

1 Zur historischen Entwicklung *Hellermann*, in: Hoppe/Uechtritz (Hrsg.), Handbuch Kommunale Unternehmen, 2. Aufl. 2007, § 7 Rn. 1 ff.

2 *Cronauge/Westermann*, Kommunale Unternehmen, 5. Aufl. 2006, Rn. 24, 86.

3 BVerwGE 39, 329 (333); *Püttner*, Die öffentlichen Unternehmen, 2. Aufl. 1985, S. 59; *Erichsen*, Kommunalrecht des Landes Nordrhein-Westfalen, 2. Aufl. 1997, S. 270.

4 *Ehlers*, in: Wurzel/Schraml/Becker (Hrsg.), Rechtspraxis kommunaler Unternehmen, 1. Aufl. 2005, Kap. B Rn. 6.

5 Art. 86, 88 Abs. 1 und 6 GO Bay; § 95 Abs. 1 Nr. 1 GO Sachs; auch § 76 Abs. 1 S. 1 ThürKO.

6 §§ 91, 92 GO BB; § 108 GO Nds; §§ 107, 108, 114, 114a GO NRW; §§ 85 ff. GO RP; §§ 95, 97 GO Sachs; §§ 101, 102, 106, 106a Abs. 1 GO SH.

7 Vgl. § 102 Abs. 1 GO BW; § 121 Abs. 1 GO Hess; § 68 Abs. 1 KV MV; § 116 Abs. 1 GO LSA; § 108 Abs. 1 SaarlKSVG.

men, ob die wirtschaftliche Betätigung organisatorisch und haushaltsmäßig in die Gemeindeverwaltung integriert oder in einer besonders geregelten, verselbständigten Form stattfinden muss.

Diese **normsystematischen Unterschiede** stehen einer dogmatisch sachgerechten Lösung jedoch nicht im Wege: So ist die wirtschaftliche Betätigung durch Regiebetriebe auch als den materiell-rechtlichen Beschränkungen des Kommunalwirtschaftsrechts unterworfen anzusehen. Umgekehrt statuieren auch diejenigen Gemeindeordnungen, die vorrangig auf die Zulässigkeit der wirtschaftlichen Betätigung abstellen, spezielle Regelungen für einzelne verselbständigte Unternehmensformen.[8] Schließlich stellen diejenigen Regelungen, die für gemeindliche wirtschaftliche Unternehmen ohne Rechtspersönlichkeit (Eigenbetriebe) eine Anwendung des Eigenbetriebsrechts vorschreiben, kein grundsätzliches Verbot für Regiebetriebe dar.[9] Wenn – wie in der Bayerischen Gemeindeordnung – „außerhalb der allgemeinen Verwaltung“ für Betriebe bestimmte Rechtsformen vorgeschrieben sind, so ist dadurch nicht der Regiebetrieb als Unternehmen innerhalb der allgemeinen Verwaltung verboten.[10] 4

2. Anwendungsfelder

Regiebetriebe existieren zum einen als **Hilfsbetriebe** für die Deckung des kommunalen Eigenbedarfs, wie z.B. als Gemeindegärtnerei, als Bauhof oder für die Unterhaltung des Fuhrparks. 5

Zum anderen steht die Organisationsform des Regiebetriebs auch für **kostenrechnende Einrichtungen** der Gemeinden offen. Letzteres bedeutet, dass eine öffentliche Einrichtung den Benutzern gegen eine auf kommunalem Abgabenrecht beruhende Benutzungsgebühr oder ein entsprechendes privatrechtliches Entgelt zur Verfügung steht.[11] Zwar sind für kostenrechnende Einrichtungen besondere Buchführungs- und Kalkulationsgrundlagen, so genannte Gebührenhaushalte, zu schaffen; damit ist indes keine haushaltsmäßige Verselbständigung dieser kommunalen Unternehmen oder Einrichtungen verbunden. Vielmehr bleiben kostenrechnende Einrichtungen ein Teil des gemeindlichen Haushalts ohne eigene Rechnungslegung, eigenen Abschluss und eigene Kreditermächtigung. Sie stellen damit kein vom Regiebetrieb zu unterscheidendes Handlungsinstrument der Kommunalwirtschaft dar, sondern erfassen ein Unternehmen der unmittelbaren Gemeindeverwaltung nur aus anderer, nämlich gebührenrechtlicher Sicht.[12] 6

Der Regiebetrieb wird daher oft als Organisationsform für kleinere kommunale kostenrechnende Einrichtungen wie einen Friedhof, einen Schlachthof oder ein Schwimmbad gewählt, die keiner besonderen Selbständigkeit und Flexibilität so- 7

---

8 *Hellermann* (Fn. 1), § 7 Rn. 24.

9 Vgl. § 106 GO SH; § 114 Abs. 1 GO NW; *Hellermann* (Fn. 1), § 7 Rn. 25; *v. Mutius/Rentsch*, Kommunalverfassungsrecht Schleswig-Holstein, 5. Aufl. 1998, § 106 Rn. 1.

10 Vgl. Art. 86 GO Bay; *Bauer* u. a., Bayerische Kommunalgesetze, Art. 86 GO Rn. 9 ff.

11 *Schulte/Wiesemann*, in: Driehaus (Hrsg.), Kommunalabgabenrecht, Loseblatt, § 6 Rn. 18.

12 *Hellermann* (Fn. 1), § 7 Rn. 30.

wie nicht der Anwendung betriebswirtschaftlicher Erkenntnisse bedürfen.[13] Insbesondere für **nichtwirtschaftliche Einrichtungen** wie Straßenreinigung, Abfallentsorgung und Abwasserbeseitigung ist der Regiebetrieb eine typische Organisationsform.[14] Vereinzelt ist insoweit jedoch die Rechtsform des Eigenbetriebs vorgeschrieben.[15] Ungeachtet dessen steht die Rechtsform des Regiebetriebs von Rechts wegen grundsätzlich auch für eine wirtschaftliche (kostenrechnende) Betätigung zur Verfügung.

3. Arten

8 Der Grad der Einbindung in den öffentlichen Haushalt lässt eine Unterscheidung zwischen **Bruttoregiebetrieb und Nettoregiebetrieb** zu: Kennzeichen eines Bruttoregiebetriebs ist, dass sämtliche Einnahmen und Ausgaben des Betriebs in den Haushaltsplänen des Trägers erscheinen (Brutto-Etatisierung). Beim Nettoregiebetrieb wird nur der Zahlungssaldo als Überschuss- oder Zuschussbedarf, d.h. Gewinn oder Verlust, im Haushaltsplan festgehalten (Netto-Etatisierung). Aus dem Eigenbetriebsrecht werden insofern die Bestimmungen über Wirtschaftsführung und Rechnungsführung genutzt.[16]

9 Der Nettoregiebetrieb widerspricht indes kommunalrechtlichen Regelungen und ist ohne **gesetzliche Ermächtigung** nicht zulässig. Eine einschlägige Ausnahmevorschrift hat allein das Land Niedersachsen geschaffen.[17] Ohne gesetzliche Grundlage ist eine haushaltsmäßige Verselbstständigung nur mit der Rechtsform des Eigenbetriebs oder einer teilweise ermöglichten Anwendung des Eigenbetriebsrechts auf nichtwirtschaftliche Einrichtungen, d.h. eigenbetriebsähnliche Einrichtungen, möglich.[18]

II. Rechtliche Rahmenbedingungen

10 Wenn überhaupt vorhanden, dann bestehen für den Regiebetrieb lediglich **rudimentäre gesetzliche Regelungen**, beispielsweise die Legaldefinition des Regiebetriebs in Art. 88 Abs. 6 BayGO oder die konkludente Anerkennung solcher Betriebe in § 95 Abs. 1 Nr. 1 SächsGO. Das ist insoweit unschädlich, als dann ohne weiteres die allgemeinen kommunalrechtlichen Regeln auf den Regiebetrieb anzuwenden sind.[19]

---

[13] *Gern*, Deutsches Kommunalrecht, 1994, Rn. 747.

[14] Siehe *Brüning*, Der Private bei der Erledigung kommunaler Aufgaben, insbesondere der Abwasserbeseitigung und der Wasserversorgung, 1997, S. 65 ff.

[15] Vgl. § 86 Abs. 2 S. 2 und 3 GO RP.

[16] *Schneider*, in: Wurzel/Schraml/Becker (Hrsg.), Rechtspraxis kommunaler Unternehmen, 1. Aufl. 2004, Kap. D Rn. 47 f.

[17] Vgl. § 110 GO Nds.

[18] Vgl. § 86 Abs. 2 GO RP; Art. 88 Abs. 6 GO Bay; § 103 Abs. 1 GO BB; § 107 Abs. 2 S. 2 und 3 GO NW; § 109 Abs. 4 KSVG Saarl; § 121 Abs. 2 S. 2, Abs. 3 GO Hess.

[19] Vgl. *Hellermann* (Fn. 1), § 7 Rn. 25.

Regiebetriebe sind rechtlich, organisatorisch und personell unselbständige Unternehmen der Gemeinde: Als **Amt der kommunalen Gebietskörperschaft** ist der Regiebetrieb in die allgemeine Verwaltung eingebunden und unterliegt den Entscheidungs- und Steuerungsmechanismen der Gemeindeordnung, insbesondere den Weisungen des Hauptverwaltungsbeamten.[20] Die Einflussnahme der Kommune ist bei dieser Organisationsform jederzeit umfassend gewährleistet.[21] Es existieren keine dem Regiebetrieb eigenen Organe. Er entsteht durch verwaltungsinterne Anordnung der zuständigen Gemeindeorgane. Fast alle Führungs- und Leitungsaufgaben obliegen der Vertretungskörperschaft und können nicht delegiert werden; im Übrigen ist der Bürgermeister bzw. der entsprechende Dezernent zuständig. Der Bürgermeister leitet und verteilt uneingeschränkt die Geschäfte und bestimmt durch Dienstanweisung deren Ablauf.[22] Die Personalwirtschaft richtet sich nach dem allgemeinen Stellenplan. 11

Als unselbständiger Teil der Gemeindeverwaltung ist der Regiebetrieb strikt in das **kommunale Haushalts-, Rechnungs- und Prüfungswesen** eingebunden.[23] Die Einnahmen und Ausgaben des Regiebetriebs sind vollständig in die Haushaltswirtschaft der betreffenden Kommune einzustellen; gleiches gilt auch für Kredite. Die Kosten einzelner Verwaltungsfelder sind mangels Trennung von den übrigen Haushaltstiteln kaum exakt zu beziffern; ggf.[24] können die Aufgabenbereiche gebührenfinanzierter Einrichtungen allerdings in Teilplänen dargestellt werden, die sich an Produktbereichen ausrichten. Die Veranschlagung im kommunalen Haushalt führt zur Anwendung des haushaltsrechtlichen Gesamtdeckungsprinzips mit der Folge, dass die erzielten Erlöse nicht der konkreten Verwaltungsaufgabe verbleiben, sondern für jedweden Zweck im Rahmen des Haushalts eingesetzt werden können.[25] 12

III. Steuerliche Behandlung

Nach dem geltenden Steuerrecht sind juristische Personen des öffentlichen Rechts mit ihren **Betrieben gewerblicher Art** steuerpflichtig[26] (→ § 49 Rn. 6 ff.). Diese Betriebe unterliegen der Umsatzsteuer sowie den Ertragsteuern, d.h. der Körperschaftsteuer und der Gewerbesteuer. Nach der Definition in § 4 Abs. 1 KStG sind Betriebe gewerblicher Art von juristischen Personen des öffentlichen Rechts alle Einrichtungen, die einer nachhaltigen wirtschaftlichen Tätigkeit zur Erzielung von 13

[20] *Dedy*, NWVBl. 1993, 245 (246).

[21] *Gern* (Fn. 13), Rn. 747; *Müller*, Rechtsformenwahl bei der Erfüllung öffentlicher Aufgaben, 1993, S. 436.

[22] *Schink*, VerwArch. 85 (1994), 251 (270 f.).

[23] *Hauser*, Die Wahl der Organisationsform kommunaler Einrichtungen, 1987, S. 95.

[24] Vgl. z. B. § 4 GemHVO NRW.

[25] *Cronauge/Westermann* (Fn. 2), Rn. 33; *Bodanowitz*, Organisationsformen für die kommunale Abwasserbeseitigung, 1993, S. 76 f.

[26] Zur Besteuerung der Kommunen mit ihren Regiebetrieben siehe *Friand*, KStZ 2008, 107 ff.

Einnahmen außerhalb der Land- und Forstwirtschaft dienen und die sich innerhalb der Gesamtbetätigung der juristischen Person wirtschaftlich herausheben. Die Absicht, Gewinn zu erzielen, und die Beteiligung am allgemeinen wirtschaftlichen Verkehr sind nicht erforderlich. Die **Hoheitsbetriebe** der juristischen Personen des öffentlichen Rechts, die nach der Definition in § 4 Abs. 5 KStG überwiegend der Ausübung der öffentlichen Gewalt dienen, unterliegen nicht der genannten Steuerpflicht. Eine mit ihrem (Regie-)Betrieb nicht umsatzsteuerpflichtige juristische Person des öffentlichen Rechts kommt allerdings auch nicht in den Genuss des Vorsteuerabzugs.

14 Die organisatorische Einbindung des Regiebetriebes in den Verwaltungsträger hindert nicht, aus steuerlicher Sicht die Kriterien des § 4 KStG zu prüfen.[27] Gebührenfinanzierte Einrichtungen der Gemeinden und Verbände im Sinne des Kommunalabgabenrechts können sowohl zu den steuerpflichtigen Betrieben gewerblicher Art als auch zu den nicht steuerpflichtigen Hoheitsbetrieben gehören. Die **Abgrenzung** ist **rein steuerrechtlich** vorzunehmen und nicht zwangsläufig deckungsgleich mit der Unterscheidung wirtschaftlicher und nichtwirtschaftlicher Tätigkeit im Gemeindewirtschaftsrecht.[28] Voraussetzung für eine hoheitliche Tätigkeit ist, dass die Erfüllung einer „spezifisch öffentlich-rechtlichen Aufgabe" vorliegt.[29] Es muss folglich eine Tätigkeit sein, die einer juristischen Person des öffentlichen Rechts „eigentümlich und vorbehalten" ist.[30]

15 Kommunale Körperschaften sind für ihre **Entsorgungsbetriebe** in öffentlich-rechtlicher Rechtsform als Hoheitsbetriebe von der Steuerpflicht befreit. Dazu hat eine Entscheidung des BFH zu Hausmüllentsorgungseinrichtungen Klarheit geschaffen.[31] Zu den Betrieben gewerblicher Art, die einer Steuerpflicht unterliegen, gehören nach § 4 Abs. 3 KStG ausdrücklich Betriebe, die der **Versorgung der Bevölkerung** mit Wasser, Gas, Elektrizität oder Wärme, dem öffentlichen Verkehr oder dem Hafenbetrieb dienen. Damit ist der gebührenfinanzierte Regiebetrieb einer Einrichtung der Wasserversorgung steuerpflichtig. Ferner ist der Betrieb von Märkten und Markthallen ein steuerpflichtiger Betrieb gewerblicher Art. Das gleiche gilt für gewerbliche Betriebe, die einem Hoheitsbetrieb angegliedert sind, z. B. für die Friedhofsgärtnerei.

16 Eine **Rücklagenbildung** ist unabhängig vom kommunalen Haushaltsrecht, d.h. auch bei Regiebetrieben, zulässig, vorausgesetzt, die Mittel werden für bestimmte Vorhaben (z.B. die Anschaffung von Anlagevermögen) angesammelt, für deren Durchführung bereits konkrete Zeitvorstellungen bestehen, oder die Durchführung des Vorhabens kann glaubhaft gemacht werden und ist finanziell in einem angemessenen Zeitraum möglich.[32]

---

[27] *Cronauge/Westermann* (Fn. 2), Rn. 35.

[28] *Schulte/Wiesemann* (Fn. 11), § 6 Rn. 19 f.; zur Abgrenzung *Schmid*, ZKF 2001, 218 (219).

[29] *Beinert*, in: Hoppe/Uechtritz, Handbuch kommunaler Unternehmen, 2. Aufl. 2007, § 11 Rn. 18.

[30] BFH, GewArch 2009, 133 f.; BFH, BStBl. II 2009, 248.

[31] BFH, BFHE 181, 322.

[32] Ausführlich *Beinert* (Fn. 29), § 11 Rn. 93 m. w. N.

IV. Rechtstatsächliche Vor- und Nachteile

Da der Regiebetrieb unmittelbar in die Kommunalverwaltung eingebunden bleibt, ist dessen Binnenstruktur entsprechend dem allgemeinen hierarchischen Verwaltungsaufbau weitgehend vorgegeben und damit unflexibel im Hinblick auf eine passgenaue Ausgestaltung im Einzelfall.[33] Ein Vorteil dieses Organisationstyps vermag in der umfassenden **politischen Steuerung**, also der Wahrung der Belange der Gemeindebürger durch die kommunale Volksvertretung zu liegen.[34] Jedoch ist darin eventuell zugleich der Nachteil eines Regiebetriebs zu erblicken. Denn die politische Einflussnahme und eine nicht immer fachgerechte personelle Besetzung bzw. die Überforderung der Mitglieder kommunaler Gremien wie des Gemeinderats können einer wirtschaftlich sinnvollen Betriebsführung im Wege stehen; eine marktgerechte Wettbewerbsfähigkeit des Regiebetriebs ist dann schwerlich zu erreichen.[35] 17

In **personalwirtschaftlicher** Hinsicht bestehen beim Regiebetrieb infolge der beamten- und dienstrechtlichen Vorschriften weder besondere Sanktionsmöglichkeiten noch Gestaltungsspielräume für eine leistungs- und/oder erfolgsorientierte Vergütung.[36] Bei kommunalen Krankenhäusern, die früher zumeist als Regiebetrieb geführt wurden, ist diese Organisationsform deshalb auf dem Rückzug.[37] Insbesondere eine angemessene personelle Besetzung ist im spezialisierten Krankenhausmanagementbereich schwer sicherzustellen. Denn wenn sich das Personal aus der Kommunalverwaltung rekrutiert und innerhalb dieser beispielsweise durch Beförderung in das Krankenhausmanagement hinein- oder aus diesem herauswechselt, sind Qualifikation und Kontinuität nicht gewährleistet. 18

In Bezug auf das Betriebsvermögen erwächst aus der angespannten Finanzlage der Gemeinden die Gefahr, dass Erlöse verbraucht werden und nicht für Ersatzinvestitionen bereitstehen. Umgekehrt erhöht sich aus der Sicht der Gemeinde infolge etwaiger Erlöse der **finanzwirtschaftliche Gestaltungsspielraum**.[38] Darüber hinaus haftet die Gemeinde zwar uneingeschränkt für ihren Regiebetrieb; umgekehrt bedingt das in der Regel einen besseren Fremdfinanzierungsrahmen, da nur ein Zusammenbruch der öffentlichen Haushalte die Rückzahlung des Kredits gefährden könnte.[39] 19

Eine Zusammenarbeit mit anderen Rechtssubjekten auf vertraglicher Basis scheitert beim Regiebetrieb an dessen fehlender Rechtsfähigkeit. Für ihn muss die Gebietskörperschaft selbst entsprechende Vereinbarungen mit Vertragspartnern schließen. Eine Beteiligung Dritter an einem Regiebetrieb als unselbständigem 20

---

33 *Uechtritz*, in: Hoppe/Uechtritz, Handbuch kommunaler Unternehmen, 2. Aufl. 2007, § 16 Rn. 24.

34 *Hellermann* (Fn. 1), § 7 Rn. 27.

35 *Cronauge/Westermann* (Fn. 2), Rn. 34; *Wurzel/Schraml*, in: Wurzel/Schraml/Becker (Hrsg.), Rechtspraxis kommunaler Unternehmen, 1. Aufl. 2004, Kap. J Rn. 10.

36 *Wurzel/Schraml* (Fn. 35), Kap. J Rn. 50, 52.

37 *Knorr/Wernick*, Rechtsformen der Krankenhäuser, 1991, S. 58.

38 *Cronauge/Westermann* (Fn. 2), Rn. 33.

39 *Wurzel/Schraml* (Fn. 35), Kap. J Rn. 55, 62.

Teil der Kommune ist ebenso wenig möglich wie die Beteiligung des Regiebetriebs an anderen Rechtssubjekten. Diese Organisationsform ist demnach für eine **Kooperation** mit einem anderen Rechtsträger ungeeignet.[40]

V. Optimierungsmöglichkeiten

21 Eine als Regiebetrieb organisierte Einrichtung ist auf verschiedene Arten optimierungsfähig: Wenn eine bessere **Anpassung an wirtschaftliche (Markt-) Anforderungen** angestrebt wird, bieten sich einerseits im Rahmen der jeweiligen Gemeindeordnung erlaubte Abweichungen von der Verwendung der reinen Organisationsform „Regiebetrieb" an,[41] andererseits kann der Regiebetrieb als solcher anders gestaltet werden.[42]

22 Teilweise wird von den Gemeindeordnungen erlaubt, dass der Regiebetrieb bis zu einem bestimmten Grad in entsprechender Anwendung des Eigenbetriebsrechts geführt werden kann.[43] Die dann entstehende so genannte **eigenbetriebsähnliche Einrichtung** ist insbesondere in den Fällen interessant, in denen die Organisationsform Eigenbetrieb durch die jeweilige Gemeindeordnung allein der wirtschaftlichen Betätigung vorbehalten ist und eine nichtwirtschaftliche Betätigung erfolgen soll. Außerdem kann durch die eigenbetriebsähnliche Einrichtung ein weitreichenderer organisatorischer und haushaltswirtschaftlicher Spielraum eröffnet werden. Niedersachsen ermöglicht in seiner Gemeindeordnung einen optimierten Regiebetrieb in der Art zu führen, dass dessen Haushaltswirtschaft ganz oder teilweise nach kaufmännischen Grundsätzen geführt wird.[44]

23 Bestrebungen, innerhalb des vorgegebenen Rechtsrahmens eine Optimierung des Regiebetriebs zu erreichen, zielen zumeist auf die **Steigerung wirtschaftlicher Effizienz** ab:[45] Dazu werden beispielsweise Veränderungen an der Steuerung bzw. Leitung des Regiebetriebs vorgenommen. So kann eine **doppelte Amtsleitung** mit jeweils einem kaufmännischen und einem technischen Amtsleiter das nötige Fachwissen für den Regiebetrieb gewährleisten. Eine Einschränkung der politischen Steuerung durch die bloße Vorgabe strategischer Zielsetzung, z.B. in einem jährlichen Wirtschaftsplan, sowie die Umverteilung von Zuständigkeiten zwischen Rat, Bürgermeister, Dezernenten und Amtsleitung hemmen politisch forcierte, wirtschaftlich jedoch nicht zielführende Eingriffe in die Betriebsleitung. Eine Bündelung der verbleibenden politischen Steuerung kann durch die Bildung eines **speziellen Ausschusses** des Rats erfolgen, der ähnlich dem Werk- bzw. Betriebsausschuss für Eigenbetriebe umfassend die Belange des Regiebetriebs be-

---

[40] *Wurzel/Schraml* (Fn. 35), Kap. J Rn. 23 f.

[41] Vgl. zu den Experimentierklauseln *Brüning/Vogelgesang*, Die Kommunalaufsicht, 2. Aufl. 2009, Rn. 381 f.; *Brüning*, DÖV 1997, 278 ff.

[42] Vgl. *Stargardt*, GemH 1994, 86 (87 ff.).

[43] Vgl. § 86 Abs. 2 GO RP; Art. 88 Abs. 6 GO Bay; § 103 Abs. 1 GO BB; § 107 Abs. 2 S. 2 und 3 GO NW; § 109 Abs. 4 KSVG Saarl; § 121 Abs. 2 S. 2, Abs. 3 GO Hess.

[44] § 110 GO Nds.

[45] *Hellermann* (Fn. 1), § 7 Rn. 29.

handelt. Inhaltlich kann eine Konzentration des Regiebetriebs auf seine wirtschaftliche Kernaufgabe erfolgen, indem alle **Behördenfunktionen** ausgegliedert werden. Dazu komplementär ist die Eingliederung von vorher außerhalb des Amtes erbrachten Querschnittsaufgaben in den Regiebetrieb, einhergehend mit einer steigenden Ressourcenverantwortung.

Allgemein ist eine Verbesserung der **Kostenrechnung** und des **Controlling** ein 24
Weg zur Effizienzsteigerung. Die aufgezeigten Möglichkeiten zu Veränderungen in Aufgabenstruktur, Binnen- und Ablauforganisation sowie im Personal- und Rechnungswesen nähern den Regiebetrieb an den Eigenbetrieb an.[46]

B. Eigenbetrieb

I. Grundlagen

Der Eigenbetrieb ist eine öffentlich-rechtliche Organisationsform für Unterneh- 25
men und Einrichtungen kommunaler Selbstverwaltungskörperschaften. Kennzeichnend ist, dass der Eigenbetrieb **keine eigene Rechtsfähigkeit** besitzt, wohl aber ein **Sondervermögen** der Trägerkommune darstellt, welches außerhalb des gemeindlichen Haushaltsregimes nach kaufmännischen Grundsätzen geführt wird. Ferner hat der Eigenbetrieb innerhalb der Verwaltung eine herausgehobene Stellung, weil er organisatorisch, nicht rechtlich verselbständigt ist und infolge dessen über **eigene Organe** verfügt. Mit dem Eigenbetrieb beschreitet die Trägerkommune einen Mittelweg zwischen unmittelbarer Gemeindeverwaltung einerseits und kommunalem Unternehmen mit eigener Rechtspersönlichkeit andererseits.[47]

1. Unternehmensbegriff

Die im Eigenbetrieb zusammengefassten Einrichtungen und Anlagen sind zur Er- 26
füllung kommunaler Aufgaben von der allgemeinen Verwaltung partiell verselbständigt. Dem Organisationstypus nach handelt es sich beim Eigenbetrieb um eine **nichtrechtsfähige öffentlich-rechtliche Anstalt**.[48] Der Eigenbetrieb hat durch die gesetzliche Ausgestaltung im Kommunalverfassungsrecht eine ausgeprägte verfassungsorganisatorische und vermögensrechtliche Sonderstellung erhalten, die seiner Eigenart als eines am Wirtschaftsleben teilnehmenden Unternehmens gerecht wird.[49]

---

[46] *Schink*, in: Henneke (Hrsg.), Organisation kommunaler Aufgabenerfüllung, 1998, S. 45 (59 f.).

[47] *Cronauge/Westermann* (Fn. 2), Rn. 141; *Uechtritz* (Fn. 33), § 16 Rn. 26: „Kompromisscharakter".

[48] *Schraffer*, Der kommunale Eigenbetrieb, 1993, S. 123.

[49] *Cronauge/Westermann* (Fn. 2), Rn. 141; auch *Schneider* (Fn. 16), Kap. D Rn. 28.

2. Anwendungsfelder

27 Herkömmlich ist der Eigenbetrieb der für die **wirtschaftlichen Unternehmen** der Kommunen vorgesehene Organisationstyp gewesen – so wie der Regiebetrieb für die nichtwirtschaftlichen Betätigungen.

28 Die wirtschaftlichen Unternehmen der Gemeinden sind **klassischerweise** z.B. Verkehrsbetriebe (Straßenbahn, Busbetrieb, Skilift, Lagerhaus, Parkhaus, Flughafen, Hafenbetrieb, Schiffsbetrieb, Fährbetrieb), Versorgungsbetriebe (Wasser, Elektrizität, Gas, Fernwärme), Betriebe für Güter des Primärsektors einschließlich des darauf bezogen verarbeitenden Sekundärsektors (Weinanbaubetrieb, Mosterei, Landgüter, Molkerei, Mühle, Steinbruch, Sägewerk, Fischerei) sowie Betriebe, die in ihrer Funktion der Kommune bei der Umsetzung von lokalen Interessen dienen (Messehalle, Stadthalle, Kurbetrieb, Ratskeller, Wäscherei).[50]

3. Arten

29 Auch wenn Bund und Länder Eigenbetriebe errichten können, werden im Folgenden nur die Eigenbetriebe der kommunalen Gebietskörperschaften sowie von Zweckverbänden betrachtet. Besonderheiten gibt es insoweit bei den **Stadtstaaten**: Teils sind die Eigenbetriebe dort solche des Landes, teils sind Eigenbetriebe errichtet, deren Träger die Stadtgemeinden sind – beispielsweise für die Abfallentsorgung in Bremen durch das Bremisches Entsorgungsbetriebs-Ortsgesetz.[51]

30 Entsprechend ihrem historischen Herkommen sehen einzelne Gemeindeordnungen die Organisationsform des Eigenbetriebs nur für wirtschaftliche Unternehmen vor.[52] Allerdings nimmt diese Unterscheidung der kommunalen Aufgabenerfüllung nach wirtschaftlichen Unternehmen und nichtwirtschaftlichen Einrichtungen oder Hoheitsbetrieben organisationsrechtlich insofern an Bedeutung ab, als vermehrt das Eigenbetriebsrecht auch für nichtwirtschaftliche Betätigungen eröffnet wird. Die vollständige oder teilweise entsprechende Anwendung des Eigenbetriebsrechts auf die Führung nichtwirtschaftlicher Unternehmungen, also beispielsweise der Abfall- und Abwasserentsorgung sowie der Straßenreinigung, dem Sport (Sporthalle, Schwimmbad), der Kultur (Theater, Oper, Museum) oder der Erziehung (Kindergarten, Jugendheim) dienende Einrichtungen, macht diese zu so genannten **eigenbetriebsähnlichen Einrichtungen**.[53] Die meisten Bundesländer, die in ihrem Kommunalwirtschaftsrecht unverändert zwischen wirtschaftlicher und nichtwirtschaftlicher Betätigung differenzieren, lassen die Eigenbetriebsform ohnehin unmittelbar für beide Modi der Aufgabenerfüllung zu, wenngleich teilweise mit gewissen Einschränkungen.[54] Erst recht steht diese Or-

---

50 Zur Baulanderschließung in Eigenbetriebsform siehe *Giebler*, GemH 2006, 78 ff.

51 Siehe *Schneider* (Fn. 16), Kap. D Rn. 18.

52 § 91 Abs. 1 u. 2 Nr. 1 GO BB; § 127 Abs. 1 GO Hess; § 114 Abs. 1 GO NW; § 106 GO SH.

53 Vgl. § 121 Abs. 2 S. 2, Abs. 3 GO Hess; § 107 Abs. 2 S. 2 GO NW; § 101 Abs. 4 S. 3 GO SH; *Schneider* (Fn. 16), Kap. D Rn. 42; *Hellermann* (Fn. 1), § 7 Rn. 39.

54 § 1 EigBG BW; § 68 Abs. 3 KV MW; §§ 108 Abs. 2 Nr. 1 u. Abs. 4 S. 1, 113 Abs. 1 GO Nds; § 86 Abs. 2 GO RP; § 109 Abs. 4 KSVG Saarl; § 95 Abs. 1 Nr. 2 GO Sachs.

ganisationsform dort umfassend zur Verfügung, wo die kommunalwirtschaftsrechtliche Unterscheidung aufgegeben worden ist.[55]

Die **Öffnung des Anwendungsbereichs** des Eigenbetriebsrechts insbesondere auf nichtwirtschaftliche Einrichtungen kann fakultativ oder obligatorisch sein,[56] und sie kann partiell oder vollständig sein. Je nach kommunalrechtlicher Vorgabe reichen die Organisationsmöglichkeiten von regiebetriebsnahen Varianten, die sich auf die Bildung eines Sondervermögens und die Herauslösung aus dem allgemeinen Haushalt beschränken und die organisatorische Einbindung in die Gemeindeverwaltung bestehen lassen, bis zu im Ergebnis den Eigenbetrieben gleichstehenden Modellen, die auch die Organisationsstruktur des Eigenbetriebs mit der Bestellung einer Werk- oder Betriebsleitung und der Bildung eines Werk- oder Betriebsausschusses vorsehen.[57] 31

II. Rechtliche Rahmenbedingungen

Die Rechtsgrundlagen für die Organisation der Eigenbetriebe stellen ein kaskadenförmiges Gebäude dar: Die **Gemeindeordnungen** der Länder beschränken sich regelmäßig auf rudimentäre Vorgaben, die durch **Eigenbetriebsgesetze bzw. -verordnungen** ausgestaltet werden.[58] Ergänzung finden diese Ausführungsbestimmungen in von der Gemeindevertretung erlassenen **Betriebssatzungen**, deren Vorhandensein – und teilweise auch deren Inhalte – gesetzlich vorgeschrieben ist.[59] 32

Diese kommunalverfassungsrechtliche Verankerung des Eigenbetriebs schließt **historisch** an die Regelungen der Deutschen Gemeindeordnung vom 30. Januar 1935 und der Eigenbetriebsverordnung vom 21. November 1938 an.[60] Nicht zuletzt deshalb sind die geltenden Rechtsgrundlagen zwar nicht deckungsgleich ausgestaltet, orientieren sich jedoch an übereinstimmenden Grundsätzen.[61] 33

---

55 Art. 86 Nr. 1, 88 GO Bay; § 116 GO LSA, § 1 EigBG LSA; § 76 ThürKO;.

56 Vgl. etwa Art. 88 Abs. 6 GO Bay; § 121 Abs. 2 S. 2, Abs. 3 GO Hess; § 108 Abs. 4 S. 1 GO Nds; § 107 Abs. 2 S. 2 u. 3 GO NW; § 86 Abs. 2 S. 2 GO RP; § 101 Abs. 4 S. 3 GO SH.

57 *Tiemann*, Städte- und Gemeinderat 1991, 77 (82); *Hellermann* (Fn. 1), § 7 Rn. 43.

58 Siehe beispielsweise zum Verhältnis von Eigenbetrieb und gemeindlicher Gesamtorganisation nach baden-württembergischen Eigenbetriebsrecht *Giebler*, BWVBl. 1999, 255 ff.; zur Stellung des Eigenbetriebs in der Gemeinde nach bayerischem Eigenbetriebsrecht *Lindl*, BayVBl. 2002, 298 ff.; zum sächsischen Eigenbetriebsrecht *Jacob*, LKV 1995, 104 ff.

59 Siehe die Darstellung der einschlägigen Rechtquellen vom Europäischen Gemeinschaftsrecht bis zu Geschäftsordnungen bei *Schneider* (Fn. 16), Kap. D Rn. 4 ff.

60 Zur historischen Entwicklung der Rechtsformen für kommunale Unternehmen einschließlich des Eigenbetriebs *Mann*, VR 1996, 230 ff.

61 Vgl. zu den Rechtsgrundlagen *Schneider* (Fn. 16), Kap. D Rn. 11 ff., 15 ff.

1. Keine eigene Rechtsfähigkeit

34 Der Eigenbetrieb ist **keine eigenständige Rechtsperson**, d.h. er besitzt keine Rechtsfähigkeit. Da ein Eigenbetrieb Teil der juristischen Person Gemeinde oder Landkreis bleibt, bedarf es zu seiner **Errichtung** lediglich eines Beschlusses der Vertretungskörperschaft dergestalt, dass bestimmte Teile des Gemeindevermögens organisatorisch verselbständigt werden sollen.[62] Dasselbe gilt für die **Beendigung** des Eigenbetriebs: Hier ist zu beschließen, dass die Bildung des Sondervermögens wieder rückgängig zu machen ist. Während des **laufenden Betriebs** sind im Innenverhältnis zur Kommune keine vertraglichen Rechtsbeziehungen einzugehen, sondern ist das innenrechtliche Instrumentarium der Verwaltungsanweisung oder des schlichten Ratsbeschlusses einzusetzen.[63] Gleichwohl ist dem Eigenbetrieb eine organisatorische Verselbständigung von der Trägerkommune eigen, die sich insbesondere im Vorhandensein besonderer Organe zeigt.

35 Im **Außenverhältnis zu Dritten**, also z.B. gegenüber dem Bürger, ist das Handeln des Eigenbetriebs rechtlich der Kommune zuzurechnen, und zwar auch dann, wenn sie im Rechtsverkehr unter dem Namen des Eigenbetriebs aufgetreten ist. Nur die Trägergemeinde und nicht der Eigenbetrieb wird berechtigt und verpflichtet.[64] In diesem Sinne ist bei Klageerhebung durch den Eigenbetrieb die Kommune unter dessen Bezeichnung Klägerin, da ansonsten ein Parteiunfähiger handelte.[65] In Ermangelung rechtlicher Selbständigkeit des Eigenbetriebs haftet die Kommune mit ihrem gesamten Vermögen für den Eigenbetrieb.[66]

2. Sondervermögen

36 Das Ziel einer erfolgreichen Aufgabenerfüllung durch den Eigenbetrieb bedingt (auch) finanzwirtschaftliche Selbständigkeit des eigenbetrieblichen Vermögens, das als Sondervermögen der Gemeinde zu verwalten und gesondert im kommunalen Haushalt auszuweisen ist. Ein Sondervermögen bedingt keine Außen-, sondern nur erhebliche Innenwirkungen in Gestalt einer **eigenständigen Finanzplanung, eigener Buchführung mit Rechnungslegung und einer Sonderkasse** des Eigenbetriebs.

37 **a) Kapitalausstattung und –erhaltung.** Der Eigenbetrieb ist mit einem in der Betriebssatzung festzusetzenden **Stammkapital** auszustatten, das dem Gegenstand und dem Betriebsumfang angemessen ist.[67] Auf die Erhaltung dieses Sondervermögens ist hinzuwirken; der **Jahresgewinn** soll so hoch sein, dass neben ange-

---

62 Zum Verfahren der Errichtung von Eigenbetrieben und eigenbetriebsähnlichen Einrichtungen *Kremer*, DVP 2006, 410 ff.

63 *Cronauge/Westermann* (Fn. 2), Rn. 142; ausführlich *Schneider* (Fn. 16), Kap. D Rn. 97 ff.

64 *Schneider* (Fn. 16), Kap. D Rn. 32.

65 BGH, Urt. v. 25.2.1981 - VIII ZR 64/80 WM 1981, 529.

66 *Cronauge/Westermann* (Fn. 2), Rn. 142.

67 Vgl. § 7 Abs. 2 EigVO SH; § 9 Abs. 2 EigVO NW; ausführlich *Schmid*, KKZ 2010, 1, 2 ff.

messenen Rücklagen mindestens auch eine marktübliche Verzinsung des Eigenkapitals erwirtschaftet wird.[68]

b) Wirtschaftsplan. Einnahmen und Ausgaben des Eigenbetriebs scheiden aus der Haushaltswirtschaft der Trägergemeinde aus; nur Eigenkapitalbewegungen und voraussichtliche Gewinne und Verluste gehen in den Haushaltsplan ein.[69] An die Stelle des gemeindlichen Haushaltsplans tritt der jeweils vor dem Wirtschaftsjahr aufzustellende Wirtschaftsplan, bestehend aus **Erfolgsplan, Vermögensplan und Stellenübersicht**.[70] Der Eigenbetrieb verfügt damit für seinen Unternehmenszweck über ein getrenntes Sondervermögen einschließlich einer eigenen Kostenrechnung mit der Folge, dass beispielsweise durch Benutzungsgebühren für die (öffentliche) Einrichtung erwirtschaftete Abschreibungen dort verbleiben und auch die Kreditwirtschaft des Eigenbetriebs unabhängig gestellt wird.[71] 38

Der **Erfolgsplan** muss alle voraussehbaren Erträge und Aufwendungen des Wirtschaftsjahres enthalten und ist wie die Gewinn- und Verlustrechnung zu gliedern. Aufwendungen sind z.B. solche für Personal, Abschreibungen oder Zinsen.[72] Im **Vermögensplan** sind alle voraussehbaren Einzahlungen und Auszahlungen des Wirtschaftsjahres, die sich aus den Änderungen des Anlagevermögens – also Erneuerung, Erweiterung, Neubau, Veräußerung – und aus der Kreditwirtschaft ergeben, sowie die notwendigen Verpflichtungsermächtigungen aufzuführen. Auf der Einnahmeseite des Vermögensplanes sind die vorhandenen oder zu beschaffenden Finanzierungsmittel auszuweisen. Deckungsmittel, die aus dem Haushalt der Gemeinde stammen, müssen mit den Ansätzen im Haushaltsplan der Gemeinde übereinstimmen.[73] Die **Stellenübersicht** beinhaltet die im Wirtschaftsjahr erforderlichen Stellen für Arbeitnehmerinnen und Arbeitnehmer einschließlich der Angaben zur Stellenbewertung und Eingruppierung. Beamte, die bei dem Eigenbetrieb beschäftigt werden, sind im Stellenplan der Gemeinde zu führen und in der Stellenübersicht des Eigenbetriebs nachrichtlich anzugeben. Um die Personalentwicklung transparenter zu gestalten, sind die Personalzahlen mit denen des Vorjahres im Abgleich anzugeben.[74] 39

Der Wirtschaftsplan ist abzuändern, wenn wesentliche **wirtschaftliche Veränderungen** im Eigenbetrieb auftauchen. Diese können beispielsweise Verschlechterungen des Jahresergebnisses mit Auswirkung auf den Gemeindehaushalt, Kapitalbedarf aus Gemeindevermögen oder Kredit oder ein erhöhter Personalbedarf sein.[75] 40

---

68 Vgl. § 7 Abs. 1 EigVO SH; § 9 Abs. 1 EigVO NW; *Schmid*, KKZ 2010, 1, 6 f.

69 *Hellermann* (Fn. 1), § 7 Rn. 59.

70 Vgl. §§ 12 ff. EigVO SH; §§ 14 ff. EigVO NW; *Schmid*, KKZ 2010, 26, 27.

71 *Schoepke*, BWVBl. 1995, 417.

72 *Cronauge/Westermann* (Fn. 2), Rn. 163; *Schmid*, KKZ 2010, 26, 27 f.: „Vorausplanung der Gewinn- und Verlustrechnung".

73 *Schneider* (Fn. 16), Kap. D Rn. 39; *Schmid*, KKZ 2010, 26, 28 f.: „Investitions- und Kapitalrechnung".

74 *Cronauge/Westermann* (Fn. 2), Rn. 163; vgl. *Schmid*, KKZ 2010, 26, 29.

75 *Schneider* (Fn. 16), Kap. D Rn. 38.

41 c) **Buchführung und Jahresabschluss.** Im Unterschied zum traditionell kameralistisch geführten Gemeindehaushalt ist für das Rechnungswesen des Eigenbetriebs schließlich eine **Sonderrechnung nach der kaufmännischen doppelten Buchführung** mit einem eigenen Jahresabschluss am Ende des Wirtschaftsjahres angeordnet.[76] Dies ermöglicht im Gegensatz zur Kameralistik, die der Dokumentation des Haushaltsvollzugs dient, eine Gewinn- und Verlustermittlung, eine Rentabilitätskontrolle und eine Vermögens- und Kapitalübersicht.[77] Das erhöht die Transparenz der Finanzierung und der Wirtschaftsführung des Eigenbetriebs, indem ein genauerer Überblick über die Ertragslage sowie über das Vermögen und die Schulden des Unternehmens gewährt wird.[78]

42 Dem Wesen des Sondervermögens entsprechend ist regelmäßig die Führung einer **Sonderkasse** als selbständiger Teil der gemeindlichen Kassenorganisation vorgeschrieben.[79] Die Trennung der Sonderkasse des Eigenbetriebs von der übrigen Gemeindehaushaltswirtschaft bezieht sich unabdingbar auf die Buchführung und den Jahresabschluss. Es ist aber nicht untersagt, dass die Kassengeschäfte gemeinsam mit der Gemeinde abgewickelt werden; vielmehr ist das eine Frage der Zweckmäßigkeit.[80]

43 Der Jahresabschluss besteht aus der **Bilanz, der Gewinn- und Verlustrechnung** und dem Anhang. Zugleich erfolgt ein **Lagebericht**. Mit diesen beiden Instrumenten wird gegenüber dem Gemeinderat Rechenschaft abgelegt. In der Regel soll dieser dann innerhalb eines Jahres den Jahresabschluss und den Lagebericht feststellen und die daraus folgenden Konsequenzen beschließen (näher → § 48 Rn. 9 ff.).

44 d) **Prüfung.** Der Jahresabschluss und der Lagebericht unterliegen einer durch **öffentlich bestellte Wirtschaftsprüfer oder kommunale Prüfungsverbände oder -anstalten**. Die Prüfung umfasst nicht nur die gesetzlichen Regelungen einschließlich ergänzender Satzungen und sonstigen Ortsrechts, sondern in entsprechender Anwendung des § 53 Abs. 1 HGrG auch die Ordnungsmäßigkeit der Geschäftsführung, z.B. Organisation und Instrumentarium der Geschäftsführung, d.h. Rechnungswesen und Information, sowie Planung und interne Überwachung.[81]

45 Neben die Jahresabschlussprüfung kann eine örtliche Prüfung der Wirtschaftsführung und des Rechnungswesens des Sondervermögens durch das **Prüfungsamt der Gemeinde** treten, wenn der Rat das beschließt. Hinzu kommt die in mehrjährigen Abständen erfolgende überörtliche Prüfung durch die **Kommunalaufsichtsbehörden**.[82] Zu Einzelheiten s. → § 48 Rn. 49 ff.

---

76 Vgl. §§ 12 ff. EigVO SH; §§ 14 ff. EigVO NW.

77 *Schneider* (Fn. 16), Kap. D Rn. 42; *Cronauge/Westermann* (Fn. 2), Rn. 165; *Schoepke*, BWVBl. 1995, 417 (418).

78 *Hellermann* (Fn. 1), § 7 Rn. 61.

79 Vgl. § 98 GO BW.

80 *Schmid*, KKZ 2010, 26.

81 *Cronauge/Westermann* (Fn. 2), Rn. 164.

82 *Schneider* (Fn. 16), Kap. D Rn. 42; *Cronauge/Westermann* (Fn. 2), Rn. 164.

III. Organe

Zur Umsetzung der organisatorischen Selbständigkeit des Eigenbetriebs werden spezielle Organe (der Gemeinde) gebildet, und zwar die Werk- oder Betriebsleitung sowie der Werk- oder Betriebsausschuss. Besondere Bedeutung besitzen im vorliegenden Zusammenhang ferner der Hauptverwaltungsbeamte und der Rat bzw. die Gemeindevertretung; teilweise tritt ein fünftes Organ, nämlich der Kämmerer, hinzu. Diese zwischen Eigenständigkeit gegenüber und Verbindung mit der Kommune angelegte Organisationsstruktur lässt sich als funktionelle **Kompetenzverflechtung** beschreiben, in der Geschäftsführung und Kontrolle zwischen Werkleitung, Werkausschuss, Rat und Bürgermeister – je nach landesrechtlicher Ausgestaltung und Wahrnehmung gemeindlicher Spielräume – aufgeteilt sind.[83] Eine klare Kompetenzabgrenzung in der Betriebssatzung, insbesondere hinsichtlich der Zuständigkeiten von Werkleitung und Hauptverwaltungsbeamten, hilft, rechtliche Organstreitigkeiten und tatsächliche Reibungsverluste zu vermeiden.[84] 46

1. Werk-/Betriebsleitung

Der organisatorischen Selbständigkeit des Eigenbetriebs dient in erster Linie das Organ der Werk- bzw. Betriebsleitung, deren Bestellung regelmäßig zwingend gesetzlich vorgeschrieben ist und der ein gewisses Maß an Autonomie gegenüber der Kommunalverwaltung und dem Rat eingeräumt ist: Der Werkleitung obliegt die **selbständige Leitung** des Eigenbetriebes, soweit nicht Gemeindeordnung, Eigenbetriebsverordnung oder Betriebssatzung anderes bestimmen.[85] Sie vollzieht grundsätzlich die Beschlüsse der Gemeindevertretung und des Werkausschusses in Angelegenheiten des Eigenbetriebs und vertritt den Eigenbetrieb im Rahmen ihrer Zuständigkeit. 47

a) **Innere Organisation.** Die Werkleitung kann – je nach Betriebsgröße (z.B. Bilanzsumme, Umsatzvolumen, Umfang des Rechnungswesens, Anzahl der Beschäftigten) – aus einem oder mehreren Betriebs- oder Werkleitern bestehen. Die **Trennung zwischen kaufmännischen und technischen Werkleiter** bietet sich an; vor allem beim Querverbund (s. u. Rn. 77) liegt es nahe, die jeweiligen Teilbetriebe von technischen Leitern führen zu lassen und die kaufmännischen Angelegenheiten des Gesamtbetriebes in die Hand eines sachlich-fachlich geeigneten Werkleiters zu legen.[86] 48

Bei mehreren Werkleitern ist eine **interne Geschäftsverteilung** einschließlich Abstimmungs- und Vertretungsregeln durch Dienstanweisung erforderlich. Auch sollte ein Erster Werkleiter ernannt werden, dessen besondere Stellung näher fest- 49

[83] *Scholz/Pietzasch*, in: Püttner (Hrsg.), Handbuch der kommunalen Wissenschaft und Praxis, Bd. 5, 2. Aufl. 1984, S. 128 (142 f.).

[84] *Cronauge/Westermann* (Fn. 2), Rn. 144; vgl. auch *Schmid*, KKZ 2010, 1: „Schlagkräftige Organe schaffen".

[85] *Cronauge/Westermann* (Fn. 2), Rn. 145.

[86] *Schneider* (Fn. 16), Kap. D Rn. 63.

gelegt wird und dessen Stimme bei Stimmengleichheit der Werkleiter den Ausschlag gibt.[87] Die Werkleiter können Beamte oder Angestellte der Gemeinde sein; sie unterstehen als Kommunalbedienstete dienstrechtlich dem Bürgermeister bzw. Landrat.[88]

50 Um der Selbständigkeit der Werkleitung willen ist eine **Personalunion** zwischen **Hauptverwaltungsbeamten und Werkleiter** abzulehnen, auch wenn sie teilweise nach der Gemeindeordnung zugelassen sein kann oder jedenfalls nicht ausdrücklich ausgeschlossen ist. Anderenfalls könnte sich eine Interessenkonfusion dadurch ergeben, dass die dem Hauptverwaltungsbeamten und der Werkleitung zugewiesenen unterschiedlichen Aufgabenbereiche in einer Person zusammenfallen. Ungeachtet dessen dient eine Personenverschiedenheit der Repräsentanz der verschiedenen Interessen von Verwaltung und Eigenbetrieb.[89] Zumindest bei größeren Betrieben ist ferner die Arbeitsbelastung, die den verschiedenen Aufgabenbereichen zugeteilt ist, nicht zu unterschätzen.[90]

51 Der jeweilige Werkleiter ist Kommunalbediensteter, d.h. Beamter auf Zeit oder Lebenszeit oder Angestellter, und unterliegt dem einschlägigen **Dienstrecht**. Die Besoldung der Werkleitung kann dementsprechend entweder im Rahmen eines Beamtenverhältnisses, eines privatrechtlichen Angestelltenverhältnisses oder eines privatvertraglichen Dienstverhältnisses mit besonderen Vergütungsregeln geregelt werden.

52 Der Werkleiter haftet als Beamter oder tariflich Angestellter nur für Vorsatz und grobe Fahrlässigkeit; das ergibt sich aus beamtenrechtlichen Grundsätzen oder Arbeitsrecht. Ansonsten gilt für Angestellte die vertragliche oder allgemeine zivilrechtliche **Haftungsbegrenzung**.[91]

53 **b) Kompetenzen.** Der Werkleitung hat unentziehbar die Alleinzuständigkeit für die **laufende Betriebsführung** inne. Der Begriff der laufenden Betriebsführung lehnt sich an die Definition des gemeinderechtlichen Begriffs des (einfachen) Geschäfts der laufenden Verwaltung an.[92] Ob ein Geschäft „laufend" ist, kann je nach Größe, Struktur, Finanzkraft und Verwaltungsintensität der Gebietskörperschaft bzw. des Eigenbetriebes variieren.[93] Kennzeichnend sind ständig wiederkehrende Maßnahmen, die für den Betrieb und seine Aufrechterhaltung notwendig und sachlich nicht von außerordentlicher Bedeutung sind, z.B. Personaleinsatz, Einkauf von Betriebsstoffen und Material, Anordnung von Instandhaltungsmaßnahmen, Abschluss von Lieferverträgen. Das finanzielle Ausmaß und die Schwierigkeit sind für die Abgrenzung nicht primär relevant; vielmehr kommt es auf

---

87 *Schneider* (Fn. 16), Kap. D Rn. 69.

88 *Schneider* (Fn. 16), Kap. D Rn. 77.

89 Vgl. *Zeiss*, in: Püttner (Hrsg.), Handbuch der kommunalen Wissenschaft und Praxis, Bd. 5, 2. Aufl. 1984, S. 153 (161): „Wirtschaften und Verwalten"; *Cronauge/Westermann* (Fn. 2), Rn. 147.

90 *Cronauge/Westermann* (Fn. 2), Rn. 147.

91 *Schneider* (Fn. 16), Kap. D Rn. 80.

92 *Schraffer* (Fn. 48), S. 37, 42.

93 *Schneider* (Fn. 16), Kap. D Rn. 67.

Regelmäßigkeit und Häufigkeit der Geschäfte an.[94] Eine genaue Aufteilung in der Betriebssatzung nach Wertgrenzen kann dennoch sinnvoll sein. Der hervorgehobenen Stellung entsprechend entscheidet die Werkleitung auch über Dienstreisen, solange diese im Bereich der laufenden Betriebsführung angesiedelt sind. Sollte dieser Rahmen überschritten werden, ist eine Genehmigung des Dienstvorgesetzten einzuholen.[95]

Sodann trägt die Werkleitung – je nach landesrechtlicher Ausgestaltung – die Verantwortung für das **Rechnungswesen** sowie die Umsetzung der auf den Eigenbetrieb bezogenen Beschlüsse der anderen kommunalen Organe (Rat, Werkausschuss, Verwaltungsspitze). Außerdem kann in der Betriebssatzung eine Übertragung weiterer Geschäfte zur selbstständigen Erledigung erfolgen, sofern diese Zuständigkeiten nicht gesetzlich anderen Organen vorbehalten sind. Ein über die regulären Zuständigkeiten der Werkleitung hinausgehendes **Eilentscheidungsrecht** ist nicht in jedem Bundesland gegeben, so dass in der Praxis dort die Werkleitung unaufschiebbare Notfälle beim Bürgermeister vortragen muss, um dessen Eilentscheidungsrecht fruchtbar zu machen.[96] 54

Die **Außenvertretung** durch die Werkleitung in Angelegenheiten des Eigenbetriebs ist rechtlich davon abhängig, ob diese durch Gesetz vorgesehen ist und/oder auf gesetzlicher Grundlage durch die Betriebssatzung übertragen ist. Aus Gründen der Rechtsklarheit und Rechtssicherheit sind in einigen Ländern die Vertretungsberechtigung und ihr Umfang öffentlich bekannt zu machen sowie die Wirksamkeit der Erklärungen der Werkleitung von Formvorschriften abhängig.[97] Falls die Vertretungsmacht delegiert ist, handelt die Werkleitung nicht für den (rechtlich ja unselbständigen Eigenbetrieb), sondern für die Gebietskörperschaft. 55

Grundsätzlich nicht von der Zuständigkeit der Werkleitung zur Führung des laufenden Betriebs umfasst sind **hoheitliche Tätigkeiten**, welche die Benutzung der öffentlichen Einrichtung betreffen; infolge dessen können sie nur bei entsprechender Übertragung einen Gegenstand der Außenvertretung bilden. Hierher rechnen beispielsweise durch Verwaltungsakt zu treffende Entscheidungen über Begründung, Umfang oder Aufrechterhaltung eines Anschluss- oder Benutzungsverhältnisses sowie die Erhebung dazu gehöriger Anschlussbeiträge oder Gebühren.[98] Davon abzugrenzen ist die gleichmäßigen Mustern folgende Abwicklung der einzelnen Verhältnisse, beispielsweise der Anschluss an die öffentliche Versorgungsanlage oder die Heranziehung zum Kostenersatz und zu Kommunalabgaben, wenn das Anschlussrecht und Grund und Höhe der Beiträge und Gebühren jeweils durch Satzung bestimmt sind. Diese Aufgaben sind der Werkleitung vorbehalten.[99] Gleichwohl bedarf die Außenvertretungsmacht der rechtlichen Anordnung. 56

94 *Cronauge/Westermann* (Fn. 2), Rn. 149 f.
95 *Cronauge/Westermann* (Fn. 2), Rn. 152.
96 *Schneider* (Fn. 16), Kap. D Rn. 74.
97 *Schneider* (Fn. 16), Kap. D Rn. 72.
98 *Schneider* (Fn. 16), Kap. D Rn. 73.
99 *Cronauge/Westermann* (Fn. 2), Rn. 152.

57 **c) Kommunalverfassungsrechtliche Ingerenzen.** Trotz der relativen Selbständigkeit, die einem effektiven Wirtschaften dient, hat die Werkleitung zu beachten, dass der Eigenbetrieb ein wirtschaftliches Unternehmen der Gemeinde ist und insofern stets einen öffentlichen Zweck erfüllen soll. Deshalb muss die Werkleitung das **öffentliche Interesse** beachten und insofern Verpflichtungen gegenüber den Gemeindeeinwohnern wahren, beispielsweise in sozialer und ökologischer Hinsicht.[100]

58 Darüber hinaus ist der Eigenbetrieb unbeschadet der organisatorischen Verselbständigung ein Teil des Gemeindevermögens, für das der Bürgermeister insgesamt die Verantwortung trägt. Deshalb hat die Werkleitung ihn über alle wichtigen Angelegenheiten des Eigenbetriebs unaufgefordert und so rechtzeitig zu informieren, dass er im Interesse der Einheitlichkeit der Gemeindeverwaltung eingreifen kann.[101] Diese **Unterrichtungspflicht** betrifft zum einen die wirtschaftliche Entwicklung des Eigenbetriebes und zum anderen die Umsetzung des Wirtschaftsplanes, insbesondere wenn erhebliche Mehraufwendungen oder Mindererträge zu erwarten sind, die den veranschlagten Erfolg gefährden.[102]

2. Hauptverwaltungsbeamter

59 Zur Begrenzung der organisatorischen Verselbständigung des Eigenbetriebs und Rückbindung an die Gemeinde kommt dem Hauptverwaltungsbeamten eine wesentliche Organstellung im Eigenbetrieb zu. Da seine Aufgabe darin besteht, die gesamte gemeindliche Verwaltung zu leiten, gehört dazu grundsätzlich auch die Verwaltung des Eigenbetriebs.[103] Um seiner Koordinierungs- und Überwachungsfunktion im Sinne der Einheitlichkeit der Verwaltung gerecht werden zu können, hat der Hauptverwaltungsbeamte **Informations- und Weisungsrechte** gegenüber der Werkleitung. Dabei muss er jedoch die Verteilung der Zuständigkeiten beachten, d.h. er darf in laufende Geschäfte sowie durch Gesetz oder Betriebssatzung übertragene Zuständigkeiten der Werkleitung nicht eingreifen.[104] Vorbehaltlich dessen hat er die Beschlüsse des Werkausschusses bzw. des Gemeinderates zu vollziehen.

60 Außerdem hat der Hauptverwaltungsbeamte das **Eilentscheidungsrecht**, welches als exklusives und nicht übertragbares Notrecht uneingeschränkt gegenüber dem Werkausschuss und der Werkleitung besteht.[105]

61 Darüber hinaus ist der Hauptverwaltungsbeamte – vorbehaltlich anderslautender landesbeamten- und kommunalverfassungsrechtlicher Regelungen – auch für die Einstellung, Beförderung und Entlassung der Dienstkräfte zuständig[106]. Schließlich ist er **Dienstvorgesetzter** der Kommunalbediensteten des Eigenbe-

---

[100] *Zeiss* (Fn. 89), S. 153 (161); *Cronauge/Westermann* (Fn. 2), Rn. 153.
[101] *Zeiss* (Fn. 89), S. 153 (162).
[102] *Zeiss* (Fn. 89), S. 153 (165).
[103] *Schneider* (Fn. 16), Kap. D Rn. 88.
[104] *Cronauge/Westermann* (Fn. 2), Rn. 156.
[105] *Schneider* (Fn. 16), Kap. D Rn. 92.
[106] *Cronauge/Westermann* (Fn. 2), Rn. 155.

triebs und hat als solcher das Disziplinarrecht inne, soweit diese Befugnisse nach der Betriebssatzung nicht anderen Organen zustehen. Danach kann er bestimmte Weisungen an einzelne Dienstkräfte erteilen, die aus Gründen der Einheitlichkeit der Gemeindeverwaltung, zur Sicherstellung der Aufgabenerfüllung über den Eigenbetrieb hinaus oder zur Beseitigung von Missständen, insbesondere bei Vernachlässigung und Verletzung der Pflichten der Werkleitung, geboten sind. Im Falle rechtswidriger Maßnahmen der Betriebsleitung muss er, bei nachteiligen Entscheidungen kann der Hauptverwaltungsbeamte die Rückgängigmachung verlangen.[107]

Zur Erfüllung seiner Aufgaben hat der Hauptverwaltungsbeamte **Auskunftsrechte** gegenüber der Werkleitung im Einzelfall oder durch regelmäßige (Zwischen-)Berichte, denen Unterrichtungspflichten der Werkleitung korrespondieren.[108] **62**

3. Kämmerer

Das Eigenbetriebsrecht mancher Bundesländer versucht, der finanziellen Verflechtung von Gemeindehaushalt und eigenbetrieblichem Sondervermögen dadurch gerecht werden, dass auch dem Kämmerer ein **Unterrichtungsrecht** hinsichtlich finanzwirtschaftlich relevanter Informationen (z.B. Entwurf des Wirtschaftsplans und des Jahresabschlusses, Vierteljahresübersichten, Ergebnisse der Betriebsstatistik, Selbstkostenrechnungen) zusteht.[109] **63**

4. Werkausschuss/Betriebsausschuss

Als ausschließlich mit Angelegenheiten des Eigenbetriebs befasster besonderer Ausschuss des Rates dient der Werkausschuss der **Wahrnehmung des politischen Willens** des Bürgers und zugleich als sachkundiges und spezialisiertes Organ der Vertretungskörperschaft.[110] Ein Werkausschuss kann für mehrere Eigenbetriebe der Kommune gebildet werden. Teilweise ist seine Einrichtung obligatorisch, teilweise steht sie im Ermessen der Gemeinde. **64**

a) **Innere Organisation.** Zur Stärkung des Sachverstandes ist in dem vom Rat bestellten Werkausschuss, für den grundsätzlich die jeweiligen gesetzlichen Regelungen über die Zusammensetzung der Ausschüsse zu beachten sind, auch eine Berufung **sachkundiger Bürger** möglich.[111] **65**

Die **Mitglieder der Werkleitung** nehmen an den Sitzungen mit beratender Stimme teil. Sie sind berechtigt und auf Verlangen verpflichtet, zu einem Punkt der Tagesordnung Stellung zu nehmen. **66**

---

[107] *Schmid*, KKZ 2010, 1.

[108] Vgl. *Schneider* (Fn. 16), Kap. D Rn. 90.

[109] Vgl. § 7 EigVO NW.

[110] *Schneider* (Fn. 16), Kap. D Rn. 81: „demokratisches Element in der Organisation des Eigenbetriebs".

[111] *Schneider* (Fn. 16), Kap. D Rn. 82.

67 Die Mitwirkung und Mitbestimmung der Arbeitnehmer des Eigenbetriebs ist im **Personalvertretungsrecht** geregelt (→ § 50 Rn. 24 ff.). In einigen Bundesländern ist eine unternehmerische Mitbestimmung für wirtschaftlich tätige Eigenbetriebe statuiert, indem eine bestimmte Vertreterzahl der Beschäftigten des Eigenbetriebs als stimmberechtigte Mitglieder im Werkausschuss mitwirkt. Diese Vertreter werden im Wege der personalrechtlichen Mitbestimmung oder durch eine Versammlung der Beschäftigten vorgeschlagen und dann vom Rat gewählt.[112] Schwierigkeiten bereitet allerdings die Reichweite der Mitbestimmungsregelung im Falle einer gemeinsamen Organisation von Wirtschaftsunternehmen und Hoheitsbetrieben unter einem „gemeinsamen Dach".[113]

68 Für die **Beschlussfassung** und den Geschäftsgang des Werkausschusses gelten zumeist die Bestimmungen für den Gemeinderat entsprechend, d.h. beispielsweise dass ein Ausschussmitglied, das einen unmittelbaren persönlichen Vor- oder Nachteil hat, nicht mit beraten oder mitbestimmen darf.[114]

69 Die **rechtliche Stellung der Ausschussmitglieder** entspricht in aller Regel derjenigen von Ratsmitgliedern oder Ehrenbeamten. Den Ausschussmitgliedern steht nach Maßgabe der jeweiligen Kommunalverfassung eine Verdienstausfall- und Aufwandsentschädigung zu. Sie haften für Schäden, die der Gemeinde dadurch entstehen, dass sie vorsätzlich oder fahrlässig ihre Pflichten verletzen, (nur) im Falle gesetzlicher Anordnung.[115]

70 **b) Kompetenzen.** Eine wichtige Aufgabe des Werkausschusses ist eine **sachkundige Vorberatung** in Angelegenheiten des Eigenbetriebs, um die Willensbildung der Gemeindevertretung effektiver zu gestalten. Über diese vorbereitende Funktion hinaus hat der Werkausschuss **beschließende Funktionen** im Rahmen der Beschlüsse der Gemeindevertretung über die Grundsätze der Wirtschaftsführung, der Vermögensverwaltung und der Rechnungslegung nach dem einschlägigen Eigenbetriebsrecht;[116] insbesondere kann ihm das Eilbeschlussrecht in Dringlichkeitsfällen in den dem Rat vorbehaltenen Angelegenheiten zukommen. Außerdem können ihm aufgrund von Gesetz oder Verordnung sowie Betriebssatzung oder Einzelbeschluss des Gemeinderates weitere Entscheidungsbefugnisse zustehen.[117] Wenn zur Beschleunigung nicht exklusive Entscheidungszuständigkeiten des Rates durch die Betriebssatzung auf den Werkausschuss verlagert werden, muss beachtet werden, dass davon nicht die Kompetenz zur laufenden Betriebsführung betroffen wird, da diese in der Alleinzuständigkeit der Werkleitung steht.[118]

---

[112] *Schneider* (Fn. 16), Kap. D Rn. 82.
[113] Dazu *Cronauge/Westermann* (Fn. 2), Rn. 167.
[114] *Schneider* (Fn. 16), Kap. D Rn. 85.
[115] *Schneider* (Fn. 16), Kap. D Rn. 84.
[116] *Schneider* (Fn. 16), Kap. D Rn. 86, der für einen positiven, ggf. betragsmäßig definierten Zuständigkeitskatalog in der Betriebssatzung plädiert.
[117] *Hellermann* (Fn. 1), § 7 Rn. 56; *Cronauge/Westermann* (Fn. 2), Rn. 160.
[118] *Cronauge/Westermann* (Fn. 2), Rn. 160.

c) **Kommunalverfassungsrechtliche Ingerenzen.** Regelmäßig kommt dem Werkausschuss keine Kontrollfunktion gegenüber der Werkleitung im Einzelfall zu. Vielmehr hat er dann, wenn Beschlüsse nicht ausgeführt worden sind oder die Werkleitung sonst nicht gemäß den Vorgaben anderer Organe handelt, den Weg über die Verwaltungsspitze zu gehen, es sei denn, es bestehen Bestimmungen, nach denen dem Werkausschuss ein **Widerspruchsrecht** gegenüber Maßnahmen der Werkleitung oder gar die Überwachung der gesamten Werkleitung überantwortet ist.[119] 71

Zur Erfüllung seiner Aufgaben hat der Werkausschuss **Unterrichtungsrechte** gegenüber dem Hauptverwaltungsbeamten und ggf. auch unmittelbar gegenüber der Werkleitung auf rechtzeitige und umfassende Information. 72

5. Rat/Gemeindevertretung

Als höchstes Organ der Kommune und politische Vertretung der Gemeindeeinwohner ist der Rat auch in Eigenbetriebsangelegenheiten zuständig. Die Gemeindeordnungen zählen diejenigen **Zuständigkeiten** auf, die der Gemeindevertretung zur ausschließlichen Entscheidung vorbehalten sind. In Bezug auf den Eigenbetrieb rechnen hierher Errichtung, Erweiterung, Beschränkung, Umwandlung oder Auflösung des Eigenbetriebs, Erlass der Betriebssatzung sowie Anordnung eines Anschluss- und Benutzungszwanges, Bestellung der Werkleitung und Errichtung des Werkausschusses, Bestimmung der Tarife, Verwendung des Jahresgewinns oder Deckung von Verlusten, Erwerb, Veräußerung und Belastung von Vermögensgegenständen einschließlich Betriebsgrundstücken, Aufnahme von Krediten sowie Erlass allgemeiner Grundsätze für Einstellung, Beförderung und Entlassung der Beschäftigten. Die Zuständigkeiten der Vertretungskörperschaft enden – wie auch in Bezug auf den Hauptverwaltungsbeamten – bei den laufenden Geschäften des Eigenbetriebs, auf die der Rat unmittelbar nicht zugreifen darf.[120] 73

Falls Kompetenzen im Rahmen einer gesetzlichen Delegationsmöglichkeit auf den Werkausschuss übertragen sind, hat der Rat ein **Rückholrecht**, welches nach Maßgabe der einschlägigen Gemeindeordnung entweder formlos durch erneute Sachentscheidung oder durch Rückholung der Kompetenz in derselben Form wie die Übertragung ausgeübt wird. Ob der Vertretungskörperschaft auch einen bereits gefassten Beschluss des Werkausschusses ändern oder gar aufheben darf, hängt von der jeweiligen Kommunalverfassung ab.[121] 74

Im Übrigen ist die Gemeindevertretung auch in Eigenbetriebsangelegenheiten das **oberste Kontrollorgan**. Er bzw. der Werkausschuss wird insbesondere durch den Hauptverwaltungsbeamten in den bedeutsamen Angelegenheiten unterrichtet. 75

[119] *Schneider* (Fn. 16), Kap. D Rn. 106.
[120] *Schneider* (Fn. 16), Kap. D Rn. 94.
[121] *Schneider* (Fn. 16), Kap. D Rn. 96.

IV. Rechtstatsächliche Vor- und Nachteile

76 Der Eigenbetrieb gewährleistet durch seine Verselbständigung in personeller, organisatorischer und haushaltstechnischer Hinsicht eine größere **Flexibilität** in der Ausgestaltung der Organisationsform als der Regiebetrieb, ermöglicht jedoch immer noch eine weitgehende Einflussnahme und Kontrolle durch die Gemeindevertretung.[122] Das bedeutet, dass hier wie dort zwar eine Umsetzung politischer Ziele beispielsweise durch Ausgestaltung der Betriebssatzung oder Weisungen des Hauptverwaltungsbeamten an die Werkleitung zulässig ist, jedoch beim Eigenbetrieb als Sondervermögen ein Handlungsspielraum der besonderen Organe erhalten bleibt: Einerseits ist der Werkleitung die selbständige Leitung des Eigenbetriebs übertragen; andererseits tritt an die Stelle des Haushaltsplans und seiner Anlagen der Wirtschaftsplan, bestehend aus Erfolgsplan, Finanzplan und Stellenübersicht. Insbesondere der Erfolgsplan ist weniger detailliert gegliedert und eröffnet der Werkleitung insoweit Gestaltungsspielraum.[123] Ungelöst bleibt das Defizit einer klaren **Kompetenzverteilung** zwischen Leitungs- und Überwachungsorganen, da dem Werkausschuss zugleich Führungs- und Kontrollfunktionen zukommen.[124]

77 Die Personalführung der Eigenbetriebe ist in das gemeindliche Personalwesen eingegliedert. Aufgrund der einschlägigen beamten- und arbeitsrechtlichen Vorschriften ist das **Honorierungs- und Sanktionspotential** gegenüber den Mitarbeitern und der betrieblichen Leitung „nur" wie im regulären öffentlichen Dienst gegeben.[125]

78 Mangels eigener Rechtspersönlichkeit bietet der Eigenbetrieb ebenso wenig wie der Regiebetrieb eine Möglichkeit der Haftungsbeschränkung, obwohl er Sondervermögen ist. Schulden des Betriebs sind rechtlich Schulden der Trägerkommune. Jedoch führt diese uneingeschränkte Haftung der Kommunen in der Regel zu einem besseren **Fremdfinanzierungsrahmen**.[126]

79 Schließlich ermöglicht das Eigenbetriebsrecht nicht, mit Privaten zu kooperieren (→ § 43 Rn. 35 f.). Hierzu bedarf es der Gründung selbständiger Organisationseinheiten.[127] Ebenso wenig ist eine **Kooperation** im Eigenbetrieb mit anderen Kommunen möglich.

V. Optimierung durch Zusammenfassung

80 Der Rationalisierung von Betriebsabläufen und der Ausschöpfung synergetischer Effekte zur Kostenersparnis sowie steuerlicher Vorteile durch Saldierung von Gewinn und Verlusten kann eine organisatorische Zusammenfassung von Eigen-

[122] *Uechtritz* (Fn. 33), § 16 Rn. 26, 39 f.
[123] *Schink* (Fn. 46), S. 45, 73; siehe auch *Schoepke*, BWVBl. 1995, 417 (418 f.).
[124] *Uechtritz* (Fn. 33), § 16 Rn. 33.
[125] *Uechtritz* (Fn. 33), § 16 Rn. 47 ff.; *Wurzel/Schraml* (Fn. 35), Kap. J Rn. 50 f.
[126] *Wurzel/Schraml* (Fn. 35), Kap. J Rn. 55, 62.
[127] *Schink* (Fn. 46), S. 45, 74.

betrieben dienen; jedoch ist ein so genannter **Querverbund** nicht schrankenlos zulässig. Neben der im Einzelfall zu prüfenden kommunalrechtlichen Zulässigkeit ist steuerrechtlich zwischen der Zusammenfassung von Eigenbetrieben gewerblicher Art einerseits und der Zusammenfassung von Hoheitsbetrieben mit Betrieben gewerblicher Art andererseits zu unterscheiden[128] (Details → § 49 Rn. 85 ff.).

Die Zusammenfassung verschiedener Eigenbetriebe einer Gemeinde setzt – ebenso wie die Trennung – nur eine organisatorische Änderung im Gemeindevermögen voraus, die **im Beschlusswege** durch die Gemeindevertretung erfolgt. **81**

1. Betriebe gewerblicher Art

Eine Zusammenfassung von Betrieben gewerblicher Art (→ § 49 Rn. 99 ff.) ist nach den eigenbetriebsrechtlichen Vorschriften der Bundesländer zulässig. Teilweise wird im Versorgungs- und Verkehrsbetriebsbereich eine Zusammenfassung aller Betriebe im Sinne eines kommunalen Querverbundes sogar gesetzlich angeordnet.[129] Damit die Zusammenfassung mehrerer Betriebe gewerblicher Art steuerlich für eine Saldierung der Gewinne und Verluste der einzelnen Betriebe genutzt werden kann, d.h. ein **einheitliches Steuersubjekt** geschaffen wird, müssen die Betriebe gleichartig sein oder objektiv eine enge wechselseitige und technisch wirtschaftliche Verflechtung haben.[130] **82**

2. Hoheitsbetriebe und Betriebe gewerblicher Art

Soweit die – kommunalverfassungsrechtlich im Vordringen befindliche – Möglichkeit überhaupt besteht, auch für Hoheitsbetriebe die Organisationsform des Eigenbetriebs zu wählen, kann erwogen werden, Hoheitsbetriebe mit Betrieben gewerblicher Art zusammenzufassen. Da sich jedoch die Betätigung der Hoheitsbetriebe grundlegend von derjenigen der wirtschaftlichen Betriebe unterscheidet, ist eine **steuerrechtliche Bevorteilung** durch die Zusammenfassung **nicht zulässig**.[131] Daran hat bisher auch der Strukturwandel in maßgeblichen Bereichen der nichtwirtschaftlichen Betätigung, der eine Qualifizierung als Wirtschaftsunternehmen nahe legt, nichts geändert. Exemplarisch sei auf die Entwicklung der Abfall- und Abwasserentsorgung hin zu einer Abfall- und Abwasserwirtschaft verwiesen.[132] Obgleich damit ein relevanter wirtschaftlicher Vorteil eines solchen Querverbundes entfällt, ist er kommunalverfassungsrechtlich deshalb nicht unzulässig.[133] **83**

[128] *Cronauge/Westermann* (Fn. 2), Rn. 169.

[129] Vgl. § 2 EigBG BW; § 4 BayEigVO, § 8 EigVO NW; § 9 Abs. 1 S. 1 u. 2 EigAnVO RP; § 2 Halbs. 2 SächsEigBG.

[130] § 4 Abs. 6 S. 1 Nr. 1-3 KStG.

[131] § 4 Abs. 6 S. 2 KStG.

[132] Dazu *Cronauge/Westermann* (Fn. 2), Rn. 175 f.

[133] *Hellermann* (Fn. 1), § 7 Rn. 45.

§ 45 Anstalten des öffentlichen Rechts – Kommunalunternehmen

Alexander Schraml

Schrifttum

H. Bardt/W. Fuest/K. Lichtblau, Kommunale Unternehmen auf Expansionskurs, IW-Trends 3/2010; *M. Bauer/T. Böhle/G. Ecker*, Bayerische Kommunalgesetze, Kommentar; *Blessing*, Öffentlich-rechtliche Anstalten unter Beteiligung Privater, 2008; *J.-D. Busch*, „Kleine Kommunalrechtsreform" in Schleswig-Holstein, NordÖR 2005, 201 ff.; *U. Cronauge/G. Westermann*, Kommunale Unternehmen, 5. Aufl. 2006, S. 107 ff.; *S. Detig*, Die kommunale Anstalt des öffentlichen Rechts als Wirtschaftsförderungsinstitution, 2004; *D. Ehlers*, Die Anstalt des öffentlichen Rechts als neue Unternehmensform der kommunalen Wirtschaft, ZHR 167 (2003), 546 ff.; *J. Erdmann*, Die Anstalt des öffentlichen Rechts – eine neue Rechtsform für gemeindliche Betriebe in Niedersachsen, NdsVBl. 2003, 261 ff.; *B. Fabry/U. Augsten* (Hrsg.), Handbuch Unternehmen der öffentlichen Hand, 2002; *A. Gaß*, Die Umwandlung gemeindlicher Unternehmen, 2003; *C. Hamacher*, GO-Reform in NRW und wirtschaftliche Betätigung, NWVBl. 2008, 81 ff., *J. Hofmann-Hoeppel*, Das Kommunalunternehmen, KommPspezial 2008, 61 ff.; *M. Hogeweg*, Die Kommunale Anstalt in Niedersachsen, 2007; *W. Hoppe/B. Nüßlein*, Die Anstalt öffentlichen Rechts in Niedersachsen – ein Mittel zur Verwaltungsoptimierung, Der Gemeindehaushalt 2009, 112 ff.; *W. Hoppe/M. Uechtritz* (Hrsg.), Handbuch Kommunale Unternehmen, 2. Aufl. 2007; *J. Ipsen (Hrsg.)*, Unternehmen Kommune?, 17. Bad Iburger Gespräche, 2007; *A. Kirchgässner/F.-L. Knemeyer/N. Schulz*, Das Kommunalunternehmen – Neue Rechtsform zwischen Eigenbetrieb und GmbH, 1997; *B. Klein/H. Uckel/J. Ibler*, Kommunen als Unternehmer: Gründung, Umwandlung und Führung kommunaler Betriebe, Loseblatt, 1997 ff.; *M. Kronawitter*, Interkommunale Zusammenarbeit im Gemeinsamen Kommunalunternehmen, KommP BY 2010, 266 ff.; *P. Lindt*, Gemeinsame Kommunalunternehmen als neue Gestaltungsform interkommunaler Zusammenarbeit, KommP spezial 2008, 76 ff.; *C. Lux*, Das neue kommunale Wirtschaftsrecht in Nordrhein-Westfalen, NWVBl. 2000, 7 ff.; *T. Mann*, Die öffentlich-rechtliche Gesellschaft, 2002; *ders.*, Die Kommunalunternehmen - Rechtsformalternative im kommunalen Wirtschaftsrecht, NVwZ 1996, 557 f.; *M. Menzel/M. Hornig*, Die Anstalt des öffentlichen Rechts – Eine neue Rechtsform für gemeindliche Betriebe in Nordrhein-Westfalen, ZKF 2000, 178 ff. und 199 ff.; *U. Neusinger/P. Lindt*, Ein Unternehmen auf dem Vormarsch – 7 Jahre bayerisches Kommunalunternehmen, BayVBl. 2002, 689 ff.; *R. Pauli*, Die Umwandlung von Kommunalunternehmen, BayVBl. 2008, 325 ff.; *T. Pencereci/C. Brandt*, Die Kommunale Anstalt, LKV 2008, 293 ff.; *G. Püttner* (Hrsg.), Zur Reform des Gemeindewirtschaftsrechts, 2002; *A. Reich*, BeamtStG - Beamtenstatusgesetz, Kommentar 2009; *J. Riedmayer/A. Schraml*, Das Kommunalunternehmen – Anstalt des öffentlichen Rechts – Erweiterung kommunaler Handlungsmöglichkeiten, 2000; *A. Rinken*, Alternativen zur Privatisierung, 2008; *N. Schulz*, in: Praxis der Kommunalverwaltung, Loseblatt, Komm. zu Art. 86 ff. GO Bay und zu Art. 49 ff. KommZG Bay; *ders./M. Wagner*, Recht der Eigenbetriebe und der Kommunalunternehmen in Bayern, 2009; *S. Storr*, Das neue Kommunalunternehmen in Schleswig-Holstein, NordÖR 2005, 94 ff.; *M. Wambach*

(Hrsg.), Kommunale Unternehmer im Fokus, 2003; *K. Waldmann*, Das Kommunalunternehmen als Rechtsformalternative für die wirtschaftliche Betätigung von Gemeinden, NVwZ 2008, 284 ff.; *G. Wurzel*, Die Bestandsschutzregelung im GO-Reformgesetz NRW, Der Landkreis 2007, 576 ff.; *ders./A. Schraml/R. Becker* (Hrsg.), Rechtspraxis der kommunalen Unternehmen, 2. Aufl. 2009.

Inhaltsübersicht

Rn.

A. Einleitung

Mitte der neunziger Jahre begann in den Bundesländern eine grundlegende **Neuordnung des kommunalen Wirtschaftsrechts**.[1] Ein wesentlicher Bestandteil dieser Reformen war die Einführung einer neuen Rechtsform für kommunale Unternehmen – der kommunalen rechtsfähigen Anstalt des öffentlichen Rechts.[2] Sieht man von den Stadtstaaten Berlin und Hamburg ab, so war der Freistaat Bayern mit seinem Gesetz zur Änderung des kommunalen Wirtschaftsrechts vom 26. Juli 1995[3] Vorreiter dieser Rechtsentwicklung.[4] Es folgten die Bundesländer Nordrhein-Westfalen,[5] Rheinland-Pfalz,[6] Sachsen-Anhalt,[7] Niedersachsen[8], Schleswig-Holstein[9] und Brandenburg.[10] 1

Die **Bezeichnung** für die neue Rechtsform variiert. In Bayern, Sachsen-Anhalt und Schleswig-Holstein wird sie "Kommunalunternehmen" genannt, in Niedersachsen und Brandenburg "kommunale Anstalt", in Nordrhein-Westfalen und Rheinland-Pfalz nur "Anstalt des öffentlichen Rechts".[11] Im Folgenden wird aus Verein- 2

---

1 Siehe den Erfahrungsbericht von *Detig*, Die kommunale Anstalt des öffentlichen Rechts als Wirtschaftsförderungsinstitution, 2004, 124 ff., dem umfangreiche empirische Untersuchungen zugrunde liegen, sowie *Bardt/Fuest/Lichtblau*, IW Trends 3/2010.

2 Im Folgenden wird sich jeweils auf die Gemeindeordnungen der Länder beschränkt. Die Gesetze für andere kommunale Gebietskörperschaften sind in der Regel identisch.

3 GVBl. Bay, S. 376.

4 Zu den Hintergründen der bayerischen Reform vgl. *Knemeyer* und *Schulz*, in: Kirchgäßner/Knemeyer/Schulz, Das Kommunalunternehmen – Neue Rechtsform zwischen Eigenbetrieb und GmbH, 1997, S. 9 ff. und 18 ff.; einen Erfahrungsbericht aus dem Landkreis Würzburg gibt *Schraml* in: *Ipsen (Hrsg.)*, Unternehmen Kommune?, 17. Bad Iburger Gespräche, 2007, S. 73 ff.

5 § 114a GO NW; Gesetz zur Modernisierung von Regierung und Verwaltung in Nordrhein-Westfalen v. 15.6.1999 (1. ModernG NRW), GV NW, S. 386; vgl. dazu *Lux*, NWVBl. 2000, 7 (11 ff.) und *Menzel/Hornig*, ZKF 2000, 178 ff. und 199 ff.; zum GO-Reformgesetz 2007, GV NW, S. 380 siehe u. a. *Hamacher*, NWVBl. 2008, 81 ff.; *Wurzel*, Der Landkreis, 2007, 576 ff.

6 §§ 86a, 86b GO RP; Viertes Landesgesetz zur Änderung kommunalrechtlicher Vorschriften v. 2.4.1998, GVBl. RP, S. 108.

7 Gesetz über die kommunalen Anstalten des öffentlichen Rechts (Anstaltsgesetz – AnstG) v. 3.4.2001, GVBl. LSA, S. 136.

8 §§ 113a ff. GO Nds; Gesetz zur Änderung des kommunalen Wirtschaftsrechts v. 27.1.2003, GVBl. Nds, S. 36; vgl. dazu *Erdmann*, NdsVBl. 2003, 261 ff.; *Hogeweg*, Die kommunale Anstalt in Niedersachsen, 2007; *Hoppe/Nüßlein*, Der Gemeindehaushalt 2009, 112 ff.

9 § 106a GO SH.

10 §§ 94 ff. BbgKVerf; Gesetz zur Reform der Kommunalverfassung und zur Einführung der Direktwahl der Landräte sowie zur Änderung sonstiger kommunalrechtlicher Vorschriften (Kommunalrechtsreformgesetz – KommRRefG).

11 Die nordrhein-westfälische "Verordnung über kommunale Unternehmen und Einrichtungen als Anstalt des öffentlichen Rechts" heißt jedoch – wie in Bayern – "Kommunalunternehmensverordnung – KUV", Verordnung v. 24.10.2001, GV NW, S. 733.

fachungsgründen die kommunale rechtsfähige Anstalt des öffentlichen Rechts ausschließlich als Kommunalunternehmen bzw. KU bezeichnet.

B. Rechtsgrundlagen

3 Das Kommunalunternehmen ist im kommunalen Wirtschaftsrecht verankert. Neben Regie- und Eigenbetrieb sowie den privaten Rechtsformen wird den Kommunen eine weitere Gestaltungsalternative eröffnet. Folgende **Gesetze** sind insoweit maßgeblich:

- **Bayern**: Art. 89 bis 91 GO Bay, Art. 49 und 50 KommZG Bay
- **Brandenburg**: § 92, 94 und 95 BbgKVerf
- **Niedersachsen**: §§ 113 a bis 113 g GO Nds
- **Nordrhein-Westfalen**: § 114 a GO NW
- **Rheinland-Pfalz**: §§ 86 a und 86 b GemO RP, §§ 14 a und b ZwVG RP
- **Sachsen-Anhalt**: Anstaltsgesetz[12]
- **Schleswig-Holstein**: § 106 a GO SH und §§ 19 b ff GkZ[13]

4 Die Bestimmungen der Kommunalgesetze werden ergänzt und konkretisiert durch **Verordnungen** über das Kommunalunternehmen, die jedoch noch nicht in allen Ländern mit der Rechtsform des Kommunalunternehmens vorliegen:

- **Bayern:** Verordnung über Kommunalunternehmen (KUV) vom 19. 3. 1998[14]
- **Nordrhein-Westfalen:** Verordnung über kommunale Unternehmen und Einrichtungen als Anstalt des öffentlichen Rechts (Kommunalunternehmensverordnung – KUV) vom 24. 10. 2001[15]
- **Rheinland-Pfalz:** Eigenbetriebs- und Anstaltsverordnung (EigAnVO) vom 5. 10. 1999[16]
- **Sachsen-Anhalt**: Verordnung über die kommunalen Anstalten des öffentlichen Rechts (Anstaltsverordnung – AnstVO) vom 14.1.2004[17]
- **Schleswig-Holstein**: Landesverordnung über Kommunalunternehmen als Anstalt des öffentlichen Rechts (KUVO) vom 1.12.2008

[12] Gesetz über die kommunalen Anstalten des öffentlichen Rechts (Anstaltsgesetz – AnstG); die GO SachsAnh enthält in §§ 116 ff. nur einige wenige Bestimmungen zur „Anstalt des öffentlichen Rechts", z. B. in §§ 118, 123.

[13] Siehe dazu *Busch*, NordÖR 2005, 201 ff. und *Storr*, NordÖR 2005, 94 ff.

[14] GVBl. Bay, S. 220, zuletzt geändert durch VO v. 12.10.2001, GVBl. Bay, S. 720.

[15] GV NW, S. 733, zuletzt geändert durch VO v. 17.12.2009, GV NW, S. 963.

[16] GVBl. RP, S. 373.

[17] GVBl. LSA, S. 38.

C. Rechtsnatur – Anstalts- und Gewährträgerschaft – Beteiligungen

I. Rechtsfähige Anstalt des öffentlichen Rechts

Das Kommunalunternehmen ist eine rechtsfähige Anstalt des öffentlichen Rechts.[18] Die **rechtsfähige Anstalt** stellt eine mit eigenem Stammkapital sowie eigenen Personal- und Sachmitteln ausgestattete öffentlich-rechtliche Organisationsform dar, durch die der Anstaltsträger ihm obliegende öffentliche Aufgaben erfüllt.[19] Anders als Regie- oder Eigenbetrieb ist die Anstalt unmittelbar Träger von Rechten und Pflichten, kann selbst Eigentum und andere dingliche Rechte erwerben und ist im Prozess parteifähig. Soweit gesetzlich vorgesehen,[20] kann der Anstalt darüber hinaus eine eigene Satzungsgewalt und damit ein partielles Selbstverwaltungsrecht übertragen werden. Das Kommunalunternehmen als rechtsfähige Anstalt des öffentlichen Rechts ist daher – wie die Kommune selbst – Teil der mittelbaren Staatsverwaltung.[21] 5

Im Unterschied zu Körperschaften oder Personen- und Kapitalgesellschaften ist der **Anstaltsträger** aber nicht Mitglied oder Gesellschafter der Anstalt, sondern derjenige Rechtsträger, dessen Aufgaben die selbständige Anstalt wahrnimmt. Die für die Gewährleistung der Aufgabenerfüllung erforderliche Einflussnahme übt der Anstaltsträger in einem entsprechenden Repräsentativorgan der Anstalt – beim Kommunalunternehmen der Verwaltungsrat – aus. Die Anstalt fungiert damit als eine Art verselbständigter "Erfüllungsgehilfe" des Anstaltsträgers. 6

II. Anstaltsträgerschaft - Anstaltslast - Gewährträgerschaft

Das Kommunalunternehmen ist nicht als Körperschaft und damit nicht mitgliedschaftlich organisiert. Ursprünglich war die Rechtslage für Kommunalunternehmen dahingehend beschränkt, dass nur **eine Kommune** Anstaltsträger sein konnte. Anders als bei Zweckverbänden oder bei anderen spezialgesetzlich geregelten rechtsfähigen Anstalten konnte das Kommunalunternehmen meist nur von einer Kommune getragen werden.[22] Einen Ausweg eröffnete das Zweckverbandsrecht, 7

---

[18] Art. 89 Abs. 1 S. 1 GO Bay, § 94 BbgKVerf, § 113a Abs. 1 S. 1 GO Nds, § 114a Abs. 1 S. 1 GO NW, § 86a Abs. 1 S. 1 GO RP, § 1 Abs. 1 S. 1 AnstG LSA, § 106a Abs. 1 GO SH.

[19] *Wolff/Bachof/Stober*, § 98 Rn. 6; ausf. dazu *Blessing*, Öffentlich-rechtliche Anstalten unter Beteiligung Privater, 2008, S. 41 ff.

[20] Art. 89 Abs. 2 S. 3 GO Bay, § 94 Abs. 4 S. 3 BbgKVerf, § 113c Abs. 1 S. 3 GO Nds, § 114a Abs. 3 S. 2 GO NW, § 86a Abs. 3 S. 2 GO RP, § 3 S. 3 AnstG LSA, § 106a Abs. 3 S. 2 GO SH.

[21] Siehe dazu *Detig* (Fn. 1), S. 74 f.

[22] Art. 89 Abs. 1 S. 1 GO Bay, §§ 94 Abs. 1 S. 1, 131 Abs. 2 BbgKVerf, § 113a Abs. 1 S. 1 GO Nds, § 114a Abs. 1 S. 1 GO NW, § 86a Abs. 1 S. 1 GO RP, § 1 Abs. 1 S. 1 AnstG LSA, § 106a Abs. 1 S. 1 GO SH.

so dass das KU - begründet von einem Zweckverband - mittelbar auch von mehreren Kommunen getragen werden kann.[23] In mehreren Reformgesetzen seit 2004 wurde diese als unbefriedigend empfundene Rechtslage geändert und das **"gemeinsame Kommunalunternehmen"** geschaffen.

8 Ein Kommunalunternehmen kann nur von einer **Kommune**, nicht jedoch von einem Kommunalunternehmen selbst getragen werden. Ein KU kann also selbst kein Kommunalunternehmen gründen. Eine **Holding-Struktur** ist demzufolge nur dadurch möglich, dass eine Kommune mehrere KU gründet und diese kraft Unternehmenssatzung in ein Hierarchie-Verhältnis zueinander bringt.[24]

9 Nachdem auf Zweckverbände die Vorschriften des Gemeindewirtschaftsrechts anwendbar sind, können Kommunalunternehmen jedoch auch von Zweckverbänden gegründet werden.[25] Im Wege der kommunalen Zusammenarbeit ist es also nicht ausgeschlossen, dass mehrere Kommunen einen Zweckverband gründen, dessen einzige Aufgabe in der Anstaltsträgerschaft für ein KU besteht ("ausgehöhlter Zweckverband").

10 Eng verbunden mit der Rechtsnatur ist die **Gewährträgerhaftung** des Anstaltsträgers. Die Gemeinde haftet für die Verbindlichkeiten des Kommunalunternehmens unbeschränkt, soweit nicht Befriedigung aus dessen Vermögen zu erlangen ist. Derartige Bestimmungen sehen die Kommunalgesetze Bayerns, Brandenburgs, Nordrhein-Westfalens, von Rheinland-Pfalz und Sachsen-Anhalt vor.[26] Ausdrücklich verneint wird die Haftung der Gemeinde für Verbindlichkeiten des KU vom niedersächsischen und schleswig-holsteinischen Kommunalrecht.[27]

11 Die Gewährträgerhaftung gegenüber Dritten ist das Spiegelbild zur **Anstaltslast**.[28] Eine Kommune ist im Innenverhältnis verpflichtet, die Existenz der Anstalt zu sichern. Sie muss gewährleisten, dass das KU seine Aufgaben nachhaltig erfüllen kann. Dies setzt eine angemessene Ausstattung mit Stammkapital voraus.[29] Eine Besonderheit bieten auch hier die niedersächsische und die schleswigholsteinische Gemeindeordnung: Die Gemeinde unterstützt das KU bei der Erfüllung seiner Aufgaben mit der Maßgabe, dass ein Anspruch des KU gegen die Gemeinde oder eine sonstige rechtliche Verpflichtung der Gemeinde, dem KU Mittel zur Verfügung zu stellen, nicht besteht.[30]

12 Gewährträgerhaftung und Anstaltslast sind letztlich Ausfluss der den Kommunen kraft Gesetzes eingeräumten Möglichkeit, sich einer selbständigen Organisa-

---

23 Siehe dazu *Lindt*, KommP spezial, 76 (77).

24 Ausf. dazu *Schulz*, in: Praxis der Kommunalverwaltung, Loseblatt, Art. 89 GO Bay, Erl. 1.5.

25 So z. B. in Bayern Art. 40 Abs. 1 S. 1 KommZG Bay.

26 So oder ähnlich z. B. Art. 89 Abs. 4 GO Bay, § 94 Abs. 5 BbgKVerf, § 114a GO NW, § 86a GO RP, § 4 S. 1 AnstG LSA.

27 § 113d Abs. 2 S. 2 GO Nds, § 9 S. 2 KUVO SH; siehe dazu *Hoppe/Nüßlein*, der gemeindehaushalt 2009, 112 (113 f.).

28 Vgl. dazu auch *Hellermann*, in: *Hoppe/Uechtritz* (Hrsg.), Handbuch Kommunale Unternehmen, 2. Aufl. 2007, § 7 Rn. 72; sowie *Schulz* (Fn. 24), Art. 89 Ziff. 4.

29 § 9 KUV Bay, § 9 KUV NW, § 29 EigAnVO RP, § 4 S. 2 AnstG LSA.

30 § 113d Abs. 1 GO Nds, § 106a Abs. 4 GO SH.

tionsform zur Erfüllung ihrer Aufgaben zu bedienen. Dies darf nicht dazu führen, dass sich die Kommunen ihrer Verantwortung durch schlichte Ausgliederung der Aufgaben entledigen. Jedenfalls im Bereich kommunaler Pflichtaufgaben muss die Kommune als Anstaltsträger daher deren Erfüllung ungeachtet von Liquiditätsschwierigkeiten der Anstalt stets sicherstellen. Ein nennenswerter Nachteil gegenüber den Organisationsformen des privaten Gesellschaftsrechts erwächst dem Kommunalunternehmen dadurch aber nicht. Bedient sich die Kommune einer Kapitalgesellschaft zur Erfüllung ihrer Pflichtaufgaben, trifft sie auch dort jedenfalls insoweit eine **Insolvenzabwendungspflicht**.[31]

Ob Gewährträgerhaftung und Anstaltslast im Bereich des kommunalen Wirtschaftsrechts von den **europarechtlichen Regelungen** zu staatlichen Beihilfen (Art. 106, 107 AEUV) überlagert werden, bleibt abzuwarten.[32] Für den Bereich der Sparkassen wurde die Gewährträgerhaftung und Anstaltslast von der EG-Kommission als wettbewerbsverzerrende und damit grundsätzlich gemeinschaftsrechtswidrige Beihilfe qualifiziert (→ § 53a Rn. 204 ff.). Die Länder Niedersachsen und Schleswig-Holstein haben bereits auf diese Sicht der Dinge reagiert und explizit eine interne Haftung der Kommune abgelehnt oder generell auf eine entsprechende Regelung verzichtet. Allerdings ist zu beachten, dass das Beihilfeverbot des Art. 107 AEUV überhaupt nur dann zur Anwendung kommt, wenn die Gewährung kommunaler Mittel den Wettbewerb verfälscht oder zu verfälschen droht *und* der Handel zwischen den Mitgliedstaaten beeinträchtigt wird, indem etwa Ausfuhren erleichtert oder Einfuhren erschwert werden.[33] Insoweit bestehen aber erhebliche Unterschiede zwischen dem international verflochtenen Finanzsektor und der in der Regel lokal oder regional begrenzten kommunalwirtschaftlichen Tätigkeit außerhalb des Sparkassenwesens. Darüber hinaus enthält der EG-Vertrag selbst in Art. 106 Abs. 2 AEUV eine Ausnahme für den Bereich der Daseinsvorsorge, so dass jedenfalls in diesem – freilich nicht abschließend abgrenzbaren, weil im Fluss befindlichen – Bereich die Gewährträgerhaftung weiter Bestand haben dürfte (→ § 39 Rn. 72). 13

III. Kaufmannseigenschaft

Ein Kommunalunternehmen muss in das Handelsregister eingetragen werden, wenn es ein Handelsgewerbe betreibt und somit **Kaufmann** ist (§ 1 HGB). Ein Handelsgewerbe betreibt jeder Gewerbebetrieb, es sei denn, dass das Unternehmen nach Art und Umfang einen in kaufmännischer Weise eingerichteten Geschäftsbetrieb nicht erfordert. Nach § 8 Abs. 1 KUV Bay ist der Vorstand zur 14

---

[31] Näher dazu *Gaß*, Die Umwandlung gemeindlicher Unternehmen, 2003, 79 f.

[32] Ausführlich zu den europarechtlichen Rahmenbdingungen kommunaler Unternehmen *Beyer*, in: Wambach (Hrsg.), Kommunale Unternehmer im Fokus, 2003, S. 65 ff. sowie Kapitel B. Rn. 1 ff.; kritisch *Hofmann-Hoepppel*, KommP spezial 2008, 61 (66 f.), *Püttner*, in: *Püttner* (Hrsg.), Zur Reform des Gemeindewirtschaftsrechts, 2002, 501 und *Waldmann*, NVwZ 2008, 284 (285).

[33] Darauf weist auch *Ehlers*, ZHR 167 (2003), 546 (574) hin.

Anmeldung beim Registergericht und zur Vorlage der kommunalrechtlich notwendigen Zustimmungsbeschlüsse gemäß § 33 HGB verpflichtet.[34]

15 Das Vorliegen eines Gewerbebetriebes setzt zwingend voraus, dass **Gewinnerzielungsabsicht** besteht. Dabei kommt es nur auf die Absicht an und nicht darauf, ob tatsächlich Gewinne erzielt werden. Öffentliche Unternehmen sind insoweit nicht privilegiert. Bei der Erledigung hoheitlicher Aufgaben wird es jedoch in der Regel an der Gewinnerzielungsabsicht fehlen. Dies gilt insbesondere für Unternehmen, die dem kommunalen Abgabenrecht (z. B. Abfallwirtschaft, Wasser, Abwasser) unterliegen und kostendeckende Entgelte kalkulieren müssen. Ohne Gewinnerzielungsabsicht wirtschaften auch Einrichtungen mit gemeinnützigen Zwecken. Mit Gewinnerzielungsabsicht betrieben werden hingegen in der Regel Energieversorgungsunternehmen, Krankenhäuser, Alten- und Pflegeheime, soweit Letztere nicht gemeinnützig sind. Ein Gewerbebetrieb stellt auch das Halten einer Beteiligung im Rahmen einer Holding-Konstruktion dar.

16 Gemäß § 33 Abs. 1 HGB ist das KU vom Vorstand zur **Eintragung ins Handelsregister** anzumelden. Der Anmeldung sind die Unternehmenssatzung und die Urkunden über die Bestellung des Vorstandes in Urschrift oder in öffentlich beglaubigter Abschrift beizufügen (§ 33 Abs. 2 HGB). Problematisch könnten Satzungsbestimmungen sein, die in Anlehnung an die Verordnungen über das KU vorsehen, dass das KU vom vorsitzenden Mitglied des Verwaltungsrates vertreten wird, wenn noch kein Vorstand vorhanden ist oder der Vorstand handlungsunfähig ist.[35] Möglicherweise erachtet das Registergericht diese Regelung als zu unbestimmt. Eintragungsfähig wird das KU aber jedenfalls dadurch, wenn diese Bestimmung nicht in die Unternehmenssatzung aufgenommen wird. Aufgrund der jeweiligen landesrechtlichen Verordnung gilt die Vertretungsregelung auch ohne Verankerung in der Unternehmenssatzung. Für die Anmeldung und Eintragung in das Handelsregister hat das KU die gesetzlich vorgeschriebenen Gebühren zu entrichten und die notwendigen Auslagen zu erstatten.

IV. Beteiligung Privater am Kommunalunternehmen

17 Eine **Beteiligung Privater** ist beim Kommunalunternehmen grundsätzlich nicht möglich.[36] Anders als bei den Zweckverbänden[37] sieht dies das kommunale Wirtschaftsrecht nicht vor.[38]

18 Zulässig ist jedoch die **"typische stille Beteiligung"** eines Privaten im Sinne der §§ 230 ff. HGB.[39] Der (typische) stille Gesellschafter leistet lediglich eine Ein-

[34] Entsprechendes gilt für das gemeinsame Kommunalunternehmen; trotz des Wortlautes des § 8 Abs. 1 KUV Bay sind auch in Bayern nicht alle KU unabhängig von der Kaufmannseigenschaft einzutragen.

[35] So z. B. § 2 Abs. 3 S. 2 KUV Bay.

[36] A. A. *Waldmann*, NVwZ 2008, 284 (285); ausführlich dazu *Blessing* (Fn. 19), S. 92 ff.

[37] Siehe z. B. Art. 17 Abs. 2 S. 2 KommZG Bay, § 7 Abs. 3 NKomZG Nds, § 4 Abs. 2 S. 2 GkG NW, § 2 Abs. 2 ZwVG RP, § 6 Abs. 2 S. 2 GkG LSA.

[38] Kritisch dazu *Pauli*, BayVBl. 2008, 325 (326).

lage. Diese Beteiligung ändert nichts an der Gewährträgerschaft der Kommune und den kommunalrechtlichen Zuständigkeitsregelungen. Die Einlage begründet keine Einflussmöglichkeit auf die Geschäftsführung des KU, sondern stellt lediglich ein “qualifiziertes Kreditverhältnis” dar.[40] Eine stille Beteiligung ist jedenfalls dann zulässig, wenn dem Gesellschafter keine unternehmerischen Rechte eingeräumt werden, die das Unternehmen an der eigenverantwortlichen Erfüllung seiner Aufgaben hindern könnten.[41]

Problematisch erscheint vor dem gegenwärtigen rechtlichen Hintergrund hin- 19
gegen eine **atypische stille Beteiligung**, da Mitentscheidungsrechte die Organe des KU in ihren Rechten beschneiden.[42]

Ob in Zukunft überhaupt ein Bedürfnis für eine unmittelbare Beteiligung Priva- 20
ter an Kommunalunternehmen besteht, wird von der Entwicklung und Verbreitung der Rechtsform abhängen. Dass eine private Beteiligung an Anstalten des öffentlichen Rechts zumindest aus rechtlicher Sicht als möglich und zulässig erscheint, zeigt das Modell der **Berliner Wasserbetriebe**, einer Anstalt des öffentlichen Rechts, an der eine Holding-AG als atypisch stille (Minderheits-)Gesellschafterin beteiligt ist.[43]

V. Beteiligungsfähigkeit

Das KU kann sich an anderen Unternehmen beteiligen, wenn es dem Unterneh- 21
menszweck dient (→ § 43 Rn. 37). Dies schließt auch die Befugnis ein, selbst Tochter-Gesellschaften zu gründen. Voraussetzung für eine Beteiligung des KU an anderen Unternehmen ist jedoch, dass die allgemeinen Voraussetzungen über die Zulässigkeit wirtschaftlicher Betätigung erfüllt sind und die **Unternehmenssatzung** eine Beteiligung zulässt.[44] Lediglich in Rheinland-Pfalz ist dies nicht möglich.[45]

Mit der Beteiligung an anderen Unternehmen wird damit auch die Möglichkeit 22
der Kooperation mit Privatunternehmen eröffnet. Das KU eignet sich demzufolge für eine **Holdingstruktur** und für flexible Gestaltungen: Für Aufgaben, die sinnvollerweise mit einem privaten Partner erledigt werden, wird eine Tochter-Gesellschaft gegründet, an der sich das Privatunternehmen beteiligen kann. Ande-

---

39 Ausführlich dazu *Klein/Uckel/Ibler*, Kommunen als Unternehmer: Gründung, Umwandlung und Führung kommunaler Betriebe, Loseblatt, 1997 ff., 31.40 Erl. 1.2.3.; zur stillen Gesellschaft allg. siehe *Koller/Roth/Morck*, HGB, §§ 230 ff.

40 Näher dazu *Gaß* (Fn. 31), S. 118.

41 So zu Recht *Neusinger/Lindt*, BayVBl. 2002, 689 (694).

42 *Blessing* (Fn. 19), S. 113, erachtet auch eine atypische stille Beteiligung für zulässig.

43 Vgl. dazu die Entscheidung des VerfGH Berlin, NVwZ 2000, 794. Näher dazu *Gaß* (Fn. 31), S. 119 ff. m. w. N.

44 Art. 89 Abs. 1 S. 2 GO Bay, § 94 Abs. 3 BbgKVerf, § 113a Abs. 3 GO Nds, § 114a Abs. 4 GO NW, § 1 Abs. 1 S. 3 AnstG LSA, § 106a Abs. 1 S. 2 GO SH.

45 § 86a GO RP enthält keine Bestimmung, die hierzu ermächtigt.

re, insbesondere hoheitliche Aufgaben bleiben dagegen beim KU.[46] Auf diese Weise wird eine mittelbare Beteiligung Privater am KU ermöglicht.[47]

23 Das KU besitzt auf dem Gebiet der kommunalen Zusammenarbeit die gleiche Rechtsstellung wie die Kommune selbst. Sie unterliegt daher nicht den Beschränkungen, die für andere juristische Personen des öffentlichen Rechts gelten. Das KU kann daher Mitglied eines **Zweckverbandes** sein. Voraussetzung ist allerdings auch in diesem Fall, dass die Unternehmenssatzung eine derartige Aufgabenübertragung gestattet. Der Abschluss einer **Zweckvereinbarung** ist im Rahmen der übertragenen Aufgaben uneingeschränkt zulässig. Darüber hinaus ist ein KU befugt, Aufgaben zu übernehmen, die eng mit dem Unternehmensgegenstand zusammen hängen (Annexkompetenz) oder deren Wahrnehmung die ordnungsgemäße Erfüllung der satzungsmäßigen Aufgaben überhaupt erst ermöglicht. Diese Voraussetzung ist auch dann gegeben, wenn der Grundsatz der Wirtschaftlichkeit und Sparsamkeit eine stärkere Kapazitätsauslastung fordert.

24 Davon zu unterscheiden ist der Fall, dass sich eine Kommune bereits vor Gründung des KU an einem Zweckverband beteiligt hat. In diesen Fällen hat die Kommune die Aufgabe bereits abgegeben, so dass eine weitere Übertragung auf das KU ins Leere geht. Das KU übernimmt demnach nicht die Rechtsstellung der Kommune in diesem Zweckverband. Zweckverbandsmitglied bleibt die Kommune. Hat die Kommune nur einen Teil einer Aufgabe übertragen, so erhält das KU mit der Unternehmenssatzung allenfalls eine (Rest-)Zuständigkeit.[48]

D. Gründung und Auflösung

25 Die Gründung eines Kommunalunternehmens erfolgt entweder durch **Umwandlung** eines bereits bestehenden Regie- und Eigenbetriebs im Wege der Gesamtrechtsnachfolge oder durch **Neuerrichtung**.

26 Rechtstechnisch ist der Erlass einer Unternehmenssatzung erforderlich. Auch eine Umwandlung kommunaler Eigen- oder Beteiligungsgesellschaften in Kommunalunternehmen ist mittlerweile kommunalrechtlich geregelt.[49]

I. Umwandlung eines Regie- oder Eigenbetriebs

27 Die klassischen Formen wirtschaftlicher Betätigung einer Kommune sind der **Regie-** und der **Eigenbetrieb**. In beiden Fällen wurden innerhalb des Hoheitsträgers

[46] So z. B. beim Kommunalunternehmen des Landkreises Würzburg, vgl. *Schraml*, in: *Riedmayer/Schraml*, Das Kommunalunternehmen – Anstalt des öffentlichen Rechts – Erweiterung kommunaler Handlungsmöglichkeiten, 2000, S. 35 f.

[47] Zur Einbindung des KU in privatrechtliche Konzernstrukturen am Beispiel Berlin siehe *Ehlers*, ZHR 167 (2003), 546 (557 f.).

[48] Ebenso *Neusinger/Lindt*, BayVBl. 2002, 689 (694).

[49] Weiterhin ungeklärt ist demgegenüber die Umwandlung von Kommunalunternehmen in Rechtsformen des Privatrechts; siehe dazu *Pauli*, BayVBl. 2008, 325 ff.

Betriebe geschaffen, die eine teilweise rechtliche, in jedem Fall aber faktische Eigenständigkeit erlangt haben. Die Umwandlung eines derartigen Betriebes erfordert seine klare Abgrenzung von der sonstigen Verwaltung. Dem Beschluss zur Umwandlung ist demnach eine Eröffnungsbilanz zu Grunde zu legen. Liegt die Eröffnungsbilanz zum Zeitpunkt des Entstehens des KU nicht vor, so ist über diese gesondert zu beschließen.[50]

Beim **Eigenbetrieb** (→ § 44 Rn. 25 ff.) besteht bereits außerhalb der eigenen Verwaltung ein Sondervermögen mit eigener Wirtschaftsführung. Mit dem jeweiligen Jahresabschluss bzw. einer gesondert zu erstellenden Zwischenbilanz ist damit der Unternehmensgegenstand hinreichend definiert. Der Kommune bleibt es freilich unbenommen, einzelne Bestandteile des bisherigen Betriebes von der Umwandlung auszuklammern. In diesem Fall ist im Rahmen einer Eröffnungsbilanz der Unternehmensgegenstand abzugrenzen. **28**

Von Bedeutung ist dies insbesondere aufgrund der **Grunderwerbsteuerpflicht**.[51] Sind Grundstücke Bestandteil des Betriebsvermögens, so führt der Umwandlungsvorgang zur Grunderwerbsteuerpflicht. Eine Ausnahme gilt nur für Erwerb eines Grundstücks durch eine juristische Person des öffentlichen Rechts, wenn das Grundstück anlässlich des Übergangs von öffentlich-rechtlichen Aufgaben übergeht und nicht überwiegend einem Betrieb gewerblicher Art dient.[52] Da beispielsweise Krankenhäuser oder Altenheime einen Betrieb gewerblicher Art darstellen, würde bei der Umwandlung solcher Einrichtungen in ein KU in einem erheblichen Umfang Grunderwerbsteuer anfallen. Die Kommune kann dies vermeiden, indem sie die Grundstücke aus dem Betriebsvermögen herauslöst und sie im Rahmen eines Pacht- oder Nutzungsvertrages dem neuen KU zur Verfügung stellt. **29**

Sollen **Regiebetriebe** (→ § 44 Rn. 1 ff.) umgewandelt werden, so steht man vor der Schwierigkeit, dass ein von der sonstigen Verwaltung abgegrenztes Sondervermögen nicht besteht. Vor der Umwandlung in ein Kommunalunternehmen ist daher gemäß den für alle Kaufleute geltenden Vorschriften des HGB eine Eröffnungsbilanz aufzustellen.[53] Es empfiehlt sich, bereits bei der Beschlussfassung über die Gründung des KU eine detaillierte Vermögensübersicht vorzulegen. **30**

Die Umwandlung selbst erfolgt nach der jeweils einschlägigen kommunalrechtlichen Vorschrift.[54] Die kommunalrechtlichen Umwandlungsvorschriften wurden erforderlich, weil § 168 des Umwandlungsgesetzes (UmwG) die **Umwandlung** in eine Anstalt des öffentlichen Rechts nicht erfasst. Die Länder haben damit die Ermächtigung in § 1 Abs. 2 UmwG genutzt und vergleichbare Bestimmungen in ihre Kommunalgesetze aufgenommen. **31**

---

[50] So ausführlich § 7 KUV Bay.

[51] Zur Grunderwerbsteuer siehe Kapitel G. Rn. 251 ff.

[52] § 4 Ziff. 1 GrEStG.

[53] So z. B. § 7 KUV Bay, § 7 KUV NW, § 8 KUVO SH.

[54] Art. 89 Abs. 1 S. 1 GO Bay, § 94 Abs. 1 BbgKVerf, § 113a Abs. 1 GO Nds, § 114a Abs. 1 S. 1 GO NW, § 86a Abs. 1 S. 1 GO RP, § 1 Abs. 1 S. 1 AnstG LSA; in der Regel gilt das Umwandlungsgesetz (teilweise) analog.

32 Mit der Umwandlung eines Regie- oder Eigenbetriebs tritt das neu gegründete KU in alle Rechte und Pflichten des bisherigen Betriebes ein. Diese **Gesamtrechtsnachfolge** erfolgt kraft Gesetzes, so dass es keiner gesonderten Übertragungsakte bedarf. Werden Grundstücke in einer Unternehmenssatzung aufgeführt, so bedarf es für den Übergang keiner notariellen Beurkundung. Beurkundungspflichtig ist jedoch gemäß § 15 Abs. 4 S. 1 und Abs. 3 GmbHG die Übertragung von GmbH-Anteilen.

33 Im Rahmen der Gesamtrechtsnachfolge tritt das Kommunalunternehmen in alle Rechte und Pflichten der im Zeitpunkt des Übergangs bestehenden **Arbeitsverhältnisse** und damit in die arbeitsvertragliche Position der Kommune als alter Arbeitgeber ein.[55] Unterliegt das Kommunalunternehmen mangels Mitgliedschaft in einem kommunalen Arbeitgeberverband nicht der Tarifbindung, werden die bislang tarifvertraglichen Regelungen Bestandteil der einzelnen Arbeitsverträge.[56] Durch die Mitgliedschaft des Kommunalunternehmens in der jeweiligen Zusatzversorgungskasse der Kommunen wird die Problematik der Bildung von Rückstellungen für Versorgungslasten vermieden.

34 Das Kommunalunternehmen ist eine Dienststelle im Sinne der einschlägigen Personalvertretungsgesetze der Länder, so dass in dem neuen Unternehmen ein **Personalrat** zu bilden ist. Wird in Bayern ein Regie- oder ein Eigenbetrieb in ein KU umgewandelt, so sieht Art. 27 a BayPVG eine Übergangsregelung vor. Der Personalrat übernimmt die Funktion eines Übergangspersonalrates für das neue Unternehmen, bis sich dort der neue Personalrat konstituiert hat, längstens jedoch für zwölf Monate. Erfolgt keine Personalratswahl im KU, so erlischt das Mandat des Personalrats mit der regulären Wahl eines neuen Personalrates der Kommune. Die gleichen Grundsätze dürften wegen der Gesamtrechtsnachfolge – zur Vermeidung einer vertretungslosen Zeit zumindest bis zur Neuwahl eines Personalrats – auch in den übrigen Ländern jedenfalls dann gelten, wenn der Betrieb als organisatorische Einheit unverändert auf das Kommunalunternehmen übergeht.

35 Insgesamt empfiehlt sich in diesem Zusammenhang der Abschluss eines **Personalüberleitungsvertrags** zwischen der Kommune und dem Kommunalunternehmen, in dem im Interesse der Rechtssicherheit die maßgeblichen Fragen der Personalüberleitung geregelt werden. Besitzt das Kommunalunternehmen Dienstherrenfähigkeit, sind die bisher bei der Kommune für den Regie- oder Eigenbetrieb tätigen **Beamten** gemäß Landesrecht vom Kommunalunternehmen zu übernehmen. Übt das Kommunalunternehmen keine hoheitlichen Befugnisse aus und ist daher nicht dienstherrenfähig, besteht die Möglichkeit einer Zuweisung nach § 20 BeamtStG. Eine Zustimmung des Beamten ist nicht erforderlich, wenn dringende öffentliche Interessen die Zuweisung erfordern.[57] Sowohl Übernahme als

---

55 Dies wird teilweise aus dem Institut der Gesamtrechtsnachfolge oder aus einer direkten oder analogen Anwendung von § 613a BGB gefolgert, vgl. *Ehlers*, ZHR 167 (2003), 546 (569) m. w. N.

56 Bei direkter oder analoger Anwendung von § 613a BGB dürfen diese Regelungen nach dessen Abs. 1 S. 2 nicht vor Ablauf eines Jahres geändert werden.

57 In Bayern folgt dies bereits aus Art. 90 Abs. 5 S. 2 GO Bay; zu § 20 BeamtStG siehe *Reich*, BeamtStG- Beamtenstatusgesetz, Kommentar 2009, § 20.

auch Zuweisung lassen den bisher erreichten beamtenrechtlichen Status unberührt.[58]

Das Kommunalunternehmen entsteht grundsätzlich am Tag nach der Bekanntmachung der Unternehmenssatzung, wenn nicht in dieser Satzung ein späterer Zeitpunkt vorgesehen ist. Anders als etwa die GmbH entsteht das Kommunalunternehmen damit in einem Akt, so dass die im Gesellschaftsrecht geltenden Regelungen über die **Vorgesellschaft** keine Anwendung finden können.[59] Rechtsgeschäfte, die vor Entstehung des Kommunalunternehmens im Rahmen des umzuwandelnden Betriebs abgeschlossen werden, berechtigen und verpflichten daher unmittelbar die Kommune und gehen erst mit Entstehung des Kommunalunternehmens im Wege der Gesamtrechtsnachfolge auf dieses über. 36

II. Umwandlung von Eigen- oder Beteiligungsgesellschaften

Eine direkte **Umwandlung** von kommunalen Eigen- oder Beteiligungsgesellschaften in der Rechtsform einer GmbH oder einer Aktiengesellschaft (→ § 43 Rn. 72 f.; § 46 Rn. 1 ff.) in ein Kommunalunternehmen ist im Umwandlungsgesetz nicht vorgesehen. Auch die meisten Kommunalgesetze enthalten hierzu keine Regelungen. Eine derartige Umstrukturierung im Wege der Gesamtrechtsnachfolge kann nach aktueller Rechtslage nur durch zwei hintereinander geschaltete Umwandlungsvorgänge erreicht werden.[60] Im Übrigen bleibt lediglich die Möglichkeit der Übertragung des Gesellschaftsvermögens durch Einzelrechtsakte. Aufgrund der Komplexität dieser Verfahren ist die Umwandlung von kommunalen Gesellschaften in Kommunalunternehmen auf diesem Weg derzeit aber kaum zu erwarten.[61] 37

Spezielle kommunalrechtliche Umwandlungsvorschriften existieren mittlerweile in **Bayern,** in **Brandenburg** und in **Niedersachsen**.[62] Kapitalgesellschaften, an denen ausschließlich eine Kommune beteiligt ist, können durch Formwechsel in ein KU umgewandelt werden.[63] Der Formwechsel setzt den Erlass einer Unternehmenssatzung und einen sich darauf beziehenden Umwandlungsbeschluss der formwechselnden Gesellschaft voraus. Die Umwandlung richtet sich im Wesentlichen nach Umwandlungsrecht. Die Umwandlung wird wirksam, wenn sie in das Handelsregister eingetragen wurde und die Unternehmenssatzung in Kraft getreten ist. Mit dem speziellen kommunalen Umwandlungsrecht wurde in den genannten Bundesländern eine Gesetzeslücke geschlossen und der Weg für die Errichtung weiterer Kommunalunternehmen frei gemacht. 38

---

58 Zur Zuweisung VGH München, Urteil v. 19.7.2006, 3 BV 03.1356, BeckRS 2006 25926

59 *Klein/Uckel/Ibler* (Fn. 39), 32.00; *Ehlers*, ZHR 167 (2003), 546 (556).

60 *Gaß* (Fn. 31), S. 298 f.

61 Ausführlich dazu *Gaß* (Fn. 31), S. 309 ff.

62 Art. 89 Abs. 2a GO Bay, § 94 Abs. 1 BbgKVerf, § 113a Abs. 1 S. 4 bis 6 GO Nds.

63 Ausführlich dazu *Schulz* (Fn. 24), Art. 89 Ziff. 1.4.

III. Neuerrichtung

39 Die Neuerrichtung eines Kommunalunternehmens erfolgt durch Erlass und Bekanntmachung einer entsprechenden **Unternehmenssatzung**. Die im Gesellschaftsrecht anwendbaren Vorschriften über die Vorgründungs- und Vorgesellschaft gelten auch hier weder unmittelbar, noch entsprechend. In Brandenburg[64], Nordrhein-Westfalen[65], Rheinland-Pfalz[66] und Sachsen-Anhalt[67] ist vor der Neugründung eines Kommunalunternehmens die Durchführung einer Wirtschaftlichkeits- oder Marktanalyse bzw. eines Branchendialogs vorgeschrieben.

IV. Unternehmenssatzung

40 Rechtstechnisch erfolgt die Gründung eines Kommunalunternehmens durch die **Bekanntmachung der Unternehmenssatzung**.[68] In ihr werden die Rechtsverhältnisse des Unternehmens geregelt. Die Kommune behält auch nach der Gründung des KU diese Regelungskompetenz, diese geht nicht auf ein Unternehmensorgan über. Die zuständigen Gremien der Kommune bleiben somit "Herr" über das Unternehmen.

41 Die Unternehmenssatzung ist vom Anstaltsträger nach den allgemeinen kommunalrechtlichen Bestimmungen zu erlassen. Aufgrund der Tragweite der Entscheidung hat das Kommunalgremium selbst den **Beschluss** über die Satzung zu fassen, eine Übertragung auf einen beschließenden Ausschuss kommt nicht in Betracht. Die Satzung wird vom Bürgermeister, Landrat etc. ausgefertigt und bekannt gemacht. Das Kommunalunternehmen entsteht am Tag nach der **Bekanntmachung**, wenn nicht in der Unternehmenssatzung ein späterer Zeitpunkt bestimmt ist.[69] Wie der Wortlaut der einschlägigen Vorschriften zeigt, kann die Unternehmenssatzung nicht rückwirkend in Kraft gesetzt werden. Sondervorschriften gelten in Bayern für die Umwandlung einer Kapitalgesellschaft in ein (gemeinsames) KU. Hier entsteht das KU erst mit dessen Eintragung oder – wenn es nicht eingetragen wird – mit der Eintragung der Umwandlung.[70]

42 Anders als der Gesellschaftsvertrag einer GmbH bedarf es keiner (kostenpflichtigen) notariellen Beurkundung. Die Errichtung eines Kommunalunternehmens verursacht daher grundsätzlich keine **Gründungskosten**.

43 Gesetze und Verordnungen schreiben bestimmte **Mindestinhalte** für die Satzung vor:

---

64 § 92 Abs. 3.

65 § 107 Abs. 5 GO NW.

66 § 92 Abs. 1 GO RP.

67 § 123 Abs. 1 GO LSA.

68 In Brandenburg "Anstaltssatzung", § 94 Abs. 2 BbgKVerf.

69 Art. 89 Abs. 3 S. 4 GO Bay, § 94 Abs. 2 S. 3 BbgKVerf. In den übrigen Bundesländern tritt die Unternehmenssatzung nach den allgemeinen kommunalrechtlichen Vorschriften in Kraft.

70 Art. 89 Abs. 2a S. 6 GO Bay, Art. 49 Abs. 5 S. 3 KommZG.

So ist es in **Bayern**[71] und **Brandenburg**[72] gesetzlich zwingend erforderlich, dass die Unternehmenssatzung Bestimmungen über den Namen und die Aufgaben des Unternehmens, die Anzahl der Mitglieder des Vorstands und des Verwaltungsrats sowie die Höhe des Stammkapitals enthält. Darüber hinaus verlangen die Verordnungen über das Kommunalunternehmen Regelungen über die Geschäftsordnung des Verwaltungsrates und des Vorstands (falls dieser aus mehr als einer Person besteht), die Entschädigung der Verwaltungsratsmitglieder sowie über die Beschlussfähigkeit des Verwaltungsrates. Ähnliche Regelungen gelten in **Schleswig Holstein**.[73] 44

Die Unternehmenssatzung der kommunalen Anstalt in **Niedersachsen**[74] und **Sachsen-Anhalt**[75] muss Bestimmungen über den Namen und den Zweck des Unternehmens, die Anzahl der Mitglieder des Verwaltungsrats und die Höhe des Stammkapitals enthalten. 45

Nordrhein-Westfalen[76] verlangt Satzungsbestimmungen über den Namen und die Aufgaben des KU, die Anzahl der Vorstands- und Verwaltungsratsmitglieder, die Höhe des Stammkapitals, die Wirtschaftsführung, die Vermögensverwaltung, die Rechnungslegung, die Geschäftsordnung des Verwaltungsrats und des Vorstands sowie über die Beschlussfähigkeit des Verwaltungsrats. 46

In **Rheinland-Pfalz**[77] muss die Unternehmenssatzung nähere Bestimmungen über den Namen und die Aufgaben sowie die Organe der Anstalt, insbesondere über die Zahl der Mitglieder, deren Bestellung, Amtsdauer und Aufgaben enthalten. 47

Neben diesen rechtlich zwingenden Inhalten kann die Kommune **fakultativ weitere Regelungen** treffen: 48

- Beteiligung des KU an anderen Unternehmen[78]
- Verteilung der Zuständigkeiten der Organe[79]
- Weisungs- und Zustimmungsrechte der Kommune gegenüber den Organen des KU[80]
- Vertretungsregelung bei einem Vorstand, der aus mehreren Personen besteht[81]

---

71 Art. 89 Abs. 3 S. 2 GO Bay, § 2 Abs. 2 S. 3 und § 5 KUV Bay; Sonderregelungen gelten beim gemeinsamen KU, Art. 50 Abs. 2 KommZG Bay.

72 § 94 Abs. 2 S. 2 BbgKVerf.

73 § 106a Abs. 2 GO SH, § 6 KUVO SH; siehe auch Mustersatzung für Schleswig-Holstein, Bek. des Innenministeriums v. 31.10.2008, Abl. S. 1019.

74 § 113b GO Nds.

75 § 2 AnstG LSA.

76 § 114a Abs. 2 GO NW, § 5 KUV NW.

77 § 86a Abs. 2 GO RP.

78 Z. B. Art. 89 Abs. 1 S. 2 GO Bay, § 113a Abs. 3 S. 1 GO Nds, § 114a Abs. 4 GO NW, § 1 Abs. 1 S. 3 AnstG LSA.

79 Z. B. Art. 90 Abs. 1 S. 1 GO Bay, § 113e Abs. 2 S. 1 GO Nds, § 114a Abs. 6 S. 1 GO NW, § 5 Abs. 2 S. 1 AnstG LSA.

80 Z. B. Art. 90 Abs. 2 S. 5 GO Bay, § 95 Abs. 2 S. 3 BbgKVerf, § 113e Abs. 3 S. 5 GO Nds, § 114a Abs. 7 S. 6 GO NW, § 86b Abs. 2 S. 2 GO RP, § 5 Abs. 3 S. 5 AnstG LSA.

81 Z. B. § 3 Abs. 2 KUV Bay.

49 Den Kommunen eröffnet sich daher ein weiter Spielraum für die Gestaltung der Unternehmenssatzung, so dass eine ideale Anpassung der Unternehmensstruktur an die vom Kommunalunternehmen zu erfüllende Aufgabe möglich wird.

V. Auflösung und Abwicklung

50 So wie das KU durch den Erlass einer Unternehmenssatzung entsteht, wird es durch den gegenteiligen Akt, die **Aufhebung** dieser Satzung, aufgelöst. Auch diese Aufhebung erfolgt in Form einer Satzung, die nach den allgemeinen kommunalrechtlichen Bestimmungen bekannt zu machen ist. Die Entscheidung muss vom Kommunalgremium selbst getroffen werden. Eine Delegation auf einen (beschließenden) Ausschuss ist nicht zulässig.[82]

51 Das **Vermögen** eines aufgelösten KU geht im Wege der Gesamtrechtsnachfolge auf den Anstaltsträger über.[83] Es bedarf also weder einer rechtsgeschäftlichen Übertragung einzelner Vermögensgegenstände noch der rechtsgeschäftlichen Vertragsübernahme. Die Gesamtrechtsnachfolge gilt auch für die Beschäftigungsverhältnisse. Ist das KU Eigentümer von Grundstücken, so ist nach der Auflösung das Grundbuch zu berichtigen; eine Auflassung ist nicht erforderlich.

E. Aufgaben

I. Umfang der Aufgabenübertragung

52 Nach den weitgehend identischen gesetzlichen Vorschriften kann der Anstaltsträger dem KU einzelne oder alle mit einem bestimmten Zweck zusammenhängende Aufgaben ganz oder teilweise übertragen. Abgesehen von den allgemeinen Bestimmungen über die Zulässigkeit der kommunalen wirtschaftlichen Betätigung hat der Gesetzgeber auf einschränkende Bestimmungen verzichtet. Er überlässt es der Entscheidung der Kommune, welche Aufgaben auf das KU übertragen werden sollen. Übertragen werden können demnach Pflichtaufgaben ebenso wie freiwillige Aufgaben, Aufgaben des eigenen Wirkungskreises ebenso wie solche des übertragenen.[84] In Brandenburg ist ausdrücklich normiert, dass die Übertragung auf Teile des „Anstaltsgebietes" beschränkt werden kann.[85]

53 Eine Beschränkung der Kommune ergibt sich auch nicht aus **Fachgesetzen**, die bestimmte Aufgaben einer "Gemeinde" oder einem "Landkreis" zuweisen. Eine Aufgabenübertragung wird dadurch nicht ausgeschlossen, da das Fachgesetz die Zuständigkeit nur einer bestimmten Verwaltungsebene zuordnet, ohne in deren Organisationsrecht einzugreifen. Werden beispielweise in den ÖPNV-Gesetzen

---

[82] Siehe dazu *Klein/Uckel/Ibler* (Fn. 39), 37.40 Ziff. 2.1.

[83] § 28 KUV Bay, § 28 KUV NW, § 38 EigAnVO RP.

[84] Zur Wirtschaftsförderung in der Rechtsform des KU siehe *Detig* (Fn. 1), S. 164 ff.

[85] § 94 Abs. 4 S. 1 BbgKVerf.

der Länder oder in den Ausführungsgesetzen zum Pflegeversicherungsrecht die kreisfreien Städte und Landkreis zu Aufgabenträgern bestimmt, so schließt dies nicht aus, dass die jeweilige Kommune diese Aufgabe auf ein KU überträgt. Dasselbe gilt für fachgesetzliche Genehmigungsvorbehalte, wenn Aufgaben auf Dritte übertragen werden sollen;[86] auch diese sind nicht auf die Übertragung kraft Unternehmenssatzung anwendbar.

Dem KU können auch **mehrere Aufgaben** übertragen werden.[87] Die Kommune hat also die Möglichkeit ein KU mit mehreren Unternehmenssparten zu gründen (Spartenorganisation). Als Alternative steht ihr die Gründung mehrer Kommunalunternehmen zur Verfügung. Sie kann jedoch auch das KU als Holding ausgestalten und die operativen Tätigkeiten auf Tochter-Gesellschaften übertragen (Holding-Organisation). Das KU bekommt in diesem Fall zwar kraft Unternehmenssatzung alle Aufgaben, gibt diese aber kraft Gesellschaftsvertrag zur Erfüllung weiter. Die Gründung eines eigenen "Tochter-KU" bleibt dem "Holding-KU" jedoch untersagt, da nur die Kommune selbst ein KU gründen darf. Für die Spartenorganisation spricht der geringere Gründungsaufwand und die bessere Übersichtlichkeit. Sie ist jedenfalls dann zu bevorzugen, wenn sich die Unternehmensbereiche weitgehend ähneln. Die Holding-Organisation schafft demgegenüber homogene Organisationseinheiten ("Profitcenter"). Der Verwaltungsaufwand kann dadurch minimiert werden, dass Querschnittsaufgaben (z. B. Personal-, Rechnungswesen, Controlling) unmittelbar durch die Holding wahrgenommen werden. 54

Eine **Sondervorschrift** für mehrere kommunale Betriebe existiert in Bayern[88], Nordrhein-Westfalen[89] und Schleswig-Holstein.[90] Die Versorgungs- oder Verkehrsbetriebe einer Kommune sollen die gleiche Rechtsform haben und, wenn sie ein Kommunalunternehmen sind, jeweils zu einem KU zusammengefasst werden. Versorgungs-, Verkehrsbetriebe und sonstige Unternehmen einer Kommune können zu einem einheitlichen oder verbundenen KU zusammengefasst werden. 55

Wird dem KU eine Aufgabe übertragen, so gehen damit grundsätzlich alle mit ihr zusammenhängenden **Befugnisse** auf das KU über. Wenn dennoch einzelne Befugnisse bei der Kommune verbleiben sollen, so bedarf es hierfür eines ausdrücklichen Vorbehalts in der Unternehmenssatzung.[91] 56

Mit der Aufgabenübertragung erhält das KU das Recht und die Pflicht, die übertragene Angelegenheit umfassend zu erledigen. Handelt es sich um einen Bereich der **Hoheitsverwaltung** (z. B. Abfallentsorgung), so ist das KU berechtigt, 57

---

86 Z. B. § 16 Abs. 2 des Kreislaufwirtschafts- und Abfallgesetzes (KrW-/AbfG).

87 A. A. *Bauer/Böhle/Ecker*, Bayerische Kommunalgesetze, Kommentar, Art. 89 GO, Rn. 15.

88 § 6 KUV Bay.

89 § 6 KUV NW.

90 § 7 KUVO SH.

91 A. A. VG Würzburg, Urteil v. 31.5.2006, W 2 K 05.1587: ausdrückliche Übertragung der Befugnisse erforderlich; offen gelassen wurde diese Frage von der Berufungsinstanz, VGH München, Urteil v. 1.3.2007, 23 B 06.1892; siehe dazu *Hofmann-Hoeppel*, KommP spezial 2008, 61 (64 ff.).

Verwaltungsakte zu erlassen und mit Verwaltungszwang durchzusetzen. Dies schließt auch den Erlass von Gebührenbescheiden ein.[92] Das KU ist zur Vollstreckung von Verwaltungsakten in demselben Umfang berechtigt wie die Kommune.[93] Eine besondere Satzungsbestimmung ist lediglich dann erforderlich, wenn dem KU das Recht eingeräumt werden soll, Satzungen und – soweit Landesrecht zu deren Erlass ermächtigt – auch Verordnungen für das übertragene Aufgabengebiet zu erlassen. Der Erlass von Abgabesatzungen durch das KU ist verfassungsrechtlich unbedenklich. Die kommunalrechtlichen Bestimmungen gewährleisten eine unmittelbare demokratische und rechtsstaatliche Legitimation.[94]

58 Einer differenzierteren Betrachtung bedarf es dann, wenn die Kommune dem KU nicht die Aufgabe selbst, sondern nur deren Erfüllung übertragen hat. In diesem Fall wäre das KU nur der **"Erfüllungsgehilfe"** der Kommune, die weiterhin öffentlich-rechtlich verantwortlich bliebe. Hierfür sieht das Kommunalrecht vor, dass die Kommune durch gesonderte Satzung einen Anschluss- und Benutzungszwang zugunsten des KU festlegen und das Unternehmen zu dessen Durchsetzung ermächtigen kann. Das KU erlässt dann die Verwaltungsakte und sorgt gegebenenfalls für deren zwangsweise Durchsetzung.

II. Dienstherrenfähigkeit

59 Zur Erfüllung seiner Aufgaben kann das KU auch Beamte beschäftigen. In Bayern,[95] Brandenburg,[96] Nordrhein-Westfalen,[97] Niedersachsen[98] und Sachsen-Anhalt[99] ist dies jedoch nur dann möglich, wenn dem KU hoheitliche Aufgaben übertragen worden sind. Es genügt, wenn dem KU zumindest auch hoheitliche Tätigkeiten übertragen worden sind. Welche Aufgabe der jeweilige Beamte zu erfüllen hat ist ohne Belang. Es ist also durchaus möglich, dass einem KU Aufgaben auf dem Gebiet der Abfallwirtschaft und der Krankenversorgung übertragen worden sind, der Beamte jedoch ausschließlich für die kommunale Klinik tätig wird. Das rheinland-pfälzische Kommunalrecht überlässt es der jeweiligen Kommune, dem KU mit der Unternehmenssatzung Dienstherrenfähigkeit zu verleihen.[100]

---

92 Eine ausdrückliche Übertragung in der Unternehmenssatzung fordert § 113c Abs. 2 GO Nds.

93 Art. 91 Abs. 4 GO Bay.

94 Ausführlich dazu *Schulz* (Fn. 24), Art. 89 GO Bay Erl. 2.3.

95 Art. 90 Abs. 4 S. 1 GO Bay.

96 § 95 Abs. 3 BbgKVerf.

97 § 114a Abs. 9 S. 1 GO NW.

98 § 113f S. 1 GO Nds.

99 § 6 S. 1 AnstG LSA.

100 § 86b GO RP.

F. Organe und Zuständigkeiten

Die Organe eines KU sind gesetzlich festgelegt:[101] Ein Vorstand und ein Verwaltungsrat sind für die Geschicke des KU verantwortlich.[102] Ergänzt werden diese gesetzlichen Bestimmungen durch Geschäftsordnungen.[103] 60

Das KU ähnelt insoweit einer GmbH: Der Vorstand erhält weitgehende Handlungsbefugnisse – vergleichbar mit der Geschäftsführung einer GmbH. Der Verwaltungsrat entscheidet über strategische Angelegenheiten und kontrolliert den Vorstand – vergleichbar mit dem Aufsichtsrat einer GmbH. Da das KU nicht mitgliedschaftlich verfasst ist, nimmt der Verwaltungsrat zugleich die Funktion der Gesellschafterversammlung wahr. Einer gesonderten Betrachtung bedürfen die Einwirkungsmöglichkeiten der kommunalen Entscheidungsgremien. 61

I. Vorstand

Das Kommunalunternehmen wird von einem Vorstand in eigener Verantwortung geleitet. 62

1. Natürliche Person

Vorstand eines KU kann nur eine **natürliche Person** sein. Juristische Personen können daher nicht zum Vorstand bestellt werden. 63

Möglich bleibt freilich, die Beauftragung einer juristischen Person als **Managementgesellschaft**. Zwischen dem KU und der juristischen Person wird ein Managementvertrag geschlossen, in dem sich die Managementgesellschaft gegen Zahlung einer Vergütung verpflichtet, den Vorstand zu stellen. Ein Beschäftigter der Managementgesellschaft wird dann vom Verwaltungsrat zum Vorstand bestellt. Das Rechtsverhältnis zwischen dem Vorstand und dem KU wird dann in einem gesonderten Gestellungsvertrag geregelt.[104] 64

2. Vertretungsmacht

Der Vorstand ist das Organ, das das KU nach außen vertritt.[105] Diese Vertretungsmacht ist unbeschränkt und auch durch die Unternehmenssatzung nicht beschränkbar. Eine Ausnahme gilt für den Fall, dass noch kein Vorstand vorhanden ist oder dieser handlungsunfähig ist. Das KU wird dann vom Vorsitzenden des Verwaltungsrates vertreten. Auch gegenüber den Vorstandsmitgliedern selbst, 65

---

[101] In Schleswig-Holstein erfolgt die Festlegung in der Verordnung, siehe §§ 2 ff. KUVO.

[102] Art. 90 GO Bay, § 95 Abs. 1 BbgKVerf, § 113e GO Nds, § 114a Abs. 6 und 7 GO NW, § 86b GO RP, § 5 AnstG LSA.

[103] Siehe z. B. § 5 Ziff. 2 KUV Bay, § 4 Ziff. 1 AnstVO LSA.

[104] Dazu näher *Klein/Uckel/Ibler* (Fn. 39), 33.11. Nr. 1.1.1.

[105] Art. 90 Abs. 1 GO Bay, § 95 Abs. 1 S. 2 BbgKVerf, § 113e Abs. 2 S. 2 GO Nds, § 114a Abs. 6 GO NW, § 86b GO RP, § 5 Abs. 2 AnstG LSA, § 3 Abs. 1 S. 2 KUVO SH.

insbesondere beim Abschluss des Dienstvertrages, ist der Vorsitzende des Verwaltungsrates vertretungsberechtigt.[106] Besteht der Vorstand aus mehreren Personen, so sind – vorbehaltlich einer abweichenden Satzungsbestimmung – sämtliche Vorstandsmitglieder nur gemeinschaftlich zur Vertretung des KU befugt.[107] Der Vorstand selbst kann wiederum gemäß den allgemeinen zivilrechtlichen Bestimmungen den Beschäftigten des KU Vertretungsmacht – auch in der Form der Prokura gemäß §§ 48 ff. HGB – erteilen.

3. Bestellung und Abberufung

66 Der Vorstand wird bestellt vom Verwaltungsrat. Die Kommune hat daher keinen unmittelbaren Einfluss auf die personelle Besetzung des Vorstandes. Allerdings können in die **Unternehmenssatzung** entsprechende Regelungen über ein unverbindliches Vorschlagsrecht bis hin zu einer Weisungsbefugnis der Kommune gegenüber dem Verwaltungsrat im Rahmen der Bestellung von Vorstandsmitgliedern aufgenommen werden. Der **Zeitraum** der Bestellung ist in Bayern, Niedersachsen, Nordrhein-Westfalen, Sachsen-Anhalt und Schleswig-Holstein auf fünf Jahre beschränkt, wobei eine erneute Bestellung zulässig ist.[108] In Rheinland-Pfalz ist auch eine zeitlich unbeschränkte Bestellung möglich.

67 Die Kompetenz zur Bestellung des Vorstands umfasst auch das **Rechtsverhältnis des Vorstands zum KU**. In Betracht kommt ein zivilrechtliches, tarifliches oder außertarifliches Dienstverhältnis. Ist das KU dienstherrenfähig, so kann der Vorstand auch zum Beamten auf Zeit ernannt werden.

68 Die Amtszeit als Vorstand endet in der Regel mit Ablauf der gesetzlich oder – in Rheinland-Pfalz und Schleswig-Holstein – kraft Satzung normierten Amtsdauer. Daneben ist eine vorzeitige **Abberufung** des Vorstandes zulässig, wenn ein hinreichend wichtiger Grund vorliegt. Dies folgt aus den allgemeinen kommunalrechtlichen Grundsätzen über die Abberufung von Funktions- und Amtsträgern.[109] Zur Rechtsklarheit empfiehlt sich die Aufnahme einer entsprechenden Regelung in die Unternehmenssatzung, wonach beispielsweise der Vorstand vom Verwaltungsrat kraft qualifiziertem Mehrheitsbeschluss bei Vorliegen eines wichtigen Grundes abberufen werden kann.

69 Die Abberufung betrifft allerdings lediglich die Organstellung des Vorstandes. Davon zu unterscheiden ist das **Dienst- oder Anstellungsverhältnis** der betreffenden Person zum Kommunalunternehmen. Wurde der Anstellungsvertrag unter

---

[106] § 2 Abs. 3 KUV Bay, § 2 Abs. 3 KUV NW, § 4 Abs. 4 KUVO SH; in den anderen Ländern gibt es keine entsprechende Gesetzes- oder Verordnungsregelung.

[107] § 3 Abs. 2 KUV Bay, § 3 Abs. 2 KUV NW, § 3 Abs. 3 S. 1 KUVO SH; in Brandenburg ist bei einem Vorstand, der aus mehreren Personen besteht, eine Satzungsregelung zwingend, § 95 Abs. 1 S. 3 BbgKVerf; in den anderen Ländern gibt es keine entsprechende Gesetzes- oder Verordnungsregelung.

[108] Art. 90 Abs. 2 S. 2 GO Bay, § 95 Abs. 1 S. 6 BbgKVerf, § 113e Abs. 3 S. 2 GO Nds, § 114a Abs. 7 S. 2 GO NW, § 5 Abs. 3 S. 2 AnstG LSA, § 4 Abs. 1 S. 2 KUVO SH.

[109] Vgl. *Klein/Uckel/Ibler* (Fn. 39), 33.11 Nr. 1.3.1.

der auflösenden Bedingung des Fortbestandes der Organstellung als Vorstand abgeschlossen, endet das Anstellungsverhältnis automatisch mit dem Ablauf der Amtszeit oder der Abberufung als Vorstand, ohne dass es einer weiteren Kündigung bedarf. Soweit das Angestelltenverhältnis zeitlich auf die Amtsdauer des Vorstandes befristet eingegangen wurde, kommt im Falle einer vorzeitigen Abberufung lediglich eine außerordentliche Kündigung des Angestelltenverhältnisses in Betracht. Fehlt eine zeitliche Befristung, muss das Angestelltenverhältnis ordentlich oder außerordentlich gekündigt werden. Handelt es sich um ein Beamtenverhältnis, ist eine Beendigung nur nach den restriktiven beamtenrechtlichen Regelungen möglich.

4. Bemessung der Vorstandsgehälter

Die **Höhe** der Vorstandsgehälter ist in den Kommunalgesetzen nicht geregelt. Ist der Vorstand zum Beamten (auf Zeit) ernannt worden, so gelten die beamtenrechtlichen Bestimmungen, ansonsten das öffentliche Tarifwerk oder außertarifliche individuelle Vereinbarungen. Für die Höhe der Vorstandsgehälter gilt lediglich der allgemeine Grundsatz der Sparsamkeit und Wirtschaftlichkeit,[110] nicht jedoch das vergütungsrechtliche (engere) Angemessenheitsgebot.[111] **70**

Zur Gewährleistung von Transparenz und Kontrolle sehen einige Kommunalgesetze vor, dass die Vorstandsbezüge im Sinne von § 285 Nr. 9 Buchst. a HGB veröffentlicht werden. In Bayern hat die Gemeinde darauf hinzuwirken, dass jedes Vorstandsmitglied vertraglich verpflichtet wird, die ihm im Geschäftsjahr jeweils gewährten Bezüge der Gemeinde jährlich zur **Veröffentlichung** mitzuteilen.[112] In Niedersachsen ergibt sich die Veröffentlichungspflicht unmittelbar aus dem Gesetz,[113] in Sachsen-Anhalt enthält der Beteiligungsbericht Angaben über die Vorstandsbezüge.[114] **71**

5. Rechtsstellung

Die Rechtsstellung des Vorstandes wird in Bayern, Nordrhein-Westfalen und Schleswig-Holstein konkretisiert in den Verordnungen zum Kommunalunternehmen. Dabei wird besonders die **Auskunfts- und Berichtspflicht** gegenüber dem Verwaltungsrat und dem Anstaltsträger hervorgehoben. **72**

Der Vorstand hat dem Verwaltungsrat in allen Angelegenheiten auf Anforderung Auskunft zu geben und ihn über alle wichtigen Vorgänge rechtzeitig zu unterrichten.[115] Über die Abwicklung des Vermögens- und Erfolgsplans muss der Verwaltungsrat vierteljährlich schriftlich unterrichtet werden. Eine sofortige Berichtspflicht besteht bei erfolggefährdenden Mindererträgen oder Mehraufwen- **73**

[110] Z. B. Art. 61 Abs. 2 GO Bay, Art. 82 Abs. 2 GO Nds.
[111] Z. B. Art. 43 Abs. 4 GO Bay.
[112] Art. 90 Abs. 1 S. 3 GO Bay, § 113e Abs. 2 S. 3 GO Nds., § 5 Abs. 2 S. 3 AnstG LSA.
[113] § 113e Abs. 2 S. 3 GO Bay.
[114] § 118 Abs. 2 S. 2 Ziff. 4 GO LSA.
[115] § 3 Abs. 1 S. 2 KUV Bay, § 3 Abs. 1 S. 2 KUV NW.

dungen. Sind Verluste zu erwarten, so muss auch der Anstaltsträger vom Vorstand informiert werden.[116] Besteht der Vorstand aus mehreren Mitgliedern, so haben diese mit der Sorgfalt ordentlicher Geschäftsleute vertrauensvoll und eng zum Wohle des KU zusammenzuarbeiten.[117]

74 Bei einem **mehrköpfigen Vorstand** sind die einzelnen Mitglieder grundsätzlich gleichberechtigt. Der Verwaltungsrat kann jedoch ein Hierarchie- oder Vertretungsverhältnis festlegen.

6. Zuständigkeit

75 Der Vorstand ist das zentrale Organ des KU. Nach der Intention der Gesetzgeber soll dem Vorstand grundsätzlich eine eigenständige und **eigenverantwortliche Leitungsfunktion** zukommen.[118] Seine Rechtsstellung geht damit erheblich über die des Werkleiters eines Eigenbetriebes oder des Leiters eines Regiebetriebes hinaus und ist am ehesten mit der des Vorstandes einer AG vergleichbar. Die Kompetenzen des Vorstandes werden nur durch das Gesetz und durch die Unternehmenssatzung konkretisiert bzw. beschränkt. Im Übrigen handelt der Vorstand eigenverantwortlich und unterliegt lediglich der Kontrolle des Verwaltungsrates.

76 In den Ländern **Bayern, Niedersachsen, Nordrhein-Westfalen, Sachsen-Anhalt und Schleswig-Holstein** werden die Kompetenzen des Vorstandes kraft Gesetzes bzw. Verordnung beschränkt, indem dem Verwaltungsrat bestimmte grundsätzliche Angelegenheiten zur Entscheidung zugewiesen werden bzw. ein Zustimmungsvorbehalt zugunsten des Verwaltungsrates normiert wird.

77 Im Übrigen und besonders in den Ländern Rheinland-Pfalz und Schleswig-Holstein bleibt es den Kommunen überlassen, die Kompetenzen des Vorstandes in der **Unternehmenssatzung** nach ihren Vorstellungen zu gestalten.[119] So kann die Kommune in der Unternehmenssatzung bestimmen, dass bestimmte Kompetenzen vom Vorstand auf den Verwaltungsrat verlagert werden. Durch die im Verwaltungsrat vertretenen Kommunalorgane eröffnet sich für die Kommune dann die Möglichkeit einer direkten Einflussnahme auf unternehmerische Entscheidungen. Diese vom Gesetzgeber bewusst eingeräumte Flexibilität bei der Ausgestaltung der Unternehmensstruktur sollte dazu genutzt werden, eine der zu erfüllenden Aufgabe gerecht werdende Balance zwischen Eigenverantwortlichkeit des Vorstandes einerseits und Kontrolle bzw. Einflussnahme durch den Verwaltungsrat und die Kommune andererseits herzustellen. Je größer die Haftungs- und Einstandspflichten des Anstaltsträgers aus der Unternehmertätigkeit einzuschätzen sind, desto stärker wird dessen Bedürfnis nach Einflussnahme und Kontrolle sein.

---

[116] § 21 KUV Bay, § 21 KUV NW.

[117] § 3 Abs. 1 S. 1 KUV Bay, § 3 Abs. 1 S. 1 KUV NW.

[118] Vgl. Art. 90 Abs. 1 S. 1 GO Bay, § 95 Abs. 1 S. 1 BbgKVerf, § 113e Abs. 2 S. 1 GO Nds, § 114a Abs. 6 GO NW, § 86b Abs. 1 GO RP, § 5 Abs. 2 AnstG LSA.

[119] Art. 90 Abs. 1 S. 1 GO Bay, § 95 Abs. 1 S. 1 BbgKVerf, § 113e Abs. 2 S. 1 GO Nds, § 114a Abs. 6 S. 1 GO NW, § 5 Abs. 2 S. 1 AnstG LSA.

II. Verwaltungsrat

Der Verwaltungsrat ist das kollegial strukturierte Organ des Kommunalunternehmens, das für strategische Entscheidungen zuständig ist und Kontrollfunktionen wahrnimmt. Er hat außerdem die Aufgabe, die Geschäftsführung des Vorstandes zu überwachen. 78

1. Zusammensetzung

Die Kommunalgesetze enthalten detaillierte, im Wesentlichen ähnliche Bestimmungen über die Zusammensetzung des Verwaltungsrates.[120] Lediglich in Schleswig-Holstein wird es der jeweiligen Kommune überlassen, dies im Rahmen der Unternehmenssatzung zu regeln.[121] 79

Den **Vorsitz im Verwaltungsrat** führt in der Regel kraft Amtes der jeweilige Bürgermeister des Anstaltsträgers[122]. In Bayern, Niedersachsen und Sachsen-Anhalt kann mit seiner Zustimmung jedoch auch eine andere Person zum Vorsitzenden bestellt werden.[123] Sind in Nordrhein-Westfalen oder Rheinland-Pfalz Beigeordnete mit eigenem Geschäftsbereich bestellt, so führt derjenige Beigeordnete den Vorsitz, zu dessen Geschäftsbereich die dem KU übertragenen Aufgaben gehören. Sind die Aufgaben mehreren Geschäftsbereichen übertragen, so entscheidet der Bürgermeister über den Vorsitz.[124] Dem Verwaltungsratsvorsitzenden kommen darüber hinaus keine besonderen Befugnisse zu. Bei der Beschlussfassung ist seine Stimme gleichwertig mit der der übrigen Verwaltungsratsmitglieder. Die Unternehmenssatzung kann jedoch vorsehen, dass bei Stimmengleichheit die Stimme des Vorsitzenden den Ausschlag gibt. Ein Beanstandungs- und Aussetzungsrecht bei vermeintlich rechtswidrigen Beschlüssen (entsprechend den kommunalrechtlichen Vorschriften bei den Kommunalgremien) steht ihm jedenfalls mangels gesetzlicher Grundlage nicht zu.[125] 80

Die **übrigen Verwaltungsratsmitglieder** werden vom jeweiligen Kollegialgremium des Anstaltsträgers (insb. Gemeinde- oder Stadtrat) bestellt. Anders als bei den Organen von Regie- und Eigenbetrieben können auch Personen bestellt werden, die nicht dem Kollegialgremium des Anstaltsträgers angehören. Damit wird die Möglichkeit eröffnet, Fachleute in das Gremium zu berufen. Die Unternehmenssatzung kann auch bestimmen, dass für Verwaltungsratsmitglieder Vertreter bestellt werden. [126] 81

---

[120] Art. 90 Abs. 3 GO Bay, § 113e Abs. 4 bis 7 GO Nds, § 114a Abs. 8 GO NW, § 86b Abs. 3 GO RP, § 5 Abs. 4 AnstG LSA.

[121] § 106a Abs. 2 S. 1 und 2 GO SH.

[122] In Brandenburg ist dies der Hauptverwaltungsbeamte, § 95 Abs. 2 S. 1 BbgKVerf.

[123] Art. 90 Abs. 3 S. 2 GO Bay, § 113e Abs. 6 GO Nds, § 5 Abs. 4 S. 4 AnstG LSA.

[124] § 114a Abs. 8 S. 3 und 4 GO NW, § 86b Abs. 3 S. 4 und 5 GO RP.

[125] A. A. *Schulz* (Fn. 24), Art. 90 GO Bay Erl. 3.2.

[126] Siehe dazu *Schulz* (Fn. 24), Art. 90 GO Bay Erl. 3.1.

82 Äußerst unterschiedlich geregelt ist die **Personalvertretung** im Verwaltungsrat.[127]

83 In **Bayern** können Beamte und leitende oder hauptberufliche Angestellte des KU, leitende Beamte und leitende Angestellte von juristischen Personen oder sonstigen Organisationen des öffentlichen oder privaten Rechts, an denen das KU mit mehr als 50 % beteiligt ist (Beteiligung am Stimmrecht genügt), nicht Mitglied des Verwaltungsrates sein.[128] Ähnliche Regelungen enthalten die Gemeindeordnung **Nordrhein-Westfalens**[129] und die Kommunalunternehmensverordnung **Schlesig-Holsteins**. [130]

84 In **Niedersachsen**[131] muss mindestens ein Mitglied des Verwaltungsrates beim KU beschäftigt sein, die Zahl der Personalvertreter darf aber ein Drittel aller Mitglieder des Verwaltungsrates nicht übersteigen. Näheres regelt die Unternehmenssatzung nach Maßgabe des niedersächsischen Personalvertretungsrechts.

85 Personalvertreter als beratende Mitglieder sind in **Rheinland-Pfalz**[132] und **Sachsen-Anhalt**[133] vorgesehen. In Sachsen-Anhalt darf die Anzahl der Personalvertreter ein Drittel aller Mitglieder des Verwaltungsrates nicht übersteigen.

2. Bestellung, Amtsdauer, Abberufung

86 Die Mitglieder des Verwaltungsrates werden vom jeweils zuständigen kommunalen Kollegialorgan bestellt. Im Rahmen eines Umwandlungsvorgangs oder bei Neugründung eines Kommunalunternehmens ist der Verwaltungsrat als für die **Bestellung** des Vorstandes zuständiges Organ vor der Errichtung des Unternehmens zu bilden. Solange noch kein Vorstand vorhanden ist, vertritt der Verwaltungsratsvorsitzende das Kommunalunternehmen, um dessen Handlungsfähigkeit herzustellen.[134]

87 Die **Amtsdauer** beträgt in Niedersachsen, Nordrhein-Westfallen, Sachsen-Anhalt und Schleswig-Holstein fünf Jahre, in Bayern sechs Jahre.[135] In Rheinland-Pfalz und Schleswig-Holstein ergibt sich die Amtsdauer aus der Unternehmenssatzung des jeweiligen KU.

88 Die Amtszeit von Mitgliedern, die dem kommunalen Gremium des Anstaltsträgers angehören, endet in der Regel mit dem Ende der Wahlzeit oder dem vorzeitigen Ausscheiden aus dem kommunalen Gremium.[136] Eine zwingende Verknüp-

---

[127] Dazu ausführlich *Ehlers*, ZHR 167 (2003), 546 (563 ff.).

[128] Art. 90 Abs. 3 S. 6 Ziff. 1 und 2 GO Bay.

[129] § 114a Abs. 8 S. 8 Ziff. 1 und 2.

[130] § 4 Abs. 2 S. 5.

[131] § 113e Abs. 4 S. 1 und Abs. 5 GO Nds.

[132] § 86b Abs. 3 GO RP.

[133] § 5 Abs. 4 S. 1 bis 3 AnstG LSA.

[134] Dies ist in Bayern in § 2 Abs. 3 S. 2 KUV ausdrücklich geregelt.

[135] Art. 90 Abs. 3 S. 3 GO Bay, § 113e Abs. 7 S. 1 GO Nds, § 114a Abs. 8 S. 5 GO NW, § 5 Abs. 4 S. 5 AnstG LSA, § 4 Abs. 2 S. 1 KUVO SH.

[136] Art. 90 Abs. 3 S. 4 GO Bay, § 113e Abs. 7 S. 2 GO Nds, § 114a Abs. 8 S. 6 GO NW, § 5 Abs. 4 S. 6 AnstG LSA, § 4 Abs. 2 S. 2 KUVO SH.

fung von kommunalem Mandat und der Funktion des Verwaltungsratsmitglieds besteht allerdings nicht.[137] In Bayern endet die Mitgliedschaft von berufsmäßigen Gemeinderatsmitgliedern im Verwaltungsrat mit dem Ausscheiden aus dem Beamtenverhältnis.[138]

Bis zum **Amtsantritt der neuen Mitglieder** üben in Bayern, Nordrhein- 89
Westfalen, Sachsen-Anhalt und Schleswig-Holstein die bisherigen Mitglieder ihr Amt aber weiter aus.[139] In Niedersachsen muss die Amtsausübung bis zum Amtsantritt der neuen Mitglieder durch die Unternehmenssatzung geregelt werden.[140] Die Gemeindeordnungen Rheinland-Pfalz und Schleswig-Holsteins äußern sich hierzu nicht. Eine Bestimmung in der Unternehmenssatzung ist jedoch zulässig und aus Gründen der Rechtssicherheit und Kontinuität der Unternehmensführung sinnvoll. Die Satzungsnorm sollte sich insoweit an den Kommunalgesetzen der anderen Länder orientieren.

Uneinheitlich geregelt ist die Frage der **Abberufung** von Verwaltungsratsmit- 90
gliedern. In Sachsen-Anhalt und in Schleswig-Holstein können Verwaltungsratsmitglieder in besonders begründeten Fällen jederzeit mit einer Zwei-Drittel-Mehrheit der Mitglieder des kommunalen Gremiums abberufen werden.[141] In Niedersachsen muss die Unternehmenssatzung dazu eine Aussage treffen.[142] In den anderen Ländern gelten die allgemeinen kommunal- bzw. verwaltungsverfahrensrechtlichen Bestimmungen. So ist in Bayern gemäß Art. 86 VwVfG Bay eine Abberufung aus wichtigem Grund zulässig.[143]

3. Zuständigkeit

Die Länder haben in ihren Kommunalgesetzen unterschiedliche Regelungssyste- 91
me für die Abgrenzung der Zuständigkeiten geschaffen. Im Grundsatz gilt festzuhalten, dass der Verwaltungsrat nur in den Angelegenheiten zuständig ist, die ihm durch Gesetz oder Unternehmenssatzung zugewiesen werden.

In **Bayern**[144] ist der Verwaltungsrat kraft Gesetzes zuständig für 92

– die Bestellung des Vorstandes,
– den Erlass von Verordnungen und Satzungen,
– die Feststellung des Wirtschaftsplans und des Jahresabschlusses,
– die Feststellung allgemein geltender Tarife und Entgelte für die Leistungsnehmer,
– die Beteiligung des KU an anderen Unternehmen,

[137] Keine Regelung gibt es diesbezüglich z. B. in Schleswig-Holstein und in Brandenburg; siehe dazu auch *Waldmann*, NVwZ 2008, 284 (285).
[138] Art. 90 Abs. 3 S. 4 GO Bay.
[139] Art. 90 Abs. 3 S. 5 GO Bay, § 114a Abs. 8 S. 7 GO NW, § 5 Abs. 4 S. 8 AnstG LSA, § 4 Abs. 2 S. 4 KUVO SH.
[140] § 113e Abs. 7 S. 3 GO Nds.
[141] § 5 Abs. 4 S. 7 AnstG LSA, § 4 Abs. 2 S. 3 KUVO SH.
[142] § 113e Abs. 7 S. 3 GO Nds.
[143] *Schulz* (Fn. 24), Art. 90 GO Bay Erl. 3.1.
[144] Art. 90 Abs. 2 S. 2 und 3 GO Bay.

– die Bestellung des Abschlussprüfers sowie
– die Ergebnisverwendung.

93 Die Unternehmenssatzung kann dem Verwaltungsrat weitere Angelegenheiten zuordnen. Ähnliche Bestimmungen enthalten die Gemeindeordnungen Brandenburgs,[145] **Niedersachsens,**[146] **Nordrhein-Westfalens**[147] und **Sachsen-Anhalts**[148] sowie die Kommunalunternehmensverordnung **Schleswig-Holsteins.**[149]

94 Keine Aussagen zur Zuständigkeitsverteilung zwischen Vorstand und Verwaltungsrat treffen die Kommunalgesetze von **Rheinland-Pfalz**[150] und **Schleswig-Holstein.**[151] Hier bleibt es den Kommunen selbst überlassen, eine geeignete Abgrenzung in der Unternehmenssatzung vorzunehmen.

95 Die Gesetzgeber haben damit ein flexibles System der Zuständigkeitsverteilung geschaffen. Den Kommunen wird dadurch die Möglichkeit eröffnet, für eine aufgabenorientierte und effektive Ausgestaltung der Unternehmensstruktur zu sorgen.

4. Entschädigung

96 Die Mitglieder des Verwaltungsrates haben in **Bayern** einen Anspruch auf angemessene Entschädigung, alles Weitere regelt die jeweilige Unternehmenssatzung.[152] Diese kann Höhe und Art der Entschädigung selbst festlegen oder den Verwaltungsrat ermächtigen, einen entsprechenden Beschluss zu fassen. In **Nordrhein-Westfalen** und **Schleswig-Holstein** kann nach Maßgabe der jeweiligen Unternehmenssatzung eine angemessene Entschädigung für die Teilnahme an den Sitzungen gewährt werden. Eine Gewinnbeteiligung darf den Verwaltungsratsmitgliedern in Bayern, Nordrhein-Westfalen und Schleswig-Holstein nicht gewährt - werden.[153] Die beamten- und kommunalrechtlichen Ablieferungs- bzw. Abführungspflichten sind zu beachten.

97 Keine Aussage zur Entschädigung trifft das Kommunalrecht **Niedersachsens, Rheinland-Pfalz, Sachsen-Anhalts und Schleswig-Holsteins**. In diesen Ländern besitzen die Anstaltsträger uneingeschränkten Gestaltungsspielraum.

5. Öffentlichkeit und Verschwiegenheitspflicht

98 Der Verwaltungsrat ist ein Organ der Exekutive. Deren Entscheidungen werden in **nichtöffentlicher Sitzungen** getroffen, es sei denn, das Gesetz oder eine Verordnung sehen etwas anderes vor. Dementsprechend ordnet die bayerische Verordnung über Kommunalunternehmen an, dass die allgemeinen kommunalrechtlichen

---

[145] § 95 Abs. 1 S. 6 und 7 BbgKVerf.
[146] § 113e Abs. 3 S. 3 GO Nds.
[147] § 114a Abs. 7 S. 3 GO NW.
[148] § 5 Abs. 3 S. 3 AnstG LSA.
[149] § 4 Abs. 1 S. 2.
[150] § 86b Abs. 2 S. 2 GO RP.
[151] § 106a Abs. 2 S. 2 GO SH.
[152] § 2 Abs. 2 S. 1 und 3 KUV Bay.
[153] § 2 Abs. 2 S. 2 KUV Bay, § 2 Abs. 2 S. 2 KUV NW, § 4 Ab. 3 KUV SH.

Grundsätze für die Öffentlichkeit von Sitzungen[154] gelten, soweit in Sitzungen des Verwaltungsrates Satzungen und Verordnungen beraten und beschlossen werden, die Rechte und Pflichten Dritter begründen.[155] In Schleswig-Holstein gilt dies für alle Abgabesatzungen.[156] Im Übrigen haben die Landesgesetzgeber - anders als bei den Gremien einer Kommune - auf entsprechende Vorschriften verzichtet. Aus dem Demokratieprinzip folgt auch nicht zwingend, dass Satzungen und Verordnungen in öffentlicher Sitzung erörtert und beschlossen werden müssen.[157] Zudem ist zu beachten, dass Satzungen und Verordnungen, dem Weisungsrecht bzw. Zustimmungsvorbehalt des kommunalen Gremiums unterworfen werden können[158] und diese Angelegenheit dann dort in öffentlicher Sitzung behandelt werden. Eine Unternehmenssatzung, die entgegen der gesetzlichen Bestimmungen dennoch die Öffentlichkeit von Sitzungen anordnet, ist insoweit nichtig. Der strikte Grundsatz der Nichtöffentlichkeit gilt auch für die Mitglieder des Kommunalgremiums, die nicht dem Verwaltungsrat angehören.[159]

Dem Grundsatz der Nichtöffentlichkeit entsprechend sind die Mitglieder des Verwaltungsrates zur Verschwiegenheit verpflichtet. Sie haben über alle vertraulichen Angaben, Geschäfts- und Betriebsgeheimnisse **Verschwiegenheit** zu bewahren. Diese Pflicht besteht auch nach ihrem Ausscheiden aus dem Verwaltungsrat fort.[160] 99

Die Verschwiegenheitspflicht besteht nicht gegenüber dem kommunalen Gremium.[161] Gemäß den kommunalrechtlichen Bestimmungen wird jedoch zu beachten sein, dass die Informations- und Auskunftspflicht zur Wahrung der Betriebs- und Geschäftsgeheimnisse regelmäßig nur in nichtöffentlicher Sitzung erfüllt werden kann. Satzungen und Verordnungen, die meist dem Weisungsrecht des kommunalen Gremiums unterliegen, sind demgegenüber grundsätzlich in öffentlicher Sitzung zu behandeln. Gerade in den Ländern, in denen das Kommunalrecht keine ausdrückliche Regelung enthält, empfehlen sich insoweit Konkretisierungen in der Unternehmenssatzung. 100

G. Rechtsverhältnis zum Träger

Die Kommune hat als Anstalts- und Gewährträger eine besondere Verantwortung für das Kommunalunternehmen. Diese Verantwortung ist geprägt von der gesetzlich intendierten Selbständigkeit des Unternehmens und der demokratischen Notwendigkeit, in strategischen Fragen steuernd und kontrollierend eingreifen zu können. Die **Einwirkungsrechte** ergeben sich zum einen unmittelbar aus dem 101

[154] In Bayern Art. 52 GO Bay.

[155] § 2 Abs. 4 KUV Bay.

[156] § 4 Abs. 1 S. 5 KUVO SH i. V. m. § 35 GO SH.

[157] A. A. *Ehlers*, ZHR 167 (2003), 546 (562); *Schulz* (Fn. 24), Art. 90 GO Bay Erl. 3.3.

[158] So z. B. Art. 90 Abs. 2 S.4 GO Bay.

[159] Ebenso *Schulz* (Fn. 24), Art. 90 GO Bay Erl. 3.3.

[160] So z. B. § 4 S. 1 und 2 KUV Bay, § 4 S. 1 und 2 KUV NW.

[161] So z. B. geregelt in § 4 S. 3 KUV Bay, § 4 S. 3 KUV NW, § 5 KUVO SH.

Gesetz oder der Verordnung über das Kommunalunternehmen, zum anderen aus der Unternehmenssatzung. Diese hat insoweit nach sorgfältiger Abwägung aller Vor- und Nachteile Festlegungen zu treffen.

I. Übertragung von Aufgaben und Befugnissen

102 Die Einwirkungsmöglichkeiten der Kommune auf die vom Kommunalunternehmen zu erfüllende(n) Aufgabe(n) werden bereits durch den Umfang der auf das Unternehmen übertragenen Aufgaben und Befugnisse beeinflusst. Die Kommune kann die Aufgabenerfüllung und darüber hinaus insoweit auch die Satzungs- und Verordnungsgewalt auf das Kommunalunternehmen übertragen oder aber weiterhin selbst die **Aufgabenträgerschaft** beanspruchen, so dass das Kommunalunternehmen – ähnlich einer GmbH – lediglich als ihr "Erfüllungsgehilfe" tätig wird. In letzterem Falle reduziert sich die Reichweite der Entscheidungsbefugnisse der Unternehmensorgane auf die Erfüllung der kraft Satzung oder Verordnung normierten Vorgaben des Anstaltsträgers.

103 Das Rechtsverhältnis zwischen Kommune und Kommunalunternehmen kann zudem durch eine hinreichend präzise Umschreibung der übertragenen Aufgabe und des **öffentlichen Zwecks** des Unternehmens konkretisiert werden. Dadurch gibt die Kommune den Unternehmensorganen einen verbindlichen Handlungsrahmen vor und ermöglicht eine effektive Kontrolle von Aufgabenerfüllung und Zweckerreichung durch die Kommune bzw. ihre Vertreter im Verwaltungsrat sowie auch der Aufsichtsbehörde.[162]

II. Zustimmungs- und Weisungsrechte

104 Alle Kommunalgesetze sehen vor, dass das kommunale Gremium bei besonders bedeutsamen Angelegenheiten auf die Entscheidungsfindung beim Kommunalunternehmen Einfluss nehmen kann. Die Ausgestaltung im Einzelnen variiert.

105 In **Schleswig-Holstein**[163] existieren zum einen zwingende Zustimmungsrechte beim Erlass von Satzungen und bei Entscheidungen über Unternehmensbeteiligungen. Zum anderen kann die Unternehmenssatzung festlegen, dass bei Entscheidungen von grundsätzlicher Bedeutung – sowohl des Verwaltungsrates als auch des Vorstands - die Zustimmung der Kommune eingeholt werden muss.[164]

106 In **Bayern**[165] hingegen unterliegen die Mitglieder des Verwaltungsrates beim Erlass von Satzungen und Verordnungen kraft Gesetzes dem Weisungsrecht des kommunalen Gremiums. Dieses Weisungsrecht kann in der Unternehmenssatzung auf weitere Angelegenheiten ausgedehnt werden, es kann aber angesichts der eindeutigen Gesetzeslage nicht zu einem Zustimmungsvorbehalt aufgewertet wer-

[162] Vgl. *Gaß* (Fn. 31), S. 349.
[163] § 106a Abs. 2 S. 3 GO SH, § 4 Abs. 1 KUVO SH.
[164] Dazu grundsätzlich *Storr*, NordÖR 2005, 94 (96 f.).
[165] Art. 90 Abs. 2 S. 4 bis 6 GO Bay.

den.[166] Die Abstimmung entgegen der Weisung berührt zwar nicht die Gültigkeit des Verwaltungsratsbeschlusses. Ein solches Abstimmungsverhalten kann jedoch - einen wichtigen Grund zur Abberufung eines Verwaltungsratsmitglieds darstellen. Ein derartiges Einwirkungsrecht des kommunalen Gremiums besteht nur in Angelegenheiten, die dem Verwaltungsrat obliegen. Ein Weisungsrecht gegenüber dem Vorstand besteht nicht. Damit das kommunale Gremium sein Weisungsrecht überhaupt wahrnehmen kann, empfiehlt sich eine ergänzende Satzungsbestimmung: Das kommunale Gremium ist in allen Fällen, in denen es zur Weisung berechtigt ist, vor der Beschlussfassung im Verwaltungsrat oder vor dem Vollzug eines Verwaltungsratsbeschlusses durch den Vorstand mit der Angelegenheit zu befassen. Eine Beschlussfassung des kommunalen Gremiums ist dagegen nicht erforderlich. Gegenüber dem Vorstand ist das kommunale Gremium nicht weisungsberechtigt. Dies gilt auch dann, wenn Beschäftigte der Kommune zum Vorstand des KU bestellt werden. Die arbeits- oder beamtenrechtlichen Weisungsrechte sind gegenüber den kommunalrechtlichen Organisationsvorschriften nachrangig.[167] Eine mit der bayerischen Gesetzeslage vergleichbare Bestimmung gilt in **Sachsen-Anhalt**.[168] In **Brandenburg** wird das Weisungsrecht ergänzt um die Befugnis der Gemeindevertretung, für Entscheidungen von grundsätzlicher Bedeutung Richtlinien zu erlassen.[169]

Eine Kombination aus Zustimmungs- und Weisungsrecht sieht die Gemeinde- 107
ordnung in **Niedersachsen**[170] vor. Für den Erlass von Satzungen und einer Entscheidung über die Beteiligung an anderen Unternehmen bedarf der Verwaltungsrat der Zustimmung des Gemeinderates. Für weitere Angelegenheiten kann die Unternehmenssatzung vorsehen, dass der Gemeinderat den Verwaltungsratsmitgliedern Weisungen erteilen kann. Während ein Beschluss ohne die nötige Zustimmung nichtig ist, berührt ein weisungswidriges Abstimmungsverhalten die Wirksamkeit einer Verwaltungsratsentscheidung nicht.

Die Gemeindeordnung **Nordrhein-Westfalens**[171] schreibt ein Weisungsrecht 108
beim Erlass von Satzungen und bei der Entscheidung über die Beteiligung an anderen Unternehmen vor und ermächtigt zu weitergehenden Festlegungen in der Unternehmenssatzung. Darüber hinaus kann die Satzung vorsehen, "dass bei Entscheidungen der Organe der Anstalt von grundsätzlicher Bedeutung die Zustimmung des Rates erforderlich ist".[172] Die Gemeindeordnung geht damit über das bloße Weisungsrecht hinaus und ordnet einen Zustimmungsvorbehalt bei "grundsätzlicher Bedeutung" an. Er lässt jedoch offen, was er darunter versteht. Die gerade für Zuständigkeitsabgrenzungen notwendige Rechtsklarheit geht auf diese Weise verloren. Des Weiteren kann ein nordrhein-westfälischer Gemeinderat nicht nur auf die Entscheidung des Verwaltungsrates Einfluss nehmen, sondern auch auf

[166] A. A. *Schulz* (Fn. 24), Art. 90 GO Bay Erl. 3.2.
[167] Ausführlich dazu *Gaß* (Fn. 31), S. 354 f.
[168] § 5 Abs. 3 S. 4 bis 6 AnstG LSA.
[169] §§ 95 Abs. 2 S. 2 und 3, 97 Abs. 1 BbgKVerf.
[170] § 113e Abs. 3 S. 4 bis 6 GO Nds.
[171] § 114a Abs. 7 S. 4 bis 6 GO NW.
[172] § 114a Abs. 7 S. 6 GO NW.

die des Vorstandes. Dieser "Durchgriff" über den Verwaltungsrat hinweg ist unsystematisch. In dem Gefüge Vorstand – Verwaltungsrat – Gemeinderat nimmt die Bedeutung der Angelegenheiten, für die das jeweilige Organ zuständig ist, zu. Eine Angelegenheit, die von solch grundsätzlicher Bedeutung ist, dass der Gemeinderat zustimmen muss, ist zu Unrecht beim Vorstand angesiedelt. Der Gemeinderat muss in diesen Fällen die Unternehmenssatzung ändern, den Regelungsgegenstand in die Zuständigkeit des Verwaltungsrates stellen und sich hierfür ein Weisungsrecht einräumen.

109 Dieselben Bedenken bestehen hinsichtlich der Gesetzeslage in **Rheinland-Pfalz.**[173] In der Unternehmenssatzung "kann vorgesehen werden, dass bei Entscheidungen der Organe der Anstalt von grundsätzlicher Bedeutung die Zustimmung des Gemeinderats erforderlich ist". Konkrete Angelegenheit sind weder im Gesetz genannt, noch dürfen solche in der Unternehmenssatzung benannt werden. Diese Bestimmung ist für die Praxis ungeeignet.[174]

110 Insgesamt kann festgestellt werden, dass die Einwirkungsmöglichkeiten der Kommune auf unternehmerische Entscheidungen maßgeblich von der Kompetenzverteilung zwischen Vorstand und Verwaltungsrat abhängen. Da ein unmittelbares **Weisungsrecht** bzw. Zustimmungsrecht – außerhalb Nordrhein-Westfalens, Rheinland-Pfalz und bei entsprechender Satzungsregelung auch Schleswig-Holsteins – gegenüber dem Vorstand nicht besteht, kann die Kommune direkt nur auf solche Entscheidungen einwirken, die kraft Unternehmenssatzung dem Verwaltungsrat zugewiesen sind. Im Übrigen verbleibt nur eine mittelbare Einflussnahme über die im Verwaltungsrat sitzenden kommunalen Vertreter, soweit dem Verwaltungsrat in der jeweiligen Angelegenheit ein Weisungsrecht gegenüber dem Vorstand zukommt.[175] Hier gilt es, eine den Bedürfnissen der Kommune und des Kommunalunternehmens gerecht werdende Unternehmensstruktur zu schaffen, die die grundsätzlich konträren Interessen nach Einflussnahme und Kontrolle einerseits und **unternehmerischer Freiheit** andererseits in sinnvoller Weise vereint.

III. Informationsrechte

111 Die Mitglieder der Unternehmensorgane unterliegen zwar grundsätzlich einer Verschwiegenheitspflicht. Dies gilt jedoch nicht im Innenverhältnis zum Anstaltsträger. Der Vorstand ist gegenüber dem Verwaltungsrat zur regelmäßigen Berichterstattung verpflichtet.[176]

112 Besondere Berichtspflichten bestehen in **Bayern** und **Nordrhein-Westfalen** für den Fall, dass über die im Erfolgsplan ausgewiesenen Mindereinnahmen hinaus

173 § 86b Abs. 2 S. 3 GO RP.

174 A. a. *Waldmann*, NVwZ 2008, 284 (285).

175 So auch *Gaß* (Fn. 31), S. 356 f.

176 Siehe z. B. §§ 3 Abs. 1 S. 2, 21 KUV Bay, §§ 3 Abs. 1 S. 2, 21 KUV NW, §§ 6 Abs. 2, 18 AnstVO LSA, §§ 3 Abs. 2, 21 KUVO SH.

Verluste zu erwarten sind, die Auswirkungen auf den kommunalen Haushalt - haben können.[177]

113 In den Fällen, in denen das Gesetz oder die Unternehmenssatzung ein **Weisungsrecht** der Kommune normiert, folgt allerdings bereits aus der Natur der Sache, dass gleichzeitig ein entsprechendes Informationsrecht bestehen muss. Die Erteilung von sachgerechten Weisungen ist nämlich überhaupt nur bei genauer Kenntnis der die unternehmerischen Entscheidungen tragenden Gesichtspunkte denkbar und möglich.[178] Das Informationsrecht stellt sozusagen das Pendant zum Weisungsrecht dar. In diesem Zusammenhang ist eine Satzungsregelung daher nicht zwingend erforderlich, gleichwohl im Interesse der Rechtssicherheit zu empfehlen.

114 Daneben können die Kommunen ohne weiteres in die Unternehmenssatzung entsprechende Bestimmungen über Informationsrechte und Berichtspflichten aufnehmen. Die Möglichkeiten reichen dabei von der Normierung eines allgemeinen und/oder punktuellen **Informationsrechts** des kommunalen Kollegialorgans bzw. des kommunalen Vertretungsorgans gegenüber Vorstand und/oder Verwaltungsrat bis hin zur Regelung einer **Berichtspflicht** der Unternehmensorgane gegenüber dem kommunalen Kollegialorgan bzw. dem kommunalen Vertretungsorgan in bestimmten Angelegenheiten und/oder in bestimmten zeitlichen Abständen.

115 In diesem Zusammenhang sei mit Nachdruck darauf hingewiesen, dass die Mitglieder des kommunalen Organs als Informationsempfänger der strikten **Verschwiegenheit** nach außen verpflichtet sind. Dies ergibt sich bereits aus den einschlägigen allgemeinen kommunalen Vorschriften[179] und gilt umso mehr, als das Kommunalunternehmen wie jedes andere wirtschaftlich tätige Unternehmen ein schützenswertes Interesse an der Geheimhaltung unternehmerischer Interna gegenüber Dritten hat. Dementsprechend sind die Berichte der Unternehmensorgane auch in **nichtöffentlichen Sitzungen** des kommunalen Kollegialorgans – soweit dieses empfangsberechtigt ist – zu erstatten.

H. Rechtsverhältnis zum Bürger

116 Soweit dem Kommunalunternehmen die entsprechenden Aufgaben und Befugnisse von der Kommune kraft Unternehmenssatzung übertragen wurden, steht ihm als Anstalt des öffentlichen Rechts hinsichtlich der Ausgestaltung der Rechtsverhältnisse zum Bürger das gleiche **Wahlrecht** zu wie der Kommune selbst. Das Nutzungs- und Leistungsverhältnis zwischen dem Kommunalunternehmen und den Bürgern kann daher öffentlich-rechtlich in Gestalt von Satzungen, Verordnungen, Verwaltungsakten oder öffentlich-rechtlichen Verträgen als auch privatrechtlich etwa durch Allgemeine Geschäftsbedingungen nach den §§ 307 ff. BGB

[177] § 21 Abs. 2 S. 2 KUV Bay, § 21 Abs. 2 S. 2 KUV NW.

[178] Vgl. *Gaß* (Fn. 31), S. 387 m. w. N.

[179] Z. B. Art. 20 Abs. 2 und 4 GO Bay, §§ 43 Abs. 2 Nr. 1, 30 Abs. 1 S. 2, Abs. 6 GO NW, § 20 GO RP, §§ 30 Abs. 2 und 4, 50 Abs. 3 GO LSA.

geregelt werden. Die Kommune kann dem Kommunalunternehmen dabei insbesondere auch das Recht zum Erlass einer Abgabensatzung übertragen.[180]

117 Diese Gestaltungsfreiheit verschafft der Rechtsform des Kommunalunternehmens einen nicht unwesentlichen Vorteil gegenüber den Privatrechtsformen, welche lediglich durch Privatrechtsakte tätig werden können. So ist das Kommunalunternehmen selbst – immer vorausgesetzt, die entsprechende Befugnis wurde von der Kommune übertragen – für die **Vollstreckung** nach den einschlägigen Verwaltungsvollstreckungsgesetzen zuständig, ohne dass es eines zivilrechtlichen Verfahrens nach der ZPO bedarf.[181] Des Weiteren bestehen gerade im Bereich der Leistungsverwaltung Vorteile bei der **Begründung von Rechtsverhältnissen** zu Minderjährigen, die im Gegensatz zu den zivilrechtlichen Regelungen über die Geschäftsfähigkeit im öffentlichen Recht Handlungsfähigkeit besitzen.[182]

I. Aufsicht

118 Anders als bei kommunalen Eigengesellschaften erstreckt sich die staatliche Aufsicht bei Kommunalunternehmen auf zwei Rechtssubjekte.

119 Zum einen unterliegt die **Kommune** der staatlichen Aufsicht, soweit sie selbst Handlungen vornimmt bzw. unterlässt. Gegenstand der Aufsicht sind insbesondere die Gründung des Kommunalunternehmens selbst und dabei vor allem die zu erlassende Unternehmenssatzung, die Bestellung und Abberufung von Organmitgliedern sowie die Wahrnehmung kommunaler Einwirkungsrechte zur Gewährleistung einer ordnungsgemäßen Aufgabenerfüllung.

120 Hinsichtlich der Gründung des Kommunalunternehmens oder der Umwandlung von Regie- oder Eigenbetrieben in Kommunalunternehmen besteht in der Regel nur eine Anzeigepflicht gegenüber der Aufsichtsbehörde; die maßgeblichen Unterlagen sind rechtzeitig vorzulegen.[183] In einigen Bundesländern existiert aber auch ein (partieller) Genehmigungsvorbehalt.[184]

121 Zum anderen ist das **Kommunalunternehmen** selbst unmittelbar Objekt der Rechtsaufsicht, so dass die Aufsichtsbehörde nicht den Umweg über die Kommune gehen muss.[185] Der Aufsicht unterliegen insbesondere die vom Kommunalunternehmen erlassenen Satzungen und Verordnungen sowie sonstige in Vollzug von unternehmerischen Entscheidungen erlassene Rechtsakte. Durch die staatliche Aufsicht wird sichergestellt, dass das Kommunalunternehmen die kommunalrechtlichen Vorgaben über die Zulässigkeit einer wirtschaftlichen Betätigung und dabei vor allem das Erfordernis eines öffentlichen Zwecks beachtet. Die Aufsichtsbe-

---

180 *Klein/Uckel/Ibler* (Fn. 39), 31.20 Nr. 1.2; *Ehlers*, ZHR 167 (2003), 546 (567).

181 *Klein/Uckel/Ibler* (Fn. 39), 31.20 Nr. 1.2.

182 Näher dazu *Ehlers*, ZHR 167 (2003), 546 (568).

183 Siehe im Einzelnen Art. 96 GO Bay, § 116 Abs. 1 S. 1 Nr. 6 GO Nds, § 115 Abs. 1 d), h) GO NW, § 92 Abs. 1 GO RP, § 123 Abs. 2 S. 1 GO LSA, § 108 GO SH.

184 § 100 S. 1 BbgKVerf, § 27 Abs. 4 GKG NW, § 86b Abs. 4 S. 2 GO RP.

185 Vgl. Art. 91 Abs. 3 GO Bay, § 113g Abs. 1 GO Nds, § 114a Abs. 11 GO NW, § 86b Abs. 5 S. 1 GO RP, § 7 Abs. 3 AnstG LSA.

hörde kann jedoch nur rückwirkend im Wege der **Kontrolle** tätig werden und nicht – abgesehen von einer beratenden Tätigkeit – auf laufende Entscheidungsprozesse einwirken. Eine besondere Anzeigepflicht wurde aber in Bayern eingeführt: Das KU muss – wie die Kommune selbst auch - die Errichtung, Übernahme und wesentliche Erweiterung sowie die Änderung der Rechtsform oder der Aufgaben seiner Unternehmen, seine unmittelbare oder mittelbare Beteiligung an Unternehmen sowie die gänzliche oder teilweise Veräußerung seiner Unternehmen oder Beteiligungen der Rechtsaufsichtsbehörde mindestens sechs Wochen vorher mitteilen.[186]

J. Gemeinsames Kommunalunternehmen (gKU)

Gemeinden, Landkreise und Bezirke können in Bayern[187], Niedersachsen[188], Nordrhein-Westfalen[189], Rheinland-Pfalz[190] und Schleswig-Holstein[191] durch Vereinbarung einer Unternehmenssatzung ein gemeinsames Kommunalunternehmen errichten.[192] Regie- und Eigenbetriebe sowie Zweckverbände und Kapitalgesellschaften, an denen ausschließlich kommunale Körperschaften des öffentlichen Rechts beteiligt sind, können in ein gemeinsames KU ausgegliedert bzw. umgewandelt werden. Ebenso möglich ist die Verschmelzung bereits bestehender KU und der Beitritt einer Kommune zu einem bereits bestehenden (gemeinsamen) KU.[193] 122

Die beteiligten Kommunen müssen jeweils der gemeinsamen Unternehmenssatzung uneingeschränkt zustimmen. Die Unternehmenssatzung muss unter anderem Angaben über die Stammeinlagen sowie die Sitz- und Stimmenverteilung enthalten. Nach dem Verhältnis der Stammeinlagen richtet sich – vorbehaltlich einer insoweit abweichenden Unternehmenssatzung – auch die interne Haftungsverteilung.[194] Mit den Organen „Vorstand" und „Verwaltungsrat" weist das gKU dieselbe interne Struktur auf wie das KU. Im Außenverhältnis sind die Gewährträger Gesamtschuldner. 123

Unterschiedliche Wege gehen die Kommunalverfassungen bei der Frage der wichtigen Frage der Änderung der Unternehmenssatzung. Während beim KU das 124

---

[186] Art. 96 Abs. 2 GO Bay.

[187] Art. 49 und 50 des bayerischen Gesetzes über die kommunale Zusammenarbeit (KommZG); siehe dazu *Schulz* (Fn. 24), Art. 49 ff. KommZG Bay und *Kronawitter*, KommP BY 2010, 266 ff.

[188] §§ 3 und 4 des niedersächsischen Gesetz über die kommunale Zusammenarbeit (NKomZG).

[189] §§ 27 ff. des nordrhein-westfälischen Gesetzes über kommunale Gemeinschaftsarbeit.

[190] §§ 14a f. des rheinland-pfälzischen Zweckverbandgesetzes (ZwVG).

[191] §§ 19b ff. des schleswig-holsteinischen Gesetzes über die kommunale Zusammenarbeit (GkZ); siehe dazu *Busch*, NordÖR 2005, 201 (202).

[192] Ausführlich dazu *Lindt*, KommP spezial 2008, 76 ff.

[193] Siehe hierzu im Einzelnen Art. 49 Abs. 1 bis 4 KommZG Bay.

[194] Zur Organisation siehe Art. 50 KommZG Bay.

Kollegialorgan der Kommune „Herr der Unternehmenssatzung“ bleibt, wird diese Zuständigkeit beim gKU in Bayern[195], Rheinland-Pfalz[196] und Schleswig-Holstein[197] auf den Verwaltungsrat übertragen. In Niedersachsen wird diese Zuständigkeit in der Unternehmenssatzung festgesetzt[198], in Nordrhein-Westfalen bleiben die Kollegialorgane der beteiligten Kommunen auch für die Änderung der Unternehmenssatzung zuständig.[199]

125 Das gemeinsame Kommunalunternehmen wird aufgrund der klaren und unbürokratischen Strukturen auf Dauer den Zweckverband als Rechtsform der kommunalen Zusammenarbeit ablösen.[200] Da die Beschränkung des KU auf einen Anstaltsträger weder rechtlich zwingend noch organisatorisch sinnvoll ist, werden sicher auch die anderen Bundesländer diesen Beispielen folgen und ihr kommunales Unternehmensrecht dahingehend reformieren.[201]

195 Art. 50 Abs. 6 KommZG Bay.
196 § 14b Abs. 5 ZwVG RP.
197 § 19d Abs. 4 GkZ SH.
198 § 3 Abs. 3 S. 2 NKomZG.
199 § 27 Abs. 6 GKG NW.
200 Ebenso *Lindt*, KommP spezial 2008, 76 (79).
201 So zu Recht auch die Forderung von *Pencereci/Brandt*, LKV 2008, S. 293, 300.

§ 46 Kapitalgesellschaften

Thomas Mann

Schrifttum

H. Altmeppen, Die Einflussrechte der Gemeindeorgane in einer kommunalen GmbH, NJW 2003, 2561 ff.; *D. Banspach/K. Nowak*, Der Aufsichtsrat einer GmbH – unter besonderer Berücksichtigung kommunaler Unternehmen und Konzerne, Der Konzern 2008, 195 ff.; *M. Brenner*, Gesellschaftsrechtliche Ingerenzmöglichkeiten von Kommunen auf privatrechtlich ausgestaltete kommunale Unternehmen, AöR 127 (2002), 222 ff.; *U. Cronauge/G. Westermann*, Kommunale Unternehmen, 5. Aufl., 2006; *B. Fabry/U.Augsten* (Hrsg.), Unternehmen der öffentlichen Hand, 2. Aufl. 2010; *B. Früchtl*; Die Aktiengesellschaft als Rechtsform für die öffentliche Betätigung der öffentlichen Hand, Diss. Augsburg 2009; *A. Gern*, Der Rechtsstatus kommunalbeherrschter Kapitalgesellschaften, KommJur 2004, 1 ff., *W. Hoppe/M. Uechtritz* (Hrsg.), Handbuch Kommunale Unternehmen, 2. Aufl. 2007; *J. Keßler*, Die kommunale GmbH, GmbHR 2000, 71 ff.; *J. Lohner/C. Zieglmeier*, Die Besetzung des Aufsichtsrats einer kommunalen GmbH und der Verbandsversammlung eines Zweckverbandes, BayVBl. 2007, 581 ff.; *T. Mann*, Die öffentlich-rechtliche Gesellschaft, 2002; *ders.*, Öffentliche Unternehmen im Spannungsfeld von öffentlichem Auftrag und Wettbewerb, JZ 2002, 819 ff.; *Oebbecke*, Die Kommune als Konzern – Einführung in die Thematik, VBlBW 2010, 1 ff.; *M. Weger/Th. Jesch*, Die konzernrechtliche Haftung kommunaler Gesellschafter, DÖV 2003, 672 ff., *G. Wurzel/A. Schraml/R. Becker* (Hrsg.), Rechtspraxis der kommunalen Unternehmen Handbuch, München 2005; *C. Zieglmeier*, Kommunale Aufsichtsratsmitglieder, LKV 2005, 338 ff.

Inhaltsübersicht

Rn.

A. Grundlegung

1 Die Zahl der kommunalen Unternehmen in Rechtsformen des Gesellschaftsrechts ist seit ihrem Aufkommen in den zwanziger Jahren des 20. Jahrhunderts kontinuierlich angestiegen.[1] Etwa ab Beginn der neunziger Jahre setzte bundesweit ein durch populäre Ökonomisierungsrhetorik begünstigtes **ausgliederungseuphorisches Großklima** ein, bei dem sich die Rechtsformenwahl oftmals als eine eher am Image und am Prestige der Rechtsform orientierte, modisch geprägte Präferenz erwies, denn als eine an den tatsächlichen Vorzügen der kapitalgesellschaftsrechtlichen Rechtsformen ausgerichtete abgewogene Entscheidung. Mit zunehmender Diversifizierung und Konzernierung der kommunalen Beteiligungen stellt sich das in der Rechtswissenschaft bereits früh diskutierte Problem eines steuernden Einflusses der Gemeinde in ihren Gesellschaften[2] heute mit neuer Dringlichkeit.

2 Bereits die Gründung von Eigengesellschaften ist nicht selten mit **Wirtschaftlichkeitserwartungen** verknüpft, welche sich an betriebswirtschaftlichen Denkmustern ausrichten und in der Folgezeit die Entwicklung zu einer ausschließlich gewinnorientierten Unternehmensführung begünstigen.[3] Umso mehr drohen dann, wenn sich Private mit ihren an Gewinnmaximierung ausgerichteten Interessen als Mitgesellschafter an den kommunalen Gesellschaften beteiligen, die **öffentlichen Zwecke**, denen ein kommunales Unternehmen dient, und der Einfluss der Gemeinde auf ihre Unternehmen zu versickern. Die Beantwortung der Frage, wie diesen Entwicklungen vorzubeugen ist, erfordert eine Ordnung des **Normenkonglomerats** aus kommunalrechtlichen und gesellschaftsrechtlichen Vorschriften, was wiederum nur auf der Basis der für die Wirtschaftstätigkeit öffentlicher Gebietskörperschaften maßgeblichen verfassungsrechtlichen Koordinaten erfolgen kann.

I. Verfassungsrechtliche Strukturdirektiven

3 Immerhin lässt sich mit Blick auf die Staatsstrukturprinzipien, das Ordnungssystem der wirtschaftsrelevanten Grundrechte und – speziell in Ansehung kommuna-

---

[1] Ausführlich zu den historischen Entwicklungslinien der Rechtsformengestaltung, ihrer regionalen Streuung und der statistischen Entwicklung siehe *Mann*, Die öffentlich-rechtliche Gesellschaft, 2002, S. 149 ff.

[2] Siehe etwa *Ipsen*, JZ 1955, 593 ff.; *Püttner*, DVBl. 1975, 535 ff; vgl. dazu zuletzt *Leisner*, GewArch 2009, 337 (337 ff.).

[3] Vgl. *Schoch*, DÖV 1993, 377 (382).

ler Unternehmen – die Gewährleistung kommunaler Selbstverwaltung nachweisen, dass das Grundgesetz drei zentrale Strukturdirektiven an die Organisationsgestaltung kommunaler Unternehmen aufstellt: Es muss gewährleistet sein, dass diese der **Erfüllung öffentlicher Aufgaben** dienen, die öffentliche Hand über ausreichende **Ingerenzrechte** verfügt (→ § 43, Rn. 31), um die Tätigkeit der Unternehmen steuern zu können, und alle wesentlichen Unternehmensentscheidungen von **demokratisch legitimierten Entscheidungsträgern** getroffen werden[4] (→ § 50, Rn. 27 ff.). Die im vorliegenden Kontext zentral angesprochene Steuerungsverpflichtung (Ingerenzpflicht) der Gemeinde findet insbesondere in den Aussagen des Grundgesetzes zur institutionellen Garantie der kommunalen Selbstverwaltung eine verfassungsrechtliche Bestätigung. Die den Gemeinden in Art. 28 Abs. 2 S. 1 GG eingeräumte Regelungsbefugnis erstreckt sich auf „alle Angelegenheiten der örtlichen Gemeinschaft". Mit dieser Wortwahl wird die Universalität des gemeindlichen Wirkungskreises umschrieben und zum Ausdruck gebracht, dass sämtliche kommunalen Verwaltungsangelegenheiten in der Gemeindeinstanz gebündelt werden sollen. Leitbild des Verfassungsgebers war somit die Einheitlichkeit der Gemeindeverwaltung.[5] Diese einheitliche Verwaltung wird von den Gemeinden "in eigener Verantwortung" geführt. Art. 28 Abs. 2 S. 1 GG greift damit einen Terminus auf, der verdeutlicht, dass die durch Wahlen auf Gemeindeebene (Art. 28 Abs. 1 S. 2 GG) demokratisch legitimierte Gemeindevertretung für die Handlungen der Gemeindeexekutive einzustehen hat. Durch ihre Wahl erhält die Gemeindevertretung das Mandat, in Verantwortung gegenüber dem Volk in der Gemeinde[6] alle Angelegenheiten der örtlichen Gemeinschaft gemeinwohlbezogen zu erledigen. Diese Verantwortung können die Gemeindeorgane aber nur dann tragen, wenn sie auch die tatsächliche Möglichkeit haben, dirigierenden Einfluss auf diese Aufgabenerledigung zu nehmen.[7] Beide Aspekte, Einheitlichkeit der Verwaltung und Verantwortlichkeit der Gemeindevertretung, sind als Umschreibung ihrer politisch-demokratischen Funktion konstituierende Elemente der kommunalen Selbstverwaltung[8] und stehen damit nicht zur Disposition der einzelnen Gemeinde. Das Recht auf gemeindliche Selbstverwaltung impliziert mithin auch ein Moment der Pflichtigkeit,[9] in dessen Konsequenz auf

[4] Zu ausführlichen verfassungsrechtlichen Herleitung siehe *Mann* (Fn.1), S. 55 - 97 und passim; s. auch *Strobel*, DVBl. 2005, 77 (78).

[5] *Stern* in: Dolzer u.a. (Hrsg.), BK-GG, Art. 28 Rn. 93; *Gern*, Deutsches Kommunalrecht, 3. Aufl. 2003, Rn. 229, 231; *Schoch*, Privatisierung der Abfallentsorgung, 1992, S. 53; *Schulze-Fielitz*, in: Henneke (Hrsg.), Organisationsformen kommunaler Aufgabenerfüllung, 1998, S. 223 (233). Kritisch *Oebbecke*, DVBl. 1987, S. 866 (869 f.).

[6] Zum Gemeindevolk als tauglichem Legitimationssubjekt vgl. BVerfGE 47, 253 (275); 83, 37 (54 f.); 83, 60 (75); BSGE 36, 242 (244); OVG NW, NWVBl. 1996, 254 (256 f.).

[7] VerfGH RhPf., PersV 1994, 307 (317); *Ossenbühl*, VVDStRL 29 (1971), S. 137 (174 mit Fn. 166); *Schoch* (Fn. 5), S. 53 f.; *Ehlers*, DVBl. 1997, S. 137 (143).

[8] *Graf Vitzthum* AöR 104 (1979), S. 580 (626).

[9] *Stern/Püttner*, Die Gemeindewirtschaft, 1965, S. 154; *Stern* (Fn. 5), BK-GG, Art. 28 Rn. 92; *Graf Vitzthum*, AöR 104 (1979), S. 580 (626); *Held*, in: Henneke (Hrsg.), Organisationsformen kommunaler Aufgabenerfüllung, 1998, S. 113 (128).

kommunale Ingerenzrechte zur Wahrung der Einheit der Gemeindeverwaltung und zur Sicherung ihrer bürgerschaftlichen Kontrolle nicht verzichtet werden darf. Insbesondere bei der Organisation kommunaler Unternehmen in privatrechtlichen Rechtsformen darf es daher nicht zu wesentlichen Steuerungs- und damit Verantwortungsverlusten kommen. In Ansehung der Garantie kommunaler Selbstverwaltung in Art. 28 Abs. 2 GG ist mithin zu fordern, dass auch die von verselbständigten Einheiten erbrachten Leistungen auf die von den verantwortlichen Organen vorgegebenen Gemeinwohlzwecke ausgerichtet sein müssen und nicht dem Einfluss der für die Einheitlichkeit der Gemeindeverwaltung verantwortlichen Organe entzogen werden dürfen.[10]

II. Zum Konflikt zwischen Kommunalrecht und Gesellschaftsrecht

4 Die Ausgestaltung des kommunalen Wirtschaftsrechts in den Gemeindeordnungen ist bemüht, diesen Verfassungsanforderungen Rechnung zu tragen. So finden sich etwa Forderungen nach der Erfüllung eines öffentlichen Zwecks, einem angemessenem Einfluss in einem Überwachungsorgan oder nach Weisungsgebundenheit der kommunalen Vertreter in der Gesellschafterversammlung.[11] Dennoch sind die Landesgesetzgeber in einigen Bundesländern auch über das Ziel hinausgeschossen, indem sie Anforderungen postulieren, die - wie z.B. die Forderung nach Weisungsbindung der kommunalen Vertreter im Aufsichtsrat[12] -, die Möglichkeiten des Gesellschaftsrechts verkennen. Sind kommunale Unternehmen in Rechtsformen des Kapitalgesellschaftsrechts organisiert, führt dies zu einem **doppelten Rechtsregime**, denn für die Führung und die innere Organisation einer solchen Gesellschaft enthalten sowohl das öffentliche Recht (Haushaltsrecht, Kommunalrecht) als auch das Gesellschaftsrecht gesonderte Vorgaben. Immer dann, wenn das am Gemeinwohl ausgerichtete öffentliche Recht Anforderungen aufstellt, die mit entgegenstehenden gesellschaftsrechtlichen Maßgaben konfligieren, entsteht ein Bedarf nach Kollisionsregeln für die konkrete Rechtsanwendung.

5 Aus diesem Grund will die sog. **Lehre vom Verwaltungsgesellschaftsrecht** den aus der Verfassung abgeleiteten öffentlichen Zweckbindungen und Ingerenzpflichten Rechnung tragen, indem sie in Konfliktfällen für eine ungeschriebene öffentlich-rechtliche Überlagerung und Modifikation des Gesellschaftsrechts eintritt.[13] Eine nähere Auseinandersetzung mit dieser Lehre offenbart jedoch Mängel

---

[10] *Graf Vitzthum,* AöR 104 (1979), S. 580 (625 f.); *Spannowsky,* DVBl. 1992, S. 1072 (1075); *Püttner* Zur Wahl der Privatrechtsform für kommunale Unternehmen und Einrichtungen, 1993, S. 36; *R. Schmidt,* in: FS Knöpfle, S. 303 (311 f.). Zu oberflächlich daher *Kraft* Das Verwaltungsgesellschaftsrecht, 1982, S. 127, der meint, aus dem Selbstverwaltungsprinzip könne "für die Pflicht zu Einflussnahme nichts gewonnen werden".

[11] Vgl. z. B. § 103 Abs. 1 Nr. 3, Abs. 3, § 104 Abs. 1 S. 2, Abs. 2, Abs. 3 GO BW.

[12] Vgl. z. B. § 113 Abs. 1 S. 2 GO NRW.

[13] So vor allem *Kraft*, Das Verwaltungsgesellschaftsrecht, 1982, S. 231 ff.; *v. Danwitz*, AöR 120 (1995), 595 (622 ff.). Im Ansatz ebenso *Stober*, NJW 1984, 449 (454 f.); *Ha-*

in den dogmatischen Begründungsansätzen, weshalb sie sich in Rechtsprechung und Literatur nicht hat durchsetzen können.[14] Demgegenüber löst das ganz überwiegende gesellschaftsrechtliche Schrifttum, aber auch zahlreiche Vertreter des öffentlichen Rechts (→ § 52 Rn. 10) den Konflikt zu Recht unter Hinweis auf Art. 31 GG (Bundesrecht bricht Landesrecht) im Sinne eines Vorrangs des bundesrechtlich geregelten Gesellschaftsrechts.[15] Jedoch sind die für **die Steuerungspflicht relevanten Verfassungsaussagen conditio sine qua non der Rechtsformenwahl**. Es ist zu daher fragen, inwieweit das gesellschaftsrechtliche Organisationsstatut einer kapitalgesellschaftlichen Rechtsform eine Verwirklichung dieser verfassungsrechtlichen Steuerungsanforderungen zulässt.

III. Überblick zu den Möglichkeiten der Einwirkung und Kontrolle

Wenn man sich dieser Frage zunächst systematisch nähert, muss man in Anlehnung an die Öffentliche Betriebswirtschaftslehre[16] zwischen zwei Formen der Steuerung unterscheiden: Der Einwirkung und der Kontrolle. Mit dem **Begriff „Kontrolle"** wird die nachträgliche Überprüfung der Unternehmenstätigkeit auf Übereinstimmung mit den maßgeblichen Zielvorstellungen bezeichnet. Instrumente der nachträglichen Steuerung sind vor allem die Finanz- und Wirtschaftlichkeitskontrolle - das sind die Abschlussprüfung (nach §§ 264 ff. HGB), sowie die erweiterte Jahresabschlussprüfung (§ 53 HGrG) und die Betätigungsprüfung (§§ 44, 54 HGrG, 92 BHO/LHO) nach Haushaltsrecht -, die Aufgabenerfüllungskontrolle, die sich etwa in Berichtspflichten[17] und in den jährlichen Beteiligungsberichten äußert, sowie die auf nachträgliche Kontrolle zielenden Mittel der Beteiligungsverwaltung (→ § 52 Rn. 60 ff.). Diese Aspekte sind für den hier relevanten 6

verkate, VVDStRL 46 (1988), 217 (226, 228); *Ossenbühl,* ZGR 1996, 504 (514, 516 ff.) und abgeschwächt auch *Krebs*, Die Verwaltung 29 (1996), 309 (320).

[14] Ausführliche Widerlegung bei *Mann*, Die Verwaltung 35 (2002), 463 ff; siehe auch *Leisner*, GewArch 2009, 337 (338 ff.).

[15] Vgl. statt vieler OVG Münster, NWVBl. 2007, 231; *Burgi*, Kommunalrecht, 2. Aufl. 2008, § 17 Rn. 84; *Geis*, Kommunalrecht, 2008, § 13 Rn. 123; *Oebbecke*, in: Hoppe/Uechtritz (Hrsg.), Handbuch Kommunale Unternehmen, 2. Aufl. 2007, § 9 Rn. 2; *Raiser*, ZGR 1978, 391 (402 f.); *Held*, in: Ders. u.a., Kommunalverfassungsrecht Nordrhein-Westfalen, Stand 2009, vor § 107 ff. GO Anm. 2.2; *Püttner*, Die öffentlichen Unternehmen, 2. Aufl. 1989, S. 234 f.; *Schmidt-Aßmann/Ulmer*, BB 1988, Beil. 13 zu Heft 27/1988, 15; *Hüffer*, AktG, 8. Aufl. 2008, § 394 Rn. 2; *Spannowsky*, DVBl. 1992, 1072 (1074); *Schwintowski*, NJW 1995, 1316 (1317); *Schön*, ZGR 1996, 429 (432); *Pielow*, in: FS für K. Ipsen, 2000, S. 725 (736). Abweichende Begründung bei *Fischer*, Die AG 1982, 85 (90 f.), *Lutter/Grunewald*, WM 1984, 385 (396) und *Harbarth*, Anlegerschutz in öffentlichen Unternehmen, 1998, S. 107 f.: AktG und GmbHG als abschließende und damit gem. Art. 72, Art. 74 Abs. 1 Nr. 1 GG Landesrecht ausschließende Regelung.

[16] Vgl. nur *Eichhorn*, in: Gesellschaft für Öffentliche Wirtschaft (Hrsg.), Kontrolle öffentlicher Unternehmen I, 1980, S. 19 (27, 31).

[17] Dazu *Mann*, in: Ennuschat/Geerlings/Mann/Pielow (Hrsg.), GS für P. J. Tettinger, 2007, S. 295 ff.

Konflikt zwischen kommunalrechtlichem Steuerungsanspruch und gesellschaftsrechtlichen Möglichkeiten weniger relevant und sollen daher ausgeblendet bleiben.[18] Demgegenüber soll nachfolgend der Fokus auf die **Einwirkung** gelegt werden, Darunter ist die vom Träger unternommene Einflussnahme auf sein Unternehmen zu verstehen, die in der Absicht erfolgt, dieses Unternehmen ex ante in die gewünschte Zielrichtung oder Verhaltensweise zu steuern. Solche Möglichkeiten einer Steuerung im Vorfeld von Entscheidungen eröffnen sich, wenn es gelingt, bereits bei der Zusammensetzung der Gesellschaftsorgane möglichst viele kommunale Vertreter in die Gesellschaftsorgane zu bringen (dazu Rn. 14 ff.). Einwirken kann eine Gemeinde aber auch, indem sie sich, soweit das gesellschaftsvertraglich zulässig ist, Weisungsrechte einräumen lässt (dazu Rn. 24 ff.) oder die Möglichkeiten des Konzernrechts[19] (dazu Rn. 46 ff.) nutzt. Grundvoraussetzung für jegliche Form der Einwirkung ist aber die Ausrichtung des kommunalen Unternehmens auf den öffentlichen Zweck (dazu Rn. 7 ff.).

B. Zweckprogrammierung

7 Zwischen der Zweckprogrammierung eines kommunalen Unternehmens und den späteren Möglichkeiten der Einwirkung besteht eine direkte und dichte Verbindung. Soweit nämlich die Wahl der Privatrechtsform auch dazu dienen soll, eine Beteiligung Privater an dem Unternehmen zu ermöglichen, ist diesem gemischtwirtschaftlichen Zusammenschluss eine potentielle Divergenz zwischen dem auf Durchsetzung der öffentlichen Aufgabe gerichteten Interesse der öffentlichen Hand und dem auf Gewinnmaximierung gerichteten Interesse des privaten Gesellschafters bereits immanent.[20] Angesichts dieses strukturell bedingten Konflikts wird es gerade nicht ausreichend sein, in denjenigen Fällen, in denen der öffentliche Zweck in der Satzung nicht ausdrücklich formuliert ist, auf einen "ungeschriebenen Rangvorbehalt" zugunsten öffentlicher Zwecke zu vertrauen[21] oder die öffentlichen Verwaltungsinteressen, welche die Gesellschaft zu erfüllen hat, ohne weiteres „als satzungsmäßige Eigeninteressen der Gesellschaft" zu verstehen.[22] Da Interessenkonflikte zwischen Gesellschaftern zwingend auf der Ebene und mit den Instrumentarien des Gesellschaftsrechts ausgetragen werden, erweist sich vielmehr eine **Festlegung des öffentlichen Zwecks** nicht nur verfassungsrechtlich (o. Rn. 3), unionsrechtlich (→ § 39 Rn. 70) und einfachrechtlich (→ § 40 Rn. 9; § 41 Rn. 28 ff.; § 42 Rn. 33 f.), sondern vielmehr auch **bereits aus Gründen gesellschaftsrechtlicher Konfliktprävention als zwingend geboten**.

---

[18] Ausführlich zur Steuerung durch nachträgliche Kontrolle *Mann* (Fn. 1), S. 230 ff.

[19] Siehe hierzu auch *Oebbecke* VBlBWl. 2010, 1 ff.

[20] Ganz in diesem Sinne auch der EuGH, Urt. v. 11.1.2005, Rs. C-26/03 Slg. I 2005, 1 ff., Tz. 50 (‚Stadt Halle").

[21] So aber *Haverkate*, VVDStRL 46 (1988), 217 (228); überzeugend dagegen *Leisner*, GewArch 2009, 337 (340 f.).

[22] So *v. Danwitz*, AöR 120 (1995), 595 (614).

I. Rechtliche Möglichkeiten

Eine Bindung an die Verfolgung öffentlicher Zwecke kann bei öffentlichen und gemischt-wirtschaftlichen Unternehmen in Rechtsformen des Privatrechts dadurch erreicht werden, dass neben dem gemäß §§ 3 Abs. 1 Nr. 2 GmbHG, 23 Abs. 3 Nr. 2 AktG zwingend aufzunehmenden Unternehmensgegenstand auch der Gesellschaftszweck als **Zielvorgabe in der Satzung** verankert wird. Während der Gesellschaftszweck das gemeinsame Ziel für den Zusammenschluss der Gesellschafter umreißt, versteht das gesellschaftsrechtliche Schrifttum unter dem Unternehmensgegenstand den vereinbarten Tätigkeitsrahmen, innerhalb dessen das gemeinsame Engagement stattfinden soll (z.B. "Planung, Bau, Betrieb und Verwaltung von Einrichtungen der Wasserversorgung"). Vereinfacht ausgedrückt bildet der Unternehmensgegenstand also das Mittel zur Erreichung des beabsichtigten Gesellschaftszwecks.[23] Die Umschreibung des Unternehmensgegenstandes ist grundsätzlich zweckneutral; derselbe Unternehmensgegenstand lässt sich sowohl mit einem allein auf Gewinnerzielung gerichteten als auch mit einem gemeinnützigen oder sonstigen öffentlichen Zweck verwirklichen.[24] Erfolgt keine weitere Präzisierung des Gesellschaftszwecks in der Satzung, so wird der **Unternehmensgegenstand regelmäßig zur Erkenntnisquelle für den Gesellschaftszweck**, d.h. der Betrieb eines wirtschaftlichen Unternehmens indiziert, dass der Gesellschaftszweck auf Gewinnerzielung gerichtet ist.[25] 8

Diese Festlegung ist vorentscheidend, denn sie ist im Grunde für sämtliche Einwirkungsrechte bedeutsam: Die Ausübung von Organfunktionen und Mitgliedschaftsrechten in Kapitalgesellschaften hat nämlich stets in Übereinstimmung mit dem satzungsmäßig festgelegten Gesellschaftszweck zu erfolgen, andernfalls drohen **Abwehr- und Schadensersatzansprüche der Mitgesellschafter oder der Gesellschaft**.[26] Alle im Interesse öffentlicher Zweckverfolgung vorgenommene Organhandlungen, Gesellschafterbeschlüsse oder sonstigen Einwirkungen der öffentlichen Hand sind gesellschaftsrechtlich grundsätzlich nur dann legitimiert, wenn die Ausrichtung auf den öffentlichen Zweck einen Ausdruck in der Satzung gefunden hat.[27] Nur bei Aufnahme des öffentlichen Zwecks in die Satzung wird 9

---

[23] *Pentz*, in: MünchKomm/AktG, 3. Aufl. 2008, § 23 Rn. 70; *Schmidt*, Gesellschaftsrecht, 4. Aufl. 2002, § 4 II 3.

[24] *Bayer*, in: Lutter/Hommelhoff, GmbHG, 17. Aufl. 2009, 1 Rn. 5; *Ulmer*, in: GroßKomm GmbHG, 2005, § 1 Rn. 20 ff; *Leisner*, WiVerw. 1983, 212 (222); *Windel*, ZögU 22 (1999), 52 (61).

[25] RGZ 164, 129 (140); *Ulmer*, in: Hachenburg, GmbHG, 8. Aufl. 1992, § 1 Rn. 9, § 53 Rn. 103; *Habersack*, ZGR 1996, 544 (552); *Potthoff*, in: Eichhorn/Engelhardt (Hrsg.), GS für T. Thiemeyer, 1994, S. 311 (322); *Schön*, ZGR 1996, 429 (440); *Ehlers*, DVBl. 1997, 137 (142).

[26] BGH, NJW 1991, 1681 (1682); *Schmidt* (Fn. 23), § 4 II 3; *Leisner*, GewArch 2009, 337 (341 ff.).

[27] So dürfte es beispielsweise die fehlende Verankerung eines Versorgungsauftrags in der Satzung der Deutschen Bahn AG (vgl. Art. 87 e III 1 GG, § 3 DB-Gründungsgesetz v. 27.12.1993, BGBl. I S. 2378, 2386) erschweren, verlustträchtige Infrastrukturmaßnahmen (z. B. die Aufrechterhaltung defizitärer Strecken) satzungsmäßig zu legitimie-

das öffentliche Interesse zu einem Eigeninteresse der Gesellschaft. Insbesondere bei der Beteiligung privater Gesellschafter ist daher eine hinreichend bestimmte Festlegung des öffentlichen Zwecks in der Gesellschaftssatzung erforderlich,[28] um diesen die Berufung auf eine primär gewinnorientierte Unternehmensführung zu verwehren.[29] Dies hat z.B. die Gemeindeordnung BW erkannt und fordert deshalb in § 103 I Nr. 2 GO BW eine entsprechende Satzungsregelung.

10 "Hinreichend bestimmt" ist die Verlautbarung des öffentlichen Zwecks der Gesellschaft allerdings nicht nur bei der Formulierung ausdrücklicher Satzungsbestimmungen. Vielmehr wird es als ausreichend erachtet, wenn die Satzung erkennen lässt, dass die Erzielung von Gewinnen nur untergeordneter Gesellschaftszweck ist, wie dies etwa bei einem Verweis auf die spezifischen kommunalrechtlichen Grundsätze der Wirtschaftsführung oder einer speziellen Bezugnahme auf die Leitvorstellungen des kommunalen Abfallwirtschaftskonzepts[30] sowie auch dann anzunehmen ist, wenn die Umschreibung der Leistungsausgangsseite im Unternehmensgegenstand bereits mit Blick auf die öffentliche Zweckverfolgung verengt worden ist.[31] Entsprechendes gilt in Fällen eines geschlossenen und unverändert bestehenden Gesellschafterkreises eines gemischtwirtschaftlichen Unternehmens, sofern man entgegen der gefestigten Rechtsprechung[32] den Grundsatz der objektiven Satzungsauslegung einschränkt und auch den nicht in der Urkunde verlautbarten Willen der Gründungsgesellschafter ausreichen lässt,[33] sowie dann, wenn man der Auffassung folgt, dass auch außerhalb der Satzung getroffenen schuldrechtlichen Nebenabreden entsprechende korporationsrechtliche Wirkungen beizumessen sind.[34] Um Missverständnissen und poten-

---

ren, vgl. *Habersack*, ZGR 1996, 544 (552 f.); *Hommelhoff/Schmidt-Aßmann*, ZHR 160 (1996), 521 (535 f.).

[28] Formulierungsbeispiele bei *Oebbecke* (Fn. 15), § 8 Rn. 41 und *Kues*, steuer-journal 2004, 42 (42 f.).

[29] *Emmerich*, in: ders./Habersack, Aktien- und GmbH-Konzernrecht, 5. Aufl. 2008, § 15 Rn. 26 ff.; *Leisner*, WiVerw. 1983, 212 (222); *Habersack*, ZGR 1996, 544 (553); *Schink*, in: Henneke (Hrsg.), Organisation kommunaler Aufgabenerfüllung, 1998, S. 45 (79); *Löwer*, VDStRL 60 (2001), 416 (441).

[30] *Schink* (Fn. 29), S. 45 (79); *Habersack*, ZGR 1996, 544 (554), der auch die in § 2 I der Satzung der HEW enthaltene Bestimmung über den zügigen Ausstieg aus der Kernenergie ausreichen lässt, um die Einbeziehung politischer Interessen in den Gesellschaftszweck deutlich zu machen.

[31] *Schön*, ZGR 1996, 429 (442) mit dem Beispiel des Unternehmensgegenstandes „breitgefächertes Angebot im Musiktheater“, welcher es dem Vorstand einer AG unmöglich mache, unter Hinweis auf mangelnde Rentabilität einzelne Sparten (Oper/Musical) zu streichen.

[32] Vgl. bereits RGZ 159, 272 (278); 159, 321 (326); 165, 68 (73); fortgeführt durch BGHZ 14, 25 (36 f.); 47, 172 (180).

[33] Vgl. den Überblick bei *Grunewald*, ZGR 1995, 68 (84 ff.); *Ulmer* (Fn. 25), § 2 Rn. 138 ff. m. w. N.

[34] So insbes. *Zöllner*, in: Baumbach/Hueck, GmbHG, 19. Aufl. 2010, § 53 Rn. 19; *Schmidt* (Fn. 23), § 5 I 5, jeweils m. w. N. Maßgeblich ist allerdings eine auf das Innenverhältnis abzielende Intention solcher Vereinbarungen; durch unabhängige schuldrechtliche

tiellen Konflikten vorzubeugen, ist freilich **primär auf eine ausdrückliche Satzungsbestimmung über die öffentliche Zweckverfolgung hinzuwirken**. Das gilt nicht nur bei der Neugründung öffentlicher Unternehmen in Privatrechtsform, sondern vor allem dann, wenn eine ursprünglich rein erwerbswirtschaftlich ausgerichtete Gesellschaft erst später unter den Einfluss der öffentlichen Hand gerät und für die Verfolgung öffentlicher Zwecke instrumentalisiert werden soll. In diesen Fällen bestehen freilich größere rechtliche Hindernisse, da gem. § 33 Abs. 1 S. 2 BGB eine Zustimmung aller Gesellschafter zu fordern ist.[35]

Eine möglichst präzise **Festlegung des öffentlichen Zwecks** in der Satzung **11**
erweist sich also als notwendige **Grundbedingung zur Schaffung einer steuerungstauglichen Gesellschaft**, und zwar in einem bifunktionalen Sinn: Sie ist einerseits gesellschaftsrechtliche Voraussetzung zur Realisierung der verfassungsrechtlich geforderten Einwirkungspflicht,[36] zugleich aber auch Soll-Vorgabe zur Ermöglichung einer anschließenden Erfolgskontrolle der erreichten Ist-Werte hinsichtlich der öffentlichen Zweckverfolgung.[37] Das ist ein wichtiger Aspekt der Beteiligungsverwaltung, weil kommunale Gesellschaften durchaus dazu neigen, sich im Laufe der Zeit von dem Zweck zu emanzipieren, zu dem sie ursprünglich mal gegründet worden sind.[38] Das gilt insbesondere, wenn sich das Unternehmen durch Eingehen mittelbarer Beteiligungen weiter diversifiziert. Dem wird Vorschub geleistet, wenn etwa § 105a Abs. 1 Nr. 1 der baden-württembergischen Gemeindeordnung als Voraussetzung für eine Unterbeteiligung zwar das Vorliegen eines öffentlichen Zwecks verlangt, doch auf das Erfordernis einer Fixierung der öffentlichen Zweckbindung in der Unternehmenssatzung bei Beteiligungen unterhalb von 50% verzichtet wird (§ 105a I Nr. 2a i.V.m. § 103 I 1 Nr. 2 bw.GO).[39] Im Interesse einer Sicherung der öffentlichen Zweckbindung sollte da-

Rechtsverhältnisse wie etwa einem Betreibervertrag zwischen der Gesellschaft und dem öffentlichen Aufgabenträger wird, sofern die Satzung keine diesbezüglichen Vorbehalte enthält, die Bindung der Gesellschafter und Organwalter an den satzungsmäßigen Gesellschaftszweck nicht tangiert, vgl. *Habersack*, ZGR 1996, 544 (554). Zur Interdependenz von subjektiver Auslegung und Nebenabreden vgl. *Grunewald*, ZGR 1995, 68 (90).

35 Vgl. BGHZ 96, 245 (251 f.); *Limmer*, in: Spindler/Stilz, AktG, 2007, § 23 Rn. 18; *Pentz* (Fn. 23), § 23 Rn. 70; *Hüffer* (Fn. 15), § 23 Rn. 22; *Schön*, ZGR 1996, 429 (445). Die Änderung des in der Satzung benannten Unternehmensgegenstandes kann hingegen mit qualifizierter Mehrheit erfolgen, vgl. *Pentz* (Fn. 23), § 23 Rn. 70; *Hüffer* (Fn. 15), § 23 Rn. 22.

36 Vgl. diesen Aspekt akzentuierend *Dreier*, Hierarchische Verwaltung im demokratischen Staat, 1991, S. 259; *Schön*, ZGR 1996, 429 (435 f.); *Ehlers*, DVBl. 1997, 137 (142); *Schink* (Fn. 29), S. 44 (79).

37 Primär darauf abstellend *Schulz*, BayVBl. 1996, 97 (98).

38 *Oebbecke* (Fn. 15), § 8 Rn. 37 m. w. N. *Schuppert*, ZögU 8 (1985), 310 (315 ff.); vgl. auch *Greiling*, ZögU 20 (1997), 286 (294) und ähnlich zuvor bereits *Karehnke*, DÖH 1974, 156 (167) in Fn. 49.

39 Anders § 108 Abs. 5 S. 1 GO NW, demzufolge Vertreter der Gemeinde in unmittelbaren Gesellschaften der Gemeinde einer Beteiligung an einer anderen Gesellschaft u. a. nur zustimmen dürfen, „wenn für die Gemeinde selbst die Beteiligungsvoraussetzungen vor-

her in jedem Fall geprüft werden, ob die konkrete Unterbeteiligung nicht sogar als Änderung des Unternehmensgegenstandes oder sogar des Gesellschaftszwecks anzusehen ist,[40] welche nur mit entsprechender Mehrheit in der Gesellschafter- oder Hauptversammlung beschlossen werden kann, was wiederum der öffentlichen Hand, sofern sie einen maßgeblichen Einfluss in diesem Organ besitzt, eine Möglichkeit zur Verhinderung der Unterbeteiligung eröffnete. Zur unionsrechtlichen Notwendigkeit einer Zweckprogrammierung → § 39 Rn. 70.

II. Umsetzung in der Praxis

12 Neben den vorgenannten Steuerungsverlusten infolge einer Diversifizierung der Unternehmen wird in der Literatur auch von Erfahrungen berichtet, nach denen ein Verlust der Steuerungskraft ebenfalls eintreten soll, wenn dem Unternehmen anstatt eines klar umrissenen Unternehmensziels gleich ein Bündel von Zielen vorgegeben wird, da in diesen Fällen faktisch dem Unternehmensmanagement die Zielauswahl überlassen werde, was wiederum zu einer Vernachlässigung öffentlicher Zwecke führe.[41] Diese Beobachtung dürfte allerdings eher auf Ausnahmefälle zutreffen, denn **im Regelfall** liegt keine Übernormierung, sondern **eher eine Unternormierung** vor,[42] denn auch bei öffentlichen Unternehmen in privatrechtlichen Rechtsformen wird von den Möglichkeiten zur Fixierung der öffentlichen Zweckbindung nur unzureichend, insbesondere durch **Zielsetzungen leerformelhaften Charakters**, Gebrauch gemacht. Ein konsistentes Zielsystem zur Erfüllung öffentlicher Zwecke ist oftmals gar nicht vorhanden[43] (→ § 43 Rn. 9), die Ausführungen in den Satzungen und Gesellschaftsverträgen beschränken sich lediglich auf die Benennung des Unternehmensgegenstandes.[44] Aber selbst dann, wenn in

---

liegen". Damit wird Bezug genommen auf den gesamten § 108 Abs. 1 GO NW, mithin auch auf dessen Nr. 7, wonach es Beteiligungsvoraussetzung ist, dass „das Unternehmen ... durch Gesellschaftsvertrag, Satzung oder sonstiges Organisationsstatut auf den öffentlichen Zweck ausgerichtet ist". In diesem Sinne auch Art. 92 Abs. 2, 3GO Bay und § 91 Abs. 1 Nr. 1 i. V. m. § 87 Abs. 1 Nr. 2 GO RP.

[40] Die Umstellung auf eine völlig andere Tätigkeit bedarf der Satzungsänderung, vgl. *Hueck/Windbichler*, Gesellschaftsrecht, 21. Auf. 2008, § 26 Rn. 2; *Schmidt* (Fn. 23), § 4 II 3 und § 28 IV a. Verschiebt sich durch den Erwerb einer Unterbeteiligung das Betätigungsfeld auf bislang unbearbeitetes Terrain, so entscheidet darüber die Anteilseignerversammlung.

[41] *Machura*, Die Kontrolle öffentlicher Unternehmen, 1993, S. 63.

[42] Vgl. *Mann* (Fn. 1), S. 118 ff.

[43] *Thiemeyer/Oettle*, DÖW 1969, 5 f.; *Himmelmann*, AöfU 11 (1979), 62 (73); *Püttner* (Fn. 15), S. 52; *Machura* (Fn. 41), S. 65; *Krönes*, ZögU 21 (1998), 277 (286); *Windel*, ZögU 22 (1999), 52 (59).

[44] *Püttner*, Das Recht der kommunalen Energieversorgung, 1967, S. 36 f.; *Eichhorn*, in: Böhret (Hrsg.), FS für v. Eynern, 1994, S. 65 (70); *Schuppert*, ZögU 8 (1985), 310 (330); *Machura* (Fn. 41), S. 65 f.; *Ehlers*, DVBl. 1997, 137 (142). Beispiele aus den Satzungen großer Energieversorgungsunternehmen bei *Kermel*, Steuerungsmöglichkei-

der Satzung der AG oder GmbH die Ausrichtung auf einen öffentlichen Zweck erfolgt, lassen sich Fehlentwicklungen in der Praxis beobachten, etwa indem die Zielvorgaben von der Unternehmensleitung erwerbswirtschaftlich umgedeutet oder sogar schlicht ignoriert werden.[45] Dieses Verhalten der Unternehmensleitung wird häufig nicht nur faktisch durch mangelndes Steuerungsinteresse des öffentlichen Gesellschafters,[46] sondern auch rechtlich dadurch begünstigt, dass die statutarischen **Festlegungen** zwar eine Innenbindung bewirken (vgl. § 82 Abs. 2, AktG, § 37 Abs. 1 GmbHG), darüber hinaus aber wegen der unbeschränkbaren Vertretungsmacht der Geschäftsleitung grundsätzlich keine Bedeutung für den Rechtsverkehr mit Dritten haben (§§ 82 Abs. 1 AktG, 37 Abs. 2 GmbHG).[47] Eine Begrenzung der Rechtsfähigkeit durch den Verbandszweck, wie sie der im U.S.-amerikanischen Recht anerkannten ultra-vires-Doktrin entspricht, ist dem deutschen Gesellschaftsrecht mit Blick auf den Verkehrsschutz gerade fremd.[48]

C. Steuerung durch Einwirkung

Nähert man sich nun den gesellschaftsrechtlich möglichen Formen der Einwirkung, so ist einleitend zu konstatieren, dass bei den gesellschaftsrechtlich verfassten Unternehmen anders als etwa im Eigenbetriebsrecht, wo an der Entscheidungsfindung eigene Organe der Gemeinde - Werksausschuss, Hauptverwaltungsbeamter, Gemeinderat - beteiligt sind, eine **Einwirkung immer nur mittel-** 13

---

ten der öffentlichen Hand bei Beteiligung an Aktiengesellschaften der Energieversorgung, 1994, S. 105 ff.

45 *Burgi* (Fn. 15), § 17 Rn. 81; *Oebbecke* (Fn. 9), § Rn. 37.Vgl. außerdem *Püttner* (Fn. 15), S. 52 f.; *Machura* (Fn. 41), S. 75 f.; *Krönes*, ZögU 21 (1998), 277 (290). Als besonders krasses Beispiel nennt *Schuppert*, Zur Kontrollierbarkeit öffentlicher Unternehmen, Anlage I zur hbg. Bürgerschafts-Drs. 9/4545 (1982), S. 23 die Hamburgische Stadtentwicklungsgesellschaft mbH, deren Zweck laut Satzung die „Vorbereitung zur Durchführung von Stadtentwicklungsmaßnahmen sowie der Bau oder die Betreuung von nicht zu Wohnzwecken bestimmten baulichen Anlagen" war, die aber, als es an Aufträgen fehlte, 6.000 Wohnungen im Iran baute. Die Problemerkenntnis ist freilich nicht neu, vgl. bereits die Beobachtung von *Lassar*, JöR 14 (1926), 1 (53): Die Unternehmensleiter „werden nicht als staatliche, sondern als kaufmännische Funktionäre tätig, sie sind - ungeachtet der Einwirkungsmöglichkeiten der öffentlichen Hand - rechtlich und tatsächlich selbständiger, als wenn sie Organe der Bürokratie wären."

46 Vgl. *Wolff/Bachof/Stober*, Verwaltungsrecht II, 5. Aufl. 1987, § 104a Rn. 30; *Stober*, NJW 1984, 449 (454). In diesem Sinne beklagt etwa auch *Himmelmann*, in: Gesellschaft für Öffentliche Wirtschaft (Hrsg.), Kontrolle öffentlicher Unternehmen II, 1982, S. 61 (70), dass der Bund gegenüber seinen industriellen Unternehmensbeteiligungen bemüht sei, die Rolle eines „guten" Eigentümers zu übernehmen, der wenig in die Unternehmenspolitik eingreife und das „besondere Interesse des Bundes" (§ 65 BHO) in keiner erkennbaren Weise konkretisiere.

47 *Noack*, StuGR 1995, 379 (380).

48 *Schmidt* (Fn. 23), § 8 V 2a-c m. w. N.

bar erfolgen kann.[49] Sie vollzieht sich **im Wege der Einwirkung auf die Willensbildung in den Organen der Gesellschaft**. Dies allein steht der Wahl solcher Rechtsformen allerdings grundsätzlich noch nicht entgegen, da das Erfordernis ausreichender Ingerenzbefugnisse ja nicht als Forderung nach einer umfassenden Direktionsgewalt in allen Einzelfragen verstanden werden darf, sondern lediglich Möglichkeiten zur Einflussnahme auf die Grundsatzentscheidungen verlangt.[50]

I. Der Einfluss der Gemeinde bei der Organbildung

14 Einen solchen Einfluss verschafft sich die Gemeinde zunächst im Vorfeld bei der Organbildung. Soweit das Gemeindewirtschaftsrecht der Länder die Gemeinden Hand insoweit verpflichtet, sich bei der Gründung von oder Beteiligung an Gesellschaften des privaten Rechts einen **"angemessenen Einfluss"**, insbesondere in einem Überwachungsorgan der Gesellschaft, vorzubehalten, wird hierdurch bereits die Möglichkeit graduell gestufter Ingerenzrechte impliziert: Das Adjektiv "angemessen" drückt aus, dass insoweit kein für alle Anwendungsfälle identischer Maßstab gilt, sondern dass sich der Grad der Einflussnahme an dem jeweiligen Umfang der Beteiligung und der öffentlichen Zielsetzung orientieren soll.[51]

1. Sicherung der Stimmrechtsmacht in der Anteilseignerversammlung

15 Einfluss verschafft sich die öffentliche Hand zunächst durch die ihr zufallende Stimmrechtsmacht in der Gesellschafterversammlung der GmbH (§ 48 GmbHG) oder der aktienrechtlichen Hauptversammlung (§§ 118 ff. AktG).

16 **a) Gesellschafterversammlung der GmbH.** Angesichts der dominanten Stellung der Gesellschafterversammlung innerhalb der Organisationsverfassung der GmbH[52] und der **gesellschaftsrechtlich unbedenklichen**[53] **Weisungsgebundenheit von organschaftlichen Vertretern**, wie sie das Gemeindewirtschaftsrecht fast durchweg vorsieht,[54] liegt hier eine gute Chance, die Gesellschaft im Sinne

---

[49] BVerwG, NJW 1990, 134 (135); *Schulze-Fielitz*, in: Henneke (Hrsg.), Organisation kommunaler Aufgabenerfüllung, 1998, S. 223 (242).

[50] *v. Mutius*, in: Gesellschaft für Öffentliche Wirtschaft (Hrsg.), Kontrolle öffentlicher Unternehmen II, 1982, S. 25 (45 f.); *Ehlers*, DVBl. 1997, 137 (145); *Schulze-Fielitz* (Fn. 49), S. 223 (256); *Leisner*, GewArch 2009, 337 (341).

[51] *Ehlers*, JZ 1990, 1089 (1094); *Erbguth/Stollmann*, DÖV 1993, 798 (801); *Oebbecke*, StuGR 1995, 387 (390); *Schön*, ZGR 1996, 429 (446).

[52] Dazu im Überblick *Mann* (Fn. 1), S. 177 ff.

[53] Vgl. *Nesselmüller*, Rechtliche Einwirkungsmöglichkeiten der Gemeinden auf ihre Eigengesellschaften, 1977, S. 68; *Schmidt-Aßmann/Ulmer*, BB 1988, Beil. 13, 15; *Noack*, StuGR 1995, 379 (380); ebenso die bay. Staatsregierung, bay. LT-Drs. 13/10828, S. 22.

[54] Vgl. § 104 Abs. 3 GO BW; Art. 93 Abs. 2 S. 3 GO Bay; § 104 Abs. 1 S. 3 GO Bbg; § 52 Abs. 1 S. 2 Verf. Brem; § 125 Abs. 1 S. 2 GO Hess; § 71 Abs. 1 S. 5 GO MV; § 111

der öffentlichen Zweckvorgabe zu instrumentalisieren. Dies leuchtet bei einer Eigengesellschaft unmittelbar ein.[55] Aber auch dann, wenn kein Alleinbesitz der öffentlichen Hand besteht, also bei einer gemischt-wirtschaftlich strukturierten GmbH, ermöglicht es die dispositive Natur der §§ 46 bis 51 GmbHG grundsätzlich, durch besondere Bestimmungen im Gesellschaftsvertrag die Stimmrechtsmacht der öffentlichen Hand zu sichern (vgl. § 45 Abs. 2 GmbHG).[56] So ist es etwa rechtlich zulässig, gesellschaftsvertraglich **Mehrfachstimmrechte** der öffentlichen Hand vorzusehen[57] oder umgekehrt beteiligten Privaten **stimmrechtslose Geschäftsanteile** einzuräumen.[58] Es darf allerdings bezweifelt werden, dass sich derartige Regelungen bei der gewünschten Beteiligung privater Investoren tatsächlich immer realisieren lassen, da die privaten Gesellschafter in der Regel ein Interesse daran haben werden, entsprechend ihrem Anteil auch an der Entscheidung über die Angelegenheiten der Gesellschaft teilzuhaben.[59] Eher praktikabel erscheint da schon die Möglichkeit, einzelne wichtige Entscheidungen, insbesondere Satzungsänderungen, gesellschaftsvertraglich an die ausdrückliche **Zustimmung des öffentlichen Gesellschafters** zu binden.[60]

b) Hauptversammlung der AG. Schwieriger gestaltet sich jedoch die entspre- 17
chende Ausgestaltung bei einer Publikums-AG, wenn zur Sicherung eines angemessenen Einflusses in der Hauptversammlung die Stimmrechtsmacht das Verhältnis des Kapitalanteils der Gemeinde zum gesamten Nennbetrag der Aktiengesellschaft übersteigen soll. Das **Stimmrecht in der Hauptversammlung** wird **nach Aktiennennbeträgen** ausgeübt (§ 134 Abs. 2 S. 1 AktG), Mehrstimmrechtsaktien, die vor allem in den Wirtschaftskrisen nach dem ersten Weltkrieg zur Abwehr von Überfremdung Verbreitung fanden,[61] - vornehmlich in der Versorgungswirtschaft - sind nach Ablauf einer Übergangsfrist seit 2003 unzulässig (§ 12 Abs. 2 AktG).[62]

Eine Sicherung der öffentlichen Stimmrechtsmacht kann daher nur auf dem 18
umgekehrten Weg angestrebt werden, bei dem die Stimmrechte der privaten Gesellschafter reduziert werden. Eine Möglichkeit bietet insoweit die **Ausgabe von**

Abs. 1 S. 2 GO Nds; § 113 Abs. 1 S. 2 GO NW; § 88 Abs. 1 S. 5 GO RP; § 112 Abs. 1 S. 3 KSVG Saarl; § 98 Abs. 1 S. 5 GO Sachs; § 119 Abs. 1 S. 3 GO LSA.

55 Dennoch sind die kommunalrechtlichen Vertretungsregeln zu beachten, weil ansonsten die Gesellschafterbeschlüsse unwirksam sind, vgl. OLG Hamm, KommJur 2008, 219.

56 *Zöllner* (Fn. 34), § 45 Rn. 9.

57 OLG Frankfurt, GmbHR 1990, 79 (80); *Hüffer*, in: Hachenburg, GmbHG, 8. Aufl. 1997, § 47 Rn. 89; *Bayer* (Fn. 24), § 47 Rn. 5; *Zöllner* (Fn. 34), § 47 Rn. 68; *Schmidt* (Fn. 23), § 21 II 1 e); *Schön*, ZGR 1996, 429 (446).

58 RGZ 167, 65 (73); BGHZ 14, 264 (269 f.); *Hüffer* (Fn. 57), § 47 Rn. 56; *Schmidt* (Fn. 23), § 21 II 1 c); *Zöllner* (Fn. 34), § 47 Rn. 69.

59 Kritisch auch *Pielow* (Fn. 15), S. 725 (747).

60 Vgl. dazu RGZ 169, 65 (80 f.); *Ulmer* (Fn. 25), § 53 Rn. 83; *Schön*, ZGR 1996, 429 (446); *Windel*, ZögU 22 (1999), 52 (57).

61 Instruktiv zu den historischen Ursachen der Schaffung kommunaler Mehrstimmrechtsaktien an der RWE AG: nrw. LT-Drs. 12/1945, S. 1 f.

62 Zur Historie vgl. nur *Hueck/Windbichler* (Fn. 40), § 25 Rn. 28.

stimmrechtslosen Vorzugsaktien (§ 12 Abs. 1 S. 2 AktG), also von Aktien, die mit einer Vorzugsdividende ausgestattet, im Ausgleich hierzu aber vom Stimmrecht ausgeschlossen sind (§ 139 Abs. 1 AktG). Sie unterscheiden sich von bloßen Genussscheinen dadurch, dass dem Vorzugsaktionär gemäß § 140 Abs. 1 AktG alle sonstigen Aktionärsrechte erhalten bleiben.[63] Wenn auch die Ausgabe solcher stimmrechtsloser Vorzugsaktien nur bis maximal zur Hälfte des Aktienkapitals zulässig ist (§ 139 Abs. 2 AktG), beeinträchtigt dies nicht ihre Eignung als Instrument, durch welches den Unternehmen privates Risikokapital zugeführt werden kann, ohne dass zugleich der öffentliche Einfluss in der Hauptversammlung geschwächt werden müsste.[64]

2. Teilhabe an der personellen Besetzung der Leitungs- und Aufsichtsorgane

19 Spannender ist die Frage, wie eine Gemeinde einen angemessenen Einfluss in den Leitungs- und Aufsichtsorganen ihrer Gesellschaften realisiert. Soweit es sich um Eigengesellschaften handelt, ergeben sich insoweit mangels fremder Interessenrepräsentanz in der Gesellschafter- oder Hauptversammlung prinzipiell keine Hindernisse, sofern nicht die beschränkenden **Regeln des Mitbestimmungsrechts** (→ § 50 Rn. 4 ff.) eingreifen.[65] Im übrigen aber sind die im kommunalen Wirtschaftsrecht geforderten Befugnisse der Gemeinden, Mitglieder in ein Überwachungsorgan der Gesellschaft zu entsenden und Vorstandsmitglieder vorzuschlagen oder zu bestellen, nach dem GmbH-Recht einfacher zu verwirklichen, als im Recht der Aktiengesellschaft.

20 **a) Teilhabe an der Zusammensetzung von Leitungs- und Aufsichtsorganen der GmbH.** Die weitgehende gesellschaftsvertragliche Flexibilität des GmbH-Rechts lässt es grundsätzlich zu, dass der öffentlichen Hand diesbezügliche Sonderrechte eingeräumt werden, die auch im Nachhinein nicht mehr gegen ihren Willen durch Beschluss der Mitgliederversammlung beeinträchtigt werden können (vgl. § 35 BGB). Über das jedem Gesellschafter ohnehin zustehende unverbindliche Vorschlagsrecht[66] hinaus sind daher **organisationsrechtliche Sonderrechte zur Benennung, Präsentation oder Entsendung** eines oder mehrerer Geschäftsführer denkbar. Innerhalb dieser Sonderrechte gewährt ein **Bennenungsrecht** der öffentlichen Hand eine relativ verbindliche Befugnis, weil die Gesellschafterversammlung grundsätzlich zur Bestellung des Benannten verpflichtet ist,

---

63 *Hüffer* (Fn. 15), § 139 Rn. 4; *Schmidt* (Fn. 23), § 26 IV 1 d).

64 Dies gilt jedenfalls solange, wie die Gesellschaft die Vorzugsdividende rechtzeitig bezahlt, § 140 Abs. 2 AktG. Dabei gilt es zu bedenken, dass eine Vorzugsdividende periodisch erwirtschaftet werden muss; insofern kann das Interesse an der Wahrnehmung öffentlicher Interessen mit dem Ziel kollidieren, die den Vorzugsaktionären zustehende Dividende jedenfalls in einem verlustträchtigen Geschäftsfeld zu verdienen.

65 Siehe dazu *Mann* (Fn. 1), S. 174 ff., 258 ff, *Becker*, ZögLL 24 (2001), 1 ff.

66 OLG Hamm, ZIP 1986, 1188 (1194) m. Anm. *Lutter*, ebda, 1194; OLG Düsseldorf, NJW 1990, 1122; *Bayer* (Fn. 24), § 46 Rn. 25.

es sei denn, es läge ein entgegenstehender sachlicher, im Interesse der Gesellschaft liegender Grund (z.B. nicht hinreichende Befähigung) vor.[67] Etwas rechtsverbindlicher ist das **Präsentationsrecht**, da die Gesellschafterversammlung den von der öffentlichen Hand Präsentierten nur unter den Voraussetzungen zurückweisen kann, unter denen sie seine Stellung aus wichtigem Grund gemäß § 38 Abs. 2 GmbHG sofort widerrufen könnte (z.B. Unfähigkeit zur ordnungsgemäßen Geschäftsführung).[68] Ein gesellschaftsvertraglich bestimmtes **Entsendungsrecht** der öffentlichen Hand gewährt schließlich die starke Befugnis, den Geschäftsführer in völliger Abweichung von § 46 Nr. 5 GmbHG außerhalb der Gesellschafterversammlung, bei kommunalen Gesellschaften z.B. durch Beschluss des Gemeinderates,[69] unmittelbar zu bestimmen.[70]

Sofern die GmbH einen *fakultativen* Aufsichtsrat besitzt, sind entsprechende Gestaltungsmöglichkeiten zugunsten der öffentlichen Hand bei der Zusammensetzung dieses Organs ebenfalls im Satzungswege möglich.[71] Ist hingegen ein ***obligatorischer*** **Aufsichtsrat** zu bilden, so reduzieren sich die Einflussmöglichkeiten der öffentlichen Hand bei dessen Zusammensetzung, da die anteilige Besetzung der Aufsichtsratssitze mit Arbeitnehmervertretern streng den gesetzlichen Maßgaben folgt und nicht durch abweichende Satzungsregelungen - auch nicht bei einer Eigengesellschaft - modifiziert werden kann.[72] Insbesondere tritt dann ein **„Einflussknick“** auf, wenn eine GmbH wegen ihrer hohen Mitarbeiterzahl dem Mitbestimmungsgesetz unterfällt, weil dann dem obligatorischen Aufsichtsrat ausdrücklich die Kompetenz zur Wahl der Geschäftsführer zugewiesen (§§ 25, 31 MitbestG) ist (→ § 50 Rn. 13 ff.). Die gerade beschriebenen Sonderrechte eines kommunalen Gesellschafters zur Bestellung der Geschäftsführer sind damit dann unvereinbar.[73] **21**

---

[67] BGH, NJW-RR 1989, 542 (543); OLG Hamm, ZIP 1986, 1188 (1194); *Lutter*, ebda., 1195 f.; *Schön*, ZGR 1996, 429 (447); *Bayer* (Fn. 24), § 46 Rn. 12.

[68] OLG Hamm, ZIP 1986, 1188 (1194); OLG Düsseldorf, NJW 1990, 1122 (1123); *Lutter*, ZIP 1986, 1195; *Schmidt*, in: Scholz, GmbHR, 10. Aufl. 2007, § 46 Rn. 83; *Schön*, ZGR 1996, 429 (447); *Bayer* (Fn. 24), § 46 Rn. 25.

[69] Die innergemeindliche Organkompetenz zur Auswahl und Berufung der Aufsichtsratsmitglieder variiert in Abhängigkeit vom jeweiligen Landesrecht, vgl. z. B. § 104 Abs. 2 GO BW, § 113 Abs. 4 GO NW, § 98 Abs. 2 GO Sachs einerseits (Ratszuständigkeit) und § 125 Abs. 2 GO Hess andererseits (Zuständigkeit des Gemeindevorstands). Instruktiv hierzu VGH Kassel, DÖV 1998, 1019 f.; VG Düsseldorf, NWVBl. 2005, 143

[70] RGZ 165, 68 (74); BGH, NJW-RR 1989, 542 (543); *Spindler*, in: MünchKomm/GmbHG, 2010, § 52 Rn. 123; *Noack*, StuGR 1995, 379 (380); *Schmidt* (Fn. 68), § 46 Rn. 83; *Schneider*, in: Scholz, GmbHR, 10. Aufl. 2006, § 6 Rn. 42 ff.

[71] *Lutter*, in: ders./Hommelhoff, GmbHG, 17. Aufl. 2009, § 52 Rn. 6 m. w. N.; *Raiser*, in: Hachenburg, GmbHG, 8. Aufl. 1997, § 52 Rn. 43.

[72] *Zöllner/Noack*, in: Baumbach/Hueck, GmbHG, 19. Aufl. 2010, § 52 Rn. 157. Dementsprechend unterliegen sog. Mitbestimmungsvereinbarungen bei kommunalen Gesellschaften besonderen Bedenken im Hinblick auf deren demokratische Legitimation, wie ebda., § 52 Rn. 12 m. w. N.

[73] Einzelheiten und weitere Nachweise bei *Mann* (Fn. 1), S. 195 f.

22 **b) Teilhabe an der Zusammensetzung von Vorstand und Aufsichtsrat der AG.** Ein von der Stimmenmehrheit in der Hauptversammlung unabhängiger Einfluss der Gemeinde an der Zusammensetzung des Aufsichtsrates einer AG kann nur stattfinden, wenn das AktG dies ausdrücklich zulässt (§ 23 Abs. 5 AktG). So ist es durchaus möglich, dass ihr die Satzung ein **Recht zur Entsendung** von Mitgliedern in den Aufsichtsrat gewährt, allerdings zahlenmäßig begrenzt auf höchstens ein Drittel der Aktionärsvertreter (vgl. § 101 Abs. 2 S. 4 AktG). Ausweislich der Gesetzesmaterialien war es sogar Intention dieser Regelung, dem Bedürfnis nach einem angemessenen Einfluss der öffentlichen Hand bei gemischtwirtschaftlichen Unternehmen Rechnung zu tragen.[74] Als Korrelat eines solchen Entsendungsrechtes erwächst der Gemeinde zugleich die Befugnis, die von ihr **entsandten Aufsichtsratsmitglieder jederzeit abzuberufen** und durch andere Mitglieder zu ersetzen (§ 103 Abs. 2 AktG). Lässt sich eine Fixierung statutarischer Entsendungsrechte wegen des Widerstands privater Gesellschafter jedoch nicht realisieren, bleibt nur die Möglichkeit, in der Satzung **allgemeine Auswahlkriterien** für die Aktionärsvertreter im Aufsichtsrat aufzustellen (vgl. § 100 Abs. 4 AktG)[75] (→ § 52 Rn. 24 ff.).

23 Auf den **Vorstand** einer AG hat die Gemeinde als Aktionärin **keinen unmittelbaren Zugriff**, da die Vorstandsmitglieder vom Aufsichtsrat zu bestellen sind (§ 84 AktG). Auch eine Klausel in der Satzung, die etwa Wahl eines Bewerbers von der Zustimmung des Gemeinderates abhängig macht, ist unzulässig.[76] Generell gilt, dass statuarische Bestellungskriterien nur zulässig sind, wenn sie durch den Gesellschaftszweck gerechtfertigt sind - an dieser Stelle erweist es sich mithin erneut als entscheidend, dass der öffentliche Zweck als Gesellschaftszweck in die Unternehmenssatzung aufgenommen wird.

II. Einwirkung durch Weisungsrechte

24 Die vorstehend behandelten Möglichkeiten der Gemeinde, sich einen angemessenen Einfluss bei der Bildung und Zusammensetzung der Gesellschaftsorgane zu sichern, bilden zwar eine notwendige, als solche aber noch nicht hinreichende Bedingung für eine effektive **Ausübung der verfassungsrechtlichen Ingerenzpflicht**. Maßgeblich ist letztlich allein, inwieweit die Gemeinde darüber hinaus auch inhaltlich konkreten Einfluss auf die Entscheidungen der Gesellschaftsorgane nehmen kann. Insoweit fällt die rechtliche Antwort für die Anteilseignerversammlung, die Aufsichts- und die Leitungsorgane erneut unterschiedlich aus.

1. Einwirkung auf die Vertreter in der Anteilseignerversammlung

25 **Zentrales Instrument** für den Aufbau eines effektiven Einwirkungsstranges ist dabei die **Gesellschafterstellung der öffentlichen Hand**. Über die Wahrnehmung

[74] Vgl. die Begründung des Regierungsentwurfs, BT-Drs. 4/171, S. 138.

[75] Beispiele für mögliche Anforderungen bei *Hüffer* (Fn. 15), § 101 Rn. 9.

[76] *Noack*, StuGR 1995, 379 (380).

der mit dieser Gesellschafterstellung verbundenen Rechte in der Haupt- oder Gesellschafterversammlung kann auch mittelbar auf die Leitungs- und Aufsichtsorgane der Gesellschaften eingewirkt werden.

a) Weisungsgebundene Vertreter der öffentlichen Hand. Hat sich die Gemeinde wie eben geschildert die Stimmenmehrheit in der Gesellschafterversammlung einer GmbH gesichert, können Beschlüsse der Gesellschafterversammlung von ihr dann auch inhaltlich im Sinne einer gemeinwohlorientierten Stimmabgabe gesteuert werden, indem sie ihren Vertretern konkrete Weisungen für deren Abstimmungsverhalten erteilt. Solche **Weisungen an die in der Gesellschafterversammlung der GmbH agierenden organschaftlichen Vertreter** der Gemeinde liegen in der Natur des durch die Gesellschafterstellung vermittelten Teilhaberechts begründet und sind deshalb gesellschaftsrechtlich unbestritten zulässig.[77] Auch kommunalrechtlich setzt die Stimmabgabe selbst dann, wenn die Gesellschafterrechte, was regelmäßig der Fall ist, vom dem auch sonst vertretungsberechtigten Hauptverwaltungsbeamten als "geborenem" Vertreter wahrgenommen werden,[78] häufig eine Entscheidung des Gemeinderats voraus, da die in der Anteilseignerversammlung zu treffenden Entscheidungen wegen ihrer Bedeutung für die öffentliche Zwecksetzung der Gesellschaft (insbesondere bei Fragen der Leistungserbringung, bei Unterbeteiligungen oder Tarifentscheidungen) oder der mit ihnen verbundenen haushaltsrechtlichen Risiken oftmals nicht als laufende Angelegenheiten anzusehen sein dürften.[79] Entsprechende Forderungen des kommunalen Wirtschaftsrechts nach Weisungsgebundenheit[80] und gesellschaftsrechtliche Möglichkeiten sind mithin kongruent. 26

Auch in der **Hauptversammlung einer AG** kann die Stimmabgabe der kommunalen Vertreter im Interesse gemeinwohlbezogener Motive durch Weisungen gesteuert werden.[81] Bedeutsam ist allerdings, dass das öffentliche Interesse bereits Eingang in den Gesellschaftszweck gefunden hat, da andernfalls eine Instrumentalisierung der Gesellschaft entgegen ihrer statutarischen Zwecksetzung als Sonder- 27

---

[77] Vgl. *Hüffer* (Fn. 15), § 394 Rn. 3; *Noack* StuGR 1995, 379 (380); *Harbarth* (Fn. 15), S. 276; *Nesselmüller* (Fn. 53), S. 68; *Schmidt-Aßmann/Ulmer*, BB 1988, Beilage 13, 15.

[78] Eine Delegation und die Bestellung mehrerer Vertreter sind möglich, vgl. im einzelnen §§ 104 Abs. 1 GO BW; Art. 93 Abs. 1 GO Bay; § 104 Abs. 1 GO Bbg; § 125 Abs. 1 GO Hess; § 71 Abs. 1 GO MV; § 88 Abs. 1 GO RP; § 114 Abs. 1 KSVG Saarl; § 119 Abs. 1 GO Sachs. Zur Frage einer subsidiären Geltung der allgemeinen kommunalrechtlichen Vertretungsregeln in Sonderkonstellationen vgl. *Püttner*, DVBl. 1986, 748 (750).

[79] Vgl. die Einzelanalyse typischer Beschlussgegenstände bei *Engellandt*, Die Einflußnahme der Kommunen auf ihre Kapitalgesellschaften über das Anteilseignerorgan, Diss. 1995, S. 117 - 137.

[80] Vgl. § 104 Abs. 1 S. 3 GO BW; Art. 93 Abs. 2 S. 3 GO Bay; § 104 Abs. 1 S. 3 GO Bbg; § 125 Abs. 1 S. 4 GO Hess; § 71 Abs. 1 S. 5 GO MV; § 111 Abs. 1 S. 2 GO Nds; § 113 Abs. 1 S. 2 GO NW; § 88 Abs. 1 S. 6 GO RP; § 114 Abs. 1 S. 3 KSVG Saarl; § 119 Abs. 1 S. 5 GO Sachs.

[81] *Hüffer* (Fn. 15), § 394 Rn. 3; *Nesselmüller* (Fn. 53), S. 54; *Gundlach/Frenzel/Schmidt*, LKV 2001, 246 (249, in Fn. 29). Vgl. ausdrücklich §§ 128 Abs. 2 S. 3, 135 Abs. 1 S. 2, Abs. 5 AktG für die Vertretung von Aktionären durch Kreditinstitute.

vorteil der öffentlichen Hand zum Schaden der nur an Gewinnerzielung interessierten Mitgesellschafter angesehen werden muss,[82] und Anfechtungs- (§ 243 Abs. 2 AktG) und Schadensersatzansprüche auslösen kann.[83] Auch hier offenbart sich wieder, wie wichtig die Festlegung des Gesellschaftszwecks ist, denn wenn die Weisungen durch einen in der Satzung vorgegebenen öffentlichen Zweck gedeckt sind, kann das Abstimmungsverhalten des kommunalen Gesellschafters nicht treuwidrig sein.

28 **b) Zulässigkeit proportional gespaltener Stimmabgabe?** Mit der Zulässigkeit eines weisungsgebundenen Abstimmungsverhaltens in der Haupt- oder Gesellschafterversammlung ist aber noch keine Aussage über die näheren Modalitäten der Stimmrechtsausübung verbunden. So wird diskutiert, ob die **Gemeindevertreter in der Haupt- oder Gesellschafterversammlung** die Entscheidungsverhältnisse im Gemeinderat unmittelbar auf die Gesellschaft abzubilden haben und **somit entsprechend dem Parteienproporz unterschiedlich abstimmen** dürfen,[84] oder ob ihre Stimmabgabe nur einheitlich im Sinne der Ratsmehrheit erfolgen darf, wodurch allein der Inhalt des von der Mehrheit getragenen Beschlusses umgesetzt würde.[85] Wenn die Gemeinde Alleingesellschafterin ist, erweist sich diese Fragestellung als ein weitgehend theoretisches Problem.[86] Aber bei einer gemischt-wirtschaftlichen Gesellschaft, also beim Zusammentreffen mit privaten Gesellschaftern, kann eine solche Stimmenspaltung durchaus bedeutsame Konsequenzen haben. Es ist denkbar, dass sich die Mehrheitsauffassung im Gemeinderat angesichts einer anders gelagerten Stimmkonstellation in der Haupt- oder Gesellschafterversammlung möglicherweise nicht mehr durchsetzen lässt.[87] Eine Instrumentierbarkeit des Unternehmens wäre bei einer Stimmenspaltung daher weitaus schwieriger zu erreichen. Soweit ersichtlich enthält im kommunalen Wirtschaftsrecht Deutschlands nur § 88 II 1 rhpf.GO eine klare Aussage dahingehend, dass

---

[82] *Schön*, ZGR 1996, 429 (448); *Hüffer* (Fn. 15), § 243 Rn. 33 ff.

[83] Vgl. BGHZ 103, 184 ff.; BGHZ 129, 136 (143 ff.) zum Verstoß gegen das in § 53 a AktG kodifizierte Prinzip der Gleichbehandlung der Aktionäre und die aktienrechtliche Treuepflicht i. S. d. § 243 Abs. 1 AktG.

[84] So RGZ 137, 305 (313); *Schmidt* (Fn. 68), § 47 Rn. 72.

[85] So BGHZ 104, 66 (74); *Zöllner* (Fn. 34), § 47 Rn. 20; *Hüffer* (Fn. 57), § 47 Rn. 61; *Püttner*, DVBl. 1986, 748 (750). Vgl. auch LG Hannover, NdsVBl. 1999, 221 (222): Rat als Gesellschafterversammlung „mit einer Stimme".

[86] Da für die Beschlussfassung in der Haupt- oder Gesellschafterversammlung grundsätzlich die Mehrheit der abgegebenen Stimmen maßgeblich ist (§ 133 Abs. 1 AktG, § 47 Abs. 1 GmbHG), bleibt eine gespaltene Abstimmung regelmäßig unschädlich. Bei der GmbH-Eigengesellschaft tritt hinzu, dass die Entscheidungen ohnehin ohne formelle Anberaumung einer Gesellschafterversammlung durch die Gemeindevertretung als „Quasi-Gesellschafterversammlung" des kommunalen Alleingesellschafters getroffen werden können, wenn man insoweit einer verbreiteten Auffassung folgt. Zum Meinungsstand siehe *Mann* (Fn. 1), S. 200.

[87] Dies gilt umso mehr, wenn ein privater Minderheitsgesellschafter eine faktisch dominante Stellung in der Gesellschaft besetzt, vgl. *Wahl*, in: Henneke (Hrsg.), Organisation kommunaler Aufgabenerfüllung, 1998, S. 15 (24, 34).

die Stimmen der Gemeinde in der Gesellschafterversammlung nur einheitlich ausgeübt werden dürfen. Die gesellschaftsrechtliche Antwort auf diese Frage fällt wiederum nach den Rechtsformen der GmbH und der AG differenziert aus.

aa) Gesellschaftsrechtliche Möglichkeiten. Mit Blick auf die GmbH wird die 29
Konzeption der GmbH als Rechtsform bedeutsam, die ein Bindeglied zwischen den stark auf die individuellen Gesellschafter zugeschnittenen Personengesellschaften und der für einen anonymen Gesellschafterkreis offenen AG bilden soll.[88] Die **GmbH** weist daher noch deutliche **personalistische Züge** auf,[89] die den Gesellschafter als Person, nicht aber den von ihm gehaltenen Geschäftsanteil zum Adressaten der aus der Mitgliedschaft folgenden Verwaltungsrechte macht.[90] Auch bei Innehabung mehrerer Geschäftsanteile an einer GmbH ist eine **in sich widersprüchliche Stimmabgabe** eines Gesellschafters, auch einer juristischen Person des öffentlichen Rechts, daher **nicht zulässig.**[91]

Besitzt die Kommune allerdings mehrere Aktien an einer AG, so gewinnt an 30
Bedeutung, dass der AG seit jeher ein stärker kapitalistisch ausgeprägtes Organisationsrecht als der GmbH zugrunde liegt, das die Mitgliedschaft vielmehr durch die Aktie als ein am Kapitalmarkt umlauffähiges Wertpapier verbrieft.[92] Insoweit gewährt jede **Aktie auch ein eigenes Stimmrecht** (§ 12 Abs. 1 S. 1 AktG). Im Falle des Zusammentreffens eines mehrfachen Aktienbesitzes in einer Hand ist eine uneinheitliche Stimmabgabe daher aktienrechtlich zulässig.[93]

bb) Verfassungsrechtliche Reduktion. Die verfassungsrechtlich geforderte **Ein-** 31
wirkungspflicht erfordert meines Erachtens jedoch eine **teleologische Reduktion** dieses Ergebnisses im gesellschaftsrechtlichen Sonderfall kommunaler Unternehmen. Um eine wirksame Steuerung der als Aktiengesellschaft verfassten Unternehmen zu gewährleisten, muss der Wille des öffentlichen Trägers klar zum Ausdruck kommen und durchsetzungsfähig sein. An einer proportionalen Abbildung der pluralistischen Willensbildung im Rat besteht darüber hinaus auch bereits nach allgemeinen organisationsrechtlichen Überlegungen kein legitimes Interesse, denn die Betätigung einer Körperschaft im Innenbereich einer anderen Körperschaft stellt für die agierende Körperschaft ein Wirken im Außenrechtskreis

---

[88] So die Begründung zum Gesetzentwurf eines GmbHG, RT-Drs. VIII/660, I. Session 1890/1892 (5. Anlagenband), S. 3728; *Schmidt* (Fn. 23), § 33 II 1.

[89] Vgl. *Hüffer* (Fn. 57), § 47 Rn. 61; *Ulmer* (Fn. 25), Einl. Rn. 7 zum gesetzlichen Leitbild und der hierzu kongruenten empirisch feststellbaren GmbH-Struktur.

[90] Vgl. § 47 Abs. 4 GmbHG: „Ein Gesellschafter ... hat kein Stimmrecht ...". Die Regelung in § 47 Abs. 2 GmbHG dient demgegenüber lediglich der Berechnung der Stimmkraft („gewährt", nicht „hat").

[91] RGZ 157, 52 (57); *Hüffer* (Fn. 57), § 47 Rn. 61; *Zöllner* (Fn. 34), § 47 Rn. 20; a. A. *Schmidt* (Fn. 68), § 47 Rn. 72.

[92] *Schmidt* (Fn. 17), § 28 I 1 c).

[93] *Hüffer* (Fn. 15), § 133 Rn. 21; *Schmidt* (Fn. 23), § 28 IV 4 b) cc); *Flume*, BGB AT I/2 - Die Juristische Person, 1983, S. 251; a. A. *Engellandt* (Fn. 79), S. 185 ff.; anders auch noch RGZ 118, 67 (69).

dar, so dass insoweit **lediglich das Ergebnis der internen Willensbildung, nicht jedoch die Abbildung des Willensbildungsprozesses selbst maßgeblich** ist. Aus öffentlich-rechtlicher Perspektive ist es den Gemeinden mithin zu untersagen, ihr Stimmrecht in der Hauptversammlung einer AG oder der Gesellschafterversammlung einer GmbH uneinheitlich auszuüben.[94]

2. Einwirkung auf die Mitglieder im Aufsichtsrat

32 Wenn eine Gemeinde Mitglieder in den Aufsichtsrat einer Kapitalgesellschaft entsendet hat, erscheint es naheliegend, dass sie ihrer Ingerenzpflicht durch **Einwirkung auf** diese **Aufsichtsräte** nachzukommen versucht. Ob die in vielen Gemeindeordnungen geforderten Weisungen an Aufsichtsratsmitglieder[95] allerdings zulässig sind, erscheint gesellschaftsrechtlich wiederum problematisch.

33 **a) Aktiengesellschaft.** Wenn auch dem Aufsichtsrat einer Aktiengesellschaft keine Geschäftsführungsmaßnahmen übertragen werden können (§ 111 Abs. 4 S. 1 AktG), so stellt er angesichts seiner allgemeinen Kontrolllaufgabe, der Befugnis zur Bestellung der Vorstandsmitglieder (§ 84 AktG) und der ihm mit Blick auf bestimmte Arten von Geschäften eröffneten Zustimmungskompetenz (§ 111 Abs. 4 S. 2 AktG) doch ein für Einwirkungen strategisch wichtiges Gesellschaftsorgan dar. Nach der Konzeption des Aktiengesetzes erweist sich die **Überwachungsfunktion des Aufsichtsrates** aber auch als prägend für die persönliche Stellung der Aufsichtsräte: Damit Aktionärsinteressen nicht auf die laufende Unternehmenskontrolle durchschlagen können, müssen die **Aufsichtsratsmitglieder ausschließlich den Interessen der Gesellschaft verpflichtet** sein. Auch wenn das Aktienrecht keine explizite Bestimmung dieses Inhalts trifft,[96] wird daher aus der Aufgabenstellung des Aufsichtsrates auf die Notwendigkeit einer unabhängigen, allein dem Unternehmensinteresse verpflichteten Amtsführung der Aufsichtsratsmitglieder geschlossen und in Rechtsprechung[97] und Literatur[98] postuliert, dass

---

[94] Im Ergebnis ebenso *Müller*, NWVBl. 1997, 172 (174); *Decker*, in: Held u. a. (Hrsg.), Kommunalverfassungsrecht NRW, Loseblatt, § 113 GO Anm. 8.

[95] Art. 93 Abs. 2 S. 3 GO Bay; § 104 Abs. 1 S. 4, Abs. 2 GO Bbg; § 125 Abs. 1 S. 2, Abs. 2 GO Hess; § 71 Abs. 1 S. 5, Abs. 2 GO MV; § 113 Abs. 1 S. 2 GO NW; § 87 Abs. 3 Nr. 3 GO RP; § 114 Abs. 1 S. 3 KSVG Saarl; § 119 Abs. 1 S. 5 GO LSA; abgeschwächt § 65 Abs. 6 BHO/LHO und § 104 Abs. 3 GO BW (Vertreter müssen „auch die besonderen Interessen der Gemeinde … berücksichtigen").

[96] § 108 Abs. 3 AktG, auf den bisweilen rekurriert wird - vgl. etwa *v. Danwitz*, AöR 120 (1995), 595 (625 f.) - regelt nur den Grundsatz höchstpersönlicher Stimmabgabe, der als solcher noch nicht per se eine vorherige inhaltliche Stimmbindung ausschließt.

[97] Vgl. nur BVerfGE 50, 290 (374); RGZ 165, 68 (79); BGHZ 36, 296 (306); 90, 381 (398); LAG Berlin, Die AG 1996, 140 (143).

[98] *Lutter/Grunewald*, WM 1984, 385 (396); *Schmidt* (Fn. 23), § 28 III 3 b); *Hüffer* (Fn. 15), § 101 Rn. 10; § 394 Rn. 3; *Noack*, StuGR 1995, 379 (381); *Schön*, ZGR 1996, 429 (449); *Müller*, NWVBl. 1997, 172 (174).

Aufsichtsratsmitglieder **aktienrechtlich keinem imperativen Mandat unterliegen**.

34 Dieser Grundsatz gilt auch für die von den Gebietskörperschaften entsandten Aufsichtsratsmitglieder, denn diese sind nicht etwa nur mit der Wahrnehmung einer in Wirklichkeit der Gebietskörperschaft zustehenden Mitgliedschaft im Aufsichtsrat beauftragt,[99] sondern haben vielmehr **ein eigenes Aufsichtsratsmandat** inne. Da das Gesellschaftsrecht insoweit auch kein auf die besonderen Bedürfnisse öffentlicher Unternehmen zugeschnittenes Sonderrecht zur Verfügung stellt (vgl. nur §§ 394 f. AktG zu Berichtspflichten[100]), gehen die vorgenannten, im kommunalen Wirtschaftsrecht normierten **Forderungen nach Weisungsbindung** der entsandten Aufsichtsratsmitglieder, sofern sie nicht ohnehin unter dem Vorbehalt anderweitiger gesetzlicher Regelung stehen,[101] **gesellschaftsrechtlich ins Leere**[102] (→ § 51 Rn. 40 f.).

35 Eine Berücksichtigung öffentlicher Interessen bei der Entscheidungsfindung im Aufsichtsrat wird sich daher rechtlich nicht durch Weisungen im Einzelfall erreichen lassen. Vielmehr zeigt sich auch an dieser Stelle erneut die Bedeutsamkeit einer statutarischen Verankerung öffentlicher Zwecke: Wenn die **Verfolgung öffentlicher Zwecke Eingang in die Formulierung des Gesellschaftszwecks** gefunden hat, erfordert das für den Aufsichtsrat allein maßgebliche Unternehmensinteresse auch ohne konkrete Einzelweisungen eine generell und für alle Aufsichtsratsmitglieder erhebliche Rücksichtnahme auf die öffentlichen Belange.[103] Agiert ein Aufsichtsratsmitglied demgegenüber ohne Rücksicht auf das Gesellschaftsinteresse aufgrund von Weisungen zum Schaden der Gesellschaft, so ermöglicht dies seine gerichtliche Abberufung aus wichtigem Grund (§ 103 Abs. 3 AktG).[104] Bei eventuellen zusätzlichen Schadensersatzansprüchen der Gesellschaft gem. §§ 93, 116 AktG kann es allerdings Freistellungsansprüche gegenüber seiner Gemeinde geltend machen.[105]

36 Selbstverständlich ist nicht zu verkennen, dass in der Praxis die entsandten Aufsichtsratsmitglieder faktisch auf die Interessen der Kommunen Rücksicht

---

[99] Eine Mitgliedschaft juristischer Personen im Aufsichtsrat ist gar nicht möglich, vgl. § 100 Abs. 1 S. 1 AktG.

[100] Dazu *Mann* (Fn. 1), S. 240 ff.

[101] Vgl. Art. 93 Abs. 2 S. 3 GO Bay; 104 Abs. 1 S. 3 GO Bbg; 125 Abs. 2, 1 S. 4 GO Hess; § 71 Abs. 2, 1 S. 5 GO MV; 113 Abs. 1 S. 2 GO NW; § 88 Abs. 1 S. 6, Abs. 3 GO RP; § 104 Abs. 2 GO SH; § 119 Abs. 2, 1 S. 5 GO LSA.

[102] Vgl. *Nesselmüller* (Fn. 53), S. 43 f.; *Hüffer* (Fn. 15), § 394 Rn. 30; *Spannowsky*, DVBl. 1992, 1072 (1074); *Gundlach/Frenzel/Schmidt*, LKV 2001, 246 (249).

[103] BGHZ 69, 334 (339); LAG Berlin, Die AG 1996, 140 (143); *Lutter/Grunewald*, WM 1984, 385 (395); *Leisner*, WiVerw 1983, 212 (217).

[104] Vgl. OLG Hamburg, DB 1990, 415.

[105] Vgl. § 104 Abs. 4 GO BW; Art. 93 Abs. 3 GO Bay; § 104 Abs. 3 GO Bbg; § 52 Abs. 3 Verf Brem; § 125 Abs. 3 GO Hess; § 71 Bas. 3 GO MV; § 111 Abs. 6 GO Nds; § 113 Abs. 6 GO NW; § 88 Abs. 6 GO RP; § 112 Abs. 6 KSVG Saarl; § 98 Abs. 3 GO Sachs; § 119 Abs. 3 GO LSA; § 74 Abs. 2 GO Thür.

nehmen werden.[106] Dies hat nicht zuletzt seine rechtliche Ursache in dem Drohpotential der gem. § 103 Abs. 2 S. 1 AktG jederzeit möglichen Abberufung entsandter Aufsichtsratsmitglieder durch den Entsendungsberechtigten (→ § 52 Rn. 16). Solche **de facto-Einflussnahmen** sind rechtlich letztlich jedoch nicht ausreichend, um auch im Konfliktfall eine Erfüllung der verfassungsrechtlich geforderten Ingerenzpflicht gewährleisten zu können.[107]

37 **b) Gesellschaft mit beschränkter Haftung.** Die rechtliche Zulässigkeit von Weisungen an die Mitglieder eines GmbH-Aufsichtsrates beurteilt sich in **Abhängigkeit von der Art des Aufsichtsrates**. Muss in einer GmbH ein obligatorischer Aufsichtsrat gebildet werden, so richtet sich der Status aller seiner Mitglieder zwingend nach dem Aktienrecht.[108] Auch hier gibt es also kein Recht zu konkreten Weisungen.[109]

38 Nicht so eindeutig ist die Rechtslage beim **fakultativen Aufsichtsrat**. Hier überlässt § 52 Abs. 1 GmbHG nicht nur die Einrichtung, sondern auch die nähere Ausgestaltung eines fakultativen Aufsichtsrates weitgehend dem Gesellschafterwillen: Die entsprechende Anwendung der Vorschriften des Aktienrechts erfolgt nur "soweit nicht im Gesellschaftsvertrag ein anderes bestimmt ist". Eine überwiegend öffentlich-rechtliche Rechtsmeinung folgert daraus überwiegend, dass es zulässig sei, im Gesellschaftsvertrag Weisungsbefugnisse des kommunalen Gesellschafters vorzusehen,[110] die wohl **herrschende Lehre** in der gesellschaftsrechtlichen Literatur will dennoch ein **Weisungsrecht** kommunaler Gesellschafter gegenüber den von ihnen entsandten Aufsichtsräten **verneinen**.[111] Man argumentiert, die genannte Öffnungsklausel reiche nicht so weit, dass auch Weisungsrechte in die Satzung aufgenommen werden könnten; insofern handele es sich bei der

---

[106] So vor allem *Koch*, Der rechtliche Status kommunaler Unternehmen in Privatrechtsform, Diss. 1994, S. 163, 165 („Vermutung“); *Noack*, StuGR 1995, 379 (381); *Schmidt*, ZGR 1996, 345 (359).

[107] Ebenso *Püttner* (Fn. 15), S. 236 Fn. 90; *Schmidt*, ZGR 1996, 345 (359); *Engel*, Grenzen und Formen der mittelbaren Kommunalverwaltung, 1981, S. 166; a. A. *Schulze-Fielitz* (Fn. 49), S. 223 (256).

[108] Vgl. § 77 Abs. 1 S. 2 BetrVG 1952, § 25 Abs. 1 S. 1 Nr. 2 MitbestG.

[109] *Spindler* (Fn. 70), § 52 Rn. 191; *Raiser* (Fn. 71), § 52 Rn. 142; *Nesselmüller* (Fn. 53), S. 49; *Schön*, ZGR 1996, 429 (452); *Ehlers*, DVBl. 1997, 137 (144); *Strobel*, DVBl. 2005, 77 (80); a. A. *Schink* (Fn. 29), S. 45 (79).

[110] OVG Münster, ZIP 2009, 1718 ff. (Rn. 36 ff.); VG Düsseldorf, NWVBl. 2007, 231; *Oebbecke* (Fn. 15), § 9 Rn. 40; *Ehlers*, Verwaltung in Privatrechtsform, 1984, S. 134; *v. Danwitz*, AöR 120 (1995), 595 (626); *Altmeppen*, NJW 2003, 2561 (2564 ff.); *Zieglmeier*, LKV 2005, 338 (339).

[111] *Lutter*, ZIP 2007, 1991 f. m. w. N.: „nahezu unbestritten“; *Raiser/Heermann*, in: Scholz, GmbHR, 10. Aufl. 2007, § 52 Rn. 145 f m. w. N.; *Brenner*, AöR 127 (2002), 222 (240 ff); *Möller*, Die rechtliche Stellung und Funktion des Aufsichtsrats in öffentlichen Unternehmen der Kommunen, 1999, S. 224 ff.; *Kessler*, GmbHR 2000, 71 (72 und 76 mit Zitaten aus der Rspr.); *Banspach/Nowak*, Der Konzern 2008, 195 (198); *Leisner*, GewArch 2009, 337 (339); *Schön*, ZGR 1996, 429 (449); kritisch auch *Spindler* (Fn. 70), § 52 Rn. 193.

Unabhängigkeit eines Aufsichtsrates um eine unentziehbare „Residualkompetenz“.[112] Für diese Sichtweise spricht, dass das Hauptargument der Gegenseite, allein durch einen weisungsabhängigen fakultativen Aufsichtsrat könne die Gemeinde ihrer verfassungsrechtlich determinierten Ingerenzpflicht nachkommen, nicht überzeugt, da ja - wie unmittelbar nachfolgend zu zeigen sein wird - umfassende Weisungsrechte der Gesellschafter gegenüber den Geschäftsführern möglich sind, um die verfassungsrechtlich geforderten hinreichenden Einwirkungsmöglichkeiten zu gewährleisten.[113]

3. Einwirkung auf den Vorstand einer AG oder die Geschäftsführer einer GmbH

Damit richtet sich der Blick auf die Möglichkeiten der kommunalen Gesellschafter 39
zur Einwirkung auf die Leitungsorgane der Kapitalgesellschaften.

a) Einwirkung auf den Vorstand einer Aktiengesellschaft. Der Vorstand einer 40
AG leitet die Gesellschaft "unter eigener Verantwortung" (§ 76 Abs. 1 AktG). Bereits seine zwingende, Entsendungsrechte ausschließende Bestellung durch den Aufsichtsrat (§ 84 Abs. 1 AktG) erschwert, dass Vorstandsmitglieder in einer besonderen rechtlichen Nähebeziehung zu einzelnen Gesellschaftern stehen, aus welcher sich Weisungsabhängigkeiten ergeben könnten. Ebenso können dem Aufsichtsrat als Überwachungsorgan der AG keine Maßnahmen der Geschäftsführung übertragen werden (**§ 111 Abs. 4 S. 1 AktG**), was zugleich diesbezügliche Weisungsbefugnisse des Aufsichtsrates gegenüber dem Vorstand ausschließt. Schließlich kann auch die Hauptversammlung dem Vorstand keine Weisungen erteilen, sofern er nicht ausdrücklich um ihre Entscheidung in Fragen der Geschäftsführung ersucht (**§ 119 Abs. 2 AktG**).[114] Eine diesbezügliche Verpflichtung des Vorstands zur Herbeiführung einer Entscheidung der Hauptversammlung gem. § 119 Abs. 2 AktG soll nach der Rechtsprechung des BGH jedoch "ausnahmsweise" anzunehmen sein, wenn es um "grundlegende Entscheidungen" geht, welche "so tief in die Mitgliedsrechte der Aktionäre und deren im Anteilseigentum verkörpertes Vermögensinteresse eingreifen, dass der Vorstand vernünftigerweise nicht annehmen kann, er dürfe sie in ausschließlich eigener Verantwortung treffen, ohne die Hauptversammlung zu beteiligen."[115] Angesichts dieser besonders restriktiv for-

---

[112] Vgl. etwa *Schneider* (Fn. 70), § 52 Rn. 327 m. w. N.; *Keßler*, DNV 2000, 14 (17).

[113] Zum Sonderproblem einer Unzulässigkeit von Stimmbindungsverträgen mit Aufsichtsratsmitgliedern siehe *Mann* (Fn. 1), S. 208 f. m. w. N.

[114] Die nach § 119 Abs. 1 AktG eröffnete Beschlusskompetenz der Hauptversammlung in den „in der Satzung ausdrücklich bestimmten Fällen“ ermöglicht keine Kompetenzverschiebung zu Lasten des Vorstands. Angesichts der klaren Vorgabe in § 23 Abs. 5 AktG kann die Satzung erweiterte Zuständigkeiten der Hauptversammlung nur insoweit vorsehen, als dadurch nicht die gesetzlich zugewiesenen Kompetenzen anderer Gesellschaftsorgane beschnitten werden. Vgl. *Schmidt* (Fn. 23), § 28 IV 1 c); *Hüffer* (Fn. 15), § 119 Rn. 1.

[115] BGHZ 83, 122 (131); zu dieser Rechtsprechung *Schmidt* (Fn. 23), § 28 V 2 b).

mulierten Maßgaben des BGH wird man eine solche Teilhabe der Hauptversammlung an unternehmensleitenden Entscheidungen auf seltene Ausnahmefälle beschränken müssen, so dass darin kein verlässliches Mittel der öffentlichen Hand zur Instrumentierung der AG gesehen werden kann.

41 Neben den Möglichkeiten informeller Beeinflussung, z.B. durch die Bestellung als "gemeindenah" geltender Vorstandsmitglieder in kommunalen Aktiengesellschaften,[116] verbleibt dem öffentlichen Gesellschafter als *rechtliche* Handhabe im Regelfall damit **lediglich eine mittelbare Einwirkung** auf die Tätigkeit des Vorstands einer AG. Hierzu müsste durch die Satzung ein Katalog von Geschäften aufgestellt werden, welche der Vorstand nur mit **Zustimmung des Aufsichtsrats** vornehmen darf (vgl. § 111 Abs. 4 S. 2 AktG). Abgesehen davon, dass das Gesetz verlangt, dass es dabei um "bestimmte Arten von Geschäften" gehen muss, was eine gewisse Abstraktionshöhe erfordert,[117] wird damit aber auch nur erreicht, dass der Aufsichtsrat durch Verweigerung seiner Zustimmung einzelne Geschäfte verhindern kann - es entsteht also eine Vetobefugnis. Ein aktiver kommunaler Einfluss auf die Geschäftsführungsangelegenheiten bleibt allein auf **informelle Einflussnahme** beschränkt. Lediglich wenn der Vorstand nach einer Verweigerung der Zustimmung eine Entscheidung der Hauptversammlung verlangt (§ 111 Abs. 4 S. 3 AktG), kann der kommunale Gesellschafter über seine Vertreter in der Hauptversammlung Einfluss auf die betreffende Angelegenheit nehmen, wobei insoweit allerdings einschränkend auf die zwingend erforderliche 3/4-Mehrheit in der Hauptversammlung (§ 111 Abs. 4 S. 4, 5 AktG) hinzuweisen ist.

42 **b) Einwirkung auf die Geschäftsführung einer GmbH.** Im Recht der GmbH wirkt es sich für die Einwirkungsmöglichkeiten der Kommune auf das Leitungsorgan positiv aus, dass das Gesetz der Geschäftsführung keinen eigenen Verantwortungsbereich garantiert. Ihre Geschäftsführungsbefugnis kann bereits durch den Gesellschaftsvertrag, aber auch durch Beschlüsse der Gesellschafter beschränkt werden (§§ 45 Abs. 1, 37 Abs. 1 GmbHG). Damit werden sogar **einzelfallbezogene Weisungen** der Gesellschafterversammlung an die Geschäftsführung möglich.[118]

43 In einer zweigliedrigen GmbH, deren Alleingesellschafter die öffentliche Hand ist, ist eine Instrumentierung der Eigengesellschaft daher sehr gut möglich.[119] So-

---

[116] Dazu *Knemeyer*, StTg 1992, 317 (320); *Schmidt*, ZGR 1996, 345 (358 f.). Derartige Ansätze zu informeller Einflusssicherung können angesichts ihrer ungewissen Erfolgszuverlässigkeit allerdings nicht ausreichen, um den verfassungsrechtlichen Ingerenzpflichten zu genügen.

[117] *Noack*, StuGR 1995, 379 (380); *Hüffer* (Fn. 15), § 111 Rn. 18.

[118] BGHZ 31, 258 (278); BGHZ 89, 48 (57); *Schmidt* (Fn. 23), § 36 I 2; *Hüffer* (Fn. 57), § 46 Rn. 118; *Kleindiek*, in: Lutter/Hommelhoff, GmbHG, 17. Aufl. 2009, § 37 Rn. 17; *Schneider* (Fn. 70), § 37 Rn. 30. Vgl. auch Bay. Staatsregierung, bay. LT-Drs. 13/10828, S. 23.

[119] *Ehlers*, DVBl. 1997, 137 (143); zum engeren Problemkreis, inwieweit der Geschäftsführung ein unentziehbarer Kernbereich autonomer Geschäftsführungsbefugnisse verbleiben muss vgl. *Mann* (Fn. 1), S. 211 m. w. N.

fern die GmbH allerdings **keine Eigengesellschaft** ist, **hängen die Einwirkungsmöglichkeiten der öffentlichen Hand von der Konstellation in der Gesellschafterversammlung** ab. Hier kommt es zunächst darauf an, dass der öffentliche Gesellschafter von den oben geschilderten Möglichkeiten einer Sicherung seiner Stimmrechtsmacht in der Gesellschafterversammlung hinreichenden Gebrauch gemacht hat. Darüber hinaus ist aber auch wieder von vorentscheidender Bedeutung, ob es gelungen ist, die Verfolgung öffentlicher Interessen bei der statutarischen Festlegung von Gesellschaftszweck und Unternehmensgegenstand zur Geltung zu bringen, da auch Weisungsbeschlüsse der Gesellschafterversammlung den allgemeinen inhaltlichen Schranken der gesellschaftlichen Willensbildung wie etwa den Grenzen der Treuepflicht[120] oder dem Prinzip der Gleichbehandlung und dem Verbot der Verschaffung von Sondervorteilen[121] unterliegen.

Die Existenz eines fakultativen oder obligatorischen Aufsichtsrates führt nicht **44**
zu wesentlichen Änderungen bei den Einwirkungsbefugnissen der Gesellschafterversammlung auf die Geschäftsführung.[122] Insbesondere bleibt ihr Weisungsrecht in Angelegenheiten der Geschäftsführung (§§ 37, 45 GmbHG) unberührt. Es ist einem öffentlichen Gesellschafter also auch in einer GmbH mit Aufsichtsrat grundsätzlich möglich, über Weisungen an seine Vertreter in der Gesellschafterversammlung mittelbar den Inhalt von Weisungen der Gesellschafterversammlung an die Geschäftsführer zu gestalten.[123]

Darüber hinaus lässt das GmbH-Recht auch noch zu, dass dem öffentlichen Ge- **45**
sellschafter eine direkte Einwirkungsmöglichkeit auf Angelegenheiten der Geschäftsführung eingeräumt wird: So wie es im Rahmen des § 37 Abs. 1 GmbHG möglich ist, die Durchführung bestimmter Geschäfte gesellschaftsvertraglich an die **vorherige Zustimmung der Gesellschafter** zu binden,[124] wird es gleichfalls für zulässig erachtet, nur einem Gesellschafter ein Weisungsrecht als gesellschaftsvertragliches Sonderrecht entsprechend § 35 BGB einzuräumen.[125] Von derartigen Zustimmungs- und Weisungsrechten sollte freilich im Interesse der Selbständigkeit der Geschäftsführung nur restriktiv Gebrauch gemacht werden; es bieten sich aber vor allem solche Angelegenheiten als potentielle Gegenstände von

---

[120] BGHZ 65, 15 (17 ff.); *Emmerich*, in Eichhorn (Hrsg.), Auftrag und Führung öffentlicher Unternehmen, 1977, S. 88 (98 f.); *Erichsen*, Die Vertretung der Kommunen in den Mitgliederorganen von juristischen Personen des Privatrechts, 1990, S. 62; *Raiser* (Fn. 61), Anh. § 47 Rn. 121 f.

[121] § 243 Abs. 2 AktG gilt analog, BGHZ 76, 352 (357); *Raiser* (Fn. 71), Anh. § 47 Rn. 115; *Schön*, ZGR 1996, 429 (452).

[122] Zu den mitbestimmungsrechtlichen Implikationen vgl. *Mann* (Fn. 1), S. 212 ff.

[123] BVerfGE 50, 290 (346); BGHZ 89, 48 (57); 135, 48 (55 f.); *Schneider* (Fn. 70), § 37 Rn. 42; a. A. (bei der mitbestimmten GmbH gelte das Organisationsrecht der AG) *Naendrup*, AuR 1977, 225 (231 f.) und *Reich*, BlStR 1976, 176 (181).

[124] Näher dazu *Koppensteiner*, in: Rowedder/Schmidt-Leithoff (Hrsg.), GmbHG, 4. Aufl. 2002, § 37 Rn. 19 ff.

[125] *Winter/Seibt*, in: Hachenburg, GmbHG, 8. Aufl. 1997, § 14 Rn. 21; *Ulmer* (Fn. 25), § 5 Rn. 177; *Schneider* (Fn. 70), § 37 Rn. 32; *Engellandt*, DÖV 1996, 71 (73).

Zustimmungsvorbehalten an, die, wie die Unterbeteiligung an anderen Unternehmen oder die Tarifgestaltung, von essentieller Bedeutung für die Verfolgung öffentlicher Zwecke und die Aufrechterhaltung der Ingerenzmöglichkeiten sind.

III. Einwirkung mit Mitteln des Konzernrechts

46 Die vorangehende Betrachtung hat gezeigt, dass sich das Organisationsrecht der Aktiengesellschaft als weitgehend impermeabel für unmittelbare Einwirkungsmöglichkeiten der öffentlichen Hand auf das Geschäftsgebaren ihrer als Aktiengesellschaften verfassten öffentlichen Unternehmen erweist. Insbesondere stehen der öffentlichen Hand als Aktionärin nach der inneren Verfassung der Aktiengesellschaft keine rechtlich abgesicherten Weisungsmöglichkeiten gegenüber dem Vorstand zur Verfügung. Dieser Befund und der Hinweis einiger Gemeindeordnungen, dass eine angemessene Einflusssicherung auch "in anderer Weise" als durch Gesellschaftsvertrag oder Satzung erfolgen kann,[126] lenken somit den Blick auf die Einwirkungsalternative, die das **Konzernrecht** bereitstellt.

1. Unternehmenseigenschaft der öffentlichen Hand

47 Dem für die Anwendbarkeit des Konzernrechts maßgeblichen Begriff des Unternehmens unterfällt nach der Rechtsprechung des BGH,[127] die im Schrifttum überwiegend auf Zustimmung gestoßen ist,[128] jeder Gesellschafter, unabhängig von seiner Rechtsform, bei dem zusätzlich zu seiner Beteiligung an der Gesellschaft "eine wirtschaftliche Interessenbindung außerhalb der Gesellschaft" hinzukommt, "die stark genug ist, um die ernste Besorgnis zu begründen, der Aktionär könnte um ihretwillen seinen Einfluss zum Nachteil der Gesellschaft gelten machen." Angesichts der verfassungsrechtlich gebotenen Bindung des unternehmerischen Handelns des Staates an die Verfolgung öffentlicher Interessen hat der BGH in seiner **VEBA/Gelsenberg-Entscheidung**[129] auf der Basis der vorstehenden Definition erstmals auch dem Staat eine Unternehmereigenschaft im Sinne des Kon-

[126] Vgl. § 69 Abs. 1 Nr. 3 KV MV; § 109 Abs. 1 Nr. 6 GO Nds; § 108 Abs. 1 Nr. 6 GO NW; § 87 Abs. 1 S. 1 Nr. 3 GO RP; § 117 Abs. 1 Nr. 3 GO LSA.

[127] St. Rspr. seit BGHZ 69, 334 (337), vgl. BGHZ 74, 359 (365); 80, 69 (72); 95, 330 (337); 115, 187 (190); 122, 123 (126); 135, 107 (113 f.); BGH, BB 2001, 1597; ebenso OLG Düsseldorf, Die AG 1995, 85 (86).

[128] Vgl. nur *Emmerich*, in: ders./Sonnenschein/Habersack, Konzernrecht, 9. Aufl. 2008, § 2 II 1; *Hüffer* (Fn. 15), § 18 Rn. 6 ff; *Koppensteiner*, in: Zöllner (Hrsg.), KK-AktG, 3. Aufl. 2004, § 15 Rn. 37; *Siegels*, in: Hoppe/Uechtritz (Hrsg.), Handbuch kommunale Unternehmen, 2. Aufl. 2007, § 13 Rn 26; *Raiser/Veil*, Recht der Kapitalgesellschaften, 5. Aufl. 2010, § 51 Rn. 4 ff.; *Schmidt* (Fn. 23), § 31 II 1 a); *Krieger*, in: Goette/Habersack (Hrsg.), MünchHdb-AktG, § 68 Rn. 5 ff., jeweils m. w. N.

[129] BGHZ 69, 334 ff.

zernrechts zuerkannt. Seitdem findet das Konzernrecht auch auf Konzernstrukturen öffentlicher Unternehmen Anwendung.[130]

Der innere Grund, der für die früher umstrittene[131] Erstreckung des Konzernrechts auf die öffentliche Hand spricht, ist die den "Normalfällen" des Konzernrechts parallel gelagerte Interessenlage. Das Sonderrecht der Konzerne soll den im allgemeinen Gesellschaftsrecht nicht hinreichend berücksichtigten Gefahren begegnen, die daraus erwachsen, dass ein Gesellschafter, der sich auch außerhalb der Gesellschaft unternehmerisch betätigt, aufgrund seines beherrschenden Einflusses in der Lage ist, eine Gesellschaft zum Vorteil eines anderen Unternehmens, auf das er ebenfalls maßgeblichen Einfluss besitzt, auszubeuten und damit Minderheitsaktionären und Gläubigern des Unternehmens Schaden zuzufügen (sog. **Konzernkonflikt**).[132] Die Gefahr eines solchen Konfliktes besteht aber ebenso, wenn ein öffentlicher Träger Unternehmen beherrscht; mag dessen nachteiliges Handeln auch nicht durch das Streben nach Gewinnmaximierung, sondern durch das Interesse an einer bestmöglichen Erfüllung öffentlicher Aufgaben motiviert sein, so ist es für die vom Konzernrecht geschützten Minderheitsaktionäre und Gesellschaftsgläubiger doch nicht weniger gefährlich. Vor diesem Hintergrund ist es nur konsequent, wenn sich der BGH auch der in der Literatur[133] und der Rechtsprechung der Untergerichte[134] zu Recht vertretenen Auffassung angeschlossen hat, nach **48**

---

[130] Vgl. z. B. BGHZ 105, 168 (174 ff.); 135, 107 (113); OLG Hamburg, Die AG 1980, 163 (164); WM 1987, 1163 (1166 f.); OLG Hamburg, ZIP 1990, 311 (313); OLG Braunschweig, Die AG 1996, 271 (272 f.); AG Erfurt, Die AG 1992, 126 (127). Heute auch h. M. im Schrifttum, vgl. statt vieler *Siegels* (Fn. 132), § 13 Rn 13; *Möller* (Fn. 111), S. 250; *Koppensteiner* (Fn. 132), § 15 Rn. 70 ff., 84; *Hüffer* (Fn. 15), § 15 Rn. 13; *Emmerich* (Fn. 132), § 2 III 2; *Grunewald*, JA 1992, 11 (12); *Schnaudigel*, Der Betrieb nichtwirtschaftlicher Unternehmen in Privatrechtsform, Diss. 1995, S. 187; *Schmidt*, ZGR 1996, 345 (360); *Raiser*, ZGR 1996, 458 (462 ff.); *Ehlers*, DVBl. 1997, 137 (139); *Harbarth* (Fn. 15), S. 282 ff. Aus diesem Grund war es - worauf *Schuppert*, ZGR 1992, 454 (469 ff.) aufmerksam gemacht hat - erforderlich, die Unanwendbarkeit der Vorschriften über herrschende Unternehmen für die Treuhandanstalt ausdrücklich gesetzlich anzuordnen (§ 28 a EGAktG). Zur Wirkungslosigkeit dieser Gesetzgebung vgl. *Emmerich/Sonnenschein/Habersack*, Konzernrecht, 5 Aufl. 1993, § 2 IV 4 c.

[131] Ablehnend etwa noch *Rüfner*, Formen öffentlicher Verwaltung im Bereich der Wirtschaft, 1967, S. 261; *Klein*, Die Teilnahme des Staates am wirtschaftlichen Wettbewerb, 1968, S. 92. Weitere Nachweise zum alten Streitstand bei *Emmerich*, Das Wirtschaftsrecht der öffentlichen Unternehmen, 1969, S. 215 ff.

[132] BGHZ 69, 334 (336 f.); *Raiser*, ZGR 1996, 458 (463 f.); *Möller* (Fn. 111), S. 250; *Koppensteiner* (Fn. 132), § 15 Rn. 10; *Fischer*, Die AG 1982, 85 (91); *Grunewald*, JA 1992, 11; *Noack*, StuGR 1995, 379 (381 f.).

[133] *Möller* (Fn. 111), S. 254; *Ulmer* (Fn. 25), Anh. § 77 Rn. 22; *Koppensteiner* (Fn. 132), § 15 Rn. 6, 73; *Noack*, StuGR 1995, 379 (382); *Raiser*, ZGR 1996, 458 (464 f.); *Habersack*, ZGR 1996, 544 (556); *Ehlers*, DVBl. 1997, 137 (139 f.); *Harbarth* (Fn. 15), S. 285 f.

[134] LG Essen, Die AG 1976, 136 (137 f.) - Vorinstanz zu BGHZ 69, 334 ff.; LG Köln, Die AG 1976, 244 (246 f.); OLG Hamburg, WM 1987, 1163 (1167); tendenziell jüngst auch LG Hannover, NWVBl. 1999, 221 (222).

welcher Gebietskörperschaften aus teleologischen Gründen schon dann als Unternehmen im Sinne des Konzernrechts anzusehen sind, **wenn sie lediglich *ein* in privater Rechtsform organisiertes Unternehmen beherrschen** und damit im Sinne öffentlicher Zweckverfolgung instrumentieren können.[135]

49 Freilich führt nicht jede Beteiligung von Gebietskörperschaften an Gesellschaften damit sogleich zur Anwendung des Konzernrechts. Es muss vielmehr ein **Abhängigkeitsverhältnis** bestehen (vgl. § 17 Abs. 1 AktG), was grundsätzlich anzunehmen ist, wenn die Gebietskörperschaft aufgrund ihrer starken Stellung in der Hauptversammlung einen maßgebenden Einfluss auf die Personalpolitik und damit letztlich auch auf die Geschäftspolitik der betreffenden Gesellschaft auszuüben vermag.[136] Dies wird bei einem Mehrheitsbesitz vermutet (§ 17 Abs. 2 AktG),[137] kann aber auch im Falle einer Beteiligung unter 50 % anzunehmen sein, etwa wenn diese aufgrund der typischerweise niedrigen Hauptversammlungspräsenz regelmäßig eine Hauptversammlungsmehrheit begründet, wenn der restliche Anteilsbesitz stark zersplittert ist oder wenn noch weitere Einflussmöglichkeiten, etwa über den Aufsichtsrat, hinzukommen.[138]

50 Als Konsequenz aus einer Einstufung als herrschendes Unternehmen im konzernrechtlichen Sinn können Gebietskörperschaften, wie nachfolgend zu zeigen sein wird, ihrer Einwirkungspflicht durch den Abschluss von Beherrschungsverträgen nachkommen oder infolge des Eingreifens der Konzernvermutung der §§ 17 Abs. 2, 18 Abs. 1 S. 3 AktG nach den Regeln des faktischen Konzerns (§§ 311 - 318 AktG) durch nachteilige Weisungen die Verwaltung ihrer Gesellschaften steuern.

2. Einwirkung mit Mitteln des Vertragskonzernrechts

51 Als Unterfall eines Unternehmensvertrags ermöglicht es der **Beherrschungsvertrag** einer Aktiengesellschaft, die Leitung ihrer Gesellschaft einem anderen Unternehmen - also auch einer Gebietskörperschaft - zu unterstellen (vgl. die Legaldefinition in § 291 AktG).[139] Damit wird der Vorstand der beherrschten Aktienge-

---

[135] BGHZ 135, 107 (113 f.) m. abl. Anm. v. *Gratzel*, BB 1998, 175 ff.; *Mann* (Fn. 1), S. 216; *Möller*, (Fn. 111), S. 250.

[136] Wegen aller Einzelheiten vgl. *Emmerich* (Fn. 132), § 3 II.

[137] Dazu im Kontext der Zurechnungsregel des § 16 Abs. 4 AktG BGH, BB 2001, 1597 ff.

[138] Vgl. BGHZ 69, 334 (347); 135, 107 (114); BGH, BB 2001, 1597 (1598); OLG Düsseldorf, Die AG 1994, 36 (37); OLG München, NJW-RR 1995, 1066; OLG Braunschweig, Die AG 1996, 271 (273); LG Berlin, Die AG 1996, 230 (231 f.). Beispielsweise wird es in BGHZ 135, 107 (115) als ausreichend angesehen, dass das zur Entsendung von zwei Aufsichtsratsmitgliedern berechtigte Land Niedersachsen unmittelbar und mittelbar mit 20 % an der VW-AG beteiligt gewesen ist und infolge einer Hauptversammlungspräsenz von unter 40 % in fünf aufeinanderfolgenden Jahren über die Mehrheit der Stimmrechte der in der Hauptversammlung vertretenen Aktionäre verfügte. Eine 15 %ige Beteiligung soll allerdings nicht ausreichen, vgl. BGH, BB 2001, 1597 (1598) m. Anm. *Demuth*, BB 2001, 1758 f.; *Siegels* (Fn. 132), § 13 Rn 53.

[139] Detailliert zu der Frage, wann ein Beherrschungsvertrag vorliegt LG München I, ZIP 2008, 555 (559 ff).

sellschaft weisungsabhängig (§ 308 Abs. 1 S. 1 AktG), so dass die Gebietskörperschaft auf diese Weise eine ihr nach der Organverfassung der AG ansonsten verwehrte Möglichkeit zur Einwirkung auf den Vorstand der AG erlangt. Der Beherrschungsvertrag ist schriftlich zu schließen (§ 293 Abs. 3 AktG) und bedarf zu seiner Wirksamkeit einer Zustimmung der Hauptversammlung mit einer Mehrheit von mindestens drei Vierteln des bei der Beschlussfassung vertretenen Grundkapitals (§ 293 Abs. 1 AktG).[140] Beherrschungsverträge sind daher nur bei Eigengesellschaften oder solchen gemischt-wirtschaftlichen Unternehmen möglich, bei denen die öffentliche Hand über eine deutliche Kapitalmehrheit verfügt.

a) Umfang und Grenzen des Weisungsrechts. Da die auf einen Beherrschungs- 52
vertrag gestützte Weisungsgebundenheit des Vorstands selbst dann besteht, wenn die Weisung für die Gesellschaft zwar nachteilig ist, aber den Belangen des herrschenden Unternehmens oder der mit ihm und der Gesellschaft konzernverbundenen Unternehmen dient (§ 308 Abs. 1 S. 2 AktG), eröffnet der Vertragskonzern der öffentlichen Hand ein breites Handlungsspektrum, um das Unternehmen durch Weisungen im Einzelfall für die Verfolgung öffentlicher Zwecke zu instrumentalisieren.[141] **Beschränkungen des Weisungsrechts** können sich aus dem Beherrschungsvertrag selbst ergeben,[142] bestehen daneben aber vor allem durch die Vorgaben in der Satzung der abhängigen Gesellschaft.[143] So darf die abhängige Gesellschaft z.B. nicht angewiesen werden, Tätigkeiten außerhalb des bisherigen Unternehmensgegenstandes aufzunehmen oder sich aus bisherigen Tätigkeitsbereichen zurückzuziehen, ohne dass dies durch eine vorhergehende Satzungsänderung flankiert wird.[144] Dazu bedarf es jedoch einer Mitwirkung der Gesellschafter der abhängigen Gesellschaft, denn der Beherrschungsvertrag begründet keine Weisungsabhängigkeit von Aufsichtsrat und Hauptversammlung,[145] weshalb auch die Zuständigkeit der Hauptversammlung für solche Satzungsänderungen (§ 179 AktG) durch den Beherrschungsvertrag unangetastet bleibt.[146] Auch hier zeigt sich

[140] Zur angemessenen Entschädigung (Berücksichtigung des Börsenkurses) der außenstehenden Aktionäre (§§ 304, 305 AktG) vgl. BVerfG, EuGRZ 1999, 481 ff.

[141] In der aktienrechtlichen Literatur ist es umstritten, ob sogar bloße Zustimmungsvorbehalte der öffentlichen Hand als Weisungen im Rahmen von Beherrschungsverträgen qualifiziert werden können, vgl. einerseits (befürwortend) *Emmerich* (Fn. 29), § 308 AktG Rn. 25 m. w. N., andererseits (ablehnend) *Hüffer* (Fn. 15), § 308 Rn. 10 m. w. N.

[142] Vgl. § 308 Abs. 1 S. 2 AktG: „Bestimmt der Vertrag nichts anderes...“.

[143] Aus den §§ 134 und 138 BGB folgt zudem die Unzulässigkeit gesetz- und sittenwidriger Weisungen des herrschenden Unternehmens.

[144] *Klein*, Die Betätigung der öffentlichen Hand als Aktionärin, Diss. 1992, S. 132 f.; *Schnaudigel* (Fn. 134), S. 189 f.

[145] Eine Durchbrechung der auch im Konzern unangetasteten Stellung des Aufsichtsrats ist allerdings in der eine Zustimmungsversagung des Aufsichtsrats derogierenden wiederholenden Weisung des herrschenden Unternehmens gem. § 308 Abs. 3 S. 2 AktG zu sehen, vgl. dazu *Emmerich* (Fn. 132), § 23 V 3 m. w. N.

[146] OLG Düsseldorf, Die AG 1990, 490 (492); *Emmerich* (Fn. 132), § 23 V 4 a); *Grunewald*, JA 1992, 11 (14).

also erneut die Notwendigkeit einer präzisen Festlegung öffentlicher Zielvorgaben in den Satzungen der öffentlichen und gemischt-wirtschaftlichen Unternehmen.[147]

53 Angesichts der Praxis, die §§ 291 bis 310 AktG auf Beherrschungsverträge mit einer **GmbH entsprechend** anzuwenden,[148] sind die vorbezeichneten Einwirkungsmechanismen grundsätzlich auch in einem GmbH-Vertragskonzern eröffnet. Wenn freilich in Anbetracht der nach GmbHG zulässigen Gesellschafterweisungen an die Geschäftsführung[149] der Abschluss eines Beherrschungsvertrages weniger notwendig erscheint als in der AG, sprechen doch zwei Gründe für die Wahl einer solchen Konstruktion: Zum einen ermöglicht die Konzernlösung am öffentlichen Interesse (als Konzerninteresse) ausgerichtete Weisungen, ohne dass das öffentliche Interesse zugleich auch (als Gesellschaftsinteresse) in der Satzung des abhängigen Unternehmens verankert sein muss, zum anderen bedarf es, was sich insbesondere bei gemischt-wirtschaftlichen Unternehmen als vorteilhaft erweist, zur Weisungserteilung an die Geschäftsführung nicht des Umwegs über ein Tätigwerden der Gesellschafterversammlung, so dass dissentierenden Gesellschaftern auch kein Anfechtungsrecht nach §§ 243 ff. AktG zusteht.[150]

54 **b) Die Pflicht zum Verlustausgleich**. Auch wenn bisweilen in der Literatur ein anderer Eindruck erweckt wird,[151] finden sich in der Rechtspraxis kaum Beherrschungsverträge, bei denen eine Gebietskörperschaft selbst Vertragspartner ist.[152] Die Ursache hierfür ist nicht zuletzt darin zu sehen, dass mit dem Abschluss eines Beherrschungsvertrages als zwingende Folge nicht nur Ausgleichs- und Abfindungsverpflichtungen (§§ 304 f. AktG) entstehen,[153] sondern zugleich die **Pflicht zum Verlustausgleich** (§ 302 Abs. 1 AktG) verbunden ist.[154] Als Korrelat für die weitgehenden Eingriffsrechte, die ein Beherrschungsvertrag dem herrschenden

[147] Dazu *Mann* (Fn. 1), § 9 B I.

[148] BGHZ 95, 330 (334 f.); 105, 324; 116, 37 (41); 122, 123 (126 f.); BGH NJW 1992, 1452 f.; OblG München, WM 1988, 1229 (1232 f.); *Emmerich* (Fn. 132), § 32 I 2; *Noack*, StuGR 1996, 379 (382).

[149] Dazu *Mann* (Fn. 1), § 9 B II 2 c bb.

[150] *Lutter/Hommelhoff*, GmbHG, 17. Aufl. 2009, Anh. § 13 Rn. 34; *Grunewald*, JA 1992, 11 (16); *Noack*, StuGR 1995, 379 (382).

[151] Vgl. z. B. *Klein* (Fn. 148), S. 128 ff.; *Pfeifer*, Möglichkeiten und Grenzen der Steuerung kommunaler Aktiengesellschaften durch ihre Gebietskörperschaften, Diss. 1991, S. 129 ff.; *Schnaudigel* (Fn. 134), S. 188 ff.; *König*, DÖV 1999, 322 (326).

[152] *Fischer*, Die AG 1982, 85 (92); *Haupt*, Wirtschaftliche Betätigung der Kommunen im Gewande der privatrechtlichen Gesellschaft, Diss. 1988, S. 234; *Koch*, DVBl. 1994, 667 (671); *Raiser*, ZGR 1996, 458 (461); *Ehlers*, DVBl. 1997, 137 (140); *Gundlach/Frenzel/Schmidt*, LKV 2001, 246 (249, in Fn. 25).

[153] Dazu im Überblick *Grunewald*, JA 1992, 11 (15).

[154] *Noack*, StuGR 1995, 379 (382); *Schmidt*, ZGR 1996, 345 (360 f.); *Raiser*, ZGR 1996, 458 (472 ff.); *Ehlers*, DVBl. 1997, 137 (140). Aus diesem Grund für unbedenklich hält *Spannowsky*, ZGR 1996, 400 (423) Beherrschungsverträge mit Energieversorgungsunternehmen, da „bei diesen das Verlustübernahmerisiko kaum einmal eintreten dürfte“.

Unternehmen eröffnet,[155] ist es verpflichtet, jeden während der Vertragsdauer bei der abhängigen Gesellschaft entstehenden Jahresfehlbetrag auszugleichen, sofern nicht den anderen Gewinnrücklagen Beträge entnommen werden, die während der Vertragsdauer in sie eingestellt worden sind. Dadurch wird sichergestellt, dass es bei der abhängigen Gesellschaft während der Vertragsdauer nicht zu einem Jahresfehlbetrag und damit zu einer Überschuldung kommen kann, da etwaige Fehlbeträge in der Bilanz immer durch den ebenfalls in der Bilanz einzustellenden Anspruch gegen das herrschende Unternehmen auszugleichen sind.

Diese Verpflichtung zum Verlustausgleich in unbegrenzter Höhe konfligiert jedoch mit dem in den Gemeindeordnungen der Länder verankerten **Gebot der Haftungsbegrenzung**, weshalb eine Reihe von Autoren einen kommunal beherrschten Vertragskonzern generell für unzulässig hält.[156] Richtigerweise wird man hingegen nach dem Normbefund der Gemeindeordnungen differenzieren müssen: Die Gemeindeordnungen verlangen als Kriterium für die Wahl privatrechtlicher Rechtsformen regelmäßig, dass die gewählte Rechtsform die Haftung und Einzahlungsverpflichtung der Gemeinde auf einen "bestimmten"[157] respektive "der Leistungsfähigkeit der Gemeinde angemessenen"[158] Betrag begrenzt. Nur in wenigen Gemeindeordnungen findet sich demgegenüber die zusätzliche Maßgabe, dass sich die Gemeinde nicht zur Übernahme von Verlusten in unbestimmter oder unangemessener Höhe verpflichten darf.[159] 55

Die erstgenannte, in allen Gemeindeordnungen enthaltene Maßgabe rechtsformbezogener Haftungsbegrenzung erklärt sich vor dem Hintergrund der Einsicht, dass die Wahl privatrechtlicher Rechtsformen mit einer Mediatisierung der Steuerung verbunden ist. **Die aufgrund der nur mittelbar möglichen Einflussnahme bestehenden Steuerungsrisiken sollen durch eine entsprechende Haftungsbeschränkung kompensiert werden.**[160] Indem sie für privatrechtlich ver- 56

---

155 So BGHZ 116, 37 (41 f.). Demgegenüber führt *Emmerich* (Fn. 132), § 20 V 1 a), in Anlehnung an BGHZ 103, 1 (10), 107, 7 (18) und 115, 187 (197) den Grundgedanken des § 302 AktG auf den für die Anerkennung einer Haftungsbeschränkung juristischer Personen essentiellen Grundsatz der Kapitalerhaltung zurück.

156 *Büchner*, Die rechtliche Gestaltung kommunaler öffentlicher Unternehmen, Diss. 1982, S. 229; *Engellandt* (Fn. 79), S. 42; *Gundlach/Frenzel/Schmidt*, LKV 2001, 246 (248). Bedenken auch bei *Erichsen*, Kommunalrecht des Landes Nordrhein-Westfalen, 1988, S. 284 f.

157 Vgl. § 109 Abs. 1 Nr. 2 GO Nds; § 108 Abs. 1 Nr. 3 GO NW; § 87 Abs. 1 Nr. 4 GO RP; § 73 Abs. 1 Nr. 6 KO Thür. Siehe auch § 65 Abs. 1 Nr. 2 BHO/LHO.

158 Vgl. § 103 Abs. 1 Nr. 4 GO BW; Art. 92 Abs. 1 Nr. 3 GO Bay; § 102 Nr. 3 GO Bbg; § 122 Abs. 1 S. 1 Nr. 2 GO Hess; § 69 Abs. 1 Nr. 4, 5 KV MV; § 110 Abs. 1 Nr. 2 KSVG Saarl; § 96 Abs. 1 Nr. 3 GO Sachs; § 117 Abs. 1 Nr. 4, 5 GO LSA; § 102 Abs. 1 1 Nr. 2 GO SH.

159 § 109 Abs. 1 Nr. 4 GO Nds; § 108 Abs. 1 Nr. 5 GO NW; § 87 Abs. 1 Nr. 6 GO RP; § 117 Abs. 1 Nr. 6 GO LSA; § 73 Abs. 1 Nr. 5 KO Thür.

160 Vgl. die amtl. Begr. zur ursprünglichen Regelung in § 69 Abs. 1 S. 1 DGO 1935, abgedr. bei *Surén/Loschelder*, Die deutsche Gemeindeordnung vom 30. Januar 1935, 1940, § 69 Anm. 1 und zuletzt wieder die amtl. Begründung der Landesregierung zur rhpf. Kommunalrechtsreform 1998, rhpf. LT-Drs. 13/2306, S. 39.

selbständigte Rechtssubjekte eine Haftungsbegrenzung fordern, normieren diese Vorschriften mithin unmittelbar nur ein Kriterium für die Rechtsformenwahl, treffen aber keine Aussage zur konzernrechtlichen Verlustübernahmepflicht, so dass sich insoweit bereits keine Kollision divergierender Anforderungen ergeben kann. Vielmehr wird als Zweck der Vorschrift erkennbar, dass die Gemeinde vor unbeherrschbaren finanziellen Risiken geschützt werden soll: Je stärker der gemeindliche Einfluss auf das verselbständigte Rechtssubjekt ist, desto größere Risiken können in Kauf genommen werden.[161] Folgerichtig existiert dann auch keine entsprechende restriktive Vorgabe des Gemeindewirtschaftsrechts für die einer kommunalen Steuerung gut zugänglichen[162] Eigenbetriebe. Für das Problem des Verlustausgleichs infolge eines Beherrschungsvertrages gilt somit: Zunächst kann ein gemeindliches Engagement innerhalb der beherrschten Gesellschaft infolge der nur mittelbaren Steuerungsmöglichkeiten nur erfolgen, wenn eine Rechtsform gewählt wird, die eine nur begrenzte Haftung gewährleistet. Das finanzielle Risiko der Verlustausgleichspflicht wird durch zusätzliche, verbesserte Steuerungsmöglichkeiten kompensiert und ist gerade durch die Art und Weise der kommunalen Einflussnahme beherrschbar.[163] Aufgrund der genannten Bestimmungen des kommunalen Wirtschaftsrechts kann den Kommunen daher ein Abschluss von Beherrschungsverträgen mit ihren öffentlichen oder gemischtwirtschaftlichen Unternehmen nicht versagt werden.[164]

57 Anders stellt sich die Bewertung in Ansehung derjenigen Vorschriften dar, nach denen sich die Gemeinde **nicht zur Übernahme von Verlusten in unbestimmter oder unangemessener Höhe verpflichten** darf.[165] Die Normierung dieser Anforderung in Ergänzung zu den voranstehend behandelten Haftungsbegrenzungsnormen deutet auf einen anders gelagerten Schutzzweck hin. Im Vordergrund steht hier nicht die rechtsformbedingte wechselseitige Abhängigkeit von Einwirkungsintensität und Haftungsrisiko, sondern die zusätzlich gegebene Möglichkeit gemeindlicher Verlustübernahme. Es soll verhindert werden, dass die Gemeinde flankierend zur Wahl der privatrechtlichen Rechtsform zusätzliche Rechtsverhältnisse eingeht, die mit unübersehbaren finanziellen Risiken verbun-

---

[161] *Pfeifer* (Fn. 155), S. 136 f.; *Koch* (Fn. 106), S. 176 f.; *ders.*, DVBl. 1994, 667 (671); *Schmidt*, ZGR 1996, 345 (361); *Raiser*, ZGR 1996, 458 (473 f.); *Ehlers*, DVBl. 1997, 137 (140).

[162] Dazu *Mann* (Fn. 1), § 7 B II 3.

[163] Das besondere finanzielle Risiko der Verlustausgleichspflicht relativiert sich darüber hinaus vor dem Hintergrund der verbreiteten Auffassung, dass die öffentliche Hand im Falle einer Überschuldung ihrer privatrechtlich organisierten Gesellschaften ohnehin eine Konkursabwendungspflicht oder Durchgriffshaftung trifft. Vgl. dazu *Mann* (Fn. 1), § 8 B IV.

[164] Im Ergebnis ebenso *Koch* (Fn. 106), S. 176 f.; *ders.*, DVBl. 1994, 667 (671); *Schmidt*, ZGR 1996, 345 (361); *Raiser*, ZGR 1996, 458 (473 f.); *Habersack*, ZGR 1996, 544 (558); *Ehlers*, DVBl. 1997, 137 (140); *Pfeifer* (Fn. 155), S. 138.

[165] § 109 Abs. 1 Nr. 4 GO Nds; § 108 Abs. 1 Nr. 5 GO NW; § 87 Abs. 1 Nr. 6 GO RP; § 117 Abs. 1 Nr. 6 GO LSA.

den sind.[166] Für eine mitunter geforderte teleologische Reduktion der Bestimmung lediglich auf rechtsgeschäftliche Abreden über eine Nachschusspflicht[167] besteht keine Veranlassung.[168] Die hier in Frage stehende Pflicht zur Verlustübernahme nach § 302 AktG schafft aber ein ebensolches, durch den zusätzlich eingegangenen Beherrschungsvertrag eröffnetes und in seiner Höhe noch unbestimmtes Risiko, so dass die Kommunen in denjenigen Ländern, die eine entsprechende Anforderung im Gemeindewirtschaftsrecht aufgenommen haben, nicht unmittelbar Vertragspartei eines Beherrschungsvertrages sein können.[169]

Ungeachtet der Frage rechtlicher Zulässigkeit eines Vertragskonzerns bleibt 58
aber grundsätzlich zu bedenken, ob sich die unter Verweis auf eine angestrebte effizienzsteigernde Autonomisierung getroffene Wahl einer privaten Rechtsform nicht als widersprüchlich erweist, wenn andererseits, um der verfassungsrechtlichen Ingerenzpflicht nachkommen zu können, über Beherrschungsverträge die Unabhängigkeit der Unternehmensleitung wieder aufgehoben wird.[170]

c) Die Einschaltung einer Holding GmbH. Ist den Gemeinden in einigen weni- 59
gen Ländern nach der vorangehend geschilderten Rechtslage somit die Befugnis zum Abschluss von Beherrschungsverträgen zu versagen, so könnten diese dennoch eine kommunale Konzernierung erreichen, indem nicht die Gemeinde selbst, sondern eine von ihnen gegründete **Holding-GmbH die Rolle des herrschenden Unternehmens** übernimmt. Diese Variante wird in der Praxis aus Gründen der Rechtssicherheit und aus steuerlichen Erwägungen[171] sogar in denjenigen Bundesländern präferiert, in denen die Kommunen nach dem Ergebnis der vorangehenden Ausführungen durchaus selbst Vertragspartner eines Beherrschungsvertrages sein könnten.[172] Rechtstechnisch bewirkt wird ein solcher GmbH-Konzern, indem die **Holding-GmbH**, die **als Eigengesellschaft** geführt wird und für die Kommune damit angemessene Steuerungsmöglichkeiten nach GmbH-Recht (insbesondere Weisungen an die Geschäftsführer) offeriert,[173] Anteile an den zu beherrschenden Unternehmen hält und mit diesen die Beherrschungsverträge abschließt. Dadurch wird die Holding-GmbH als "der andere Vertragsteil" zur Schuldnerin der Verlustübernahmepflicht aus § 302 AktG.

---

[166] Vgl. die amtl. Begründung der Landesregierung Nordrhein-Westfalen, nw. LT-Drs. 11/4938 (zu § 89 Abs. 1 Nr. 4 des Entwurfs); *Noack*, StuGR 1995, 379 (383).

[167] So *Ehlers*, DVBl. 1997, 137 (140), offenbar mit Blick auf die amtliche Begründung zum nordrhein-westfälischen Recht, nw. LT-Drs. 11/4983, S. 25, die jedoch die unbegrenzte Nachschusspflicht lediglich beispielhaft anführt.

[168] So auch *Noack*, StuGR 1995, 379 (383).

[169] So zu Recht *Hüffer* (Fn. 15), § 15 Rn. 13 a zur Regelung in § 108 Abs. 1 Nr. 5 GO NW.

[170] In diesem Sinne kritisch bereits *Leisner*, WiVerw 1983, 212 (220): „Missbrauch".

[171] Unter den Voraussetzungen der Organschaft (§§ 14 - 19 KStG) können Gewinne und Verluste der abhängigen Unternehmen unmittelbar bei der beherrschenden GmbH verrechnet werden, vgl. näher *Cronauge*, Kommunale Unternehmen, 4. Aufl. 2003, Rn. 368 f.

[172] *Raiser*, ZGR 1996, 458 (461); *Ehlers*, DVBl. 1997, 137 (140); zur kommunalen Holding-Konstruktionen siehe *Siegels* (Fn. 131), § 13 Rn 57 ff.

[173] Siehe dazu ausführlich *Mann* (Fn. 1), § 9 B II 1, 2.

60 Kommunalrechtlich sind für das Zustandekommen eines auf diese Weise gebildeten kommunalen Vertragskonzerns jedoch diejenigen Vorschriften zu beachten, die Aussagen über die Zulässigkeit über eine mittelbare Beteiligung an privatrechtlichen Gesellschaften aufstellen. Ein Blick auf das **kommunale Wirtschaftsrecht** derjenigen Bundesländer, die es ihren Kommunen durch spezielle Verbote unbeschränkter Verlustübernahme verwehren, selbst Partei eines Beherrschungsvertrages zu werden, zeigt allerdings, dass eben diese Voraussetzung auch auf die mittelbare Beteiligung Anwendung findet.[174] Die nordrhein-westfälische Gemeindeordnung hebt zudem hervor, dass auch für die sich beteiligende Gesellschaft eine Haftungsbegrenzung "auf einen bestimmten Betrag" erforderlich ist.[175] Im Ergebnis ist damit in Niedersachsen, Nordrhein-Westfalen, Rheinland-Pfalz und Sachsen-Anhalt sogar ein Vertragskonzern mit einer kommunalen Holding-GmbH als herrschendem Unternehmen kommunalrechtlich unzulässig. In allen übrigen Bundesländern ist die Einschaltung einer Holding-GmbH zum Zwecke der Bildung eines Vertragskonzerns rechtlich möglich.[176]

61 Unter dem hier vorrangig maßgeblichen Ingerenzaspekt ist freilich zu beanstanden, dass zur Einschaltung einer kommunalen Holding bereits zwei Kapitalgesellschaften gegründet werden müssen, was nicht nur weiteren Aufwand bewirkt (z.B. Kapitalaufbringung, personelle Besetzung der Geschäftsführung, Rechnungslegung und Prüfung), sondern auch zu **Transparenzverlusten** und einem weiteren unerwünschten **Mediatisierungseffekt** führt.[177] So lassen die in deutschen Großstädten anzutreffenden mehrstufigen Konzernstrukturen bereits erhebliche Zweifel am Vorhandensein letztverantwortlicher Steuerungsfähigkeit der Gemeinden zu.[178]

3. Einwirkung im faktischen Konzern

62 Unterbleibt der Abschluss eines Beherrschungsvertrages, kann die den Gebietskörperschaften zuerkannte Unternehmenseigenschaft zur Anwendung der Regeln

[174] Vgl. § 109 Abs. 2 i. V. m. § 109 Abs. 1 Nr. 4 GO Nds; § 108 Abs. 6 a) i. V. m. § 108 Abs. 1 Nr. 5 GO NW; § 91 Abs. 1 S. 1 Nr. 1 i. V. m. § 87 Abs. 1 S. 1 Nr. 6 GO RP; § 117 Abs. 2 i. V. m. Abs. 1 Nr. 6 GO LSA.

[175] Vgl. § 108 Abs. 6 a) GO NW.

[176] Nach Ansicht von *Noack*, StuGR 1996, 379 (383) soll dies auch für Nordrhein-Westfalen gelten, wo nur ein von den Kommunen selbst geschlossener Beherrschungsvertrag unzulässig sei.

[177] Vgl. in diesem Sinne *Mann*, in: Tettinger/Erbguth/Mann, Besonderes Verwaltungsrecht, 10. Aufl. 2009, Rn. 390; *Stober*, NJW 1984, 449 (455); *Noack*, StuGR 1995, 379 (383); *Raiser*, ZGR 1996, 458 (478); unkritisch *Engellandt* (Fn. 79), S. 140 f.

[178] So existierten 1993 in Berlin sechs Konzernebenen: 22 unmittelbare Tochterunternehmen mit bis zu 18 Enkelbeteiligungen, die ihrerseits weitere Gesellschaften beherrschten (so *Raiser*, ZGR 1996, 458 [459 f.]). Leipzig war 1997 unmittelbar oder mittelbar an 80 Unternehmen mit weiteren Unterbeteiligungen (*Bremeier*, in: Henneke (Hrsg.), Organisation kommunaler Aufgabenerfüllung, 1998, S. 97 [98]), Saarbrücken 1996 an 56 Unternehmen (*Wahl*, ebda., S. 15 [19]) beteiligt. Die Holding-Strukturen von Nürnberg und Dresden sind bei *Schuppert*, Verwaltungswissenschaft, 2000, S. 845 f. veranschaulicht.

über den faktischen Konzern führen. Hierbei ist danach zu differenzieren, ob eine einfache oder eine qualifiziert faktische Konzernierung gegeben ist.

a) Der einfache faktische Konzern. Innerhalb der Regeln über den faktischen Konzern ist wiederum zwischen Aktiengesellschaften und Gesellschaften mit beschränkter Haftung zu differenzieren. 63

aa) … bei der Aktiengesellschaft. Mit Blick auf die Aktiengesellschaft sind bei Fehlen eines Beherrschungsvertrags zunächst die §§ 311 ff. AktG maßgeblich. Danach sind Einwirkungen des herrschenden Unternehmens zum Nachteil der abhängigen Unternehmen ausnahmsweise zulässig,[179] wenn bis zum Ende des Geschäftsjahres ein **Ausgleich der Nachteile** gesichert wird (§ 311 AktG). Unterbleibt eine Nachteilskompensation, entsteht eine **Schadensersatzverpflichtung** gegenüber der abhängigen Gesellschaft nach § 317 AktG. Dokumentiert werden müssen die nachteiligen Rechtsgeschäfte und Maßnahmen in einem Abhängigkeitsbericht, den der Vorstand des abhängigen Unternehmens zur Vermeidung eigener gesamtschuldnerischer Haftung jährlich aufzustellen hat (§ 318 AktG). 64

Sofern man mit der h.L. davon ausgeht, dass der "Nachteil" i.S.d. § 311 AktG einen Sorgfaltsverstoß voraussetzt und **eine dem Gesellschaftszweck entsprechende Maßnahme** mithin **keine Nachteilszufügung** sein kann,[180] eröffnet sich eine Möglichkeit,[181] die Verpflichtung zum Nachteilsausgleich nach § 311 AktG für Gebietskörperschaften weitgehend leerlaufen zu lassen: Wiederum erweist es sich als entscheidend, ob es gelingt, in der Satzung der abhängigen Gesellschaft den Gesellschaftszweck auf die Verfolgung öffentlicher Interessen auszurichten. Ist dies der Fall, dann sind die von der Gebietskörperschaft als herrschendem Unternehmen im Sinne öffentlicher Interessenswahrung veranlassten Maßnahmen gesellschaftszweckkonform und damit nicht "nachteilig" i.S.d. § 311 AktG.[182] 65

Unabhängig von der Inkaufnahme oder Vermeidung eines Nachteilsausgleichs ist jedoch nicht zu verkennen, dass der einfache faktische AG-Konzern den Gebietskörperschaften **keine rechtlich gesicherten zusätzlichen Einwirkungsmöglichkeiten** eröffnet. Die §§ 311 ff. AktG knüpfen lediglich an das Bestehen einer tatsächlichen Einflussnahme an und verleihen den Weisungen des beherrschenden Unternehmens an den Vorstand der abhängigen Gesellschaft keine Verbindlich- 66

---

[179] Der in der gesellschaftsrechtlichen Literatur geführte Streit, ob § 311 AktG als Sanktion für das Verbot nachteiliger Maßnahmen oder als gesetzliche Gestattung solchen Verhaltens gegen vollen Ausgleich zu verstehen ist - vgl. den Überblick bei *Schmidt* (Fn. 23), § 31 IV 2 b) - kann vorliegend ausgeblendet bleiben.

[180] *Koppensteiner* (Fn. 132), § 311 Rn. 36 ff; *Habersack*, in: Emmerich/Sonnenschein/Habersack, Konzernrecht, 9. Aufl. 2008, § 25 II 1; *ders.*, ZGR 1996, 544 (557) in Fn. 62.

[181] Eine Notwendigkeit hierzu besteht freilich nicht, da weder die Verpflichtung zur Haftungsbegrenzung noch das Verbot der Verlustabrede, so wie sie im Gemeindewirtschaftsrecht der Länder verankert sind, handlungsbezogene Risiken erfassen.

[182] *Habersack*, ZGR 1996, 544 (557) in Fn. 62; *Raiser*, ZGR 1996, 458 (472); *Harbarth* (Fn. 15), S. 287 f.

keit. Vielmehr bleibt es bei der allgemein gültigen Regel des § 76 Abs. 1 AktG, nach welcher der Vorstand die Gesellschaft unter eigener Verantwortung leitet. Er ist im faktischen Konzern daher nur berechtigt, nicht aber verpflichtet, die Weisungen des herrschenden Unternehmens zu befolgen.[183] Die Begründung einer umfassenden und rechtlich verbindlichen Leitungsmacht der Gebietskörperschaft zur Durchsetzung der für das öffentliche Interesse maßgeblichen Grundentscheidungen ist im einfachen faktischen AG-Konzern daher nicht gesichert.[184]

67 **bb) … bei der GmbH.** Bei Gesellschaften mit beschränkter Haftung ist angesichts des Primats der Gesellschafterversammlung im GmbH-Recht, welches vor allem das Recht zu Weisungen an den Vorstand beinhaltet,[185] die Gefahr, dass ein Mehrheitsgesellschafter seinen Einfluss zu außerhalb des Gesellschaftsinteresses liegenden Zwecken nutzt, strukturbedingt ungleich größer als bei der AG. Rechtlicher Anknüpfungspunkt zur Behandlung des faktischen GmbH-Konzerns ist, da § 311 AktG nicht entsprechend anwendbar ist,[186] mangels gesetzlicher Regelungen die den Gesellschaftern obliegende **Treuepflicht**: Seit dem **ITT-Urteil** des BGH[187] leitet die Rechtsprechung aus der Treuepflicht gegenüber der Gesellschaft ein umfassendes Schädigungsverbot ab, dessen Verletzung den Mehrheitsgesellschafter analog § 43 GmbHG schadensersatzpflichtig macht.[188] Auf diese Weise werden die mit Blick auf die GmbH hinreichend vorhandenen Einwirkungsmöglichkeiten der öffentlichen Mehrheitsgesellschafter letztlich beschränkt, denn bei jeder Wahrnehmung der Gesellschafterbefugnisse müssen somit zur Vermeidung von Schadensersatzpflichten die Belange der abhängigen Gesellschaft sowie der übrigen Gesellschafter beachtet bleiben. Dieses Problem dürfte sich indessen bei

[183] *Hüffer* (Fn. 15), § 311 Rn. 48; *Koppensteiner* (Fn. 132), § 311 Rn. 139; *Fischer*, Die AG 1982, 85 (92); *Lutter/Grunewald*, WM 1984, 385 (397); *Kraft* (Fn. 13), S. 170; *Ehlers* (Fn. 110), S. 143; *ders.*, DVBl. 1997, 137 (140); *Pfeifer* (Fn. 149), S. 169; *Koch* (Fn. 106), S. 178; *Schnaudigel* (Fn. 134), S. 191; *Habersack*, ZGR 1996, 544 (557) in Fn. 62; *Harbarth* (Fn. 15), S. 294 f.

[184] *Kraft* (Fn. 13), S. 170 f.; *Büchner* (Fn. 160), S. 229 f.; *Ehlers* (Fn. 110), S. 144; *Pfeifer* (Fn. 154), S. 169; *Schäfer*, Mitbestimmung in kommunalen Eigengesellschaften, Diss. 1987, S. 121 f. in Fn. 471; *Koch* (Fn. 106), S. 178; *Oebbecke*, VBlBWl. 2010, 1 (3).

[185] Vgl. *Mann* (Fn. 1), § 9 B II 2 c bb.

[186] *Oebbecke*, VBlBWl. 2010, 1 (3); *Grunewald*, JA 1992, 11 (17); *Noack*, StuGR 1995, 379 (383); *Siegels* (Fn. 132), § 13 Rn 179.

[187] BGHZ 65, 15 (18 f.).

[188] BGHZ 80, 69 (74 f.); 89, 162 (166); 95, 330 (340); 115, 187 (192 f.); 122, 123 (125 ff.); OLG Karlsruhe, WM 1984, 656 (660). Ebenso *Lutter/Hommelhoff* (Fn. 154), Anh. § 13 Rn. 17; *Siegels* (Fn. 132), § 13 Rn. 181; *Raiser/Veil* (Fn. 132), § 53 Rn. 35; *Emmerich*, in: Scholz, GmbHR, 10. Aufl. 2007, Anh. zu § 13 Rn. 183 f.; *Zöllner* (Fn. 34), Anh. I: GmbH-KonzernR Rn. 76 ff.; *Konzen*, NJW 1989, 2977 (2981). Zum Überblick über die von der Literatur entwickelten anderen Haftungsmodelle vgl. *Habersack* (Fn. 184), § 30 III 1 a).

Eigengesellschaften,[189] wo sich das Gesellschaftsinteresse mit dem Interesse des Alleingesellschafters decken wird,[190] sowie in denjenigen Fällen nicht so gravierend stellen, in denen das öffentliche Interesse, zu dessen Durchsetzung die Intervention des Mehrheitsgesellschafters erfolgt, in den statutarisch festgelegten Gesellschaftszweck aufgenommen wurde. Auch im letztgenannten Fall wird es nämlich schwerfallen, in der gesellschaftszweckkonformen Wahrnehmung der Gesellschafterbefugnisse eine Schädigung der Mitgesellschafter zu erblicken. In allen übrigen Konstellationen wird hingegen der Schadensersatzanspruch der abhängigen Gesellschaft zudem von Unterlassungs- und Beseitigungsansprüchen flankiert, die im Wege der actio pro socio von den übrigen Gesellschaftern geltend gemacht werden können.[191]

b) Der qualifiziert faktische Konzern. Von qualifiziert faktischer Konzernierung spricht man, wenn die Verhältnisse eines vertragslosen Konzerns denjenigen eines Vertragskonzerns entsprechen, wenn also faktisch ein derart intensiver Einfluss auf das abhängige Unternehmen ausgeübt wird, wie er nur beim Abschluss eines Beherrschungsvertrages zulässig wäre (Umgehungstatbestand). **68**

Diese aus Gründen des Rechtsschutzes der Gläubiger und Minderheitsgesellschafter in der Lehre entwickelte Rechtsfigur fand spätestens durch das **Autokran-Urteil** des BGH[192] Anerkennung durch die höchstrichterliche Rechtsprechung. Der BGH hat seitdem - grob skizziert - die **Verlustübernahmepflicht des § 302 AktG entsprechend** angewandt,[193] und zwar selbst bei einer Einmann-GmbH als abhängigem Unternehmen.[194] Diese Grundlinien wurden zwischenzeitlich im Rahmen der richterlichen Rechtsfortbildung mehrfach modifiziert[195] und mündeten schließlich in der sog. Trihotel-Entscheidung[196]. Die vormalige Existenzvernichtungshaftung ist somit eine weitere Fallgruppe der vorsätzlichen sit- **69**

---

[189] Inwieweit das Schädigungsverbot bei einer Einmann-GmbH überhaupt gilt, ist allerdings umstritten. Zum Meinungsstand vgl. *Emmerich* (Fn. 192), Anh. zu § 13 Rn. 90; *Habersack* (Fn. 184), § 30 V 1.

[190] So bereits *Ehlers* (Fn. 110), S. 144.

[191] BGH, Die AG 1990, 458 f.; *Habersack* (Fn. 184), § 30 IV 2; *Ulmer* (Fn. 25), Anh. § 77 Rn. 89 f., 166; *Emmerich* (Fn. 192), Anh. zu § 13 Rn. 85 ff.; *Koch* (Fn. 106), S. 179; *Habersack*, ZGR 1996, 544 (559).

[192] BGHZ 95, 330.

[193] BGHZ 95, 330 (345); 107, 7 (15 f.); 115, 187 (197 f.); 122, 123 (126 ff.); BAGE 76, 79 (84); zustimmend *Grunewald*, JA 1992, 11 (16); *Emmerich* (Fn. 29), § 15 AktG Rn. 30.

[194] Vgl. BGHZ 115, 187 (197 f.); BAG, GmbHR 1993, 218 (219); LG Hannover, NdsVBl. 1999, 221 (222). Zur Begründung wurde angeführt, die Verlustübernahmepflicht böte u. a. einen Ausgleich dafür, dass der qualifiziert faktische Konzern ebenso wie ein Vertragskonzern die Wirksamkeit der Kapitalsicherungsvorschriften gefährde. Da diese aber dem Gläubigerschutz dienten, müsse auch mit Blick auf die Gläubiger der Einmann-GmbH für einen Ausgleich gesorgt werden.

[195] Siehe dazu insbesondere: *TBB*-Urteil BGHZ 122, 123; Bremer-Vulkan-Urteil BGHZ 149, 10; zur chronologischen Abfolge *Altmeppen*, in: Roth/Altmeppen, GmbHG, 6. Aufl. 2009, Anh. § 13 Rn. 146 ff.

[196] BGHZ 173, 246, zwischenzeitlich bestätigt durch Gamma-Urteil, BGHZ 176, 204.

tenwidrigen Schädigung nach § 826 BGB. Diese Haftung ist als Innenhaftung konzipiert, da die Schädigung gegenüber der Gesellschaft stattfindet und die Gläubiger der Gesellschaft nur mittelbar durch die Handlung der Gesellschafter geschädigt werden.[197] Eine entsprechende Anwendung der §§ 311, 317 AktG verbietet sich dabei im GmbH-Konzern von vornherein. [198] Tatbestandsvoraussetzung ist demnach, dass ein kompensationsloser Eingriff in das Gesellschaftsvermögen erfolgt, welcher die Insolvenz hervorruft oder vertieft.[199] Der Bezugspunkt des Eingriffs liegt dabei in einem gezielten, betriebsfremden Zwecken dienenden Vermögensentzug.[200] Entscheidend für die Frage der Haftung der öffentlichen Hand, ist folglich der Umstand, ob das Handeln der Gesellschafter vom statuarischen Zweck der Gesellschaft gedeckt wird. Damit bleibt die bereits oben getroffene Schlussfolgerung, dass die Haftungsrisiken der öffentlichen Hand reduziert werden können, indem bereits bei der **Definition der Eigeninteressen der abhängigen Gesellschaften** darauf geachtet wird, dass deren statutarischer Gesellschaftszweck zumindest auch die Verfolgung öffentlicher Zwecke impliziert. So könnte beispielsweise einer kommunalen Beschäftigungsförderungs-GmbH, deren Zweck in der Wiedereingliederung von Langzeitarbeitslosen und Sozialhilfeempfängern liegt, die Akquisition von lukrativen, aber eine andere Belegschaftsstruktur erfordernden Aufträgen untersagt werden, ohne dass darin eine objektiv missbräuchliche Einwirkung zu sehen wäre.[201] Soweit eine Fixierung des öffentlichen Zwecks in der Satzung oder dem Gesellschaftsvertrag nicht möglich ist - was vor allem bei gemischt-wirtschaftlichen Unternehmen mit ausgeglichenen Beteiligungsverhältnissen zu erwarten sein dürfte -, stehen einer intensiven faktischen Leitungsmacht allerdings die aufgezeigten konzernrechtlichen Grenzen entgegen.

D. Zusammenfassung

70 Die vorangegangene Untersuchung rechtlich gesicherter Einwirkungsmöglichkeiten der öffentlichen Hand auf ihre kapitalgesellschaftsrechtlich verfassten Unternehmen ergibt ein differenziertes Bild. Insbesondere die **Aktiengesellschaft of-**

[197] BGHZ 173, 246 (Rn. 23); nach BGHZ 176, 204 kann auch ein Direktanspruch der unbefriedigten Gesellschaftsgläubiger begründet sein; *Habersack*, in: Emmerich/Habersack, Aktien- und GmbH-Konzernrecht, 5. Aufl. 2008, Anh. § 318 Rn. 35a.

[198] *Oebbecke*, VBlBWl. 2010, 1 (3); *Siegels* (Fn. 132), § 13 Rn. 222; einer Gegenansicht folgend soll das herrschende Unternehmen im faktischen GmbH-Konzern analog §§ 311, 317 AktG haften, dazu insb. *Altmeppen* (Fn. 199), Anh. § 13 Rn. 154 ff. m. w. N.

[199] BGHZ 173, 246 (Rn. 16); *Habersack* (Fn. 201), Anh. § 318 Rn. 35 a; *Siegels* (Fn. 132), § 13 Rn. 199, 201.

[200] BGHZ 173, 246 (Rn. 31): *Altmeppen* (Fn. 199), § 13 Rn. 80; *Oebbecke*, VBlBWl. 2010, 1 (4); *Siegels* (Fn. 132), § 13 Rn. 197 f.

[201] Beispiel in Anlehnung an OLG Düsseldorf, ZIP 1995, 465 ff. Vgl. auch die ähnliche Eingrenzung in BGH, ZIP 1994, 1690 (1692 f.) - Bau-GmbH, die nur für ein bestimmtes Büro Aufträge abwickelt.

fenbart ein rechtsformbedingtes Einwirkungsdefizit,[202] doch bereitet auch die Organisationsverfassung der GmbH einige Probleme, zumindest aber einen gesteigerten rechtlichen Aufwand, bei der Durchsetzung der verfassungsrechtlich geforderten Ingerenzpflicht:

Als spätere Einwirkungsmöglichkeiten gleichsam vorbereitende Maßnahmen 71
sind auf der institutionellen Ebene die rechtlichen Möglichkeiten auszuschöpfen, um sich eine dominierende Stimmrechtsmacht in der Anteilseignerversammlung und einen Einfluss bei der Bestellung der Leitungs- und Aufsichtsorgane zu sichern. Während das GmbH-Recht insoweit angesichts der starken Stellung der Gesellschafter und der Möglichkeit zur **Einräumung von Sonderrechten** (insbes. Entsendungsrechten) wenig Hindernisse bereitet, bestehen bei der AG, insbesondere wenn es sich nicht um eine reine Eigengesellschaft handelt, bereits gewisse Hindernisse (Ausschluss von Mehrstimmrechtsaktien; begrenzte Entsendungsrechte in den Aufsichtsrat; kein direkter Einfluss auf die Bestellung des Vorstands). Auch bei der GmbH konnte allerdings ein erster **"Einflussknick"** konstatiert werden, soweit der nach dem Mitbestimmungsgesetz obligatorische Aufsichtsrat zur Wahl der Geschäftsführer berufen ist, was diesbezügliche Sonderrechte der Gesellschafter ausschließt.

In Ansehung der Einwirkungsmöglichkeiten durch die Ausübung von Wei- 72
sungsrechten des öffentlichen Gesellschafters erwies sich die Gesellschaftsverfassung der GmbH gegenüber der Rechtslage nach dem AktG ebenfalls als vorteilhafter.[203] Das Geschehen in der Anteilseignerversammlung kann über weisungsgebundene Vertreter der öffentlichen Hand beeinflusst werden, wobei jedoch rechtliche Bedenken gegen eine uneinheitliche Stimmrechtsausübung der öffentlichen Hand (etwa, um die Beschlusslage im Gemeinderat proportional abzubilden) bestehen. Des weiteren sind die Kompetenzen der Hauptversammlung einer AG ohnehin nur gering. Rechtlich problematisch ist zudem die aktienrechtliche **Unzulässigkeit eines imperativen Mandats von Aufsichtsratsmitgliedern**, die mit der im kommunalen Wirtschaftsrecht postulierten Weisungsbindung entsandter Aufsichtsratsmitglieder konfligiert, so dass die Einwirkung sich vorwiegend als eine allein faktische, durch das Recht zur jederzeitigen Abberufung motivierte Rücksichtnahme auf die Interessen des öffentlichen Gesellschafters vollziehen wird, die jedoch der verfassungsrechtlich geforderten Ingerenzpflicht nicht hinreichend Rechnung tragen kann. Die gleiche rechtliche Beurteilung ergibt sich für die ebenfalls weisungsfrei gestellten Mitglieder eines obligatorischen Aufsichtsrates einer GmbH. Lediglich in Bezug auf einen fakultativen GmbH-Aufsichtsrat können gesellschaftsvertraglich Weisungsrechte vorgesehen werden. Die rechtlichen Möglichkeiten des öffentlichen Gesellschafters zur Einwirkung auf den Vorstand einer AG beschränken sich ebenfalls auf Maßnahmen informeller Beeinflus-

[202] Aus diesem Grund ist 1998 in § 87 Abs. 2 GO RP und 1999 in § 108 Abs. 3 GO NW sowie in § 103 Abs. 2 GO BW ein „Nachrang der Aktiengesellschaft" normiert worden, vgl. jeweils die Begr. des Regierungsentwurfs, rhpf. LT-Drs. 13/2306, S. 30, 40; nw. LT-Drs. 12/3730, S. 107, 109; bw. LT-Drs. 12/4055, S. 29.

[203] a.A. *Früchtl*, Die Aktiengesellschaft als Rechtsform für die wirtschaftliche Betätigung der öffentlichen Hand, 2009, S. 165.

sung oder einer negativen Steuerung in Einzelfällen, in denen eine Veto-Befugnis des Aufsichtsrats vorgesehen ist und auch tatsächlich genutzt werden kann. Die demgegenüber im GmbH-Recht mögliche Erteilung von Weisungen der Gesellschafter an die Geschäftsführung kann vor allem dann auf Schwierigkeiten stoßen, wenn es sich um ein gemischt-wirtschaftliches Unternehmen handelt und die öffentliche Hand sich nicht die Stimmrechtsmacht in der Gesellschafterversammlung gesichert hat. Hier erweist es sich vor allem mit Blick auf die gesellschaftsrechtliche Treuepflicht für die Zulässigkeit einer Einflussnahme als vorentscheidend, ob es gelungen ist, die Verfolgung öffentlicher Interessen statutarisch festzulegen. Dies gilt auch im Hinblick auf die übrigen problematischen Konstellationen, denn der Gesellschaftszweck bildet, wie bereits mehrfach erwähnt (vgl. Rn. 9, 11 und 35) die Richtschnur für sämtliches Organ- und Mitgliederhandeln.

73 Besondere Einwirkungsmöglichkeiten, insbesondere eine Weisungsmöglichkeit gegenüber dem Vorstand einer AG, bietet das **Vertragskonzernrecht**. Wenn sich auch im Ergebnis erwiesen hat, dass die hiermit verbundene Verlustausgleichspflicht mit den öffentlich-rechtlichen Vorgaben der meisten Gemeindeordnungen in Einklang zu bringen ist, bleibt aber zu bedenken, dass sich das Handeln der Gebietskörperschaft als widersprüchlich erweist, wenn einerseits durch die Wahl privater Rechtsformen eine effizienzsteigernde Autonomisierung angestrebt wird, andererseits aber über Beherrschungsverträge dieser Zustand wieder teilweise rückgängig gemacht wird. Im Falle der Einschaltung einer **Holding-GmbH** entstehen über den zusätzlichen Aufwand hinaus auch im Hinblick auf die verfassungsrechtlich gebotene Ingerenzpflicht unerwünschte zusätzliche **Mediatisierungseffekte und Transparenzverluste**. Der einfache faktische AG-Konzern eröffnet der öffentlichen Hand angesichts der rechtlichen Unverbindlichkeit von Weisungen an den Vorstand keine rechtlich gesicherte zusätzliche Einwirkungsmöglichkeit. Beim faktischen GmbH-Konzern sind die Einwirkungsmöglichkeiten angesichts des aus der Treuepflicht folgenden Schädigungsverbotes ebenfalls beschränkt und auch beim qualifiziert faktischen Konzern drohen Haftungsrisiken, die sich nur durch eine ordnungsgemäße Konzerngeschäftsführung unter Wahrung der Eigeninteressen der abhängigen Gesellschaft vermeiden lassen. Dieser Umstand unterstreicht erneut die Notwendigkeit einer für die Definition der Eigeninteressen maßgeblichen Ausrichtung des Gesellschaftszwecks auf die Verfolgung öffentlicher Zwecke.

74 Unabhängig von den organisatorischen Normen des Gesellschaftsrechts können freilich gesteigerte Einwirkungsrechte in **Nebenverträgen** schuldrechtlich vereinbart werden, etwa wenn in einem Konzessionsvertrag Tariferhöhungen an die Zustimmung der Gemeinde gebunden werden.[204] Durch die Notwendigkeit solcher zusätzlicher Gestaltungsmöglichkeiten wird jedoch augenfällig, dass die Gesellschaften nicht mehr innerhalb, sondern bereits außerhalb des Einwirkungsbereichs des öffentlichen Gesellschafters stehen.

---

[204] Hierzu *Vogel*, Öffentliche Wirtschaftseinheiten in privater Hand, 1959, S. 192 f.; *Stern/Püttner*, Die Gemeindewirtschaft, 1965, S. 105; *Rüfner* (Fn. 135), S. 260 f.; *Machura* (Fn. 41), S. 174 f.; *Püttner*, Zur Wahl der Privatrechtsform für kommunale Unternehmen und Einrichtungen, 1993, S. 37; *Windel*, ZögU 22 (1999), 52 (60).

§ 47 Public Private Partnership

Utz Schliesky[*]

Schrifttum

K. Ade (Hrsg.), Handbuch Kommunales Beteiligungsmanagement, 1997; *D. Budäus/P. Eichhorn* (Hrsg.), Public Private Partnership, 1997; *M. Burgi*, Privatisierung, in: Isensee/Kirchhof, Handbuch des Staatsrechts, Bd. 4, 3. Aufl. 2006, § 75; *M. Müller/G. Brauser-Jung*, Öffentlich-Private-Partnerschaften und Vergaberecht, NVwZ 2007, 884 ff.; *P. Tettinger*, Public Private Partnership, Möglichkeiten und Grenzen – ein Sachstandsbericht, NWVBl. 2005, 1 ff.; *M. Weber/M. Schäfer/F. L. Hausmann* (Hrsg.), Public Private Partnership, 2006; *J. Ziekow/A. Windoffer*, Public Private Partnership als Verfahren - Struktur und Erfolgsbedingungen von Kooperationsarenen, NZBau 2005, 665 ff.; *dies.*, Public Private Partnership, 2008.

Inhaltsübersicht

Rn.

A. Begriff

Public Private Partnership, kurz PPP, ist eine relativ junge Erscheinung in der verwaltungsrechtlichen Wissenschaft und Praxis. Wie der entsprechende deutsche 1

[*] Der Verfasser dankt Frau Ass. iur. *Anne Neidert*, Wissenschaftliche Mitarbeiterin am Lorenz-von-Stein-Institut für Verwaltungswissenschaften an der Christian-Albrechts-Universität zu Kiel, für wertvolle Mithilfe bei der Abfassung des Beitrags.

Begriff **Öffentlich Private Partnerschaft**, kurz ÖPP, erfasst sie vielfältige Formen der Zusammenarbeit zwischen öffentlicher Hand und privaten Wirtschaftsteilnehmern bei der Wahrnehmung öffentlicher Aufgaben.

2 Der Begriff PPP ist eine sich weiterentwickelnde, vielgestaltige Sammelbezeichnung, kein Rechtsbegriff, an den bestimmte Voraussetzungen oder Rechtsfolgen geknüpft wären. So verwundert es auch nicht, dass eine allgemeingültige Definition für PPP bislang fehlt. Es besteht jedoch weitgehend Einigkeit, dass Public Private Partnership durch die **langfristig** angelegte, **vertraglich** geregelte Zusammenarbeit öffentlicher Hoheitsträger mit Privaten bei der Erfüllung (bisher) **öffentlicher Aufgaben** gekennzeichnet ist.[2] Weitere Merkmale sind die Beteiligung an bzw. die vollständige Übernahme der **Finanzierung** durch den privaten Partner und die **Risikoverteilung** zwischen den Beteiligten entsprechend ihrer Kompetenz zur Beherrschung der Risiken.[3] Teilweise werden als typische Aspekte auch die Beschränkung des öffentlichen Partners auf die Bestimmung von Zielen, Leistungsqualität, Preispolitik und auf die Überwachung der Einhaltung dieser Ziele genannt, außerdem eine leistungsorientierte Vergütung des privaten Partners.[4] Die Bezeichnung PPP ist somit unabhängig von der Einordnung des zugrunde liegenden Vertragsverhältnisses als öffentlich- oder zivilrechtlich, ebenso von der Frage, ob und in welcher Weise die Kooperation – etwa durch Gründung einer Gesellschaft – institutionalisiert ist.

3 Erste Ansätze der rechtlichen Erfassung von PPP haben der Bund mit dem **ÖPP-Beschleunigungsgesetz**[5] und das Land Schleswig-Holstein mit dem Gesetz über die Zusammenarbeit zwischen Trägern der öffentlichen Verwaltung und Privaten (**ÖPP-Gesetz SH**)[6] vorgelegt. Das ÖPP-Beschleunigungsgesetz beschränkt sich allerdings auf Maßnahmen vor allem im Wettbewerbs- und Steuerrecht, die die Realisierbarkeit von PPP-Projekten vereinfachen und diese auch für Investoren attraktiver machen sollen. Einen Rechtsrahmen für die Zusammenarbeit bildet dagegen bislang nur das ÖPP-Gesetz SH. Dieses verzichtet zwar bewusst auf eine Definition des ÖPP-Begriffs, um seine Weiterentwicklung nicht einzuengen,[7] verwendet stattdessen jedoch den Begriff der „vertraglichen Zusammenarbeit" in dem entsprechenden Sinn der langfristig angelegten Zusammenarbeit öffentlicher Verwaltungsträger mit Privaten bei der Erledigung der von ihnen wahrgenomme-

[2] *Alfen/Fischer*, in: Weber/Schäfer/Hausmann (Hrsg.), Public Private Partnership, 2006, S. 1 (3); *Europäische Kommission*, Grünbuch ÖPP, KOM (2004) 327 endg., S. 3, Rn. 1 f.; *Budäus/Grüb*, ZögU 2007, 245 (247); *Schur*, DVP 2007, 324.

[3] *Alfen/Fischer* (Fn. 1), S. 3; *Europäische Kommission* (Fn. 2), S. 3, Rn. 2; *Ziekow/Windoffer*, NZBau 2005, 665 (667).

[4] *Europäische Kommission* (Fn. 2), S. 3, Rn. 2; Begründung zum Entwurf eines Gesetzes zur Erleichterung Öffentlich Privater Partnerschaften, LT SH, Drs. 16/935, S. 18.

[5] Gesetz zur Beschleunigung der Umsetzung von Öffentlich Privaten Partnerschaften und zur Verbesserung gesetzlicher Rahmenbedingungen für Öffentlich Private Partnerschaften v. 1.9.2005, BGBl. I S. 2676.

[6] Art. 1 des Gesetzes zur Erleichterung Öffentlich Privater Partnerschaften v. 19.6.2007, GVOBl. SH S. 328.

[7] Begründung zum Entwurf ÖPP-ErleichtG SH, LT SH, Drs. 16/935, S. 18.

nen Aufgaben.[8] Darüber hinaus regelt das Gesetz grundlegende Voraussetzungen für die Zulässigkeit vertraglicher Zusammenarbeit, Maßstäbe für die Auswahl des privaten Partners und den notwendigen Mindestinhalt eines PPP-Vertrages.[9]

B. Praktische Bedeutung und Formen

Während die wirtschaftliche Betätigung der öffentlichen Hand und die Auftragsvergabe an Private grundsätzlich kein neues Phänomen sind,[10] tauchte die Idee der Kooperation von öffentlicher Hand und Privaten unter dem Begriff Public Private Partnership hierzulande erst ab Beginn der 1990er Jahre verstärkt auf, parallel zum Konzept des sogenannten **New Public Management**[11] (→ Bd. 1, § 2 Rn. 7). Dieses spricht sich für die Anwendung privatwirtschaftlicher Betriebsführungsgrundsätze in der öffentlichen Verwaltung und für die Überprüfung staatlich wahrgenommener Aufgaben auf Privatisierungsmöglichkeiten aus. Dies wiederum ist im Zusammenhang mit der sich immer deutlicher offenbarenden Finanzknappheit der öffentlichen Haushalte zu sehen, aber auch mit der davon erhofften Effizienzsteigerung der Aufgabenerledigung. 4

Die private Projektfinanzierung bei gleichzeitiger Verlagerung von Teilrisiken auf den privaten Partner einer PPP bietet die Chance, die öffentlichen Haushalte zu entlasten. Des Weiteren kann der öffentliche Partner vom Know-how privater Wirtschaftsteilnehmer profitieren, die ihrerseits vorrangig an Rendite und Ausbau ihrer Marktposition interessiert sein werden. 5

I. Anwendungsbereiche

Als typische Bereiche, in denen Aufgaben in Form von PPP erledigt werden, sind etwa die Errichtung und/oder der Betrieb von Straßen, Tunneln, Justizvollzugsanstalten, Krankenhäusern sowie anderen **öffentlichen Einrichtungen** zu nennen, ebenso die Abfallentsorgung und Energieversorgung.[12] In den meisten Fällen handelt es sich um eine funktionale Privatisierung. Je nach Ausgestaltung kann der Schwerpunkt der Partnerschaft auf der Bereitstellung der jeweiligen Einrichtungen bzw. Anlagen liegen und damit vorrangig einen Beschaffungszweck haben. Andererseits kann auch die gemeinsame Erledigung öffentlicher Aufgaben in institutionalisierter Form, regelmäßig im Bereich der Daseinsvorsorge, im Vordergrund 6

---

8 § 1 Abs. 2 ÖPP-Gesetz SH.

9 Dazu noch unten Rn. 13, 22, 47.

10 Knapper Überblick bei *Püttner*, Die öffentlichen Unternehmen, 1969, S. 31 ff.; *Budäus/Grüning*, in: Budäus/Eichhorn (Hrsg.), Public Private Partnership, 1997, S. 25 f., 42.

11 Dazu etwa *Schedler/Proeller*, New Public Management, 2. Aufl. 2003, S. 51 ff.

12 Weitere Beispiele bei *Ziekow/Windoffer*, NZBau 2005, 665; *Alfen/Fischer* (Fn. 1), S. 1 f.

stehen.[13] Erhebliches Potenzial für PPP-Projekte bietet angesichts des schnellen technologischen Wandels, des hohen Investitionsvolumens und der in der öffentlichen Verwaltung nur begrenzt vorhandenen Fachkompetenz der **IT-Bereich**; gleichwohl sind PPP-Projekte hier in der Praxis noch eher selten anzutreffen.

II. Formen

7 Als Kooperationsformen sind im Wesentlichen sieben typische Vertragsmodelle bekannt, die jedoch auch in Abwandlungen und Mischformen vorkommen können: Erwerber-, Leasing-, Miet-, Inhaber-, Contracting-, Gesellschafts- und Konzessionsmodell.[14]

8 Beim **Erwerber-, Leasing- und Mietmodell** übernimmt der private Partner als Auftragnehmer die Planung, die Herstellung, den Betrieb und die Finanzierung eines Projekts, regelmäßig eines Bauwerks. Dem öffentlichen Vertragspartner wird der Projektgegenstand gegen ein Entgelt für eine vereinbarte Vertragslaufzeit zur Nutzung überlassen. Das Erwerbermodell kennzeichnet sich dadurch, dass der Private bis zum Ende der Laufzeit Eigentümer des Objekts bleibt und sich zur anschließenden Eigentumsübertragung auf den öffentlichen Auftraggeber verpflichtet.[15] Beim Leasingmodell erhält der öffentliche Partner dagegen nur eine Option zum Eigentumserwerb, während beim Mietmodell gar kein Eigentumsübergang auf den Hoheitsträger als Mieter vorgesehen ist, was einen späteren Erwerb freilich auch nicht ausschließt.[16]

9 Im Rahmen eines **Inhabermodells**, auch als Betreiber- oder Betriebsführungsmodell bezeichnet, übernimmt der private Auftragnehmer gegen Entgelt die Planung, Herstellung bzw. Sanierung und den Betrieb eines im Eigentum des Hoheitsträgers stehenden Projektgegenstands.[17]

10 Das **Contractingmodell** umfasst die Errichtung und/oder den Betrieb technischer Anlagen(teile) des öffentlichen Partners sowie deren betriebswirtschaftliche Optimierung durch einen privaten Auftragnehmer.[18] Meist geht es dabei um Energielieferung, Heizsysteme oder Beleuchtungsanlagen für öffentliche Gebäude.

11 Beim **Gesellschaftsmodell** beauftragt der öffentliche Verwaltungsträger eine privatrechtliche Gesellschaft mit der Erbringung von Leistungen oder der Erfüllung öffentlicher Aufgaben. Gleichzeitig ist der Verwaltungsträger als Gesellschafter gemeinsam mit mindestens einem privaten Partner am Auftragnehmer-

---

[13] Ähnliche Unterscheidung bei *Tettinger*, NWVBl. 2005, 1 (2 ff.); *Budäus/Grüb*, ZögU 2007, 245 (251 ff.).

[14] So etwa § 3 ÖPP-Gesetz SH; *Schede/Pohlmann*, in: Weber/Schäfer/Hausmann (Hrsg.), Public Private Partnership, 2006, S. 102 ff.

[15] *Schede/Pohlmann* (Fn. 14), S. 104 ff.

[16] *Schede/Pohlmann* (Fn. 14), S. 116 f., 128 f.; *Tettinger*, DÖV 1996, 764 (766).

[17] *Reuter/Polley*, NVwZ 2007, 1345 (1346); *Schede/Pohlmann* (Fn. 14), S. 130 f.; *Tettinger*, DöV 1996, 764 (765).

[18] *Schede/Pohlmann* (Fn. 14), S. 137 f.

Unternehmen beteiligt.[19] Da dieser Vertragstyp somit nur die Organisationsform des Auftragnehmers betrifft, ist er mit den anderen Modellen, die den Leistungsinhalt beschreiben, kombinierbar.

12 Unter dem **Konzessionsmodell** ist die Übertragung von Aufgaben der öffentlichen Hand auf einen Privaten zu verstehen, die dieser gegenüber Dritten als Nutzern erledigt. Der Private finanziert seine Leistung durch Erhebung von Nutzerentgelten oder Gebühren direkt beim Dritten, eventuell ergänzt durch eine Zuzahlung des öffentlichen Auftraggebers, unter Umständen aber auch umgekehrt unter Zahlung einer Konzessionsabgabe an die öffentliche Hand.[20]

C. Rechtsrahmen

13 So wenig wie es eine feste Begriffsdefinition der PPP gibt, so wenig besteht für sie ein eigener, umfassender Rechtsrahmen, was sich aufgrund der Vielgestaltigkeit sowie der (vielfach politisch gerade erwünschten) Entwicklungsoffenheit und Flexibilität von PPP nachvollziehen lässt. Einzig Schleswig-Holstein verfügt bislang über ein ÖPP-Gesetz,[21] das grundlegende Fragen wie die Zulässigkeit der Kooperation in Form von PPP, Kooperationsmodelle oder Vertragsinhalte regelt. Das Gesetz erhebt aber ebenfalls nicht den Anspruch, alleiniger Rechtsrahmen zu sein. Hinzu kommen unter anderem verfassungs-, kommunal-, vergabe- und gesellschaftsrechtliche Bestimmungen, die im Folgenden näher beleuchtet werden sollen.

I. Verfassungsrecht

14 Verfassungsrechtlich sind für PPP vor allem das Demokratieprinzip (Art. 20 Abs. 2 GG) und das Rechtsstaatsprinzip (insb. Art. 20 Abs. 3 GG) bedeutsam.

15 Das **Demokratieprinzip** verlangt, dass jede Ausübung von Staatsgewalt demokratischer Legitimation bedarf, sich also von einer Wahlentscheidung des Volkes ableiten lassen muss.[22] Die Legitimation erfolgt in personeller Hinsicht durch die Bestimmung eines Amtsträgers über Wahlen oder indem ein seinerseits legitimierter Amtsträger eine andere Person bestellt oder bei der Bestellung mitwirkt. In sachlich-inhaltlicher Hinsicht bilden die Bindung eines Amtsträgers an Recht und

---

[19] *Schede/Pohlmann* (Fn. 14), S. 146; *Tettinger*, DöV 1996, 764 (766).

[20] *Reuter/Polley*, NVwZ 2007, 1345 (1347); *Schede/Pohlmann* (Fn. 14), S. 143 ff.; *Tettinger*, NWVBl. 2005, 1 (3 f.).

[21] Oben Fn. 5.

[22] BVerfGE 83, 60 (73); 93, 37 (68); 107, 59 (87); *Sommermann*, in: v. Mangoldt/Klein/Starck (Hrsg.), GG, Bd. 2, 5. Aufl. 2005, Art. 20 Abs. 2, Rn. 143 ff; ausführlich auch *Schliesky*, Souveränität und Legitimität von Herrschaftsgewalt, 2004, S. 233 ff.

Gesetz, seine Verantwortlichkeit gegenüber dem Parlament sowie Aufsichts- und Weisungsrechte die Legitimationsgrundlage.[23]

16 Für PPP bedeutet dies, dass die Mitwirkung eines privaten Partners in dieser Hinsicht kritisch wird, wenn dieser an der **Ausübung von Staatsgewalt** mitwirkt. Der Legitimationsbedarf ist umso größer, je näher die dem Partner zugewiesene Aufgabe am nicht übertragbaren Kernbereich staatlicher Verantwortung liegt, wie etwa die Ausübung von Zwang im Strafvollzug oder bei der Gefahrenabwehr.[24] Relevant wird das Demokratieprinzip somit vor allem bei denjenigen PPP-Modellen, die eine Wahrnehmung hoheitlicher Aufgaben durch den privaten Partner im eigenen Namen oder über eine gesellschaftsrechtliche Verflechtung gemeinsam mit einem öffentlichen Verwaltungsträger vorsehen. Ist der Verwaltungsträger mehrheitlich an einer gemeinsamen Gesellschaft beteiligt, muss er vertraglich einen entsprechenden Einfluss seiner Vertreter auf die Organe der Gesellschaft absichern.[25] Lassen sich aufgrund einer nur minderheitlichen öffentlichen Beteiligung eine Stimmenmehrheit oder andere Kontrollmöglichkeiten nicht verwirklichen, schließt die fehlende demokratische Legitimation auch die Übertragung einer öffentlichen Aufgabe aus. Es bleibt dann ein Tätigwerden des Privaten als **Verwaltungshelfer** möglich, dem lediglich die Aufgabenerfüllung im Namen des Hoheitsträgers obliegt.[26]

17 Erfolgt keine Übertragung hoheitlicher Aufgaben an Private, verbleibt die volle Aufgabenzuständigkeit und Verantwortung beim öffentlichen Partner. Aufgrund dieser Verantwortung ist der Hoheitsträger, um sein eigenes Legitimationserfordernis zu erfüllen, zur Kontrolle der Aufgabenausübung durch den Privaten verpflichtet. Hierzu muss er sich ebenfalls einen entsprechenden Einfluss sichern.[27]

18 Nach dem **Rechtsstaatsprinzip** sind Verwaltungsträger an bestehende Gesetze gebunden (Vorrang des Gesetzes)[28] und müssen für die Grundrechtsausübung bzw. organisatorisch wesentliche Entscheidungen vom Gesetzgeber selbst getroffen werden (Vorbehalt des Gesetzes).[29] Um den Vorrang des Gesetzes auch in einer PPP zu gewährleisten, muss der öffentliche Partner den Privaten zur Einhaltung öffentlich-rechtlicher Vorschriften verpflichten, die im Zusammenhang mit dem Projektgegenstand bestehen. Die Kooperation darf dem Verwaltungsträger nicht als Vehikel dienen, um sich seiner Pflichten gegenüber dem Bürger zu ent-

---

23 BVerfGE 83, 60 (73); 93, 37 (68); 107, 59 (87); *Sommermann* (Fn. 22), Art. 20 Abs. 2, Rn. 163 ff.

24 *Tettinger*, NWVBl. 2005, 1 (5, 9); *Burgi*, in: Isensee/Kirchhof, Handbuch des Staatsrechts, Bd. 4, 3. Aufl. 2006, § 75 Rn. 28 f.; ähnlich, allerdings unter dem Aspekt des Art. 33 Abs. 4 GG *Schäfer/Thiersch*, in: Weber/Schäfer/Hausmann (Hrsg.), Public Private Partnership, 2006, S. 85 (93 ff.).

25 *Burgi*, Kommunalrecht, 2006, § 17 Rn. 80 f.; *Schäfer/Thiersch* (Fn. 24), S. 87 ff.

26 *Schäfer/Thiersch* (Fn. 24), S. 90; *Maurer*, Allgemeines Verwaltungsrecht, 16. Aufl. 2006, § 23 Rn. 62.

27 *Burgi* (Fn. 25), § 17 Rn. 89 f.; *Schäfer/Thiersch* (Fn. 24), S. 90.

28 *Sommermann* (Fn. 22), Art. 20 Abs. 3 Rn. 270 f.

29 BVerfGE 40, 237 (249 f.); 49, 89 (126); 80, 124 (132); *Sommermann* (Fn. 22), Art. 20 Abs. 3 Rn. 278 f.; *Burgi* (Fn. 24), § 75 Rn. 24.

ziehen.[30] Im Sinne des Vorbehalts des Gesetzes ist zudem eine gesetzliche Grundlage im Rahmen von PPP erforderlich, wenn ein neuer Verwaltungsträger geschaffen oder Hoheitsgewalt auf Private bzw. auf ein Unternehmen mit privater Beteiligung übertragen wird. Die gesetzgeberische Entscheidung muss dann als wesentliche Punkte auch beispielsweise Art und Umfang der übertragenen Befugnisse umfassen.[31] Für Gemeinden folgt allerdings aus ihrer **Organisationshoheit gemäß Art. 28 Abs. 2 S. 1 GG**, dass sie grundsätzlich keiner weiteren ausdrücklichen gesetzlichen Grundlage für einzelne Gründungs- oder Übertragungsakte bedürfen[32] (→Bd. 1, § 11 Rn. 12).

II. Kommunalrecht

Das Gemeindewirtschaftsrecht aller Bundesländer stellt Voraussetzungen für die wirtschaftliche bzw. unternehmerische Betätigung von Gemeinden auf.[33] Wirtschaftliche Betätigung lässt sich definieren als das Herstellen, Anbieten oder Verteilen von Gütern oder Dienstleistungen am Markt, die ihrer Art nach auch von einem Privaten mit Gewinnerzielungsabsicht erbracht werden können.[34] In den meisten Gemeindeordnungen bestehen Negativlisten nicht erfasster Tätigkeitsbereiche.[35] Die Wirtschaftstätigkeit ist in allen Ländern in ähnlicher Weise haushaltsrechtlich erwünscht[36], aber mit Unterschieden in Umfang und Anknüpfungspunkten, drei wesentlichen Voraussetzungen unterworfen.[37] Die Wirtschaftstätigkeit muss erstens ein **öffentlicher Zweck** rechtfertigen. Die bloße Gewinnerzielung darf mit anderen Worten nicht im Vordergrund stehen. Zweitens muss das Unternehmen in einem angemessenen Verhältnis zur **Leistungsfähigkeit der Gemeinde** und dem voraussichtlichen **Bedarf** stehen. Schließlich ist drittens die wirtschaftliche Betätigung **subsidiär**, wenn private Unternehmen den Zweck besser und wirtschaftlicher[38] bzw. auch nur ebenso gut und wirtschaftlich[39] erfüllen können (s. näher → § 40 Rn. 7 ff.; § 41 Rn. 30 ff.; § 42 Rn. 33 ff.). 19

---

[30] So schon *Püttner* (Fn. 10), S. 153.

[31] Näher dazu *Burgi*, in: Erichsen/Ehlers (Hrsg.), Allgemeines Verwaltungsrecht, 13. Aufl. 2006, § 9 Rn. 27; *Schäfer/Thiersch* (Fn. 24), S. 91.

[32] *Schmidt-Jortzig*, Kommunale Organisationshoheit, 1979, S. 157 ff.; *Schliesky*, Die Verwaltung 38 (2005), S. 340 ff.; *Schäfer/Thiersch* (Fn. 24), S. 92; *Tettinger*, NWVBl. 2005, 1 (5).

[33] Etwa Art. 86 ff. GO Bay, §§ 107 ff. GO NRW, §§ 101 ff. GO SH.

[34] So § 107 Abs. 1 S. 3 GO NRW; *Schäfer/Karthaus*, in: Weber/Schäfer/Hausmann (Hrsg.), Public Private Partnership, 2006, S. 193 (214); *Schliesky*, Öffentliches Wettbewerbsrecht, 1997, S. 22.

[35] Etwa § 121 Abs. 2 GO H, § 101 Abs. 4 GO SH.

[36] Dazu *Schliesky*, in: Henneke/Pünder/Waldhoff (Hrsg.), Recht der Kommunalfinanzen, 2006, § 22 Rn. 1.

[37] Näher dazu *Burgi* (Fn. 25), § 17 Rn. 41 ff.; *Tettinger/Erbguth*, Besonderes Verwaltungsrecht, 8. Aufl. 2005, Rn. 288 ff.; *Schliesky* (Fn. 34), S. 434 ff.; *ders.*, Öffentliches Wirtschaftsrecht, 3. Aufl. 2008, S. 181 f.

[38] So etwa § 68 Abs. 1 Nr. 3 KV MV, § 101 Abs. 1 Nr. 3 GO SH.

20 Zudem enthalten die Gemeindeordnungen Vorschriften für die Beteiligung an bzw. Gründung von privatrechtlichen Gesellschaften, unabhängig von deren wirtschaftlicher Betätigung.[40] Sie verlangen, wiederum in unterschiedlicher Ausprägung, insbesondere die Verankerung des öffentlichen Zwecks im Gesellschaftsvertrag, Haftungsbegrenzungen, vertragliche Einflusssicherung in den Organen der Gesellschaft sowie den Vorrang öffentlich-rechtlicher Organisationsformen.[41] Im Rahmen des neuen ÖPP-Gesetzes Schleswig-Holstein ist für den Fall des Fehlens vertraglicher Einwirkungs- und Kontrollrechte ausdrücklich die Nichtigkeit des Kooperationsvertrages geregelt, wenn er die unmittelbare Beteiligung Privater an der Erfüllung öffentlicher Aufgaben vorsieht.[42]

21 Von den oben vorgestellten typischen PPP-Formen sind diese Anforderungen beim Gesellschaftsmodell zu beachten. Sie sollen dem bei vielen Kooperationen auftretenden Konflikt zwischen Renditezielen einerseits sowie dem öffentlichen Interesse und der Gemeinwohlsicherung andererseits entgegenwirken. Ähnliche Bestimmungen finden sich auch in § 65 BHO und den Landeshaushaltsordnungen[43] für entsprechende privatrechtliche Beteiligungen des Bundes und der Länder.

22 Einige Gemeindeordnungen, aber auch das ÖPP-Gesetz Schleswig-Holstein verpflichten bzw. berechtigen ihre Adressaten zudem zur **Aufgabenkritik** und Vornahme von **Wirtschaftlichkeitsuntersuchungen** hinsichtlich der Zusammenarbeit mit oder der gänzlichen Aufgabenübertragung an Private.[44] Auch die Haushaltsordnungen des Bundes und der Länder enthalten entsprechende Pflichten.[45]

III. Vergaberecht

23 Bei der Auswahl des privaten Partners kann der Träger der öffentlichen Verwaltung nicht willkürlich vorgehen, sondern muss seine Entscheidung frei von politischen Einflüssen und anderen sachfremden Kriterien treffen und auf eine sparsame Verwendung öffentlicher Mittel bedacht sein. Dies folgt bereits aus den zuvor erwähnten verfassungs-, kommunal- und haushaltsrechtlichen Grundsätzen. Noch engere Bindungen ergeben sich aus dem europarechtlich geprägten Vergaberecht. Zum einen sind die der Niederlassungs- und Dienstleistungsfreiheit (Art. 49 ff.,

---

[39] So etwa Art. 87 Abs. 1 Nr. 4 GO Bay, § 107 Abs. 1 Nr. 3 GO NRW, § 116 Abs. 1 Nr. 3 GO LSA; zur Subsidiarität etwa *Leder*, DÖV 2008, 173 (175).

[40] Etwa § 108 GO NRW, § 102 GO SH, § 117 GO LSA.

[41] Näher dazu *Burgi* (Fn. 25), § 17 Rn. 82 ff.

[42] § 9 Abs. 1 ÖPP-Gesetz SH.

[43] Etwa § 65 LHO NRW, § 65 LHO SH.

[44] Art. 61 Abs. 2 S. 2 GO Bay, § 100 Abs. 3 GO BB, § 2 GO SH, §§ 4 f. ÖPP-Gesetz SH; zu Wirtschaftlichkeitsuntersuchungen näher *Ziekow/Windoffer*, NZBau 2005, 665 (669 f.); *dies.*, Public Private Partnership, 2008, S. 89 ff.; *Weber/Moß/Parzych*, in: Weber/Schäfer/Hausmann (Hrsg.), Public Private Partnership, 2006, S. 499 ff.; kritisch zur Privatisierungsprüfpflicht in § 7 BHO *Schliesky*, DÖV 1996, 109 (113 f.).

[45] § 7 Abs. 1 S. 2, Abs. 2 BHO, § 7 Abs. 1 S. 2, Abs. 2 LHO SH, § 7 Abs. 1, 2 LHO NRW.

56 ff. AEUV) innewohnenden Grundsätze der Transparenz, der Gleichbehandlung, der Verhältnismäßigkeit und der gegenseitigen Anerkennung bei jeder Auftragsvergabe zu beachten.[46] Zum anderen bestehen mit den §§ 97 ff. GWB Vorschriften über die Vergabe öffentlicher Aufträge im Wege transparenter **Vergabeverfahren**. Sie gehen auf verschiedene EG-Richtlinien zurück, die im Jahr 2004 durch eine koordinierende Richtlinie[47] zusammengeführt wurden. Während aber diese Vergabeverfahren erst ab gewissen Schwellenwerten des Auftragsvolumens anzuwenden sind, die nur ein kleiner Bruchteil der vergebenen Aufträge erreicht[48], sind die allgemeinen primärrechtlichen Grundsätze stets einzuhalten.

So ergibt sich eine Zweiteilung in das formalisierte, detailliert geregelte Vergaberecht des GWB mit mittlerweile umfangreicher Rechtsprechung durch nationale Gerichte und EuGH und in ein nicht formalisiertes Vergaberecht im Unterschwellenbereich, bei dem hinsichtlich der Bedeutung und Reichweite der allgemeinen Grundsätze noch weitgehend Unklarheit herrscht. **24**

1. Vergaberechtsfreiheit

Die Pflicht zur Durchführung eines Vergabeverfahrens nach dem GWB hängt nicht nur von der Höhe der Auftragswerte ab, sondern auch von der Vorfrage, ob überhaupt ein **öffentlicher Auftrag im Sinne des GWB** vorliegt. Gemäß § 99 Abs. 1 GWB sind davon Verträge zwischen einem öffentlichen Auftraggeber und einem Unternehmen über die Erbringung einer Leistung gegen Entgelt erfasst.[49] Sämtliche der oben[50] genannten PPP-Typen weisen regelmäßig entsprechende Merkmale auf und unterliegen damit den GWB-Vorschriften, sofern die jeweils geltenden Schwellenwerte erreicht sind. Mögliche Ausnahmen und Abgrenzungsfälle sollen hier jedoch nicht unerwähnt bleiben: **25**

Die Grundsätze der **Inhouse-Vergabe** dürften auf keine denkbare PPP-Form Anwendung finden. Nach der sogenannten „Teckal"-Entscheidung des EuGH liegt ein vom (formalisierten) Vergaberecht befreites Inhouse-Geschäft vor, wenn eine Gebietskörperschaft eine von ihr rechtlich verschiedene Person beauftragt, über **26**

---

[46] EuGH, Rs. C-324/98, Slg. 2000, I-10745, Rn. 60 – Telaustria und Telefonadress; Rs. C-458/03, Slg. 2005, I-8585, Rn. 46 ff. – Parking Brixen; Europäische Kommission (Fn. 2), S. 5, Rn. 8.

[47] Richtlinie 2004/18/EG des Europäischen Parlaments und des Rates v. 31.3.2004 über die Koordinierung der Verfahren zur Vergabe öffentlicher Bauaufträge, Lieferaufträge und Dienstleistungsaufträge, ABl. L 134 v. 30.4.2004, S. 114, zuletzt geändert durch die Richtlinie 2006/97/EG des Rates v. 20.11.2006 zur Anpassung bestimmter Richtlinien im Bereich freier Warenverkehr anlässlich des Beitritts Bulgariens und Rumäniens, ABl. L 363 v. 20.12.2006, S. 107. Zu den Änderungen *Schliesky* (Fn. 37), S. 191.

[48] Dazu *Dreher*, NZBau 2002, 419 (420); *Dörr*, JZ 2004, 703 (712); *Bitterich*, NVwZ 2007, 890.

[49] Im Einzelnen dazu *Dreher*, in: Immenga/Mestmäcker (Hrsg.), Wettbewerbsrecht, Bd. 2, GWB, 4. Aufl. 2007, § 99 Rn. 4 ff.

[50] Rn. 7 ff.

die sie „eine Kontrolle ausübt wie über ihre eigenen Dienststellen und wenn diese Person zugleich ihre Tätigkeit im Wesentlichen für die Gebietskörperschaft oder die Gebietskörperschaften verrichtet, die ihre Anteile innehaben".[51] Diese Kontrolle ist ausgeschlossen, sobald eine auch nur minderheitliche Beteiligung eines privaten Unternehmens an einer derartigen Einrichtung besteht[52] (→ § 39 Rn. 53).

27 Die ebenfalls vergaberechtsfreie **Bau- bzw. Dienstleistungskonzession**[53] kann dagegen bei PPP einschlägig sein. Als Dienstleistungskonzession gelten nach Art. 1 Abs. 4 der Vergaberichtlinie[54] „Verträge, die von öffentlichen Dienstleistungsaufträgen nur insoweit abweichen, als die Gegenleistung für die Erbringung der Dienstleistungen ausschließlich in dem **Recht zur Nutzung der Dienstleistung** oder in diesem Recht zuzüglich der Zahlung eines Preises besteht". Entsprechendes gilt für die Baukonzession.[55] Der öffentliche Auftraggeber zahlt als Gegenleistung für die Tätigkeit des Auftragnehmers entweder gar keine Vergütung, oder die geleistete Vergütung hat jedenfalls gegenüber der vorrangigen Gegenleistung der Tätigkeitsgestattung eine nachgeordnete Bedeutung. Abgrenzungskriterium von dem ausschließlich entgeltlichen Erkaufen einer Dienstleistung ist das im Fall der Konzession auf den privaten Dienstleistungserbringer verlagerte **Betriebsrisiko**.[56] Diese Voraussetzungen werden typischerweise auf PPP in Form des Konzessionsmodells zutreffen, wenngleich dies je nach Risikoverteilung im Einzelfall nicht zwingend ist. Selbst bei einer Vergaberechtsfreiheit gelten dann aber die sogleich zu erörternden primärrechtlichen Bindungen des nicht formalisierten Vergaberechts.[57]

28 Auch die **gemeinsame Gesellschaftsgründung** bzw. die Aufnahme eines Privaten als Mitgesellschafter in ein bisher öffentliches Unternehmen oder die öffentliche Beteiligung an einer privaten Gesellschaft muss nicht notwendig als Vergabe eines öffentlichen Auftrags gewertet werden. Der reine Gesellschaftsvertrag begründet zwischen den Parteien unter Umständen noch keine konkreten Leistungspflichten mit Beschaffungszweck im Sinne eines öffentlichen Auftrags. Die jeweilige Gesellschaft wird aber fast immer den Zweck haben, Leistungen im Sinne des Vergaberechts für den Verwaltungsträger zu erbringen, also erfolgt auch die Auswahl des Mitgesellschafters im Hinblick auf dessen Beteiligung an der Aufgabenerledigung. Der Gründungsvorgang hat daher im Regelfall **Beschaffungsbezug**,

---

[51] EuGH, Rs. C-107/98, Slg. 1999, I-8121, Rn. 50 – Teckal.

[52] EuGH Rs. C-26/03, Slg. 2005, I-1, Rn. 49 – Stadt Halle; kritisch zum Kriterium der Kontrolle *Pietzcker*, NVwZ 2007, 1225 (1229 f.); zur Problematik der sog. Inhouse-Geschäfte *Burgi*, NZBau 2005, 208 (209); *Krajewski/Wethkamp*, DVBl. 2008, 355 ff.; *Schliesky* (Fn. 37), S. 197 ff.

[53] Siehe dazu *Ziekow/Windoffer* (Fn. 44), S. 114 f.

[54] Richtlinie 2004/18/EG (Fn. 46).

[55] Art. 1 Abs. 3 Richtlinie 2004/18/EG (Fn. 47).

[56] EuGH Rs. C-458/03, Slg. 2005, I-8585, Rn. 40 – Parking Brixen; *Dreher* (Fn. 49), § 98 Rn. 221; *Mestmäcker/Schweitzer*, Europäisches Wettbewerbsrecht, 2. Aufl. 2004, § 39 Rn. 19 ff.

[57] *Mestmäcker/Schweitzer* (Fn. 56), § 39 Rn. 24.

jedenfalls wenn bei Gründung schon eine Aufgabenübertragung beabsichtigt ist.[58] Er eignet sich somit nicht, um vergaberechtlichen Pflichten zu entgehen.

Daneben wird die Zusammenarbeit mit Privaten im Wege der **Beleihung** als Ausweg aus dem Vergaberecht diskutiert. Erfolgt die Auftragsvergabe an den Beliehenen, indem dieser sich über Gebühren von dritten Dienstleistungsempfängern finanziert und dabei das Betriebsrisiko trägt, sind die Grundsätze der vergaberechtsfreien Dienstleistungskonzession anwendbar.[59] Weiterer Ansatzpunkt ist Art. 51 Abs. 1 AEUV, der mit der Ausübung öffentlicher Gewalt verbundene Tätigkeiten vom Anwendungsbereich des Wettbewerbsrechts ausnimmt. Eine Vergaberechtsfreiheit ist vor diesem Hintergrund anzunehmen, wenn der Beliehene abschließende Entscheidungsbefugnis besitzt.[60] Zweifelhaft ist dagegen die Argumentation, eine durch Hoheitsakt erfolgte Beleihung sei nicht als Vertrag zu qualifizieren.[61] Eine Aufgabenübertragung wird in der Regel nicht ohne vorheriges Einverständnis des Beliehenen erfolgen und unterscheidet sich insoweit nicht wesentlich von einer vertraglichen Vereinbarung.[62] 29

2. Formalisiertes Vergaberecht

Das formalisierte Vergaberecht des **GWB**, konkretisiert durch die Vergabeverordnung (VgV) und die Verdingungsordnungen, sieht mehrere verschiedene Typen des Vergabeverfahrens vor, die sich in ihren Voraussetzungen und ihrem Ablauf teilweise erheblich unterscheiden: offenes und nicht offenes Verfahren, Verhandlungsverfahren und das mit dem ÖPP-Beschleunigungsgesetz[63] des Bundes neu eingeführte Verfahren des wettbewerblichen Dialogs.[64] Die beiden letzteren Verfahrensarten sollen im Folgenden als die für PPP relevantesten genauer beleuchtet werden. 30

Gleich welcher vergaberechtliche Weg anzuwenden ist, stehen die Vorhabenträger einer PPP fast immer vor einer großen Hürde, denn Kooperation und Vergaberecht sind in ihren Konzepten gegenläufig: Eine ordnungsgemäße öffentliche Auftragsvergabe verlangt Transparenz, insbesondere eine genaue vorherige **Leistungsbeschreibung**. PPP zielen dagegen oft darauf, dass der private Partner erst Lösungswege für eine Aufgabe oder ein Problem des Verwaltungsträgers 31

---

[58] *Müller/Brauser-Jung*, NVwZ 2007, 884 (885 f.); *Hertwig*, Praxis der öffentlichen Auftragsvergabe, 3. Aufl. 2005, Rn. 30; *Braun/Buchmann*, NZBau 2007, 691 (694 f.).

[59] *Braun/Buchmann*, NZBau 2007, 691 (692 f.).

[60] Näher *Burgi*, NVwZ 2007, 383 (386 f.) m. w. N.; ähnlich *Pietzcker*, NVwZ 2007, 1225 (1232).

[61] So *Braun/Buchmann*, NZBau 2007, 691 (693 f.).

[62] *Burgi*, NVwZ 2007, 383 (385).

[63] Oben Fn. 4; dazu *Uechtritz/Otting*, NVwZ 2005, 1105 ff.

[64] Auch dieses geht auf die Novellierung der Vergaberichtlinien zurück, S. Art. 28 f. der RL 2004/18/EG (Fn. 46). – Überblick über die Vergabearten bei *Schliesky* (Fn. 37), S. 191, 198 ff.

entwickelt, so dass jedenfalls keine beschaffungsbezogene Leistungsbeschreibung möglich ist und nur gewünschte Ergebnisse formuliert werden können.[65]

32 Hier soll das Verfahren des **wettbewerblichen Dialogs** ansetzen, das auf die bereits erwähnte europäische Vergaberichtlinie[66] zurückgeht. Dabei ist die Festlegung der Auftragsbedingungen Bestandteil des Verfahrens. In einer ersten Phase erfolgen zunächst eine Vergabebekanntmachung mit Beschreibung der Bedürfnisse und Anforderungen des öffentlichen Auftraggebers sowie die Aufforderung, Anträge auf Teilnahme zu stellen.[67] Mindestens drei Unternehmen sind zur Teilnahme am Dialog auszuwählen.[68] Die zweite Phase des eigentlichen Dialogs besteht aus Verhandlungen des öffentlichen Auftraggebers mit den Teilnehmern und dauert an bis eine geeignete Lösung für das gesteckte Ziel gefunden und die konkreten Auftragskonditionen bestimmbar sind bzw. bis erkennbar ist, dass keine Lösung gefunden werden kann.[69] Sodann erfolgt die Angebotsphase auf Grundlage der gefundenen technischen, finanziellen und rechtlichen Konditionen, anschließend die Auswahl und Zuschlagserteilung.

33 Neben dem Vorteil der größeren Flexibilität durch schrittweise Erarbeitung der Auftragsbedingungen ist dem Verfahren freilich auch eine Ungewissheit hinsichtlich der Brauchbarkeit des Ergebnisses immanent. Auch der unter Umständen höhere Zeit- und Kostenaufwand für den zusätzlichen Verfahrensschritt und für Unternehmer die Gefahr der vergeblichen Preisgabe von technischem Know-how sind zu bedenken.

34 Beim **Verhandlungsverfahren** (ehemals sog. freihändige Vergabe) erfolgt ein sukzessiver Austausch von Vertragsangeboten, wobei technische, rechtliche und finanzielle Rahmenbedingungen jedoch schon genauer festliegen als beim wettbewerblichen Dialog. Der Auftraggeber wendet sich an ausgewählte Unternehmer und verhandelt mit einem oder mehreren von ihnen über den Auftragsinhalt.[70] Die Auswahl der potenziellen Bieter hat nach bestimmten Kriterien, insbesondere der Eignung, unter Beachtung des Gleichbehandlungsgrundsatzes zu erfolgen.[71] Über den Preis und andere Auftragsbedingungen darf, anders als bei dem offenen und nicht offenen Verfahren, verhandelt und nachverhandelt werden.

35 Die gegenüber dem offenen und nicht offenen Verfahren geringere Transparenz und Chancengleichheit bei Verhandlungsverfahren und wettbewerblichem Dialog sollen durch einen eingeschränkten **Anwendungsbereich** ausgeglichen werden. Der **wettbewerbliche Dialog** setzt voraus, dass der öffentliche Auftraggeber **objektiv nicht in der Lage** ist, entweder die technischen Mittel oder die rechtlichen oder finanziellen Bedingungen des Vorhabens anzugeben. Mit anderen Worten: Der Verwaltungsträger kann hier nur das Ziel benennen, nicht aber die Art der

---

65 Näher dazu *Schenke/Klimpel*, DVBl. 2006, 1492 (1493); *Stehlin/Gebhardt*, BWVBl. 2005, 90 (93).

66 Richtlinie 2004/18/EG (Fn. 47).

67 § 6a VgV, Art. 35 Abs. 2, 38 Abs. 3 RL 2004/18/EG (Fn. 47).

68 Art. 44 Abs. 3 UA 2 RL 2004/18/EG (Fn. 47).

69 § 6a Abs. 5 VgV.

70 § 3a Nr. 1 d) S. 2 VOB/A; § 3a Nr. 1 Abs. 1 S. 2 VOL/A.

71 §§ 8a, 8 Nr. 3-5 VOB/A; §§ 7, 7a VOL/A.

Zielerreichung. Die Begründungserwägungen der dem wettbewerblichen Dialog zugrunde liegenden Richtlinie machen deutlich, dass hierfür eine außerordentliche Komplexität des Projektes erforderlich ist, die auch unter Zuhilfenahme von Sachverständigen oder sonst zumutbarem Aufwand keine vorherige Festlegung von Rahmenbedingungen ermöglicht, ohne die Erreichung des Projektziels einzuschränken oder gar zu vereiteln.[72]

Das **Verhandlungsverfahren** ist ebenfalls nur in eng definierten Grenzen anwendbar, etwa wenn im offenen oder nicht offenen Verfahren oder wettbewerblichen Dialog keine oder nur Angebote eingegangen sind, die aus rechtlichen Gründen unannehmbar sind, oder bei geistig-schöpferischen Dienstleistungen wie Bauplanungsdienstleistungen, sofern die zu erbringende Dienstleistung so beschaffen ist, dass vertragliche Spezifikationen nicht so genau festgelegt werden können, wie es für eine Angebotsauswahl im offenen und nicht offenen Verfahren erforderlich ist.[73] 36

Das **Verhältnis der Vergabearten zueinander** regelt § 101 Abs. 6 S. 1 GWB, wonach grundsätzlich das offene Verfahren durchgeführt werden muss, soweit nicht auf Grund des GWB etwas anderes ausdrücklich gestattet ist. Hinsichtlich des für PPP oftmals am ehesten geeignet erscheinenden Verfahrens des wettbewerblichen Dialogs legt der auf der Grundlage des GWB erlassene § 6a VgV fest, dass staatliche Auftraggeber unter der bereits erwähnten Voraussetzung der objektiven Unmöglichkeit, bestimmte Angaben zu machen, das Dialogverfahren durchführen können. Art. 29 Abs. 1 der Vergaberichtlinie 2004/18/EG beschränkt den Anwendungsbereich auf Fälle, in denen eine Vergabe im Wege des offenen oder nicht offenen Verfahrens nicht möglich ist. Daher ist § 6a VgV hier richtlinienkonform dahin auszulegen, dass ein Wahlrecht zwischen Dialog- und Verhandlungsverfahren besteht, wenn die Anforderungen für beide Vergabearten erfüllt sind.[74] 37

3. Primäres Gemeinschaftsrecht

Auch ohne Anwendbarkeit der §§ 97 ff. GWB sind der Auftragsvergabe Grenzen gesetzt. Es gelten aus den Grundfreiheiten abgeleitete, richterrechtlich entwickelte Vorgaben des Gemeinschaftsrechts, insbesondere **Transparenz, Gleichbehandlung, Diskriminierungsfreiheit und Verhältnismäßigkeit**.[75] Um einen transparenten und diskriminierungsfreien Wettbewerb zu ermöglichen, muss daher auch in diesem Bereich vor Vereinbarung einer PPP für potenzielle Bieter die Möglich- 38

---

[72] RL 2004/18/EG (Fn. 47), Erwägungsgründe 8, 31; *Müller/Brauser-Jung*, NVwZ 2007, 884 (887); *Schenke/Klimpel*, DVBl. 2006, 1492 (1494); *Dreher* (Fn. 49), § 101 Rn. 34.

[73] Art. 30 f. RL 2004/18/EG, § 3a Nr. 5 f. VOB/A, § 3a Nr. 1 Abs. 5 VOL/A.

[74] *Dreher* (Fn. 49), § 101 Rn. 32 m. w. N. Für einen Vorrang des wettbewerblichen Dialogs etwa *Schenke/Klimpel*, DVBl. 2006, 1492 (1495); für einen tendenziellen Vorrang des Verhandlungsverfahrens *Pünder/Franzius*, ZfBR 2006, 20 (24).

[75] EuGH, Rs. C-324/98, Slg. 2000, I-10745, Rn. 60 – Telaustria und Telefonadress; Rs. C-458/03, Slg. 2005, I-8585, Rn. 46 ff. – Parking Brixen; *Dreher* (Fn. 49), Vor §§ 97 ff. Rn. 32.

keit der Kenntnisnahme und Teilnahme am Wettbewerb bestehen. Insbesondere ist eine Bekanntgabe der anstehenden Entscheidung und der Auswahlkriterien zu verlangen.[76] Das ÖPP-Gesetz Schleswig-Holstein etwa nennt hierzu als Kriterien die aus dem Gewerberecht bekannten Merkmale **Fachkunde, Leistungsfähigkeit und Zuverlässigkeit**.[77]

4. Rechtsschutz

39 Die Vergabe öffentlicher Aufträge unterliegt nach §§ 102 ff. GWB einem speziell geregelten **Nachprüfungsverfahren** durch Vergabeprüfstellen und Vergabekammern. Der Rechtsbehelf eines unterlegenen Bieters verhindert hierbei nach § 115 Abs. 1 GWB jedenfalls vorübergehend die Zuschlagserteilung. Für Vergaben **außerhalb der Verfahren des GWB** sind dagegen besondere Rechtsschutzmöglichkeiten nicht vorgesehen. Da der öffentliche Auftraggeber als Nachfrager am Markt nicht hoheitlich tätig wird, ist der **ordentliche Rechtsweg** einschlägig.[78] Da hier der unterlegene Konkurrent meist erst nach Vertragsschluss Kenntnis von der Entscheidung zu seinen Ungunsten erlangt, bleibt ihm statt einer Anfechtung der Vergabe selbst nur der auf Schadensersatz oder Feststellung gerichtete **Sekundärrechtsschutz**. Diese Beschränkung des Rechtsschutzes außerhalb des GWB hat jüngst das BVerfG als mit dem Justizgewährungsanspruch und dem allgemeinen Gleichheitssatz vereinbar gebilligt.[79]

IV. Gesellschaftsrecht

40 Eine als privatrechtliche Gesellschaft organisierte PPP – in der Praxis am häufigsten in Form der GmbH oder AG – ist neben den genannten öffentlich-rechtlichen Vorgaben auch an den Rechtsrahmen des Gesellschaftsrechts gebunden. Die dort zur Verfügung stehenden Gestaltungsmöglichkeiten können dem öffentlich-rechtlichen Partner dienen, um insbesondere kommunalrechtliche Anforderungen zu erfüllen. Teilweise kommt es jedoch auch zu Spannungen zwischen öffentlichem und Gesellschaftsrecht (→ § 46).

41 Eine der wichtigsten Vorgaben der Gemeindeordnungen ist in diesem Zusammenhang die Sicherung eines angemessenen **Einflusses** in den Organen der Gesellschaft, insbesondere im **Aufsichtsrat** oder einem entsprechenden Kontrollgremium (Einzelheiten → § 46 Rn. 14 ff.). Bei einer GmbH ist die Einrichtung eines Aufsichtsrats grundsätzlich fakultativ, kann sich aber aus der gebotenen Ein-

---

[76] EuGH, Rs. C-324/98, Slg. 2000, I-10745, Rn. 62 – Telaustria und Telefonadress; *Europäische Kommission* (Fn. 2), S. 12, Rn. 29 f.; *Pietzcker*, NVwz 2007, 1225 (1232).

[77] § 6 ÖPP-Gesetz SH (Fn. 6).

[78] BVerwG, NJW 2007, 2275 (2276 f.).

[79] BVerfG, NJW 2006, 3701 (3702 ff.); dazu *Bitterich*, NVwZ 2007, 890 (892 ff.); *Pietzcker*, NVwZ 2007, 1225 (1226); *Siegel*, DÖV 2007, 237 ff.

flusssicherung für die Gemeinde zu einer Pflicht verdichten.[80] Aufsichtsratsmitglieder werden grundsätzlich gemäß § 101 Abs. 1 S. 1 AktG, § 52 Abs. 1 GmbHG durch die Haupt- bzw. Gesellschafterversammlung gewählt. Es kann stattdessen aber im Gesellschaftsvertrag ein Recht der Gesellschafter zur **Entsendung** von Mitgliedern in den Aufsichtsrat vereinbart werden, allerdings im Fall der AG beschränkt auf ein Drittel der Aufsichtsratsmitglieder.[81] Je nach Mehrheitsverhältnissen und Formulierung in der jeweiligen Gemeindeordnung kann sogar eine Verpflichtung zur Mitsprachesicherung durch Entsenderecht bestehen, oder jedenfalls eine Hinwirkenspflicht.[82] Sind mehrere Vertreter für die Gemeinde in den Aufsichtsrat zu entsenden, muss gegebenenfalls auch der **Parteienproporz** in der Gemeindevertretung berücksichtigt werden – einige Gemeindeordnungen ordnen dies ausdrücklich an.[83]

Die **Vertretung der Gemeinde** in den Organen der Gesellschaft erfolgt durch **42** den Bürgermeister oder durch von der Gemeindevertretung (bzw. dem Gemeinderat) bestimmte Vertreter.[84] Im Rahmen der gesetzlichen Vertretung in der Hauptbzw. Gesellschafterversammlung darf der Vertreter im Regelfall nach den allgemeinen kommunalrechtlichen Grundsätzen Entscheidungen, sofern sie nicht zu den laufenden Verwaltungsangelegenheiten gehören, nicht allein treffen. Vielmehr sind Beschlüsse der Gemeindevertretung bzw. -versammlung erforderlich.[85]

Darüber hinaus ordnen einige Gemeindeordnungen eine **Weisungsgebundenheit** der in den Vorstand oder Aufsichtsrat entsandten Vertreter gegenüber dem **43** Gemeindevorstand oder der Gemeindevertretung an,[86] überwiegend ausdrücklich unter dem Vorbehalt entgegenstehender gesellschaftsrechtlicher Vorschriften.[87] Dies ist vor dem Hintergrund der gesellschaftsrechtlichen Bindung der Aufsichtsratsmitglieder an das **Interesse der Gesellschaft** zu sehen, welches mit einer gemeindlichen Weisung kollidieren kann. Nach herrschender Ansicht geht das Gesellschaftsinteresse vor, eine Weisungsgebundenheit ist aus Sicht des Gesellschaftsrechts ausgeschlossen.[88] Einer Kollision kann zumindest ansatzweise vor-

---

[80] *Zahradnik*, in: Bennemann u.a. (Hrsg.), Kommunalverfassungsrecht Hessen, Loseblatt, Stand: Juni 2004, GO H § 122, Rn. 12.

[81] § 101 Abs. 2 S. 4 AktG.

[82] So § 113 Abs. 3 GO NRW, Art. 93 Abs. 2 GO Bay; näher: *Lohner/Ziegelmeier*, BayVBl. 2007, 581 (583).

[83] § 50 Abs. 3, 4 i. V. m. §§ 63 Abs. 2, 113 GO NRW, § 71 Abs. 1 S. 4, Abs. 2 KV MV, § 98 Abs. 2 S. 2 GO Sachs; zur bayerischen Rechtslage *Lohner/Ziegelmeier*, BayVBl. 2007, 581 (584 f.).

[84] Vgl. etwa § 125 Abs. 1 GO H, §§ 63, 113 GO NRW, § 98 Abs. 1 S. 1 GO Sachs, § 104 Abs. 1 GO SH.

[85] Etwa nach §§ 22, 38 Abs. 3 KV MV, § 98 Abs. 1 S. 5 GO Sachs, §§ 27 Abs. 1, 55 Abs. 1 GO SH; dazu *Schmid*, in: Quecke u.a., GO Sachs, Loseblatt, Stand: Dezember 2007, § 98 Rn. 8; *Lohner/Ziegelmeier*, BayVBl. 2007, 581 (583).

[86] § 104 Abs. 1, 2 GO BB, §§ 104 Abs. 2, 25 Abs. 1, ggf. i.V.m. § 67 Abs. 6 GO SH.

[87] Art. 93 Abs. 2 S. 3 GO Bay, § 125 Abs. 1 S. 3, Abs. 2 GO H, § 71 Abs. 1 S. 5 KV MV.

[88] *Sprenger*, in: Borchert u.a., Kommunalverfassungsrecht SH, Loseblatt, Stand: November 2007, Gemeindeordnung, § 104 Rn. 6; *Strobel*, DVBl. 2005, 77 (79 f.); *Ade*, in: ders. (Hrsg.), Handbuch Kommunales Beteiligungsmanagement, 1997, S. 124 f.

gebeugt werden, indem bereits im Gesellschaftsvertrag möglichst genau der Gesellschaftszweck im Sinne der beteiligten Gemeinde und damit des **öffentlichen Interesses** definiert wird.[89] (→ § 46 Rn. 7 ff.) Ähnliches gilt für die von § 76 Abs. 1 AktG angeordnete Eigenverantwortlichkeit des Vorstandes einer AG. Sie ist mit einer Weisungsbindung der gemeindlichen Organe grundsätzlich nicht zu vereinbaren.[90] Allerdings können Vorstandsentscheidungen etwa durch die Satzung für einzelne Materien dem Vorbehalt der Zustimmung des Aufsichtsrats unterworfen werden.[91] Ein aktienrechtlich zulässiges Weisungsrecht kann außerdem über einen Beherrschungsvertrag nach §§ 308 ff. AktG zwischen Gemeinde und Gesellschaft erreicht werden, einhergehend mit weitgehenden Haftungspflichten der Gemeinde als beherrschendes Unternehmen[92] (zu Einzelheiten → § 46 Rn. 24 ff.).

44 Ein vergleichbares Spannungsverhältnis besteht auch zwischen kommunalrechtlich angeordneten Informationspflichten der von einer Gemeinde entsandten Vertreter und der Verschwiegenheitspflicht der Aufsichtsratsmitglieder nach §§ 93 Abs. 1 S. 2, 116 AktG, § 52 Abs. 1 GmbHG[93] (→ § 52 Rn. 42 ff.).

V. Sonstiges Verwaltungsrecht

45 Schließlich finden sich im besonderen Verwaltungsrecht einzelne Vorschriften, die auf das jeweilige Rechtsgebiet bezogen besondere Kooperationsformen zwischen Verwaltung und Privaten vorsehen. Dazu zählen der **städtebauliche Vertrag** nach § 11 BauGB, der Durchführungsvertrag im Rahmen eines Vorhaben- und Erschließungsplans nach § 12 BauGB oder die Übertragung der Abfallentsorgung auf Private nach §§ 16 f. KrW-/AbfG.[94] Hauptsächlich enthalten die Vorschriften inhaltliche Anforderungen an die jeweilige Vereinbarung.

Auch die Regeln über den öffentlich-rechtlichen Vertrag in §§ 54 ff. VwVfG bzw. entsprechende landesrechtliche Normen können in diesem Zusammenhang zur Anwendung kommen. Ob es sich bei einer PPP-Vereinbarung um einen privat- oder öffentlich-rechtlichen Vertrag handelt, ist nach den allgemeinen Abgrenzungskriterien zu bestimmen. Die Bezeichnung als PPP hat – wie bereits dargelegt – keine Indizwirkung in die eine oder andere Richtung.

---

[89] *Burgi* (Fn. 25), § 17 Rn. 84; *Tettinger*, NWVBl. 2005, 1 (7).

[90] *Ade* (Fn. 88), S. 124.

[91] § 111 Abs. 4 AktG (i. V. m. § 52 Abs. 1 GmbHG). Näher: *Sprenger* (Fn. 88), § 104 Rn. 6; *Strobel*, DVBl. 2005, 77 (78).

[92] *Ade* (Fn. 88), S. 131 f.

[93] Weiterführend *Schmid* (Fn. 85), § 98 Rn. 64 ff.; *Sprenger* (Fn. 88), § 104 Rn. 6.

[94] Weitere Beispiele bei *Tettinger*, NWVBl. 2005, 1 (7 ff.).

D. Vertragsgestaltung

Jeder noch so umfassende Rechtsrahmen ändert nichts daran, dass die jeweilige Partnerschaft auf einem auf ihre Besonderheiten zugeschnittenen Vertrag beruhen sollte. Schon angesichts der Unbegrenztheit der Gestaltungsmöglichkeiten bei Vertragsgegenständen und Organisationsformen scheidet aber die Erstellung einer allgemein gültigen „Checkliste" für die Vertragsgestaltung aus. Die nachfolgenden Punkte werden jedoch stets zu regeln sein, um späteren Streitigkeiten oder Unklarheiten vorzubeugen: 46

- eine genaue Beschreibung der Leistungspflichten,
- eine Bindung des privaten Partners an öffentlich-rechtliche Vorschriften,
- die Risikoverteilung und Vertragsanpassung bei Änderung der zugrunde gelegten Verhältnisse,
- Bestimmungen für den Fall von Leistungsstörungen sowie
- die Voraussetzungen und Folgen einer Kündigung oder anderen Beendigung des Vertrages.

Hinzu kommen die bereits erwähnten kommunalrechtlichen Pflichten zur Einflusssicherung in privaten Gesellschaften. Hilfreiche Anhaltspunkte bietet auch die Vorschrift über den Mindestinhalt von Verträgen in § 8 ÖPP-Gesetz Schleswig-Holstein. 47

E. Ausblick

Public Private Partnership stellt nach alledem ein oft unterschätztes, manchmal allerdings von den Beteiligten auch überschätztes Modell zur Aufgabenerledigung dar. Es dient als alternatives Instrument zur vollständigen Eigenerledigung eines Aufgabenbereichs. Entscheidende Aspekte sind dabei die Zieldefinition[95] und -abwägung. 48

Allgemeingültige Regeln für das Eingehen und die Ausgestaltung von Partnerschaften gibt es nicht. Vielmehr kann die Sinnhaftigkeit nur im Einzelfall beurteilt werden. Interessante Geschäftsmodelle, bunte Prospekte und das Verkaufstalent der Unternehmen können den staatlichen Entscheidungsträgern eine eigenverantwortliche Abwägung und Entscheidung nicht abnehmen. Berücksichtigt werden sollte, dass für die sinnvolle, für alle Beteiligten wirtschaftliche Einführung von PPP regelmäßig eine bestimmte Größenordnung des jeweiligen Vorhabens erforderlich sein wird; so ist es empfehlenswert, dass sich mehrere Gemeinden und Städte z.B. beim Bau und Betrieb mehrerer Turnhallen zusammenschließen. Vorteile kann die Kooperation vor allem auch in Bereichen mit hoher technischer Komplexität und schneller Veränderungsfrequenz bzw. häufigem Erneuerungsbedarf bieten, wie es etwa im IT-Bereich bzw. bei eGovernment-Anwendungen der Fall ist. 49

---

95 Dazu *Ziekow/Windoffer* (Fn. 44), S. 75 ff.

Teil 13

Führung kommunaler Unternehmen

§ 48 Rechnungslegung und Prüfung kommunaler Unternehmen

Heinrich Albers

Schrifttum

H. Albers, Überörtliche Finanzkontrolle, in: H.-G. Henneke/H. Pünder/C. Waldhoff (Hrsg.), Recht der Kommunalfinanzen – Abgaben – Haushalt – Finanzausgleich, 2006; *J. Baetge/H.-J. Kirsch/S. Thiele,* Bilanzen, 9. Aufl. 2007; *J. Baetge/H.-J. Kirsch (Hrsg.),* Internationale Entwicklungen in der Rechnungslegung und Prüfung – aus der Sicht des Mittelstandes, 2007; *R. Becker,* Rechts- und Betriebsformen – Gesellschaft mit beschränkter Haftung, in: G. Wurzel/A. Schraml/R. Becker (Hrsg.), Handbuch Rechtspraxis der kommunalen Unternehmen, 2005; *ders.* Rechts- und Betriebformen – Aktiengesellschaft, in: G. Wurzel/A. Schraml/R. Becker (Hrsg.), Handbuch Rechtspraxis der kommunalen Unternehmen, 2005; *B. Blanke u. a.,* Modernes Management für die Verwaltung, Handbuch, 2. Aufl. 2005; *G. E. Braun,* Ziele in öffentlicher Verwaltung und privatem Betrieb, 1988; *H. P. Bull,* Über Formenwahl, Formenwahrheit und Verantwortungsklarheit in der Verwaltungsorganisation, in: M.-E. Geis/D. Lorenz (Hrsg.), Staat – Kirche – Verwaltung, FS für Hartmut Maurer, 2001; *M. Eibelshäuser/U. Breidert,* Kommentar zu § 92 BHO, in: E. Heuer/D. Engels/M. Eibelshäuser (Hrsg.), Kommentar Haushaltsrecht, Loseblatt, Stand: 43. Ergl. 2007; *M. Eibelshäuser/K. Nowak,* Vorbemerkung zu den §§ 53, 54 HGrG u. Kommentar zu §§ 53 u. 54 HGrG, in: E. Heuer/D. Engels/M. Eibelshäuser (Hrsg.), Kommentar Haushaltsrecht, Loseblatt, Stand: 44. Ergl. 2007; *H. Fiebig,* Kommunale Rechnungsprüfung – Grundlagen – Aufgaben – Organisation, 4. Aufl. 2007; *M. Fudalla u. a.,* Bilanzierung und Jahresabschluss in der Kommunalverwaltung – Grundsätze für das „Neue Kommunale Finanzmanagement" (NKF), 2007; *D. A. Häußermann,* Die Steuerung der kommunalen Eigengesellschaft, 2004; *G. Heimrath,* Rechnungs-, Berichts- und Prüfungswesen, in: G. Wurzel/A. Schraml/R. Becker (Hrsg.), Handbuch Rechtspraxis der kommunalen Unternehmen, 2005; *M. Hogeweg,* Die kommunale Anstalt in Niedersachsen, 2007; *T. Mann,* Möglichkeiten und Grenzen kommunaler Wirtschaftstätigkeit, in: J. Ipsen (Hrsg.), Unternehmen Kommune, 2007; *J. Rose,* Kommunale Finanzwirtschaft Niedersachsen, 2. Aufl. 2007; *U. Schneider,* Rechts- und Betriebformen – Regie- und Eigenbetriebe, in: G. Wurzel/A. Schraml/R. Becker (Hrsg.), Handbuch Rechtspraxis der kommunalen Unternehmen, 2005; *A. Schraml,* Rechts- und Betriebsformen – Kommunalunternehmen Anstalten des öffentlichen Rechts, in: G. Wurzel/A. Schraml/R. Becker (Hrsg.), Handbuch Rechtspraxis der kommunalen Unternehmen, 2005; *G. Westermann/U. Cronauge,* Kommunale Unternehmen – Eigenbetriebe – Kapitalgesellschaften - Zweckverbände, 5. Aufl. 2006.

Inhaltsübersicht

Rn.

A. Grundlagen des Rechnungswesens kommunaler Unternehmen

1 Die **Kommunalverfassungen** der Länder **erlauben** den kommunalen Gebietskörperschaften (Gemeinden, Städten und Land-/Kreisen), sich **wirtschaftlich zu betätigen**. Der Umfang der zulässigen wirtschaftlichen Betätigung ist in den letzten Jahren in einzelnen Ländern Gegenstand von Auseinandersetzungen gewesen. Dabei geht es vorwiegend um die Frage, ob sich die Kommunen überhaupt wirtschaftlich betätigen sollten oder ob sie die betroffene Aufgabe der privaten Wirtschaft zu überlassen haben. Innerhalb des so in den Ländern gegebenen rechtlichen Rahmens (regelmäßig **Schrankentrias**: der öffentliche Zweck muss das Unternehmen rechtfertigen; das Unternehmen muss nach Art und Umfang in einem angemessenen Verhältnis zu der Leistungsfähigkeit der Kommune und zum voraussichtlichen Bedarf stehen; der öffentliche Zweck darf nicht ebenso gut oder wirtschaftlich durch einen privaten Dritten erfüllt oder erfüllt werden können/die

Kommune muss nachweisen, dass sie den Zweck besser und wirtschaftlicher als ein anderer erfüllt oder erfüllen kann[1] → § 40 Rn. 7 ff.; § 41 Rn. 30 ff.; § 42 Rn. 33 ff.) dürfen die kommunalen Gebietskörperschaften Unternehmen errichten, übernehmen oder wesentlich erweitern. Sie bleiben bei der wirtschaftlichen Betätigung aber „Verwaltung" im weiteren Sinne. Die unternehmerische Betätigung einer Kommune ist immer an eine **öffentliche Aufgabe gebunden**, deren Erfüllung im Gemeinwohl liegt.[2] Regelmäßig soll die wirtschaftliche oder unternehmerische Betätigung für die Kommune einen Ertrag abwerfen.[3] Allerdings wird diese Funktion der wirtschaftlichen Betätigung zunehmend infrage gestellt.[4] Zur Prüfung der Frage, ob und inwieweit die Betätigung wirtschaftlich ist, bedarf es eines Rechnungswesens, das den Erfolg der Betätigung korrekt ausweist. Die dazu nötige Rechnungslegung bedarf einer Prüfung, die auch öffentlich-rechtlich determiniert ist.

Die kommunalen Gebietskörperschaften unterliegen bei ihrer wirtschaftlichen 2
Betätigung einem umfassenden **Regelwerk**, das sich sowohl aus dem Recht der Europäischen Union (EU) und dem Bundesrecht als auch aus dem landesrechtlichen Kommunalverfassungsrecht ergibt. In der folgenden Darstellung können nur die wesentlichen Grundlagen dieses Rechtsgebietes dargestellt werden. Soweit erforderlich wird auf wesentliche Besonderheiten in den einzelnen Ländern hingewiesen.

I. Organisations- und Rechtsformen kommunaler Unternehmen

Die Kommunalverfassungen der Länder **unterscheiden** regelmäßig bei der wirt- 3
schaftlichen Betätigung der kommunalen Gebietskörperschaften zwischen **Unternehmen** und **Einrichtungen**.[5] Als Einrichtungen gelten regelmäßig solche Betätigungen der Kommunen, zu denen sie gesetzlich verpflichtet sind, Einrichtungen des Unterrichts-, Erziehungs- und Bildungswesens, des Umweltschutzes sowie

---

[1] Vgl. u. a. § 102 Abs. 1 GO BW; Art. 87 Abs. 1 GO Bay; § 100 GO Bbg; § 121 GO H; § 68 Abs. 1 KV MV; § 108 Abs. 1 GO Nds; § 107 GO NW; § 85 GO RP; § 108 SaarlKSVG; § 96 GO Sachs; § 116 Abs. 1 GO LSA; § 101 GO SH; § 73 Abs. 1 ThürKO.

[2] So auch VerfGH Koblenz, Urt. v. 28.3.2000, DVBl. 2000, 992; VerfGH Leipzig, Urt. v. 20.5.2005, Vf. 34-VIII-04, 16; *Häußermann*, Die Steuerung der kommunalen Eigengesellschaft, 2004, S. 168.

[3] So ausdrücklich: § 102 Abs. 3 GO BW: „Wirtschaftliche Unternehmen der Gemeinde sind so zu führen, dass der öffentliche Zweck erfüllt wird; sie sollen einen Ertrag für den Haushalt der Gemeinde abwerfen."; so auch im Ergebnis: § 75 GO H, § 75 ThürKO.

[4] Art. 87 Abs. 1 S. 2 u. 3 GO Bay verneinen einen öffentlichen Zweck, wenn die Kommune eine Gewinnerzielung beabsichtigt: „Alle Tätigkeiten oder Tätigkeitsbereiche, mit denen die Gemeinde oder ihre Unternehmen an dem vom Wettbewerb beherrschten Wirtschaftsleben teilnehmen, um Gewinn zu erzielen, entsprechen keinem öffentlichen Zweck. Soweit Unternehmen entgegen S. 2 vor dem 1.9.1998 errichtet oder übernommen wurden, dürfen sie weitergeführt, jedoch nicht erweitert werden."

[5] Vgl. u. a. § 108 Abs. 3 GO Nds; § 107 Abs. 2 GO NW.

solche ähnlicher Art und Einrichtungen, die als Hilfsbetriebe ausschließlich der Deckung des Eigenbedarfs der Kommune dienen.[6] Bankunternehmen dürfen die Kommunen nach den kommunalverfassungsrechtlichen Vorschriften nicht errichten.[7] Für das öffentliche **Sparkassenwesen** gelten in den Ländern besondere Vorschriften in den jeweiligen Sparkassengesetzen, die auch Bestimmungen über das Rechnungswesen und die Prüfung enthalten, die über die bankenrechtlichen Bestimmungen (unter anderem Haftungsverbund, Aufsicht) hinausgehen. Das Sparkassenwesen wird wegen der Besonderheiten in diesem Beitrag nicht behandelt (→ § 53 a, § 53b).

4 Die Unternehmen der kommunalen Gebietskörperschaften können in unterschiedlichen **Rechtsformen** geführt werden:

- als Eigenbetrieb,
- als „selbstständiges Kommunalunternehmen des öffentlichen Rechts" oder „kommunale/rechtsfähige Anstalt des öffentlichen Rechts",
- in den Rechtsformen des Privatrechts.[8]

5 Darüber hinaus kann die wirtschaftliche Betätigung auch innerhalb des Verwaltungsgefüges als so genannter **Regiebetrieb** geführt werden. Dieser Betrieb ist Teil der Kommunalverwaltung und unterliegt in vollem Umfang dem Haushalts-, Rechnungs- und Prüfungswesen[9] (näher → § 44 Rn. 1 ff.).

6 Der **Eigenbetrieb** (→ § 44 Rn. 25 ff.) besitzt **keine eigene Rechtspersönlichkeit**, er ist aber organisatorisch verselbstständigt. Für das Rechnungs- und Prüfungswesen gelten von der Kommunalverwaltung abweichende gesetzliche Regelungen. Diese Rechtsform wurde 1935 mit Erlass der Deutschen Gemeindeordnung (DGO) eingeführt (§ 74 DGO). Die bis dahin zugelassenen Regiebetriebe mussten in Eigenbetriebe umgewandelt werden, wobei bei Gemeinden bis 10.000 Einwohnern eine Ausnahmeregelung galt. Die Eigenbetriebsverordnung von 1938[10] ergänzte die Regelungen der DGO. Für Eigenbetriebe gelten regelmäßig eigene Vorschriften über die Rechnungslegung und Prüfung in den Eigenbetriebsverordnungen der Länder.[11]

7 Die Rechtsform eines **„selbstständigen Kommunalunternehmens des öffentlichen Rechts"** oder auch als „kommunale/rechtsfähige Anstalt des öffentlichen Rechts" (→ § 45) ist relativ neu. In Bayern wurde diese Rechtsform zum 1. September 1995 eingeführt,[12] andere Länder folgten. Diese Kommunalunternehmen sind rechtsfähig, ihre rechtliche Ausgestaltung ist in den Gemeindeord-

---

[6] Z. B. § 108 Abs. 2 GO Nds.

[7] Vgl. u. a. § 102 Abs. 5 GO BW; Art. 87 Abs. 4 GO Bay; § 108 Abs. 5 GO Nds, § 107 GO NW; § 116 Abs. 5 GO LSA.

[8] Art. 86 GO Bay, § 108 Abs. 2 GO Nds, § 114a GO NW.

[9] Zu Begriff und Organisation: *Schneider,* in: Wurzel/Schraml/Becker (Hrsg.), Rechtspraxis KommUntern, 2005, Kap. D Rn. 46 ff.

[10] Eigenbetriebsverordnung v. 21.11.1938, RGBl. I, 1650.

[11] *Schneider* (Fn. 9), Kap. D Rn. 26 ff.

[12] Gesetz zur Änderung des kommunalen Wirtschaftsrechts v. 26. 7. 1995, GVBl., 376.

nungen festgelegt. Die Rechnungslegung und Prüfung dieser Anstalten entsprechen denen von Unternehmen in einer Rechtsform des privaten Rechts.[13]/[14]

Die **Rechtsformen des privaten Rechts** (→ § 46) sind sehr vielfältig, im kommunalen Bereich kommen die Gesellschaft mit beschränkter Haftung (GmbH)[15] und die Aktiengesellschaft (AG)[16] am häufigsten vor. Für das Rechnungswesen und die Rechnungslegung gelten die Bestimmungen für die jeweilige Rechtsform. 8

II. Das betriebliche Rechnungswesen

Das betriebliche **Rechnungswesen** ist wie das Prüfungswesen Teil der **Steuerung des Unternehmens**. Die Kommunalunternehmen müssen wie die Unternehmen des privaten Rechts nach **wirtschaftlichen Gesichtspunkten** geführt werden. Da kommunale Unternehmen auch einen öffentlichen Zweck/eine öffentliche Aufgabe erfüllen, müssen die Interessen des Trägers des Unternehmens Berücksichtigung finden. Instrumente der Steuerung sind unter anderem die Rechnungslegung mit dem Lagebericht, das Berichtswesen und das Recht einschließlich der Pflicht zur Prüfung des Unternehmens. 9

Die **Rechnungslegung** ist Teil des **betrieblichen Rechnungswesens**. Dieses erfasst, speichert und verarbeitet betriebswirtschaftlich relevante quantitative Informationen über realisierte oder geplante Geschäftsvorgänge und -ergebnisse.[17] Das Rechnungswesen verfolgt im Wesentlichen fünf **Ziele**: 10

1. Die Buchführung erfasst als Grundlage des Rechnungswesens in zeitlicher und sachlicher Reihenfolge die tatsächlich eingetretenen Sachverhalte.
2. Die Kostenrechnung verteilt die Kosten verursachungsgerecht auf die einzelnen Kostenstellen und Kostenträger.
3. Die Abschlüsse (Bilanzen) dienen der Rechnungslegung, dem Vergleich mit anderen Unternehmen und der Gewinnung von Informationen.
4. Die Bilanz ist Grundlage für unternehmerische und steuernde Entscheidungen, um vor Beginn eines Wirtschaftsjahres einen Wirtschaftsplan aufstellen zu können.
5. Auch für Externe (Gesellschafter, Gläubiger, Kreditinstitute) ist die Rechnungslegung eine wichtige Informationsquelle.[18]

---

[13] So ausdrücklich § 113a Abs. 2 GO Nds mit Verweis auf die Regelungen in § 109 GO Nds zu den Maßgaben für die Führung von Unternehmen in einer Rechtsform des privaten Rechts.

[14] *Schraml,* in: Wurzel/Schraml/Becker (Hrsg.), Rechtspraxis KommUntern, 2005, Kap. D Rn. 118 ff.

[15] *Becker,* in: Wurzel/Schraml/Becker (Hrsg.), Rechtspraxis KommUntern, 2005, Kap. D Rn. 241 ff.

[16] *Becker* (Fn. 15), Kap. D Rn. 391 ff.

[17] *Baetge/Kirsch/Thiele*, Bilanzen, 9. Aufl. 2007, S. 1.

[18] *Heimrath,* in: Wurzel/Schraml/Becker (Hrsg.), Rechtspraxis KommUntern, 2005, Kap. E Rn. 6 f.

1. Rechtliche Grundlagen zur Rechnungslegung

11 Die rechtlichen Grundlagen, die für die Rechnungslegung des jeweiligen Kommunalunternehmens zu Grunde zu legen sind, hängen von der Rechtsform des Unternehmens ab.[19] Bei den (wenigen) **Regiebetrieben** richtet sich die Rechnungslegung nach den Bestimmungen des Haushalts-, Kassen- und Prüfungswesens der kommunalen Gebietskörperschaft. In den nächsten Jahren wird in den meisten Ländern die Doppik als verbindliche Buchführungsform eingeführt, die die herkömmliche Kameralistik ablöst. Die kommunale Doppik hat die doppelte kaufmännische Buchführung zur Grundlage, weist aber eine Reihe von Besonderheiten auf, die auf dem primären öffentlichen Zweck des kommunalen Handelns beruhen. Im Rahmen dieses Beitrages soll darauf nicht weiter eingegangen werden. Hierzu sei auf die vielfältige Literatur in den einzelnen Ländern, die die Doppik als Regelform des kommunalen Rechnungswesens eingeführt haben oder einführen werden,[20] verwiesen.

12 Für die **Eigenbetriebe** ergeben sich die rechtlichen Grundlagen für das Rechnungswesen und die Rechnungslegung aus den Eigenbetriebsverordnungen, die die Länder nach den Vorgaben der jeweiligen Kommunalverfassung erlassen haben.[21] Das Rechnungswesen und die Rechnungslegung für die **kommunalen Unternehmen** in den Rechtsformen des **privaten Rechts** richten sich nach den Vorgaben des **Handelsgesetzbuches (HGB).** Die Kommunalverfassungen der Länder schreiben regelmäßig vor, dass die Vorschriften für große Kapitalgesellschaften des Dritten Buches des HGB anzuwenden sind.[22] Auf diese Vorschriften wird auch regelmäßig bei den öffentlichen-rechtlichen Rechtsformen wie den Eigenbetrieben und den Kommunalunternehmen/Anstalten verwiesen. § 263 HGB gibt den Landesgesetzgebern Spielraum für landesrechtliche Vorschriften. Hier heißt es, bei Unternehmen ohne eigene Rechtspersönlichkeit einer Gemeinde, eines Gemeindeverbandes oder eines Zweckverbandes blieben landesrechtliche Vorschriften, die von den Vorschriften dieses Abschnitts des HGB abweichen, unberührt. Sehr häufig haben die Länder für die Eigenbetriebe und die öffentlich-rechtlichen Unternehmen bzw. Anstalten der Kommunen strengere Vorschriften vorgeschrieben als im HGB vorgesehen. Das gilt in erster Linie für die Transparenz der Rechungslegung und die öffentlich-rechtliche Prüfung der Unternehmen.

---

[19] Zu den Rechtsformen der Unternehmen: *Bull,* in: Geis/Lorenz (Hrsg.), FS für H. Maurer, 2001, S. 545.

[20] IMK-Beschl. v. 21.11.2003, Gemeindehaushaltsverordnung für ein doppisches Haushalts- und Rechnungswesen; *Behrendt,* Neues Verwaltungsmanagement und kommunales Verfassungsrecht, 2003; *Rose,* Kommunale Finanzwirtschaft Niedersachsen, 2006; *Fudalla/Tölle/Wöste/zur Mühlen,* Bilanzierung und Jahresabschluss in der Kommunalverwaltung - Grundsätze für das „Neue kommunale Finanzmanagement" (NKF), 2007.

[21] Vgl. z.B. Verordnung über Eigenbetriebe und andere prüfungspflichtige Einrichtungen (Eigenbetriebsverordnung – EigBetrVO) v. 15.8.1989 für Niedersachsen.

[22] Z. B. Art. 94 Abs. 1 S. 1 Nr. 2 GO Bay, § 122 Abs. 1 Nr. 3 GO H, § 108 Abs. 1 Nr. 8 GO NW.

a) Umsetzung europäischer Normen. Im Zuge der **Harmonisierung der Rechtsvorschriften** in der Europäischen Union im Bereich des Wirtschaftsrechts wurde auch das deutsche Bilanzrecht wesentlich neu gestaltet. Mit dem Gesetz zur Durchführung der Vierten, Siebenten und Achten Richtlinie des Rates der Europäischen Gemeinschaften zur Koordinierung des Gesellschaftsrechts **(Bilanzrichtlinien-Gesetz – BiRiLiG)**[23] wurden die europäischen Vorgaben mit Wirkung vom 1.1.1986 in deutsches Recht übertragen. Mit diesem Gesetz wurden unter anderem angepasst: das Handelsgesetzbuch, das Aktiengesetz, das GmbH-Gesetz, das Gesetz über die Rechnungslegung von bestimmten Unternehmen und Konzernen, die Wirtschaftsprüferordnung. In den späteren Jahren wurden die weiteren Vorgaben der Europäischen Union umgesetzt. Die Europäische Union plant, Bürokratie abzubauen. Im Zuge dieses Zieles ist mit weiteren Änderungen der EU-Richtlinien zu rechnen. 13

b) Vorgaben des Handelsgesetzbuches. Mit ihren Unternehmen betreiben die Kommunen ein **Handelsgewerbe** im Sinne von §§ 1 und 2 HGB. Das bedeutet, dass für sie u. a. die Vorschriften des Dritten Buches über die Führung von Handelsbüchern Anwendung finden. Das HGB **differenziert** bei einzelnen Vorschriften nach der **Größe der Handelsgewerbe**. Die Größenklassen sind in § 267 HGB umschrieben.[24] Regelmäßig schreiben die **Kommunalverfassungen** der Länder vor, dass für die kommunalen Unternehmen in der Rechtsform des privaten Rechts die Vorschriften über die **großen Kapitalgesellschaften** (§ 267 Abs. 3 HGB) Anwendung finden.[25] Der erste Abschnitt des Dritten Buches gilt für alle Kaufleute, dazu zählen auch die kommunalen Unternehmen. Nach § 238 HGB ist das Unternehmen verpflichtet, Bücher zu führen und in diesen seine Handelsgeschäfte 14

---

[23] Gesetz v. 19.12.1985, GVBl. I, 2355.

[24] Seit dem 29.5.2009 (Inkrafttreten des Bilanzrechtsmodernisierungsgesetzes) gelten nach § 267 HGB folgende Größenklassen:
„(1) Kleine Kapitalgesellschaften sind solche, die mindestens zwei der drei nachstehenden Merkmale nicht überschreiten
1. 4.840.000 Euro Bilanzsumme nach Abzug eines auf der Aktivseite ausgewiesenen Fehlbetrags (§ 268 Abs. 3).
2. 9.680.000 Euro Umsatzerlöse in den zwölf Monaten vor dem Abschlussstichtag.
3. Im Jahresdurchschnitt fünfzig Arbeitnehmer.
(2) Mittelgroße Kapitalgesellschaften sind solche, die mindestens zwei der drei in Absatz 1 bezeichneten Merkmale überschreiten und jeweils mindestens zwei der drei nachstehenden Merkmale nicht überschreiten:
1. 19.250.000 Euro Bilanzsumme nach Abzug eines auf der Aktivseite ausgewiesenen Fehlbetrags (§ 268 Abs. 3).
2. 38.500.000 Euro Umsatzerlöse in den zwölf Monaten vor dem Abschlussstichtag
3. Im Jahresdurchschnitt zweihundertfünfzig Arbeitnehmer.
(3) Große Kapitalgesellschaften sind solche, die mindestens zwei der drei in Absatz 2 bezeichneten Merkmale überschreiten. Eine Kapitalgesellschaft im Sinn des § 264d gilt stets als große."

[25] Z. B. Art. 94 Abs. 1 S. 1 Nr. 2 GO Bay, § 122 Abs. 1 Nr. 3 GO H, § 108 Abs. 1 Nr. 8 GO NW.

und die Lage seines Vermögens nach den Grundsätzen ordnungsgemäßer Buchführung ersichtlich zu machen. Die Buchführung muss so beschaffen sein, dass sie einem sachverständigen Dritten innerhalb angemessener Zeit einen Überblick über die Geschäftsvorfälle und über die Lage des Unternehmens vermitteln kann.

15 Zu Beginn des Unternehmens und für den Schluss eines jeden Geschäftsjahres hat das Unternehmen das Verhältnis seines Vermögens und seiner Schulden darzustellen, den Abschluss (**Eröffnungsbilanz, Bilanz**) aufzustellen. Am Schluss des Geschäftsjahres ist eine Gegenüberstellung der Aufwendungen und Erträge des Geschäftsjahres (Gewinn- und Verlustrechnung) zu erstellen. Die Bilanz und die **Gewinn- und Verlustrechnung** bilden den Jahresabschluss (§ 242 HGB). Das HGB regelt im Einzelnen Vorschriften über die Vollständigkeit und den Inhalt der Bilanz, Bilanzierungsverbote, Bestimmungen über Rückstellungen und Rechnungsabgrenzungsposten, Haftungsverhältnisse (§§ 246 ff. HGB). Im Einzelnen geregelt sind auch die Grundsätze für die **Bewertung** der ausgewiesenen Vermögensgegenstände und der Schulden (§§ 252 ff. HGB).

16 Der zweite Abschnitt des Dritten Buches des HGB behandelt **ergänzende Vorschriften** für **Kapitalgesellschaften** (Aktiengesellschaften, Kommanditgesellschaften auf Aktien und Gesellschaften mit beschränkter Haftung) sowie bestimmte Personenhandelsgesellschaften. Die gesetzlichen Vertreter einer Kapitalgesellschaft haben den Jahresabschluss (§ 242 HGB) um einen **Anhang** zu erweitern, der mit der Bilanz und der Gewinn- und Verlustrechnung eine Einheit bildet, sowie einen **Lagebericht** aufzustellen. Der Jahresabschluss und der Lagebericht sind von den gesetzlichen Vertretern in den ersten drei Monaten des Geschäftsjahres für das vergangene Geschäftsjahr aufzustellen. Der Jahresabschluss hat unter Beachtung der **Grundsätze ordnungsgemäßer Buchführung** ein den tatsächlichen Verhältnissen entsprechendes Bild der Vermögens-, Finanz- und Ertragslage der Kapitalgesellschaft zu vermitteln. Führen besondere Umstände dazu, dass der Jahresabschluss ein den tatsächlichen Verhältnissen entsprechendes Bild nicht vermittelt, so sind im Anhang zusätzliche Angaben zu machen (§ 264 HGB).

17 Auch für die **Gliederung der Gewinn- und Verlustrechnung** (Dritter Titel des Dritten Buches des HGB) schreibt der Gesetzgeber in § 275 HGB eine detaillierte Gliederung vor. § 289 HGB legt den Inhalt des von mittelgroßen und großen Kapitalgesellschaften aufzustellenden Lageberichts fest. In den §§ 316 ff. HGB ist die Pflicht verankert, die Rechnungslegung der Unternehmen, die nicht kleine Unternehmen im Sinne des § 267 Abs. 1 HGB sind, durch einen Abschlussprüfer prüfen zu lassen. Nur wenn eine Prüfung stattgefunden hat, kann der Jahresabschluss festgestellt werden.

18 **c) Weitere Vorschriften über die Rechnungslegung von Aktiengesellschaften und Gesellschaften mit beschränkter Haftung. Aktiengesellschaften** müssen ergänzend zu den Vorschriften des Handelsgesetzbuches einige besondere Bestimmungen des Aktiengesetzes (AktG) beachten. Es sind insbesondere folgende Vorschriften:

- § 58, Verwendung des Jahresüberschusses,
- §§ 150 – 161, Vorschriften über die gesetzliche Rücklage, die Kapitalrücklage, Ausweis und Verwendung des Grundkapitals und der Rücklagen in der Bilanz, Gewinn- und Verlustrechnung und Anhang, Erklärung zum Corporate Governance-Kodex,[26]
- §§ 170 und 171, Prüfung von Jahresabschluss, Lagebericht und Vorschlag zur Verwendung des Bilanzgewinns,
- §§ 172 – 174, Feststellung des Jahresabschlusses und der Gewinnverwendung,
- § 256, Nichtigkeit des festgestellten Jahresabschlusses.

Für die **Gesellschaften mit beschränkter Haftung** gelten besondere Bestimmungen des GmbH-Gesetzes. Hier sind es insbesondere die Vorschriften über die Bilanzierung. Im Einzelnen: 19

- § 29, Verwendung des Jahresüberschusses,
- § 42, Ausweis des Stammkapitals, der eingeforderten Nachschüsse und des Vermerks von Forderungen und Verbindlichkeiten gegenüber Gesellschaftern,
- § 42a, Vorlage des Jahresabschlusses und des Lageberichts unverzüglich nach der Aufstellung zum Zwecke der Feststellung.

d) Festlegung von Standards zur Rechnungslegung. Das **Gesetz zur Kontrolle und Transparenz im Unternehmensbereich (KonTraG)** vom 27. April 1998[27] schuf die Grundlage für die Errichtung eines privaten Gremiums über die Rechnungslegung. Der neu konzipierte § 342 HGB ermächtigt das Bundesministerium der Justiz, durch Vertrag eine privatrechtlich organisierte Einrichtung zu bilden und ihm bestimmte Aufgaben zu übertragen. Dem **Deutschen Standardisierungsrat (DSR)** wurden durch Vertrag die Aufgaben übertragen, die in § 342 Abs. 1 HGB festgelegt sind: 20

1. Entwicklung von Empfehlungen zur Anwendung der Grundsätze der Konzernrechnungslegung,
2. Beratung des Bundesministeriums der Justiz bei Gesetzgebungsvorhaben zu Rechnungslegungsvorschriften und
3. Vertretung der Bundesrepublik Deutschland in internationalen Standardisierungsgremien.

---

[26] Die von der Bundesministerin für Justiz im September 2001 eingesetzte Regierungskommission hat am 26.2.2002 den „Deutschen Corporate Governance-Kodex" verabschiedet. Der Kodex besitzt über die Entsprechenserklärung gem. § 161 AktG (eingefügt durch das Transparenz- und Publizitätsgesetz, in Kraft getreten am 26.7.2002) eine gesetzliche Grundlage. Mit diesem Kodex sollen die in Deutschland geltenden Regeln für Unternehmensleitung und -überwachung für nationale sowie internationale Investoren transparent gemacht werden, um so das Vertrauen in die Unternehmensführung deutscher Gesellschaften zu stärken.

[27] BGBl. 1998 I S. 786.

21 Der DSR entwickelt Rechnungslegungsregeln, die als **Deutsche Rechnungslegungsstandards** (DRS) bezeichnet werden. Zwar werden die DRS in erster Linie für die Rechnungslegung von Konzernen entwickelt, sie haben aber auch für die Bilanzierung in Einzelabschlüssen Bedeutung.[28]

22 **e) Zusammenführung der Jahresabschlüsse der Unternehmen mit dem Jahresabschluss der Gemeinde zu einem konsolidierten Gesamtabschluss.** Die **Ausgliederung** von Einrichtungen und Unternehmen **aus dem kommunalen Haushalt** hat dazu geführt, dass bei der herkömmlichen Haushaltsgestaltung im Haushaltsplan und in der Haushaltsrechnung nicht mehr der tatsächliche Umfang der kommunalen Tätigkeit ersichtlich ist. Daher sind die Jahresabschlüsse der Kommune und der Unternehmen zu einem **konsolidierten Gesamtabschluss** zusammenzuführen. In den Ländern, die für den kommunalen Haushalt und die Rechnungslegung die Doppik eingeführt haben, ist regelmäßig in den Kommunalverfassungen bestimmt, dass im Gesellschaftervertrag oder in der Satzung des Unternehmens sicherzustellen ist, dass der Gemeinde zur Konsolidierung des Jahresabschlusses des Unternehmens mit dem Jahresabschluss der Gemeinde zu einem konsolidierten Gesamtabschluss alle für den konsolidierten Gesamtabschluss erforderlichen Unterlagen und Belege des Unternehmens so rechtzeitig vorgelegt werden müssen, dass der konsolidierte Gesamtabschluss innerhalb einer bestimmten Frist (z. B. von sechs Monaten) nach Ende des Haushaltsjahres aufgestellt werden kann.[29] Durch diese Bestimmungen soll sichergestellt werden, dass auch für die ausgegliederten kommunalen Unternehmen und für die Kommune ein Gesamtstatus erstellt wird.

23 **f) Internationale Entwicklung in der Rechnungslegung.** Der Bund hat 2004 das **Bilanzrechtsreformgesetz (BilReG)**[30] erlassen (→ § 53 b Rn. 41). Mit diesem Gesetz wurde mit Wirkung zum 1. Januar 2005 zum einen eine Anpassung des nationalen Bilanzrechtes an vier EU-Rechtsakte vorgenommen: die IAS-Verordnung vom 19. Juli 2002, die Modernisierungsrichtlinie vom 18. Juni 2003, die Schwellenwertrichtlinie vom 13. Mai 2003 sowie die Fair-Value-Richtlinie vom 27. September 2001. Zum anderen wurde insbesondere die Unabhängigkeit des Abschlussprüfers gestärkt.

24 Zur Anpassung des nationalen Rechtes an die **IAS-Verordnung** wurde das in der EU-Verordnung vorgesehene Mitgliedstaatenwahlrecht als Unternehmenswahlrecht weitergeben. Das bedeutet, dass eine Verpflichtung zur Konzernbilanzierung nach den geltenden IFRS/IAS über den Pflichtanwendungsbereich der Verordnung hinaus lediglich für solche Mutterunternehmen besteht, die die Zulassung eines Wertpapiers an einen geregelten Markt beantragt haben. Nur sämtliche kapitalmarktorientierten Unternehmen sind ab dem 1. Januar 2005 verpflichtet, ihre Konzernabschlüsse nach den geltenden internationalen Rechnungslegungs-

---

[28] *Baetge/Kirsch/Thiele* (Fn. 17), S. 49.

[29] Vgl. z. B. § 109 Abs. 1 Nr. 8 GO Nds, § 116 GO NW.

[30] Gesetz zur Einführung internationaler Rechnungslegungsstandards und zur Sicherung der Qualität der Abschlussprüfung, BGBl. I S. 3166.

grundsätzen (die International Financial Reporting Standards – IFRS – sowie International Accounting Standards – IAS –) aufzustellen. Für nicht-kapitalmarktorientierte Unternehmen besteht ein **Wahlrecht** zur Anwendung der internationalen Rechnungslegungsgrundsätze im Einzel- sowie Konzernabschluss. Im Einzelabschluss ist die Verwendung der geltenden IFRS/IAS nur für Informations- und Offenlegungszwecke möglich, da für Gewinnausschüttungs- sowie steuerliche Zwecke noch ein HGB-Abschluss aufzustellen ist.

Die Stärkung der **Unabhängigkeit des Abschlussprüfers** wurde insbesondere durch die Neuformulierung des § 319 HGB (Auswahl der Abschlussprüfer und Ausschlussgründe) sowie durch die Neueinführung des § 319a HGB (Besondere Ausschlussgründe bei Unternehmen von öffentlichem Interesse) erreicht. Durch die Einführung des § 319a HGB wurden Wirtschaftsprüfern, die kapitalmarktorientierte Unternehmen bzw. „Unternehmen von öffentlichem Interesse" prüfen, bestimmte **Tätigkeitsverbote** auferlegt. Ein Wirtschaftsprüfer ist von der Prüfung kapitalmarktorientierter Unternehmen ausgeschlossen, wenn er: 25

- in dem zu prüfenden Geschäftsjahr über die Prüfungstätigkeit hinaus Rechts- oder Steuerberatungsleistungen erbracht hat, die über das Aufzeigen von Gestaltungsalternativen hinausgehen und sich auf die Darstellung der Vermögens-, Finanz- und Ertragslage in dem zu prüfenden Jahresabschluss unmittelbar und nicht nur unwesentlich auswirken,
- über die Prüfungstätigkeit hinaus in dem zu prüfenden Geschäftsjahr an der Entwicklung, Einrichtung und Einführung von Rechnungslegungsinformationssystemen mitgewirkt hat, sofern diese Tätigkeit nicht von untergeordneter Bedeutung ist,
- in den letzten fünf Jahren jeweils mehr als 15 % der Gesamteinnahmen aus seiner beruflichen Tätigkeit von der zu prüfenden Kapitalgesellschaft oder von Unternehmen, an denen die zu prüfende Kapitalgesellschaft mehr als 20 % der Anteile besitzt, bezogen hat und dies auch im laufenden Geschäftsjahr zu erwarten ist, oder
- einen Bestätigungsvermerk nach § 322 HGB über die Prüfung des Jahresabschlusses des Unternehmen bereits in sieben oder mehr Fällen gezeichnet hat (sog. interne Rotation); dies gilt nicht, wenn seit seiner Beteiligung an der Prüfung des Jahresabschlusses drei oder mehr Jahre vergangen sind.

Die **Anpassung des nationalen Rechtes** an die Modernisierungs- sowie die Fair-Value-Richtlinie hat u. a. die folgenden Änderungen nach sich gezogen: 26

- Erweiterung der Pflichten zur Lageberichterstattung: Seither sind in die Analyse des Geschäftsverlaufs und der Lage der Gesellschaft auch die für die Geschäftstätigkeit bedeutsamen finanziellen Leistungsindikatoren mit einzubeziehen und zu erläutern. Darüber hinaus müssen große Kapitalgesellschaften i. S. d. § 267 Abs. 3 HGB auch zu den wesentlichen nicht-finanziellen Leistungsindikatoren, wie Informationen über Umwelt- und Arbeitnehmerbelange Angaben machen, sofern diese für die Einschätzung des Geschäftsverlaufs von Bedeutung sind.

- Ausweitung der Angabepflichten im Anhang: kapitalmarktorientierte Unternehmen haben im Anhang Art und Höhe der Honorare anzugeben, die mit dem gesetzlichen Abschlussprüfer i. S. d. § 319 HGB vereinbart und seitens der Gesellschaft im zu prüfenden Geschäftsjahr als Aufwand erfasst wurden.
- Das bisher in § 295 HGB geregelte Verbot zur Einbeziehung von Tochtergesellschaften mit konzernfremden Tätigkeiten wurde für die nach dem 31. Dezember 2004 beginnende Geschäftsjahre aufgehoben.
- Einführung einer generellen Pflicht zur Erstellung einer Kapitalflussrechnung und eines Eigenkapitalspiegels im Konzernabschluss. Dafür entfiel die Pflicht zur Segmentberichterstattung.

27 Um eine Anpassung an die Schwellenwertrichtlinie der Europäischen Kommission zu erreichen, wurde ferner eine **Anhebung der Schwellenwerte** der § 267 Abs. 1 und 2 und § 293 Abs. 1 HGB vorgenommen.

28 **g) Das Bilanzrechtsmodernisierungsgesetz 2009.** Am 29.5.2009 ist das Gesetz zur Modernisierung des Bilanzrechts – **Bilanzrechtsmodernisierungsgesetz** - BilMoG – vom 25.5.2009 (BGBl. I S. 1102) in Kraft getreten (→ § 53 b Rn. 42). Mit diesem Gesetz wurde zum Einen die **Richtlinie des Europäischen Parlaments und des Rates** (2006/43/EG) in **nationales Recht umgesetzt**, zum Anderen sollte zu Gunsten kleiner und mittlerer Unternehmen eine **Deregulierung** und **Kostensenkung** erreicht werden. **Einzelkaufleute** sind seither von der handelsrechtlichen **Buchführungspflicht befreit**, wenn sie nur einen kleinen Geschäftsbetrieb unterhalten. Dies ist der Fall, wenn diese Unternehmen 500.000 € Umsatz und 50.000 € Gewinn an zwei aufeinander folgenden Geschäftsjahren nicht überschreiten. Bei einer Neugründung wird die Befreiung schon wirksam, wenn die Werte am ersten Abschlussstichtag nach der Neugründung nicht überschritten werden (§ 241a HGB). Eine eigenständige **Steuerbilanz** ist aufzustellen, wenn keine **handelsrechtliche Buchführungspflicht** nach § 241a HGB besteht, die Kriterien des § 141 AO aber überschritten werden. Werden die Grenzen des § 141 AO nicht überschritten, ist eine **Einnahmen-Überschussrechnung** ausreichend. Ferner wurden die **Schwellenwerte** des § 267 HGB, der die Einteilung von Kapitalgesellschaften in die drei **Größenklassen klein, mittelgroß und groß** vorsieht, für die Bilanzsumme und die Umsatzerlöse angehoben. Die Größenklassen bestimmen unter anderem den Umfang der Informationspflichten der Unternehmen. Sie wirken sich außerdem auf die gesetzliche Prüfungspflicht aus, da kleine Kapitalgesellschaften entsprechend der internationalen Rechnungslegungsstandards nicht prüfungspflichtig sind.

29 Im Ergebnis kann festgestellt werden, dass mit dem Bilanzrechtsmodernisierungsgesetz das **Bilanzrecht umfassend geändert** wurde. Dies betrifft Gesellschaften aller Rechtsformen und Größe. Neben der Bilanz und der Gewinn- und Verlustrechnung sind zudem der **Anhang und der Lagebericht** des Unternehmens berührt. Das gilt auch für den Konzernabschluss bzw. -lagebericht. Damit geht nach Auffassung von Wirtschaftsprüfungsgesellschaften zwangsläufig eine Änderung der Anforderungen an die internen Prozesse und Dokumentationen einher, so zum Beispiel für die Aktivierung von selbst erstellten immateriellen Vermögensgegenständen des Anlagevermögens, die Saldierung von Passivposten mit Planvermögen, die Bewertung von (Pensions-)Rückstellungen oder die zusätzlichen Erläuterungen im Anhang und im Lagebericht. Durch die Verknüpfung von Handels- und Steuerbilanz strahlt das neue Recht ferner auch auf die steuerliche Gewinnermittlung aus.[31]

2. Die Aufstellung der Bilanz

In der Wissenschaft haben sich unterschiedliche **Theorien** herausgebildet, zu welchem Zweck Jahresabschlüsse (Bilanzen) aufzustellen sind und welche Bedeutung sie haben. Als sog. klassische Bilanztheorien gelten: 30

- die statische Bilanztheorie,
- die dynamische Bilanztheorie und
- die organische Bilanztheorie.[32]

Nach der **statischen Bilanztheorie** ist es wesentliche Aufgabe der Bilanz, das Reinvermögen jährlich zu ermitteln. Das Reinvermögen ist der Saldo von Vermögen und Schulden, es wird regelmäßig als Eigenkapital bezeichnet. Die wesentliche Aufgabe des Jahresabschlusses wird nach der **dynamischen Bilanztheorie** in der Ermittlung des betriebswirtschaftlichen Erfolges gesehen. Der Jahresabschluss wird zum Instrument der Rechenschaft über die abgelaufene Geschäftsperiode, mit dem ein möglichst periodengerechter, vergleichbarer Erfolg ermittelt werden soll.[33] Die **organische Bilanztheorie** konzipiert den Jahresabschluss aus gesamtwirtschaftlicher Sicht und betrachtet jedes Unternehmen als Zelle im Organismus der Gesamtwirtschaft. Nach dieser Theorie kann man nur dann von einem positiven Erfolg eines Unternehmens sprechen, wenn es seine relative Stellung in der Gesamtwirtschaft behauptet hat. Voraussetzung dafür ist, dass das Unternehmen in der Lage war, seine leistungswirtschaftliche Substanz zu erhalten.[34] Die geltenden gesetzlichen Bestimmungen über die Aufstellung von Bilanzen haben diese theoretischen Grundsätze und Grundlagen in Rechtsnormen transferiert. Diese Rechtsnormen sind von den Unternehmen zu beachten. 31

Grundlage der Bilanz ist zunächst die **Erstellung eines Inventars**. Nach § 240 HGB hat jeder Kaufmann, zu denen auch die kommunalen Unternehmen zu zählen sind, zu Beginn seines Handelsgewerbes seine Grundstücke, seine Forderungen und Schulden, den Betrag seines baren Geldes sowie seine sonstigen Vermögensgegenstände genau zu verzeichnen und dabei den Wert der einzelnen Vermögensgegenstände und Schulden anzugeben. Danach hat er zum Schluss eines jeden Geschäftsjahres ein solches Inventar aufzustellen. Die Erstellung eines Inventars ist darüber hinaus erforderlich bei Liquidation des Unternehmens, einer Aufspaltung eines Unternehmens in mehrere Unternehmen oder bei einem Wechsel des 32

---

[31] Bundesverband der Deutschen Industrie (BDI)/Ernst & Young, Bilanzrechtsmodernisierungsgesetz – Überblick zu den wesentlichen Änderungen, 2009, S. 47

[32] *Baetge/Kirsch/Thiele* (Fn. 17), S. 12 ff.

[33] *Baetge/Kirsch/Thiele* (Fn. 17), S. 17.

[34] *Baetge/Kirsch/Thiele* (Fn. 17), S. 23.

Eigentümers. Das HGB schreibt im Einzelnen vor, nach welchen Grundsätzen die Vermögensgegenstände und die Schulden zu bewerten sind (§§ 252 ff. HGB).

33 Die §§ 265 und 266 HGB enthalten detaillierte Bestimmungen über die allgemeinen Grundsätze und die **Gliederung der Bilanz**. Danach gilt: Die Form der Darstellung, insbesondere die Gliederung der aufeinander folgenden Bilanzen und Gewinn- und Verlustrechnungen, ist beizubehalten, soweit nicht in Ausnahmefällen wegen besonderer Umstände Abweichungen erforderlich sind. Die Abweichungen sind im Anhang anzugeben und zu begründen. In der Bilanz sowie in der Gewinn- und Verlustrechnung ist zu jedem Posten der entsprechende Betrag des vorhergehenden Geschäftsjahres anzugeben. Sind die Beträge nicht vergleichbar, so ist dies im Anhang anzugeben und zu erläutern. Wird der Vorjahresbetrag angepasst, so ist auch dies im Anhang anzugeben und zu erläutern. Die Bilanz ist in Kontoform aufzustellen. Dabei haben große und mittelgroße Kapitalgesellschaften auf der Aktivseite die in Abs. 2 des § 266 und auf der Passivseite die in Abs. 3 des § 266 bezeichneten Posten gesondert und in der vorgeschriebenen Reihenfolge auszuweisen (§ 266 Abs. 1 HGB). Folgende Gliederung ist von den Unternehmen einzuhalten (§ 266 Abs. 2 u. 3 HGB):

Aktivseite

A. Anlagevermögen:

I. Immaterielle Vermögensgegenstände:

1. Konzessionen, gewerbliche Schutzrechte und ähnliche Rechte und Werte sowie Lizenzen an solchen Rechten und Werten;
2. Geschäfts- oder Firmenwert;
3. geleistete Anzahlungen;

II. Sachanlagen:

1. Grundstücke, grundstücksgleiche Rechte und Bauten einschließlich der Bauten auf fremden Grundstücken;
2. technische Anlagen und Maschinen;
3. andere Anlagen, Betriebs- und Geschäftsausstattung;
4. geleistete Anzahlungen und Anlagen im Bau;

III. Finanzanlagen:

1. Anteile an verbundenen Unternehmen;
2. Ausleihungen an verbundene Unternehmen;
3. Beteiligungen;
4. Ausleihungen an Unternehmen, mit denen ein Beteiligungsverhältnis besteht;
5. Wertpapiere des Anlagevermögens;
6. sonstige Ausleihungen.

B. Umlaufvermögen:

I. Vorräte:

1. Roh-, Hilfs- und Betriebsstoffe;
2. unfertige Erzeugnisse, unfertige Leistungen;
3. fertige Erzeugnisse und Waren;
4. geleistete Anzahlungen;

II. Forderungen und sonstige Vermögensgegenstände:

1. Forderungen aus Lieferungen und Leistungen;
2. Forderungen gegen verbundene Unternehmen;
3. Forderungen gegen Unternehmen, mit denen ein Beteiligungsverhältnis besteht;
4. sonstige Vermögensgegenstände;

III. Wertpapiere:

1. Anteile an verbundenen Unternehmen;
2. eigene Anteile;
3. sonstige Wertpapiere;

IV. Kassenbestand, Bundesbankguthaben, Guthaben bei Kreditinstituten und Schecks.

C. Rechnungsabgrenzungsposten.

Passivseite

A. Eigenkapital:

I. Gezeichnetes Kapital;

II. Kapitalrücklage;

III. Gewinnrücklagen:

1. gesetzliche Rücklage;
2. Rücklage für eigene Anteile;
3. satzungsmäßige Rücklagen;
4. andere Gewinnrücklagen;

IV. Gewinnvortrag/Verlustvortrag;

V. Jahresüberschuss/Jahresfehlbetrag.

B. Rückstellungen:

1. Rückstellungen für Pensionen und ähnliche Verpflichtungen;
2. Steuerrückstellungen;
3. sonstige Rückstellungen.

C. Verbindlichkeiten:

1. Anleihen,
davon konvertibel;
2. Verbindlichkeiten gegenüber Kreditinstituten;
3. erhaltene Anzahlungen auf Bestellungen;
4. Verbindlichkeiten aus Lieferungen und Leistungen;
5. Verbindlichkeiten aus der Annahme gezogener Wechsel und der Ausstellung eigener Wechsel;
6. Verbindlichkeiten gegenüber verbundenen Unternehmen;
7. Verbindlichkeiten gegenüber Unternehmen, mit denen ein Beteiligungsverhältnis besteht;
8. sonstige Verbindlichkeiten,
davon aus Steuern,
davon im Rahmen der sozialen Sicherheit.

D. Rechnungsabgrenzungsposten.

3. Die Gewinn- und Verlustrechnung

34 § 242 Abs. 2 HGB sieht vor, dass jedes Unternehmen für den Schluss eines jeden Geschäftsjahres eine **Gegenüberstellung der Aufwendungen und Erträge** des Geschäftsjahres aufzustellen hat (Gewinn- und Verlustrechnung - GuV). Die Gewinn- und Verlustrechnung bildet zusammen mit der Bilanz den Jahresabschluss. Beide Instrumente der Rechnungslegung stehen gleichrangig nebeneinander. Für den Aufbau einer Gewinn- und Verlustrechnung gelten folgende betriebswirtschaftliche Grundsätze:

1. Keine Saldierung von Aufwands- und Ertragsposten (Grundsatz der Bruttorechnung);
2. Artengliederung der primären Aufwendungen und Erträge (Grundsatz der Primärgliederung);
3. Darstellung der Entstehung des betrieblichen Aufwandes in den Bereichen Fertigung, Verwaltung und Betrieb (Grundsatz der Gliederung nach Entstehungsbereichen);
4. Ausweis der in der abzurechnenden Periode entstandenen Aufwendungen und Erträge nach ihrer „Verursachung" als periodenzugehörig oder periodenfremd (Grundsatz der Periodenzugehörigkeit);
5. Trennung von ordentlichen und außerordentlichen Aufwendungen und Erträgen (Grundsatz der Erfolgsspaltung).[35]

35 Die Kapitalgesellschaften haben nach § 275 HGB ihre Gewinn- und Verlustrechnung in Staffelform entweder nach dem **Gesamtkostenverfahren (GKV)** oder nach dem **Umsatzkostenverfahren (UKV)** auszuweisen. Eine Saldierung der Erlöse mit den Aufwendungen ist unzulässig (**Bruttoprinzip).** Dabei sind die in den Abs. 2 oder 3 bezeichneten Posten in der angegebenen Reihenfolge gesondert auszuweisen.

Bei Anwendung des Gesamtkostenverfahrens sind auszuweisen:

1. Umsatzerlöse
2. Erhöhung oder Verminderung des Bestands an fertigen und unfertigen Erzeugnissen
3. andere aktivierte Eigenleistungen
4. sonstige betriebliche Erträge
5. Materialaufwand:
   a) Aufwendungen für Roh-, Hilfs- und Betriebsstoffe und für bezogene Waren
   b) Aufwendungen für bezogene Leistungen
6. Personalaufwand:
   a) Löhne und Gehälter
   b) soziale Abgaben und Aufwendungen für Altersversorgung und für Unterstützung,
   davon für Altersversorgung

[35] *Baetge/Kirsch/Thiele* (Fn. 17), S. 613 ff.

7. Abschreibungen:
   a) auf immaterielle Vermögensgegenstände des Anlagevermögens und Sachanlagen sowie auf aktivierte Aufwendungen für die Ingangsetzung und Erweiterung des Geschäftsbetriebs
   b) auf Vermögensgegenstände des Umlaufvermögens, soweit diese die in der Kapitalgesellschaft üblichen Abschreibungen überschreiten
8. sonstige betriebliche Aufwendungen
9. Erträge aus Beteiligungen,
   davon aus verbundenen Unternehmen
10. Erträge aus anderen Wertpapieren und Ausleihungen des Finanzanlagevermögens,
    davon aus verbundenen Unternehmen
11. sonstige Zinsen und ähnliche Erträge,
    davon aus verbundenen Unternehmen
12. Abschreibungen auf Finanzanlagen und auf Wertpapiere des Umlaufvermögens
13. Zinsen und ähnliche Aufwendungen,
    davon an verbundene Unternehmen
14. Ergebnis der gewöhnlichen Geschäftstätigkeit
15. außerordentliche Erträge
16. außerordentliche Aufwendungen
17. außerordentliches Ergebnis
18. Steuern vom Einkommen und vom Ertrag
19. sonstige Steuern
20. Jahresüberschuss/Jahresfehlbetrag.

Bei Anwendung des Umsatzkostenverfahrens sind auszuweisen:

1. Umsatzerlöse
2. Herstellungskosten der zur Erzielung der Umsatzerlöse erbrachten Leistungen
3. Bruttoergebnis vom Umsatz
4. Vertriebskosten
5. allgemeine Verwaltungskosten
6. sonstige betriebliche Erträge
7. sonstige betriebliche Aufwendungen
8. Erträge aus Beteiligungen,
   davon aus verbundenen Unternehmen
9. Erträge aus anderen Wertpapieren und Ausleihungen des Finanzanlagevermögens,
   davon aus verbundenen Unternehmen
10. sonstige Zinsen und ähnliche Erträge,
    davon aus verbundenen Unternehmen
11. Abschreibungen auf Finanzanlagen und auf Wertpapiere des Umlaufvermögens
12. Zinsen und ähnliche Aufwendungen,
    davon an verbundene Unternehmen
13. Ergebnis der gewöhnlichen Geschäftstätigkeit
14. außerordentliche Erträge
15. außerordentliche Aufwendungen
16. außerordentliches Ergebnis
17. Steuern vom Einkommen und vom Ertrag
18. sonstige Steuern
19. Jahresüberschuss/Jahresfehlbetrag.

36 **Erläuterungen** der Bilanz und der Gewinn- und Verlustrechnung sind in einem **Anhang** anzugeben. Hierin sind solche Angaben aufzunehmen, die zu den einzelnen Posten der Bilanz oder der Gewinn- und Verlustrechnung vorgeschrieben oder die im Anhang zu machen sind, weil sie in Ausübung eines Wahlrechts nicht in die Bilanz oder in die Gewinn- und Verlustrechnung aufgenommen wurden. Die Pflichtangaben sind in den §§ 284 und 285 HGB aufgeführt. Die Berichterstattung hat allerdings zu unterbleiben, wenn es für das Wohl der Bundesrepublik Deutschland oder eines ihrer Länder erforderlich ist (§ 286 Abs. 1 HGB). Diese Bestimmung dürfte nur im Ausnahmefall für ein kommunales Unternehmen von Bedeutung sein.

4. Der Lagebericht

37 Das eigenständige Informationsinstrument „Lagebericht" soll die **Angaben** im Jahresabschluss **verdichten** sowie **sachlich und zeitlich ergänzen**.[36] Der Lagebericht enthält folgende Teilberichte:

- Wirtschaftsbericht,
- Prognosebericht,
- Nachtragsbericht,
- Finanzrisikobericht,
- Forschungs- und Entwicklungsbericht,
- Zweigniederlassungsbericht,
- Vergütungsbericht,
- Bericht zur Übernahmesituation,
- Zusatzbericht und
- ggf. rechtsformspezifischer Bericht.

38 Im Lagebericht sind der **Geschäftsverlauf** einschließlich des **Geschäftsergebnisses** und die Lage der Kapitalgesellschaft so **darzustellen**, dass ein den tatsächlichen Verhältnissen entsprechendes Bild vermittelt wird. Er hat eine ausgewogene und umfassende, dem Umfang und der Komplexität der Geschäftstätigkeit entsprechende Analyse des Geschäftsverlaufs und der Lage der Gesellschaft zu enthalten. In die Analyse sind die für die Geschäftstätigkeit bedeutsamen finanziellen Leistungsindikatoren einzubeziehen und unter Bezugnahme auf die im Jahresabschluss ausgewiesenen Beträge und Angaben zu erläutern. Ferner ist im Lagebericht die voraussichtliche Entwicklung mit ihren wesentlichen Chancen und Risiken zu beurteilen und zu erläutern; zu Grunde liegende Annahmen sind anzugeben (§ 289 Abs. 1 HGB). Ferner haben die gesetzlichen **Vertreter** der Kapitalgesellschaft zu **versichern**, dass **nach bestem Wissen** im Lagebericht der Geschäftsverlauf einschließlich des Geschäftsergebnisses und die Lage der Gesellschaft so **dargestellt** sind, dass ein den tatsächlichen Verhältnissen entsprechendes Bild vermittelt wird, und dass die wesentlichen Chancen und Risiken beschrieben sind.

---

[36] Im Einzelnen hierzu: *Baetge/Kirsch/Thiele* (Fn. 17), S. 36 ff., 785 ff.

Der Leser des Lageberichts soll damit in die Lage versetzt werden, sich umfassend ein Bild über die Geschäftstätigkeit und den Erfolg des Unternehmens zu machen.

Der Deutsche Standardisierungsrat (DSR) hat am 7. Dezember 2004 den **Deutschen Rechnungslegungsstandard Nr. 15** (DRS 15) zur Normierung und Konkretisierung der Konzernlageberichterstattung verabschiedet. Eine **Anwendung** auf den Lagebericht des Einzelabschlusses nach § 289 HGB wird **empfohlen**. Die vom Deutschen Standardisierungsrat verfassten und vom Bundesministerium der Justiz veröffentlichten DRS sind im Prinzip für Konzerne gedacht, sie enthalten jedoch auch Empfehlungen für die Rechnungslegung und Berichterstattung im Einzelabschluss. 39

B. Die Prüfung kommunaler Unternehmen

Die kommunalen Unternehmen können in unterschiedlichen Rechtsformen geführt werden (vgl. A I). Werden sie in **Rechtsformen des privaten Rechts** geführt, gelten für die Prüfung diejenigen Bestimmungen, die für die jeweilige Rechtsform vorgeschrieben ist, dieses sind in erster Linie das **HGB**, das **GmbH-Gesetz** und das **Aktien-Gesetz**. Darüber hinaus ist in den Kommunalverfassungen der Länder häufig vorgesehen, dass die Prüfung des Jahresabschlusses bei privatrechtlichen Unternehmen oder Kommunalunternehmen nach den Vorschriften über die Jahresabschlussprüfung bei Eigenbetrieben vorzunehmen ist und ein zuständiges Rechnungsprüfungsamt/eine Prüfungseinrichtung bestimmt wird.[37] Für die kommunalen Unternehmen in öffentlich-rechtlicher Rechtsform gelten die kommunalverfassungsrechtlichen Regelungen der einzelnen Länder einschließlich der dazu erlassenen Rechtsverordnungen (z. B. Eigenbetriebsverordnung). 40

Die **Prüfungspflicht** und das **Prüfungsrecht** gegenüber den kommunalen Unternehmen durch kommunale Prüfungseinrichtungen wurden vor dem Hintergrund der **Weltwirtschaftskrise 1931/33** geschaffen. Die Wirtschaftsbetriebe der öffentlichen Hand wurden durch eine Notverordnung aus dem Jahre 1931 (NotVO) und eine Durchführungsverordnung aus dem Jahre 1933 (DurchfVO)[38] einer Prüfungspflicht unterworfen. Unterschiede nach der Rechtsform der Wirtschaftsbetriebe wurden nicht gemacht, erfasst wurden sowohl rechtlich unselbstständige Betriebe als auch solche mit eigener Rechtspersönlichkeit des öffentlichen oder des privaten Rechts. Ausgenommen wurde u. a. die AG, weil sie bereits aufgrund handelsrechtlicher Vorschriften prüfungspflichtig geworden war.[39] Das Gesetz über die 41

---

[37] Vgl. § 111 Abs. 1 GO BW, Art. 107 Abs. 2 GO Bay, §§ 116 ff. GO Bbg, § 132 GO H, §§ 11 ff. KommunalprüfungsG MV, § 124 Abs. 1 GO Nds, § 106 GO NW, § 89 Abs. 1 GO RP, § 124 Abs. 1 GO Saarl, § 105 u. § 110 GO Sachs, § 131 Abs. 2 GO LSA, § 106 GO SH mit Verweis auf die EigVO, § 82 Abs. 1 ThürKO.

[38] Dritte Verordnung des Reichspräsidenten zur Sicherung von Wirtschaft und Finanzen und zur Bekämpfung politischer Ausschreitungen v. 6.10.1931 (RGBl. I, 437); Verordnung zur Durchführung der Vorschriften über die Prüfungspflicht der Wirtschaftsbetriebe der öffentlichen Hand v. 30.3.1933 (RGBl. I, 180).

[39] *Bolsenkötter,* in: Püttner (Hrsg.), HKWP, Bd. 5, 2. Aufl. 1984, S. 228 f.

Grundsätze des Haushaltsrechts des Bundes und der Länder (**Haushaltsgrundsätzegesetz - HGrG**) vom 19. August 1969[40] schuf in Teil II (§§ 49 ff.) für die Prüfung und Kontrolle privatrechtlicher Unternehmen neue Rechtsgrundlagen, die einheitlich gelten und für den Bund und die Länder unmittelbar anzuwenden sind. Besondere Relevanz für die Prüfung der kommunalen Unternehmen sind die Vorschriften in den §§ 53 und 54 HGrG.

I. Gesetzliche Grundlagen

42 Die Rechtsvorschriften über die Prüfung kommunaler Unternehmen sind vielfältig, sie ergeben sich sowohl aus europa- und bundesrechtlichen Regelungen, als auch aus den jeweiligen kommunalverfassungsrechtlichen Bestimmungen der einzelnen Länder.

1. Das Recht der Europäischen Union

43 Die Regelungen der Europäischen Union greifen auch in das Prüfungsrecht der Unternehmen immer stärker ein. Das **Bilanzrichtliniengesetz** von 1985[41] setzte die Achte Richtlinie des Rates der Europäischen Gemeinschaften vom 10. April 1984 (Abschlussprüferrichtlinie) in nationales Recht um. Diese Richtlinie wurde 2006 neu gefasst.[42] Mit dieser **Abschlussprüferrichtlinie** liegt ein geschlossener EU-weiter Rahmen vor, in dem die Grundprinzipien für sämtliche die **Qualität der Abschlussprüfung** bestimmenden Bereiche festgelegt werden. Geregelt sind u. a. die Voraussetzungen für die Zulassung als Abschlussprüfer, die prüferische Unabhängigkeit, die bei der Abschlussprüfung zu beachtenden Prüfungsstandards, die Merkmale eines wirksamen Systems der externen Qualitätskontrolle sowie die Forderung nach einer unabhängigen Berufsaufsicht. Ferner sind Sondervorschriften enthalten, die nur bei der Prüfung von Unternehmen von öffentlichem Interesse - also vor allem von kapitalmarktorientierten Unternehmen - zu beachten sind. Das Institut der Wirtschaftsprüfer (IDW) betont, die deutschen Rechtsvorschriften seien bereits „richtlinienfest". Die §§ 319 und 319a HGB enthielten bereits die Prinzipien der Richtlinie.[43] Der deutsche Gesetzgeber hat zwei Jahre Zeit, diese Richtlinie in nationales Recht umzusetzen. Das Bundesministerium der Justiz hat am 8. November 2007 den **Referentenentwurf eines Gesetzes zur Modernisierung des Bilanzrechts (Bilanzrechtsmodernisierungsgesetz – BilMoG)** in das Abstimmungsverfahren gegeben. Es soll im Jahre 2008 das parlamentarische Verfahren durchlaufen. Im Allgemeinen Teil der Gesetzesbegründung ist ausgeführt,

---

[40] BGBl. I S. 1273, zuletzt geändert durch Gesetz v. 14.8.2006 (BGBl. I S. 1911).

[41] Gesetz zur Durchführung der Vierten, Siebenten und Achten Richtlinie des Rates der Europäischen Gemeinschaften zur Koordinierung des Gesellschaftsrechts (Bilanzrichtlinien-Gesetz –BiRiLiG) v. 15.8.1985, GVBl. I, 2355.

[42] Richtlinie 2006/43/EG des Europäischen Parlaments und des Rates v. 17.5.2006.

[43] Der Betrieb (DB) Heft 42 v. 21.10.2005; Presseinformationen 7/05 des IDW v. 12.10.2005.

die Richtlinien des Europäischen Parlaments und des Rates (u. a. 2006/43/EG über Abschlussprüfungen von Jahresabschlüssen und konsolidierten Abschlüssen) würden „eins zu eins" in nationales Recht umgesetzt.[44] Der größte Teil der neuen Vorschriften soll erstmals auf Geschäftsjahre Anwendung finden, die im Kalenderjahr 2009 beginnen.[45]

2. Die Bestimmungen des Handelsgesetzbuches

Das **HGB** enthält in den §§ 316 ff. die Regelungen über die **Prüfung von Unternehmen**. Der Jahresabschluss und der Lagebericht von Kapitalgesellschaften, die nicht kleine im Sinne des § 267 Abs. 1 HGB sind, sind durch einen Abschlussprüfer zu prüfen. Hat keine Prüfung stattgefunden, so kann der Jahresabschluss nicht festgestellt werden. Das HGB enthält die Bestimmungen über Gegenstand und Umfang der Prüfung, Bestellung und Abberufung des Abschlussprüfers, Auswahl der Abschlussprüfer und Ausschlussgründe, besondere Ausschlussgründe bei Unternehmen von öffentlichem Interesse, die Vorlagepflicht und das Auskunftsrecht, die Kriterien für den Prüfungsbericht, die Offenlegung des Prüfungsberichts in besonderen Fällen, die Formulierung des Bestätigungsvermerks, die Verantwortlichkeit des Abschlussprüfers und Regelungen über Meinungsverschiedenheiten zwischen Kapitalgesellschaft und Abschlussprüfer. 44

3. Weitere Vorschriften über die Prüfung von Unternehmen

Die wichtigsten Bestimmungen über die Prüfung von Unternehmen finden sich im HGB. Darüber hinaus enthalten die Rechtsvorschriften über **spezielle Rechtsformen zusätzliche Normen, die zu beachten** sind, z. B. § 42a GmbH-Gesetz, § 171 AktG. Nach § 171 AktG hat der Aufsichtsrat den Jahresabschluss, den Lagebericht und den Vorschlag für die Verwendung des Bilanzgewinns zu prüfen, bei Mutterunternehmen nach § 290 HGB auch den Konzernabschluss und den Konzernlagebericht. Ist der Jahresabschluss oder der Konzernabschluss durch einen Abschlussprüfer zu prüfen, so hat dieser an den Verhandlungen des Aufsichtsrats oder eines Ausschusses über die Vorlage teilzunehmen und über die wesentlichen Ergebnisse seiner Prüfung zu berichten. 45

4. Prüfung durch die örtlichen und überörtlichen Prüfungseinrichtungen der Kommunen

Die **kommunalen Gebietskörperschaften** unterhalten **eigene Prüfungseinrichtungen**, die örtlichen Rechnungsprüfungsämter. Alle (Land-)Kreise, kreisfreien Städte und größeren Städte und Gemeinden haben ein **Rechnungsprüfungsamt** einzurichten, kleinere Gemeinden und Städte können einen solches Amt errichten, wenn ein Bedürfnis hierfür besteht und die Kosten in angemessenem Verhältnis 46

[44] www.bmj.bund.de.

[45] Presseinformation des Bundesministeriums der Justiz v. 8.11.2007.

zum Umfang der Verwaltung stehen.[46] Die Gemeinden und Städte, die kein eigenes Rechnungsprüfungsamt unterhalten, bedienen sich des Rechnungsprüfungsamtes des (Land-)Kreises.[47] Darüber hinaus unterliegen sie der überörtlichen Prüfung, die in den einzelnen Ländern von unterschiedlichen Prüfungseinrichtungen durchgeführt wird.

Die **überörtliche Finanzkontrolle** ist in den Ländern wie folgt organisiert:

Land	*Prüfungsbehörde/ Prüfende Institution*	*Rechtsgrundlagen*[48]
Baden-Württemberg	Rechtsaufsichtsbehörde (RAB) bei Gemeinden bis 4.000 Einwohner; Gemeinden über 4.000 Einwohner: Gemeindeprüfungsanstalt (GPA) im Auftrag der RAB	§ 113 GO BW; Gemeindeprüfungsanstaltsgesetz (GPAG); Gemeindeprüfungsordnung (GemPrO)
Bayern	Bayerischer Kommunaler Prüfungsverband (Prüfungsverband) für die Mitglieder; übrige Gemeinden: Staatliche Rechnungsprüfungsstellen der Landratsämter	Art. 105 BayGO; Gesetz über den Bayerischen Kommunalen Prüfungsverband; Satzung des Prüfungsverbandes; Kommunalwirtschaftliche Prüfungsverordnung (KommPrV)
Brandenburg	LRH für kreisfreie Städte und Landkreise und ihre Sondervermögen; Kreisangehörige Gemeinden und Ämter und ihre Sondervermögen: Landrat als allgemeine untere Landesbehörde (Wahrnehmung durch RPA des Landkreises im Auftrag des LRH)	§ 116 Abs. 2 BbgGO, § 63 Abs. 2 u. § 66 Abs. 2 Ziff. 2 BbgLKrO, § 90 LHO;
Bremen	Für die Stadtgemeinde Bremen: Rechnungshof Für Bremerhaven: Die Durchführung der Prüfung nimmt der Präsident des Rechnungshofs wahr; die überörtliche Prüfung der Haushalts- und Wirtschaftsführung obliegt dem Senat	§§ 1 u. 9 Abs. 3 (für StGem. Bremen), § 15 (für Bremerhaven) Gesetz über die Rechnungsprüfung in der Freien Hansestadt Bremen; § 60 Verfassung für die Stadt Bremerhaven (VerfBrhv);
Hessen	Präsident des LRH	§ 132 HGO; Gesetz zur Regelung der überörtlichen Prüfung kommunaler Körperschaften in Hessen (ÜPKKG)
Mecklenburg-Vorpommern	LRH: Kommunale Körperschaften, die der unmittelbaren Rechtsaufsicht des Landes unterliegen (Kreisfreie Städte, Landkreise) Landrat: Kommunale Körperschaften, für deren Rechtsaufsicht er zuständig ist (kreisangehörige Gemeinden, Ämter).	Art. 68 Abs. 4 LV MV; §§ 79 Abs. 1, 124 Abs. 1, 145 Abs. 1 KV MV; § 14 Landesrechnungshofgesetz (LRHG); Kommunalprüfungsgesetz (KPG), Abschnitt II

[46] Vgl. z. B. § 117 GO Nds.

[47] Vgl. z. B. § 120 Abs. 2 GO Nds.

[48] Bei den Rechtsgrundlagen sind die Bestimmungen für die Gemeinden und Städte angegeben. Für die (Land-)Kreise gelten die inhaltsgleichen Regelungen.

Niedersachsen	Kommunalprüfungsanstalt	§ 121 NGO; Niedersächsisches Kommunalprüfungsgesetz (NKPG)
Nordrhein-Westfalen	Gemeindeprüfungsanstalt	§ 105 GO NW; § 53 Abs. 2 KrO NW; Gemeindeprüfungsanstaltsgesetz (GPAG)
Rheinland-Pfalz	LRH; Gemeindeprüfungsamt bei der Kreisverwaltung als untere Behörde der allgemeinen Landesverwaltung; LRH kann die überörtliche Prüfung ganz oder teilweise den Gemeindeprüfungsämtern übertragen	§ 110 Abs. 4 GO RP; Gesetz über den Rechnungshof Rheinland-Pfalz (RHG), Rechtsverordnung nach § 110 Abs. 4 GO RP.
Saarland	Gemeindeprüfungsamt beim Ministerium für Inneres und Sport	§ 123 SaarlKSVG
Sachsen	LRH	§§ 108 bis 110 SächsGO, § 64 Abs. 2 SächsLKrO; Kommunalprüfungsordnung (KomPrO)
Sachsen-Anhalt	LRH für Landkreise, kreisfreie Städte und Verwaltungsgemeinschaften über 25.000 Einwohner; übrige Gemeinden und Verwaltungsgemeinschaften: RPA des Landkreises als Gemeindeprüfungsamt	§ 126 GO LSA; § 66 LKrO LSA.

Die **Zuständigkeit der Jahresabschlussprüfung** bei **Eigenbetrieben** ist in den einzelnen Ländern nach den Kommunalverfassungen ebenfalls **unterschiedlich organisiert**. Beispielsweise sind in Niedersachsen die örtlichen Rechnungsprüfungsämter[49] zuständig, in Nordrhein-Westfalen ist es die Gemeindeprüfungsanstalt.[50] Die Ämter bedienen sich regelmäßig eines Wirtschaftsprüfers, einer Wirtschaftsprüfungsgesellschaft oder eines eigenen Prüfers, der dazu die Befähigung besitzt. Bei **kommunalen Unternehmen in privatrechtlicher Rechtsform** ist **§ 53 HGrG** zu **beachten**. Die Kommune hat danach dafür zu sorgen, dass ihr die in dieser Vorschrift genannten Rechte eingeräumt werden. Die Kommunalverfassungen der einzelnen Länder enthalten Bestimmungen, die auf diese Vorschrift verweisen oder Bezug nehmen.[51] Nach § 54 HGrG kann den Rechnungsprüfungsbehörden ein **Unterrichtungsrecht** in der Satzung (im Gesellschaftsvertrag) eingeräumt werden. Dieses Unterrichtungsrecht bezieht sich darauf, dass sich die Rechnungsprüfungsbehörde zur Klärung von Fragen, die bei der Prüfung nach § 44 HGrG (Prüfung staatlicher Betätigung bei privatrechtlichen Unternehmen - **Betätigungsprüfung**) auftreten, unmittelbar unterrichten und zu diesem Zweck den Betrieb, die Bücher und die Schriften des Unternehmens einsehen kann. Die 48

49 § 123 GO Nds.

50 § 106 Abs. 2 GO NW.

51 §§ 103 Abs. 1 Nr. 5 u. 103a GO BW, Art. 94 GO Bay, § 105 GO Bbg, §§ 122 u. 123 GO H, § 73 Abs. 1 KV MV, § 124 GO Nds, §§ 108 Abs. 2 u. 112 GO NW, § 87 Abs. 1 GO RP, § 111 SaarlKSVG, § 96 Abs. 2 GO Sachs, § 117 GO LSA, § 102 GO SH, § 75 ThürKO.

§§ 53 und 54 HGrG stellen Sonderrechte der öffentlichen Hand dar, die das Gesellschaftsrecht ergänzen und teilweise ändern. Daneben sind Sonderrechte in den §§ 394 und 395 AktG enthalten.[52]

II. Ziele der Prüfung kommunaler Unternehmen

49 Die Prüfung der kommunalen Unternehmen umfasst zwei unterschiedliche Bereiche, deren Ziele sich zum Teil überschneiden. Zum einen kennen die Unternehmen die **interne Prüfung,** die sich auf die Innenrevision, die örtliche und überörtliche Rechnungsprüfung und die Prüfung durch den Aufsichtsrat oder das sonstige Aufsichtsgremium der Gesellschaft bezieht. Zum anderen ist insbesondere bei rechtlich selbstständigen Unternehmen und den Eigenbetrieben eine **externe Prüfung** durch Abschlussprüfer (Wirtschaftsprüfer, Wirtschaftsprüfergesellschaften usw.) vorgeschrieben. Auch rechtlich unselbstständige Unternehmen und kommunale Anstalten des öffentlichen Rechts können durch externe Dritte geprüft werden.

1. Prüfung durch örtliche und überörtliche Prüfungseinrichtungen der Kommunen

50 **Aufgaben und Ziele** der internen Prüfung sind insbesondere:

- die **Überwachung** der Beachtung von Gesetzen, behördlichen Auflagen, unternehmensinternen Richtlinien bzw. Vorgaben und vertraglichen Bindungen,
- die Überwachung von Vorgaben der Haushaltssatzung und des Haushaltsplanes, die die Vertretungskörperschaft vorgegeben hat,
- **Prüfung** der formellen und materiellen **Ordnungsmäßigkeit** des Rechnungs- und des Berichtswesens,
- **Überprüfung** des prozessabhängigen Kontrollsystems,
- **Rentabilitäts- und Wirtschaftlichkeitsuntersuchungen.**[53]

51 Die Prüfungsberichte der örtlichen Rechnungsprüfungsämter und der überörtlichen Prüfungsinstitutionen sind regelmäßig bekanntzugeben, die nicht vertraulichen Teile öffentlich auszulegen.[54] Die Öffentlichkeit soll über das Finanzgebaren der kommunalen Unternehmen informiert werden, weil diese regelmäßig öffentliche Aufgaben wahrnehmen.

---

[52] *Eibelshäuser/Nowak,* in: Heuer/Engels/Eibelshäuser (Hrsg.), KHR, Rn. 1 zu Vorb. zu §§ 53, 54 HGrG.

[53] *Heimrath* (Fn. 18), S. 203.

[54] Vgl. z. B. § 120 Abs. 4 GO Nds, § 4 Abs. 2 Niedersächsisches Gesetz über die überörtliche Kommunalprüfung (niedersächsisches Kommunalprüfung Gesetz – NKPG) v. 16.12.2004 (NdsGVBl., 638, zuletzt geändert durch Gesetz v. 17.12.200 (NdsGVBl., 775).

a) **Die Prüfung der Betätigung der Kommune.** Die Haushaltsordnungen des Bundes (§ 92 BHO) und der Länder (regelmäßig § 92 LHO) schreiben die **Prüfung staatlicher Betätigung bei privatrechtlichen Unternehmen** vor. Auch die Kommunalverfassungen der Länder geben den örtlichen Rechnungsprüfungsämtern regelmäßig die Möglichkeit, die Betätigung der Gemeinden als Gesellschafter oder Aktionär in Unternehmen mit eigener Rechtspersönlichkeit zu prüfen.[55] Eine Betätigungsprüfung ist keine Prüfung „des" Unternehmens, sondern eine Prüfung „bei" dem Unternehmen.[56] Durch diese gesetzliche Formulierung in der BHO, in den LHO und den kommunalen Regelungen ist klargestellt, dass nicht die Unternehmen selbst der Betätigungsprüfung unterliegen. Sie sind nur insoweit von der Betätigungsprüfung betroffen, als sie verpflichtet werden, die erforderlichen Auskünfte zu erteilen, Unterlagen zur Verfügung zu stellen und gegebenenfalls örtliche Erhebungen zu dulden. Geprüft werden die beteiligungsverwaltenden Stellen.[57] 52

Der **Schwerpunkt** dieser Prüfung liegt in **Aufbau, Organisation und Aufgaben der Beteiligungsverwaltung der Kommune** sowie deren Aufgabenwahrnehmung. Eine Prüfung erfolgt - unabhängig von der Höhe der Beteiligung - bei der Kommune und nicht bei dem Beteiligungsunternehmen selbst. Eine Ausnahme hierzu bilden **Unterrichtungsrechte** in Anwendung des § 54 HGrG, soweit sie den kommunalen Prüfungseinrichtungen im Gesellschaftsvertrag oder der Satzung des Beteiligungsunternehmens eingeräumt sind. In diesem Fall können sich die Prüfungseinrichtungen zur Klärung von Fragen unmittelbar bei dem Unternehmen unterrichten und zu diesem Zweck den Betrieb, die Bücher und die Schriften des Unternehmens einsehen. Die Prüfung sollte sich insbesondere darauf konzentrieren: 53

- ob die Voraussetzungen für eine Beteiligung an dem Unternehmen gegeben sind oder zu einem späteren Zeitpunkt - jeweils nach dem Grad der Zielerreichung - noch fortbestehen,
- ob die Kommune die Anteile ordnungsgemäß verwaltet hat und
- ob die auf Veranlassung der Kommune in das Überwachungsorgan gewählten oder entsandten Mitglieder einen angemessenen Einfluss auf das Unternehmen ausgeübt, die Geschäftsführung ausreichend überwacht und bei ihrer Tätigkeit auch die besonderen Interessen der Kommune berücksichtigt haben.

---

55 Vgl. u. a. § 119 Abs. 3 Nr. 3 GO Nds, § 103 Abs. 2 Nr. 2 GO NW jeweils als Aufgabe, die der Rat dem RPA übertragen kann.

56 So auch die Formulierung in § 92 BHO und die entsprechenden Bestimmungen in den LHO. Das bedeutet aber nicht, dass die örtlichen Erhebungen im Unternehmen selbst durchgeführt werden müssen, regelmäßig reicht es aus, die Erhebungen und Prüfungen in der Kommune durchzuführen.

57 *Eibelshäuser/Breidert,* in: Heuer/Engels/Eibelshäuser (Hrsg.), KHR, Rn. 8 zu § 92 BHO.

54 Bei dieser Prüfung ist die Feststellung von **Unterlassungen** ebenso bedeutsam wie die Feststellung von **Fehlhandlungen**.[58]

55 **b) Die Prüfung der Rechnungslegung des Unternehmens**. Die Rechnungslegung der kommunalen Unternehmen kann **sowohl** durch **eigene Prüfungseinrichtungen** der Kommune, als auch durch **externe (private) Abschlussprüfer** vorgenommen werden. Die Abschlussprüfer müssen die nötige Qualifikation für die Durchführung der Jahresabschlussprüfung aufweisen.

56 Die Regelungen in den einzelnen Ländern sind sehr unterschiedlich. Beispielsweise obliegt in **Bayern** dem **Bayerischen Kommunalen Prüfungsverband (BKPV)** als Schwerpunktaufgabe auch die Abschlussprüfung bei kommunalen Wirtschaftsbetrieben der Mitglieder.[59] Der Prüfungsverband hat dafür qualifiziertes Personal eingestellt. Diese Abschlussprüfer unterliegen bei der Durchführung der Abschlussprüfung denselben gesetzlichen Bestimmungen wie die externen Abschlussprüfer.

57 Neben dieser umfassenden Abschlussprüfung durch hierzu qualifizierte Abschlussprüfer sind in einzelnen Ländern noch zusätzliche Prüfungsrechte für die überörtlichen Prüfungsorgane eingeführt worden. In **Baden-Württemberg** schreibt § 103 Abs. 1 Satz 1 Buchst. e) GO BW den Kommunen vor, dass bei einer Beteiligung mit Anteilen in dem in § 53 HGrG bezeichneten Umfang im Gesellschaftsvertrag oder in der Satzung sicherzustellen ist, dass das Recht zur überörtlichen Prüfung der Haushalts- und Wirtschaftsführung des Unternehmens nach Maßgabe des § 114 Abs 1 GO BW eingeräumt wird. Es handelt sich bei dieser Prüfung nicht um die Abschlussprüfung im Sinne des Handelsrechts, sondern um eine bedarfs- und regelmäßig anlassbezogene Prüfung über die Betätigungsprüfung hinaus. Diese Prüfung wird durch die **Gemeindeprüfungsanstalt Baden-Württemberg (GPA)** durchgeführt.

58 Die überörtliche Prüfung obliegt in **Nordrhein-Westfalen** der **Gemeindeprüfungsanstalt** (GPA) nach § 105 Abs. 1 GO NW i. V. m. 1 § GPA-Gesetz NW. Die GPA ist für die Jahresabschlüsse der rund 700 Eigenbetriebe und sonstigen prüfungspflichtigen Einrichtungen der Kommunen in Nordrhein-Westfalen zuständig, die rechtlich verpflichtet sind, die Bücher nach den handelsrechtlichen Grundsätzen zu führen. Zur Durchführung dieser Aufgabe bedient sich die GPA eines Wirtschaftsprüfers oder einer Wirtschaftsprüfungsgesellschaft. Neben § 106 GO NW und § 2 GPA-Gesetz NW regelt die Verordnung über die Durchführung der Jahresabschlussprüfung bei Eigenbetrieben und prüfungspflichtigen Einrichtungen (JAP DVO) ergänzende Einzelheiten über die Beauftragung des Wirtschaftsprüfers, das Prüfungsverfahren, die Art der Darstellung des Prüfungsergebnisses sowie eine in begründeten Ausnahmefällen mögliche Befreiung von der Jahresabschlussprüfung. Die Arbeit der GPA baut dabei regelmäßig auf den Prü-

---

[58] *Eibelshäuser/Breidert* (Fn. 57), Rn. 9 zu § 92 BHO u. *Eibelshäuser*, in: Ballwieser/Coenenberg/v. Wysocki (Hrsg.), Handwörterbuch der Rechungslegung und Prüfung, 3. Aufl. 2002, S. 322.

[59] Gesetz über den Bayerischen Kommunalen Prüfungsverband (PrVbG) v. 24.4.1978 (GVBl., 131).

fungsbericht des Wirtschaftsprüfers auf. Die Arbeit der GPA als gesetzlicher Abschlussprüfer endet mit der Erteilung eines abschließenden Vermerks. Dieser enthält den Bestätigungsvermerk ggf. ergänzt um notwendige Erläuterungen beziehungsweise Feststellungen.[60]

Die Arbeitsweise und die Feststellungen der Abschlussprüfer sollen im folgenden Abschnitt einheitlich für alle Abschlussprüfer dargestellt werden. 59

2. Prüfung der Jahresabschlüsse durch Abschlussprüfer

Die Prüfung des Jahresabschlusses durch **externe Abschlussprüfer** dient in erster Linie dazu, **Dritte** davor zu **bewahren**, im Verkehr mit diesem Unternehmen einen **Schaden** zu **erleiden**. Geschäftspartner müssen ein Interesse daran haben, dass das Unternehmen weiterhin solvent ist. Die Prüfung erstreckt sich neben der Buchführung auf den Jahresabschluss und darauf, ob die gesetzlichen Vorschriften und die ergänzenden Bestimmungen des Gesellschaftsvertrages oder der Satzung beachtet worden sind. Die Prüfung ist so anzulegen, dass Unrichtigkeiten und Verstöße, die sich auch die Darstellung des Bildes der Vermögens-, Finanz- und Erfolgslage des Unternehmens wesentlich auswirken, bei gewissenhafter Berufsausübung erkannt werden (§ 317 Abs. 1 HGB). 60

Die überwiegende Zahl der **kommunalen Unternehmen** in der Rechtsform des privaten Rechts **unterliegt** der **Jahresabschlussprüfung** durch einen **Abschlussprüfer** nach den Bestimmungen des HGB (§§ 316 ff.). Gehört einer Gebietskörperschaft die Mehrheit der Anteile eines Unternehmens in der Rechtsform des privaten Rechts oder gehört ihr mindestens der vierte Teil der Anteile und steht ihr zusammen mit anderen Gebietskörperschaften die Mehrheit der Anteile zu, so hat das zuständige Organ des Unternehmens auf Verlangen der Gebietskörperschaft bzw. der Gebietskörperschaften den **Abschlussprüfer** mit einer **Erweiterung der Abschlussprüfung nach § 53 HGrG** zu beauftragen. Hierzu sind im Rahmen der Jahresabschlussprüfung auch die Ordnungsmäßigkeit der Geschäftsführung zu prüfen sowie die wirtschaftlichen Verhältnisse darzustellen. Dies gilt auch für die Prüfung kommunaler Unternehmen und Einrichtungen nach den jeweiligen landesrechtlichen Vorschriften. Bei Unternehmen in einer Rechtsform des privaten Rechts sehen die Vorschriften der jeweils heranzuziehenden Kommunalverfassungen bzw. Haushaltsordnungen sowie ggf. die gesellschaftsvertraglichen Bestimmungen grundsätzlich die Verpflichtung zu einer entsprechenden Beauftragung vor. Dieser hat in Form eines **gesonderten Auftrags** zur **Erweiterung** der Abschlussprüfung zu erfolgen. Für Eigenbetriebe und andere prüfungspflichtige Einrichtungen sehen die entsprechenden Vorschriften der Länder vor, dass die Erweiterung der Prüfung nach § 53 HGrG Teil der gesetzlichen Abschlussprüfung ist. In diesen Fällen bedarf es keiner gesonderten Auftragserteilung durch das zuständige Organ. Das **IDW** hat **Prüfungsstandards** zur Berichterstattung über die Erweiterung der Abschlussprüfung nach § 53 HGrG herausgegeben.[61] 61

---

60 www.kiwigpa.de/leistungen/pruefserv/abr.html.

61 IDW, Neufassung des IDW Prüfungsstandards. Berichterstattung über die Erweiterung der Abschlussprüfung nach § 53 HGrG (IDW PS 720 n. F.).

III. Prüfung und Prüfungsbericht der Abschlussprüfer

62 Das HGB regelt im dritten Unterabschnitt des Zweiten Abschnitts des Dritten Buches in 12 Paragrafen (§§ 316 – 324a HGB) die **Grundsätze zur Prüfung von Kapitalgesellschaften** (Aktiengesellschaften, Kommanditgesellschaften auf Aktien und Gesellschaften mit beschränkter Haftung) sowie bestimmte Personengesellschaften. Daneben enthalten das Publizitätsgesetz (PublG)[62] und das Energiewirtschaftsgesetz (EnWG)[63] Vorschriften über die Rechnungslegung und Prüfung bestimmter Unternehmen.

1. Die Prüfungsgrundsätze des HGB

63 **a) Pflicht zur Prüfung, Gegenstand und Umfang.** Wie bereits festgestellt, haben alle Kapitalgesellschaften, die nicht kleine im Sinne des § 267 Abs. 1 HGB sind, den Jahresabschluss und den Lagebericht durch einen Abschlussprüfer prüfen zu lassen. Die **Feststellung** des Jahresabschlusses **kann nicht erfolgen, wenn keine Prüfung stattgefunden hat**. Es gibt gelegentlich Gründe, den Jahresabschluss oder den Lagebericht nach der Vorlage des Prüfungsberichtes zu ändern. Für diesen Fall hat der Abschlussprüfer die Unterlagen erneut zu prüfen und über die Prüfung zu berichten. Der Bestätigungsvermerk ist entsprechend zu ergänzen. **Gegenstand** der Prüfung sind **alle Vorgänge**, die sich auf den **Jahresabschluss** und den Konzernabschluss **beziehen**, einschließlich der **Buchführung** des Unternehmens. Die Prüfung hat sich darauf zu erstrecken, ob die gesetzlichen Vorschriften und die ergänzenden Bestimmungen des Gesellschaftsvertrages oder der Satzung beachtet worden sind. Die Prüfung ist so anzulegen, dass **Unrichtigkeiten** und **Verstöße** gegen gesetzliche Bestimmungen oder Regelungen in der Satzung oder sonstigen Bestimmungen und generellen Vorschriften des Unternehmens, die sich auf die Darstellung des Bildes der Vermögens-, Finanz- und Ertragslage des Unternehmens wesentlich auswirken, bei gewissenhafter Berufsausübung **erkannt werden**.

64 Der Abschlussprüfer hat den **Lagebericht** und den Konzernlagebericht darauf zu prüfen, ob der Lagebericht mit dem Konzernabschluss, gegebenenfalls auch mit dem Einzelabschluss, und der Konzernlagebericht mit dem Konzernabschluss sowie mit den bei der Prüfung gewonnenen **Erkenntnissen des Abschlussprüfers im Einklang stehen** und ob der Lagebericht insgesamt eine zutreffende Vorstellung von der Lage des Unternehmens und der Konzernlagebericht insgesamt eine zutreffende Vorstellung von der Lage des Konzerns vermittelt. Dabei ist auch zu prüfen, ob die **Chancen und Risiken** der künftigen Entwicklung zutreffend dargestellt sind.

---

[62] Gesetz über die Rechnungslegung von bestimmten Unternehmen und Konzernen (Publizitätsgesetz – PublG) v. 15.8.1969 (BGBl. I S. 1189, zuletzt geändert durch Art. 7 des Gesetzes v. 10.11.2006 (BGBl. I S. 2553).

[63] Gesetz über die Elektrizitäts- und Gasversorgung (Energiewirtschaftsgesetz – EnWG) v. 7.7.2005 (BGBl. I. S. 1970, 3621, zuletzt geändert durch Art. 2 des Gesetzes v. 18.12.2007 (BGBl. I. S. 2966).

Bei größeren kommunalen Unternehmen, insbesondere bei Konzernunternehmen, hat der Abschlussprüfer des **Konzernabschlusses** auch die im Konzernabschluss zusammengefassten Jahresabschlüsse, insbesondere die **konsolidierungsbedingten Anpassungen** darauf zu prüfen, ob die **Vermögens-, Finanz- und Ertragslage des Unternehmens korrekt abgebildet** sind. Für Tochterunternehmen mit Sitz im Ausland ist besonders zu beachten, dass der Abschlussprüfer die Qualifikation besitzt, die nach der Richtlinie 84/253/EWG erforderlich ist. 65

b) **Bestellung und Abberufung des Abschlussprüfers**. Der Abschlussprüfer wird grundsätzlich **von den Gesellschaftern gewählt**. Er soll jeweils vor Ablauf des Geschäftsjahres bestimmt werden, auf das sich seine Prüfungstätigkeit erstreckt. Sofern der Abschlussprüfer bis zum Ablauf des Geschäftsjahres nicht gewählt worden ist, kann das Gericht auf Antrag des gesetzlichen Vertreters des Unternehmens, des Aufsichtsrats oder eines Gesellschafters den Abschlussprüfer bestellen. Ein vom Abschlussprüfer angenommener **Prüfungsauftrag** kann von dem Abschlussprüfer nur **aus wichtigem Grund gekündigt** werden. Als wichtiger Grund ist es nicht anzusehen, wenn Meinungsverschiedenheiten über den Inhalt des Bestätigungsvermerks, seine Einschränkung oder Versagung bestehen. 66

Das Gesetz gegen Wettbewerbsbeschränkungen (GWB) schreibt in § 97 Abs. 1 vor, dass öffentliche Auftraggeber, zu denen auch kommunale Unternehmen gehören, **Dienstleistungen** nach Maßgabe dieses Gesetzes im Wettbewerb und **im Wege transparenter Vergabeverfahren zu beschaffen** haben. Die Verordnung über die Vergabe öffentlicher Aufträge (VgV)[64] und die Verdingungsordnung für freiberufliche Leistungen (VOF) regeln die näheren Bedingungen über die Vergabe des Auftrages an den Abschlussprüfer. Beim Überschreiten der Schwellenwerte (Stand 2008: 211.000 €) ist eine europaweite Ausschreibung vorgeschrieben. Dabei ist das Verhandlungsverfahren anzuwenden.[65] 67

Wirtschaftsprüfer und **Wirtschaftsprüfungsgesellschaften** können zu Abschlussprüfern bestellt werden. Ein Wirtschaftsprüfer ist als Abschlussprüfer **ausgeschlossen**, wenn Gründe, insbesondere **Beziehungen geschäftlicher, finanzieller oder persönlicher Art** vorliegen, nach denen die Besorgnis der Befangenheit besteht (**Inkompatibilität**). § 319a HGB regelt besondere Ausschlussgründe bei Unternehmen von öffentlichem Interesse. Bei diesen Ausschlussgründen geht es in erster Linie darum, die besondere Unabhängigkeit des Abschlussprüfers zu wahren und herauszustellen. Nicht zum Abschlussprüfer bestellt werden darf ein Wirtschaftsprüfer, wenn er beispielsweise in den letzten fünf Jahren jeweils mehr als 15 % der Gesamteinnahmen aus seiner beruflichen Tätigkeit von der zu prüfenden Gesellschaft oder von Unternehmen, an denen die zu prüfende Kapitalgesellschaft mehr als 20 % der Anteile besitzt, bezogen hat und dies auch im laufenden Geschäftsjahr zu erwarten ist. Gleiches gilt, wenn er über die Prüfungstätigkeit hinaus Rechts- oder Steuerberatungsleistungen erbracht hat oder über die Prüfungstätigkeit hinaus in dem zu prüfenden Geschäftsjahr an der Entwicklung, Einrichtung 68

---

64 Vergabeverordnung in der Fassung v. 11.2.2003 (BGBl. I S. 169), zuletzt geändert durch Art. 1 u. 2 der VO v. 23.10.2006 (BGBl. I S. 2334).

65 *Heimrath* (Fn. 18), S. 207.

und Einführung von Rechnungslegungsinformationssystemen mitgewirkt hat. Um die Unabhängigkeit des Abschlussprüfers zu wahren, bestimmt § 319a Abs. 1 Ziff. 4 HGB darüber hinaus, dass ein Wirtschaftsprüfer nicht bestellt werden darf, wenn er einen Bestätigungsvermerk nach § 322 HGB über die Prüfung des Jahresabschlusses des Unternehmens bereits in sieben oder mehr Fällen gezeichnet hat. Das gilt nicht, wenn seit seiner letzten Beteiligung an der Prüfung des Jahresabschlusses drei oder mehr Jahre vergangen sind (**Rotationsverpflichtung**). Mit diesen Regelungen soll eine besondere Unabhängigkeit des Abschlussprüfers zu dem zu prüfenden Unternehmen gewahrt werden. Es soll verhindert werden, dass der Anschein entstehen kann, der Abschlussprüfer habe aus einer eigennützigen wirtschaftlichen Interessenlage heraus ein besonderes Bestreben an dem Auftrag, wodurch seine wertende Unabhängigkeit in Frage gestellt werden könnte.

69 **c) Pflicht zur Vorlage der Unterlagen, Auskunftsrecht des Abschlussprüfers.** Die Gesellschaft hat dem Abschlussprüfer den Jahresabschluss und den Lagebericht **unverzüglich nach der Aufstellung vorzulegen**. Sie hat ihm zu gestatten, die Bücher und Schriften sowie die Vermögensgegenstände und Schulden, insbesondere die Kasse und die Bestände an Wertpapieren und Waren, zu prüfen. Der Abschlussprüfer kann alle Aufklärungen und Nachweise verlangen, die für eine sorgfältige Prüfung notwendig sind.

70 **d) Erstellung des Prüfungsberichts.** Über Art und Umfang sowie über das Ergebnis der Prüfung hat der Abschlussprüfer **schriftlich und mit der gebotenen Klarheit zu berichten**. In dem Bericht ist vorweg zu der Beurteilung der Lage des Unternehmens Stellung zu nehmen, wobei insbesondere auf die Beurteilung des Fortbestandes und der künftigen Entwicklung des Unternehmens unter Berücksichtigung des Lageberichts einzugehen ist, soweit die geprüften Unterlagen und der Lagebericht eine solche Beurteilung erlauben. Über die bei der Durchführung der Prüfung festgestellten Unrichtigkeiten und Verstöße gegen gesetzliche Vorschriften sowie Tatsachen hat der Abschlussprüfer zu berichten. Im Hauptteil des Prüfungsberichtes ist festzustellen, ob die Buchführung und die weiteren geprüften Unterlagen, der Jahresabschluss sowie der Lagebericht den gesetzlichen Vorschriften und den ergänzenden Bestimmungen des Gesellschaftsvertrages oder der Satzung entsprechen. In diesem Rahmen ist auch über **Beanstandungen** zu berichten, die nicht zur Einschränkung oder Versagung des Bestätigungsvermerks geführt haben, soweit dies für die Überwachung der Geschäftsführung und des geprüften Unternehmens von Bedeutung ist. In einem besonderen Abschnitt des Prüfungsberichts sind Gegenstand, Art und Umfang der Prüfung zu erläutern. Dabei ist auch auf die angewandten Rechnungslegungs- und Prüfungsgrundsätze einzugehen. Der Bericht ist zu unterzeichnen und dem gesetzlichen Vertreter des Unternehmens oder der Einrichtung vorzulegen.

71 **e) Ergebnis der Prüfung und Erstellung des Bestätigungsvermerks.** Das **Ergebnis der Prüfung** ist in einem **Bestätigungsvermerk** zum Jahresabschluss **zusammenzufassen**. Der Bestätigungsvermerk hat Gegenstand, Art und Umfang der Prüfung zu beschreiben und dabei die angewandten Rechnungslegungs- und Prü-

fungsgrundsätze anzugeben. Ferner hat der Bestätigungsvermerk die Beurteilung des Prüfungsergebnisses zu enthalten. Die Beurteilung des Prüfungsergebnisses muss zweifelsfrei ergeben, ob

- ein uneingeschränkter Bestätigungsvermerk erteilt,
- ein eingeschränkter Bestätigungsvermerk erteilt,
- der Bestätigungsvermerk aufgrund von Einwendungen versagt oder
- der Bestätigungsvermerk deshalb versagt wird, weil der Abschlussprüfer nicht in der Lage ist, ein Prüfungsurteil abzugeben.

Die Beurteilung des Prüfungsergebnisses soll **allgemein verständlich und problemorientiert** unter Berücksichtigung des Umstandes erfolgen, dass die gesetzlichen Vertreter den Abschluss zu verantworten haben. Auf **Risiken**, die den Fortbestand des Unternehmens gefährden, ist besonders **einzugehen**. In einem uneingeschränkten Bestätigungsvermerk hat der Abschlussprüfer zu erklären, dass die von ihm nach § 317 HGB durchgeführte Prüfung zu keinen Einwendungen geführt hat und dass der von den gesetzlichen Vertretern der Gesellschaft aufgestellte Jahres- oder Konzernabschluss aufgrund der bei der Prüfung gewonnenen Erkenntnisse des Abschlussprüfers nach seiner Beurteilung den gesetzlichen Vorschriften entspricht und unter Beachtung der Grundsätze ordnungsgemäßer Buchführung oder sonstiger maßgeblicher Rechnungslegungsgrundsätze ein den tatsächlichen Verhältnissen entsprechendes Bild der Vermögens-, Finanz- und Ertragslage des Unternehmens vermittelt. Der Abschlussprüfer kann zusätzlich einen Hinweis auf Umstände aufnehmen, auf die er in besonderer Weise aufmerksam machen möchte, ohne den Bestätigungsvermerk einzuschränken. Das HGB schreibt im Einzelnen vor, welche Erklärungen im Bestätigungsvermerk enthalten sein müssen, wenn Einschränkungen zu machen sind oder der Bestätigungsvermerk zu versagen ist. 72

f) Verantwortlichkeit des Abschlussprüfers und Regelung von Meinungsverschiedenheiten. Der Abschlussprüfer und seine Mitarbeiter, die bei der Prüfung mitgewirkt haben, sind zur **gewissenhaften** und **unparteiischen Prüfung** und zur **Verschwiegenheit verpflichtet**. § 323 HGB verweist insoweit ausdrücklich auf § 57b Wirtschaftsprüferordnung[66] (Verschwiegenheitspflicht und Verantwortlichkeit) hin. Der Abschlussprüfer und seine Mitarbeiter dürfen nicht unbefugt Geschäfts- und Betriebsgeheimnisse verwerten, die sie bei ihrer Tätigkeit erfahren haben. Bei **Meinungsverschiedenheiten** zwischen dem Abschlussprüfer und der Kapitalgesellschaft über die Auslegung und Anwendung der gesetzlichen Vorschriften sowie von Bestimmungen des Gesellschaftsvertrages oder der Satzung über den Jahresabschluss, Lagebericht, Konzernabschluss oder Konzernlagebericht entscheidet auf Antrag des Abschlussprüfers oder der gesetzlichen Vertreter der Kapitalgesellschaft ausschließlich das **Landgericht** (§ 324 HGB). 73

[66] Gesetz über eine Berufsordnung der Wirtschaftsprüfer (Wirtschaftsprüferordnung) in der Fassung v. 5.11.1975 (BGBl. I. S. 2803), zuletzt geändert durch Art. 9 Abs. 9 des Gesetzes v. 23.11.2007 (BGBl. I S. 2631).

2. Der Fragenkatalog des IDW zur Prüfung nach § 53 HGrG

74 Das IDW hat nach Abstimmung mit dem Bundesministerium der Finanzen, dem Bundesrechnungshof und den Landesrechnungshöfen **Prüfungsstandards** über die Berichterstattung über die Erweiterung der Abschlussprüfung nach § 53 HGrG beschlossen (IDW PS 720). Die Neufassung dieser Prüfungsstandards ist bei Prüfungen von Abschlüssen von dem Geschäftsjahr 2006 an zu berücksichtigen. Der **Fragenkatalog** gibt Hinweise für die erweiterte Prüfung und Berichterstattung über die Prüfung nach § 53 HGrG. Aufgrund der generellen Ausrichtung des Fragenkatalogs können Besonderheiten von Unternehmen bestimmter Rechtsformen (einschließlich der Eigenbetriebe), Größe und Branchen nicht im Einzelnen berücksichtigt werden. Das IDW weist ausdrücklich darauf hin, der Katalog könne einerseits **keinen Anspruch auf Vollständigkeit** erheben, andererseits würden im Einzelfall auch nicht alle Fragen stets in gleicher Weise Bedeutung haben. So könne es notwendig werden, über die Beantwortung der genannten Fragen hinaus auf ergänzende Sachverhalte hinzuweisen. Der Fragenkatalog enthält auch Fragen, die sich auf die Prüfung eines **Risikofrüherkennungssystems** beziehen. Die Pflicht zur Einrichtung eines solchen Systems besteht nach § 91 Abs. 2 AktG zunächst nur für den Vorstand einer Aktiengesellschaft. Der Gesetzgeber hat in der Begründung zu dieser durch das KonTraG[67] eingefügten Vorschrift jedoch klargestellt, dass diese Regelung auch auf den Pflichtenrahmen der Geschäftsführer anderer Gesellschaftsformen Ausstrahlungswirkung hat. Ob und in welchem Umfang diese im Rahmen ihrer allgemeinen Organisationspflicht ein System zur Risikofrüherkennung einzurichten haben, ist nach Eigenart und Größe des Unternehmens und der Komplexität der Struktur zu entscheiden.

75 In den einleitenden Bemerkungen weist das IDW ferner darauf hin, dass die Fragen klar und **problemorientiert** zu beantworten sind. Die Beantwortung sei auf das **Wesentliche zu beschränken,** das heißt auf solche Feststellungen und Sachverhalte, die geeignet seien, die Adressaten des Prüfungsberichts bei der Überwachung des Unternehmens zu unterstützen.[68]

76 Der Fragenkatalog enthält folgende **Fragenkreise**:

1. Tätigkeit von Überwachungsorganen und Geschäftsleitung sowie individualsierte Offenlegung der Organbezüge
2. Aufbau- und ablauforganisatorische Grundlagen
3. Planungswesen, Rechnungswesen, Informationssystem und Controlling
4. Risikofrüherkennungssystem
5. Finanzinstrumente, andere Termingeschäfte, Optionen und Derivate
6. Interne Revision
7. Übereinstimmung der Geschäfte und Maßnahmen mit Gesetz, Satzung, Geschäftsordnung und bindenden Beschlüssen des Überwachungsorgans
8. Durchführung von Investitionen

---

[67] Gesetz zur Kontrolle und Transparenz im Unternehmensbereich (KonTraG) v. 27.4.1998, BGBl. I. S. 786.

[68] IDW, PS 720, TZ 2 Berichterstattung über die Erweiterung der Abschlussprüfung nach § 53 HGrG.

9. Vergaberegelungen
10. Berichterstattung an das Überwachungsorgan
11. Ungewöhnliche Bilanzposten und stille Reserven
12. Finanzierung
13. Eigenkapitalausstattung und Gewinnverwendung
14. Rentabilität/Wirtschaftlichkeit
15. Verlustbringende Geschäfte und ihre Ursachen
16. Ursachen des Jahresfehlbetrages und Maßnahmen zur Verbesserung der Ertragslage.

Sofern einzelne Fragenkreise oder Einzelfragen das zu prüfende Unternehmen **nicht** oder nur am Rande **betreffen**, kann auf die Beantwortung dieser Fragen **verzichtet** werden oder es genügt ein **kurzer Hinweis.** 77

IV. Offenlegung und Veröffentlichung der Prüfungsberichte

Die Vorschriften über die Prüfung der Jahresabschlüsse einschließlich der erforderlichen Unterlagen und der Offenlegung dieser Materialien einschließlich des Prüfungsberichtes des externen Abschlussprüfers haben im Wesentlichen die Funktion, die Gläubiger der Unternehmen und die Kapitaleigner zu schützen (**Gläubigerschutz**). Daher hat der Gesetzgeber auch für die **Offenlegung** der Prüfungsberichte strenge Regeln aufgestellt. Da die Kommunalverfassungen der Länder regelmäßig vorschreiben, dass für kommunale Unternehmen die Vorschriften für große Kapitalgesellschaften des Dritten Buches des HGB anzuwenden sind,[69] sind für die Offenlegung (Einreichung zu einem Register, Bekanntmachung im Bundesanzeiger), die Veröffentlichung und die Vervielfältigung einschließlich der Prüfung durch das Registergericht im HGB genaue Regeln enthalten, wie die Offenlegung zu erfolgen hat (§§ 325 ff. HGB). Für kleine und mittelgroße Kapitalgesellschaften sind im HGB größenabhängige Erleichterungen bei der Offenlegung zugelassen (§§ 326, 327 HGB). 78

1. Offenlegung des Prüfungsberichtes des Abschlussprüfers

§ 325 HGB sieht vor, dass die gesetzlichen Vertreter von Kapitalgesellschaften den Jahresabschluss **unverzüglich nach seiner Vorlage** an die Gesellschafter, jedoch spätestens vor Ablauf des 12. Monats des dem Abschlussstichtag folgenden Geschäftsjahres, mit dem Bestätigungsvermerk oder dem Vermerk über dessen Versagung zum **Handelsregister** des Sitzes der Kapitalgesellschaft **einzureichen** haben. Gleichzeitig sind der Lagebericht, der Bericht des Aufsichtsrates und, soweit sich der Vorschlag für die Verwendung des Ergebnisses und der Beschluss über seine Verwendung aus dem eingereichten Jahresabschluss nicht ergeben, der Vorschlag für die Verwendung des Ergebnisses und der Beschluss über seine Verwendung unter Angabe des **Jahresüberschusses** oder **Jahresfehlbetrages** sowie 79

[69] Z. B. Art. 94 Abs. 1 S. 1 Nr. 2 GO Bay, § 122 Abs. 1 Nr. 3 GO H, § 108 Abs. 1 Nr. 8 GO NW.

sowie die nach § 161 AktG vorgeschriebene Erklärung (**Erklärung zum Corporate Governance Kodex**) einzureichen. Gesellschaften mit beschränkter Haftung brauchen Angaben über die Ergebnisverwendung nicht zu machen, wenn sich anhand dieser Angaben die Gewinnanteile von natürlichen Personen feststellen lassen, die Gesellschafter sind.

80 Das **Registergericht prüft**, ob die vollständig oder teilweise zum Handelsregister einzureichenden Unterlagen **vollständig** sind und, sofern vorgeschrieben, **bekannt gemacht** wurden. Für die von den Unternehmen vorzulegenden Unterlagen sind **Formblätter** vorgeschrieben, die die Unternehmen zu verwenden haben (§ 330 HGB).

2. Form und Inhalt der Unterlagen bei der Offenlegung, Veröffentlichung und Vervielfältigung

81 § 328 HGB gibt zu **Form und Inhalt** der Unterlagen bei der Offenlegung, Veröffentlichung und Vervielfältigung **genaue Vorgaben**, die von den Unternehmen einzuhalten sind. Danach sind Abschlüsse so wiederzugeben, dass sie den für ihre Aufstellung maßgeblichen Vorschriften entsprechen, soweit nicht Erleichterungen aufgrund des HGB in Anspruch genommen werden (z. B. nach §§ 326 und 327 für kleine und mittelgroße Kapitalgesellschaften). Die Angaben müssen **vollständig und richtig** sein. Ist der Abschluss festgestellt oder gebilligt worden, so ist das Datum der Feststellung oder Billigung anzugeben. Wurde der Abschluss aufgrund gesetzlicher Vorschriften durch einen Abschlussprüfer geprüft, so ist jeweils der **vollständige Wortlaut des Bestätigungsvermerks** oder des Vermerks über dessen Versagung **wiederzugeben**. Ist der Jahresabschluss wegen der Inanspruchnahme von Erleichterungen nur teilweise offen gelegt und bezieht sich der Bestätigungsvermerk auf den vollständigen Jahresabschluss, so ist darauf besonders hinzuweisen.

82 Erfolgt die **Offenlegung vor der Prüfung oder Feststellung**, sofern diese gesetzlich vorgeschrieben sind, ist hierauf bei der Offenlegung **hinzuweisen**. Das gilt auch für die nach dem Gesetz beizufügenden Unterlagen. Sofern Abschlüsse in Veröffentlichungen oder Vervielfältigungen, die nicht durch das Gesetz (z. B. HGB, GmbH-Gesetz, AktG), Gesellschaftsvertrag oder Satzung vorgeschrieben sind, **nicht in der gesetzlich vorgeschriebenen Form wiedergegeben**, hat das Unternehmen in der **Überschrift** dieser Veröffentlichung oder Vervielfältigung **darauf hinzuweisen**, dass es sich nicht um eine der gesetzlichen Form entsprechende Veröffentlichung handelt. In diesem Fall darf ein **Bestätigungsvermerk nicht beigefügt** werden. Es soll mit dieser Regelung der Anschein verhindert werden, es handele sich um eine Veröffentlichung oder Vervielfältigung aufgrund gesetzlicher Bestimmungen.

3. Folgen unrichtiger Darstellung in der Bilanz und im Lagebericht, Verletzung der Berichts- und der Geheimhaltungspflicht

Das HGB (§§ 331 ff.), das AktG (§§ 399 ff.) und das GmbH-Gesetz (§§ 82 ff.) enthalten Regelungen über **Straf- und Bußgeldvorschriften und Zwangsgelder,** die bei Verletzung der Obliegenheitspflichten verhängt werden können. Die Freiheitsstrafen reichen bis zu drei Jahren. Bestraft werden können unrichtige Darstellungen, insbesondere wenn der Jahresabschluss, der Lagebericht oder der Zwischenabschluss nicht richtig wiedergegeben worden sind oder Tatsachen verschleiert wurden. Ferner ist die Verletzung der Berichtspflicht und der Geheimhaltungspflicht mit **Freiheitsstrafen** bewehrt. Auch können **Zwangsgelder** oder **Ordnungsgelder** festgesetzt werden. 83

Das AktG enthält im Vierten Buch Sondervorschriften bei der Beteiligung von Gebietskörperschaften an Aktiengesellschaften (§ 394 ff. AktG). **Aufsichtsratsmitglieder**, die auf Veranlassung einer Gebietskörperschaft in den Aufsichtsrat gewählt oder entsandt worden sind, unterliegen hinsichtlich der **Berichte**, die sie der **Gebietskörperschaft zu erstatten** haben, **keiner Verschwiegenheitspflicht**. Für vertrauliche Angaben und Geheimnisse der Gesellschaft, insbesondere **Betriebs- oder Geschäftsgeheimnisse**, gilt dies **nicht**, wenn ihre Kenntnis für die Zwecke der Berichte **nicht von Bedeutung** ist. Personen, die damit betraut sind, die Beteiligungen einer Gebietskörperschaft zu verwalten oder für eine Gebietskörperschaft die Gesellschaft, die Betätigung der Gebietskörperschaft als Aktionär oder die Tätigkeit der auf Veranlassung der Gebietskörperschaft gewählten oder entsandten Aufsichtsratsmitglieder zu prüfen, haben über vertrauliche Angaben und Geheimnisse der Gesellschaft **Stillschweigen** zu bewahren. Diese **Verschwiegenheitspflicht** gilt jedoch **nicht** für Mitteilungen im **dienstlichen Verkehr**. Bei der Veröffentlichung von Prüfungsergebnissen dürfen vertrauliche Angaben und Geheimnisse der Gesellschaft, insbesondere Betriebs- oder Geschäftsgeheimnisse nicht veröffentlicht werden. 84

4. Offenlegung der Prüfungsberichte der örtlichen und überörtlichen Prüfungseinrichtungen der Kommunen

Die Prüfung durch die örtlichen und überörtlichen Prüfungseinrichtungen der Kommunen haben eine andere Zielrichtung als die Prüfung der Unternehmen durch Abschlussprüfer aufgrund der Regelungen im HGB, AktG oder GmbH-Gesetz. Die Prüfung durch die kommunalen Prüfungsinstitutionen hat in erster Linie zum **Ziel**, zu untersuchen, ob die **öffentlichen Mittel wirtschaftlich und sparsam verwendet** werden[70] und ob die zuständigen Vertretungskörperschaften 85

[70] Die Bestimmungen über das Prüfungswesen finden sich in den Kommunalverfassungen der Länder im Teil „Gemeindewirtschaft". Als allgemeiner Haushaltsgrundsatz gilt hier, dass „die Haushaltswirtschaft sparsam und wirtschaftlich zu führen ist" (vgl. u. a. § 82 Abs. 1 GO Nds).

ihre **Überwachungsfunktion** wirksam wahrnehmen können.[71] Das **Demokratieprinzip** und die Möglichkeit der **Partizipation der Bürger** an Entscheidungen der Kommunen erfordern, dass auch die Bürger die Chance haben, die Berichte der Prüfungseinrichtungen zur Kenntnis zu erhalten.[72] Die Offenlegung der Prüfungsberichte ist folglich ein wichtiges Instrument zur Kontrolle der Mittelverwendung der öffentlichen Haushalte.

86 Die Feststellungen, Anmerkungen und Ergebnisse der Prüfung der örtlichen Rechnungsprüfungsämter und der überörtlichen Kommunalprüfungseinrichtungen (Landesrechnungshöfe, Prüfungsanstalten, Prüfungsverband usw.) sind jeweils in **Prüfungsberichten** zusammenzufassen. Die Schlussberichte sind **den geprüften Institutionen zur Stellungnahme zuzuleiten**. Die geprüften Körperschaften, Einrichtungen, Anstalten und Unternehmen können zu den Berichten Stellung nehmen. Die Berichte der örtlichen Rechnungsprüfungsämter sind der **Vertretungskörperschaft zur Kenntnis** zu geben. Diese Berichte sind regelmäßig auch Teil der Unterlagen, die die Vertretungskörperschaft für die Beurteilung der Frage benötigt, ob der Verwaltung (der Hauptverwaltungsbeamtin/dem Hauptverwaltungsbeamten) Entlastung erteilt werden kann. In vielen Kommunen sind **eigene Ausschüsse** bestellt, die sich mit dem Schlussbericht beschäftigen. Beispielsweise schreibt § 101 GO NW vor, dass der Jahresabschluss vom **Rechnungsprüfungsausschuss** dahingehend zu prüfen ist, ob er ein den tatsächlichen Verhältnissen entsprechendes Bild der Vermögens-, Schulden-, Ertrags- und Finanzlage der Kommune unter Beachtung der Grundsätze ordnungsmäßiger Buchführung entspricht. Eine vergleichbare Regelung enthält das Kommunalprüfungsgesetz des Landes Mecklenburg-Vorpommern (KPG MV). Danach haben das Rechnungsprüfungsamt sowie der Rechnungsprüfungsausschuss auf der Grundlage des Prüfungsberichtes einen abschließenden Prüfungsvermerk zu fertigen, der mit dem Prüfungsbericht der Gemeindevertretung vorzulegen ist. Der abschließende Prü-

[71] Die kommunalen Vertretungskörperschaften (Räte, Kreistage usw.) entscheiden u. a. über die Jahresabschlüsse und die Entlastung der Hauptverwaltungsbeamtin/des Hauptverwaltungsbeamten (vgl. u. a. § 40 Abs. 1 Nr. 9 GO Nds).

[72] Die Schlussberichte der örtlichen Rechnungsprüfungsämter sind nach Vorlage an die Vertretungskörperschaft regelmäßig öffentlich auszulegen, die Auslegung ist öffentlich bekanntzumachen (vgl. u. a. § 120 Abs. 4 GO Nds; die GO BW und die GO Bay. enthalten jedoch keine Bestimmungen über die öffentliche Auslegung der Prüfungsberichte, den Mitgliedern der Vertretungskörperschaften ist auf Verlangen Einsicht in die Prüfungsberichte zu gewähren). Dabei sind die Belange des Datenschutzes zu beachten. Auch die Prüfungsberichte der überörtlichen Prüfungseinrichtungen sind nach den jeweiligen besonderen Vorschriften regelmäßig der Öffentlichkeit zugänglich zu machen. (Ausnahmen u. a. Baden-Württemberg, Bayern). Nach § 4 Abs. 2 des Niedersächsischen Kommunalprüfungsgesetzes ist der Prüfungsbericht nach seiner Bekanntgabe an die Vertretungskörperschaft der geprüften Einrichtung oder das Aufsichtorgan des geprüften Unternehmens oder der Anstalt an sieben Werktagen öffentlich auszulegen, soweit schutzwürdige Interessen Dritter nicht entgegenstehen. Die Auslegung ist ortsüblich bekannt zu machen. Sofern in den Ländern keine speziellen Regelungen über die öffentliche Bekanntgabe der Prüfungsberichte bestehen, sind mindestens die Jahresabschlüsse öffentlich bekannt zu machen (vgl. u. a. § 96 Abs. 2 GO NW).

fungsvermerk des Rechnungsprüfungsausschusses soll auch einen Vorschlag zur Entlastung der Hauptverwaltungsbeamtin/des Hauptverwaltungsbeamten enthalten (§ 3a KPG MV). Auch auf diese Weise ist sichergestellt, dass die Bürger über das Finanzgebaren der Kommune, auch das der kommunalen Unternehmen, informiert werden.

§ 49 Die Steuerpflicht kommunaler Unternehmen

Andreas Meyer

Schrifttum

S. Beinert, in: M. Uechtritz/W. Hoppe (Hrsg.), Handbuch Kommunale Unternehmen, 2007; *T. Bracksiek*, Die Neuregelung des steuerlichen Querverbundes durch das JStG 2009, FR 2009, 15 ff.; *J. Doppstadt*, Die Abgrenzung von Eigen- und Fremdkapital bei Betrieben gewerblicher Art (BgA) von Körperschaften des öffentlichen Rechts, BB 2004, 299 ff.; *P. Eichmann*, Besteuerung der öffentlichen Hand, 1999; *H. Eversberg*, Gesetzliche Regelung der Zusammenfassung von Betrieben gewerblicher Art nach dem JStG 2009, DStZ 2010, S. 358 ff., *O. Fehrenbacher*, Abwasserentsorgung, Umsatzsteuer und europäisches Beihilferecht, ZfW 2009, 79ff; *P. Friedrich/P. Kupsch (Hrsg.)*, Die Besteuerung öffentlicher Unternehmen, 1981; *A. Fiand*, Grundlegendes zur Zinsschranke nach § 4h EStG i. V. m. § 8a KStG und ihre Auswirkungen auf die Kommunen, KStZ 2008, 181 ff.; *C. Gastl*, Abgrenzung des Betriebsvermögens bei Betrieben gewerblicher Art, DStZ 2004, 323 ff.; *N. Häck*, Die öffentliche Hand im Körperschaft- und Umsatzsteuerrecht, 2004; *K. Heger*, Die Besteuerung der öffentlichen Hand – Ein Überblick über die Rechtsprechung des BFH, FR 2009, 301 ff.; *K. Heidler*, Besteuerung von juristischen Personen des öffentlichen Rechts und privaten gemeinnützigen Körperschaften, 2007; *V.-A. Hölzer*, Verdeckte Gewinnausschüttungen durch die dauerdefizitäre Tätigkeit kommunaler Unternehmen?, Der Betrieb 2003, 2090 ff.; *R. Hüttemann*, Die Besteuerung der öffentlichen Hand, 2002; *ders.*, Die Besteuerung der öffentlichen Hand, FR 2009, 308 ff.; *B. Kalwarowskyj*, Kommunale Dauerverlustbetriebe und verdeckte Gewinnausschüttung, 2006; *H. Kussmaul/J. Henkes/E. Pinkos*, Vom drohenden Ende der Einnahmen-Überschussrechnung nach § 4 Abs. 3 EStG für kommunale Betriebe gewerblicher Art, WPg 2008, 987 ff.; *O.-G. Lippross*, Umsatzsteuerliche Folgen der Auslagerung kirchlicher Aufgaben auf eine kirchlich finanzierte Vereinigung, DStR 2009, 781 ff.; *J.-S. Park*, Die Steuerpflicht von Daseinsvorsorgeeinrichtungen der öffentlichen Hand, 2001; *E. Pinkos*, Erläuterungen zum BMF-Schreiben zum steuerlichen Querverbund, DStZ 2010, S. 96 ff. *S. Seibold-Freund*, Besteuerung von Kommunen, 2008; *M. Siegel*, Der Begriff des „Betriebs gewerblicher Art" im Körperschaft- und Umsatzsteuerrecht, 1999; *R. Wallenhorst/R. Halaczinsky*, Die Besteuerung gemeinnütziger Vereine, Stiftungen und der juristischen Personen des öffentlichen Rechts, 2009.

Inhaltsübersicht

Rn.

A. Einleitung

Die Besteuerung der öffentlichen Hand (also insbesondere die Gebietskörperschaften Bund, Länder und Kommunen oder auch Zweckverbände) gehört sicherlich zu den **umstrittensten** und **besonders kontrovers diskutierten** Themengebieten des deutschen Steuerrechts. 1

Dies ist im Wesentlichen dem Umstand geschuldet, dass juristische Personen des öffentlichen Rechts im Rahmen ihrer Kernaufgabe - der Erfüllung hoheitlicher Aufgaben - nicht steuerpflichtig sind. Die Steuerpflicht entsteht lediglich insoweit, als eine juristische Person des öffentlichen Rechts mit ihren **Betrieben gewerblicher Art** i.S.d. § 4 KStG wirtschaftlich tätig wird (partielle Steuerpflicht). Dies führt angesichts des durchaus konturlosen Begriffs des Betriebs gewerblicher Art[1] zwangsläufig zu schwierigen und regelmäßig einzelfallabhängigen Abgrenzungsfragen. 2

Auch die Frage nach Sinn und Zweck der (teilweisen) Besteuerung öffentlichen Handelns weist den Weg in die Eigentümlichkeit dieser Rechtsdisziplin. Denn abweichend vom originären Zweck der Steuererhebung erscheint es offensichtlich, dass der Staat die **Deckung seines Finanzbedarfs** nicht u.a. dadurch zu erreichen beabsichtigt, dass er sich selbst einer Besteuerung unterwirft. Durch seine Selbstbesteuerung kann der Staat keine zusätzlichen Einnahmen erschließen.[2] Unter Hinweis auf die Verwaltungskosten im Zusammenhang mit der Steuererhebung wird in der Literatur unter dem Strich sogar ein Mittelabfluss angenommen.[3] Zumindest im Bereich der Umsatzsteuer kann dies bestritten werden, da die Umsatzsteuer auf den Leistungsempfänger abgewälzt wird.[4] Zudem ist zu beachten, dass die von einer juristischen Person des öffentlichen Rechts gezahlten Steuern in den **Finanzausgleich** einfließen und somit nicht in gleicher Höhe an diese zurückgeführt sondern auf die aufkommensberechtigten Körperschaften (Bund, Länder und Kommunen) verteilt werden.[5] Der Zufluss der Steuerzahlungen aus Landes- und kommunalen Unternehmen stärkt somit die Einnahmeseite des Bundeshaushaltes, ohne dass ein gleichzeitiger Rückfluss dieser Beträge an Länder und Kommunen institutionell vorgesehen ist.[6] Damit erfüllt die Besteuerung von öffentlichen Unternehmen in gewisser Weise doch einen fiskalischen Zweck, indem sie zu einem Instrument des Finanzausgleichs wird.[7] 3

Vor allem jedoch soll die Besteuerung gewerblichen Handelns der öffentlichen Hand der Herstellung einer größtmöglichen **Wettbewerbsneutralität** dienen.[8] Mit 4

1 *Seer*, Inhalt und Funktion des Begriffs gewerblicher Art für die Besteuerung der öffentlichen Hand (Teil 2), 1790 (1793).

2 RFHE 27, 14.

3 *Laule*, DStZ 1988, 183 (184).

4 *Stadie*, in: Rau u. a., Umsatzsteuergesetz, § 2 Rn. 792.2.

5 *Steffen*, Der Betrieb gewerblicher Art, Diss., 2001, S. 67 f.

6 *Friedrich/Kupsch*, in: *dies. (Hrsg.)*, Die Besteuerung öffentlicher Unternehmen, S. 31.

7 *Hüttemann*, Die Besteuerung der öffentlichen Hand, S. 13.

8 BFHE 161, 46; *Heger*, FR 2009, 301 (302).

ihren verfassungsrechtlich garantierten[9], wirtschaftlichen Betätigungen ist die öffentliche Hand zweifellos auch ein Akteur auf dem Markt, für den grundsätzlich die gleichen Rahmenbedingungen gelten müssen, wie für alle anderen Marktteilnehmer. Sinn und Zweck der Besteuerung der juristischen Personen des öffentlichen Rechts ist mithin die Vermeidung von Wettbewerbsverzerrungen zwischen öffentlichen und privaten Anbietern, soweit sie vergleichbare Leistungen anbieten.[10]

5 Dieser Grundsatz hat mit Art. 4 Abs. 5 Unterabs. 2 u. 3 der 6. EG-Richtlinie zur Harmonisierung der Umsatzsteuer auch eine internationale Ausprägung erfahren. Diese ist inzwischen in Art. 13 die Richtlinie 2006/112/EG vom 28. November 2006 über das gemeinsame Mehrwertsteuersystem (MwStSystRL), welche die 6. EG-Richtlinie ersetzt hat, enthalten. Danach gilt, dass überall dort, wo die Nicht-Besteuerung der öffentlichen Hand zu einer **Wettbewerbsverzerrung** führt oder führen kann, auch staatliches Handeln der (Umsatz-)Steuerpflicht unterworfen werden muss. Dieser Grundsatz dürfte - auch hinsichtlich seiner sachlichen Berechtigung - unbestritten sein; jedoch ist auch er kaum geeignet, klare Abgrenzungskriterien zu definieren. Regelmäßig stellt sich die Frage, mit welchen Tätigkeiten die öffentliche Hand denn überhaupt in einem wettbewerblichen Umfeld aktiv wird und was zu den besagten Verzerrungen dieses Wettbewerbs führen kann. Auf diese **Abgrenzungsprobleme** wird in diesem Kapitel noch einzugehen sein (vgl. Rn 21 ff.).

B. Betrieb gewerblicher Art als zentraler Begriff für die Steuerpflicht der öffentlichen Hand

6 Kernelement der Besteuerung der öffentlichen Hand ist der **Betrieb gewerblicher Art** i.S.d. § 1 Abs. 1 Nr. 6 i.V.m. § 4 KStG. Nur mit ihren Betrieben gewerblicher Art unterliegt eine juristische Person des öffentlichen Rechts der Steuerpflicht. Dabei geht die steuerrechtliche

7 Die Bedeutung eines Betriebes gewerblicher Art geht weit über rein körperschaftssteuerliche Folgen hinaus. So sind juristische Personen des öffentlichen Rechts gem. § 2 Abs. 3 UStG nur im Rahmen ihrer Betriebe gewerblicher Art und ihrer land- und forstwirtschaftlichen Betriebe umsatzsteuerpflichtig. Gem. § 20 Abs. 1 Nr. 10 EStG unterliegen Gewinne von Betrieben gewerblicher Art der Kapitalertragsteuer. Die Befreiung juristischer Personen des öffentlichen Rechts von der Grundsteuer gilt nicht im Rahmen ihrer Betriebe gewerblicher Art, § 3 Abs. 3 GrStG.

8 Die Klärung der Frage, ob eine bestimmte Tätigkeit einer Kommune einen Betrieb gewerblicher Art begründet, ist mithin von entscheidender Bedeutung für ihre Steuerpflicht und deren Reichweite. Klarstellend ist darauf hinzuweisen, dass

---

[9] Das Recht der Kommunen auf eine wirtschaftliche Betätigung zur Erfüllung öffentlicher Aufgaben z. B. ist Teil der kommunalen Selbstverwaltungsgarantie (Art. 28 Abs. 2 GG).

[10] *Park*, Die Steuerpflicht von Daseinsvorsorgeeinrichtungen der öffentlichen Hand, S. 10.

dies freilich nur insoweit gilt, als die Kommune selbst – etwa mit einem **Regie- oder einen Eigenbetrieb** (→ § 44 Rn. 13 ff.) - die Tätigkeit ausübt. Bedient sich die Kommune hierfür jedoch einer **Eigen- oder Beteiligungsgesellschaft**, gelten für diese die jeweiligen rechtsformabhängigen, allgemeinen Besteuerungsgrundsätze.[11]

I. Begriffsbestimmung

Nach der Legaldefinition des § 4 Abs. 1 KStG sind Betriebe gewerblicher Art alle **Einrichtungen**, die einer **nachhaltigen wirtschaftlichen Tätigkeit** zur Erzielung **von Einnahmen außerhalb der Land- und Forstwirtschaft** dienen und die sich innerhalb der Gesamtbetätigung der juristischen Person **wirtschaftlich herausheben**. Gem. § 4 Abs. 1 S. 2 KStG sind die Absicht, Gewinne zu erzielen und die Beteiligung am allgemeinen wirtschaftlichen Verkehr nicht erforderlich. 9

Es ist darauf zu achten, dass es sich bei dem Begriff des Betriebs gewerblicher Art um einen rein steuerrechtlichen Terminus handelt, der nicht mit den verschiedenen Organisationsformen der Betätigung öffentlichen Handelns verwechselt werden darf. So ist es für die Besteuerung der öffentlichen Hand weitgehend unbedeutend, ob diese ihre Tätigkeit als Regiebetrieb, als Eigenbetrieb oder durch eine Anstalt des öffentlichen Rechts erbringt (vgl. allerdings Rn. 156 ff. zur Kapitalertragsteuer). Das Steuerrecht knüpft lediglich an die Tatbestandsvoraussetzungen des § 4 KStG an und stellt somit vor allem auf die **jeweilige Tätigkeit** der Kommune ab. 10

1. Einrichtung

An das Vorliegen einer Einrichtung i.S.d. § 4 KStG sind **keine zu hohen Anforderungen** zu stellen. Insbesondere wird hierfür von der Rechtsprechung das Vorliegen einer organisatorischen Einheit ausdrücklich nicht verlangt[12], obwohl der Gesetzeswortlaut dies eigentlich vermuten lassen würde[13]. Vielmehr ist es ausreichend, wenn eine Aufgabe innerhalb der für andere Aufgaben der Körperschaft des öffentlichen Rechts eingerichteten Organisationen miterledigt werden.[14] Es kommt der Rechtsprechung zufolge lediglich darauf an, ob sich die wirtschaftliche Tätigkeit von den übrigen Tätigkeiten der Kommune funktionell abhebt, also eine 11

[11] Allerdings kann die Beteiligung der öffentlichen Hand an einer Kapitalgesellschaft durchaus auch besondere Folgen für die Besteuerung dieser Gesellschaft haben. So verlangt etwa § 8 Abs. 7 S. 2 KStG für das Vorliegen eines Dauerverlustgeschäfts einer Kapitalgesellschaft u. a. die mehrheitliche Beteiligung einer juristischen Person des öffentlichen Rechts an dieser Gesellschaft (vgl. Rn. 118).

[12] Z. B. Urt. des BFH v. 27.6.1990 -I R 166/85, BFH/NV 1991, 628.

[13] *Häck*, Die öffentliche Hand im Körperschaft – und Umsatzsteuerrecht, S. 112.

[14] BFHE 112, 61.

andere Funktion bzw. einen anderen Zweck erfüllt.[15] Die Rechtsprechung bemisst das Vorliegen einer Einrichtung demnach eher an **tätigkeitsbezogenen Kriterien** und stellt weniger auf organisatorische Gesichtspunkte ab.[16]

12 Die Finanzverwaltung hat diese Rechtsprechungsgrundsätze im Wesentlichen übernommen.[17] Aus Vereinfachungsgründen wendet sie zur Annahme einer Einrichtung daneben noch eine **Umsatzgrenze von 130.000,- EUR** an.[18] Übersteigt der Jahresumsatz einer wirtschaftlichen Tätigkeit diese Umsatzgrenze, sei dies ein wichtiges Merkmal für die wirtschaftliche Selbständigkeit der ausgeübten Tätigkeit.

13 Auch in der Literatur wird unter Hinweis auf die ratio legis des § 4 KStG - der Herstellung von Wettbewerbsneutralität zwischen der öffentlichen Hand und der Privatwirtschaft - eine **tätigkeitsbezogene Betrachtungsweise** gefordert.[19] Aus diesem Grund wird die genannte Umsatzgrenze von 130.000,- EUR, in der die Finanzverwaltung ein wesentliches Indiz für das Vorliegen einer Einrichtung sieht, insoweit kritisiert, als sie für die Erreichung dieses Gesetzeszwecks nicht tauglich sei.[20]

2. Wirtschaftliche Tätigkeit

14 Dem Merkmal „wirtschaftliche Tätigkeit“ kommt eine zentrale Bedeutung zu. Mit Einführung des Begriffs „Betrieb gewerblicher Art“ in das Körperschaftsteuerrecht entsprach es dem Willen des Gesetzgebers, die Betriebe der öffentlichen Hand der Besteuerung zu unterwerfen, die dem **äußeren Bild eines Gewerbebetriebs** entsprechen. Ist dies der Fall, liegt eine wirtschaftliche Tätigkeit i.S.d. § 4 Abs. 1 S. 1 KStG vor.[21] Dieses Tatbestandsmerkmal ist mithin Anknüpfungspunkt für die **Abgrenzung zum steuerbefreiten Hoheitsbetrieb**, der in § 4 Abs. 5 KStG legaldefiniert wird. Darüber hinaus dient es der Klarstellung, dass Tätigkeiten, die dem Bereich der **Vermögensverwaltung** zuzuordnen sind, ebenfalls keiner Steuerpflicht unterliegen.[22] Zur Abgrenzung zwischen wirtschaftlicher und hoheitlicher Tätigkeit vgl. Rn. 24 ff und zur Abgrenzung zwischen wirtschaftlicher Tätigkeit und reiner Vermögensverwaltung vgl. Rn. 40 ff.

---

[15] *Siegel*, Der Begriff des „Betriebs gewerblicher Art“ im Körperschaft- und Umsatzsteuerrecht, S. 60.

[16] *Krämer*, in: Dötsch u. a., Die Körperschaftsteuer, § 4 Rn. 23.

[17] H 6 „Einrichtung“ KStR.

[18] R 6 Abs. 4 S. 2 KStR.

[19] *Beinert*, in: Hoppe/Uechtritz (Hrsg.), Handbuch Kommunaler Unternehmen, Rn. 12.

[20] *Seer*, Inhalt und Funktion des Begriffs gewerblicher Art für die Besteuerung der öffentlichen Hand (Teil 1), 1751, 1754.

[21] *Frotscher*, in: ders./Maas, KStG UmStG, § 4 KStG Rn. 10.

[22] *Hengelbrock*, in: Nowak/Markmiller (Hrsg.), Rechnungslegung und Steuern der kommunalen Betriebe, S. 86.

3. Nachhaltigkeit

Hinsichtlich der Voraussetzung der Nachhaltigkeit bestehen keine Besonderheiten. 15
Die Tätigkeit wird nachhaltig ausgeübt, wenn sie während eines bestimmten Zeitraums **mit der Absicht der Wiederholung** ausgeübt wird; besteht Wiederholungsabsicht, genügt bereits eine einmalige Betätigung.[23]

4. Einnahmeerzielungsabsicht

Für die Annahme eines Betriebs gewerblicher Art ist es ausreichend, dass die da- 16
hinter stehende Tätigkeit der Kommune mit **Einnahmeerzielungsabsicht** ausgeübt wird. Gem. § 4 Abs. 1 S. 2 KStG ist die **Absicht, Gewinne zu erzielen nicht erforderlich**. Dies gilt gem. § 8 Abs. 1 S. 2 KStG, der mit dem Jahressteuergesetz 2009[24] zum 01.01.2009 in Kraft getreten ist und gem. § 34 Abs. 6 S.1 KStG auch auf zurückliegende Veranlagungszeiträume Anwendung findet, **auch für die Einkommensermittlung**. Damit ist der in der Literatur bisher zum Teil vertretenen Auffassung, wonach Verluste dauerdefizitärer Betriebe gewerblicher Art nach Liebhabereigrundsätzen bei der steuerlichen Ergebnisermittlung außer Acht bleiben müssten, die Grundlage entzogen worden.[25] Die steuerliche Anerkennung von Dauerverlusten ist eine wesentliche Voraussetzung für die Ergebnisverrechung im steuerlichen Querverbund, so dass dieser **gesetzlichen Klarstellung** eine hohe Bedeutung zukommt (vgl. Rn. 115).

5. Wirtschaftliches Herausheben

Die wirtschaftliche Tätigkeit muss **von einigem Gewicht** sein und sich aus der 17
Gesamtbetätigung der juristischen Person des öffentlichen Rechts wirtschaftlich herausheben.[26] Dem Merkmal kann sowohl eine Bedeutung im Sinne einer **Gewichtigkeitsschwelle** als auch im Sinne einer sachlichen Abgrenzbarkeit zum Hoheitsbetrieb[27] zukommen.[28]

Die Finanzverwaltung legt das Merkmal in der erstgenannten Richtung aus und 18
sieht aus Vereinfachungsgründen einen wichtigen Anhaltspunkt für das wirtschaftliche Gewicht darin, dass der **Jahresumsatz** i.S.v. § 1 Abs. 1 Nr. 1 UStG den Betrag von **30.677,51 EUR** nachhaltig übersteigt.[29] Wird ein solcher Jahresumsatz nicht erreicht, ist ein Betrieb gewerblicher Art nur anzunehmen, wenn von der Körperschaft besondere Gründe – etwa ein unmittelbar bestehender Wettbewerb zu anderen Unternehmen - vorgetragen werden.[30]

---

[23] *Frotscher* (Fn. 21), § 4 KStG Rn. 11.
[24] BGBl. 2008 I S. 2794.
[25] So noch *Hüttemann* (Fn. 7), S. 34 f.
[26] BFHE 64, 391.
[27] Insoweit ergeben sich jedoch sachliche Überschneidungen zum Begriff der Einrichtung.
[28] *Hüttemann* (Fn. 7), S. 51.
[29] R. 6 Abs. 5 S. 1 KStR.
[30] R. 6 Abs. 5 S. 4 u. S. 5 KStR.

19 In der **Literatur** wird unter Verweis auf den Gesetzeszweck zur Wettbewerbsneutralität kritisiert, dass unklar sei, weshalb eine Besteuerung öffentlicher Betriebe aus Wettbewerbsgründen erst bei Überschreiten bestimmter Gewichtigkeitsgrenzen gerechtfertigt sein soll.[31] Zum Teil wird darauf verwiesen, dass das Körperschaftsteuerrecht in § 24 KStG mit dem Freibetrag von 5.000,- EUR (früher. 7.500,- DM) eine Unwesentlichkeitsgrenze festgelegt habe, die auch für das Kriterium des wirtschaftlichen Gewichts herangezogen werden solle.[32]

20 Auch die **Rechtsprechung** orientiert sich nicht an den von der Finanzverwaltung vorgegebenen Umsatzgrenzen, sondern stellt auf das Verhältnis der Einnahmen zu dem betroffenen Bereich der Verwaltung der öffentlich-rechtlichen Körperschaft ab.[33]

6. Land- und Forstwirtschaft kein Betrieb gewerblicher Art

21 Die Betätigung juristischer Personen des öffentlichen Rechts ist ausdrücklich aus dem Anwendungsbereich des § 4 Abs. 1 S. 1 KStG ausgenommen. Diese Tätigkeiten sind mithin steuerbefreit. Auch die **Verpachtung** eines land- und forstwirtschaftlichen Betriebs führt nicht zur Begründung eines Betriebs gewerblicher Art.[34]

II. Abgrenzungsfragen

22 Wie bereits unter Rn. 14 erwähnt, ergibt sich die Notwendigkeit, den Begriff des Betriebs gewerblicher Art **in zweierlei Hinsicht** von steuerbefreiten Betätigungen einer juristischen Person des öffentlichen Rechts abzugrenzen. Zum einen muss eine Abgrenzung zum **Hoheitsbetrieb** vorgenommen werden, der gem. § 4 Abs. 5 KStG ausdrücklich aus der Steuerpflicht ausgenommen ist.

23 Zum anderen muss eine Abgrenzung zur **Vermögensverwaltung** erfolgen. Zwar ist in § 4 KStG nicht ausdrücklich geregelt, dass die öffentliche Hand im Rahmen ihrer Vermögensverwaltung steuerbefreit tätig wird. Die Steuerfreiheit ergibt sich hier jedoch aus einer **Analogie zur steuerlichen Behandlung steuerbefreiter Körperschaften.**[35] Diese Körperschaften sind gem. § 14 AO insoweit steuerpflichtig als sie durch eine nachhaltige selbständige Tätigkeit Einnahmen oder andere wirtschaftliche Vorteile erzielen, die über den Rahmen einer Vermögensverwaltung hinausgehen (wirtschaftlicher Geschäftsbetrieb). Nach allgemeiner Meinung gilt diese Steuerfreiheit der Vermögensverwaltung auch für juristi-

[31] *Hüttemann* (Fn. 7), S. 53.

[32] *Siegel* (Fn. 15), S. 231.

[33] BFH v. 25.10.1989 – V R 111/85, BStBl. II, 868, 870, BFHE 230, 466 (Urteil zur Umsatzsteuer; Werbemobile)

[34] *Hüttemann* (Fn. 7), S. 72.

[35] Dies können etwa gemeinnützige Einrichtungen i. S. d. §§ 51 ff. AO oder auch Berufsverbände i. S. d. § 5 Abs. 1 Nr. 5 KStG sein.

sche Personen des öffentlichen Rechts.[36] Dieser Grundsatz wird jedoch durch aktuelle Urteile von EuGH und insbesondere des BGH hinsichtlich der umsatzsteuerlichen Behandlung vermögensverwaltender Tätigkeiten juristischer Personen des öffentlichen Rechts durchbrochen.[37] Insoweit wird auf die Ausführungen unter Rn. 41 verwiesen.

1. Ausübung öffentlicher Gewalt aus steuerlicher Sicht - Hoheitsbetrieb

Gem. § 4 Abs. 5 KStG gehören Betriebe, die überwiegend der Ausübung öffentlicher Gewalt dienen (Hoheitsbetriebe), nicht zu den Betrieben gewerblicher Art. Hoheitsbetriebe unterliegen folglich nicht der Steuerpflicht. Die Begriffe „**Betrieb gewerblicher Art**" einerseits und „**Hoheitsbetrieb**" andererseits **schließen sich gegenseitig aus**.[38] 24

In der Rechtsprechung erfolgt die Abgrenzung regelmäßig derart, dass nicht die Begriffe Betrieb gewerblicher Art bzw. wirtschaftliche Tätig positiv definiert werden, sondern indem geprüft wird, ob eine Tätigkeit im Rahmen der Ausübung öffentlicher Gewalt erfolgt (**Negativabgrenzung**). 25

Gegenstand der Ausübung öffentlicher Gewalt sind danach Aufgaben, die ihrer Natur nach der privaten Betätigung entzogen sind und außerhalb des freien Wirtschaftsverkehrs vorgenommen zu werden pflegen.[39] Auch das Bundesverfassungsgericht hat sich mit dem Begriff „Ausübung öffentlicher Gewalt" – hier im Umsatzsteuerrecht – befasst und ihn mit dem Begriff „**Erfüllung öffentlich-rechtlicher Aufgaben**" gleichgesetzt.[40] Dabei geht die ständige Rechtsprechung davon aus, dass es sich dann um die Erfüllung einer öffentlich-rechtlichen Aufgabe handelt, wenn eine juristische Person des öffentlichen Rechts eine Tätigkeit vornimmt, die ihr **eigentümlich und vorbehalten** ist.[41] 26

Dabei reicht es der aktuellen Rechtsprechung des BFH zufolge nicht aus, dass eine wirtschaftliche Betätigung durch landesrechtliche Regelungen in einem Bundesland ausschließlich der öffentlichen Hand vorbehalten ist. 27

Mit Urteil vom 29.10.2008 hat der BFH entschieden, dass für die Annahme einer hoheitlichen Betätigung darüber hinaus erforderlich ist, dass der **relevante Markt** für die von der juristischen Person des öffentlichen Rechts örtlich ausgeübten Tätigkeit so eingeschränkt ist, dass eine **Wettbewerbsbeeinträchtigung** steuerpflichtiger Unternehmen in anderen Bundesländern oder EU-Mitgliedstaaten **ausgeschlossen werden kann.**[42] Für den Betrieb eines **kommunalen Krematori-** 28

[36] BFHE 112, 61.

[37] EuGH v. 4.6.2009 – C-102/08, DStR 2009, BFHE 229, 416.

[38] *Bott*, in: Ernst & Young, Körperschaftsteuergesetz, § 4 Rn. 117.

[39] RFHE 30, 128.

[40] BVerfGE 31, 321 ff.

[41] Ständige Rechtsprechung seit dem Gutachten des RFH v. 9.7.1937 – V D 1 / 37, RFHE 42, 253-256.

[42] BFHE 223, 232.

ums in Nordrhein-Westfalen hat das Gericht diese Voraussetzung als nicht erfüllt angesehen und somit einen Betrieb gewerblicher Art angenommen.[43]

29 Als Reaktion auf das Krematorium-Urteil des BFH hat die Finanzverwaltung in einem **Anwendungsschreiben** vom 11. Dezember 2009 Kriterien zur Abgrenzung hoheitlicher von wirtschaftlicher Tätigkeit einer juristischen Person des öffentlichen Rechts formuliert.[44] Danach gilt Folgendes:

30 – Grundsatz: Eine Tätigkeit ist grundsätzlich hoheitlich, soweit die öffentliche Hand sie in Erfüllung einer ihr **gesetzlich zugewiesenen Aufgabe** erfüllt.
– Ausnahme: Dies gilt nicht, wenn hinsichtlich dieser Aufgabenzuweisung **kein öffentlich-rechtlicher Benutzungszwang** besteht, so dass die Leistung auch bei einem Dritten nachgefragt werden kann, der keine in- oder ausländische juristische Person des öffentlichen Rechts ist.
– Rückausnahme: Diese Ausnahme gilt wiederum nicht, wenn der Markt für die der juristischen Person des öffentlichen Rechts zugewiesene Aufgabe örtlich so eingeschränkt ist, dass eine **Wettbewerbsbeeinträchtigung** steuerpflichtiger Unternehmen im In- und Ausland **ausgeschlossen** werden kann.

31 – Aufgabenübertragung: Kann die zugewiesene Aufgabe auf einen Dritten übertragen werden, liegt grundsätzlich keine hoheitliche Tätigkeit vor. Etwas anderes gilt lediglich dann, wenn die Übertragung der Aufgabe nur im Wege der **Beleihung** möglich ist **und** ein öffentlich-rechtlicher Benutzungszwang besteht.

32 Den Grundsätzen der Rechtsprechung und der Finanzverwaltung folgend, handelt es sich insbesondere bei den intensiv diskutierten Tätigkeiten **Abwasserbeseitigung** und **Hausmüllentsorgung** offensichtlich um hoheitliche Tätigkeiten, die nicht der Steuerpflicht unterliegen.[45] Die derzeit noch bestehende Verwaltungspraxis zu den sogenannten **Beistandsleistungen** erscheint jedoch nicht konsequent.

33 **a) Abwasserbeseitigung.** Der in diesem Zusammenhang für die Abwasserbeseitigung relevante bundesrechtliche Rahmen ergibt sich **aus § 56 Wasserhaushaltsgesetz (WHG) n.F.**[46], der den bisher einschlägigen § 18a WHG a.F. ersetzt. Danach ist Abwasser von den juristischen Personen des öffentlichen Rechts zu beseitigen, die nach Landesrecht hierzu verpflichtet sind (Abwasserbeseitigungspflichtige). Die Länder können bestimmen, unter welchen Voraussetzungen die Abwasserbeseitigung anderen als den juristischen Personen des öffentlichen

[43] BFHE 223, 232.
[44] BMF-Schreiben - IV C 7 – S 2706/07/10006, BStBl. 2009 II, 1022.
[45] Jedoch ergibt sich aus dem Koalitionsvertrag der Koalitionsparteien der 17. Legislaturperiode, dass die Bundesregierung eine grundsätzliche steuerliche Gleichstellung öffentlicher und privater Unternehmen anstrebt. Dies könnte mittel- oder langfristig die Einführung der Steuerpflicht für kommunale Entsorgungstätigkeiten bedeuten.
[46] Das neue Wasserhaushaltsgesetz ist nach dem Gesetz zur Neuregelung des Wasserrechts zum 1.3.2010 in Kraft getreten.

Rechts obliegt. Die zur Abwasserbeseitigung Verpflichteten können sich zur Erfüllung ihrer Pflichten Dritter bedienen.

Zwar ermöglicht das Bundesrecht die Übertragung auf privatwirtschaftliche Unternehmen, jedoch setzt dies das **Bestehen entsprechender landesrechtlicher Regelungen** voraus. Von dieser Möglichkeit haben die Bundesländer jedoch (bisher) keinen Gebrauch gemacht. Zwar ist in einzelnen Landeswassergesetzen die grundsätzliche Möglichkeit zur Pflichtenübertragung vorgesehen[47], jedoch fehlt es auch in diesen Bundesländern an der jeweils noch erforderlichen **Pflichtenübertragungsverordnung**.[48] Zudem gilt allgemein, etwa durch gemeindliche Satzungen, ein Anschluss- und Benutzungszwang und der Markt für die angebotene Leistung ist – da es sich um eine **netzgebundene Leistung** des Abwasserbeseitigungsverpflichteten handelt – örtlich so eingegrenzt, dass eine Wettbewerbsbeeinträchtigung privater Unternehmen mit Sitz außerhalb des jeweiligen Bundeslandes ausgeschlossen werden kann. 34

In diesem Zusammenhang ist noch zu erwähnen, dass die Einführung der Pflichtenübertragung in einem Bundesland zur Folge haben wird, dass die Abwasserbeseitigung zwar in diesem Bundesland jedoch **nicht im gesamten Bundesgebiet** als Betrieb gewerblicher Art anzusehen ist.[49] Da einerseits die Frage der Ausgestaltung der Abwasserbeseitigung als hoheitliche oder wirtschaftliche Tätigkeit ausschließlich dem jeweiligen Bundesland obliegt, und andererseits der räumlich wettbewerbsrelevante Markt schon allein wegen der leitungsgebundenen Tätigkeit auf das jeweilige Landesgebiet beschränkt ist, kann die Einführung der Pflichtenübertragung auf Dritte in einem Bundesland keine wettbewerblichen und somit auch keine steuerlichen Auswirkungen auf die Abwasserbeseitigung in Bundesländern haben, in denen die Aufgabenübertragung auf private Dritte ausgeschlossen.[50] 35

b) Hausmüllentsorgung. Auch die rechtlichen Rahmendingungen für die Hausmüllentsorgung haben zur Folge, dass es sich insoweit um eine hoheitliche Tätigkeit handelt. Die Hausmüllentsorgung ist den **öffentlich-rechtlichen Entsorgungsträgern** gem. § 15 Abs. 1 KrW-/AbfG als Pflichtaufgabe zugewiesen (→ § 36

47 § 45 c BadWttbgWG, § 63 Abs. 4 SächsWG und § 151 SachsAnhWG.

48 Stand September 2009, siehe *Fehrenbacher*, ZfW 2009, 79, 84.

49 BMF v. 11.12.2009 - IV C 7 – S 2706/07/10006, BStBl. 2009 II, 1022.

50 Wohl a. A. *Hüttemann*, FR 2009, 308 (310), der zumindest für die Umsatzsteuerpflicht sogar davon ausgeht, dass die Besteuerung einer hoheitlichen Tätigkeit in irgendeinem Mitgliedstaat der EU zur Folge hat, dass diese in allen anderen Mitgliedstaaten ebenfalls der Steuerpflicht zu unterwerfen ist. Diese Auffassung ist mit dem EuGH-Urteil v. 13.9.2007 (C – 408/06) zur steuerlichen Behandlung von Milchquoten-Verkaufsstellen, nicht in Einklang zu bringen, da der EuGH hier klarstellt, dass das für die Feststellung von Wettbewerbsverzerrungen relevante Marktgebiet der von einem Mitgliedsstaat definierte Übertragungsbereich der in Rede stehenden Leistungen ist. Dieser Übertragungsbereich kann im Bereich der Abwasserbeseitigung nur das jeweilige Landesgebiet sein, da es für die Einwohner eines Bundeslandes nicht möglich ist, zum Erhalt dieser Dienstleistung auf ein Angebot aus einem anderen Gebiet – etwa in einem anderen Bundesland – zurückzugreifen.

55 Rn. 38 ff.). Private Dritte können gem. § 16 KrW-/AbfG lediglich als Erfüllungsgehilfen für die Hausmüllentsorgung eingesetzt werden.[51] Zwischen diesen und den Hausmüllbesitzern können mithin keine vertraglichen Beziehungen die Hausmüllentsorgung betreffend eingegangen werden. Zudem besteht für Besitzer und Erzeuger von Hausmüll gem. § 13 Abs. 1 KrW-/AbfG die Pflicht, diese den öffentlich-rechtlichen Entsorgungsträgern zu überlassen. Somit ist klar, dass die Behandlung der Hausmüllentsorgung durch die öffentliche Hand als steuerfreie Tätigkeit mangels (auch nur potentiellen) Wettbewerbs nicht zu Wettbewerbsverzerrungen führen kann.[52] Ein Wettbewerb ist zwar zwischen den von den öffentlich-rechtlichen Entsorgungsträgern beauftragten **Erfüllungsgehilfen** nicht aber zwischen diesen und den gesetzlich verpflichteten Entsorgungsträgern denkbar.

37 c) **Beistandsleistungen.** Eine besondere Problematik ergibt sich, wenn eine juristische Person des öffentlichen Rechts einer anderen Körperschaft des öffentlichen Rechts bei der Erledigung der dieser gesetzlich zugewiesenen Aufgaben behilflich ist, ohne dass ihr die Aufgabe übertragen wird (sogenannte Beistandsleitungen). Als Beispiel wäre etwa zu nennen, dass eine Kommune für eine Nachbarkommune auf Grundlage eines zwischen diesen beiden Körperschaften geschlossenen, öffentlich-rechtlichen Vertrages die Abwasserbeseitigung durchführt. Nach (noch) geltender Verwaltungsauffassung führt diese Beistandsleitung nicht zu einem Betrieb gewerblicher Art, weil insoweit **Amtshilfegrundsätze** anzuwenden seien.[53] Diese Praxis wird nicht nur im Schrifttum[54] sondern auch **im Bericht des Bundesrechnungshofs** nach § 99 BHO zur umsatzsteuerlichen Behandlung der öffentlichen Hand vom 02. November 2004[55] kritisiert.

38 In der Tat ist diese Handhabung mit den oben dargestellt Grundsätzen kaum in Einklang zu bringen, da die Beistand leistende Kommune gerade nicht im Rahmen der ihr zugewiesenen Pflichtaufgaben und insoweit mangels Übertragung der Aufgabe an Sie ebenfalls als Erfüllungsgehilfe der entsorgungspflichtigen Kommune tätig wird. Insoweit ist schwerlich darstellbar, dass diese Kommune nicht in

[51] Etwas anderes gilt für die Entsorgung von Abfällen aus anderen Herkunftsbereichen als privaten Haushalten **zur Verwertung**. Diese Aufgabe ist den Kommunen nicht als Pflichtaufgabe zugewiesen und kann somit nicht als hoheitlich eingestuft werden. Eine differenzierte Betrachtung ist bei der Entsorgung von Abfällen aus anderen Herkunftsbereichen als privaten Haushalten **zur Beseitigung** vorzunehmen. Dies ist eine den öffentlichen Entsorgungsträgern zugewiesen Aufgabe, die auf Dritte gem. § 16 KrW-/AbfG übertragen werden kann. Dem BMF-Schreiben vom 11.12.2009 zufolge müsste es sich hier um eine gewerbliche Tätigkeit handeln. Ob Übertragungsmöglichkeit nach § 16 KrW-/AbfG, die u. a. die Zustimmung des öffentlich-rechtlichen Entsorgungsträgers erfordert, zu einer tatsächlichen Marktöffnung führt, wird jedoch von vielen Seiten bezweifelt. In diesem Zusammenhang wird auch die Novelle des KrW-/AbfG zu verfolgen sein, in deren Rahmen die Übertragungsmöglichkeit dieser Aufgabe abgeschafft werden könnte. In dem Fall würde es sich klar um eine hoheitliche Aufgabe handeln.

[52] BFHE 181, 332, bestätigt mit BFHE 223, 232.

[53] Z. B. OFD Rostock v. 21.11.2002 - S 2706-04/01-St 242, DStZ 2003, 129.

[54] *Müller-Gatermann*, FR 2009, 314 (318).

[55] BT-Drs. 15/4081.

den oben bezeichneten Wettbewerb zwischen **Erfüllungsgehilfen** eintritt. Hier wäre die Annahme einer steuerpflichtigen Tätigkeit der Beistand leistenden Kommune sowohl systematisch als auch sachlich durchaus gerechtfertigt.

Etwas anderes gilt jedoch für die Fälle, in denen **Zweckverbänden** die Aufgabe der Entsorgungstätigkeit originär von ihren Mitgliedsgemeinden übertragen wird. Ein solcher Zweckverband ist nicht als Erfüllungsgehilfe tätig sondern **selbst öffentlich-rechtlicher Entsorgungsträger**, für den die oben dargestellten Grundsätze zur Abgrenzung zwischen hoheitlicher und wirtschaftlicher Tätigkeit unmittelbar Anwendung finden.[56] **39**

2. Betrieb gewerblicher Art oder Vermögensverwaltung

Da ein Betrieb gewerblicher Art i.S.d. § 4 Abs. 1 KStG dem Willen des Gesetzgebers zufolge nur vorliegt, wenn eine Tätigkeit dem **äußeren Bild eines Gewerbebetriebs** entspricht (vgl. Rn. 14) ist nach allgemeiner Meinung die bloße Nutzung vorhandenen Vermögens (Vermietung und Verpachtung von Grundvermögen, Kapitalanlagen, etc.) als reine Vermögensverwaltung einer juristischen Person des öffentlichen Rechts nicht deren steuerpflichtigen Bereich zuzuordnen.[57] Für die Abgrenzung bloßer Vermögensverwaltung zur wirtschaftlichen Tätigkeit der öffentlichen Hand können die Grundsätze der R 15.7 EStR 2005 zur Abgrenzung des Gewerbebetriebs gegenüber der Vermögensverwaltung herangezogen werden.[58] Dem Bereich der Vermögensverwaltung sind demzufolge solche Einnahmen zuzurechnen, die im Rahmen einer **reinen Fruchtziehung** des Vermögens vereinnahmt werden.[59] **40**

Diese Grundsätze gelten eigentlich für die Körperschaftsteuer und die Umsatzsteuer gleichermaßen.[60] Bereits mit Urteil des **EuGH** vom 04. Juni 2009 wurde diese Systematik für den Bereich der Umsatzsteuer allerdings in Frage gestellt.[61] Der EuGH hat im Ergebnis entschieden, dass eine langfristige **Vermietung von Grundvermögen grundsätzlich eine umsatzsteuerbare Leistung** im unternehmerischen Bereich darstellt.[62] Noch deutlicher stellt sich der BFH in seinem Urteil vom 15. April 2010 gegen die bisherige Systematik.[63] Der erkennende Senat geht stattdessen davon aus, dass ein Tätigwerden der öffentlichen Hand auf privatrechtlicher Grundlage immer eine umsatzsteuerlich relevante unternehmerische Tätig- **41**

---

56 Bestätigt im BMF-Schreiben v. 11.12.2009 - IV C 7 – S 2706/07/10006, BStBl. 2009 II, 1022 f.

57 *Hengelbrock* (Fn. 22), S. 86.

58 *Meier/Semelka*, in: Hermann/Heuer/Raupach, Einkommensteuer- und Körperschaftsteuergesetz, § 4 KStG Rn. 28.

59 *Beinert* (Fn. 19), Rn. 22.

60 Gem. § 2 Abs. 3 UStG unterliegen juristische Personen des öffentlichen Rechts lediglich mit ihren Betrieben gewerblicher Art der Umsatzsteuerpflicht, so dass die angeführten Abgrenzungskriterien grundsätzlich für beide Steuerarten gelten.

61 EuGH v. 4.6.2009 – C-102/08.

62 *Küffner*, Anmerkung 1 zum EuGH-Urteil v. 4.6.2009 – C-102/08, UR 2009, 484, 492.

63 BFHE 229, 416

keit ist und misst dem Begriff Vermögensverwaltung keine umsatzsteuerliche Bedeutung bei

42 Auch Veräußerungsgeschäfte sind regelmäßig dem Bereich der steuerfreien Vermögensverwaltung zuzuordnen. Im Bereich des Erwerbs und der Veräußerung von Grundvermögen hat hier eine Abgrenzung zum **gewerblichern Grundstückshandel** zu erfolgen. Dabei ist zu berücksichtigen, dass Gemeinden - etwa im Zusammenhang städtebaulicher Sanierungs- und Entwicklungsmaßnahmen[64] oder im Rahmen ihrer Siedlungspolitik- zum Erwerb und zur Veräußerung von Grundstücken verpflichtet sind. Insoweit kann wegen der rein öffentlich-rechtlichen Veranlassung kein gewerblicher Grundstückshandel angenommen werden.

43 Besonderheiten sind noch im Zusammenhang mit der **Beteiligung** juristischer Personen des öffentlichen Rechts an Unternehmen in privatrechtlicher Rechtsform zu beachten. Die **Beteiligung an einer Kapitalgesellschaft** (GmbH, AG) ist dabei grundsätzlich der Vermögensverwaltung der öffentlich-rechtlichen Körperschaft zuzuordnen.[65] Nimmt die juristische Person des öffentlichen Rechts jedoch ständig und planmäßig Einfluss auf die laufende Geschäftsführung, kann dies zur Annahme eines Betriebs gewerblicher Art führen.[66]

44 Die **Beteiligung an einer gewerblich tätigen Personengesellschaft** (KG, GmbH & Co. KG) begründet eine Mitunternehmerschaft i.S.d. § 15 Abs. 1 S. 1 Nr. 2 EStG und führt somit zu gewerblichen Einkünften. Demzufolge ist auch die Beteiligung einer juristischen Person des öffentlichen Rechts an einer Mitunternehmerschaft stets als Betrieb gewerblicher Art anzusehen.[67]

III. Verpachtung als Betrieb gewerblicher Art

45 Die Verpachtung von Grundvermögen durch Körperschaften des öffentlichen Rechts ist grundsätzlich dem Bereich der steuerfreien Vermögensverwaltung zuzuordnen (vgl. Rn. 40). In den nachfolgenden Fällen, führt die Verpachtungstätigkeit von juristischen Personen des öffentlichen Rechts hingegen zur Begründung eines Betriebs gewerblicher Art.

1. Verpachtungsbetrieb gewerblicher Art

46 Die Verpachtung eines Betriebs gewerblicher Art führt gem. § 4 Abs. 4 KStG ebenfalls zu einem Betrieb gewerblicher Art (Verpachtungsbetrieb). Dabei ist darauf abzustellen, ob die Einrichtung **beim Verpächter** einen Betrieb gewerblicher Art i.S.d. § 4 Abs. 1 KStG begründen würde.[68]

---

[64] §§ 152 ff. und 165 ff. BauGB.

[65] *Bott* (Fn. 38), § 4 Rn. 57.

[66] *Krämer* (Fn. 16), § 4 KStG Rn. 49.

[67] R 6 Abs. 2 S. 2 KStR.

[68] R 6 Abs. 5 S. 6 KStR.

Hinsichtlich des für die Begründung eines Betriebs gewerblicher Art erforderlichen Kriteriums des wirtschaftlichen Heraushebens (vgl. Rn. 17 ff.) stellt die Finanzverwaltung auf die **Verhältnisse beim Pächter** ab.[69] Ein Urteil des BFH, in dem das Gericht zu dem gegenteiligen Ergebnis kam[70], wird von der Finanzverwaltung nicht angewendet.[71] 47

2. Kommunale Betriebsaufspaltung

Auch die Grundsätze der Betriebsaufspaltung finden auf juristische Personen des öffentlichen Rechts entsprechende Anwendung. 48

Dies setzt zunächst voraus, dass die juristische Person des öffentlichen Rechts an einer Gesellschaft in dem Maße beteiligt ist, dass sie in der Gesellschaft ihren Willen durchsetzen kann; diese also beherrscht (**personelle Verflechtung**). Zudem muss die juristische Person dieser Gesellschaft eine für deren Betrieb wesentliche Grundlage im Wege der Vermietung oder Verpachtung überlassen (**sachliche Verflechtung**).[72] Liegen diese Voraussetzung kumulativ vor, werden die Pachteinnahmen bei der juristischen Person des öffentlichen Rechts in einem Betrieb gewerblicher Art (Besitzbetrieb) vereinnahmt. 49

IV. Einzelfälle

Rechtsprechung und Finanzverwaltung haben sich in einer **kaum überschaubaren Anzahl von Einzelentscheidungen** zu der Frage geäußert, welche Tätigkeiten einem Betrieb gewerblicher Art, einem Hoheitsbetrieb oder der Vermögensverwaltung zuzuordnen ist. Auf die Auflistung dieser Einzelfallsentscheidungen wird hier verzichtet und auf Entscheidungssammlungen in der Literatur verwiesen.[73] 50

C. Ertragsteuern und öffentliche Hand

In ertragsteuerlicher Hinsicht sind bei Kommunen insbesondere die **Körperschaftsteuer** (vgl. Rn. 52 ff.) und die **Gewerbesteuer** (vgl. Rn. 152 ff.) beachtlich. Für die Gewerbesteuer gelten wegen des Verweises auf die körperschaftsteuerlichen Gewinnermittlungsvorschriften in § 7 GewStG kaum hier darzustellende Besonderheiten. Einkommensteuerlich ist noch die Entstehung von **Kapitalertragsteuer** nach § 20 Abs. 1 Nr. 10 EStG relevant (vgl. Rn. 156 ff.). 51

---

69 R 6 Abs. 5 S. 7 KStR.

70 BFH v. 25.10.1989 – V R 111/85, BStBl. 1990 II, 868.

71 BMF-Schreiben v. 5.10.1990 – IV B 7 – S 2706 – 33/90, BStBl. 1990 I, 635.

72 *Schmidt/Wacker*, Einkommensteuergesetz, § 15 Rn. 800.

73 Sehr umfangreich: *Wallenhorst*, in: ders./Halaczinsky, Die Besteuerung gemeinnütziger Vereine, Stiftungen und der juristischen Personen des öffentlichen Rechts, S. 504 ff.

I. Körperschaftsteuer

1. Steuersubjekt

52 Gem. § 1 Abs. 1 Nr. 6 KStG sind Betriebe gewerblicher Art von juristischen Personen des öffentlichen Rechts unbeschränkt körperschaftsteuerpflichtig. Daraus schließt die Rechtsprechung, dass das Steuersubjekt zwar die juristische Person des öffentlichen Rechts ist; dies aber nur wegen jedes einzelnen Betriebs gewerblicher Art. [74] Insoweit liegt eine **partielle Steuerpflicht** der juristischen Personen des öffentlichen Rechts vor.

53 Obwohl Steuersubjekt die juristische Person des öffentlichen Rechts ist, behandelt die Rechtsprechung die Betriebe gewerblicher Art im Verhältnis zur Trägerkörperschaft wie eine Kapitalgesellschaft im Verhältnis zu ihren Anteilseignern.[75] Für körperschaftsteuerliche Zwecke erfolgt mithin die Fiktion, dass ein Betrieb gewerblicher Art sowohl im Verhältnis zu seiner Trägerkörperschaft als auch im Verhältnis zu anderen Betrieben gewerblicher Art derselben Körperschaft **als eigenständiges Rechtssubjekt gilt.**[76] Diese Betrachtungsweise hat zur Folge, dass ein Betrieb gewerblicher Art körperschaftsteuerlich **anzuerkennende Leistungsbeziehungen** zu seiner Trägerkörperschaft und ggf. weiteren Betrieben gewerblicher Art dieser Trägerkörperschaft haben kann.[77]

2. Ergebnisermittlung von Betrieben gewerblicher Art

54 Grundsätzlich muss für jeden Betrieb gewerblicher Art einer juristischen Person des öffentlichen Rechts eine **gesonderte Einkommensermittlung** vorgenommen werden. Lediglich unter den Voraussetzungen des § 4 Abs. 6 KStG ist die steuerliche Zusammenfassung mehrerer Betriebe gewerblicher Art möglich (vgl. insoweit Rn. 85 ff).

55 **a) Methoden zur Ermittlung des steuerpflichtigen Einkommens.** Als Einkommensermittlungsmethoden für Betriebe gewerblicher Art kommen der **Betriebsvermögensvergleich** nach § 4 Abs. 1, § 5 Abs. 1 EStG sowie die **Einnahme-Überschussrechnung** nach § 4 Abs. 3 EStG in Betracht. Zur Ergebnisermittlung nach dem Betriebesvermögensvergleich (doppelte Buchführung) ist ein Betrieb gewerblicher Art verpflichtet, wenn sich die Buchführungspflicht aus § 140 AO oder aus § 141 AO ergibt. Besteht keine Buchführungspflicht und erfolgt keine freiwillige Buchführung, ist das Ergebnis von Betrieben gewerblicher Art gem. § 8 Abs. 1 i.V.m. 4 Abs. 3 EStG im Wege der Einnahmen-Überschussrechnung zu ermitteln.

---

[74] BFHE 112, 61.

[75] BFHE 192, 92.

[76] Im Bereich der Umsatzsteuer gilt dementgegen die Gesamtheit aller Betriebe gewerblicher Art einer juristischen Person des öffentlichen Rechts als ein Unternehmen, vgl. Rn. 178.

[77] *Meier/Semelka* (Fn. 59), § 4 Rn. 100.

Nach § 140 AO besteht (auch) steuerlich eine Buchführungspflicht, wenn sich **aus anderen als den Steuergesetzen** die Pflicht ergibt, Bücher zu führen, und diese für die Besteuerung von Bedeutung sind (derivative Buchführungspflicht). Hier kommen z.B. Buchführungspflichten nach dem **HGB** oder nach dem **Eigenbetriebsrecht** der Länder in Betracht. 56

Bei der Frage, ob sich die Buchführungspflicht aus dem HGB ergibt, ist zu beachten, dass dies nach § 238 HGB nur der Fall ist, wenn dem Betrieb gewerblicher Art die **Kaufmannseigenschaft** zugesprochen werden kann, was bei Betrieben gewerblicher Art, die ohne Gewinnerzielungsabsicht geführt werden, nicht der Fall ist.[78] Zudem ist zu prüfen, inwieweit **landesrechtliche Sondervorschriften** bestehen, die zur Befreiung von der Buchführungspflicht führen, § 263 HGB. 57

In der Literatur wird die Auffassung vertreten, dass in den Bundesländern, in denen ein **doppisches Haushaltsrecht** eingeführt wird,[79] eine Buchführungspflicht für im Kernbereich der Kommunen geführte Betriebe gewerblicher Art gem. § 140 AO besteht.[80] In diesen Bundesländern wäre dann für diese Betriebe gewerblicher Art die Einkommensermittlung im Wege der Einnahmen-Überschussrechnung nicht mehr möglich. 58

Nach § 141 AO besteht die Pflicht zum Betriebsvermögensvergleich, wenn bestimmte **Umsatz- oder Gewinngrenzen** überschritten sind. Die Buchführungsgrenzen betragen 500.000,- EUR (Jahresumsatz) bzw. 50.000,- EUR (Gewinn aus Gewerbebetrieb). Die Vorschrift richtet sich gem. § 141 Abs. 1 AO ausschließlich an gewerbliche Unternehmer und findet daher auf Betriebe gewerblicher Art, die ohne Gewinnerzielung geführt werden, keine Anwendung.[81] 59

b) Umfang des Betriebsvermögens. Dem Betrieb gewerblicher Art ist ein eigenes Betriebsvermögen zuzuordnen, auf das die allgemeinen Grundsätze des R 4.2 EStR anzuwenden sind.[82] Demnach ist zwischen **notwendigem Betriebsvermögen, gewillkürtem Betriebsvermögen** und **notwendigem Hoheitsvermögen** zu unterscheiden. 60

Notwendiges Betriebsvermögen sind demzufolge solche Wirtschaftsgüter, die objektiv erkennbar **ausschließlich und unmittelbar für betriebliche Zwecke** des Betriebs gewerblicher Art genutzt und dazu bestimmt sind.[83] Notwendiges Hoheitsvermögen sind im Umkehrschluss die Wirtschaftsgüter, die **für den hoheitlichen Bereich** einer juristischen Person des öffentlichen Rechts **angeschafft und verwendet** werden. Wirtschaftsgüter, die zum Hoheitsvermögen gehören, können nicht dem Betriebsvermögen eines Betriebs gewerblicher Art zugeordnet werden, 61

[78] R 33 Abs. 5 KStR.

[79] In NRW ist dies seit dem 1.1.2009 der Fall; vgl. § 1 Abs. 1 des Gesetzes zur Einführung des Neuen Kommunalen Finanzmanagements im Land Nordrhein-Westfalen.

[80] *Kussmaul/Henkes/Pinkos*, WPg 2008, 987 ff.

[81] OFD Rostock v. 26.2.2003 – S 2706 – 1/10 – Sta, DStR 2003, 936 f.

[82] *Meier/Semelka* (Fn. 59), § 4 KStG Rn. 105.

[83] *Gastl*, DStZ 2004, 323 (324).

selbst wenn es sich um eine wesentliche Betriebsgrundlage eines Betriebs gewerblicher Art handeln sollte.[84]

62 Bei gemischt genutzten Wirtschaftsgütern ist zwischen Grundstücken bzw. Grundstücksteilen und beweglichen Wirtschaftsgütern zu unterscheiden. **Grundstücke** und Grundstücksteile sind entsprechend ihrer Nutzung aufzuteilen und den jeweiligen Vermögenssphären zuzuordnen. Bei **beweglichen Wirtschaftgütern** ist eine solche Aufteilung nicht möglich. Sie stellen entweder Betriebs- oder Hoheitsvermögen dar. Sie sind notwendiges Betriebsvermögen, wenn sie zu mehr als 50 % betrieblich genutzt werden. Diese sind jedoch nicht zwingend dem Betrieb gewerblicher Art zuzuordnen, sondern können diesem auch im Rahmen eines Miet- oder Pachtverhältnisses überlassen werden.[85] Die Vermietung einer wesentlichen Betriebsgrundlage an einen Betrieb gewerblicher Art ist hingegen nicht möglich; diese ist zwingend dem Betriebsvermögen zuzuordnen.[86]

63 Wirtschaftsgüter, die zu **bis zu 50 % betrieblich** genutzt werden und insoweit Hoheitsvermögen darstellen, können einem Betrieb gewerblicher Art nach allgemeinen Grundsätzen als gewillkürtes Betriebsvermögen zugeordnet werden. Beträgt die **Hoheitliche Nutzung jedoch mehr als 90 %** sind sie als notweniges Hoheitsvermögen zu behandeln.

3. Besonderheiten bei der Ergebnisermittlung von Betrieben gewerblicher Art sowie Gesellschaften der öffentlichen Hand in privater Rechtform

64 Trotz der grundsätzlichen körperschaftsteuerlichen Gleichstellung von Betrieben gewerblicher Art und obwohl Eigen- und Beteiligungsgesellschaften der öffentlichen Hand grundsätzlich den für die jeweilige Rechtsform einschlägigen, allgemeinen Besteuerungsgrundsätzen unterliegen, gibt es eine beträchtliche Anzahl an nur für Unternehmen der öffentlichen Hand geltenden, steuerrechtlichen Besonderheiten. Zum Teil ergeben sich auch gerade aufgrund der steuerlichen Gleichstellung von Betrieb gewerblicher Art und Kapitalgesellschaft Besonderheiten. Nachfolgend wird ein **Auszug** dieser steuerlichen Besonderheiten dargestellt:

65 a) **Zinsschranke.** Mit dem **Unternehmensteuerreformgesetz 2008**[87] ist als eine Gegenfinanzierungsmaßnahme für die Herabsetzung des Körperschaftsteuersatzes von 25 % auf 15 % u.a. die sogenannte Zinsschranke eingeführt worden, § 4h EStG. Die Zinsschranke ersetzt die früheren Regelungen zur Gesellschafter-Fremdfinanzierung des § 8a KStG a.F.

66 Danach gelten für die **steuerliche Abzugsfähigkeit von Zinsaufwendungen** kurz zusammengefasst folgende Grundsätze, die ggf. um die für die öffentliche Hand geltenden Besonderheiten ergänzt werden:

---

[84] BFHE 192, 92.
[85] BFH v. 14.3.1984 – I R 223/80, BStBl. 1984 II, 496.
[86] R. 28 Abs. 4 KStR.
[87] BGBl. 2007 I S. 1912.

Zinsaufwendungen eines Betriebs sind in Höhe des Zinsertrages desselben Wirtschaftsjahres in voller Höhe steuerlich abzugsfähig, § 4h Abs. 1 S. 1 EStG. Auch ein Betrieb gewerblicher Art i.S.d. § 4 KStG ist ein Betrieb i.S.d. § 4h EStG. Soweit die Zinsaufwendungen die Zinserträge desselben Wirtschaftsjahres übersteigen (**negativer Zinssaldo**), stellen diese in diesem Jahr lediglich in Höhe von **30 % des steuerlichen EBITDA** (Gewinn vor Steuern, Zinsen und Abschreibungen) abzugsfähige Betriebsausgaben dar, § 4h Abs. 1 S. 1 EStG. Nicht abzugsfähige Zinsaufwendungen werden in die folgenden Wirtschaftsjahre vorgetragen, § 4h Abs. 1 S. 2 EStG. 67

Die Abzugsbeschränkung greift nicht, wenn die Zinsaufwendungen nach Saldierung mit den Zinserträgen unterhalb der **Freigrenze** von 3.000.000,- EUR[88] liegen, § 4h Abs. 2 Buchstabe a) EStG. Die Freigrenze ist auf den jeweiligen Betrieb und das jeweilige Wirtschaftsjahr bezogen. 68

Die Zinsschranke greift nicht für Betriebe, die nicht oder nur anteilig zu einem **Konzern** gehören, § 4h Abs. 2 EStG. Dabei ist der Begriff der Konzernzugehörigkeit sehr **weit gefasst**. Zum einen liegt Konzernzugehörigkeit vor, wenn der jeweilige Betrieb nach den einschlägigen Rechnungslegungsstandards mit einem oder mehreren anderen Betrieben konsolidiert wird oder werden könnte. Gem. § 4h Abs. 3 S. 5 EStG reicht es für die Konzernzugehörigkeit zum anderen sogar aus, wenn die Finanz- und Geschäftspolitik eines Betriebs mit einem oder mehreren Betrieben einheitlich bestimmt werden kann. Körperschaften des öffentlichen Rechts bilden mit ihren **Betrieben gewerblicher Art** und ihren Beteiligungen an anderen Unternehmen, soweit sie nicht in einem Betrieb gewerblicher Art gehalten werden, keinen Konzern im Sinne der Zinsschranke.[89] Die Einschränkung *„...soweit sie nicht in einem Betrieb gewerblicher Art gehalten werden"* kann sich nicht auf Betriebe gewerblicher Art, beziehen, die lediglich nach den Grundsätzen der **Betriebsaufspaltung** (vgl. Rn. 48 ff.) begründet wurden.[90] Nach Auffassung der Finanzverwaltung liegt kein Konzern vor, wenn sich die Gewerblichkeit eines Besitzunternehmens nur aufgrund einer personellen und sachlichen Verflechtung mit dem Betriebsunternehmen ergibt.[91] Dies muss gleichermaßen für die Fälle der kommunalen Betriebsaufspaltung gelten. 69

Die Zinsschranke findet keine Anwendung, wenn ein konzernzugehöriger Betrieb nachweist, dass seine **Eigenkapitalquote** nicht mehr als 2 %[92] unterhalb der Eigenkapitalquote des Konzerns liegt, dem er angehört (Escape-Klausel), § 4h Abs. 2 Buchstabe c) i.V.m. Abs. 3 S. 7 EStG. 70

Wenn eine Körperschaft keinem Konzern angehört, kann für sie dennoch die Zinsschranke greifen, wenn eine **schädliche Gesellschafter-Fremdfinanzierung** 71

---

[88] Die ursprüngliche Freigrenze von 1.000.000,- EUR ist zunächst vorübergehend durch das Bürgerentlastungsgesetz und schließlich unbegrenzt durch das Wachstumsbeschleunigungsgesetz auf 3.000.000,- EUR angehoben worden.

[89] BMF-Schreiben v. 4.7.2008 – IV C 7 – S 27-a/0710001, BStBl. 2008 I, 718 Rn. 91.

[90] Zutreffend *Hölzer/Nießner*, FR 2008, 845 (849 f.).

[91] BMF-Schreiben v. 4.7.2008 – IV C 7 – S 27-a/0710001, BStBl. 2008 I, 718 Rn. 63.

[92] Die ursprünglich geregelte Abweichungstoleranz von 1 % ist durch das Wachstumsbeschleunigungsgesetz auf 2 % angehoben worden.

i.S.d. § 8a KStG vorliegt.[93] Dies ist der Fall, wenn die Vergütung für Gesellschafterdarlehen in Höhe von mehr als 10 % der die Zinserträge übersteigenden Zinsaufwendungen (also 10 % des negativen Zinssaldos) der Körperschaft durch einen unmittelbar oder mittelbar zu mehr als einem Viertel am Kapital beteiligten Anteilseigner (**wesentlich beteiligter Anteilseigner**), eine diesem nahestehenden Person gem. § 1 Abs. 2 Außensteuergesetz oder einen Ditten, der auf einen wesentlich beteiligten Anteilseigner oder eine diesem nahestehenden Person zurückgreifen kann, § 8a Abs. 2 u.3 KStG. Problematisch sind hier insbesondere die **Rückgriffsfälle**. Dem Anwendungsschreiben der Finanzverwaltung zufolge bedarf es für die Annahme eines schädlichen Rückgriffsfalls keiner dinglichen Sicherheit (Bürgschaft, Garantieerklärung, Grundschuld, etc). Schon eine bestehende Einlage einer Kommune bei der Sparkasse bei gleichzeitiger Darlehensgewährung der Sparkasse an eine Eigengesellschaft der Kommune kann einen schädlichen Rückgriffsfall begründen.[94] Im BMF-Schreiben vom 04. Juli 2008 wird jedoch geregelt, dass Körperschaften des öffentlichen Rechts durch die **Gewährung von Bürgschaften** und anderen Sicherheiten bei der Finanzierung von Gesellschaften, an denen sie zu mindestens 50 % unmittelbar oder mittelbar am Kapital beteiligt sind, grundsätzlich nicht die Voraussetzungen einer Gesellschafterfremdfinanzierung erfüllen.[95]

72 **b) Darlehensgewährung und Eigenkapitalausstattung von Betrieben gewerblicher Art.** Als Folge der steuerlichen Gleichstellung von Betrieb gewerblicher Art und Kapitalgesellschaft sind Darlehensvereinbarungen zwischen einem Betrieb gewerblicher Art und seiner Trägerkörperschaft grundsätzlich **steuerlich anzuerkennen.**[96] Soweit in dem Betrieb gewerblicher Art keine Beteiligungen gehalten werden, findet die Zinsschranke keine Anwendung (vgl. Rn. 69). Für die steuerliche Abzugsfähigkeit der für die Darlehensgewährung an die Trägerkörperschaft „gezahlten" Zinsen wendet die Finanzverwaltung die Grundsätze des R 33 Abs. 2 KStR an. Die Behandlung der Zinsen als Betriebsausgabe setzt danach voraus, dass der Betrieb gewerblicher Art eine **angemessene Eigenkapitalquote** aufweist. Dies ist nach Auffassung der Finanzverwaltung pauschal der Fall, wenn die Eigenkapitalquote 30 % des Aktivvermögens beträgt. Liegt eine niedrigere Eigenkapitalquote vor, behandelt die Finanzverwaltung das Darlehen als Eigenkapital und die Zinszahlung an den Hoheitsbereich insoweit als verdeckte Gewinnausschüttung i.S.d. § 8 Abs. 3 KStG.

---

93 Durch die Formulierung „Körperschaft" ist der Anwendungsbereich des § 8a KStG gegenüber der alten Fassung der Regelung, die lediglich für Kapitalgesellschaften anwendbar war, erweitert worden. Somit können nunmehr grundsätzlich auch Betriebe gewerblicher Art i. S. d. § 4 KStG in den Anwendungsbereich des § 8a KStG fallen.

94 *Fiand*, KStZ 2008, 181 (186).

95 BMF v. 4.7.2008 – IV C 7 – S 27-a/0710001, BStBl. 2008 I, 718 Rn. 93.

96 *Häck* (Fn. 13), S. 177.

Rechtsprechung und Literatur stellen für die Frage nach einer angemessenen Eigenkapitalquote stattdessen auf einen **Drittvergleich** mit der Kapitalstruktur gleichartiger Unternehmen in privater Rechtsform ab.[97] 73

c) Abzugsfähigkeit gezahlter Konzessionsabgabe. Konzessionsabgaben, die Versorgungsunternehmen (Kapitalgesellschaften oder Eigenbetriebe) an Städte und Gemeinden für die **Benutzung öffentlicher Verkehrswege** für die Verlegung und den Betrieb von Leitungen, die der unmittelbaren Versorgung von Letztverbrauchern mit Gas, Wasser, Elektrizität oder Wärme im Gemeindegebiet dienen, zahlen, sind grundsätzlich als Betriebsausgaben abziehbar. Ist jedoch die Gemeinde als Empfänger der Konzessionsabgaben an dem Versorgungsunternehmen beteiligt, dürfen die Konzessionsabgaben nur als Betriebsausgabe abgezogen werden, soweit keine **verdeckte Gewinnausschüttung** i.S.d. § 8 Abs. 3 KStG vorliegt. 74

Das BMF hat mit den Schreiben vom 9. Februar 1998[98] und vom 27. September 2002[99] die steuerliche Abzugsfähigkeit von Konzessionsabgaben in kommunalen Beteiligungsfällen geregelt. Danach sind Konzessionsabgaben nur insoweit als Betriebsausgaben abziehbar, als die nach KAV bzw. der KAE festgelegten preisrechtlichen Höchstsätze nicht überschritten werden. Darüber hinaus muss dem Versorgungsbetrieb nach Zahlung der Konzessionsabgabe ein angemessener **handelsrechtlicher Gewinn** verbleiben. Dies ist nach Auffassung der Finanzverwaltung der Fall, wenn im Veranlagungsjahr des Abzugs der Konzessionsabgabe und den darauf folgenden 5 Jahren im Durchschnitt ein Mindestgewinn von 1,5 % des eigenen oder gemieteten Sachanlagevermögens erzielt wird. Dabei ist auf das Sachanlagevermögen abzustellen, das am Anfang des jeweiligen Wirtschaftsjahres in der Handelsbilanz ausgewiesen ist. 75

Diese Verwaltungspraxis beruht auf der – für die Energieversorgung **seit 1992 nicht mehr geltenden** – Mindestgewinnregelung des § 5 KAE. Zumindest für den Bereich der Energieversorgung wird die Praxis der Finanzverwaltung den im Zuge der Liberalisierung der Energiemärkte durch das EnWG geänderten Rahmenbedingungen nicht mehr gerecht. Heute gibt es zahlreiche von Gebietskörperschaften unbeeinflusste Energienetzbetreiber, die nach den gleichen Kriterien Konzessionsabgaben zahlen, wie dies Netzbetreiber mit öffentlich-rechtlichen Eignern tun. Ausschlaggebend ist dabei – unabhängig von der Gesellschafterstruktur – der durch die KAV bzw. KAE bestimmte, preisrechtliche Rahmen. Die Prüfung der Abzugsfähigkeit der Konzessionsabgabe sollte demzufolge auf Basis der allgemeinen Grundsätze der Rechtsprechung zur Abgrenzung der Betriebsausgaben von der verdeckten Gewinnausschüttung durchgeführt werden. 76

Bei der Frage nach dem Vorliegen einer verdeckten Gewinnausschüttung sollte also auf alle Umstände des jeweiligen Einzelfalles und somit auch auf einen **individuellen Fremdvergleich** abgestellt werden. 77

---

[97] BFHE 203, 71; *Doppstadt*, BB 2004, 299 (300).

[98] BMF v. 9.2.1998 - IV B 7-S 2744-2/98, BStBl. 1998 I, 209.

[99] BMF v. 27.9.2002 - IV A 2-S 2744-5/02, BStBl. 2002 I, 940.

78 **d) Zahlung von Nutzungsentgelten und Sondernutzungsgebühren an die Trägerkörperschaft.** Die Zahlung von **Miet- und Pachtzinsen** eines Betriebes gewerblicher Art an die Trägerkörperschaft für die Überlassung einer **wesentlichen Betriebsgrundlage** führt zu einer verdeckten Gewinnausschüttung. Dies gilt selbst dann, wenn es sich bei der wesentlichen Betriebsgrundlage um Hoheitsvermögen handelt, das nicht dem Betrieb gewerblicher Art zugeordnet werden kann (vgl. Rn. 61).[100] Hintergrund ist die Gleichstellung von Betrieben gewerblicher Art und Kapitalgesellschaften. Überlässt ein (Allein-) Gesellschafter seiner Kapitalgesellschaft eine wesentliche Betriebsgrundlage gegen Entgelt, mindert die Zahlung des Nutzungsentgelts zwar das Ergebnis der Gesellschaft, die Vereinnahmung der Beträge führen nach den Grundsätzen der **Betriebsaufspaltung** bei diesem jedoch zu gewerblichen Einkünften. Eine Betriebsaufspaltung kommt bei Überlassung einer wesentlichen Betriebsgrundlage durch die Trägerkörperschaft an ihren Betrieb gewerblicher Art jedoch nicht in Betracht. Dennoch darf die Zahlung des Nutzungsentgelts nicht das steuerliche Ergebnis des Betriebs gewerblicher Art mindern um eine steuerliche Gleichbehandlung zur Kapitalgesellschaft zu erreichen.

79 Mit Urteil vom 6. November 2007 hat der BFH hingegen entschieden, dass die Zahlung einer **Sondernutzungsgebühr** durch einen Betrieb gewerblicher Art an seine Trägerkörperschaft das steuerliche Ergebnis des Betriebs gewerblicher Art mindert.[101] In dem der Entscheidung zugrunde liegenden Sachverhalt hatte ein Betrieb gewerblicher Art, der gegen Entgelt Verpackungsmüll im Rahmen des „Dualen Systems“ für eine Arbeitsgemeinschaft von Entsorgungsunternehmen eingesammelt hat, an seine Trägerkörperschaft für die Nutzung der öffentlichen Straße eine Sondernutzungsgebühr gezahlt. Nach Auffassung des Gerichts werde diese Sondernutzungsgebühr **zwingend im hoheitlichen Bereich** der Trägerkörperschaft vereinnahmt. Da der Betrieb gewerblicher Art zudem die gleiche Sondernutzungsgebühr zahlte, wie fremde Dritte gebiete es der Grundsatz der Gleichstellung von Betrieb gewerblicher Art und Kapitalgesellschaft, dass die Zahlung der Sondernutzungsgebühr beim Betrieb gewerblicher Art als Betriebsausgabe zu behandeln sei.

80 **e) Spenden.** Rechtsprechung und Finanzverwaltung erkennen grundsätzlich die steuerliche Abzugsfähigkeit von Spenden, die ein Betrieb gewerblicher Art zugunsten seiner Trägerkörperschaft leistet an.[102] Dennoch sind freilich die Grundsätze der verdeckten Gewinnausschüttung zu beachten, so dass die Leistung der Spende einem Drittvergleich standhalten muss. Die Spende ist demnach nur dann steuerlich anzuerkennen, wenn der Betrieb gewerblicher Art sie auch bei Anwendung der **Sorgfalt eines ordentlichen und gewissenhaften Geschäftsleiters** geleistet hätte und diese ihre Ursache nicht in der trägerschaftlichen Beziehung findet.[103]

---

[100] BFHE 192, 92.
[101] BFHE 219, 545.
[102] Bereits BFHE 75, 241.
[103] H 33 „Zuwendungen“ KStR.

f) Zuschüsse. Für Zuschüsse der öffentlichen Hand an Betriebe gewerblicher Art oder an Eigengesellschaften von juristischen Personen des öffentlichen Rechts gelten im Grunde keine Besonderheiten. Handelt es sich um **Ertragzuschüsse**, sind diese beim Betrieb gewerblicher Art als Betriebseinnahmen zu erfassen. Werden **Investitionszuschüsse** gewährt, findet das Wahlrecht des R 6.5 Abs. 2 EStR Anwendung, wonach der Zuschuss sofort als Betriebseinnahme erfasst oder von den Herstellungs- und Anschaffungskosten der jeweiligen Investition, für die der Zuschuss geleistet wurde, abgezogen werden kann. Auch Baukostenzuschüsse bei Versorgungsunternehmen werden von der Finanzverwaltung als Investitionszuschüsse angesehen.[104] 81

Da jedoch die Trägerkörperschaft eines Betriebs gewerblicher Art selbst eine juristische Person des öffentlichen Rechts (also auch ein potentieller Zuschussgeber) ist, ergibt sich im Zusammenhang mit der erstragsteuerlichen Behandlung von Zuschüssen regelmäßig eine **Abgrenzungsproblematik** zwischen Zuschuss und einkommensneutraler Kapitaleinlage. Diskutiert werden hier insbesondere die Fälle, in denen eine juristische Person des öffentlichen Rechts Zuschüsse vereinnahmt und diese sodann einem Betrieb gewerblicher Art (oder einer Eigen- oder Beteiligungsgesellschaft) zuordnet. In diesen Fällen geht die Rechtsprechung zumindest dann von keiner ertragsneutralen Einlage aus, wenn es sich um einen **zweckgebundenen Zuschuss** handelt.[105] Die Finanzverwaltung wendet dieses Urteil bislang nicht an und geht zum Teil weiter von ertragsneutralen Einlagen aus.[106] 82

Aus der Rechtsprechung des BFH ergibt sich im Umkehrschluss, dass die Weitergabe **nicht zweckgebundener Zuschüsse** durch eine juristische Person des öffentlichen Rechts an ihren Betrieb gewerblicher Art bzw. ihre Eigen- oder Beteiligungsgesellschaft als Einlage behandelt werden kann. Insoweit kann den Bestimmungen des jeweiligen Zuwendungsbescheids für die ertragsteuerliche Beurteilung **weitergeleiteter Zuschüsse** eine wesentliche Bedeutung zukommen. 83

g) Pensionsrückstellungen. Pensionsverpflichtungen der Trägerkörperschaft dürfen der Rechtsprechung zufolge das Ergebnis eines Betriebs gewerblicher Art nicht mindern, wenn die Trägerkörperschaft Mitglied einer **Versorgungskasse** ist, welche die späteren Versorgungsleistungen an die Beamten nach den am Bilanzstichtag bestehenden Erkenntnissen erbringen wird.[107] 84

4. Steuerliche Zusammenfassung von Betrieben gewerblicher Art - Steuerlicher Querverbund

Die **gesonderte Einkommensermittlung** für jeden Betrieb gewerblicher Art hat zur Folge, dass grundsätzlich Gewinne und Verluste von verschiedenen Betrieben gewerblicher Art nicht mit steuerlicher Wirkung verrechnet werden können. Unter 85

[104] H 6.5 „Baukostenzuschüsse bei Energieversorgungsunternehmen" EStH 2005.

[105] BFH/NV 2000, 1365.

[106] Z. B. OFD Cottbus v. 13.1.2004 – S 2706 – 28 – St 224, DStR 2004, 659.

[107] BFHE 213, 326.

den Voraussetzungen des § 4 Abs. 6 KStG können die Ergebnisse von Betrieben gewerblicher Art aber **zusammengefasst** werden.

86 Die Regelung, die erst mit dem Jahressteuergesetz 2009[108] in das Körperschaftsteuergesetz eingeführt wurde, stellt neben § 8 Abs. 7 – 9 KStG eine der Kernvorschriften für die gesetzliche Verankerung des sogenannten **steuerlichen Querverbundes** dar, der sich zuvor über Jahrzehnte als reine Verwaltungspraxis darstellte, die aber aus diversen Entscheidungen der Finanzgerichtsbarkeit abgeleitet wurde. Danach war unter bestimmten Voraussetzungen die Zusammenfassung von gewinnorientierten mit regelmäßig dauerdefizitären Tätigkeiten mit steuerlicher Wirkung möglich.

87 Aufgrund einer Entscheidung des BFH vom 22. August 2007[109] war zur Aufrechterhaltung des steuerlichen Querverbundes dessen gesetzliche Verankerung erforderlich geworden, die mit dem Jahressteuergesetz 2009 mit Wirkung zum 01.01.2009 erfolgt ist.

88 **a) BFH-Urteil vom 22. August 2007 als Auslöser für die gesetzliche Verankerung des steuerlichen Querverbundes.** Neben der Frage, unter welchen Voraussetzungen die Zusammenfassung der Ergebnisse mehrerer Betriebe gewerblicher Art ermöglicht wird, ist die **steuerliche Anerkennung** der Ergebnisse **aus dauerdefizitären Tätigkeiten** der öffentlichen Hand von entscheidender Bedeutung für die steuerliche Ergebniszusammenfassung.

89 Da § 4 Abs. 1 S. 2 KStG seit jeher geregelt hat, dass für einen Betrieb gewerblicher Art, die Absicht, Gewinne zu erzielen, nicht erforderlich ist, gibt es Tätigkeiten von juristischen Personen des öffentlichen Rechts, die aus verschiedenen Gründen im Rahmen von Betrieben gewerblicher Art dauerhaft Verluste erwirtschaften. Üblicherweise handelt es sich um Tätigkeiten im Rahmen der **Daseinsvorsorge**, deren Zugang einem möglichst großen Teil der Bevölkerung durch sozialverträgliche Preisgestaltung ermöglichst werden soll und mit denen somit kostendeckende Entgelte - geschweige denn ein Gewinn - nicht zu erzielen ist (z.B. Verkehrsbetriebe, Bäderbetriebe, Theater, Stadtbibliotheken, Eisporthallen, etc.).

90 Die steuerliche Behandlung der dauerdefizitären Betriebe gewerblicher Art bzw. der Übernahme dieser Tätigkeiten durch kommunale Eigen- oder Beteiligungsgesellschaften im Interesse der Kommune war über viele Jahre **Gegenstand intensiver Diskussionen** in der Literatur. Im Wesentlichen wurden dabei drei Auffassungen vertreten.

91 Ein großer Teil der Literatur ging davon aus, dass die Verluste eines dauerdefizitären Betriebs gewerblicher Art, aufgrund der gesetzlichen Klarstellung in § 4 Abs. 1 S. 2 KStG, wonach eine Gewinnerzielungsabsicht nicht vorliegen muss, **betrieblich veranlasst** und demzufolge **steuerlich anzuerkennen** sind.[110] Dies sollte gleichermaßen für die Übernahme solcher Tätigkeiten durch kommunalen Eigen- oder Beteiligungsgesellschaften gelten. Diese Auffassung hatte zur Konse-

[108] BGBl. 2008 I S. 2794.

[109] BFHE 218, 523.

[110] U. a. *Hölzer*, DB 2003, 2090 (2091 f.); *Kalwarowskyj*, DB 2005, 2260 (2262).

quenz, dass die steuerlich anzuerkennenden Verluste bei Vorliegen der entsprechenden Voraussetzungen für eine etwaige Verrechnung mit Gewinnen aus anderen Tätigkeiten im Rahmen des steuerlichen Querverbundes zur Verfügung standen.

Eine zweite gewichtige Meinung in der Literatur vertrat die Auffassung, dass die Unterhaltung eines dauerdefizitären Betriebs gewerblicher Art oder die Übernahme einer solchen Tätigkeit durch eine kommunale Eigen- oder Beteiligungsgesellschaft zu einer **verdeckten Gewinnausschüttung** führe.[111] Konsequenz dieser Auffassung war, dass die Verluste dem steuerlichen Gewinn des Betriebs gewerblicher Art bzw. der kommunalen Gesellschaft gem. § 8 Abs. 3 KStG wieder hinzuzurechnen waren und somit nicht mit steuerlicher Wirkung im steuerlichen Querverbund verrechnet werden konnten. Zudem war zu beachten, dass die verdeckte Gewinnausschüttung auf Ebene der juristischen Person des öffentlichen Rechts zur Entstehung von **Kapitalertragsteuer** führt, soweit sie nicht als Einlagenrückgewähr zu behandeln war (vgl. Rn. 171). 92

Eine Dritte Meinung kam zu dem Ergebnis, dass auf dauerdefizitäre Betriebe gewerblicher Art die Grundsätze der **Liebhaberei** Anwendung zu finden hätten.[112] Dabei wurde argumentiert, dass § 4 KStG lediglich die persönliche Steuerpflicht regele, die Einkommensermittlung sich aber nach § 8 KStG richte, in dessen Rahmen Ergebnisse aus dauerdefizitären Tätigkeiten keine Berücksichtigung finden könnten. Demzufolge seien die Verluste eines dauerdefizitären Betriebs gewerblicher Art **steuerlich unbeachtlich**. Konsequenz dieser Auffassung war, dass zwar einerseits eine steuerliche Verrechnung der Verluste im Querverbund ausgeschlossen war, andererseits jedoch keine Kapitalertragsteuerbelastung auf Ebene des Hoheitsbereichs der juristischen Person des öffentlichen Rechts eintreten konnte. 93

Mit **Urteil vom 22. August 2007** hat der BFH diesen Meinungsstreit betreffend die Übernahme von dauerdefizitären Tätigkeiten durch eine kommunale Eigengesellschaft entschieden.[113] Das Gericht kam zu dem Ergebnis, dass der dauerdefizitäre Betrieb eines öffentlichen Bades durch eine kommunale Tochtergesellschaft eine **verdeckte Gewinnausschüttung zumindest in Höhe des jährlichen Verlustes** zur Folge hat. Ob dies auch für das Unterhalten dauerdefizitärer Betriebe gewerblicher Art gelte, war nicht Verfahrensgegenstand, jedoch ließ der BFH erkennen, dass er in diesen Fällen, die Anwendung der Liebhaberei-Grundsätze für möglich halte. 94

Die Anwendung dieser Entscheidung durch die Finanzverwaltung hätte das **Ende des steuerlichen Querverbundes** zur Folge gehabt,[114] da die verdeckte Gewinnausschüttung (bzw. die wahrscheinliche Anwendung der Liebhabereigrundsätze auf Ebene der Betriebe gewerblicher Art) zur Folge hat, dass aus steuerlicher Sicht keine Verluste für die Verrechnung mit Gewinnen aus anderen 95

[111] U. a. *Pinkos*, DB 2006, 692 (694).
[112] *Hüttemann*, DB 2007, 1603 (1607).
[113] BFHE 218, 523.
[114] *Hüttemann* nahm schon „Abschied vom kommunalen Querverbund", DB 2007, 2508 (2511).

Tätigkeiten existieren. Darüber hinaus drohte den juristischen Personen des öffentlichen Rechts eine erhebliche Belastung mit Kapitalertragsteuer gem. § 43 Abs. 1 S. 1 Nr. 1 i.V.m. § 43a Abs. 1 Nr. 1 und § 44a Abs. 8 EStG, da sich viele Kommunen für die Erfüllung ihrer Aufgaben im Rahmen der Daseinsvorsorge kommunaler Eigen- oder Beteiligungsgesellschaften bedienen.

96 Um einerseits den kommunalen Querverbund als eine tragende Säule der Finanzierung von Tätigkeiten der Daseinsvorsorge zu erhalten und anderseits die dargestellten Kapitalertragsteuerbelastungen der öffentlichen Hand zu vermeiden, hat die Finanzverwaltung zunächst mit Schreiben vom 7. Dezember 2007 festgelegt, dass die Grundsätze des Urteils des BFH vom 22. August 2007 über den entschiedenen Fall hinaus nicht angewendet werden und stattdessen **in Ansehung einer künftigen gesetzlichen Regelung** die bisherigen Verwaltungsgrundsätze zur Zusammenfassung von Tätigkeiten in einer Eigengesellschaft oder in vergleichbaren Gestaltungen, die in einem Betrieb gewerblicher Art hätten zusammengefasst werden können, aufrecht erhalten bleiben.[115]

97 Damit war klar, dass der Gesetzgeber zeitnah eine Kodifizierung des steuerlichen Querverbundes vornehmen wird. Nachfolgend werden die **Eckpunkte** der gesetzlichen Regelungen zum steuerlichen Querverbund dargestellt.

98 Zu den mitunter recht komplexen gesetzlichen Regelungen hat das BMF mit **Schreiben vom 12. November 2009** sehr ausführlich Stellung genommen.[116] Die Anwendungsregeln der Finanzverwaltung werden im Rahmen der Darstellung der gesetzlichen Regelungen erörtert.

99 **b) Zusammenfassung von Betrieben gewerblicher Art nach § 4 Abs. 6 KStG.** Die nunmehr gesetzlich verankerten Zusammenfassungskriterien entsprechen ausnahmslos den Kriterien, die bereits vor Inkrafttreten der gesetzlichen Verankerung des steuerlichen Querverbundes Teil der **Verwaltungspraxis** waren. Gem. § 4 Abs. 6 S. 1 KStG können Betriebe gewerblicher Art zusammengefasst danach werden, wenn

- sie **gleichartig** sind (Nr. 1),
- zwischen ihnen nach dem Gesamtbild der Verhältnisse eine technisch-wirtschaftliche **Verflechtung** von einigem Gewicht besteht (Nr. 2) oder
- Betriebe gewerblicher Art i.S.d **§ 4 Abs. 3 KStG** vorliegen (Nr. 3).

100 Die Zusammenfassung von **Hoheitsbetrieben** und Betrieben gewerblicher Art ist ausgeschlossen, § 4 Abs. 6 S. 2 KStG.

101 Die juristische Person des öffentlichen Rechts hat ein Wahlrecht, ob und in welchem Umfang sie bestehende Betriebe gewerblicher Art nach diesen Grundsätzen steuerlich zusammenfasst. Eine **organisatorische Zusammenfassung** der Betriebe gewerblicher Art ist für die steuerliche Zusammenfassung **nicht**

[115] BMF v. 7.12.2007 - IV B 7-S 2706/07/0011, 2007/0570512, BStBl. 2007 I, 905.
[116] BMF v. 12.11.2009, IV C 7 – S 2706/08/10004, BStBl. 2009 II, 1301.

erforderlich.[117] Auch eine räumliche Trennung hindert die Zusammenfassung nicht.[118]

aa) Gleichartigkeit. Als gleichartig sind gewerbliche Betätigungen anzusehen, 102
wenn sie im gleichen Gewerbezweig ausgeübt werden, oder wenn sie sich zwar unterscheiden aber einander ergänzen.[119] Der Rechtsprechung zufolge dienen **Versorgungs- und Verkehrsbetriebe** trotz ihrer Verschiedenheit dem gleichartigen Gedanken der Versorgung der Bevölkerung und sind demnach als gleichartig zu erachten.[120] Dem ist zuzustimmen, auch wenn diese relativ weite Auslegung des Begriffs der Gleichartigkeit in der Literatur kritisiert wird.[121] Die Finanzverwaltung erkennt eine Zusammenfassung von Verkehrs- mit Versorgungsbetrieben wegen Gleichartigkeit offenbar nicht an, da sie in einem im Anwendungsschreiben vom 12. November 2009 gebildeten Beispielsfall darlegt, dass zwar Wasserversorgung und Energieversorgung nicht aber Wasserversorgung und Verkehr als gleichartig anzusehen sind.[122] Die in § 4 Abs. 3 KStG genannten Versorgungsbetriebe sind hingegen immer als gleichartig anzusehen.[123]

Auch wenn die Zusammenfassung von Versorgungs- und Verkehrstätigkeiten 103
nach § 4 Abs. 6 Nr. 3 KStG unproblematisch ist (vgl. Rn. 105 f.) kommt der Qualifizierung der beiden Tätigkeiten als gleichartig im Rahmen des § 8 Abs. 8 und Abs. 9 KStG (vgl. Rn. 134 u. Rn. 135) im Zusammenhang mit der **Aufnahme neuer Tätigkeiten** eine wesentliche Bedeutung zu und kann demnach nicht dahinstehen.

bb) Technisch-wirtschaftliche Verflechtung. Die Zusammenfassung nicht 104
gleichartiger Betriebe bzw. von Betrieben, die nicht in § 4 Abs. 3 KStG genannt sind, ist nur unter der Voraussetzung möglich, dass zwischen diesen eine enge wechselseitige technisch-wirtschaftliche Verflechtung von einigem Gewicht besteht. In seiner Grundsatzentscheidung vom 16. Januar 1967 hat der große Senat des BFH entschieden, dass es bei der Frage, ob eine enge wechselseitige technisch-wirtschaftliche Verflechtung besteht, auf das im Einzelfall vorliegende **Gesamtbild der Verhältnisse** ankommt.[124] Dies liegt u.a. dann vor, wenn anlässlich des bestimmungsmäßigen Wirtschaftens eines Betriebs sich **gleichzeitig** Vorteile für den anderen Betrieb ergeben, die sich nicht allein auf eine subjektive Willensentscheidung gründen dürfen, sondern zwangsläufig (z.B. aufgrund chemischer

[117] BMF v. 12.11.2009, IV C 7 – S 2706/08/10004, BStBl. 2009 II, 1301, Rn. 1.
[118] *Piltz*, FR 1980, 34 (35).
[119] BFH/NV 1997, 625.
[120] BFHE 89, 416, dementgegen sieht das Anwendungsschreiben der Finanzverwaltung v. 12.11.2009 in Rn. 4 einschränkend vor, dass Versorgungs- und Verkehrsbetriebe nicht bereits schon deswegen als gleichartig anzusehen sind, weil sie in § 4 Abs. 3 KStG genannt sind.
[121] *Bracksiek*, FR 2009, 15 (16).
[122] BMF v. 12.11. 2009, IV C 7 – S 2706/08/10004, BStBl. 2009 II, 1301, Rn. 79.
[123] BMF v. 12.11.2009, IV C 7 – S 2706/08/10004, BStBl. 2009 II, 1301, Rn. 4.
[124] BFHE 88, 3.

oder physikalischer Vorgänge) entstehen.[125] Weit verbreitet ist dabei die Herstellung einer technisch-wirtschaftlichen Verflechtung zwischen einem Bäder- und einem Versorgungsbetrieb durch ein **Blockheizkraftwerk** welches das Bad mit Wärme versorgt und mit dem Strom in das öffentliche Netz einspeist wird.[126]

105 **cc) Katalogtätigkeiten des § 4 Abs. 3 KStG.** Gem. § 4 Abs. 6 S. 1 Nr. 3 KStG können Betriebe gewerblicher Art i.S.d. § 4 Abs. 3 KStG ohne weitere Voraussetzung zusammengefasst werden. Dabei handelt es sich um Betriebe zur Versorgung der Bevölkerung mit Elektrizität, Gas, Wasser und Wärme (**Versorgungsbetriebe**) sowie um **Verkehrs- und Hafenbetriebe**.

106 Mit dem Begriff „**Versorgungsbetrieb**" werden **sämtliche Wertschöpfungsstufen** (Erzeugung, Transport und Handel bzw. Vertrieb) erfasst, wobei es ausreicht, dass die Einrichtung nur eine oder einige der Wertschöpfungsstufen umfasst.[127] Auch der **Netzbetrieb**, die **Netzverpachtung**, der **Netzbesitz** und der Betrieb von **Photovoltaikanlagen** stellen Versorgungsbetriebe dar.[128] Ob auch der Betrieb einer Anlage beim Kunden (Contracting) unter den Begriff der Versorgung gefasst werden kann, ist noch klärungsbedürftig.[129]

107 Der Begriff des **öffentlichen Verkehrs** umfasst im dynamischen Sinne alle Bestrebungen zur Anpassung des Gesamtverkehrs an die sich entwickelnden Verhältnisse.[130] Demnach ist nicht nur die entgeltliche Beförderung von Personen und Gütern (Bahn, Bus, Schiff, Fähre, Flugzeug) sondern auch der Individualverkehr auf öffentlichen Straßen und die Bereitstellung von Flächen für den ruhenden Verkehr erfasst.[131]

108 **dd) Kettenzusammenfassung / Mitschlepptheorie.** In der Literatur wird diskutiert, wie eine Zusammenfassung mehrerer Betriebe gewerblicher Art – im Rahmen der sogenannten „**Kettenzusammenfassung**" - steuerlich zu beurteilen ist. Hierzu folgendes - in der Literatur angeführtes - Beispiel:[132]

109 Ein Heizkraftwerk wird mit einem angrenzenden Parkhaus verbunden und es ergibt sich, dass dieser neue Betrieb gewerblicher Art der Wärmeversorgung zuzuordnen ist. Fraglich sei nun, ob dieser zusammengefasste Betrieb gewerblicher Art unter den Voraussetzungen des § 4 Abs. 6 S. 1 Nr. 2 KStG noch mit einem Bäderbetrieb zusammengefasst werden kann. Denn zwar sei die Sparte öffentli-

---

[125] *Krämer* (Fn. 16), § 4 KStG Rn. 87.

[126] BFHE 166, 342.

[127] BMF v. 12.11.2009, IV C 7 – S 2706/08/10004, BStBl. 2009 II, 1301, Rn. 9.

[128] BMF v. 12.11.2009, IV C 7 – S 2706/08/10004, BStBl. 2009 II, 1301, Rn. 11, 12 u. 14.

[129] Im BMF-Schreiben v. 12.11.2009 wird dies zu Unrecht verneint. Einschränkend auch *Pinkos,* Erläuterungen zum BMF-Schreiben zum steuerlichen Querverbund, DStZ 2010, S. 96 ff, der bei Heizungsanlagen dahingehend unterscheidet, ob diese im Eigentum des Versorgers oder des Kunden stehen.

[130] BFHE 159, 52.

[131] *Bott* (Fn. 38), § 4 KStG Rn. 91.

[132] Entnommen aus *Bracksiek*, FR 2009, 15, 16.

cher Verkehr mit der Sparte Wärmeversorgung, **nicht aber mit der Bädersparte** zusammenfassbar.[133]

Diese Auffassung verkennt, dass der steuerlichen Zusammenfassung des Parkhaus- und des Bäderbetriebes nichts entgegen steht, da es sich jeweils – jedenfalls in aller Regel - um Verlustbetriebe handelt. Es entspricht jedoch – zumindest auf Ebene von Kapitalgesellschaften - seit jeher der Verwaltungspraxis, dass die **Zusammenfassung von Verlustbetrieben** unproblematisch möglich ist.[134] Steuerliche Vorteile sind durch die Zusammenfassung dauerdefizitärer Betriebe gewerblicher Art regelmäßig nicht ersichtlich. Nur bei der Zusammenfassung von Gewinnbetrieben mit Verlustbetrieben sind die o.g. Zusammenfassungskriterien beachtlich. Entscheidend kommt es in dem angeführten Beispiel mithin ausschließlich darauf an, ob eine Zusammenfassung des Bäderbetriebs mit der Wärmeversorgung möglich ist. **110**

Ein ähnliches Problem stellt sich bei der Einbeziehung mehrerer Bäder in denselben Querverbund, wenn nicht jedes Bad für sich betrachtet, eine enge, wechselseitige technisch-wirtschaftliche Verflechtung von einigem Gewicht zu dem jeweiligen Versorgungsbereich, mit dem die Zusammenfassung begehrt wird, aufweist. Auch hier wurde von Teilen der Finanzverwaltung mitunter die Auffassung vertreten, das jedes Bad für sich betrachtet, die entsprechende Verflechtung vorweisen müsse. Diese Auffassung widerspricht offensichtlich der Rechtsprechung der großen Senats des BFH, derzufolge es bei der Zusammenfassung von mehr als drei Betrieben gewerblicher Art **nicht erforderlich** ist, dass alle Zusammenfassungsvoraussetzungen hinsichtlich sämtlicher zusammengefassten Betriebe gewerblicher Art im Verhältnis zu allen anderen Betrieben erfüllt sein müssen.[135] **111**

In dem BMF-Schreiben vom 12. November 2009 wird demnach konsequenterweise klargestellt, dass es bei Mehrfachzusammenfassungen **nicht erforderlich** ist, dass jeder Betrieb gewerblicher Art - isoliert betrachtet - mit jedem anderen Betrieb gewerblicher Art nach den Regelungen des § 4 Abs. 6 KStG zusammenfassbar ist.[136] Damit ist die sogenannte **Mitschlepptheorie** bestätigt worden und **Kettenzusammenfassungen** sind durch die Finanzverwaltung nunmehr ausdrücklich anerkannt. Jedoch verlangt die Finanzverwaltung bei Zusammenfassungen aufgrund Vorliegens einer engen, wechselseitigen technisch-wirtschaftlichen Verflechtung gem. § 4 Abs. 6 S. 1 Nr. 2 KStG einschränkend, dass die Voraussetzung „von einigem Gewicht" im Verhältnis zum gesamten, zusammengefassten Betrieb gewerblicher Art erfüllt ist. **112**

---

[133] *Bracksiek*, FR 2009, 15 (16); *Krämer* (Fn. 16), Vor § 4 Rn. 6; a. A.: *Heger*, in: Gosch (Hrsg.), Körperschaftsteuergesetz, § 4 Rn. 118, *Alvermann*, in: Streck (Hrsg.), Körperschaftsteuergesetz, § 4 Rn. 24.

[134] R 7 Abs. 2 KStR.

[135] BFHE 88, 3; Der große Senat hat die Einbeziehung von 13 Bädern in einen Querverbund zugelassen, wobei nicht zu jedem Bad, isoliert betrachtet, eine technisch-wirtschaftliche Verflechtung bestanden hat.

[136] BMF v. 12.11.2009, IV C 7 – S 2706/08/10004, BStBl. 2009 II, 1301 Rn. 5.

113 Zudem soll für derartige Mehrfachzusammenfassungen das jeweilige **„Gepräge“** eines zusammengefassten BgA entscheidend sein.[137] Verleiht einem zusammengefassten BgA, in dem etwa ein Versorgungs- und Bäderbetrieb zusammengefasst sind, der Bäderbetrieb das Gepräge, ist die weitere Einbeziehung eines Verkehrsbetriebs – zumindest nach § 4 Abs. 6 S. 1 Nr. 3 KStG nicht mehr möglich. In dem Fall, dass der Versorgungsbetrieb dem zusammengefassten BgA das Gepräge gibt, ist die weitere Einbeziehung eines Verkehrsbetriebs danach hingegen möglich.

114 **ee) Zusammenfassung von Verpachtungsbetrieben gewerblicher Art.** Ein Betrieb gewerblicher Art und ein **Verpachtungsbetrieb** gewerblicher Art sowie mehrere Verpachtungsbetriebe gewerblicher Art können nach zum Teil vertretener Auffassung sollen nur zusammengefasst werden können, wenn sie gleichartig sind.[138] Dabei ist nicht auf die Verpachtungstätigkeit sondern auf die Tätigkeit des Pächters abzustellen.[139] Es erscheint aber fraglich, warum eine Zusammenfassung aufgrund einer technisch-wirtschaftlichen Verflechtung ausgeschlossen sein soll.

115 **c) Berücksichtigung von Dauerverlusten bei der Einkommensermittlung.** Gem. § 8 Abs. 1 S. 2 KStG nF ist es für die **Ermittlung eines steuerpflichtigen Einkommens** eines Betriebs gewerblicher Art nicht erforderlich, dass dieser mit Gewinnerzielungsabsicht betrieben wird. Mit der Einführung des § 8 Abs. 1 S. 2 KStG nF ist der Auffassung, wonach Dauerverluste von Betrieben gewerblicher Art den Grundsätzen der Liebhaberei folgend steuerlich unbeachtlich sind, die Grundlage entzogen (vgl. Rn. 16).

116 **d) Dauerverlustgeschäfte i.S.d. § 8 Abs. 7 KStG.** Wie unter Rn. 88 ff. ausgeführt, ist eine wesentliche Voraussetzung für den steuerlichen Querverbund, dass auch die Tätigkeiten im Querverbund, die **ohne Gewinnerzielungsabsicht** betrieben werden, bei der Ermittlung des steuerlichen Einkommens berücksichtigt werden können und es sich insbesondere nicht um eine verdeckte Gewinnausschüttung handeln darf.

117 **aa) Rechtsfolgenausschluss der verdeckten Gewinnausschüttung bei Betrieben gewerblicher Art.** In diesem Zusammenhang ist die Regelung des § 8 Abs. 7 KStG zu beachten. Diese bestimmt nunmehr, dass bei sogenannten **Dauerverlustgeschäften** die Rechtsfolgen einer verdeckten Gewinnausschüttung nicht zu ziehen sind. Ein Dauerverlustgeschäft liegt nach § 8 Abs. 7 S. 2 KStG vor, soweit aus verkehrs-, umwelt-, sozial-, kultur-, bildungs- oder gesundheitspolitischen Gründen eine wirtschaftliche Betätigung ohne kostendeckendes Entgelt unterhalten wird (**wirtschaftliches Dauerverlustgeschäft**). Wird in einer Kapitalgesellschaft

[137] BMF v. 12.11.2009, IV C 7 – S 2706/08/10004, BStBl. 2009 II, 1301 Rn. 6.

[138] *Meier/Semelka* (Fn. 59), § 4 KStG Rn. 84, *Eversberg*, Gesetzliche Regelung der Zusammenfassung von Betrieben gewerblicher Art nach dem JStG 2009, DStZ 2010, S. 358 ff.

[139] BMF v. 12.11.2009, IV C 7 – S 2706/08/10004, BStBl. 2009 II, 1301.

eine originär hoheitliche Tätigkeit dauerdefizitär betrieben, liegt gem. § 8 Abs. 7 S. 2, letzter Halbsatz ebenfalls ein Dauerverlustgeschäft vor (**hoheitliches Dauerverlustgeschäft**).

bb) Rechtsfolgenausschluss der verdeckten Gewinnausschüttung bei Kapitalgesellschaften. Unterhält eine Kapitalgesellschaft ein Dauerverlustgeschäft, greift die Sonderregelung gem. § 8 Abs. 7 S. 1 Nr. 2 KStG nur, wenn zusätzlich zu den vorgenannten Voraussetzungen die **Mehrheit der Stimmrechte** auf juristische Personen des öffentlichen Rechts entfällt und diese nachweislich die **Verluste** aus den Dauerverlustgeschäften **tragen**. Diese Voraussetzungen müssen kumulativ vorliegen. 118

Für das Entfallen der Mehrheit der Stimmrechte der juristischen Personen des öffentlichen Rechts reicht bei mittelbaren Beteiligungen eine rein rechnerische Mehrheit nicht aus, sondern die juristischen Personen des öffentlichen Rechts ihren **Willen in der Gesellschaft durchsetzen** können.[140] 119

Bei der Frage, ob ausschließlich die juristischen Personen des öffentlichen Rechts die Verluste aus den Dauerverlustgeschäften tragen, kommt es auf die **wirtschaftlichen Verhältnisse des Einzelfalls** ab. Ein Ausgleich mittels Einlage seitens der juristischen Personen des öffentlichen Rechts ist nicht zwingend erforderlich.[141] Ein wirtschaftliches Tragen kann auch in der Weise erfolgen, dass Verluste aus einer Tätigkeit mit Gewinnen aus anderen Tätigkeiten, soweit die Gewinne entsprechend der jeweiligen Beteiligungsquote auf die juristischen Personen des öffentlichen Rechts entfallen, verrechnet werden.[142] 120

cc) Beispiele für Dauerverlustgeschäfte. Ein Dauerverlustgeschäft liegt nur vor, soweit aus den in § 8 Abs. 7 S. 2 genannten **politischen Gründen** kostendeckende Entgelte nicht erhoben werden. Die Aufzählung der politischen Gründe ist offensichtlich abschließend. In dem bereits erwähnten Entwurf eines Anwendungsschreibens der Finanzverwaltung werden einige **Beispiele** von begünstigten Tätigkeiten aufgezählt: 121

- Verkehrsbereich: ÖPNV, Betrieb eines Flughafens, Parkraumbewirtschaftung, Hafen- und Fährbetriebe;
- Umweltbereich: Gewerbemüllentsorgung (wobei diese Tätigkeit regelmäßig aber wohl nicht dauerdefizitär ist);
- Sozialbereich: Unterhalten von Kindergärten, Tageseinrichtungen für Kinder, Einrichtungen der Jugend- und Erwachsenenhilfe, Senioreneinrichtungen;
- Kulturbereich: Unterhalten von Bibliotheken, Zoologischen Gärten, Museen, kulturellen Ausstellungen, Kinos, Opern, Theatern, Bühnen, Orchestern;
- Bildungsbereich: Unterhalten von Schulen oder von Volkshochschulen;

[140] *Bracksiek*, in: Herrmann/Heuer/Raupach, Körperschaftsteuergesetz, § 8 KStG Rn. J 08-10.
[141] BMF v. 12.11.2009, IV C 7 – S 2706/08/10004, BStBl. 2009 II, 1301 Rn. 27.
[142] BMF v. 12.11.2009, IV C 7 – S 2706/08/10004, BStBl. 2009 II, 1301 Rn. 29.

- Gesundheit: Unterhalten von Krankenhäusern, Bädern, Kuranlagen, Sportanlagen.

122 Der Bereich der **Wirtschaftsförderung** fällt nicht unter die nach § 8 Abs. 7 KStG begünstigten Tätigkeiten.[143] Ein großer Bereich der Wirtschaftsförderung ist jedoch als Ausdruck **hoheitlicher Tätigkeiten** zu werten.[144] Soweit diese Tätigkeiten dauerdefizitär in Kapitalgesellschaften ausgeübt werden, sind die Rechtsfolgen einer verdeckten Gewinnausschüttung gem. § 8 Abs. 7 S, 2, 2. Hs. nicht zu ziehen (vgl. Rn. 124). Auch der Betrieb von Messen und Konferenzzentren ist kaum unter eine der in § 8 Abs. 7 KStG genannten, politischen Gründe zu subsumieren.

123 Die Überlassung von Wirtschaftsgütern an Dritte kann nach hier vertretener Ansicht ebenfalls zur Anwendung des § 8 Abs. 7 KStG auf die verpachtende Körperschaft führen.[145] Dementgegen vertritt die Finanzverwaltung die Auffassung, dass die Begünstigung des § 8 Abs. 7 KStG voraussetzt, dass der BgA oder die Kapitalgesellschaft die Dauerverlustgeschäfte **selbst tätigen.**[146] Die Überlassung von Wirtschaftgütern an Dritte kann danach regelmäßig kein Dauerverlustgeschäft begründen. Lediglich wenn der Pächter selbst **ausschließlich** privilegierte Dauerverlustgeschäfte ausübt, soll auch bei dem Pächter die Anwendung des § 8 Abs. 7 KStG in Betracht gezogen werden können.[147] Diese Einschränkung der Dauerverlustgeschäfte findet allerdings im Gesetzeswortlaut keine Stütze und ist deshalb zu kritisieren. Zumindest erscheint die Bestimmung, dass der Pächter **ausschließlich** begünstigte Dauerverlustgeschäfte ausüben muss, unangemessen.

124 **dd) „Hoheitliche" Dauerverlustgeschäfte einer Kapitalgesellschaft.** Werden Tätigkeiten, die bei der juristischen Person des öffentlichen Rechts dem Hoheitsbereich zuzuordnen sind, **in einer Kapitalgesellschaft** ausgeführt, unterliegen diese – anders als bei der juristischen Person selbst – rechtsformbedingt der Steuerpflicht. Handelt es sich bei diesen Tätigkeiten um Verlusttätigkeiten, sind die Rechtsfolgen einer verdeckten Gewinnausschüttung nicht zu ziehen, § 8 Abs. 7 S. 2 KStG.

125 Häufig angeführtes Beispiel ist das **Schulschwimmen** in einem von einer Kapitalgesellschaft betriebenen Schwimmbad. Nach hier vertretener Meinung ist das Schulschwimmen dann nicht mehr als (originär) hoheitliche Tätigkeit anzusehen, wenn die Kommune hierfür ein Entgelt zahlt, dass dem Entgelt entspricht, dass **fremde Dritte** im Rahmen des öffentlichen Badebetriebs zahlen. In derartigen Fällen muss insgesamt ein öffentlicher Badebetrieb und somit in vollem Umfang

---

[143] Die Aufnahme der Wirtschaftsförderung in den Katalog des § 8 Abs. 7 S. 2 KStG wurde im Rahmen des Gesetzgebungsverfahrens zwar diskutiert, wurde seitens des Gesetzgebers aber verworfen.

[144] BMF v. 4.1.1996 -IV B 7 – S 2738 – 17/95, BStBl. 1996 I, 54, siehe auch FG Düsseldorf, 6 K 3720/06; EFG 2010, S. 1443-1445.

[145] So auch *Maier*, Steuerliche Behandlung kommunaler Stadt- und Mehrzweckhallen, DStR 2010, S. 198 ff.

[146] BMF v. 12.11.2009, IV C 7 – S 2706/08/10004, BStBl. 2009 II, 1301 Rn. 47.

[147] BMF v. 12.11.2009, IV C 7 – S 2706/08/10004, BStBl. 2009 II, 1301 Rn. 47.

ein Betrieb gewerblicher Art vorliegen. Es ist nicht einsehbar, warum Leistungen an die Trägerkörperschaft, die zu gleichen Konditionen erbracht werden, wie dies gegenüber Dritten der Fall ist, steuerlich anders behandelt werden.

ee) **Rechtsfolgen eines Dauerverlustgeschäfts.** Liegt ein Dauerverlustgeschäft vor, bestimmt § 8 Abs. 7 KStG, dass die Rechtsfolgen der verdeckten Gewinnausschüttung nicht zu ziehen sind. Die **steuerliche Hinzurechnung** gem. § 8 Abs. 3 S. 2 KStG **bleibt** bei Dauerverlustgeschäften somit **aus**. Die Verluste sind mithin im Querverbund mit steuerlicher Wirkung nutzbar, soweit die Zusammenfassungskriterien des § 4 Abs. 6 KStG erfüllt sind. Eine dem § 8 Abs. 7 KStG entsprechende, die Rechtsfolgen ausschließende Norm ist im Einkommensteuergesetz nicht enthalten, so dass fraglich sein könnte, ob nicht gem. § 10 Abs. 1 Nr. 10 EStG (Betrieb gewerblicher Art) oder gem. § 10 Abs. 1 Nr. 1 EStG (Kapitalgesellschaft) auf Ebene der Körperschaft des öffentlichen Rechts **Kapitalertragsteuer** entsteht, wenn es sich bei der Verlusttätigkeit dem Grunde nach um eine verdeckte Gewinnausschüttung handelt. Dies ist dem Gesetzeszweck folgend jedoch nicht der Fall und die Finanzverwaltung setzt die Kapitalertragsteuer demnach folgerichtig nicht an.[148] 126

Für alle **nicht nach § 8 Abs. 7 KStG begünstigte, dauerdefizitäre Tätigkeiten** gelten die allgemeinen Grundsätze.[149] In diesen Fällen muss dem BFH-Urteil vom v. 22. August 2007 zufolge regelmäßig davon ausgegangen werden, dass die Dauerverluste eine verdeckte Gewinnausschüttung in Höhe des jeweiligen Verlustes zur Folge haben.[150] 127

ff) Ausübung von Dauerverlustgeschäften in Personengesellschaften. Werden die Dauerverlustgeschäfte in Personengesellschaften ausgeübt (etwa in einer GmbH & Co. KG), sind nach Auffassung der Finanzverwaltung Besonderheiten zu beachten. 128

Mit Urteil vom 25. Juni 1996 hat der BFH entschieden, dass Tätigkeiten, die bei einem Mitunternehmer – also einem Gesellschafter einer Personengesellschaft – als Liebhaberei zu qualifizieren wären, bei der Personengesellschaft steuerlich nicht erfasst werden.[151] Unter Berufung auf dieses Urteil geht die Finanzverwaltung davon aus, dass Dauerverlustgeschäfte, die in einer Personengesellschaft ausgeübt werden, grundsätzlich steuerlich nicht zu berücksichtigen sind.[152] 129

Eine Ausnahme hiervon sieht der Erlass für die Fälle vor, in denen eine juristische Person des öffentlichen Rechts unmittelbar an der Personengesellschaft beteiligt ist.[153] Da die Beteiligung an einer Personengesellschaft bei der juristischen Person des öffentlichen Rechts einen BgA begründet, und dieser gem. § 4 Abs. 1 S. 2, § 8 Abs. 1 S. 2 KStG auch ohne Gewinnerzielungsabsicht betrieben werden 130

---

[148] BMF v. 12.11.2009, IV C 7 – S 2706/08/10004, BStBl. 2009 II, 1301 Rn. 23, 25.

[149] *Krämer/Pung*, in: Dötsch u.a., Die Körperschaftsteuer, vor § 8 Abs. 7 – 10, Rn. 41.

[150] BMF v. 12.11.2009, IV C 7 – S 2706/08/10004, BStBl. 2009 II, 1301 Rn. 52.

[151] BFHE 181, 133.

[152] BMF v. 12.11.2009, IV C 7 – S 2706/08/10004, BStBl. 2009 II, 1301 Rn. 60.

[153] BMF v. 12.11.2009, IV C 7 – S 2706/08/10004, BStBl. 2009 II, 1301 Rn. 61.

kann, werden die Verluste in diesem Fall im Wege der einheitlichen und gesonderten Gewinnfeststellung diesem BgA zugeordnet. Zudem kann dieser BgA nach den Grundsätzen des § 4 Abs. 6 KStG mit anderen BgA zusammengefasst werden.[154] Bei derartigen Gestaltungen ist eine steuerliche Verrechnung im Querverbund auch nach Auffassung der Finanzverwaltung grundsätzlich möglich.

131 Ist hingegen eine Kapitalgesellschaft an der Personengesellschaft beteiligt – z.B. eine Holding GmbH, die an einer GmbH & Co. KG beteiligt ist – sollen die Grundsätze des BFH-Urteils vom 25.06.1996 Anwendung finden.[155] Dies hat zur Folge, dass die Dauerverlustgeschäfte der Personengesellschaft steuerlich unbeachtlich sind und mithin nicht mit den Gewinnen aus anderen Bereichen steuerlich verrechnet werden können.

132 **e) Verlustnutzung zusammengefasster Betriebe gewerblicher Art gem. § 8 Abs. 8 KStG.** Wird ein Betrieb gewerblicher Art, für den Verlustvorträge festgestellt wurden, mit einem anderen, **nicht gleichartigen** Betrieb gewerblicher Art nach den Grundsätzen des § 4 Abs. 6 Nr. 2 oder Nr. 3 KStG zusammengefasst, ist hinsichtlich der Verlustnutzung § 8 Abs. 8 KStG zu beachten. Danach sind die Vorschriften des Verlustabzugs auf den **jeweiligen** Betrieb gewerblicher Art anzuwenden. Mit der Zusammenfassung der beiden Betriebe gewerblicher Art wird ein neuer, zusammengefasster Betrieb gewerblicher Art begründet, der die Verlustvorträge des bisherigen Betriebs gewerblicher Art nicht nutzen kann, § 8 Abs. 8 S. 2 KStG. Die Verlustvorträge werden für den ursprünglichen Betrieb gewerblicher Art wieder nutzbar, wenn die beiden Betriebe gewerblicher Art wieder getrennt werden.

133 Da die beschränkte Verlustnutzung nur bei Zusammenfassung **nicht gleichartiger** Betriebe gewerblicher Art greift, kann der bereits aufgeworfenen Frage, ob Versorgungs- und Verkehrsbetriebe – wie hier der Rechtsprechung des BFH folgend vertreten - als gleichartig anzusehen sind, eine wesentliche Bedeutung zukommen (vgl. Rn. 103).

134 **f) Spartentrennung gem. § 8 Abs. 9 KStG.** Anders als auf Ebene einer juristischen Person des öffentlichen Rechts, bei der ja grundsätzlich für jeden Betrieb gewerblicher Art ein gesondertes Einkommen zu ermitteln ist, führt die Ausübung mehrerer Tätigkeiten in einer Kapitalgesellschaft (oder in einer ertragsteuerlichen Organschaft i.S.d. §§ 15 ff. KStG) zu einer grundsätzlichen Zusammenfassung der Ergebnisse aus diesen Tätigkeiten. Da unter den Voraussetzungen § 8 Abs. 7 S. 1 Nr. 2; S. 2 KStG bei der Übernahme einer dauerdefizitären Tätigkeit die Rechtsfolgen einer verdeckten Gewinnausschüttung nicht zu ziehen sind, musste der Gesetzgeber eine Norm schaffen, die die **Ergebnisverrechnung** bei Kapitalgesellschaften in einem dem § 4 Abs. 6 KStG entsprechenden Umfang **beschränkt**. Zu diesem Zweck wurde mit § 8 Abs. 9 KStG die sogenannte Spartentrennung eingeführt.

[154] BMF v. 12.11.2009, IV C 7 – S 2706/08/10004, BStBl. 2009 II, 1301 Rn. 62.
[155] BMF v. 12.11.2009, IV C 7 – S 2706/08/10004, BStBl. 2009 II, 1301 Rn. 63.

Eine Kapitalgesellschaft hat eine Spartentrennung i.S.d. § 8 Abs. 9 KStG vorzunehmen, wenn sie **mindestens ein Dauerverlustgeschäft** i.S.d. § 8 Abs. 7 KStG und darüber hinaus mindestens eine weitere Tätigkeit ausübt, die mit dem Dauerverlustgeschäft nicht nach den Regelungen des § 4 Abs. 6 KStG zusammenfassbar ist. 135

aa) Grundsätze der Spartenzuordnung. Liegen die Voraussetzungen des § 8 Abs. 9 KStG vor, sind einzelne Tätigkeiten der Gesellschaft nach folgender Maßgabe Sparten zuzuordnen: 136

137

1. Tätigkeiten die als Dauerverlustgeschäfte Ausfluss einer Tätigkeit sind, die bei juristischen Personen zu einem Hoheitsbetrieb (hoheitliche Dauerverlustgeschäfte) gehören, sind **jeweils gesonderten** Sparten zuzuordnen. Eine Zusammenfassung von hoheitlichen Dauerverlustgeschäften in einer Sparte kommt nicht in Betracht.
2. Tätigkeiten, die nach § 4 Abs. 6 S. 1 KStG zusammenfassbar sind, oder aus übrigen nicht zusammenfassbare Dauerverlustgeschäften i.S.d. § 8 Abs. 7 KStG stammen, sind jeweils gesonderten Sparten zuzuordnen, wobei **zusammenfassbare (also querverbundfähige) Tätigkeiten jeweils eine einheitliche Sparte** bilden.
3. Alle übrigen Tätigkeiten sind einer **einheitlichen Sparte** zuzuordnen. In dieser Sparte werden somit sämtliche nicht querverbundsfähige Tätigkeiten geführt, die kein Dauerverlustgeschäft i.S.d. § 8 Abs. 7 KStG darstellen. Nicht hat nach § 8 Abs. 7 KStG begünstigte dauerdefizitäre Tätigkeiten sind ebenfalls in dieser Sparte zu führen. Dadurch wird jedoch keine Ergebnisverrechnung ermöglicht, da insoweit verdeckte Gewinnausschüttungen in Höhe der jeweiligen Verluste anzusetzen sind.

Hilfsgeschäfte zu einer Haupttätigkeit der Kapitalgesellschaft teilen das Schicksal der Haupttätigkeit und der entsprechenden Sparte zuzuordnen.[156] Für **Nebengeschäfte** von untergeordneter Bedeutung gilt das Gleiche. Ob ein Hilfs- oder Nebengeschäftgeschäft vorliegt, beurteilt sich nach den Gegebenheiten des jeweiligen Einzelfalls. 138

Ggf. kann im Einzelfall argumentiert werden, dass **Contracting- und Energiedienstleistungen** als Hilfsgeschäft zur Haupttätigkeit „Energieversorgung" anzusehen und demnach in der gleichen Sparte wie diese zu führen sind. Da die Finanzverwaltung davon ausgeht, dass es sich insoweit nicht um Versorgungstätigkeiten i.S.d. § 4 Abs. 3 KStG handelt, könnte dies u.U. doch noch eine Möglichkeit darstellen, Contracting bzw. Energiedienstleitungen auch ohne Vorliegen einer technisch-wirtschaftlichen Verflechtung i.S.d. § 4 Abs. 6 S. 1 Nr. 2 KStG einzubeziehen (vgl. Rn 106). Zwar wird im BMF-Schreiben vom 12. November 2009 auch bestimmt, dass Contracting und Energiedienstleistungen „grundsätzlich" eigene Tätigkeiten darstellen,[157] jedoch bleibt aufgrund dieser Formulierung auch Raum für eine andere Beurteilung im Einzelfall. 139

---

[156] BMF v. 12.11.2009, IV C 7 – S 2706/08/10004, BStBl. 2009 II, 1301 Rn. 76.

[157] BMF v. 12.11.2009, IV C 7 – S 2706/08/10004, BStBl. 2009 II, 1301 Rn. 10.

140 **bb) Ergebnisermittlung in den jeweiligen Sparten.** Bei der Ermittlung des Ergebnisses der jeweiligen Sparte, sind bestimmte, den Betrieb der gesamten Gesellschaft betreffende Kosten (allgemeine Verwaltungskosten, Geschäftsführergehalt, Kosten für Buchführung, etc.) **sachgerecht** auf die jeweiligen Sparten **aufzuteilen.**[158] Auch steuerliche Hinzurechnungen wie etwa ein abzugsfähiger Zinsaufwand im Rahmen der Zinsschranke (vgl. Rn. 65 ff.) sind sachgerecht auf die Sparten aufzuteilen.[159]

141 **cc) Ermittlung des Einkommens der Kapitalgesellschaft**. Gem. § 8 Abs. 9 S. 2 KStG ist für jede Sparte ein **eigener Gesamtbetrag der Einkünfte** zu ermitteln. Nur Sparten mit einem **positiven** Gesamtbetrag der Einkünfte werden bei der Ermittlung des steuerpflichtigen Einkommens der Kapitalgesellschaft berücksichtigt.

142 **dd) Verlustabzug bei der Kapitalgesellschaft.** Da die Spartenübergreifende Verrechnung von Gewinnen und Verlusten nicht möglich ist, mindert ein in einer Sparte ggf. verbleibender Verlust nach Maßgabe des § 10 d EStG den positiven Gesamtbetrag der Einkünfte **dieser Sparte** in den Folgejahren, § 8 Abs. 9 S. 5 KStG. Dies setzt die Feststellung von **Verlustvorträgen für die einzelnen Sparten** voraus.

143 Gem. § 8 Abs. 9 S. 3 KStG führt die Aufnahme einer weiteren, **nicht gleichartigen Tätigkeit** zu einer neuen, gesonderten Sparte. Ändert sich die Tätigkeitsstruktur einer Kapitalgesellschaft ist dieser Regelung zufolge demnach entscheidend, welche bislang bereits bestehende Sparte der Gesellschaft betroffen sein könnte:

144
- Kommt eine Tätigkeit hinzu, die der einheitlichen **Sparte „Übrige"** zuzuordnen ist, wird diese Sparte unter Einbeziehung der neuen Tätigkeit fortgeführt.
- Ist die neue Tätigkeit ein Dauerverlustgeschäft und kann nicht mit anderen Tätigkeiten zusammengefasst werden, wird sie in einer **eignen Sparte** geführt.
- Ist die Tätigkeit mit anderen, bereits vorhandenen Tätigkeiten nach § 4 Abs. 6 S. 1 Nr. 1 KStG wegen Gleichartigkeit zusammenfassbar, wird die Sparte in der die gleichartige Tätigkeit bereits ausgeführt wird, **unter Einbeziehung der neuen Tätigkeit** fortgeführt.

145
- Ist die neue Tätigkeit nicht gleichartig aber dennoch mit anderen Tätigkeiten in einer Sparte der Kapitalgesellschaft zusammenfassbar, **entsteht eine neue Sparte**, in der die neue Tätigkeit und die mit dieser zusammenfassbaren Tätigkeiten geführt werden. Ein für die in dem Zusammenhang „untergegangene" Sparte eventuell bestehender Verlustvortrag ist gesondert festzustellen und kann erst verwendet werden, wenn die ursprüngliche Tätigkeitsstruktur der Gesellschaft wieder aufleben sollte.

146 Hier kommt demzufolge der Frage, ob **Versorgungs- und Verkehrsbetriebe** als gleichartig anzusehen sind, eine wesentliche Bedeutung zu (vgl. Rn. 134 und

---

[158] *Krämer/Pung* (Fn. 148), vor § 8 Abs. 7 – 10 KStG Rn. 59.

[159] BMF v. 12.11.2009, IV C 7 – S 2706/08/10004, BStBl. 2009 II, 1301 Rn. 85.

Rn. 103), da es dann in den entsprechenden Konstellationen nicht zur Begründung einer neuen Sparte kommt.

g) Anwendbarkeit der Querverbundsregelungen in Organschaftsfällen. Für Organschaften ist § 15 S. 1 Nr. 4 u. Nr. 5 KStG zu beachten, der gewährleistet, dass die für Einheitsgesellschaften geltenden Grundsätze auch **im Organkreis** auf Ebene des Organträgers Anwendung finden. 147

h) Anwendungsregeln. § 34 KStG enthält im Zusammenhang mit den Querverbundsregelungen Übergangsvorschriften: 148

Für die **Vergangenheit** soll sichergestellt werden, dass Sachverhalte, in denen die Ergebnisverrechnung der Verwaltungspraxis zufolge möglich war, infolge der BFH-Rechtsprechung nicht beanstandet werden können. Daher sind § 8 Abs. 1 S. 2 KStG (Berücksichtigung von Dauerverlusten in der Ergebnisermittlung) gem. § 34 Abs. 2 S. 1 KStG und § 8 Abs. 7 KStG (Rechtsfolgenausschluss der verdeckten Gewinnausschüttung für privilegierte Dauerverlustgeschäfte) gem. § 34 Abs. 6 S. 4 KStG auch **rückwirkend** anzuwenden. 149

Soweit bislang anerkannte Querverbünde künftig gesetzlich ausgeschlossen sein sollten, sieht § 34 Abs. 6 KStG für diese grundsätzlich eine Übergangsregelung **bis zum Veranlagungszeitraum 2011** vor, § 34 Abs. 6 S. 5 KStG. Dies gilt nicht mehr, wenn nach dem 18. Juni 2008 **erstmals** die Mehrheit der Stimmrechte nicht mehr unmittelbar oder mittelbar auf juristische Personen des öffentlichen Rechts entfällt oder wenn trotz Bestehens des Stimmrechtserfordernisses nach diesem Tag erstmals auch andere als diese Gesellschafter die Verluste aus den Dauerverlustgeschäften tragen, § 34 Abs. 6 S. 6 KStG. 150

§ 8 Abs. 8 und Abs. 9 KStG gelten ab dem 01.01.2009, § 34 Abs. 6 S. 7 KStG bzw. § 34 Abs. 6 S. 9 KStG. 151

II. Gewerbesteuer

Das Gewerbesteuerrecht kennt den Begriff des Betriebs gewerblicher Art nicht. Betriebe gewerblicher Art unterliegen nur dann der Gewerbesteuerpflicht, wenn sie als **stehender Gewerbebetrieb** i.S.d. § 2 Abs. 1 GewStDV anzusehen sind. 152

Somit bleibt es für die Gewerbesteuerpflicht der öffentlich-rechtlichen Unternehmen bei der allgemeinen Regelung des § 2 GewStG, so dass diese nur eintritt, wenn eine Tätigkeit **mit Gewinnerzielungsabsicht** betrieben wird und eine Teilnahme am allgemeinen wirtschaftlichen Verkehr vorliegt.[160] 153

Im Zuge der gesetzlichen Verankerung des Steuerlichen Querverbundes durch das Jahressteuergesetz 2009 hat § 2 Abs. 1 S. 1 GewStDV den Zusatz erhalten, dass für den Umfang des Unternehmens § 4 Abs. 6 S. 1 KStG **entsprechend** anzuwenden ist. Damit wird klargestellt, dass es für die Frage, ob ein Betrieb der öffentlichen Hand als stehender Gewerbebetrieb anzusehen ist, **auf den nach § 4 Abs. 6 KStG zusammengefassten Betrieb gewerblicher Art** abzustellen ist. Die 154

[160] *Hüttemann* (Fn. 7), S. 22.

Zusammenfassungskriterien des § 4 Abs. 6 KStG schlagen somit auf die Gewerbesteuer durch.[161]

155 Die **Verpachtung** eines Betriebs gewerblicher Art ist grundsätzlich nicht gewerbesteuerpflichtig.[162]

III. Kapitalertragsteuer auf Gewinne und Leistungen von Betrieben gewerblicher Art

156 Mit dem StSenkG vom 23. Oktober 2000[163] wurde ein **körperschaftsteuerlicher Systemwechsel** vom sogenannten Anrechnungsverfahren zum Halbeinkünfteverfahren vollzogen. In diesem Zusammenhang wurde mit § 20 Abs. 1 Nr. 10 EStG ein neuer Steuertatbestand für juristische Personen des öffentlichen Rechts in das Einkommensteuergesetz aufgenommen. Danach unterliegen **Gewinne und Leistungen** von Betrieben gewerblicher Art bei der Trägerkörperschaft der Kapitalertragsteuer. Diese Regelung wurde zur Erreichung einer steuerlichen Gleichbehandlung von Betrieben gewerblicher Art und Kapitalgesellschaften erforderlich, da der Körperschaftsteuersatz seinerzeit auch für Betriebe gewerblicher Art auf 25 %[164] herabgesetzt wurde. Da Ausschüttungen von Kapitalgesellschaften beim Anteilseigner dem Halbeinkünfteverfahren unterlegen haben, sollen auch Gewinne von Betrieben gewerblicher Art, die **außerhalb des Betriebs** verwendet werden, gleichermaßen der Besteuerung unterworfen werden.

1. Fallgruppen

157 Die Vorschrift unterscheidet zwischen **zwei Fallgruppen**. Gem.

- § 20 Abs. 1 Nr. 10 a) EStG unterliegen Leistungen eines Betriebs gewerblicher Art **mit** eigener Rechtspersönlichkeit (vgl. Rn. 158 ff.) und
- gem. § 20 Abs. 1 Nr. 10 b) EStG unterliegen nicht den Rücklagen zugeführte Gewinne **ohne** eigene Rechtspersönlichkeit (vgl. Rn. 162 ff.)

der Kapitalertragsteuer. Voraussetzung ist jeweils, dass der Betrieb gewerblicher Art nicht von der Körperschaftsteuerpflicht befreit ist. Damit findet die Vorschrift

[161] Die gewerbesteuerliche Zusammenfassung von Betrieben gewerblicher Art entsprach zwar auch bislang der Praxis und der h. M. in der Literatur (z. B. *Lenski/Steinberg*, GewStG, § 2 Rn. 17 f.), allerdings war dies aus der bisherigen Regelung in § 2 Abs. 1 S. 1 GewStDV kaum ableitbar. Da das Gewerbesteuerrecht den Begriff des Betriebs gewerblicher Art nicht kennt und eine dauerdefizitäre Tätigkeit keinen stehenden Gewerbebetrieb begründet, sprachen gewichtige Argumente durchaus gegen eine gewerbesteuerliche Zusammenfassung. Nach der vorgenommenen Gesetzesänderung sind nunmehr jegliche Zweifel an der gewerbesteuerlichen Zusammenfassung von Betrieben gewerblicher Art aus dem Weg geräumt.

[162] Abschnitt 17 Abs. 4 i. V. m. Abschnitt 11 Abs. 3 GewStR.

[163] BGBl. 2000 I S. 1428.

[164] Heute beträgt der Steuersatz 15 %, § 23 KStG.

z.B. auf Betriebe gewerblicher Art, die als gemeinnützigen Zwecken dienend anerkannt sind, keine Anwendung.[165]

2. Leistungen eines Betriebs gewerblicher Art mit eigener Rechtspersönlichkeit

Als Betriebe gewerblicher Art **mit** eigener Rechtspersönlichkeit i.S.d. § 20 Abs. 1 Nr. 1 a) EStG sind solche Betriebe gewerblicher Art anzusehen, die sämtliche Merkmale einer juristischen Person des öffentlichen Rechts aufweisen, insbesondere **vollumfänglich rechtsfähig** ist.[166] Hierunter fallen etwa Betriebe gewerblicher Art in der Rechtsform von **Zweckverbänden** oder von **Anstalten des öffentlichen Rechts**. Unterhalten diese Rechtssubjekte einen Betrieb gewerblicher Art, weisen daneben aber noch einen hoheitlichen Bereich auf (z.B. Wasserversorgungs- und Abwasserbeseitigungszweckverband), scheidet die Anwendung des § 20 Abs. 1 Nr. 10 a) EStG aus. In diesen Fällen liegen Betriebe gewerblicher Art **ohne** eigene Rechtspersönlichkeit i.S.d. § 20 Abs. m1 Nr. 10 b) EStG vor, deren Trägerkörperschaft der Zweckverband bzw. die Anstalt des öffentlichen Rechts ist. 158

Der **sachliche Anwendungsbereich** der Vorschrift erstreckt sich auf Leistungen, die zu Einnahmen führen, die **mit Gewinnausschüttungen wirtschaftlich vergleichbar** sind. Dazu gehören auch verdeckte Gewinnausschüttungen (§ 20 Abs. 1 Nr. 1 S. 2 EStG) sowie Gewinnübertragungen, die aus steuerfreien Zuflüssen (z.B. nach § 8b Abs. 1 KStG) stammen.[167] Dabei setzt der Begriff Leistung hier denklogisch voraus, dass diese an eine andere juristische Person des öffentlichen Rechts erbracht wird. 159

Der **Steuersatz**, der mit dem Unternehmensteuerreformgesetz 2008[168] geändert wurde, beträgt unabhängig davon, wer die Steuer trägt, 15 % des Kapitalertrags, § 43a Abs. 1 Nr. 2 EStG. Dieser Steuersatz findet erstmals auf Leistungen Anwendung, die dem Gläubiger **nach dem 31. Dezember 2008** zugeflossen sind, § 52 Abs. 1 EStG. Hat der Zufluss vor dem 31. Dezember 2008 stattgefunden, gilt noch der Steuersatz von 10 % (wenn die Trägerkörperschaft die Steuer trägt) bzw. 11 1/9 % (wenn der Betrieb gewerblicher Art die Steuer trägt), § 43a Abs. 1 Nr. 5 KStG. 160

Schuldner der Kapitalertragsteuer ist die Trägerkörperschaft des Betriebs gewerblicher Art, § 44 Abs. 1 S. 1 EStG. Die Steuer entsteht im Zeitpunkt des Zuflusses, § 44 Abs. 1 S. 2 EStG. 161

[165] *Krämer* (Fn. 16), § 4 KStG Rn. 255.
[166] BMF v. 11.9.2002, IV A 2-S 1910-194/02, BStBl. 2002 I, 935.
[167] BMF v. 11.9.2002, IV A 2-S 1910-194/02, BStBl. 2002 I, 935.
[168] BGBl. 2007 S. 1912.

3. Gewinne eines Betriebs gewerblicher Art ohne eigene Rechtspersönlichkeit

162 Die Vorschrift des § 20 Abs. 1 Nr. 10 b EStG unterscheidet zwischen **drei verschiedenen Gruppen**:

- Betriebe gewerblicher Art mit Betriebsvermögensvergleich (Gruppe 1)
- Betriebe gewerblicher Art mit einbringungsgeborenen Anteilen (Gruppe 2)
- Rundfunkanstalten (Gruppe 3).

163 Angesicht der in der kommunalen Praxis untergeordneten Bedeutung der Gruppen 2 und 3 beschränken sich die nachfolgenden Ausführungen auf die Gruppe 1. Zur Gruppe 1 zählen die Betriebe gewerblicher Art, die ihren Gewinn aufgrund einer gesetzlichen Verpflichtung oder freiwillig durch **Betriebsvermögensvergleich** ermitteln (vgl. insoweit Rn. 55 ff.). Hinzu kommen Betriebe gewerblicher Art, deren Umsätze im Kalenderjahr 350.000,- EUR übersteigen oder deren Gewinn im Wirtschaftsjahr 30.000,- EUR übersteigt. Werden Betriebe gewerblicher Art nach den Regelungen des § 4 Abs. 6 KStG zusammengefasst, ist der Gewinn dieses zusammengefassten Betriebs gewerblicher Art maßgeblich. Liegen die Zusammenfassungsvoraussetzungen nicht vor, ist für jeden eines (ggf. unzulässigerweise) zusammengefassten Betriebs gewerblicher Art, ein gesonderter Gewinn zu ermitteln und das Einlagenkonto gesondert zu führen.[169]

164 **a) Sachlicher Anwendungsbereich.** Der Besteuerung unterliegen die **nicht den Rücklagen zugeführten Gewinne**, die nachfolgende **Auflösung gebildeter Rücklagen** und **verdeckte Gewinnausschüttungen**.

165 **aa) Nicht den Rücklagen zugeführter Gewinn.** Eine Legaldefinition des Gewinnbegriffs existiert nicht. Maßgeblich kann nur der **handelsrechtliche Gewinn** bzw. der Gewinn i.S.d. § 4 Abs. 1 EStG und nicht etwa das körperschaftsteuerliche Einkommen sein, denn nur der handelsrechtliche Gewinn ist für die Trägerkörperschaft verwendungsfähig.[170]

166 Der Gewinn ist um die Beträge für den **Ausgleich von Fehlbeträgen** aus früheren Wirtschaftsjahren zu kürzen.[171] Dabei gelten Verluste eines als Regiebetrieb geführten Betriebes gewerblicher Art bereits **im Verlustjahr** als von der Trägerkörperschaft ausgeglichen, was zu einer entsprechenden Erhöhung des steuerlichen Einlagenkontos i.S.d. § 27 KStG führt (vgl. dazu auch Rn. 168).[172]

167 Gewinn, der den **Rücklagen** zugeführt wird, unterliegt nicht der Kapitalertragsteuer, da er von der Trägerkörperschaft nicht verwendet werden kann. Unter welchen Voraussetzung eine Rücklagenbildung vorliegt, ergibt sich aus dem BMF-Schreiben vom 08. August 2005.[173] Danach ist die Rücklagenbildung anzu-

---

[169] *Semmler/Zimmermann*, Der Betrieb 2005, 2153 (2154).

[170] *Krämer* (Fn. 16), § 4 KStG Rn. 288.

[171] BMF v. 11.9.2002, IV A 2-S 1910-194/02, BStBl. 2002 I, 935.

[172] BFHE 220, 357.

[173] BMF v. 28.8.2005 – IV B 7 – S 2706a – 4/05, BStBl. 2005 I, 831.

erkennen, soweit die **Zwecke des Betriebs** gewerblicher Art ohne die Rücklagenbildung nachhaltig nicht erfüllt werden können. Diese Voraussetzung ist nach Auffassung der Finanzverwaltung in folgenden Fällen erfüllt:

- Die Mittel müssen für bestimmte Vorhaben - z.B. Anschaffung von Anlagevermögen - angesammelt werden, für deren Durchführung bereits **konkrete Zeitvorstellungen** bestehen.
- Besteht noch keine konkrete Zeitvorstellung, ist eine Rücklagenbildung zulässig, wenn die Durchführung des Vorhabens **glaubhaft und finanziell in einem angemessenen Zeitraum** möglich ist.
- Eine Mittelreservierung liegt auch vor, soweit die Mittel, die auf Grund eines gewinnrealisierenden Vorgangs dem Betrieb gewerblicher Art zugeführt worden sind, **bereits im laufenden Wirtschaftsjahr** z.B. reinvestiert oder zur Tilgung von betrieblichen Verbindlichkeiten verwendet worden sind.

Die Steuerpflicht tritt nicht ein, soweit es sich um die **Rückgewähr von Einlagen** aus dem steuerlichen Einlagenkonto i.S.d. § 27 KStG handelt.[174] Dabei bleiben **vor** dem Systemwechsel zum 01. Januar 2001 zum Ausgleich von Verlusten geleistete Einlagen der Trägerkörperschaft **unberücksichtigt**; sie führen zu keiner Erhöhung des Anfangsbestands des steuerlichen Einlagenkontos des Betriebs gewerblicher Art i.S.d. § 27 KStG.[175] 168

bb) Auflösung der Rücklagen. Nach § 20 Abs. 1 Nr. 10 b) S. 2 EStG führt auch die Auflösung von Rücklagen zu Zwecken außerhalb des Betriebs zur Kapitalertragsteuerpflicht. Dies ist z.B. der Fall, wenn bei einer gebildeten Rücklage die **ursprüngliche Zweckbindung wegfällt** und somit für die Trägerkörperschaft verwendbar wird. 169

cc) Umwandlungsvorgänge. Auch Umwandlungsvorgänge verwirklichen als Unterfall der Auflösung von Rücklagen den Tatbestand des § 20 Abs. 1 Nr. 10 b EStG. Dies gilt gem. § 20 Abs. 1 Nr. 10 b) S. 2, 2. Halbsatz EStG insbesondere für die **Einbringung eines Betriebs gewerblicher Art in eine Kapitalgesellschaft** nach dem sechsten Teil des Umwandlungssteuergesetzes. Dies umfasst auch die in der Praxis häufig vorgenommene Ausgliederung gem. § 123 Abs. 3 UmwG in eine Kapitalgesellschaft, die steuerlich eine Einbringung i.S.d. § 20 UmwStG darstellt. Maßgebend für die Bemessung der Kapitalertragsteuer sind dabei die im Zeitpunkt der Einbringung vorhandenen offenen Rücklagen des Betriebs gewerblicher Art. 170

dd) Verdeckte Gewinnausschüttungen. Schließlich führen auch verdeckte Gewinnausschüttungen zur Kapitalertragsteuerpflicht. Da dies auch für verdeckte Gewinnausschüttungen von Kapitalgesellschaften gem. § 20 Abs. 1 Nr. 1 EStG gilt, kommt hier erneut der Gedanke der **steuerlichen Gleichbehandlung** von Kapitalgesellschaft und Betrieb gewerblicher Art zum Tragen. 171

---

[174] BMF v. 11.9.2002, IV A 2-S 1910-194/02, BStBl. 2002 I, 935.

[175] BFHE 218, 515.

172 **b) Verfahren.** Der **Steuersatz**, der mit dem Unternehmensteuerreformgesetz 2008[176] geändert wurde, beträgt 15 % des Kapitalertrags, § 43a Abs. 1 Nr. 2 EStG. Dieser Steuersatz findet erstmals auf Gewinne Anwendung, die bei der Trägerkörperschaft nach dem 31. Dezember 2008 als zugeflossen gelten, § 52 Abs. 1 EStG. Hat der Zufluss vor dem 31. Dezember 2008 stattgefunden, gilt noch der Steuersatz von 10 % Schuldner der Kapitalertragsteuer ist die Trägerkörperschaft, § 43 Abs. 2 EStG.

173 **Schuldner** ist die Trägerkörperschaft; dem steht nicht entgegen, dass Gläubiger und Schuldner personenidentisch sind, § 43 Abs. 2 EStG. Der nicht den Rücklagen zugeführte Gewinn eines Betriebs gewerblicher Art ohne eigene Rechtspersönlichkeit fließt der Trägerkörperschaft unmittelbar zu. Gem. § 43 Abs. 1 Nr. 7 c i.V.m. § 44 Abs. 6 S. 2 EStG entsteht die Kapitalertragsteuer **mit der Bilanzerstellung**, spätestens **8 Monate** nach Ablauf eines Wirtschaftsjahres.

D. Umsatzsteuer

174 Dem Begriff des Betriebs gewerblicher Art kommt auch im Bereich der Umsatzsteuer eine wesentliche Bedeutung zu. Grundsätzlich gilt umsatzsteuerlich als Unternehmer, wer eine gewerbliche oder berufliche Tätigkeit selbständig ausübt, § 2 Abs. 1 S. 1 UStG. Eine solche gewerbliche oder berufliche Tätigkeit liegt gem. § 2 Abs. 1 S. 3 UStG vor, wenn diese nachhaltig zur Erzielung von Einnahmen ausgeübt wird, auch wenn die Absicht, Gewinne zu erzielen, fehlt. Gem. § 2 Abs. 3 S. 1 UStG sind juristische Personen des öffentlichen Rechts jedoch **nur im Rahmen ihrer Betriebe gewerblicher Art** sowie im Rahmen ihrer land- und forstwirtschaftlichen Betriebe gewerblich oder beruflich tätig. Daneben **gelten** die in § 2 Abs. 3 S. 2 Nr. 1 – 5 UStG aufgeführten Tätigkeiten als gewerbliche oder berufliche Tätigkeiten.[177] Im Geltungsbereich des nationalen Umsatzsteuergesetzes können Kommunen somit lediglich im Rahmen dieser Tätigkeitsfelder als Unternehmer angesehen werden, deren Umsätze der Umsatzsteuerpflicht unterworfen werden. Konsequenz ist, dass nicht jede unternehmerische Tätigkeit i.S.d. § 2 Abs. 1 S. 1 und 3 UStG eine juristische Person des öffentlichen Rechts zum umsatzsteuerlichen Unternehmer macht.[178] Prägnantes Beispiel ist die **entgeltliche Personalgestellung** einer juristischen Person des öffentlichen Rechts an eine andere juristische Person des öffentlichen Rechts. Die Finanzverwaltung geht davon aus, dass in diesen Fällen immer ein Leistungsaustausch stattfindet, der jedoch – abweichend von den allgemeinen Grundsätzen – nur dann der Umsatzsteuer unter-

[176] BGBl. 2007 S. 1912.

[177] Darunter fallen insbesondere die Leistungen der Vermessungs- und Katasterbehörden bei der Wahrnehmung von Aufgaben der Landesvermessung und des Liegenschaftskatasters, § 2 Abs. 3 S. 2 Nr. 4 UStG.

[178] *Stadie* (Fn. 4), § 2 Rn. 780.

liegt, wenn die Personalgestellung im Rahmen eines Betriebs gewerblicher Art i.S.d. §§ 1 Abs. 1 Nr. 6, 4 KStG vorgenommen wird.[179]

Im Bereich der Umsatzsteuer sind neben dem nationalen Umsatzsteuergesetz **175**
auch europäische Vorschriften zu beachten. Mit der 6. EG-Richtlinie zur Harmonisierung des Umsatzsteuerrechts (6. EG-Richtlinie) sind auch für die Umsatzsteuerpflicht der öffentlichen Hand relevante, für den gesamten Euroraum geltende Regelungen geschaffen worden. Die 6. Richtlinie wurde durch die Richtlinie 2006/112/EG vom 28. November 2006 über das gemeinsame Mehrwertsteuersystem (**MwStSystRL**) ersetzt. Gem. Art. 13 Abs. 1 S.1 MwStSystRL gelten Staaten, Länder, Gemeinden und sonstige Einrichtungen des öffentlichen Rechts nicht als Steuerpflichtige, soweit sie Tätigkeiten ausüben oder Umsätze bewirken, die ihnen im Rahmen der öffentlichen Gewalt obliegen, auch wenn sie im Zusammenhang mit diesen Tätigkeiten oder Umsätzen Zölle, Gebühren, Beiträge oder sonstige Abgaben erheben. Gem. Art. 13 Abs. 1 S. 2 MwStSystRL gilt die Steuerfreiheit jedoch nicht, sofern die Behandlung als Nichtsteuerpflichtige zu **größeren Wettbewerbsverzerrungen** führen würde. Darüber hinaus führen die im Anhang 1 der Mehrwertsteuersystemrichtlinie aufgeführten Tätigkeiten in jedem Fall zur Steuerpflicht.[180]

Die Bestimmungen zur Steuerpflicht nach § 2 Abs. 3 UStG einerseits und Art. **176**
13 MwStSystRL andererseits sind nicht deckungsgleich.[181] Nach dem europäischen Recht reicht es für die Begründung der Steuerpflicht aus, wenn sich die juristische Person des öffentlichen Rechts unter den gleichen rechtlichen Bedingungen wie private Rechtssubjekte betätigt. Ob darüber hinaus die Voraussetzungen des § 4 KStG für die Annahme eines Betriebs gewerblicher Art vorliegen (vgl. Rn 9 ff.), ist für die Umsatzsteuerpflicht nach Art. 13 MwStSystRL nicht relevant. Dabei reicht es der Rechtsprechung des EuGH bereits aus, wenn lediglich die **potentielle Möglichkeit** besteht, dass die jeweilige Tätigkeit der öffentlichen Hand auch von einem Privaten ausgeübt werden könnte und die Behandlung der öffentlichen Hand als Nichtsteuerpflichtiger dann zu größeren Wettbewerbsverzerrungen führen würde.[182] Die abstrakte Möglichkeit eines Wettbewerbs reicht jedoch nicht, sondern es muss anhand **konkreter Feststellungen** geprüft werden, ob ein wettbewerbsrelevanter Markt für die einschlägige Tätigkeit der juristischen Person des öffentlichen Rechts besteht.[183] Auch eine öffentliche Einrichtung kann sich nach einem Urteil des EuGH vom 04. Juni 2009 darauf berufen, dass ihre Behand-

---

[179] Abschnitt 23 Abs. 16 KStG.

[180] Darunter fallen z. B. das Telekommunikationswesen, die Lieferung von Wasser, Gas, Elektrizität und thermischer Energie, die Personen- und Güterbeförderung sowie Hafen und Flughafendienstleistungen.

[181] *Müller*, in: Nowak/Markmiller, Rechnungslegung und Steuern der kommunalen Betriebe, S. 124, der diese Aussage noch auf die inhaltsgleiche Regelung des Art. 4 Abs. 5 der 6. EG-Richtlinie bezieht.

[182] Slg. 1989, 3233.

[183] BFH/NV 2003, 1018.

lung als Nichtsteuerpflichtige zu Wettbewerbsverzerrungen zu ihren Lasten führt.[184]

177 Es ist darauf hinzuweisen, dass in den Fällen, in denen die öffentliche Hand Tätigkeiten durch **Eigen- oder Beteiligungsgesellschaften** in privater Rechtsform ausübt bzw. ausüben lässt, die Sondervorschrift des § 2 Abs. 3 UStG keine Anwendung findet. In den Fällen finden die für die jeweilige Rechtsform geltenden, allgemeinen umsatzsteuerlichen Grundsätze unmittelbare Anwendung.

I. Steuersubjekt

178 Wie bei der Körperschaftsteuer (vgl. Rn. 52 ff.) ist umsatzsteuerliches Steuersubjekt die jeweilige juristische Person des öffentlichen Rechts mit ihren Betrieben gewerblicher Art. Im Bereich der Umsatzsteuer gilt jedoch nicht der Grundsatz der Einzelbetrachtung jedes einzelnen Betriebs gewerblicher Art, sondern die **Gesamtheit aller Betriebe gewerblicher Art** einschließlich aller land- und forstwirtschaftlicher Betriebe bilden das Unternehmen der juristischen Person des öffentlichen Rechts.[185]

II. Steuerbare Umsätze

179 In § 1 Abs. 1 UStG ist geregelt, welche Umsätze steuerbar sind. Dies sind entgeltliche **Lieferungen und sonstige Leistungen** i.S.d. § 1 Abs. 1 Nr. 1 UStG, die Einfuhr von Gegenständen im Inland oder in den österreichischen Gebieten Jungholz und Mittelberg (Einfuhrumsatzsteuer) gem. § 1 Abs. 1 Nr. 4 UStG sowie der innergemeinschaftliche Erwerb im Inland gegen Entgelt gem. § 1 Abs. 1 Nr. 5 UStG.

1. Lieferung und sonstige Leistung

180 Im Vordergrund stehen hier die entgeltlichen Lieferungen und sonstigen Leistungen i.S.d. § 1 Abs. 1 UStG. Der Begriff der Lieferung ist in § 3 Abs. 1 UStG als Leistung definiert, durch die der Unternehmer oder ein von ihm beauftragter Dritter einen Abnehmer oder in dessen Auftrag einen Dritten dazu befähigt, im eigenen Namen über einen Gegenstand zu verfügen (**Verschaffung der Verfügungsmacht**). Als sonstige Leistung gelten gem. § 3 Abs. 9 UStG die Leistungen, die keine Lieferungen sind.

2. Unentgeltliche Wertabgaben

181 Gem. § 3 Abs. 1b und Abs. 9a UStG werden bestimmte Sachverhalte umsatzsteuerlich wie entgeltliche Lieferungen bzw. sonstige Leistungen behandelt. So führt

[184] BFH/NV 2009, 1222.
[185] Abschnitt 2.11 Abs. 2 UStAE.

die **Entnahme eines Gegenstandes** aus dem Unternehmen sowie die Zuwendung an Dritte für außersteuerliche bzw. nichtunternehmerische Zwecke zu einer sogenannten **unentgeltlichen Wertabgabe**, die gem. § 3 Abs. 1b UStG umsatzsteuerlich wie eine Lieferung zu behandeln ist. Die gleiche Rechtsfolge tritt gem. § 3 Abs. 9a UStG ein, wenn ein Unternehmer einen dem Unternehmen zugeordneten Gegenstand unentgeltlich für nichtunternehmerische Zwecke verwendet oder unentgeltliche Leistungen erbringt. Beispielhaft sei hier die unentgeltliche Zurverfügungstellung eines Schwimmbades für Zwecke des **Schulschwimmens**[186] oder die unentgeltliche Überlassung einer Mehrzweckhalle zur **Förderung von Vereinen**[187] genannt.

3. Abgrenzung zu steuerfreien Innenumsätzen / Umsatzsteuerliche Organschaft

Der Umsatzsteuerpflicht unterliegen immer nur solche Umsätze, die in einem **Leistungsaustausch** ausgeführt werden. Reine Innenumsätze unterliegen demnach mangels Vorliegens eines synallagmatischen Gegenseitigkeits- oder Austauschverhältnisses nicht der Umsatzsteuer. Da die Betriebe gewerblicher Art sowie die land- und forstwirtschaftlichen Betriebe in ihrer Gesamtheit das Unternehmen einer juristischen Person des öffentlichen Rechts bilden (vgl. Rn. 178) sind die Umsätze zwischen den jeweiligen Betrieben gewerblicher Art als **Innenumsätze** nicht umsatzsteuerbar.'[188] Leistungen eines Betriebs gewerblicher Art an den Hoheitsbereich der Trägerkörperschaft sind keine Innenumsätze und somit steuerbar (vgl. bereits Rn. 181).[189] Auch Umsätze zwischen zwei Betrieben gewerblicher Art zweier unterschiedlicher juristischer Personen des öffentlichen Rechts bewirken steuerbare Leistungen.[190] 182

Liegen die Voraussetzungen einer **umsatzsteuerlichen Organschaft** i.S.d. § 2 Abs. 2 Nr. 2 UStG vor, gelten mehrere juristischen Personen umsatzsteuerlich als Unternehmensteile eines Unternehmens. Auch Umsätze innerhalb einer umsatzsteuerlichen Organschaft sind demnach als reine Innenumsätze nicht steuerbar. Voraussetzung für die umsatzsteuerliche Organschaft ist, dass eine juristische Person nach dem Gesamtbild der tatsächlichen Verhältnisse **finanziell, wirtschaftlich und organisatorisch** in das Unternehmen des Organträgers eingegliedert ist, § 2 Abs. 2 Nr. 2 S. 1 UStG. Auch eine juristische Person des öffentlichen Rechts kann Organträger sein, wenn und soweit sie unternehmerisch tätig ist.[191] Liegen die Voraussetzungen einer umsatzsteuerlichen Organschaft im Verhältnis zwischen einer juristischen Person des öffentlichen Rechts und einer ihrer Eigen- oder Beteiligungsgesellschaften nicht vor, so sind Leistungen dieser Gesellschaft an die juristische Person des öffentlichen Rechts umsatzsteuerbar. 183

[186] Vgl. Abschnitt 2.11 Abs. 18 UStAE.

[187] BFHE 167, 207.

[188] *Eichmann*, Besteuerung der kommunalen Wirtschaft, S. 38.

[189] *Müller* (Fn. 179), S. 131.

[190] *Seibold-Freund*, Besteuerung von Kommunen, S. 137.

[191] Abschnitt 2.8 Abs. 1 S. 1 UStAE.

4. Steuerbare und nicht steuerbare Zuschüsse

184 Da lediglich Umsätze, die im Rahmen eines **Leistungsaustauschs** bewirkt werden, gem. § 1 UStG steuerbar sind, unterliegen Zuwendungen der öffentlichen Hand, die ohne Gegenleistung an ein Unternehmen gezahlt werden (**echte Zuschüsse**), nicht der Umsatzsteuer.[192] Allein die Bezeichnung einer Zahlung als Zuschuss reicht freilich für die Behandlung als nichtsteuerbar nicht aus. Zahlungen, die unter den Bezeichnungen Zuschuss, Zuwendung, Beihilfe etc. erfolgen, können Entgelt für eine Leistung, (zusätzliches) Entgelt eines Dritten oder eben echte Zuschüsse sein.[193] Nur die echten Zuschüsse sind nicht steuerbar.

185 Echte Zuschüsse liegen gem. Abschnitt 10.2 Abs. 7 S.2 UStAE vor, wenn die Zahlungen nicht an bestimmte Umsätze anknüpfen, sondern **unabhängig von einer bestimmten Leistung** gewährt werden. Dabei geht die Finanzverwaltung davon aus, dass Zuwendungen aus öffentlichen Kassen, die ausschließlich auf der Grundlage des Haushaltsrechts und den dazu erlassenen allgemeinen Nebenbestimmungen vergeben werden, in der Regel echte Zuschüsse sind.[194] Diesem Grundsatz folgt die Rechtsprechung des BFH nicht unbedingt.[195]

186 Die Frage, ob eine Zuwendung der öffentlichen Hand Leistungsentgelt oder echter Zuschuss ist, hängt vom jeweiligen Einzelfall ab.[196] Dem EuGH zufolge liegt eine Leistung vor, wenn der Leistende einem **individualisierbaren Leistungsempfänger** einen wirtschaftlichen Vorteil zuwendet, der einen **Verbrauch i.S.d. Mehrwertsteuersystems** impliziert.[197] Jedoch ist in der Rechtsprechung des BFH durchaus die Tendenz erkennbar, die Voraussetzung dieses Verbrauchs relativ weit auszulegen.[198]

187 Eine ähnliche Problematik stellt sich in den Fällen, in denen eine juristische Person des öffentlichen Rechts Zahlungen an eine Eigen- oder Beteiligungsgesellschaft erbringt. Hier ist eine Abgrenzung vorzunehmen, ob diese als **nicht steuerbare Gesellschaftereinlage** oder als Entgelt für eine Leistung anzusehen ist (siehe

---

[192] BFHE 184, 137.

[193] Abschnitt 10.2 Abs. 1 UStAE.

[194] Abschnitt 10.2 Abs. 8 S. 1 UStAE.

[195] Z. B. BFHE 223, 520. Das Gericht hatte entschieden, dass ein steuerbarer Leistungsaustausch und kein Zuschuss vorliegt, wenn ein Verein gegenüber einem Mitglied, einer Körperschaft des öffentlichen Rechts, journalistische Medienarbeit (insbes. Herstellung, Erwerb, Verbreitung und Vertrieb von Rundfunkprogrammen) erbringt und hierfür einen als "Finanzzuweisung" bezeichneten Jahresbetrag erhält. Die Entscheidung wird in der Literatur kritisiert (insbes. *Lippross*, DStR 2009, 781 ff.).

[196] Eine umfangreiche Darstellung der Rechtsprechung hierzu findet sich bei *Müller* (Fn. 179), S. 146 ff.

[197] EuGH v. 18.12.1997, C-384/95, DStRE 1998, 102.

[198] So hat der BFH mit Urteil v. 18.12.2008 zwar entschieden, dass es bei Zahlungen aus öffentlichen Kassen an einem Leistungsaustausch fehlen kann, wenn die Zahlung lediglich der Förderung der Tätigkeit des Empfängers allgemein, aus strukturpolitischen, volkswirtschaftlichen oder allgemeinpolitischen Gründen dient. Dies hatte er im konkreten Fall allerdings abgelehnt und ein steuerpflichtiges Entgelt angenommen (BFHE 225, 155).

schon zur vergleichbaren Problematik im Bereich der Körperschaftsteuer Rn. 82 ff.).

III. Steuerbefreiungen

Soweit eine juristische Person des öffentlichen Rechts als umsatzsteuerlicher Unternehmer steuerbare Leistungen erbringt, sind die **Steuerbefreiungstatbestände** insbesondere des § 4 UStG zu beachten. Nachfolgend werden einige für die öffentliche Hand relevante Steuerbefreiungstatbestände kurz dargestellt: 188

1.Grundstücksvermietung, § 4 Nr. 12 UStG

Insbesondere vor dem Hintergrund des EuGH-Urteils vom 04. Juni 2009 (vgl. Rn. 189
41) kommt der Steuerbefreiung für Grundstücksvermietungen des § 4 Nr. 12 UStG eine hohe praktische Bedeutung zu. Hier ist beachtlich, dass der leistende Unternehmer gem. § 9 UStG unter bestimmten Voraussetzungen **auf die Steuerfreiheit verzichten** kann, beispielsweise um in den Genuss des Vorsteuerabzugs zu kommen. Der EuGH hatte entschieden, dass eine juristische Person des öffentlichen Rechts, die Vermietungsleistungen erbringt, grundsätzlich eine unternehmerische Tätigkeit erbringt.[199] Demnach steht ihr in diesen Fällen auch das Recht zur Option nach § 9 UStG zu. Dies gilt auch, wenn es sich um eine Tätigkeit im Rahmen der Vermögensverwaltung und somit außerhalb eines Betriebs gewerblicher Art handelt. Angesichts dieser EuGH-Entscheidung wird in der Literatur vehement die Abkopplung des § 2 Abs. 3 UStG von der Körperschaftsteuer gefordert.[200]

2. Betreuungs- und Pflegeleistungen, § 4 Nr. 16 UStG

Mit Wirkung zum 01. Januar 2009 ist die Regelung des § 4 Nr. 16 UStG neu gefasst worden. Gem. § 4 Nr. 16 UStG n.F. sind die mit dem Betrieb von Einrichtungen zur Betreuung oder **Pflege körperlich, geistig oder seelisch hilfsbedürftiger Personen** eng verbundenen Leistungen u. a. von der Umsatzsteuer befreit, wenn sie durch juristische Personen des öffentlichen Rechts erbracht werden. 190

3. Krankentransport, § 4 Nr. 17 b) UStG

Gem. § 4 Nr. 17 b) UStG ist die **Beförderung von kranken und verletzten Personen** mit Fahrzeugen, die hierfür besonders eingerichtet sind, steuerbefreit. 191

[199] EuGH v. 4.6.2009 – C-102/08, UR 2009, 484 ff.
[200] *Widmann*, UR 2009, 484 (494).

4. Theater, Orchester, etc., § 4 Nr. 20 UStG

192 Gem. § 4 Nr. 2 UStG sind Umsätze folgender Einrichtungen des Bundes, der Länder, der Gemeinden oder der Gemeindeverbände steuerbefreit: Theater, Orchester, Kammermusikensembles, Chöre, Museen, botanische Gärten, zoologische Gärten, Tierparks, Archive, Büchereien sowie Denkmäler der Bau- und Gartenkunst. Dies gilt auch für Einrichtungen anderer Unternehmer, wenn die zuständige **Landesbehörde bescheinigt,** dass sie die gleichen kulturellen Aufgaben erfüllen.

5. Lieferungen und sonstige Leistungen an Truppen und Gefolge, Art. 67 Abs. 3 NATO-ZAbk

193 Relevant ist schließlich noch die Umsatzsteuerbefreiung nach Art. 67 Abs. 3 des Zusatzabkommens zum NATO-Truppenstatut (NATO-ZAbk). Die Umsatzsteuerbefreiung nach Art. 67 Abs. 3 NATO-ZAbk kommt auch für die Lieferung von **Elektrizität, Gas, Wasser und Wärme** sowie sonstige Leistungen auf dem Gebiet der **Telekommunikation** in Betracht, die für den Gebrauch oder Verbrauch in den Wohnungen bzw. durch die Mitglieder der Truppe oder des zivilen Gefolges oder deren Angehörige bestimmt sind. Voraussetzung ist, dass der Unternehmer den Vertrag über die Lieferung von Elektrizität, Gas, Wasser und Wärme sowie die sonstige Leistungen auf dem Gebiet der Telekommunikation mit der amtlichen Beschaffungsstelle der Truppe oder des zivilen Gefolges abschließt.[201]

IV. Bemessungsgrundlage

194 § 10 Abs. 1 S. 1 UStG bestimmt, dass Bemessungsgrundlage für die Umsatzsteuer das jeweilige **Entgelt** ist. Dabei gilt der Grundsatz, dass Entgelt alles ist, was der Leistungsempfänger aufwendet, um die Leistung zu erhalten, jedoch abzüglich der Umsatzsteuer, § 10 Abs. 1 S. 2 UStG.

195 Die Gegenleistung des Leistungsempfängers muss nicht in der Zahlung von Geld liegen. Sie kann auch in einer Lieferung oder einer sonstigen Leistung bestehen. In diesen Fällen spricht man vom **Tausch** bzw. vom **tauschähnlichen Umsatz**, § 3 Abs. 12 UStG.[202] Die Grundsätze des tauschähnlichen Umsatzes können auch bei **Entsorgungsverträgen** zwischen einem öffentlich-rechtlichen Entsorgungsträger und einem von diesem mit der Entsorgung beauftragen Unternehmen beachtlich sein.

196 Gem. BMF-Schreiben vom 1. Dezember 2008 finden die Grundsätze des tauschähnlichen Umsatzes dann auf Entsorgungsverträge Anwendung, wenn die Vertragsparteien den dem Entsorgungsunternehmen zur Verwertung übergebenen Wertstoffen (ausdrücklich oder offensichtlich) einen bestimmten **Wert beigemes-**

[201] BMF v. 22.12.2004, IV A 6 - S 7492 - 13/04, BStBl. 2004 I, 1200.

[202] Die Vereinbarkeit der Besteuerung von Tauschvorgängen und vergleichbaren Sachverhalten mit dem EU-Recht wird jedoch in der Literatur bezweifelt, vgl. *Stadie*, UR 2009, 745 ff.

sen haben.[203] In diesen Fällen wird eine Lieferung werthaltigen Abfalls an das Entsorgungsunternehmen angenommen, die neben der Zahlung des vereinbarten Entsorgungsentgelts Teil der Gegenleistung für die Entsorgungsleistung sein soll. Das BMF-Schreiben wird in der Literatur und der Praxis kritisiert. Neben dem Umstand, dass die Anwendung der Grundsätze des tauschähnlichen Umsatzes in diesen Fällen einen erheblichen bürokratischen Aufwand zur Folge hat, wird insbesondere kritisiert, dass die Finanzverwaltung dem Abfallerzeuger bzw. -besitzer grundsätzlich einen Lieferwillen unterstellt, der bei wirtschaftlicher Betrachtungsweise regelmäßig nicht besteht.[204]

Zu beachten sind noch die Regelungen des § 10 Abs. 4 u. 5 UStG. § 10 Abs. 4 **197** UStG regelt, wie die Bemessungsgrundlage bei **unentgeltlichen Wertabgaben** (vgl. Rn. 181) bestimmt wird. In den Fällen des § 3 Abs. 1b UStG bemisst sich der Umsatz nach dem Einkaufspreis zuzüglich der Nebenkosten für den Gegenstand oder für einen gleichartigen Gegenstand oder mangels Einkaufspreis nach den Selbstkosten. Bei sonstigen Leistungen i.S.d. § 3 Abs. 9a UStG bemisst er sich nach den bei der Ausführung des Umsatzes entstanden Ausgaben.

Die Grundsätze gelten gem. § 10 Abs. 5 UStG entsprechend, wenn eine Leis- **198** tung z.B. an die Trägerkörperschaft erbracht wird und das Entgelt nach § 10 Abs. 1 UStG niedriger als die Bemessungsgrundlage nach § 10 Abs. 4 UStG ist (**Mindestbemessungsgrundlage**). Dies gilt jedoch nicht, wenn das berechnete Entgelt marktüblich ist.[205]

V. Steuersätze

Der Regelsteuersatz beträgt gem. § 12 Abs. 1 UStG 19 %. Für juristische Personen **199** des öffentlichen Rechts kann in einigen Bereichen auch der ermäßigte Steuersatz von 7 % gem. § 12 Abs. 2 UStG angewandt werden.

1. Lieferung von Wasser / Wasserhausanschlüsse

Der ermäßigte Steuersatz greift z.B. für die Lieferung von Wasser zur Anwen- **200** dung, § 12 Abs. 2 Nr. 1 UStG i.V.m. Nr. 34 der Anlage 2 zum Umsatzsteuergesetz. Nachdem über viele Jahre umstritten war, ob auch das **Legen von Wasserhausanschlüssen** unter die Begünstigung fällt, hat der BFH mit zwei Urteilen vom 08. Oktober 2008 entschieden, dass der Wasserhausanschluss als Teilsaspekt der Wasserlieferung ebenfalls dem ermäßigten Steuersatz unterfällt.[206] Dies gilt auch, wenn die Anschlussleistung nicht an den späteren Wasserbezieher sondern z.B. an einen Bauträger erbracht wird.[207] Die Finanzverwaltung wendet die Entscheidungen des BFH an und hat mit Schreiben vom 07. April 2009 ihre bis dahin

[203] BMF v. 1.12.2008, IV B 8-S 7203/07/10002, 2008/0679398, BStBl. 2008 I, 992.
[204] *Tiedtke*, UR 2009, 447 (449).
[205] BFHE 183, 314.
[206] BFHE 222, 176 u. BFHE 223, 482.
[207] BFHE 223, 482.

abweichende Verwaltungspraxis revidiert.[208] Auch die Berechnung von **Baukostenzuschüssen** nach der AVBWasserV oder die Berechnung von **Anschlussbeiträgen** nach Satzungsrecht unterliegen dem ermäßigten Steuersatz.[209] Der ermäßigte Steuersatz kommt nach Auffassung der Finanzverwaltung jedoch nur dann zur Anwendung, wenn die Anschlussleistung und die Wasserlieferung durch ein und denselben Unternehmer erfolgen.[210]

201 Da die Finanzverwaltung seit einem BMF-Schreiben vom 04. Juli 2000 bis zum Schreiben vom 07. April 2009 die Auffassung vertreten hatte, das Legen von Wasserhausanschlüssen sei eine **selbstständige Hauptleistung** („Verschaffung der Möglichkeit zum Anschluss an das Versorgungsnetz") waren die Wasserversorgungsunternehmen in der Zwischenzeit gezwungen, den Regelsteuersatz von 19 % (bzw. 16 % in früheren Jahren) in Rechnung zu stellen. Da die von den Unternehmen vereinnahmte Umsatzsteuer bei diesen lediglich einen durchlaufenden Posten darstellt und somit das wirtschaftliche Vermögen der Unternehmen zu keinem Zeitpunkt vermehrt hat, besteht kein bereichungsrechtlicher Anspruch nach § 812 BGB bzw. kein öffentlicher-rechtlicher Erstattungsanspruch der Kunden auf Rückzahlung der Differenz zwischen den beiden Steuersätzen.[211]

202 Auf freiwilliger Basis kommt jedoch die Berichtigung des Steuersatzes in alten Rechnungen gem. §§ 14 c Abs. 1, 17 UStG in Betracht. Den Wasserversorgungsunternehmen ist nach erfolgter Berichtigung der Rechnung die zuviel abgeführte Umsatzsteuer vom Finanzamt zurück zu erstatten. Etwaige **bestandskräftige Umsatzsteuerbescheide** stehen der Berichtigung nicht entgegen. Der Erstattungsanspruch gegenüber dem Finanzamt bei Berichtigung eines unrichtigen Steuerausweises entsteht erst mit Berichtigung der alten Rechnung.[212]

2. Weitere Umsätze, die dem ermäßigten Steuersatz unterliegen

203 Soweit die Steuerbefreiung des § 4 Nr. 16 UStG nicht greift (vgl. Rn. 192), ist zu beachten, dass die Eintrittsberechtigung für **Theater, Konzerte, Museen** und vergleichbare Darbietungen nach § 12 Abs. 2 Nr. 7 a) UStG dem ermäßigten Steuersatz unterliegen. Nach § 12 Abs. 2 Nr. 9 UStG unterliegen die unmittelbar mit dem Betrieb von **Schwimmbädern** verbundenen Umsätze dem ermäßigten Steuersatz von 7 %. Gem. § 12 Abs. 2 Nr. 10 UStG werden die **Beförderung von Personen** im Schienenverkehr im Verkehr mit Oberleistungsbussen, im genehmigten Linienverkehr mit Kraftfahrzeugen, im Verkehr mit Taxen, mit Drahtseilbahnen und sonstigen mechanischen Aufstiegshilfen aller Art und bestimmte Beförderungen im Fährverkehr ermäßigt besteuert.

---

[208] BMF-Schreiben v. 7.4.2009 - IV B 8-S 7100/07/10024, 2009/0215132, BStBl. 2009 I, 531.

[209] Dies ergibt sich aus einem Schreiben des BMF an den Verband kommunaler Unternehmen v. 1.9.2009, abrufbar im Mitgliederbereich der Internetseite des Verbandes.

[210] BMF-Schreiben v. 7.4.2009 - IV B 8-S 7100/07/10024, 2009/0215132, BStBl. 2009 I, 531.

[211] *Meyer/Seifert*, ZfK 7/2009, 30. a. A.: *Küffner/Streit*, NWB 2009, 1831 (1834).

[212] *Stadie* (Fn. 4), § 14c Rn. 145.

VI. Steuerschuldnerschaft

Gem. § 13 a UStG ist Steuerschuldner regelmäßig der die Leistung erbringende Unternehmer. 204

Eine Ausnahme von dieser Regel ist in § 13 b UStG vorgesehen, wonach bei bestimmten steuerpflichtigen Umsätzen der Empfänger der Leistung die Steuer schuldet (**Wechsel der Steuerschuldnerschaft** oder auch **Reverse-Charge-Verfahren**). Die Regelung kann für juristische Personen des öffentlichen Rechts sowohl als Empfänger einer Leistung als auch als Unternehmen, die eine entsprechende Leistung erbringen, relevant werden. 205

Im Bereich der Entsorgungswirtschaft ist § 13 Abs. 2 Nr. 7 UStG zu beachten, wonach die **Lieferung von Industrieschrott, Altmetallen und sonstigen Abfallstoffen** dem Reverse-Charge-Verfahren unterliegt. 206

Im Bereich der Versorgungswirtschaft ist die Regelung des § 13 b Abs. 1 S. 1 Nr. 4 UStG zu beachten, wonach der Wechsel der Steuerschuldnerschaft unter bestimmten Voraussetzungen bei **Bauleistungen** eintritt. Nach Auffassung der Finanzverwaltung stellt das Verlegen von Hausanschlüssen durch ein Versorgungsunternehmen eine Bauleistung dar, wenn es sich hierbei um eine **eigenständige Leistung** handelt.[213] 207

VII. Vorsteuerabzug

Soweit eine Kommune Eingangsleistungen empfängt, die dem unternehmerischen Bereich zuzuordnen sind, kommt sie regelmäßig in den Genuss des **Vorsteuerabzugs** nach § 15 UStG. 208

Für die Zuordnung einer Leistung zum unternehmerischen Bereich gelten die allgemeinen Grundsätze nach Abschnitt 15.2 Abs. 17 UStAE.[214] Danach muss die Leistung in die **unternehmerische Sphäre** des Unternehmers eingehen.[215] 209

Soweit eine Leistung sowohl für den unternehmerischen als auch für den hoheitlichen Bereich einer juristischen Person des öffentlichen Rechts erbracht wird, sind die besonderen Regelungen des Abschnitts 15.2 Abs. 21 UStAE zu beachten. Danach hat der Unternehmer bei einheitlichen Gegenständen ein Wahlrecht. Beträgt die unternehmerische Nutzung mindestens 10 % kann der Gegenstand insgesamt dem umsatzsteuerlichen Unternehmen zugeordnet werden. In dem Fall kann der Vorsteuerabzug in vollem Umfang geltend gemacht werden.[216] Im Gegenzug unterliegt die Verwendung des Gegenstandes für nicht unternehmerische Zwecke als unentgeltliche Wertabgabe nach § 3 Abs. 9a UStG der Umsatzsteuerpflicht (vgl. Rn. 181). 210

[213] Abschnitt 13b.1 Abs. 7 Nr. 8 UStAE.

[214] *Müller* (Fn. 179), S. 159.

[215] Z. B. BFHE 149, 78

[216] Abschnitt 15.2 Abs. 21 Nr. 2 a) S. 1 UStAE.

§ 50 Mitbestimmung in kommunalen Unternehmen

Florian Becker

Schrifttum

F. Becker, Mitbestimmung in organisationsprivatisierten Unternehmen der öffentlichen Hand, ZögU 24 (2001), 1 ff.; *D. Ehlers*, Die Grenzen der Mitbestimmung in öffentlichen Unternehmen, JZ 1987, 218 ff.; *T. Mann*, Demokratieprinzip und Mitbestimmung in öffentlich-rechtlichen Unternehmen, ZögU 22 (1999), 17 ff.; *ders.*, Die öffentlich-rechtliche Gesellschaft, 2002; *B. Nagel*, Mitbestimmung in öffentlichen Unternehmen mit privater Rechtsform und Demokratieprinzip, 2002; *F. Ossenbühl*, Mitbestimmung in Eigengesellschaften der öffentlichen Hand, ZGR 1996, 504 ff.; *G. Püttner*, Mitbestimmung in kommunalen Unternehmen, in: ders. (Hrsg.), HKWP, Bd. 5, 2. Aufl. 1984, S. 184 ff.; *ders.*, Zur Mitbestimmung in öffentlich-rechtlich organisierten Unternehmen, DVBl. 1984, 165 ff.; *R. Schäfer*, Mitbestimmung in kommunalen Eigengesellschaften, 1988.

Inhaltsübersicht

A. Einführung

1 Die Mitbestimmung der Beschäftigten in Unternehmen ist ein **prägendes Kennzeichen der deutschen Wirtschaftordnung.**[1] Die Idee reicht in das 19. Jahrhundert zurück.[2] Ihre **Triebkräfte** sind außerordentlich vielgestaltig. So ist zum einen die angestrebte Gleichberechtigung von Arbeit und Kapital bei der Lenkung des Unternehmens zu nennen. Zum andern sollten die Beschäftigten aus der Fremdbestimmung innerhalb des Arbeitsverhältnisses befreit und zu Selbstbestimmung und Selbstverwirklichung angehalten werden. In der aktuellen Verfassungsordnung wird dieser Gedanke insbesondere durch das Sozialstaatsprinzip unterfangen. An diesem Punkt scheinen sich auch staatsrechtliche Demokratie und betriebliche Mitbestimmung partiell zu berühren.

2 Daneben wurde die Mitbestimmung nach den beiden verlorenen Kriegen als Instrument zur **Verhinderung des Missbrauches wirtschaftlicher Macht** durch private Unternehmer angesehen. Zudem existierte die Überzeugung, dass der Wiederaufbau Deutschlands nach dem Krieg nur im **Zusammenwirken der Sozialpartner** möglich sein würde.[3] Hierauf baut die Behauptung auf, dass Mitbestimmung auch ökonomisch sinnvoll sein soll.[4]

3 Die Regeln über die Mitbestimmung der Beschäftigten gelten für gesellschaftsrechtlich organisierte Unternehmen der öffentlichen Hand **aufgrund ihrer Rechtsform.** Dass ihre Inhaber staatliche bzw. kommunale Gebietskörperschaften sind, vermag hieran nichts zu ändern. Die Idee der Mitbestimmung der Beschäftigten ist aber auch weitgehend in der Verwaltung und **in öffentlich-rechtlich organisierten Unternehmen** umgesetzt worden.

B. Mitbestimmung der Beschäftigten in der kommunalen Wirtschaft

4 Angesichts der Vielzahl betroffener Wirtschaftszweige und handelnder Gesetzgeber überrascht es nicht, dass die Mitbestimmung der Beschäftigten in Unternehmen **verschiedenartig ausgestaltet** ist, je nach dem, ob sie sich auf ein öffentlich-rechtlich oder ein gesellschaftsrechtlich organisiertes Unternehmen bezieht. Des

---

[1] Siehe v. a. den Bericht der Kommission Mitbestimmung (Hrsg.), Mitbestimmung und neue Unternehmenskulturen, 1998. Die Kommission Mitbestimmung war von der Bertelsmann Stiftung und der Hans Böckler-Stiftung ins Leben gerufen worden; siehe auch *Raiser*, Gutachten B zum 66. Deutschen Juristentag (2006).

[2] Hierzu und zu dem folgenden: *Püttner*, in: ders. (Hrsg.), HKWP, Bd. 5, 2. Aufl. 1984, S. 184 (187 ff.); *Schäfer*, Mitbestimmung in kommunalen Eigengesellschaften, 1988, S. 69 ff.

[3] *Brox/Rüthers/Henssler*, Arbeitsrecht, 17. Aufl. 2007, Rn. 823 ff.

[4] Siehe *Thannisch*, Die ökonomische Effizienz der Mitbestimmung, 2005 (unter www.http://www.dgb.de/themen/mitbestimmung/untern_mitbest/vorteile/vorteile.htm; zuletzt abgerufen am 10.02.2010).

Weiteren wird zwischen **gesetzlicher und anderweitig vereinbarter** Mitbestimmung differenziert. Daneben kann sich die Mitbestimmung entweder auf **betriebliche** Entscheidungen (im Zusammenhang mit staatlichen oder kommunalen Unternehmen ist hier die Rede von **personeller Mitbestimmung**) oder auf **unternehmerische** Entscheidungen (bei öffentlichen Unternehmen dann: **direktive Mitbestimmung**) beziehen.

I. Gesellschaftsrechtliche Unternehmensformen

1. Die betriebliche Mitbestimmung

Die betriebliche Mitbestimmung bezieht sich insbesondere auf **Arbeitsablauf und Organisation** des Betriebs sowie personelle und **soziale Einzelentscheidungen** der Unternehmensleitung. Sie ist für Unternehmen in privater (vgl. § 130 BetrVG) Rechtsform in dem Betriebsverfassungsgesetz (BetrVG) geregelt. 5

Der wichtigste Träger der betrieblichen Mitbestimmung ist der **Betriebsrat** als gesetzlicher Repräsentant der Arbeitnehmer eines Betriebs, von denen er gewählt wird (vgl. §§ 7 ff. BetrVG). Seine Rechte und Pflichten sind nicht nur in dem BetrVG, sondern auch in zahlreichen anderen Gesetzen und Verordnungen geregelt.[5] Die Rechte des Betriebsrats können durch Betriebsvereinbarung erweitert werden.[6] 6

Die **Beteiligungsrechte** des Betriebrats sind vielgestaltig:[7] Informationsrechte (vgl. §§ 80 Abs. 2 S. 1, 85 Abs. 3 S. 1, 105, 108 Abs. 5, 110 BetrVG), ein Recht auf Anhörung (vgl. § 102 Abs. 1 BetrVG), die Pflicht des Arbeitgebers, sich zu beraten (vgl. § 90, 92 Abs. 1 S. 2, 92a Abs. 2 S. 1, 96, 97 BetrVG) und Vorschlagsrechte (§§ 92 Abs. 2, 96 Abs. 1 S. 3 BetrVG). In allen genannten Fällen verbleibt indes das Letztentscheidungsrecht beim Arbeitgeber. 7

Dies ändert sich in den Konstellationen, in denen der Betriebsrat über ein **echtes Mitbestimmungsrecht** verfügt. In solchen Angelegenheiten (vgl. §§ 87, 91 Abs. 1 BetrVG) können Arbeitgeber und Betriebsrat eine Entscheidung nur gemeinsam treffen. Dies ist vor allem bei Fragen relevant, die die Gestaltung von Arbeitsplatz, Arbeitsablauf und Arbeitsumgebung sowie soziale Angelegenheiten betreffen. 8

Kommt hier eine Einigung nicht zustande, muss die Maßnahme des Arbeitgebers unterbleiben. Allerdings kann dann eine **Einigungsstelle** (vgl. § 76 BetrVG) angerufen werden. Diese setzt sich aus Mitgliedern zusammen, die in gleicher Anzahl von dem Arbeitgeber und dem Betriebsrat bestellt werden; hinzu tritt ein unparteiischer Vorsitzender, auf dessen Person sich beide Seiten einigen müssen. Der Spruch der Einigungsstelle substituiert die gescheiterte Einigung (vgl. §§ 87 Abs. 2, 91 S. 2, 3 BetrVG). 9

---

5 Vgl. *Pulte*, NZA 2000, 234 ff.

6 *Brox/Rüthers/Henssler* (Fn. 3), Rn. 904.

7 Siehe nur die Übersicht bei *Brox/Rüthers/Henssler* (Fn. 3), Rn. 902 ff.

10 **Tendenzunternehmen** sind von dem Anwendungsbereich des Gesetzes ausgenommen, soweit die Eigenart des Betriebs seiner Anwendung entgegensteht (vgl. § 118 BetrVG). Tendenzunternehmen dienen unmittelbar und überwiegend politischen, koalitionspolitischen, konfessionellen, karitativen, erzieherischen, wissenschaftlichen oder künstlerischen Bestimmungen bzw. Zwecken der Berichterstattung oder der Meinungsäußerung. Der Grund dieser Privilegierung wird darin gesehen, dass zwischen den Freiheitsrechten der Tendenzträger und dem die Mitbestimmung verfassungsrechtlich unterfangenden Sozialstaatsprinzip ein Ausgleich zu schaffen ist.[8] Daher kann es schon mangels entsprechender Grundrechtsberechtigung gemeinwohlorientierter staatlicher oder kommunaler Unternehmen[9] nicht angängig sein, diese unter Hinweis auf einen ihnen zukommenden Tendenzschutz von den Mitbestimmungsvorschriften ausnehmen zu wollen.

2. Die unternehmerische Mitbestimmung

11 Soweit Unternehmen in gesellschaftsrechtlicher Form angesprochen werden, sind die Regelungen zur gesetzlichen unternehmerischen Mitbestimmung in vier Bundesgesetzen enthalten. Diese bestimmen die Anwendbarkeit ihrer Vorschriften allein nach **Rechtsform und Größe des Unternehmens** und wiederum unabhängig von dem hinter dem Unternehmen stehenden Eigentümer. Sie gelten damit für Unternehmen in privater ebenso wie für solche in staatlicher bzw. kommunaler Hand.

12 Das **Mitbestimmungsgesetz** (MitbestG) 1976 findet auf Unternehmen mit eigener Rechtspersönlichkeit Anwendung (z. B. AG, KGaA, GmbH, eGmbH sowie GmbH & Co KG wie AG & Co KG), wenn diese in der Regel mehr als 2000 Arbeitnehmer beschäftigen und nicht weitergehenden Mitbestimmungsregelungen unterfallen. Tendenzunternehmen sind auch von der unternehmerischen Mitbestimmung ausgenommen (vgl. § 1 Abs. 4 MitbestG 1976[10]).

13 Das MitbestG 1976 **modifiziert die Zusammensetzung des Aufsichtsrats** eines Unternehmens in Abweichung von den allgemeinen gesellschaftsrechtrechtlichen Vorschriften. Die Befugnisse der **Anteilseignerversammlung** bezüglich der Grundfragen des Unternehmens (Änderung des Unternehmensgegenstandes, Auflösung, Sitzverlegung, Kapitalbeschaffung und -herabsetzung, Fusion mit anderen Unternehmen, Umwandlung des Unternehmens, Satzungsänderungen) bleiben unberührt.

14 Die Aufsichtsräte in Unternehmen, die von dem MitbestG 1976 erfasst werden und deren konkrete Größe von der Zahl der Beschäftigten abhängt, sind mit der **gleichen Zahl von Aufsichtsratmitgliedern der Anteilseigner und der Arbeit-**

---

[8] BAG, Beschl. v. 22.4.1975, 7.11.1975, 22.5.1979, 19.5.1981, 21.6.1989, AP BetrVG 1972 § 118 Nr. 2, 4, 13, 18, 43; *Kania*, in: Müller-Glöge/Preis/Schmidt (Hrsg.), Erfurter Kommentar zum Arbeitsrecht, 8. Aufl. 2008, § 118 BetrVG Rn. 1.

[9] Grundlegend BVerfGE 61, 82 (104 f.); vgl. *Isensee*, Anwendung der Grundrechte auf juristische Personen, in: ders./Kirchhof (Hrsg.), Handbuch des Staatsrechts, Bd. 5, 2. Aufl. 2000, § 118 Rn. 24 f.

[10] Diese Ausnahme ist aus den erwähnten Gründen für die staatliche bzw. die kommunale Wirtschaft auch hier nicht relevant (vgl. den Text bei Fn. 8 f.).

nehmer besetzt. Die Gruppe der letztgenannten setzt sich zum einen aus Vertretern der im Unternehmen präsenten Gewerkschaften (vgl. § 7 Abs. 2 MitbestG 1976), zum andern aus Arbeitnehmern des Unternehmens zusammen. Die den Beschäftigten zuzurechnenden Aufsichtsratmitglieder werden (je nach Größe des Unternehmens) entweder unmittelbar durch die Arbeitnehmer oder durch Delegierte gewählt (vgl. §§ 9 ff. MitbestG).

Der Aufsichtsrat wählt seinen **Vorsitzenden** und dessen Stellvertreter mit einer **15**
zwei Drittel Mehrheit. Sollte diese nicht erreicht werden, wählen die Anteilseignervertreter den Vorsitzenden, während die Vertreter der Arbeitnehmer den Stellvertreter wählen (§ 27 MitbestG). Die Position des Vorsitzenden ist insoweit von besonderer Bedeutung als diesem ein **Stichentscheid** in den Fällen zusteht, in denen wegen Stimmengleichheit eine Abstimmung wiederholt werden muss. Es liegt damit ein Fall der nur fast paritätischen Mitbestimmung vor, bei der sich die Eignerseite im Konfliktfall durchsetzen kann. Dies war für das Bundesverfassungsgericht das entscheidende Argument dafür, die Regelungen des MitbestG 1976 als noch mit Art. 14 GG vereinbar anzusehen.[11]

Der Aufsichtsrat wählt die **Angehörigen des Unternehmensvorstands** mit ei- **16**
ner zwei Drittel Mehrheit. Als gleichberechtigtes Mitglied des Vorstandes ist in dem Unternehmen ein Arbeitsdirektor zu bestellen (vgl. § 33 MitbestG). Dies erfolgt ebenso wie die Abberufung nach den gleichen Regeln wie bei den übrigen Vorstandsmitgliedern.

Die Mitbestimmung aufgrund des **Montanmitbestimmungsgesetzes** (Montan **17**
MitbestG) 1951 geht wesentlich weiter. In Unternehmen der Montanindustrie mit in der Regel mehr als 1000 Arbeitnehmern sind die Aufsichtsräte paritätisch zusammengesetzt (vgl. § 4 Montan MitbestG). Neben die Vertreter der Arbeitnehmer und der Arbeitgeber tritt immer noch ein neutrales Mitglied, um auf diese Weise Pattsituationen bei der Entscheidungsfindung zu vermeiden. Die Wahl der Arbeitnehmervertreter erfolgt in einem komplexen Verfahren (vgl. § 6 Montan MitbestG).

Die Arbeitnehmer werden auch im Vorstand durch einen **Arbeitsdirektor** ver- **18**
treten, der ein gleichberechtigtes Mitglied des Vertretungsorgans ist und insbesondere die wirtschaftlichen und sozialen Interessen der Belegschaft zu wahren hat (§ 13 Montan MitbestG).

Die Mitbestimmungsregeln des **DrittelbG**, das insoweit §§ 76 ff. BetrVG 1952 **19**
weitgehend inhaltsgleich abgelöst hat, erfasst Aktiengesellschaften, GmbH und KGaA, wenn diese in der Regel mehr als 500 Arbeitnehmer beschäftigen. Soweit die Zahl der Beschäftigten unter diesem Wert liegt, sind die Vorschriften dennoch anwendbar, soweit das Unternehmen keine „Familiengesellschaft" ist und vor 1994 eingetragen wurde (vgl. § 1 Abs. 1 DrittelbG). Das Gesetz ist weder auf Unternehmen anwendbar, die den Arbeitnehmern eine günstigere Mitbestimmung einräumen, noch auf Tendenzunternehmen (vgl. § 1 Abs. 2 DrittelbG[12]).

Der **Aufsichtsrat** eines von dem DrittelbG erfassten Unternehmens ist zu ei- **20**
nem Drittel mit Vertretern der Arbeitnehmer zu besetzen, die nach den Grundsät-

---

[11] BVerfGE 50, 290 (351).

[12] Vgl. Fn. 10.

zen der Mehrheitswahl in allgemeiner, gleicher und unmittelbarer Wahl gewählt werden. Diese werden dann ohne Mitwirkung des Wahlorgans der Gesellschaft in den Aufsichtsrat entsandt. Anders als Montan MitbestG und MitbestG sieht das DrittelbG eine Vertretung der Arbeitnehmer in dem Leitungsorgan der Gesellschaft nicht vor.

21 Soweit ein Unternehmen als **Europäische Aktiengesellschaft**[13] (SE) verfasst ist, wird die Mitbestimmung der Arbeitnehmer durch die Richtlinie 2001/86/EG[14] des Rates geregelt, die durch das SE-Beteiligungsgesetz (SEBG) in deutsches Recht übernommen worden ist. Bei Gründung einer SE ist ein besonderes Verwaltungsgremium zu bilden (§§ 4 ff. SEBG), das mit der Unternehmensleitung eine schriftliche Vereinbarung über die Beteiligung der Arbeitnehmer in der SE abschließt. Soweit die entsprechenden Verhandlungen scheitern, greift ein gesetzliches Mitbestimmungsmodell, das sich prinzipiell an dem großzügigsten zuvor praktizierten Mitbestimmungsmodell orientiert (§§ 34 SEBG). Soweit eine mitbestimmungspflichtige deutsche Gesellschaft an der Gründung der SE beteiligt ist, muss das deutsche Modell der Arbeitnehmermitbestimmung in aller Regel fortgeführt werden.[15]

22 Neben den gesetzlichen Regelungen kommt insbesondere in den Fällen, in denen ein Unternehmen (nur) dem DrittelbG unterfällt, eine Erweiterung der Mitbestimmung durch **privatautonome Regelungen** wie Stimmbindungsverträge in Betracht. So wurden im Zuge der politischen Diskussionen um die Einführung einer paritätischen unternehmerischen Mitbestimmung in den siebziger Jahren die Unternehmensorgane verschiedener kommunaler Unternehmen bereits im Vorfeld des Erlasses gesetzlicher Regelungen nach den politischen Vorstellungen der Arbeitnehmervertreter auf vertraglicher Grundlage umgestaltet.[16] In solchen Verträgen verpflichteten sich die Anteilseigner, von den Arbeitnehmern gewählte Vertreter bis zur Grenze der paritätischen Mitbestimmung als Mitglieder des Aufsichtsrats zu bestellen.

23 Da die gesetzliche Mitbestimmung in staatlichen bzw. kommunalen Unternehmen ohnehin bereits erhebliche Schwierigkeiten sub specie Demokratieprinzip aufwirft, kann deren rechtsgeschäftliche Erweiterung (zumal im staatlichen und kommunalen Bereich der gesetzlichen Ermächtigung entbehrend) aber von vornherein nicht in Betracht kommen.

[13] Verordnung des Rates der EG über das Statut der Europäischen Gesellschaft (SE) Nr. 2157/2001 v. 8.10.2001 (ABl. EG L 294/1).

[14] Richtlinie 2001/86/EG des Rates v. 8.10.2001 zur Ergänzung des Statuts der Europäischen Gesellschaft hinsichtlich der Beteiligung der Arbeitnehmer (ABl. EG L 294/22).

[15] *Brox/Rüthers/Henssler* (Fn. 3), Rn. 1044.

[16] Vgl. i. E. *Püttner* (Fn. 2), S. 186.

II. Öffentlich-rechtliche Unternehmensformen

1. Die personelle Mitbestimmung

Die Regelungen über die betriebliche/personelle Mitbestimmung in Unternehmen öffentlicher Rechtsform finden sich in den **Personalvertretungsgesetzen** von Bund und Ländern, die Gegenstand mehrerer verfassungsrechtlicher Auseinandersetzungen auf Bundes- und Landesebene waren[17]. **24**

Die Personalvertretungsgesetze finden auch z. B. auf **Anstalten des öffentlichen Rechts** Anwendung. Diese Vorschriften weisen eine inhaltliche Nähe mit denen über die betriebliche Mitbestimmung in gesellschaftsrechtlich organisierten Unternehmen auf.[18] Auch hier existiert regelmäßig ein **System abgestufter Einflussrechte** (volle oder eingeschränkte Mitbestimmung sowie bloße Mitwirkung) der Personalvertretung. Soweit eine Entscheidung mangels erforderlicher Zustimmung nicht getroffen werden kann, ist die nächsthöhere Behörde einzuschalten, bei deren Entscheidung dann ebenfalls die Personalvertretung mitwirkt. Kommt auch hier keine Einigung mit der Personalvertretung zustande, entscheidet eine **Einigungsstelle** (vgl. als Beispiel § 69 Abs. 3, 4 i. V. m. § 70 BPersVG). Die Einigungsstelle setzt sich aus drei Vertretern der Behörde und drei von der Personalvertretung bestellten Personen zusammen. Hinzu kommt ein unparteiischer Vorsitzender, auf dessen Person sich beide Seiten einigen (vgl. z. B. § 71 Abs. 1 S. 1 BPersVG). **25**

2. Die direktive Mitbestimmung

Die Regelungen der direktiven Mitbestimmung in öffentlich-rechtlichen Unternehmen sind ausgesprochen vielgestaltig. Soweit Unternehmen durch **besondere Gesetze** errichtet worden sind, können diese entsprechende Mitbestimmungsregelungen vorsehen.[19] Insoweit sind im kommunalen Bereich insbesondere die **Sparkassengesetze** der Länder bedeutsam. Diese sehen vielfach für den Verwaltungsrat eine (nicht paritätische) Besetzung mit Arbeitnehmervertretern vor.[20] Auch die **kommunalen Eigenbetriebe** verfügen in den meisten Bundesländern über einen Werks- oder Betriebsausschuss bzw. eine Betriebskommission, der bzw. die jeweils als Mitbestimmungsorgan fungiert (→ § 44, Rn. 67). Während in den meisten Fällen das Maß der Mitbestimmung nicht über eine **Minderheitsbeteiligung** der Beschäftigten hinausreicht, bestimmt z. B. § 110 Abs. 2 S. 2 NdsPersVG (2007), dass Aufsichtsgremien für Einrichtungen der öffentlichen Hand mit wirtschaftlicher Zweckbestimmung **zur Hälfte mit Vertretern der Beschäftigten** be- **26**

---

17 Siehe die Nachweise bei *Mann*, ZögU 22 (1999), 17.

18 Vgl. i. E. *Püttner* (Fn. 2), S. 185.

19 Vgl. z. B. § 10 des Gesetzes über die Landesbank Baden-Württemberg v. 11.11.1998 (GBl. BW S. 589), zuletzt geändert durch Gesetz zur Änderung des Landesbankgesetzes v. 22.10.2002 (GBl. S. 385), nach dem zehn Mitglieder und ihre Stellvertreter als Vertreter der Beschäftigten in den Verwaltungsrat der öffentlich-rechtlich organisierten Bank gewählt werden.

20 Vgl. etwa § 9 Abs. 1 und 2 SpkG NW (2004); §§ 9 Abs. 2 Nr. 3 SächsSpkG.

setzt sein müssen.[21] Demgegenüber gibt es auch Gesetze, die die Mitwirkung der Beschäftigten in den Organen von unternehmerisch tätigen Anstalten **ausdrücklich untersagen.**[22]

C. Verfassungsrechtliche Beurteilung

I. Einleitung: Mitbestimmung und Verfassung

27 Soweit Unternehmen sich in **privater Hand** befinden, lässt sich das zulässige Maß an unternehmerischer und betrieblicher Mitbestimmung in erster Linie aus dem dreipoligen Verhältnis der Grundrechte der Anteilseigner (Art. 12, 14 GG), der Grundrechte der Arbeitnehmer (Art. 12, 9 Abs. 1, 2 Abs. 1 GG) und des Sozialstaatsprinzips ermitteln.[23] Hier ging und geht es letztlich um die staatlich organisierte **Abgrenzung der Freiheitsräume von Grundrechtsträgern** in konkurrierenden Interessenlagen.

28 Die Lage bei staatseigenen und kommunalen Unternehmen ist insoweit eine fundamental andere. Die Mitbestimmung in solchen Unternehmen berührt mangels einer Grundrechtsfähigkeit des Staates und seiner Trabanten[24] nicht einen grundrechtlichen Freiheitsraum (den des Unternehmers), sondern die **Legitimation der Ausübung staatlicher Funktionen**.

29 Staatliches Handeln bedarf grundsätzlich der demokratischen Legitimation (20 Abs. 2 S. 1 GG). Damit tritt das **Demokratieprinzip** als Legitimationsgrundlage staatlichen Handelns auf den Plan, aus dem sich für jede Ausübung von „Staatsgewalt" das Erfordernis der Rückbindung staatlichen Handelns an den Willen des Demos ergibt.

30 Das grundgesetzliche Erfordernis demokratischer Legitimation ist zum einen selbstverständlich auch in den Verfassungen der Bundesländer niedergelegt. Zum andern ist die Wirkkraft des grundgesetzlichen Prinzips durch Art. 28 Abs. 1 GG, die sog. **Homogenitätsklausel**, auch auf Länder (S. 1) und Gemeinden (S. 2) erstreckt.

II. Staatsgewalt als Legitimationsobjekt

31 Es trifft nicht zu, dass die Anwendung des Demokratieprinzips auf die unternehmerische Tätigkeit der öffentlichen Hand von vornherein verfehlt ist, weil es sich

[21] Vgl. auch § 10 Abs. 1 Nr. 3 BerlBG.

[22] Vgl. § 9 Abs. 1 BaySpkG; Art. 90 Abs. 3 S. 6 Nr. 1 GO Bay; § 114a Abs. 8 S. 8 Nr. 1 GO NW (vgl. aber hingegen § 114 Abs. 3 GO NW, der für Eigenbetriebe einen Betriebsausschuss [früher Werksausschuss] vorsieht).

[23] BVerfGE 50, 290.

[24] Siehe oben Fn. 9.

bei ihr nicht um die **Ausübung von Staats*gewalt*** handelt, die nach den genannten Vorschriften der Verfassung allein der demokratischen Legitimation bedarf.[25]

Soweit öffentlich-rechtliche, meist als Anstalt verfasste Unternehmen betroffen sind, macht bereits die **Rechtsform** die Einbindung in die Staatsgewalten deutlich.[26] Aber auch gesellschaftsrechtlich organisierte Unternehmen sind integraler Bestandteil der Staatsgewalt im Sinne von Art. 20 Abs. 2 GG.[27] Das verfassungsrechtliche Verbot reiner Gewinnerzielungsabsicht bei öffentlichen Unternehmen[28] weist als Kehrseite auf, dass mit allen staatlichen und kommunalen Unternehmen sonstige **öffentliche Zwecke** verfolgt werden müssen (→ § 46, Rn. 3, 7 ff.). Dies mag nicht in allen Fällen der Realität entsprechen, was aber an dem grundsätzlichen Erfordernis nichts ändert. Allerdings kann auch unabhängig von einer entsprechenden Sinnstiftung die Zuordnung aller staatlichen bzw. kommunalen Unternehmen zu dem Bereich der Staatsorganisation durch den Hinweis darauf begründet werden, dass das **Grundgesetz den Staat umfänglich verfasst** hat und keinen neben der Staatsorganisation existierenden, von staatlichen Bindungen oder Privilegien freien Fiskus kennt.[29] 32

Hieraus ergibt sich die **Relevanz des Demokratieprinzips** für den Gesamtbereich staatlichen Handelns[30] und damit auch für alle Formen unternehmerischer Tätigkeit der öffentlichen Hand - unabhängig von ihrer organisatorischen Verfassung oder der ihr zugrunde liegenden Motivation. Entscheidungen von Aufsichts- und Leitungsorganen öffentlicher Unternehmen bedürfen daher der demokratischen Legitimation. 33

III. Staatsvolk oder Gemeindebürger als Legitimationssubjekt

Das **Staatsvolk oder die Gemeindebürger** müssen als Legitimationsquelle stets am Anfang der Vermittlung demokratischer Legitimation stehen, die zudem nicht durch das Dazwischentreten nicht bzw. nicht hinreichend demokratisch legitimierter Personen oder Entscheidungen unterbrochen sein darf. 34

Die **Gesamtheit der in einem Betrieb Beschäftigten** kann in eben dieser Eigenschaft nicht der Ausgangspunkt solcher Legitimation sein, da hierfür nach Art. 20 GG nur das Staatsvolk oder die Gemeindebürger taugen.[31] Der Begriff der 35

---

25 Zu dem Umfang der „Staatsgewalt" im Sinne dieser Vorschrift allg.: *Becker*, Kooperative und konsensuale Strukturen in der Normsetzung, 2005, S. 357 ff.; insbes. zur wirtschaftlichen Tätigkeit: *Mann*, Die öffentlich-rechtliche Gesellschaft, 2002, S. 58 f.

26 VerfGH Münster, OVGE 39, 292 (295); *Mann* (Fn. 25), S. 59 (m. w. N. in Fn. 22).

27 So im Grundsatz die ganz herrschende Ansicht: *Böckenförde*, in: Isensee/Kirchhof (Hrsg.), Handbuch des Staatsrechts, Bd. 1, 2. Aufl. 1995, § 22 Rn. 13; *Ehlers*, JZ 1987, 218 (224 f.); *Mann* (Fn. 25), S. 59; *Schmidt-Aßmann*, AöR 116 (1991), 239 (346).

28 *Löwer*, VVDStRL 60 (2001), 416 (434); siehe auch *Becker*, Die Vernetzung der Landesbanken, 1997, S. 100 ff.

29 Siehe *Becker* (Fn. 28), S. 298 ff.

30 BVerfGE 47, 253 (272); 77, 1 (40); auch BVerfGE 107, 59 (87 ff.) geht hiervon grundsätzlich aus.

31 Siehe i. E. *Becker* (Fn. 25), S. 357 ff., 445 ff.; *Schäfer* (Fn. 2), S. 58 f.

betrieblichen „Demokratie“ oder der Wirtschaftsdemokratie[32] basiert damit mangels *demos* auf einem dem geltenden Staatsrecht fremden Demokratieverständnis.[33]

IV. Die Komponenten der demokratischen Legitimation

36 Das Demokratieprinzip verlangt, dass sich jede nicht völlig unwesentliche Äußerung der Staatsgewalt auf den Willen des Volkes zurückführen lässt. Die demokratische Legitimation einer einzelnen Handlung oder Entscheidung setzt sich dabei aus zwei Komponenten zusammen.[34] Die Rede ist von der **organisatorisch-personellen** sowie von der **sachlich-inhaltlichen** Legitimation.

1. Die organisatorisch-personelle demokratische Legitimation

37 **a) Allgemeines.** Die organisatorisch-personelle (oder: persönliche[35]) Komponente demokratischer Legitimation setzt bei den Personen an, die für den Staat tätig werden und baut auf einer ununterbrochenen, auf das Volk zurückzuführenden **Legitimationskette** auf.[36] Jede dieser Personen muss durch eine wiederum ihrerseits demokratisch legitimierte Person (oder ein entsprechendes Organ) berufen werden.

38 **b) Insbesondere: Kollegialorgane.** Mit Blick auf Kollegialorgane hat das Bundesverfassungsgericht zunächst eine streng logische Prüfung verlangt, ob ausgeschlossen ist, dass in Organen, deren Tätigkeit den Anforderungen des Demokratieprinzips unterliegt, solche Personen entscheidendes Gewicht haben, denen eine demokratische Legitimation fehlt.[37] In Betriebs- und Personalräten liegt ein solcher Mangel ebenso auf der Hand wie für die Beschäftigtenvertreter in Unternehmensorganen. In Umsetzung der vorgenannten Legitimationsanforderungen mag man nun verlangen, dass ***jedes* Mitglied** des betreffenden Kollegialorgans **demokratisch legitimiert** sein muss. Nach wie vor ist dies vor dem Hintergrund eines stringenten Demokratieverständnisses eine vorzugswürdige Lösung. Allerdings

32 Siehe z. B. *Naphtali*, Wirtschaftsdemokratie, 4. Aufl. 1977.

33 Völlig anders: *Nagel*, Mitbestimmung in öffentlichen Unternehmen mit privater Rechtsform und Demokratieprinzip, 2002, S. 15 ff.

34 BVerfGE 107, 59 (86 ff.) m. w. N.; vgl. i. E. Becker (Fn. 25), S. 359 ff.

35 *Herzog*, in: Maunz/Dürig u. a. (Hrsg.), Grundgesetz, Loseblatt, Stand: Juni 2007, Art. 20 Abs. 2 Rn. 50.

36 BVerfGE 47, 253 (275); *Böckenförde* (Fn. 27), § 22 Rn. 16 ff.; *Herzog* (Fn. 35), Rn. 50 ff.; *Jestaedt*, Demokratieprinzip und Kondominialverwaltung, 1993, S. 267 ff. Kritisch gegenüber der personellen Komponente der demokratischen Legitimation etwa: *Czybulka*, Die Legitimation der öffentlichen Verwaltung, 1989, S. 89 f.; *Dederer*, NVwZ 2000, 403 f.

37 So noch BVerfGE 38, 258 (271); VerfGH Münster, OVGE 39, 292 (204); vgl. *Becker*, ZögU 24 (2001), 1 (17) m. w. N.

erscheint fraglich, ob und inwieweit diese Position angesichts der jüngsten Rechtsprechung des Bundesverfassungsgerichts aufrechterhalten werden kann.[38]

Demgegenüber wurde vorgeschlagen, dass unter Außerachtlassung möglicher Einflüsse nicht-legitimierter Mitglieder auf den Entscheidungs*prozeß* in solchen Kollegialorganen wenigstens sichergestellt sein muss, dass eine Entscheidung von einer Mehrheit der Mitglieder getragen wird, die sich ihrerseits aus einer Mehrheit unbeschränkt demokratisch legitimierter Mitglieder ergibt.[39] Auf diese Weise soll die sich in entsprechenden Abstimmungskonstellationen realisierende „virtuelle Vollentscheidungsgewalt“[40] einzelner Organmitglieder ausgehebelt werden. Auf das damit angesprochene **Prinzip der doppelten Mehrheit** greift auch, wie sogleich zu sehen sein wird, das Bundesverfassungsgericht in Teilbereichen zurück.[41] 39

2. Die sachlich-inhaltliche demokratische Legitimation

Der zweite Aspekt demokratischer Legitimation ist der der sachlich-inhaltlichen Legitimation der Ausübung von Staatsgewalt. Dieser ist dazu bestimmt, die Ausübung der Staatsgewalt ihrem **Inhalt** nach vom Volk herzuleiten. Auch hier ergibt sich eine Legitimationshierarchie, da das legitimatorisch höherstehende Organ stets in der Lage sein muss, die nachgeordneten Organe inhaltlich zumindest partiell an seinen Willen zu binden. Handhabbar und praktisch umsetzbar wird dieses Prinzip grundsätzlich auf zwei verschiedenen Wegen: zum einen durch die Verankerung des **Gesetzgebungsrechts** beim Parlament und die **Bindung** aller anderen Gewalten an die Gesetze. Daneben tritt zum andern das Prinzip der sanktionierbaren Verantwortlichkeit aller staatlichen Funktionsträger, die durch eine flankierende **Kontroll- und Einwirkungskompetenz** (Aufsicht und Weisung[42]) des jeweils legitimationstechnisch näher bei dem Souverän stehenden Organs ergänzt wird. Durch das Zusammenspiel von Gesetzesbindung einerseits und demokratischer Verantwortlichkeit sowie Weisungsabhängigkeit andererseits wird, wenn auch über mehrere Schritte vermittelt, im Sinne materieller demokratischer Legitimation sichergestellt, dass sich das Handeln der vollziehenden Gewalt nach dem Willen der Volksvertretung und damit letztlich dem Willen des legitimationsstiftenden Volkes vollzieht. 40

Mit Blick auf als Aktiengesellschaften organisierten Unternehmen der öffentlichen Hand steht die Ausübung von Weisung- und Einflussrechten[43] indes in einem **Spannungsverhältnis** mit der gesellschaftsrechtlich niedergelegten Weisungs- 41

---

38 Siehe nur BVerfGE 93, 37 (70) und noch weitergehend BVerfGE 107, 59; vgl. unten Rn. 46 ff.

39 BVerfGE 93, 37 (67 f.), siehe auch BVerfGE 107, 59 (88).

40 *Leisner*, Mitbestimmung im öffentlichen Dienst, 1970, S. 40.

41 BVerfGE 93, 37 (72); siehe auch unten Rn. 53.

42 Zu deren Bedeutung *Böckenförde* (Fn. 27), § 22 Rn. 21.

43 Zu den kommunalrechtlichen Vorgaben für solche Weisungsrechte am Beispiel Nordrhein-Westfalens: *Schäfer* (Fn. 2), S. 143 ff.

freiheit des Vorstands[44] (vgl. § 76 Abs. 1, 93, 119 Abs. 2 AktG) und wohl auch des Aufsichtsrats[45] (vgl. § 116 AktG). Demgegenüber ist die Einrichtung und Ausübung von Weisungsrechten gegenüber Organen der GmbH deutlich einfacher möglich.[46]

3. Das erforderliche Legitimationsniveau

42 Das Zusammenspiel beider Legitimationskomponenten muss zu einem effektiven **Legitimationsniveau** führen.[47] Daher stehen beide Legitimationsformen zueinander in einem komplementären Verhältnis: Beide Komponenten des Demokratieprinzips sind insoweit aufeinander bezogen, als die Schwäche der einen Komponente durch die besondere Tragfähigkeit der anderen kompensiert werden kann.[48] Eine eingeschränkte normative Bindung bzw. eine schwächere personelle Legitimation kann durch eine intensivere Aufsicht, ein gesetzlicher Verzicht auf Einzelweisungen in abgegrenzten Bereichen der Exekutive kann durch eine höhere Regelungsdichte bei den gesetzlichen Vorgaben **kompensiert** werden.[49]

43 Gänzlich **austauschbar** sind die beiden Komponenten demokratischer Legitimation aber – vorbehaltlich anderweitiger verfassungsrechtlicher Regelung – **nicht**, da effektiver Einfluss des Volkes auf die Ausübung staatlicher Macht dort nicht denkbar ist, wo eine der beiden Legitimationskomponenten völlig ausfällt.[50] Die organisatorisch-personelle Komponente demokratischer Legitimation bewirkt zwar, dass staatliche Entscheidungsträger vom Volk bzw. dessen Vertretern eingesetzt sind. Die Gefahr einer Emanzipation der persönlich legitimierten Entscheidungsträger vom Volkswillen kann aber nur durch eine zusätzliche Anbindung an ein inhaltliches Entscheidungsprogramm gebannt werden.[51]

---

[44] Siehe *Hefermehl/Spindler*, in: Kropff/Semler (Hrsg.), Münchener Kommentar zum Aktiengesetz, Bd. 3, 2. Aufl. 2004, § 76 AktG Rn. 21 m. w. N.

[45] *Hefermehl/Spindler* (Fn. 44), vor §§ 76 AktG Rn. 84 ff. m. w. N.; siehe zu der Problematik insgesamt: *Gersdorf*, Öffentliche Unternehmen im Spannungsfeld zwischen Demokratie- und Wirtschaftlichkeitsprinzip, 2000, S. 266 ff.

[46] *Zöllner/Noack*, in: Baumbach/Hueck (Hrsg.), GmbH-Gesetz, 18. Aufl. 2006, § 37 Rn. 18 ff. Auch soweit ein fakultativer (vgl. § 52 GmbHG) oder obligatorischer Aufsichtsrat (vgl. § 1 Abs. 1 Nr. 3 DrittelbG, § 6 i. V. m. § 1 Abs. 1 Nr. 1 MitbestG, § 6 Abs. 2 InvestmG) errichtet wird, stehen dessen Mitwirkungsbefugnisse hinter den Weisungsbefugnissen der Gesellschafterversammlung aus §§ 37 Abs. 1, 45 Abs. 1 GmbHG zurück; vgl. *Altmeppen*, NJW 2003, 2561.

[47] BVerfGE 93, 37 (67); 107, 59 (87).

[48] BVerfGE 93, 37 (66 f.); *Böckenförde* (Fn. 27), § 22 Rn. 23; *Emde*, Die demokratische Legitimation der funktionalen Selbstverwaltung, 1991, S. 327 ff.; *Jestaedt* (Fn. 36), S. 277 ff., v. a. 283 ff.

[49] Ausführlich *Emde* (Fn. 48), S. 517 ff.; siehe auch *Jestaedt* (Fn. 36), S. 284; *Oebbecke*, VerwArch 81 (1990), 349 (357 f.).

[50] *Böckenförde* (Fn. 27), § 22 Rn. 23; *Emde* (Fn. 48), S. 329, 331 f.; a. A. *Jestaedt* (Fn. 36), S. 284.

[51] *Böckenförde* (Fn. 27), § 22 Rn. 23.

Vor diesem Hintergrund ist es auch nicht möglich, Mängel in der persönlichen Legitimation bei Organmitgliedern in mitbestimmten kommunalen Unternehmen als in dem gewählten Organisationsstatut angelegt[52] zunächst hinzunehmen, um diese dann aber über die Etablierung von Einwirkungs- und Kontrollpflichten – also Elemente der sachlich-inhaltlichen Legitimation zu **kompensieren.**[53] 44

Ebenso wenig ist es möglich, den Mangel demokratischer Legitimation der an Unternehmensentscheidungen beteiligten Beschäftigtenvertreter, der seine Ursache in deren Wahl durch die Beschäftigten hat, durch einen **Ernennungsakt** zu heilen. Es wurde etwa erwogen, die Beschäftigtenvertreter auf Vorschlag der Beschäftigten von ihrerseits zur Weitergabe demokratischer Legitimation geeigneter Organe ernennen zu lassen.[54] Eine solche Lösung würde zwar abhängig von ihrer konkreten Ausgestaltung zu einer persönlichen demokratischen Legitimation führen. Aber mangels einer Einbindung in die staatliche Verantwortungshierarchie wäre auch hier eine über den Ernennungsakt hinausreichende Legitimation nicht gewährleistet. 45

4. Die Rechtsprechung des BVerfG zur Mitbestimmung im öffentlichen Dienst

Die dargelegte Konzeption demokratischer Legitimation war zunächst mit Blick auf die **unmittelbare Staatsverwaltung** in Bund und Ländern sowie für die **kommunale Selbstverwaltung** entwickelt worden.[55] Sie galt indes einigen als zu mechanistisch,[56] da sie zum einen Grundlage für einen mehr oder weniger rigorosen Ausschluss von außerhalb der Legitimationskette stehenden „Betroffenen" oder gar nur „Interessierten" an Prozessen staatlicher Entscheidungsfindung war. Zum andern sperrte sie sich durch ihre strenge Ausrichtung auf den staatlichen Bereich auch gegen eine „Demokratisierung" gesellschaftlicher Funktionen. Beide Aspekte sind hier relevant. 46

Vor diesem Hintergrund hat das Bundesverfassungsgericht für den Bereich der Beschäftigtenmitwirkung durch Personalvertretungen im öffentlichen Dienst ein **Stufenmodell zulässiger Einflussnahme** in betrieblichen/personellen Angelegenheiten entwickelt.[57] Zwar erfasst das Demokratieprinzip auch die bloße **Vorbereitung der Ausübung von Staatsgewalt** oder **Maßnahmen, die dafür die Voraussetzungen** schaffen. Eine sich hierauf beziehende Mitbestimmung, die für die Berücksichtigung spezifischer Interessen von Dienst- und Arbeitnehmern im 47

[52] Zu dem damit angesprochnen, angeblichen Vorrang des bundesrechtlichen Gesellschaftsrechts vor dem landesrechtlichen kommunalen Wirtschaftsrecht oder Landesorganisationsrecht sogleich.

[53] So aber *Püttner*, DVBl. 1984, 165 ff.

[54] Erwogen von *Mann* (Fn. 25), S. 146 f., für die direktive Mitbestimmung in öffentlich-rechtlichen Unternehmen.

[55] Vgl. BVerfGE 38, 258; 47, 253; 52, 95.

[56] Beispielhaft hierfür *Nagel* (Fn. 33), S. 17.

[57] BVerfGE 93, 37 (70 ff.). Zu dessen Auswirkungen auf die Mitbestimmung in öffentlich-rechtlichen Unternehmen z. B. *Mann*, ZögU 22 (1999), 17 ff.

Bereich innerdienstlicher, sozialer und personeller Angelegenheiten sorgt, sei indes im Blick auf das Gebot demokratischer Legitimation solange unbedenklich, wie hierdurch nicht der gleiche Einfluss „aller der Staatsgewalt Unterworfenen" auf deren Ausübung beeinträchtigt werde.[58]

48 Zum einen dürfen danach **nur innerdienstliche Maßnahmen** der Mitbestimmung unterworfen werden, zum andern stößt auch diese Mitbestimmung an zwei Grenzen:[59] Sie muss durch die spezifischen, in dem Beschäftigungsverhältnis angelegten **Interessen der Beschäftigten** gerechtfertigt werden und die **potentielle Letztentscheidungskompetenz** eines seinerseits demokratisch legitimierten Organs muss gesichert sein. Zur Verfeinerung dieser groben Richtlinie entfaltet das Gericht ein Modell abgestufter Mitbestimmung.[60]

49 Soweit Angelegenheiten in ihrem Schwerpunkt die Beschäftigten in ihrem **Beschäftigungsverhältnis** betreffen, typischerweise aber nicht oder nur unerheblich die Wahrnehmung von Amtsaufgaben gegenüber dem Bürger berühren, gestattet das Demokratieprinzip hiernach eine **weit reichende Mitwirkung** der Beschäftigten.

50 Als Beispiel für solche Themen nennt das Gericht **soziale Angelegenheiten**, wie sie in § 75 Abs. 2 BPersVG umschrieben sind, und den in § 75 Abs. 3 (ausgenommen die Nummern 10, 14 und 17) BPersVG benannten Kreis innerdienstlicher Angelegenheiten. Hier ist eine echte Mitbestimmung der Personalvertretung ebenso wie im Falle fehlender Einigung die Delegation der Entscheidung an eine weisungsunabhängige Einigungsstelle möglich.

51 Die aber auch hier gebotene demokratische Legitimation kann etwa dadurch sichergestellt werden, dass die außerhalb der demokratischen Legitimationskette stehenden Beteiligten (Personalrat, Einigungsstelle) bei ihrer **Tätigkeit an Gesetz und Recht** gebunden sind. Weiterhin soll in solchen Fällen die Mehrheit der Mitglieder der Einigungsstelle jedenfalls „in gewissem Maße" personell demokratisch legitimiert sein. Auch eine **gesetzliche Vorprägung von Gründen**, die die Personalvertretung zur Verweigerung der Zustimmung berechtigt, stärkt die (sachlich-inhaltliche) demokratische Legitimation der Entscheidung (vgl. §§ 77 Abs. 2, 79 Abs. 1 S. 3 BPersVG). Für Fragen von besonderer Relevanz schlägt das Gericht die Einrichtung eines Letztentscheidungsrechts einer demokratisch legitimierten Stelle vor (vgl. § 104 S. 3 BPersVG).

52 Auf einer zweiten Stufe siedelt das Gericht solche Maßnahmen an, die zwar den **Binnenbereich des Beschäftigungsverhältnisses** betreffen, dabei aber die **Wahrnehmung des Amtsauftrages** typischerweise nicht nur unerheblich berühren. Beispiele hierfür findet das Bundesverfassungsgericht in §§ 75 Abs. 3 Nr. 14 und 17, 78 Abs. 1 Nr. 1 BPersVG.

53 Hier bedarf es eines **höheren Maßes an demokratischer Legitimation**, das stets durch die Möglichkeit der verbindlichen Letztentscheidung eines demokratisch legitimierten Organs zu gewährleisten ist. Soll eine Einigungsstelle ein solches, nicht durch ein Eingreifen eines demokratisch legitimierten Organs abzu-

---

[58] BVerfGE 93, 37 (69); vgl. auch BVerfGE 107, 59 (88).

[59] *Mann* (Fn. 25), S. 142 f.

[60] BVerfGE 93, 37 (69 ff.).

wendendes Letztentscheidungsrecht zugesprochen bekommen, bedarf zum einen die Mehrheit ihrer Mitglieder ihrerseits der umfänglichen demokratischen Legitimation. Zum andern muss jede Entscheidung darüber hinaus von einer Mehrheit der so legitimierten Mitglieder getragen werden. Das Gericht greift damit ausdrücklich auf das in der Literatur entwickelte **Prinzip der doppelten Mehrheit** zurück.[61]

Auf einer dritten Stufe entwickelt das Gericht Legitimationsanforderungen für solche innerdienstlichen Maßnahmen, die schwerpunktmäßig die **Erledigung von Amtsaufgaben** betreffen, dabei aber *auch* die Interessen der Beschäftigten berühren. Das Gericht führt als Beispiele Maßnahmen der Personalpolitik an, aber auch organisatorische Maßnahmen, die für die Wahrnehmung des Auftrages von erheblicher Bedeutung sind. **54**

Hier verträgt das Demokratieprinzip keine **substantielle Ausdünnung**, so dass lediglich eine abgeschwächte Form der Mitbestimmung der Beschäftigten in Form von Empfehlungen möglich ist. **55**

5. Die „Offenheit" des Demokratieprinzips

In der Entscheidung zum Lippeverband, in der die mit dem Demokratieprinzip in einem komplexen Verhältnis stehende funktionale Selbstverwaltung[62] mit der Frage nach dem in einem solchen Zwangsverband zulässigen Maß an Arbeitnehmermitbestimmung verbunden war, hat das Bundesverfassungsgericht seine ursprünglich recht strikte Auffassung zur Anwendung des Demokratieprinzips noch weiter modifiziert.[63] Es betont insoweit die **Entwicklungsoffenheit**[64] des grundgesetzlichen Demokratieprinzips (zumindest soweit Bereiche außerhalb der unmittelbaren Staatsverwaltung betroffen sind). Diese Offenheit dient dem Gericht als Grundlage für ein besonders weites Verständnis der Zulässigkeit funktionaler Selbstverwaltung und des damit verbundenen Teilnahme- und Mitgliedschaftszwangs für einzelne Betroffene, soweit Aufgaben und Handlungsbefugnisse der Körperschaftsorgane gesetzlich hinreichend bestimmt sind und ihre Wahrnehmung der Aufsicht personell-demokratisch legitimierter Amtswalter unterliegt.[65] **56**

Die in der konkreten Selbstverwaltungkörperschaft zugelassene Mitbestimmung der Beschäftigten dünnt nicht nur den **Strang demokratischer Legitimation** noch weiter aus, sondern beschränkt auch noch das Selbstverwaltungsrecht der Verbandsmitglieder. Da aber die Beschäftigten an der Erfüllung der Selbstverwaltungsaufgabe mitwirken, wird deren Mitbestimmung sogar in den Leitungsfunktionen des Verbandes „durch eine angestrebte Steigerung der Wirksamkeit der öffentlichen Aufgabenwahrnehmung gerechtfertigt".[66] Wenn also die Beteiligung **57**

---

[61] Dies geschieht durch Hinweis auf *Böckenförde* (Fn. 27), § 22 Rn. 19.

[62] Vgl. *Becker* (Fn. 25), S. 445 ff.

[63] BVerfGE 107, 59; kritisch *Jestaedt*, JuS 2004, 649 ff.; vgl. auch *Becker*, German Law Journal 2003, 759 ff.

[64] BVerfGE 107, 59 (91).

[65] BVerfGE 107, 59 (94).

[66] BVerfGE 107, 59 (91).

der Beschäftigten an der Aufgabenwahrnehmung dazu führt, dass die entsprechenden **Aufgaben noch wirksamer wahrgenommen** werden - so die Logik des Gerichts – wird die dem Demokratieprinzip zugrunde liegende Verwirklichung des Volkswillens nicht eingeschränkt, sondern sogar gestärkt, „denn der im Gesetz manifestierte Volkswille vollendet sich erst in der praktischen Durchsetzung".[67]

58 Der Duktus dieser Begründung und des **demokratischen „Effektivitätsprinzips"** weckt Erinnerungen an die Art und Weise wie der EuGH im Bereich des europäischen Gemeinschaftsrechts das Prinzip des *effet utile* einsetzt, um Ergebnisse zu erreichen, die sich mit keiner hergebrachten juristischen Auslegungsmethode untermauern lassen.[68] Das Bundesverfassungsgericht nimmt nicht einmal im einzelnen Rückgriff auf sein in der Entscheidung aus Jahre 1995 entwickeltes Modell der abgestuften Einflussrechte. Die die Entscheidung tragende angebliche Verbindung zwischen Mitbestimmung der Beschäftigten und Aufgabenerfüllung in jedem einzelnen Mitbestimmungsvorgang ist nur eine (gewagte) Behauptung.[69]

59 Ob dieser Beschluss eine endgültige Absage an das bislang nur leicht modifizierte Demokratieverständnis des Gerichts zugunsten einer diffusen Ansammlung von auf staatliche Funktionen ausgerichteten Einflusspfaden darstellt, kann (noch) nicht mit letzter Sicherheit gesagt werden. Jedenfalls aber „öffnet" die Entscheidung das Demokratieprinzip und macht seine ursprüngliche Stringenz für **weitere Modifikationen** anfällig. Es kann davon ausgegangen werden, dass die Argumentation des Gerichts die schematische Anwendung der allgemeinen, nur an die Rechtsform des Unternehmens, nicht aber die Charakterisierung seiner Inhaber gebundenen Mitbestimmungsregeln den Anforderungen des Demokratieprinzips weiter entzieht.

60 Dabei sollte allerdings nicht aus den Augen verloren werden, dass die meisten Argumente, die in der Entscheidung zum Lippeverband eine Modifikation der hergebrachten Anforderungen des Demokratieprinzips an die Ausübung staatlicher Funktionen unterstützen sollen, auf staatliche Unternehmen - zumal solche in gesellschaftsrechtlicher Organisationsform - **nicht übertragbar** sind. Beispielsweise unterliegen solche Unternehmen **nicht der staatlichen Rechtsaufsicht**, die in der Entscheidung noch neben der (ebenfalls insoweit nicht vorhandenen) gesetzlichen Detaillierung der Aufgaben, Handlungs- und Entscheidungsbefugnisse zu der bundesverfassungsgerichtlichen Unbedenklichkeitsbestätigung geführt hatte.[70]

---

[67] BVerfGE 107, 59 (99).

[68] Ausführlich hierzu *Becker/Campbell*, Columbia Journal of European Law 13 (2007), 401 (410).

[69] Weitere Kritik bei *Jestaedt*, JuS 2004, 652 f. m. w. N.

[70] BVerfGE 107, 59 (94 ff.).

V. Konsequenzen für die Mitbestimmung in kommunalen Unternehmen

1. Gleichbehandlung öffentlicher und privater Organisationsformen

Bei der verfassungsrechtlichen Beurteilung der unternehmerischen/direktiven und betrieblichen/personellen Mitbestimmung kann es keine Rolle spielen, in welcher Rechtsform ein Unternehmen geführt wird. Zwar ist es in der deutschen Staatsrechtslehre unumstritten, dass der Staat seine Aufgaben auch in privat- bzw. gesellschaftsrechtlichen Organisationsformen wahrnehmen darf.[71] In diesen Fällen ist aber eine „**Flucht in das Privatrecht**"[72] vor verfassungsrechtlichen Restriktionen dadurch zu verhindern, dass auch der in gesellschaftsrechtlichem Gewand handelnde Staat seine öffentlich-rechtlichen Bindungen, hier insbesondere die Notwendigkeit demokratischer Legitimation aller staatlichen Funktionen, respektieren muss. 61

Im Falle einer gesellschaftsrechtlichen Unternehmensorganisation kann die daraus zu ziehende Konsequenz (Nichtanwendung oder Modifikation des Mitbestimmungsregimes) **nicht** unter Hinweis auf den **Vorrang des bundesrechtlichen Gesellschafts- und Mitbestimmungsrechts** umgangen werden.[73] Das Demokratieprinzip ist unmittelbar dem Grundgesetz zu entnehmen und damit der überragende Maßstab, an dem alle einfachen Rechtsnormen – seien sie bundes- oder landesrechtlicher Provenienz – zu messen sind. Soweit sich die Anpassung der Mitbestimmungsregeln an die Vorgaben dieses Prinzips als unmöglich erweist, müssen entweder die fraglichen Vorschriften unangewendet bleiben oder die entsprechende Organisationsform kann gar nicht erst in Anspruch genommen werden. 62

Vernachlässigt man nun berechtigte, grundsätzliche Bedenken gegen die Relativierbarkeit demokratischer Legitimation und geht demgegenüber mit der jüngeren Rechtsprechung des Bundesverfassungsgerichts von der „Offenheit" des Demokratieprinzips insbesondere außerhalb der unmittelbaren Staats- und Kommunalverwaltung aus, so sind sicher die ersten relevanten Experimentierfelder die staatliche und die kommunale Wirtschaft. Will man angesichts dessen das aus dem Blickwinkel des Demokratieprinzips zulässige Maß an betrieblicher/personeller und unternehmerischer/direktiver Mitbestimmung der Beschäftigten in solchen Unternehmen ermitteln, sind die folgenden zwei Überlegungen zugrunde zu legen. 63

---

71 Siehe nur *Ehlers*, Verwaltung in Privatrechtsform, 1984, S. 109 ff.

72 Erstmals *Fleiner*, Institutionen des Deutschen Verwaltungsrechts, 8. Aufl. 1928, S. 326; zu der aktuellen Problematik siehe nur *Maurer*, Allgemeines Verwaltungsrecht, 17. Aufl. 2009, § 3 Rn. 9 m. w. N.

73 *Ossenbühl*, ZGR 1996, 504 (512 ff.).

2. Besonderheit staatlicher / kommunaler Wirtschaftstätigkeit

64 Zunächst sind **nur wenige der Motive**, die die Einführung der Mitbestimmung in privatwirtschaftlichen Unternehmen befördert haben, auf die Situation von Beschäftigten in staatlichen und kommunalen Unternehmen **übertragbar**. Hierbei handelt es sich insbesondere um diejenigen Motive, die sich mit der Person des Beschäftigten befassen und dessen **Selbstbestimmung und Selbstverwirklichung** auch im Beschäftigungsverhältnis sicherstellen wollen. Insoweit macht es keinen Unterschied, ob die für ein Beschäftigungsverhältnis typische Fremdbestimmung durch einen staatlichen bzw. kommunalen oder durch einen privaten Arbeitgeber erfolgt. Auch die Einsicht, dass unternehmerischer Erfolg (oder die Erfüllung eines öffentlichen Auftrags) durch ein Gegeneinander von Beschäftigten und Unternehmensführung gefährdet ist, gilt für alle Unternehmen unabhängig von deren Inhaberschaft. Hier setzt das Effektivitätsargument des Bundesverfassungsgerichts in der Lippeverband-Entscheidung an. Es darf allerdings nicht übersehen werden, dass die Erfüllung des Unternehmensauftrags und die Interessen der Beschäftigten durchaus miteinander in Konflikt stehen können.

65 Der für den Bereich der Privatwirtschaft typische Gegensatz von **„Kapital und Arbeit"** ist zudem in staatlichen und kommunalen Unternehmen nicht von Bedeutung. Während das staatliche bzw. kommunale Unternehmen auf die Erfüllung eines über die bloße Gewinnerzielungsabsicht hinausgehenden Zwecks ausgerichtet sein muss, verfolgt der private Unternehmer mit seiner Tätigkeit legitimen Eigennutz. Dies ist zwar unter keinen Umständen geringzuschätzen. Im Gegenteil: Wer ökonomische Chancen wahrnimmt, trägt zur effizienten Güterallokation und damit zum Gemeinwohl bei und eröffnet dem Staat zugleich mit dem steuerlichen Zugriff auf das von ihm Erworbene die Möglichkeit wiederum selbst zugunsten des Gemeinwohls tätig zu werden.[74] Aber der private Unternehmer ist anders als die öffentliche Gebietskörperschaft nicht in demokratische Legitimations- und Verantwortungsstrukturen eingebunden. Sein Handeln unterliegt nicht der Kontrolle von Rechnungshöfen oder Volksvertretungen oder der Bindung an einen *unmittelbar* gemeinwohlorientierten Zweck.

3. Abstufung der Außenrelevanz

66 Das Bundesverfassungsgericht hat in seiner Entscheidung zum schleswig-holsteinischen Gesetz über die Mitbestimmung der Personalräte[75] deutlich gemacht, dass Entscheidungen, die die Unternehmensleitung trifft, in durchaus unterschiedlichem Maße eine Außenwirkung entfalten können. Auf die **drei Intensitätsstufen** personeller/betrieblicher Mitbestimmung, die sich durch eine von Stufe zu Stufe zunehmende Außenrelevanz auszeichnen, setzt dann – gleichsam als vierte Stufe mit der intensivsten Außenwirksamkeit – die direktive/unternehmerische Mitbestimmung auf. Art und Maß zulässiger Mitbestimmung hängen damit von der betroffenen Materie ab.

---

[74] *Isensee*, in: Maurer (Hrsg.), FS für G. Dürig, 1990, S. 33 (56 f.).

[75] BVerfGE 93, 37.

4. Unternehmerische und direktive Mitbestimmung

Soweit es um direktive Mitbestimmung, also die Kontrolle wirtschaftlicher Macht durch die Beschäftigten oder aber gar um die ideelle Teilhaberschaft an dem Unternehmen geht, erlangt der **fundamentale Unterschied** zwischen staatlicher und privater Unternehmensinhaberschaft eine herausragende Bedeutung.[76] 67

Aufgrund der dargelegten Besonderheiten staatlicher Unternehmen ist eine **„Kontrolle" wirtschaftlicher Macht durch die Beschäftigten**, die neben die Kontrolle der verantwortlichen Träger demokratischer Legitimation tritt, genauso wenig angemessen, erforderlich oder auch nur zulässig wie eine Einflussnahme auf die unternehmerische Ausrichtung solcher Unternehmen. Eine Modifikation des Demokratieprinzips wird insoweit durch keinerlei erkennbar relevante Interessen der Allgemeinheit oder der Beschäftigten in ihrer Eigenschaft als solche gerechtfertigt. 68

Das Demokratieprinzip stellt über den Transmissionsriemen der allgemeinen und gleichen Wahl sicher, dass alle Bürger einer Gebietskörperschaft über das **streng gleiche Maß an formalem Einfluss** auf die Ausübung von Staatsgewalt verfügen. Aus dem Blickwinkel demokratischer Gleichheit berührt die Gestaltung und Umsetzung des dem Unternehmen zur Erfüllung übertragenen öffentlichen Auftrags die Beschäftigten nicht *mehr* als jeden anderen betroffenen Bürger. Diese demokratische Gleichheit würde unterlaufen, wenn man den Beschäftigten eines Unternehmens besondere Einflusspfade auf Unternehmensentscheidungen eröffnen würde, die dann neben den regelmäßigen demokratischen Einflusssträngen stünden.[77] 69

All diese Beobachtungen weisen auf die besonders engen Grenzen der Zulässigkeit direktiver/unternehmerischer Mitbestimmung hin. Die aus berechtigten Gründen vorgetragene Forderung nach der **demokratischen Legitimation jedes einzelnen Organmitglieds**,[78] die letztlich das Ende der gleichberechtigten Mitgliedschaft von Beschäftigten in Unternehmensorganen bedeutete, dürfte angesichts der Entwicklung der Rechtsprechung nicht durchgehend realisierbar sein. Aber ungeachtet dieser noch offenen Entwicklung darf es in solchen Fragen selbst auf Grundlage des neuerdings großzügigen Verständnisses des Bundesverfassungsgerichts keine echte Mitbestimmung im Sinne einer im Konfliktfall nicht zu substituierenden Mitentscheidung von Beschäftigtenvertretern in den Unternehmensorganen geben. 70

Die **Effektivität der Aufgabenerfüllung** (d. h. der Erreichung des Unternehmenszwecks) durch die Inanspruchnahme der Wissens- und Erfahrungsressourcen auf Seiten der Beschäftigten kann auch durch deren bloße Konsultation erreicht werden. 71

Dies bedeutet, dass für Unternehmensorgane zwar durchaus eine Besetzung mit Vertretern der Beschäftigten in Betracht gezogen werden kann. Das Bundesverfassungsgericht hatte aber nicht einmal mehr für nur innerbetriebliche Maßnahmen, 72

---

[76] Hierzu v. a. *Püttner* (Fn. 2), S. 189 f.

[77] Vgl. *Schäfer* (Fn. 2), S. 63 ff.

[78] *Becker* (Fn. 37), S. 17; *Ossenbühl*, ZGR 1996, 510 ff., 514 ff.

die bereits schwerpunktmäßig die Aufgabenerfüllung berühren (dritte Stufe), die Möglichkeit einer Entscheidungsfindung durch doppelte Mehrheit in Kollegialorganen in Betracht gezogen. Insoweit bleibt daher lediglich die **Einräumung einer rein beratenden Mitgliedschaft** der Beschäftigtenvertreter in solchen Organen ohne Stimmrecht möglich. Die Anwendung der dargelegten Vorschriften über die unternehmerische/direktive Mitbestimmung ist daher nicht mit dem Prinzip demokratischer Legitimation zu vereinbaren, soweit sie den Beschäftigtenvertretern mehr als bloße Beratungsfunktionen zuweisen.

5. Persönliche und soziale Belange der Beschäftigten

73 In weitaus höherem Maße als von unternehmerischen Entscheidungen können die persönlichen Belange der Beschäftigten von betriebsinternen Entscheidungen betroffen sein. Allerdings bleibt auch insoweit festzuhalten, dass die Ausübung der Direktionsgewalt der Unternehmensorgane eine **Ausübung von legitimationsbedürftiger Staatsgewalt** ist.

74 Hier empfiehlt sich im Ausgangspunkt der Rückgriff auf die vom Bundesverfassungsgericht zunächst für den öffentlichen Dienst entwickelte Abstufung von Art und Maß zulässiger Beschäftigtenmitbestimmung je nach Intensität der Außenrelevanz. Diese erlaubt einen Ausgleich zwischen der notwendigen Erfüllung des öffentlichen Auftrags einerseits, die unter Umständen auch gegen den Willen und die Interessen der Beschäftigten durchzusetzen ist, und der Ermöglichung von Selbstbestimmung und Selbstverwirklichung der Beschäftigten andererseits, soweit ihre persönlichen Belange im Beschäftigungsverhältnis betroffen sind.

75 Die beiden **Grenzen dieser Mitbestimmung** sind die des Schutzzwecks und der erforderlichen Letztverantwortung eines dem Parlament verantwortlichen Entscheidungsträgers. Zum einen können daher nur solche Entscheidungen zum Gegenstand der Mitbestimmung von Beschäftigten gemacht werden, die die spezifischen in dem Beschäftigungsverhältnis angelegten **Interessen der Beschäftigten** berühren. Zum andern darf es auch auf der am wenigsten außenwirksamen Entscheidungsebene keine Angelegenheit geben, in der eine Entscheidung zwar zunächst an die volle Mitbestimmung der Beschäftigtenvertreter gebunden ist, aber in letzter Konsequenz im Konfliktfall nicht doch durch ein **demokratisch legitimiertes Organ** gegen den Willen der Beschäftigtenvertreter **durchgesetzt** werden kann. Insoweit müsste das Modell des Bundesverfassungsgerichts strenger gehandhabt werden als bislang angenommen.

76 Dies ist schon allein deswegen erforderlich, weil die öffentliche Hand auch in ihrer Eigenschaft als Arbeitgeber in **Grundrechte ihrer Beschäftigten** einzugreifen in der Lage ist und solche Grundrechtseingriffe, selbst wenn sie niemanden anders als einen einzelnen Beschäftigten betreffen, der demokratischen Legitimation bedürfen. Immerhin hatte das Bundesverfassungsgericht selbst schon auf der am wenigsten außenwirksamen Stufe der Mitbestimmung Vorkehrungen für eine ausnahmsweise Letztentscheidungskompetenz eines demokratisch verantwortlichen Organs gefordert.[79]

---

[79] BVerfGE 93, 37 (71).

D. Schlussbemerkung

Die Mitbestimmung der Arbeitnehmer in Betrieb und Unternehmen hat sich zu einem **prägenden Merkmal der deutschen Wirtschaftsordnung** entwickelt. Trotz der streng zu differenzierenden Existenzbedingungen staatlicher und privater Wirtschaft sind insoweit in beiden Bereichen ähnliche Entwicklungen zu beobachten. Die Verschiedenartigkeit beider Wirtschaftszweige führt allerdings auch dazu, dass die Einräumung von Mitbestimmung an die Beschäftigten aus je verschiedenen Blickwinkeln zu beurteilen ist. Während dort die Grundrechte der Beteiligten den entscheidenden Maßstab bilden, ist hier insbesondere das Gebot demokratischer Legitimation von Bedeutung, das die Gestaltung des vollständig verfassten staatlichen Funktionsbereichs an den Willen des Staatsvolkes rückbindet. Die vorliegenden Überlegungen haben gezeigt, dass dieses Verfassungsprinzip einer gesetzlichen Etablierung von Fremdbestimmung noch weniger zugänglich ist, als die grundrechtlich abgeschirmte Entscheidungssphäre privater Unternehmer. 77

§ 51 Kommunales Beteiligungsmanagement

Harald Huffmann

Schrifttum

K. Ade, in: ders. (Hrsg.), Handbuch Kommunales Beteiligungsmanagement, 2. Aufl. 2005; *U. Bähr*, Beteiligungsmanagement - Steuerung von öffentlichen Unternehmen, Finanzwirtschaft 2002, 184 ff.; *U. Cronauge* (Hrsg.), Kommunale Unternehmen Eigenbetriebe - Kapitalgesellschaften - Zweckverbände, 3. Aufl. 2007; *U. Gundlach/V. Frenzel/N. Schmidt*, Das kommunale Aufsichtsratsmitglied im Spannungsfeld zwischen öffentlichem Recht und Gesellschaftsrecht, LKV 2001, 246 ff.; *D. Hille*, Grundlagen des kommunalen Beteiligungsmanagement, in: Bals/Hack/Reichard (Hrsg.), Die neue Kommunalverwaltung, Bd. 7, 2003; *H. Kußmaul/J. Henkes*, Kommunaler Konzernabschluss - ein neues Betätigungsfeld für den Berater, BB 2005, 2062 ff.; *P. Schäfer*, Zentralisation und Dezentralisation, Diss. 1982; *B. Strobel*, Der Beteiligungsbericht als Informationsinstrument des Gemeinderats, DÖV 2004, 477 ff.; *G. Schwarting*, Beteiligungsmanagement und -controlling in der Kommunalverwaltung - Einige wenig beachtete Aspekte -, BFuP 2004, 342 ff.; *W. Weiblen*, Bessere Steuerung von Eigenbetrieben, Eigengesellschaften und Beteiligung durch ein künftiges Beteiligungsmanagement?, Der Gemeindehaushalt 1995, 176 ff.

Inhaltsübersicht

Rn.

A. Einleitung

1 Allen Kommunen ist verfassungsrechtlich gem. Art. 28 Abs. GG garantiert, ihre Angelegenheiten der örtlichen Gemeinschaft eigenverantwortlich im Rahmen der geltenden Gesetze wahrzunehmen.

2 Grundfesten dieser Garantien sind die zum Kernbereich kommunaler Selbstverwaltung zu zählende kommunale Daseinsvorsorge und die Kommunalwirtschaft.

3 Zur Erfüllung der ihnen gestellten Aufgaben steht den Kommunen eine Vielzahl organisatorischer Gestaltungsformen zur Verfügung, deren Effizienz und Funktionalität in den letzten Jahrzehnten Gegenstand vielfältigster Analysen und Reformdiskussionen waren.[1] Ausgehend von dem Befund, dass in einer reinen Ämterverwaltung eine Übersteuerung von Ämtern und Dezernaten durch eine Unzahl interner Anweisungen und Organisationsrichtlinien gegeben sei, wurde vor allem in den 80iger und 90iger Jahren ein Ausweg hieraus in einer verstärkten organisatorischen und teilweise auch rechtlichen Verselbstständigung der Verwaltungseinheiten gesehen.[2] Eigenbetriebe, Anstalten des öffentlichen Rechts, formelle und teilweise auch materielle Aufgabenprivatisierungen haben zwischenzeitlich den kommunalen Verwaltungsstrukturen ein gänzlich geändertes Aussehen verliehen. Die ursprünglich klassische Kommunalverwaltung, die ihre Aufgaben im Prinzip ohne Ausgliederung einzelner Bereiche selbst wahrgenommen hatte, bedient sich in vielen Bereichen neben der Regie- oder Eigenbetriebe eigener Gesellschaften des Privatrechts wie die der GmbH oder Aktiengesellschaften. Zusätzlich diversifiziert wird das Bild durch Kooperationen mit anderen Kommunen in bspw. Zweckverbänden. Inzwischen finden sich somit gerade in mittleren und größeren Städten zunehmend komplexe Konzernstrukturen.[3]

4 Zwangsläufig ergibt sich für die Erfüllung der kommunalen Aufgaben ein Spannungsverhältnis zwischen einer die effektive Aufgabenerfüllung gewährleistenden Verselbständigung einerseits und einer diese Aufgabenerfüllung an die öffentlichen Zwecke bindenden Kontrolle und Steuerung andererseits.

5 Dieses Spannungsverhältnis ist dabei regelmäßig bereits bei der Diskussion der Organisationsformen und vor allem bei der Privatisierung der kommunalen Aufgaben wesentlich.

6 Bspw. ermöglicht die Dezentralisierung der Aufgaben kürzere Entscheidungswege. Ferner werde es möglich, diese Bereiche zu „entpolitisieren“, die Eigenverantwortung der in den neuen Strukturen Handelnden zu stärken sowie aufgrund der Befreiung vom kommunalen Haushaltsrecht ein leistungsorientiertes Handeln zu entwickeln.[4] Gleichzeitig aber wachsen auch Risiken wie die Entfremdung

---

[1] Vgl. *Cronauge*, Kommunale Unternehmen Eigenbetriebe - Kapitalgesellschaften - Zweckverbände, 3. Aufl. 2007, Rn. 529.

[2] Vgl. *Hille*, in: Bals/Hack/Reichard (Hrsg.), Grundlagen des kommunalen Beteiligungsmanagement, Bd. 7, 2003, S. 1.

[3] Vgl. auch *Ade*, in: ders. (Hrsg.), Handbuch Kommunales Beteiligungsmanagement, 2. Aufl. 2005, S. 26.

[4] Vgl. *Hille* (Fn. 2), S. 5.

kommunaler Aufgaben vom örtlichen Bezug, der Verlust von Weisungsrechten der Kommune und die Gefahr von sog. Risikogeschäften.

Das kommunale Beteiligungsmanagement ist das wesentliche Instrument, in diesem Spannungsverhältnis die notwendige öffentliche Zweckbindung und Steuerung durch die Kommune zu bewerkstelligen. 7

Die Verwaltungswissenschaften stellten diesen Zentrifugalkräften und dem Kontrollverlust als Alternativen zu der weiteren Dezentralisierung der öffentlichen Verwaltungs- und Daseinvorsorgeaufgaben die neuen Steuerungsmodelle entgegen, die im Gefüge der klassischen Ämterverwaltung mit den gleichen Zielen versuchen, dezentrale Aufgaben- und Ressourcenverantwortung zu generieren und damit eine weitere rechtliche und organisatorische Verselbständigung überflüssig erscheinen zu lassen. 8

Eine weitere Rolle, die Notwendigkeit und auch Gestaltung eines Beteiligungsmanagements betreffend, spielt das sog. "Neue Kommunale Finanzmanagement" (NKF). Zwar berührt die Einführung der doppischen Rechnungslegung nicht unmittelbar das Beteiligungsmanagement, trotzdem enthält das Konzept des NKF viele Instrumente, die das Beteiligungsmanagement betreffen bzw. dessen Wirken teilweise ergänzen und teilweise auch erleichtern. Beispielhaft seien hier der Konsolidierungskreis genannt, vereinfacht also die Einbeziehung auch der Beteiligungen in den Gesamtabschluss.[5] Vielfach werden vorhandene Strukturen des Beteiligungsmanagements genutzt, um die neuen Aufgaben zu erfüllen. 9

B. Rechtlicher Rahmen eines Beteiligungsmanagements

Eine regelmäßige rechtliche Verpflichtung, ein Beteiligungsmanagement einzurichten, gibt es derzeit noch nicht. Lediglich in einzelnen Gemeindeordnungen bzw. Kommunalverfassungen wird die Einrichtung einer Beteiligungsverwaltung oder eines Beteiligungsmanagements gefordert. Da die Regelungen teilweise auf jüngere Gesetzesnovellen zurückgehen, kann von einem Trend zur Verrechtlichung des Beteiligungsmanagements gesprochen werden. In einigen Bundesländern ist die Einrichtung einer Stelle, welche die Aufgaben der Beteiligungsverwaltung wahrnimmt, gesetzlich vorgeschrieben. So sieht die Kommunalverfassung Brandenburgs eine mit qualifiziertem Personal ausgestattete Stelle zur Steuerung der Gemeindebeteiligungen vor. Die Gemeindeordnung Sachsen-Anhalts formuliert, dass eine fachlich geeignete Stelle das Beteiligungsmanagement zu gewährleisten hat. In Mecklenburg-Vorpommern sowie Niedersachsen wird hingegen nur die Aufgabe der Beteiligungsverwaltung beschrieben, Vorgaben hinsichtlich der Organisationsform werden jedoch nicht gemacht.[6] Damit bleibt es der Gemeinde 10

---

[5] Vgl. *Kußmaul/Henkes*, BB 2005, 2062.

[6] Vgl. § 98 BbgKVerf; § 75a KV MV; § 144a GO Nds; § 118 GO SachsAnh.

vorbehalten, im Rahmen ihrer Selbstverwaltung selbst zu entscheiden, wie sie diese Aufgabe ausführt.[7]

11 Vor diesem Hintergrund sind sowohl die Aufgabenstellung des Beteiligungsmanagements als auch dessen organisatorische Ausprägung unterschiedlich gestaltet. Trotz der fehlenden expliziten gesetzgeberischen Verpflichtung zur Einrichtung eines Beteiligungsmanagements darf nicht voreilig der Befund gewonnen werden, die Einrichtung einer fachlich geeigneten Stelle zur Wahrnehmung der Aufgaben des Beteiligungsmanagements sei fakultativ. Im Folgenden wird aufgezeigt, dass verschiedenste rechtliche Aspekte für eine Pflicht sprechen, ein Beteiligungsmanagement einzurichten. Ergänzt werden diese rechtlichen Gründe durch solche der Zweckmäßigkeit. Insoweit wird der Charakter des Beteiligungsmanagements durch die Summation rechtlicher und zweckdienlicher Aspekte zur Steuerung des Konzerns Kommune geprägt.

12 Vornehmlicher Grund, ein Beteiligungsmanagement einzurichten, ist die rechtliche und organisatorische Verselbständigung von Trägern eigener Rechte und Pflichten außerhalb der kommunalen Kernverwaltung. Rechtlich, organisatorisch und haushalterisch verselbständigte Organisationseinheiten neigen dazu, ein Eigenleben unabhängig von der Trägerkommune zu entwickeln.

13 Grundsätzlich kann festgestellt werden, dass sich über den Regiebetrieb hin zum Eigenbetrieb und weiter zur GmbH und schließlich zur Aktiengesellschaft ein zunehmendes Maß an Unabhängigkeit von der Trägerkommune und damit naturgemäß ein stärker werdendes an Eigeninteressen orientiertes Eigenleben entwickelt. Dabei dürfte das tatsächliche Maß an selbstständigem Eigenlegen durch vielfältige individuelle Unterschiede in den einzelnen Kommunen geprägt werden.[8]

14 Gerade die als selbstständige juristische Personen ausgekleideten GmbH und Aktiengesellschaft sind darüber hinaus nur im Rahmen der bundesgesetzlichen Vorgaben des Gesellschaftsrechts steuerbar (→ § 46, Rn. 13 ff.). In der aktienrechtlich angelegten weiten Eigenkompetenz des Vorstands als Geschäftsführungsorgan wird nicht zu Unrecht ein Steuerungshindernis gesehen. In einzelnen Gemeindeordnungen wird deswegen die Wahl der Rechtsform der Aktiengesellschaft nur subsidiär gegenüber anderen, ebenso geeigneten Rechtsformen erlaubt.[9] Des Weiteren kann bspw. bei der Einbindung privater Partner (sog. PPP-Modelle) ein Zielkonflikt zwischen privatem Gewinnstreben und der Gewährleistung einer angemessenen öffentlichen Daseinsvorsorge entstehen.[10] Das Beteiligungsmanagement fungiert insoweit als Instrument, um Informationen bereitzustellen, Betei-

---

7 Vgl. *Tietje*, Die Neuordnung des Rechts wirtschaftlicher Betätigung und privatrechtlicher Beteiligung der Gemeinden, 2002, S. 125f.; *Hille* (Fn. 2), S. 10.

8 Vgl. *Gerstlberger/Kneissler*, Die Verwaltung 1998, 193 (204), die bezüglich des Maßes an faktischer Selbständigkeit darauf hinweisen, dass zwischen Eigenbetrieben und Eigengesellschaften oftmals Unterschiede im Grad der Eigenständigkeit auf spezifische Aufgabenerfordernisse und lokale Personenkonstellationen zurück zu führen seien.

9 Siehe § 108 Abs. 3 GO NRW.

10 Vgl. *Dieckmann*, Der Städtetag 1991, 739; *Bähr*, Finanzwirtschaft 2002, 184 (186); *Ehlers*, DÖV 1986, 897 (890).

ligungsunternehmen in kommunalpolitische Ziele einzubinden und die Geschäftsführung von Unternehmen mit der Gemeinde abzustimmen.

Aus rechtlicher Sicht ist zwar nicht nur deshalb auf die Notwendigkeit eines Beteiligungsmanagements zu schließen, weil die in der Natur der Sache liegenden Selbstständigkeitsbestrebungen eigenständiger juristischer Personen es forderte. Aber neben diesen faktischen und weiteren, vor allem politischen Gründen, wie etwa die Wahrnehmung einer verantwortlichen Rolle als Eigentümer einer Eigengesellschaft und die Verantwortung für eine örtlich einheitliche Politik, ergibt sich die Notwendigkeit bereits aus der sog. **Ingerenzpflicht** bzw. Einwirkungspflicht der jeweiligen Trägerkommune.[11] Die Frage der Ingerenz betrifft die Einfluss- und Kontrollmöglichkeiten der öffentlichen Hand auf einen Rechtsträger nach einer erfolgten Ausgliederung oder Privatisierung. Wesentlich ist die Verpflichtung der Kommunen, ihre Unternehmen so zu steuern und zu überwachen, dass der öffentliche Zweck nachhaltig erfüllt und auch nach deren Gründung die öffentliche Zweckbindung garantiert wird[12] (→ § 46, Rn. 3, 13 ff.). 15

Die rechtlichen Grundlagen für diese Einwirkungspflicht sind nicht nur auf kommunaler Ebene verankert, sondern lassen sich auch auf verfassungsrechtliche Prinzipien zurückführen. So sind staatliche Organe aufgrund des Rechtsstaatsprinzips verpflichtet, keine kontrollfreien Räume im Bereich hoheitlichen Handelns entstehen zu lassen.[13] Daraus folgt, dass die jeweilige Trägerkommune über ausreichende sog. Ingerenzrechte verfügen muss, um die Tätigkeit der eigenen Unternehmen steuern zu können. 16

Eine Verpflichtung ist auch aus dem Demokratieprinzip ableitbar. Bei der öffentlichen Aufgabenwahrnehmung muss eine ununterbrochene Legitimationskette zum jeweils Handelnden bestehen.[14] Mit anderen Worten müssen alle wesentlichen Unternehmensentscheidungen von demokratisch legitimierten Entscheidungsträgern getroffen werden (→ § 50, Rn. 36 ff.). 17

Als konkrete Handlungsanweisung ist diese **Ingerenzpflicht** in den kommunalwirtschaftsrechtlichen Regelungen regelmäßig festgeschrieben, so in Nordrhein-Westfalen bspw. in den §§ 107 ff. GO NRW, der GemHVO NRW[15] sowie dem NKFEG NRW[16]. 18

---

[11] Vgl. *Ade* (Fn. 3), S. 24.

[12] Vgl. *Spannowsky*, DVBl. 1992, 1072 (1073); *Schäfer*, Mitbestimmung in kommunalen Eigengesellschaften, 1988, S .139; *Püttner*, DVBl. 1975, 353 (355); *Ehlers*, Verwaltung in Privatrechtsform, 1984, S. 129f.; *Boysen*, VR 1996, 73 (74).

[13] Vgl. *Spannowsky*, DVBl. 1992, 1072 (1075 f.); *Spannowsky*, ZGR 1996, 400 (413); *Bähr*, Finanzwirtschaft 2002, 184.

[14] Vgl. *Cronauge* (Fn. 1), Rn. 521a; *Bähr*, Finanzwirtschaft 2002, 184; *Gundlach/Frenzel/Schmidt*, LKV 2001, 246 ff.; *Zieglmeier*, LKV 2005, 338 f.; *Tietje* (Fn. 7), S. 120 f.

[15] Verkündet als Art. 15 Kommunales FinanzmanagementG NRW v. 16.11.2004 (GV. NRW. S. 644); Inkrafttreten gem. Art. 24 dieses Gesetz am 1.1.2005.

[16] Gesetz zur Einführung des Neuen Kommunalen Finanzmanagements für Gemeinden im Land Nordrhein-Westfalen.

I. Gemeinderechtliche Vorgaben

19 Auch die gemeinderechtlichen Vorgaben für eine Steuerung der außerhalb der Kommunalverwaltung stehenden Eigengesellschaften sind in den einzelnen Bundesländern sehr unterschiedlich ausgestaltet. Zwar enthalten die Gemeindeordnungen und Kommunalverfassungen Regelungen, wonach die Kommunen ihre Unternehmen so zu steuern und zu überwachen haben, dass der öffentliche Zweck nachhaltig erfüllt wird und das Unternehmen wirtschaftlich geführt wird. Spezielle Regelungen zu einem Beteiligungsmanagement sind aber derzeit noch die Ausnahme.[17]

20 Zu widersprechen ist der These, die neueren Regelungen zum NKF würden die Einrichtung eines Beteiligungsmanagements überflüssig erscheinen lassen.[18] Im Gegenteil wird vielerorts die Steuerung der kommunalen Unternehmen erst durch die erweitere Perspektive des NKF auf den **Konzern Kommune** ins Blickfeld gerückt. Beispielhaft für eine verstärkte Betonung der gemeinderechtlichen Steuerungsaufgaben steht die jüngste Reform des Gemeindewirtschaftsrechts in Nordrhein-Westfalen durch das Gesetz zur Stärkung der kommunalen Selbstverwaltung (GO-Reformgesetz)[19], das am 17. Oktober 2007 in Kraft getreten ist. Inhaltlich brachte die Reform neben verschärften Voraussetzungen für eine wirtschaftliche Betätigung nämlich auch eine stärkere Betonung der Rolle des Rates im Bereich der mittelbaren Beteiligungen sowie eine stärkere Betonung der Rolle des Rates bei Beteiligungen an und Gründung von Betrieben in einer Form des privaten Rechts durch gemeindliche Anstalten des öffentlichen Rechts. Parallel werden die Kommunen verpflichtet, spätestens zum 31.12.2010 einen **Beteiligungsbericht** nach neuen Vorgaben aufzustellen.[20] Es wird durch diese jüngste Reform unterstrichen, dass die Kommune ihre Beteiligungen zu steuern hat und daher ein Beteiligungsmanagement nach wie vor wichtig und notwendig und keinesfalls durch die neuen Rahmenbedingungen des NKF überholt ist. Verpasst hat der Gesetzgeber für Nordrhein-Westfalen allerdings, konkrete Vorschriften zum Beteiligungsmanagement zu schaffen.

21 In anderen Bundesländern, so in Brandenburg[21], Mecklenburg-Vorpommern[22], Niedersachsen[23] und Sachsen-Anhalt[24] finden sich – wie bereits erwähnt - demgegenüber in ihrer Ausprägung allerdings recht unterschiedliche Regelungen zur Einrichtung und den Aufgaben eines Beteiligungsmanagements. In der Stoßrichtung ist diesen Regelungen gemeinsam, dass die Kommune verpflichtet ist, die Beteiligungen der Gemeinde zu koordinieren, zu steuern und zu überwachen.

---

17 Vgl. *Hille* (Fn. 2), S. 7 ff.
18 Vgl. *Hille* (Fn. 2), S. 1.
19 GVBl. NRW 2007, 374.
20 Siehe § 3 NKFEG; vgl. dazu *Reuter/Polley*, NVwZ 2007, 1345 (1347).
21 Vgl. § 98 BbgKVerf.
22 Vgl. § 75a KV MV.
23 Vgl. § 144a GO Nds.
24 Vgl. § 118 GO SachsAnh.

II. Organisationsfreiheit und Freiheit der Wahl der notwendigen Steuerungsinstrumente

Werden ur durch einzelne Gemeindeordnungen und Kommunalverfassungen Vorgaben für ein Beteiligungsmanagement im Speziellen gemacht, führen doch alle kommunalen Regelungen im Rahmen der Vorschriften des kommunalen Wirtschaftsrechts Steuerungsinstrumente an, die regelmäßig die Steuerung der eigenen kommunalen Unternehmen ermöglichen sollen. Hervorzuheben sind die Sicherung eines **angemessenen Einflusses** und die Verfolgung eines öffentlichen Zwecks im Allgemeinen sowie im Speziellen die Weisungsgebundenheit der kommunalen Vertreter in der Anteilseignerversammlung und im Überwachungsorgan, darüber hinaus auch die Berichtspflichten der Vertreter im Überwachungsorgan der Kommune als Anteilseignerin gegenüber und das Recht der Kommune, die Mitglieder der Geschäftsführung vorzuschlagen oder zu ernennen. 22

Der jeweilige Landesgesetzgeber schreibt damit unter Verwendung unbestimmter Rechtsbegriffe Zielvorstellungen fest, überlässt aber der jeweiligen Kommune im Rahmen ihrer Organisationshoheit die Methodenwahl und nähere Konkretisierung der Steuerungsinstrumente und der organisatorischen Strukturen und Abläufe. 23

III. Pflicht zur Steuerung: Die kommunalrechtliche Ingerenzpflicht

Somit stellt sich im Wesentlichen die Frage, wie weit der für den Gestaltungsspielraum der Kommune gezogene rechtliche Rahmen geht. Zudem ergeben sich bei der Ausgestaltung der verschiedenen Steuerungsinstrumente neben Zweckmäßigkeitserwägungen zur optimalen Einbindung in die vorhandenen Verwaltungsstrukturen vor allem auch Umsetzungsprobleme der landesrechtlichen Vorgaben im bundesrechtlich geprägten Gesellschaftsrecht. Ist anerkannt, dass kleinere Kommunen mit nur einer geringen Zahl an Beteiligungen auf die Einrichtung eines Beteiligungsmanagements gänzlich verzichten können, stellt sich doch die Frage, ob nicht auch diese in Bezug auf die sie treffenden **Ingerenzpflichten** im Sinne eines Mindestmaßes an Beteiligungssteuerung bestimmte Pflichtgestaltungen für die eigenen Gesellschaften vorsehen müssen. Vor dem Hintergrund, dass eine permanente Steuerung kommunaler Unternehmen neben einer Kontrolle, also einer nachträglichen Steuerung mittels der Finanz- und Wirtschaftlichkeitskontrolle beziehungsweise einer Aufgabenerfüllungskontrolle, auch eine Steuerung ex ante im Sinne einer Einwirkung sinnvoll und notwendig erscheint, ist bspw. zu fragen, in wieweit die Kommune bei einer Eigengesellschaft zwingend ein die Geschäftsführung überwachendes Organ, etwa einen Aufsichtsrat, installieren muss.[25] 24

[25] Solange die GmbH nicht vom Drittelbeteiligungsgesetz (BGBl. I S. 974) oder Mitbestimmungsgesetz (BGBl. I S. 1153) erfasst wird und damit ein obligatorischer Aufsichtsrat zu installieren ist.

25 Die Gestaltungsmöglichkeiten, die das GmbH-Recht in Bezug auf die Ausgestaltung der Gesellschafterrechte und insbesondere auf das Zusammenspiel der Gesellschaftsorgane bietet, sind sehr weit (→ § 46 Rn. 13 ff.; 70 ff.). Die Gesellschafter können einen starken Einfluss auf die Gesellschaft festschreiben. Dies macht die Rechtsform der GmbH unter dem Aspekt der **Steuerbarkeit** gerade für Kommunen so interessant.

26 Abweichend von der AG kann in der GmbH vor allem

- durch die entsprechende Abfassung des Gesellschaftsvertrages den Gesellschaftern ein maßgeblicher Einfluss gesichert werden, indem bspw. ein Katalog von durch den Aufsichtsrats oder die Gesellschafterversammlung zustimmungsbedürftiger Geschäfte geschaffen wird,
- gemäß § 37 Abs. 1 GmbHG den Geschäftsführern von den Gesellschaftern eine Weisung erteilt werden und
- gemäß § 51a Abs. 1 GmbHG von jedem Gesellschafter Auskunft und Einsicht in Bücher und Schriften verlangt werden.

27 Ist aufgrund der Unternehmensgröße für eine Vielzahl kommunaler Unternehmen in der Rechtsform der GmbH aus gesellschaftsrechtlicher Sicht ins Belieben gestellt, ob ein Aufsichtsrat als Überwachungsorgan installiert wird, stellt sich doch die Überlegung, ob die kommunalrechtliche **Ingerenzpflicht** nicht eine solche Einrichtung fordert. Beispielhaft für die landesgesetzlichen Regelungen fordert § 108 Absatz 1 Ziffer. 6 GO NRW "*Die Kommune darf Unternehmen in einer Rechtsform des privaten Recht nur gründen oder sich daran beteiligen, wenn sie einen angemessenen Einfluss, insbesondere in einem Überwachungsorgan, erhält und dieser durch Gesellschaftsvertrag, Satzung oder in anderer Weise gesichert wird*".

1. Begriff des „angemessenen“ Einflusses

28 Durch den Begriff des **angemessenen Einflusses** ist für die Kommune ein erheblicher, gerichtlich nicht überprüfbarer Beurteilungsspielraum eröffnet.[26] Dabei ist die Angemessenheit dahingehend zu interpretieren, dass die jeweils individuellen Verhältnisse im Einzelfall entscheidend und prägend für die "Angemessenheit" sein sollen.

29 Das Maß der Angemessenheit kann aus dem Sinn und Zweck der kommunalwirtschaftrechten Vorschriften abgeleitet werden. Wenn die Verfolgung des öffentlichen Zwecks in der bzw. durch die Gesellschaft gesichert werden muss, ist ein Mindestmaß an Kontrolle und Steuerung zu fordern. Des Weiteren sollen auch die Risiken für die die Gesellschaft tragende Kommune begrenzt werden. Es muss daher auch eine Risikofrüherkennung und Risikoabschätzung ermöglicht werden. Folglich ist die "Angemessenheit" des Einflusses keine allgemein zu bestimmende objektive Größe, die an alle kommunalen Unternehmen gleichermaßen angelegt

[26] Vgl. *Rehn/Cronauge*, in: dies. (Hrsg.), Gemeindeordnung Nordrhein-Westfalen, Loseblatt, Stand: Oktober 2008, § 108 IV 6.

werden könnte. Vielmehr ist eine einzelfallbezogene, unternehmensindividuelle Betrachtung vorzunehmen.

30 Abgeleitet aus dieser gesetzlichen Zielvorgabe können verschiedene Aspekte als relevante Faktoren wie bspw. die Aufgabenstellung des Unternehmens, finanzielle Risiken (Zuschussbedarf usw.), Größenordnung und Bilanzsumme, operative Risiken (Unternehmensumwelt, Marktsituation) und die Beteiligung privater Dritter an einer kommunalen Gesellschaft zur Bestimmung des zu fordernden Mindestmaßes eines angemessenen Einflusses angesehen werden.

31 Zur Beurteilung der angemessenen Einflussnahme müssen in Bezug auf die Auswahl der Instrumente deren Funktion und Wirkungsweise bedacht werden. Regelmäßige Berichte der Geschäftsführung etwa sind ausschließlich auf eine nachgelagerte Kontrolle ausgerichtet. Die Kommune hat über ihre zuständige Kommunalorgane daher erst die Möglichkeit, eine funktionierende vorausschauende Steuerung zu gewährleisten, wenn sie jeweils im Vorfeld über den Geschäftsgang im Unternehmen und zumindest über wesentliche Entscheidungen informiert ist und weiß, was in der Gesellschaft passiert und ob sich Krisen ankündigen. Erst wenn ein regelmäßiger Informationsfluss gewährleistet ist, kann die Kommune reagieren und z.B. Auskunft von der Geschäftsführung verlangen oder eine Weisung erteilen.

32 Im Ergebnis ist festzuhalten, dass nur eine sowohl vorausschauende als auch nachträglich kontrollierende Begleitung des Unternehmens das Maß der angemessen Einflussnahme erfüllen kann.

2. Pflicht zur Einrichtung des Aufsichtsrats

33 Die kommunalrechtlichen Vorschriften messen gerade dem Umstand, dass die Kommunen Vertreter in die Unternehmensorgane senden können, eine herausragende Bedeutung zu. Insoweit kann sehr wohl die Frage gestellt werden, ob nicht zur Steuerung der kommunalen Unternehmen trotz der bundesgesetzgeberischen Grundkonzeption (des GmbH-Rechts) bspw. die Einrichtung eines Aufsichtsrats obligatorisch ist oder ein sollte. Im Hintergrund steht die These, dass die Kommune Einfluss über ein Überwachungsorgan nehmen muss und der Aufsichtsrat ein typisches Überwachungsorgan ist.

34 Allerdings wird nur vereinzelt eine gesetzliche **Pflicht zur Installation eines Aufsichtsrats** mit vor allem folgender Begründung angenommen[27]: Das Demokratieprinzip verlange eine ununterbrochene Legitimationskette vom Volk zu den mit staatlichen Aufgaben betrauten Organen und zur Verwaltung.[28] Bei deren Privatisierung müsse folglich sichergestellt sein, dass das Handeln sich auf den Willen des Volkes zurückführen lasse. Dem trügen die kommunalwirtschaftsrechtlichen Bestimmungen der Länder dadurch Rechnung, dass die Gemeinden nur dann ein Unternehmen in einer Rechtsform des privaten Rechts gründen, übernehmen oder

---

[27] Vgl. *Zieglmeier*, LKV 2005, 338 ff.

[28] Vgl. *Cronauge* (Fn. 1), Rn. 521a; *Bähr*, Finanzwirtschaft 2002, 184; *Gundlach/Frenzel/Schmidt*, LKV 2001, 246; *Zieglmeier*, LKV 2005, 338 f.; *Spannowsky*, DVBl. 1992, 1072 (1075).

sich daran beteiligen dürften, wenn die Gemeinde einen angemessenen Einfluss, insbesondere im Aufsichtsrat oder in einem entsprechenden Überwachungsorgan des Unternehmens habe. Damit werde landesrechtlich abgesichert, dass im Gesellschaftsvertrag die Bestellung eines Aufsichtsrates oder eines ähnlichen Gremiums geregelt werden müsse.

35 Mit der herrschenden Meinung[29] ist eine Verpflichtung zur Installation eines Aufsichtsrates für den Regelfall abzulehnen. Mit der eingeführten **Ingerenzpflicht** in § 108 Absatz 1 Ziffer 6 GO NRW wird die zuvor in Rechtsprechung und Wissenschaft festgestellte Verpflichtung der Gemeinden, sich Einwirkungs- und Kontrollmöglichkeiten auf ihr Unternehmen und Einrichtungen zu erhalten, gesetzlich abgesichert. Die näheren Bestimmungen dessen, was als „**angemessener Einfluss**" bewertet werden kann und wie dieser Einfluss konkret ausgestaltet werden muss, werden sich aber in erster Linie an Größenordnungen und Umfang der gemeinschaftlichen Beteiligung zu orientieren haben.[30] Die Frage, ob § 108 Absatz 1 Ziffer 6 GO zwingend die Bildung eines Aufsichtsrates verlangt, dessen Einrichtung in gesellschaftsrechtlich lediglich fakultativen Fällen vorgesehen ist, dürfte aber zu verneinen sein. Die Einrichtung eines Überwachungsorgans in § 108 Absatz 1 Ziffer 6 GO wird lediglich als Beispiel für die Absicherung eines angemessenen Einflusses zu Gunsten der Gemeinde genannt.[31]

36 Wenngleich eine zwingende Einrichtung eines Aufsichtsrats für den Regelfall[32] zu verneinen sein dürfte, ist regelmäßig bei kommunalen Unternehmen die Einrichtung eines Aufsichtsrats zu empfehlen.[33] Die Gesellschafter haben zwar bei der GmbH mehr direkte Einflussmöglichkeiten als bspw. bei der Aktiengesellschaft. Diese Möglichkeiten machen eine dauernde, institutionalisierte Kontrolle durch den Aufsichtsrat aber nicht entbehrlich. Es bleibt die Notwendigkeit einer effektiven Überwachung. Insbesondere kann der zugunsten des Gesellschafters und des Aufsichtsrats bestehende Auskunftsanspruch gegenüber der Geschäftsführung, was etwaige Fehler der Geschäftsführung anbetrifft, die kontinuierliche Unterrichtung der Aufsichtsräte und durch die Aufsichtsratsmitglieder nicht ersetzen. Diese Berichte bzw. Informationen können erst die Tatsachen und Umstände zum

---

[29] Vgl. die Ausführungen in *Rehn/Cronauge* (Fn. 26), § 108 IV 5.

[30] Siehe vorne unter Rn. 27-31.

[31] Vgl. § 108 Abs. 1 S. 1 Nr. 6 GO NRW, wo es heißt, die Gemeinde müsse einen angemessenen Einfluss, *insbesondere* in einem Überwachungsorgan haben. Der Gesetzgeber beschränkt sich damit darauf, für den Fall, dass ein (spezielles) Überwachungsorgan gebildet ist, in diesem ein angemessener Einfluss gewahrt sein muss.

[32] Es können im Einzelfall aber gewichtige Gründe gegeben sein, ausnahmsweise auch eine Verpflichtung zur Einrichtung eines Aufsichtsrats an zunehmen. Bspw. entstehen bei einer Beteiligung eines privater Dritten regelmäßig widerstreitende Interessen zwischen Erfüllung öffentlicher Aufgaben einerseits und dem Gewinnstreben des Privaten andererseits. Hier kann ein Aufsichtsrat ein geeignetes Instrument für einen Ausgleich der Interessen bedeuten. Besteht im Weiteren gerade kein ausreichendes System zur Steuerung in der Kommune, muss die Einrichtung eines Aufsichtsrats im Sinne einer "Ermessensreduzierung auf Null" als zwingend angesehen werden.

[33] Vgl. m. w. N. *Zöllner/Noack*, in: Baumbach/Hueck (Hrsg.), GmbH-Gesetz, 18. Aufl. 2006, § 52 Rn. 59; vgl. auch *Harder/Ruter*, GmbHR 1995, 813 ff.

Gegenstand haben, die in der Folge Anlass für eine Weisung an die Geschäftsführung bieten. Dadurch, dass die Aufsichtsräte aufgefordert sind, über wichtige Angelegenheiten der Gesellschaft die Gesellschafter zu unterrichten,[34] ist ein wesentliches Instrument der Information und damit Risikoprävention und Steuerung bei einem Verzicht auf einen Aufsichtsrat nicht eingesetzt.

In einer Diskussion zur Sinnhaftigkeit eines Aufsichtsrats muss ferner zur 37
Kenntnis genommen werden, dass in § 52 Abs. 1 GmbHG, der wesentlichen Verweisungsnorm des GmbH - Rechts zum Aufsichtsrat auf das Aktienrecht, nicht § 90 Abs. 1 und 2 AktG in Bezug genommen ist. Das gesetzliche Informationssystem der Aktiengesellschaft findet daher **bei der GmbH** keine bzw. nur eingeschränkte Anwendung. Jedenfalls ist die Geschäftsführung infolgedessen gesetzlich **nicht zu einer regelmäßigen Berichterstattung an den Aufsichtsrat** und ebenso wenig an den Anteilseigner **verpflichtet**. Diese Defizite dürften durch das Fehlen eines Aufsichtsrats verstärkt werden und sind durch andere Instrumente zur regelmäßigen Berichterstattung der Geschäftsführung zu kompensieren.

Trotzdem kann eine grundsätzlich bestehende Verpflichtung für Kommunen, in 38
ihren Eigengesellschaften, die sie in der Rechtsform der GmbH führen, das Gesellschaftsorgan Aufsichtsrat vorzusehen, nicht aus den gemeindewirtschaftsrechtlichen Vorschriften abgeleitet werden. Gemeindewirtschaftsrechtlich kommt es lediglich darauf an, dass sich die Kommune einen angemessenen Einfluss auf die Gesellschaft sichert. Wie sie das macht, bleibt ihr überlassen.

3. Weisungen an kommunale Aufsichtsräte

Ein weiteres kontrovers diskutiertes Instrument der Einflussnahme sind die **Wei-** 39
sungen gegenüber den Vertretern der Kommune in privatrechtlichen Gesellschaften. Die Tätigkeit des kommunalen Aufsichtsratsmitglieds ist durch das Spannungsverhältnis einerseits des Gesellschaftsrechts, das ihn auf die Wahrnehmung der Interessen des Unternehmens festlegt, und andererseits des Kommunalwirtschaftsrechts, welches ihm aufträgt, die Interessen der Kommune wahrzunehmen, geprägt.

Regelmäßig werden die Aufsichtsräte der kommunalen Unternehmen aus dem 40
Kreis der Ratsvertreter gewählt und entsendet, welche oftmals auch in den kommunalen Ausschüssen ihre häufig ehrenamtlichen Tätigkeiten nachgehen. Der Charakter ihrer durch die gesellschaftsrechtlichen Vorgaben geprägten Tätigkeit in einem Unternehmensorgan wird dabei oftmals in seiner Bedeutung verkannt. Es gelten die Grundsätze der Eigenverantwortlichkeit und der Unabhängigkeit, und zwar auch gegenüber dem kommunalen Anteilseigner. In einer Grundsatzentscheidung hat der BGH die Lehre vom "**Vorrang des Gesellschaftsrechts**" entwickelt. Wörtlich führt der BGH aus: "*Entsandte Aufsichtsratsmitglieder haben dieselben Pflichten wie die gewählten Aufsichtsratsmitglieder. Als Angehöriger eines Gesellschaftsorgans haben sie den Belangen der Gesellschaft den Vorzug vor denen des Entsendungsberechtigten zu geben und die Interessen der Gesell-*

[34] Vgl. *Zöllner/Noack* (Fn. 33), § 52 Rn. 120.

schaft wahrzunehmen, ohne an Weisungen des Entsendungsberechtigten gebunden zu sein."[35]

41 Die Vorgaben des Gesellschaftsrechts begrenzen mithin die Verpflichtung von Aufsichtsratsmitgliedern, **Weisungen** und Richtlinien der Kommune zu befolgen. **Weisungen** der Kommune sind kommunalrechtlich zwar zulässig, aber gesellschaftsrechtlich unverbindlich.[36] Die Weisung entfaltet aber im Verhältnis zur entsendenden Gebietskörperschaft Bindungswirkung, so dass sich für das kommunale Aufsichtsratsmitglied Situationen ergeben können, die als Dilemma zu beschreiben sind. Verstöße gegen Weisungen entfalten keine Rechtswirkungen nach außen, sie führen nicht zur Ungültigkeit der Stimmabgabe im Aufsichtsrat.[37] Verhält sich das Aufsichtsratsmitglied aber gegen eine Weisung, kann die Kommune - ohne Angabe von Gründen - das Aufsichtsratsmitglied regelmäßig abberufen[38] (näher → § 46, Rn. 32 ff.).

4. Die Verschwiegenheitsverpflichtung der Aufsichtsratsmitglieder

42 Ebenso rege diskutiert wird die **Verschwiegenheitsverpflichtung** der Aufsichtsmitglieder, die ebenfalls durch das Spannungsfeld zwischen Kommunal- und Gesellschaftsrecht geprägt wird. Bereits angesprochen wurde, dass der Informationsfluss sowie die Berichtspflichten der Aufsichtsratmitglieder für eine Steuerung der kommunalen Unternehmen ein wichtiger Faktor ist. Im Folgenden soll daher beispielhaft betrachtet werden, inwieweit die Aufsichtsratsmitglieder[39] der Verschwiegenheitsverpflichtung unterliegen bzw. inwieweit das kommunale Beteiligungsmanagement durch entsprechende Verschwiegenheitsverpflichtungen erschwert wird.

43 Die aktienrechtliche **Verschwiegenheitsverpflichtung** resultiert aus den Sorgfaltspflichten und der Verantwortung der Aufsichtsratsmitglieder gem. § 116 AktG (→ § 52, Rn. 42 ff.). § 116 Satz 2 AktG betont die besondere Bedeutung der Verschwiegenheitsverpflichtung, indem er anordnet:

"*Die Aufsichtratsmitglieder sind insbesondere zur Verschwiegenheit über erhaltene vertrauliche Berichte und vertrauliche Beratungen verpflichtet*".

---

[35] BGH, NJW 1962, 864 ff.

[36] Als Ausnahme kann die Weisung gegenüber Vertretern in einem fakultativ gebildeten Aufsichtsrat einer Eigengesellschaft gesehen werden, siehe hierzu *Altmeppen*, NJW 2003, 2561 ff.; *Tietje* (Fn. 7), S. 219.

[37] Siehe in diesem Zusammenhang die sehr interessante Begründung des VG Regensburg, LKV 2005, 365, das ein Weisungsrecht bejaht, da das Problem nicht mit dem prinzipiellen Vorrang des bundesrechtlichen Gesellschaftsrecht gem. Art. 31 GG gelöst werden kann. Das Bundesrecht selbst enthält eine Öffnungsklausel. Diese Öffnungsklausel kann auch mit landesrechtlichen Regelungen und Prinzipen gefüllt werden. Die Entscheidung wurde von VGH München, NVwZ-RR 2006, 209 ff. bestätigt.

[38] Vgl. *Altmeppen*, in Roth/Altmeppen (Hrsg.), GmbHG, 3. Aufl. 1997, § 52 Rn. 12.

[39] Dabei gelten für Aufsichtsräte in der Aktiengesellschaft im Wesentlichen gleiche Grundsätze wir für solche in einer GmbH.

Ausnahmen von der **Verschwiegenheitsverpflichtung** sind gesetzlich selbst gegenüber den Aktionären nicht zugelassen. Besonderheiten könnten allerdings für "kommunale" Aufsichtsräte gelten, weil § 394 AktG die Möglichkeit einräumt, die Verschwiegenheitsverpflichtung landesrechtlich einzuschränken. 44

In diesem Sinne werden in den jeweiligen Bestimmungen der Gemeindeordnung und Kommunalverfassungen vielfach die **Verschwiegenheitsverpflichtungen** eingeschränkt. Die Gemeindeordnung in Nordrhein-Westfalen etwa ordnet in § 113 Abs. 5 an: 45

"*Die Vertreter der Gemeinde haben den Rat über alle Angelegenheiten von besonderer Bedeutung frühzeitig zu unterrichten. Die Unterrichtungspflicht besteht nur, soweit durch Gesetz nichts anderes bestimmt ist.*"

Damit steht gerade die Verschwiegenheitsverpflichtung der Aufsichtsräte, die durch die Kommune entsandt werden, im Spannungsverhältnis zwischen einerseits der durch die gemeinderechtlichen Vorschriften angeordneten Verpflichtung, über Angelegenheiten von besonderer Bedeutung berichten zu müssen, und dem aktienrechtlichen Verbot andererseits, über bestimmte Unternehmensdaten Stillschweigen bewahren zu müssen.[40] 46

Allerdings ordnet § 113 Abs. 5 Satz 2 GO NRW eine Berichtspflicht nur für die Fälle an, "*soweit durch Gesetz nichts anderes bestimmt ist*". Die Berichtspflicht findet folglich ihre Grenze dort, wo entgegenstehende Gesetze eine Unterrichtung verbieten. Als ein solches Gesetz ist vor allem das Aktienrecht selbst relevant, zumal dieses als Bundesrecht grundsätzlich in der Lage ist, die landesrechtlichen Vorschriften zu verdrängen.[41] 47

Damit ist für die Beantwortung der Frage, ob und in welchen Fällen ein Aufsichtsratsmitglied berichten darf, nicht entscheidend, dass das jeweilige Landesrecht eine Berichtspflicht anordnet, sondern allein, welche Gegenstände im Sinne der sachlichen Reichweite der Verschwiegenheitsverpflichtung durch diese erfasst sind und ggf. welche Ausnahmen das Aktienrecht von der - wie oben dargelegt - grundsätzlich bestehenden Verschwiegenheitsverpflichtung zulässt. 48

Aktienrechtlich geschützt werden sollen "*vertrauliche Angaben und Geheimnisse*". Unter einem Geheimnis im Sinne von § 93 Abs. 1 AktG ist jede relativ unbekannte Tatsache zu verstehen, deren Weitergabe zu einem Schaden der Gesellschaft führen würde.[42] Dieser Schaden kann ein materieller Vermögensschaden der Gesellschaft sein, ist aber keineswegs darauf beschränkt: Jeder immaterielle Schaden, insbesondere jede Minderung des Ansehens der Gesellschaft und jeder Vertrauensverlust in sie, ist in diesem Sinne ein Schaden der Gesellschaft.[43] Im Einzelnen (Beispiele): 49

---

40 *Kühne/Czarnecki*, LKV 2005, 481 (483).

41 Grundsatz Bundesrecht bricht Landesrecht, vgl. Art. 31 GG; *Terhechte*, JuS 2008, 403 ff.

42 *Hüffer*, in: ders. (Hrsg.), Aktiengesetz, 5. Aufl. 2002, § 93 Rn. 7; *Flore*, BB 1993, 133; *Ade* (Fn. 3), S. 98; *Hefermehl/Spindler*, in Kropff/Semler (Hrsg.), Münchener Kommentar zum Aktiengesetz, 2. Aufl. 2004, § 93 Rn. 46; *Lutter/Krieger*, Rechte und Pflichten des Aufsichtsrats, 5. Aufl. 2008, Rn. 259.

43 Vgl. BGH, NJW, 1975, 1412 ff.; *Lutter*, BB 1980, 291 (292).

50 Der Aufsichtsrat soll durch Diskussionen und Argumentationen zu seiner Entscheidung kommen, nicht durch das simple Abzählen längst festgelegter Stimmen. Das setzt eine offene Argumentation voraus und die Bereitschaft, sich durch andere überzeugen und in seiner Meinung umstimmen zu lassen. All das ist ausgeschlossen, wenn Inhalt und Verlauf der Beratung nach Abschluss der Sitzung weitergetragen werden oder publik gemacht werden. Es ist daher unbestritten, dass das **Beratungsgeheimnis** im Interesse der Gesellschaft und ihrer Funktionsfähigkeit strikt zu wahren ist.[44] Das Beratungsgeheimnis umfasst unstreitig auch das Abstimmungsverhalten.[45] Geschützt sind weiterhin die sog. wesentlichen Kenndaten des Unternehmens. Diese reichen von Umsatzzahlen über die Relation zwischen Umsatz und Ertrag, zu den Gemeinkosten, den sog. overheads, bis zu den Marktanteilen und Kundenbewegungen.[46] Diese Daten gehören zu den wichtigsten Geheimnissen des Unternehmens. Ihre Weitergabe an Dritte durch Mitglieder des Aufsichtsrats ist eine besonders grobe Verletzung der Schweigepflicht, da sie dem Wettbewerber die Grundlage für Gegenstrategien eröffnet.

51 Diese Aufzählung ist nicht als abschließend anzusehen, sondern zählt typische Fälle auf. In Abhängigkeit von den individuellen betrieblichen Verhältnissen bei kommunalen Unternehmen können weitere Betriebs- und Geschäftsgeheimnisse hinzutreten.

52 Zu beachten ist aber, dass die Verschwiegenheitspflicht für Aufsichtsratsmitglieder der kommunalen Unternehmen durch die Regelungen der §§ 394, 395 AktG modifiziert sind (→ § 52, Rn. 46 ff.). § 394 lautet:

"Aufsichtsratsmitglieder, die auf Veranlassung einer Gebietskörperschaft in den Aufsichtsrat gewählt oder entsandt worden sind, unterliegen hinsichtlich der Berichte, die sie der Gebietskörperschaft zu erstatten haben, keiner Verschwiegenheitspflicht. Für vertrauliche Angaben und Geheimnisse der Gesellschaft, namentlich Betriebs- oder Geschäftsgeheimnisse, gilt dies nicht, wenn ihre Kenntnis für die Zwecke der Berichte nicht von Bedeutung ist."

53 Durch § 394 AktG wird für die Unterrichtungs- bzw. Auskunftspflicht nach dem Kommunalrecht gesellschaftsrechtlich „die Tür geöffnet".

54 Um annehmen zu können, dass die Verschwiegenheitsverpflichtung eingeschränkt sein könnte, muss das jeweilige Aufsichtsratsmitglied aber auf Veranlassung der jeweiligen Kommune in den Aufsichtsrat gewählt oder entsandt worden sein.[47]

---

[44] Vgl. BGH, NJW 1975, 1412 ff.; sowie *Säcker*, NJW 1986, 803 (806); *Drygala*, in: Schmidt/Lutter (Hrsg.), Aktiengesetz, § 116 Rn. 24; *Ulmer/Habersack*, in dies./Hennsler (Hrsg.), Mitbestimmungsrecht, 2. Aufl. 2006, § 25 Rn. 106.

[45] BGH, NJW 1975, 1412 ff.; *Schwintowski*, NJW 1990, 1009 (1012).

[46] Die hier angeführten Aspekte sind nicht als abschließende Aufzählung zu verstehen; vgl. auch *Kühne/Czarnecki*, LKV 2005, 481 ff.; *Schwintowski*, NJW 1990, 1009 (1011).

[47] Schwieriger ist es aber bei den Mitgliedern, die von der Hauptversammlung gewählt werden. Da § 394 AktG allerdings nur eine "Veranlassung" einer Gebietskörperschaft fordert, wird man auch in den Fällen die Anwendbarkeit des § 394 AktG annehmen müssen, in denen Aufsichtsratsmitglieder auf Vorschlag der Kommune durch die Hauptversammlung gewählt werden.

Das sog. **Informationsprivileg** des § 394 AktG ist aber seinerseits sachlich, also die möglichen Gegenstände der Berichterstattung betreffend, eingeschränkt. Die Einschränkung gilt für vertrauliche Angaben und Geheimnisse insofern, als ihre Offenbarung für die Zwecke der Berichterstattung nicht von Bedeutung ist - § 394 S. 2 AktG. **55**

Für die Praxis bedeutet dies, dass im Grundsatz regelmäßig vertrauliche Angaben und Geheimnisse nicht Gegenstände entsprechender Berichte sein dürfen, denn deren Mitteilung wird regelmäßig für die Zwecke der Berichterstattung nicht von Bedeutung sein. **56**

Im Übrigen wird aus der Einschränkung für vertrauliche Angaben und Geheimnisse nicht nur allgemein gefolgert, dass bestimmte Daten von der Weitergabe ausgeschlossen sind. § 394 Abs. 1 Satz 2 AktG beeinflusst sicherlich auch die Tiefe bzw. die Detaillierung, mit der Daten weitergegeben werden dürfen. Dass in diesem Sinne der aktienrechtliche Geheimnisschutz gewährleistet sein muss, zeigt auch § 395 AktG, wonach die *Personen, die die Beteiligungen einer Körperschaft zu verwalten haben, über vertrauliche Angaben und Geheimnisse Stillschweigen zu bewahren haben.* Die Berichterstattung darf nicht auf eine faktische Veröffentlichung von Unternehmensinterna hinauslaufen. In diesem Zusammenhang ist gerade auch die Kommune in der Organisation ihres Beteiligungsmanagements gefordert, eine geeignete Aufbau- und Ablauforganisation zu finden. **57**

Die Vorschrift ist insoweit nicht nur als Grenze dahin zu verstehen, dass vertrauliche Angaben und Geheimnisse grundsätzlich gar nicht weitergegeben werden dürfen, sondern gleichzeitig als Leitsatz, dass sich das Aufsichtsratsmitglied genau überlegen muss, was und wie viel es an Informationen weitergibt. **58**

Vielfach diskutiert in diesem Zusammenhang ist ebenfalls die Frage der richtigen **Berichtsempfänger** (→ § 52, Rn. 52 f.). Gilt für vertrauliche Angaben und Geschäftsgeheimnisse eine generelle Verschwiegenheitsverpflichtung, stellt sich bezüglich anderer Informationen, die nicht als geheimhaltungsbedürftig angesehen werden müssen oder die ausnahmsweise zum Zwecke der Berichterstattung notwendig sind, im weiteren die Frage, wem gegenüber die kommunalen Aufsichtsratsmitglieder berichten sollen. Der Berichtsadressat ist im Aktienrecht nicht festgelegt. In Nordrhein-Westfalen bspw. ist der Rat gem. § 113 Abs. 5 GO als Berichtsadressat bestimmt. Zwar wird der Rat allgemein als Berichtsempfänger für bedenklich angesehen. Als Fakt wird häufig davon ausgegangen, dass selbst in nichtöffentlicher Sitzung keine hinreichende Vertraulichkeit - sollte wider den Grundsatz doch einmal eine geheime Information zum Zwecke der Berichterstattung weitergegeben werden müssen - gewahrt werden könne. Auch der Hinweis, dass die Ratsmitglieder selbst durch das Gemeinderecht zur Verschwiegenheit verpflichtet sind, überzeugt nicht. Die vom Aktienrecht geforderte Vertraulichkeit der Geschäftsgeheimnisse des Unternehmens, welche ausreichend gesichert werden muss, verbietet deren Preisgabe in vielköpfigen Gremien grundsätzlich. Im Ergebnis sollte daher auch hier ein funktionierendes Beteiligungsmanagement diese Situation erkennen und entsprechende Berichtswege und ggf. Regelbeispiele vorgegeben, in denen einerseits eine Berichtspflichtigkeit durchgreift und andererseits eine Verschwiegenheitsverpflichtung besteht. Darüber hinaus sollte festge- **59** legt werden, wem gegenüber berichtet werden kann. Anderenfalls sollte nur gegenüber der Verwaltungsspitze bzw. dem Oberbürgermeister berichtet werden.[48]

C. Beteiligungsmanagement

I. Begriffsklärung

60 Beteiligungsmanagement, Beteiligungssteuerung, Beteiligungscontrolling werden als Bezeichnungen in sehr unterschiedlicher Weise verwandt. Unter dem **Begriff des Beteiligungsmanagements** wird hier in Anlehnung an die Definition des Deutschen Städtetages[49] die Abteilung oder Einheit verstanden, die die Entscheidungsträger in ihrer Steuerungsverantwortung unterstützt und eine Überwachung und Unterstützung der Beteiligungen unter fachlichen, wirtschaftlichen und organisatorischen Gesichtspunkten sichert. Dabei sollte sich das Beteiligungsmanagement nicht nur auf Beteiligungen der Kommune an Unternehmen der Privatrechtsform beschränken, sondern auch die sonstigen ausgelagerten Aktivitäten der Kommune umfassen, insbesondere auch die Betriebe, die öffentlich-rechtlich organisiert sind.[50]

II. Aufgaben

61 Das kommunale Beteiligungsmanagement muss zur Verwaltung und Steuerung der selbstständigen Verwaltungseinheiten, Aufgabenträger und Beteiligungen in der Lage sein. Darüber hinaus kann das Beteiligungsmanagement zweckmäßigerweise solche Aufgaben übernehmen, die in einem kommunalen Konzern im Sinne eines Gesamtkonzepts durch eine im kommunalen Konzern alle wesentlichen Aspekte überblickende Stelle wahrgenommen werden sollten. Die inhaltlichen Aufgaben werden regelmäßig in Beteiligungsverwaltung, strategisches und operatives Beteiligungscontrolling und die Mandatsträgerbetreuung unterteilt.[51]

62 In einem Überblick können die mit diesen Aufgaben verbundenen Funktionen wie folgt beschrieben werden:

---

[48] Gestritten wird immer wieder darum, ob auch die Fraktionen Berichtsadressaten sein können. Sie sind das Bindeglied zwischen Partei und Rat. Gerade die Fraktionen, die in einer Gemeindevertretung in der Minderheit sind, fordern oftmals die Vorlage von Berichten. Zumindest in den Fällen, in denen die Fraktionsmitglieder selbst zur Verschwiegenheit verpflichtet sind (z. B. weil sie auch Ratsmitglieder sind), wird eine Zulässigkeit solcher Berichte immer wieder behauptet. Aufgrund der klaren Formulierung in der Gemeindeordnung ist für Nordrhein-Westfalen diese Diskussion aber kein Problem. Die Fraktionen kommen als Berichtsadressaten nicht in Betracht.

[49] Vgl. *Schwarting*, BFuP 2004, 342 ff.; Deutscher Städtetag, Städtische Wirtschaft – Hinweise für die Steuerung und Kontrolle städtischer Beteiligungen, Köln 2002.

[50] Vgl. *Schwarting*, BFuP 2004, 342 ff.

[51] So auch explizit die Beschreibung in § 75a KV MV.

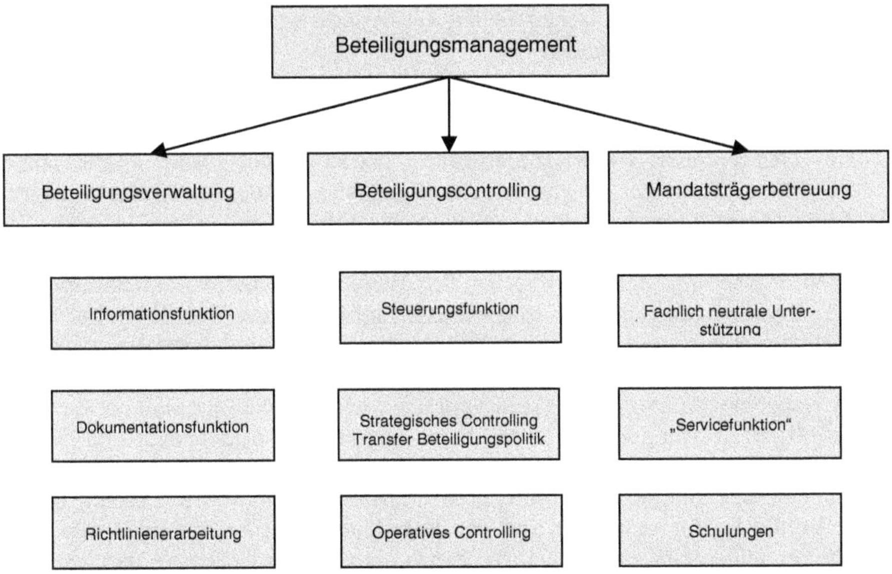

Abb.1 Überblick über die Funktionen des Beteiligungsmanagement

1. Aufgaben der Beteiligungsverwaltung

Die wesentlichen Aufgaben der Beteiligungsverwaltung bestehen in ihrer Funktion, für den gesamten Bereich der kommunalen Beteiligungen Informationen zu erfassen, einheitlich zu ordnen und zu dokumentieren.[52] Erweitert wird diese Funktion durch die Aufgabe, einheitliche Grundsätze und Richtlinien für die Beteiligungen umzusetzen bzw. vorzugeben und auch diesbezüglich Fehlentwicklungen zu dokumentieren. Insoweit nimmt die Beteiligungsverwaltung im Sinne einer Verzahnung zu insbesondere den Aufgaben und Funktionen des Beteiligungscontrollings auch Überwachungs- und Steuerungsaufgaben wahr.[53] Gerade unter Berücksichtigung der in der Praxis anzutreffenden Vielfältigkeit der Aufgaben und Gestaltungen des jeweiligen kommunalen Beteiligungsmanagements und der Beteiligungsverwaltung wird sowohl jedwede Kategorisierung der Funktionen erschwert als auch eine solche in ihrer Wertigkeit relativiert. 63

Im Wesentlichen gehören aber regelmäßig zu den Aufgaben der Beteiligungsverwaltung: 64

- Zentrale Aktenverwaltung
- Festlegen von Grundsätzen und Leitlinien für die kommunale Beteiligungspolitik
- Finanzmanagement

---

52 Vgl. *Ade* (Fn. 3), S. 27.

53 Vgl. *Hille* (Fn. 2), S. 107; vgl. *Ade* (Fn. 3), S. 27; *Otto* u. a., Ostdeutscher Sparkassen- und Giroverband (Hrsg.), Beteiligungsmanagement in Kommunen, 2003, S. 105 ff.

- Vorbereitung von Gesellschafter- und Ratsbeschlüssen
- Erfassen von Regelverstößen
- Erstellung des Beteiligungsberichts
- Synergiemanagement

65 An einer zentralen Stelle der Verwaltung der Kommune sollten alle wesentlichen Informationen über die eigenen Beteiligungen vorhanden sein. Diese **zentrale Aktenverwaltung** dient dem Überblick über die eigenen Beteiligungen. Sie sollte Satzungen und Verträge sammeln und die Zusammensetzung der Unternehmensorgane mindestens auflisten.[54] Des Weiteren sollten hier Handelsregisterauszüge, Wirtschaftspläne, Jahresabschlüsse und Sonderberichte der Wirtschaftsprüfer bzw. Rechnungsprüfung ebenso gesammelt werden wie alle wichtigen Unternehmensverträge (z. B. Dienstleistungsverträge, Ergebnisabführungs- und Beherrschungsverträge, Konzessionsverträge usw.). Schließlich sollten auch die Protokolle der Sitzungen der Unternehmensorgane, wie Aufsichtsrat und Gesellschafterversammlung, gesammelt werden.

66 Aufgabe der Beteilungsverwaltung ist im Weiteren das Erarbeiten von **Kriterien für die Rechtsformwahl und das Entwickeln von Leitlinien** für die eigenen kommunalen Unternehmen.[55] Bei der Gestaltung der Beteilungsberichte wird regelmäßig in umfangreicher Form eine Betrachtung der kommunalrechtlich möglichen Organisationsformen dargelegt sowie deren kommunalwirtschaftsrechtliche Aspekte in Bezug auf das Zusammenspiel der Organe und zur Kommune dargelegt. Ein konsequenter Schritt zur Fortentwicklung dieser Praxis scheint in der Erarbeitung von festen Regeln für die Rechtsformwahl zu liegen. In der Folge können solche Regeln, die Praxis der Kommune im Sinne einer ggf. örtlich geprägten Beteiligungspolitik widerspiegeln, als Bestimmungen für kommunale Beteiligungen in Musterverträge gefasst werden. Damit werden bspw. die Strukturen einer kommunalen GmbH vorgeprägt. Eine weitgehende Anlehnung an einen Mustergesellschaftsvertrag und einer Geschäftsordnung für den Aufsichtsrat müsste hier verpflichtend oder zumindest empfehlend vorgegeben werden.[56]

67 Entsprechende Ausarbeitungen des Beteiligungsmanagements sollen die **Beteiligungspolitik der Kommune** widerspiegeln. Bereits eingangs ist gezeigt worden, dass im Rahmen der Selbstverwaltungsgarantie den Kommunen für die Organisation der eigenen Aufgaben der Daseinsvorsorge breiter Gestaltungsraum eingeräumt ist. Diese können selbst entscheiden, welche Rechtsformen sie für ihre Aufgabenwahrnehmung als die geeignetste ansehen. **Leitlinien der Beteiligungspolitik** könnten Umfang und Grenzen der Verselbstständigung kommunaler Aufgaben festlegen. Orientiert an der kommunalrechtlich geforderten und im Sinne der öffentlichen Aufgabenerfüllung zweckmäßigen, möglichst weitgehenden Steuerungsfähigkeit und Einflussnahmemöglichkeit, könnte für die Verselbstständigung kommunaler Aufgaben festgelegt werden, dass diese im Sinne einer Rei-

[54] Vgl. *Hille* (Fn. 2), S. 107 f.; *Weiblen*, in: Fabry/Augsten (Hrsg.), Handbuch Unternehmen der öffentlichen Hand, 2002, S. 462.

[55] Vgl. *Hille* (Fn. 2), S. 107 ff.; *Ade* (Fn. 3), S. 28.

[56] Vgl. *Hille* (Fn. 2), S. 110.

henfolge zunächst durch einen Eigenbetrieb, ggf. durch eine Anstalt des öffentlichen Rechts und nur ausnahmsweise durch eine Gesellschaft mit beschränkter Haftung oder gar durch eine Aktiengesellschaft wahrgenommen werden sollen.

Neben entsprechenden **Kriterien für die Rechtsformwahl** (→ § 43, Rn. 23 ff.) 68 können solche Leitlinien ergänzt werden um einen verpflichtend zu beachtenden Prüfungskatalog, der in aller Grundsätzlichkeit den Entscheidungsprozess für eine verselbstständigte Aufgabenwahrnehmung vorbereiten und lenken kann.[57] Dies kann die Prüfung betreffen, ob der geplante Unternehmenszweck mit den Grundsätzen der Beteiligungspolitik der Kommune einhergeht, ob einem Dritten eine Beteiligung ermöglicht werden soll oder ob ggf. Möglichkeiten der interkommunalen Zusammenarbeit vorrangig sondiert werden sollen und welche finanziellen Folgen sich aus der Verselbstständigung für die Kommune (Kapitalausstattung, Auswirkung auf den Kommunalhaushalt, mittelfristige Erfolgs- und Investitionsplanung, dauerhafter Zuschussbedarf usw.) ergeben. Gleichzeitig sollte vorgegeben werden, dass stets die steuerlichen Auswirkungen ebenso zu beachten sind wie personalrechtliche bzw. personalwirtschaftliche Fragen.[58]

Des Weiteren ist es wesentliche Aufgabe des Beteiligungsmanagements, allge- 69 mein verbindliche Richtlinien für wichtige Bereiche des Unternehmens vorzugeben.[59] Für die Personalwirtschaft sollte dies die Einstellung und den Einsatz von Personal betreffen.[60] Die Handhabung und Abwicklung von Stellenbesetzungsverfahren und die jeweils zu fordernde Qualifikation in Übereinstimmung mit dem personal- und tarifrechtlichen Bestimmungen sollten festgeschrieben sein. Ebenso sollten die für die personellen Nebenkosten entscheidenden übertariflichen Sozialleistungen einheitlich sein.

Im Sinne eines **Finanzmanagements** sollte in Bezug auf die **Wirtschafts- und** 70 **Finanzplanung** die Vereinheitlichung der Kontenpläne, des Aufbaus der Wirtschaftspläne und der Jahresabschlüsse vorgeschrieben werden.[61]

Auch für die Bestellung von kommunalen Vertretern für die Gesellschaftsorga- 71 ne sollten Vorgaben gemacht werden. Dies betrifft insbesondere die notwendige Qualifikation von Aufsichtsräten und, weil dieses nicht selten notwendig scheint, deren zeitnahe **Qualifizierung und Schulung** nach Mandatsübernahme in Bezug auf die sie treffenden Rechte und Pflichten als Aufsichtsräte in einer kommunalen Gesellschaft. Gerade in diesem Zusammenhang ist es wichtig, für die Tätigkeit in den Gesellschaftsgremien und für die Abgrenzung der Kompetenzen der Gesellschaftsorgane untereinander und im Zusammenspiel mit den kommunalen Entscheidungsträgern Richtlinien zu schaffen.[62] Wesentliches sollte diesbezüglich bereits in den bereits erwähnten **Musterverträgen** Eingang gefunden haben. Die

---

57 Vgl. zu den Motiven der Rechtsformwahl *Ade* (Fn. 3), S. 33 ff.

58 Vgl. *Hille* (Fn. 2), S. 111.

59 Vgl. *Ade* (Fn. 3), S. 27.

60 Vgl. *Hille* (Fn. 2), S. 112 f.

61 Vgl. *Hille* (Fn. 2), S. 114.

62 In den Vordergrund können solche Regelungen etwa bei der Steuerung gegenüber einer Aktiengesellschaft treten. Unternehmensleitlinien bspw. im Sinne der Definition von bei public corporate codex können rechtsformbedingten Steuerungsdefizite kompensieren.

später noch anzusprechende Mandatsträgerbetreuung umfasst die Information über die vorgenannten Aspekte gegenüber den Mandatsträgern.

72 Außerdem werden dem Beteiligungsmanagement regelmäßig weitere Aufgaben gestellt, wie die für die **Steuerbarkeit** wichtige **Vorbereitung von Gesellschafterbeschlüssen** und deren Durchführung. Insofern übernimmt die Beteiligungsverwaltung ähnlich wie im Bereich der Mandatsträgerbetreuung[63] eine Art Servicefunktion. Hier ist die Anfertigung von Entwürfen für Ratsvorlagen betreffend entsprechende Gesellschafterbeschlüsse und zu Weisungen gegenüber kommunalen Vertretern in Aufsichtsräten und solchen in Gesellschafterversammlungen zu nennen. Eng verknüpft mit den Aufgaben zur Prüfung der Beteiligungen ist schließlich auch die Aufgabe, die jeweiligen **Auswirkungen des unternehmerischen Handelns auf den Haushalt** zu erfassen.[64]

73 Gleichzeitig obliegt dem Beteiligungsmanagement die **Prüfung der formalen Rechtmäßigkeit,** also der Einhaltung gesetzlicher Vorgaben. Da es nicht Aufgabe des Beteiligungsmanagements sein kann, Verstöße zu sanktionieren, müssen solche Verstöße gegen gesetzliche Vorgaben und gesellschaftsrechtliche Bestimmungen erfasst und in der Weise transportiert werden, dass ein zukünftiges ordnungsgemäßes Handeln sichergestellt wird. Gerade die Verpflichtungen aus Gesellschaftsverträgen und Satzungen sind hier relevant, welche in der Praxis aber nicht immer konsequent befolgt werden. Vor dem Hintergrund, dass entsprechende Verstöße ggf. auch kommunalaufsichtsrechtliche Konsequenzen nach sich ziehen können, sollte in jedem Fall eine ausreichende Dokumentation der jeweils relevanten Entscheidungen der Gesellschaftsgremien verlangt werden. Die Prüfung auf formale Rechtmäßigkeit erfasst im Weiteren, ob die Beschlüsse der kommunalen Vertretung umgesetzt werden oder ob nicht ausnahmsweise das Unternehmensinteresse einer solchen Beschlussfassung zwingend entgegensteht.

74 Schließlich erstellt das Beteiligungsmanagement regelmäßig den **Beteiligungsbericht.**[65] Dieser Beteiligungsbericht soll Grundlageninformationen zur Verfügung stellen und Transparenz schaffen.[66] Dieser bspw. in § 117 GO i.V.m. § 52 GemHVO Nordrhein-Westfalen näher konkretisierte Bericht sollte die wirtschaftlichen und nicht wirtschaftlichen Betätigungen erläutern.[67] Der Bericht wird jährlich fortgeschrieben.

---

[63] Siehe dazu unter Rn. 82.

[64] Dies betrifft die Bildung und Bewirtschaftung von Haushaltsansätzen, außerdem z. B. Gewinnabführungen, Verlustabdeckung, Kapitalausstattung, Zuschussbedarf und so weiter.

[65] Vgl. § 105 Abs. 2 GO BW; Art. 94 Abs. 3 GO Bay; § 61 Kommunale Haushalts- und Kassenverordnung Bbg; § 123a Abs. 1 GO Hess; § 116a GO Nds; § 117 Abs. 1 GO NRW; § 90 Abs. 2 GO RP; § 115 Abs. 2 KSVG Saarl; § 99 Ans. 1 GO Sachs; § 118 Abs. 2 GO SachsAnh; § 75a Abs. 1 ThürKO.

[66] Vgl. *Strobel*, DÖV 2004, 477 (478); Vgl. *Neumaier-Klaus*, in: Ade (Hrsg.), Handbuch Kommunales Beteiligungsmanagement, 2. Aufl. 2005, S. 221.

[67] In den verschiedenen Bundesländern wird der Beteiligungsbericht zwar teilweise unterschiedlich ausgestaltet, die wesentlich kalten der kommunalen Unternehmen sind aber stets darzulegen.

Der Beteiligungsbericht sollte Grundlageninformationen zur Verfügung stellen 75
und Transparenz schaffen.[68] Er muss daher Angaben und Erläuterungen zu den Zielen der Beteiligungen, zur Erfüllung des öffentlichen Zwecks, zu den Grundzügen des Geschäftsverlaufs, zu den Beteiligungsverhältnissen, den Bilanzen und auch zur Gewinn- und Verlustrechnung enthalten.[69] Des Weiteren sind die wesentlichen Tätigkeitsbereiche der Beteiligungen, bei wesentlichen Beteiligungen sogar unter Angabe von Kennzahlen, darzulegen. Darüber hinaus sind die wesentlichen Finanz- und Leistungsbeziehungen der Beteiligungen untereinander und mit der Gemeinde darzulegen. Die Zusammensetzung der Organe der Beteiligungen sind ebenso anzugeben wie der Personalbestand jeder Beteiligung. Zu beachten ist beim Verfassen des Beteiligungsberichts, dass auch der Bürger Adressat des Berichts sein soll.[70]

In vielen Kommunen dürfte die Aufgabe des Beteiligungsmanagements, interne 76
Abläufe und Dienstleistungen im Sinne eines **Synergiemanagements** zu erfassen und zu koordinieren, nur ungenügend ausgeprägt sein. Es können Konzepte entwickelt werden, wie gemeinsam mit den Beteiligungen interne Dienstleistungen, also sog. shared services, bspw. durch zentrale Einheiten für sowohl die Verwaltung als auch die Beteiligungen gemeinsam erbracht werden können. Als Beispiele können hier das Immobilien- bzw. das Gebäudemanagement oder auch EDV-Leistungen genannt werden. Wesentlicher Parameter für die Ausweitung des Aufgabenkreises des Beteiligungsmanagements dürfte hier die personelle Besetzung

---

68 Der Mindestinhalt des jeweiligen Berichts ist gesetzlich festgelegt und variiert nur, wenn die Beteiligung der Kommune unter eine bestimmte Prozentzahl fällt. Der Beteiligungsbericht soll z. B. Rahmendaten des Unternehmens wie den Unternehmensgegenstand und den Sitz enthalten. Die Grenze ab wann ein Beteiligungsbericht zu erstellen ist, fällt unterschiedlich aus. So ist in Baden-Württemberg diese Berichtspflicht auf mittelbare Beteiligungen von mehr als 50 % beschränkt und ihr Pflichtinhalt reduziert sich zudem, wenn die Gemeinde unmittelbar mit weniger als 25 % beteiligt ist. In Bayern hingegen muss ein Bericht erstellt werden, wenn der Gemeinde mindestens 20 % der Anteile eines Unternehmens gehören. Rheinland-Pfalz sowie Sachsen-Anhalt regeln diese Pflicht bereits, wenn die Gemeinde mit mindestens 5 % beteiligt ist. Ab dieser Prozentzahl regelt die sächsische Gemeindeordnung besondere Berichtspflichten. Von einem Teil der Darstellung im Beteiligungsbericht absehen, kann die Gemeinde im Saarland, wenn ihr nicht mehr als ein Viertel der Anteile gehören. Thüringen bestimmt hingegen, dass ein Beteiligungsbericht auch zu erstellen ist, wenn nur die mittelbare Beteiligung bei 25 % liegt. In allen anderen Bundesländern gilt die Berichtspflicht unbeschränkt.

69 Vgl. auch *Strobel*, DÖV 2004, 477 (480).

70 Auch der Adressatenkreis variiert je nach Bundesland. So ist der Bericht immer dem Gemeinderat vorzulegen bzw. zugänglich zu machen, in einigen Gemeindeordnungen sollen zudem auch die Einwohner durch die ortsübliche Bekanntgabe vgl. § 105 Abs. 3 GO BW; Art. 94 Abs. 3 S. 5 GO Bay; § 99 Abs. 3 GO Sachs; § 118 Abs. 3 GO SachsAnh; durch ein Einsichtsrecht vgl. § 123a Abs. 3 S. 2, 3 GO Hess; § 116a S. 3, 5 GO Nds; § 117 Abs. 2 S. 2, 3 GO NRW; § 115 Abs. 2 KSVG Saarl und zum Teil auch die Aufsichtsbehörde vgl. § 105 Abs. 4 GO BW; § 90 Abs. 3 GO RP; § 75a Abs. 3 ThürKO Einsicht verlangen können.

sein. Im Hintergrund steht oftmals, dass nach wie vor in zumindest mittleren und kleineren Kommunalverwaltungen die Finanzausstattung nur ein Reagieren, nicht aber ein aktives Gestalten zulässt. Das Beteiligungsmanagement ist dann regelmäßig auf die unbedingt notwendigen Funktionen beschränkt.[71]

2. Beteiligungscontrolling

77 Als weiterer Aufgabenbereich des Beteiligungsmanagements ist das Beteiligungscontrolling im engeren Sinne zu nennen. Das Beteiligungscontrolling, das ebenso wie das Beteiligungsmanagement nicht einheitlich definiert ist, bezeichnet die Planung und Steuerung von wirtschaftlich verbundenen Unternehmen aus einer Zentrale. Dabei wird zwischen dem strategischen und dem operativen Controlling unterschieden, wobei ersteres danach fragt, ob „das Richtige" getan wird, also die kommunalen Leistungen mit den richtigen Instrumenten umgesetzt werden.[72] Letzteres hingegen betrachtet den Gesamterfolg, steuert die zentralen betriebswirtschaftlichen Größen und begleitet die Vermögensentwicklung sowie die Unternehmensfinanzierung. Dabei übernimmt das Controlling jedoch keine Führungs- oder Entscheidungsfunktion. Es ist vielmehr in die Zukunft gerichtet und wendet sich an die Verwaltungsführung.[73] Dieser Aufgabenbereich betrifft die **Einrichtung und Weiterentwicklung von Systemen der Planung, Kontrolle und Informationsversorgung**.

78 Das **strategische Beteiligungscontrolling** betrachtet die mittel- und langfristigen Zielsetzungen der Kommune.

79 Eine wesentliche Kernaufgabe des Beteiligungscontrollings ist es dabei, als Grundlage für eine strategische und betriebswirtschaftlich einheitliche Leitung die teilweise gegenläufigen Ziele der verschiedenen Akteure in einer Kommune und den Beteiligungen zu erkennen, zu systematisieren, zu gewichten und daraus einheitliche Zielvorstellungen zu definieren, wie dies vereinfacht in der nachstehenden Skizze grafisch dargelegt ist:

[71] Da die Aufgaben des Beteiligungsmanagements regelmäßig nicht von den in den Kommunen Verantwortung tragenden Personen selbst wahrgenommen werden können, da diese teilweise ehrenamtlich Tätige neben ihrem Hauptberuf weder inhaltlich noch zeitlich dazu in der Lage und auch die die Verwaltungsbeamten, Beigeordnete oder Kämmerer sich neben ihren anderen Aufgaben nicht intensiv genug um die Steuerung der Beteiligungen kümmern können, ist regelmäßig die personelle, aber auch die fachliche Besetzung des Beteiligungsmanagement für ein Funktionieren des Beteiligungsmanagements und deren Aufgabenfülle entscheidend; vgl. auch *Hille* (Fn. 2), S. 7; vgl. *Weiblen*, Der Gemeindehaushalt 1995, 176 (179).

[72] Vgl. *Hille* (Fn. 2), S. 120.

[73] Vgl. *Ade* (Fn. 3), S. 159; vgl. auch *Weiblen*, der Gemeindehaushalt 1995, 176 (178).

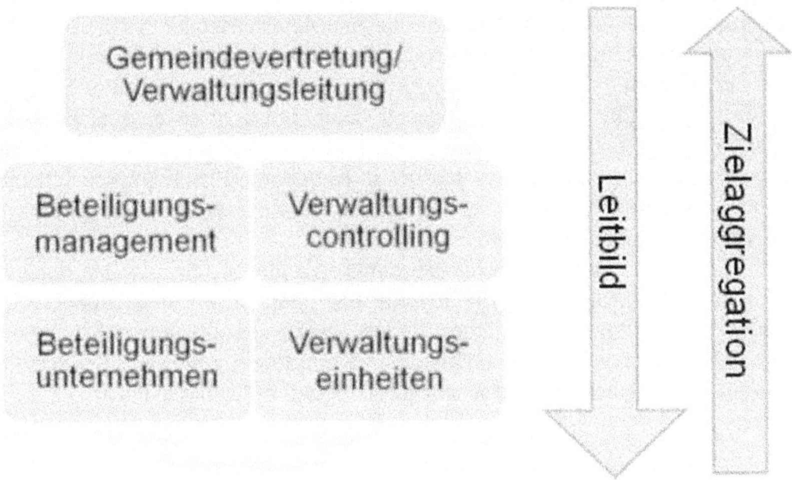

Abb. 2 Zielfindungsprozess in Anlehnung an *Hille* (Fn. 2)

Im Wesentlichen geht es beim strategischen Beteiligungscontrolling um die Frage: „tun wir das Richtige".[74] Dies betrifft sowohl die Palette der kommunalen Leistungserfüllung, die Frage der richtigen Rechtsformwahl oder die Positionierung der kommunalen Unternehmen am Markt. **80**

Das **operative Beteiligungscontrolling** ist ein Instrument der Steuerung zentraler betriebswirtschaftlicher Größen. Dabei steht der Gesamterfolg der kommunalen Beteiligungen im Vordergrund.[75] Das Beteiligungscontrolling soll eine qualifizierte Einschätzung des jeweiligen Standes der Zielerreichung ermöglich. Dadurch wird für die politischen Entscheidungsträger erkennbar, ob es zu Fehlentwicklungen kommt oder wie der jeweilige Grad der Zielerreichung sich darstellt.[76] **81**

Ein wesentlicher Faktor eine funktionierenden Beteiligungscontrolling dürfte gerade der aktive Steuerungswille der Kommune sein. In vergleichbarer Weise wie beim dargestellten Zielfindungsprozess sollte im Beteiligungscontrolling eine top-down, also von der Verwaltungsspitze ausgehende Steuerung durch eine Reflektierung der Wirksamkeit durch eine bottom-up-Methode ergänzt werden; auch die "gesteuerten" Akteure sollen sich in das Beteiligungscontrolling als integrierte Einheiten einbinden und auf das Beteiligungscontrolling insoweit einlassen. **82**

Bereits ein einfaches Modell unter Vorgabe wesentlicher Parameter bietet dabei gute Steuerungsmöglichkeiten. Die Vermögensentwicklung, die Unternehmensfinanzierung und die Liquidität sind bspw. wesentliche Parameter. So kann bei wirtschaftlichen Unternehmen etwa die Renditesteigerung, ein nachhaltiges Wachstum oder die Eigenkapitalentwicklung oder bei nicht-wirtschaftlichen, defizitären Un- **83**

[74] Vgl. *Hille* (Fn. 2), S. 120.
[75] Vgl. *Ade* (Fn. 3), S. 171.
[76] Vgl. *Ade* (Fn. 3), S. 159 f.

ternehmen die Erhöhung des Deckungsrades als Vorgaben eine einfache Steuerung ermöglichen. Vorteilhaft bzw. eine gute Alternative kann ein solches Vorgehen gerade hinsichtlich der Steuerung einer Aktiengesellschaft sein. Die gesellschaftsrechtlichen Vorgeben des Aktiengesetzes entwerten die Steuerungsinstrumente gegenüber einer Aktiengesellschaft deutlich, so dass sich das Beteiligungscontrolling bei einer Aktiengesellschaft nur erschwert durchsetzen lässt. Eine Steuerung nach Maßgabe wesentlicher Kennzahlen ist am wirtschaftlichen Erfolg des Unternehmens orientiert und daher unempfindlich für gesellschaftsrechtliche Verwerfungen.

84 Schwierigkeiten sind allerdings regelmäßig dadurch festzustellen, dass einheitliche Kennzahlen, an denen die Effektivität und der wirtschaftliche Erfolg verschiedener (nicht-)wirtschaftlicher Unternehmen der Kommune oder mehrerer kommunaler Unternehmen verschiedener Kommunen gemessen werden könnten, oftmals nicht ausreichend und in nur ungenügend belastbarer Form zur Verfügung stehen.

3. Mandatsträgerbetreuung

85 Eine weitere wesentliche Aufgabe des Beteiligungsmanagements ist die Mandatsträgerbetreuung. Die Mandatsträgerbetreuung, welche bei Kommunen angesichts der häufigen Wahrnehmung der Mandate durch nebenberuflich oder ehrenamtlich tätige Kommunalpolitiker besonderes Gewicht hat, beschäftigt sich mit der **Vorbereitung der Gremiensitzungen**, d.h. mit Stellungnahmen zu Sitzungsunterlagen und Voten zu Entscheidungsvorschlägen, sowie der **Durchführung von Schulungen und Fortbildungsveranstaltungen,** in denen bspw. Haftungsfragen aber auch Bilanzanalysen erklärt werden.[77] Insoweit kommt der Mandatsträgerbetreuung seiner Art nach eine **Servicefunktion** zu.

86 Wie bereits im ersten Teil dargelegt[78] , müssen die Kommunen nach den jeweiligen kommunalen Gesetzen einen ausreichenden Einfluss gegenüber ihren kommunalen Unternehmen sicherstellen. Den Vertretern der Kommune in den Gremien der kommunalen Unternehmen kommt dabei eine zentrale Bedeutung zu. Sie sind im Rahmen der Mandatsausübung mit der Interessenvertretung der Kommune beauftragt. Das Spannungsverhältnis, in dem sich diese Organmitglieder bewegen, ist bereits angesprochen worden.[79]

87 Die Mandatsträgerbetreuung soll den Mandatsträgern **Hilfe bei der Erfüllung** ihrer Aufgaben bieten. So leistet die Mandatsträgerbetreuung individuelle Hilfe bspw. in Bezug auf die die Mandatsträger treffenden gesellschafts- und kommunalrechtlichen Pflichten. Gleichzeitig kommt der Mandatsträgerbetreuung aber auch die Rolle zu, selbst Instrument der Steuerung zu sein, indem eine einheitliche Information gegenüber den Mandatsträgern die Interessenwahrnehmung zu Gunsten der Kommune zu fördern geeignet sein dürfte. Wichtig ist aber, dass die Mandatsträger gegenüber den Mitarbeitern des Beteiligungsmanagements Vertrauen

---

[77] Vgl. *Hille* (Fn. 2), S. 121 f.

[78] Siehe vorne unter Rn. 19 - 21.

[79] Siehe vorne unter Rn. 39.

haben.[80] Zu fordern ist daher ein angemessenes Maß an Objektivität und **Neutralität des Beteiligungsmanagements** im Rahmen der Mandatsträgerbetreuung.

Konkret zu leisten in diesem Bereich ist die Vorbereitung der Gremiensitzungen. Dazu können Stellungnahmen zu Sitzungsunterlagen erstellt werden oder auch Entscheidungsvorschläge zu wesentlichen Fragen vorbereitet werden. Allerdings muss der jeweilige Mandatsträger mit diesen vorbereiteten Unterlagen dahingehend kritisch umgehen, dass bspw. das Amt als Aufsichtsratsmitglied in einem kommunalen Unternehmen ein höchstpersönliches Amt ist. Gleichzeitig muss das Aufsichtsratsmitglied in seinem Handeln der Erkenntnis folgen, dass mit der Mandatsträgerbetreuung keine haftungsrechtliche Entpflichtung des Mandatsträgers einhergeht. **88**

Des Weiteren gilt es auch, die Beratung in formalen Fragen und sonstigen Fragen zu leisten, soweit diese im Zusammenhang mit der Erfüllung des Mandats stehen und dem Mandatsträger nicht ohne weiteres die Klärung selbst zugemutet werden darf. Zu weitgehend dürfte diese Aufgabe interpretiert sein, wenn komplexere Fragen längere gutachterliche Ausführungen des Beteiligungsmanagements notwendig machen. Hier müsste bspw. der Mandatsträger im Aufsichtsrat des kommunalen Unternehmens selbst eine entsprechende Behandlung der Frage fordern. Betreffen solche Fragen Geschäfte, die im regelmäßigen Geschäftsgang des Unternehmens nicht vorkommen, ist das kommunale Aufsichtsratsmitglied berechtigt, auch die Einschaltung externer Gutachter zu fordern. Naturgemäß ist für den Mandatsträger die Beurteilung solcher Fragen nicht leicht. Allgemeine Richtlinien, die bezüglich der Aufgaben der Beteiligungsverwaltung bereits angesprochen wurden[81], sollten hier Hilfestellung bieten.[82] **89**

Schließlich muss in diesem Zusammenhang auch die Durchführung von Schulungen und **Fortbildungsveranstaltungen** genannt werden. Beispielhaft können Fragen der Bilanzanalyse und des Risikomanagements behandelt werden, die das Verständnis der teilweise komplexen Wertungssysteme innerhalb der kommunalen Unternehmen vereinfachen dürften. **90**

III. Instrumente der Beteiligungsverwaltung

Insgesamt nimmt die Beteiligungsverwaltung verschiedenste Aufgaben wahr, von der zentralen Aktenverwaltung bis zur Erstellung eines Beteiligungsberichtes ist sie in nahezu alle Bereiche der wirtschaftlichen Betätigung der Kommunen involviert. In Unterscheidung zu den im ersten Teil dargelegten einerseits kommunalrechtlich und andererseits gesellschaftsrechtlich geprägten Steuerungsinstrumenten soll im Folgenden auf diejenigen Instrumente eingegangen werden, welcher sich das Beteiligungsmanagement bedient, um die Aufgabenerfüllung sicherzustellen. **91**

---

[80] Vgl. *Hille* (Fn. 2), S. 139.

[81] Sieh dazu vorne unter Rn. 64.

[82] Vgl. *Hille* (Fn. 2), S. 139.

92 Zunächst ist Ausgangspunkt jeder Tätigkeit die **zentrale Aktenverwaltung**, bei der ein Überblick über die Beteiligungen der Kommune gewonnen werden soll. Dazu werden Satzungen und Verträge gesammelt und bspw. die Zusammensetzung der jeweiligen Unternehmensorgane aufgelistet.[83] Davon ausgehend können grundsätzliche Leitlinien zur Beteiligungspolitik und Kriterien für die Rechtsformwahl erarbeitet werden. Für die verschiedenen Rechtsformen besteht dann die Möglichkeit, Musterverträge bzw. Mustersatzungen zu erarbeiten. Dabei sind die Voraussetzungen und Konsequenzen der Privatisierung bzw. Rekommunalisierung jeweils zu beachten. Die Beteiligungsverwaltung sollte ferner Grundsätze für verschiedene betroffene Bereiche definieren, z.B. für die Personalwirtschaft, die Wirtschafts- und Finanzplanung, die Bestellung von kommunalen Vertretern in den Gesellschaftsorganen usw.

93 Als Instrumente des Beteiligungsmanagements sind im Bereich der Beteiligungsverwaltung vornehmlich **Beteiligungsrichtlinien** beziehungsweise **Beteiligungshandbücher** zu nennen.[84] In diesen sollen die einheitlichen Regeln für alle Beteiligungen festgehalten werden. Gleichzeitig sollten die Zuständigkeiten der verschiedenen Akteure sowohl auf Seiten des Beteiligungsmanagements als auch der kommunalen Beteiligungen genannt sein. Es geht vor allem um die Festlegung von Regelungen, die für alle gelten. Integriert werden können **Musterverträge** und **Checklisten**, deren Inhalte selbst allgemein gültige Bestimmungen festlegen können. Bspw. sind hier Gesellschaftsverträge für eine GmbH, eine Eigenbetriebssatzung, eine Satzung für eine Anstalt des öffentlichen Rechts, eine Geschäftsordnung über Aufsichtsräte oder Verwaltungsräte, Personalüberleitungsverträge oder auch Checklisten für eine GmbH-Gründung zu nennen.

94 Ein Instrument des strategischen Beteiligungscontrollings ist die Leitbild- und Zieldefinition.[85] Darüber hinaus bildet die Aufgabenkritik[86] ein weiteres Instrument.

95 Zur notwendigen Differenzierung der den Beteiligungen gesetzten Ziele und der Bestimmung des notwendigen Maßes der Steuerung gegenüber der jeweiligen Beteiligung bzw. des angemessenen Einflusses auf die jeweilige Beteiligung[87] spielt außerdem die Klassifizierung eine große Rolle. Bei der Klassifizierung der Beteiligungen, die sicherlich bei kleineren Kommunen entbehrlich sein dürfte und bei der eine Fokussierung auf die wesentlichen Beteiligungen angezeigt ist, dürfte die Rechtsform zunächst das herausragend wichtige Unterscheidungskriterium sein.

96 Zunächst gilt es zu identifizieren, gegenüber welchen kommunalen Unternehmen in welcher Rechtsform die Kommune eine Steuerung sicherzustellen hat bzw. für zweckmäßig betrachtet. Zweifelhaft kann dies etwa bei Zweckverbänden sein, in denen aufgrund der interkommunalen Kooperation mehrerer kommunaler Gebietskörperschaften eine **Steuerbarkeit** in Abhängigkeit von den übertragenen

---

[83] Vgl. *Hille* (Fn. 2), S. 107 f.; *Weiblen* (Fn. 54), S. 462.
[84] Vgl. *Hille* (Fn. 2), S. 123.
[85] Vgl. *Hille* (Fn. 2), S. 125 f.
[86] Vgl. *Hille* (Fn. 2), S. 129 f.
[87] Siehe dazu vorne unter Rn. 80.

Aufgaben und dem eigenen Beteiligungsanteil ohnehin schwierig erscheint. Regelmäßig nicht dem Kreis der erfassten Unternehmen werden die Sparkassen zugeordnet, was angesichts der (finanz-)wirtschaftlichen Bedeutung der Sparkassen kaum mehr zeitgemäß erscheint. Die spezialgesetzlichen Grundlagen für die Sparkassen jedenfalls dürften eine Steuerbarkeit durch die Kommune und damit eine Einbindung in das Beteiligungsmanagement nicht ausschließen.[88]

Bei der **Klassifizierung der Beteiligungen** kann nach dem Steuerungserfordernis, den Gesellschafteranteilen, den Risikoklassen, der Ergebnisabführung beziehungsweise dem Zuschussbedarf und der politischen Gewichtung unterschieden werden. Um das Maß der Steuerung besser bestimmen zu können, dürfte die Identifizierung von Steuerungscharakteristika wichtig sein. Ein Mehrspartenunternehmen bspw. dürfte bezüglich seiner verschiedenen Sparten ggf. differenziert zu behandeln sein. Gerade die Wettbewerbslage bezüglich einzelner Sparten dürfte die Steuerungsnotwendigkeit wesentlich beeinflussen. Dort, wo kommunaler Unternehmen gezwungen sind, bereits heute Marktmechanismen zu beachten, scheint zwar die Sicherstellung der öffentlichen Zielsetzung wichtig, weniger aber die Wirtschaftlichkeit des Unternehmens. Soweit das Marktgeschehen das Unternehmen zu einem effizienten Handeln zwingt, bedarf es nicht notwendigerweise einer weiteren Steuerung unter betriebswirtschaftlichen Aspekten durch das Beteiligungsmanagement, sondern ggf. nur unter dem Aspekt der Risikofrüherkennung und Risikobegrenzung. 97

Allgemeingültige Bewertungskriterien sind allerdings kaum verlässlich. Bei einem kommunalen Kulturbetrieb mit geringer finanzieller Ausstattung etwa könnte unter verschiedensten Aspekten eine weniger große Steuerungsnotwendigkeit gesehen werden. Die Praxis zeigt allerdings öfters, dass gerade Zuschussgesellschaften etwa im Bereich des kulturellen Angebots der Kommune, die ohnehin nicht aufgefordert sind, zum Ergebnis im kommunalen Konzern beizutragen, nicht notwendigerweise eine untergeordnete Rolle im Beteiligungsmanagements spielen sollten. Feste Vorgaben zu der Zuschusshöhe, ggf. gleichbleibend oder abnehmend, können auch hier Mittel zur Steuerung sein. 98

Als gut geeignetes Instrument des Beteiligungsmanagements erscheint gerade die **Bilanzpolitik**. Aufbauend auf der **Bilanzanalyse** geht es der Bilanzpolitik darum, die Bilanzstruktur nachhaltig zu ändern oder zu bewahren, in dem strategischen Bilanzierungsziele entwickelt und definiert werden. Dies können bspw. die Erzielung einer Eigenkapitalrendite, die Finanzierung durch Fremdmittel in begrenzter Höhe oder auch die Reduzierung der Personalausstattung sein. Vorgaben zur Verlustminimierung beziehungsweise zur Kostendeckung und die Einhaltung festgelegter Zuschussbeträge können als Ziele für kommunale Unternehmen ausgesprochen werden.[89] 99

Die Bilanzanalyse spielt auch als Instrument des operativen Beteiligungscontrollings eine Rolle. Im Sinne eines Soll-/Ist-Vergleichs ggf. unter Beachtung von 100

---

88 Vgl. *Schwarting*, BFuP 2004, 342 ff., der ebenfalls für eine Einbeziehung der Zweckverbände und Sparkassen in das Beteiligungsmanagement plädiert.

89 Vgl. Hille (Fn. 2), 132 f.

Kennzahlen kann die Wirtschaftsplan- und Bilanzanalyse Mittel zur Planung und Kontrolle der Leistungserfüllung sein.

101 Durch das Controlling wird das Beteiligungsmanagement gerade durch den Soll-/Ist-Vergleich in die Lage versetzt, Abweichungen von der Planung und Zielsetzung zu erkennen und durch geeignete Gegenmaßnahmen zu korrigieren. Das Beteiligungscontrolling ist insofern als ein sich selbst kontrollierendes und selbstlernendes System zu erfassten.

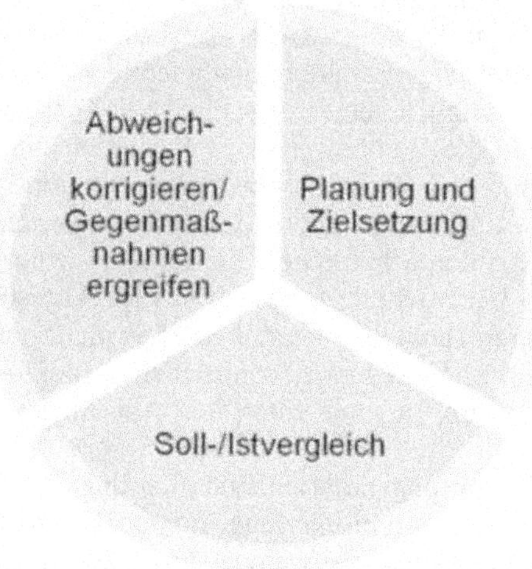

Abb. 3 Controlling-Regelkreis

102 Ein wichtiges Hilfsmittel für das Beteiligungsmanagement ist außerdem ein standardisiertes unterjähriges Berichtswesen.[90] Wirtschaftspläne, Quartalsberichte, Abschlussberichte und Sonderberichte sollten einheitlich gestaltet sein.[91]

IV. Organisation des Beteiligungsmanagements

103 Abgesehen von den Bundesländern, die explizite Regelungen zur Einrichtung und den Aufgaben eines Beteiligungsmanagements haben, sind die Gemeinden frei in der Entscheidung, ob und wie sie ein Beteiligungsmanagement einrichten. Vor diesem Hintergrund hat sich bislang auch **keine spezifische Organisationsform** herausgebildet. Für kleine Kommunen mit einer geringeren Zahl an Beteiligungen ist daher auch denkbar, das Beteiligungsmanagements als Aufgabe integriert in den vorhandenen Verwaltungsstrukturen wahrgenommen wird, ohne dass dafür ein besondere Aufbau- und Ablauforganisation geschaffen wird.

---

[90] Vgl. *Neumaier-Klaus* (Fn. 66), S. 208.

[91] Vgl. *Neumaier-Klaus* (Fn. 66), S. 206 ff.

Bleibt die Ausgestaltung der Beteiligungsverwaltung der einzelnen Kommune überlassen, stellt sich die Frage nach der optimalen Form. Die Frage, wo die Beteiligungsverwaltung organisatorisch am zweckmäßigsten einzubinden ist, kann aber nicht generell beantwortet werden. Dies ist u.a. abhängig von der Größe und der Organisationsstruktur der Gemeinde und von der Frage, welches Gewicht dem Beteiligungsmanagement innerhalb der Gemeinde gegeben wird. Unstrittig ist die Tatsache, dass das Beteiligungsmanagement umso mehr Einfluss- und Gestaltungsmöglichkeiten hat, je höher es in der hierarchischen Struktur angesiedelt ist.[92] 104

Grundsätzlich besteht jedoch die Möglichkeit, die Beteiligungsverwaltung **zentral** oder dezentral auszurichten. Vereinzelt wird auch die Beteiligungsverwaltung auf eine externe Einrichtung ausgelagert.[93] Dies hängt maßgeblich von der Größe und Organisationsstruktur der Kommune bzw. ihren Beteiligungen sowie den personellen und sachlichen Ressourcen ab.[94] 105

1. Zentrale Organisation

Ist ein zentral angeordnetes Beteiligungsmanagement gewählt, so wird diese Aufgabe meist von der Verwaltungsführung, ggf. auch von einem Finanzdezernenten bzw. Kämmerer wahrgenommen.[95] 106

Vorteilhaft an dieser Steuerung ist die Bündelung der Aufgaben an nur einer Stelle.[96] Damit wird das notwendige Fachwissen in der Verwaltung nur an einer Stelle erforderlich. Des Weiteren dürfte die einheitliche Beteiligungspolitik und die daraus resultierende Zieldefinition für die Beteiligungen ebenso effektiver durchzusetzen sein wie das strategische Beteiligungscontrolling. 107

Die Nachteile dieser Struktur bestehen jedoch darin, dass sie ggf. nur für dezernatsübergreifende Bereiche zulässig ist. Zudem kann es so an einem Bezug zu fachbezogenen Fragestellungen fehlen. 108

2. Dezentrale Organisation

Diese Problematik wird mit einer dezentralen Struktur, bei der die Beteiligungsverwaltung den jeweiligen Fachdezernenten zugewiesen ist, vermieden. Auf diese Weise kann auch bspw. die Vereinbarung von Leistungszielen fachnah erfolgen. Allerdings birgt die dezentrale Organisation die Gefahr des „Ressortdenkens", welches fachübergreifende Überlegungen erschwert.[97] 109

Auch entfallen bei einer dezentralen Beteiligungsverwaltung die Vorteile der Aufgabenbündelung; notwendiges Fachwissen muss mehrfach vorgehalten werden. Die dezentrale Organisation bedingt darüber hinaus einen höheren Koordinie- 110

---

[92] Vgl. *Schwarting*, BFuP 2004, 342 ff.; Deutscher Städtetag (Fn. 49), S. 21 f.
[93] Vgl. grds. *Schwarting*, BFuP 2004, 342 ff.
[94] Vgl. *Schwarting*, BFuP 2004, 342 ff.; Deutscher Städtetag (Fn. 49), S. 21 f.
[95] So auch der Vorschlag von KGSt-Bericht 9/1985, Kommunale Beteiligungen II, S. 15.
[96] Vgl. *Schäfer*, Zentralisation und Dezentralisation, 1982, S. 39.
[97] Vgl. auch *Schwarting*, in BFuP 2004, 342 ff.

rungsaufwand, um evtl. ein ggf. vorhandenes Ressorthandeln zu überwinden und alle Akteure auf die gemeinsamen Ziele festzulegen.

3. Kombination zentraler und dezentraler Organisation

111 Verbreitet ist infolgedessen eine Kombination zentraler und dezentraler Organisationselemente in der Beteiligungsverwaltung. Vorteilhaft ist dabei, dass Beteiligungen in einem spezifischen Tätigkeitsbereich und von finanziell untergeordneter Bedeutung, dezentral geführt werden können. Die Zentralisierung von Information bei der Beteiligungsverwaltung hingegen ist zweckmäßig, um z.B. einen geforderten Beteiligungsbericht erstellen zu können

112 Das strategische Beteiligungscontrolling durch die Verwaltungsspitze einerseits und das operative Beteiligungscontrolling andererseits den jeweiligen Fachbereichen zuzuordnen kann allerdings wiederum zu einem erhöhten Abstimmungsbedarf führen. Hinzu tritt, dass die klare Trennung dieser Funktionen in der Praxis nicht immer problemlos sein dürfte.[98]

113 Um für die jeweilige Kommune die optimale Organisation zu finden, dürfte ein sorgsames Austarieren zwischen zentralen Steuerungsanforderungen und dem zweckmäßigen Fachbezug in den bestehenden Strukturen der jeweiligen Kommunalverwaltung sein. Auch hier gilt, dass die bereits mehrfach angesprochenen Richtlinien das Zusammenspiel der zentralen und dezentralen Elemente und Akteure verbindlich vorschreiben und darüber hinaus auch Konfliktlösungsmechanismen beschreiben können.

4. "Externes" Beteiligungsmanagement

114 Eine Ausnahme bildet bisher die Wahrnehmung des zentralen Beteiligungsmanagements durch **eine Stelle außerhalb der Kommunalverwaltung**.

115 Umgesetzt ist dieses Modell bspw. in Leipzig.[99] Als Vorteile eines solchen Modells werden regelmäßig die Neutralität und Unabhängigkeit sowie eine einfache Personalgewinnung angeführt. Die diese Funktion wahrnehmende Gesellschaft beschreibt ihre Aufgaben wie folgt: „*Als Beteiligungsmanager unterstützen wir die Stadt Leipzig bei der Steuerung ihres Beteiligungsportfolios. Als Beratungsunternehmen engagieren wir uns überregional und entwickeln maßgeschneiderte Konzepte für öffentliche Verwaltungen und deren Eigen- und Beteiligungsgesellschaften.*“[100]

116 Offensichtlich ist, dass diese Gesellschaft wiederum ihrerseits im Sinne der örtlichen Beteiligungspolitik in die politische Willensbildung einbezogen werden muss. Es fragt sich vor allem, wer steuert die Steuerer.

---

[98] Vgl. anschaulich dazu *Brede*, Grundzüge der öffentlichen Betriebswirtschaftslehre, 2001, S. 72 f.

[99] Bbvl Beratungsgesellschaft für Beteiligungsverwaltung Leipzig mbH.

[100] Informationen nach der Internetseite der bbvl Beratungsgesellschaft für Beteiligungsverwaltung Leipzig mbH, http://www.bbvl.de/; zuletzt abgerufen am 13.12.2010.

§ 52 Das kommunale Aufsichtsratsmandat

Jörg Geerlings

Schrifttum

H. Altmeppen, Die Einflussrechte der Gemeindeorgane in einer kommunalen GmbH, NJW 2003, 2561 ff.; *J. Geerlings*, Kommunale Energieversorgungsunternehmen nach der Novellierung der nordrhein-westfälischen Gemeindeordnung, NWVBl. 2008, 90 ff.; *H. A. Grams*, Pflichten von Mandatsträgern in Aufsichtsgremien kommunaler Privatunternehmen, LKV 1997, 397 ff.; *F. Grünebaum*, Weisungen gegenüber gemeindlichen Aufsichtsratsmitgliedern in kommunalen Beteiligungsgesellschaften und deren Durchsetzung, VR 2004, 55 ff.; *U. Gundlach/V. Frenzel/N. Schmidt*, Das kommunale Aufsichtsratsmitglied im Spannungsfeld zwischen öffentlichem Recht und Gesellschaftsrecht, LKV 2001, 246 ff.; *S. Kraft-Zörcher*, Kontrolle der kommunalen Aufgabenerfüllung durch Stadt- und Gemeinderäte, ThürVBl. 2008, 1 ff.; *T. Mann*, Die Aufhebung der Verschwiegenheitspflicht von Aufsichtsratsmitgliedern einer kommunalen GmbH, in: J. Ennuschat u. a. (Hrsg.), GS für Peter J. Tettinger, 2007, S. 295 ff.; *E. Potthoff/K. Trescher*, Das Aufsichtsratsmitglied, 6. Aufl. 2003; *G. Püttner*, Die Vertretung der Gemeinden in wirtschaftlichen Unternehmen – Zum Verhältnis von Kommunalrecht und Gesellschaftsrecht, DVBl. 1986, 748 ff.; *R. Schäfer/B. Roreger*, Kommunale Aufsichtsratsmitglieder: Rechte, Pflichten, Haftung, Strafbarkeit, 2. Aufl. 2004; *E. Schmidt-Aßmann/P. Ulmer*, Die Berichterstattung von Aufsichtsratsmitgliedern einer Gebietskörperschaft nach § 394 AktG, BB 1988, Sonderbeilage Heft 13; *H.-P. Schwintowski*, Gesellschaftsrechtliche Bindungen für entsandte Aufsichtsratsmitglieder in öffentlichen Unternehmen, NJW 1995, 1316 ff.; *B. Strobel*, Verschwiegenheits- und Auskunftspflicht kommunaler Vertreter im Aufsichtsrat öffentlicher Unternehmen, 2003; *A.-M. Szesny/M. Brockhaus*, Die Pflichtenstellung kommunaler Mandatsträger öffentlicher Versorgungsunternehmen, NStZ 2007, 624 ff.; *R. C. Thümmel*, Aufsichtsräte in der Pflicht? – Die Aufsichtsratshaftung gewinnt Konturen, DB 1999, 885 ff.

Inhaltsübersicht

Rn.

A. Das Spannungsfeld zwischen Kommunal- und Gesellschaftsrecht

I. Einführung

1 Die Kommunen nehmen vielfältige Aufgaben wahr. Moderne Verwaltung arbeitet nicht allein mit Dezernaten und Ämtern. Sie bedient sich zunehmend verschiedener Rechtsformen zur Bewältigung der an sie gerichteten Anforderungen. Öffentlich-rechtliche Organisationsformen und privatrechtliche stehen hierfür zur Verfügung, ohne dass allgemeine Aussagen darüber getroffen werden können, welcher jeweils der Vorzug gebührt. Bereits seit der Weimarer Zeit ist schon anerkannt, dass den Gemeinden im Rahmen ihrer Organisationshoheit das Recht zusteht, die Rechtsform für ihre Unternehmen und Einrichtungen nach Zweckmäßigkeitsgesichtspunkten auszuwählen. Die **Deutsche Gemeindeordnung** von 1935 hat dieses Wahlrecht bestätigt und als Voraussetzung für die Wahl der Gesellschaftsform verlangt, dass eine Haftungsbeschränkung erfolgt und einige Rahmenbedingungen eingehalten werden (§§ 69 Abs. 1, 70 DGO), woran die Gemeindeordnungen stets festgehalten haben.[1] Die Gründe für die Wahl der einen oder anderen Rechtsform

[1] Z. B. § 103 Abs. 1 Nr. 4 GO BW; Art. 92 Abs. 1 Nr. 3 GO Bay; § 109 Abs. 1 Nr. 2 GO Nds; § 108 Abs. 1 Nr. 3 GO NW; § 96 Abs. 1 Nr. 3 GO Sachs; § 73 Abs. 1 Nr. 6 Thür-

sind vielfältig. Sie orientieren sich bei privatrechtlichen Formen u. a. an der höheren Flexibilität und Kostenstruktur, etwa bei der Gestaltung von Personalfragen, oder aber an steuerlichen Anforderungen.[2] Bei der Wahl der Rechtsform gilt für die Kommunen das verfassungsrechtlich durch Art. 28 Abs. 2 GG geschützte Recht der Organisationshoheit, das den Kommunen freie Wahl der Rechtsform ihrer Einrichtungen und Unternehmen lässt.[3] Für den Bürger bleibt allein entscheidend, dass die öffentlichen Aufgaben erfüllt werden.

Nahezu alle Felder kommunalen Handelns werden inzwischen bevorzugt in privater Rechtsform geführt, vor allem vielfältige Bereiche der **Daseinsvorsorge**, zu denen etwa die Energie- und Wasserversorgung, der öffentliche Personennahverkehr, die Abfallentsorgung, Krankenhäuser, die Wirtschaftsförderung und das Stadtmarketing gehören.[4] Vorrangig werden die **Gesellschaft mit beschränkter Haftung** (GmbH) und die **Aktiengesellschaft** (AG) gewählt, eher selten die **Genossenschaft**. Hinzu kommen Kombinationen verschiedener Gesellschaftsformen, z. B. die GmbH & Co. KG.[5] 2

Für den kommunalen Eigentümer wächst damit die Notwendigkeit, seinen Einfluss zu erhalten; denn die öffentliche Hand gerät durch die Ausgliederung von Aufgaben an juristische Personen des Privatrechts in einen Zielkonflikt.[6] Zwar bieten **private Organisationsformen** zahlreiche Vorteile, jedoch erfährt der öffentliche Auftrag[7] auch Einschränkungen, da der direkte Einfluss auf die **ausgegliederten Gesellschaften** abnimmt. So ist der direkte Einfluss bei Regie- und Eigenbetrieben ähnlich hoch wie bei Ämtern und Dezernaten, da hier das Kommunal- und Beamtenrecht direkt greift. Schwächer sind Entscheidungen bei 3

KO; ausführlich *Püttner*, in: ders. (Hrsg.), Zur Reform des Gemeindewirtschaftsrechts, 2002, S. 143.

2 Dazu *Altmeppen*, NJW 2003, 2561 (2562); *Zeiß*, in: Peters (Hrsg.), HKWP, 1. Aufl. 1959, Bd. 3, S. 640 (644 ff.).

3 Im Bereich der Leistungsverwaltung besteht, wie der BGH formuliert, „eine grundsätzliche Freiheit der Formenwahl in dem Sinne, dass Staat und Gemeinden sich sowohl öffentlich-rechtlicher als auch privatrechtlicher Formen bedienen können.“; vgl. BGHZ 91, 84 (95 f.); *Schmidt-Aßmann/Röhl*, in: Schmidt-Aßmann (Hrsg.), Besonderes Verwaltungsrecht, 14. Aufl. 2008, 1. Kap., Rn. 123 m. w. N.; *Scholz/Pitschas*, in: Püttner (Hrsg.), HKWP, Bd. 5, 2. Aufl. 1984, S. 128 (129 f.); *Strobel*, Verschwiegenheits- und Auskunftspflicht kommunaler Vertreter im Aufsichtsrat öffentlicher Unternehmen, 2003, S. 39 ff.

4 Vgl. *Pielow*, Grundstrukturen öffentlicher Versorgung, 2001, S. 353 ff.; *Stern/Püttner*, Die Gemeindewirtschaft – Recht und Realität, 1965, S. 56 ff.; *Tettinger*, in: Löwer/Tettinger (Hrsg.), Kommentar zur Verfassung des Landes Nordrhein-Westfalen, 2002, Art. 78 Rn. 31; *Mann*, in: Tettinger/Erbguth/Mann (Hrsg.), Besonderes Verwaltungsrecht, 9. Aufl. 2007, § 7 Rn. 235 ff.

5 Vgl. *Cronauge/Westermann*, Kommunale Unternehmen, 5. Aufl. 2006, Rn. 113 ff.; *Kraft*, in: Püttner (Hrsg.), HKWP, Bd. 5, 2. Aufl. 1984, S. 168 (172).

6 Vgl. *Decher*, ZIP 1990, 277 (278); *Erle/Becker*, NZG 1999, 58; *Grams*, LKV 1997, 397 (398) m. w. N.; *Gundlach/Frenzel/Schmidt*, LKV 2001, 246.

7 Vgl. *Geerlings*, NWVBl. 2008, 90 (91); *ders.*, in: Ennuschat u. a. (Hrsg.), GS für P. J. Tettinger, 2007, S. 236 ff.

Sparkassen, die fast ausschließlich in der Rechtsform der Anstalt des öffentlichen Rechts geführt werden und vom städtischen Vermögen verselbstständig sind.[8] Ihre Kontrolle erfolgt über den Verwaltungsrat. In der AG und GmbH ist der Einfluss ebenfalls nur mittelbar, da dort grundsätzlich Vorstand bzw. Geschäftsführung die Entscheidungen treffen, die ggf. unter **Gremienvorbehalt** des Aufsichtsrates stehen.

II. Bindungen durch das Kommunalrecht contra Gesellschaftsrecht

4 Mit der Wahl privater Rechtsformen sind vielfältige Probleme verbunden, die sich aus der öffentlich-rechtlichen Stellung der Gemeinde sowie dem auf private Eigentümer zugeschnittenen **Gesellschaftsrecht** ergeben.[9] So entstehen Probleme in verfassungsrechtlicher Hinsicht, etwa im Hinblick auf das **Demokratieprinzip** und die Verantwortlichkeit der Exekutive auch im Verhältnis zum **Mitbestimmungsrecht** der Arbeitnehmer sowie in Bezug auf die einschlägigen kommunalrechtlichen Vorschriften[10], die bei allen Vorteilen, die sich etwa in steuerrechtlicher oder betriebswirtschaftlicher Hinsicht ergeben, zu berücksichtigen sind.[11]

5 Die Gemeindeordnungen der Länder sehen **Begrenzungen** der **Beteiligungen** vor. So heißt es etwa: „Die Gemeinde darf Unternehmen und Einrichtungen in einer Rechtsform des privaten Rechts nur gründen oder sich daran beteiligen, wenn [...] die Gemeinde einen angemessenen Einfluss, insbesondere in einem Überwachungsorgan, erhält und dieser durch Gesellschaftsvertrag, Satzung oder in anderer Weise gesichert wird,..." und „das Unternehmen oder die Einrichtung durch Gesellschaftsvertrag, Satzung oder sonstiges Organisationsstatut auf den öffentlichen Zweck ausgerichtet wird...".[12] Diese strikten Anforderungen stoßen jedoch an die Grenzen des Gesellschaftsrechts, das, von einigen Ausnahmen abgesehen[13], vorrangig die Interessen der Gesellschaft im Blick hat und weniger die öffentlichen Gesellschafter.[14]

6 Um den Interessen der öffentlichen Gesellschafter gerecht zu werden, kann man drei zentrale **Anforderungen** an die **Organisationsgestaltung öffentlicher Unternehmen** aufstellen: Sie müssen der Erfüllung öffentlicher Aufgaben dienen,

[8] Vgl. *Geerlings*, NordÖR 2004, 181 (182 f.).

[9] Vgl. *Geerlings*, NWVBl. 2008, 90 (92); *Gundlach/Frenzel/Schmidt*, LKV 2001, 246 ff.

[10] Z. B. §§ 40, 41, 63 Abs. 2 i. V. m. 113, 107, 111 GO NW.

[11] Vgl. *Kraft* (Fn. 5), S. 168 (175 ff.); *Laux*, DÖV 1993, 523 (523 f.); *Strobel* (Fn. 3), S. 69 ff.; *Mann* (Fn. 4), § 9 Rn. 308 ff. m. w. N.; siehe auch *Geerlings/Maaß*, DÖV 2005, 644 (645); *Püttner*, DÖV 1977, 899; *Stern*, Das Staatsrecht der Bundesrepublik Deutschland, Bd. I, 2. Aufl. 1984, S. 406 f.

[12] § 108 Abs. 1 Nr. 6, 7 GO NW; siehe auch §§ 109 Abs. 1, 111, 113 GO NW.

[13] Vgl. etwa §§ 394, 395 AktG; § 52 GmbHG.

[14] Vgl. scheinbar widersprüchlich § 113 Abs. 1 S. 1 GO NW: „Die Vertreter der Gemeinde in Beiräten, Ausschüssen, Gesellschafterversammlungen, Aufsichtsräten oder entsprechenden Organen von juristischen Personen oder Personenvereinigungen, an denen die Gemeinde unmittelbar oder mittelbar beteiligt ist, haben die Interessen der Gemeinde zu verfolgen".

die öffentliche Hand muss über ausreichende Möglichkeiten verfügen, die Tätigkeit der Unternehmen steuern zu können und alle wesentlichen Unternehmensentscheidungen müssen von den demokratisch legitimierten Entscheidungsträgern getroffen werden[15] (→ § 46 Rn. 3). Für die kommunalen Vertreter sind daher sogleich die Zielkonflikte vorprogrammiert. Der kommunale Vertreter im Aufsichtsrat, der zugleich als Bürgermeister, Beamter oder als Ratsmitglied tätig ist, wird in der Regel gerade wegen dieser Funktion Mitglied des Aufsichtsrates. Dieser Vertreter sieht sich einer Reihe weiterer Interessen ausgesetzt. Er hat die öffentlichen Interessen der Gemeinde zu wahren, ist aber gesellschaftsrechtlich vorrangig an das Unternehmensinteresse gebunden. Hinzu treten Erwartungen durch die Bevölkerung, Medien, Fraktionen und Parteien. So können beispielsweise Konflikte mit dem Erfordernis der Vertraulichkeit auftreten, wenn die genannten Gruppen auf Auskunft dringen.[16] Die Gemeinden wollen zudem durch Weisungen ihren Einfluss in den Kapitalgesellschaften wahren und steuern.

Das Spannungsverhältnis liegt daher in einer Abgrenzung der unternehmens- 7
rechtlichen Pflichtenstellung der gemeindlichen Vertreter in der Hauptversammlung der AG bzw. der Gesellschafterversammlung der GmbH und in den Aufsichtsräten dieser Kapitalgesellschaften einerseits sowie in den kommunalverfassungsrechtlich verbürgten Weisungsrechten der Vertretungskörperschaften andererseits, also einer Abgrenzung zwischen den bundesrechtlichen Vorgaben des Gesellschaftsrechts und dem landesrechtlich geregelten Kommunalverfassungsrecht.[17] Die Gemeinden verfügen beispielsweise nach kommunalrechtlichen Vorgaben über **Weisungsrechte** und haben einen Anspruch auf Unterrichtung.[18] Gesellschaftsrechtlich kollidiert dies wiederum mit der gesellschaftsrechtlichen Eigenständigkeit der Aufsichtsräte sowie dem gesetzlich verankerten **Verschwiegenheitsgebot**[19] (u. Rn. 42 ff.).

Den gesellschaftsrechtlichen Rahmen bilden zahlreiche Vorschriften, die sich 8
insbesondere aus dem Zusammenhang mit der jeweils gewählten Rechtsform für das Kommunalunternehmen ergeben. Häufigste, durch die Kommunen gewählte Rechtsform ist die **GmbH.** Ihr räumt das Kommunalrecht den Vorzug gegenüber der **AG** ein, da die AG den Aufsichtsgremien geringere Einflussmöglichkeiten ermöglicht.[20] Gleichwohl orientieren sich die Rechte und Pflichten für den Auf-

---

[15] Vgl. *Mann*, Die öffentlich-rechtliche Gesellschaft, 2002, S. 55 ff.

[16] Vgl. zu Auskunftsansprüchen gegenüber kommunalen Unternehmen *Sydow/Gebhardt*, NVwZ 2006, 986 ff.

[17] Vgl. *Rehn/Cronauge/v. Lennep*, Gemeindeordnung NW, Loseblatt, § 113 Rn. IV 1.

[18] Z. B. § 104 Abs. 1 S. 4 GO Bbg; § 108 Abs. 4 Nr. 2 GO NW; § 114 Abs. 4 SaarlKSVG; § 98 Abs. 1 S. 6 GO Sachs (Weisungsrecht); § 104 Abs. 4 GO Bbg; § 113 Abs. 5 GO NW; § 115 Abs. 1 SaarlKSVG; § 98 Abs. 1 S. 7 GO Sachs (Unterrichtung).

[19] §§ 116, 93 Abs. 1 S. 2 AktG; § 52 Abs. 1 GmbHG.

[20] Vgl. § 108 GO NW; kritisch zur gesetzlich angelegten Nachrangigkeit der AG *Rehn/Cronauge/v. Lennep* (Fn. 17), § 108 Rn. VII 1; anders *Cronauge/Westermann* (Fn. 5), Rn. 221, die davon sprechen, dass die AG „eine nicht zu unterschätzende Wegstrecke vom kommunalen Zentrum ‚Rat' entfernt" ist; günstiger fällt die Bewertung für die GmbH aus, ebda., Rn. 240; siehe Rn. 23.

sichtsrat hauptsächlich am Aktienrecht. Die Aktiengesellschaften stehen auch im Fokus öffentlicher Diskussion, selbst wenn man festhalten muss, dass kommunal die GmbH dominiert. Durch den Verweis von § 52 Abs. 1 GmbHG auf das Aktienrecht erkennt der Gesetzgeber dies dem Grunde nach an. Zudem gilt das Aktienrecht vielfach als allgemeiner Rechtsgrundsatz auch ohne diesen Verweis.[21]

9 Ein weiterer wesentlicher Unterschied zwischen beiden Rechtsformen besteht darin, dass die AG die Einrichtung eines Aufsichtsrates als Kontrollorgan zwingend vorschreibt, während dies bei der GmbH nicht der Regelfall ist. Gesetzlich vorgeschrieben ist ein Aufsichtsrat bei einer GmbH erst dann, wenn dort mehr als 500 Arbeitnehmer beschäftigt sind.[22] Ein Aufsichtsrat kann jedoch auch freiwillig eingerichtet werden. Besteht ein Aufsichtsrat, dann verweist § 52 GmbHG auf wesentliche Vorschriften des Aktienrechts.

III. Das Verhältnis zwischen Kommunalrecht und Gesellschaftsrecht

10 Fraglich ist, wie Konflikte zwischen Kommunalrecht und Gesellschaftsrecht entschieden werden können (→ § 46 Rn. 4 f.). Als verfassungsrechtliches Argument wird Art. 31 GG herangezogen, da das landesrechtliche Kommunalrecht nicht das bundesrechtliche Gesellschaftsrecht ändern kann.[23] Die Gemeindeordnungen der Länder können demnach nicht dem AktG oder dem GmbHG widersprechende Regelungen treffen. Auch für die Vertreter der Gemeinde gelten die Regelungen des jeweiligen Gesellschaftsrechts mit möglichen Modifikationen. Der in den Gemeindeordnungen geforderte Einfluss der Gemeinden an ihren Gesellschaften findet demnach in der gesellschaftsrechtlichen Verpflichtung ihrer Vertreter eine Grenze. Damit werden die landesrechtlichen Vorschriften indes nicht wirkungslos. Eine Nichtigkeit anzunehmen, geht daher auch zu weit. Man spricht besser von einem Anwendungsvorrang der gesellschaftsrechtlichen vor den kommunalrechtlichen Regelungen im Falle sich widersprechender Vorschriften. Das Gesellschaftsrecht überlagert das Kommunalrecht.[24] Einige landesrechtliche Klauseln nehmen dies auf und setzen Weisungsgebote unter den Vorbehalt, dass andere gesetzliche Regelungen dem nicht entgegenstehen. Bestehen zwischen Kommune und den Aufsichtsratsmitgliedern dennoch unauflösbare Differenzen, so bleibt als letztes

---

[21] Vgl. *Schäfer/Roreger*, Kommunale Aufsichtsratsmitglieder: Rechte, Pflichten, Haftung, Strafbarkeit, 2. Aufl. 2004, S. 25.

[22] Vgl. *Altmeppen*, in: Roth/Altmeppen (Hrsg.), GmbHG, 5. Aufl. 2005, § 52 Rn. 36; *Lutter/Hommelhoff*, GmbHG, 16. Aufl. 2004, § 52 Rn. 21 ff.; *Zöllner/Noack*, in: Baumbach/Hueck (Hrsg.), GmbHG, 18. Aufl. 2006, § 52 Rn. 248 ff.

[23] Vgl. *Hölzl/Hien/Huber* (Hrsg.), Gemeindeordnung Bayern, Loseblatt, Art. 93 Rn. 3; *Püttner*, DVBl. 1986, 748 (751 f.); *Schwintowski*, NJW 1995, 1316 (1317); kritisch *v. Danwitz*, AöR 120 (1995), 595 (609 ff.).

[24] Vgl. *Grünebaum*, VR 2004, 55.

Mittel die jederzeitige Möglichkeit der Abberufung der kommunalen Vertreter in den Gremien.[25]

Probleme der klaren Grenzziehung zwischen Kommunalrecht und Gesellschaftsrecht verbleiben dennoch. So differieren die einzelnen Gesellschaftsformen untereinander und auch zwischen einzelnen Gesellschaftsorganen bestehen Unterschiede, so dass auch innerhalb des Gesellschaftsrechts Zweifelsfragen auftreten können.[26] Dennoch ist jedes Aufsichtsratsmitglied berechtigt und sogar verpflichtet, bei seinen Entscheidungen im Unternehmen die Interessen der Anteilseigner und damit die Interessen der öffentlichen Hand zu berücksichtigen; denn im Schutzziel des Unternehmensinteresses sind auch die Interessen der Anteilseigner mit enthalten.[27] 11

IV. Weisungsrechte der Kommune

Weisungsrechte der Gemeinde gab es bereits schon früher, etwa in den §§ 100, 101 Preußisches Gemeindefinanzierungsgesetz oder auch in § 70 Abs. 2 DGO. In dieser Allgemeinheit gelten solche Weisungsrechte heutzutage nicht mehr; denn mit der Aktienrechtsnovelle von 1965 wurde diese Diskussion beendet. Gesellschaftsrechtliche Weisungsrechte im formellen Sinne bestehen demnach nicht mehr. Sie finden jedoch ihren Niederschlag in den Gemeindeordnungen der Länder, deren Bindungswirkung allerdings umstritten ist.[28] Die Länder regeln die Frage der **Weisungsgebundenheit** unterschiedlich. Mit Rücksicht auf das verfassungsrechtlich vorgegebene Vorrangverhältnis des Gesellschaftsrechts als Bundesrecht gilt in einigen Ländern das kommunalrechtliche Weisungsrecht nur, soweit das Gesellschaftsrecht nicht entgegensteht. In anderen Ländern wurde auf 12

[25] Vgl. § 113 Abs. 1 S. 3 GO NW; siehe OVG Münster, NVwZ 2003, 494 (495), wonach § 113 Abs. 1 S. 3 GO NW keine wehrfähige Innenrechtsposition des in den Aufsichtsrat entsandten Ratsmitglieds auf Verhinderung seiner Abberufung vermittelt; *Rehn/Cronauge/v. Lennep* (Fn. 17), § 113 Rn. IV 1; *Grünebaum*, VR 2004, 55 (57) sieht die Abberufung nur als äußerstes Mittel.

[26] Vgl. *Rehn/Cronauge/v. Lennep* (Fn. 17), § 113 Rn. IV 1.

[27] Vgl. *Lutter/Grunewald*, WM 1984, 385 (395); *Schwintowski*, NJW 1995, 1316 (1318), der davon ausgeht, dass „es einen materiellen Konflikt zwischen öffentlichem Kommunalrecht und privatem Gesellschaftsrecht im Grunde nicht gibt".

[28] Die Gemeindeordnungen halten dazu an, einen entsprechenden Einfluss der Gemeinde zu sichern; darüber hinaus wird überwiegend verlangt, ein Weisungsrecht in den kommunalen Gesellschaften zu sichern, vgl. § 108 Abs. 1 Nr. 6, Abs. 4 Nr. 2 GO NW; § 103 Abs. 1 Nr. 3, § 104 Abs. 1 S. 3 GO BW; Art. 92 Abs. 1 Nr. 2, Art. 93 Abs. 1 S. 1, 3 GO Bay; § 102 Nr. 2, § 104 Abs. 1 S. 4 GO Bbg; § 109 Abs. 1 Nr. 6 GO Nds; § 110 Abs. 1 Nr. 3, § 114 Abs. 4 SaarlKSVG; § 96 Abs. 1 Nr. 2 GO Sachs; § 102 Abs. 1 Nr. 3, § 104 Abs. 2 i. V. m. § 25 GO SH; § 122 Abs. 1 Nr. 3, § 125 Abs. 2 GO H; § 117 Abs. 1 Nr. 3, § 119 Abs. 1 Nr. 5 GO LSA; § 69 Abs. 1 Nr. 3, § 71 Abs. 1 S. 5 KV MV; § 87 Abs. 1 Nr. 3, § 88 Abs. 1 S. 6 GO RP; § 73 Abs. 1 S. 1 Nr. 3 ThürKO.

ein Weisungsrecht verzichtet oder es wurde zumindest deutlich eingeschränkt.[29] Weisungsrechte stehen neben Fragen der Verschwiegenheitspflicht sowie Unterrichtungs- und Auskunftsansprüchen im Mittelpunkt der Erörterung kommunalrechtlicher Literatur über Rechte und Pflichten kommunaler Vertreter in Aufsichtsräten.[30] Sofern man überhaupt die Zulässigkeit gemeinderechtlicher Weisungsrechte anerkennt, ist jeweils im Einzelfall zu klären, wie sich Weisungen durch die Gemeinde im Konfliktfall mit Gesellschaftsinteressen auflösen lassen.[31]

1. Weisungen in der Haupt- oder Gesellschafterversammlung

13 Zulässig und wirksam ist die Ausübung von Weisungsrechten der Gesellschaftergemeinde an Vertreter in der Hauptversammlung einer AG oder in einer Gesellschafterversammlung einer GmbH.[32] Dies steht im Einklang mit den Vorgaben des Gesellschaftsrechts (→ § 46 Rn. 26 ff.). Die Vertreter der Gemeinde können also durch die Beschlüsse der entsprechenden gemeindlichen Gremien gebunden werden.[33] Dem Vorstand einer AG können durch die Hauptversammlung keine Weisungen erteilt werden (§ 76 Abs. 1 AktG), außer in den Fällen, in denen sich der Vorstand mit einem solchen Ersuchen an die Hauptversammlung wendet. Die Geschäftsführer einer GmbH können demgegenüber durch Beschlüsse der Gesellschafter gebunden werden (§ 37 Abs. 1 GmbHG).

2. Weisungen im Aufsichtsrat

14 Es ist nachvollziehbar, dass die öffentliche Hand versucht, ihren Einfluss in den kommunalen Unternehmen zu erhalten, um die Erfüllung öffentlicher Aufgaben zu sichern. Dies ist aber gesellschaftsrechtlich problematisch (→ § 46 Rn. 32 ff.). Die Kommunen können Einfluss auf die Zusammensetzung des Aufsichtsrates ausüben, etwa indem sie gem. § 101 Abs. 1 S. 1 AktG Mitglieder entsenden oder über deren Bestimmung in der Hauptversammlung.[34] Über die Zusammensetzung

---

[29] Vgl. ausführlich zu den einzelnen kommunalrechtlichen Regelungen *Schäfer/Roreger* (Fn. 21), S. 156 ff. sowie die Nachweise in Fn. 28. So hat sich Niedersachsen gegen eine Weisungsgebundenheit der Aufsichtsratsmitglieder entschieden und verlangt diese nur für die Vertreter in der Gesellschafterversammlung (§ 111 Abs. 1 GO Nds).

[30] Vgl. *Harder/Ruter*, GmbHR 1995, 813 ff.; *Held*, in: ders. u. a. (Hrsg.), Kommunalverfasssungsrecht Nordrhein-Westfalen, Loseblatt, § 113 Rn. 8; *Schäfer/Roreger* (Fn. 21), S. 155; *Schwintowski*, NJW 1995, 1316 ff.; *Strobel*, DVBl. 2005, 77 ff. jeweils m. w. N.

[31] Vorgeschlagen wird u. a., solche Konfliktlagen über das Beanstandungsrecht des Bürgermeisters zu lösen, der rechtswidrige Ratsbeschlüsse beanstanden muss. Dieses Recht könnte auch dann eingreifen, wenn ein Aufsichtsratsmitglied mit der Befolgung einer Weisung in Widerspruch zum Gesellschaftsrecht gerät, vgl. *Erichsen*, Die Vertretung der Kommunen in den Mitgliederorganen von juristischen Personen des Privatrechts, 1990, S. 23 ff.; *Rehn/Cronauge/v. Lennep* (Fn. 17), § 113 Rn. IV 5.

[32] Vgl. *Mann* (Fn. 15), S. 198 f.; *Meier*, VR 1998, 217 (218).

[33] Z. B. § 113 Abs. 1 S. 2 GO NW: „Sie [Anm.: Die Vertreter] sind an die Beschlüsse des Rates und seiner Ausschüsse gebunden.“; vgl. *Kraft-Zörcher*, ThürVBl. 2008, 1 (6).

[34] Vgl. *Kraft-Zörcher*, ThürVBl. 2008, 1 (6).

hinaus stehen der Kommune jedoch kaum Einflussmöglichkeiten zu. Ein **Weisungsrecht** für den **Aufsichtsrat** einer AG besteht für sie nicht, selbst wenn sie alleinige Aktionärin ist.[35] Das Weisungsrecht kann allenfalls im Innenverhältnis eine Wirkung entfalten. Im Außenverhältnis lässt eine abweichende Abstimmung des kommunalen Aufsichtsrats die Wirksamkeit des Beschlusses unberührt.[36] Der Aufsichtsrat ist als ein selbstständiges Organ, das die Kontrolle über den Vorstand ausübt, ausgestaltet. Damit scheint eine Einflussnahme von außen ausgeschlossen.

Auch aus einer Differenzierung nach der Art der Mandatserlangung ergibt sich 15 wenig anderes. So können Aufsichtsratsmitglieder von der Hauptversammlung auf Vorschlag des Aufsichtsrates oder eines Aktionärs gewählt werden. Ein Weisungsrecht an die auf diese Weise gewählten Mitglieder kann der Gemeinde nicht eingeräumt werden. Dies gilt auch für den Fall der Entsendung von Aufsichtsratsmitgliedern, wenn die Gesellschaftssatzung der Gemeinde dieses Recht einräumt.[37] Ein **Entsendungsrecht** (→ § 46 Rn. 20 ff.) wird sich eine Kommune regelmäßig einräumen lassen, damit sie ihre kommunalen Interessen wahren kann.[38] Die Rechte und Pflichten der so entsandten Aufsichtsratsmitglieder entsprechen denjenigen, die in der Hauptversammlung gewählt werden.[39] Grundsätzlich gilt für diese Mitglieder daher gleichermaßen ein **Vorrang der Gesellschaftsinteressen.**

Gleichwohl erkennt der Gesetzgeber an, dass die **entsandten Aufsichtsrats-** 16 **mitglieder** eine Sonderstellung einnehmen. Nach § 103 Abs. 2 S. 1 AktG können sie nämlich jederzeit abberufen und ersetzt werden. Faktisch ergibt sich damit ein Unterschied im Vergleich zu den gewählten Mitgliedern, die vor Ablauf ihrer Amtszeit nur mit einer qualifizierten Mehrheit abgewählt werden können (§ 103 Abs. 1 AktG). Berücksichtigt man jedoch die besondere Öffentlichkeit, die kommunale Unternehmen vor Ort aufweisen, so dürfte von einer Abberufung, etwa bei den durch die verschiedenen Fraktionen vorgeschlagenen Vertretern, allenfalls zurückhaltend Gebrauch gemacht werden.

Diese Ausführungen gelten grundsätzlich auch für die **GmbH** (→ § 46 Rn. 37 17 f.). Für den obligatorisch einzurichtenden Aufsichtsrat bei einer GmbH ist die Verweisung auf das Aktienrecht zwingend.[40] Bei **fakultativ** eingerichteten **Auf-**

---

[35] Vgl. *Grünebaum*, VR 2004, 55; *Meier*, VR 1998, 217 (218); *Schuhmacher/Augustesen*, Kommunalverfassungsrecht Brandenburg, Loseblatt, Stand: 2007, § 102 GO Rn. 3.2.1.

[36] Vgl. *Grünebaum*, VR 2004, 55.

[37] § 101 Abs. 1 AktG.

[38] Vgl. VGH Kassel, NVwZ-RR 1999, 190; *Kraft-Zörcher*, ThürVBl. 2008, 1 (6).

[39] A. A. *Rehn/Cronauge/v. Lennep* (Fn. 17), § 113 Rn. IV 3, die Einzelweisungen im Einzelfall für entsandte Aufsichtsratsmitglieder als zulässig ansehen, es aber nicht uneingeschränkt zulassen wollen. Sollten nämlich solche Weisungen dem Unternehmensinteresse erkennbar zuwiderlaufen, ist eine zulässige Grenze überschritten; denn schließlich können hierdurch auch Schadensersatzansprüche ausgelöst werden. „Der Entsendungsberechtigte kann nicht gut von einem von ihm entsandten Aufsichtsratsmitglied ein gesellschaftswidriges Verhalten verlangen, und der Entsandte macht sich durch gesellschaftswidriges Verhalten persönlich schadensersatzpflichtig … und strafbar.“, BGHZ 36, 296 (308).

[40] Vgl. *Meier*, VR 1998, 217 (218); *Müller*, NWVBl. 1997, 172 (174); *Rehn/Cronauge/v. Lennep* (Fn. 17), § 113 Rn. IV 3; *Weiblen/May*, GHH 1987, 169 (171).

sichtsräten wird eine höhere Bindungswirkung durch das Kommunalrecht für das Aufsichtsratsmitglied angenommen.[41] So verlangen kommunalrechtliche Regelungen, dass die Gemeinde durch die Ausgestaltung des Gesellschaftsvertrags sicherstellen muss, dass der Rat den von der Gemeinde bestellten oder auf Vorschlag der Gemeinde gewählten Mitgliedern des Aufsichtsrats einer kommunalen GmbH Weisungen erteilen kann.[42] Dies findet eine Stütze in § 52 Abs. 1 GmbHG, wonach die Regeln des Aktienrechts entsprechend anzuwenden sind, „soweit nicht im Gesellschaftsvertrag ein anderes bestimmt ist.“ § 52 Abs. 1 GmbHG hat demnach dispositiven Charakter.[43] Durch den Gesellschaftsvertrag kann daher ein Weisungsrecht vorgesehen werden.[44] Fraglich ist allein, wie dieses durchgesetzt werden soll und welche Konsequenz es hat, wenn ein Mitglied dagegen verstößt. Im Innenverhältnis zwischen Gemeinde und kommunalem Vertreter werden die Weisungen als bindend angesehen, im Außenverhältnis geht jedoch das Gesellschaftsrecht vor, so dass entsprechende Beschlüsse, die weisungswidrig zustande gekommen sind, ihre Wirksamkeit im Außenverhältnis behalten.[45] Über die Abberufungsmöglichkeit hinaus bestehen daher auch bei einem fakultativen Aufsichtsrat einer GmbH keine Sanktionsmöglichkeiten; denn das Abberufungsrecht besteht rein repressiv und nicht präventiv.[46]

18 Etwas anderes ergibt sich auch nicht aus § 37 Abs. 1 GmbHG. Diese Vorschrift sieht ein Weisungsrecht der Gesellschafter gegenüber der Geschäftsführung vor, während § 76 AktG dies ausschließt. Daraus wird z.T. geschlossen, dass auch die Stellung des die Geschäftsführung überwachenden Aufsichtsrats eine andere sei und deswegen auch ein Weisungsrecht bei der GmbH bestehen kann.[47] Dieser Vergleich hinkt jedoch, da § 37 Abs. 1 GmbHG einen Gesellschafterbeschluss voraussetzt und die Vorschrift eine Regelung des Entscheidungsprozesses innerhalb der Gesellschaft vorsieht. Wird ein Aufsichtsgremium eingesetzt, dann könnte allein dadurch Rechtsunsicherheit eintreten, dass sich in Wahrheit der Gesellschafter jegliche Entscheidung vorbehält.[48]

19 Man kann den entsprechenden Regelungen des Gemeinderechts also nicht entnehmen, dass Weisungen der kommunalen Gesellschafter zwingend Vorrang genießen. Sie sind möglich, werden aber dann unbeachtlich, wenn das Kommunal-

---

[41] Vgl. *Grünebaum*, VR 2004, 55; *Altmeppen*, NJW 2003, 2561 (2564) hält es in einer kommunalen Einmann-GmbH, die dazu noch mitbestimmungsfrei sei, für eine „petitio principii“, wenn eine Weisungsgebundenheit als mit dem Gesellschaftsrecht unvereinbar angesehen würde.

[42] § 108 Abs. 4 Nr. 2 GO NW.

[43] Vgl. *Meier*, VR 1998, 217 (218); *Strobel*, DVBl. 2005, 77 (80).

[44] Vgl. *Altmeppen*, NJW 2003, 2561 (2564 ff.); *Kraft-Zörcher*, ThürVBl. 2008, 1 (7) verweist zudem auf das Dilemma, dass erst ein formeller Beherrschungsvertrag gem. § 308 Abs. 2 AktG gemeindliche Weisungen an die Eigengesellschaft verbindlich werden lässt. Hier bestehen allerdings Risiken, etwa in Form der Durchgriffshaftung, zur a.A. → § 46 Rn. 38.

[45] Vgl. *Kraft-Zörcher*, ThürVBl. 2008, 1 (5).

[46] Vgl. *Grünebaum*, VR 2004, 55 (57).

[47] Vgl. *Janitschek*, VR 1993, 115 ff., 120; *Konzen*, NJW 1989, 2977 ff.

[48] Vgl. *Schäfer/Roreger* (Fn. 21), S. 172 f. m. w. N.

recht in Widerspruch zum Gesellschaftsrecht gerät. Die kommunalrechtlichen Regelungen sind deswegen aber nicht abzuschaffen. Vielmehr binden sie kommunalrechtlich und können die Grundlage dafür liefern, dass Mitglieder in kommunalen Aufsichtsgremien abberufen bzw. nicht wieder neu benannt werden.[49] Über den Gesellschaftszweck, der den öffentlichen Auftrag im Blick hält, wird der Konflikt in der Regel nicht zum Tragen kommen. Der Ausgestaltung des Gesellschaftsvertrags, der Satzung oder anderen Organisationsstatuten kommt daher eine wichtige Rolle bei der Gründung eines privatrechtlich organisierten Kommunalunternehmens zu, so wie es einzelne Gemeindeordnungen mit einer Ausrichtung auf einen öffentlichen Zweck auch verlangen[50]; denn den Gemeinden eröffnen sich Einflussmöglichkeiten durch das Recht, den Inhalt der Satzung und des Gesellschaftsvertrages bei Gründung der Gesellschaft zu bestimmen, bei der u. a. der **Gesellschaftszweck** festgelegt wird. Durch klare Ausführungen zu den durch die Gesellschaft verfolgten öffentlichen Zielen können Konflikte zwischen den Interessen des Unternehmens und den Interessen der Gemeinde weitgehend vermieden werden.[51] Dadurch verstärkt sich für die Geschäftsleitung und den sie kontrollierenden Aufsichtsrat die Bindungswirkung gegenüber dem öffentlichen Eigentümer.[52] Die in diesem Spannungsverhältnis zwischen kommunalem Auftrag und Unternehmensinteresse agierenden Aufsichtsratsmitglieder müssen dann jeweils im Einzelfall die unterschiedlichen Interessen, sofern sie überhaupt auftreten, abwägen. Eine Grenze der Ausgestaltung von Gesellschaftsvertrag und Satzung ist indes dann erreicht, wenn Gesellschaftszweck und Unternehmensgegenstand so detailliert formuliert sind, dass die strukturelle Aufgabenverteilung des Gesellschaftsrechts beeinträchtigt wird.

3. Weisungen gegenüber Beamten

Auch für städtische Bedienstete, die in kommunale Unternehmen entsandt werden, 20
treten Konflikte auf. Sie bestehen namentlich in den aufgezeigten Unternehmsinteressen sowie in den bestehenden beamtenrechtlichen Bindungen an Weisungen.[53] In der Frage **beamtenrechtlicher Weisungsbindungen** von Mitgliedern des Aufsichtsrats werden unterschiedliche Auffassungen vertreten.[54] So sieht eine Auffassung beamtenrechtliche Weisungen schlichtweg als unzulässig an und räumt den Gesellschaftsinteressen Vorrang ein. Die Beamten werden hiernach kraft besonderer gesetzlicher Vorschriften von ihrer Weisungsgebundenheit be-

49 Ähnlich *Schäfer/Roreger* (Fn. 21), S. 175.

50 Z. B. § 103 Abs. 1 Nr. 2 GO BW; § 69 Abs. 1 Nr. 2 KV MV; § 108 Abs. 1 Nr. 6 GO NW; § 111 Abs. 1 Nr. 1 SaarlKSVG.

51 Vgl. *Spannowsky*, ZGR 1996, 424 f.; *Schön*, ZGR 1996, 436 f.; zu den im GmbH-Recht weitreichenden Gestaltungsmöglichkeiten der Gesellschaftssatzung *Altmeppen*, NJW 2003, 2561 (2563); *Erle/Becker*, NZG 1999, 58 (60 ff.).

52 Vgl. *Gundlach/Frenzel/Schmidt*, LKV 2001, 246 (251).

53 § 37 BRRG; § 55 S. 2 BBG sowie entsprechende Vorschriften der Länder, z. B. § 58 S. 2 LBG NW.

54 Vgl. *Hüffer*, Aktiengesetz, 7. Aufl. 2006, § 394 Rn. 28 m. w. N.

freit.[55] Die Gegenauffassung sieht einen Vorrang der beamtenrechtlichen Weisungsbindung bei Wahrnehmung des Aufsichtsratsmandats, selbst wenn die angewiesene Meinung nach Auffassung des Aufsichtsratsmitglieds nachteilig ist.[56] Nach vermittelnder Ansicht besteht die Weisungsbindung zwar im Grundsatz, jedoch nicht bei nachteiligen Maßnahmen für das Unternehmen. Hierüber muss das Aufsichtsratsmitglied eigenverantwortlich entscheiden.[57] Der Beamte trägt ebenso das Risiko, dass er abberufen wird, jedoch bleiben davon auch die im Aufsichtsrat getätigten Beschlüsse in ihrer Außenwirkung unberührt.

21 Für die Kommune ist dieses Dilemma nicht vollends auflösbar. Es ist nun einmal so, dass sich die Kommune durch entsprechende Beschlüsse bewusst auf das Feld privatrechtlicher Unternehmensformen begeben hat. Sie hat dies in Abwägung der Vor- und Nachteile privatrechtlicher Gesellschaftsformen getan. Beschreitet sie diesen Weg, muss sie auch konsequenterweise die aus ihrer Sicht weniger günstigen Eigenschaften des privaten Gesellschaftsrechts hinnehmen. Hierzu zählt auch, dass die Bindungskraft der Weisungen an ihre Beamten schwindet.

4. Kommunale Freistellungsklauseln

22 Sollten sich die kommunalen Aufsichtsräte weisungsgemäß im Sinne der kommunalen Eigentümer verhalten und dieses Verhalten den Interessen der Gesellschaft zuwiderlaufen oder gar schaden, so kommen Schadensersatzansprüche gegen sie in Betracht.[58] Damit zeigt sich ein weiteres Dilemma des einzelnen Aufsichtsratsmitglieds, das sich dem beschriebenen Spannungsfeld von Kommunal- und Unternehmensinteresse ausgesetzt sieht. Dies haben auch die jeweiligen Landesgesetzgeber gesehen und **Freistellungsklauseln** für den Fall einer Inanspruchnahme geschaffen. Bei fahrlässigem Handeln werden die Vertreter der Gemeinde von einer Haftung freigestellt. Darüber hinaus greift die Freistellung auch in Fällen von Vorsatz und grober Fahrlässigkeit, wenn der Vertreter der Gemeinde im jeweiligen Organ nach Weisung gehandelt hat.[59]

5. AG und GmbH im Vergleich

23 Vergleicht man die beiden Unternehmensrechtsformen AG und GmbH, die in der Regel von den Gemeinden gewählt werden, so gelangt man rasch zu der Erkennt-

[55] Vgl. *Lutter/Grunewald*, WM 1984, 385 (396); *Meier*, NZG 2003, 54 (56); *Raiser*, ZGR 1978, 391 (401 ff.).

[56] Vgl. *Ipsen*, JZ 1955, 593 (597); *Lohl*, AG 1970, 159 (162); *Stober*, NJW 1984, 449 (455).

[57] Nachweise bei *Hüffer* (Fn. 54), § 394 Rn. 28 f.

[58] Siehe etwa § 117 Abs. 2 AktG.

[59] § 104 Abs. 4 S. 2 GO BW; Art. 93 Abs. 3 S. 2 GO Bay; § 104 Abs. 3 S. 2 GO Bbg; § 125 Abs. 3 S. 2 GO H; § 71 Abs. 3 S. 2 KV MV; § 111 Abs. 6 S. 2 GO Nds; § 113 Abs. 6 S. 2 GO NW; § 88 Abs. 6 S. 2 GO RP; § 114 Abs. 5 S. 2 SaarlKSVG; § 98 Abs. 3 S. 2 GO Sachs; § 119 Abs. 3 S. 2 GO LSA; § 104 Abs. 2 i. V. m. § 25 Abs. 3 S. 2 GO SH; § 74 Abs. 3 S. 2 ThürKO.

nis, dass das GmbH-Recht den Kommunen weitergehende Rechte einräumt als das Aktienrecht, selbst wenn bei einer AG sämtliche Anteile in der Hand der Gemeinde ruhen. Dem Geschäftsführer einer GmbH können durch den Gesellschaftsvertrag oder die Gesellschafterversammlung gem. § 37 GmbHG Beschränkungen auferlegt werden[60] und die Gesellschafterversammlung kann als oberstes Organ der GmbH beinahe jede Gesellschaftsangelegenheit an sich ziehen (§§ 45, 46 GmbHG) (→ § 46 Rn. 42 ff.). Den stärksten Einfluss kann die Kommune in einer **Einmann-GmbH** ausüben, wenn sie also sämtliche Anteile der Gesellschaft hält.[61] Diese Erwägungen haben die Landesgesetzgeber veranlasst, der GmbH in den jeweiligen Gemeindeordnungen den Vorrang gegenüber der AG einzuräumen. Diese Nachrangigkeit der AG kommt klar in § 108 Abs. 3 GO NW zum Ausdruck. Danach darf eine Gemeinde „Unternehmen und Einrichtungen in der Rechtsform einer Aktiengesellschaft nur gründen, übernehmen, wesentlich erweitern oder sich daran beteiligen, wenn der öffentliche Zweck nicht ebenso gut in einer anderen Rechtsform erfüllt wird oder erfüllt werden kann."[62]

B. Die Besetzung des kommunalen Aufsichtsrats

I. Beginn und Ende der Mitgliedschaft

Die **persönlichen Voraussetzungen** für **Aufsichtsratsmitglieder** sind § 100 Abs. 1 AktG zu entnehmen. Ein Aufsichtsratsmitglied kann nur eine natürliche, unbeschränkt geschäftsfähige Person sein. Hierdurch wird klargestellt, dass eine juristische Person, also auch eine Gemeinde, nicht Mitglied des Aufsichtsrats sein kann. § 100 Abs. 2 AktG nennt einige Ausschlussgründe. So scheidet beispielsweise als Vertreter in einem Aufsichtsrat aus, wer bereits in zehn Handelsgesellschaften, die gesetzlich einen Aufsichtsrat zu bilden haben, Aufsichtsratsmitglied ist. Eine Position als Aufsichtsratsvorsitzender wird dabei doppelt angerechnet (§ 100 Abs. 2 S. 3 AktG). Selbstverständlich kann ein Vorstandsmitglied nicht Mitglied des Aufsichtsrats im selben Unternehmen sein (§ 105 Abs. 1 AktG). **24**

Das Aktienrecht nennt unter dem Oberbegriff „Bestellung" mehrere Möglichkeiten, wie die **Mitgliedschaft** in einem **Aufsichtsrat** erlangt werden kann. Nach dem Aktienrecht ist die Wahl durch Anteilseigner oder Arbeitnehmer, die Entsendung (§ 101 Abs. 2 AktG) und die Bestellung durch Gerichtsbeschluss (§ 104 AktG) vorgesehen. Gemäß § 100 Abs. 1 S. 1 AktG werden die Mitglieder des Aufsichtsrats von der Hauptversammlung gewählt, soweit sie nicht in den Aufsichtsrat entsandt werden oder sie gelangen als Arbeitnehmer in den Aufsichtsrat. § 101 Abs. 2 AktG sieht für bestimmte Aktionäre durch Satzungsregelung die **25**

---

[60] Vgl. *Altmeppen* (Fn. 22), § 37 Rn. 3 ff. m. w. N.; *Lutter/Hommelhoff* (Fn. 22), § 37 Rn. 17.

[61] Vgl. *Altmeppen*, NJW 2003, 2561 (2563).

[62] Zu dieser Einschränkung *Böttcher/Krömker*, NZG 2001, 590 (591 ff.); *Ehlers*, NWVBl. 2000, 1 (2).

Möglichkeit vor, Mitglieder in den Aufsichtsrat zu entsenden. Hiervon machen Gemeinden regelmäßig Gebrauch, um sich einen entsprechenden Einfluss auf das kommunale Unternehmen zu sichern. Dies dient der Wahrung der öffentlichen Aufgaben und findet in den Gemeindeordnungen der Länder seinen gesetzlichen Niederschlag. Die Mitglieder einer kommunalen Gesellschaft werden in der Regel durch den Gemeinderat gewählt bzw. bestimmt und je nach gesellschaftsvertraglicher Regelung entweder der Hauptversammlung zur Wahl vorgeschlagen oder von der Gemeinde in den Aufsichtsrat entsandt.[63]

26 Sobald ein Aufsichtsratsmitglied seine Bestellung angenommen hat, beginnt sein Amt. Eine bestimmte Form ist hierfür nicht vorgeschrieben. Eine **Annahmeerklärung** kann also auch konkludent, etwa durch Aufnahme der Tätigkeit, erfolgen.[64] Das Amt endet mit dem **Ablauf** der **Amtszeit**. Gemäß § 102 Abs. 1 AktG können Aufsichtsratsmitglieder nicht für längere Zeit als bis zur Beendigung der Hauptversammlung bestellt werden, die über die Entlastung für das vierte Geschäftsjahr nach dem Beginn der Amtszeit beschließt.[65] Dies ist in der Regel in der Satzung, dem Gesellschaftsvertrag oder einem Statut festgelegt. Bei Fehlen entsprechender Regeln beschließt dies die Anteilseignerversammlung. Da kommunale Unternehmen in ihren Gremien in der Regel ein Abbild des Gemeinderates darstellen, wird die Dauer der Amtszeit im Gesellschaftsvertrag meistens an dessen Wahlzeit gekoppelt. Vor Ablauf der Amtszeit kann das Amt nach § 103 Abs. 1 AktG durch Abberufung, Gerichtsbeschluss, erfolgreiche Wahlanfechtung oder Rücktritt enden.[66] Kommunalrechtliche Vorschriften legen i. d. R. fest, dass die vom Rat bestellten Vertreter ihr Amt auf Beschluss des Rates jederzeit niederlegen müssen.[67]

II. Anforderungen an kommunale Aufsichtsratsmitglieder

27 Aufsichtsratsmitglieder haben vielfältige Rechte, aber auch Pflichten. Die Anforderungen, die an sie gestellt werden, nehmen dabei ständig zu. Kommunale Unternehmen bilden davon keine Ausnahme. Allein die Europäisierung des Rechts, wie man es am Beispiel der kommunalen Energieversorger sieht[68], erfordert zunehmend fundierte Kenntnisse der Mandatsträger.[69] Hinzu treten Diskussionen

---

[63] Vgl. *Schäfer/Roreger* (Fn. 21), S. 26 f.

[64] Vgl. *Potthoff/Trescher*, Das Aufsichtsratsmitglied, 6. Aufl. 2003, Rn. 999 ff.

[65] Vgl. BGH, NJW-RR 2002, 1461 (1462).

[66] Vgl. zur Abberufung *Held* (Fn. 30), § 113 Rn. 10; zu evtl. Regressansprüchen gegen das zurückgetretene Aufsichtsratsmitglied, wenn es zur Unzeit zurücktritt *Lutter/Krieger*, Rechte und Pflichten des Aufsichtsrats, 4. Aufl. 2002, Rn. 27.

[67] § 88 Abs. 1 S. 5 GO Bbg; § 125 Abs. 1 S. 6 GO H; § 113 Abs. 1 S. 3 GO NW; § 98 Abs. 2 S. 1 GO Sachs.

[68] Vgl. *Geerlings*, NWVBl. 2008, 90 ff.

[69] § 98 Abs. 4 GO Sachs greift dies auf. Danach soll den entsandten Personen Gelegenheit gegeben werden, „regelmäßig an Fortbildungsveranstaltungen teilzunehmen, die der Wahrnehmung ihrer Aufgaben dienlich sind.“

über **strafbares Verhalten** von **Aufsichtsratsmitgliedern**[70], deren Vergütungen usw. Den oft ehrenamtlich tätigen kommunalen Aufsichtsratsmitgliedern wird auch im Lichte des oben genannten Spannungsfelds ein erhebliches Engagement abverlangt, das auch ein intensives Auseinandersetzen mit der jeweiligen Materie verlangt. Trotzdem liegt auch ein erheblicher Reiz darin, vor Ort mitzugestalten und kommunale Unternehmen, mit denen sich die Bevölkerung oftmals identifiziert, weiter zu entwickeln.

Die **persönlichen Voraussetzungen**, die ein **Aufsichtsratsmitglied** erfüllen muss, werden zurückhaltend in § 100 AktG genannt. Nur natürliche, unbeschränkt geschäftsfähige und nicht betreute Personen können Mitglied eines Aufsichtsrats sein (§ 100 Abs. 1 AktG). Sie müssen ihr Amt selbst ausüben.[71] Unternehmen und Kommunen scheiden damit als Mitglieder aus. **28**

Über die **fachliche Eignung**, die ein **Aufsichtsratsmitglied** mitbringen muss, schweigt das Gesetz. Für Anteilseignervertreter können solche Voraussetzungen in der Satzung gemäß § 100 Abs. 4 AktG festgelegt werden, indes nicht für die Arbeitnehmervertreter. Solche Festelegungen entsprechen aber nicht der Praxis.[72] Der BGH setzt voraus, dass mit dem **Gebot persönlicher** und **eigenverantwortlicher Amtsausübung** vorausgesetzt ist, „daß ein Aufsichtsratsmitglied diejenigen Mindestkenntnisse und –fähigkeiten besitzen oder sich aneignen muß, um alle normalerweise anfallenden Geschäftsvorgänge auch ohne fremde Hilfe verstehen und sachgerecht beurteilen zu können".[73] Ähnlich formuliert der **Deutsche Corporate Governance Kodex** (DCGK): „Bei Vorschlägen zur Wahl von Aufsichtsratsmitgliedern soll darauf geachtet werden, dass dem Aufsichtsrat jederzeit Mitglieder angehören, die über die zur ordnungsgemäßen Wahrnehmung der Aufgaben erforderlichen Kenntnisse, Fähigkeiten und fachlichen Erfahrungen verfügen und hinreichend unabhängig sind" (DCGK 5.4.1.).[74] Wichtig ist auch eine kontinuierliche Mitarbeit im Aufsichtsrat, die sich u. a. in der regelmäßigen Teilnahme an den Sitzungen zeigt.[75] Im Falle einer Verhinderung besteht die Möglichkeit der schriftlichen Stimmabgabe (§ 108 Abs. 3 AktG). Der DCGK verlangt die Angabe im Bericht des Aufsichtsrats an die Hauptversammlung, falls „ein Mitglied des Aufsichtsrats in einem Geschäftsjahr an weniger als der Hälfte der Sitzungen des Aufsichtsrats teilgenommen hat" (DCGK 5.4.6). **29**

---

70 Anlass waren Reisen von Aufsichtsratsmitgliedern, die durch Energiekonzerne bezahlt wurden, vgl. *Szesny/Brockhaus*, NStZ 2007, 624.

71 § 111 Abs. 5 AktG; § 25 MitbestG.

72 Vgl. *Bellavite-Hövermann/Lindner/Lüthje*, Leitfaden für den Aufsichtsrat, 2005, Rn. 12.

73 Vgl. BGHZ 85, 293 (295 f.); zu den Mindestanforderungen *Bellavite-Hövermann/Lindner/Lüthje* (Fn. 72), Rn. 12.

74 Vgl. zu möglichen Interessenkonflikten *Dreher*, JZ 1990, 896 ff.; *Gofferje*, Unabhängigkeit als persönliche Voraussetzung für Aufsichtsratsmitglieder, 2008; *Wais*, NJW 1982, 1263 ff.

75 Vgl. *Bellavite-Hövermann/Lindner/Lüthje* (Fn. 72), Rn. 41, die darüber hinaus weitere Mitwirkungs- und Teilnahmepflichten nennen.

III. Die Zusammensetzung des kommunalen Aufsichtsrats

30 Die Mitglieder eines Aufsichtsrates werden gem. § 101 Abs. 1 AktG in der Gesellschafterversammlung gewählt. § 101 Abs. 2 AktG sieht auch die durch Satzung festzulegende Möglichkeit einer Entsendung vor[76] (→ § 46 Rn. 22). Zu Vertretern der Gemeinde können sowohl Rats- und Ausschussmitglieder als auch Bedienstete der Gemeinde oder Dritte bestellt werden, sofern keine ausdrückliche gesetzliche Regelung besteht, wonach die Wahrnehmung gemeindlicher Mitgliedschaftsrechte nur durch Ratsmitglieder oder Dienstkräfte zulässig ist.[77] Kommunale Vertreter in den Gremien der Gemeinde oder Einrichtungen werden von der Gemeinde bestellt.[78] Die Gemeindeordnungen sehen die Beteiligung des Bürgermeisters oder eines Bediensteten der Gemeinde vor.[79] Gemeinden müssen sich in der Regel Entsendungsrechte in den Gesellschaftsverträgen einräumen lassen. Damit soll der Sachverstand der hauptamtlichen Verwaltung in den Gremien gewahrt werden. Der Gesellschaftsvertrag darf aber nicht dazu führen, dass nur noch „geborene Mitglieder" der Gemeinde vorgesehen werden. Es muss ausreichend Raum für die Bestellung von Vertretern durch den Rat verbleiben.[80]

31 Die Besetzung der Gremien erfolgt nach den **Grundsätzen der Verhältniswahl** durch den Rat.[81] Hierbei ist der Sitz des Bürgermeisters bzw. eines ihn vertretenden Bediensteten nicht einer Fraktion anzurechnen, da dieser Vertreter kraft Gesetzes aufgrund seiner Funktion als Interessensvertreter der Gemeinde Mitglied des jeweiligen Aufsichtsorgans ist.[82] Gemäß § 107 AktG wählt der Aufsichtsrat aus seiner Mitte einen Vorsitzenden und mindestens einen Vertreter. Der Vorsitzende beruft die Sitzungen gemäß § 110 AktG ein und leitet sie. Der Aufsichtsrat tagt in nicht-öffentlicher Sitzung (§ 109 AktG).[83]

---

[76] Vgl. § 113 Abs. 3 S. 1 GO NW, wonach die Gemeinde verpflichtet ist, bei der Ausgestaltung des Gesellschaftsvertrags einer Kapitalgesellschaft darauf hinzuwirken, dass ihr das Recht eingeräumt wird, Mitglieder in den Aufsichtsrat zu entsenden.

[77] Vgl. *Rehn/Cronauge/v. Lennep* (Fn. 17), § 113 Rn. III 2.

[78] § 125 Abs. 1, 2 GO H; § 113 Abs. 2, 3 GO NW; § 98 Abs. 1, 2 GO Sachs.

[79] Vgl. OLG Hamm, NVwZ-RR 2008, 52 (53).

[80] Vgl. *Rehn/Cronauge/v. Lennep* (Fn. 17), § 113 Rn. VI 1.

[81] Vgl. OVG Münster, NVwZ 2003, 494 (495) m. w. N.; VGH Kassel, NVwZ-RR 1999, 190.

[82] Vgl. *Rehn/Cronauge/v. Lennep* (Fn. 17), § 113 Rn. V 4.

[83] Dies gilt auch für Sitzungen des Aufsichtsrats einer kommunalen GmbH, obwohl § 52 GmbHG nicht auf § 109 AktG verweist; vgl. zur rechtwidrigen Einräumung der Teilnahmemöglichkeit von Ratsmitgliedern an Aufsichtsratssitzungen einer kommunalen GmbH OVG Münster, NWVBl. 1997, 67 (68); zustimmend *Müller*, Gemeindehaushalt 1999, 51 ff. Die Notwendigkeit nicht-öffentlicher Sitzungen ergibt sich bereits aus der Funktion des Aufsichtsrats, der vertrauliche Informationen austauscht, vgl. *Cronauge/Westermann* (Fn. 5), Rn. 233; *Kühne/Czarnecki*, LKV 2005, 481 (482); *Oebbecke*, in: Hoppe/Uechtritz (Hrsg.), Handbuch kommunale Unternehmen, 2. Aufl. 2007, § 8 Rn. 76; a. A. *Meiski*, NVwZ 2007, 1355 ff.

C. Die Rechte des Aufsichtsrats

I. Der Informationsanspruch

1. AG

Den kommunalen Aufsichtsräten stehen Rechte und Instrumente zur Verfügung, um ihren Aufträgen gerecht zu werden.[84] Maßgebliches Recht für den Aufsichtsrat ist der **Informationsanspruch**. § 90 Abs. 1 AktG regelt die vom Vorstand an den Aufsichtsrat zu gewährenden **Berichtspflichten**. Hierzu zählen regelmäßige Informationen zur beabsichtigten Geschäftspolitik und andere grundsätzliche Fragen der Unternehmensplanung (Nr. 1), die Rentabilität der Gesellschaft, insbesondere die Rentabilität des Eigenkapitals (Nr. 2), der Gang der Geschäfte, z. B. Umsatz und die Lage der Gesellschaft (Nr. 3) sowie Berichte über Geschäfte, die für die Rentabilität oder Liquidität der Gesellschaft von erheblicher Bedeutung sein können (Nr. 4).[85] 32

Diese Berichte müssen unaufgefordert erfolgen. Genügen diese Berichte den Bedürfnissen des Aufsichtsrats nicht, so können weitere Berichte verlangt werden. Selbst ein einzelnes Mitglied des Aufsichtsrats kann einen Bericht verlangen, jedoch nur an den Aufsichtsrat (§ 90 Abs. 3 S. 2 AktG). Es besteht auch die Möglichkeit, unmittelbare Einsicht zu nehmen und eine eigene Prüfung vorzunehmen. Jedoch sollte dieses Mittel nur in begründeten Fällen und mit Vorsicht gewählt werden.[86] Schließlich sollte das Verhältnis von Vorstand und Aufsichtsrat auch von einem gegenseitigen Vertrauen geprägt sein. Auch die **Prüfungsberichte der Wirtschaftsprüfer** (→ § 48 Rn. 49 ff.) und deren Behandlung im Aufsichtsrat sind wichtige Bausteine für eine erfolgreiche Arbeit des Aufsichtsrats. Sie geben mit dem Blick des neutralen Prüfers wichtige Erkenntnisse für die Entwicklung des Unternehmens. 33

2. GmbH und Genossenschaft

Besonderheiten ergeben sich für die GmbH und die Genossenschaft, da eine gesetzlich vergleichbare Regelung fehlt. § 52 Abs. 1 GmbHG verweist lediglich auf § 90 Abs. 3 AktG bezüglich der Anforderungsberichte (s. a. § 38 Abs. 1 GenG).[87] Eine Informationspflicht gegenüber den Aufsichtsräten in Unternehmen mit ande- 34

---

[84] Vgl. *Bellavite-Hövermann/Lindner/Lüthje* (Fn. 72), Rn. 19 ff., 138 ff.; *Potthoff/Trescher* (Fn. 64), Rn. 89 ff.; *Schäfer/Roreger* (Fn. 21), S. 64 ff., 107 ff.

[85] Die Informationsrechte wurden mehrfach erweitert, vgl. Gesetz zur Kontrolle und Transparenz im Unternehmensbereich (KonTraG) v. 27.4.1998 (BGBl. I S. 786); Gesetz zur weiteren Reform des Aktien- und Bilanzrechts, zu Transparenz und Publizität (Transparenz- und Publizitätsgesetz) v. 19.7.2002 (BGBl. I S. 2681).

[86] Vgl. *Lutter/Krieger* (Fn. 66), Rn. 243.

[87] Zur Genossenschaft *Beuthien*, GenG, 14. Aufl. 2004, § 38 Rn. 5 f.; *Fandrich*, in: Pöhlmann/Fandrich/Bloehs (Hrsg.), GenG, 3. Aufl. 2007, § 38 Rn. 8 f.; *Schaffland*, in: Lang/Weidmüller (Hrsg.), GenG, 35. Aufl. 2006, § 38 Rn. 1.

rer Rechtsform, die auch unaufgefordert zu erfolgen hat, ergibt sich aber bereits aus der **Sorgfaltspflicht** eines **ordentlichen Geschäftsleiters.**[88] Andererseits besteht für das überwachende Aufsichtsratsmitglied auch die Pflicht, sich ständig über Lage und Entwicklung des Unternehmens zu informieren.

II. Die Durchsetzung des Informationsanspruchs

35 Informationsansprüche können auch gerichtlich durch Klage oder einstweilige Verfügung geltend gemacht werden. Bei der AG besteht darüber hinaus die Möglichkeit, diese Ansprüche durch richterlich verhängte Zwangsgelder durchzusetzen (§ 407 AktG).[89]

D. Die Pflichten und Aufgaben des Aufsichtsrats

36 Den Rechten eines Aufsichtsrats stehen Pflichten gegenüber, die sich vor allem aus dem Aktienrecht sowie weiteren gesellschaftsrechtlichen Regelungen des GmbHG und GenG ergeben. Besondere Relevanz erlangen die Vorschriften der §§ 95 bis 116 AktG. Auf einen wesentlichen Teil verweist § 52 Abs. 1 GmbHG für den Fall, dass nach dem Gesellschaftsvertrag einer GmbH ein Aufsichtsrat zu bilden ist.

I. Die Sorgfaltspflicht

37 Aufsichtsratsmitglieder haben bei der Geschäftsführung gem. §§ 116, 93 Abs. 1 S. 1 AktG „die Sorgfalt eines ordentlichen und gewissenhaften Geschäftsleiters anzuwenden". Eine klare gesetzliche Regelung über Art und Umfang der **Sorgfaltspflichten** und Verantwortlichkeiten von **Aufsichtsratsmitgliedern** fehlt. Dies kann zu Unsicherheiten über den anzuwendenden Sorgfaltsmaßstab führen.[90] Bei einer Betrachtung der Sorgfaltspflichten ist zwischen denen des Aufsichtsrats und der Geschäftsführung zu differenzieren. Dies kommt bereits im Wortlaut des § 116 AktG zum Ausdruck, wonach § 93 AktG nur „sinngemäß" anzuwenden ist. Der Aufsichtsrat hat im Gegensatz zur Geschäftsführung keine Geschäftsführungs- und keine Geschäftsleitungsbefugnis. Hierdurch wird klar, dass an das Aufsichtsratsmitglied nicht der gleiche Maßstab angelegt werden kann.[91] Der maßgebliche Orientierungspunkt für den Aufsichtsrat ist das Gesellschafts- und Unternehmensinteresse. Danach hat der Aufsichtsrat sein Handeln insgesamt auszurichten. Es stellt den entscheidenden Maßstab für die verantwortungsbewusste Überwachung der Leitungsmaßnahmen des Vorstands dar, wobei sich „der Auf-

[88] Vgl. *Lutter/Krieger* (Fn. 66), Rn. 922.
[89] Vgl. *Hüffer* (Fn. 54), § 407 Rn. 4; *Lutter/Krieger* (Fn. 66), Rn. 708.
[90] Vgl. *Eisenhardt*, Jura 1982, 289 (290).
[91] Vgl. *Eisenhardt*, Jura 1982, 289 (290).

sichtsrat nicht auf eine Rechtmäßigkeitskontrolle zu beschränken, sondern neben der Ordnungs- auch die Zweckmäßigkeit und Wirtschaftlichkeit der Leitungsentscheidungen des Vorstands zu überwachen hat".[92] Sollte das Aufsichtsratsmitglied diese Sorgfalt nicht anwenden, können daraus Schadensersatzansprüche erwachsen. Der Sorgfaltsmaßstab gilt für Arbeitnehmer- und Anteilseignervertreter gleichermaßen.[93]

Der **Sorgfaltsmaßstab** orientiert sich am beaufsichtigten Unternehmen, nach dessen Art und Größe sowie der Funktion, die das jeweilige Aufsichtsratsmitglied ausübt. Allgemein darf sich das Mitglied dabei auf erbrachte Vorarbeiten der Geschäftsführung verlassen. Es ist jedoch verpflichtet, die jeweiligen Vorarbeiten zu studieren und ggf. durch Nachfragen Unklarheiten zu beseitigen.[94] Das Aufsichtsratsmitglied erfüllt seine Sorgfaltspflicht, wenn es den Anforderungen des Amtes Rechnung trägt, also seiner Überwachungspflicht des Vorstands und seiner Verschwiegenheitspflicht nachkommt, das Unternehmensinteresse wahrt und seine Mitwirkungspflichten erfüllt. 38

II. Die Überwachungsfunktion

Die Hauptaufgabe des Aufsichtsrats besteht in der **Überwachung der Geschäftführung** (§ 111 Abs. 1 AktG).[95] Dies gilt gemäß § 52 Abs. 1 GmbHG gleichermaßen für die GmbH. Zur Erfüllung dieser Aufgabe stehen dem Aufsichtsrat Befugnisse zu, die § 111 AktG exemplarisch aufzählt. So können die Bücher und Schriften der Gesellschaft sowie die Vermögensgegenstände eingesehen und geprüft werden. Einzelne Mitglieder oder Sachverständige können hiermit beauftragt werden. Ebenso erteilt der Aufsichtsrat dem Abschlussprüfer den Prüfauftrag für den Jahres- und Konzernabschluss. Weitere wesentliche Befugnisse liegen in der Personalkompetenz, die durch die Bestellung und Abberufung des Vorstands, die Entgegennahme und Anforderung von Vorstandsberichten, die Möglichkeit, eine Geschäftsordnung für den Vorstand zu erlassen sowie die Prüfung von Jahresabschluss, ggf. Konzernabschluss und Lagebericht ausgeübt wird.[96] 39

Der Aufsichtsrat muss seiner Aufgabe eigenverantwortlich nachkommen. Wenn das Wohl der Gesellschaft es erfordert, muss er sogar gemäß § 111 Abs. 3 AktG eine Hauptversammlung einberufen. Aufgaben der Geschäftsführung darf er jedoch nicht übernehmen. Bestimmte Arten von Geschäften sind aber durch Satzung unter den Vorbehalt der Zustimmung des Aufsichtsrats zu stellen (§ 111 Abs. 4 S. 1, 2 AktG). Der Vorstand leitet demgegenüber das Unternehmen eigenverantwortlich (§ 76 AktG). Dies findet lediglich eine Grenze im **Zustimmungsvorbehalt** des **Aufsichtsrats** bzw. der Hauptversammlung (§ 111 Abs. 4 AktG). Näher → § 46 Rn. 40 f. 40

---

92 Vgl. OLG Düsseldorf, NJW-RR 1995, 1371 (1375).

93 Vgl. BGHZ 85, 293 (295).

94 Vgl. *Bellative-Hövermann/Lindner/Lüthje* (Fn. 72), Rn. 24.

95 Vgl. *Kraft-Zörcher*, ThürVBl. 2008, 1 (6).

96 Vgl. *Bellavite-Hövermann/Lindner/Lüthje* (Fn. 72), Rn. 91.

41 Entscheidend für eine erfolgreiche Arbeit des Aufsichtsrats ist der ständige Dialog mit der Geschäftsführung. In diesen Dialog sind vergangenheitsbezogene Fragen, beispielsweise der Jahresabschluss oder konkrete Handlungen und Geschehnisse genauso einzubeziehen wie zukunftsorientierte Fragestellungen, denen sich das Unternehmen stellen will. Hierzu gehören strategische Fragen, etwa zur Ausgestaltung der Geschäftspolitik. Das Tagesgeschäft bleibt dabei der Geschäftsführung vorbehalten. Der Aufsichtsrat ist vielmehr für die wesentlichen Grundsatzentscheidungen zuständig. Der Aufsichtsrat prüft, ob die Geschäftsführung die wesentlichen Grundsätze ordnungsgemäßer Geschäftsführung beachtet, wozu die Rechtmäßigkeit, Ordnungsmäßigkeit, Zweckmäßigkeit und Wirtschaftlichkeit der Geschäftsführung gehören. Der Aufsichtsrat wacht darüber, dass die Geschäftsführung alles Erforderliche unternimmt, um das Vermögen der Gesellschaft zu mehren und Schaden von ihr abzuwenden.[97]

III. Die Verschwiegenheitspflicht

1. Grundlagen

42 Für alle Mitglieder des Aufsichtsrats gelten **Verschwiegenheitspflichten** (→ § 51 Rn. 42 ff.). Dies ist für die Entwicklung eines Unternehmens unabdingbare Voraussetzung und gilt gleichermaßen für Vorstands- und Aufsichtsratsmitglieder.[98] Für die Mitglieder des Aufsichtsrats erweitert dies der durch das **Transparenz- und Publizitätsgesetz** (TransPuG)[99] eingefügte § 116 S. 2 AktG: „Die Aufsichtsratsmitglieder sind insbesondere zur Verschwiegenheit über erhaltene vertrauliche Berichte und vertrauliche Beratungen verpflichtet“. Diese Pflicht zur Vertraulichkeit ist die Kehrseite der Informationspflicht, die die Geschäftsführung bzw. den Vorstand trifft. „Zwischen Information und Vertraulichkeit besteht ein unlösbarer Zusammenhang“.[100] Verstöße hiergegen lösen Unterlassungs- und Regressansprüche aus. Darüber hinaus besteht auch strafrechtlicher Schutz (§§ 404 AktG, 85 GmbHG, 151 GenG).[101]

43 Die gesetzlich verankerten Verschwiegenheitspflichten sind abschließend und können nicht durch Satzung, Geschäftsordnung des Aufsichtsrats oder Vertrag verschärft oder abgeschwächt werden.[102] Die Verschwiegenheitspflicht gilt gleichermaßen für Arbeitnehmer- und Anteilseignervertreter.[103] Die Verschwiegenheitspflicht des Aufsichtsratsmitglieds beginnt mit der Annahme des Amtes und

---

[97] Vgl. *Semler*, in: Kropff/Semler (Hrsg.), Münchener Kommentar zum AktG, Bd. 3, 2. Aufl. 2004, § 111 Rn. 3, 93.

[98] § 93 Abs. 1 S. 2 i.V.m. § 116 S. 1 AktG; *Strobel* (Fn. 3), S. 100 ff.

[99] Siehe Fn. 85.

[100] Vgl. BT-Drs. 14/8769, S. 18.

[101] Vgl. *Potthoff/Trescher* (Fn. 64), Rn. 897; *Schulze-Osterloh/Servatius*, in: Baumbach/Hueck (Hrsg.), GmbHG, 18. Aufl. 2006, § 85 Rn. 16 m. w. N.; siehe Rn. 55 ff.

[102] Vgl. BGHZ 64, 325 (328); OVG Münster, NWVBl. 1997, 67 (68).

[103] Vgl. BGHZ 64, 325 (330); *Schulze-Osterloh/Servatius* (Fn. 101), § 85 Rn. 16 m. w. N.

endet aus Gründen der Rechtssicherheit nicht schon mit Ausscheiden aus dem Unternehmen, sondern gilt über das Amtsende hinaus.

Neben dem Geheimhaltungswillen des zuständigen Organs muss auch ein **objektives Geheimhaltungsinteresse** des Unternehmens bestehen. Das Aufsichtsratsmitglied muss dies eigenverantwortlich prüfen. Äußert beispielsweise der Vorstand oder der Aufsichtsratsvorsitzende die Meinung, es handele sich um einen vertraulichen Vorgang, dann ist das zwar nicht allein verbindlich, jedoch darf eine solche Meinungsäußerung nicht ohne sorgfältige Prüfung und, wenn erforderlich, nicht ohne sachliche Beratung unbeachtet gelassen werden. Die Entscheidung des kommunalen Aufsichtsratsmitglieds ist gerichtlich voll nachprüfbar und steht nicht in dessen Ermessen. Entscheidendes Merkmal für die Beurteilung der Schweigepflicht ist ein „objektives, nämlich das Bedürfnis der Geheimhaltung im Interesse des Unternehmens.“[104] Über die Konkretisierung schweigt der BGH allerdings. Man wird unter **Geschäftsgeheimnissen** bzw. entsprechenden vertraulichen Angaben solche Sachverhalte verstehen können, die nur einem beschränkten Personenkreis bekannt sind und die nach erkennbarem Willen der Geschäftsleitung nicht aus diesem Kreis heraus getragen werden dürfen.[105] Negativ formuliert ist der Tatbestand dann nicht erfüllt, wenn offensichtlich Unternehmensinteressen unberührt bleiben. Selbst mit diesen Formulierungen aus der Literatur zeigt sich, dass ein Auslegungsspielraum verbleibt, der nur anhand einer Einzelentscheidung konkretisiert werden kann. Aufgrund der immensen Bedeutung der im Aufsichtsrat erlangten Informationen gilt im Zweifelsfall ein Vorrang der Unternehmensinteressen, also ein **Gebot zur Verschwiegenheit**. 44

Bei einer Reihe von Fällen ist das Geheimhaltungsbedürfnis offensichtlich, etwa bei Forschungsvorhaben und -ergebnissen, Kundenlisten, Investitionsplänen oder Kennzahlen für die Unternehmenssteuerung, wobei zu berücksichtigen ist, dass Unternehmenskennzahlen in der Regel nach kurzer Zeit bereits veröffentlicht werden.[106] Gehaltsangelegenheiten, etwa der Vorstandsmitglieder, sind grundsätzlich vertraulich zu behandeln. Insoweit wird dem Datenschutz Vorrang gegenüber dem öffentlichen Interesse eingeräumt.[107] Eine Ausnahme bildet § 285 Nr. 9a HGB, wonach eine Pflicht zur Offenlegung der Gesamtbezüge bestehen kann.[108] Einzelne Stimmabgaben und die Stellungnahmen der Aufsichtsratsmitglieder sowie weitere Äußerungen, die nur für die Anwesenden bestimmt sind, müssen stets vertraulich behandelt werden. Anders wäre eine vertrauensvolle Zusammenarbeit des Gremiums kaum denkbar.[109] Die Verschwiegenheitspflicht besteht aber nur 45

[104] Vgl. BGHZ 64, 325 (329).

[105] Vgl. *Flore*, BB 1993, 133 (134).

[106] Vgl. *Potthoff/Trescher* (Fn. 64), Rn. 903 m. w. Bsp.

[107] §§ 286 Abs. 4, 336 Abs. 2 HGB.

[108] Ferner bestehen Ausnahmen für börsennotierte Unternehmen, bei denen auch bei den individuellen Vorstandsgehältern uneingeschränkte Transparenz herrscht.

[109] Vgl. BGHZ 64, 325 (330 f.); *Säcker*, NJW 1986, 803 (807 f.), der aus der Rechtsprechung des BGH schließt, dass die Offenbarung des eigenen Abstimmungsverhaltens zulässig sein könne.

gegenüber Dritten, also Personen, die nicht dem Vorstand oder dem Aufsichtsrat angehören.[110]

2. §§ 394, 395 AktG als partielle Ausnahmen

46 Fälle, in denen Informationen an Dritte, die vertraulich oder geheim sind, weitergegeben werden dürfen, sind auf wenige Fälle beschränkt. Hierzu zählen Berichte, die kommunale Aufsichtsratsmitglieder ihren Gebietskörperschaften gegenüber erstatten müssen (s. § 394 AktG), Mitteilungen an Hilfskräfte und externe Berater, soweit die Verschwiegenheit gesichert ist und Mitteilungen aus berechtigtem Eigeninteresse eines Aufsichtsratsmitglieds, etwa wenn eine Abberufung oder ein Regressanspruch drohen. In Hinblick auf kommunale Wirtschaftsunternehmen und deren Aufsichtsräte wird regelmäßig die Frage aufgeworfen, ob die Aussagen zur Verschwiegenheitspflicht der Mitglieder auch gegenüber dem Gemeinderat Geltung haben oder ob man sie weniger streng handhaben kann mit Blick auf die demokratisch legitimierten Gremien.[111] Gegen eine Lockerung der Verschwiegenheit wird mit der Größe derartiger Gremien argumentiert, wonach eine vertrauliche Behandlung nicht zulässig sei, weil die Gefahr drohe, dass Vertrauliches nach außen dringe.[112] In der Praxis bedeutet dies eine oft schwierige Frage, die eingangs bereits beleuchtet wurde. Vom kommunalen Aufsichtsratsmitglied werden umfassende Informationen erwartet und die Gemeindeordnungen verlangen Berichte gegenüber den zuständigen Gremien.[113] Für die Gemeinden sind umfassende Informationen notwendig, um beispielsweise eine **Beteiligungsverwaltung** effektiv im **„Konzern Stadt"** zu gestalten.[114] Während die Gemeinde also Berichte erwartet, stellt das Gesellschaftsrecht Verstöße gegen die Schweigepflicht sogar unter Strafe. Beamte beispielsweise, die ein Aufsichtsratsmandat für die Gebietskörperschaft verrichten, bei der sie tätig sind, unterliegen grundsätzlich beamtenrechtlichen Bindungen und Weisungen.[115] Daneben besteht die Verpflichtung jedes Mitglieds zur **eigenverantwortlichen Wahrnehmung** des **Aufsichtsratsmandats** im Unternehmensinteresse.

47 Für eine wirksame Kontrolle der Aufgabenerfüllung der kommunalen Unternehmen benötigt die öffentliche Hand eine umfassende Kenntnis über die Unternehmenspolitik und Geschäftsführung des Unternehmens. Daher wird immer wieder die Forderung nach Transparenz durch umfassende Berichtspflichten der in die Gremien entsandten Vertreter oder die Offenlegung von Aufsichtsratsprotokollen

---

[110] Siehe auch § 109 AktG; vgl. *Potthoff/Trescher* (Fn. 64), Rn. 914 ff.

[111] Vgl. *Altmeppen*, NJW 2003, 2561 (2566); *Mann*, in: Ennuschat u. a. (Hrsg.), GS für P. J. Tettinger, 2007, S. 302 ff.

[112] Vgl. *Möller*, Die rechtliche Stellung und Funktion des Aufsichtsrats in öffentlichen Unternehmen der Kommunen, 1999, S. 160; *Harder/Ruter*, GmbHR 1995, 813 (816) m. w. N.

[113] Vgl. *Schäfer/Roreger* (Fn. 21), S. 62 f.

[114] Hierzu *Mann* (Fn. 15), S. 250 f.

[115] § 37 BRRG; § 55 S. 2 BBG sowie entsprechende Ländervorschriften, z. B. § 58 S. 2 LBG NW; vgl. *Hüffer* (Fn. 54), § 394 Rn. 27.

erhoben.[116] Unterrichtungspflichten sehen auch einige Regelungen des kommunalen Wirtschaftsrechts vor.[117] Sie müssen jedoch im Lichte der gesellschaftsrechtlichen Regelungen betrachtet werden. Dies kommt in einigen landesrechtlichen Vorschriften, etwa § 113 Abs. 5 S. 2 GO NW, zum Ausdruck, wonach die Unterrichtungspflicht nur besteht, „soweit durch Gesetz nichts anderes bestimmt ist.“[118]

a) §§ 394, 395 AktG. Zwei **Ausnahmen** der grundsätzlich gegebenen **Verschwiegenheitspflicht** werden anerkannt. So wird im Vertragskonzern, in dem das umfassende Weisungsrecht des herrschenden Gesellschafters mit einer Verlustübernahmepflicht korrespondiert, für eine Aufhebung der Verschwiegenheitspflicht plädiert.[119] Bedeutsamer in der Praxis ist indes die zweite Ausnahme, die ihren normativen Niederschlag in § 394 AktG gefunden hat. Sie gilt als **Informationsprivileg** der **öffentlichen Hand**. 48

§ 394 AktG lockert die Verschwiegenheitspflicht der durch die Gebietskörperschaft entsandten Aufsichtsratsmitglieder auf.[120] Diese Vorschrift betrifft das spezielle Verhältnis einer Aktiengesellschaft zu der an ihr beteiligten Gebietskörperschaft. Mit Berufung auf § 394 AktG, der analog für die GmbH gelten soll[121], fordern Fraktionen und einzelne Gemeinderatsmitglieder, dass auf Veranlassung der Gemeinde in den Aufsichtsrat gewählte oder entsandte Mitglieder dem Rat gegenüber über die im Aufsichtsrat des jeweiligen Kommunalunternehmen erlangten, geheimhaltungsbedürftigen Informationen Bericht erstatten sollen.[122] Dies mag zunächst verständlich sein. Im Ergebnis gehen mit diesen Erwartungen jedoch gesellschaftsrechtliche Konflikte einher. Zur Lösung des Konflikts zwischen dem Informationsbedürfnis von (kommunalen) Gremien und dem aktienrechtlichen Geheimnisschutz wird daher als ungeschriebenes Tatbestandsmerkmal die Gewährleistung der Geheimhaltung bei der Gebietskörperschaft gefordert.[123] Von dieser Voraussetzung soll es abhängen, ob das Informationsprivileg greift. 49

Nach § 394 AktG unterliegen Aufsichtsratsmitglieder, die auf Veranlassung einer Gebietskörperschaft in den Aufsichtsrat gewählt oder entsandt worden sind, hinsichtlich der Berichte, die sie ihrer Gebietskörperschaft zu erstatten haben, keiner Verschwiegenheitspflicht. Die Wahl oder Entsendung muss demnach von der 50

---

[116] Vgl. *König*, DÖV 1999, 322 (326); *Mann* (Fn. 15), S. 240.

[117] Z. B. § 113 Abs. 5 GO NW: „Die Vertreter der Gemeinde haben den Rat über alle Angelegenheiten von besonderer Bedeutung frühzeitig zu unterrichten.“.

[118] Art. 93 Abs. 2 S. 2 GO Bay; § 125 Abs. 1 S. 5 GO H; § 71 Abs. 4 S. 4 KV MV; vgl. zu diesem Konflikt *Rehn/Cronauge/v. Lennep* (Fn. 17), § 113 Rn. IV 1.

[119] Vgl. *Mann* (Fn. 15), S. 241 m. w. N.; *Schmidt-Aßmann/Ulmer*, BB 1988, Sonderbeilage H. 13, 1 (4 f.); zur Eigenschaft der öffentlichen Hand als beherrschendes Unternehmen BGHZ 69, 334.

[120] Zur Vereinbarkeit mit europäischem Recht *Kropff*, in: Münchener Kommentar zum AktG, Bd. 9/2, 2. Aufl. 2006, Vor §§ 394, 395 Rn. 19 f.

[121] Vgl. *Strobel* (Fn. 3), S. 211 ff.

[122] Vgl. *Schwintowski*, NJW 1990, 1009 (1014) m. w. N.

[123] Vgl. *Schmidt-Aßmann/Ulmer*, BB 1988, Sonderbeilage H. 13, 1 (9); *Strobel* (Fn. 3), S. 199 ff. m. w. N.

Gebietskörperschaft veranlasst worden sein.[124] Für die Gebietskörperschaften eröffnen sich auch andere Möglichkeiten, Einfluss zu nehmen, etwa durch die im Aufsichtsrat gegebenen Mehrheitsverhältnisse oder Absprachen mit anderen Gesellschaftern. Teleologisch wird § 394 AktG, der §§ 116, 93 Abs. 1 S. 2 AktG einschränkt, so ausgelegt, dass das Informationsprivileg nur soweit greift, wie überhaupt ein Bedürfnis auf Seiten der Gebietskörperschaft nach Einwirkung auf das betreffende kommunale Unternehmen besteht. Voraussetzung hierfür ist eine ins Gewicht fallende Beteiligung der Gebietskörperschaft. Fehlt es hieran, so ist für eine Durchbrechung der Verschwiegenheitspflicht kein Raum.[125]

51 Einschränkend muss man festhalten, dass zwar § 394 AktG die **Berichtspflicht** gegenüber der Gebietskörperschaft ermöglicht, die Pflicht der kommunalen Aufsichtsratsmitglieder zur Verschwiegenheit aber nicht pauschal entfallen lässt. § 394 AktG stellt lediglich eine partielle Öffnung dar. Sie erfolgt nur soweit, wie es der Telos der Berichtspflicht inhaltlich gebietet.[126] Vertrauliche Angaben und Geheimnisse der Gesellschaft, namentlich Betriebs- und Geschäftsgeheimnisse, werden durch § 394 S. 2 AktG ausdrücklich ausgenommen, wenn ihre Kenntnis für die Zwecke der Berichte nicht von Bedeutung ist. Wird eine Berichtspflicht ohne Einschränkung angeordnet, entscheidet das Aufsichtsratsmitglied selbstständig nach seinem pflichtgemäßen Ermessen, inwieweit Zwecke der Berichterstattung es rechtfertigen, die grundsätzlich bestehende Verschwiegenheitspflicht zurücktreten zu lassen.[127] Berücksichtigt man die grundsätzlich bestehende Pflicht zur Verschwiegenheit, dann kann man in § 394 AktG zwar ein **Informationsprivileg** für die jeweilige Gebietskörperschaft erblicken, faktisch darf dies aber nicht auf eine Veröffentlichung von Unternehmensinterna hinauslaufen.[128]

52 Der **Adressat** der **Berichtspflicht** ergibt sich aus dem Organisationsrecht der jeweiligen Gebietskörperschaft in den Grenzen der §§ 394, 395 AktG (→ § 51 Rn. 59). Dies ist auf kommunaler Ebene grundsätzlich der Rat.[129] Teilweise wird mit Blick auf die Größe des Gremiums der Bürgermeister als geeigneter Adressat der Berichtspflichten angesehen, zumal dieser über § 395 AktG in den besonderen Kreis der Schweigepflichtigen einbezogen ist.[130] Er soll dann in der gebotenen Vertraulichkeit über Betriebs- und Geschäftsgeheimnisse in den kommunalen Gremien berichten.

53 § 395 AktG ergänzt § 394 AktG und dient dem Schutz der Gesellschaft; denn nach dieser Vorschrift haben Personen „über vertrauliche Angaben und Geheim-

---

[124] Dazu *Hüffer* (Fn. 54), § 394 Rn. 34 m. w. N.

[125] Vgl. *Martens*, AG 1984, 29 (36); *Schmidt-Aßmann/Ulmer*, BB 1988, Sonderbeilage H. 13, 1 (7) m. w. N.

[126] Vgl. *Mann* (Fn. 15), S. 243.

[127] Vgl. *Hüffer* (Fn. 54), § 394 Rn. 42.

[128] Vgl. *Rehn/Cronauge/v. Lennep* (Fn. 17), § 113 Rn. IV 5.

[129] Hierüber wird z. T. heftig gestritten, da der Rat wegen seiner Größe nicht die Gewähr dafür leisten könne, dass Verschwiegenheit und Vertraulichkeit gesichert sind, vgl. *Schmidt-Aßmann/Ulmer*, BB 1988, Sonderbeilage H. 13, 1 (9); *Noack*, Städte- und Gemeinderat 1995, 379; *Schwintowski*, NJW 1990, 1009 (1010) m. w. N.

[130] Siehe *Rehn/Cronauge/v. Lennep* (Fn. 31); *Erichsen* (Fn. 31).

nisse der Gesellschaft, namentlich Betriebs- oder Geschäftsgeheimnisse, die ihnen aus Berichten nach § 394 bekannt geworden sind, Stillschweigen zu bewahren [...]." Nach Sinn und Zweck sind §§ 394, 395 AktG als zwingendes Recht einzuordnen, wovon durch Satzung nicht abgewichen werden kann.[131]

b) GmbH. Bei der GmbH ist zunächst zwischen dem **obligatorischen** und dem **fakultativen Aufsichtsrat** zu unterscheiden. Die Rechte des obligatorischen Aufsichtsrats einer GmbH richten sich im Wesentlichen nach den Vorschriften des Aktienrechts, so dass auf die dort getroffenen Ausführungen verwiesen werden kann. Aufgrund der vergleichbaren Situation sprechen gute Gründe dafür, insgesamt die §§ 394, 395 AktG analog für die GmbH anzuwenden.[132] Gegen die strikten Anforderungen des Aktienrechts wird § 51a Abs. 1 GmbHG als Argument genannt. § 51a Abs. 1 GmbHG räumt eine unverzügliche Auskunftspflicht der Geschäftsführer gegenüber jedem Gesellschafter und ein Einsichtsrecht der Gesellschafter in die Schriften der Gesellschaft ein, zu denen auch die Protokolle des Aufsichtsrats gehören.[133] Es wird daher vorgeschlagen, auf den Rechtsgedanken des § 51a Abs. 2 GmbHG zurückzugreifen, der den Geschäftsführern ein durch Gesellschafterbeschluss eröffnetes Informationsverweigerungsrecht einräumt, wenn die Gefahr gesellschaftszweckfremder, nachteilstiftender Verwendung besteht.[134] Innerhalb dieser Grenzen wird eine **Lockerung** der **Schweigepflicht der Aufsichtsräte** als unschädlich angesehen.[135] Für die Gesellschafter besteht zudem die Möglichkeit, in der GmbH-Satzung Regelungen über den Umfang der Verschwiegenheitspflicht der Aufsichtsräte zu treffen. Im Zweifel bleibt es aber auch bei der GmbH bei der grundsätzlichen Aussage, dass der Verschwiegenheitspflicht ein Vorrang gegenüber der Offenlegung in außerhalb des Aufsichtsrats liegenden Gremien gebührt. 54

E. Die Haftung der Aufsichtsratsmitglieder

Aufsichtsratsmitglieder können für ihr Verhalten im Aufsichtsrat zur Verantwortung gezogen werden. Ihnen kann das Vertrauen, z. B. durch **Abberufung**, entzogen werden. Zudem besteht die Möglichkeit, ihnen die **Entlastung** gemäß § 120 AktG zu verweigern. Darüber hinaus kommen auch zivilrechtliche **Haftungsansprüche** in Betracht, die die Gesellschaft gegen sie geltend machen kann (sog. Innenhaftung) oder die von Dritten geltend gemacht werden können (sog. Außenhaftung). Neben Schadensersatzansprüchen können zudem strafrechtliche Sanktionen greifen. Die Tendenz, Haftungsansprüche tatsächlich geltend zu machen oder 55

[131] Vgl. *Kropff* (Fn. 120), § 395 Rn. 5.
[132] Vgl. *Strobel* (Fn. 3), S. 211 ff.
[133] Vgl. BGHZ 135, 48 (51); a. A. *Zöllner*, in: Baumbach/Hueck (Hrsg.), GmbHG, 18. Aufl. 2006, § 51a Rn. 22.
[134] Vgl. *Mann* (Fn. 15), S. 245 m. w. N.
[135] Vgl. BGHZ 135, 48 (52 f.); *Mann* (Fn. 15), S. 245 m. w. N.

strafrechtlich gegen Organe der Gesellschaften vorzugehen, hat in den letzten Jahren stetig zugenommen. Immer stärker stehen die Unternehmensgremien im Fokus der Öffentlichkeit. Das bezieht sich zwar in erster Linie auf börsennotierte Unternehmen, kann aber auch für kommunale Unternehmen relevant werden.

I. Die Haftung gegenüber der Gesellschaft

56 Kernbereich der **Aufsichtsratshaftung** ist die **Innenhaftung**, womit die Einstandspflicht des einzelnen Aufsichtsratsmitglieds für Schäden gegenüber der zu beaufsichtigenden Gesellschaft gemeint ist.[136] Die Schadensersatzpflicht der Aufsichtsratsmitglieder gegenüber der Gesellschaft (Innenhaftung) ergibt sich aus § 116 i.V.m. § 93 AktG, wonach der Gesellschaft der entstehende Schaden zu ersetzen ist, der dadurch entsteht, dass das Aufsichtsratsmitglied seine Pflichten verletzt hat. Der Gesetzgeber formuliert individuell bezogen auf das einzelne Mitglied. Für die GmbH ergibt sich der Schadensersatzanspruch über den Verweis des § 52 Abs. 1 GmbHG auf § 116 i.V.m. § 93 AktG.[137]

1. Die Haftungsvoraussetzungen

57 Vier Voraussetzungen müssen erfüllt sein, damit ein **Schadensersatzanspruch** geltend gemacht werden kann: Zunächst muss eine Pflichtverletzung durch das in Anspruch genommene Aufsichtsratsmitglied vorliegen. Die Pflichtverletzung muss schuldhaft, also fahrlässig oder vorsätzlich, erfolgt sein. Es muss tatsächlich ein Schaden eingetreten sein (§§ 249 ff. BGB) und es muss ein kausaler Zusammenhang zwischen eingetretenem Schaden und der schuldhaften Pflichtverletzung bestehen.

58 Eine **Pflichtverletzung** liegt dann vor, wenn das Amt nicht mit der Sorgfalt eines ordentlichen und gewissenhaften Aufsichtsratsmitglieds erledigt wird. Nach § 116 AktG zählen zu den wesentlichen Pflichten eines Aufsichtsratsmitglieds Sorgfalts- und Verschwiegenheitspflichten, Treue-, Mitwirkungs- und Teilnahmepflichten. Sie können durch positives Tun oder Unterlassen verletzt werden. Der **Sorgfaltsmaßstab** ist objektiv zu beurteilen. Der Maßstab gilt also für alle Mitglieder gleichermaßen, unabhängig von der individuellen Qualifikation.[138] Dabei kommt dem Aufsichtsrat die zentrale Funktion zu, den Vorstand zu überwachen. Dies kann natürlich nicht bedeuten, dass jedes einzelne Handeln überwacht werden muss. Dies wäre nicht zu leisten, es sei denn, dem Aufsichtsrat wird ein konkreter Vorgang vorgelegt. Der Aufsichtsrat hat die Pflicht zu kontrollieren, ob der Vorstand die Geschäfte mit der gebotenen Vorsicht führt und er muss sicherstel-

---

[136] Vgl. *Thümmel*, DB 1999, 885.

[137] Für den genossenschaftsrechtlichen Aufsichtsrat gelten §§ 41, 34 GenG, die inhaltlich mit den aktienrechtlichen Regelungen weitgehend übereinstimmen; vgl. *Thümmel*, DB 1999, 885; *Zöllner/Noack* (Fn. 22), § 52 Rn. 72.

[138] Differenzierend *Thümmel*, DB 1999, 885 (886) m. w. N., der einen „bestimmten abstrakt definierten Mindeststandard" verlangt, der „immer als Meßlatte dient".

len, dass regelmäßige Berichte erfolgen. Kommt die Geschäftsleitung diesen Pflichten nicht nach, muss der Aufsichtsrat von seinen Möglichkeiten Gebrauch machen, z. B. durch sein Frage- und Einsichtsrecht, da er sonst ebenfalls pflichtwidrig handelt.

Pflichtverletzungen können z. B. in der verzögerten Stellung eines Insolvenzan- 59
trags trotz vorhandener Kenntnis der Überschuldung liegen[139] oder in der Untätigkeit bei Gerüchten über existenzgefährdende Geschäftspraktiken.[140] Die Verletzung von Mitwirkungspflichten liegt etwa vor, wenn Geschäftspraktiken der Geschäftsleitung toleriert werden, deren Gesetz- und Satzungswidrigkeit das Aufsichtsratsmitglied kannte oder bei Aufwendung der erforderlichen Sorgfalt hätte erkennen können.[141] Etwaige Ansprüche der Gesellschaft gegenüber dem Vorstand sind vom Aufsichtsrat zu prüfen und geltend zu machen, da ansonsten der Aufsichtsrat selber haften kann.[142]

2. Ausnahmen

Eine Haftung der Organmitglieder kann entfallen, wenn die Pflichtverletzung auf 60
einem gesetzmäßigen Beschluss der Anteilseignerversammlung beruht (§§ 116, 93 Abs. 4 AktG). Da der Aufsichtsrat grundsätzlich hieran nicht gebunden ist, spielt diese Vorschrift für die Haftung der Aufsichtsratsmitglieder nur eine untergeordnete Rolle. Zudem befreit die Billigung einer Pflichtverletzung durch den Aufsichtsrat das einzelne Aufsichtsratsmitglied nicht von seiner Ersatzpflicht (§§ 116, 93 Abs. 4 AktG).[143]

Die **Kausalität** für eine **Haftung** kann entfallen, wenn der Schaden auch ent- 61
standen wäre, wenn sich der Aufsichtsrat pflichtgemäß verhalten hätte. Auch ist nicht gleich in jeder Vermögensminderung ein Schaden zu erblicken. Gesellschaften gehen geschäftliche Risiken ein, so dass auch Verluste eintreten können. Als haftungsauslösende Schäden können daher nur solche Fälle angesehen werden, die auf dem Unternehmenszweck widersprechenden Vermögensbeeinträchtigungen beruhen.[144]

3. Gesamtschuldnerische Haftung

Erfüllen mehrere Aufsichtsratsmitglieder die Haftungsvoraussetzungen, so haften 62
sie **gesamtschuldnerisch**.[145] Danach kann sich die Gesellschaft zur Erfüllung ihrer Ansprüche an jedes einzelne (besonders solvente) Aufsichtsratsmitglied wenden, um dort den ganzen oder teilweisen Schaden geltend zu machen. Das Auf-

---

[139] Vgl. BGHZ 75, 96.

[140] Vgl. LG Bielefeld, ZIP 2000, 20 (24).

[141] Vgl. BGH, NJW-RR 2007, 390; OLG Hamburg, ZIP 1981, 194; weitere Beispiele bei *Potthoff/Tescher* (Fn. 64), Rn. 2176 ff.; *Thümmel*, DB 1999, 885 (886).

[142] Vgl. BGHZ 135, 244 (255 f.); dazu *Thümmel*, DB 1997, 1117 ff.

[143] Vgl. *Potthoff/Tescher* (Fn. 64), Rn. 2178.

[144] Vgl. *Schäfer/Roreger* (Fn. 21), S. 80 m. w. N.

[145] § 116 Abs. 1 i. V. m. § 93 Abs. 2 AktG.

sichtsratsmitglied kann dann, dem Wesen der gesamtschuldnerischen Haftung entsprechend, seinerseits Rückgriffsansprüche gegen die anderen Mitglieder geltend machen (§ 426 Abs. 2 BGB).[146] Der Aufsichtsrat haftet nicht als Organ. Stets ist ein individueller Nachweis von schuldhaftem Verhalten notwendig.[147] Die Gesellschaft muss den Schaden und die Verursachung durch das Aufsichtsratsmitglied darlegen und beweisen. Das Aufsichtsratsmitglied muss dann seinerseits darlegen und beweisen, dass es sich pflichtgemäß verhalten hat.

4. Verjährung und Haftungsvereinbarung

63 Die Haftungsansprüche unterliegen der **Verjährung**. Gemäß § 116 i. V. m. § 93 Abs. 6 AktG beträgt die Verjährungsfrist fünf Jahre. Die Verjährungsfrist beginnt ab dem Zeitpunkt zu laufen, zu dem die Gesellschaft den Schadensersatzanspruch erstmals hätte geltend machen können. Für die Innenhaftung besteht die Möglichkeit, Beschränkungen vorzunehmen, etwa durch einen Vergleich zwischen Gesellschaft und Aufsichtsrat.[148] Eine privatautonome Regelung der Gesellschaft über die gesetzliche Haftung des Aufsichtsratsmitglieds ist nicht möglich. Weder Dienstvertrag, noch Satzung oder Statut können die gesetzliche Haftung beschränken oder ausschließen.[149] Lediglich bei einem fakultativen GmbH-Aufsichtsrat besteht ein erweiterter Spielraum durch eine gesellschaftsvertragliche Regelung (§ 52 Abs. 1 GmbHG). So kann ein Dritter die Haftung von der Freistellung im Innenverhältnis zusichern.[150] Gesetzlich sind Freistellungsklauseln für kommunale Aufsichtsratsmitglieder in den Gemeindeordnungen der Länder vorgesehen, wenn diese weisungsgebunden abstimmen und dadurch Schadensersatzansprüche entstehen.[151]

5. Geltendmachen der Schadensersatzansprüche

64 Der Schadensersatzanspruch gegenüber Aufsichtsratsmitgliedern wird grundsätzlich von der Gesellschaft, die durch den Vorstand vertreten wird, geltend gemacht (§§ 116 Abs. 1, 93 Abs. 2, 78 AktG).[152] Gemäß § 147 Abs. 1 AktG können die Gesellschafter verlangen, dass Ersatzansprüche der Gesellschaft geltend gemacht werden.[153] Für diesen Beschluss genügt eine einfache Mehrheit. Im eigenen Namen oder im Namen der Gesellschaft können die Aktionäre nicht klagen. Zudem

---

[146] Zum Verteilungsmaßstab *Semler* (Fn. 97), § 116 Rn. 554.

[147] Vgl. *Bellavite-Hövermann/Lindner/Lüthje* (Fn. 72), Rn. 219.

[148] Ausführlich *Bellavite-Hövermann/Lindner/Lüthje* (Fn. 72), Rn. 226 ff. m. w. N.

[149] Vgl. *Lutter/Krieger* (Fn. 66), Rn. 853; *Thümmel*, Persönliche Haftung von Managern und Aufsichtsräten, 3. Aufl. 2003, Rn. 306 f.

[150] Vgl. *Potthoff/Tescher* (Fn. 64), Rn. 2171.

[151] Z. B. § 113 Abs. 6 S. 2 GO NW; siehe Rn. 22, Fn. 59.

[152] Vgl. *Bellavite-Hövermann/Lindner/Lüthje* (Fn. 72), Rn. 230 m. w. N.

[153] Vgl. *Schröer*, in: Kropff/Semler (Hrsg.), Münchener Kommentar zum AktG, Bd. 4, 2. Aufl. 2004, § 147 Rn. 1.

kann gemäß § 147 Abs. 2 AktG ein besonderer Vertreter zur Geltendmachung von Ansprüchen durch die Hauptversammlung bestellt werden.

Bei der GmbH entscheidet die Gesellschafterversammlung über die Geltendmachung von Regressansprüchen (§ 46 Nr. 8 GmbHG). Dies gilt auch gegenüber der Geltendmachung von Ansprüchen gegen Mitglieder des Aufsichtsrats.[154] Die Geschäftsführung führt in diesem Fall den Prozess. Die Gesellschafterversammlung kann für diesen Fall Weisungen erteilen. 65

II. Die Haftung gegenüber Dritten

Die **Außenhaftung** hat für den Aufsichtsrat eine geringere Bedeutung als die Innenhaftung. Für die Beurteilung der Außenhaftung gegenüber Dritten greift man auf das allgemeine Deliktsrecht (§§ 823 ff. BGB) zurück, da spezielle Regelungen fehlen. Als Dritte kommen Aktionäre, Anleger, Gläubiger sowie weitere Personen in Betracht. Eine deliktische Haftung setzt jedoch einen Eingriff in geschützte Rechtspositionen Dritter i. S. d. § 823 Abs. 1 oder Abs. 2 BGB voraus. Daran mangelt es regelmäßig, da der Aufsichtsrat kaum operativ tätig wird. Auch fehlt es meistens an einem Organisationsverschulden, da die Organisation eines Unternehmens kaum zu seinen Aufgaben gehört.[155] Denkbare Haftungsfälle können zustimmende Beschlüsse zu geplanten Maßnahmen des Vorstands sein, die absolut geschützte Rechte Dritter verletzen oder das Nichteingreifen des Aufsichtsrats bei erkennbar drohenden Rechtsverletzungen, z. B. wenn der Vorstand eine offenkundige Insolvenzlage verschleppt.[156] 66

III. Strafrechtliche Sanktionen

Zunehmend sind auch strafrechtliche Sanktionen Gegenstand von Diskussionen. Dies betrifft vorrangig börsennotierte Unternehmen, bei denen es bereits öffentlichkeitswirksame Verurteilungen gab. Zuweilen geraten auch kommunale Unternehmen in das Visier der Strafverfolgungsbehörden.[157] Schwerwiegende Verstöße können strafrechtlich geahndet werden. Hierunter fallen beispielsweise falsche Darstellungen oder die Verschleierung der wahren Verhältnisse einer Gesellschaft gegenüber den Anteilseignern. Ferner können Auskünfte der Prüfer unter Strafe gestellt sein.[158] Bei allen Rechtsformen sind strafrechtliche Sanktionen bei Verstö- 67

---

[154] Vgl. *Zöllner* (Fn. 133), § 46 Rn. 59.

[155] Vgl. *Thümmel*, DB 1999, 885 (887).

[156] Vgl. BGHZ 75, 96.

[157] Diskutiert wurde dies im Zusammenhang mit den von privaten Energieunternehmen bezahlten Reisen kommunaler Vertreter unter dem Aspekt der Vorteilsnahme (§§ 331 ff. StGB); grds. ablehnend BGH, NJW 2006, 2050; BGH, NStZ 2007, 36; *Szesny/Brockhaus*, NStZ 2007, 624 m. w. N.

[158] Vgl. z. B. § 331 Nr. 1 u. 2 HGB; § 82 Abs. 2 Nr. 2 GmbHG; § 400 AktG; § 147 Abs. 2 GenG; *Potthoff/Tescher* (Fn. 64), Rn. 2295 ff.

ßen der kommunalen Aufsichtsratsmitglieder gegen die Verschwiegenheitspflicht und das Verbot der Verwertung von Geschäftsgeheimnissen möglich.[159]

[159] § 404 AktG; § 151 GenG; § 85 GmbHG.

Teil 14

Ausgewählte Wirtschaftsbereiche (Teil I)

§ 53 a Die kommunalen Sparkassen – Der rechtliche Rahmen

Hans-Günter Henneke

Schrifttum

H.-G. Henneke, Kommunale Sparkassen – Verfassung und Organisation, 2010; *ders.* (Hrsg.), Kommunale Aufgabenerfüllung in Anstaltsform, 2000; *ders.* (Hrsg.), Öffentlicher Auftrag bei sich wandelnden Marktbedingungen, 2007; *ders./Wohltmann*, Grundsätzliches zur aktuellen Diskussion um § 40 KWG, Der Landkreis 2006, 790 ff.; *J. Ipsen* (Hrsg.), Zukunft der Sparkassen – Sparkasse der Zukunft, 2004; *I. Kemmler*, Die Anstaltslast, 2001; *F. Kirchhof/H.-G. Henneke*, Entwicklungsperspektiven kommunaler Sparkassen in Deutschland, 2000; *P. Lüttmann*, Aufgaben und Zusammensetzung der Verwaltungsräte der kommunalen Sparkassen, 2002; *M. Nierhaus/K. Stern*, Regionalprinzip und Sparkassenhoheit im europäischen Bankenbinnenmarkt, 1992; *J. Niggemeyer*, Zulässigkeit und Grenzen von Sparkassenfusionen, 2005; *H. Obermann*, Die kommunale Bindung der Sparkassen: Verfassungsrechtliche Möglichkeiten und Grenzen ihrer Ausgestaltung, 2000; *J. Oebbecke/J. Bauer/H. Pünder* (Hrsg.), Perspektiven der kommunalen Sparkassen, 2000; *J. Oebbecke/D. Ehlers/A. Schink/H. Pünder* (Hrsg.), Aktuelle Fragen der Sparkassenpolitik, 2002; *I. Pehla*, Der Haftungsverbund der Sparkassen-Finanzgruppe, 2006; *V. Schepers*, Internet-Banking und sparkassenrechtliches Regionalprinzip, 2003; *H. Schlierbach/G. Püttner*, Das Sparkassenrecht in der Bundesrepublik Deutschland, 5. Aufl. 2003; *K. Stern/M. Nierhaus*, Das Regionalprinzip im öffentlich-rechtlichen Sparkassenwesen, 1991; *C. Thiemann*, Rechtsprobleme der Marke Sparkasse, 2008; *A. Wittmann*, Der Sparkassenverbund, 2004; *M. Wohltmann*, Die Auseinandersetzung um § 40 KWG, ZG 2007, 259 ff.

Inhaltsübersicht

Rn.

A. Entwicklung des Sparkassenwesens in Deutschland

1 Auf die Entwicklung des Sparkassenwesens in Deutschland kann nur überblickshaft – insbesondere aus Sicht des Verhältnisses von Kommunen und Sparkassen – eingegangen werden. Die insoweit bestehenden **Sondersituationen in Berlin, Bremen**, **Bremerhaven**, **Frankfurt am Main**, **Hamburg, Stuttgart** und im Raum **Braunschweig**, denen gemeinsam ist, dass es dort keine kommunalen Träger (mehr) gibt, sind auch in der historischen Entwicklung an anderer Stelle[1] näher dargestellt worden.

2 Das deutsche Sparkassenwesen entstand im **18. Jahrhundert** aus privaten wohltätigen Gründungen. Träger waren humanitäre Vereine, Stiftungen und wohltätige Gesellschaften. Die **Leihhäuser** wollten der armen Bevölkerung im Falle einer materiellen Notlage deren Überwindung aus eigener Kraft durch Gewährung billiger Darlehen ermöglichen. Dabei handelte es sich also nicht um Sparkassen

[1] *Henneke*, Kommunale Sparkassen, 2010, S. 14 ff., 24 f.

im eigentlichen Sinne, denn die Errichtung von Sparkassen sollte vorbeugend wirken, um den ärmeren Schichten der Bevölkerung dadurch die Möglichkeit zu erhalten, sich kleine Kapitalien anzusammeln, um im Fall der Not eine Reserve zu besitzen, sodass sie weder auf Kredit noch auf öffentliche Armenunterstützung angewiesen waren und vor pekuniären Notlagen bewahrt blieben.

Daher sind auch die **Waisenkassen**, wie sie insbesondere in Baden (so erstmals 3
1749 in Salem) gegründet wurden, keine Sparkassen im engeren Sinne gewesen. Die Verwaltung der Waisengelder stand also im Vordergrund, der Spargedanke war dabei nicht die treibende Kraft. Aber die Sorge um das Vermögen sowie das Bemühen, die Gelder für die Zukunft zu sichern, war seinerzeit bereits allgegenwärtig.

Tatsächlich entstanden die ersten deutschen Sparkassen im engeren Sinne im 4
Nordwestdeutschland. **1778** wurde in **Hamburg** die erste Sparkasse gegründet, und zwar die von der 1765 gegründeten „Hamburger Gesellschaft zur Beförderung der Künste und nützlichen Gewerbe", aus der die „Patriotische Gesellschaft" hervorging, errichtete **„Ersparungs-Classe"**, die nicht Kasse, sondern „Classe" hieß, weil sie als neunte Klasse der Allgemeinen Versorgungsanstalt eingerichtet wurde. Die Ersparungsklasse wurde breit angenommen, indes war ihr aufgrund äußerer Einwirkungen kein dauerhafter Erfolg beschieden. Aufgrund der napoleonischen Kriege wurde Hamburg im Jahre 1810 dem französischen Kaiserreich einverleibt. Das Anrücken der Franzosen löste in Hamburg eine Panik mit der Folge aus, dass sämtliche Gelder gekündigt wurden. Erst nach dem Abzug der französischen Truppen im Jahre 1814 konnte die Kämmerei der befreiten Stadt, bei der erhebliche Gelder der Ersparungsklasse angelegt worden waren, ihre Zahlungen wieder aufnehmen. Es kam zur Liquidation, die sich bis 1823 hinzog. Zwar erhielten alle Einzahler ihr eingezahltes Kapital nebst Zinsen zurück, aber die Ersparungsklasse selbst lebte nicht wieder auf.

Auf die 1778 gegründete Hamburger Ersparnis-Classe folgte **1786** die **„Olden-** 5
burger Ersparungs-Casse für das Herzogtum Oldenburg". Hier wurde von Anfang an mit Rücksicht auf den Charakter des Instituts als einer Hilfsanstalt für das Armenwesen streng darauf geachtet, dass niemand außer „den handarbeitenden und dienenden oder ärmeren Volksklassen" zugelassen wurde. Auch der Inhalt von Sparbüchsen der Kinder aus wohlhabenden Kreisen wurde zurückgewiesen. Der Gedanke der Hilfe zur Selbsthilfe veranlasste **1796** die „Gesellschaft freiwilliger Armenfreunde" in der seinerzeitigen dänischen Provinzstadt **Kiel**, eine Sparkasse zu gründen, die 1799 um eine Leihkasse erweitert wurde. **1801** folgten Sparkassengründungen in **Altona** sowie in **Göttingen**. Die Göttinger Spar- und Leihkasse wurde damit zur **ersten kommunalen Sparkassengründung** in Deutschland. Mit ihr erhielt das Sparkassenwesen einen öffentlich-rechtlichen Einschlag. Die erste Gründungswelle von Sparkassen verebbte in den Napoleonischen Kriegen.

1818 wurde in Stuttgart als erste Sparkasse Württembergs die **Württembergi-** 6
sche Landessparkasse errichtet. Mit ihr kam es zu der in der deutschen Sparkassengeschichte einmaligen Errichtung einer das Territorium der gesamten Monarchie umfassenden öffentlichen Landessparkasse. Ebenfalls **1818** wurde die **Berliner Sparkasse** vom Magistrat der Stadt Berlin **als erste Sparkasse Preu-**

ßens im Berliner Rathaus eröffnet. Sie war von vornherein allen Bevölkerungskreisen zugänglich und trat als **kommunale Sparkasse** ohne Behinderung staatlicher Stellen ins Leben. In diesem Jahr setzte der eigentliche Aufbau des Sparkassenwesens innerhalb der deutschen Länder ein. Diese widmeten sich nicht nur dem Spar-, sondern auch dem Leihwesen. Das Berliner Beispiel trug dazu bei, dass insbesondere in Preußen Sparkassengründungen fast durchweg durch kommunale Initiativen zustande kamen, während in anderen Teilen Deutschlands wie in Schleswig-Holstein kommunale Sparkassengründungen nur als erforderlich angesehen wurden, wenn entsprechende Privatinitiativen nicht gelungen waren.

7 Dabei handelte es sich zunächst nicht um von den Gemeinden abgesonderte Sparkassen im heutigen Verständnis. Die sich ab etwa 1815 schnell ausbreitenden Sparkassen wurden vielmehr als unselbstständige kommunale Einrichtungen geführt. Ihre Mittel wurden im allgemeinen Haushalt der Kommunen mitgeführt, ohne dass eine besondere Vermögensmasse ausgewiesen wurde. Die Sparkassen waren damit rechtlich zunächst unselbstständige Abteilungen oder Anstalten der Kommunalverwaltung. Das Vermögen der Sparkasse stand weiterhin im kommunalen Eigentum. Sie wurden aus sozial- und wirtschaftspolitischen Erwägungen errichtet, um ergänzend Bankgeschäfte durchzuführen, die von der kommerziell orientierten Bankwirtschaft nicht flächendeckend und nicht für alle Bevölkerungskreise wahrgenommen wurden. Insbesondere ärmere Bevölkerungsschichten und die Bevölkerung des ländlichen Raumes sollten Fürsorge erhalten – eine frühe Ausprägung dessen, was von *Ernst Forsthoff* 1938 als Daseinsvorsorge umschrieben worden ist[2]. Aufgrund der ansteigenden Belastungen auf dem Gebiet der Armenfürsorge hatten Städte, Kreise und Gemeinden ein ganz besonderes Interesse an der Gründung und Förderung von Sparkassen als Selbsthilfeeinrichtungen.

8 **Ab** etwa **1830** wurden neben Stadtsparkassen **zunehmend Kreissparkassen** gegründet, da sich in vielen kleineren Städten und Gemeinden, die keine Verkehrszentren waren, die Errichtung von Sparkassen wegen zu geringer Anlagemöglichkeiten nicht lohnte. Im 19. Jahrhundert besaßen die Sparkassen kaum Filialen und wurden in aller Regel nur von nebenamtlichem Personal verwaltet. Ministerialerlasse förderten die Errichtung von Kreissparkassen, um den Personalkredit zu pflegen und den Kreditbedarf des Gewerbes und der Landwirtschaft zu befriedigen. Die Sparkassen sammelten schon bald erhebliche Einlagebestände an und führten diese dem Geld- und Kapitalkreislauf zu. Von Beginn an übernahmen sie auch wichtige Finanzierungsaufgaben, die im 19. Jahrhundert hauptsächlich auf den Gebieten des Kommunalkredits und des langfristigen Realkredits lagen.

9 Während nach der preußischen Städteordnung vom 19. November 1808 den Städten das Recht zustand, Sparkassen ohne behördliche Genehmigung zu errichten, trat durch den Erlass der revidierten **Städteordnung 1831** eine Änderung ein. Die Neuregelung machte die Errichtung von Sparkassen von einer Genehmigung der Regierung abhängig, da die Annahme von Spareinlagen seitens der städtischen Sparkassen als Anleihen der Stadtgemeinden angesehen wurde.

---

2 Dazu ausführlich: *Henneke*, in: Krautscheid (Hrsg.), Die Daseinsvorsorge im Spannungsfeld von europäischem Wettbewerb und Gemeinwohl, 2009, S. 17 (20 f.).

Eine Änderung trat in Preußen am **12. Dezember 1838** durch das **„Reglement, die Einrichtung des Sparkassenwesens betreffend“**[3] ein, das in Nr. 6 bestimmte, dass die Sparkassen einen von anderen Kassen getrennten Fonds, und damit ein Sondervermögen, bilden sollten, womit in Preußen ein entscheidender Schritt zum öffentlich-rechtlichen Rechtsregime der Sparkassen getan worden wurde. Der Grundsatz der Einlagensicherheit war danach oberste Richtschnur für die Geschäftspolitik der Sparkassen. Das Preußische Reglement regelte die Sparkassenangelegenheiten als **Teil der kommunalen Selbstverwaltung** nicht in allen Einzelheiten, sondern stellte lediglich allgemeine Grundsätze für die Errichtung und Organisation des Geschäftsbetriebes auf. Die einzelnen Rechtsverhältnisse sollten durch Satzung der einzelnen Sparkassen geordnet werden. Dieses Reglement sollte bis 1932 die einzige allgemeine Rechtsgrundlage des Preußischen Sparkassenwesens bleiben und bis in die 50er-/60er-Jahre des 20. Jahrhunderts in Berlin, Bremen, Niedersachsen, Nordrhein-Westfalen, im Saarland, in Schleswig-Holstein und in Teilen von Hessen und Rheinland-Pfalz gelten. Es basierte auf den Prinzipien der 10

- kommunalen Bindung,
- Dekonzentration,
- Hilfe und Fürsorge benachteiligter Bevölkerungskreise sowie
- der Gemeinnützigkeit.

Die Sparkassen gehörten zu den kommunalen Angelegenheiten und wurden nach wie vor dem Bereich der unmittelbaren Kommunalverwaltung zugeordnet, so dass ihnen jegliche Selbstständigkeit als Rechtssubjekt fehlte. Das seit 1838 in einzelnen Ländern in unterschiedlichem Umfang normierte Sparkassenrecht hatte seine sachliche Grundlage im allgemeinen öffentlichen Fürsorgewesen der Kommunen. Insgesamt war der Gedanke der Gemeinnützigkeit Grundlage für die Tätigkeit der Sparkassen in allen Geschäftsbereichen. 11

In **Baden** wurde demgegenüber den von den Gemeinden – Kreise gab es dort bis 1938 nicht[4] mit der Folge, dass es in Baden bis heute **keine Kreissparkassen** gibt – verbürgten Sparkassen 1880 durch Gesetz[5] der Status einer **rechtlich selbstständigen Anstalt** mit eigener Rechtspersönlichkeit und Personalhoheit verliehen. 12

1907 kam es im deutschen Kaiserreich zu einer **gravierenden Wirtschaftskrise**, die zu Geldknappheit und hohen Zinssätzen führte. Zur Bewältigung dieser Krise trat die Reichsbank massiv für eine Intensivierung des **bargeldlosen Zahlungsverkehrs** ein, um so die Liquidität zu erhöhen und die Geldversorgung der Wirtschaft elastischer zu gestalten. Speziell für den Sparkassensektor wurde die unter dem Eindruck der Krise 1908 erfolgte Erteilung der passiven Scheckfähigkeit durch das **Reichsscheckgesetz** zum **„Markstein einer Epochenwende“**, weil diese den Beginn der bankmäßigen Entwicklung der Sparkassen einleitete. Die 13

---

[3] PreußGS 1839, 5.

[4] Dazu: *Gorka*, Die Entwicklung der Kreisselbstverwaltung in Baden von 1919 – 1939, 2005.

[5] GVBl. 1880, 109.

passive Scheckfähigkeit ermöglichte die Einführung des Giroverkehrs im Sparkassensektor noch im selben Jahr, was wiederum zum Kristallisationskern für die Entwicklung der Sparkasseneinheit wurde.

14 Die Sparkassen wurden mit der **Einführung des Giroverkehrs** aus ihrer „Atomisierung" gelöst und über gegründete Girozentralen miteinander verbunden. Auch wenn sich die Sparkassen bis dahin zahlenmäßig äußerst gut entwickelt hatten, waren ihrer Geschäftstätigkeit bis dahin enge Grenzen gesetzt. Entgegen der allgemeinen wirtschaftlichen Entwicklung im Kaiserreich, die durch zunehmende Zentralisation, Vereinheitlichung und Konzentration gekennzeichnet war, fehlte zwischen den streng nach dem Regionalprinzip arbeitenden Sparkassen zunächst jede Form der Zusammenarbeit und des Erfahrungsaustausches. Die **Einführung des Giroverkehrs** gab mithin den **entscheidenden Impetus** für die weitere Entwicklung des Sparkassenwesens, wenngleich die Sparkassen vor dem Ersten Weltkrieg noch keine großen Marktanteile am Zahlungsverkehr, an dem sie erst nach Erteilung der passiven Scheckfähigkeit 1908 teilnehmen konnten, hatten.

15 Die weitere Entwicklung des Sparkassenwesens wurde entscheidend durch die **Banken- und Zahlungskrise** beeinflusst, die im **Juli 1931** ausbrach. Am sog. „Schwarzen Montag", dem 13. Juli 1931, kam es zum Zusammenbruch der privaten Darmstädter Nationalbank (DANAT-Bank), die ihre Schalter schließen musste. Trotz energischen Gegensteuerns der Reichsregierung breitete sich im Kundenkreis auch der Sparkassen eine Vertrauenskrise aus, die in der Zeit von Juni 1931 bis September 1932 zu einem Negativsaldo im Verhältnis von Einzahlungen zu Auszahlungen führte. Die Reichsregierung nutzte die Krise zu **weitreichenden Eingriffen** in den **Bereich der Finanzen und Banken**, von denen die Sparkassenorganisation besonders stark betroffen wurde, sodass damit ausgerechnet derjenige Bereich des Bankwesens, der nicht zuletzt wegen seiner vorsichtigen Geschäftspolitik in relativer Hinsicht am wenigsten von der Krise betroffen war, am stärksten reglementiert wurde.

16 Der Reichsgesetzgeber reagierte seinerzeit auf diese Krise durch die „**Dritte Notverordnung des Reichspräsidenten zur Sicherung von Wirtschaft und Finanzen und zur Bekämpfung politischer Ausschreitungen**" vom **6. Oktober 1931**[6]. Damit kam es zum ersten Mal in der Geschichte des deutschen Sparkassenwesens zu einer reichsrechtlichen Regelung der Verfassung und Organisation von Sparkassen, die bis dahin in die alleinige Zuständigkeit der Länder gefallen war. § 2 dieser Dritten Notverordnung sah vor, dass die **Spar- und Girokassen** als selbstständige Einrichtungen von Gemeinden, Gemeindeverbänden und sonstigen öffentlichen Körperschaften auszugestalten sind und als **Anstalten mit eigener Rechtspersönlichkeit** geführt werden müssen. Es kam also zu einer wesentlichen Lockerung und Einschränkung der bisherigen engen personellen und organisatorischen Verbundenheit zwischen der allgemeinen Verwaltung der Kommunen und der Verwaltung der Sparkassen. Im Vorstand der Sparkasse war eine Mitgliedschaft von Personen vorzusehen, die nicht Mitglieder von Organen des Gewährträgers waren.

---

[6] RGBl. I, 535 (554) mit Änderungen durch die Vierte Reichsnotverordnung v. 8.12.1931, RGBl. I, 699 (716).

An die Stelle des unmittelbaren Anspruchs der Gläubiger der Sparkassen gegen die Gebietskörperschaften trat das Institut der **Gewährträgerhaftung**, das ebenfalls im Zuge der Verselbstständigung der Sparkassen durch die Dritte Notverordnung von 1931 eingeführt wurde. Damit wirkte der damalige Gesetzgeber einem möglichen Bonitätsverlust entgegen. Auch wurde die **Anstaltslast**, die als rechtliche Verpflichtung der Errichtungskörperschaft zur Wahrung und Sicherung der Funktionsfähigkeit der Anstalt, solange diese besteht, definiert wird, erst mit der rechtlichen Ausgliederung der Sparkassen aus den Gemeindeverwaltungen interessant, obwohl als Geburtsstunde der Anstaltslast bereits dass ein Urteil des preußischen OVG auf dem Ende des 19. Jahrhunderts gilt[7], in dem das Gericht die Pflicht der Kommune herleitete, für die von ihr gegründete Sparkasse einzustehen. 17

18 Außerdem kam es zu einem **Schutz der Bezeichnung „Sparkasse"** für öffentliche oder dem öffentlichen Verkehr dienende Spar- und Girokassen. Somit bewirkte die Bankenkrise des Jahres 1931 letztlich einen entscheidenden organisatorischen Impuls für die Entwicklung der rechtlich verselbständigten Sparkassen zu modernen Kreditinstituten.

In den **30er-Jahren** kam es in ganz Deutschland zu einer starken **Konzentration** der Zahl **der Sparkassen** sowie damit verbunden insbesondere zu einer **Stärkung der Kreissparkassen**. 19

In der **Nachkriegszeit** galt das bisherige Rechtsregime für die Sparkassen zunächst weiter. Insbesondere wurden Anstaltslast und Gewährträgerhaftung beibehalten. **In den Ländern** der Bundesrepublik Deutschland wurden ab 1954 bis 1970 **eigene Sparkassengesetze**, beginnend mit Hessen und endend mit Bayern, erlassen. Inhaltlich ging es dabei um eine Erneuerung der Verfassung und Verwaltung der Sparkassen. Im 1968 in Kraft getretenen Sparkassengesetz in Baden-Württemberg war zu berücksichtigen, dass in Baden ein Bezirks-, in Württemberg aber ein Kreissparkassensystem bestand. Die **Gewährträgerhaftung** (u. Rn. 203 ff.) wurde in allen Sparkassengesetzen ausdrücklich normiert. Die **Anstaltslast** (u. Rn. 201 f.), die als ungeschriebener verwaltungsrechtlicher Grundsatz bzw. als Gewohnheitsrecht seit der Entscheidung des PrOVG anerkannt war, wurde dagegen positiv rechtlich erstmals im Jahre 1982 in Rheinland-Pfalz normiert. 20

In den 60er-Jahren wurde das Geschäftsrecht der Sparkassen weiterentwickelt. Dabei ist insbesondere auf das Inkrafttreten des Gesetzes über das Kreditwesen (KWG) vom 10. Juli 1961 zu verweisen. Der Bundesgesetzgeber nahm in **§ 40 KWG** eine Bestimmung über die Bezeichnung „Sparkasse" auf – eine Regelung, die in jüngster Zeit mit Blick auf ihre Vereinbarkeit mit europäischem Recht zahlreiche Fragen aufwerfen sollte, die inzwischen aber als geklärt betrachtet werden können. 21

In den 70er-Jahren ging es bei der Änderung der Sparkassengesetze der Länder vorrangig erneut um die Verfassung und Verwaltung der Sparkassen, namentlich um die Modifizierung von Organkompetenzen und die Implementierung der Mitbestimmung. Außerdem mussten die **Auswirkungen kommunaler Gebietsreformen** auf die Sparkassen in allen westdeutschen Länder unter Betonung des Regionalprinzips geregelt werden. Die dabei getroffenen Regelungen in den 22

[7] PrVBl. 19 (1897/98), 280 ff.

einzelnen Ländern fielen mit Blick auf die zwingende Kongruenz zwischen Trägergebiet und Sparkassen-Geschäftsgebiet unterschiedlich stringent aus.

23 Alles in allem waren die Änderungen der Sparkassengesetze moderat. Die Gesetzgeber in den Ländern haben dabei von Anfang an die Errichtung und das Betreiben von Sparkassen als kommunale, und damit auf die örtlichen Verhältnisse abstellende dezentrale Aufgabe angesehen und den öffentlich-rechtlichen Rechtscharakter der Sparkassen gezielt mit der sozial verpflichtenden öffentlichen Aufgabe der Sparkassen begründet.

I. Sparkassen in der DDR und nach der Wende

24 In der damaligen sowjetischen Besatzungszone nahmen im Herbst 1945 die bestehenden 310 Sparkassen ihre Tätigkeit wieder auf. 1950/51 kam es zu einer Konzentrationswelle, in deren Folge alle Stadt- und Gemeindesparkassen mit ihren Kreissparkassen, zum Teil zur gemeinschaftlichen Kreis- und Stadtsparkasse, zu fusionieren hatten. Die Zahl der Sparkassen ging seinerzeit auf 126 zurück. Überschneidungen des Geschäftsgebietes gab es nicht mehr. Der damals aufgestellte Grundsatz, **Sparkassen erst ab** der **Ebene kreisfreier Städte und** der **Landkreise** zuzulassen, blieb **dauerhaft** bis heute **erhalten**. Seitdem sind die **Sparkassenstrukturen** an die **Entwicklungen des Trägergebiets gebunden** geblieben. Die in der DDR durchgeführte Verwaltungsreform von 1952 hat die Zahl der Kreise seinerzeit deutlich erhöht. Dem hatte sich die Sparkassenstruktur anzupassen. Aus den vormalig 126 Sparkassen entstanden 173 Kreissparkassen, 20 Stadt- und Kreissparkassen sowie fünf Stadtsparkassen.

25 Mit dem **Sparkassenstatut von 1956** war die **kommunale Gewährträgerhaftung durch** die **staatliche Garantie** der DDR **ersetzt** worden. Außerdem kam es seinerzeit bereits zu einer Abschaffung der Verwaltungsräte der Sparkassen. Eine kommunale Anbindung mit Regionalprinzip blieb für die Sparkassen in der geschäftlichen Tätigkeit allerdings erhalten.

26 Rechtsgrundlage für die Sparkassen in der DDR und ihre Tätigkeit war sodann das vom DDR-Ministerrat **1975** erlassene **Sparkassenstatut**. Inhaltlich war es mit dem westdeutschen Sparkassenrecht nicht vergleichbar. Nach § 1 des Statuts waren die Sparkassen in der DDR volkseigene Kreditinstitute und als juristische Personen Einrichtungen der Räte der Stadt- und Landkreise. Die Sicherheit der Spareinlagen wurde nicht durch die Kommunen, sondern im Einheitsstaat DDR durch den Staatshaushalt der DDR garantiert.

27 Der **Aufgabenkatalog der Sparkassen in der DDR** umfasste folgende Aufgaben:

- Förderung der Spartätigkeit der Bürger,
- Schnelle, sichere und rationelle Durchführung des Zahlungsverkehrs,
- Gewährung von Krediten zur Befriedigung persönlicher Bedürfnisse,
- Finanzierung des Baus von Eigenheimen und von Maßnahmen zur Erhaltung, Modernisierung und des unmittelbaren Ausbaus des Wohnungsbestandes sowie Finanzierung der kommunalen Wohnungsverwaltung und der Wohnungsbau-

genossenschaften und Dienstleistungsbetriebe der örtlichen Versorgungswirtschaft.

Dieser Aufgabenkatalog der Sparkassen muss vor dem Hintergrund der realwirtschaftlichen Verhältnisse der DDR beurteilt werden. Auffällig ist, dass im Aufgabenkatalog die **örtliche Wirtschaft nicht erwähnt** wird, was darauf zurückzuführen ist, dass das Segment des örtlichen privaten Handwerks, Handels und Gewerbes aufgrund der sozialistischen Struktur der DDR-Wirtschaft außerordentlich gering war. Fast alles, was die Geschäftstätigkeit der Sparkassen betraf, war staatlich geregelt; ihre gesamte wirtschaftliche Tätigkeit konnte nur im Rahmen staatswirtschaftlicher Planfestlegungen erfolgen. Das galt auch für das Kreditgeschäft. Eigenheimbau war nur in dem Maße möglich, in dem die notwendigen Baustoffe und Materialien im Volkswirtschaftsplan verfügbar waren. Die Geldwirtschaft folgte der Realwirtschaft, die absolute Priorität hatte. Finanzierungsfragen standen mithin nicht im Vordergrund. Trotz der umfassenden Aufgabenbeschreibung im Sparkassenstatut waren die Sparkassen in der DDR in erster Linie Kapitalsammelstellen für die Spareinlagen der Bevölkerung. 28

Am 29. Juni 1990 verabschiedete die im März 1990 frei gewählte Volkskammer das **„Gesetz über den Status und die Organisation der Sparkassen (Sparkassengesetz)“**[8] mit Wirkung ab 1.7.1990, also dem Tag des Inkrafttretens der Wirtschafts-, Währungs- und Sozialunion. Darin wurden die Sparkassen entsprechend dem westdeutschen Vorbild als kommunale Einrichtungen restrukturiert. Die Sparkassen waren als **Einrichtungen der Landkreise, kreisfreien Städte** oder der von ihnen gegründeten Zweckverbände rechtsfähige, gemeinnützige Anstalten des öffentlichen Rechts. Danach konnten weiterhin – wie schon im alten DDR-Recht – nur Landkreise oder kreisfreie Städte, nicht aber kreisangehörige Gemeinden, Träger von Sparkassen sein. Die Problematik Freier Sparkassen stellte sich nicht. Für die Verbindlichkeiten der Sparkassen hafteten die **Landkreise, kreisfreien Städte** oder deren Zweckverbände **als Gewährträger** unbeschränkt. Außerdem wurde die **Anstaltslast** normativ ausdrücklich geregelt. Die Aufgabenbeschreibung der Sparkassen, also ihr **öffentlicher Auftrag**, schloss sich weitgehend an die westdeutschen Regelungen an. Aufgabe der Sparkasse war es danach, den Sparsinn in der Bevölkerung zu fördern und der örtlichen Kreditversorgung unter besonderer Berücksichtigung des Mittelstandes, der wirtschaftlich schwächeren Bevölkerungskreise und der öffentlichen Einrichtungen in ihrem Geschäftsgebiet zu dienen. Schließlich wurde bestimmt, dass das **Geschäftsgebiet** der Sparkasse jeweils das **Gebiet ihres Gewährträgers** ist. Die Sparkassen sollten sich danach nur in ihrem Geschäftsgebiet betätigen und konnten Geschäftsstellen nur im Gebiet ihres Gewährträgers betreiben (Regionalprinzip). Die kommunale Bindung kam auch darin zum Ausdruck, dass die gewählte Vertretung des Gewährträgers den Verwaltungschef zum **Vorsitzenden des Verwaltungsrates** zu bestellen und die übrigen Mitglieder zu wählen hatte. 29

Gemäß Art. 9 Abs. 2 des **Einigungsvertrags** blieb das DDR-Sparkassengesetz auch nach der Vereinigung in Kraft, wobei es zu Landesrecht wurde[9]. Nach der 30

---

[8] GBl. der DDR 1990 I, 567.

[9] Vgl. Art. 9 Abs. 1 Einigungsvertrag.

Wiedereinrichtung der Länder wurden diese dann für **Sparkassenangelegenheiten** zuständig und haben bis 1994 eigene Sparkassengesetze erlassen.

31 **1993/94** wurden in allen Ländern **Gebietsreformen** durchgeführt, bei denen die Zahl der Landkreise drastisch gesenkt wurde. In den Ländergesetzen zur Gebietsreform wurde jeweils festgelegt, bis zu welchem Termin die Sparkassen sich den neuen Gebietsstrukturen hinsichtlich ihres Geschäftsgebiets anzupassen hatten. Neue Kreisgebietsreformen in Sachsen-Anhalt im Jahre 2007 und in Sachsen im Jahre 2008 haben in diesen Ländern erneut zu einer deutlichen Absenkung der Zahl der Kreise und kreisfreien Städte und in deren Folge auch zu einer Anpassung der Sparkassenstrukturen geführt.

II. Sparkassenrechtsänderungen infolge des „Brüsseler Kompromisses“

32 Mit dem Schattendasein des Sparkassenrechts als Landesrecht sollte es spätestens mit der Jahrtausendwende ein Ende haben. Maßgeblich waren dafür insbesondere **Einflüsse des Europarechts**. Hinzu traten aber auch politische **Veränderungsabsichten einzelner Landesgesetzgeber**, die in unterschiedlicher Intensität um das Stichwort „**Privatisierung**“ kreisen.

33 Der Vertrag über die Europäische Gemeinschaft wurde zwar schon am 25. März 1957 in Rom unterzeichnet und enthielt von Anfang an Vorschriften über den **Wettbewerb** und über **staatliche Beihilfen**. Anwendungsrelevanz auf den Sparkassensektor erhielten diese Bestimmungen aber erst mit der Vollendung des europäischen Binnenmarkts zu Beginn des Jahres 1993. Von der **Regierungskonferenz in Amsterdam** wurde **1997** eine Erklärung zu öffentlich-rechtlichen Kreditinstituten in Deutschland angenommen. Dennoch kam es in der Folgezeit zu umfangreichen Auseinandersetzungen mit der Europäischen Kommission zunächst zur WestLB, dann zur Frage der Qualifizierung von Anstaltslast und Gewährträgerhaftung als staatliche Beihilfen und schließlich zur Qualifizierung des Bezeichnungsschutzes „Sparkassen“ in § 40 KWG. Aufgrund der **Brüsseler Verständigung über Anstaltslast und Gewährträgerhaftung** vom 17. Juli 2001 ergab sich die **Notwendigkeit**, die **Sparkassengesetze der Länder hinsichtlich** der Regelungen zu **Anstaltslast und Gewährträgerhaftung zu modifizieren**, was von den Ländern zum Teil auch genutzt wurde, die Regelungen über die Fassung des öffentlichen Auftrags zu spezifizieren.

III. Heutige Sparkassenstruktur

34 Ende 2008 gab es in Deutschland – bei einer kommunalen Gebietsstruktur auf der Kreisebene von 301 (Land-)Kreisen und 112 kreisfreien Städten (= 413 Einheiten) **432 öffentlich-rechtliche** und sechs Freie **Sparkassen**. Bei den **sechs Freien Sparkassen** handelt es sich neben der Hamburger Sparkasse AG (Haspa) und der Sparkasse Bremen AG um die Sparkasse zu Lübeck AG, die Sparkasse Mittelholstein AG mit Sitz in Rendsburg, die Bordesholmer Sparkasse AG und die Spar-

und Leihkasse AG zu Bredstedt, die mithin alle in Schleswig-Holstein ansässig sind. Eine weitere bisher Freie Sparkasse, die **Frankfurter Sparkasse von 1822**, hat in der jüngsten Zeit eine durchaus wechselvolle Geschichte gehabt: Sie wurde 2005 in eine AG umgewandelt und von der Landesbank Hessen-Thüringen gekauft wurde.

2007 wurde der hessische Landesgesetzgeber erneut tätig und wandelte die Rechtsform durch das FraspaG[10] in eine Anstalt des öffentlichen Rechts um. Im Übrigen stehen die **öffentlich-rechtlichen Sparkassen** mit Ausnahme der Sparkasse Bremerhaven, der Braunschweigischen Landesparkasse und der Berliner Sparkasse[11] alle **in kommunaler Trägerschaft**, wobei die Kreise und kreisfreien Städte als Träger eindeutig dominieren. 35

Der Blick auf die Sparkassenlandschaft Ende 2008[12] zeigt, dass sich 36

- 123 Sparkassen in der Trägerschaft kreisangehöriger Gemeinden,
- 113 Sparkassen in der Träger von Landkreisen,
- 27 Sparkassen in der Trägerschaft kreisfreier Städte befinden,
  wobei die **Trägerstrukturen** von **Land zu Land differieren**.

159 Sparkassen haben dagegen Träger verschiedener Gebietskörperschaftskategorien, seien es nun Landkreise und kreisangehörige Gemeinden (88 Sparkassen), Landkreise und kreisfreie Städte (43 Sparkassen), Landkreise, kreisangehörige Gemeinden und kreisfreie Städte (22 Sparkassen) oder kreisfreie Städte und kreisangehörige Gemeinden (6 Sparkassen). Träger von acht zuvor kommunalen Sparkasse in Sachsen ist der **Sachsen-Finanzverband**.

Eine Besonderheit findet sich bei der **Nassauischen Sparkasse**, deren Geschäftsgebiet sich über sechs Landkreise und die kreisfreien Städte Frankfurt und Wiesbaden auf das Gebiet des ehemaligen Herzogtums Nassau erstreckt, insoweit, als diese teilweise sowohl in Hessen (vier Landkreise und zwei kreisfreie Städte) als auch in Rheinland-Pfalz (zwei Landkreise) tätig ist. Damit steht die Naspa überdies teilweise in Konkurrenz zu weiteren Kreissparkassen und zur von der Helaba getragenen Fraspa. 37

IV. Sparkassen im Verbund

Erst im ausgehenden 19. und beginnenden 20. Jahrhundert entstand der Sparkassenverbund in seinen Grundzügen, als sich Sparkassen und ihre kommunalen Träger auf Landes- oder Provinzebene zu **regionalen Sparkassenverbänden** zusammenschlossen. Deren Aufgabe bestand in der Vertretung von Sparkassenangelegenheiten in der Öffentlichkeit und in der Politik sowie in der Beratung und Unterstützung der Mitgliedsparkassen in geschäftlicher, rechtlicher, volks- und betriebswirtschaftlicher Hinsicht. 38

---

[10] HeGVBl. I, 283 u. 855.

[11] *Henneke* (Fn. 1), S. 24 f.

[12] *Henneke* (Fn. 1), S. 25 ff., 194 ff.

39 Die Initialzündung für eine Zusammenarbeit im Verbund ging ab 1908 von der Etablierung des **bargeldlosen Zahlungsverkehrs** aus. In der Folgezeit kam es sowohl zur Bildung von Girozentralen auf der Länder-/Provinzialebene als Vorläufer der heutigen Landesbanken/Girozentralen als auch auf der Reichsebene zur Gründung des Deutschen Zentral-Giroverbandes als eines Vorläufers des heutigen Deutschen Sparkassen- und Giroverbandes sowie zur Bildung der Deutschen Girozentrale als einer Vorläuferin der heutigen DekaBank Deutsche Girozentrale. Neben der Durchführung des überörtlichen Zahlungsverkehrs, der Verwaltung von Liquiditätsreserven der Sparkassen sowie der Gewährung und Weiterleitung von Krediten an Sparkassen bestand eine weitere wichtige Funktion der Girozentralen in der Versorgung der Kommunen mit Langfristkrediten. Zwischen 1920 und 1925 vereinigten sich die meisten seinerzeit bestehenden regionalen Sparkassenverbände mit den entsprechenden regionalen Giroverbänden, weil es sich aus Effizienzgründen als zweckmäßig erwiesen hatte, die Funktionen beider Verbandstypen zusammenzulegen. **Träger der Girozentralen** waren **bei** den **reinen Verbandsgründungen** die **regionalen Sparkassen- und Giroverbände**. Bei der späteren Verschmelzung mit anderen staatlichen Kreditinstituten oder der Neugründung von Gemeinschaftsbanken verteilte sich die Trägerschaft auf die beteiligten regionalen Sparkassen- und Giroverbände, Provinzial- oder Landschaftsverbände und Länder. Durch die Dritte Notverordnung von 1931 wurden die Girozentralen zu Anstalten des öffentlichen Rechts mit eigener Rechtspersönlichkeit umgestaltet.

40 **Nach dem Zweiten Weltkrieg** machten insbesondere die neu entstandenen Länder die Girozentralen zugleich zu **Landesbanken** mit umfassenden Aufgaben teils hoheitlich-fördernder, teils rein geschäftlicher Art. Entsprechende Regelungen wurden in die ab 1954 erlassenen Sparkassengesetze der Länder aufgenommen. Außer in Bremen und Hamburg gab es in allen Ländern jeweils eine Landesbank-Girozentrale, die durchweg vom Land gemeinsam mit dem Sparkassen- und Giroverband bzw. mehreren Sparkassen- und Giroverbänden getragen wurde.

41 Um den **Giroverkehr der Sparkassen für das gesamte Reichsgebiet** zu erschließen, war es unabdingbar, einen zentralen Giroverband als Dachorganisation ins Leben zu rufen und die regionalen Giroverbände zu einem Gesamtverbund zu verknüpfen. **1916** wurde der **Deutsche Zentral-Giroverband** in Berlin gegründet, der die bis dahin entstandenen zwölf deutschen regionalen Giroverbände umfasste und zu einem festgeformten Einheitsverband zusammenführte, um den bargeldlosen Zahlungsverkehr durch einheitliche Ausgestaltung und Zentralisation der vorhandenen Giroeinrichtungen zu fördern und ein geschlossenes Verrechnungsnetz zu schaffen. Damit wurde auf zentraler Ebene ein weiterer Grundstein für eine moderne deutsche Sparkassenorganisation gelegt.

42 Aber auch nach der Gründung des Deutschen Zentral-Giroverbandes blieben die Verhältnisse im öffentlich-rechtlichen Bankensektor uneinheitlich, da im Großherzogtum Baden, in Braunschweig und in den preußischen Westprovinzen Hessen-Nassau, Rheinland und Westfalen **Landesbanken anstelle von Giroverbänden** die Funktionen der Girozentralen übernommen hatten. Diese gehörten nicht dem Deutschen Zentral-Giroverband an, sondern schlossen sich ebenfalls 1916 zum heute noch existierenden **„Verband deutscher öffentlich-rechtlicher**

Kreditanstalten" mit Sitz in Berlin zusammen. Dieser Verband wurde 1974 in Verband Öffentlicher Banken e. V. **(VÖB)**, 1997 in Bundesverband Öffentlicher Banken Deutschlands e. V. umbenannt.

1924 wurde schließlich der **Deutsche Sparkassen- und Giroverband** als Spitzenverband der deutschen Sparkassen in der Rechtsform einer **Körperschaft des öffentlichen Rechts** als Verband der Verbände gegründet. Seine Rechtsgrundlage findet der DSGV ö. K. in einem Reichsgesetz vom 6. April 1933. Seine ordentlichen Mitglieder waren die regionalen Sparkassen-, kommunalen Banken- und die regionalen Giroverbände und andere nach der Satzung zugelassene öffentlich rechtliche Verbände oder deren Anstalten. Nach dem Zweiten Weltkrieg wurde als Interimsverband wurde **1947** die **Arbeitsgemeinschaft Deutscher Sparkassen- und Giroverbände Girozentralen** gegründet. 1951 erfolgte die Verlegung der Geschäftsstelle nach Bonn, **1953** die Umbenennung in: **„Deutscher Sparkassen- und Giroverband e. V.**", der die klassischen Verbandsfunktionen der Mitgliederberatungen und Interessenvertretung vom DSGV ö. K. übernahm. Er hat als Verband der Verbände die Aufgabe der Förderung der gemeinsamen Interessen seiner Mitglieder und der angeschlossenen Sparkassen durch Beratung, Erfahrungsaustausch und Unterstützung im Rahmen der gesetzlichen Bestimmungen und sonstigen Anordnungen. 43

Dem 1916 gegründeten Deutschen Zentral-Giroverband kam als zweite Hauptfunktion die geplante Zentralisierung des Geldausgleichs zwischen den kommunalen Verbänden zu. Dazu wurde 1918 die **Deutsche Girozentrale** als Abrechnungsstelle und als zunächst rechtlich unselbständige Abteilung des haftungstragenden Deutschen Zentral-Giroverbandes eingerichtet. Mit der Gründung der Deutschen Girozentrale entstand, wenn auch als zunächst unselbständige Abteilung des Deutschen Zentral-Giroverbandes, das **Spitzeninstitut eines reichsweiten Gironetzes**, das den einzelnen Sparkassen und Girozentralen die Möglichkeit eines überregionalen Ausgleichs bot und so in Konkurrenz zum reichsweiten Postscheckverkehr treten konnte. Im Rahmen ihrer generellen Funktionen der Pflege des kommunalen Giroverkehrs und des Geldausgleichs zwischen den regionalen Girozentralen oblagen der DGZ die Aufgaben, kurzfristige Darlehen an Mitgliedsverbände des Deutschen Zentral-Giroverbandes und an sonstige deutsche Kommunalverbände zu gewähren. **1919** erhielt die Deutsche Girozentrale die **Rechtsform einer öffentlich-rechtlichen Körperschaft**. Zudem erhielt sie die Erlaubnis, auch das langfristige Kommunalkreditgeschäft zu betreiben und Kommunalanleihen aufzulegen. Im Jahre 1921 wurde dem bisherigen Namen „Deutsche Girozentrale" der **Zusatz „Deutsche Kommunalbank"** beigefügt, womit zugleich ihre neuen Aufgabenstellung im langfristigen Geschäft und ihre Entwicklung zu einer gemischten Bank unterstrichen wurde. 44

Die nächste große Zäsur ergab sich mit der Bankenkrise von 1931. Mit der Dritten Reichsnotverordnung vom 6. Oktober 1931 wurde die Deutsche Girozentrale – ebenso wie die Girozentralen und die Sparkassen – unter Ausgliederung aus dem DSGV ö. K. in eine Anstalt des öffentlichen Rechts mit eigener Rechtspersönlichkeit unter Beibehaltung der Gewährträgerhaftung des DSGV umgewandelt. 45

Nach dem Zusammenbruch Deutschlands nahm nach längeren Reaktivierungsbestrebungen die DGZ **1950** ihre Tätigkeit – nunmehr am Sitz Düsseldorf – in be- 46 schränktem Umfang wieder auf. Hinsichtlich der Trägerschaft der DGZ wurde letztlich entschieden, sie durch den – fortbestehenden – DSGV ö. K. auszuüben und davon die Verbandspolitik des Zentralverbandes im DSGV e. V. klar zu trennen. Dem DSGV ö. K. gehörten die regionalen Giroverbände und die Hamburger Landesbank an, während im DSGV e. V. alle Girozentralen vertreten waren. Eine 1964/1965 notwendig werdende Kapitalerhöhung bei der **DGZ** wurde dazu genutzt, die **Trägerschaft** zu **verändern**. Seither sind an der Deutschen Girozentrale **je zur Hälfte** der **DSGV ö. K. sowie** die **Landesbanken und Girozentralen** beteiligt. Außerdem kam es 1964 zu einem **Umzug** der DGZ von Düsseldorf **nach Frankfurt „solange die Deutsche Bundesbank dort ihren Sitz hat**“.

47 1956 gründeten elf regionale Girozentralen und die DGZ die **„Deutsche Kapitalanlagegesellschaft mbH**“ als eigene **Investmentgesellschaft der Sparkassenorganisation.** In den 90er Jahren des 20. Jahrhunderts wurden zunehmend Überlegungen zur Fusion der Deutschen Girozentrale/Deutsche Kommunalbank und der Deka angestellt. 1998 wurde die Zusammenführung von beiden Instituten mit Wirkung zum **Jahreswechsel 1998/1999** beschlossen. 2002 wurde eine Umfirmierung zur „DekaBank – Deutsche Girozentrale“ vorgenommen.

B. Auswirkungen der Verfassungsgarantie kommunaler Selbstverwaltung auf die Ausgestaltung des Sparkassenrechts

48 Wenngleich die kommunalen Sparkassen zu Anstalten des öffentlichen Rechts und damit zu Trägern eigener Rechte und Pflichten verselbstständigt worden sind, sind sie doch als Einrichtungen mittelbarer Kommunalverwaltung ihrem Muttergemeinwesen eng verhaftet geblieben. Daher findet die verfassungsrechtliche **Garantie kommunaler Selbstverwaltung** für Städte, Gemeinden und Kreise **auf die kommunalen Sparkassen Anwendung**. Nur wenn man sich den allgemeinen Verfassungsrahmen hinsichtlich der Garantie kommunaler Selbstverwaltung insbesondere auch hinsichtlich der Gemeinsamkeiten wie der Unterschiede in der Ausbringung der Garantie für Gemeinden einerseits und Kreise andererseits vor Augen führt, entgeht man der Gefahr, Fehlschlüsse für den Sparkassensektor zu ziehen.

Blickt man in die Sparkassengesetze[13] der Länder, ist die **Befugnis zur Errichtung und zum Betrieb einer Sparkasse** hinsichtlich der kommunalen Gebietskörperschaften unterschiedlich geregelt. In Bayern, Hessen, Niedersachsen, Rheinland-Pfalz, dem Saarland und in Schleswig-Holstein können **Gemeinden ebenso wie Kreise** und von diesen gebildete Zweckverbände Sparkassenträger sein. In Brandenburg, Mecklenburg-Vorpommern, Sachsen, Sachsen-Anhalt und Thüringen hat der Gesetzgeber die Sparkassenträgerschaft **auf der Kreisebene bei den Landkreisen und kreisfreien Städten** oder von ihnen gebildeten Zweckverbänden angesiedelt. In Baden-Württenberg können neben Stadtkreisen (= kreisfreie Städte) und Landkreisen, Zweckverbände und der Sparkassenverband, nicht aber einzelne kreisangehörige Gemeinden Sparkassen errichten. Die Erstreckung auf Zweckverbände ist der historischen Sondersituation in Baden, wo es bis 1938 keine Kreise gab, geschuldet. 49

Eine **Sonderstellung** nimmt **Nordrhein-Westfalen** ein. Dort dürfen zwar grundsätzlich – wie in den anderen westdeutschen Ländern auch – Gemeinden und Gemeindeverbände Sparkassen errichten, sodann ist dort aber normiert, dass 50

[13] **Sparkassengesetz für Baden-Württemberg (SpG)** in der Fassung v. 19.7.2005 (GBl. 2005, 588), geändert durch Gesetz v. 10.6.2008 (GBl. 2008, 180). **Bayern: Gesetz über die öffentlichen Sparkassen (SpkG)** in der Fassung v. 1.10.1956 (GVBl. 1956, 157), zuletzt geändert durch Gesetz v. 27.7.2009 (GVBl. 2009, 397). **Gesetz über die Berliner Sparkasse und die Umwandlung der Landesbank Berlin-Girozentrale in eine Aktiengesellschaft** (Berliner Sparkassengesetz [SpKG] v. 28.6.2005, GVBl. 2005, 346). **Brandenburgisches Sparkassengesetz (BbgSpkG)** v. 26.6.1996 (GVBl. 1996, 210), zuletzt geändert durch Gesetz v. 10.7.2002 (GVBl. 2002, 57). **Bremisches Sparkassengesetz (SparkG)** in der Fassung v. 12.10.2005 (BremGBl. 2005, 55, ber. BremGBl. 2006, 104), zuletzt geändert durch Gesetz v. 14.10.2008 (BremGBl. 2008, 335). **Hessisches Sparkassengesetz** in der Fassung v. 24.2.1991 (GVBl. 1991, 78) zuletzt geändert durch Gesetz v. 29.9.2008 (GVBl. 2008, 875). Gesetz zur Errichtung der Frankfurter Sparkasse als Anstalt des öffentlichen Rechts v. 14.5.2007 (GVBl. 2007, 283), zuletzt geändert durch Gesetz v. 29.9.2008 (GVBl. 2008, 875, 879). **Sparkassengesetz des Landes Mecklenburg-Vorpommern (SpkG)** v. 26.7.1994 (GVOBl. 1994, 761), zuletzt geändert durch Gesetz v. 20.7.2006 (GVOBl. 2006, 194). **Niedersächsisches Sparkassengesetz (NSpG)** v. 16.12.2004 (GVBl. 2004, 609), zuletzt geändert durch Gesetz v. 8.10.2008 (GVBl. 2008, 315). **Sparkassengesetz Nordrhein-Westfalen (SpkG)** v. 18.11.2008 (GV. NRW 2008, 695). **Rheinland-Pfalz: Sparkassengesetz (SpkG)** v. 1.4.1982 (GVBl. 1982, 113) zuletzt geändert durch Gesetz v. 17.6.2008 (GVBl. 2008, 103). **Saarländisches Sparkassengesetz (SSpG)** in der Fassung v. 22.4.2009 (Amtsblatt 2009, 662). **Gesetz über die öffentlich-rechtlichen Kreditinstitute im Freistaat Sachsen und die Sachsen-Finanzgruppe** v. 13.12.2002 (GVBl. 2002, 333), zuletzt geändert durch Gesetz v. 4.7.2007 (GVBl. 2007, 303). **Sparkassengesetz des Landes Sachsen-Anhalt (SpkG-LSA)** v. 13.7.1994 (GVBl. 1994, 823), zuletzt geändert durch Gesetz v. 18.12.2002 (GVBl. 2002, 447). **Sparkassengesetz für das Land Schleswig-Holstein** in der Fassung v. 11.9.2008 (GVOBl. 2008, 372, geändert durch Gesetz v. 26.3.2009 (GVOBl. 2009, 93, 136). **Thüringer Sparkassengesetz (ThürSpkG)** v. 19.7.1994 (GVBl. 1994, 9), zuletzt geändert durch Gesetz v. 23.10.2007 (GVBl. 2007, 166).

Kreissparkassen im Gebiet kreisangehöriger Gemeinden und Gemeindeverbände mit eigener Sparkasse grundsätzlich keine Zweigstellen errichten dürfen. Diese nur in Nordrhein-Westfalen anzutreffende Regelungskonzeption ist der besonderen kommunalen Struktur des Landes mit nur 396 Großgemeinden bei ca. 18 Mio. Einwohnern geschuldet. Dies ist bei der Übertragungsfähigkeit sparkassenrechtlicher Erwägungen von Nordrhein-Westfalen auf das übrigen Bundesgebiet stets zu beachten.

51 Bevor den spezifischen Auswirkungen der Verfassungsgarantie kommunaler Selbstverwaltung auf die Ausgestaltung des Rechtsrahmens von Sparkassen nachzugehen ist, ist es geboten, die **allgemeinen rechtlichen Wirkungen der Garantie kommunaler Selbstverwaltung für Gemeinden und Kreise** näher zu entfalten.

52 **Träger der kommunalen Selbstverwaltung** sind auf der Ebene der örtlichen Gemeinschaft die **Gemeinden** und auf der überörtlichen Ebene die **Landkreise**. Der Schutzgehalt der verfassungsrechtlichen Garantie kommunaler Selbstverwaltung ist für Gemeinden und Kreise ein doppelter: Neben einem bestimmten Aufgabenbestand wird Gemeinden wie Kreisen die Eigenverantwortlichkeit der Aufgabenerledigung gewährleistet. Das Grundgesetz garantiert Gemeinden wie Kreise institutionell. Den **Gemeinden** sind grundsätzlich alle Angelegenheiten der örtlichen Gemeinschaft – aber auch nur diese – zugeordnet. In diesem Bereich haben die Gemeinden ein Aufgabenzugriffsrecht für gesetzlich unbesetzte Aufgaben. In Baden-Württemberg, Niedersachsen, Nordrhein-Westfalen, Sachsen, Sachsen-Anhalt und Schleswig-Holstein erstreckt sich dieses Zugriffsrecht für gesetzlich unbesetzte Aufgaben auf **alle öffentlichen Aufgaben**. Die **Landkreise** verfügen nicht über eine grundgesetzlich garantierte Allzuständigkeit, sondern sind auf eine **gesetzliche Aufgabenausstattung mit Selbstverwaltungsaufgaben** angewiesen, haben darauf aber auch einen Anspruch. Das ist neben Spezialgesetzen landesrechtlich überall **durch Generalklauseln** geschehen, die den Kreisen in allen Ländern die überörtlichen Aufgaben und nahezu überall auch Ausgleichs- und Ergänzungsaufgaben zuweisen. Über Art. 28 Abs. 2 Satz 2 GG hinausgehend enthält das Landesverfassungsrecht in Nordrhein-Westfalen, Sachsen-Anhalt und Brandenburg eine Allzuständigkeitsvermutung für die Kreise.

53 Sowohl das **Selbstverwaltungsrecht** der Gemeinden wie das der Kreise **unterliegt der Ausformung durch den** – verfassungsgebundenen – **Gesetzgeber**, dem bei der Zuordnung von Aufgaben hinsichtlich der Beurteilung ihres örtlichen bzw. überörtlichen oder auch überörtlichen Charakters eine Einschätzungsprärogative zukommt.

54 Gemeinden und Kreisen sind damit Strukturmerkmale eigen, wie sie auch einen staatlichen Verband kennzeichnen. **Beide Körperschaften sind** – sei es von Verfassungs wegen, sei es kraft einfachen Rechts – für die Angelegenheiten der örtlichen Gemeinschaft bzw. die überörtlichen Aufgaben **mit Allzuständigkeit ausgestattet**. Da dies bereits bei Schaffung des Grundgesetzes so war, entspricht dem umfassenden Aufgabenbestand der Gemeinden und Kreise als kommunalen Körperschaften die grundgesetzliche Festlegung ihrer Legitimationsgrundlagen auf eine je eigene demokratische Legitimation durch das jeweilige Gemeinde- bzw. Kreisvolk. Daneben sind die Kreise auch Gemeindeverband mit Ausgleichs- und

Ergänzungsfunktion, ohne dass sie daraus ihre demokratische Legitimation beziehen. Hinsichtlich der **Eigenverantwortlichkeit der Aufgabenerledigung** unterscheidet Art. 28 Abs. 2 GG ebenso wie Art. 28 Abs. 1 Satz 2 GG hinsichtlich der demokratischen Legitimation nicht zwischen Gemeinden und Kreisen. Die Garantie der kommunalen Selbstverwaltung wirkt für Gemeinden und Kreise sowohl institutionell wie kommunal-individuell.

Die **Ausgestaltung und Formung der kommunalen Aufgaben** fällt in die 55
Kompetenz der Gesetzgeber. **Vorrangig** sind dafür die jeweiligen **Landesgesetzgeber** zuständig. Dies gilt auch für das Sparkassenrecht als besonderes Kommunalrecht. Eine Aufgabenstrukturierung durch den Bundesgesetzgeber kommt angesichts der verfassungsrechtlichen Kompetenzverteilung nur einzelaufgabenbezogen in Betracht, wenn dem Bundesgesetzgeber dafür nach Art. 72 Abs. 2 i. V. m. Art. 74 GG die Gesetzgebungskompetenz zusteht, wobei die Übertragung der materiell ausgeformten Aufgaben gemäß Art. 84 Abs. 1 S. 7 GG über die Länder erfolgen muss. Die grundsätzliche Ausgestaltung der Aufgabenstruktur der Gemeinden und Kreise erfolgt in den jeweiligen Kommunalverfassungen, also den Gemeinde- und Landkreisordnungen der einzelnen Länder, im Rahmen der verfassungsrechtlichen Vorgaben.

Das Sparkassenrecht ist über die verfassungsrechtlichen Vorgaben hinaus den 56
Einwirkungen des Kommunalverfassungsrechts ausgesetzt, wenn und soweit es an sparkassenrechtlichen Vorschrift fehlt bzw. unbestimmte Gesetzesbegriffe oder Generalklauseln eine Normdurchdringung ermöglichen[14]. Dass die Tätigkeit kommunaler Sparkassen durch die Verfassungsgarantie kommunaler Selbstverwaltung in Art. 28 Abs. 2 GG und den entsprechenden landesverfassungsgerichtlichen Regelungen[15] geschützt, aber auch auf die Wahrnehmung von Angelegenheiten der örtlichen bzw. kreislichen Gemeinschaft begrenzt wird, ist allgemein anerkannt, was insbesondere auf die einhellige Rechtsprechung der Verfassungsgerichtsbarkeit in Bund und Ländern zurückzuführen ist[16].

Das BVerfG[17] hat zur **Anwendbarkeit der Verfassungsgarantie kommunaler** 57
Selbstverwaltung auf die Tätigkeit **öffentlich-rechtlicher Sparkassen** ausgeführt:

„Die Verselbstständigung der Sparkassen hat ihren **Status als kommunale** 58
Einrichtungen nicht berührt. Unverändert blieb die enge Verflechtung der Sparkassen mit den Gebietskörperschaften als ihren (Gewähr-)Trägern, welche die Sparkassen errichten, die Sparkassensatzung erlassen, den Vorsitzenden im Verwaltungsrat stellen, die Verwaltungsratsmitglieder entsenden, bei der Bestellung

---

14 *Nierhaus*, DÖV 1984, 662 (666).

15 Dazu: *Henneke*, Kreisrecht, 2. Aufl. 2007, S. 21 ff.

16 Anzuführen sind hier nur Entscheidungen des BVerfG (E 75, 192, 197 ff.; NVwZ 1995, 370 f.); des VerfGH Münster (DÖV 1980, 691), des VfG Potsdam (LVerfGE 2, 93, 100 ff.) und die sehr ausführliche Entscheidung des VerfGH Leipzig (LVerfGE 11, 393, 407 ff.) sowie aus der Verwaltungsgerichtsbarkeit die Entscheidung des OVG Lüneburg (NVwZ-RR 1989, 11 f.).

17 BVerfGE 75, 192 (197 f.).

des Vorstandes mitwirken und an der Feststellung des Jahresabschlusses und an der Überschussverwendung beteiligt sind...

59 Dieser Ansatz des kommunalen Sparkassenwesens erweist, dass die **Tätigkeit der Sparkassen ursprünglich** der **Erfüllung einer Aufgabe der öffentlichen Daseinsvorsorge** diente, nämlich der Schließung von Lücken in der Versorgung der Bevölkerung mit Bankleistungen. Auch **nach ihrer heutigen Ausgestaltung und Aufgabenstellung** weisen die öffentlich-rechtlichen **Sparkassen** Merkmale auf, die es rechtfertigen, **an** ihrer **Einordnung als Einrichtungen der öffentlichen Daseinsvorsorge festzuhalten**. Es handelt sich weiterhin um (rechtlich selbstständige) kommunale Einrichtungen, hinter denen Gebietskörperschaften als (Gewähr-)Träger stehen. Durch die Sparkassengesetze der Bundesländer wird ihnen die Aufgabe zugewiesen, den Sparsinn in der Bevölkerung zu wecken und zu fördern, Gelegenheit zur Sicherung von Geldanlagen zu geben und der Kreditversorgung unter besonderer Berücksichtigung des Mittelstands und der wirtschaftlich schwächeren Bevölkerungskreise zu dienen. Dementsprechend arbeiten die öffentlich-rechtlichen **Sparkassen** nach wie vor **eher aufgaben- als gewinnorientiert**; ein entscheidender Akzent ihrer Geschäftstätigkeit liegt in der Unterordnung des Gewinnstrebens unter ihre öffentliche Zielsetzung, d. h. in dem Verbot, die Gewinnerzielung und -maximierung zum hauptsächlichen Ziel der Geschäftspolitik zu erklären."

60 Das BVerfG[18] betont abschließend, „dass die **Sparkassen öffentliche Aufgaben** aus dem Bereich der kommunalen Daseinsvorsorge **erfüllen**."

61 An diese Rechtsprechung hat das BVerfG später[19] angeknüpft und u. a. ausgeführt: „Nach **allgemeiner Auffassung** wird **das Betreiben einer Sparkasse vom kommunalen Selbstverwaltungsrecht umfasst**. Ungeachtet der rechtlichen Verselbstständigung sind die Sparkassen aufgrund der organisatorischen Verflechtung **kommunale Einrichtungen geblieben**, mit deren Hilfe die **Gemeinden** und **Kreise** eine **Aufgabe der Daseinsvorsorge wahrnehmen**... An diesem öffentlichen Auftrag hat sich nach allgemeiner Auffassung auch durch die teilweise Angleichung der Tätigkeiten der Sparkassen an die der Geschäftsbanken, die in der Aufgabenbeschreibung der neueren Sparkassengesetze ihre normativen Niederschlag gefunden hat, nichts geändert."

62 In der Landesverfassungsgerichtsbarkeit hat der **Nordrhein-westfälische Verfassungsgerichtshof**[20] wie selbstverständlich hervorgehoben, dass die verfassungsrechtliche Garantie kommunaler Selbstverwaltung den **Betrieb von Sparkassen** als **„wichtige durch diese Verfassungsgarantie abgesicherte Betätigung"** umfasst.

63 Das **VfG Bbg**[21] hat ebenfalls herausgestellt: „Das Recht, Sparkassen zu betreiben, gehört als Teil der grundsätzlich den Gemeinden obliegenden öffentlichen Daseinsvorsorge zum Bereich der gemeindlichen Selbstverwaltung."

---

[18] BVerfGE 75, 192 (200).
[19] BVerfGK, NVwZ 1995, 370 (371).
[20] VerfGH Münster, DÖV 1980, 691 (692).
[21] VfG Potsdam, LVerfGE 2, 93 (100 ff.).

Am ausführlichsten hat sich bisher der **SächsVerfGH**[22] mit der Bedeutung der Garantie kommunaler Selbstverwaltungstätigkeit für die Trägerschaft an einer Sparkasse durch Kreise und kreisfreie Städte befasst und zunächst gefragt, ob **Sparkassen einen öffentlichen Auftrag erfüllen,** was er wie folgt bejaht hat: 64

„Zumindest derzeit ist das **Sparkassenwesen** noch **durch** die **Erfüllung** des gesetzlichen, der Gewinnerzielung **übergeordneten Auftrags geprägt**, die geld- und kreditwirtschaftliche Versorgung im kommunalen Geschäftsgebiet sicherzustellen, dazu der Bevölkerung und den örtlichen Wirtschaftsunternehmen unter besonderer Berücksichtigung wirtschaftlich schwächerer Kreise sowie mittelständischer und Kleinbetriebe Bankdienstleistungen anzubieten sowie den Kommunen selbst als Hausbank zu dienen und damit die örtliche Struktur- und Wirtschaftsentwicklung zu unterstützen. 65

Die Auffassung, dieser **öffentliche Auftrag** sei aufgrund der Marktentwicklung obsolet geworden[23] findet in den **Fakten keine hinreichende Unterstützung**. In Erfüllung ihres öffentlichen Auftrags verwalten derzeit rd. 600 Sparkassen mit einem flächendeckenden Filialnetz von ca. 19.800 Geschäftsstellen bundesweit mehr als die Hälfte aller Spareinlagen und knapp die Hälfte aller Girokonten. Dazu zählen Girokonten für nahezu 80 % aller Sozialhilfeempfänger, die von Privatbanken wegen geringer Umsätze und hoher Risiken häufig nicht als Kunden akzeptiert werden. Als Hausbanken lokaler mittelständischer Unternehmen und Handwerksbetriebe haben die Sparkassen einen überdurchschnittlichen Marktanteil von rd. 50 bzw. 60 %. In Zusammenarbeit mit ihren kommunalen Trägern leisten sie einen wesentlichen Beitrag zur lokalen Struktur- und Wirtschaftsförderung. Sie vergeben rd. 80 % ihrer Aufträge an heimische Unternehmen, sind an etwa der Hälfte aller Technologiezentren im Bundesgebiet beteiligt, finanzieren nahezu die Hälfte aller Existenzgründungen und bieten mit ihrem flächendeckenden Filialnetz und einer weit überdurchschnittlichen Ausbildungsquote qualifizierte Arbeitsplätze auch in strukturschwachen ländlichen Regionen. Schließlich leisten sie angesichts der angespannten Haushaltslage der Kommunen einen wichtigen Beitrag zur Förderung örtlicher Kultureinrichtungen, Sportvereine und sozialer Dienste." 66

Sodann ging er der Frage nach, ob es sich bei den von den Sparkassen erfüllten öffentlichen Aufgaben nach wie vor um **kommunale Angelegenheiten** handelt[24]: 67

„Zu den **Angelegenheiten der örtlichen Gemeinschaft** gehört auch das Errichten und Betreiben einer kommunalen Sparkasse, die der geld- und kreditwirtschaftlichen Versorgung der örtlichen Bevölkerung und der ortsansässigen Betriebe dient. Die öffentlichen Sparkassen wurden im 19. Jahrhundert als unselbstständige kommunale Einrichtungen gegründet, um insbesondere der weniger vermögenden Bevölkerung ausreichende Anlagemöglichkeiten und sonstige Bankdienstleistungen anzubieten. Auch nach der Verselbstständigung zu Anstalten des öffentlichen Rechts durch die Dritte Notverordnung des Reichspräsidenten vom 6. Oktober 1931 sind die Sparkassen kommunale Einrichtungen geblieben. 68

22 VerfGH Leipzig, LVerfGE 11, 393 (407 ff.).

23 Vgl. *Möschel*, WM 1999, 1455, unter Verweis auf *ders.*, WM 1993, 93 ff.

24 VerfGH Leipzig, LVerfGE 11, 393 (407, 408 f.).

69 Auch unter Berücksichtigung einer Angleichung der Tätigkeit öffentlich-rechtlicher und privater Kreditinstitute im Bereich allgemeiner Finanzdienstleistungen und ungeachtet der Internationalisierung der Geschäftstätigkeit im Kreditgewerbe ist **jedenfalls derzeit das Betreiben einer Sparkasse dem kommunalen Wirkungskreis zuzurechnen**. Die durchaus beobachtbare **Tendenz zur Entörtlichung** von Bankgeschäften führt nicht dazu, dass die spezifisch örtlichen Bezüge in den Hintergrund treten.

70 Der spezifisch örtliche Bezug dieser Sparkassentätigkeit wird jedenfalls gegenwärtig noch nicht dadurch aufgehoben, dass die Sparkassen ihren örtlichen Kunden – etwa in Zusammenarbeit mit den Landesbanken und zentralen Sparkasseneinrichtungen – auch **überregionale Finanzdienstleistungen** anbieten. Es genügt, dass nach derzeitigem Stand die überörtlichen Geschäftsaktivitäten noch der Erfüllung des öffentlichen Auftrags untergeordnet sind und nicht vorrangig der Gewinnmaximierung, sondern dazu dienen, für das kommunale Geschäftsgebiet ein ausreichendes Spektrum marktfähiger Finanzdienstleistungen zur Gewährleistung flächendeckender und angemessener Geld- und Kreditversorgung sicherzustellen."

71 Die **weiteren Aspekte** der Entscheidung des SächsVerfGH befassen sich mit Fragen ebenenübergreifender **Mischverwaltung** (dazu Rn. **118 ff.**)

72 Betrachtet man die jüngeren Ausführungen im **Schrifttum**, ist festzustellen, dass die dargestellte Rechtsprechung hinsichtlich der Erstreckung der Verfassungsgarantie kommunaler Selbstverwaltung auf die Tätigkeit kommunaler Sparkassen volle Unterstützung erfährt[25]. Die in Art. 28 Abs. 2 GG enthaltene Selbstverwaltungsgarantie für Gemeinden und Kreise bezieht sich auch auf die Erfüllung öffentlicher Aufgaben durch kommunalwirtschaftliche Betätigung[26]. Wichtiger Bestandteil kommunaler Selbstverwaltung ist seit jeher die Daseinsvorsorge für die Bürger, die für den Spar- und Kreditsektor in erster Linie in den Händen der kommunalen Selbstverwaltung liegt. Die Kommunen haben das Wohl ihrer jeweiligen Kommune und deren Einwohner zu fördern, worunter nicht nur die Schaffung der Möglichkeit für die Bürger fällt, ihre Ersparnisse sicher anzulegen, sondern auch die Garantie zur Erlangung von Krediten in Zeiten allgemeiner wirtschaftlicher Anspannung zu Konditionen, die nicht ausschließlich gewinnorientiert sind. Das Mittel, das der Erreichung dieses im verfassungsrechtlichen Sozialstaatsauftrag wurzelnden Ziels dient, ist die Errichtung einer Sparkasse[27]. **Kreise und Gemeinden** sind dabei prinzipiell **gleichberechtigte Träger von Sparkas-**

---

[25] Z. B. *Nierhaus*, DÖV 1984, 662 (664 ff.); *ders.*, in: Ennuschat u. a. (Hrsg.), GS für P. J. Tettinger, Wirtschaft und Gesellschaft im Staat der Gegenwart, 2007, S. 317 (319 ff.); *ders.* in: Sachs (Hrsg.), Grundgesetz, 5. Aufl. 2009, Art. 28 Rn. 53; *Geerlings*, NordÖR 2004, 181 (183 ff.); *ders.*, in: Ennuschat u. a. (Hrsg.), GS für P. J. Tettinger, Wirtschaft und Gesellschaft im Staat der Gegenwart, 2007, S. 233 f.; *Oebbecke*, LKV 2006, 145 ff.; *Tettinger*, in: v. Mangoldt/Klein/Starck, Grundgesetz, 5. Aufl. 2005, Art. 28 Rn. 184 u. 208; *Dreier*, in: ders., Grundgesetz, 2. Aufl. 2006, Art. 28 Rn. 151.

[26] *Geerlings*, NordÖR 2004, 181 (182); *ders.*, in: GS Tettinger (Fn. 25), S. 233.

[27] *Schlierbach/Püttner*, Das Sparkassenrecht in der Bundesrepublik Deutschland, S. 41 f.

sen[28]. Die Sparkassentätigkeit ist daher eine kommunale Selbstverwaltungsaufgabe, und zwar eine freiwillige[29]. Sie hat sich nicht in eine erwerbswirtschaftlich-fiskalische Tätigkeit gewandelt, sondern bedeutet nach wie vor die Erfüllung von Aufgaben der öffentlichen Verwaltung[30], wobei die Sparkasse lediglich aus der Verwaltungsorganisation der Kommune ausgegliedert ist[31]. Es handelt sich also um die Ausübung von Staatsgewalt[32]. Die Sparkassen sind als Typus einer sozialen Einrichtung Selbstverwaltungseinrichtungen der kommunalen Wirtschaftsverwaltung[33].

Errichtung und Betrieb einer Sparkasse gehören traditionell zu den Aufgaben, 73
die Gemeinden und Kreise in Ausübung ihres Selbstverwaltungsrechts erfüllen. Gerade die Versorgung der Bevölkerung in den ländlichen Gebieten mit Finanzdienstleistungen wurde in Gemeinden und Landkreisen seit Beginn des 19. Jahrhunderts stets als öffentliche Aufgabe verstanden[34]. In einzelnen Gebieten haben zunächst Gemeinden Sparkassen errichtet, in anderen waren Kreissparkassen früher als gemeindliche Sparkassen vertreten[35].

Die Befugnis, eigenverantwortlich über den Betrieb der Sparkasse und über den 74
Umfang der sparkassenwirtschaftlichen Betätigung entscheiden zu können, wird in Anknüpfung an *Hoppe*[36] häufig als **„Sparkassenhoheit"** bezeichnet[37]. Von anderen wird eine solche **Aufsplitterung von Hoheitsrechten** als zu kleinteilig angesehen[38]. Dem ist insoweit zuzustimmen, als es nicht überzeugt, eine einzelne kommunale Aufgabe in die Reihe der anerkannten, abstrakt gefassten Gemeindehoheiten zu stellen, da eine derart kleinteilige Aufspaltung keinen dogmatischen Nutzen verspricht und die Frage der Zulässigkeit der Verlagerung des Sparkassenwesens auf eine andere Körperschaften nach der allgemeinen Aufgabendogmatik zu lösen ist.

Sparkassen sind trotz ihrer rechtlichen Verselbständigung Teil der mittelbaren 75
Kommunalverwaltung und damit in ihrer Eigenschaft als kommunale öffentliche Einrichtungen den für diese in allen Gemeinde- und Kreisordnungen verankerten Grundsätzen unterworfen, dass die Gemeindeeinwohner im Rahmen des geltenden Rechts einen Anspruch auf Benutzung nach gleichen Grundsätzen innehaben,

---

28 *Nierhaus*, DÖV 1984, 662 (669).
29 *Oebbecke*, LKV 2006, 145.
30 *Nierhaus*, DÖV 1984, 662 (667); *ders.*, in: GS Tettinger (Fn. 25), S. 317 (319).
31 *Schlierbach/Püttner* (Fn. 27), S. 42.
32 *Oebbecke*, LKV 2006, 145 (146).
33 *Schlierbach/Püttner* (Fn. 27), S. 42.
34 *Geerlings*, NordÖR 2004, 181 (183); *ders.*, in: GS Tettinger (Fn. 25), S. 233; *Nierhaus*, DÖV 1984, 662 (665).
35 *Nierhaus*, DÖV 1984, 662 (665).
36 *Hoppe*, DVBl. 1982, 45 (51).
37 *Nierhaus*, DÖV 1984, 662 (665); *ders.*, in: GS Tettinger (Fn. 25), S. 317 (322); *ders.*, in: Sachs (Fn. 25), Art. 28 GG Rn. 44; *Tettinger* (Fn. 25), Art. 28 Rn. 184; *Geerlings*, NordÖR 2004, 181 (185).
38 *Dreier* (Fn. 25), Art. 28 Rn. 151; *Tettinger* (Fn. 25), Art. 28 Rn. 184.

woraus für die Sparkassen ein – wenn auch begrenzter – Kontrahierungszwang folgt.

76 Das **Trägergebiet** steckt den Rahmen für die **Begrenzung der Sparkassentätigkeit** sowohl in horizontaler wie in vertikaler Hinsicht ab[39]. Die Sparkassenbetätigung ist als kommunale Selbstverwaltungsaufgabe also grundsätzlich auf das Gebiet der Trägerkommune beschränkt. Damit hat das **sparkassenrechtliche Regionalprinzip**, auf das noch näher einzugehen ist, eine **verfassungsrechtliche Wurzel**. Es handelt sich nicht um eine willkürliche Marktaufteilung, sondern um eine jeder einzelnen kommunalen Sparkasse konstitutionell mitgegebenen Beschränkung[40].

77 Die Stellung der Sparkasse als Glied ihres Trägers und ihre Aufgaben der kreditwirtschaftlichen Daseinsvorsorge im kommunalen Raum sind verfassungsrechtlich also durch die Rechtsstellung der Träger vorgeprägt[41]. Die Rechtsstellung der kommunalen Sparkassen erfährt über die grundgesetzlich garantierte kommunale Selbstverwaltung eine Absicherung, die einer beliebigen staatlichen Reglementierung des Sparkassenrechts klare Grenzen setzt und ein Herauslösen der Sparkassen aus dem verfassungsrechtlich geschützten Bereich kommunaler Selbstverwaltung nicht zulässt[42]. Die rechtliche Verselbstständigung der Sparkassen hat also **nicht** zu einer **trägerdistanzierten Eigenständigkeit** in der Form eines **autonomen erwerbswirtschaftlichen Unternehmens** geführt[43]. Vielmehr partizipieren die Sparkassen mittelbar am verfassungsrechtlichen Schutz der kommunalen Sparkassenbetätigung durch die Selbstverwaltungsgarantie. Soweit der Schutz reicht und solange er besteht, sind die Länder etwa gehindert, ihre Landesbanken durch Gesetz mit einer breiten Basis in der Fläche zu versehen, indem sie einen Zusammenschluss von Sparkassen und Landesbanken anordnen[44].

78 Dies gilt allerdings nur, solange es sich bei der Sparkassenbetätigung um Angelegenheiten der örtlichen bzw. kreislichen Gemeinschaft handelt. Dies kann sich ändern, wenn **Sparkassen in größere regionale Zusammenhänge wachsen**. Darauf hat der SächsVerGH[45] eindringlich hingewiesen. Mit dem Charakter der Sparkassenaufgabe als von der Selbstverwaltungsgarantie umfasste Angelegenheit der örtlichen Gemeinschaft **verlören die Sparkassen und ihre Träger den verfassungsrechtlichen Schutz der Selbstverwaltungsgarantie**. Damit wären die zuständigen Landesgesetzgeber bei ihren Entscheidungen von diesen Bindungen frei. Sie könnten z. B. die Sparkassen ohne Weiteres mit ihren Landesbanken zusammenschließen. **Außerhalb der Selbstverwaltungsgarantie** gibt es für einen öffentlich-rechtlichen Verwaltungsträger wie die Sparkassen **keinen verfassungsrechtlichen Schutz**; er steht insoweit gegenüber gesetzgeberischen Eingriffen viel

---

39 *Nierhaus*, DÖV 1984, 662 (669).
40 *Nierhaus*, DÖV 1984, 662 (669).
41 *Nierhaus*, DÖV 1984, 662 (665).
42 *Geerlings*, NordÖR 2004, 181 (185).
43 *Nierhaus*, DÖV 1984, 662 (664).
44 *Oebbecke*, LKV 2006, 145 (148).
45 VerfGH Leipzig, LVerfGE 11, 393 (408).

schlechter dar als etwa ein privates Unternehmen, das sich auf die Grundrechte berufen kann[46].

Bei einer **Hochzonung von Sparkassenaufgaben** etwa auf eine überörtliche Netzstruktur – wie in Sachsen bei acht Sparkassen auf den SachsenFinanzverband geschehen – geht der **originär aufgabenbegründete örtliche Bezug verloren**, so dass darin zugleich ein **Verzicht auf** den **Schutz des Art. 28 Abs. 2 GG** liegt. Die Tätigkeit des SachsenFinanzverbandes ist nicht Ausfluss der verfassungsrechtlich gewährleisteten Selbstverwaltungsgarantie. Sie nimmt auch nicht etwa im Wege der Delegation am verfassungsrechtlichen Schutz der kommunalen Selbstverwaltungsgarantie teil, den die Landkreise und kreisfreien Städte in Sachsen bei Errichtung und Betrieb einer kommunalen Sparkassen genießen[47]. Auch **Landesbanken** können sich im Gegensatz zu Kommunen nicht auf das kommunale Selbstverwaltungsrecht berufen. Sie sind **reine Zweckschöpfungen des einfachen Gesetzgebers** im Bereich der mittelbaren Staatsverwaltung und **stehen ohne verfassungsrechtlichen Schutz** und damit auch **ohne verfassungsrechtliche Begrenzung zur Disposition des Gesetzgebers**[48]. 79

Auch in der Verwaltungsrechtsprechung ist die Tätigkeit der kommunalen Sparkassen als Ausfluss der Garantie kommunaler Selbstverwaltung anerkannt[49]. 80

I. Sparkassenaufgaben im kreisangehörigen Raum

Steht damit fest, dass es sich bei der Sparkassentätigkeit um eine von der Garantie kommunaler Selbstverwaltung erfasste freiwillige kommunale Verwaltungsaufgabe handelt, so ist diese im kreisfreien Bereich den kreisfreien Städten zuzuordnen. Im kreisangehörigen Raum ergibt sich die Ansiedlung der Aufgabe dagegen nicht aus sich heraus. Die historische Entwicklung ist dabei ebenso zu berücksichtigen wie die Gemeindegröße und Siedlungsstruktur des jeweiligen Landes. In allen Ländern ist der Sparkassengesetzgeber regelnd tätig geworden; ein **gemeindliches Zugriffsrecht** für eine gesetzlich unbesetzte Aufgabe aufgrund der verfassungsrechtlichen Aufgabenallzuständigkeitsvermutung für Angelegenheiten der örtlichen Gemeinschaft **besteht hinsichtlich des Sparkassenwesens mithin nicht**. 81

Der **aufgabenzuordnende Gesetzgeber** hat bei seinen Regelungen seinerseits die verfassungsrechtlichen Vorgaben aus der Garantie kommunaler Selbstverwaltung zu beachten. Dass bei der gegenwärtigen Aufgabenzuordnung verfassungswidrige Regelungen in einzelnen Ländern bestehen, ist nicht ersichtlich. Juristisch unrichtig ist es, wenn das OVG Lüneburg[50] generell-abstrakt formuliert, dass es allgemein anerkannt sei, dass das Sparkassenwesen eine echte ergänzende Kreisaufgabe sei, die nur insoweit zum Zuge kommen könne, als die Gemeinde diese Aufgabe überhaupt nicht oder nicht ausreichend wahrnimmt, und die Auffassung 82

---

46 *Oebbecke*, LKV 2006, 145 (148).

47 *Becker*, LKV 2001, 109 (115).

48 *Nierhaus*, in: GS Tettinger (Fn. 25), S. 317 (324); *Oebbecke*, LKV 2006, 145 (148).

49 So z. B. OVG Lüneburg, NVwZ-RR 1989, 11 (12).

50 OVG Lüneburg, NVwZ-RR 1989, 11 (13).

fehlgehe, das Sparkassenwesen sei für kreisangehörige Gemeinden grundsätzlich eine überörtliche Aufgabe. Unabhängig von der jeweiligen landesrechtlichen Ausgestaltung kann nämlich das Sparkassenwesen weder als originär gemeindliche und ergänzend kreisliche, noch generell als überörtliche Aufgabe qualifiziert werden.

83 Wenn *Oebbecke*[51] formuliert: „Man stößt auf den verfassungsrechtlichen Vorrang der gemeindlichen vor der kreislichen Selbstverwaltung, wie ihn ausdrücklich für die Sparkassenbetätigung der VerfGH NW im sog. 'Düren'-Urteil angenommen hat", verkennt diese verallgemeinernde Darstellung, dass sich der VerfGH NW[52] nur auf die ganz spezifische, **ausschließlich in Nordrhein-Westfalen** anzutreffende **einfache Gesetzeslage** bezogen hat. **Allein** für **Nordrhein-Westfalen** trifft es zu, dass der Landesgesetzgeber das Sparkassenwesen **grundsätzlich** den **Gemeinden** als Angelegenheit der örtlichen Gemeinschaft und **ergänzend** den **Landkreisen** zugeordnet hat.

84 Umgekehrt haben die Landesgesetzgeber in **Brandenburg**, **Mecklenburg-Vorpommern**, **Sachsen**, **Sachsen-Anhalt** und **Thüringen** mit ihrer ausschließlichen Zuordnung auf Kreise und kreisfreie Städte das **Sparkassenwesen** als **überörtliche** und damit **originäre Kreisaufgabe** qualifiziert und es damit gemeindlicher Disposition entzogen. Dies gilt **grundsätzlich auch** für **Baden-Württemberg** mit der Zuordnung der Trägerbefugnis an Land- und Stadtkreise. Die dort hinzutretende Trägerbefugnis für Zweckverbände ist der historisch überkommenen Sondersituation in Baden geschuldet, da es dort bis 1938 keine Landkreise gab.

85 Die Bestimmung über die Errichtung und Trägerschaft von Sparkassen ist in den Sparkassengesetzen in **Bayern, Hessen, Niedersachsen, Rheinland-Pfalz**, im **Saarland** und in **Schleswig-Holstein** im Hinblick auf die Aufgabenzuordnung im kreisangehörigen Bereich allerdings so offen, dass weitere Überlegungen angestellt werden müssen. Diese betreffen das **Prioritäts-** und **Subsidiaritätsprinzip**, nicht aber das **Regionalprinzip. Bundes**verfassungsrechtlich ist allerdings auf die allgemein anerkannte Aufgabenabgrenzung in Art. 28 Abs. 2 GG zu verweisen. Für ein Subsidiaritätsprinzip ist daneben auf Bundesebene kein Raum; allerdings ist ein **landessparkassengesetzlich eingeführtes Subsidiaritätsprinzip** wie **in Nordrhein-Westfalen** mit dem Grundgesetz vereinbar[53].

86 Das **Regionalprinzip** beinhaltet lediglich, dass der räumliche Tätigkeitsbereich einer Sparkasse auf das Gebiet seines Trägers beschränkt ist[54], so dass eine Sparkasse nicht außerhalb des Hoheits- und Funktionsbereichs ihres Trägers tätig werden darf. Es gilt als Zuständigkeitsgrundsatz allein im horizontalen, räumlichen Nebeneinander kommunaler Sparkassen und ist für die Kompetenzabgrenzung

51 *Oebbecke*, LKV 2006, 145 (148).
52 VerfGH Münster, DÖV 1980, 691.
53 *Nierhaus*, DVBl. 1984, 662 (669).
54 VfG Potsdam, LVerfGE 2, 93 (103).

zwischen Landkreis und kreisangehörigen Gemeinden offensichtlich bedeutungslos[55].

Mangels besonderer Regelung in den Sparkassengesetzen der Länder **Bayern, Hessen, Niedersachsen, Rheinland-Pfalz, Saarland** und **Schleswig-Holstein** richtet sich im Verhältnis zwischen Landkreis und kreisangehörigen Gemeinden die **Verteilung der Zuständigkeiten auch auf dem Gebiet des Sparkassenwesens nach** dem **Kommunalverfassungsrecht** des jeweiligen Landes[56]. Danach ist eine Zuständigkeit des Landkreises in Bezug auf den von den Gemeinden erfüllbaren öffentlichen Sparkassenauftrag insoweit gegeben, als die einzelnen Gemeinden diese Aufgabe öffentlicher Daseinsvorsorge nicht ohne ergänzende Tätigkeit des Landkreises ausreichend wahrnehmen können[57]. Auf diese Weise kommt es zu einer **„Abschichtung der Gemengelage“**, die auf eine **Ausschaltung der Konkurrenz unter den kommunalen Sparkassen in ein und demselben Verwaltungsraum** abzielt, da der öffentlichen Verwaltung eine gebietliche Arbeitsteilung immanent ist und eine Doppelverwaltung verhindert werden soll. 87

Bei einer entsprechenden expliziten gesetzlichen Regelung beschränkt sich ein so verstandenes[58] „kommunalverfassungsrechtlich wie sparkassenrechtlich geltendes Subsidiaritätsprinzip wegen der Teilidentität von Kreis- und Gemeindegebiet bei kreisangehörigen Gemeinden gegenüber dem Regionalprinzip auf die – allerdings wichtige – Aufgabe zu gewährleisten, dass in der sparkassenmäßigen Versorgung der Kreisbevölkerung infolge mangelnder Leistungsfähigkeit einzelner Gemeinden, meist Landgemeinden, auftretende Lücken geschlossen werden können.“ 88

Neue **Gemengelagen** können **infolge von Kreisgebietsreformen**, insbesondere der Einkreisung bisher kreisfreier Städte mit eigener Sparkasse, entstehen. Dazu hat das VfG Bbg[59] entschieden, dass bei der Neugliederung in Brandenburg keine Regelung hinsichtlich von Gemengelagen bei Sparkassen getroffen wurde. Es seien keine Gründe ersichtlich, die es rechtfertigten, der eingekreisten, bisher kreisfreien Stadt die bisher von ihr unterhaltene Sparkasse zu nehmen. Die Annahme, wegen der Beschränkung der Trägerschaft auf Kreise und kreisfreie Städte könne es zu einer Teilüberschneidung von Trägergebieten nicht kommen, erfasse nicht die Konstellation der Einkreisung bisher kreisfreier Städte. Gesetzliche Konsequenzen hat der Landesgesetzgeber Brandenburg aus der Entscheidung nicht gezogen. 89

Grundlegend hat sich der VerfGH NW[60] mit den **Folgefragen kommunaler Neugliederungen für das Sparkassenwesen** befasst. Im Kern hat er ausgeführt, dass das Neuregelungsgesetz gebiete, 90

---

55 OVG Lüneburg, NVwZ-RR 1989, 11 (12); *Nierhaus*, in: GS Tettinger (Fn. 25), S. 317 (325).

56 OVG Lüneburg, DÖV 1978, 98 (99) und NVwZ-RR 1989, 11 (12); *Nierhaus*, DÖV 1984, 662 (666).

57 OVG Lüneburg, NVwZ-RR 1989, 11 (12).

58 OVG Lüneburg, NVwZ-RR 1989, 11 (12 f.).

59 VfG Potsdam, LVerfGE 2, 93 (103).

60 VerfGH Münster, DÖV 1980, 691 (692 f.).

91 „die Trägerschaft und Organisation der Sparkassen unter Beachtung der in § 1 Abs. 2 SpkG NW normierten Grundsätze an die Ergebnisse der kommunalen Neugliederung anzupassen. Sie soll die bei der Gebietsreform verfolgten Grundsätze und Ziele, insbesondere leistungsfähige Gemeinden und Kreise zu schaffen, möglichst Einräumigkeit der Verwaltung herzustellen und Doppelverwaltung zu vermeiden, im Sparkassenbereich entsprechend verwirklichen. Mit der Vergrößerung der Trägergebiete und damit der Anstaltsgebiete der Sparkassen wird deren Leistungsfähigkeit in der Regel gesteigert werden.

92 Das Regionalprinzip verlangt die Übereinstimmung von Träger- und Sparkassengebiet und untersagt damit für Sparkassen **derselben kommunalen Ebene** eine Doppelverwaltung in Form einer Anstaltskonkurrenz."

93 Sodann hatte sich der VerfGH mit einer in zweifacher Hinsicht spezifischen Konstellation zu befassen: Im Zuge der Neugliederung wurde eine kreisangehörige Gemeinde, die bisher über eine Sparkasse verfügte, durch Eingemeindung von Nachbargemeinden, in denen keine Gemeindesparkassen, sondern Kreissparkassenzweigstellen bestanden, gebietlich deutlich vergrößert. Zudem war zu beachten, dass im Sparkassengesetz Nordrhein-Westfalen die Sonderregelung besteht, wonach im Gebiet kreisangehöriger Gemeinden mit eigener Sparkasse Kreissparkassen keine Zweigstellen errichten dürfen. Diese Gemengelage löste der VerfGH NW[61] seinerzeit wie folgt auf:

94 „Durch die Übertragung der acht Dürener Zweigstellen der Kreissparkasse auf die Städtische Sparkasse kann das Nebeneinander von Zweigstellen beider Institute behoben und damit dem Subsidiaritätsprinzip Rechnung getragen werden. Das Verbot der Doppelverwaltung durch Anstaltskonkurrenz wäre beachtet. Die möglicherweise aus Gründen der Ausgleichsfunktion der Kreissparkasse gebotene Aufrechterhaltung der Hauptstelle der Kreissparkasse im Gebiet der städtischen Sparkasse würde das Subsidiaritätsprinzip nicht verletzen."

95 Ein anderer Gesichtspunkt, der insbesondere bei kommunalen Neugliederungen von Relevanz ist, ist das sog. **Prioritätsprinzip** bzw. die **Besitzstandswahrung**. Die Anwendung dieses Rechtsprinzips führt in sog. Konkurrenz- oder Gemengelagen bei Zweigstellenkonflikten dazu, „dass ein historisch gewachsenes, gleichsam 'vorkonstitutionelles' Nebeneinander von Stadtsparkassen und Kreissparkassen in einer Kreisstadt insofern geschützt wird, als Stadtsparkassen jedenfalls seit langem bestehende Kreissparkassenbetriebsstätten, insbesondere Kreissparkassenhauptstellen, im Gebiet der Kreisstadt nicht in Ausübung ihres an sich bestehenden Ausschließlichkeitsrechts verdrängen können."[62]

96 Die Rechtsprechung zur Besitzstandswahrung berücksichtigt auch den Umstand, dass die Kreissparkassen in einzelnen Gebieten früher als die gemeindlichen Sparkassen vertreten waren[63]. Auf diese Weise wird im Einzelfall die Modifikation bzw. Durchbrechung der sparkassenrechtlichen Zuständigkeitsregeln des verfassungsrechtlich fundierten Regionalprinzips und des in einzelnen Landesre-

---

[61] VerfGH Münster, DÖV 1980, 691 (693).

[62] OVG Lüneburg, NVwZ-RR 1989, 11 – insoweit nicht abgedruckt; *Stern/Nierhaus*, Das Regionalprinzip im öffentlichen-rechtlichen Sparkassenwesen, 1991, S. 104.

[63] *Nierhaus*, DÖV 1984, 662 (665).

gelungen normierten Subsidiaritätsprinzips gerechtfertigt, um grundsätzlich aus diesen herrührende Ansprüche auf Übertragung trägerfremder Haupt- und/oder Zweigstellen auf die örtlich zuständige Sparkasse zu verneinen[64]. Die Anerkennung einer Besitzstandswahrung führt also im Einzelfall zu einer Verfestigung regionalprinzipswidriger Gemengelagen unter öffentlich-rechtlichen Kreditinstituten[65].

II. Neugründung von Sparkassen

In den sechs Ländern, die die Zuständigkeit für das Errichten und Betreiben einer Sparkasse sowohl Gemeinden wie Kreisen zuschreiben, könnten kreisangehörige Gemeinden bei entsprechender Leistungsfähigkeit – mit Genehmigung der Aufsichtsbehörden – versuchen, eine Sparkasse neu zu errichten und in ihrem bisher von der Kreissparkasse versorgten Gemeindegebiet Zweigstellen zu eröffnen. Dem dürfte von der Sparkassenaufsicht entgegengehalten werden, dass die öffentliche Aufgabe der Versorgung mit Bankdienstleistungen in der gründungswilligen Gemeinde bereits von der hiesigen Kreissparkasse erfüllt wird. In juristischer Hinsicht ist allerdings umstritten, ob in einem solchen Fall ein ungeschriebenes **Prioritätsprinzip** eingreift[66]. 97

Rechtlich verschärft stellt sich die Fragestellung in Nordrhein-Westfalen wegen des dort in § 1 Abs. 2 S. 2 SpkG normierten sparkassenrechtlichen Subsidiaritätsprinzips, wonach Kreissparkassen im Gebiet kreisangehöriger Gemeinden und Gemeindeverbände mit eigener Sparkasse keine Zweigstellen **errichten** dürfen. Vom Gesetzeswortlaut, aber auch vom Sinn und Zweck der Regelung her wird der Weiterbetrieb bestehender Zweigstellen dagegen für den Fall einer Neugründung nicht in Frage gestellt[67]. 98

Anders stellt sich dagegen die Situation im **ehemaligen Land Braunschweig** dar, wo ein Staatsbank- bzw. Landessparkassensystem begründet worden war. Durch das Niedersächsische Sparkassengesetz wurden 1962 die Gemeinden, Landkreise und Zweckverbände, denen nur Gemeinden und Landkreise angehören, ermächtigt, als Träger Sparkassen einzurichten, wobei die besonderen braunschweigischen Rechtsverhältnisse zunächst unangetastet blieben. Mit dem Gesetz über die Norddeutsche Landesbank-Girozentrale vom 14. Mai 1970[68] verlor die Braunschweigische Landessparkasse ihre rechtliche Selbständigkeit, aber nicht ihren Namen und ihre **Funktion als Landessparkasse**. Das NordLBG sieht vor, dass **Ausgleichszahlungen der NordLB** an die Landkreise und kreisfreien Städte im Geschäftsgebiet der Landessparkasse zu leisten sind, **solange** dort **keine** 99

[64] OVG Lüneburg, DÖV 1978, 98 (99).

[65] *Nierhaus*, in: GS Tettinger (Fn. 25), S. 317 (323); siehe auch *Oebbecke*, LKV 2006, 145 (147 f.).

[66] Dazu *Oebbecke*, LKV 2006, 145 (148); *Köhler*, Die Beschränkung des Wirkungsbereichs kommunaler Sparkassen, 1969, S. 122 f.

[67] VerfGH Münster, DÖV 1980, 691 (692).

[68] NdsGVBl. 1970, 186.

kommunalen Sparkassen errichtet werden[69]. Im Zuge der kommunalen Gebietsreform 1974 wurden Teile des Verwaltungsbezirks Braunschweig in andere Landkreise eingegliedert. In der Folgezeit übertrug die NordLB sechs Zweigstellen der Braunschweigischen Landessparkasse auf die dortige Kreissparkasse, beanspruchte aber das Geschäftsgebiet einzelner Gemeinden weiterhin für sich. Darüber kam es zu einer verwaltungsgerichtlichen Auseinandersetzung[70].

100 Ende 2005 erhielten Bestrebungen eine neue Aktualität, im Braunschweigischen eine kommunale Sparkasse zu errichten. Letztlich sind diese Bestrebungen nicht in die Tat umgesetzt worden. Stattdessen ist **zum 1. Januar 2008** die **Braunschweigische Landessparkasse** als **teilrechtsfähige Anstalt in der Anstalt (AIDA)** der **NordLB gegründet** worden. Das bedeutet, dass die Braunschweigische Landessparkasse nach außen hin selbständig auftritt, nach innen aber weiterhin Teil der NordLB ist. Die zugrundeliegenden verfassungsrechtlichen Fragestellungen sind damit indes keiner Klärung zugeführt worden. Die materiellrechtlich vorbehaltlose, aufsichtsrechtlich aber genehmigungsbedürftige Sparkassenerrichtungskompetenz steht aufgrund der Garantie kommunaler Selbstverwaltung den landesgesetzlich aufgeführten Trägern, in Niedersachsen also Städten, Landkreisen und kreisangehörigen Gemeinden, zu. Mit Ausnahme des ehemaligen Landes und späteren Verwaltungsbezirks Braunschweig gibt es folglich in Deutschland flächendeckend kommunale Sparkassen. Verfassungsrechtlich ist nicht zu erkennen, wie die durch die Versagung einer beantragten Sparkassenerrichtungsgenehmigung seitens der Aufsichtsbehörde verursachte kommunale Sonderbelastung im Braunschweigischen gerechtfertigt werden könnte[71].

III. Sparkassentätigkeit als freiwillige Selbstverwaltungsaufgabe

101 Bei Errichtung und Betrieb von Sparkassen handelt es sich um eine freiwillige kommunale Selbstverwaltungsaufgabe. Dennoch ist es in Deutschland nicht nur zu einer flächendeckenden Versorgung mit Sparkassenleistungen gekommen; sie besteht auch unverändert fort. Die Qualifizierung der Aufgabe als freiwillige Selbstverwaltungsangelegenheit ist unstrittig; sie wirft Fragen allein hinsichtlich der Aufrechterhaltung eines flächendeckenden Angebots auf. Ob eine Kommune eine freiwillige Selbstverwaltungsaufgabe, die sie einmal übernommen hat, fortführt oder aufgibt, obliegt grundsätzlich ihrer kommunalpolitischen Entscheidung. Maßgebliches Kriterium ist dabei ihre Einschätzung von Gemeinwohl aus der Sicht der jeweiligen örtlichen Gemeinschaft. Grundsätzlich gilt: Wer diese **Freiheit beschränken** will, braucht dafür eine **gesetzliche Grundlage**[72].

---

[69] Dazu näher: *Henneke* (Fn. 1), S. 74 f.

[70] OVG Lüneburg, NdsVBl. 2001, 316 ff.

[71] *Nierhaus*, in: GS Tettinger (Fn. 25), S. 317 (322 ff., 333 f.).

[72] *Oebbecke*, LKV 2006, 145 (147).

1. Wem gehören die Sparkassen?

Mit Überlegungen zur Eigentümerstellung und Dispositionsfreiheit sind die die Sparkassen als dritte Säule im deutschen Bankensektor überhaupt erst legitimierenden Erwägungen nicht in Einklang zu bringen. Das BVerfG[73] hat die Sparkassen nur bei Erfüllung eines gesetzlich definierten öffentlichen Auftrags als Einrichtungen der öffentlichen Daseinsvorsorge qualifiziert: **102**

„Es handelt sich weiterhin um (rechtlich selbstständige) kommunale Einrichtungen, hinter denen Gebietskörperschaften als Träger stehen." **103**

Trotz ihrer Verselbstständigung ist die Sparkasse unverändert Teil der mittelbaren Kommunalverwaltung und Glied des Anstaltsträgers. Die **Sparkasse** ist **in ihrem Bestand mit** ihrem **kommunalen Träger unlöslich** und – wie die Auswirkungen kommunaler Neugliederungen zeigen – schicksalhaft **verbunden**. Wegen der öffentlich-rechtlichen Aufgabenerfüllung kann von einer Eigentümerdispositionsbefugnis weder bei den Kommunen noch bei den Sparkassen selbst die Rede sein. Die rechtliche Verselbstständigung der Sparkassen im Jahr 1931 hat nicht zu einer trägerdistanzierten Eigenständigkeit in der Form eines autonomen erwerbswirtschaftlichen Unternehmens geführt. Unabweisbar ist: Die Stellung der Sparkasse als Glied ihres Trägers und ihre Aufgabe der kreditwirtschaftlichen Daseinsvorsorge im kommunalen Raum sind verfassungsrechtlich durch die Rechtsstellung der kommunalen Träger vorgeprägt. Der öffentliche Auftrag der kommunalen Sparkassen hat sich nicht in eine erwerbswirtschaftlich-fiskalische Tätigkeit gewandelt, sondern bedeutet nach wie vor die Erfüllung von Aufgaben der öffentlichen Verwaltung in der Form geld- und kreditwirtschaftlicher Daseinsvorsorge. Der Sparkassenauftrag ist dabei als einheitlicher öffentlicher Auftrag konzipiert. An einer einheitlichen Qualifizierung des öffentlichen Auftrags für den gesamten Aufgabenbereich einschließlich des Geschäftsbankenbereichs ist daher festzuhalten. Das BVerwG[74] hat zum öffentlichen Auftrag der Sparkassen ausgeführt, dass er dem „verfassungsrechtlichen Ziel der Sozialstaatlichkeit" dient. **104**

Das bedeutet: Sparkassen sind rechtsfähige öffentlich-rechtliche Anstalten, also ein Bestand von sächlichen und persönlichen Mitteln, welche in der Hand eines kommunalen Trägers dem in den Sparkassengesetzen der Länder definierten öffentlichen Auftrag dauernd zu dienen bestimmt sind. Sie sind an ihre Aufgabe gebunden. **105**

Anstaltsträger sind die kommunalen Träger, welche die Anstalt errichtet haben, deren Aufgaben sie z.T. wahrnimmt und deren Wille durch sie und in ihr zur Geltung kommt. Der öffentliche Auftrag und die kommunale Einflussnahme machen also den normativen Gehalt der kommunalen Bindung aus. Wie weit diese Einflussnahme reicht, regeln ebenfalls die Sparkassengesetze der Länder. **106**

Wenn Kommunen und Sparkassen um die Abgrenzung ihrer jeweiligen Machtsphären ringen, sollte sich dieses Ringen ausschließlich auf die Detailausgestaltung des Rechtsverhältnisses von Anstaltsträger und Anstalt konzentrieren. Wer dagegen bewusst oder unbewusst die Eigentumsfrage – sei es als Landesgesetzge- **107**

---

[73] BVerfGE 75, 192 (199).

[74] BVerwG, DVBl. 1973, 571 (572).

ber oder aus Sicht der Kommunen bzw. Sparkassen – aufwirft, betreibt letztlich ausschließlich das Geschäft derer, die das bewährte Drei-Säulen-System und/oder die Zweistufigkeit im Bereich des öffentlich-rechtlichen Bankensektors mit Landesbanken und Sparkassen aufbrechen wollen – und zwar durch Verabreichung des süßen Gifts der Einräumung eigentumsartiger Dispositionsbefugnis.

2. Wahrung und Sicherung des kommunalen Aufgabenstandes

108 Erst in jüngster Zeit hat die Frage eine vertiefte Ausleuchtung erfahren, ob es auch bei freiwilligen Selbstverwaltungsaufgaben im Interesse der Leistungserbringung für die Gemeinde- bzw. Kreisangehörigen eine Pflicht der kommunalen Wahrung und Sicherung ihres eigenen Aufgabenbestandes gibt, auch wenn dafür keine einfachgesetzliche Grundlage besteht. Ganz überwiegend wird für freiwillige Selbstverwaltungsaufgaben im Allgemeinen wie für das Vorhalten einer Sparkasse im Besonderen davon ausgegangen, dass es grundsätzlich der **kommunalpolitischen Entscheidung der jeweiligen Kommune** obliegt, ob sie eine freiwillige Selbstverwaltungsaufgabe, die sie einmal übernommen hat, fortführt oder aufgibt. Für den Sparkassensektor haben kürzlich *Pautsch*[75] und *Niggemeyer*[76] diese Frage vertiefend untersucht. Ihre Überlegungen unterstützen jeweils die überkommene Argumentation.

109 Schien die Rechtslage hinsichtlich der Beendbarkeit der Erfüllung freiwilliger Selbstverwaltungsaufgaben ohne darauf bezogene gesetzliche Beschränkungen damit eindeutig, ist seit dem Frühsommer 2009 neues Nachdenken über eine Pflicht der kommunalen Wahrung und Sicherung ihres eigenen Aufgabenstandes und damit auch im Hinblick auf die Auflösbarkeit von Sparkassen geboten. Im Mai 2009 hat das **BVerwG**[77] die Fachöffentlichkeit damit überrascht, dass es sich anlässlich der eher skurrilen Frage des Fortbestehens des Offenbacher Weihnachtsmarktes damit auseinandergesetzt hat, ob und inwieweit eine Kommune wegen Art. 28 Abs. 2 GG daran gebunden ist, den **Kernbestand ihres Aufgabenbereichs auch bei freiwilliger Aufgabenwahrnehmung aufrecht zu erhalten**.

110 Für das Betreiben einer Sparkasse lässt sich hinsichtlich der Einordnung ganz sicher sagen, dass die kommunalwirtschaftlichen Bestimmungen in den Kommunalverfassungen der Länder regelmäßig unterscheiden zwischen

- der Zulässigkeit wirtschaftlicher Betätigung, die regelmäßig einer – im Detail unterschiedlich ausgestalteten – Subsidiaritätsklausel unterworfen ist,
- der nicht wirtschaftlichen Betätigung durch öffentliche Einrichtungen, die für die soziale und kulturelle Betreuung der Einwohner erforderlich sind, und
- Sparkassen, für die besondere Vorschriften gelten.

Um eine – einer wie weit auch immer gefassten Subsidiaritätsklausel unterworfenen – **wirtschaftliche Betätigung** handelt es sich **beim Betreiben einer Sparkasse** eindeutig **nicht**, so dass die diesbezüglich vom BVerwG gemachten Ein-

---

[75] *Pautsch*, DÖV 2005, 990.

[76] *Niggemeyer*, Zulässigkeit und Grenzen von Sparkassenfusionen, 2005, S. 368 ff.

[77] BVerwG, DVBl. 2009, 1382 ff.

schränkungen hinsichtlich des Anwendungsbereichs seiner Rechtsprechung nicht zur Anwendung gelangen.

Die Vorhaltung einer Sparkasse mit der Erfüllung des im Landesrecht spezifizierten öffentlichen Auftrags dürfte zum Wohle der Gemeinde- und Kreisangehörigen mindestens so bedeutsam sein, wie eine solche von Einrichtungen mit „kulturellem, sozialem und traditionsbildendem Hintergrund“. Die vom BVerwG angestellten Erwägungen zur erhöhten Gewinnerzielung privater Anbieter und zum Ausschluss sozial schwächer Gemeindeeinwohner von den Angeboten Privater wegen eines erhöhten Preisniveaus sind für die Erfüllung des öffentlichen Auftrags der Sparkasse genauso heranziehbar, wird damit doch gerade das Fortbestehen eines öffentlichen Auftrags in einem zentralen Bereich legitimiert. **Auf der Grundlage der Argumentation des BVerwG** sprechen daher gewichtige Gründe dafür, davon auszugehen, dass eine Sparkassenträgerkommune zu einer wirksamen Wahrnehmung dieser Angelegenheit der örtlichen Gemeinschaft verpflichtet ist und sich der diesbezüglichen Aufgabenverantwortung nicht entziehen kann, sondern ihr die Sicherung ihres Aufgabenbereichs obliegt, um durch eine wirkungsvolle Selbstverwaltung die effektive Wahrnehmung der ureigenen Sparkassenvorhalteaufgabe sicherzustellen. 111

Die Frage ist allerdings, **ob** die **Argumentation des BVerwG in rechtlicher Hinsicht aufrechterhalten werden kann**. Die behandelte Fallkonstellation ist im Schrifttum bereits mehrfach behandelt worden[78]. Auch ist die Entscheidung der Vorinstanz publiziert worden[79]. Zudem liegen erste Anmerkungen zum Urteil des BVerwG vor[80]. Der Befund ist eindeutig[81]: 112

„Dürfen die Gemeinden ‘frei’ entscheiden, müssen sie auch das **Recht** haben, eine **Aufgabe wieder aufzugeben** oder in den privaten Sektor zu verlagern. Zwar handelt es sich bei Art. 28 Abs. 2 S. 1 GG um eine Kompetenzbestimmung. **Kompetenznormen** entfalten zugleich Bindungswirkungen. Daher dürfte die genannte Vorschrift auch ein **Untermaßverbot** statuieren. Nur wenn es für lebenswichtige Güter oder Dienstleistungen keinen Markt gibt oder es zu einem Marktversagen kommt, erscheint es diskutabel, dem in Art. 28 Abs. 2 S. 1 GG hineingelesenen Untermaßverbot eine, gegebenenfalls durch eigenes Tätigwerden zu erfüllende, **Gewährleistungspflicht** der Gemeinde – etwa in Anlehnung an Art. 87 f Abs. 1 GG – zu entnehmen. 113

Im Ergebnis verkürzt das BVerwG den Selbstverwaltungsspielraum der Gemeinden und ebnet den Unterschied zu den (gesetzlich bestimmten) pflichtigen Selbstverwaltungsaufgaben der Kommunen ein. Zugleich kann die **Versteinerung freiwillig übernommener Aufgaben** angesichts leerer kommunaler Kassen im Ergebnis ein Zuwiderhandeln gegen die Grundsätze der Wirtschaftlichkeit und Sparsamkeit zur Folge haben.“ 114

---

[78] *Schoch*, Jura 2008, 672 (682); *Kahl/Weißenberger*, Jura 2009, 194 (199); zur Grundfrage von Selbstverwaltungsrecht und Selbstverwaltungspflicht: *Tomerius/Breitkreuz*, DVBl. 2003, 426 ff.

[79] VGH Kassel, DÖV 2008, 607 f.

[80] *Ehlers*, DVBl. 2009, 1456 f.; *Schoch*, DVBl. 2009, 1533 ff.

[81] *Ehlers*, DVBl. 2009, 1456 f.; ähnlich *Schoch*, DVBl. 2009, 1533 ff.

115 Die jüngste Rechtsprechung des BVerwG vermag damit zur Frage der Auflösbarkeit von Sparkassen keinen Beitrag zu leisten. Der rechtliche Befund ist eindeutig: Ohne einschränkende gesetzliche Regelungen kann eine Kommune die kommunalpolitische Entscheidung treffen, sich aus der Wahrnehmung von Sparkassenaufgaben zurückzuziehen. Derartige einschränkende gesetzliche Regelungen sind im Sparkassenrecht der Länder allerdings vorhanden.

3. Auflösung und Zwangsfusion

116 Abgesehen von Rechtsnachfolge- und Gebietsanpassungsregelungen bei Gebietsreformen bestehen in den Sparkassengesetzen vieler Länder Ermächtigungen, die den Sparkassenaufsichtsbehörden die Möglichkeit geben, Sparkassen zur Erhaltung und Schaffung ihrer Leistungsfähigkeit **zwangsweise zu vereinigen**, wenn Gründe des öffentlichen Wohls dies im Interesse einer besseren Versorgung der Bevölkerung und Wirtschaft gebieten. Dem vorgelagert wirkt der bei den Sparkassenverbänden angesiedelte **Stützungsfonds als Fusionskatalysator**, da eine Inanspruchnahme dieses Sicherungsmechanismus regelmäßig von bestimmten Auflagen abhängig gemacht wird. Zur förmlichen Anordnung aufsichtsbehördlicher Zwangsfusionen kommt es daher selten. Dass die „selbstregulatorischen Kräfte" der Sparkassenorganisation[82] zumindest Wirksamkeit entfalten, liegt aber auch daran, dass das Instrument der Zwangsfusion „als Folterwerkzeug" bzw. als Reservemechanismus bereitsteht.

117 Im Weiteren stellt sich die Frage, ob bei einer sparkassen-auflösungswilligen Kommune die Sparkassenaufsichtsbehörde dem Genehmigungsersuchen eines auflösungswilligen Sparkassenträgers entgegnen kann, dass die **Fusion als sinnvollerer Weg vorzuziehen** sei. In **Niedersachsen** ist in § 31 NSpG normiert, dass der Auflösung einer Sparkasse zwingend ein ergebnisloser Fusionsversuch voranzugehen hat. Die Sparkassenaufsichtsbehörde kann durch Verordnung die **Trägerschaft** für eine Sparkasse **auf einen anderen Sparkassenträger übertragen**, wenn die Auflösung der Sparkasse nicht anders abzuwenden ist, wenn die **flächendeckende Erfüllung des öffentlichen Auftrags die Übertragung erfordert** und der andere Träger zugestimmt hat. Außerdem ist dort normiert, dass bei einer Auflösung vor Erteilung der Genehmigung die Veräußerung von Vermögenswerten außerhalb des laufenden Sparkassenbetriebs untersagt ist.

118 Mit dieser Regelung trägt der Gesetzgeber in Niedersachsen zum einen dem **öffentlichen Interesse an der flächendeckenden Aufrechterhaltung öffentlicher Sparkassen**, zum anderen aber auch dem **Interesse des Trägers** Rechnung, sich seiner Trägerschaft entledigen zu können. Der normativ verankerte, an gestufte Detailregelungen gebundene Grundsatz: „Fusion vor Auflösung" beinhaltet eine dem **Übermaßverbot Rechnung tragende gesetzliche Einschränkung des Selbstverwaltungsrechts des Sparkassenträgers**. Ein kommunaler Träger kann sich seiner Sparkassenaufgabe entledigen, er hat aber **kein Recht** auf eine **„sparkassenfreie Zone"**. Die Befugnis zur Aufgabe der Trägerschaft umfasst aufgrund der normativen Regelung in Niedersachsen nicht das Recht zur Auflösung der

[82] *Niggemeyer* (Fn. 76), S. 364.

Sparkasse mit dem Ziel, das für die Erledigung öffentlicher Aufgaben nicht mehr benötigte Kommunalvermögen in besonders lukrativer Weise zu verwerten[83].

Ein Sparkassenträger kann sich in Niedersachsen damit zwar aus der Sparkassenaufgabe zurückziehen, er kann aber nicht verhindern, dass die Aufgabenerfüllung auf seinem Territorium anschließend zur Vermeidung eines Vakuums einem anderen öffentlichen Rechtsträger übertragen wird. Nach dem **Willen des niedersächsischen Gesetzgebers** kommt die **Auflösung einer Sparkasse nur als ultima ratio** in Betracht. 119

Ausdrücklich muss hervorgehoben werden, dass durch die Auflösung einer kleinen **Sparkasse einer kreisangehörigen Gemeinde** keine Beeinträchtigung des geld- und kreditwirtschaftlichen Angebots in dem betroffenen Geschäftsgebiet zu erwarten ist, weil die örtliche **Kreissparkasse** aufgrund ihrer wirtschaftlichen Leistungsfähigkeit eine Ausgleichs- und Ergänzungsaufgabe übernehmen kann. In diesem Fall liegen die Voraussetzungen für die Übertragung der Trägerschaft auf einen anderen Sparkassenträger nach § 31 Abs. 2 NSpG nicht vor[84]. Soweit die Einzelfallprüfung eine Übertragung der Trägerschaft der kreisangehörigen Gemeinde auf einen anderen Sparkassenträger ausnahmsweise geboten erscheinen lässt, hat der **Landkreis**, dem die Gemeinde angehört, grundsätzlich **das primäre Zugriffsrecht**, zumal er in seinem Hoheitsgebiet bei Wahrnehmung der Sparkassenaufgabe grundsätzlich vor organisatorischen Übergriffen gebietsfremder Sparkassenträger geschützt ist[85]. 120

Soweit die Sparkassenaufsichtsbehörde die Trägerschaft an einer gemeindlichen Sparkasse durch Rechtsverordnung einem **gebietsfremden Sparkassenträger** (z. B. einem benachbarten Landkreis) überträgt (**„Querzonung“**) und damit als Sparkassenträger den örtlich zuständigen Landkreis übergeht, ist diese Maßnahme nur rechtmäßig, wenn sie durch die in § 31 Abs. 2 S. 1 NSpG genannten überwiegenden Gemeinwohlgründe gerechtfertigt ist. Dies kann der Fall sein, wenn der primär berufene Landkreis einem notwendigen Trägerwechsel nicht zustimmt oder wenn er die mit der Übernahme verbundene kreiskommunale Aufgabe nicht ordnungsgemäß wahrnehmen kann. Ein belastender Eingriff liegt im Übrigen nicht vor, wenn der Landkreis mit der aufsichtsbehördlichen Übertragung der Trägerschaft auf einen gebietsfremden Sparkassenträger einverstanden ist[86] und damit auf die Wahrnehmung der Sparkassenaufgabe in dem betroffenen Geschäftsgebiet verzichtet. 121

Auch in **Nordrhein-Westfalen** ist jüngst in § 31 SpkG geregelt worden, dass die Auflösung der Sparkasse nur in Betracht kommt, wenn eine Vereinigung von Sparkassen ausgeschlossen ist. Im früheren nordrhein-westfälischen Recht war diese Bestimmung in § 35 SpKG a. F. noch nicht enthalten. Bereits zu jener Zeit hat sich die kreisangehörige Stadt Monheim für die **Aufnahme ihrer Sparkasse in die Stadtsparkasse Düsseldorf** entschieden, ohne künftig an dieser Sparkasse beteiligt zu sein. Die Fusion ist also durch Aufnahme, nicht durch Zweckver- 122

---

83 *Koch*, NVwZ 2004, 578 (580); *Berger*, NSpG, 2. Aufl. 2006, § 31 Rn. 1.
84 Zutreffend *Berger* (Fn. 83), § 31 Rn. 4.
85 *Berger* (Fn. 83), § 31 Rn. 4.
86 Dazu auch: *Oebbecke*, ZHR 2000, 375 (388).

bandsbildung erfolgt. Bei einem Zusammengehen mit der Kreissparkasse Düsseldorf hätte die kreisangehörige Stadt Monheim demgegenüber Mitglied des Sparkassenzweckverbandes werden können. Stattdessen hat sie sich für die höhere Dotierung des Angebots der Stadtsparkasse Düsseldorf entschieden[87].

123 Bei diesem Vorgang ist festzustellen, dass es dabei offenkundig nicht um die angemessene Organisation einer Verwaltungsaufgabe, sondern um einen allein nach ökonomischen Maßstäben zu beurteilenden „Deal" gegangen ist. Hinzu kommt, dass landesrechtlich in Nordrhein-Westfalen vor einiger Zeit auf die Vorgabe einer gemeinsamen Gebietsgrenze der Träger verzichtet worden ist. Damit sind die Aktionsmöglichkeiten entsprechend starker Sparkassen, sich aus reinen „Shareholder-Interessen" in andere Gebiete einzukaufen, faktisch erweitert worden. Die richtige Lösung hätte darin bestanden, dass bei einer Auflösung der Sparkasse Monheim die **zuständige Kreissparkasse Düsseldorf** das **Gebiet der kreisangehörigen Gemeinde mitversorgt** hätte.

4. Asset-Deal von Stralsund

124 Im November 2003 wurden Pläne der Hansestadt Stralsund bekannt, alle bzw. wesentliche **Vermögenswerte** der Sparkasse Stralsund **im Wege der Einzelrechtsnachfolge** an einen privaten Investor **zu veräußern**. **Im Anschluss** daran wäre lediglich eine „leere Hülle" der Sparkasse übrig geblieben, die dann im Zuge der **Liquidation** aufgelöst werden sollte. Im Fokus dieses „Asset-Deals" stand der **Präzedenzfall** für eine mögliche **Durchbrechung des Drei-Säulen-Systems** aus öffentlich-rechtlichen Kreditinstituten, Genossenschaftsbanken und Privatbanken. Von Seiten der Hansestadt Stralsund wurde mit dem Charakter des Sparkassenbetriebs als freiwilliger Selbstverwaltungsaufgabe argumentiert. Wenn sie keine Bankgeschäfte mehr betreiben wolle, können sie die Sparkasse als Anstalt auflösen. Der in Aussicht genommene Asset-Deal diene der bestmöglichen Verwertung des Vermögens. Die Landesregierung in Mecklenburg-Vorpommern erklärte dagegen, dass der Verkauf einer Sparkasse rechtlich nicht zulässig und die Umwandlung der Sparkasse als Anstalt öffentlichen Rechts in eine private Gesellschaft nicht möglich sei. Daher stelle der geplante Asset-Deal eine unzulässige Umgehung dar. Durch heftige Proteste der Bevölkerung mit dem Ziel der Durchführung eines Bürgerentscheids einerseits und einer Änderung des Sparkassengesetzes von Mecklenburg-Vorpommern andererseits fanden die Pläne schließlich im März 2004 ein abruptes Ende[88].

125 Mit der **Sparkassengesetzänderung** wurde das **Ziel** verfolgt, eine **flächendeckende kommunale Sparkassenstruktur** zu **erhalten**. Dazu sei der Vereinigung einer Sparkasse mit einer anderen der Vorrang vor ihrer Auflösung, also der Liquidation, einzuräumen. Aber auch nach dem seinerzeit bestehenden Recht war das Vorhaben der Hansestadt Stralsund rechtlich unzulässig. Die Sparkassengesetze der Länder sehen keine Privatisierung von Sparkassen vor. Eine Sparkasse kann

[87] Dazu: *Oebbecke*, in: ders. u. a. (Hrsg.), Aktuelle Fragen der Sparkassenpolitik, 2002, S. 52 (60).

[88] Ausführliche Darstellung bei *Meyer*, NJW 2004, 1700 (1701).

zwar grundsätzlich Einzelgeschäfte durchführen, jedoch ist eine Grenze bei der Veräußerung dann erreicht, wenn der in den Sparkassengesetzen geforderte **öffentliche Auftrag** nicht mehr wahrgenommen werden kann. Seine Erfüllung ist für die Wahrnehmung der Sparkassenaufgabe jedes Trägers **Verpflichtung und Begrenzung zugleich**. Eine nach einem Asset-Deal ausgehöhlte, jeglicher Substanz entkleidete Sparkasse kann dieser gesetzlichen Anforderung nicht mehr gerecht werden. Daher **endet die Zulässigkeit des Verkaufs von Sparkassenvermögen** dort, wo die **Erfüllung des öffentlichen Auftrags nicht mehr möglich** ist. Ein Asset-Deal, dem im Anschluss eine Liquidation der Sparkasse folgt, ist daher sparkassenrechtlich ausgeschlossen[89].

In § 28 Abs. 6 SpkG MV[90] ist nunmehr der umgekehrte, bis dahin zulässige **126**
Fall geregelt, dass ein Sparkassenträger die **Trägerschaft durch Auflösung der Sparkasse aufgeben** will und sich die Sparkasse nicht in einer Situation fehlender Leistungsfähigkeit befindet. Der Träger hat dann seine Aufgabebereitschaft der Sparkassenaufsichtsbehörde anzuzeigen. Diese wird dadurch kraft Gesetzes ermächtigt, im Einvernehmen mit der obersten Kommunalaufsichtsbehörde eine **Vereinigung von benachbarten Sparkassen** im Wege der Aufnahme durch Rechtsverordnung herbeizuführen, um die Erfüllung des sparkassengesetzlichen Auftrags durch eine Sparkasse sicherzustellen. Der anzeigende Träger ist im Rahmen der Vereinigung von seiner Trägerschaft zu entbinden. Die Übertragung der Trägerschaft bedarf der Zustimmung des Trägers der aufnehmenden Sparkasse. Ist kein Träger einer benachbarten Sparkasse bereit, der Übertragung zuzustimmen, kann die Aufnahme durch eine nicht-benachbarte Sparkasse erfolgen. Die beteiligten Landkreise oder kreisfreien Städte oder die aus diesen gebildeten Zweckverbände und der OSV sind zu hören.

Im Falle fehlender Leistungsfähigkeit kann aus Gründen des öffentlichen **127**
Wohls eine **Zwangsfusion** herbeigeführt werden. Der Träger kann also nur die Verantwortung für ein intaktes Institut abgeben und wird gesetzlich daran gehindert, seine Sparkasse sehenden Auges in schwieriges Fahrwasser geraten zu lassen und sich dann von der Verantwortung loszusagen[91]. Auch nach dieser gesetzlichen Regelung bleibt das Betreiben der Sparkasse eine **freiwillige Selbstverwaltungsaufgabe**. Jeder Sparkassenträger hat es damit nach wie vor selbst in der Hand zu entscheiden, ob auf seinem Territorium eine Sparkasse mit einem anderen Träger mit oder ohne eigene Einflussmöglichkeiten tätig werden darf. Er hat es dagegen **nicht in der Hand, ob** es zu einer **Auflösung der Sparkasse und** damit zu einer **Auskehr des Vermögens** kommt. Die Garantie kommunaler Selbstverwaltung wird durch diese Regelung nicht verletzt. Bei einem Rückzug einer Kommune aus der Trägerverantwortung für eine Sparkasse bestehen – anders als etwa bei den durch manche kommunalwirtschaftsrechtliche Regelungen legalisierten Expansionsbestrebungen von Stadtwerken in angrenzende Gemeinden – keine widerstreitenden Interessen, wenn der Gesetzgeber insoweit den Handlungsspielraum einer Kommune über deren eigenes Trägergebiet hinaus erweitert. Die **Vorrangent-**

[89] *Geerlings*, NordÖR 2004, 181 (184 f.).
[90] GVOBl. MV 2006, 98 f.
[91] *Meyer*, NJW 2004, 1700 (1702).

scheidung des Gesetzgebers **für die Aufrechterhaltung eines flächendeckenden Netzes von Sparkassen** zur Sicherstellung der Versorgung der Bevölkerung und des Handwerks und Mittelstandes mit Geld- und kreditwirtschaftlichen Leistungen gegenüber einem Anspruch des bisherigen Trägers auf Erlösauskehr im Falle der Auflösung, von *Hubert Meyer*[92] als „Resteverwertung" charakterisiert, ist mit Art. 28 Abs. 2 GG vereinbar.

128 Gerade im Gesetzgebungsverfahren in Mecklenburg-Vorpommern ist die Notwendigkeit des ungeschmälerten Erhalts des Verbundes der Sparkassenfinanzgruppe als Bedingung zur Erfüllung des öffentlichen Auftrags der Sparkassen eindrucksvoll herausgearbeitet worden. Das Sparkassengesetz Mecklenburg-Vorpommern geht wie die Sparkassengesetze der anderen Länder auch von der Regel aus, dass **nur** eine **Sparkasse** eine **geeignete Einrichtung zur Sicherstellung des öffentlichen Auftrags** darstellt. Bei ihrer Entscheidung hat die Sparkassenaufsichtsbehörde daher auch die fortwährende Sicherstellung des öffentlichen Auftrags durch die anderen, durch die konkrete Vereinigung nicht unmittelbar betroffenen Sparkassen des Landes im Blick zu behalten[93].

129 Mit seiner anlassbezogenen Neuregelung ist der Landtag in Mecklenburg-Vorpommern einem **Aufbrechen der öffentlich-rechtlichen Rechtsform der Sparkassen zu Recht konsequent entgegengetreten**. Der darin liegende **Eingriff in die Organisationshoheit** der einzelnen Sparkassenträger ist gerade durch das Spezifikum der **Aufgabenerfüllung im Wettbewerb bei notwendiger Zusammenarbeit im Verbund legitimiert**. Die für die Erfüllung des öffentlichen Auftrags der Sparkassen gebotene Wirtschaftlichkeit der Strukturen lässt sich nämlich nur herstellen, wenn nicht in jedem Trägergebiet Insellösungen kraft kommunalrechtlicher Organisationshoheit hergestellt werden[94]. Die Verbundstrategie tritt mithin zur notwendigen Erfüllung des öffentlichen Auftrags als Legitimationsgrundlage hinzu und rechtfertigt nach wie vor die einheitliche öffentliche Rechtsform als Eingriff in die kommunale Selbstverwaltungsgarantie[95].

5. Schutz vor Entzug

130 Kommunale Sparkassen bedürfen als Anstalten des öffentlichen Rechts der normativen Ausgestaltung durch den Landesgesetzgeber. Dieser Umstand weist für die Sparkassen zahlreiche Vorteile auf, birgt aber auch gewisse Gefahren, die dadurch verstärkt werden, dass die **Sparkassen** nicht nur **Ausgestaltungsgegenstand des Landesgesetzgebers**, sondern zum Teil auch **„Objekt der Begierde" der Länder als Beteiligte an Landesbanken** sind. Immer wieder liegt aus Landessicht die Versuchung nahe, das Geschäftsmodell der jeweiligen Landesbank zu Lasten und auf Kosten der Sparkassen zu stärken bzw. Landesbanken und Sparkassen vertikal zu fusionieren.

---

92 *Meyer*, NJW 2004, 1700 (1702).

93 *Meyer*, NJW 2004, 1700 (1702).

94 Dazu ausführlich: *Henneke*, Der Landkreis 2004, 13 (17 f.).

95 Zutreffend: *Meyer*, NJW 2004, 1700 (1704).

In verfassungsrechtlicher Hinsicht sind die Fragen von in die kommunale Selbstverwaltungsgarantie eingreifenden Formen unzulässiger Mischverwaltung vom landesgesetzlichen Entzug der kommunalen Sparkassenträgerschaft zu trennen. 131

Zunächst kann der Entzug einer kommunalen Sparkassenträgerschaft durch die **zwangsweise Bildung von kommunalen Sparkassenzweckverbänden** erfolgen, bei der die Kommune zwar ihre alleinige Trägerschaft verliert, stattdessen aber die Mitgliedschaft im gebildeten Zweckverband erlangt. Für eine solche Maßnahme bedürfte es der Rechtfertigung durch überwiegende Gemeinwohlgründe, die einer Prüfung am Übermaßverbot standhalten[96]. 132

Ein völliger Entzug der Trägerschaft der kommunalen Sparkasse, bei dem diese **auf einen neuen Träger übergeht**, stößt dagegen auf hohe verfassungsrechtliche Hürden, zumal grundsätzlich mit einem Zuständigkeitswechsel die zur Wahrnehmung der Aufgabe erforderlichen **Vermögensgegenstände bei fortbestehendem öffentlichen Auftrag** als zweckgebundenes Vermögen entschädigungslos mit auf den neuen Aufgabenträger **übergehen.** Für den bisherigen Träger wird der Verlust des übergangenen Vermögenswertes durch die gleichzeitige Befreiung von der Aufgabenlast kompensiert[97]. Die Zulässigkeit eines solchen Entzugs der kommunalen Trägerschaft an Sparkassen durch landesrechtliche Maßnahmen hat jedoch gravierende verfassungsrechtliche Hürden aus der Garantie kommunaler Selbstverwaltung zu überwinden, wobei nach der verfassungsgerichtlichen Rechtsprechung insoweit die Gemeinden über einen stärkeren verfassungsrechtlichen Schutz als die Gemeindeverbände verfügen. Dafür, dass gegenwärtig überwiegende Gemeinwohlgründe für eine Hochzonung der Sparkassenträgerschaft auf nicht kommunale Träger vorgebracht werden können, ist nichts ersichtlich. 133

Daneben ist die Frage problematisiert worden, ob beim **Entzug einer bisher freiwillig erfüllten Selbstverwaltungsaufgabe** – dabei handelt es sich beim Betreiben einer kommunalen Sparkasse – ein **entschädigungsloser Vermögensübergang** auf den neuen Aufgabenträger gesetzgeberisch angeordnet werden kann[98]. Schließlich hätte das für die Erfüllung solcher Aufgaben gebundene Vermögen von der Kommune insoweit auch anders eingesetzt werden können. Würde es der Kommune ohne Ausgleich entzogen, würde sie gegenüber solchen Kommunen ungleich behandelt, welche sich niemals mit dieser Aufgabe befasst haben. Wenn Kommunen die Trägerschaft über eine Sparkasse haben, hätten sie sich in der Vergangenheit gegen einen entsprechenden Ausgleich von ihrer Trägerschaft als Gemeinde etwa zugunsten des Kreises trennen können. Vielfach haben Kommunen auch freiwillig Überschüsse in der Sparkasse belassen und auf Ausschüttungen verzichtet. Jedenfalls haben sie den mit der Trägerschaft verbundenen Dis- 134

96 *Oebbecke*, LKV 2006, 145 (148).

97 Dazu VerfGH Münster, NWVBl. 2001, 340 (347); mit bewertenden Anmerkungen von *Henneke*, DÖV 2002, 463 ff. sowie *ders.*, ZG 2002, 72 ff.; siehe dazu auch *Geerlings*, NordÖR 2004, 181 (186 f.).

98 *Schink*, Rechtsnachfolge bei Zuständigkeitsveränderungen in der öffentlichen Verwaltung, 1984, S. 121 ff.; *Oebbecke*, LKV 2006, 145 (148 f.); siehe dazu auch *Geerlings*, NordÖR 2004, 181 (186).

positionsaufwand getragen[99]. Deshalb kann man mit guten Argumenten zu dem Ergebnis kommen, dass in der Regel ein finanzieller Ausgleich zu zahlen sein wird, falls überhaupt Gemeinwohlgründe den völlig Entzug der kommunalen Sparkassenträgerschaft rechtfertigen sollten.

IV. Mischverwaltungsverbot und Zusammenarbeit im Verbund

135 Die Verteilung der Kompetenzen im GG überhaupt und damit auch die bei der Gesetzesausführung einschließlich der von der Garantie kommunaler Selbstverwaltung erfassten Aufgaben steht nicht zur Disposition von Bund, Ländern und ihren Kommunen. Sie ist schlechthin zwingend und darf weder verschoben noch unterlaufen werden. **Mit der Zuweisung einer Kompetenz ist die Verpflichtung verbunden**, diese **Kompetenz auch wahrzunehmen**. Dieser Verpflichtung darf sich kein Kompetenzträger durch Weiterübertragung seiner Kompetenzen auf die je andere Ebene im Bundesstaat entziehen. Abgesehen von den im GG ausdrücklich geregelten oder zugelassenen Fällen besteht daher ein **grundgesetzliches Verbot der Mischverwaltung**. Ende 2007 hat sich das BVerfG[100] grundlegend mit dem grundgesetzlichen Verbot der Mischverwaltung am Beispiel der Arbeitsgemeinschaften nach § 44 b SGB II befasst und dieses auch auf die Gemeinden und Kreise erstreckt. Die behandelte Problematik – hier zwischen Bund und Kommunen – hat große Ähnlichkeit mit Fragestellungen, die der SächsVerfGH[101] im Zusammenhang mit der Bildung des Sachsen-Finanzverbandes zu entscheiden hatte:

136 „**Die Übertragung der Trägerschaft** kommunaler Sparkassen auf den Verband führt für die betreffende Selbstverwaltungskörperschaft zu einer Veränderung des Aufgabenbestandes, die dem **Verlust der Selbstverwaltungsaufgabe des eigenverantwortlichen Betreibens** der örtlichen Sparkasse gleich kommt. Insoweit ist die Eigenverantwortlichkeit kommunaler Betätigung wegen weitgehender Einwirkungsbefugnisse des Verbandes bis hin zu Devolutiv-, Selbstentscheidungs- und Durchführungsrechten nicht mehr gewährleistet.

137 Die dem bisherigen Träger verbleibende mittelbare Einflussnahme auf die Verwaltung der eingebrachten Sparkasse hat angesichts weitreichender Befugnisse des Verbandes, die von der Richtlinienkompetenz bis zu konkreten Personalentscheidungen reichen, **nicht mehr** den **Charakter eigenverantwortlicher kommunaler Aufgabenwahrnehmung**.

138 Die Mitwirkung der bisherigen Träger an den Entscheidungen der Anteilseignerversammlungen des Verbandes kann den Verlust an Eigenverantwortlichkeit nicht ausgleichen."

139 Maßgeblich kommt es insoweit natürlich auf die konkrete Ausgestaltung im Einzelfall an. Wichtig ist es aber, darauf hinzuweisen, dass insbesondere **vertikalen Fusionen fundamentale verfassungsrechtliche Probleme** inne wohnen, de-

[99] *Oebbecke*, LKV 2006, 145 (149).
[100] BVerfGE 119, 331 (361 ff.).
[101] VerfGH Leipzig, LVerfGE 11, 393 (409 f., 411).

nen **auch durch freiwillige Lösungen nicht begegnet** werden kann, führt doch der SächsVerfGH[102] insoweit zutreffend aus:

„Dass die Übertragung kommunaler Sparkassen auf den Verband nicht vom Gesetzgeber angeordnet, sondern der Entscheidung der bisherigen Träger überlassen wurde, schließt eine Beeinträchtigung der Rechtsinstitutionsgarantie kommunaler Selbstverwaltung nicht aus. Unabhängig von der Freiwilligkeit des Beitritts zum Finanzverband liegt ein **Eingriff in die Selbstverwaltungsgarantie** darin, dass das objektiv-rechtliche **Prinzip dezentraler Aufgabenverteilung** durch die Übertragung der Trägerschaft einer kommunalen Sparkasse auf den vom Freistaat Sachsen errichteten und maßgeblich beeinflussten Verband **durchbrochen** wird. 140

Die **Ermächtigung zur Übertragung kommunaler Sparkassen auf den Sachsen-Finanzverband durchbricht** – unabhängig von der Freiwilligkeit der Übertragung – das aus der Rechtsinstitutionsgarantie kommunaler Selbstverwaltung abzuleitende **verfassungsrechtliche Prinzip dezentraler Aufgabenverteilung**. Mit dem Vorrang dezentral-kommunaler vor zentraler, staatlich determinierter Aufgabenerfüllung begründet das aus der Selbstverwaltungsgarantie abzuleitende Prinzip dezentraler Aufgabenverteilung ein Regel-Ausnahme-Verhältnis. Es gibt dem zuständigkeitsregelnden Gesetzgeber einen vom Willen der betroffenen Kommunen unabhängigen verfassungsrechtlichen Verteilungsmaßstab, der seine Wurzeln im verfassungsrechtlichen Demokratieprinzip findet. **Mit dem Prinzip dezentraler Aufgabenverteilung** wäre es deshalb **nicht vereinbar**, wenn der Gesetzgeber im großen Umfang kondominiale Strukturen schaffen oder dazu ermächtigen wollte, dass **an die Stelle eigenständiger, örtlich-demokratisch legitimierter kommunaler Selbstverwaltungstätigkeit** die **Aufgabenwahrnehmung durch staatliche** oder **vom Staat mit getragene** und maßgeblich beeinflusste **Verwaltungsträger** treten würde – sei es auch unter Beteiligung kommunaler Körperschaften an einer nun nicht mehr eigenverantwortlichen, sondern staatlich geleiteten oder zumindest teilweise staatlich determinierten Aufgabenerfüllung. 141

Die **Träger kommunaler Selbstverwaltung** sind ihrerseits verfassungsrechtlich **gehindert**, sich ihrer **Verantwortung** und dem Erfordernis unmittelbar-demokratischer Kontrolle ihrer Aufgabenwahrnehmung beliebig **durch** eine **einvernehmliche Übertragung örtlicher Selbstverwaltungsaufgaben auf staatlich mit getragene** und beeinflusste **Träger zu entziehen**. 142

Die Garantie kommunaler Selbstverwaltung erschöpft sich nicht in subjektiv-rechtlichen Gewährleistungen, sondern hat auch kompetenzrechtlichen Charakter. Sie unterscheidet sich von anderen Kompetenzzuweisungen lediglich dadurch, dass sie nicht zur Wahrnehmung der Selbstverwaltungsaufgaben verpflichtet, sondern den Kommunen im Rahmen des Gesetzesvorbehalts das Ob und Wie der Aufgabenwahrnehmung 'unter eigener Verantwortung' freistellt. Daraus folgt aber **nicht**, dass die **Aufgabenzuständigkeit selbst oder** die **Eigenverantwortlichkeit** der Aufgabenerfüllung für die kommunalen Selbstverwaltungskörperschaften **verfügbar** wären. Sie stehen ebenso wenig zu ihrer Disposition wie zur freien Verfügung des staatlichen Gesetzgebers. Auch die freiwillig-einvernehmliche Übertra- 143

[102] VerfGH Leipzig, LVerfGE 11, 393 (411 ff.).

gung auf einen überkommunalen Verwaltungsträger beeinträchtigt den Vorrang dezentral-kommunaler Aufgabenerfüllung."

144 Abschließend hebt der SächsVerfGH[103] allerdings hervor, dass die Durchbrechung des Prinzips dezentraler Aufgabenverteilung verfassungsrechtlich gerechtfertigt sein kann und führt insoweit grundsätzlich aus:

145 „Mit der Übertragung der Trägerschaft wird eine Verlagerung der Aufgabenzuständigkeit von der kommunalen Selbstverwaltungskörperschaft auf einen staatlich geschaffenen, durch staatliche Beteiligung und maßgeblichen staatlichen Einfluss geprägten Träger geregelt. Diese **Aufgabenverlagerung kommt** einem **Aufgabenverlust** der betroffenen Selbstverwaltungskörperschaft **gleich** und **bewirkt**, insoweit einer gesetzlichen 'Hochzonung' von Selbstverwaltungsaufgaben vergleichbar, eine **Einbuße unmittelbar örtlich-demokratischer Gestaltungsmöglichkeiten**, Kontrolle und Legitimation. Beteiligungs- und Mitwirkungsrechte, die den Selbstverwaltungskörperschaften als Gegenleistung für eine Übertragung ihrer Einrichtungen in einer kondominialen Strukturen des staatlichen Trägers eingeräumt werden, können ebenso wie die Heranziehung zur Aufgabenerfüllung unter dessen Leitung weder den Verlust eigenverantwortlicher Selbstverwaltung noch die Verkürzung örtlich-demokratischer Legitimation ausgleichen. Vielmehr erschwert das Kondominium eine wirksame örtlich-demokratische Kontrolle zusätzlich, indem es die **Grenzen kommunaler und staatlicher Verantwortung** für die Verwaltungstätigkeit des neuen Trägers verwischt. Durch überwiegende Gemeinwohlgründe ist die Ermächtigung zur Verlagerung kommunaler Aufgaben auf staatlich errichtete, mit getragene oder maßgeblich beeinflusste Träger gerechtfertigt, wenn sie zur Sicherstellung ordnungsgemäßer Aufgabenerfüllung erforderlich ist. Dagegen können Gesichtspunkte der Verwaltungsvereinfachung oder Zuständigkeitskonzentration keine Durchbrechung des Prinzips dezentraler Aufgabenverteilung legitimieren. Gründe der Wirtschaftlichkeit und Sparsamkeit genügen nur, wenn die ausschließlich dezentral-kommunale Aufgabenerfüllung zu einem unverhältnismäßigen Kostenanstieg führen würde."

146 Die Garantie kommunaler Selbstverwaltung hindert die Aufgabenwahrnehmung im Verbund also nicht, gibt aber verbindlich vor, dass eine gewichtige Verantwortung für die spezifischen Sparkassen „vor Ort" verbleiben muss. Insofern werden die allgemeinen Erkenntnisse des Rastede-Beschlusses[104] sachgerecht auf das kommunale Sparkassenwesen übertragen.

147 Bisher hat die sächsische Regelung in anderen Bundesländern keine Nachahmung gefunden, wenngleich in der Finanzkrise seit Herbst 2008 immer wieder entsprechende Vertikalisierungsvorschläge unterbreitet worden sind. Ohne die deutlichen Ausführungen des SächsVerfGH wäre es indes nicht von der Hand zu weisen, dass auch in den anderen Ländern eine Neustrukturierungsdiskussion ohne Berücksichtigung des entscheidenden verfassungsrechtlichen Ankers, nämlich Art. 28 Abs. 2 GG geführt worden wäre. Um so bedeutsamer ist es, dass der SächsVerfGH sehr deutlich herausgearbeitet hat, dass die Diskussion über die **Weiterentwicklung des Sparkassenwesens am Maßstab der Garantie kommunaler**

[103] VerfGH Leipzig, LVerfGE 11, 393 (416 f.).
[104] BVerfGE 79, 127.

Selbstverwaltung zu führen ist. Damit werden die Wettbewerbserfordernisse vom SächsVerfGH keinesfalls negiert. Die Behauptung von Sparkassen im Wettbewerb ist aber nicht Selbstzweck, sondern dient der ordnungsgemäßen Erledigung der Sparkassenaufgaben und insbesondere der Sicherstellung der Erfüllung des öffentlichen Auftrags der Sparkassen für die Zukunft.

In unmittelbarer Anknüpfung an den Rastede-Beschluss des BVerfG[105], stellt der SächsVerfGH heraus, dass die **Garantie kommunaler Selbstverwaltung** neben der Rechtssubjektsgarantie und der subjektiven Rechtstellungsgarantie als bedeutsamste Garantieebene eine objektive Rechtsinstitutionsgarantie beinhaltet, aus der ein verfassungsrechtliches **Prinzip dezentraler Aufgabenverteilung** folgt, das vom zuständigkeitsverteilenden Gesetzgeber zu beachten und für Angelegenheiten mit relevantem örtlichen Charakter wie dem Errichten und Betreiben einer kommunalen Sparkasse einen Vorrang dezentral-kommunaler vor zentraler, staatlich-determinierter Aufgabenerfüllung begründet. Daher beeinträchtigt die gesetzliche Ermächtigung, die Trägerschaft kommunaler Sparkassen auf den Sachsen-Finanzverbund zu übertragen, die objektive Rechtsinstitutionsgarantie kommunaler Selbstverwaltung. Weil die bisher kommunale Sparkasse bei einer Übertragung allein von einem staatlich errichteten und staatlich maßgeblich beeinflussten Verband getragen wird, führt sie für die betreffende Kommune zu einer Veränderung (= Reduzierung) ihres Aufgabenbestandes. Hier setzt der SächsVerfGH an und kommt zu dem Befund, dass die gesetzliche Ermöglichung dieses Vorgangs dem Verlust der **Selbstverwaltungsaufgabe „Eigenverantwortliches Betreiben der örtlichen Sparkasse“** gleichkommt, der durch die verbleibende mittelbare Einflussnahme auf die Verwaltung der eingebrachten Sparkasse angesichts weitreichender Befugnisse des Verbands von der Richtlinienkompetenz bis zur konkreten Personalentscheidung und die Mitwirkung der bisherigen Träger an den Entscheidungen der Anteilseignerversammlung des Verbandes nicht kompensiert wird. 148

Unter verfassungsrechtlichen Gesichtspunkten kam es entscheidend auf die Frage an: Kann die **gesetzliche Ermächtigung zur freiwilligen Aufgabenübertragung** der freiwillige Selbstverwaltungsaufgabe „Eigenverantwortliches Betreiben der kommunalen Sparkasse“ auf den staatlich dominierten Sachsen-Finanzverband **gegen die Garantie kommunaler Selbstverwaltung verstoßen**? Der SächsVerfGH beantwortet diese Frage mit einem eindeutigen „Ja“, da die Ermächtigung zur Übertragung kommunaler Sparkassen auf den Sachsen-Finanzverband das aus der Rechtsinstitutionsgarantie kommunaler Selbstverwaltung abgeleitete, vom Willen der betroffenen Kommune unabhängige verfassungsrechtliche Prinzip dezentraler Aufgabenverteilung durchbricht. Wegen seiner spezifischen, im Demokratieprinzip wurzelnden Funktion bedarf dieses materielle Aufgabenverteilungsprinzip der Einhaltung und kann **weder durch den Gesetzgeber noch durch die Träger der Selbstverwaltung zur Disposition gestellt** werden. Eine Kompetenz trägt zugleich auch die Verpflichtung in sich, **sie eigenverantwortlich** auszufüllen. Eigenverantwortung ist aber nur möglich, wo der Inhaber der Kompetenz bei der Aufgabenerfüllung – im Rahmen gesetzlicher Vorgaben – allein entscheiden kann. Der auch für die Kommunen geltende Grundsatz 149

[105] BVerfGE, 79, 127.

der eigenständigen Aufgabenwahrnehmung steht in engem Zusammenhang mit der durchweg anerkannten Feststellung von der prinzipiellen Unverfügbarkeit zugewiesener Kompetenzen[106].

150 Daher trifft es zu, dass den Trägern kommunaler Selbstverwaltung verfassungsrechtlich die Dispositionsbefugnis fehlt, sich ihrer Verantwortung und dem Erfordernis unmittelbar-demokratischer Kontrolle ihrer Aufgabenwahrnehmung beliebig durch eine einvernehmliche Übertragung kommunaler Selbstverwaltungsaufgaben auf staatlich mit getragene und beeinflusste Träger zu entziehen. Bei **freiwilligen Selbstverwaltungsaufgaben** besteht ein **fundamentaler Unterschied**, ob eine bestimmte Aufgabe von einer Kommune **nicht (mehr) wahrgenommen** wird, was der kommunalpolitischen Entscheidung unterliegt, **oder** ob eine solche Aufgabenzuständigkeit oder Eigenverantwortlichkeit der Aufgabenerfüllung **auf einen anderen staatlich dominierten Träger übertragen** wird. Genau dies ermöglicht aber der Gesetzgeber, um so ein vom Freistaat dominiertes Kondominium staatlicher und kommunaler Verwaltungsträger in einem originär kommunalen Aufgabenbereich zu schaffen.

V. Öffentlicher Auftrag

151 Dass es sich beim Sparkassenwesen überkommener Weise und immer noch um eine **kommunale Aufgabe** handelt, ist bereits deutlich herausgearbeitet und mit Rechtsprechungshinweisen belegt worden. Damit ist zugleich die Frage beantwort, dass die Sparkassen einen „**öffentlichen Auftrag**" erfüllen. Rechtsdogmatisch ist dieser Begriff ohne spezifischen Gehalt. In der herkömmlichen Terminologie beschreibt er den von einer Kommune, die insoweit mit einer Einschätzungsprärogative versehen ist (→ § 41 Rn. 27), bejahten und näher zu **spezifizierenden** „öffentlichen Zweck" beim Zugriff auf eine Aufgabe der Daseinsvorsorge, um diese Aufgabe – im Rahmen einer gesetzlichen Ermächtigung – für die eigene Bevölkerung zu erfüllen. Der Begriff des „öffentlichen Auftrags" ist im Sparkassenwesen jedoch eingeführt und soll daher auch hier im soeben umschriebenen Sinne Verwendung finden.

152 Durch die enorm gestiegenen Ansprüche im Bereich der Finanzdienstleistungen sind die Aufgaben der Sparkasse sukzessive gewachsen. Die veränderten Ansprüche, die eine zeitgemäße Ausformung des öffentlichen Auftrags durch den Gesetzgeber und ihre Spezifizierung durch den jeweiligen Träger gebieten, haben aber zu keiner Änderung der Gemeinwohlorientierung der Sparkassen geführt[107]. Die Metamorphose der Sparkassen von Kapitalsammelstellen zu modernen Kreditinstituten hat ihren öffentlichen Auftrag nicht in eine erwerbswirtschaftlich-fiskalische Tätigkeit gewandelt[108]. Dieser Bewertung liegt die Feststellung zugrunde, dass es keinen feststehenden Fächer öffentlicher Aufgaben gibt. Viel-

[106] *Becker*, SächsVBl. 2001, 109 (113); *ders.*, LKV 2001, 201 (202 f.).

[107] *Schlierbach/Püttner* (Fn. 27), S. 28; *Geerlings*, in: GS Tettinger (Fn. 25), S. 231 (233); *ders.*, NordÖR 2004, 181 (183).

[108] *Nierhaus*, DÖV 1984, 662 (666).

mehr kommt dem zuständigen Gesetzgeber – für das Sparkassenwesen dem Landesgesetzgeber – das Primat der Aufgabenbestimmung zu, wobei die **Bestimmung einer Aufgabe als öffentliche**, insbesondere unter Grundrechtsgesichtspunkten, **der besonderen Legitimation bedarf**. Dass die Sparkassen also etwa gewichtige Arbeitgeber mit einer außerordentlich hohen Ausbildungsrate sind und sie überdies im Vergleich zu den Privatbanken ein sehr hohes Maß an Steuerleistungen erbringen, ist in höchstem Maße anerkennenswert – allerdings kein Legitimationsgrund für die spezifisch öffentliche Aufgabenwahrnehmung. Auch ist es dem Gesetzgeber, der besonderer Gründe der Legitimation für die Charakterisierung einer Aufgabe als öffentliche bedarf, verwehrt, lediglich den Status quo überkommener Aufgabenwahrnehmungen festzuschreiben. Überdies ist zu fordern, dass sich die gesetzliche Aufgabenumschreibung und die reale Aufgabenwahrnehmung im wesentlichen entsprechen müssen.

Um den vorgenannten Gesichtspunkten in austarierter Weise dem allgemeinen System des kommunalen Wirtschaftsrechts entsprechend Rechnung zu tragen, habe ich Anfang 2000[109] vorgeschlagen, die entsprechenden Bestimmungen der Sparkassengesetze der Länder wie folgt zu fassen: **153**

„Sparkassen sind selbständige kommunale Unternehmen mit der Aufgabe, **154**

- für ihr Geschäftsgebiet
- die flächendeckend angemessene und ausreichende Versorgung
- insbesondere des Mittelstands und der wirtschaftlich schwächeren Bevölkerungskreise
- mit geld- und kreditwirtschaftlichen Leistungen
- sicherzustellen. Sie
- unterstützten und ergänzen die Aufgabenerfüllung des Trägers
- im wirtschaftlichen, regionalpolitischen, sozialen und kulturellen Bereich
- unter Wahrung der Markterfordernisse."

Mit einer solchen Formulierung wird folgenden Gesichtspunkten Rechnung getragen: **155**

- Die in den Sparkassengesetzen angeordnete **kommunale Verfasstheit** wird festgeschrieben. **156**
- Die Formulierung „**selbständige kommunale Unternehmen**" knüpft an die inzwischen übliche terminologische Bezeichnung für Anstalten des öffentlichen Rechts im kommunalen Wirtschaftsrecht an, während die bisher verwandte Formulierung „Wirtschaftsunternehmen" im kommunalen Wirtschaftsrecht untypisch ist und die Primärverpflichtung auf die Erfüllung des öffentlichen Auftrags nicht berücksichtigt. **157**
- Die Formulierung „***für ihr* Geschäftsgebiet**" anstelle der Wendung „*in ihrem* Geschäftsgebiet" macht deutlich, dass die Kundenbindung die Geschäftstätigkeit bestimmt. Sind zu deren Erfüllung geschäftsgebietsüberschreitende Tätigkeiten oder die Inanspruchnahme von Leistungen im Verbundsystem der Sparkassenorganisation, im sog. Back-Office-Geschäft, nötig, sind diese vom **158**

[109] *Henneke*, NdsVBl. 2000, 129 (134).

Regionalprinzip als abgesichert anzusehen. Insbesondere über die Verbundunternehmen abgewickelte überörtliche Geschäftsaktivitäten sind kein isolierter Geschäftszweck; vielmehr kommt ihnen eine dienende Funktion zu[110].

159 – Die ganz spezifische Aufgabe der Sparkassen liegt in der Bürger- und Kundennähe, die nach wie vor – trotz des zunehmenden Internet-Bankings – ein dichtes Filialnetz in der Fläche verlangt, wobei Rentabilitätserwägungen hinter der flächendeckenden und ortsnahen Versorgung der Bevölkerung und Wirtschaft zurücktreten. Dies gilt es ausdrücklich festzuschreiben, wobei nicht von allen Filialen die Vorhaltung einer vollständigen Angebotspalette verlangt werden kann. Dieser differenzierenden Betrachtung wird mit dem Erfordernis einer **„flächendeckend angemessenen und ausreichenden Versorgung"** ebenso Rechnung getragen wie künftigen Entwicklungen im Internet-Banking mit seinen Auswirkungen auf das künftig gebotene Filialnetz.

160 – Einschränkend muss es gelten, **Handwerk und Mittelstand** und die **wirtschaftlich schwächeren Bevölkerungskreise**, zu denen die Privatbanken seinerzeit Kunden mit einem Vermögen von unter 100.000 Euro zählten, als (Pflicht-)Adressaten der Erbringung von Sparkassenleistungen zu bestimmen.

161 – Angesichts dieser Präzisierungen bedarf es einschränkender Regelungen hinsichtlich der Palette der zu erbringenden Finanzdienstleistungen nicht.

162 – Dass die Sparkassen ein Aufgabenerfüllungsinstrument ihrer Kommunen sind und von ihnen aus Art. 28 Abs. 2 GG ihre Legitimation zur öffentlichen Aufgabenerfüllung ableiten, kam in den überkommenen Sparkassengesetzen überhaupt nicht zum Ausdruck. Die neueren Sparkassengesetze gehen mit der allgemeinen Bezugnahme der Leistungserbringung *für die öffentliche Hand* (neben Bevölkerung und Wirtschaft) dagegen zu weit. Hier bedarf es sowohl der bereichsspezifischen Konkretisierung bei Wahrung der notwendigen Flexibilität als auch der Feststellung, dass die Marktbehauptung der Sparkassen die Grundbedingung für die Erfüllung nicht gewinnorientierter öffentlicher Aufträge des Trägers ist. Es muss also bereits durch die normative Regelung sichergestellt werden, dass ein „Ausmelken der Sparkassen" durch den Träger verhindert wird. Hinsichtlich der Art und Weise der Erfüllung des öffentlichen Auftrags kommen ganz unterschiedliche Aufgabenerfüllungsmodalitäten in Betracht, wobei es vorrangig um die Nutzung des spezifischen Know-hows der Sparkassen und erst in letzter Hinsicht um die – normativ allerdings auch nicht auszuschließende – kommunalnützige Verwendung von Ausschüttungen der Sparkasse gehen sollte.

163 Im Zuge der Abschaffung der Gewährträgerhaftung und der Modifikation der Anstaltslast haben einzelne Landesgesetzgeber die Gelegenheit genutzt, im vorgeschlagenen Sinne die **Bestimmungen über den öffentlichen Auftrag neu zu fassen**. Seither heißt es etwa in den Sparkassengesetzen der Länder Mecklenburg-Vorpommern, Schleswig-Holstein und Niedersachsen, es sei Aufgabe der Sparkassen, „die angemessen und ausreichende Versorgung aller Bevölkerungskreise und insbesondere des Mittelstandes mit geld- und kreditwirtschaftlichen Leistun-

[110] *Meyer*, NVwZ 2001, 766.

gen auch in der Fläche ihres Geschäftsgebiets sicherzustellen. Sie unterstützen im Geschäftsgebiet der Sparkasse die kommunale Aufgabenerfüllung des Trägers im wirtschaftlichen, regionalpolitischen, sozialen und kulturellen Bereich."

Trotz bisweilen geübter Kritik[111] hat der so umschriebene öffentliche Auftrag der Sparkassen seine spezifische Bedeutung für eine flächendeckende Versorgung behalten. 164

VI. Demokratische Legitimation

Das **Demokratieprinzip** des Art. 20 Abs. 1 und 2 GG gilt nach Art. 28 Abs. 1 GG auch für Kreise und Gemeinden, insbesondere aber auch für Sparkassen[112]. Daher muss eine **unmittelbare demokratische Legitimationskette** für die wesentlichen Entscheidungen der kommunal verfassten Sparkassen vom Kreistag oder Rat des kommunalen Trägers über den Sparkassenverwaltungsrat bis hin zum Sparkassenvorstand bestehen[113]. Die Spezifizierung des öffentlichen Auftrags im Trägergebiet muss also auf das jeweilige Volk zurückzuführen sein. Solange Sparkassenbetätigung Verwaltungstätigkeit ist, muss sie über die Wahl zum Gemeinderat oder Kreistag von denen legitimiert werden, denen die Tätigkeit gilt[114]. 165

1. Sprungfusionen

Schwer vereinbar mit der kommunalen Verankerung und der bei Fusionen unterstellten räumlichen Ausdehnung der Regionalprinzips und des öffentlichen Auftrags sind **Sprungfusionen kommunaler Sparkassen**. Nach überkommenen Sparkassenrecht waren sog. Sprungfusionen nicht zugelassen. In einigen Bundesländern ist diese Rechtslage im Zuge der jüngsten Sparkassengesetznovellierungen modifiziert worden. Eine Sparkasse, die nicht mit einer der benachbarten Sparkassen zusammengehen kann oder will, darf sich in diesen Ländern nunmehr mit einer kommunalen Sparkasse zusammenschließen, deren Geschäftsgebiet weiter entfernt ist. Ein **geteiltes Geschäftsgebiet** ist jedoch für die Sparkassentätigkeit, **insbesondere mit Blick auf den lokal-bezogenen öffentlichen Auftrag schwer rechtfertigbar**. Es bestehen ernsthafte Zweifel etwa mit Blick auf das Demokratieprinzip und die durch das kommunale Selbstverwaltungsrecht gezogenen Grenzen. Wie bei der Zulassung der Bildung von Stammkapital bei horizontaler Fungibilität im öffentlichen Sektor bestehen auch hier hinsichtlich der Kernfragen nach Sicherstellung des lokal bezogenen öffentlichen Auftrags deutliche Bedenken. Die Gefahr ist groß, dass die Trägerinteressen bezogen auf eines der beteiligten Institute verloren gehen. Vielmehr liegt nahe, dass die Sprungfusion letztlich vorrangig finanziellen Motiven folgt und somit dort zukünftig vorrangig Shareholder- 166

---

[111] Dazu ausführlich: Deutsche Bundesbank, Monatsbericht Dezember 2003, S. 5 (46).

[112] VerfGH Münster, OVGE 39, 292 (296 ff.); *Kirchhof/Henneke*, Entwicklungsperspektiven kommunaler Sparkassen in Deutschland, 2000, S. 17 u. 103.

[113] *Henneke*, NdsVBl. 2000, 129 (131); *Oebbecke*, LKV 2006, 145 (147).

[114] *Oebbecke*, LKV 2006, 145 (147).

Interessen im Mittelpunkt rücken werden. Diese sind aber eben nicht auf den auf das Gebiet des vormaligen kommunalen Alleinträgers bezogenen öffentlichen Auftrag gerichtet, sondern liegen abseits davon in der wirtschaftlichen Lage des neuen Gesamtgebildes. In **Nordrhein-Westfalen** wird dem dadurch Rechnung getragen, dass Sprungfusionen subsidiär zu Fusionen zwischen benachbarten Sparkassen stehen und nur dann zugelassen sind, wenn wirtschaftliche und strukturelle Gegebenheiten sie erfordern. Zusätzlich besteht eine Pflicht zur Anhörung der kommunalen Landesverbände. Außerdem bestehen bei einem Zusammengehen von Sparkassen kreisangehöriger Gemeinden mit der Sparkasse einer kreisfreien Stadt gravierende verfassungsrechtliche Probleme, da eine Kreissparkasse nicht ohne Weiteres übersprungen werden darf, weil einzelne Landesverfassungen wie Art. 78 Abs. 2 LV NW den Kreisen verfassungsunmittelbar und andere Länder einfachgesetzlich eine subsidiäre Allzuständigkeit für die Verwaltung in ihrem Gebiet gewährleisten[115].

2. Stammkapitalbildung

167 Bei der zuerst in **Rheinland-Pfalz** 1999 eingeführten **Zulassung der Bildung von Stammkapital bei horizontaler Fungibilität im öffentlichen Sektor** bestehen hinsichtlich der Kernfragen nach Sicherstellung des lokal bezogenen öffentlichen Auftrags und damit korrespondierend nach Wahrung der Trägereinflüsse ebenfalls deutliche Bedenken. Der einmalige Akt der Übertragung von Kapitalanteilen an die Sparkasse eines anderen Trägers kann der Sparkassenbetätigung nicht dauerhaft demokratische Legitimation verschaffen, da diese stets nur auf Zeit vermittelt wird. Problematisch sind insofern also alle Aktivitäten in Gebieten von Kommunen, die nicht unmittelbar oder über einen Zweckverband auf die entsprechende Sparkasse Einfluss nehmen können[116]. Fremde Kapitalgeber – auch wenn es andere Sparkassen sind – verfolgen letztlich vorrangig mit ihrer finanziellen Beteiligung einfache Shareholder-Interessen. Diese sind aber gerade eben nicht auf den auf das Gebiet des kommunalen Trägers bezogenen öffentlichen Auftrag gerichtet, sondern liegen in der Realisierung einer entsprechenden Verzinsung der Finanzanlage. Aus der Pflicht zur Verzinsung folgt, dass die Grundsätze der Geschäftspolitik nicht mehr ausschließlich von dem bisherigen kommunalen Träger bestimmt werden können. Vielmehr stellt die finanziell motivierte Beteiligungsmöglichkeit von Sparkassen am Stammkapital anderer Sparkassen das Regionalprinzip in Frage, denn die weiteren Kapitalgeber werden ihren Einfluss auf die betroffene Sparkasse nicht ohne Rücksichtnahme auf ihr eigenes Geschäftsgebiet ausüben. Neben die Zielsetzungen des öffentlichen Auftrags und der Eigenfinanzierung der Tätigkeit der kommunalen Sparkasse tritt damit eine weitere, Verteilungskonflikte aufwerfende Zielkategorie.

[115] Dazu ausführlich: *Oebbecke*, Kreditwesen 2002, 741.
[116] *Oebbecke*, LKV 2006, 145 (147).

3. Beteiligung Privater

Die Beurteilung der Beteiligung Dritter richtet sich maßgeblich danach, ob sich diese lediglich auf das Kapital der Sparkasse und damit auf renditebezogene Ziele beschränkt oder ob auch ein Mitentscheidungsrecht vorgesehen ist[117]. Das in Art. 20 Abs. 1 und 2 sowie Art. 28 Abs. 1 GG für Kommunen verankerte **Demokratieprinzip** verlangt bei amtlichem Handeln von Bedeutung stets die mittelbare personelle Legitimationskette und die sachlich-inhaltliche Legitimation durch Auftraggebung und Überwachung durch die öffentliche Hand. Da die Sparkassen Aufgaben der Daseinsvorsorge wahrnehmen, ist das Demokratieprinzip zu beachten. Zwar ist bei der Mitbestimmung des Personals in Behörden in Grenzen eine Abweichung vom Demokratieprinzip erlaubt, die Verantwortungsgrenze bei hoheitlichen Entscheidungen von Bedeutung fordert aber immer eine Letztentscheidung der öffentlichen Hand. Zudem darf die Einwirkung Dritter nur soweit gehen, wie ein Sachgrund zur Ausnahme vom Demokratieprinzip besteht. 168

Grundsätzlich ist damit eine **Beteiligung Privater** an der Willensbildung der Sparkasse als privat-autonome Teilhabe **an gemeinwohlorientierter Staatsgewalt ausgeschlossen**. Öffentliches Organisationsrecht zur Erfüllung öffentlicher Aufgaben kann nicht durch private Organisationsstrukturen mit anderer Zielsetzung ersetzt werden[118]. Dies gilt auch im Bereich der klassischen Tätigkeitsfelder im Bankenservice sowie bei den Finanzdienstleistungen. Obwohl sich die Sparkassen hier nach außen ähnlich wie private Bankinstitute verhalten, steht hinter ihrem Agieren stets die Gemeinwohlorientierung und die Wahrnehmung der Bankgeschäfte als öffentliche Aufgabe, die eine Einflussnahme Privater verbietet. 169

Das verfassungsrechtliche Problem privat-autonomer Einwirkung auf die öffentlich-rechtliche Daseinsvorsorge wird vermieden, wenn man – wie in einigen Sparkassengesetzen bereits geschehen – die private Beteiligung allein auf das Kapital beschränkt und den **Privaten** zwar **Ausschüttungsrechte**, nicht aber Mitwirkungsbefugnisse bei der Willensbildung **verleiht**. Da die öffentliche Aufgabenstellung nicht gewinnorientiert ist, wird das Ausschüttungsrecht dabei realiter aber weitgehend seines wirtschaftlichen Ertrags beraubt. Als verfassungsrechtlich mögliche Form einer reinen Kapitalanlage kommt die Beteiligung wie ein zivilrechtlicher stiller Gesellschafter in Betracht. Dieses Rechtsinstitut ist in einigen Landessparkassengesetzen im öffentlichen Recht nachgezeichnet und institutionalisiert worden. Auch ist zum Teil auf dieselbe Weise die Einräumung von Genussrechten erfolgt. 170

VII. Organisationsform Anstalt

Die kommunale Selbstverwaltungsgarantie umfasst auch die sog. **Organisationshoheit** als die Freiheit, hinsichtlich der Erfüllung einer öffentlichen Aufgabe zwi- 171

117 Dazu: *F. Becker*, DÖV 1998, 97 (100 ff.); *Kirchhof*, in: ders./Henneke (Fn. 112), S. 11 (63 ff.).

118 *Kirchhof* (Fn. 112), S. 11 (64 f.); *F. Becker*, DÖV 1998, 97 (103 f.).

schen den Organisationsformen des öffentlichen Rechts und des Privatrechts wählen zu können[119]. **Im Sparkassenwesen** ist die Anstalt als Organisationsform seit 1931 rechtlich zwingend. Die gesetzgeberische Vorgabe einer bestimmten öffentlich-rechtlichen Organisationsform erweist sich dabei als **legitimierungsbedürftiger Eingriff in die kommunale Selbstverwaltungsgarantie**. Das Fortbestehen einer öffentlichen Aufgabe ist für die öffentliche Rechtsform der Sparkassen eine zwar notwendige, nicht aber eine hinreichende Bedingung.

172 Der landesgesetzgeberische Eingriff in die Organisationshoheit der einzelnen Sparkassenträger ist aber gerade durch das Spezifikum der Aufgabenerfüllung im Wettbewerb bei notwendiger Zusammenarbeit im Verbund legitimiert. Nur bei Aufrechterhaltung der öffentlichen Rechtsform lässt sich eine optimale Erfüllung des öffentlichen Auftrags der Sparkassen im Gebiet aller kommunalen Träger bei Schaffung hinreichend effizienter und verlässlicher Strukturen sicherstellen. Die auch und gerade für die Erfüllung des öffentlichen Auftrags der Sparkassen gebotene notwendige Wirtschaftlichkeit der Strukturen lässt sich nur herstellen, wenn nicht in jedem Trägergebiet Insellösungen der Aufgabenerfüllung kraft kommunaler Organisationshoheit herbeigeführt werden, sondern in der gebotenen Verantwortungsabschichtung zwischen Entscheidungsverantwortung vor Ort und standardisierten Leistungen im Back-Office-Bereich Synergieeffekte für alle Institute auf der Grundlage einheitlicher und verlässlicher Strukturen nutzbar gemacht werden. Gerade die Verbundstrategie ist es, die zur notwendigen Erfüllung des öffentlichen Auftrags als Legitimationsgrund hinzu tritt, die einheitliche öffentliche Rechtsform als Eingriff in die kommunale Organisationshoheit zu rechtfertigen. Einer Aushöhlung der öffentlich-rechtlichen Organisationsform gilt es daher strikt entgegen zu treten.

173 Die **Vorteile der Aufgabenerfüllung in Anstaltsform** sind offenkundig: Es handelt sich um eine dem öffentlichen Recht adäquate Organisationsform, weil sie eine erhebliche Flexibilität der Gestaltung aufweist und in ihr sowohl der Trägereinfluss im Wege einer ununterbrochenen demokratischen Legitimationskette zur Verwirklichung öffentlicher Zwecke zur Erfüllung kommen kann als auch die Erbringung technischer oder ökonomischer Leistungen, die Fachwissen und Managementkenntnisse verlangt. Gerade die **Anstaltsform** ermöglicht es, das **Verhältnis von Demokratie und Sachkunde** bei der Binnensteuerung der ausgegliederten Leistungseinheiten richtig **auszutarieren**, während dies bei Organisationsformen des Privatrechts sehr schwierig sein kann.

VIII. Regionalprinzip

174 **Kehrseite** des fortbestehenden **öffentlichen Auftrags** der Sparkassen und des Erfordernisses einer **ununterbrochenen demokratischen Legitimationskette** ist die Geltung des **Regionalprinzips**, da die **spezifische öffentliche Aufgabenerfüllung auf das Gebiet des jeweiligen Trägers begrenzt** ist. Das in Art. 28 Abs. 2 GG verankerte Regionalprinzip gebietet die **Deckungsgleichheit** von **Trägerge-**

[119] *Oebbecke*, LKV 2006, 145 (146).

biet und Sparkassen und untersagt damit für Sparkassen derselben kommunalen Ebene eine Doppelverwaltung in der Form in der Anstaltskonkurrenz[120].

Die **ausschließliche Zuständigkeit einer Kommune in ihrem Gebiet für eine** **175**
von ihr allein getragene Sparkasse wird als „notwendiger Bestandteil der Sparkassenhoheit"[121] bezeichnet. Das Regionalprinzip steuert damit die kommunale Tätigkeit angrenzender Verwaltungseinheiten und gewährleistet nach dem Grundsatz der **Einräumigkeit der Verwaltung** eine grundsätzlich überschneidungsfreie Gliederung der Verwaltungseinheiten. Es entfaltet seine Rechtswirkung nur in der kommunalverfassungsrechtlichen und sparkassenrechtlichen **Horizontalgliederung** und gilt daher nur im Gleichordnungsverhältnis zwischen Landkreisen und kreisfreien Städten, unter Landkreisen, zwischen kreisangehörigen Gemeinden sowie deren Sparkassen, **nicht** aber **hinsichtlich** der **Aufgabenabgrenzung im kreisangehörigen Raum**. Überdies besagt das Regionalprinzip, dass eine Sparkasse nicht außerhalb des Gebiets und Funktionsbereichs ihres Trägers tätig werden darf. Es verleiht einer Sparkasse die ausschließliche Berechtigung im Zuständigkeitsbereich ihres Trägers Zweigstellen zu errichten, schützt damit die Sparkasse aber im Wesentlichen auch vor der Gefahr, dass **andere kommunale Kreditinstitute** in den angestammten Bereich des Trägergebiets **eindringen oder** dort **nach einer Gebietsänderung bleiben**[122]. In Baden-Württemberg, Hessen, Nordrhein-Westfalen, Rheinland-Pfalz und Schleswig-Holstein sowie in den neuen Ländern ist daher gesetzlich normiert, dass Neuordnungsmaßnahmen auf der Grundlage des Regionalprinzips bei Neugliederungen durchzuführen sind. In Bayern und Niedersachsen sind die diesbezüglichen Regelungen geschmeidiger abgefasst.

Öffentliche Aufgabenerfüllung durch verschiedene Träger erfolgt nun einmal **176**
gebietsbezogen exklusiv und nicht von verschiedenen Anbietern im Wettbewerb. Dies gilt auch für die Inbetriebnahme von **Geldausgabeautomaten** einer Sparkasse **im Gebiet eines anderen Trägers**[123]. Für das Verhältnis **kommunaler Sparkassen** zu **freien Sparkassen** gilt in rechtlicher Hinsicht das **Regionalprinzip nicht**[124], da freie Sparkassen keine kommunalen Aufgaben wahrnehmen und den Ländern bezogen auf die freien Sparkassen eine sparkassenrechtliche Regelungsbefugnis nicht zusteht. **Wettbewerbsrechtlich** ist das Regionalprinzip ebenso wenig problematisch wie die **Selbstbeschränkung privater Unternehmen** auf bestimmte Plätze oder Regionen.

Die aus dem Regionalprinzip resultierende notwendige Konzentration der Ge- **177**
schäftstätigkeit jeder Sparkasse auf „ihre" Region stellt einen permanenten kreditwirtschaftlichen Wettbewerb sicher und gewährleistet die Kapitalbildung und -bindung in einem überschaubaren Wirtschafts- und Lebensraum, so dass auch

[120] Dazu ausführlich: *Stern/Nierhaus* (Fn. 62); *Nierhaus/Stern*, Regionalprinzip und Sparkassenhoheit im europäischen Bankenbinnenmarkt, 1992.

[121] *Nierhaus*, DÖV 1984, 662 (665).

[122] *Nierhaus*, in: GS Tettinger (Fn. 25), S. 317 (325 f.).

[123] OVG Koblenz, NVwZ-RR 1992, 240 (241).

[124] BVerwGE 69, 11.

langfristig eine entsprechende Versorgung im ganzen Land sichergestellt wird[125]. Es begegnet damit dem Abzug von Sparkapital aus der Region und befördert seine Verwendung vor Ort. Darüber hinaus bedingt das Regionalprinzip eine stärkere Ausrichtung der Geschäftspolitik auf Förderung langfristiger Entwicklungspotenziale anstelle einer Schwerpunktsetzung auf kurzfristig ausgerichtete Erfolgsstrategien und fördert so insbesondere die Aufdeckung und Förderung der wirtschaftlichen Entwicklungspotenziale für ein selbsttragendes Wachstum vor Ort. Für die einzelne Sparkasse ist der wirtschaftliche Erfolg mit der Entwicklung des eigenen Geschäftsgebiets zwingend verwoben, weil sie gehindert ist, auf lukrativere und „einfachere" Geschäftsgebiete außerhalb des eigenen Geschäftsgebiets auszuweichen. Überdies sichert das Regionalprinzip schließlich die ausgezeichneten Marktkenntnisse der Sparkassen vor Ort, die sich im Kreditgeschäft risikobegrenzend auswirken. Diese Risikobegrenzung sorgt für eine hohe Stabilität in den Regionen. Insbesondere die Landkreise als Sparkassenträger haben größtes Interesse, dass die besondere und unverzichtbare Funktion der Sparkassen auch in der Zukunft erhalten bleibt. Gerade in Zeiten, in den die Förderpolitik sich zunehmend vom ländlichen und jenseits der Wachstumszentren gelegenen Raum abwendet, kommt den kommunal getragenen und lokal verankerten Sparkassen nicht nur regional, sondern auch im volkswirtschaftlichen Sinne eine immer größere Bedeutung zu.

1. Fusionen

178 Das Regionalprinzip bietet auch Raum, um auf **notwendige Größenänderungen** mit **Fusionen** benachbarter Sparkassen reagieren zu können. Bislang findet die Sparkassentätigkeit ihrer kommunalen Verwurzelung entsprechend ihre räumliche Orientierung vornehmlich am Kreismodell. Vor diesem Hintergrund sind **Fusionen auf Kreisebene aus kommunaler Perspektive generell als unproblematisch einzustufen**. Kreismodellübergreifende Fusionen sind vertretbar, wenn sie sich – orientiert an wirtschaftlichen Zusammenhängen – in überschaubaren Räumen mit einer nach wie vor möglichen örtlichen und kundennahen Verankerung vollziehen und durch Fusionen die Sparkasse nicht ihren örtlichen Charakter und damit die kommunale Anbindung verliert. **Fusionen gebietsbenachbarter Sparkassen eines Wirtschaftsraumes** sind vor diesem Hintergrund unproblematisch. Öffentlicher Auftrag und Regionalprinzip dehnen sich räumlich entsprechend aus.

2. Online-Banking

179 In den letzten Jahren hat die Nutzung des Internets zur Abwicklung von Transaktionen im Bereich der Finanzdienstleistungen stetig zugenommen. Dieser Entwicklung haben sich die kommunalen Sparkassen nicht entziehen können, um wettbewerbsfähig zu bleiben. Die Einführung **neuer elektronischer Betriebswege** führt aber auch an **rechtliche Grenzen** durch die im Regionalprinzip zum Ausdruck kommende Trägergebietsbegrenzung. Dabei ist zwischen der Zulässigkeit

[125] *Henneke/Wohltmann*, Der Landkreis 2005, 82 (84).

des **eigenen Interneteinsatzes der Sparkassen** und der **Zulässigkeit von Kooperationsprojekten der Sparkassenorganisation** zu unterscheiden. Der Betrieb eines virtuellen Marktplatzes sowie die Beteiligung an einer entsprechenden Marktplatzgesellschaft durch eine kommunale Sparkasse ist zulässig, soweit diese Tätigkeit als eine Form sonstiger Dienstleistungserbringung werbenden Charakter hat. Unter dem Blickwinkel des Regionalprinzips haben die Sparkassen beim Betrieb eines virtuellen Marktplatzes dieselben regionalen Beschränkungen zu beachten, die auch sonst für ihre werbende Tätigkeit gelten. Ist die Sparkasse an einer Marktplatzgesellschaft beteiligt, so ist letztere unmittelbar an diese Grenzen gebunden, wenn sich sämtliche Anteile in der Hand von Sparkassen befinden[126]. Zur **Zulässigkeit der Kooperationsprojekte der Sparkassenorganisation im Internet-Banking** ist festzustellen, dass die gesetzliche Gestattung einer interkommunalen Kooperation, bei der Entscheidungsbefugnisse auf einen neuen Rechtsträger verlagert werden, das objektiv-rechtliche Prinzip dezentraler Aufgabenerfüllung verletzen kann. Die gesetzliche Gestattung stellt deshalb eine mittelbare Beeinträchtigung der Garantie kommunaler Selbstverwaltung aus Art. 28 Abs. 2 GG dar[127].

Mit der **Sparkassen-Finanzportal GmbH** wurde ein neuer und eigenständiger Entscheidungsträger geschaffen, auf den die einzelnen Sparkassen nahezu keinerlei unmittelbaren Einfluss haben[128]. Dies ist ein deutliches Zeichen für den Verlust an unmittelbarer Steuerungsmöglichkeit. Diese Abweichung vom Prinzip einer dezentralen Aufgabenerfüllung darf im Rahmen einer Abwägung mit den durch die Kooperation erzielten Vorteilen nicht außer Verhältnis stehen. Das Internet ist mittlerweile zu einem zersplitterten Medium geworden. Für diejenigen, die Inhalte im Internet anbieten wollen, besteht eine wesentliche Schwierigkeit deshalb darin, für den Nutzer auffindbar zu sein. Aus diesem Grunde liegt ein **legitimes Interesse der Sparkassenorganisation** darin, im Internet unter **einer zentralen Adresse** erreichbar zu sein, die sämtlichen Sparkassenkunden als Anlaufstelle dient. Auch wenn der Nutzer die Internetadresse seiner eigenen Sparkasse nicht kennt, ist er so nicht mehr darauf angewiesen, diese mittels einer Suchmaschine ausfindig zu machen. Er kann sich vielmehr vom zentralen Finanzportal aus dorthin leiten lassen. Die Einrichtung einer zentralen Portalgesellschaft ist deshalb geeignet, die Internetseite der einzelnen Sparkassen für den jeweiligen Kunden leichter auffindbar zu machen. Die **Gründung einer zentralen Portalgesellschaft** ist daher zur Überwindung der dargestellten Nachteile des Internets **erforderlich**. Dem steht ein **nur minimaler kommunaler Steuerungsverlust** gegenüber. Da die einzelnen Sparkassen weiterhin ihren eigenen Internetauftritt betreiben, stellt das Finanzportal ausschließlich eine zusätzliche Anlaufstelle für Sparkassenkunden dar. Deshalb ist eine Konkurrenz zu einzelnen Instituten ausgeschlossen. Auch im Übrigen sind keine wesentlichen materiellen Aufgaben auf das Finanzportal übertragen worden. Vielmehr nehmen die kommunalen Sparkassen und damit letztlich die Kommunen 180

---

[126] Dazu näher: *Schepers*, Internet-Banking und sparkassenrechtliches Regionalprinzip, S. 181.

[127] Zutreffend: *Schepers* (Fn. 126), S. 204 f.

[128] *Schepers* (Fn. 126), S. 182 ff.

weiterhin nahezu den gesamten Bereich der öffentlichen Versorgung mit kreditwirtschaftlichen Leistungen wahr, und zwar auch über das Medium Internet. Die Beeinträchtigung des in Art. 28 Abs. 2 GG verankerten Prinzips dezentraler Aufgabenerfüllung betrifft deshalb nur einen äußerst geringen Teilbereich kommunaler Selbstverwaltung. Mit der Schaffung einer zentralen Portalgesellschaft verbundene Zentralisierungseffekte stehen mithin in einem angemessenen Verhältnis zu den mit ihr verbundenen Vorteilen. Die Verlagerung von Kompetenzen auf die Finanzportal-GmbH ist daher auch im Hinblick auf das objektiv-rechtliche Prinzip der zentralen Aufgabenerfüllung verfassungsrechtlich nicht zu beanstanden[129]. Allerdings sind interkommunale Kooperationen, bei denen Zuständigkeiten auf einen neuen Rechtsträger verlagert werden, nur auf **besonderer gesetzlicher Grundlage** zulässig. Eine solche Rechtsgrundlage existiert allerdings für das zentrale Finanzportal der Sparkassenorganisation. Bei der verfassungsrechtlichen Beurteilung eines derartigen Kooperationsprojektes kommt es zunächst darauf an, ob sich die mittelbar beteiligten Gebietskörperschaften im Rahmen ihrer Verbandskompetenz halten. In räumlicher Hinsicht addieren sich die Kompetenzen der beteiligten Kommunen. Allerdings muss es sich bei der wahrgenommenen Tätigkeit trotzdem qualitativ um die **Erfüllung jeweils kommunalradizierter Aufgaben** handeln. Auch diese Voraussetzung ist im Hinblick auf das zentrale Finanzportal erfüllt.

181 **Größere verfassungsrechtliche Schwierigkeiten** wirft der **zentrale Online-Broker (S-Broker AG)** auf. Bei der Abwägung am Maßstab des Art. 28 Abs. 2 GG ist zu beachten, dass die Aufgabenwahrnehmung letztlich – wenn auch in zentralisierter Form – im kommunalen Organisationsraum verbleibt. Der Abwägungsmaßstab ist demgemäß nicht so streng, wie dies bei einer staatlichen Beteiligung an der kommunalen Zusammenarbeit der Fall wäre. Auch Aspekte der Wirtschaftlichkeit und Effektivität der Aufgabenerfüllung sind zu berücksichtigen. Im Gegensatz zum zentralen Finanzportal übertragen die Sparkassen materielle Selbstverwaltungsaufgaben, nämlich die Versorgung des Geschäftsgebiets mit Finanzdienstleistungen in Form des Wertpapierhandels über das Internet, auf einen neuen Rechtsträger. Auch wenn die einzelnen Sparkassen selbst ebenfalls noch den Wertpapierhandel über das Internet anbieten, so wird doch ein Teilbereich der den Sparkassen zufallenden Geschäfte auf ein Unternehmen übertragen, das die einzelne Kommune allenfalls äußerst mittelbar steuern kann. Andererseits darf nicht übersehen werden, dass der auf den S-Broker übertragene Aufgabenkreis eng umgrenzt ist. Aus dem gesamten Bereich der von Sparkassen erbrachten Finanzdienstleistungen wird lediglich der über das Internet durchgeführte Wertpapierhandel ausgegliedert und zentralisiert. Die Schmälerung der Allzuständigkeit und der Eigenverantwortlichkeit der Aufgabenerfüllung sowie das sinkende Legitimationsniveau beschränken sich demzufolge auf einen **kleinen Ausschnitt der gesamten Sparkassentätigkeit** und damit auf einen noch viel kleineren Ausschnitt des gesamten kommunalen Tätigkeitsspektrums. Angesichts dessen, dass der Umfang der übertragenen Aufgaben ein zentrales Abwägungskriterium ist, spricht dies für eine Zulässigkeit der Kooperation auf diesem Felde[130]. Ähnlich

---

[129] So überzeugend auch: *Schepers* (Fn. 126), S. 205 f.

[130] So auch: *Schepers* (Fn. 126), S. 214 f.

wie beim Sparkassen-Finanzportal kommt darüber hinaus hinzu, dass durch den S-Broker eine zentrale Anlaufstelle für potenzielle Kunden geschaffen wird, die über die Sparkassenorganisation den Wertpapierhandel im Internet abwickeln möchten. Der S-Broker trägt in diesem Bereich dazu bei, den Sparkassen eine wettbewerbsfähige Erfüllung ihres öffentlichen Auftrages auch im Vergleich zu privaten Konkurrenten zu ermöglichen. Ohne die Vermittlung überregionaler Finanzdienstleistungen sind die Sparkassen kaum in der Lage, für die Kunden in ihrem Geschäftsgebiet ein ausreichendes Spektrum marktfähiger Bankdienstleistungen in diesem Sektor anzubieten.

Zu berücksichtigen ist allerdings, dass letztlich ein **wesentlich inhaltsgleiches** **182**
Angebot auch von einzelnen Sparkasseninstituten angeboten wird. Dadurch kommt es zu einem Nebeneinander des Angebots einzelner kommunaler Sparkassen einerseits und des zentralen S-Brokers andererseits und zu einer damit verbundenen Mehrfachzuständigkeit, die letztlich aus verfassungsrechtlicher Sicht allerdings keinen Bedenken begegnet, da sie weder das Rechtsstaats- noch das Demokratieprinzip beeinträchtigt[131]. Im Ergebnis ist davon auszugehen, dass die Kooperation der Sparkassenorganisation in Form des zentralen S-Brokers zulässig ist. Maßgeblich dafür ist, dass lediglich ein kleiner Ausschnitt der Selbstverwaltungsaufgaben auf den neuen Rechtsträger übergeht und dass dieser zu einer wettbewerbsfähigen Erfüllung des öffentlichen Auftrags durch die Sparkassenorganisation beiträgt. Hierdurch werden die mit der Zentralisierung der Aufgabenwahrnehmung verbundenen Nachteile für die einzelnen – nur mittelbar – beteiligten Kommunen aufgewogen. Unter dem Gesichtspunkt des objekt-rechtlichen Prinzips dezentraler Aufgabenerfüllung und des Demokratieprinzips stehen Gründung und Betrieb des S-Brokers damit mit Art. 28 Abs. 2 GG in Einklang.

Die Schlussfolgerung, das Regionalprinzip verliere an Bedeutung, weil **mo-** **183**
derne Kommunikationstechnologien keine regionalen Grenzen kennten, greift allerdings zu kurz. Daraus kann **kein Zerfall des Regionalprinzips** abgeleitet werden. Mit Nachdruck ist der Feststellung von *Schepers*[132] insoweit beizupflichten, wenn er feststellt:

„Unabhängig davon, wie diese Formen der Zusammenarbeit im Verbund im **184**
Hinblick auf das Regionalprinzip zu beurteilen sind, kann das Regionalprinzip als ein verfassungsrechtlicher Fundamentalgrundsatz, der im Landesrecht ausgestaltet wird, ohnehin niemals durch neue Kommunikationstechniken zerfallen, sondern nur durch Entscheidungen des jeweiligen Gesetzgebers modifiziert werden.

Es geht in die falsche Richtung, darüber nachzudenken, ob das Regionalprinzip **185**
angesichts neuer Techniken seine Bedeutung verliert. Die Frage muss vielmehr lauten, ob sich die **neuen Techniken in einer Weise nutzen** lassen, die **mit der vorgegebenen Rechtslage in Gestalt des Regionalprinzips in Einklang** steht. Geboten ist damit zumindest nach der derzeit geltenden Rechtslage eine Rückbesinnung der Sparkassen auf ihren **spezifisch öffentlichen Auftrag** und die damit einhergehenden öffentlich-rechtlichen Bindungen. Der geltende Rechtsrahmen bietet trotz des Regionalprinzips für die Sparkassen eine Reihe von Möglichkei-

[131] Dazu ausführlich: *Schepers* (Fn. 126), S. 216 ff.
[132] *Schepers* (Fn. 126), S. 260.

ten, beispielsweise durch Kooperation im Sparkassenverbund, auf das durch die elektronischen Vertriebswege veränderte Marktumfeld einzugehen.“

C. Europäisierung der Sparkassenstrukturen in Deutschland

186 Während nach deutschem Recht das Betreiben von Sparkassen – sieht man einmal von den historisch überkommenen derzeit noch sechs freien Sparkassen ab – eine kommunale Aufgabe und damit eine solche der öffentlichen Hand ist, und daneben Bankdienstleistungen in Deutschland im sog. Drei-Säulein-System noch von Genossenschaftsbanken und privaten Banken angeboten werden, verfügen die übrigen Mitgliedstaaten der Europäischen Union nicht über ein entsprechendes System. Unbestritten gehört das deutsche Bankensystem aber seit vielen Jahrzehnten zu den stabilsten und leistungsfähigsten der Welt[133].

187 Der zum 1. Januar 1958 in Kraft getretene EGV hat die nationalen Wirtschaftsordnungen der seinerzeitigen sechs Gründerstaaten vorgefunden, wobei insbesondere in Frankreich und Italien die Staatswirtschaft eine sehr große Rolle spielte. Angestrebt und in den nachfolgenden Etappen des weiteren Zusammenwirkens immer weiter erreicht wurde die Verwirklichung des Gemeinsamen Marktes. Dafür spielen die Bestimmungen über die Wettbewerbsregeln, also die Vorschriften für Unternehmen Art. 101 – 106 AEUV und über staatliche Beihilfen Art. 107 – 109 AEUV eine ganz entscheidende Rolle. Andererseits darf aber nicht verkannt werden, dass von den bestehenden Strukturen, also der Erfüllung öffentlicher Aufgaben und dem hohen Anteil der Staatswirtschaft – insbesondere in Frankreich und Italien – ausgegangen wurde. Daher ist im vorliegenden Zusammenhang der öffentlichen-rechtlichen Sparkassenstruktur in Deutschland neben Art. 107 und 106 Abs. 2 AEUV auch Art. 345 AEUV von besonderer Bedeutung. Schließlich ist mit dem Vertrag von Amsterdam 1997 Art. 16 EGV (heute Art. 14 AEUV) neu in den ersten Teil über die Grundsätze in den EGV eingefügt worden. Überdies sind Protokolle und Erklärungen für die Auslegung des EGV von Relevanz. Während die Art. 295, 87 Abs. 1 und 86 Abs. 2 EGV wortgleich in Art. 345, 107 Abs. 1 und 106 Abs. 2 AEUV übernommen worden sind, ist Art. 16 EGV durch Art. 14 AEUV modifiziert worden. **Für** die **öffentlich-rechtlichen Kreditinstitute** in Deutschland wurde zudem von der **Regierungskonferenz von Amsterdam 1997** eine **Erklärung zu öffentlich-rechtlichen Kreditinstituten in Deutschland** angenommen. Diese lautet:

188 „Die Konferenz nimmt die Auffassung der Kommission zur Kenntnis, dass die bestehenden Wettbewerbsregeln der Gemeinschaft es zulassen, Dienstleistungen von allgemeinem wirtschaftlichen Interesse, welche die in Deutschland bestehenden öffentlich-rechtlichen Kreditinstitute erfüllen, sowie ihnen zum Ausgleich für die mit diesen Leistungen verbundenen Lasten gewährte Fazilitäten voll zu berücksichtigen. Dabei bleibt es der Organisation dieses Mitgliedsstaats überlassen,

[133] So ausdrücklich Monatsbericht der Deutschen Bank, Dezember 2003, S. 5 (28).

auf welche Weise er insoweit den Gebietskörperschaften die Erfüllung ihrer Aufgaben ermöglicht, in ihren Regionen eine flächendeckende und leistungsfähige Finanzinfrastruktur zur Verfügung zu stellen. Diese Fazilitäten dürfen die Wettbewerbsbedingungen nicht in einem Ausmaß beeinträchtigen, das über das zur Erfüllung der besonderen Aufgaben erforderliche Maß hinausgeht und zugleich dem Interesse der Gemeinschaft entgegenwirkt."

Angesichts der **gänzlich unterschiedlichen Verwaltungstraditionen**, die schon unter den sechs **Gründungsmitgliedern der EWG** im Jahre 1957 bestanden, kommt es bei der zunehmenden Vertiefung der europäischen Integration zu einer **Europäisierung des Wirtschaftsrechts**, also zu einem verstärkten Einfluss supranational zustande gekommener Entscheidungsprozesse auf die Politikfelder, aber auch auf die politischen und administrativen Strukturen der Mitgliedstaaten, was zu nachweisbaren Veränderungen in den davon betroffenen Verwaltungssystemen führt. In der Gemeinschaft von mittlerweile 27 Mitgliedern kann dies indes nicht bedeuten, dass die Rechtstraditionen der einzelnen Mitgliedstaaten bei der Entwicklung allgemeiner europäischer Rechtsgrundsätze stets gleichermaßen berücksichtigt werden. Daher machen die gemeinschaftsrechtlichen Anforderungen, die insbesondere mit den letzten Vertragsrevisionen von Maastricht, Amsterdam und Nizza erheblich zugenommen und mit dem Reformvertrag von Lissabon ihre Vertiefung erfahren haben, Anpassungen notwendig. Gerade nach der Einführung des Binnenmarktes 1993 war es nur eine Frage der Zeit, bis sich die **Strategie der ausgedehnten Wirtschaftstätigkeit und -steuerung** moderner Wohlfahrtsstaaten **auch auf die öffentlichen Verwaltungen und den öffentlichen Sektor auswirken musste**. Dabei hat die Anwendung des europäischen Wettbewerbsrechts auf den öffentlichen Sektor immer wieder zu rechtlichen und politischen Auseinandersetzungen geführt. 189

Im Ergebnis hat die **Wettbewerbspolitik der Europäischen Kommission** in den letzten Jahren **umfangreiche Veränderungen im öffentlichen Sektor** angestoßen oder zumindest nationale Modernisierungstendenzen verstärkt. Das **den Wettbewerb betonende EG-Recht** und seine nationale Umsetzung sind zudem immer tiefer **in das kommunale Wirtschaftsrecht** mit der Folge **eingedrungen**, dass zunehmend historisch gewachsene, **angestammte Aufgabenfelder der Kommunen zur Disposition** stehen, indem bislang den Kommunen zur alleinigen Erledigung zugewiesene Aufgaben für den Wettbewerb geöffnet werden. Im Bereich der Sparkassen und Landesbanken konnte die öffentlich-rechtliche Organisationsform vielen Anfechtungen zum Trotz erhalten werden; es kam aufgrund einer Verständigung mit der Europäischen Kommission allerdings zur Abschaffung der überkommenen Gewährträgerhaftung und Anstaltslast mit Wirkung seit 17. Juli 2005. 190

Während das Verhalten der **Mitgliedstaaten als Unternehmer** inzwischen fast ausschließlich durch **gemeinschaftsrechtliche Anforderungen** bestimmt ist, sind **Verwaltungsorganisation** sowie Zuständigkeiten und Verfahren in europäischen Angelegenheiten weiterhin **national geprägt**. Anpassungen an funktionelle Anforderungen der EU erfolgen eher durch graduelle Adjustierungen als durch tiefgreifende Reformen, was allerdings zu Dysfunktionalitäten führen kann. 191

192

In den vergangenen zehn Jahren standen Strukturfragen der deutschen Sparkassenorganisation bereits dreimal auf dem Prüfstand der Europäischen Kommission, nämlich

- bei der WestLB-Entscheidung vom 8. Juli 1999,
- bei der Auseinandersetzung um Anstaltslast und Gewährträgerhaftung und
- zuletzt beim Schutz der Bezeichnung Sparkasse in § 40 KWG.

193 In den Auseinandersetzungen sind die Strukturmerkmale der deutschen Sparkassen besonders deutlich herauszuarbeiten.

I. WestLB-Entscheidung (WfA)

194 Am 8. Juli 1999 erging die sog. WestLB-Entscheidung der Europäischen Kommission[134]. Sehr deutlich wurde dabei das von der Europäischen Kommission zugrunde gelegte Prüfraster, wenngleich wegen der Besonderheiten des zu beurteilenden Sachverhalts (Anerkennung des Vermögens der Wohnungsbauförderungsanstalt Nordrhein-Westfalen, die mit der WestLB fusioniert worden war, als Eigenmittel der WestLB) daraus für den Sparkassensektor keine verallgemeinerungsfähigen Schlussfolgerungen zu ziehen waren. Dennoch gab die Kommissionsentscheidung wichtige Fingerzeige

- zur Begünstigung eines bestimmten Unternehmens durch staatliche Mittel,
- zur Verfälschung des Wettbewerbs und Beeinträchtigung des Handels zwischen den Mitgliedstaaten,
- zum Grundsatz des marktwirtschaftlich handelnden Kapitalgebers und zur Relevanz des Art. 345 AEUV.

195 Hervorgehoben wurde insbesondere, dass die Kommission bei der Prüfung, ob die Übertragung staatlicher Mittel auf ein Unternehmen der öffentlichen Hand dieses Unternehmen begünstigt und somit eine staatliche Beihilfe im Sinne des Art. 87 Abs. 1 EGV (heute Art. 107 Abs. 1 AEUV) darstellen kann, den vom EuGH akzeptierten und weiterentwickelten Grundsatz des marktwirtschaftlich handelnden Kapitalgebers anwendet. Die Europäische Kommission hebt hervor, dass das Bankgewerbe in der Gemeinschaft durch die Liberalisierung der Finanzdienstleistungen und die Integration der Finanzmärkte zunehmend gegen Wettbewerbsverfälschungen empfindlich ist, wobei sich diese Entwicklung im Zuge der Wirtschafts- und Währungsunion, durch die die verbleibenden Wettbewerbshemmnisse auf den Märkten für Finanzdienstleistungen abgebaut worden sind, noch verschärft hat. Die WestLB verstehe sich selbst u. a. als universell und international tätige Geschäftsbank und bezeichne sich als eine europäische Bankengruppe im Großkundengeschäft mit Aktivitäten an den wichtigsten Finanz- und Wirtschaftsplätzen der Welt. Trotz ihres Namens, ihrer Tradition und ihrer gesetzlich geregelten Aufgaben erbringe die WestLB Bankdienstleistungen im Wettbewerb mit anderen europäischen Banken außerhalb Deutschlands und in Deutschland. Sie sei

[134] Amtsblatt der EG v. 23.6.2000, L 150/1.

daher keinesfalls eine Lokal- oder Regionalbank. **Beihilfen an die WestLB verfälschten** daher den **Wettbewerb** und **beeinträchtigten** den **Handel zwischen den Mitgliedstaaten**.

Die Europäische Kommission **begrenzt** zugleich den **Anwendungsbereich der Wettbewerbsregeln**: Solange öffentliche Anstalten ausschließlich öffentliche Aufgaben wahrnehmen und nicht mit kommerziellen Unternehmen konkurrieren, finden die Wettbewerbsregeln auf sie keine Anwendung. Anders verhält es sich, wenn Auswirkungen auf den Wettbewerb gegeben sind. Art. 106 Abs. 2 AEUV dient dazu, mit Situationen umzugehen, in denen es notwendig sein könnte, von den Wettbewerbsregeln abzuweichen, um die Erbringung von Dienstleistungen von allgemeinem wirtschaftlichem Interesse sicherzustellen. Die Kommission hebt ausdrücklich hervor, dass Art. 86 Abs. 2 EGV (heute Art. 106 Abs. 2 AEUV), der unter bestimmten Umständen Ausnahmen von den Vertragsvorschriften über staatliche Beihilfen zulässt, grundsätzlich auch für den Sektor der Finanzdienstleistungen gilt. Die Übertragung der WfA wurde indes durchgeführt, um die WestLB in die Lage zu versetzen, den neuen Eigenkapitalanforderungen gerecht zu werden, und ohne Bezug zu irgendwelchen Dienstleistungen von allgemeinem wirtschaftlichem Interesse. 196

Hinsichtlich **Art. 295 EGV** (heute Art. 345 AEUV) stellt die Kommission heraus, dass der EG-Vertrag die Eigentumsordnung in den verschiedenen Mitgliedstaaten unberührt lässt, was jedoch keine Zuwiderhandlung gegen die Wettbewerbsregeln des Vertrages rechtfertigt. 197

Der Anwendung des **Art. 86 Abs. 2 EGV** (heute Art. 106 Abs. 2 AEUV) kommt im Lichte des Art. 14 AEUV eine besondere Bedeutung zu, da die Beihilfevorschriften nicht gelten für Unternehmen, die 198

- mit Dienstleistungen von allgemeinem wirtschaftlichem Interesse betraut sind (→ § 39 Rn. 15 ff.),
- sofern die Erfüllung der ihnen übertragenen besonderen Aufgaben rechtlich oder tatsächlich durch die Anwendung der Beihilfevorschriften verhindert wird.

Gerade in der WestLB-Entscheidung der Europäischen Kommission hat diese deutlich gemacht, dass Art. 86 Abs. 2 EGV (heute Art. 106 Abs. 2 AEUV) grundsätzlich auch für den Sektor der Finanzdienstleistungen gilt, allerdings in der konkreten Konstellation mangels Darlegung der Erfüllung eines öffentlichen Auftrags nicht zur Anwendung gebracht werden konnte. 199

Auf diese Entscheidung reagierte insbesondere der **Bundesrat** sehr heftig und bekräftigte in einer **Entschließung zur Bestandssicherung der öffentlich-rechtlichen Kreditinstitute**[135] seine ablehnende Haltung gegenüber der Entscheidung der Kommission vom 8. Juli 1999 zum Beihilfecharakter der Einbringung von Wohnungsbauvermögen in die WestLB. Zugleich verlieh er seiner Befürchtung Ausdruck, dass diese Entscheidung instrumentalisiert wird, um zahlreiche öffentlich-rechtliche Institutionen und öffentliche Unternehmen in Frage zu stellen, die sich in der sozialen Marktwirtschaft und der föderalen Struktur bewährt haben und einen unverzichtbaren Bestandteil der Bundesrepublik Deutschland darstellen. 200

[135] BR-Drs. 656/99 (neu) Beschluss.

Zudem nahm der Bundesrat die WestLB-Entscheidung zum Anlass, seine grundlegende **Positionierung zur Anstaltslast und Gewährträgerhaftung** festzuschreiben.

II. Anstaltslast und Gewährträgerhaftung

201 Die **Anstaltslast** der Kommunen für ihre Sparkassen ist im Jahre 1982 erstmals in § 3 Abs. 2 SpkG RhPf gesetzlich normiert worden. In der Folgezeit sind dem die meisten anderen Länder, darunter alle neuen Länder, gefolgt und haben ihre Sparkassengesetze um eine Regelung über die Anstaltslast für Sparkassen ergänzt. Lediglich in Bayern, Berlin, Bremen, Hessen und Niedersachsen ist eine entsprechende gesetzliche Regelung der Anstaltslast nicht normiert worden. Die Sparkassengesetze der übrigen Länder haben die Anstaltslast so definiert: „Der Gewährträger stellt sicher, dass die Sparkasse ihre Aufgaben erfüllen kann (Anstaltslast)."

202 In den **Ländern ohne gesetzliche Normierung** galt die Anstaltslast daher nur dann, wenn man sie als ein allgemeines Rechtsinstitut anerkennt. Die Begründungen der Gesetzentwürfe einzelner Länder, insbesondere in Rheinland-Pfalz und Nordrhein-Westfalen, haben darauf hingewiesen, dass die Anstaltslast als gewohnheitsrechtliches Institut in Rechtsprechung und Literatur auch ohne ausdrückliche Normierung anerkannt sei und die konkrete Regelung nur im Interesse der Rechtsklarheit erfolge, so dass sie nur deklaratorischer Natur sei. Die Auffassung, dass die Anstaltslast ein allgemeines Rechtsinstitut ist und auch ohne gesetzliche Verankerung gilt, ist in Legislative und Exekutive, in Rechtsprechung[136] und Schrifttum[137] ganz vorherrschend. Im Unterschied zur Gewährträgerhaftung, die eine externe Verpflichtung gegenüber den Gläubigern der Anstalt ist, regelt die Anstaltslast das interne Verhältnis zwischen Errichtungskörperschaft und Anstalt. Die Gläubiger haben keinen Anspruch auf Befolgung dieser Pflicht, da die Anstaltslast ihnen gegenüber kein subjektiv-öffentliches Recht, sondern nur einen tatsächlichen Begünstigungsreflex darstellt. Nach herrschender Meinung besteht kein subjektiver Anspruch der Anstalt selbst; vielmehr wird die Anstaltslast als einseitige Pflicht des Gewährträgers angesehen, die nur im Interesse der Allgemeinheit besteht. Begründet wird dies damit, dass die Anstalt ihre organisationsrechtliche Legitimation vom Anstaltsträger ableitet und die Zuerkennung eines eigenen Anspruchs in die Kompetenz des Anstaltsträgers eingreift, die Anstalt aufzulösen oder mit einer anderen zu vereinigen. Die Anstaltslast versetzt die Sparkasse in die Lage, ihre öffentlichen Aufgaben funktionsgerecht zu erfüllen und stellt mithin eine Funktionsgarantie dar, was nicht bedeutet, dass der Anstaltsträger das Kreditinstitut nicht mehr auflösen dürfte. Nur, wenn der Anstaltsträger sich gegen die Auflösung entscheidet, muss er das Kreditinstitut ggf. unterstützen. Die Anstaltslast verpflichtet den Anstaltsträger also nur, so lange für die Funktionsfähigkeit der

[136] BVerfG, NVwZ, BGHZ 90, 161 (169).

[137] *Kirchhof*, NVwZ 1994, 1041 (1042 f.); *Thode/Peres*, VerwArch 1998, 439 (448); *dies.*, BB 1997, 1749, (1750 ff.); *Kemmler*, Die Anstaltslast, 2001.

Sparkasse einzustehen, wie er an dem Fortbestand des Instituts festhalten will. Sie ist keine Garantie des Status quo. Das Wesen der Anstaltslast ist in einem berühmten Urteil des Preußischen OVG vom 4. Juni 1897[138] herausgearbeitet worden. In Rechtsprechung und Schrifttum wird die Anstaltslast i. d. R. als allgemeines Rechtsinstitut bezeichnet, ohne dass auf ihre rechtliche Herleitung näher eingegangen wird.

Anders als die Anstaltslast ist die **Gewährträgerhaftung** in allen Sparkassen- 203
gesetzen der Länder gesetzlich normiert worden. Gewährträgerhaftung bedeutet das Einstehenmüssen des Gewährträgers für die gegenüber Dritten bestehenden Verbindlichkeiten der öffentlich-rechtlichen Anstalt. Sie regelt die Haftung für Verbindlichkeiten nach außen, betrifft also unmittelbar die Sicherung der Gläubiger und nicht – wie die Anstaltslast – die der Sparkasse. Der Gläubiger hat folglich einen eigenen unmittelbaren Anspruch gegen den oder die Gewährträger. Die Haftung ist der Höhe nach unbeschränkt, der Gewährträger muss also mit seinem gesamten Vermögen einstehen. Andererseits geht die Haftung vom Umfang her nicht über die der Sparkasse hinaus, weil sie akzessorisch auf deren Verbindlichkeiten begrenzt ist. Überdies greift die Gewährträgerhaftung nur subsidiär ein; der Gläubiger muss also zuvor erfolglos versucht haben, in das Vermögen der Sparkasse zu vollstrecken. Die Gewährträgerhaftung lässt sich damit als eine öffentlich-rechtliche Ausfallbürgschaft beschreiben. Die beiden Institute von Anstaltslast und Gewährträgerhaftung ergänzen also einander, wobei die Anstaltslast der Gewährträgerhaftung insofern „vorgelagert" bzw. vorgeschaltet ist, als die Gewährträgerhaftung nur eingreift, wenn der Anstaltsträger vorher seiner finanziellen Gewährleistungs- und Instandhaltungspflicht nicht nachgekommen ist, was de facto noch nie zum Tragen gekommen ist.

Der **maßgebliche EG-Rechtsrahmen** zur Beurteilung der EG-Recht- 204
konformität von Anstaltslast und Gewährträgerhaftung für das Agieren von Sparkassen (und Landesbanken) wird durch Art. 345, 107 Abs. 1, 106 Abs. 2 und 14 AEUV gebildet[139].

In die entscheidende Runde trat die **rechtliche Auseinandersetzung um** die 205
Anstaltslast und Gewährträgerhaftung von Sparkassen und Landesbanken mit der **Beschwerde der Bankenvereinigung der Europäischen Union vom 21. Dezember 1999** (→ § 53 b Rn. 33 f.). In einem **Schreiben vom 26. Januar 2001** wies die **Generaldirektion Wettbewerb der Europäischen Kommission** darauf hin, dass Kommissionsvertreter keinen Zweifel daran gelassen hätten, dass die Haftungsinstitute **Anstaltslast und Gewährträgerhaftung** nach ihrer Auffassung **Beihilfeelemente im Sinne von Art. 107 Abs. 1 AEUV beinhalteten**. Die Generaldirektion Wettbewerb qualifizierte die in der Anstaltslast und Gewährträgerhaftung enthaltenen Beihilfen als bestehende Beihilfen im Sinne des Art. 108 Abs. 1 AEUV. Art. 106 Abs. 2 AEUV gelte grundsätzlich auch für den Sektor der Finanzdienstleistungen. Betont wurde, dass es derzeit keine präzisen Formulierungen von Dienstleistungen von allgemeinem wirtschaftlichem Interesse gebe, mit denen öffentlich-rechtliche Kreditinstitute in Deutschland beauftragt seien. Die für

[138] PrVerwBl. 19 (1897/1898), 280 ff.
[139] Dazu *Henneke* (Fn. 1), S. 125 ff., 137 ff.

die Sparkassen und Landesbanken relevanten Gesetze beinhalteten lediglich eher vage Umschreibungen der Aufgaben dieser Kreditinstitute. Auch scheine es keine Berechnungen der mit eventuellen Dienstleistungen von allgemeinem wirtschaftlichem Interesse verbundenen Kosten zu geben. Vor diesem Hintergrund könne über die Angemessenheit eventueller Kompensationsmaßnahmen nicht entschieden werden.

206 Im Lichte der fortschreitenden Entwicklung des Gemeinsamen Marktes erscheine es angebracht, die im Rahmen von Anstaltslast und Gewährträgerhaftung zugunsten der öffentlich-rechtlichen Kreditinstitute in Deutschland bestehenden unvereinbaren Beihilfen abzuschaffen, um das Funktionieren des Gemeinsamen Marktes zu gewährleisten.

207 Am **8. Mai 2001** schlug die **Europäische Kommission** der Bundesrepublik Deutschland gemäß Art. 88 Abs. 1 EGV (heute Art. 108 Abs. 1 AEUV) **zweckdienliche Maßnahmen** vor, um die Beihilferegelung, insoweit sie mit den Bestimmungen des EGV für unvereinbar angesehen wurde, abzuschaffen. Dabei machte die Europäische Kommission deutlich, dass die staatlichen Haftungen nicht von der Eigentümerschaft, sondern von der Rechtsform herrühren. Die Kommission vertrat die Auffassung, dass es daher nicht möglich sei, Anstaltslast und Gewährträgerhaftung unter Hinweis auf Art. 345 AEUV zu rechtfertigen. Wenn die Rechtsform eines Unternehmens mit bestimmten Vorteilen verbunden sei, die Wettbewerbsverfälschungen hervorrufen, die nicht mit dem Vertrag vereinbar seien, müsse diese Rechtsform den Bestimmungen dieser Beihilferegeln unterworfen werden. Es stehe den Mitgliedstaaten frei, die Rechtsform für Unternehmen zu bestimmen, sie habe dabei jedoch die Wettbewerbsregeln des Vertrages zu beachten. Dies bedeute insbesondere, dass, wenn eine staatliche Haftung automatisch mit einer bestimmten Rechtsform eines Unternehmens verknüpft ist, diese Haftung eine staatliche Beihilfe gem. Art. 107 Abs. 1 AEUV darstellen könne, die nicht unter Berufung auf Art. 345 AEUV gerechtfertigt werden könne. Sodann wurden Anstaltslast und Gewährträgerhaftung als bestehende Beihilfe im Sinne von Art. 107 Abs. 1, 108 Abs. 1 AEUV qualifiziert. Erneut wird darauf hingewiesen, dass **Art. 106 Abs. 2 AEUV auch für Finanzdienstleistungen** zur Anwendung kommen könne. Die von der Bundesregierung zur Verfügung gestellten Informationen erlaubten der Kommission nach ihrer Einschätzung aber nicht die Schlussfolgerung, dass die existierende Beihilferegelung Anstaltslast und Gewährträgerhaftung stets die Kriterien für die Anwendung von Art. 106 Abs. 2 AEUV erfülle. Im Gegenteil ergebe die Analyse der Kommission, dass jedenfalls wesentliche Teile der Tätigkeiten der meisten Kreditinstitute, die in den Genuss von Anstaltslast und Gewährträgerhaftung kommen, nicht als Dienstleistungen von allgemeinem wirtschaftlichem Interesse angesehen werden könnten, zumal keine genauen Definitionen der betreffenden Dienstleistungen und keine Berechnungen der Kosten vorlägen.

208 Die im System von **Anstaltslast und Gewährträgerhaftung** enthaltenen Beihilfeelemente seien **abzuschaffen** oder, soweit sie als Ausgleichsmaßnahmen für die Sonderkosten von Dienstleistungen von allgemeinem wirtschaftlichem Interesse zu rechtfertigen seien, an die in Art. 106 Abs. 2 AEUV niedergelegten Erfordernisse anzupassen. Im Lichte dieser Analyse schlug die Kommission der Bundesrepublik Deutschland als zweckdienliche Maßnahmen gem. Art. 108 Abs. 1 AEUV vor,

- dass die Bundesrepublik Deutschland alle gesetzgeberischen, verwaltungsmäßigen und sonstigen Maßnahmen trifft, die notwendig sind, um jegliche staatliche Beihilfe gem. Art. 107 Abs. 1 AEUV, die aus dem System der Anstaltslast und Gewährträgerhaftung herrührt und öffentlich-rechtlichen Kreditinstituten gewährt wird, zu beseitigen, oder die Vereinbarkeit einer solchen Beihilfe mit dem Gemeinsamen Markt gemäß den Bestimmungen des Art. 108 AEUV oder gemäß den in Art. 106 Abs. 2 AEUV niedergelegten Vorschriften herzustellen; 209
- dass jegliche solche Beihilfe beseitigt oder vereinbar gemacht wird mit Wirkung zum 31. März 2002, sofern nicht die Kommission (für alle öffentlich-rechtlichen Kreditinstitute oder für bestimmte Unternehmen oder Gruppen von Unternehmen) ihre Zustimmung zu einem späteren Zeitpunkt oder späteren Zeitpunkten erklärt, sollte sie dies als objektiv notwendig und gerechtfertigt ansehen, um dem oder den betreffenden Unternehmen einen angemessenen Übergang zur angepassten Sachlage zu erlauben; und 210
- dass die Bundesrepublik Deutschland die betreffenden, die Beihilferegelung anpassenden Maßnahmen so bald wie möglich und in keinem Fall später als zum 30. September 2001 der Kommission mitteilt. 211

Auf dieser Grundlage fanden sodann ausführliche Verhandlungen zwischen der Europäischen Kommission und der Bundesrepublik Deutschland statt, die am **17. Juli 2001** mit der **„Understanding on Anstaltslast and Gewährträgerhaftung“** zum Abschluss gebracht werden konnten. In der deutschen Übersetzung heißt es zu den Grundsätzen im Hinblick auf eine Änderung des Systems der Anstaltslast und Gewährträgerhaftung wörtlich: 212

„Gewährträgerhaftung wird abgeschafft. **Anstaltslast**, so wie sie derzeit besteht, **wird ersetzt** gem. den folgenden Grundsätzen: 213

- Die finanzielle Beziehung zwischen dem öffentlichen Eigner (‚public owner‘) und dem öffentlichen Kreditinstitut darf sich nicht von einer normalen marktwirtschaftlichen Eigentümerbeziehung unterscheiden, so wie der zwischen einem privaten Anteilseigner (‚privat shareholder‘) und einer Gesellschaft mit beschränkter Haftung oder Aktiengesellschaft. 214
- Jegliche Verpflichtung des öffentlichen Eigentümers zur wirtschaftlichen Unterstützung des Kreditinstituts und jeglicher Automatismus wirtschaftlicher Unterstützung durch den Eigner zugunsten des öffentlichen Kreditinstituts ist ausgeschlossen. Es besteht keine unbeschränkte Haftung des Eigners für Verbindlichkeiten des Kreditinstituts. Es gibt keine Absichtserklärung oder Garantie, den Bestand des öffentlichen Kreditinstituts sicherzustellen. 215
- Die öffentlichen Kreditinstitute werden den gleichen Regeln für den Insolvenzfall wie private Kreditinstitute unterworfen. Ihre Gläubiger werden denen privater Kreditinstitute gleichgestellt. 216
- Diese Grundsätze gelten unbeschadet der Möglichkeit des Eigners, wirtschaftliche Unterstützung gem. den Beihilferegelungen des EG-Vertrags zu gewährleisten. 217

218 In allen Gesetzen über öffentliche Kreditinstitute in Deutschland sind ausdrückliche Gesetzesänderungen gem. den obigen Grundsätzen vorzunehmen, unabhängig davon, ob Anstaltslast in diesen Gesetzen derzeit ausdrücklich festgeschrieben ist oder nicht.

219 Die deutschen Behörden haben Selbstverpflichtungen abgegeben, dass die Behörden des Bundes und der Länder spätestens zum 31. Dezember 2001 den jeweiligen Gesetzgebungsorganen Vorschläge für die notwendigen rechtlichen Maßnahmen unterbreiten und alle notwendigen rechtlichen Maßnahmen spätestens zum 31. Dezember 2002 endgültig verabschiedet werden."

220 Zudem enthält die Vereinbarung eine **gestufte Übergangsregelung**. Danach sind Verbindlichkeiten, die am 18. Juli 2001 bestehen, bis zum Ende ihrer Laufzeit von Gewährträgerhaftung gedeckt. Vereinbart wurde, dass die Entscheidung der Kommission, die ihre Empfehlung vom 8. Mai 2001 ergänzen wird, eine Übergangszeit vorsieht, die bis zum 18. Juli 2005 dauern wird, wobei in dieser Übergangszeit das System der Anstaltslast und Gewährträgerhaftung in der gegenwärtigen Form aufrecht erhalten bleiben kann. Weiter heißt es:

221 „Mit Ende dieser Übergangszeit wird jede bis dahin bestehende und nach dem 18. Juli 2001 begründete Verbindlichkeit weiterhin von Gewährträgerhaftung gedeckt sein unter der Bedingung, dass ihre Laufzeit nicht über den 31. Dezember 2015 hinausgeht."

222 Zum **Ablauf des Jahres 2001** und damit der ersten in der Verständigung genannten Frist bestand **noch keine vollständige Übereinstimmung** zwischen der Europäischen Kommission und der deutschen Seite über die EG-Rechtsvereinbarung aller zu treffenden **Neuregelungen**. Neben der Inkrafttretens- und Übergangsregelung enthielten die zwischenzeitlich in Deutschland erarbeiteten Umsetzungsvorschläge im Rahmen des Verfahrens zweckdienlicher Maßnahmen vier europarechtsrelevante Komponenten sowie drei Vorschläge zur Festigung der kommunalen Bindung der Sparkassen. Die EG-rechtsrelevanten Änderungen bezogen sich auf

- die Gewährträgerhaftung,
- den Begriff des Trägers,
- die Anstaltslast sowie
- die Insolvenzfähigkeit von Sparkassen und Landesbanken.

223 Die Vorschläge zur **Festigung der kommunalen Bindung der Sparkassen**, die die Konkretisierung des öffentlichen Auftrags, Überschussverwendung und Vermögensverwendung bei Auflösung der Sparkasse umfassten, bedurften keiner Abstimmung mit der Europäischen Kommission und wurden im Arbeitskreis der Länder als geeignete Basis für Überlegungen zur Anpassung der Ländergesetze angesehen, ohne dass insoweit von allen Ländern eine Umsetzungszusage gegeben wurde.

224 Angesichts der sich hinziehenden Verhandlungen mit der Europäischen Kommission über die Vereinbarkeit der deutschen Vorschläge mit der Verständigung

vom 17.07.2001 traten in den Ländern Auffassungsunterschiede hinsichtlich des konkreten Vorgehens bei der erforderlichen gesetzlichen Anpassung auf[140].

Mit **Schreiben vom 6. Februar 2002** wies der **EU-Wettbewerbskommissar** darauf hin, dass es unerlässlich sei, die ausstehenden Fragen insbesondere zur Übergangsregelung und zur Ersetzung der Anstaltslast umgehend zu lösen. Bis Ende Februar müsse die förmliche Bestätigung bei der Europäischen Kommission vorliegen, dass alle Länder ihr Gesetzgebungsverfahren entsprechend eingeleitet haben. Nur auf dieser Basis könne er der Kommission vorschlagen, die Empfehlung der Kommission über zweckdienliche Maßnahmen vom 8. Mai 2001 durch eine neue Kommissionsentscheidung zu ergänzen, die den vollen Inhalt der Verständigung vom 17. Juli 2001 einschließlich der Übergangsfristen aufnimmt. In letzter Minute, nämlich am **28. Februar 2002**, kam es dann zu einer endgültigen **Verständigung über die landesgesetzlichen Normierungen** der noch offenen Fragen unter Vereinbarung strikter Fristen. Diese **„Schlussfolgerungen über Anstaltslast und Gewährträgerhaftung“** beziehen sich auf die vier Komplexe 225

- Ersetzung der Anstaltslast und Abschaffung der Gewährträgerhaftung,
- „Grandfathering“ der Gewährträgerhaftung,
- Institutssicherungsfonds und
- Freie Sparkassen.

Mit Blick auf den Regelungskomplex Anstaltslast und Gewährträgerhaftung heißt es wörtlich: „Für die **Ersetzung der Anstaltslast und die Abschaffung der Gewährträgerhaftung** müssen mindestens die folgenden Elemente enthalten sein: 226

In den Gesetzestexten selbst: 227

1. Anstaltslast wird ersetzt durch die folgenden Bestimmungen:
2. Der Träger unterstützt die Sparkasse/Landesbank bei der Erfüllung ihrer Aufgaben nach Maßgabe der folgenden Grundsätze/Bestimmungen.
3. Eine Verpflichtung des Trägers zur oder ein Anspruch der Sparkasse/-Landesbank gegen den Träger auf Zurverfügungstellung von Mitteln besteht nicht.
4. Die Sparkasse/Landesbank haftet für ihre Verbindlichkeiten mit ihrem gesamten Vermögen.
5. Die Haftung des Trägers der Landesbank ist auf das satzungsmäßige Kapital beschränkt./ Der Träger der Sparkasse haftet nicht für deren Verbindlichkeiten.
6. Alle Landesbanken und Sparkassen müssen insolvenzfähig sein [zu erreichen durch die Abschaffung der Bestimmungen der Länder, die auf § 12(1) No 2 Insolvenzordnung beruhen].
7. Sämtliche bestehenden Bestimmungen über Anstaltslast und Gewährträgerhaftung, die mit dem Obigen im Widerspruch stehen, sind zu streichen.

228 In den Gesetzesbegründungen:

[140] Dazu ausführlich: *Henneke*, NdsVBl. 2002, 113 ff.

Zusätzlich zu den Erklärungen für die Bestimmungen im Gesetzestext muss das Folgende erscheinen: Soweit der Träger der Sparkasse/Landesbank dieser Mittel zur Verfügung stellt, erfolgt dies ausschließlich im Einklang mit der Beihilfendisziplin der Gemeinschaft.

229 In gesonderten Selbstverpflichtungen der deutschen Behörden:

1. Die deutschen Behörden verpflichten sich durch gesondertes Schreiben, dass sie jegliche zukünftige Zurverfügungstellung finanzieller Mittel an Sparkassen/Landesbanken der Kommission notifizieren werden für den Fall, dass diese Beihilfenelemente enthalten.
2. Die deutschen Bundes- und Länderbehörden verpflichten sich durch gesondertes Schreiben, dass von der Ermächtigungsklausel im Bundesrecht, Anstalten, die unter der Aufsicht eines Landes stehen, für insolvenzunfähig zu erklären, für die von der Verständigung vom 17.7.2001 erfassten öffentlichen Banken zukünftig kein Gebrauch mehr gemacht werden wird."

230 Die Ziffern 2 und 3 betreffen die Anstaltslast; die Ziffern 4 und 5 beziehen sich auf die bisherigen Bestimmungen zur Gewährträgerhaftung. Im Einzelnen standen die von deutscher Seite erarbeiteten Vorschläge mit der Verständigung vom 28.2.2002 im Einklang. Es ist lediglich im Gesetzestext die vorgeschlagene Formulierung entfallen, dass die Träger der Sparkasse die notwendigen Mittel nach kaufmännischen Grundsätzen zur Verfügung stellen. Statt dessen sollte in den Gesetzesbegründungen der Satz aufgenommen werden:

231 „Soweit der Träger der Sparkasse dieser Mittel zur Verfügung stellt, erfolgt dies ausschließlich im Einklang mit der Beihilfendisziplin der Gemeinschaft."

232 Dies schließt sowohl Unterstützungen der Sparkassen seitens der Träger nach den Grundsätzen eines wirtschaftlich handelnden Kapitalgebers als auch die Vergütung für die Erfüllung öffentlicher Aufträge bzw. von Dienstleistungen von allgemeinem wirtschaftlichen Interesse gem. Art. 106 Abs. 2 AEUV unter Berücksichtigung der jüngsten EuGH-Rechtsprechung[141] ein. In den Ziffern 4 und 5 wird deutlich gemacht, dass eine Gewährträgerhaftung und damit die Begründung von Ansprüchen Dritter gegen den Träger nicht mehr besteht.

233 Von den vorgeschlagenen Neuregelungen und den dafür angeführten Begründungen ist von den beiden vorgesehenen Regelungen zur Festigung der kommunalen Verankerung parallel zur Modifizierung der Haftungsgrundlagen eine richtige Signalwirkung ausgegangen. Die **bewährte Sparkassenstruktur in öffentlicher Rechtsform und kommunaler Trägerschaft** ist damit **auch nach Abschaffung der Gewährträgerhaftung und Modifizierung der Anstaltslast erhalten geblieben**. Die Zweckbindung der kommunalen Verankerung ist in der Bestimmung über den öffentlichen Auftrag der Sparkassen präzisiert und damit gefestigt worden. Auch die Trägerverantwortung für ihre Sparkassen ist bestehen geblieben, wenngleich die Rechtsgrundlagen dafür modifiziert worden sind.

234 Nach der Brüsseler Verständigung über Anstaltslast und Gewährträgerhaftung war dem öffentlich-rechtlichen Bankensektor in der Auseinandersetzung mit der

---

[141] EuGH, NVwZ 2002, 193.

Europäischen Kommission allerdings nur eine kurze Pause vergönnt, da sich eine Auseinandersetzung um den Schutz der Bezeichnung „Sparkasse“ anschließen sollte.

III. Schutz der Bezeichnung „Sparkasse“

Nach geltendem nationalen Recht behält § 40 Abs. 1 Kreditwesengesetz (KWG) die Bezeichnung „Sparkasse“ den öffentlich-rechtlichen Sparkassen und den sog. Freien Sparkassen, die bei Inkrafttreten des KWG diese Bezeichnung bereits geführt haben („grandfathering“), vor. Zweck des § 40 Abs. 1 KWG ist der Schutz der privaten und gewerblichen Verbraucher vor Unternehmen, die den falschen Eindruck erwecken, sie würden die typischen Strukturmerkmale einer Sparkasse aufweisen und ein entsprechendes Vertrauen verdienen. **235**

Seinen Ausgangspunkt findet der Streit mit der Europäischen Kommission um den Namensschutz „Sparkasse“ durch § 40 Abs. 1 KWG in der **Krise der Bankgesellschaft Berlin**, die durch Immobiliengeschäfte und faule Kredite um die Jahrtausendwende in eine gefährliche Schieflage geraten war. Eine von der Bundesregierung beantragte **Rettungsbeihilfe des Landes Berlin** in Höhe von rund 2 Mrd. Euro wurde am 25.7.2001 von der EU-Kommission vorübergehend genehmigt[142]. **Am 18. Februar 2004 genehmigte** die **EU-Kommission** dem Land Berlin die **Beihilfe** zu Gunsten der Umstrukturierung der Bankgesellschaft Berlin AG. Im Gegenzug sagte das Land Berlin u. a. zu, sich in einem diskriminierungsfreien Verfahren von seinem Anteil an der Bankgesellschaft Berlin (81 %) bis Ende 2007 zu trennen. Eine Tochter der Bankgesellschaft Berlin ist die Berliner Sparkasse. **236**

2003 wurde der Schutz des Namens „Sparkasse“ durch § 40 KWG von interessierter Seite gegenüber der EU-Kommission erstmalig problematisiert. Ausgelöst wurde die Beschwerde durch eine US-Gesellschaft, die sich um den Erwerb der Mehrheit der Aktien der Bankgesellschaft Berlin AG bemühte und sich dagegen wehrte, dass nach § 40 KWG in Deutschland private Kreditinstitute grundsätzlich nicht die Bezeichnung „Sparkasse“ führen dürfen[143]. Nach diversen Zwischenschritten[144] forderte die **EU-Kommission** am **28. Juni 2006**, Deutschland durch eine **mit Gründen versehene Stellungnahme**[145] förmlich zur Änderung des § 40 Abs. 1 KWG auf. Sie beanstandete dazu weiterhin, dass eine Sparkasse nach der Privatisierung – soweit sie vom deutschen Gesetzgeber ermöglicht wird – automatisch das Recht einbüße, als „Sparkasse“ bezeichnet zu werden. Deutschland wurde förmlich dazu aufzurufen, § 40 KWG zu ändern. § 40 KWG beeinträchtige hier die Niederlassungsfreiheit dergestalt, als es einem Erwerber einer Sparkasse nicht gestattet sei, die mit einem erheblichen Geschäftswert verbundene Bezeichnung „Sparkasse“ nach dem Erwerb fortzuführen. Die EU-Kommission führte weiter **237**

[142] ABl. C 130 v. 1.6.2002.
[143] *Wohltmann*, ZG 2007, 259 (262 f.).
[144] *Wohltmann*, ZG 2007, 259 (264 ff.).
[145] Nr. 2002/4930.

aus, dass eine derartige Maßnahme nach der ständigen Rechtsprechung des Europäischen Gerichtshofes nur zulässig sei, wenn

- sie nicht diskriminierend sei,
- mit ihr übergeordnete Ziele des Gemeinwohls verfolgt würden,
- sie geeignet sei, die Verwirklichung der verfolgten Ziele zu gewährleisten und
- sie über das Erforderliche nicht hinaus gehe.

238 Nach Prüfung von § 40 KWG an diesen Bedingungen sei sie zum Schluss gekommen, dass nicht sämtliche Voraussetzungstatbestände erfüllt würden. Hinsichtlich des Merkmals der **Diskriminierung** stimmte die EU-Kommission mit der Bundesregierung überein und stellte fest, dass keine Diskriminierung bestehe, da das Verbot zur Verwendung der Bezeichnung „Sparkasse" nach der Privatisierung gleichermaßen für deutsche wie für nicht-deutsche Investoren gelte.

239 Die EU-Kommission strich zudem heraus, dass sie anerkenne, dass der **Schutz des Namens „Sparkasse"** wegen des **Gemeinwohlauftrags** dieser Kreditinstitute und der Notwendigkeit, dass Verbraucher sie von anderen Banken unterscheiden, begründet sei. Der seitens der deutschen Behörden angeführte öffentliche Auftrag (regionaler Grundversorgungsauftrag, verpflichtende gemeinnützige Gewinnverwendung, Unterstützung des kommunalen Trägers etc.) bilde bestimmte Tätigkeiten der Sparkassen ab und rechtfertige Maßnahmen, die mit der Verwirklichung dieser Aufgaben verbunden seien. Auch der Schutz der Verbraucher sei ein legitimes öffentliches Interesse und es sei gerechtfertigt, Maßnahmen zum Schutz zu ergreifen, wenn die Verbraucher grundsätzlich die Ausübung bestimmter (gemeinwohlorientierter) Tätigkeiten mit der Bezeichnung „Sparkasse" verknüpfen würden.

240 Die **Geeignetheit** des umstrittenen § 40 KWG zur Verwirklichung der verfolgten Zielsetzung, die Erfüllung des den Sparkassen auferlegten Grundversorgungsauftrags und den Schutz der Verbraucherinteressen zu gewährleisten, wurde von der EU-Kommission ebenfalls bejaht. Allerdings äußerte die EU-Kommission **Zweifel, ob § 40 KWG** auch **angemessen** sei. So hätten die deutschen Behörden nicht nachgewiesen, dass er für die Verwirklichung der Ziele eine unerlässliche Maßnahme sei. Der Grundversorgungsauftrag sei nach Auffassung der EU-Kommission weder zwingend an eine bestimmte Rechtsform noch an eine bestimmte Eigentümerschaft gebunden. Untermauernd führt sie zum einen die freien Sparkassen an. Zum anderen wurden die in verschiedenen Bundesländern bestehenden Möglichkeiten zur stillen Beteiligung privater Dritter mit beschränkten Mitwirkungsrechten angeführt und geschlussfolgert, dass dem deutschen Rechtsystem ein Sparkassenbegriff nicht unbekannt sei, der die Rechtsform eines privatrechtlichen Unternehmens umfasse und die Verfolgung gemeinwohlorientierter Ziele ermögliche. Die EU-Kommission wies des Weiteren darauf hin, dass auch weniger einschränkende Maßnahmen möglich seien, um den Interessen der Verbraucher gerecht zu werden. Nach Ansicht der EU-Kommission könnte Deutschland einen Kompromiss der widerstreitenden Interessen herbeiführen und zum Beispiel die Namensnutzung durch private Banken von der Erfüllung bestimmter Gemeinwohlverpflichtungen abhängig machen oder eine besondere Namensgebung vorschreiben. So könne etwa die Auflage erteilt werden, dass eine

privatisierte Sparkasse einen Zusatz wie „Sparkasse AG" oder „private Sparkasse" zu tragen habe. Die EU-Kommission forderte Deutschland abschließend auf, nun die erforderlichen Maßnahmen zu ergreifen, um der begründeten Stellungnahme nachzukommen.

Der darauf von deutscher Seite unterbreitete Vorschlag[146] wurde seitens der EU-Kommission verhalten aufgenommen und es wurden Zweifel geäußert, ob der Vorschlag diskriminierungsfrei sei. In dem **Schreiben der EU-Kommission vom 3. August 2006** wurde zunächst die unterschiedliche Behandlung des Verkaufs der Berliner Sparkasse und möglicher weiterer Privatisierungen von Sparkassen als nicht gerechtfertigt kritisiert. Die Bestimmungen des EG-Vertrages zur Niederlassungsfreiheit und Kapitalverkehrsfreiheit würden mit Blick auf mögliche weitere Privatisierungen von Sparkassen im Wesentlichen zu den gleichen Verpflichtungen führen wie die von Deutschland im Zusammenhang mit der von der EU-Kommission genehmigten Umstrukturierungsbeihilfen für die Bankgesellschaft Berlin akzeptierten Verpflichtungen. 241

Der **Deutsche Bundestag** fasste **am 29. September 2006** eine **Entschließung**[147] zum Namensstreit und forderte die Bundesregierung auf, die Vorteile der bestehenden Drei-Säulen-Kreditwirtschaft und des kommunalen Sparkassenwesens mit seinen Strukturmerkmalen zu stärken und sich für einen Beibehalt des Namensschutzes der Sparkassen durch § 40 KWG zu verwenden. 242

Am **2. Oktober 2006** übersandte die **Bundesregierung** der EU-Kommission ein **überarbeitetes Lösungsangebot**. Ausdrücklich geteilt wurde die Auffassung der EU-Kommission, dass die Entscheidung über die Privatisierung einer Sparkasse ausschließlich in die mitgliedstaatliche Zuständigkeit falle. Übereinstimmung bestehe auch darin, das der Name „Sparkasse" nicht nur eine dem Verbraucherschutz und der Erfüllung des Grundversorgungsauftrags dienende gesetzlich geschützte Bezeichnung, sondern auch eine eigentumsrechtlich geschützte Marke sei. Ebenfalls Konsens bestehe in der Einschätzung, dass § 40 KWG keine diskriminierenden Elemente enthalte. Die Bundesregierung begrüßte insoweit, dass die EU-Kommission nicht mehr an ihrer Auffassung festhielt, mit der sie den historisch bedingten speziellen Bezeichnungsschutz der freien Sparkassen in Frage stellte. Die Bundesregierung hielt des Weiteren fest, dass die Beanstandungen der EU-Kommission ausdrücklich nur die **Namensfortführung im Falle einer freiwilligen Privatisierung** umfasse. Die Gründung privater Sparkassen oder die schlichte Umbenennung einer Privatbank in Sparkasse sei von dem Vertragsverletzungsverfahren und den angeführten Grundfreiheiten nach übereinstimmender Auffassung nicht umschlossen. Weitere Einigkeit bestehe schließlich darüber, dass die Sparkassen einen Gemeinwohlauftrag zu erfüllen hätten. Hier habe die EU-Kommission ausdrücklich die Zulassung begrenzt auf eine Region, die Verpflichtung, in dieser Region jedermann eine Grundversorgung zu gewährleisten, die Verpflichtung, Gewinne für Allgemeinwohlzwecke zu verwenden sowie den Auftrag, städtische und regionale Ziele zu unterstützen und Finanzdienstleistungen für 243

---

[146] Dazu ausführlich: *Wohltmann*, ZG 2007, 259 (266 f.).

[147] BT-Drs. 16/2748.

Gebietskörperschaften zu erbringen ebenso wie die grundsätzliche Rechtfertigung des Namensschutzes mit Verbraucherschutzinteressen anerkannt.

244 Erneut stellte die Bundesregierung jedoch die Position der EU-Kommission in Frage, die Niederlassungsfreiheit und die Freiheit des Kapitalverkehrs würden durch den Namenschutz der Sparkassen beeinträchtigt. In ihren Grundfreiheiten könnten Investoren nur beeinträchtigt werden, sofern Sparkassen einer Privatisierung zugänglich seien. Dies träfe jedoch nicht zu. Auch die Berliner Sparkasse bilde keine Ausnahme, da ihr Verkauf einzig und allein auf der gemeinschaftsrechtlich zwingenden und rechtskräftigen Auflage der EU-Kommission beruhe. Die deutschen Behörden beabsichtigten, hierzu ggf. gesonderte Regelungen zu erlassen. Da es insoweit zu einer Veräußerung einer Sparkasse in ausschließlich nationaler Zuständigkeit nicht kommen solle und werde, seien ebenso wenig wie bei anderen öffentlichen Einrichtungen wie etwa Rathäusern, Schulen etc. spezielle Regelungen für die Namensnachfolge bei einer (eben nicht vorgesehenen) Privatisierung zu schaffen.

245 Gleichzeitig hielt die Bundesregierung der EU-Kommission vor, die **Sparkassemarke** mit der **Geschäftsbezeichnung Sparkasse** zu vermengen. Der tatsächliche Geschäftswert, der einem privaten Erwerber nach Auffassung der EU-Kommission angeboten werden müsse, resultiere nicht aus § 40 KWG, sondern aus dem markenrechtlichen Schutz. Dieser stütze sich auf das deutsche und europäische Markenrecht und sei mit dem Gemeinschaftsrecht vereinbar und jedenfalls nicht Gegenstand des vorliegenden Verfahrens. Insoweit bekräftigte die Bundesregierung ihre Auffassung, dass es an einer Beschränkung der Grundfreiheiten fehle und nahm sodann nur hilfsweise auch zur behaupteten Unangemessenheit des § 40 Abs. 1 KWG Stellung. Deutlich entgegengetreten wurde der Position der EU-Kommission, das die Beschaffenheit des Eigentums an einem Finanzinstitut unerheblich für die Wahrung des Gemeinwohlauftrags sei und die Führung des Namens „Sparkasse" allein vom Bestehen eines Grundversorgungsauftrags abhängig gemacht werden könne. Die öffentliche Rechtsform sei untrennbar mit der Wahrnehmung des Grundversorgungsauftrags verbunden. Die Bundesregierung erläuterte dazu, dass die Grundlage der gemeinwohlorientierten Geschäftstätigkeit der Sparkassen in deren fortlaufenden demokratischen Legitimation durch die lokale Bevölkerung liege. Diese könne nur durch die öffentliche Rechtsform gewährleistet werden. Gleichzeitig ermögliche es die öffentliche Rechtsform der Sparkasse, ihre Geschäftspolitik primär am öffentlichen Interesse auszurichten und nicht an Renditeerwartungen zu orientieren. Demgegenüber handele ein Privatinvestor, auch wenn er einen Grundversorgungsauftrag übernehme, primär gewinnorientiert.

246 In gleichem Zusammenhang trat die Bundesregierung zudem der mit **Hinweis auf die freien Sparkassen** sowie auf die Möglichkeiten der Ausgabe stiller Beteiligungen gestützten Auffassung der EU-Kommission entgegen, dem deutschen Rechtssystem sei ein Sparkassenbegriff nicht unbekannt, der die Rechtsform eines privatrechtlichen Unternehmens umfasse und die Verfolgung gewinnorientierter Ziele ermögliche. Dazu wurde der gemeinwohlorientierte Charakter der freien Sparkassen sowie ihre besondere Organisation erneut darlegt und erläutert, dass der Vergütungsanspruch der stillen Gesellschafter - anders als von der EU-

Kommission dargestellt – keine Gewinnverwendung zugunsten privater Investoren darstelle, sondern ein ordentlicher Aufwand des Geschäftsjahres in Form eines zu leistenden einheitlichen Festzinses sei.

Schließlich hob die Bundesregierung hervor, dass die mit der Bezeichnung „Sparkasse" verbundenen Erwartungen der Verbraucher sich keineswegs nur auf bestimmte Tätigkeiten der Sparkasse beschränkten, sondern die Gesamtheit der wesensmäßigen Unterschied zu den privaten Kreditinstituten umschlössen. Mit dem Begriff „Sparkasse" würden die Verbraucher keine rendite-, sondern eine gemeinwohlorientierte Finanzinstitution „ihrer" Gemeinden und Landkreise verbinden, die von der örtlichen Gemeinschaft kontrolliert (öffentliche Trägerschaft) und in ihren Entscheidungsstrukturen durch Wahlvorgänge demokratisch legitimiert sei. Zwingender Bestandteil des im Interesse der Verbraucher geschützten Sparkassenbegriffs sei die öffentliche Rechtsform. Nur durch die öffentliche Rechtsform werde die Umsetzung des Gemeinwohlauftrags und der Rückfluss von Gewinnen in den örtlichen Wirtschaftskreislauf bzw. dessen gemeinnützige Verwendung sichergestellt. Damit widersprach sie der These der EU-Kommission, dass dem Verbraucherschutz auch durch weniger einschränkende Maßnahmen Rechnung getragen werden könne. Sodann unterbreitete die Bundesregierung einen **modifizierten Lösungsvorschlag**[148]. **247**

Die EU-Kommission und die Bundesregierung bemühten sich indes weiter um eine Beilegung des Konflikts. Das BMF sowie die Generaldirektion Wettbewerb teilten schließlich am **6. Dezember 2006** gleichlautend mit, dass sich **beide Seiten auf eine Reihe von Grundsätzen zum Bezeichnungsschutz „Sparkasse" für den Fall einer Privatisierung geeinigt** hätten. Als gemeinsamer Standpunkt wurde herausgestrichen, dass das Gemeinschaftsrecht keine Sparkassenprivatisierung erfordere, ihr aber auch nicht entgegenstehe. Weiter wurde festgehalten, dass es im ausschließlichen Ermessen der Mitgliedstaaten stehe, Sparkassen zu privatisieren. Im Falle einer Privatisierung könnten die Mitgliedstaaten den privatisierten Sparkassen schließlich die Fortführung bestimmter Gemeinwohlverpflichtungen auferlegen. Ein Kernelement des Kompromisses folgt sodann mit der Feststellung, dass § 40 KWG stets in einer die Bestimmungen des EG-Vertrags über das Niederlassungsrecht (Artikel 43 ff.) und über den Kapital- und Zahlungsverkehr (Artikel 56 ff.) nicht verletzenden Weise angewendet werde. **248**

Der **Bezeichnungsschutz für Sparkassen** nach § 40 KWG wird der Einigung zufolge **im Falle der** an das Berliner Sparkassengesetz[149] gebundenen **„Berliner Sparkasse"** von **höherrangigem** und **unmittelbar anwendbarem Gemeinschaftsrecht**, namentlich der Beihilfeentscheidung der EU-Kommission vom 18. Februar 2004, dergestalt **überlagert**, dass die aufgrund des Berliner Sparkassengesetzes errichtete teilrechtsfähige Anstalt nicht durch § 40 KWG an der Fortführung der Bezeichnung „Berliner Sparkasse" gehindert werde. Im konkreten Fall der samt der Berliner Sparkasse zu veräußernden Bankgesellschaft Berlin AG wurde eine Reihe sparkassentypischer Gemeinwohlaufgaben festgelegt und als mit dem Gemeinschaftsrecht vereinbar erachtet. Zu diesen anerkannten gemeinwohl- **249**

---

[148] *Henneke* (Fn. 1), S. 155 ff.

[149] Siehe Fn. 13.

orientierten Aufgaben gehören die flächendeckende Versorgung wirtschaftlich schwächerer Bevölkerungskreise und der mittelständischen Wirtschaft sowie die Gewährleistung des Regionalprinzips gemäß dem maßgeblichen Sparkassenrecht.

250 **Mit der Einigung** wurde das **Vertragsverletzungsverfahren zu § 40 KWG eingestellt**, und die von der EU-Kommission geäußerten spezifischen Bedenken im Beihilfefall Bankgesellschaft Berlin AG zu einem offenen, transparenten und diskriminierungsfreien Veräußerungsverfahren bis Ende 2007 wurden als ausgeräumt betrachtet.

251 Am 8. Dezember 2006 erläuterte der zuständige Staatssekretär im BMF den Inhalt der Einigung [150]. Auf die Frage, ob die Einigung Vereinbarungen über die Frage enthalte, ob oder ob nicht Berlin als Präzedenzfall für die Verwendung der Bezeichnung „Sparkasse" durch Private gelten könne, erklärte er, dass im Berliner Fall § 40 KWG konform mit dem Gemeinschaftsrecht angewandt werde. Dies schließe die Beachtung der Bestimmungen über das Niederlassungsrecht und über den Kapital- und Zahlungsverkehr ebenso ein wie die Befolgung der Beihilfeentscheidung vom 18. Februar 2004 und eines Schreibens der Generaldirektion Wettbewerb vom 29. September 2005 betreffend die Bankgesellschaft Berlin und die Berliner Sparkasse. Er erläuterte sodann, dass mit der Causa Berlin vergleichbare Fälle gleich zu behandeln wären. Dies folge bereits aus dem allgemein geltenden Gleichbehandlungsgebot[151]

252 Sowohl die Bundesregierung als auch die EU-Kommission betonen, dass die Auseinandersetzung um den Bezeichnungsschutz „Sparkasse" beigelegt wurde. **Im eigentlichen Streitkern** ist allerdings **keine abschließende Antwort gefunden** worden. Die Formulierungen des Kompromisses legen indes nahe, das es der Bundesregierung nicht gelungen ist, die EU-Kommission davon zu überzeugen, dass § 40 Abs. 1 KWG zur Verwirklichung der verfolgten Zielsetzung, nämlich die Erfüllung des den Sparkassen auferlegten Grundversorgungsauftrags und den Schutz der Verbraucherinteressen zu gewährleisten, sowohl **geeignet** als auch **anmessen** ist. Stattdessen deutet die Formulierung des Kompromisses, § 40 KWG werde stets in einer die Bestimmungen des EG-Vertrags über das Niederlassungsrecht (Art. 49 ff. AEUV) und über den Kapital- und Zahlungsverkehr (Art. 63 ff. AEUV) nicht verletzenden Weise angewendet, darauf hin, dass § 40 KWG für sich genommen zu einer funktionslose Hülle verkümmert ist, der durch eine überwölbende „europarechtskonforme" Auslegung der ursprünglich nach dem Willen des Gesetzgebers gegebene Inhalt genommen wird, was die Bedeutung der sparkassenrechtlichen Regelungen seitens der Länder weiter erhöht.

253 Zu berücksichtigen ist aber auch, dass die **Einigung nur für den Fall Berlin** konkrete Aussagen trifft. Dazu ist in Erinnerung zu rufen, dass sich die EU-Kommission auch auf den letzten Einigungsvorschlag der Bundesregierung nicht einzulassen vermochte. Stattdessen wird nun in den abgestimmten Pressemitteilungen lediglich recht unbestimmt davon gesprochen, dass im Falle einer Privatisierung die Mitgliedstaaten den privatisierten Sparkassen die Fortführung be-

---

[150] BT-Drs. 16/3894.

[151] Zum Ganzen ausführlich: *Henneke/Wohltmann*, Der Landkreis 2006, 790 ff.; *Wohltmann*, ZG 2007, 259 ff.

stimmter Gemeinwohlverpflichtungen auferlegen könnten. Was hiervon umfasst wird und was als angemessen anzusehen ist, ist – soweit ersichtlich – nicht einer wirklichen Klärung zugeführt worden. Wird hier nach dem Wert der Verständigung gefragt, so können deshalb nur die im novellierten Berliner Sparkassengesetz formulierten Gemeinwohlverpflichtungen als gesichert EU-konform bezeichnet werden. Soweit demgegenüber schärfere Gemeinwohlverpflichtungen in den Landesgesetzen statuiert werden, ist eine Akzeptanz seitens der EU-Kommission für den Fall einer entsprechenden Auflage im Privatisierungsfall aus der Einigung jedenfalls nicht ableitbar.

Nach dem derzeitigen Sachstand reduziert sich damit der Strukturschutz des **254** deutschen Drei-Säulen-Systems der kreditwirtschaftlichen Versorgung infolge des faktischen Entfallens der struktursichernden Funktion des KWG auf die struktursichernde Ausformung der Säulen selbst. **Entscheidend** kommt es somit darauf an, **was nach den Sparkassengesetzen der Länder** unter dem **Begriff der „öffentlich-rechtlichen Sparkasse“** bzw. den strukturprägenden Merkmalen einer Sparkasse zu subsumieren sein wird. Damit nimmt die bereits bestehende **Verantwortung der Länder für den Fortbestand der kommunalen Sparkassen an Bedeutung zu**. Gleichzeitig stehen nun die Länder als Gesetzgeber und die Kommunen als Sparkassenträger verstärkt in der Pflicht, den Beweis anzutreten, dass es ihnen mit den Sparkassen und dem Erhalt ihrer besonderen Funktionen ernst ist. Kommt es nicht zum Privatisierungsfall, so stellen sich die Probleme um die Fortführung des Namens „Sparkasse“ durch einen Privaten überhaupt nicht.

IV. Beihilferelevanz von Maßnahmen zur Stützung der Sparkasse Köln Bonn

Nicht zuletzt wegen der Geltung des Regionalprinzips haben im vergangenen **255** Jahrzehnt die kommunalen Sparkassen – anders als die Landesbanken – nicht im Zentrum der Betrachtungen der Europäischen Kommission gestanden – mit einer Ausnahme, nämlich der Stadtsparkasse Köln, der heutigen Sparkasse KölnBonn. Die Beschwerde der Bankenvereinigung der Europäischen Union aus dem Jahre 1999 wegen Anstaltslast und Gewährträgerhaftung bezog sich nicht nur auf die Westdeutsche Landesbank, Girozentrale und die Westdeutsche Immobilienbank, sondern auch auf die seinerzeit bereits im Ausland tätige Stadtsparkasse Köln, wobei fälschlich suggeriert wurde, dass deren Geschäftstätigkeit repräsentativ für die deutschen Sparkassen sei. Dem war schon seinerzeit nachdrücklich entgegenzutreten. Einige Jahre später fusionierte die nach jedwedem Parameter ohnehin schon große Stadtsparkasse Köln mit der Sparkasse Bonn zur Sparkasse KölnBonn und setzte ihre überkommene Geschäftspolitik fort. Im Zuge der Finanzmarktkrise bedurfte sie daher der Stützung durch die Träger. Ende 2008/Anfang 2009 wurde das **Kapital der Sparkasse KölnBonn mit insgesamt 650 Mio. Euro gestärkt**. Deutschland hat die Maßnahmen im Nachhinein gemeldet.

Am 4. November 2009 hat die Europäische Kommission bekannt gegeben, dass **256** sie nach den Beihilfevorschriften des EG-Vertrages eine eingehende **Untersuchung der Unterstützungsmaßnahmen** für die Sparkasse KölnBonn eingeleitet habe. Mit diesem ersten Schritt will die Wettbewerbsbehörde nach eigenen Angaben in enger Zusammenarbeit mit den deutschen Behörden zu einer langfristig tragfähigen Lösung gelangen. Zum gegenwärtigen Zeitpunkt ist die EU-Kommission der Auffassung, dass für die im konkreten Stützungsfall vereinbarte Vergütung zweifelhaft sei, ob ein marktwirtschaftlich handelnder Kapitalgeber zu diesem Zeitpunkt eine derartige Investition getätigt hätte. Nach dem EU-Beihilferecht sind Maßnahmen, mit denen staatliche Stellen in wirtschaftlich tätige Unternehmen eingreifen, beihilfefrei, wenn sie zu Bedingungen erfolgen, die ein marktwirtschaftlich handelndes privates Unternehmen akzeptieren würde.

257 Ob es sich bei den betreffenden Maßnahmen letztendlich um staatliche Beihilfen handelt, wird nunmehr in der eingehenden Untersuchung der Kommission ermittelt werden. Falls sich herausstellen sollte, dass die Maßnahmen tatsächlich staatliche Beihilfen darstellen, wird die Kommission zu prüfen haben, wie die langfristige Rentabilität der Sparkasse KölnBonn sichergestellt werden kann. Deshalb hat die Kommission die Sparkasse KölnBonn aufgefordert, einen Umstrukturierungsplan vorzulegen. Damit sollen die Ursachen der aktuellen Schwierigkeiten der Sparkasse beseitigt werden, ohne ihr einen unfairen Vorteil gegenüber ihren Wettbewerbern einzuräumen[152].

D. Abgrenzung zwischen Sparkassenwirtschafts- sowie Sparkassenverfassungs- und -organisationsrecht

258 Nach der grundgesetzlichen Kompetenzverteilung ist die **Zuständigkeit für** das **Sparkassenrecht zwischen Bund und Ländern aufgeteilt**. Nach Art. 74 Abs. 1 Nr. 11 GG unterfällt das Recht der Wirtschaft, zu dem auch das Bank- und Börsenwesen gehört, der konkurrierenden Gesetzgebung. Insoweit sind also Bund und Länder gesetzgebungsbefugt, wobei den Ländern eine Regelungsbefugnis gem. Art. 72 Abs. 1 GG nur dann zusteht, solange und soweit der Bund von seiner Gesetzgebungszuständigkeit nicht durch Gesetz Gebrauch gemacht hat. Bei der Schaffung des Grundgesetzes wurde der Begriff des Bankwesens als entwicklungsoffen verstanden. Das **Bankwesen** bezieht sich auf das **Verfassungs- und Organisationsrecht** sowie die Geschäftstätigkeit **privater Kreditinstitute** einschließlich der **freien Sparkassen**.

259 **Ausgeklammert** sind nach überkommenem Verständnis dagegen das **Verfassungsrecht und das Organisationsrecht der öffentlich-rechtlichen Kreditinstitute**, insbesondere der Sparkassen und der Landesbanken. Von Art. 74 Abs. 1 Nr. 11 GG ist daher nur die Befugnis zur Regelung des Geschäftsgebarens der Sparkassen, nicht dagegen das Sparkassenverfassungs- und Organisationsrecht erfasst. Diese Bereiche unterliegen nach Art. 70 GG ausschließlich dem gesetzgeberischen Zugriff der Landesgesetzgeber, weil die kommunalen Sparkassen als Anstalten

[152] Sobald alle Fragen im Zusammenhang mit dem Schutz vertraulicher Daten geklärt sind, wird die nicht vertrauliche Fassung der Entscheidung über das Beihilferegister auf der Website der Generaldirektion Wettbewerb unter der Nr. NN 50/09 zugänglich gemacht.

des öffentlichen Rechts in den Staatsorganismus der Länder eingegliedert sind und das formelle Sparkassenrecht somit ein Teil des kommunalen Rechts ist, für das die Länder gesetzgeberisch zuständig sind[153].

Das BVerwG[154] hat dezidiert zu der Frage Stellung genommen und wie früher das Sparkassenverfassungs- und Organisationsrecht den Ländern und das Recht der Geschäftspolitik und Geschäftsführung dem Bund zugeordnet. Der Bundesgesetzgeber darf nach Art. 74 Abs. 1 Nr. 11 GG also im Grundsatz nur kreditwesenspezifische, für alle Kreditinstitute geltende Regeln erlassen, nicht aber spezielle, nur für Sparkassen geltende Regeln. Das schließt allerdings nicht aus, dass der Bundesgesetzgeber solche besonderen Regeln für Sparkassen aufstellt, die erforderlich sind, um die Sparkassen in das von ihm festgelegte allgemeine Regime einzuordnen. **260**

I. KWG und Freie Sparkassen

Der Bund war daher berechtigt, in § 40 KWG eine Bestimmung über die Bezeichnung „Sparkasse" aufzunehmen. Nach der Einigung mit der Europäischen Kommission zur Auslegung des § 40 KWG vom 6. Dezember 2006 kommt es – erst recht – entscheidend darauf an, was nach den Sparkassengesetzen der Länder unter den Begriff der „öffentlichen-rechtlichen Sparkasse" zu subsumieren ist. *Florian Becker*[155] hat bereits 2001 darauf hingewiesen, dass § 40 Abs. 1 Nr. 1 KWG den Begriff der Sparkasse nur voraussetzt und damit dem Landesgesetzgeber die Definitionshoheit belässt, weil Sparkassenrecht grundsätzlich Landesrecht ist. Daher stehe es dem Landesgesetzgeber auch frei, den traditionellen Begriff der Sparkasse – bis hin zu einer Missbrauchsgrenze – zu modifizieren. Er leitet daraus für die sachsenspezifische Konstellation ab, dass gegen eine Bezeichnung der Verbandssparkassen nach sächsischem Recht als „Sparkasse" keine rechtlichen Bedenken bestünden, zumal diese durch eine Anlehnung an das klassische Regionalprinzip vorgenommene Begrenzung ihres Geschäftsgebiets über regionale Anknüpfung verfügten. **Ziel des § 40 KWG** ist der Schutz des Geschäftsverkehrs im Sinne eines **Schutzes der Marktteilnehmer vor Intransparenz und Irreführung**. Der Gesetzgeber hat dazu in der Gesetzesbegründung ausgeführt, dass sich die Bezeichnung „Sparkasse" in einer langen historischen Entwicklung zu einem Begriff für bestimmte Kreditinstitute herausgebildet hat, die kraft öffentlichen Auftrages das Spargeschäft besonders pflegen. Es sei daher gerechtfertigt, die Bezeichnung diesen Instituten vorzubehalten. **261**

---

153 *Rengeling*, in Isensee/Kirchhof (Hrsg.), Handbuch des Staatsrechts, Bd. IV, § 100 Rn. 177; *ders.*, in Bonner Kommentar zum Grundgesetz, Art. 74 Rn. 76 (Zweitbearbeitung); *Stettner*, in Dreier, Grundgesetz, 2. Aufl. 2006, Art. 74 Rn. 61; *Oeter*, in: v. Mangoldt/Klein/Starck, Kommentar zum Grundgesetz, Bd. II, 5. Aufl. 2005, Art. 74 Rn. 98; *Kunig*, in: v. Münch/Kunig (Hrsg.), Grundgesetzkommentar, 5. Aufl. 2003, Art. 74 Rn. 52; *Degenhart*, in Sachs (Hrsg.), Grundgesetz, Art. 74 Rn. 40.

154 BVerwGE 75, 292 (298 – 300).

155 *Becker*, SächsVBl. 2001, 109 (112).

262 Unabhängig von der konkreten Fassung des § 40 KWG steht es nicht in der Macht des Bundes, Regelungen über das Verfassungs- und Organisationsrecht der öffentlich-rechtlichen Kreditinstitute zu treffen. **Potenzielle Privatisierungsentscheidungen im Sparkassensektor obliegen** also **ohne Einschränkung den** dafür zuständigen **Landesgesetzgebern**. Diese sehen in den Sparkassengesetzen der Länder bisher – von den überkommenen freien Sparkassen abgesehen – zwingend eine öffentlich-rechtliche Organisationsform, nämlich die Anstaltsform, für die Sparkassen vor.

263 Unter „andere Unternehmen" nach § 40 Abs. 1 Nr. 2 KWG fallen die überkommenen sechs sog. freien Sparkassen. Zur Gesetzgebungsbefugnis hinsichtlich dieser gegenwärtig in Norddeutschland noch bestehenden sechs Freien Sparkassen (Hamburger Sparkasse AG, Sparkasse Bremen AG, Sparkasse zu Lübeck AG, Sparkasse Mittelholstein AG, Bordesholmer Sparkasse AG und Spar- und Leihkasse zu Bredstedt AG) hat das BVerwG[156] im Jahre 1984 entschieden:

264 „Die Errichtung von Zweigstellen freier Sparkassen ist durch § 24 Abs. 1 Nr. 7 KWG abschließend geregelt. Die Länder sind auch aufgrund ihrer ausschließlichen Gesetzgebungsrechte nicht befugt, die Errichtung von Zweigstellen für Sparkassen einem Genehmigungsvorbehalt zu unterwerfen."

265 Zum Verzicht auf die Errichtung von Zweigstellen kann es daher mit den Freien Sparkassen, insbesondere der Hamburger Sparkasse und der Sparkasse Bremen, nur im Vereinbarungswege kommen.

II. Sparkassengesetze der Länder

266 Das Sparkassenverfassungs- und Organisationsrecht beruht auf dem Kommunalrecht. Dort ist in den wirtschaftsrechtlichen Bestimmungen jeweils normiert, dass es für das öffentlich-rechtliche Sparkassenwesen bei den besonderen Vorschriften verbleibt.

267 **Sparkassen** sind **kommunale Einrichtungen**. Sie heben sich aber dadurch, dass sie im Wettbewerb stehende dezentrale Unternehmen sind, die über keine Monopolstellung verfügen, nicht nur von der rein behördlichen Kommunalverwaltung, sondern auch von den kommunalen Eigengesellschaften deutlich ab. Daraus ist zu erklären, dass sich das Sparkassenrecht auf der Grundlage des Kommunalrechts zu einem Recht eigener Prägung entwickelt hat. Es ist ein zwar in das Kommunalrecht eingebettetes, von den Landesgesetzgebern jedoch normiertes **Sonderrecht für Sparkassen**. Das Sparkassenrecht schöpft seinen Inhalt vorwiegend aus den Vorschriften der Landessparkassengesetze und etwaig hinzutretendem Gewohnheitsrecht. Das den Sparkassen gegebene Recht ist als ein an die kommunalverfassungsrechtlichen Grundsätze gebundenes, in den Einzelregelungen gegenüber dem Kommunalrecht jedoch weitgehend eigenständiges Recht anzusehen.

268 Die zentralen trägerrelevanten Bestimmungen in den Sparkassengesetzen beziehen sich auf die Beziehung von Träger und Sparkasse, auf den öffentlichen

[156] BVerwGE 69, 11.

Auftrag der Sparkassen, die Unterstützung der Sparkasse durch den Träger, die Bestimmung und Zuständigkeitsabgrenzung der Organe der Sparkasse, Regelungen über die Überschussverwendung sowie sonstige trägerrelevante Bestimmungen (dazu Synopse).

1. Beziehung Träger – Sparkassen

In allen Sparkassengesetzen ist normiert, dass es sich bei Sparkassen um rechtsfähige Anstalten des öffentlichen Rechts handelt, die grundsätzlich von den Landkreisen und kreisfreien Städten sowie von diesen gebildeten Zweckverbänden, z.T. auch von Gemeinden errichtet werden können. Die Sparkassen sind in ihren Aktivitäten grundsätzlich auf das Gebiet ihres Trägers beschränkt (Regionalprinzip) (o. Rn. 174 ff.). Zum Teil finden sich auch Regelungen über Gemengelagen, so z.B. wenn es in einem Kreis auch von kreisangehörigen Gemeinden errichtete Sparkassen gibt. Auch sind i.d.R. Folgebestimmungen bei Gebietsänderungen der Träger in den Sparkassengesetzen normiert. In Ostdeutschland sind diese Regelungen unmittelbar in den Kreisgebietsreformgesetzen getroffen worden. **269**

In allen Sparkassengesetzen finden sich zudem Regelungen über die Vereinigung von Sparkassen und ihre Auflösung. In einigen Landesgesetzen ist die Übertragung der Sparkasse auf den Sparkassenverband möglich. Zum Teil ist diesem sogar – subsidiär – die Errichtung von Sparkassen erlaubt. Sonderregelungen finden sich in **Sachsen** hinsichtlich der **Sachsen-Finanzgruppe**. **270**

2. Öffentlicher Auftrag

In allen Sparkassengesetzen ist parallel zur Normierung des öffentlichen Zwecks im kommunalen Wirtschaftsrecht eine Normierung des öffentlichen Auftrags der Sparkassen vorgenommen worden (o. Rn. 151 ff.). Im Zuge der Diskussion um die Abschaffung von Anstaltslast und Gewährträgerhaftung sind die Bestimmungen über den öffentlichen Auftrag in einigen Ländern modernisiert worden (Rn. 128 ff.). So heißt es in den Sparkassengesetzen der Länder **Niedersachsen, Mecklenburg-Vorpommern und Schleswig-Holstein**, dass Sparkassen selbstständige (Wirtschafts-)Unternehmen in kommunaler Trägerschaft mit der Aufgabe sind, auf der Grundlage der Markt- und Wettbewerbserfordernisse für ihr Geschäftsgebiet den Wettbewerb zu stärken und die angemessene und ausreichende Versorgung aller Bevölkerungskreise und insbesondere des Mittelstandes mit geld- und kreditwirtschaftlichen Leistungen (auch) in der Fläche ihres Geschäftsgebietes sicherzustellen. Hinzugefügt wird, dass sie die Aufgabenerfüllung der Kommunen im wirtschaftlichen, regionalpolitischen, sozialen und kulturellen Bereich unterstützen. **271**

3. Unterstützung der Sparkasse

Nach dem mit der Europäischen Kommission im Juli 2001 vereinbarten Wegfall von Anstaltslast und Gewährträgerhaftung im Juli 2005 sind alle Sparkassengesetze angepasst worden. Anstaltslast und Gewährträgerhaftung gibt es danach nur **272** noch in zeitlich befristeten Übergangskonstellationen. Zudem ist regelmäßig geregelt, dass der Träger die Sparkasse bei der Erfüllung ihrer Aufgaben mit der Maßgabe unterstützt, dass ein Anspruch der Sparkasse gegen den Träger oder eine sonstige Verpflichtung des Trägers, Mittel zur Verfügung zu stellen, nicht besteht. Hinzugefügt wird in den Neuregelungen regelmäßig, dass der Träger der Sparkasse nicht für deren Verbindlichkeiten haftet.

273 Zum **Haftungsverbund** der **Sparkassen-Finanzgruppe**, der Ende 2003 aufgrund der Abschaffung der Gewährträgerhaftung und der Modifizierung der Anstaltslast grundlegend neu konzipiert wurde, hat *Inken Pehla*[157] eine umfassende Untersuchung der Institutssicherung der Sparkassen und Landesbanken unter besonderer Berücksichtigung des Einlagensicherungs- und Anlegerentschädigungsgesetzes vorgelegt.

4. Organe

274 In der Mehrzahl der Sparkassengesetze sind **Zuständigkeiten der kommunalen Vertretungskörperschaft**, also der Kreistage, Stadträte oder der Gemeindevertretungen, bezogen auf die Sparkassen normiert. Alle Sparkassengesetze enthalten überdies ausführliche Regelungen über die Organe der Sparkasse. Das sind i.d.R. der **Verwaltungsrat** und der **Vorstand, z.T.** auch der **Kreditausschuss**. Die Aufgaben des Verwaltungsrats werden in den Sparkassengesetzen ebenso ausführlich umschrieben wie dessen Zusammensetzung und die Rechtsstellung der Mitglieder. In allen Sparkassengesetzen finden sich auch Regelungen über den **Verwaltungsratsvorsitz**. Dieser liegt **grundsätzlich beim Hauptverwaltungsbeamten des Trägers**, wobei dessen Aufgaben im Einzelnen umschrieben werden. Dazu gehört in den meisten Landesgesetzen die Pflicht, rechtswidrige Beschlüsse zu beanstanden bzw. dagegen Einspruch einzulegen. Damit der Verwaltungsrat seiner Aufgabenzuständigkeit wirkungsvoll gerecht werden kann, statuieren zahlreiche Sparkassengesetze spezifische Berichtspflichten des Vorstands an den Verwaltungsrat.

275 Der **Verwaltungsrat** stellt die Verbindung zum Träger her, bestimmt die Richtlinien der Geschäftspolitik einschließlich der Errichtung von Zweigstellen, bestellt den Vorstand, beaufsichtigt diesen und beruft ihn ab[158]. Gegenüber dem Vorstand hat der Verwaltungsrat ein innerorganisatorisches Auskunfts- und Akteneinsichtsrecht[159]. Er ist nicht an Weisungen der kommunalen Vertretungskörperschaft gebunden. Mitglieder des Verwaltungsrats sind neben dem Hauptverwaltungsbeamten in der Regel von der kommunalen Vertretungskörperschaft gewählte Repräsentanten der Kommunen, zum Teil kommunale Mandatsträger, zum Teil sachkundige Bürger.

276 Der **Vorstand** ist in der Regel ein kollegiales, bisweilen auch monokratisches Organ und hat Behördeneigenschaft. Er vertritt die Sparkasse nach außen und führt die laufenden Geschäfte. Die Mitglieder des Vorstandes sind in einzelnen Ländern Bedienstete des Trägers, in anderen Ländern vom Verwaltungsrat berufe-

---

[157] *Pehla*, Der Haftungsverbund der Sparkassen-Finanzgruppe, 2006.
[158] VGH Mannheim, NVwZ-RR 1990, 320.
[159] OVG Münster, NVwZ-RR 1990, 101.

ne und abberufbare Angestellte der Sparkasse. Die Vergütung der Vorstandsmitglieder unterliegt in der Regel dem freien Dienstvertragsrecht.

Der **Kreditausschuss** ist zum Teil gesetzlich, sonst durch Mustersatzung vorgesehen. Er beschließt über Kreditanträge, für die er nach der Satzung originär zuständig ist, und über solche, die ihm vom Vorstand zur Entscheidung vorgelegt werden. Mitglieder des Kreditausschusses sind der Vorsitzende und eine bestimmte Anzahl weiterer Mitglieder des Verwaltungsrates sowie der Vorstand der Sparkasse. **277**

5. Sparkassenaufsicht

Die **Aufsicht** über die Sparkassen ist **aufgespalten**. Seit 1. Mai 2002 unterliegen alle Kreditinstitute und damit auch die Sparkassen **hinsichtlich der Geschäftspolitik** der Aufsicht durch die neu errichtete Bundesanstalt für Finanzdienstleistungsaufsicht (**BAFin**)[160]. **278**

Die Aufsicht über die kommunalen Sparkassen führen im Übrigen die höheren und obersten Verwaltungsbehörden des Landes als Sparkassenaufsichtsbehörden. Dabei handelt es sich nach h. M. um **eine besondere Kommunalaufsicht**. Sie ist daher auf **Einzelaufsichtsmaßnahmen** im Rahmen einer **reinen Rechtmäßigkeitskontrolle** beschränkt. Die Sparkassenaufsicht kann sich jederzeit über die Angelegenheiten der Sparkasse unterrichten, Beschlüsse und Anordnungen, die das geltende Recht verletzen, aufheben und Weisungen erteilen, falls die Sparkassen die ihnen obliegenden Pflichten nicht erfüllen. **279**

6. Sonstiges

Alle Sparkassengesetze enthalten detaillierte Regelungen über die Überschussverwendung. **Regelmäßig** sind auch **Normierungen über Vermögenseinlagen stiller Gesellschafter** getroffen worden. Die Bildung von **Stammkapital** ist seit 1999 lediglich in **Rheinland-Pfalz** zugelassen. Kurzzeitig war sie auch in **Hessen** ermöglicht worden. **280**

E. Rechtspolitische Diskussion

Zur rechtspolitischen Diskussion stelle ich ein Dutzend Thesen in den Raum[161]. **281**

1. Den dezentralen, kommunal verankerten Sparkassen mit ihren Strukturmerkmalen „öffentlicher Auftrag", „öffentliche Trägerschaft" und „Regionalprinzip" kommt auch zukünftig eine grundlegende Bedeutung für eine wirtschaftlich gleichmäßige Entwicklung in Deutschland zu. Dabei gewährleistet nur ein starker Verbund die Erfüllung des öffentlichen Auftrags auch und gerade in wirtschaftlich schwächeren Gebieten. **282**

---

[160] BGBl. 2002 I, 1310.

[161] Dazu näher: *Henneke/Wohltmann*, Der Landkreis 2005, 82 ff.

283 2. Spiegelbildlich zur Sicherstellung einer angemessenen Erfüllung des öffentlichen Auftrags der Sparkassen ist die Aufrechterhaltung der öffentlichen Rechtsform als allein mögliche Organisationsform zwingend geboten.

284 3. Alle Strategien zur Verbesserung der Strukturen der kommunalen Sparkassen müssen aus Sicht des kommunalen Trägers daran gemessen werden, ob der örtlich bezogene öffentliche Auftrag sichergestellt und damit korrespondierend die Trägereinflüsse gewahrt werden.

285 4. Die Beteiligung Privater an den kommunalen Sparkassen, auch in Form einer Finanzbeteiligung ohne Mitwirkungsrechte, ist mit den wesentlichen Strukturmerkmalen und der öffentlich-rechtlichen Verfasstheit kommunaler Sparkassen nicht vereinbar.

286 5. Kommunale Sparkassen und Volks- und Raiffeisenbanken sind in ihren Zielsetzungen der Förderung von Gemeinwohlinteressen auf der einen und der Förderung des Genossenwohls auf der anderen Seite nicht miteinander kompatibel. Daher werden Fusionsüberlegungen zwischen beiden Institutsgruppen abgelehnt. Soweit der Sparkassenauftrag und das Regionalprinzip gewahrt werden, sind allenfalls örtliche Kooperationen denkbar.

287 6. Die Bildung von horizontal handelbarem Stammkapital bei Sparkassen führt zur Ausbildung von mit den Sparkassenstrukturmerkmalen nicht vereinbaren Shareholder-Interessen und ist deshalb nicht zielführend.

288 7. Vertikale Verbünde in Form von Holding- oder Integrationsmodellen zwischen den kommunalen Sparkassen und Landesbanken, die zu einer Filialisierung der Sparkassen in organisatorischer und unternehmerischer Hinsicht, einem Verlust dezentraler Unternehmensverantwortung und der kommunalen Anbindung führen, werden abgelehnt.

289 8. Grenzen für die Fusion von Sparkassen ergeben sich aus dem Charakter des Betreibens einer Sparkasse als kommunale Aufgabe, insbesondere der kommunalen Anbindung, der örtlichen Radizierung, dem öffentlichen Auftrag, den Grundsätzen kommunaler Selbstverwaltung und dem Demokratieprinzip. Es gibt keine positive Korrelation zwischen Institutsgröße und Ertragsstärke.

290 9. Fusionen auf Kreisebene sind aus kommunaler Perspektive grundsätzlich als unproblematisch einzustufen. Kreisübergreifende Fusionen sind vertretbar, wenn sie sich in Orientierung an wirtschaftlichen Zusammenhängen und in überschaubaren Räumen mit einer nach wie vor möglichen örtlichen und kundennahen Verankerung vollziehen. Bei Fusionen zwischen gebietsbenachbarten Sparkassen dehnen sich dann der öffentliche Auftrag und das Regionalprinzip räumlich aus. Sprungfusionen stehen subsidiär zu Fusionen benachbarter Sparkassen und dürfen nur zugelassen werden, wenn wirtschaftliche und strukturelle Gegebenheiten sie erforderlich machen. Eine Pflicht zur Anhörung der kommunalen Landesverbände sollte statuiert werden.

291 10. Kooperationen zwischen Sparkassen werden vor allem in den Bereichen von Wert sein, die durch weitgehend standardisierte Routineabläufe geprägt sind und bei denen deshalb schnell und relativ unkompliziert aus der Größe resultierende Prozessoptimierungen anfallen und entsprechende Rationalisierungsvorteile realisiert werden können. Zu prüfen ist, ob sich hierfür neben der Bündelung im Back-Office-Bereich auch andere Bereiche wie etwa Zahlungsver-

kehr/Wertpapierentwicklung, Produktentwicklung, Recht, Marketing und Buchführung eignen.

11. Bei der bedeutsamen Rolle der Sparkassenverbände im Bereich der Kooperationen ist kritisch zu prüfen, ob durch ihre Aktivitäten der Aufbau von faktischen Konzernstrukturen droht und der Einfluss der kommunalen Träger ausgehebelt wird. **292**
12. Zur Bewahrung des Einflusses der kommunalen Träger sollte die Stellung der Verwaltungsräte der Sparkassen gestärkt werden. Hiezu sollte mehr Transparenz bezüglich einer Analyse der wirtschaftlichen und sozialen Situation des Geschäftsgebietes, näherer Informationen zur betriebswirtschaftlichen Lage der Sparkasse und ihrer Positionierung im Sparkassenvergleich sowie der Auskünfte über die Erfüllung des öffentlichen Auftrages geschaffen werden. **293**

I. Stiftungsmodell

Verschiedentlich wird auch mit Blick auf eine dauerhafte Sicherstellung des öffentlichen Auftrags die **Überführung der kommunalen Sparkassen in eine Stiftung** vorgeschlagen. Vorbilder für diesen Vorschlag finden sich in Italien und Norwegen. In Deutschland findet das Stiftungsmodell in öffentlich-rechtlicher Form seit 2003 bei der Stadtsparkasse Bremerhaven Anwendung. Bei näherer Betrachtung kann das Stiftungsmodell dem kommunalen Maßstab der Sicherstellung des lokal bezogenen öffentlichen Auftrags und damit korrespondierend nach Wahrung der Trägereinflüsse nicht genügen. So kann insbesondere der Forderung nach Wahrung des Trägereinflusses kaum Rechnung getragen werden. Die kommunalen Bindungen reduzieren sich im Stiftungsmodell im Vergleich zur überkommenen kommunalen Sparkasse vielmehr in einem deutlichen Maße. In der Regel besteht nur ein geringer Einfluss des Stifters auf die laufend wahrzunehmenden Aufgaben der Stiftung. Auch die derzeit mögliche Einflussnahme der Kommunalpolitik auf die strategische Ausrichtung der kommunalen Sparkasse sowie auf Entscheidungen über eine Anpassung des Geschäftsgebiets der Sparkasse an wirtschaftliche Erfordernisse wird regelmäßig nicht oder nur sehr erschwert mehr möglich sein. **294**

Demgegenüber besteht eine enge Bindung durch die Stiftungssatzung. Bei einem zu offen und schwammig definierten öffentlichen Auftrag führt dies zu der Situation eines großen Handlungsspielraums der Stiftung, der überhaupt nicht oder nur sehr schwer von der Stifterkommune steuerbar ist. Ein zu eng formulierter öffentlicher Auftrag erweist sich dagegen in Folge der engen Bindung an den Stiftungszweck als zu starr. Er ist auch nur sehr schwer an sich verändernde Anforderungen an die Inhalte der öffentlichen Aufgabenstellung anpassen. Dem lässt sich auch nicht mit Auflösung und Neugründung der Stiftung mit modernisierter Zielsetzung begegnen. Eine Stiftung lässt sich vielmehr nur unter bestimmten Bedingungen wieder aufheben (z.B. Gefährdung des Gemeinwohls, Unmöglichkeit der Erfüllung des Stiftungszwecks). **295**

Es ist schließlich auch zu beachten, dass Zustiftungen mit erheblichen Steuerbelastungen verbunden sind. Tagespolitisch ist schließlich anzufügen, dass mit **296** dem Stiftungsmodell die für die kommunale Anbindung und den öffentlichen Auftrag schädliche Rechtsformdiskussion unnötig wieder angeheizt werden würde. Erfahrungen zeigen dabei, dass entsprechende Diskussionen leicht eine Eigendynamik entwickeln können und nur bedingt politisch steuerbar sind.

II. Trägerschaft von Sparkassen durch nicht-kommunale öffentliche Institutionen

297 Ebenfalls große Bedenken bestehen gegen eine **Zulassung anderer öffentlicher Institutionen wie etwa öffentlicher Versicherungen oder der Landesbanken als Träger einzelner Sparkassen**. Zwar könnten womöglich Verbundinteressen und damit Interessen der Gesamtheit der Sparkassen und der sie tragenden Kommunen positiv für diesen Vorschlag in Stellung gebracht werden. Mit Blick auf die Kernfragen nach der Sicherstellung des lokal bezogenen öffentlichen Auftrags und damit korrespondierend nach der Wahrung der Trägereinflüsse würden aber diese nur indirekt wirkenden Nutzen teuer erkauft, da der bislang ausdrücklich kommunal bezogene öffentliche Auftrag der Sparkasse seiner bisherigen kommunalen Verankerung enthoben würde. Eine Wahrung des kommunalen Trägereinflusses ist von vornherein nicht möglich.

298 Die stärksten Auswirkungen werden bezogen auf die Interessen des ehemaligen kommunalen Trägers eintreten, da an Stelle des Bezugs auf sein Gebiet ein neu definierter, in der Regel von dem Gebiet des ehemaligen kommunalen Trägers völlig losgelöster öffentlicher Auftrag tritt. Probleme könnten in dem Zusammenhang möglicherweise auch mit Blick auf das Demokratieprinzip entstehen.

299 Mit Blick auf die kommunale Bindung der Sparkassen ist dabei zudem zu berücksichtigen, dass bei den Landesbanken oder den Spezialinstituten der Sparkassenfinanzgruppe, die an die Stelle des vormaligen kommunalen Trägers treten, deren subsidiäre Verbundfunktion, den Sparkassen die Leistungen zur Verfügung zu stellen, die diese abfordern, paralysiert wird. Die Landesbank oder das Spezialinstitut wird nämlich als Kapitalgeber stets darauf achten, das die eigene Geschäftspolitik Vorrang erhält.

III. Verbund mit Landesbanken (Holding- und Integrationsmodelle)

300 Angetrieben durch die Rating-Agenturen und den unbestritten bestehenden Neuordnungs- und Positionierungsbedarf der Landesbanken stehen seit einiger Zeit Verbundmodelle zwischen der Landesbank auf der einen und den kommunalen Sparkassen auf der anderen Seite zur Diskussion. In **Hessen** ist ein solcher Ansatz bereits zur Umsetzung gekommen. Die Überlegungen weisen allesamt starke Ähnlichkeiten zu dem in Österreich praktizierten Modell der Sparkassen und der Ersten Bank auf. Gemeinsam ist allen Verbundmodellen die Absicht, über das für alle Verbundbestandteile geltende **Verbund-Rating** Kostenersparnisse durch niedrigere Refinanzierungskosten zu realisieren. Zentraler Beurteilungsaspekt ist für die Rating-Agenturen in diesem Zusammenhang neben der Frage der Haftung die

Frage des gemeinsamen und einheitlichen Marktauftritts. Mit Blick auf die **Haftung** kann eine umso bessere Einstufung erlangt werden, je mehr Ähnlichkeit zu einer Konzernstruktur besteht und das Risiko so breit und zwangssolidarisch getragen wird. Mit Blick auf den **Marktauftritt** fordern die Rating-Agenturen dagegen die Entwicklung einer Gesamtstrategie mit verbindlichen Vorgaben und Richtlinien auf den Gebieten Geschäfts- und Kreditpolitik, Back-Office, IT-Investitionen, zentrale Personalplanung, Richtlinien zum Jahresabschluss, Eigenkapitalausstattung und Verwendung des Bilanzgewinns. Deutlich intensiver als bisher sollen die Markt- und Wertschöpfungsstrategien abgestimmt werden. Während der Vertrieb und die Beratung dabei so breit wie möglich angelegt werden sollen, sollen die Entwicklung und Abwicklung so zentral wie möglich (einschließlich weitgehender Vereinheitlichung von Produkten, Geschäftsabläufen, Controlling) erfolgen. Zum Teil wird auch an die zusätzliche Übertragung von Aufgaben der Sparkassenverbände auf die neue Verbundkonstruktion angedacht.

Damit wird eine entgegen den Kompetenzen der Sparkassen zentristisch ausge- 301
richtete Grundstrategie gefahren, die für die Kommunen mit Blick auf die Kernfragen nach der Sicherstellung des lokal bezogenen öffentlichen Auftrags und nach der Wahrung der kommunalen Trägereinflüsse große Bedenken aufwirft. In der Konkretisierung des Vorhabens treten trotz der Übereinstimmung in der Zielsetzung, die Wirtschaftlichkeit des bestehenden Verbunds durch das Realisieren von Synergieeffekten zu erhöhen, deutlich die durch die verschiedenen Kernkompetenzen unterschiedlichen Interessenlagen der Landesbanken auf der einen und der kommunalen Sparkassen auf der anderen Seite zu Tage.

Zwar wird die Beurteilung der einzelnen Konstruktion von der konkreten Aus- 302
gestaltung abhängen. Dabei wird eine der entscheidenden Fragestellungen sein, wie weit die Verbundkonzepte an konzernähnliche Strukturen heranreichen. Offensichtlich ist aber, dass mit allen Ausgestaltungen immanent eine Einschränkung der kommunalen Bindung und auch des kommunal-bezogenen öffentlichen Auftrags einhergehen wird. Verschiedene Ausformungen des Verbunds können darüber hinaus einen tiefen Einschnitt in das kommunale Selbstverwaltungsrecht darstellen.

Die in den Verbundmodellen beinhaltete **Filialisierung der Sparkassen** in or- 303
ganisatorischer und unternehmerischer Hinsicht im Marktbereich geht mit **Verlust der dezentralen Unternehmensverantwortung** und damit auch der kommunalen Anbindung einher („McDonaldisierung"). Dies wird verstärkt durch die Haftungsgemeinschaft, die als Gegenpol eine adäquate Risikosteuerung erfordert. Damit ist aber die Kernfrage angesprochen, wer tatsächlich noch die Sparkassenpolitik bestimmt. Die starke Tendenz zur Gesamtssteuerung und Vereinheitlichung entmachtet die kommunalen Sparkassen und beraubt sie vor Ort ihrer Kernkompetenzen, die eben nicht nur in der Kundennähe, sondern damit untrennbar verbunden auch in der unternehmerischen Verantwortung der Sparkasse vor Ort mit entsprechenden Handlungsmöglichkeiten liegen. Die Sparkassen laufen damit in Gefahr, unter Aufgabe ihrer fundamentalen Stärken, die eben nicht im unspezifischen und zentral steuerbaren Massengeschäft liegen, zu reinen Vertriebssparkassen zu werden.

304 Auch der **öffentliche Auftrag** und damit die Gemeinwohlorientierung **der kommunalen Sparkassen** werden in den Verbundmodellen faktisch weitgehend zu Gunsten eines guten Verbund-Ratings verloren gehen. Während bislang der öffentliche Auftrag für die einzelne Sparkasse und ihr kommunales Trägergebiet galt, droht nun die Gefahr, dass die Rolle der Sparkassen vorrangig unter dem Gesichtspunkt einer Verbesserung des Verbund-Ratings beurteilt wird. Die Geschäftspolitik der Sparkasse wird damit beständig der rating-begründeten Einflussnahme Dritter ausgesetzt sein. Auch wenn die Verbundmodelle nicht eine Aufgabe des kommunal-bezogenen öffentlichen Auftrags der Sparkassen vorsehen, so wird sich sein Charakter doch ändern. Verbundstrukturen setzen nämlich klare Aufgabendefinitionen voraus, bei denen unternehmerische Spielräume vor Ort nur wenig Platz haben. Wird ein öffentlicher Auftrag der Sparkassen im Verbundmodell definiert, so wird er – der Logik der Verbundmodell folgend – sich stets auf das Ganze beziehen. Damit wird aber die unmittelbare Verankerung der Sparkasse im Aufgabenbereich der örtlichen Gemeinschaft gekappt.

305 Dem Verbundmodell ist ein Verlust der Spielräume und Handlungsmöglichkeiten des Einzelnen zu Gunsten des Ganzen inhärent. Dies trifft nicht nur für die Sparkassenvorstände zu, auch die tatsächlichen Mitwirkungsmöglichkeiten der kommunalen Träger der Sparkassen werden deutlich schrumpfen. Dies gilt bereits für die kommunalen Träger als Gruppe, mehr aber noch für den einzelnen kommunalen Träger, dessen Einfluss und Interessen weitgehend im Ganzen unterzugehen drohen. Die zum Finanzverband Sachsen gestellten Anforderungen sind dafür ein eindruckvolles Beispiel. Der SächsVerfGH (Rn. 118 ff.) hat dazu grundsätzlich herausgestellt, dass die dem bisherigen Träger verbleibende mittelbare Einflussnahme auf die Verwaltung der eingebrachten Sparkasse angesichts weitreichender Befugnisse des Verbandes, die von der Richtlinienkompetenz bis zu konkreten Personalentscheidungen reichen, nicht mehr den Charakter eigenverantwortlicher kommunaler Aufgabenwahrnehmung habe.

306 Verschiedentlich wird zwar dem vorgetragenen Verlust der kommunalen Bindung und Steuerungsmöglichkeiten entgegen gehalten, mit dem vertikalen Verbund einer Entörtlichung der Sparkassen durch Fusionen entgegen zu wirken. Das Beispiel Sachsen mit einer großen Fusionsaktivität zwischen den Sparkassen zeigt indes, dass dieses Argument nicht zutreffend ist. Hinter Fusionen steht vielmehr größtenteils der Gedanke, dass für das Geschäft der Sparkasse eine bestimmte Masse nötig ist. Wie gezeigt, stehen hinter einer vertikalen Fusion völlig andere Motive. Möglicherweise forcieren vertikale Verbünde sogar auf Grund der einfacheren Steuerbarkeit Fusionen.

307 Insbesondere vertikalen Fusionen wohnen zudem fundamentale verfassungsrechtliche Probleme inne, die die **Gefahr der Selbstzerstörung der öffentlich-rechtlichen Säule** in sich bergen. Die verfassungsrechtliche Überprüfung zum Sachsenfinanzverbund durch den sächsischen Verfassungsgerichtshof hat in dem Zusammenhang der kommunalen Bindung und Trägermitwirkung dabei wichtige Erkenntnisse über die sich aus dem kommunalen Selbstverwaltungsrecht ergebenden verfassungsrechtlichen Grenzen von Verbundlösungen zwischen Landesbanken und Sparkassen offen gelegt. Wie der SächsVerfGH (Rn. 118 ff.) unmissverständlich festgestellt hat, folgt aus der Rechtsinstitutionsgarantie der Selbst-

verwaltung ein verfassungsrechtliches Prinzip dezentraler Aufgabenverteilung, welches vom zuständigkeitsverteilenden Gesetzgeber zu beachten und auch nicht durch eine freiwillig-einvernehmliche Übertragung seitens der Kommunen zu durchbrechen ist. Auf die Situation in **Hessen/Thüringen** trifft dies weniger zu, da dort die kommunalen Sparkassen bereits zu 85 % Anteilseigner der HELABA sind. Auch bei einer grundsätzlichen verfassungsrechtlichen Vereinbarkeit mit dem kommunalen Selbstverwaltungsrecht bleiben jedoch die tiefen Eingriffe in die kommunale Bindung Realität.

Schließlich bestehen auch seitens des **KWG** die **Verantwortung vor Ort** 308 betreffende Anforderungen, die beachtet werden müssen. So dürfen die Richtlinien des neuen Verbunds nicht in die KWG-rechtliche Geschäftsleiterverantwortung eingreifen (Grundsatz der Eigenverantwortlichkeit). Entsprechend ist die Vereinbarkeit mit § 25a KWG (= organisatorische Anforderungen ordnungsgemäßer Geschäftsführung) zu prüfen. Dabei gilt der Grundsatz, dass jede Sparkasse als rechtlich selbständige Einheit grundsätzlich für die Einhaltung dieser Pflichten in eigener Person verpflichtet ist. In einem konzernähnlichen Verbund ist es aber zweifelhaft, ob die Grundlagenentscheidungen zur eigenverantwortlichen Entscheidung und Kontrolle durch die Geschäftsführung tatsächlich noch bei der einzelnen Sparkasse verbleiben. Das ist nicht der Fall, wenn wesentliche geschäftspolitische Grundsatzfragen (wie etwa die Gestaltung des Produktangebots, die Festlegung des Schwerpunkts der geschäftlichen Tätigkeit, die Entwicklung neuer Produkte, die Festlegung der Schlüsselprodukte, die Zielkundenidentifizierung etc.) auf eine Verbundebene übertragen werden. Gleiches gilt im Übrigen, wenn das Risikomanagement auf die Verbundebene übertragen werden soll.

Eine **Konsolidierung der Landesbanken** kann **nicht durch** eine **Schwächung** 309 **der Sparkassen** gelingen, sondern muss im eigenen Bereich der Landesbanken vollzogen werden, auch wenn Rating-Agenturen der Politik anderes zu suggerieren versuchen.

Vermehrt wird derzeit auch über die **Beteiligung privater Dritter an Landes-** 310 **banken** als Alternative diskutiert (so etwa für die WestLB sowie jüngst auch für die Nord/LB und die BayernLB). Die Landesbanken sind – wie normalerweise die kommunalen Sparkassen auch – als öffentlich-rechtliche Anstalten organisiert. Andere – wie die WestLB, die HSH-Nordbank oder die LBBH – firmieren als Aktiengesellschaften. Träger bzw. Anteilseigner sind üblicherweise ein oder mehrere Bundesländer, die Landes-Sparkassenorganisationen und andere Landesbanken. Im Jahr 2006 ist jedoch erstmals bei der HSH Nordbank ein privater Anteilseigner (JC Flowers) eingestiegen, der sieben private Investorengruppen („Trusts") vertritt und nach dem Stadtstaat Hamburg der zweitstärkste Shareholder ist. Aufgrund der erhöhten Risiken für den Haftungsverbund der Sparkassenfinanzgruppe wird auch diese Alternative aus kommunaler Sicht kritisch gesehen. Über eine Einbeziehung privater Dritter kann mithin erst nachgedacht werden, wenn der **bestehende Haftungsverbund verändert** worden ist.

Es wird den Landesbanken kaum etwas anderes übrig bleiben, als die begonne- 311 ne Bildung größerer Einheiten durch Fusionen auf horizontaler Ebene weiter fortzusetzen. Die Zeit der Krise sollte genutzt werden, um strukturelle Fehlstellungen zu korrigieren. In diesem Sinne sollte auch darüber nachgedacht werden, was für die Zukunft die **spezifisch öffentliche Aufgabe der Landesbanken** ist. Hieraus sollten dann die richtigen Konsequenzen gezogen werden. Nur so kann das Geschäftsmodell der Landesbanken wieder zukunftsfähig werden.

IV. Bewahrung des Trägereinflusses

312 Generell sollten zur Bewahrung des Einflusses der kommunalen Träger die Verwaltungsräte der Sparkassen gestärkt werden. Ersatzlösungen über Beiräte etc. reichen nicht aus, wichtig ist die Teilhabe an den Entscheidungsgremien zur Realisierung des öffentlichen Auftrags. Dies gilt unabhängig von der Fusion. Zwar muss die Verantwortung für das operative Geschäft weiterhin dem Sparkassenvorstand obliegen. Aber: Der öffentliche Auftrag und die kommunale Bindung erfordern, wesentliche Rahmenbedingungen der kommunalen Sparkassen für den Verwaltungsrat transparenter darzustellen. Zu den wesentlichen Rahmenbedingungen der Sparkasse, über die mehr Transparenz zu schaffen ist, gehören

- eine Analyse der wirtschaftlichen und sozialen Situation des Geschäftsgebietes,
- nähere Informationen zur betriebswirtschaftlichen Lage der Sparkasse und zu ihrer relativen Positionierung im Sparkassenvergleich sowie
- Auskünfte über die Erfüllung des öffentlichen Auftrags.

313 Nur mit Kenntnis dieser Informationen wird der Verwaltungsrat besser in die Lage versetzt, die ihm allein obliegenden mit dem öffentlichen Auftrag verbundenen strategischen Entscheidungen zu treffen. Diese können nämlich nur von denen getroffen werden, die demokratisch legitimiert sind, den öffentlichen Auftrag zu definieren.

§ 53 b Geschäftstätigkeit und Geschäftspolitik der Sparkassen

Rolf Gerlach

Schrifttum

DSGV, Strategie der Sparkassen-Finanzgruppe, 2002; *ders.*, Finanzbericht 2008; *H. J. Dupprė/H.-G. Henneke*, Die Sparkassen als kommunale Unternehmen – Schlussfolgerungen aus der Finanzkrise für die Sparkassen aus Sicht der Landkreise, Der Landkreis 2009, 60 f.; *H. Geiger*, Entwicklungslinien der deutschen Sparkassenorganisation, in: DSGV (Hrsg.), Standortbestimmung – Entwicklungslinien der deutschen Kreditwirtschaft, 1984, S. 60 ff.; *R. Gerlach*, Strukturelle Grundlagen der Sparkassenarbeit, Sparkasse 1999, 310 ff.; *ders.*, Globale Märkte und kommunale Sparkassen: Ist das Hergebrachte noch das Angebrachte?, ZfgK 2006, 452 f.; *ders.*, Zukunftsaufgaben der Sparkassen in raueren Zeiten, Der Landkreis 2007, 352 ff.; *ders.*, Sparkassen-Finanzgruppe: Stärke durch Bereitschaft zur Veränderung, Rede anlässlich der 7. Handelsblatt Jahrestagung „Strategien für Sparkassen und Landesbanken" am 11.02.2009 in Berlin; *H. Haasis*, 200 Jahre Sparkassen in Deutschland – Eckpfeiler für Stabilität und Vertrauen, ZfgK 2009, 578 ff.; *B. Halbe*, Begehrlichkeiten in die Schranken weisen, Städte- und Gemeinderat 11/2007, 12 f.; *D. Hoppenstedt*, Strategische Weichenstellung der Sparkassen-Finanzgruppe, in: T. R. Fischer/C. Pape (Hrsg.), Handbuch der deutschen Sparkassen, 2005; *M. Ilg*, Moderne Verbandsarbeit: Enge Verzahnung, hohe Transparenz und klare Aufgabenverteilung, ZfgK 2007, 529 f.; *ders.*, Der Verband muss sparkassenrelevante Strukturen spiegeln, bank und markt 2009, 39 ff.; *G. Landsberg*, Vorteile des kommunalen Sparkassenmodells erhalten, Börsen-Zeitung v. 9.5.2007, S. B1; *M. Mempel*, Sparkassen-Strategietagung 2009 – Rückbesinnung auf die Aufgabenerfüllung in überschaubaren Märkten, Der Landkreis 2009, 58 f.; *H.-L. Oberbeckmann*, Geschäftstätigkeit und Geschäftspolitik, in: Püttner (Hrsg.), HKWP, Bd. 2, 2. Aufl. 1981, S. 478 ff.; *L. Poullain*, Die Sparkassen-Organisation, 1972; *B. J. Schneider/C. Hamacher*, Entwurf mit Risiken und Nebenbedingungen, Städte- und Gemeinderat 11/2007, 6 f.; *C. Ude*, Anforderungen der Kommunalwirtschaft an die kommunalen Sparkassen, Kommunalwirtschaft Sonderausgabe 2008, 22 ff.; *T. Wehber*, Gewährträgerhaftung und Anstaltslast – ein historischer Rückblick, ZfgK, 752 ff.; *ders.*, 200 Jahre Sparkassenidee – ein Erfolgsmodell aus Deutschland, ZfgK 2009, 582 ff.; *M. Wohltmann*, Wem gehören die Sparkassen? – Perspektive eines Sparkassenträgers, Der Landkreis 2009, 64 ff.; *ders.*, Lokalen Sachverstand nicht aus den Verwaltungsräten der Sparkassen drängen, Der Landkreis 2009, 232 f.; *A. Wüerst*, Erfolgsmodell Sparkasse – Fundament und Herausforderungen, ZfgK 2009, 587 ff.

Inhaltsübersicht

A. Einleitung

1 Das kommunale Sparkassenwesen hat es in der Vergangenheit sehr erfolgreich verstanden, sich dem stetigen Strukturwandel anzupassen, um seine aufgabenorientierte Zielsetzung erfolgreich zu erfüllen. Verstärkt durch die Finanzmarktkrise ist die 200 Jahre alte Sparkassenidee[1] erneut mit Marktumbrüchen konfrontiert, die das Geprägte der deutschen Kreditwirtschaft nachhaltig verändern dürften. Sparkassen sehen sich dabei verschiedenen Herausforderungen ausgesetzt. Einerseits nimmt der Wettbewerb in der Kreditwirtschaft weiter zu. Internationalisierung, neue Möglichkeiten der Informations- und Kommunikationstechniken sowie

[1] Vgl. *Wehber*, ZfgK 2009, 582 ff., für einen historischen Überblick zur Sparkassenidee.

ein geändertes Kunden- und Anlageverhalten führen zu einem erhöhten Preis- und Margendruck. Andererseits wird das solide Geschäftsmodell eigenverantwortlicher Sparkassen mit einer Fülle veränderter Gesetze und Regulierungsvorschriften konfrontiert. Für die öffentlich-rechtlichen Sparkassen stellt sich daher die Frage, ob das Hergebrachte noch das Angebrachte ist, oder ob ihre Geschäftstätigkeit reformiert werden muss. **Ziel des Beitrags** ist es daher, Entwicklungstendenzen des kommunalen Sparkassenwesens aufzuzeigen, die den aktuellen Herausforderungen – unter zeitgemäßer Bewahrung der Grundprinzipien der Sparkassenarbeit – angemessen Rechnung tragen.[2]

Zur Beantwortung dieser Frage werden in Kapitel B die Ziele und Grundprinzipien der Sparkassen dargestellt, die die Rahmenbedingungen für die Sparkassenarbeit bilden. Weiterhin werden die derzeitigen Schwerpunkte der Geschäftstätigkeit der Sparkassen dargelegt. Kapitel C ist der Vorstellung der aktuellen geschäftspolitischen Herausforderungen der Sparkassen gewidmet. Darauf aufbauend werden in Kapitel D mögliche **Antworten** der Sparkassenorganisation und ihrer kommunalen Träger auf die bestehenden Herausforderungen gegeben. Der Beitrag endet mit einer Schlussbetrachtung in Kapitel E. 2

B. Merkmale der Geschäftstätigkeit der Sparkassen

I. Zielsystem

Maßstab zur Beurteilung der Effizienz einer Organisationsform ist die Erreichung der definierten Ziele. Als Bezugspunkt für die weiteren Überlegungen ist es daher erforderlich, zunächst die Zielsetzung der Sparkassen zu betrachten. Die Sparkassen verfolgen drei **Ziele**, beispielhaft nachzulesen im Sparkassengesetz Nordrhein-Westfalen.[3] 3

Das erste Ziel, das historisch gesehen zur Gründung öffentlich-rechtlicher Sparkassen geführt hat, ist die **geld- und kreditwirtschaftliche Versorgung** der Bevölkerung und der Wirtschaft, insbesondere des Geschäftsgebiets und ihres Trägers. Das bedeutet auch heute noch unter anderem: 4

– Sparkassen führen für jeden ein Girokonto, auch wenn es im Einzelfall nicht kostendeckend ist und keine Anschlussgeschäfte zu erwarten sind. Durch die-

---

2 Grundlage der vorliegenden Ausarbeitung stellen mehrere Beiträge des Verfassers dar, mit denen er sich an der Strategie- und Strukturdiskussion der Sparkassenorganisation beteiligt hat. Hierzu gehören *Gerlach*, Sparkasse 1999, 310 ff.; *ders.*, ZfgK 2006, 452 f.; *ders.*, Der Landkreis 2007, 352 ff.; *ders.*, Sparkassen-Finanzgruppe: Stärke durch Bereitschaft zur Veränderung, Rede anlässlich der 7. Handelsblatt Jahrestagung „Strategien für Sparkassen und Landesbanken" am 11.02.2009 in Berlin. Diese Ausarbeitung bezieht sich auf die Lage der Sparkassenorganisation in der ersten Jahreshälfte 2009.

3 Zu den Abschnitten B.I und B.II sei speziell verwiesen auf *Gerlach*, Sparkasse 1999, 310 ff.

sen Kontrahierungszwang wird auch sozial schwächeren Gruppen der für die gesellschaftliche Integration wichtige Zugang zum Zahlungsverkehr gesichert.

- Ebenso eröffnen Sparkassen für jeden ein Sparkassenbuch, auch wenn nur ein Euro eingezahlt und allein das dem Kunden ausgehändigte Sparkassenbuch ein Vielfaches kostet.
- Sparkassen sorgen durch ihr dichtes Filialnetz für eine flächendeckende Versorgung mit Finanzdienstleistungen. Ihre Geschäftsstellen sind ein wichtiger Bestandteil der allgemeinen Daseinsvorsorge und örtlichen Infrastruktur.
- Sparkassen stehen umfassend zur Kreditvergabe bereit.

5 Das zweite Ziel der Sparkassen ist die **Gewinnerzielung**, nicht jedoch die Gewinnmaximierung. Eine angemessene Rendite – und nicht etwa nur eine Deckung der Kosten – ist aus verschiedenen Gründen wichtig. So ermöglicht die Selbstfinanzierung, also die Eigenkapitalbildung durch Gewinnthesaurierung, das störungsfreie Wachstum der Sparkasse ohne Inanspruchnahme ihres öffentlichen Trägers. Weiterhin wird der Wettbewerb gestärkt und für die Sparkasse besteht ein Anreiz zur Effizienz.[4]

6 Als drittes Ziel soll die Sparkasse **Gemeinwohlaufgaben** erfüllen, die über die geld- und kreditwirtschaftliche Versorgung hinausgehen. Gemeint sind damit beispielsweise direkte Spenden für gemeinnützige, soziale oder kulturelle Zwecke sowie Gewinnausschüttungen an den kommunalen Träger. Ferner profitiert die Allgemeinheit von den Steuerzahlungen der Sparkassen in besonderer Weise. Allein die Sparkassen in Westfalen-Lippe haben im Jahr 2008 gewinnabhängige Steuern über 207 Mio. Euro gezahlt und 72 Mio. Euro gestiftet, gespendet oder ausgeschüttet.

7 Werden die drei Ziele mit ihren unterschiedlichen Einflüssen auf die Höhe des Eigenkapitals genauer betrachtet, wird deutlich, dass eine **Zieldivergenz** besteht (siehe Abbildung 1). Die Gewinnerzielung ist mit ihrer Eigenkapitalbeschaffungsfunktion ein wesentlicher Dreh- und Angelpunkt im Zielsystem der Sparkassen. Um den kommunalen Träger finanziell nicht in Anspruch zu nehmen, beschränken sich Sparkassen zumeist auf die Innenfinanzierung. Gewinne bleiben folglich die einzige Möglichkeit, Eigenkapital zu beschaffen. Hingegen verringert das Ziel, gemeinnützige Zwecke durch Spenden und Gewinnausschüttungen zu unterstützen, unter sonst gleichen Bedingungen das Eigenkapital. Ähnlich sind beispielsweise nicht kostendeckende Kontrahierungspflichten und andere Leistungen im Zuge der geld- und kreditwirtschaftlichen Versorgung zu werten.

[4] *Poullain*, Die Sparkassenorganisation, 1972, S. 38 ff.; *Gröschel*, Das deutsche Kreditwesen, 2003, S. 106.

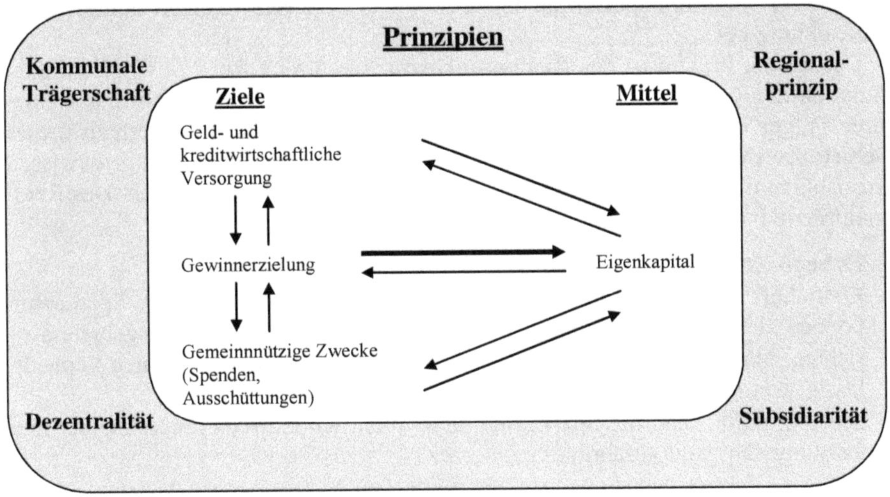

Abb. 1 Ziele, Mittel und Prinzipien der Sparkasse[5]

Welches Ziel letztlich den **Schwerpunkt** bildet, ist eine politische Entscheidung des kommunalen Trägers der Sparkasse. Bis heute unverändert sieht er in der geld- und kreditwirtschaftlichen Versorgung das vorrangige Ziel der Sparkassen. Gewinnstreben ist damit – anders als bei privaten Kreditinstituten – nicht das Hauptziel, sondern nur unter Berücksichtigung des ersten Ziels, nämlich der geld- und kreditwirtschaftlichen Versorgung, zu verfolgen. Diesen beiden Zielen nachgeordnet ist die Erfüllung gemeinwohlorientierter Aufgaben. Spenden und Gewinnausschüttungen sollen also nur dann erfolgen, wenn ein angemessenes Eigenkapital zur Erfüllung der geld- und kreditwirtschaftlichen Aufgaben und zur Erzielung ausreichender Gewinne vorhanden ist.[6] 8

II. Grundprinzipien

Die beschriebene Zieltrias wird von vier Grundprinzipien getragen, die den Rahmen der Sparkassenarbeit darstellen. Sie sind nicht Selbstzweck, sondern es hat sich in der langjährigen Praxis herausgestellt, dass die Prinzipien eine **Grundvoraussetzung** sind, um die Ziele zu erreichen (siehe Abbildung 1). 9

Das erste Prinzip ist die **kommunale Trägerschaft**. Sparkassen sind historisch bedingt (→ § 53 a Rn. 1 ff.) Wirtschaftsunternehmen der Gemeinden oder Gemeindeverbände und nicht etwa einer höheren Verwaltungsebene wie der des Landes. Das Eigeninteresse jeder einzelnen Kommune, das sich vom Interesse des Landes aus vielen Gründen unterscheiden kann, garantiert eine flächendeckende und gleichzeitig bedarfsgerechte Versorgung mit Finanzdienstleistungen. Letztlich 10

[5] *Gerlach*, Sparkasse 1999, 311.

[6] *Halbe*, Städte- und Gemeinderat 11/2007, 13 f.

trägt dieses kommunalpolitische Interesse zu einer ausgewogenen landesweiten Entwicklung bei.

11 Das zweite Prinzip ist das **Regionalprinzip**[7] (→ § 53 a Rn. 174 ff.). Es richtet räumlich den Geschäftsbereich der Sparkassen schwerpunktmäßig auf das Gebiet ihrer Träger aus. Praktisch bedeutet dies, dass Sparkassen nur innerhalb dieses Gebiets Zweigstellen eröffnen können. Ferner sind Kreditvergaben mit gewissen Ausnahmen nur an Personen mit Sitz innerhalb dieses Gebiets möglich. Das Regionalprinzip hat drei Vorteile:

- Es begrenzt die Haftungsrisiken für die kommunalen Träger.
- Es sichert die geld- und kreditwirtschaftliche Versorgung, denn Sparkassen können sich nicht auf überregional besonders attraktive Geschäftsgebiete ausrichten. Damit wird umgehend verhindert, dass bestimmte Regionen vernachlässigt werden.
- Es sorgt dafür, dass die Sparkassen nicht durch Konkurrenz untereinander ihre Leistungsfähigkeit gefährden.[8]

12 Das dritte Prinzip ist die **Dezentralität**. Die einzelne Sparkasse steht beispielhaft für unternehmerisches Handeln. Sie trifft alle geschäftspolitischen Entscheidungen autonom und eigenverantwortlich. Die Meinungs- und Willensbildungsprozesse innerhalb der Sparkassenorganisation laufen dementsprechend von den Sparkassen zu den Sparkassenverbänden und von dort gebündelt zu den Verbundpartnern – und nicht etwa in umgekehrter Richtung.[9] Damit werden Wissensvorteile genutzt, die sich aus der Marktnähe der Sparkassen ergeben. Außerdem wird über die Eigenverantwortlichkeit der Anreiz erhöht, im Interesse der einzelnen Sparkasse zu handeln.

13 Geht es beim Prinzip der Dezentralität um die Nutzung der Vorteile „kleinerer Einheiten", trägt das vierte Prinzip, die **Subsidiarität**, dafür Sorge, dass unter Wahrung der dezentralen Grundstruktur auch Größenvorteile realisiert werden. Bestimmte Leistungen können Sparkassen selbst nur zu unvertretbaren Kosten erbringen, so dass in diesen Fällen Teilaufgaben effizienter von Verbundunternehmen erbracht werden.[10] Das Subsidiaritätsprinzip lässt sich daher auf den Nenner bringen: „So dezentral wie möglich und so zentral wie nötig."

---

[7] Ausführlich *Schepers*, Internet Banking und sparkassenrechtliches Regionalprinzip, 2003, S. 41 ff.

[8] *Oberbeckmann*, in: Püttner (Hrsg.), HKWP, Bd. 2, 2. Aufl. 1981, S. 481.

[9] *Büschgen*, Finanz-Verbund und Finanz-Konzern in der Diskussion, Mitteilungen und Berichte des Instituts für Bankwirtschaft und Bankrecht an der Universität zu Köln, 58/1989, 17 ff.

[10] *Geiger*, in: DSGV (Hrsg.), Standortbestimmung – Entwicklungslinien der deutschen Kreditwirtschaft, 1984, S. 60 f.

III. Tätigkeitsschwerpunkte

Sparkassen sind Kreditinstitute im Sinne des § 1 Abs. 1 **Kreditwesengesetz** 14 **(KWG)**. Sie dürfen demnach grundsätzlich sämtliche dort aufgeführten zwölf Bankgeschäfte tätigen. Hierzu zählen u. a. das Einlagen- und Kreditgeschäft, die Verwahrung und Verwaltung von Wertpapieren sowie die Durchführung des Zahlungsverkehrs.

Zusätzlich zum Kreditwesengesetz unterliegen die Sparkassen den jeweiligen 15 **Sparkassengesetzen** der Bundesländer. In vielen Sparkassengesetzen galt lange Zeit das Enumerationsprinzip. Danach waren die Geschäftsbeschränkungen der Sparkassen enger als im Kreditwesengesetz gefasst, weil nur die in den Sparkassengesetzen festgeschriebenen Geschäfte gestattet waren. In den letzten Jahren sind viele Bundesländer zum Verbotsprinzip übergegangen.[11] So erlaubt das nordrhein-westfälische Sparkassengesetz den Instituten die Durchführung aller banküblichen Geschäfte, soweit sie im Landesgesetz oder seinen Begleitvorschriften nicht ausdrücklich verboten oder beschränkt sind.[12]

Obwohl die 438 deutschen Sparkassen[13] als Universalbanken nahezu alle Bank- 16 geschäfte betreiben dürfen, konzentrieren sie sich – im Einklang mit dem Zielsystem und den Grundprinzipien der Geschäftstätigkeit – schwerpunktmäßig auf die geld- und kreditwirtschaftliche Versorgung der Bevölkerung und der Wirtschaft des Geschäftsgebiets. Anlage 1 kann die herausgehobene Stellung des **Kundengeschäfts** bei Sparkassen entnommen werden.

Aus der dargestellten Zusammensetzung der **Passiva** (Passivseite = Mittelher- 17 kunft) aller Sparkassen wird ersichtlich, dass sich die Institutsgruppe zu fast 70 Prozent über Gelder ihrer Privat- und Geschäftskunden refinanziert. Hervorzuheben sind Spareinlagen, zu denen das klassische Sparbuch zählt. Ferner gehören hierzu Termin- und Sichteinlagen sowie Eigenemissionen, die überwiegend aus Sparkassenbriefen und Inhaberschuldverschreibungen bestehen. Finanzierungsinstrumente wie kapitalmarktnotierte Anleihen gehören bei Sparkassen nicht zu den gängigen Refinanzierungsquellen. Vor dem Hintergrund der erforderlichen Volumina bieten sich derartige Emissionen allenfalls für große Sparkassen an. Im Jahr 2008 betrug der Bestand an Kundenverbindlichkeiten rund 742 Mrd. Euro. Dies entspricht einem beachtlichen bundesweiten Marktanteil von ungefähr 40 Prozent.[14] Aufgrund des in den letzten Jahren geringen Abstands zwischen Zinssätzen für lang- und kurzfristige Kapitalanlagen ist die Nachfrage nach Sparbüchern und -zertifikaten zurückgegangen. Verzinsliche Sichteinlagen auf Tagesgeldkonten werden zunehmend bevorzugt. Der Refinanzierung über den Interbankenmarkt kommt mit einem Bilanzanteil von zuletzt 20 Prozent der Bilanzsumme insgesamt nur eine untergeordnete Bedeutung zu.

---

11 *Gröschel* (Fn. 4), S. 108.

12 § 2 Abs. 4 SpkG NW.

13 Zur Rangliste der deutschen Sparkassen 2008 sei verwiesen auf *Moormann/Schnitzler*, Betriebswirtschaftliche Blätter 2009, 347 ff.

14 *DSGV*, Finanzbericht 2008, S. 19.

18 Die Erfüllung des Ziels der kreditwirtschaftlichen Versorgung der Bevölkerung und der mittelständischen Wirtschaft lässt sich bereits aus der komprimiert abgebildeten Struktur der **Aktiva** (Aktivseite = Mittelverwendung) ablesen. Knapp 60 Prozent der Aktivmittel aller Sparkassen fließen in das regionale Kundengeschäft. Der überwiegende Teil der durch die Kunden bereitgestellten Gelder verbleibt also unmittelbar in Form von Krediten im Geschäftsgebiet. In etwa gleich hoch sind die Anteile der an Privatkunden vorrangig zur Finanzierung von Wohnimmobilien vergebenen Kredite und der Kredite an Unternehmen und Selbstständige. Sparkassen sind damit Marktführer im Kreditgeschäft mit Privatkunden und gemeinsam mit den Landesbanken der Mittelstandsfinanzierer Nr. 1 in Deutschland.[15] 23 Prozent der Aktivmittel der Sparkassen sind Wertpapieranlagen. Vor allem zur Sicherstellung einer angemessenen Liquidität ist es erforderlich, dass Sparkassen auch in marktgängige Vermögensgegenstände investieren. Handelsabsichten sind bei Sparkassen von unterrangiger Bedeutung. Der geringe Anteil der Kredite an andere Kreditinstitute wird zumeist an Institute der Sparkassenorganisation vergeben.

19 Neben den bilanzwirksamen Geschäften führen Sparkassen zur geld- und kreditwirtschaftlichen Versorgung auch **außerbilanzielle Geschäfte** durch. Hierzu zählen das Wertpapier- und Depotgeschäft, also der An- und Verkauf sowie die Verwahrung von Wertpapieren. Darüber hinaus vermitteln Sparkassen – in enger Zusammenarbeit mit ihren Verbundunternehmen – zahlreiche weitere Finanzdienstleistungsprodukte wie Bausparverträge und Versicherungen. Zur geld- und kreditwirtschaftlichen Versorgung zählt ferner die Durchführung des Zahlungsverkehrs für die örtliche Bevölkerung und die lokalen Unternehmen. So führen Sparkassen bundesweit fast 38 Mio. Girokonten (siehe Anlage 2) und sind – trotz einiger Fusionen und eines betriebswirtschaftlich erforderlichen Abbaus von Zweigstellen in den letzten Jahren – weiterhin mit fast 13.500 Filialen flächendeckend präsent. Neben einem weiterhin hohen Maß an persönlicher Erreichbarkeit bieten Sparkassen seit einigen Jahren ein modernes Online-Banking-System an.

IV. Zwischenfazit

20 In Kapitel B wurden die Ziele und Prinzipien der Geschäftstätigkeit der Sparkassen dargestellt. Seit der Gründung der Sparkassen besteht ihre vordringliche Aufgabe darin, innerhalb des **Zieltrias** die geld- und kreditwirtschaftlichen Versorgung der Bevölkerung und der Wirtschaft sicherzustellen. Zur Finanzierung künftigen Kreditwachstums benötigen Sparkassen aus Gewinnen gebildetes Eigenkapital. Die erläuterten Geschäftszahlen verdeutlichen, dass sich Sparkassen im Zuge ihrer lokal verankerten Geschäftstätigkeit auch im 21. Jahrhundert bewusst am Zielsystem orientieren. Zur effizienten Aufgabenerfüllung tragen die Prinzipien kommunale Trägerschaft, Dezentralität, Regionalprinzip und Subsidiarität bei.

---

[15] *DSGV*, Finanzbericht 2008, S. 17.

Wie in der Einleitung bereits angedeutet, sieht sich die Sparkassenorganisation gegenwärtig einem veränderten Umfeld ausgesetzt. Die Beschreibung marktseitiger und gesetzlicher **Herausforderungen** ist Gegenstand des folgenden Kapitels. Daran anschließend wird im Kapitel D aufgezeigt, welche Weiterentwicklung des kommunalen Sparkassenwesens geboten ist, um die definierten Ziele weiterhin vollumfänglich erfüllen zu können. 21

C. Geschäftspolitische Herausforderungen der Sparkassen

I. Marktseitige Faktoren

1. Verändertes Kundenverhalten

Das Verhalten der Kunden hat sich in den vergangenen Jahren deutlich gewandelt. 22
Früher waren Kunden ihrem Kreditinstitut sprichwörtlich ein Leben lang treu. Seitdem breite Kundengruppen über einen Zugang zum Internet und damit über eine gewisse Markttransparenz verfügen, ist die Loyalität deutlich zurückgegangen. Wie Umfragen zeigen, hat die **Preissensitivität** und Wechselbereitschaft insbesondere der jüngeren Kunden bei den nicht beratungsintensiven Geschäftsfeldern Geldanlage, Konsumentenkredit, Wertpapierverwahrung und Girokonto deutlich zugenommen. So können sich zwei Drittel der jungen Erwachsenen mit einer Hausbankbeziehung vorstellen, neue Bankverbindungen einzugehen.[16] Die gestiegene Wechselbereitschaft führt dazu, dass Sparkassen nicht mehr wie früher von der vererbten Hausbankbeziehung profitieren können.

Einerseits ist die Preissensitivität bei Produkten ohne hohen Beratungsbedarf 23
gestiegen, anderseits haben sich aber auch die Ansprüche der Kunden bei einigen Bedarfsfeldern erhöht. So erwarten Privat- und Firmenkunden bei anspruchsvollen Produkten mit langer Vertragslaufzeit wie der Altersvorsorge und der Baufinanzierung eine qualitativ hochwertige und ganzheitliche **Beratung**. Sparkassen stehen daher vor der geschäftspolitischen Herausforderung, im Spannungsfeld stagnierender Erträge und steigender Aufwendungen dem verschärften Preiswettbewerb mit spezialisierten Anbietern angemessen Rechnung zu tragen und gleichzeitig von den Kunden als kompetenter Ansprechpartner für beratungsintensive Produkte wahrgenommen zu werden.

2. Demografischer Wandel

Der demografische Wandel gehört zu den einschneidenden gesellschaftlichen 24
Veränderungen unserer Zeit.[17] Der Trend einer schrumpfenden und im Durch-

[16] *Keller/Lammers*, Sparkassen-Markt 2009, 20 f.

[17] *Bundesinstitut für Bevölkerungsforschung*, Daten, Fakten, Trends zum demografischen Wandel in Deutschland, 2008, S. 5.

schnitt immer älter werdenden Bevölkerung ist in Deutschland ebenso wenig umkehrbar wie die Bevölkerungsabwanderungen aus strukturschwachen Regionen in urbane Gebiete. Weiterhin kommt es zu deutlichen Anstiegen der wohlhabenden und der einkommensschwachen Bevölkerungsgruppen bei insgesamt sinkenden Realeinkommen. Während 1996 beispielsweise 6,4 Prozent der Bevölkerung mehr als 200 Prozent des Durchschnittseinkommens bezogen, waren es 2006 bereits 9,2 Prozent. Der Anteil der Personen, die weniger als 50 Prozent des Durchschnittseinkommens verdienten, stieg im gleichen Zeitraum von 7,3 Prozent auf 11,4 Prozent.[18] Dieser Trend wird sich weiter fortsetzen. Insgesamt belastet der demografische Wandel nicht nur die sozialen Sicherungssysteme, sondern birgt auch ein nicht zu unterschätzendes gesellschaftliches **Konfliktpotenzial**.[19]

25 Sparkassen werden durch den demografischen Wandel auf verschiedene Weise tangiert: [20]

- Speziell in den östlichen Bundesländern müssen sich einige Sparkassen bis 2020 auf ein bevölkerungsmäßig um 20 Prozent und mehr schrumpfendes Geschäftsgebiet einstellen.
- Durch die zunehmend alternde Bevölkerung und durch die Anstiege der wohlhabenden und der einkommensschwachen Bevölkerungsgruppen werden sich die verschiedenen Bedürfnisse der Kundengruppen und die Zusammensetzung der Kundensegmente erheblich verändern.

26 Für das kommunale Sparkassenwesen impliziert der demografische Wandel zweifelsohne erheblichen Handlungsbedarf. Er bietet ihm aber auch vielfältige Chancen. Der künftige Geschäftserfolg der Sparkassen wird davon abhängen, ob es gelingt, die Auswirkungen des demografischen Wandels richtig abzuschätzen und frühzeitig die strategischen Weichen für die geänderten Bedürfnisse der Privatkunden, Firmenkunden und der Kommunen zu stellen.

3. Technischer Fortschritt

27 Ebenso wie die sich wandelnden Kundenbedürfnisse hat der technische Fortschritt unübersehbare Auswirkungen auf die Geschäftstätigkeit der Sparkassen. Vor dreißig Jahren musste der Bankkunde eine Geschäftsstelle während der Öffnungszeiten aufsuchen, um Bankgeschäfte zu erledigen. Der technische Fortschritt bewirkt, dass Kunden alternative Kommunikationswege zur Sparkasse als die Geschäftsstelle stärker nutzen. Mittlerweile ist die Nutzung der Geldautomaten und anderer **Selbstbedienungsgeräte** außerhalb der Öffnungszeiten für viele Kunden ebenso selbstverständlich geworden wie bargeldloses Einkaufen. So nutzen bereits neun von zehn Kunden die Selbstbedienungsgeräte. Wegen der zunehmenden Verbreitung kostengünstiger Breitband-Internetanschlüsse nimmt ferner der Anteil der

---

[18] *DIW*, Wochenbericht 10/2008, 103.

[19] *Bundesinstitut für Bevölkerungsforschung* (Fn. 19), S. 72.

[20] *Krause*, Kommunalwirtschaft Sonderausgabe 2008, 90 ff.

Online-Banking nutzenden Kunden kontinuierlich zu.[21] Aktuell beträgt er rund 40 Prozent.

Für filialbasierte Kreditinstitute wie die Sparkassen sind die Konsequenzen des technischen Fortschritts vergleichsweise hoch. Beispielsweise ist die Aufrechterhaltung des bestehenden Filialnetzes in Anbetracht des dort zurückgehenden Nutzungsgrads von Serviceleistungen zu prüfen und gegebenenfalls zu optimieren. Da Kunden im Unterschied zu früher nicht mehr automatisch die Geschäftsstelle aufsuchen, ist weiterhin eine diffizile Auseinandersetzung mit den „verkäuferischen Fähigkeiten der Berater" vonnöten.[22] Zur Generierung erforderlicher Erträge bedarf es nicht nur bei Standardprodukten, sondern auch bei beratungsintensiven Produkten einem **Mentalitätswandel** vom „Bringgeschäft" hin zum aktiven, ganzheitlichen „Holgeschäft" der Sparkassen. 28

4. Intensivierter Wettbewerb

Der Wettbewerb bei Finanzdienstleistungen hat sich in den letzten Jahren nicht nur auf der Nachfrageseite, z. B. durch die zunehmende Nutzung des Internets, spürbar verschärft.[23] Auch auf der **Anbieterseite** sind Veränderungen zu bemerken. Erstens ist feststellbar, dass Finanzdienstleistungen zunehmend aus einer Hand angeboten werden: Im Sinne einer ganzheitlichen Betreuung bemühen sich sowohl Banken und Versicherungen als auch Finanzmakler um die Gunst der Kunden. Banken und Sparkassen vertreiben heutzutage ebenso selbstverständlich Versicherungsdienstleistungen wie Versicherungen gleichzeitig Bankdienstleistungen offerieren. Zweitens haben sich international tätige Spezialisten vor allem bei Standardprodukten, z. B. bei Girokonten, Konsumentenkrediten und Tagesgeldkonten, am Markt etabliert. Da diese Spezialisten in der Regel ohne eigenes Filialnetz agieren, weisen sie deutliche Kostenvorteile im Vergleich zu Flächenanbietern wie den Sparkassen auf und nutzen diese für eine herausfordernde Preispolitik. Um im intensivierten Wettbewerb zu bestehen, müssen die Sparkassen in Anbetracht der strukturellen Kostennachteile dem Kunden den **Mehrwert** der Geschäftsbeziehung mit der Sparkasse verdeutlichen.[24] 29

5. Finanzmarktkrise

Mit dem Beginn der größten Finanzmarktkrise der jüngeren Zeit haben die Jahre 2007/2008 einen Wendepunkt für die internationale Finanzwirtschaft markiert. Auch an der deutschen Sparkassenorganisation gingen und gehen die damit verbundenen Marktentwicklungen nicht spurlos vorüber. Bislang haben Sparkassen diese Bewährungsproben gut überstanden. Wenngleich sich die Rentabilität im 30

---

21 *Keller/Lammers*, Betriebswirtschaftliche Blätter 2009, 309 ff.

22 *Hoppenstedt*, in: Fischer/Pape (Hrsg.), Handbuch der deutschen Sparkassen, 2005, S. 22 f.

23 *Gerlach*, ZfgK 2006, 452 f.

24 *Haasis*, Grundsatzrede anlässlich des 22. Deutschen Sparkassentages am 9.5.2007 in Bochum, S. 15; *Mempel*, Der Landkreis 2009, 58.

Jahr 2008 im Vergleich zum Vorjahr etwas abgeschwächt hat, erwirtschafteten sie bundesweit einen Jahresüberschuss von rund 900 Mio. Euro.[25] Das beständige Geschäftsmodell, das traditionell die Kunden und die örtliche Bindung in den Mittelpunkt stellt, hat sich – im Unterschied zu den Geschäftsmodellen vieler Mitbewerber – in der Krise bewährt.[26] Aus dieser Beständigkeit heraus ist auch das **Vertrauen** der Kunden in die Sparkassen erwachsen, welches gerade zur Hochzeit der Finanzmarktkrise nochmals angestiegen ist.[27]

31 Gleichwohl werden die Sparkassen in den kommenden Jahren durch die Auswirkungen der Finanzmarktkrise vor große Herausforderungen gestellt. Einige Kreditbanken haben bereits angekündigt, ihre Auslands- und Handelsaktivitäten zurückzufahren, um sich stattdessen stärker der **Mittelstandsfinanzierung** zuzuwenden. Daher sind die Sparkassen mehr denn je gefordert, ihre gute Marktstellung in diesem Geschäftsfeld zu verteidigen. Als Folge der Finanzmarktkrise wird auch der liqudidätsbedingte Wettbewerbsdruck im **Einlagengeschäft** deutlich zunehmen. So ist erkennbar, dass die Kunden stark aus Termingeldern und Eigenemissionen in Tagesgelder und Spareinlagen umschichten. Hier erhalten sie oftmals höhere Zinsen, nicht zuletzt deshalb, weil starke Konkurrenzprodukte den Preis beeinflussen. Auch haben manche Sparkassenkunden die zwischenzeitlichen Vertrauensverluste zu Direkt- und Autobanken schnell wieder abgebaut.

II. Gesetzliche Vorgaben

1. Wegfall von Anstaltslast und Gewährträgerhaftung

32 Neben marktseitigen Gegebenheiten wird die Geschäftstätigkeit und Geschäftspolitik der Sparkassen durch zahlreiche **Regulierungsvorschriften** beeinflusst. Diesbezügliche Neuerungen sind letztlich Ausdruck dessen, dass sich die Kreditwirtschaft laufend verändert und der Gesetzgeber mit der Absicht der Vermeidung von Marktversagen regulierend eingreift. Für das kommunale Sparkassenwesen stellte die Aufhebung von Anstaltslast und Gewährträgerhaftung die wichtigste Veränderung der letzten Jahrzehnte dar.[28]

33 Die **Anstaltslast** beinhaltet die Verpflichtung des öffentlichen Trägers, die jeweilige Sparkasse (oder Landesbank) mit den zur Aufgabenerfüllung benötigten finanziellen Mitteln auszustatten, damit die Bank für die Dauer des Bestehens funktionsfähig bleibt (→ § 53 a Rn. 201 f.). Die **Gewährträgerhaftung** hingegen verpflichtet den öffentlichen Träger, im Falle einer Zahlungsunfähigkeit oder Liquidation für Verbindlichkeiten des Instituts unbeschränkt einzutreten (→ § 53 a Rn. 203). An beiden historischen Haftungsmechanismen der öffentlich-rechtlichen

---

25 Zur Rentabilität der Sparkassen 2008 siehe *Moormann*, Betriebswirtschaftliche Blätter 2009, 458 f.

26 *SVWL*, Geschäftsbericht 2008, S. 8.

27 *DSGV*, Fakten, Analysen Positionen 39, 2009, S. 3; *Haasis*, ZfgK 2009, 578 ff.

28 Für einen historischen Rückblick auf Anstaltslast und Gewährträgerhaftung siehe *Wehber*, ZfgK 2005, 752 ff.; *Pehla*, Der Haftungsverbund der Sparkassen-Finanzgruppe, 2006, S. 11 ff.

Kreditinstitute entzündeten sich aufgrund einer Beihilfebeschwerde der Europäischen Bankenvereinigung bereits im Jahre 1999 europarechtliche Bedenken der EU-Kommission (→ § 53 a Rn. 205 ff.). Die EU-Kommission vertrat die Auffassung, dass Anstaltslast und Gewährträgerhaftung zu Wettbewerbsvorteilen der öffentlich-rechtlichen Sparkassen und Landesbanken – beispielsweise bei der Refinanzierung – führten, die nicht mit den wettbewerbsrechtlichen Zielen des europäischen Binnenmarktes vereinbar seien. In einer zwischen der Bundesregierung und der Europäischen Kommission am 17. Juli 2001 erzielten Einigung (sog. Verständigung I) wurde die Übereinkunft erzielt, die beiden Haftungsinstitute nach einer bis zum 18. Juli 2005 andauernden Übergangsphase schrittweise bis zum 31. Dezember 2015 auslaufen zu lassen. Die seit der Gründung der Sparkassen unbeschränkte Haftung des öffentlichen Trägers für die Verbindlichkeiten der Sparkasse hat demzufolge keinen Bestand mehr.

Die Entscheidung über den Wegfall von Anstaltslast und Gewährträgerhaftung **34** gab innerhalb der Sparkassenorganisation den Anstoß für eine breit angelegte Diskussion über den Ausbau des bereits seit 1973 bestehenden freiwilligen Haftungsverbunds der Sparkassenorganisation, welcher den Bestand der Institute solidarisch gewährleistet. Die Erörterungen fanden einen vorläufigen Endpunkt im Dezember 2003. Die zu diesem Zeitpunkt beschlossene **Neufassung des Haftungsverbunds** wurde mit Wirkung zum 1. Januar 2006 in Kraft gesetzt. Der Haftungsverbund der Sparkassenorganisation setzt sich nunmehr zusammen aus elf regionalen Sparkassenstützungsfonds, der Sicherungsreserve der Landesbanken und dem Sicherungsfonds der Landesbausparkassen, die miteinander kooperieren. Wenn das ausgeweitete Gesamtvolumen eines zuständigen Sparkassenstützungsfonds, bestehend aus angesparten Barmitteln und Nachschusspflichten der Mitgliedsinstitute, nicht mehr ausreicht, werden weitere regionale Fonds in Anspruch genommen. Dadurch wird die erstrangige Verantwortung des jeweiligen Stützungsfonds betont und gleichzeitig übernimmt die Gemeinschaft der Sparkassen füreinander die Verantwortung.[29]

Die **Funktionsfähigkeit** des solidarischen Haftungsverbunds zeigt sich unter **35** anderem darin, dass seit der Gründung im Jahr 1973 kein Kunde eines Mitgliedsinstituts einen Verlust seiner Einlagen erlitten hat, Einleger noch nie entschädigt werden mussten und es bei keinem Mitgliedsinstitut zu einer Leistungsstörung bei der Bedienung von Verbindlichkeiten oder gar zu einer Insolvenz gekommen ist.[30] Gleichwohl besteht vor dem Hintergrund sich wandelnder Märkte die Notwendigkeit, den Haftungsverbund stetig weiterzuentwickeln. Für eine solidarische Zusammenarbeit ist es unerlässlich, dass sich die Beteiligten fortwährend sicher sein können, dass alle Mitgliedsinstitute ihre Substanz pflegen an ihrer Leistungsfähigkeit arbeiten.

---

[29] *DSGV*, Pressemitteilung 127/2003, S. 2 f.; *ders.*, Fakten, Analysen, Positionen 18, 2005, S. 2 ff.

[30] *DSGV*, Finanzbericht 2008, S. 43.

2. Modifikation aufsichtsrechtlicher Normen

36 Zur Förderung eines stabilen Bankensystems existieren neben der Absicherung von Kundeneinlagen eine Vielzahl weiterer Aufsichtsregelungen, die die Geschäftpolitik der Sparkassen im Sinne kumulativ zu erfüllender „Nebenbedingungen" erheblich berühren. Bedeutsam sind **Eigenkapitalvorschriften**,[31] auf die in diesem Beitrag exemplarisch eingegangen werden soll. Sie begrenzen die Kreditvergabemöglichkeiten der Sparkassen.

37 Die bis Ende 2006 geltenden Vorschriften zur Eigenmittelunterlegung gingen zurück auf eine Vereinbarung des Baseler Ausschusses für Bankenaufsicht aus dem Jahr 1988 (**Basel I**). Darin war bereits geregelt, dass das regulatorische Eigenkapital im Verhältnis zu den risikogewichteten Aktiva mindestens acht Prozent betragen muss. Die Vereinbarung wurde durch den Grundsatz I in deutsches Recht umgesetzt und geriet frühzeitig in die Kritik. So wurde die individuelle Bonität des Kreditnehmers bei der Unterlegung von Kreditrisiken mit Eigenkapital nicht angemessen berücksichtigt. Stattdessen wurden im Wesentlichen nur drei Schuldnerkategorien (Unternehmen, Banken und öffentliche Stellen) unterschieden. Ferner wurden keine operationellen Risiken und bis 1998 keine Marktrisiken einbezogen.

38 Die neue Baseler Rahmenvereinbarung über die Eigenkapitalempfehlung für Kreditinstitute (**Basel II**) trat nach einem mehrjährigen, intensiven Abstimmungsprozess zwischen der Bankenaufsicht, der Politik und der Kreditwirtschaft mit einer einjährigen Übergangsphase am 1. Januar 2007 in Deutschland in Kraft. Sie gliedert sich nunmehr in drei Säulen. Säule 1 besteht aus den Mindestkapitalanforderungen, die eine differenzierte Eigenkapitalunterlegung für Kreditrisiken, Marktrisiken und operationelle Risiken vorsehen. Säule 2 behandelt den bankgeschäftlichen Prüfprozess mittels qualitativer Vorgaben und konkretisiert in diesem Zusammenhang die Richtlinienkompetenz und die Überwachungsfunktion der Aufsichtorgane. Säule 3 beinhaltet eine erweiterte Offenlegung zur Stärkung der disziplinierenden Kräfte der Marktteilnehmer. Zur Umsetzung von Basel II in deutsches Recht wurden das Kreditwesengesetz und die Groß- und Millionenkreditverordnung modifiziert. Weiterhin ersetzt die erlassene **Solvabilitätsverordnung (SolvV)** den alten Grundsatz I. Die SolvV greift größtenteils die Anforderungen der Säule 1 und der Säule 3 aus Basel II auf. Die in der Säule 2 dargestellten qualitativen Regelungen wurden durch die Einführung der **Mindestanforderungen an das Risikomanagement (MaRisk)** umgesetzt.

39 Dank der intensiven Mitarbeit der **Sparkassenorganisation** im Abstimmungsprozess von Basel II sieht das mehrere hundert Seiten umfassende Regelwerk weiterhin einige Vereinfachungsvorschriften für kleinere, überwiegend nicht kapitalmarktorientierte Banken wie die Sparkassen vor. Zudem wird die Leistungsfähigkeit des Haftungsverbunds der Sparkassenorganisation anerkannt, da die zusammengeschlossenen Institute Forderungen an andere Mitgliedsinstitute des

[31] Zum Abschnitt C.II.2 siehe *Deutsche Bundesbank*, Monatsbericht Oktober 2005, S. 73 ff.; *ders.*, Monatsbericht Dezember 2006, S. 69 ff.; *Haves* in: Everling/Holschuh/Leker (Hrsg.), Credit Analyst, 2009, S. 28 ff.

Verbunds nicht mit Eigenkapital zu unterlegen haben. Dadurch wurde wichtiger Spielraum zur regionalen Kreditvergabe geschaffen.[32] Die Sparkassen haben pünktlich zum 31. März 2008 erstmals nach dem neuen Reglement gemeldet.[33] Diese fristgerechte Umsetzung gelang durch eng verzahnte Projektarbeiten zwischen den Sparkassen, den Regionalverbänden, dem DSGV und den zentralen Dienstleistern wie den Verbandsrechenzentren.

3. Änderung der Rechnungslegungsvorschriften

Nicht zuletzt als Folge internationaler Harmonierungsbestrebungen der Rechnungslegung befassen sich Sparkassen mit der Erfüllung erhöhter **Transparenzanforderungen** und der zunehmenden Bewertung von Finanzinstrumenten zu **Marktpreisen**. Diesbezüglich ist auf die Auswirkungen des seit dem 10. Dezember 2004 geltenden Bilanzrechtsreformgesetzes (BilReG) hinzuweisen. Weiterhin besteht für Sparkassen die Pflicht zur Umsetzung der umfangreichen Änderungen, die sich aus dem am 29. Mai 2009 in Kraft getretenen Bilanzrechtsmodernisierungsgesetz (BilMoG) ergeben. 40

Die Verabschiedung des **Bilanzrechtsreformgesetzes (BilReG)**[34] führte zu einer erweiterten Berichterstattungspflicht im Anhang und im Lagebericht der Sparkasse (→ § 48 Rn. 23 f.). Neben Art und Umfang der Finanzinstrumente ist im Anhang nunmehr der beizulegende Zeitwert (Fair Value) anzugeben. Der Lagebericht hat einen deutlich erweiterten Prognosebericht zu beinhalten, der den Geschäftsverlaufs der Sparkasse darstellt und analysiert. Innerhalb der Risikoberichterstattung sind die Risikomanagementziele und -methoden aufzuführen und umfangreiche Angaben zu den einzelnen Risikokategorien und zur Gesamtrisikolage zu machen. Angesichts erheblicher Überschneidungen kann die ausgedehnte Lageberichterstattung seitens der Sparkassen dazu genutzt werden, parallel wesentliche Teile der erweiterten Offenlegung gemäß der Säule 3 von Basel II zu erfüllen.[35] 41

Die jüngste Herausforderung besteht für die Sparkassen in der Umsetzung des **Bilanzrechtsmodernisierungsgesetz (BilMoG)**[36] (→ § 48 Rn. 28 f.). Mit dem Gesetz wird das Ziel verfolgt, den Rechnungslegern in Deutschland eine im Vergleich zu den internationalen Rechnungslegungsstandards (IFRS) gleichwertige und wettbewerbsfähige Alternative der Rechnungslegung zu bieten. Bedeutsame Regelungen betreffen Sparkassen hinsichtlich der Bilanzierung von Finanzinstrumenten des Handelsbestands, welche zum Zeitwert abzüglich eines Risikoabschlags zu bewerten sind. Daneben ist eine über diesen Risikoabschlag hinausgehende Risikovorsorge vorgesehen. Weiterhin wurden die Dokumentationser- 42

---

[32] *DSGV*, Pressemitteilung 22/2007, S. 1 f.

[33] *DSGV*, Finanzbericht 2008, S. 36 f.

[34] Zum BilReG siehe *Kaiser*, Die Wirtschaftsprüfung 2005, 405 ff.; *Kirsch/Scheele*, Die Wirtschaftsprüfung 2005, 1149 ff.

[35] *Weller/Hoffmann*, BankPraktiker 2008, 436 f.

[36] Einen kritischen Literaturüberblick zum BilMoG geben *Zülch/Hoffmann*, Der Betrieb 2008, 1053 ff.

fordernisse im Anhang zur Bewertung von Finanzinstrumenten des Handelsbestands und zur Bildung von Bewertungseinheiten aus gegenläufigen Grund- und Sicherungsinstrumenten substanziell erweitert.

43 Die in Abschnitt C.II beispielhaft thematisierten Änderungen verschiedener Gesetze und Verordnungen zeigen zwei wesentliche Herausforderungen für die Sparkassen auf: Erstens sind Sparkassen der **Gefahr** ausgesetzt, dass der Gesetzgeber – bewusst oder unbewusst – das solide Geschäftsmodell eigenverantwortlicher, kommunal getragener Sparkassen durch eine Überregulierung tangiert. So darf der Wunsch nach international vereinheitlichten Regelungen nicht dazu führen, dass lokal verankerte Sparkassen dieselben umfangreichen Vorgaben zu beachten haben wie international ausgerichtete Bankkonzerne. Die Harmonisierung des EU-Binnenmarkts ist so auszurichten, dass die Identitäten regionaler und lokaler Märkte gewahrt bleiben.[37] Eine aktive Beteiligung der Sparkassenorganisation in den oftmals mehrjährigen Gesetzgebungsverfahren ist notwendig, damit die besonderen Interessen der Sparkassen beachtet werden. Zweitens bedingen internationale Gesetzgebungsverfahren eine hohe **Ressourcenbindung** für die vergleichsweise kleinen Sparkassen. Ursächlich ist, dass die Organe und Mitarbeiter bis zur endgültigen Verabschiedung immer umfassenderer Vorgaben im Aufsichtsrecht oder in der Rechnungslegung vor der Herausforderung stehen, sich frühzeitig mit der Ausgestaltung und Umsetzung der Normen und mit deren Implikationen auf die Geschäftstätigkeit und Geschäftspolitik befassen zu müssen, ohne aber bereits die endgültigen Regelungen zu kennen.

III. Zwischenfazit

44 Wie sich in der Finanzmarktkrise eindrucksvoll bestätigt hat, ist die 200 Jahre alte Sparkassenidee nach wie vor leistungs-, widerstands- und zukunftsfähig. Mit ihren dezentralen Strukturen trägt die Sparkassenorganisation ferner zur Stabilisierung des Finanzsystems bei. Gleichwohl darf nicht verkannt werden, dass das System Sparkasse nicht mehr „automatisch“ jedes Jahr um mehrere Prozent wächst.[38] Wie im Kapitel C beschrieben, sind Sparkassen inzwischen in einem Umfeld tätig, indem es – unter Beachtung vielschichtiger (aufsichts-) rechtlicher Nebenbedingungen sowie nachfrage- und angebotsbedingter Veränderungen – letztlich nicht mehr um die Verteilung von Wachstum, sondern um die **Verteilung von Beständen** geht.

45 Hinsichtlich einer nachhaltigen Erfüllung des **öffentlichen Auftrags** wurde deutlich, dass das Hergebrachte nicht mehr in allen Belangen angebracht erscheint. Wie reagiert die Sparkassenorganisation auf diese Entwicklung? Kapitel D zeigt Ansätze auf, wie die Sparkassenidee weiterentwickelt werden kann, um die Zukunftsfähigkeit des kommunalen Sparkassenwesens langfristig zu sichern.

---

[37] *Gerlach*, ZfgK 2006, 453.

[38] *Gerlach*, Der Landkreis 2007, 353.

D. Aspekte einer Weiterentwicklung des kommunalen Sparkassenwesens

I. Bekräftigung der alleinigen kommunalen Trägerschaft

1. Abkehr von Privatisierungsüberlegungen

Wie die Diskussion um den Verkauf der Sparkasse Stralsund im Jahr 2004 (→ § 53 a Rn. 124 ff.) und das Bieterverfahren zur Landesbank Berlin AG im Jahr 2007 aufzeigt haben, sind privatrechtliche Kreditinstitute durchaus an der Übernahme öffentlich-rechtlicher Kreditinstitute interessiert. Wenngleich in beiden Verkaufsprozessen Lösungen innerhalb der Sparkassenorganisation gefunden wurden, erscheint es vor dem Hintergrund der beschriebenen Herausforderungen angebracht, sich mit dem Gedankenmodell der **Privatisierung** von Sparkassen auseinanderzusetzen. 46

In den meisten Sparkassengesetzen der Länder sind zwar sowohl eine Umwandlung in eine privatrechtliche Rechtsform mit der Möglichkeit eines anschließenden Verkaufs an einen privatrechtlichen Dritten als auch eine Öffnung für private Anteilseigner nach wie vor ausgeschlossen; dies verbietet aber keine grundsätzliche Erörterung der Frage, ob das **Prinzip der kommunalen Trägerschaft** als zeitgemäß und verteidigungsfähig anzusehen ist. Immerhin könnte eine Privatisierung der Sparkasse mit anschließendem Verkauf dazu beitragen, den haushaltspolitischen Spielraum der Kommune zu verbessern. Auch ergäbe sich dadurch die Gelegenheit, die Eigenkapitalausstattung der Sparkasse ohne Inanspruchnahme des kommunalen Trägers zu erhöhen. 47

Bei den aufgeführten Argumenten werden zwei Aspekte jedoch nur unzureichend bedacht: Zum einen böte dem kommunalen Träger ein unumkehrbarer Verkauf der Sparkasse lediglich einen finanziellen Einmaleffekt. Der strategische Verlust des kommunalen Einflusses auf die Geschäftstätigkeit der Sparkasse ist dagegen als nachhaltig anzusehen.[39] Zum anderen könnten die Sparkassen ihren öffentlichen Auftrag nicht erfüllen, da dieser untrennbar mit der kommunalen Trägerschaft verbunden ist. Dies liegt daran, dass Sparkassen die geld- und kreditwirtschaftliche Versorgung der Bevölkerung und der Wirtschaft insbesondere des Geschäftsgebiets und ihres Trägers sicherstellen und dafür bewusst nicht kostendeckende Kontrahierungszwänge zum Wohle der Allgemeinheit in Kauf nehmen. Ferner erfüllen Sparkassen gemeinnützige Zwecke, die deutlich über die geld- und kreditwirtschaftliche Versorgung hinausgehen und damit die kommunalen Haushalte entlasten. All dieses steht konträr zu den Interessen eines privaten Investors. Dieser verfolgt keine Gemeinwohlziele, sondern er erwartet für seine finanzielle Beteiligung eine marktgerechte Verzinsung. Er kennt kein Regionalprinzip und ist bestrebt, die strategische Ausrichtung der Sparkasse mitzubestimmen. **Organisationsgefährdende Gewichtsverlagerungen** innerhalb des Zielsystems der Sparkassen sind nicht auszuschließen und diese Sorge begründet die 48

[39] *Landsberg*, Börsen-Zeitung v. 9.5.2007, S. B1; *Wohltmann*, Der Landkreis 2009, 64 ff.

weiterhin ablehnende Haltung der Sparkassenorganisation bezüglich der Einführung privaten Kapitals in Sparkassen.[40]

49 Diese **Skepsis** teilt auch ein Großteil der bundesdeutschen Bevölkerung. Eine klare Mehrheit von über 80 Prozent spricht sich beispielsweise im September 2008 dagegen aus, dass Sparkassen aus der Trägerschaft der Städte und Kreise herausgelöst werden.[41] Zu ähnlichen Ergebnissen kommt auch eine frühere Umfrage des renommierten Meinungsforschungsinstituts Forsa. Im Frühjahr 2004 lehnen mehr als drei Viertel der Befragten einen Verkauf der Sparkasse Stralsund an eine Privatbank ab.[42]

2. Gemeinnützige Ausschüttungspolitik

50 Wie im vorherigen Abschnitt dargelegt, kennzeichnet Sparkassen ihre gemeinwohlorientierte Geschäftspolitik. Gewinnerzielung ist nicht das Hauptziel der Geschäftstätigkeit, sondern dient als Mittel zur Erreichung der gesetzlichen Ziele ohne Inanspruchnahme des öffentlichen Trägers. Werden über die notwendige Gewinnthesaurierung hinaus Erträge erwirtschaftet, sind sie gemeinnützig zu verwenden.[43] Vor dem Hintergrund der angespannten Haushaltslage begrüßen Städte, Gemeinden und Kreise als Träger der Sparkassen zwar eine gewisse Liberalisierung der Ausschüttungspolitik der Sparkassen; eine Aufhebung der **Gemeinnützigkeitsbindung** der Ausschüttungsbeträge lehnen sie aber nach wie vor ab. Dies wurde beispielsweise im Zuge der Novellierung des im November 2008 in Kraft getretenen Sparkassengesetzes Nordrhein-Westfalen deutlich. Die kommunalen Träger und ihre Sparkassen begrüßen in beachtlicher Einmündigkeit den Beschluss des Gesetzgebers, wonach Ausschüttungen auf die Förderung des kommunalen, bürgerschaftlichen und trägerschaftlichen Engagements insbesondere in den Bereichen Bildung und Erziehung, Soziales und Familie, Kultur und Sport sowie Umwelt zu beschränken sind, weil

- die Verwendungsbeschränkung ein die Sparkassen prägendes Merkmal ist, das sie von Privat- und Genossenschaftsbanken unterscheidet,
- der öffentliche Auftrag der Sparkassen, Gemeinwohlorientierung ihrer Tätigkeit und gemeinnützige Verwendung der ausgeschütteten Gewinne durch den Träger sinnfälliger Ausdruck des bürgerlichen Engagements der kommunalen Sparkassen und ihrer Mitverantwortung für die Region sind und
- ausgeschüttete Beträge der Sparkassen nicht einfach in Kommunalhaushalten versickern dürfen, sondern weiterhin für die Menschen der Region sichtbar Nutzen stiftend eingesetzt werden sollten.[44]

---

40 *Gerlach*, ZfgK 1999, 312.

41 *DSGV*, Fakten, Analysen Positionen 39, 2009, S. 5.

42 *DSGV*, Pressemitteilung 19/2004, S. 2.

43 *Halbe*, Städte- und Gemeinderat 11/2007, 13 f.

44 *Landkreistag Nordrhein-Westfalen u. a.*, Stellungnahme zum Gesetzentwurf für ein Gesetz zur Änderung aufsichtsrechtlicher, insbesondere sparkassenrechtlicher Vorschriften, 2008, S. 12 f.

Das Gesetzgebungsverfahren und die diesbezügliche Resonanz der kommunalen Vertreter auch anderer Bundesländer brachte sehr deutlich zum Ausdruck, dass das Zielsystem und die Grundprinzipien der Sparkassen durch die kommunalen Träger weiterhin **befürwortet** werden. Selbstverständlich stellt sich das kommunale Sparkassenwesen neuen Herausforderungen, es besteht aber keine Notwendigkeit, die bewährten Grundprinzipien fundamental zu „reformieren".[45] Systembrüche wie eine Privatisierung, eine Abkehr vom Regionalprinzip oder eine beliebige Gewinnausschüttung werden abgelehnt, da sie der gemeinwohlorientierten Aufgabenerfüllung entgegenstehen. 51

3. Aufgaben kommunaler Träger

Eben diese erhaltenswerten Merkmale der Geschäftstätigkeit der Sparkassen stellen den kommunalen Träger vor neue Herausforderungen. Die durch die Vertretung des Trägers gewählten Verwaltungsräte der Sparkassen haben zwar ähnliche Aufgaben wie Aufsichtsorgane der privatrechtlicher Kreditinstitute, indem sie die Richtlinien der Geschäftspolitik bestimmen und die Geschäftsführung überwachen.[46] Der Verwaltungsrat der Sparkasse sieht sich aber mit einer besonderen Verantwortung für die Belange der gesamten Sparkassenorganisation konfrontiert: Seit dem Wegfall von Anstaltlast und Gewährträgerhaftung sichert der solidarische Haftungsverbund der Sparkassenorganisation den Bestand der Sparkassen. Kommt der Verwaltungsrat einer Sparkasse seiner **Richtlinienkompetenz** und vor allem seiner **Überwachungsfunktion** nicht in hinreichendem Maße nach, gefährdet er damit nicht nur den Fortbestand seiner Sparkasse, sondern beeinträchtigt mittelbar auch den Zusammenhalt und die Leistungsfähigkeit der gesamten Solidargemeinschaft. 52

Ebenso zeigt sich bereits jetzt, dass die Aufgaben der Verwaltungsräte beispielsweise durch die diskutierte Neufassung der Mindestanforderungen an das Risikomanagement ausgeweitet werden. Eine stärkere Einbindung des kommunalen Trägers bei der laufenden Strategieüberprüfung und ausgeweitete Auskunftsrechte zur aktiven Wahrnehmung der Überwachungsfunktion sind hierfür nur zwei Beispiele. Die stetig zunehmenden Aufgaben der Aufsichtsorgane haben den Bundes- und den Landesgesetzgeber veranlasst, im Kreditwesengesetz und in den Sparkassengesetzen die Anforderungen an die **Sachkunde** der Mitglieder von Kontrollgremien sukzessive zu konkretisieren. In der Gesetzesbegründung des überarbeiteten Kreditwesengesetzes heißt es beispielsweise: 53

- Sachkunde bedeutet, dass die betreffende Person im Zweifel nachweisen muss, dass sie über eine Eignung zum Verständnis der wirtschaftlichen und rechtlichen Abläufe im Tagesgeschehen eines Instituts oder einer Finanzholding-Gesellschaft verfügt.
- Die Sachkunde ist bei denjenigen Personen anzunehmen, die über Erfahrungen im Bereich der Rechnungslegung oder der Abschlussprüfung verfügen, ein In-

[45] *Duppré/Henneke*, Der Landkreis 2009, 60 f.
[46] *Schneider/Hamacher*, Städte- und Gemeinderat 11/2007, 6 ff.

stitut oder ein Unternehmen geleitet haben oder an herausgehobener Stelle in einem Institut oder einem Unternehmen tätig waren.

- Daneben erfüllen auch solche Personen die Voraussetzungen, die über berufliche Erfahrungen aus einer Tätigkeit in einer anderen Branche oder der öffentlichen Verwaltung verfügen oder sich durch berufsbezogene Weiterbildung die erforderlichen Kenntnisse angeeignet haben oder bereit sind, sich diese Kenntnisse nach ihrer Wahl in ein Verwaltungs- oder Aufsichtsorgan anzueignen.

54 Der Auszug aus der Gesetzesbegründung bringt zum Ausdruck, dass die Auswahl der Mitglieder der Verwaltungsräte anhand ihrer Sachkunde auszuwählen sind. Mitglieder sind überdies angehalten, sich zur Wahrnehmung ihrer Aufgaben entsprechend aus- und fortzubilden. In der Diskussion über die fachliche Sachkunde der Verwaltungsratsmitglieder dürfen aber zwei Punkte nicht in Vergessenheit geraten. Die kommunalen Spitzenverbände haben richtigerweise darauf hingewiesen, dass ein rein fachlich zusammengesetztes Gremium nicht zwangsläufig eine effektivere Kontrolle ausübt.[47] Neben der fachlichen Qualifikation ist darauf zu achten, dass weiterhin **lokaler Sachverstand** vorhanden ist, denn der Verwaltungsrat hat darüber zu wachen, dass die Institute ihrem spezifischen, vom öffentlichen Interesse geprägten Auftrag gerecht werden. Zudem ist ein ausgeprägtes Verantwortungsbewusstsein für die Belange der Solidargemeinschaft der Sparkassen vonnöten.

55 Insgesamt offenbart die Diskussion bezüglich der Sachkunde der Verwaltungsratsmitglieder, dass die kommunale Trägerschaft der Sparkassen **kein Selbstläufer** ist. Um den gestiegenen Herausforderungen Rechnung zu tragen, benötigt ein leistungsfähiges Sparkassenwesen engagierte, lokal verankerte und zunehmend qualifizierte Verwaltungsratsmitglieder.

II. Modernisierung des Geschäftsmodells eigenverantwortlicher Sparkassen

1. Fokussierung auf marktorientierte Arbeit

56 Neben der verantwortungsvollen Bekräftigung der alleinigen kommunalen Trägerschaft erscheint es angebracht, dass Sparkassen ihre **vertriebsorientierte Arbeit** zielgerichtet fortsetzen und ausbauen. Die benötigte Gewinnerzielung zur dauerhaften Erfüllung des gemeinwohlorientierten Auftrags erfordert eine Konzentration der Sparkassen auf den ganzheitlichen Vertrieb und dessen Steuerung sowie eine wirtschaftliche Erbringung seiner Dienstleistungen. In vielen Strategiediskussionen wurden ausgehend von der besonderen Flächenpräsenz und Kundennähe der Sparkassen vielfältige Ansatzpunkte ausgearbeitet,[48] die es nun konsequent umzusetzen gilt. Vor allem die folgenden Aspekte sind in den nächsten Jahren anzugehen, um den Kunden den **Mehrwert** der Geschäftsbeziehung mit der Sparkasse nachhaltig erlebbar zu machen.

---

[47] *Wohltmann*, Der Landkreis 2009, 232 f.

[48] Siehe z. B. *DSGV*, Strategie der Sparkassen-Finanzgruppe, 2002, S. 8-14.

Vor dem Hintergrund der strukturellen Kostennachteile gegenüber Spezialisten und Direktbanken verstehen sich Sparkassen als **Qualitätsanbieter**. Im Vergleich zu anderen Mitbewerbern sind zurzeit Defizite in der Wahrnehmung des Preis-Leistungs-Verhältnisses durch die Kunden beobachtbar.[49] Zur Förderung eines langfristig leistungsfähigen und wirtschaftlich gesunden Sparkassenwesens ist das Qualitätsniveau spürbar anzuheben und so die Zufriedenheit der Kunden zu steigern.[50] Ansatzpunkte zur Verbesserung sind innovative Produkte, eine intelligente Preispolitik, eine verbesserte Beratungs- und Servicequalität, Schnelligkeit und eine professionelle Ansprache der Alt- und Neukunden. Insbesondere die Kundengruppen der Firmenkunden und der vermögenden Privatkunden erwarten neben maßgeschneiderten, innovativen Problemlösungen auf der Produktebene eine kompetente, ganzheitliche Beratung in allen betriebswirtschaftlichen Bedarfsfeldern. Weiterhin weist das Online-Angebot vor allem bezüglich der Möglichkeit eines direkten Geschäftsabschlusses im Vergleich zur den Mitbewerbern Entwicklungspotenzial auf. Das Regionalprinzip erfordert an dieser Stelle technisch kreative Lösungen, damit sich Sparkassen auch beim Online-Vertrieb im Einklang mit den Sparkassengesetzen der Länder vorrangig auf die Kunden des eigenen Geschäftsgebiets fokussieren können.[51] Schließlich stellt ein optimiertes Zusammenspiel der Vertriebskanäle Filiale, Online-Vertrieb, Mobile Beratung und Mobile-Banking gerade bei jüngeren Kundengruppen ein wirksames Instrument zur Kundenbindung und -gewinnung dar.[52] **57**

Zur Hebung der Potenziale benötigt die Sparkassenorganisation engagierte und kompetente **Mitarbeiter** mit verkäuferischem Geschick, die in einen stringenten Vertriebsführungsprozess eingebunden werden. Die **Führungskräfte** sind gefordert, die strategische Entwicklung hin zu einer Vertriebssparkasse konsequent umzusetzen. Diesbezüglich sei hervorgehoben, dass nicht angestrebt wird, Erträge zu Lasten der Kunden zu maximieren. Sparkassen werden ihren Kunden wie bisher eine vertrauensvolle, bedarfsgerechte Versorgung mit geld- und kreditwirtschaftlichen Leistungen offerieren. Um aber sicherzustellen, dass die Sparkassen ihren öffentlichen Auftrag auch in Zukunft vollumfänglich erfüllen können, ist der Markterfolg eine zwingende Voraussetzung. Im Wettbewerb um Kunden geht es stärker denn je darum, die sich durch die veränderten Kundebedürfnisse bietenden Wachstumsfelder rechtzeitig zu erkennen und durch innovative Produkte und eine gezielte Kundenansprache frühzeitig zu besetzen.[53] **58**

2. Eigenoptimierung und institutsübergreifende Bündelung von Abwicklungstätigkeiten

Die Sparkassenorganisation hat verschiedene Ansatzpunkte ausgearbeitet, wie die Marktnähe und damit die Ertragsstärke der Sparkassen gesichert und gleichzeitig **59**

---

49 *Gerlach*, Handelsblatt Jahrestagung 2009, 9.

50 *Haasis*, Auf Sparkassen kann in Deutschland niemand verzichten, wiwo.de v. 16.6.2009.

51 Ausführlich *Schepers* (Fn. 7).

52 *Wüerst*, ZfgK 2009, 588.

53 *Gerlach*, ZfgK 2006, 453.

die **Kostenposition** verbessert werden kann. Es erscheint wichtig, zwei Aufgaben herauszustellen, die Sparkassen zur Sicherung ihrer Existenz mit Nachdruck in den nächsten Jahren verfolgen sollten: die Eigenoptimierung im Institut und die institutsübergreifende Bündelung von Abwicklungstätigkeiten.[54]

60 Bezogen auf die **Eigenoptimierung im Institut** ist festzustellen, dass die Verbesserung der hausinternen Ablauforganisation zwar kontinuierlich angegangen wird, oft aber noch nicht die gewünschten Ziele erreicht wurden. Dies mag an einigen aufsichtsrechtlichen Themen wie der Umsetzung von Basel II und der MaRisk liegen, die die begrenzten Kapazitäten der Sparkassen oftmals vollständig auslasten. Die betriebswirtschaftliche Optimierung muss aber weiterhin konsequent angegangen werden. So sind standardisierte straffe Prozesse nicht nur zur Kostensenkung erforderlich; sie dienen auch der Sicherstellung eines hohen Service- und Qualitätsgrads der angebotenen Leistungen und damit der Förderung der Ertragskraft. In gemeinsamer Projektarbeit von Sparkassen und Verbänden wurden Standardprozesse z. B. für das Kreditgeschäft, das Passiv- und Dienstleistungsgeschäft sowie für die Stabs- und Verwaltungsbereiche definiert.[55] Sie helfen den Instituten ihre Einsparpotenziale zu erkennen und auszuschöpfen. Die Realisierungsgrade der konsequent optimierenden Sparkassen zeigen bereits jetzt, dass erhebliche Einsparungen erzielbar sind. Allen Sparkassen obliegt es nun, die Standardprozesse – unter Berücksichtigung hausinterner Gegebenheiten – umzusetzen. Auf diese Weise kann eine vielversprechende Basis für eine institutsübergreifende Bündelung von Abwicklungstätigkeiten geschaffen werden.

61 Zur **institutsübergreifenden Bündelung von Abwicklungstätigkeiten** ist anzumerken, dass vor dem Hintergrund sich wandelnder Märkte eine gewisse Beweglichkeit beim vierten Prinzip einer effizienten Geschäftstätigkeit, der Subsidiarität, angebracht ist.[56] Im Sinne einer Fokussierung auf die marktorientierte Arbeit bietet es sich an, bei den nicht für den Kundenkontakt und die Unternehmenssteuerung notwendigen Tätigkeiten intensiv über Kooperationen nachzudenken.[57] Eine verbundinterne Zusammenarbeit bei kundenfernen Bereichen beeinträchtigt nicht die Selbstständigkeit der Sparkasse vor Ort, sondern trägt dazu bei, durch die Nutzung von Skaleneffekten und Qualitätsverbesserungen die nachhaltige Überlebensfähigkeit der Sparkassenorganisation zu sichern. Horizontale oder gar vertikale Fusionen erscheinen zur Verbesserung der Kostensituation hingegen nicht sinnvoll. Sie würden die Marktnähe und damit die Ertragstärke kleinerer Institute im Kundengeschäft negativ beeinflussen.[58]

62 Die Eigenoptimierung und die Auslagerung von Aktivitäten sind eng mit der Verantwortung der Sparkasse für ihre Mitarbeiter und folglich mit der Sicherung von Arbeitsplätzen verbunden. Angesichts des betriebswirtschaftlichen Handlungsbedarfs sind **Kapazitätsanpassungen** unumgänglich. Dabei können sich die

---

[54] *Krause/Goerke*, Betriebswirtschaftliche Blätter 2006, 351 ff; *Benk/Patock*, Betriebswirtschaftliche Blätter 2008, 695 ff.

[55] *Goerke*, Betriebswirtschaftliche Blätter 2008, 418 ff.

[56] *Gerlach*, Der Landkreis 2007, 354.

[57] *Benk/Patock*, Betriebswirtschaftliche Blätter 2008, 695.

[58] *Gerlach*, Sparkasse 1999, 312.

Mitarbeiter der Sparkassen sicher sein, dass sich Sparkassen ihrer sozialen Verantwortung bewusst sind. Dies zeigt sich beispielsweise durch vielfältige Unterstützung bei der Umqualifikation und Weiterbildung. Allein 2008 hat die Sparkassenorganisation mehr als 700 Mio. € in die Aus- und Weiterbildung ihrer Mitarbeiter investiert.[59] Ebenso haben Sparkassen in den vergangenen Jahren bewusst das sozialverträgliche Instrument der Altersteilzeit zur Senkung der Mitarbeiterzahlen eingesetzt. Außerdem ist es selbstverständlich, dass Personalräte und Gewerkschaften aktiv in die Veränderungsprozesse eingebunden werden.

III. Optimierte Zusammenarbeit im Verbund

1. Vertragliche Zusammenarbeit mit vereinigten Verbundunternehmen

Zusätzlich zur vertrieblichen und betriebswirtschaftlichen Optimierung trägt ein leistungsfähiger Verbund dazu bei, die Zukunftsfähigkeit des kommunalen Sparkassenwesens zu sichern. Außer Frage steht, dass eine dezentrale Sparkassenorganisation im Sinne des **Subsidiaritätsprinzips** auf Spezialisten angewiesen ist. Dies zeigt sich beispielsweise im Firmenkundengeschäft. Im Zuge der Globalisierung sind gerade im Auslands-, Projektfinanzierungs- und Kapitalmarktgeschäft die Anforderungen und Ansprüche der mittelständischen Unternehmen und der Industrie an die Kreditinstitute stark gestiegen. Durch die Zusammenarbeit mit den Verbundpartnern sind die Sparkassen in der Lage, auf die Bedürfnisse einzugehen und ihren Kunden aus einer Hand ein umfassendes, qualitativ hochwertiges Angebot anzubieten.[60] Der langjährige Erfolg der Kooperationen zwischen Sparkassen und Verbundpartnern ist dadurch begründet, dass nach **marktlichen Prinzipien** auf freiwilliger Basis zusammengearbeitet und voneinander profitiert wird. Die Sparkassen erhalten Produkte, die sie selber nicht wirtschaftlich darstellen können und die Verbundpartner generieren über das dezentrale Vertriebsnetz der Sparkassen zusätzliche Erträge.[61] Weil dies so wichtig ist, hat die kundenorientierte Erneuerung der Verbundzusammenarbeit angesichts der aktuellen Herausforderungen hohen Rang. Beispiele dafür sind die Konsolidierung der Landesbanken und das Zusammenrücken der öffentlichen Versicherer und der Landesbausparkassen: **63**

Eine große Herausforderung besteht darin, neue Lösungen im Landesbankensktor zu finden.[62] Eine Reihe der **Landesbanken** ist von den aktuellen Verwerfungen der Finanzmärkte betroffen. Aus heutiger Sicht erweist es sich als Fehler, dass es 1989 nicht gelungen ist, das DSGV-Konzept für die Landesbanken zu realisieren. Dies sah nur noch eine einzige, allerdings auf stabile Geschäftsfelder ausgerichtete deutsche Landesbank vor. Dieses Konzept ist von den Sparkassen und **64**

---

[59] *DSGV*, Finanzbericht 2008, S. 32.

[60] *Gerlach*, ZfgK 2006, 453.

[61] *Wüerst*, ZfgK 2009, 588.

[62] Zur Landesbankenproblematik siehe ausführlich *Gerlach*, Handelsblatt Jahrestagung 2009, 4 ff.

den Kommunen akzeptiert und beschlossen worden. Aber es wurde damals nicht geschafft, die Bundesländer als Miteigentümer der Landesbanken von der Notwendigkeit dieser Veränderungen zu überzeugen.

65 Gerade deshalb sind die Sparkassen gemeinsam mit ihren kommunalen Trägern[63] heute fest entschlossen, als Schlussfolgerung aus der Krise bei den Landesbanken stabile und zukunftsfähige Strukturen zu schaffen. Sie sind davon überzeugt, dass innerhalb der jetzigen Strukturen die notwendige Stabilisierung der sieben Landesbanken auf Dauer nicht möglich sein wird, ohne enorme Überkapazitäten abzubauen. Konsequent angegangene **horizontale Fusionen** zwischen Landesbanken sind ein realistischer Weg. Als Zielbild haben die Vertreter der Sparkassen eine einzige schlagfertige Zentralbank vor Augen, die mit den Sparkassen bei der geld- und kreditwirtschaftlichen Versorgung der Wirtschaft des Geschäftsgebiets und ihres Trägers kooperiert.[64] Vertikale Fusionen zwischen Sparkassen und Landesbanken werden hingegen von den Sparkassen und den Kommunen abgelehnt, da sie mit den Grundprinzipien der Geschäftstätigkeit der Sparkassen unvereinbar sind und zu keinen wesentlichen Synergieeffekten führen. Dies sehen die Bundesbürger ähnlich. Mehr als zwei Drittel der Deutschen sprechen sich im Rahmen einer Forsa-Umfrage dagegen aus, dass Sparkassen im Rahmen einer vertikalen Integration in Landesbanken aufgehen.[65]

66 Nicht nur bei den Landesbanken werden leistungsfähige Strukturen benötigt. Sowohl bei den **öffentlichen Versicherern** als auch bei den **Landesbausparkassen** sind weitere Effizienzverbesserungen durch eine engere Form der Zusammenarbeit möglich. Die Harmonisierung von Prozessen sowie das Eingehen vom Kooperationen und Fusionen sind wichtig für eine zukunftsfähig aufgestellte Sparkassenorganisation. Ein Beispiel für eine gelungene Effizienzsteigerung im Verbund ist die Konsolidierung der IT-Dienstleister der Sparkassen. Ende der neunziger Jahre gab es noch elf IT-Dienstleister für deutsche Sparkassen, die in den letzten zehn Jahren durch verschiedene Fusionen schließlich zum heutigen gemeinsamen IT-Dienstleister „Finanz Informatik" zusammenwuchsen. Synergieeffekte fallen dabei nicht nur im Unternehmen selbst, sondern auch bei Sparkassen und den Verbänden an. Neben Kosteneinsparungen sind neue Formen der Kooperation und der Produktbereitstellung möglich, welche die Sparkassen in die Lage versetzen, ihren Kunden einheitliche und wettbewerbsfähige Produkte anzubieten.

2. Weiterentwicklung des solidarischen Haftungsverbunds

67 Der vertrauensvollen Zusammenarbeit zwischen den Sparkassen ist durch den Wegfall der Anstaltslast und Gewährträgerhaftung eine höhere Bedeutung zugekommen. Auf den Ausbau des solidarischen Haftungsverbunds zum 1. Januar 2006 wurde bereits in Abschnitt C.II.1 eingegangen. Die satzungsmäßige Auswei-

---

[63] *Ude,* Kommunalwirtschaft Sonderausgabe 2008, 20 ff.; *Henneke*, Kommunalwirtschaft Sonderausgabe 2008, 32 ff.

[64] *Gerlach*, Handelsblatt Jahrestagung 2009, 6.

[65] *DSGV*, Fakten, Analysen Positionen 39, 2009, S. 6.

tung des Gesamtvolumens stellte dabei nur einen Aspekt dar. Die folgenden drei **Konstruktionsmerkmale** standen ebenfalls im Mittelpunkt der Überarbeitung:[66]

- Zur anreizkompatiblen Förderung einer konservativen Geschäftspolitik werden die Beiträge der Mitgliedsinstitute nunmehr auf der Basis eines risikoorientieren Klassifizierungsverfahrens festgelegt, welches auf aufsichtsrechtliche Größen zurückgreift.
- Das ausgebaute System zur Früherkennung von Risiken (Risikomonitoring) verbessert die Fähigkeit, wirtschaftliche Problemlagen der Mitgliedsinstitute rechtzeitig zu erkennen und Gegenmaßnahmen zu initiieren.
- Ausgeweitete Informations- und Eingriffsrechte der Stützungsfonds sorgen dafür, dass die Wettbewerbsfähigkeit gestützter Institute mit Nachdruck sichergestellt werden kann.

Damit die Funktionsfähigkeit des Haftungsverbunds fortwährend außer Frage steht, ist eine kontinuierliche **Weiterentwicklung** erforderlich. Gegenwärtig wird beispielsweise an einer Überarbeitung des risikoorientierten Beitragssystems gearbeitet, da sich die Verwendung anderer aufsichtsrechtlicher Größen durch die Umsetzung der Basel II-Regelungen in deutsches Recht anbietet. Auch ist eine perspektivische Aufarbeitung der momentanen Finanzmarktkrise nicht nur hinsichtlich des Risikomonitorings erforderlich. Bedingt durch die Finanzmarktkrise ist überdies davon auszugehen, dass sich Veränderungen bezüglich der strukturellen Mechanismen oder der Mitgliedschaften im Haftungsverbund ergeben werden. Beispielsweise ist die haftungstechnische Einbeziehung der Landesbanken angesichts der durch die EU-Kommission in Beihilfeverfahren geforderten mehrheitlichen Eigentümerwechsel zu überdenken. 68

Parallel obliegt den Stützungsfonds in Zusammenarbeit mit den Prüfungseinrichtungen der Regionalverbände die gewichtige Aufgabe, Fehlentwicklungen der Mitgliedsinstitute frühzeitig zu erkennen und durch ein präventives Eingreifen eine Inanspruchnahme des solidarischen Haftungsverbunds abzuwenden. 69

3. Effektive Verbandsarbeit

Als letzten Aspekt einer optimierten Zusammenarbeit im Verbund wird auf die veränderten Aufgaben der Verbände eingegangen. Wie die Mitgliedsinstitute selbst sollten sich die Verbände als moderne **Dienstleister** ausrichten und genauso unternehmerisch geführt werden.[67] Als wichtige Informations- und Kommunikationsdrehscheiben in der dezentral ausgerichteten Organisation unterstützen und fördern sie die dezentrale Entscheidungshoheit der Sparkassen, indem sie gemeinsam mit den Sparkassen die Interessen vertreten, die Institute beraten, sich in der Aus- und Weiterbildung engagieren und umsetzungsfähige Lösungen zur Bewältigung der marktseitigen und gesetzlichen Herausforderungen erstellen. Deshalb 70

---

[66] *DSGV*, Fakten, Analysen, Positionen 18, 2005, S. 6 ff.

[67] Siehe hierzu und im Folgenden *Ilg*, ZfgK 2007, 529 f.; *ders.*, bank und markt 2009, 39 ff.

muss die Verbandsarbeit ebenso professionell, innovativ, schnell, klar und transparent sein wie die Arbeit in den Sparkassen.

71 Beim Sparkassenverband Westfalen-Lippe (**SVWL**) hat sich im Zuge einer im Jahr 2006 begonnen Neuausrichtung der Verbandsarbeit bereits herausgestellt, dass durch eine effektive Gremienarbeit und den Einsatz neuer Kommunikationsinstrumente eine schnellere und bedarfsgerechtere Transmission von Informationen zwischen den Sparkassen und ihrer Verbandsgeschäftsstelle geschaffen werden kann. Durch verbindliche Beauftragungs- und Abnahmeprozesse wird die Effektivität der Verbandsarbeit gestärkt und die vorhandenen Ressourcen werden sowohl in den Sparkassen als auch in Verbandsgeschäftsstelle zielgenauer eingesetzt. Ferner wird durch die Einbindung der **Vorstände** der Sparkassen in die Bezirks-Arbeitsgemeinschaften, Fachausschüsse und in den Obleute-Ausschuss, dem zentralen Meinungsbildungsgremium der westfälisch-lippischen Sparkassenvorstände, eine breit angelegte Meinungsbildung für notwendige Handlungsmaßnahmen der Sparkassen erzielt. Die Rückkopplung, z. B. über den Umsetzungsstand und die Qualität der durch die Sparkassen beauftragten Projekte, sorgt später dafür, dass die Zufriedenheit der Mitgliedsinstitute bezüglich der Leistungen der Verbandsgeschäftsstelle transparent werden.

72 Aufgabe der Regionalverbände ist aber nicht nur die Unterstützung der Sparkassen bei ihrer Arbeit. Es wird zunehmend wichtiger, den **Verwaltungsräten** bei der Wahrnehmung ihrer anspruchsvollen Richtlinienkompetenz und Überwachungsfunktion unterstützend zur Seite zu stehen. So bieten die regionalen Sparkassenakademien umfassende Qualifizierungs- und Fortbildungskonzepte für Verwaltungsratsmitglieder an, damit die gesetzlichen Vorgaben hinsichtlich der erforderlichen Sachkunde zielgerichtet erbracht werden können. Zudem erscheint es sinnvoll, Verwaltungsräten institutsübergreifende Hintergrundinformationen, aktuelle Entwicklungen und Vergleichswerte zur Verfügung zu stellen, die sie in die Lage versetzen, eine objektivere Einschätzung über die wirtschaftliche Lage und die eingegangenen Risiken ihrer Sparkasse zu treffen. Diese Unterstützungsleistungen sind nicht nur im kommunalen Interesse, sondern sie dienen auch der Leistungsfähigkeit der gesamten Solidargemeinschaft der Sparkassen.

73 Die gestiegenen Anforderungen an die Regionalverbände haben den SVWL veranlasst, die Führungsstrukturen des Verbands entsprechend der neuen sparkasssengesetzlichen Möglichkeiten anzupassen. Hierzu wird ab dem Jahr 2010 die in den Sparkassen seit 1958 erfolgreiche Struktur und Arbeitsteilung zwischen den Organen Verwaltungsrat (Richtlinienkompetenz, Überwachung) und Vorstand (Geschäftsführung) im Verband eingeführt. Der **Verbandsverwaltungsrat**, bestehend aus zwölf Vertretern der Kommunen sowie sieben Sparkassendirektoren, hat ähnliche Aufgaben wie das entsprechende Gremium in den Sparkassen. Die Geschäftsführung übernimmt ein aus zwei Personen bestehendes Kollegialorgan, der **Verbandsvorstand**. Dieser trifft und verantwortet bedeutsame Entscheidungen im Sinne einer modernen Corporate Governance gemeinschaftlich nach dem Vieraugenprinzip. Ein Kollegialorgan erleichtert überdies eine ressortspezifische Verantwortlichkeit im operativen Tagesgeschäft. Des Weiteren können die gremienbedingten und repräsentativen Tätigkeiten zeitlich besser und sachgerechter aufgeteilt werden.

E. Schlussbetrachtung

Ziel des Beitrags war es, Entwicklungstendenzen des kommunalen Sparkassenwesens aufzuzeigen, die den aktuellen Herausforderungen – unter zeitgemäßer Bewahrung der Grundprinzipien der Sparkassenarbeit – angemessen Rechnung tragen. 74

Zunächst ist festzuhalten, dass die 200 Jahre alte **Sparkassenidee** nicht überholt, sondern nach wie vor leistungs-, widerstands- und zukunftsfähig ist. Wenn das Zielsystem und die Grundprinzipien der Sparkassenarbeit weiterhin befürwortet werden, erscheinen grundlegende „Reformen" kaum notwendig, um die angestrebten Ziele zu erreichen. Wird hingegen eine Privatisierung der Sparkassen oder eine Erhöhung der Ausschüttungen an die kommunalen Träger angestrebt und soll trotzdem die geld- und kreditwirtschaftliche Versorgung unverändert vorrangiges Ziel der Sparkassen bleiben, sind schwierige Entwicklungen wahrscheinlich. 75

Zu einer Steigerung der nachhaltigen Ertragskraft ist die Sparkassenorganisation von sich aus in der Lage. **Potenziale** wurden in diesem Beitrag hinreichend aufgezeigt. Sparkassen können durch Eigenoptimierung, Kooperationen und vor allem durch die Intensivierung des Vertriebs ihre Ertragskraft steigern. Die kommunalen Träger werden ermutigt, sich speziell über die Richtlinienkompetenz und Überwachungsfunktion der Verwaltungsräte aktiv in die Geschäftstätigkeit der Sparkassen einzubringen. Die Verbundunternehmen sind angehalten, künftig deutlich enger zusammenzurücken. Die Verbände müssen schließlich ebenso professionell, innovativ und marktorientiert handeln wie die Sparkassen selbst. Es gilt, die Aufgaben leidenschaftlich anzugehen – für die Sparkassenorganisation und damit auch für die Kommunen und ihre Bevölkerung. 76

Anlage 1 Entwicklung wichtiger Bilanzpositionen der Sparkassen in Deutschland

	2000		2005		2006		2007		2008	
	Bestand (Mrd. €)	in % der Bilanzs.	Bestand (Mrd. €)	in % der Bilanzs.	Bestand (Mrd. €)	in % der Bilanzs.	Bestand (Mrd. €)	in % der Bilanzs.	Bestand (Mrd. €)	in % der Bilanzs.
Aktiva										
Kredite an Kreditinstitute	64,4	6,8	61,7	6,1	67,4	6,6	91,0	8,7	92,1	8,6
Kredite an Kunden	568,5	59,6	603,5	59,5	606,1	59,0	607,5	58,1	618,8	57,8
davon:										
Privatkunden	266,6	27,9	294,6	29,0	294,8	28,7	290,2	27,8	287,5	26,9
Unternehmen u. Selbst.	274,1	28,7	273,7	27,0	275,1	26,8	281,8	27,0	293,6	27,4
sonstige	27,8	2,9	35,2	3,5	36,2	3,5	35,5	3,4	37,7	3,5
Wertpapiere	245,5	25,7	256,0	25,2	253,7	24,7	240,5	23,0	247,2	23,1
sonstige Aktiva	75,6	7,9	92,8	9,2	99,8	9,7	106,0	10,1	112,6	10,5
Passiva										
Verbindlichkeiten ggü. Kreditinstituten	240,2	25,2	236,6	23,3	229,2	22,3	221,5	21,2	218,2	20,4
Verbindlichkeiten ggü. Kunden	632,3	66,3	680,8	67,1	696,5	67,8	717,4	68,7	742,3	69,3
davon:										
Spareinlagen	302,8	31,7	308,3	30,4	302,4	29,4	281,7	27,0	265,7	24,8
Eigenemissionen	114,8	12,0	100,1	9,9	107,9	10,5	125,7	12,0	131,2	12,3
Termingelder	72,8	7,6	58,4	5,8	67,3	6,6	82,5	7,9	108,2	10,1
Sichteinlagen	141,9	14,9	214,0	21,1	218,9	21,3	227,5	21,8	237,2	22,2
Eigenkapital	38,5	4,0	46,8	4,6	48,8	4,7	50,6	4,8	52,0	4,9
sonstige Passiva	43,0	4,5	49,8	4,9	52,5	5,1	55,5	5,3	58,2	5,4
Bilanzsumme	**954,0**	**100,0**	**1.014,0**	**100,0**	**1.027,0**	**100,0**	**1.045,0**	**100,0**	**1.070,7**	**100,0**

Quelle: DSGV

Anlage 2 Zahl der Sparkassen, der Zweigstellen und Girokonten

Jahr	Anzahl der Sparkassen	Sparkassen-zweigstellen	Privatgirokonten in Tsd. Konten	Geschäftsgirokonten in Tsd. Konten
2000	562	16.867	33.241	4.191
2005	463	13.955	34.700	4.168
2006	457	13.776	33.539	3.973
2007	446	13.612	33.551	4.025
2008	438	13.425	33.775	4.053

Quelle: DSGV

§ 54 Kommunale Energiewirtschaft

Christian Pielow

Schrifttum

G. Britz, „Kommunale Gewährleistungsverantwortung“ – Ein allgemeines Element des Regulierungsrechts in Europa?, Die Verwaltung 37 (2004), 145 ff.; *ders.*, Funktion und Funktionsweise öffentlicher Unternehmen im Wandel, NVwZ 2001, 380 ff.; *C. Brüning*, Mittelbare Beteiligung der Kommunen am grenzüberschreitenden Wettbewerb, DVBl. 2004, 1451 ff.; *ders.*, (Re-) Kommunalisierung von Aufgaben aus privater Hand – Maßstäbe und Grenzen, VerwArch. 2009, 453 ff.; *M. Burgi*, Verwalten durch öffentliche Unternehmen im europäischen Institutionenwettbewerb, VerwArch. 2002, 255 ff.; *ders.*, Energierecht und Vergaberecht, RdE 2007, 145 ff.; *ders.*, Neuer Ordnungsrahmen für die energiewirtschaftliche Betätigung der Kommunen, 2010; *D. Ehlers*, Rechtsprobleme der Kommunalwirtschaft, DVBl. 1998, 497 ff.; *ders.*, Empfiehlt es sich, das Recht der öffentlichen Unternehmen im Spannungsfeld von öffentlichem Auftrag und Wettbewerb national und gemeinschaftsrechtlich neu zu regeln?, Gutachten E für den 64. Deutschen Juristentag, in: Verhandlungen des 64. DJT, Bd. 1, 2002; *U. Ehricke*, Die Vereinbarkeit des kommunalen Örtlichkeitsprinzips mit dem EG-Recht, 2009; *J. Ennuschat*, Kommunalwirtschaftsrecht – Prüfungsmaßstab im Vergaberechtsschutz?, NVwZ 2008, 966 ff.; *ders.*, Kommunalwirtschaftsfreie Kommunalwirtschaft?, NWVBl. 2009, 1 ff.; *J. Geerlings*, NWVBl. 2008, 90 ff.; *F.-W. Held*, Ist das kommunale Wirtschaftsrecht noch zeitgemäß?, WiVerw. 1998, 264 ff.; *J. Hellermann*, Örtliche Daseinsvorsorge und gemeindliche Selbstverwaltung, 2000; *W. Kahl*, Klimaschutz durch die Kommunen – Möglichkeiten und Grenzen, ZUR 2010, 395 ff.; *W. Löwer*, Der Staat als Wirtschaftssubjekt und Auftraggeber, VVDStRL 60 (2001), 416 ff.; *C. Lux*, Das neue Kommunalwirtschaftsrecht in Nordrhein-Westfalen, NWVBl. 2000, 7 ff.; *J.-B. Oebbecke*, Die örtliche Begrenzung kommunaler Wirtschaftstätigkeit, ZHR 164 (2000), 375 ff.; *J.-Ch. Pielow*, Gemeindewirtschaft im Gegenwind?, NWVBl. 1999, 369 ff.; *ders.*, Elektrizität und Gas, in: A. Krautscheid (Hrsg.), Die Daseinsvorsorge im Spannungsfeld von europäischem Wettbewerb und Gemeinwohl, 2009, S. 133 ff.; *ders.*, in: F. J. Säcker (Hrsg.), Berliner Kommentar zum Energierecht, Bd. 1, Einleitung E, Gemeindliche Energieversorgung und Kommunalverfassungsrecht, 2. Aufl. 2010; *H.-J. Reck*, Kommunale Unternehmen brauchen fairen Zugang zu Markt und Wettbewerb, DVBl. 2009, 1546 ff.; *J. Suerbaum*, Durchbruch oder Pyrrhussieg – Neues zum Schutz Privater vor der Kommunalwirtschaft, Verwaltung 40 (2006), 29 ff.; *P. J. Tettinger*, Recht der Energiewirtschaft, in: R. Schmidt (Hrsg.), Öffentliches Wirtschaftsrecht, Besonderer Teil Bd. 1, 1995, § 7 (S. 691 ff.); *H. – C. Thomale/C. Kießling*, Anforderungen an den (Neu-) Abschluss von Konzessionsverträgen, N&R 2008, 166 ff.

Inhaltsübersicht

A. Die starke kommunale Rolle in der Energieversorgung

1 Die Entwicklung der Energiewirtschaft und insbesondere der leitungsgebundenen Versorgung mit Strom, Gas und später auch Fernwärme ist in Deutschland seit jeher durch das **starke Engagement** der kommunalen Gebietskörperschaften, **insbesondere der Gemeinden** und ihrer Versorgungsunternehmen (Stadtwerke) gekennzeichnet. Die sukzessive Öffnung der Energiemärkte in der Europäischen Union und der stetig zunehmende Einfluss umwelt-, ressourcen- und klimaschutzbezogener Vorgaben hat unterdessen zu **erheblichen Wandlungen der wirtschaftlichen, technischen und rechtlichen Rahmenbedingungen** geführt. Daraus erwachsen auch für die kommunalen Akteure auf diesem Gebiet besondere Herausforderungen, die indes auch attraktive Entwicklungschancen mit sich bringen.

2 Der **Anteil der kommunalen an der gesamten Energieversorgung** in Deutschland betrug im Jahr 2009 gut 50 Prozent; entsprechend verhält es sich bezüglich des Anteils an der Gesamtzahl der z.Zt. rund 1.800 deutschen Energieunternehmen.[1] Ein präzises und über den Tag gültiges Abbild der kommunalen Akteure in der Energiewirtschaft zu zeichnen, ist angesichts der gegenwärtigen Paradigmenwechsel allerdings kaum möglich. Im Vergleich zur einstmals über-

[1] Nach einer Erhebung des *Verbands kommunaler Unternehmen* (VkU), zit. nach Financial Times Deutschland v. 26.8.2009, S. A1: Strom 56,9 %, Gas 52,1 % und Wärme 50,3 %.

sichtlichen Untergliederung des *Elektrizitäts*sektors nach früher acht Verbundunternehmen sowie ca. 50 regionalen und rund 900 örtlichen Verteilerunternehmen in der „alten" Bundesrepublik befinden sich die Dinge heute deutlich im Fluss.[2] Ursächlich dafür steht vor allem die vom EU-Recht her seit den 1990er Jahren initiierte **Liberalisierung der Energiemärkte**, die einerseits mit der **Entflechtung** vertikal integrierter Versorgungsunternehmen (s.u. E. I.) und andererseits mit dadurch ausgelösten **Konzentrations- und Kooperationsprozessen** zu vielfältigen neuen Erscheinungsformen auch der kommunalen Versorgungswirtschaft sorgte – und weiterhin sorgt. Das in diesem Kontext von vielen anfänglich befürchtete „Stadtwerkesterben" blieb jedenfalls aus. Vielmehr kann durchaus von einer **„Renaissance" der Kommunalwirtschaft** in der Energieversorgung gesprochen werden.[3] So existieren neben den traditionellen Stadtwerken in Groß- und mittleren Städten inzwischen zahlreiche neue Formen einerseits der vertikalen **Kooperation** mit Groß- und Regionalversorgern und andererseits der horizontalen („interkommunalen") Zusammenarbeit verschiedenster Kommunalunternehmen – an deren (Umsatz-) Spitze etwa die seit 2007 in der Interessenvereinigung *8KU* zusammengeschlossenen acht größeren deutschen kommunalen Energieversorger[4], die Freiburger *KOM9 GmbH & Co KG* sowie die unter deren Beteiligung Ende 2009 von einem kommunalem Konsortium erworbene die *Thüga AG* (Eigenwerbung: „deutschlandweit größtes Netzwerk kommunaler Energieversorger") und etwa die *Trianel GmbH* („führende Stadtwerke-Kooperation in Europa") zu nennen sind.[5] Diese und andere kommunale Energieversorger (nachfolgend auch „EVU") operieren auf Augenhöhe" mit privaten oder gemischtwirtschaftlichen Anbietern oftmals im gesamten Bundesgebiet und zunehmend auch auf ausländischen Märkten[6] – und tendieren Gemeinden ganz allgemein zur **Re-Kommunalisierung** der örtlichen Energieversorgung.[7] Zudem ist die kommunale Energiewirtschaft längst nicht mehr nur auf die Endkundenbelieferung sowie den Betrieb von Verteilernetzen beschränkt, sondern operiert ebenso im *upstream*-Geschäft, also in der Stro-

---

[2] Nach Angaben des VkU sind von dessen derzeit 1.400 Mitgliedsunternehmen 609 Unternehmen in der Strom- und 576 in der Gasversorgung tätig; 295 Unternehmen engagieren sich im „kommunalen Querverbund" zugleich in der Strom-, Gas-, Wärme- und Wasserversorgung, vgl. www.vku.de/ueber-uns.html (zuletzt abgerufen am 15.9.10). Eine laufend aktualisierte Liste zumindest aller Strom- und Gas*netz*betreiber findet sich im Internetportal der Bundesnetzagentur unter www.bnetza.de.

[3] Siehe zu den Hintergründen *Pielow*, in: Krautscheid (Hrsg.), Die Daseinsvorsorge im Spannungsfeld von europäischem Wettbewerb und Gemeinwohl, 2009, S. 17 ff.

[4] An ihnen bestehen z. T. Beteiligungen privater Verbundunternehmen.

[5] Als größtes „kommunales" EVU kann – unter den *big four* der Branche und neben der *E.ON AG*, der *RWE AG* und der *Vattenfall Europe AG* – *cum grano salis* selbst die weiterhin in kommunal beherrschte *EnBW AG* angesehen werden: An ihr hält der *Zweckverband Oberschwäbische Elektrizitätswerke* mit der *Electricité de France*, die ihrerseits aus franz. Kommunalversorgern hervorging, jeweils 45,01 % der Anteile.

[6] Siehe nur den Hinweis auf das Fernost-Engagement der Stadtwerke Leipzig GmbH bei *Löwer*, VVDStRL 60 (2001), 416; zu Auslandsaktivitäten der MVV Energie *Brüning*, DVBl. 2004, 1451.

[7] Dazu allgemein *Brüning*, VerwArch. 2009, 453 ff.

merzeugung und im Gaseinkauf bzw. der Erdgasförderung, und ferner im Energie(fern-)transport sowie im bloßen Energiehandel (*Trading*).[8]

3 Zum anderen ist auf vielfältige **neue Geschäftsfelder** hinzuweisen, die sich den Kommunen auch **unter umwelt- und klimaschutzpolitischen Vorzeichen** erschließen, namentlich die Energieerzeugung mittels „erneuerbarer" Energien (z.B. Wind- und Biogasanlagen sowie Kraft-Wärme-Kopplung, letztere oftmals in Kombination mit schon länger bestehenden Fernwärmenetzen). Hinzu kommen, über Unter- und Schachtelbeteiligungen im „Konzern Stadt", zunehmend neue und massengeschäftstaugliche Unternehmungen auf dem Gebiet der Energie- und Energieeffizienzberatung, des Gebäudeamagements und des Energie- oder Wärme-contractings sowie im Bereich des liberalisierten Mess- und Zählerwesens[9]. Auch aus der sektorübergreifenden „Liberalisierung" folgen Möglichkeiten zur Nutzung von Synergien, etwa und mit Hilfe vorhandener Leitungsstrukturen im Bereich der Telekommunikation[10] und der Medienwirtschaft[11] oder im Zuge der „energetischen Verwertung", s. § 6 KrW-/AbfG, von Abfällen in Müllheizkraftwerken.

4 Mit den neuen umweltpolitischen Agenden rücken dann auch eine allgemeine kommunale Energie- resp. Energieumwelt- oder **örtliche Klimaschutzpolitik** sowie die Frage nach diesbezüglichen rechtlichen Grenzen (wieder) in den Vordergrund.[12] Dem Titel dieses Beitrags entsprechend soll es nachfolgend indes um die eigentlich energie"wirtschaftlichen" resp. unternehmerischen Betätigungen auf kommunaler Ebene gehen.

B. Historische Entwicklung

5 Zwar entwickelte sich ab der zweiten Hälfte des 19. Jahrhunderts die leitungsgebundene Versorgung zunächst mit (Stadt-) Gas und sodann auch mit Elektrizität

---

8 Spektakulär sind Pläne diverser Ruhrgebiets-Stadtwerke zur Übernahme der *Evonik Steag GmbH* (Stromerzeugung) sowie, im Konsortium mit anderen deutschen Stadtwerken, zum Kauf des Erdgasfernleitungsnetzes der *Thyssengas GmbH* als Tochter der *RWE AG*; zur Kritik aus ökonomischer Sicht siehe etwa *C. Schmidt*, in: WAZ (www.derwesten.de) v. 25.11.2010 („Stadtwerke ‚zocken' beim Steag-Deal").

9 Siehe § 21b EnWG i. V. m. der Messzugangsverordnung (MessZV) v. 17.10.2008 (BGBl. I S. 2006), geänd. d. VO v. 3.9.2010 (BGBl. I 1261).

10 Vgl. *Ehlers*, DVBl. 1998, 497, 503; *Möstl*, BayVBl. 1999, 547 ff.; *Pielow*, NWVBl. 1999, 369 ff.; eingehend *Averhaus*, Gemeinden in der Telekommunikation, 2001.

11 *Held*, WiVerw 1998, 264 (274) – u. a. bzgl. Stadtwerke/Sparkasse Köln und VOX.

12 Dazu bereits aus früherer Sicht *Tettinger*, NWVBl. 1989, 1 ff.; auch *Hantke*, Bundesstaatliche Fragen des Energierechts, 1990. Zu gegenwärtigen Agenden kommunaler Klimaschutzpolitik etwa *Kahl*, ZUR 2010, 395 ff.; zum Streit um kommunale „Solarsatzungen" (wie anfänglich in der Stadt Marburg) *ders.*, EurUP 2010, 114 ff.; *Ennuschat/Volino*, CuR 2010, 99 ff.; zu energiepolitischen Möglichkeiten i. R. d. Anschluss- und Benutzungszwangs (insbes. in der Fernwärmeversorgung) *Pielow/Finger*, JURA 2007, 189 ff., dazu nunmehr auch § 16 EEWärmeG und *Ennuschat/Volino*, CuR 2009, 90 ff.

aufgrund privater Pionier-Initiative. Der damit verbundene *öffentliche* Nutzen speziell für Zwecke der Straßenbeleuchtung und des Nahverkehrs (elektrische Straßenbahnen) führte indes recht schnell auch zu kommunalem Engagement sowie zur Entstehung städtischer Gas- oder Lichtzentralen in den Städten bzw. sog. „Überlandzentralen" in ländlichen Regionen.[13] Begünstigt wurde diese Entwicklung durch das gemeindliche **Eigentum am örtlichen Straßen- und Wegenetz**. Es ermöglichte den Abschluss ursprünglich ***exklusiver*** **Konzessionsverträge** über die Nutzung des Straßenuntergrunds für die Leitungsverlegung mit nur einem Fremd- oder dem eigenen Kommunalunternehmen. Aus Sicht der Kommunen ergaben sich damit auch zusätzliche Einnahmequellen in Gestalt nicht unerheblicher und bis heute üblicher „Konzessionsabgaben"[14] (zum heutigen Konzessionsvertragsrecht s.u. F. I.) wie auch die Möglichkeit zur Steuerung übriger Aspekte der Energieversorgung resp. Energiepolitik vor Ort. Zu Beginn des 20. Jahrhunderts befanden sich die örtlichen Strom- und Gasversorgungsunternehmen überwiegend in kommunaler Hand. Auch gingen viele Städte dazu über, die öffentliche Versorgung mit Strom und Gas, Wasser sowie die Abwasser- und Abfallentsorgung sowie zuweilen auch den öffentlichen Personennahverkehr unter dem Dach eines „Stadtwerks" zu vereinen. So entstand der **kommunale Querverbund** (→ § 44 Rn. 80 f., 83), der es erlaubte, defizitäre Dienste entweder des eigenen Stadtwerks (z.B. im Bereich Verkehr) oder sonstige kommunale Dienste wie Sport- oder Kultureinrichtungen mit Monopolgewinnen aus der Energieversorgung „quer" zu subventionieren.[15] Die **Monopolstellung** kommunaler wie aller übrigen EVU wurde schließlich dadurch untermauert, dass Konzessionsverträge und die von Beginn an ebenfalls üblichen **Demarkationsverträge** zur gegenseitigen Abschottung **„geschlossener Versorgungsgebiete"** in der Strom-, Gas- und Wasserversorgung vom Kartellverbot des 1957 in Kraft tretenden Gesetzes gegen Wettbewerbsbeschränkungen ausgenommen waren (§ 103 GWB a.F.).

Mit dem Aufkommen insbesondere der Großkraftwerks- und der Hochspannungstechnik sowie dem nunmehr möglichen Stromtransport über größere Entfernungen setzte die **Zentralisierung** in der Energiewirtschaft ein. Sie führte zur Bildung überregionaler Verbundunternehmen und zum fortan gängigen Versorgungssystem aus **Verbund-, Regional- und örtlichen Energieversorgern**. Freilich blieb es bei der beherrschenden Stellung kommunaler EVU auf der örtlichen Ver- 6

[13] Detailliert zur historischen Entwicklung *Löwer*, Energieversorgung zwischen Staat, Gemeinde und Wirtschaft, 1989, S. 33 ff.; *Pielow*, Grundstrukturen öffentlicher Versorgung, 2001, S. 574 ff., *Wessel*, in: Wysocki (Hrsg.), Kommunalisierung im Spannungsfeld von Regulierung und Deregulierung im 19. und 20. Jahrhundert, 1995, S. 49 (77 ff.).

[14] Überliefert ist der Kommentar des Berliner Bürgermeisters *Duncker* anlässlich des ersten Konzessionsvertrags mit der (privaten) Deutschen Edison Gesellschaft im Jahre 1884, aus dem die (zunächst noch privaten) *Berliner Electricitätswerke (BEWAG)* hervorgingen: *„Alles Risiko entfällt auf die Gesellschaft, alle finanziellen Vorteile fallen auf die Stadt"*, zit. nach *Gröner*, Die Ordnung der deutschen Elektrizitätswirtschaft, 1975, S. 50 f.

[15] Vgl. dazu die Beiträge in *Püttner* (Hrsg.), Der kommunale Querverbund, 1995.

teilerebene und verfügen die Kommunen z.T. bis heute über Beteiligungen auch an überörtlichen Versorgern (z.B. *RWE AG, EnBW AG*).

7 Gesetzlich erfasst wurde die kommunale Energiewirtschaft, zumal sich der Sektor bis dahin mittels privatrechtlicher Konzessions- und Demarkationsverträge weitgehend selbst regulierte, relativ spät: Erst im Jahre 1935 kam es zum reichseinheitlichen **Energiewirtschaftsgesetz** (EnWG)[16]: Es ließ, worin ein deutlicher Unterschied gegenüber den zu Kriegs- und Krisenzeiten üblichen Verstaatlichungen im Ausland besteht[17], die überkommene gemischt-wirtschaftliche Struktur der deutschen Energiewirtschaft unangetastet[18], unterwarf diese aber einer allgemeinen Anschluss- und Versorgungspflicht mit untergesetzlich festzulegenden Tarifpreisen und Versorgungsbedingungen[19] und die Neuaufnahme der Energieversorgung der Genehmigungspflicht; im Übrigen regelte es vor allem behördliche Aufsichts- und Weisungsbefugnisse einschließlich einer Investitionskontrolle. Aus Sicht kommunaler EVU zu nennen ist ferner die kurz zuvor verabschiedete und ebenfalls reichseinheitlich geltende **Deutsche Gemeindeordnung** vom 30. Januar 1935[20], die erstmals allgemeine Regelungen bzw. Grenzen für die „wirtschaftliche Betätigung" postulierte (§§ 67 ff. DGO), welche später von den Gemeinde- und Kreisordnungen der westdeutschen Bundesländer übernommen wurden (→ § 41 Rn. 5 ff.).

8 Die Überführung der einstmals verstaatlichten **ostdeutschen Energiewirtschaft** gestaltete sich im Zuge der Wiedervereinigung aus kommunaler Sicht konfliktreich. Die letzte DDR-Regierung hatte noch 1990 in einem „Stromvertrag" maßgeblich drei westdeutsche Verbundunternehmen (*RWE, Bayernwerk, Preußen Elektra*) mit der Sicherung der Energieversorgung in den neuen deutschen Bundesländern beauftragt. Dementsprechend wollte die Treuhandanstalt, gestützt auf Sonderregelungen im Übergangsrecht nach dem „Einigungsvertrag" vom 31. August 1990, die Geschäftsanteile der früheren volkseigenen Energiekombinate an eine Gruppe westdeutscher Großversorger übertragen. Dagegen erhoben 164 kommunale Körperschaften Verfassungsbeschwerde. Erst nach langwierigen Ver-

---

[16] Gesetz zur Förderung der Energiewirtschaft (Energiewirtschaftsgesetz) v. 13.12.1935 (RGBl. I S. 1451); zu den Hintergründen siehe *Pielow* (Fn. 13), S. 578 ff.; *Kehrberg*, Die Entwicklung des Elektrizitätsrechts in Deutschland – Der Weg zum EnWG 1935, 1996.

[17] Siehe beispielsweise zum französischen Nationalisierungsgesetz v. 8.4.1946: *Pielow* (Fn. 13), S. 172 ff.; zu früheren und fruchtlosen Sozialisierungsdebatten im Deutschen Reich ebda., S. 580 m. w. N.

[18] Nach § 2 Abs. 2 EnWG galten als „Energieversorgungsunternehmen .... ohne Rücksicht auf Rechtsformen und Eigentumsverhältnisse alle Unternehmen und Betriebe, die andere mit elektrischer Energie oder Gas versorgen oder Betriebe dieser Art verwalten (öffentliche Energieversorgung".

[19] Siehe zuletzt Bundestarifordnung Elektrizität (BTO ELT) v. 18.12.1989 (BGBl. I S. 2255) und Bundestarifordnung Gas (BTO Gas) v. 21.1.1979 (BGBl. I S. 676) sowie die Verordnungen über Allgemeine Bedingungen für die Elektrizitätsversorgung bzw. die Gasversorgung von Tarifkunden (AVBEltV / AVBGasV) v. 21.6.1979 (BGBl. I S. 679, 684).

[20] Siehe hierzu *Matzerath*, in: HKWP Bd. 1 § 7 Rn. 16 ff.

handlungen wurde auf Vorschlag des Bundesverfassungsgerichts ein **„Stromkompromiss“** geschlossen.[21] Er sah im Wesentlichen die Übertragung aller örtlichen Versorgungsanlagen (Strom und Fernwärme) an diejenigen Kommunen, die eine Genehmigung zur Aufnahme der Energieversorgung erhielten, vor. Im Gegenzug verzichteten die streitbeteiligten Kommunen auf anderweitige Restitutionsansprüche sowie auf ihre Beteiligungen an aus den 15 Energiekombinaten hervorgegangenen Regionalversorgern, die folglich unter den westdeutschen Großversorgern aufgeteilt wurden.[22] Mithin entstand in den neuen deutschen Bundesländern das gleiche dreigliedrige Versorgungssystem wie in der alten Bundesrepublik. Als überregionale Verbundunternehmen fungierten seit 1990 die *Vereinigte Energiewerke AG* (VEAG), die auch die Braunkohlekraftwerke betrieb (heute *Vattenfall Europe AG*), und die *Verbundnetz Gas AG* als Betreiberin des vornehmlich der Versorgung der Industrie mit russischem Importgas (seit 1973) dienenden Gasfernleitungsnetzes. Die „Rekommunalisierung“ im Osten führte überdies zum Auf- und Ausbau der örtlichen Versorgung mit *Erdgas*, die zu DDR-Zeiten wegen der vorherrschenden Braunkohle- bzw. Stadtgasnutzung kaum ausgebildet war – während um die Belieferung der *Verbundnetz Gas AG* ein erbitterter „Gaskrieg“ zwischen der *Ruhrgas AG* und der *Wintershall Erdgas Handelshaus WIEH)* als neuem *joint venture* zwischen der *BASF AG* und der russischen *Gazprom* entflammte.

Der rechtliche Rahmen der deutschen Energiewirtschaft erfuhr (erst) mit dem **Gesetz zur Änderung zur Neuregelung des Energiewirtschaftsrechts vom 28. April 1998**[23] einen grundlegenden Paradigmenwechsel. Es setzte erste EG-rechtliche Vorgaben zur Schaffung des **europäischen Binnenmarkts für Energie**[24] um und führte neben der Abschaffung der kartellrechtlichen Bereichsausnahmen für Konzessions- und Demarkationsverträge zur Einführung zunächst nur des **„verhandelten“ Netzzugangs** für Dritte, d.h. für alle Wettbewerber (§ 6 EnWG 1998), wie auch zur „buchhalterischen“ **Entflechtung des Netzbetriebs** (§ 9 EnWG 1998) innerhalb der weiterhin zumeist „vertikal integrierten“ Unterneh- 9

[21] „Vereinbarung zur Beilegung des Streits vor dem Bundesverfassungsgericht über die Struktur der Stromversorgung in den neuen Bundesländern“ v. 22.12.1992, abgedr. bei *Matthes*, Stromwirtschaft und Deutsche Einheit, 2000, S. 638 ff.; siehe auch *Tettinger*, in: R. Schmidt (Hrsg.), Öffentliches Wirtschaftsrecht, Besonderer Teil Bd. 1, 1995, § 7 Rn. 10 ff.

[22] Siehe zum schwierigen „Kampf um die Stadtwerke“ aus Sicht der nicht am Verfahren beteiligten Stadt Dresden (DREWAG) *Höß*, in: Koch/Wagner (Hrsg.), Die Geschichte der Kommunalpolitik in Sachsen, 2006, S. 114 (126 ff.). Zu erfolglosen Restitutionsklagen der Länder Brandenburg, Sachsen und Thüringen siehe BVerfGE 95, 243 ff. und 250 ff.

[23] BGBl. I S. 730.

[24] Vgl. Richtlinie 96/92/EG über gemeinsame Vorschriften für den Elektrizitätsbinnenmarkt v. 19.12.1996 (ABl. 1997 Nr. L 27/20); die entsprechende Richtlinie 98/30/EG für den *Erdgas*binnenmarkt v. 22.6.1998 (ABl. L 204/1) wurde erst 2003 in deutsches Recht umgesetzt, vgl. Art. 1 des Gesetzes v. 20.5.2003 (BGBl. I S. 686). Eingehender zur Entwicklung des EG-Energierechts z. B. *Pielow* (Fn. 3), S. 133 (149 f.) m. w. N.

menslandschaft.[25] Das System des „verhandelten" Netzzugangs via **Verbändevereinbarungen**[26] erwies sich letztlich als untauglich, um wirksamen „Durchleitungswettbewerb" auf den deutschen Energiemärkten zu schaffen. Infolge entsprechender Monita seitens der Bundesregierung[27] wie auch der EU-Kommission sowie aufgrund des im Sommer 2003 verabschiedeten 2. Legislativ- resp. **„Beschleunigungspakets"** für den EU-Binnenmarkt[28] kam es sodann, freilich erneut erst nach zähem Ringen, zur zweiten Neuregelung des Energiewirtschaftsrechts mit Verabschiedung des **Zweiten Gesetzes zur Neuregelung des Energiewirtschaftsrechts** mit dem **Gesetz über die Elektrizitäts- und Gasversorgung vom 7. Juli 2005**[29] nebst später und sukzessive erlassener ergänzender Rechtsverordnungen und – erstmals in Deutschland – zur **hoheitlichen Regulierung** des Netzbetriebs durch Bundes- und Landesregulierungsbehörden (dazu noch untern E. I.).

C. Verfassungsrechtliche Rahmenvorgaben

10 Ohne spezifische Bestimmungen im Bonner Grundgesetz wie etwa in Art. 152 Satz 2 der bayerischen Verfassung von 1946[30] oder in einigen Verfassungen der EU-Mitgliedstaaten[31] hat das **Bundesverfassungsgericht** die Sicherstellung der Energieversorgung frühzeitig als ein *„Gemeinschaftsinteresse höchsten Ranges"* herausgestellt. Die ständige Verfügbarkeit ausreichender Energiemengen gehöre

[25] Dazu näher etwa *Kahlenberg*, BB 1998, 1593 ff.; zugunsten v. a. kommunaler EVU enthielt § 7 EnWG 1998 auch eine „Netzzugangsalternative" (Modell des sog. *Single Buyer*), von dem indes nur zurückhaltend Gebrauch gemacht wurde. Zum Normenkontrollantrag gegen die Energierechtsnovelle wegen Verstoßes gegen Art. 28 Abs. 2 GG siehe *Wieland*, ZNER 1998, 32 f.; zur Ablehnung von Anträgen auf einstw. Anordnung siehe BVerfG, RdE 2000, 24 und NVwZ 2000, 789.

[26] Namentlich zwischen den Verbänden der Strom- und Gasunternehmen (damals insbes. VDEW) und der „energieintensiven" Wirtschaft (insbes. Verband der Industriellen Energie- u. Kraftwirtschaft, VIK); siehe zu ihrer Entwicklung etwa *Säcker*, in: ders. (Hrsg.), Beliner Kommerntar zum Energierecht, Bd. 1, 2. Aufl. 2010, Einl. A Rn. 13 ff.

[27] Siehe Monitoring-Bericht des Bundesministeriums für Wirtschaft und Technologie v. 1.9.2003.

[28] Siehe insbes. Richtlinien 2003/54/EG (Elektrizitätsbinnenmarkt) und 2003/55/EG (Erdgasbinnenmarkt) v. 26.6.2003 (ABl. EU Nr. L 176, S. 37 u. 57).

[29] BGBl. I S. 1970. Dazu im Überblick etwa *Scholtka*, NJW 2004, 2421 ff.; siehe auch die Beiträge in *Pielow* (Hrsg.), Grundsatzfragen der Energiemarktregulierung, 2005, und in *ders.* (Hrsg.), Das neue Energiewirtschaftsgesetz im Dialog von Wissenschaft, Wirtschaft und Politik, 2006.

[30] Danach obliegt dem Staat die Sicherstellung der Versorgung des Landes mit elektrischer Kraft; zum eigenen Wirkungskreis der Gemeinden zählt Art. 83 Abs. 1 bayVerf. u. a. „die Versorgung der Bevölkerung mit Wasser, Licht, Gas und elektrischer Kraft".

[31] Siehe z. B. Art. 10 Nr. 1 Verfassung der Republik Irland, Art. 43 Verfassung der Republik Italien, Art. 149 Abs. 1 Nrn. 22, 25 Verfassung des Königreichs Spanien, Art. 81 lit. m) Verf. der portugiesischen Republik.

zur **öffentlichen Daseinsvorsorge**, sei eine entscheidende Voraussetzung für die Funktionsfähigkeit der gesamten Wirtschaft und sichere eine menschenwürdige Existenz. Der Bedarf an Energieversorgung erachtete es als „so allgemein, wie das Interesse am täglichen Brot".[32] Das heißt freilich nicht, dass die quantitativ wie qualitativ angemessene Versorgung mit Strom und Gas „von Staats wegen" zu besorgen und damit eine auch den Kommunen obliegende (exklusive) „Staatsaufgabe" bildete.[33] Vielmehr ist die leitungsgebundene Versorgung mit Strom und Gas in Deutschland traditionell als **träger- und organisationsneutrale Agende** ausgewiesen: Schon § 2 Abs. 2 Satz 1 EnWG 1935 fasste unter den Begriff des Energieversorgungsunternehmens *„ohne Rücksicht auf Rechtsform und Eigentumsverhältnisse"* alle Unternehmen und Betriebe, die andere mit elektrischer Kraft oder Gas versorgen, s. heute im gleichen Sinne § 3 Nr. 18 EnWG 2005.

I. Gewährleistungsverantwortung

Jene existenzielle Angewiesenheit jedes Einzelnen und auch der Wirtschaft begründet nach heute gängiger Terminologie, wenn nicht eine unmittelbare *Erfüllungs-*, so doch eine **Gewährleistungsverantwortung**[34] resp. „Infrastrukturverantwortung"[35] des Staates zur Sicherstellung zur **rahmenrechtlichen Flankierung resp. Kontrolle** der Energieversorgung. Rechtsnormativ folgt dies mangels energiespezifischer Aussagen im Grundgesetz[36] aus dem Sozialstaatsprinzip und grundrechtlichen Schutzpflichten sowie bezüglich ressourcen- und klimaschützender Anforderungen aus Art. 20a GG. **11**

Die nähere Ausformung des Energiesektors obliegt vor allem dem (*Bundes-*) Gesetzgeber, vgl. Art. 74 Abs. 1 Nr. 11 GG, der sich dabei am althergebrachten und auch aus den vorgenannten Verfassungsprinzipien ableitbaren **Zieldreieck der Energiewirtschaft,** nämlich einer *„möglichst sicheren, preisgünstigen und* **12**

---

32 BVerfGE 25, 1 (16); 66, 248 (258); später auch BVerfGE 91, 186 (202) – „Kohlepfennig".

33 Deutlich jetzt auch mit Blick auf das Demokratieprinzip in Art. 20 Abs. 2 GG, BVerfGE 107, 59 (93 f.) - Lippeverband. Siehe dagegen noch Art. 41 Abs. 1 Nr. 1 hessVerf. zur Überführung u. a. der Energiewirtschaft in Gemeineigentum und Art. 87e Abs. 3 S. 2 GG für den – grundsätzlich nicht privatisierbaren – Bau, Unterhalt und Betrieb von Schienenwegen (Eisenbahnverkehrsinfrastruktur).

34 Vgl. zu diesem zentralen Topos der auf die Phänomene von Liberalisierung, Privatisierung und Deregulierung (Stichwort: „Rückzug des Staates") reagierenden und nach Verantwortungsebenen differenzierenden Staatsaufgabenlehre *Schuppert*, Verwaltungswissenschaft, 2000, S. 406 ff., 898 ff.; ferner etwa *Voßkuhle* und *Heintzen*, VVDStRL 62 (2002), 220 ff., 266 ff.; *Weiß*, DVBl. 2002, 1167 ff.; eingehend auch *ders.*, Privatisierung von Staatsaufgaben, 2002; *Franzius*, Gewährleistung im Recht, 2009.

35 Grundlegend *Hermes*, Staatliche Infrastrukturverantwortung, 1998, § 13 I 2 u. *passim*.

36 Siehe dagegen Art. 87e Abs. 4 GG für den Eisenbahn- sowie Art. 87f Abs. 1 GG für den Post- und Telekommunikationssektor. Von „Energie" ist ansonsten nur bezüglich der Kompetenzverteilung zwischen Bund und Ländern die Rede, vgl. Art. 73 Abs. 1 Nr. 14, 74 Abs. 1 Nr. 11, 87c GG.

umweltverträglichen leitungsgebundenen Versorgung mit Elektrizität und Gas" (so noch § 1 EnWG 1998)[37] zu orientieren hat. Zu berücksichtigen sind dabei stets auch die **technisch-ökonomischen Besonderheiten** des Sektors, allen voran deren Leitungsgebundenheit, die nach wie vor mangelnde Speicherbarkeit von Strom sowie die mit der Schaffung, Erweiterung und Unterhaltung von Erzeugungs- wie Leitungsanlagen einhergehenden hohen Investitionskosten. Als spezielle Ausprägung staatlicher Gewährleistungs- folgt aus diesen Besonderheiten inzwischen auch eine **Regulierungs-** oder auch **Liberalisierungsfolgenverantwortung**: Weil ein Wettbewerb „zwischen" verschiedenen Gas- oder Stromnetzen schon aus Kostengründen und wegen damit verbundener Raumbeanspruchungen kaum möglich ist[38], bilden Energienetze weiterhin **natürliche Monopole**. Um indes den Wettbewerb qua Zugang Dritter gleichsam „in" die Netze zu tragen und trotz Wettbewerbs (mit naheliegender Gefahr des „Rosinenpickens") weiterhin eine qualitativ wie quantitativ angemessene Versorgung der Allgemeinheit zu gewährleisten, sind staatliche Rahmenvorgaben über die Ausgestaltung namentlich des Netzzugangs (s. nur §§ 20 ff. EnWG) wie auch zu Mindeststandards der Versorgung (§§ 18, 36 ff. EnWG) und zur Kontrolle des Missbrauchs von Marktmacht (§§ 30 ff. EnWG) vonnöten.

13 Die so umrissene Verantwortung für die Energieversorgung betrifft, verfassungsrechtlich vermittelt vor allem über Art. 28 Abs. 2 GG, traditionell – und abgesehen von der Bund und Ländern überwiesenen „Regulierungsverantwortung" (vgl. § 54 Abs. 1 EnWG) – auch die **Gemeinden und Gemeindeverbände**.[39] Einfachgesetzlich unterstrichen wird dies durch die Verpflichtung zur Schaffung der für die wirtschaftliche, soziale und kulturelle Betreuung der Einwohner *erforderlichen* „öffentlichen Einrichtungen"[40] – als Ausdruck der auf Ortsebene traditionell stark verwurzelten **kommunalen Daseinsvorsorge**[41]. Freilich ist auch damit „nur eine *Basisverantwortung*" aufgezeigt, ohne dass verfassungsrechtlich *a priori* feststünde, ob und inwieweit bestimmte Versorgungsagenden den Kommunen womöglich „exklusiv" zustehen oder nicht.[42] Nach grunderneuerten Klärungen des BVerfG zum Gewährleistungsgehalt des Art. 28 Abs. 2 GG[43] unterfällt die örtliche

---

[37] § 1 Abs. 1 EnWG 2005 benennt inzwischen als weitere Ziele die „verbraucherfreundliche" und „effiziente" Strom- und Gasversorgung.

[38] Siehe freilich zu möglichem „Leitungswettbewerb" bei (Erdgas-) Fernleitungsnetzen §§ 3 Abs. 2, 19 und 26 GasNEV; gegen sein Vorliegen in Deutschland nunmehr OLG Düsseldorf, Beschl. v. 13.1.2010 (VI-3 Kart 72/08), Kurzfassung in IR 2010, 88.

[39] Dazu eingehend etwa *Britz*, Die Verwaltung 2004, 145 ff.; siehe ferner die Beiträge in: *Henneke* (Hrsg.), Verantwortungsteilung zwischen Kommunen, Ländern, Bund und Europäischer Union, 2001.

[40] Siehe z. B. Art. 21 GO Bay; § 19 GO Hess; § 22 GO Nds; § 8 GO NRW; § 14 GO RhPf; § 10 GO Sachs; § 14 KO Thür.

[41] Vgl. statt aller *Schmidt-Aßmann/Röhl*, in: Schmidt-Aßmann/Schoch (Hrsg.), Besonderes Verwaltungsrecht, 14. Aufl. 2008, 1. Kap. Rn. 104.

[42] So schon *Tettinger* (Fn. 21), § 7 Tz. 8 – mit umfangreichen Nachw. zu den diesbezüglichen kontroversen Debatten in den 1990er Jahren (Tz. 9 ff.).

[43] Namentlich im wegweisenden „Rastede-Beschluss" v. 23.11.1988, BVerfGE 79, 127 (146 f.).

Energieversorgung als solche insbesondere nicht dem unantastbaren *Kernbereich* der Institution kommunaler Selbstverwaltung. Klarheit schaffen auch hier und wiederum nur einfach- bzw. fachgesetzliche Präzisierungen wie in den zuvor genannten Bestimmungen des EnWG – die ihrerseits allerdings an Art. 28 Abs. 2 GG bzw. an den Anforderungen im „Randbereich" dieser Garantie zu messen sind.[44]

II. Schutz kommunaler Energieunternehmen – und privatwirtschaftlicher Konkurrenz?

Art. 28 Abs. 2 GG gewährt auch das Recht, Angelegenheiten der örtlichen Gemeinschaft und damit jedenfalls die Energieversorgung vor Ort in Form **wirtschaftlicher Betätigung unternehmerische Eigenbetätigung** und somit mittels kommunaler Unternehmen zu erledigen. Zwar enthält das Grundgesetz im Unterschied zum EU-Recht (vgl. Art. 106 Abs. 1 AEUV) keine näheren Hinweise zur Zulässigkeit „öffentlicher Unternehmen", erkennt diese aber ausweislich der Erwähnungen z.B. in Art. 87e Abs. 3, 87f Abs. 2 und 135 Abs. 6 GG implizit an.[45] Andererseits ist auch die kommunale Unternehmensbetätigung Staats- bzw. Verwaltungstätigkeit; die öffentliche Verwaltung bleibt m.a.W. und entgegen früherer „Fiskustheorien" auch dann Verwaltung, wenn sie wirtschaftet.[46] Als „Modus" öffentlichen bzw. kommunalen Verwaltungshandelns[47] unterliegt sie deshalb auch allen verfassungsrechtlichen, insbesondere **grundrechtlichen Bindungen** und ist nicht etwa selbst und neben Art. 28 Abs. 2 GG durch (Wirtschafts-) Grundrechte, namentlich die Berufsfreiheit oder die Eigentumsgarantie, geschützt.[48] Dies soll weiterhin auch für **gemischtwirtschaftliche Energieversorgungsunternehmen** gelten, solange diese jedenfalls von der öffentlichen bzw. kommunalen Hand „beherrscht" werden.[49] Auch vermittelt Art. 28 Abs. 2 GG in seiner Funktion als staatsorganisatorisches Aufbau- resp. Kompetenzverteilungsprinzip nur „staatsinternen" Schutz – insbesondere gegenüber dem aufgabenverteilenden Gesetzgeber 14

---

44 Siehe auch BVerfGE 107, 59 (93 f.); näher *Pielow*, in: Säcker (Hrsg.), Berliner Kommentar zum Energierecht, Einl. E, Rn. 335 ff. m. w. N.

45 Siehe allgemein zur unternehmerischen Betätigung der öffentlichen Hand nur *Huber*, in: Schmidt-Aßmann/Schoch (Hrsg.), Besonderes Verwaltungsrecht, 14. Aufl. 2008, 3. Kap. Rn. 248 ff.

46 VerfGH Koblenz, NVwZ 2000, 801, in Anlehnung an BVerfGE 61, 82, 107.

47 Instruktiv *Burgi*, VerwArch. 93 (2002), 255 (259 f., 264 ff.).

48 Deutlich etwa *Löwer*, VVDStRL 60 (2001), 418 f. m. w. N.

49 So unlängst noch das BVerfG (JZ 2009, 1069 m. krit. Anm. *Kühne*, ebda., S. 1701 ff.) im Nichtannahmebeschluss zur (Individual-) Verfassungsbeschwerde der *Mainova AG* angesichts der Beteiligung der Stadt Frankfurt a. M. mit mehr als 75 % des Grundkapitals und im Anschluss an den „*HEW*-Beschluss" des BVerfG von 1998, NJW 1990, 1783. Weitergehend dagegen etwa *Schmidt-Preuß* (Fn. 44), EnWG Einl. C Rn. 180. – Für Fälle bloßer Minderheitsbeteiligungen bzw. sonstwie fehlender „Beherrschung" öffentlicher Unternehmen siehe BVerfGE 115, 205 (227 f.) – *Dt. Telekom AG*; siehe auch BVerwGE 114, 160 (189).

in Bund und Ländern. Erschwert der systemändernde Wirtschaftsgesetzgeber dagegen den kommunalen Aufgabenzugriff aufgrund von Marktöffnungen und zugunsten der Privat- bzw. Konkurrenzwirtschaft, ist eine kommunale Berufung auf die Selbstverwaltungsgarantie ausgeschlossen.[50] Schützt diese mithin nicht vor **Privatisierungen**, steht andererseits Art. 28 Abs. 2 GG außerhalb von gesetzlich vorgegebenen *Pflicht*aufgaben (zu denen, wie ausgeführt, die Energieversorgung nicht zählt) auch nicht der Entscheidung einer Gemeinde im Wege, die zunächst selbst wahrgenommene örtliche Versorgung mit Strom und/oder Gas fortan privatwirtschaftlichen Akteuren zu überlassen.[51]

15 Grundrechtsberechtigt sind andererseits, sofern bei juristischen Personen auch die Voraussetzungen des Art. 19 Abs. 3 GG vorliegen, die *privaten Wettbewerber* kommunaler EVU – ohne dass daraus freilich **Konkurrenzabwehransprüche** hergeleitet werden könnten: Nach weiterhin ständiger Rechtsprechung schützt insbesondere die Berufsfreiheit in Art. 12 Abs. 1 GG allenfalls in Ausnahmefällen vor dem Wettbewerb durch die öffentliche Hand, so wenn der private Wettbewerber vom Markt verdrängt wird und/oder eine Monopolstellung des öffentlichen Unternehmens begründet wird.[52] Hinzuweisen ist freilich auf neuere Judikate zum drittschützenden und damit auch Konkurrenzschutz vermittelnden Charakter der Schranken für kommunale Wirtschaftsbetätigungen nach den Gemeindeordnungen der Bundesländer[53] (→ § 42 Rn. 22 ff.).

III. Öffentlicher Zweck, Ortsbezug und Regelungsvorbehalt

16 Die fortbestehenden (Gemeinwohl-) Bindungen kommunaler Versorgungsunternehmen sind es denn auch, derentwegen für die kommunale Eigenbetätigung in der Energieversorgung wie für jedes Staatshandeln weiterhin und schon von Ver-

---

[50] Näher *Pielow* (Fn. 44), Einl. E Rn. 343 m. w. N.

[51] Anders in Bezug auf die Veranstaltung eines Weihnachtsmarkts als Selbstverwaltungsaufgabe BVerwG, DVBl. 2009, 1382; hiergegen einmütig und zutreffend *Donhauser*, NVwZ 2010, 931; *Kahl/Weißenberger*, LKRZ 2010, 81 ff.; *Schoch*, DVBl. 2009, 1533 ff.; *Winkler*, JZ 2009, 1169 ff.; differenzierend *Ruge*, Landkreis 2009, 639 f., a. A. wohl *Katz*, NVwZ 2010, 405 ff.

[52] Vgl. nur BVerwGE 39, 329 (336 f.); BVerwG NJW 1995, 2938 (2939); OVG Münster NVwZ-RR 2005, 738; zur z. T. massiven Kritik des Schrifttums an dieser Sichtweise siehe etwa *Brüning*, JZ 2009, 29 ff.; *Di Fabio*, in: Maunz/Dürig/Herzog – Grundgesetz-Kommentar, Loseblatt, Stand: 2010, Art. 2 Abs. 1 Rn. 122; *Löwer*, VVDStRL 60 (2001), 444 f.; *Pielow*, NWVBl. 1999, 369 ff.; *Suerbaum*, Die Verwaltung 40 (2006), 29 ff.

[53] Siehe anfänglich VerfGH Koblenz, NVwZ 2000, 801 (803 f.); sodann insbes. OVG Münster, NVwZ 2003, 1520 f.; NVwZ 2005, 1211; NWVBl. 2008, 422; aus der Lit. zuletzt etwa *Mann*, DVBl. 2009, 817 ff.; *Pielow* (Fn. 44), Einl E Rn. 376 f. – Demgegenüber hat der BGH frühen Ansätzen der Instanzgerichte (z.B. OVG Düsseldorf), wettbewerbsrechtliche Konkurrenzabwehransprüche aus dem *UWG* abzuleiten, einen Riegel vorgeschoben, siehe insbes. BGHZ 150, 343 – Elektroarbeiten eines Stadtwerks, sowie BGH NVwZ 2003, 246 – Altautoverwertung.

fassung wegen die Rechtfertigung durch einen **legitimen öffentlichen Zweck** zu fordern ist.[54] Dieser ist regelmäßig in der Versorgung der örtlichen Gemeinschaft mit Strom, Gas oder auch Fernwärme zu erblicken – begegnet aber Zweifeln, je mehr darüber hinausgehende Geschäftsaktivitäten (Stichwort etwa: Stadtwerke als *Multi Utility*-Unternehmen), insbesondere auch außerhalb der Stammgemeinde(n) entwickelt werden.[55] Überschritten ist diese Gemeinwohlbindung nach weiterhin h.M. jedenfalls bei ausschließlich *erwerbsorientierter* Betätigung.[56] Dagegen ist die lediglich neben den legitimen Hauptzweck (Energieversorgung) tretende Gewinn-"mitnahme", auch mittels „Annextätigkeiten" wie z.B. entgeltlicher Energieeffizienzberatung, nicht nur verfassungsrechtlich unbedenklich sondern einfachgesetzlich (vgl. z.B. § 109 GO NRW) ausdrücklich geboten.

Zu weit geht freilich die mitunter befürwortete Konzeption kommunaler EVU als sog. **„Wettbewerbsunternehmen"**[57] mit dem Ziel, diesen im neuen wettbewerblichen Umfeld letztlich völlige Handlungs- respektive Expansionsfreiheit in inhaltlicher wie örtlicher Hinsicht einzuräumen: Eine pauschale Freizeichnung bestimmter kommunaler Unternehmen von den beschriebenen Gemeinwohlbindungen übersähe deren Staatsinkorporiertheit und folglich ihre Instrumentalfunktion für die Erfüllung ausschließlicher Gemeinwohlzwecke und stieße zudem auf praktische Umsetzungs- und Abgrenzungsprobleme.[58] **17**

Nicht mit dem Erfordernis eines öffentlichen Zwecks in eins zu setzen ist die weitere Festlegung der kommunalen Selbstverwaltung (und der davon umfassten energiewirtschaftlichen Betätigung) auf die Erledigung von *„Angelegenheiten der örtlichen Gemeinschaft"*. Der von Art. 28 Abs. 1 S. 1 GG wie von den Landesverfassungen (s. z.B. Art. 78 Abs. 2 Verf. NRW) vorausgesetzte **örtliche Bezug** ist freilich nicht statisch und im Sinne einer trennscharfen kartographischen Abgrenzung zu verstehen. Örtlich „radiziert", weil den Versorgungsinteressen (auch) *in* der Stammgemeinde dienend, sind etwa auch Schullandheime oder überörtliche Aktivitäten des Personennahverkehrs. Entsprechend werden Expansionsbetätigungen gemeindlicher EVU, die auch im Interesse der Behauptung am Markt erfol- **18**

[54] Vgl. nur BVerfGE 42, 312 (332); 61, 82 (107); 79, 127 (143, 146); aus dem Schrifttum siehe nur *Burgi*, Neuer Ordnungsrahmen für die energiewirtschaftliche Betätigung der Kommunen, 2010, S. 56 m. w. N.

[55] Näher *Pielow* (Fn. 44), Rn. 331 sowie unten D. I.; vermittelnd *Burgi* (Fn. 54), S. 75 f.

[56] Vgl. nur *Ehlers*, Gutachten zum 64. DJT, 2002, S. 72; *Mann*, Die öffentlich-rechtliche Gesellschaft, 2002, S. 54, jew. m. w. N.; a. A. insbes. *Otting*, DVBl. 1997, 1258 (1260); *Cremer*, DÖV 2003, 921 ff., *Britz* (Fn. 56), § 5 Rn. 40; *Hellermann*, Örtliche Daseinsvorsorge und gemeindliche Selbstverwaltung, 2000, S. 155; eingehend *Franz*, Gewinnerzielung durch kommunale Daseinsvorsorge, 2005, S. 58 ff.

[57] Siehe insbes. *Jarass*, Reform des Kommunalwirtschaftsrechts, 2005; früher bereits *ders.*, DÖV 2002, 489 ff.; ferner *Wallendy*, Theorie kommunaler Wettbewerbsunternehmen, 2008.

[58] *Burgi* (Fn. 54), S. 44 f. m. w. N. zum Streitstand. Entsprechendes gilt für in dieselbe Richtung zielende Bestimmungen in einzelnen Gemeindeordnungen, namentlich in § 66 Abs. 2 KO Thür, siehe ebda., S. 43, unter zutr. Hinweis auf inzwischen überwundene „Fiskustheorien" etwa bei *Forsthoff*, Lehrbuch des Verwaltungsrechts I, 1955, S. 287 ff.; dazu auch *Pielow* (Fn. 13), S. 373 ff.

gen, zumindest mittelbar noch durch den Zweck der örtlichen Allgemeinversorgung angesehen, solange jedenfalls das Handelsvolumen im angemessenen Verhältnis zum Energiebedarf der Gemeinde steht.[59] Lässt sich hingegen der auch vom Bundesverfassungsgericht stets geforderte „spezifische Bezug zur örtlichen Gemeinschaft“[60] nicht herleiten, entfaltet schon Art. 28 Abs. 2 GG eine **Sperrwirkung** bezüglich der kommunalen Verbandskompetenz; die Selbstverwaltungsgarantie wirkt insofern zugleich als Ermächtigung wie als Beschränkung.[61]

19 Zu fragen ist dann aber, ob angesichts des in Art. 28 Abs. 2 S. 1 GG sowie z.B. in Art. 78 Abs. 2 u. 3 Verf. NRW enthaltenen **„Regelungsvorbehalts“** der Aktionsradius von Stadtwerken nicht durch den Landeskommunalgesetzgeber erweitert werden kann. Anerkannt ist dies, soweit es um die partielle Übertragung nicht eigentlich örtlicher Verwaltungsaufgaben durch die Länder geht.[62] Dem wird entnommen, dass es sich bei einer gesetzlichen Erweiterung nur des räumlichen Aktionsspielraums für bereits bestehende kommunale (Selbstverwaltungs-) Aufgaben erst recht so verhalten müsse.[63] Allerdings entbindet auch eine gesetzliche Erweiterung des örtlichen Betätigungsfeldes, wie dies auch in vielen meisten Gemeindeordnungen anklingt (s. unten D. IV.), nicht vom (prioritären) Nachweis der Verfolgung eines öffentlichen Zwecks. Weitere verfassungsrechtliche Grenzen für ortsferne wirtschaftliche Betätigungen können mit Blick auf die „spezifische Funktion der kommunalen Selbstverwaltung“, die das Bundesverfassungsgericht in der (wirkungsvollen) bürgerschaftlichen Mitwirkung an der örtlichen Verwaltungsführung erblickt, aus dem **Demokratieprinzip** sowie aus dem **Selbstverwaltungsrecht** betroffener **anderer Gemeinden** folgen.[64] Im Einzelnen bestehen indes erhebliche Rechtsunsicherheiten, derentwegen denn auch angelegentliche verfassungsgerichtliche Klärungen angezeigt erscheinen.[65]

D. Kommunales Wirtschaftsrecht

20 Die zuvor beschriebenen Unsicherheiten setzen sich im Kommunalrecht der Bundesländer und konkret in den Vorschriften über die wirtschaftliche Betätigung der Gemeinden fort. Die dort und in Orientierung noch an der DGO 1935 (→ Bd. 1, § 7 Rn. 16 ff.) enthaltene **Schrankentrias** greift die verfassungsrechtlich vorgepräg-

[59] Mit dieser, freilich vagen Einschränkung *Britz* (Fn. 56), § 5 Rn. 51. Eingehend zur Debatte *Burgi* (Fn. 54), S. 80 ff.; *Pielow* (Fn. 44), Einl. E Rn. 351 ff.

[60] Vgl. nur BVerfGE 79, 127 (151 f.).

[61] Deutlich zuletzt *Burgi* (Fn. 54), S. 81 f.; siehe ferner *Tettinger*, in: v. Mangoldt/Klein/Starck (Hrsg.), Grundgesetz, Bd. 2, 5. Aufl. 2005, Art. 28 Abs. 2 Rn. 170; *Lux*, NWVBl. 2000, 7 (9); *Pielow* (Fn. 44), Einl. E Rn. 339 – jew. m. w. N.

[62] Siehe nur BVerfGE 79, 127 (152). Eine Aufgabenübertragung durch den Bund ist infolge Art. 84 Abs. 1S. 7 GG n. F. seit der „Föderalismusreform I“ nicht mehr möglich.

[63] *Burgi* (Fn. 54), S. 83.

[64] Näher dazu *Pielow* (Fn. 44), Einl. E, Rn 369 f.; *Burgi* (Fn. 54) verweist zusätzlich auf das Verhältnismäßigkeitsprinzip (S. 84).

[65] In diesem Sinne auch wohl *Burgi* (Fn. 54), S. 79.

te Zweckbindung für kommunale Wirtschaftsunternehmen auf und erweitert diese (soweit man darin nicht ebenfalls Konkretisierungen verfassungsrechtlicher Maßstäbe erblickt) um den Vorbehalt der Vereinbarkeit mit der Leistungsfähigkeit der Kommune sowie die kommunalwirtschaftsrechtliche Subsidiaritätsklausel. Allerdings weichen Detailvorgaben dieser Schrankensystematik von Land zu Land inzwischen nicht unerheblich voneinander ab[66] (→ § 40 Rn. 7 ff.; § 41 Rn. 20 ff.; § 42 Rn. 33 ff.) und bestehen insbesondere hinsichtlich der Stellung kommunaler EVU Besonderheiten.

I. Öffentlicher Zweck

Bezüglich des übereinstimmend geforderten öffentlichen bzw. *Gemeinwohlzwecks* **21**
weisen die Gemeindeordnungen unterschiedliche Regelungsintensitäten auf. Jener muss die wirtschaftliche resp. unternehmerische Betätigung entweder „rechtfertigen“ oder „erfordern“; nach der bisherigen und auch im Übrigen rigiden Fassung des § 107 Abs. 1 Nr. 1 GO NRW[67] muss sogar ein „dringender“ öffentlicher Zweck die Betätigung „erfordern“.[68] Zuweilen finden sich auch aufgabenspezifische Präzisierungen des öffentlichen Zwecks.[69] Ausgeschlossen ist nach all diesen Formulierungen und nach h.M. jedenfalls eine ausschließlich gewinnorientierte Betätigung.[70] Ansonsten herrscht Streit über den Inhalt wie auch über etwa anzunehmende „kontrollfreie“ Beurteilungsspielräume bei der Ausfüllung dieser unbestimmten Rechtsbegriffe.[71] Unter gebotener Berücksichtigung des kommunalen „Politikspielraums“ dürfte jedenfalls eine **Vertretbarkeitskontrolle** zu fordern

---

66 So schon, wenn in einigen Länder lediglich die Errichtung, die Übernahme und die (wesentliche) Erweiterung von oder Beteiligung an Unternehmen tatbestandlich erfasst wird (Baden-Württemberg, Bayern, Niedersachsen, Saarland, Sachsen, Schleswig-Holstein, Rheinland-Pfalz, Thüringen), während andere Länder (Hessen, Mecklenburg-Vorpommern, Sachsen-Anhalt, Nordrhein-Westfalen, Brandenburg) die wirtschaftliche Betätigung in all ihren Stadien der Schrankentrias unterwerfen. Nicht gefolgt werden kann freilich der Ansicht, wonach *Bestandsunternehmen* in der erstgenannten Gruppe der Gemeindeordnungen keinen Bindungen unterliegen (so *Britz* (Fn. 56), § 5 Rn. 49, im Anlehnung an VerfGH Koblenz, NVwZ 2000, 801 (802); siehe auch Art. 87 Abs. 1 S. 3 GO Bay), jedenfalls sofern es um verfassungsrechtlich vermittelte Bindungen geht. Zum Bestandsschutz unter der GO NRW siehe OVG Münster, NVwZ 2008, 1031; *Stiel*, NWVBl. 2009, 46 ff.

67 Siehe zur Rechtslage speziell in NRW *Hamacher*, NWVBl. 2008, 81 (88); *Geerlings*, NWVBl. 2008, 90 (96); *Lux*, NWVBl. 2000, 7 ff.

68 Zu den Interpretationsunsicherheiten bei Anwendung dieser Formel *Burgi* (Fn. 54), S. 31 f. und 54 f. m. w. N.; *Ennuschat*, NWVBl. 2009, 1 ff.

69 Besonders ausführlich in § 116 Abs. 2 GO LSA, darunter „Betätigungen in den Bereichen der Strom-, Gas- und Wärmeversorgung“.

70 Siehe ausdrücklich auch Art. 87 Abs. 1 S. 2 GO Bay, § 116 Abs. 1 S. 2 GO LSA.

71 Für eine gerichtlich nur bedingt überprüfbare Einschätzungsprärogative siehe etwa BVerwGE 39, 329 (334); VerfGH Koblenz, DVBl. 2000, 992 (994); siehe näher *Pielow* (Fn. 44), Einl. E Rn. 353.

sein, schon um der Gefahr zu begegnen, dass öffentliche Zwecke nur vorgeschoben, tatsächlich jedoch fiskalische Motive verfolgt werden[72]; dies impliziert eine „strikte Darlegungs- und Begründungspflicht".[73]

22 Aus Sicht kommunaler EVU geht es insoweit vor allem um die Beurteilung von über den legitimen Hauptzweck (Energieversorgung der Gemeindeeinwohner[74]) hinausreichenden **Neben- oder Annextätigkeiten**, die, wie eingangs (A.) geschildert, inzwischen zahl- und variantenreich an der Tagesordnung sind. Diese können entweder einem gesonderten öffentlichen Zweck, z.B. der Förderung des Umwelt- und Klimaschutzes in der Gemeinde mittels Energieeinsparberatung, dienen oder vom Hauptzweck „funktional" mit erfasst werden.[75] In letzterer Variante muss die Nebentätigkeit jedenfalls in einem **angemessenem Verhältnis** zum Hauptzweck des Unternehmens stehen.[76] *Nicht* hinreichend ist die alleinige und allgemeine Berufung auf sozial- oder wettbewerbspolitische **(Sekundär-) Zwecke**, schon weil es nicht Aufgabe der Kommunen ist, allgemeine Wettbewerbs- oder Arbeitsmarktpolitik zu betreiben.[77]

II. Leistungsfähigkeit der Gemeinde

23 Um die Kommune vor einer finanziellen Überforderung zu schützen, muss die unternehmerische Betätigung ferner in einem angemessenen Verhältnis zur Leistungsfähigkeit der Gemeinde stehen. In der energiewirtschaftlichen Praxis spielte dieses Kriterium, soweit ersichtlich, bislang keine Rolle.[78] Angesichts **voluminöser Expansionen** in Richtung des Betriebs sogar von Großkraftwerken oder Übertragungsnetzen sowie des Engagements auf ausländischen Märkten (s.o. A.) steht mit Blick auf vielfach „klamme" Gemeindekassen freilich zu hoffen, dass jedenfalls die Kommunalaufsicht und auf entsprechende Monita hin womöglich auch die Gerichte in Zukunft genauer hinschauen und evident „abenteuerliche", bspw. kreditfinanzierte Aktionen unterbinden. Unter Umständen hat dies auch gegenüber

---

72 So zutreffend *Franz* (Fn. 56), S. 219.

73 *Schmidt-Aßmann/Röhl* (Fn. 41), 1. Kap. Rn. 120; siehe auch *Pielow*, NWVBl. 1999, 369 (377).

74 Siehe statt aller *Britz* (Fn. 56), § 5 Rn. 51 a. E.

75 So *Burgi* (Fn. 54), S. 55 ff.

76 Bedenklich ist, wenn in einzelnen Gemeindeordnungen pauschal auf „üblicherweise im Wettbewerb erbrachte Nebentätigkeiten" abgestellt wird, vgl. § 108 Abs. 3 S. 1 KSVG; ähnlich § 121 Abs. 4 GO Hess. Gelungener erscheint die „Öffnungsklausel" in § 116 Abs. 2 S. 2 u. 3 GO LSA: Dort ist von „verbundenen Dienstleistungen" mit „untergeordneter Bedeutung" die Rede, sind diese auf Zwecke der Energie- und Wasserversorgung, Abfall- und Abwasserbeseitigung, Wohnungswirtschaft beschränkt und werden sie überdies der strengen Subsidiaritätsklausel nach § 116 Abs. 1 S. 1 Nr. 3 GO LSA unterworfen.

77 So *Schmidt-Aßmann/Röhl* (Fn. 41), 1. Kap. Rn 120; näher zum Ganzen *Pielow* (Fn. 44), Rn. 355 ff. m. w. N.

78 *Britz* (Fn. 56), § 5 Rn. 60.

vorschnellen **„Rekommunalisierungen"** der Energieversorgung gerade in kleineren Gemeinden zu gelten.

III. Subsidiaritätsklauseln

Ob die Gemeinde „ebenso gut und wirtschaftlich"[79] oder aber „besser und wirtschaftlicher"[80] als andere Unternehmen in der Energiewirtschaft tätig sein kann, ist im Einzelfall schwer zu prognostizieren. Beurteilungsmaßstäbe bilden sowohl die **Wirtschaftlichkeit** als auch die **Qualität** (i.S.v. Nachhaltigkeit, Dauerhaftigkeit, Zuverlässigkeit[81]) der betreffenden Dienstleistung. Einzelne Gemeindeordnungen sehen ergänzend *Marktanalysen,* durchaus im Sinne einer Privatisierungsprüfpflicht, vor[82] - was wiederum gegenüber vorschnellen „Rekommunalisierungen" zu Buche schlagen kann. Nicht unproblematisch erscheinen auch insofern allgemeine **Bereichsausnahmen** für Dienste der „Daseinsvorsorge"[83] bzw. *expressis verbis* für die „Energieversorgung" und andere Sparten der Versorgungswirtschaft.[84] Berücksichtigt man die Tendenz in der Rechtsprechung zur Ableitung von **Konkurrenzschutzansprüchen** aus dem kommunalen Wirtschaftsrecht[85], führen derartige Ausnahmen zu sachlich nicht gerechtfertigter Ungleichbehandlung gerade kleinerer (Privat-) Unternehmen speziell beim Angebot noch zur Energieversorgung gerechneter *Neben- und Annextätigkeiten* durch kommunale EVU. Hinsichtlich der eigentlichen Versorgungstätigkeit ist dieser Aspekt zu vernachlässigen, da Konkurrenten hier in der Regel marktmächtige Unternehmen sind und nicht die Gefahr des Verdrängungswettbewerbs besteht.[86] Hinsichtlich der kommunalen Begründungslast dafür, dass die Anforderungen der Subsidiaritätsklausel erfüllt sind, gilt das zur Bindung an den öffentlichen Zweck Gesagte entsprechend. 24

---

[79] So z. B. Art. 87 Abs. 1 Nr. 4 GO Bay; § 121 Abs. 1 Nr. 3 GO Hess; § 68 Abs. 1 Nr. 3 KV MV.

[80] So z. B. § 102 Abs. 1 Nr. 3 GO BW; § 100 Abs. 3 GO Bbg; § 108 Abs. 1 Nr. 3 GO Nds.

[81] Vgl. VerfGH Koblenz, NVwZ 2000, 801 (803).

[82] Vgl. etwa § 100 Abs. 3 u. 4 GO Bbg, § 73 Abs. 3 KV MV, § 107 Abs. 5 GO NRW.

[83] Vgl. Art. 87 Abs. 1 S. 1 Nr. 4 GO Bay, § 102 Abs. 1 Nr. 3 GO BW, § 71 Abs. 1 Nr. 4 KO Thür.

[84] Siehe z. B. § 107 Abs. 1 Nr. 3 GO NRW und § 116 Abs. 2 S. 1 GO LSA. Ziel des Landesgesetzgebers in NRW war es, eine gleichberechtigte Teilnahme kommunaler Unternehmen auf liberalisierten Märkten zu ermöglichen, vgl. LT-Drucks. NRW12/3730, S. 105 (108).

[85] Siehe die Nachw. oben in Fn. 53.

[86] Zutreffend differenzierend daher § 116 Abs. 2 S. 2 u. 3 GO LSA; näher *Pielow* (Fn. 44), Rn. 365 m. w. N.

IV. Örtlichkeitsprinzip

25 Angesichts des zunehmenden außerörtlichen und vermehrt sogar internationalen Engagements kommunaler EVU besitzt die Frage nach deren **räumlicher Begrenzung** herausragende Bedeutung. Im Anschluss an die Hinweise zum Aussagegehalt des Art. 28 Abs. 2 GG (o. Rn. 16 ff.) ist hierzu kommunalwirtschaftsrechtlich wie folgt zu differenzieren:

Auch eine außergemeindliche Betätigung erfordert schon aus verfassungsrecht-
26 lichen Gründen einen „spezifischen" **Bezug zu den (Versorgungs-) Interessen der örtlichen Gemeinschaft**[87] (→ § 40 Rn. 15 ff.). Darüber kann sich auch der Landesgesetzgeber nicht hinwegsetzen, sofern er die Energieversorgung in ihrer *Funktion* als kommunaler *Selbstverwaltungs*aufgabe (und gerade nicht wie eine *übertragene* Angelegenheit) regelt. Andererseits steht der überörtlichen Betätigung nicht im Wege, wenn die Kommunalverfassungen diesbezüglich *keine* Regelungen treffen.[88] Entscheidend ist auch hier der Ortsbezug; ein „Gesetzesvorbehalt" existiert nicht.

27 Mit zunehmender Expansion *extra muros* geraten kommunale EVU durchaus in eine **Grauzone** – und muss man sich ernsthaft fragen, ob etwa die Beteiligung an der Gasförderung in Norwegen und noch mehr der mögliche Ankauf von Gasfernleitungsnetzen noch den Gemeindeeinwohnern und Verbrauchern „vor Ort" zu Gute kommt. Solange diese Nebel nicht verfassungsgerichtlich gelichtet werden, wird man sich mit den bis hierhin dargelegten Kriterien behelfen müssen und steigt mit überörtlichen Expansionen jedenfalls die Rechtfertigungs- und Begründungslast der Kommunen. Diese Anforderungen sind freilich erreichbar, denkt man beispielsweise an hinreichend dokumentierte (Kosten-) Vorteile aufgrund der Beteiligung auch am ausländischen *upstream*-Geschäft. Vom Nutzen für die Einwohner der Stammgemeinde ist ferner beim auswärtigen Strom- und Gaseinkauf und wohl auch dann auszugehen, wenn ohne die Gebietsüberschreitung die Versorgungsaufgabe für die eigene örtliche Gemeinschaft aufgegeben werden müsste oder die Rentabilität am Ort vorhandener Einrichtungen durch bessere Auslastung erhalten oder gesteigert werden kann.[89] Zu denken ist etwa auch an ein nur außergemeindlich zu gewinnendes und in der Stammgemeinde sodann nutzbar zu machendes Know-how. Disziplinierend wirkt auch, wie unter II. gesagt, der Vorbehalt der *Leistungsfähigkeit* der Gemeinde. Er steht zuvörderst „pekuniär"

---

[87] Gesetzlich vorgegeben etwa in § 116 Abs. 1 GO LSA („in Angelegenheiten der örtlichen Gemeinschaft") oder § 107 Abs. 1 S. 1 GO NRW (zur Erfüllung „ihrer Aufgaben"); vgl. auch *Britz*, NVwZ 2001, 386; *Ehlers*, NWVBl. 2000, 1 (6); *Lux*, NWVBl. 2000, 7 (10).

[88] So in Baden-Württemberg, Brandenburg, Mecklenburg-Vorpommern, Rheinland-Pfalz und Sachsen.

[89] Vgl. *Ehlers* (Fn. 56), S. 99, im Anschluss an *Löwer*, NWVBl. 2000, 241, 245.

motivierten Gebietsüberschreitungen im Wege[90] und ist umso mehr zu hinterfragen ist, je weiter sich die Kommune vom angestammten Heimatmarkt entfernt.[91]

Diese *Bindungen* zu berücksichtigen ist denn auch, an Stelle voreiliger Frei- 28
zeichnungen, „die" Aufgabe des Kommunalgesetzgebers wie auch der auf dieser Grundlage agierenden Kommunalaufsicht. Restriktive Vorgaben finden sich in Art. 87 Abs. 2 S. 1 bay. GO, § 121 Abs. 5 hess.GO, § 107 Abs. 3 S. 1 GO NRW, § 85 Abs. 2 GO Rhl.-Pf., § 108 Abs. 4 KSVG (Saarl.), § 116 Abs. 3 GO LSA, § 101 Abs. 2 S. 1 GO Schl.-H. Gelegentlich ist darüber hinaus sogar die *Genehmigung* durch die Kommunalaufsicht vorgeschrieben.[92] Aus dem Rahmen fällt § 91 Abs. 4 BbgKVerf., soweit er die wirtschaftliche Betätigung außerhalb der Versorgung der örtlichen Gemeinschaft *gänzlich untersagt,* davon aber die „Versorgung mit Elektrizität, Gas und Fernwärme" nach hier vertretener Ansicht in unzulässiger Weise pauschal ausnimmt (Satz 2).

Begrenzungen erfahren überörtliche Wirtschaftsbetätigungen schließlich durch 29
das Selbstverwaltungsrecht davon betroffener **anderer kommunaler Gebietskörperschaften**. Einzelne Gemeindeordnungen machen davon insofern Ausnahmen, als bei der *Versorgung mit Strom und Gas*[93] bzw. bei Tätigkeiten, die *im Wettbewerb* wahrgenommen werden[94], deren Interessen nur insoweit als berechtigt gelten, als der jeweilige Ordnungsrahmen eine Einschränkung des Wettbewerbs zulässt. Hier bieten ansonsten insbesondere unterschiedliche Mechanismen der **interkommunalen Kooperation** (wie Arbeitsgemeinschaften oder auch der Gründung eines gemeinsamen Kommunalunternehmen) die Möglichkeit zum einvernehmlichen Zusammenwirken unter (Nachbar-)Gemeinden, dies jedoch innerhalb der Grenzen der Landesgesetze über die kommunale Zusammenarbeit[95] und zunehmend auch des Kartellvergaberechts (dazu noch unten F. II.).

V. Reformdiskussionen

Um die Position kommunaler EVU im Rahmen des Gemeindewirtschaftsrechts 30
darf jedenfalls, schon mangels starrer verfassungsrechtlicher Grenzen, weiter gestritten werden. Erneut tut sich insoweit der Landtag in **Nordrhein-Westfalen** hervor, wo strengeren Grenzziehungen für kommunale Wirtschaftsbetätigungen („dringender" öffentlicher Zweck; strenge Subsidiaritätsklausel) im Jahre 2007

---

[90] Vgl. *Ehlers* (Fn. 56), S. 99: „Kommt es auf die Leistungsfähigkeit an, lässt sich eine Gebietsüberschreitung gerade nicht mit einer Finanznot rechtfertigen".

[91] Wie vor; siehe auch *Jarass*, DVBl. 2006, 1 (11).

[92] So in § 107 Abs. 3 S. 5 GO NRW und § 116 Abs. 4 GO LSA. § 101 Abs. 3 GO SH und § 71 Abs. 4 Satz 3 KO Thür verlangen die Unterrichtung der Aufsichtsbehörde.

[93] Siehe z. B. Art. 87 Abs. 2 GO Bay, § 107 Abs. 3 S. 2 GO NRW; ausführlicher § 101 Abs. 2 GO SH.

[94] Vgl. § 116 Abs. 3 S. 2 GO LSA.

[95] Siehe bspw. Gesetz über die kommunale Gemeinschaftsarbeit (GkG) NRW v. 1.10.1979 (GV NRW S. 621), zul. geänd. d. Gesetz v. 8.5.2009 (GV. NRW S. 298).

nunmehr (2010) wiederum Lockerungen auf der Tagesordnung stehen[96] (→ § 41 Rn. 30).

31 Gegenüber Begrenzungen des Gemeindewirtschaftsrechts berufen sich kommunale EVU auch und zwecks Gleichstellung mit der privatwirtschaftlichen Konkurrenz auf **die Grundfreiheiten des** früheren EG- und jetzigen **AEU-Vertrags**.[97] Diese sind jedoch nicht einschlägig, soweit nur die *Inländerdiskriminierung* deutscher Kommunalunternehmen durch das deutsche (Landes-) Recht in Frage steht. Es bedarf vielmehr stets eines *grenzüberschreitenden* Bezugs bzw. der „Binnenmarktrelevanz“. Sie ist etwa gegeben, wenn EU-ausländische Unternehmen Strom oder Gas von deutschen EVU beziehen oder sich an diesen beteiligen wollen. Im letzteren Fall wird an eine Verletzung der Niederlassungs- und der Kapitalverkehrsfreiheit nach Art. 49, 63 AEUV aufgrund von Restriktionen im kommunalen Wirtschaftsrecht und namentlich des „Örtlichkeitsprinzips“ gedacht.[98] Jedoch erscheint es höchst fraglich, ob auch derart mittelbare Beeinträchtigungen bereits einen Eingriff in den Schutzbereich der Grundfreiheiten bilden[99] und ob nicht, vor allem unter dem Aspekt, einer Organisations- und Verfahrensautonomie auch des Landesgesetzgebers[100], ein etwa anzunehmender Eingriff jedenfalls zu rechtfertigen ist.

32 Bei einer möglichen Lockerung kommunalrechtlicher Grenzen für gemeindliche Energieversorgungsunternehmungen ist schließlich dauerhaft auch sicherzustellen, dass zugunsten der kommunalen energiewirtschaftlichen Betätigung keine rechtlich begründeten Vorteile erwachsen oder fortbestehen, in deren Genuss private Konkurrenten nicht auch gelangen können.[101] Dies betrifft namentlich freiwillig übernommene Nachschuss-, Kapitalerhöhungs- oder gar Konkursabwendungsverpflichtungen der Gemeinden, welche schließlich (s. kommunale Sparkassen, → § 53 a Rn. 204 ff.) auch mit dem Verbot staatlicher Beihilfen nach Art. 107 AEUV in Konflikt geraten können.

E. Eckpunkte des Energiewirtschaftsrechts

33 Ohne dass hier auf Einzelheiten des vor allem aufgrund gemeinschaftsrechtlicher Vorgaben grunderneuerten und liberalisierten Energiewirtschaftsrechts (zur Entwicklung s. oben B) eingegangen werden kann, seien nachstehend doch zentrale Bausteine desselben skizziert.

---

96 Vgl. Entwurf der Fraktionen der SPD und der Bündnis 90/Die Grünen zum „Gesetz zur Revitalisierung des Gemeindewirtschaftsrechts“, LT-Drs. 15/27 v. 7.7.2010.

97 Siehe z. B. *Reck*, DVBl. 2009, 1546 (1547 f.).

98 So insbes. *Ehricke*, Die Vereinbarkeit des kommunalen Örtlichkeitsprinzips mit dem EG-Recht, 2009; zuvor schon *ders.*, IR 2008, 248 ff.

99 Zu recht kritisch deshalb *Burgi* (Fn. 54), S. 37 f.

100 Siehe freilich skeptisch bezüglich der Anerkennung einer „Organisationsautonomie“ der Mitgliedstaaten im EU-Recht *Gärditz*, AöR 135 (2010), 251 (283 ff.) mit Nachw. auch zur Rspr. des EuGH.

101 So zuletzt und mit Recht *Burgi* (Fn. 54), S. 62 ff.

I. Netzentflechtung und (Anreiz-) Regulierung nach dem EnWG 2005

Das nach der ersten Reform 1998 erneut und aufwändig reformierte Energiewirtschaftsgesetz (EnWG) vom 7. Juli 2005[102] benennt in § 1 neben den traditionellen Zielen der Energieversorgung (Abs. 2) als Anliegen der staatlichen **Regulierung** die Sicherstellung eines wirksamen und unverfälschten **Wettbewerbs** bei der Versorgung mit Elektrizität und Gas sowie die Sicherung eines langfristig angelegten leistungsfähigen und zuverlässigen **Betriebs von Energieversorgungsnetzen** (Abs. 2). Dementsprechend sind die weiteren Vorschriften des Gesetzes **ganz überwiegend „netzorientiert"**.[103] Als Vollzugs- fungieren die **Regulierungsbehörden** des Bundes (*Bundesnetzagentur*) und der Länder (*Landesregulierungsbehörden*); zuweilen aber auch die „normalen", nach Landesrecht zuständigen Behörden, s. § 54 f. EnWG. 34

Was zunächst den **Marktzutritt neuer EVU**, etwa im Fall einer Re-Kommunalisierung, betrifft, hält es das Gesetz liberaler als noch die Vorgängerregelungen: Die Erstaufnahme der Energie*belieferung* (nur) von Haushaltskunden erfordert, wie deren Beendigung, lediglich der *Anzeige* bei der Regulierungsbehörde; einer *Genehmigung* durch die nach Landesrecht zuständige Landesbehörde bedarf dagegen die Aufnahme des Betriebs eines Energieversorgungs*netzes*, vgl. § 4 i.V.m. § 3 Nr. 16, § 5 EnWG. 35

Nach dem Grundschema der Liberalisierung in den Netzwirtschaften bildet deren „Regulierung" nur eine Seite der Medaille. Ganz wesentlich, und im Vergleich mit dem Telekommunikations-, Post- und Eisenbahnsektor besonders ausgeprägt in der Energiewirtschaft, geht es um die **Entflechtung vertikal integrierter Energieunternehmen** (s. zu letzterem § 3 Nr. 38 EnWG) – und dies zwecks Schaffung eines möglichst *unabhängigen*, d.h. hinsichtlich des Netzzugangs Dritter *transparenten und diskriminierungsfreien* Netzbetriebs, § 6 Abs. 1 EnWG. Die §§ 7 bis 10 EnWG schreiben dazu die *„rechtliche"*, die *„operationelle"* sowie, wie schon im EnWG 1998, die *„informatorische"* und die *„buchhalterische"* Entflechtung vor. Die Umsetzung dieser umfassenden Vorgaben war – und ist im Fall der Bildung neuer Unternehmen bzw. Unternehmenszusammenschlüsse weiterhin – mit erheblichem administrativen und Kostenaufwand verbunden, denkt man insbesondere an die geforderte Unabhängigkeit der Netzbetreiber hinsichtlich der Organisation, der Entscheidungsgewalt und der Ausübung des Netzgeschäfts gemäß § 8 EnWG. Im Einklang mit den einschlägigen EG-Richtlinien sind deshalb vertikal integrierte – in aller Regel kommunale – Gas- und Stromversorger, an de- 36

---

[102] BGBl. I S. 1970, in Kraft seit dem 13.7.2005, zul. geänd. d. Gesetz v. 4.11.2010 (BGBl. I S. 1483). Allgemein zur Energierechtsreform von 2005: *Kühne/Brodowski*, NVwZ 2005, 849 ff.; *Stern*, in: FS für R. Scholz, 2007, S. 923 ff.

[103] Bezüglich des Baus von Erzeugungs- u. Speicheranlagen ist auf das allgemeine Anlagengenehmigungsrecht (u. a. nach dem BImSchG, ggfs. AtomG, BBergG) zu verweisen, dazu *Leidinger*, Energieanlagenrecht, 2007; Energiehandel und -belieferung vollziehen sich prinzipiell aufgrund allg. Zivilrechts, siehe dazu eingehend *de Wyl/Essig*, in: Schneider/Theobald, Recht der Energiewirtschaft, 2. Aufl. 2008, § 11; zu neuen Handelsformen (einschl. Energiebörsen) *Zenke*, ebda., § 12.

ren Verteilernetze jeweils weniger als 100.000 Kunden angeschlossen sind, von der Pflicht zur rechtlichen wie zur operationellen Entflechtung ausgenommen, vgl. §§ 7 Abs. 2 und 8 Abs. 6 EnWG.[104]

37 Wichtige Folge der Unternehmensentflechtung ist zudem, dass – entgegen der „Anschluss- *und* Versorgungspflicht" noch nach § 10 EnWG 1998 – der Netzanschluss von Letztverbrauchern einerseits und deren Belieferung andererseits nunmehr eigenen Regeln folgen: Betreiber von Energieversorgungsnetzen für Gemeindegebiete unterliegen nach § 18 EnWG nur der **allgemeinen Anschlusspflicht** zu Allgemeinen Anschlussbedingungen gemäß ergänzendem Verordnungsrecht.[105] Davon getrennt erfährt die Energielieferung an Letztverbraucher detaillierte Regelungen im Teil 4 (§§ 36 ff.) des Gesetzes mit ergänzenden Vorgaben zu gleichfalls obligatorischen Allgemeinen Versorgungsbedingungen.[106] Hervorzuheben ist insoweit, dass die jetzt so bezeichnete **„Grundversorgungspflicht"** nicht mehr zwingend das (u.U. kommunale) Unternehmen auf Gemeindeebene sondern im Wettbewerb dasjenige, alle drei Jahre neu zu ermittelnde Unternehmen trifft, das die meisten Haushaltskunden im jeweiligen Netzgebiet versorgt, vgl. § 36 Abs. 2 EnWG. Dies kann grundsätzlich auch ein nicht in der Gemeinde ansässiger (z.B. Groß-) Versorger sein.[107]

38 Das Herzstück des EnWG 2005 bilden, wie schon gesagt, dessen Vorschriften zur **Regulierung des Netzbetriebs**. Betreiber von in der Regel gegebener kommunalen *Verteiler*netzen, s. zum Begriff § 3 Nrn. 3 u. 7 EnWG, sind ganz allgemein zunächst verpflichtet, ein sicheres, zuverlässiges und leistungsfähiges Energieversorgungsnetz diskriminierungsfrei zu betreiben, zu warten sowie erforderlichenfalls bedarfsgerecht zu optimieren, zu verstärken oder sogar auszubauen – soweit dies wirtschaftlich zumutbar ist, § 11 Abs. 1 EnWG. Nach §§ 14 und 16a EnWG gelten die für Betreiber von Übertragungs- bzw. Fernleitungsnetzen in den §§ 12 f. und 15 f. EnWG präzisierten Pflichten entsprechend für Verteilernetzbetreiber. Die „Hauptlast" einschließlich der Wahrnehmung der sog. **„Systemverantwortung"**, etwa mittels Beschaffung von Regel- und Ausgleichsenergie (vgl. §§ 13, 16 EnWG), tragen indes schon aufgrund technischer Begebenheiten die Verbundnetzbetreiber. Neben der schon erwähnten allgemeinen Anschlusspflicht zugunsten von Letztverbrauchern (§ 18 EnWG) sind auch nachgelagerte Strom-

---

[104] Zu Umsetzungsfragen aus Sicht der kommunalen Energiewirtschaft siehe etwa *Blumenthal-Barby*, IR 2007, 255 ff.; *Nagel*, ZNER 2005, 147 ff.; *Will*, DVBl. 2006, 1278 ff.

[105] Siehe insoweit (einschließlich Haftungsregelungen) die Verordnung über Allgemeine Bedingungen für den Netzanschluss und dessen Nutzung für die Elektrizitätsversorgung in Niederspannung (NAV) v. 1.11.2006 (BGBl. I S. 2477) sowie die Verordnung über Allgemeine Bedingungen für den Netzanschluss und dessen Nutzung für die Gasversorgung in Niederdruck (NDAV) v. 8.11.2006 (BGBl. I S. 2485).

[106] Vgl. VO über Allgemeine Bedingungen für die Grundversorgung von Haushaltskunden und die Ersatzversorgung mit Elektrizität (StromGVV) und die entspr. Gasgrundversorgungsverordnung (GasGVV) jew. v. 8.11.2006 (BGBl. I S. 2391).

[107] Näher dazu *Pielow* (Fn. 44), Einl E, Rn. 345; siehe auch *Britz*, Die Verwaltung 37 (2004), 145 ff.

und Gasversorgungsnetze und -leitungen sowie Erzeugungs- und Speicheranlagen an das Netz anzuschließen, s. im Einzelnen § 17 EnWG.[108]

Auch die Regelungen für den **Netzzugang Dritter** unterscheiden sich aufgrund der technisch-ökonomischen Besonderheiten im Strom- und im Gassektor, s. zu den Grundpflichten § 20 Abs. 1 EnWG: Der deutsche **Strommarkt** ist, entsprechend den Versorgungsgebieten der z.T. bereits eigentumsrechtlich entflochtenen derzeitigen Verbundnetzbetreiber *TenneT* (ehem. *E.ON*), *Amprion* (z.Zt. noch RWE AG), *50Hertz* (ehem. *Vattenfall*) und *EnNW Transportnetze* in vier **Regelzonen** und innerhalb dieser in **Bilanzkreise** unterteilt. Die Anforderungen an die vertragliche Ausgestaltung des Netzzugangs wie auch der Handelstransaktionen innerhalb der Bilanzkreise ergeben sich aus § 20 Abs. 1a EnWG i.V.m. der Stromnetzzugangsverordnung (StromNZV).[109] Im **Gassektor** bedurfte es, schon aufgrund technischer Besonderheiten wie qualitativer Unterschiede zwischen H- und L-Gas-Einspeisung erheblicher Anstrengungen zur Reduzierung der zunächst noch zahlreichen, seit September 2009 immerhin nur noch sechs netzbetreiberübergreifenden **Marktgebiete**[110]; zwecks weiterer Intensivierung des Gaswettbewerbs dürfen ab 1. August 2013 nurmehr *zwei* Marktgebiete existieren, vgl. § 21 GasNZV[111]. Die Details für die Ausgestaltung des in § 21 Abs. 1b EnWG skizzierten *entry exit-* bzw. *Zweivertragsmodells* sowie die Saldierung von Ein- uns Ausspeisungen innerhalb der auch hier existierenden Bilanzkreise bzw. zwischen diesen und den Marktgebietsbetreibern richten sich nach den §§ 3 ff. und 22 ff. GasNZV.[112] 39

Der staatlichen **Regulierung** im Sinne der ***ex ante*-Steuerung** des Wettbewerbs unterliegen sodann und nach näherer Maßgabe des ergänzenden Verordnungsrechts die „Bedingungen für den Netzzugang“ sowie der „Methoden“ zur Bestimmung der **Netzzugangsentgelte** (s. z.B. § 24 Nr. 1 u. 2 EnWG u. grundsätzlich § 21 EnWG). Diesbezüglich verfuhr man ursprünglich nach dem *Einzelgnenehmigungsverfahren* gemäß § 23a EnWG 2005. Allerdings bedeutete die Genehmigung der Zugangsentgelte für die – EU-weit einmalige – hohe Zahl von rd. 1.500 deutschen Elektrizitäts- und Gasnetzen[113] einen enormen administrativen Aufwand. 40

---

[108] Bezüglich Hochspannungsnetzen greift ergänzend die Kraftwerks-Netzanschlussverordnung v. 26.7.2007 (BGBl. I S. 1187).

[109] Verordnung über den Zugang zu Elektrizitätsversorgungsnetzen v. 25.7.2005 (BGBl. I S. 2243).

[110] Derzeit Gaspool, NetConnect Germany, Thyssengas (RWE) für H-Gas; Aequamus, Thyssengas und E.ON Gastransport für L-Gas.

[111] VO über den Zugang zu Gasversorgungsnetzen (GasNZV) v. 25.7.2005, neugefasst d. VO v. 3.9.2010 (BGBl. I S. 1261).

[112] Siehe zum Überblick über das Strom- und das Gasnetzzugangsregime *Theobald u.a.*, in: Schneider/Theobald, Recht der Energiewirtschaft, 2. Aufl. 2008, § 14 Rn. 76 ff., auch unter Hinweis zu anfänglichen Auseinandersetzung zur vertraglichen Ausgestaltung speziell des Gasnetzzugangs.

[113] Konkret existierten im Nov. 2010 neben den 4 Verbundnetzen (ÜNB) 866 Stromverteilernetzbetreiber (davon 790 mit weniger als 100.000 angeschlossenen Kunden) sowie 18 Gasfernnetz- und 695 Verteilernetzbetreiber, davon 667 mit weniger als 100.000 an-

Die Entgeltgenehmigung orientierte sich zudem grundsätzlich an den *Ist*-Kosten der Unternehmen und trug deshalb kaum zur Kosten*senkung* und ebenso wenig zur Senkung der Netzzugangsentgelte bei. Nach gründlichen Vorarbeiten der *Bundesnetzagentur*[114] machte deshalb der Verordnungsgeber von der Option nach § 21a Abs. 1 und 6 EnWG Gebrauch und ordnete die Einführung der sog. **Anreizregulierung** für Strom- und Gasnetze ab dem 1. Januar 2009 an.[115] Gemäß dem in § 21 Abs. 1 bis 5 EnWG umrissenen Grundprogramm ist diese durch die Vorgabe von *Erlösobergrenzen* (*Revenue Cap*) für die Dauer fünfjähriger *Regulierungsperioden* gekennzeichnet. Dadurch kommt es zu einer befristeten Entkoppelung von den tatsächlichen Kosten der Unternehmen: „Kostenbasiert" ist nur noch die zu Beginn einer jeden Regulierungsperiode erfolgende Bestimmung der Erlösobergrenzen durch die Regulierungsbehörden, die wiederum u.a. im Zuge eines *Effizienzvergleichs* und mittels Vorgabe netzindividueller oder netzgruppenbezogener *Effizienzwerte* ermittelt werden.[116] Angestrebt ist neben der Entlastung der Regulierungsbehörden ein **Effizienzwettbewerb** unter den Netzbetreibern. Diese sollen in dem Maße, in dem sie ihre Betriebskosten effizienter als andere gestalten, in Höhe dieser Differenz anfallende Erlöse innerhalb der Regulierungsperiode vereinnahmen bzw. über niedrigere Netznutzungsentgelte[117] letztlich an die Endverbraucher weitergeben. Relativiert wird dieser „Anreiz" freilich dadurch, dass die Preisobergrenze schon während der Regulierungsperiode *degressiv* ausgestaltet und – idealer Weise, d.h. zwecks nachhaltiger Senkung der Netzzugangsentgelte – von Periode zu Periode weiter abgesenkt wird. Um insbesondere auch die *Netzsicherheit* (s. § 1 Abs. 2 EnWG) zu wahren bzw. Investitionen in den dringend gebotenen Aus- und Neubau speziell von *Strom*netzen (hier geht es um die Integration von Strom aus erneuerbaren Energien, namentlich von *offshore*-Windparks in der Nord- u. Ostsee) zu fördern, bedarf es intelligenter „Gegensteuerungen" etwa in Gestalt von *Qualitätsvorgaben* (s. §§ 18 ff. ARegV), Ausnahmeregelungen für besonders belastete Netze bzw. Netzbetreiber (z.B. nach § 10 ARegV), oder der Bewilligung von *Investitionsbudgets* (§ 23 ARegV). „Anreizhemmend" wirkt aus Sicht gerade kleinerer (kommunaler) Netzbetreiber

geschl. Kunden, Quelle: *Bundesnetzagentur,* Markt und Wettbewerb – Energie Kennzahlen 2010.

[114] Siehe Bericht der Bundesnetzagentur nach § 112a EnWG zur Einführung der Anreizregulierung nach § 21a EnWG, 2006; dazu etwa *Pielow*, Auslegungsfragen zur Einführung nach § 21a EnWG, 2007, dort auch mit Hinweisen zu den wirtschaftswiss. Ursprüngen dieses Konzepts.

[115] Siehe Verordnung über die Anreizregulierung der Energieversorgungsnetze (Anreizregulierungsverordnung – ARegV) v. 29.10.2007 (BGBl. I S. 2529), zul. geänd. d. Art. 7 VO v. 3.9.2010 (BGBl. I S. 1261); zum Ganzen instruktiv *Müller-Kirchenbauer* u. *Ruge,* in: Schneider/Theobald, Recht der Energiewirtschaft, 2. Aufl. 2008, §§ 17 u. 18; siehe auch *Pielow*, Energienetze u. Regulierung, in: Bundesverband Öffentliche Dienstleistungen (Hrsg.), Regulierung, 2009, S. 54 ff.

[116] Siehe zu den Einzelheiten §§ 4 ff. mit der „Regulierungsformel" in Anlage 1 ARegV.

[117] Deren Berechnung erfolgt nach § 17 ARegV i. V. m. der Strom- bzw. Gasnetzentgeltverordnung (StromNEV/GasNEV) v. 25.7.2005 (BGBl. I S. 2197, 2225), zul. geänd. d. Art. 5 VO v. 3.9.2010 (BGBl. I, S. 1261).

ferner der mit der Durchführung der Anreizregulierung nunmehr verbundene Verwaltungsaufwand *im Betrieb*, man denke nur an die umfänglichen Datenerhebungs-, Informations- und Berichtspflichten nach §§ 27 ff. ARegV.[118]

41 Das äußerst komplexe und hier nur grob umrissene neue Recht der Energienetzregulierung ist, schon angesichts des innovativen Ansatzes der *ex ante-Steuerung* im Allgemeinen und etwa der Anreizregulierung im Besonderen, ausgesprochen **entwicklungsoffen** und gleich einem „Entdeckungsverfahren" **auf dynamische Fortentwicklung** durch den Gesetz- und Verordnungsgeber, aber speziell **auch durch die *Bundesnetzagentur* angelegt**. Aufgeworfen sind damit neue und schwierige Rechtsfragen verfahrens- wie materiellrechtlicher Art. Ein Dreh- und Angelpunkt anhaltender juristischer Debatten ist etwa die Frage nach der möglichen Reichweite **„unabhängiger" Entscheidungen** der Regulierungsbehörden – einerseits hinsichtlich der bislang unbekannten Handlungsform regulativer *„Festlegungen"* (s. § 29 Abs. 1 EnWG)[119] und andererseits, was etwa anzunehmende *„Beurteilungsspielräume"* mit entsprechender Reduktion der gerichtlichen Kontrolle angeht.[120]

II. Drittes Binnenmarkpaket 2009

42 Derweil bildet die vorstehende Skizze nur eine Momentaufnahme. In Kraft befindlich ist bereits das sog. *3. Legislativpaket zum EU-Energiebinnenmarkt* vom 13. Juli 2009, mit dem der EU-Gesetzgeber – im Anschluss u.a. an eine breit angelegte Sektorenuntersuchung der Kommission und darin ermittelten „erheblichen Defiziten" – weitere Schritte zur Intensivierung vor allem auch des *grenzüberschreitenden* Energiehandels in der Union unternommen hat.[121] Das Paket besteht aus neuen Richtlinien für den Elektrizitäts- und den Erdgasbinnenmarkt[122] sowie Verordnungen über den grenzüberschreitenden Energiehandel[123] und die erstmalige Einrichtung einer *Europäischen Agentur für die Zusammenarbeit der Regulie-*

---

[118] Für kleinere Netze mit bis zu 15.000 (Gas) bzw. 30.000 (Strom) angeschlossenen Kunden ermöglicht § 24 ARegV auf Antrag deshalb auch ein „vereinfachtes Verfahren" mit pauschalisierten Effizienzwerten.

[119] Vom BGH inzwischen und streitschlichtend als Allgemeinverfügung i. S. d. § 35 S. 2 VwVfG qualifiziert (NVwZ 2009,195 – *Edifact).*

[120] Siehe aus dem reichhaltigen Schrifttum eingehend einerseits etwa *Eifert*, ZHR 174 (2010), 449 ff., andererseits *Pielow*, in: Baur/Salje/Schmidt-Preuß (Hrsg.), Regulierung in der Energiewirtschaft, 2010, Kap. 42 und 56.

[121] Siehe zu den Vorarbeiten auch schon *Pielow* (Fn. 3), S. 133 (138 f.) m. w. N.

[122] Richtlinien 2009/72/EG und 2009/73/EG über gemeinsame Vorschriften für den Elektrizitätsbinnenmarkt resp. den Erdgasbinnenmarkt v. 13., ABl. EU 2009 Nr. L 211, S. 55 u. 94.

[123] Verordnung (EG) Nr. 714/2009 über die Netzzugangsbedingungen für den grenzüberschreitenden Stromhandel, ABl. EU 2009 Nr. L 211, S. 15; Verordnung (EG) Nr. 715/2009 über die Bedingungen für den Zugang zu den Erdgasfernleitungsnetzen, ABl. EU 2009 Nr. L 211, S. 36.

rungsbehörden (engl. Abk. ***ACER***).[124] Die Richtlinien sind bis zum 3. März 2011 in nationales Recht umzusetzen; ab dann sind auch die (unmittelbar wirkenden) Verordnungen umfassend anzuwenden[125]. Bei Redaktionsschluss zu diesem Band lag ein Änderungsentwurf zum deutschen Energiewirtschaftsrecht noch nicht vor; **Modifizierungsbedarf im nationalen Recht** besteht jedoch insbesondere hinsichtlich der weiteren **Entflechtung der *Transport*netzbetreiber**:

43 Die EU-Kommission favorisierte insofern von Beginn an die „eigentumsrechtliche", also völlige Herauslösung des Netzbetriebs aus dem vertikal integrierten Unternehmensverbund (*Ownership Unbundling*) und sah daneben die Option des weithin verselbständigten *Independent System Operators (ISO)* vor. Im Zuge eines vor allem von französischer und deutscher Seite forcierten politischen Kompromisses enthalten die neuen Binnenmarktrichtlinien nunmehr noch eine dritte Option in Gestalt des *Independent Transmission Operators (ITO)* vor, dessen Unabhängigkeit lediglich mittels einiger gesellschaftsrechtlicher Vorkehrungen gesteigert werden soll.[126] Da die deutschen Kommunen bislang und zumeist lediglich *Verteiler*netze betreiben, sind sie von diesen Vorgaben vorerst, d.h. vorbehaltlich künftiger Erweiterungen der EU-rechtlichen Pflichten zur Eigentumsentflechtung, nicht betroffen.

44 Auswirkungen auch auf die kommunale Energiewirtschaft dürfte unterdessen die im 3. Binnenmarktpaket des Weiteren vorgesehene **Stärkung der nationalen Regulierungsbehörden** mit sich bringen. Angestrebt ist, u.a. angesichts entsprechend angereicherter Aufgaben- und Befugniskataloge[127] und organisationsrechtlicher Vorgaben[128], eine (noch) ausgeprägtere Unabhängigkeit der innerstaatlichen Vollzugsinstanzen von jeglicher *politischer* Einflussnahme (jedenfalls der Mitgliedstaaten). Hinzu kommt die nachhaltigere Einbindung aller nationalen Regulierungsbehörden in den **europäischen Regulierungsverbund** aus *ACER*, Kommission und auch den neu konstituierten Verbände europäischer Übertragungsnetzbetreiber für Elektrizität und Gas (englische Abkürzung ENTSO-E/ENTSO-G). Dies äußert sich vor allem in ausgeprägten Befugnissen der EU-Kommission

[124] Verordnung (EG) Nr. 713/2009 zur Gründung einer Agentur für die Zusammenarbeit der Energieregulierungsbehörden, ABl. EU 2009 Nr. L 211, S. 1.

[125] Siehe insofern Art. 35 Abs. 2 VO (EG) 713/2009, Art. 25 VO (EG) 714/2009 und Art. 31 VO (EG) 715/2009.

[126] Aus Sicht deutscher Transportnetzbetreiber sind diese Option inzwischen freilich schon wieder Makulatur, da, wie sich aus o. E. I. (nach Fn. 108) ergibt, durch den Verkauf hiesiger Gasfernleitungs- und Stromübertragungsnetze an Dritte, u. a. infolge parallel verlaufener kartellrechtlicher Verfahren seitens der EU-Kommission gegen deutsche Verbundunternehmen, bereits Fakten in Form der Eigentumsentflechtung geschaffen wurden.

[127] Siehe Art. 36 f. der Strombinnenmarktrichtlinie 2009/72/EG bzw. Art. 41 f. der Gasbinnenmarktrichtlinie 2009/73/EG.

[128] So haben die Regulierungsbehörden unabhängig von allen politischen Stellen „selbständige Entscheidungen" zu treffen, müssen sie über ein eigenes Budget verfügen können und sollen die Mitglieder ihrer Leitungsgremien alle fünf bis sieben Jahre „rotieren", siehe im Einzelnen Art. 35 der Strom- und Art. 39 der Gasbinnenmarktrichtlinie von 2009.

zu ihrerseits durchaus „politischer" Einflussnahme und konkret etwa darin, im Zusammenwirken mit den zuvor genannten Institutionen verbindliche Leitlinien für die Netzregulierung in den Mitgliedstaaten zu formulieren bzw. an Entscheidungen der nationalen Regulierungsbehörden einvernehmlich mitzuwirken.[129] Hinzuweisen ist ferner auf Ansätze in Richtung einer europäischen **Investitions- bzw. Energienetzausbauplanung** (bei i.Ü. bislang nicht gegebener, eigentlich planungsrechtlicher Kompetenz der Union): Die neuen Binnenmarktrichtlinien schreiben erstmals eine nach EU-, regionaler und nationaler bzw. unternehmerischer Ebene abgestufte *zehnjährige Netzentwicklungsplanung* vor, die auf der nationalen Ebene auch rechtsverbindlich sein und mit Zwangsinstrumenten kombiniert werden soll.[130] Betroffen sind auch insoweit zunächst nur die Übertragungsnetzbetreiber. Jedoch dürfte es aller Erfahrung nach nur eine Frage der Zeit sein, bis derartige Vorgaben auf das ja in hohem Maße interdependente *gesamte* Strom- bzw. Gasnetzsystem in der EU und damit auch auf kommunale Verteilernetze ausgedehnt bzw. kommunale Investitionsentscheidungen betreffen werden.

F. Wettbewerbs- und vergaberechtliche Implikationen

Zunehmende Expansionen der kommunalen Energiewirtschaft führen schließlich auch und vermehrt zu wettbewerbs- sowie vergaberechtlichen Fragen.[131] Spezifisch betroffen sind die Kommunen insofern, als es um den **Neuabschluss von Konzessionsverträgen** sowie um die schon angesprochenen **interkommunalen Kooperationen** in der Energiewirtschaft geht. Größer werdende Unternehmenszusammenschlüsse rufen überdies die allgemeine **Kartell- und Fusionskontrolle** auf den Plan. 45

I. Konzessionsverträge

Nach § 46 Abs. 1 EnWG haben Gemeinden ihre öffentlichen Verkehrswege für die Verlegung und den Betrieb von Energieleitungen heute *diskriminierungsfrei*, wiewohl weiterhin gegen mögliche Zahlung von „Konzessionsabgaben" (vgl. § 48 EnWG i.V.m. KAV[132]), zur Verfügung zu stellen. Gleichwohl bilden Parallelnetze auf Gemeindeebene schon aus Kostengründen die Ausnahme – und besteht weiterhin Streit, sobald Konzessionsverträge über Netze für die allgemeine Strom- 46

[129] Siehe dazu näher *Pielow* (Fn. 120), Kap. 56 Rn. 20; besonders kritisch zu dieser Entwicklung auch aus rechts- und demokratiestaatlicher Sicht *Gärditz*, AöR 135 (2010), 251 ff.; *Durner*, VVDStRL 70 (2011), i. E., bei Fn. 56 ff. (zit. nach dem Typoskript).

[130] Vgl. im Einzelnen jew. Art. 22 der Richtlinien 2009/72/EG und 2009/73/EG.

[131] Siehe zum Vergaberecht in der Energiewirtschaft allgemein *Burgi*, RdE 2007, 145 ff.

[132] (Fortgeltende) Verordnung über Konzessionsabgaben für Strom und Gas (Konzessionsabgabenverordnung) v. 9.1.1992, BGBl. I S. 12, zul. geänd. d. VO v. 1.11.2006 (BGBl. I S. 2477).

oder Gasversorgung im Gemeindegebiet, deren Laufzeit nach § 46 Abs. 2 EnWG auf max. 20 Jahre befristet ist, auslaufen. § 46 Abs. 3 EnWG ordnet für diesen Fall einen **Ausschreibungswettbewerb** an, der ab 100.000 angeschlossenen Kunden auch EU-weit zu erfolgen hat. Vor dem Hintergrund, dass das EnWG 2005 keine Aussagen u.a. zu den „Zuschlagskriterien" trifft (s.a. § 46 Abs. 3 S. 6 EnWG), ist umstritten, ob und inwieweit darüber hinaus auch das (strengere) *Kartellvergaberecht* nach den §§ 97 ff. GWB bzw. die richterrechtlich (EuGH) entwickelten Kriterien für sog. „Dienstleistungskonzessionen" Anwendung finden.[133] Kommt es zum Wechsel des Netzbetreibers, etwa dadurch, dass sich die Gemeinde zur Rücknahme des Netzes vom bisherigen Fremdversorger bzw. zur **Rekommunalisierung** der Energieversorgung entschließt, geht es um die im Zuge der Übertragung der Netzanlagen bestehenden Pflichten[134] und namentlich um den für die Altanlagen zu entrichtenden Übernahmepreis[135].

II. Interkommunale Kooperation

47 Wie oben (D. IV.) gesagt, sind die örtliche Begrenzung der kommunalen Energieversorgung und etwa zu besorgende Konflikte unter Nachbargemeinden insbesondere durch **freiwillige und interkommunale Zusammenarbeit**, auch in Gestalt eines Gemeinschaftsunternehmens, zu überwinden – wovon inzwischen (s.o. A.) vielfach Gebrauch gemacht wird. Neben diesen *horizontalen* Kooperationen bestehen andererseits zahlreiche *vertikale* Kooperationen durch Beteiligung von Regional- oder Verbundunternehmen an Stadtwerken oder umgekehrt. Kommt es zu *neuen* Kooperationen, stellt sich regelmäßig die Frage, ob darin ein „Beschaffungsvorgang" seitens der Kommune(n) bzw. ihrer Unternehmen i.S.d. § 99 Abs. 1 GWB zu erblicken ist, der die Anwendung des auf EG-rechtlichen Vorgaben beruhenden Kartellvergaberechts auslöst. Ein vergabepflichtiger Vorgang entfällt, wenn lediglich ein sog. *inhouse*-Geschäft ohne Beteiligung Privater vorliegt. Dies ist nach ständiger Rechtsprechung des EuGH der Fall, wenn die Beschaffung im Wesentlichen für die Kommune erfolgt und diese über die entstehende neue Einrichtung die Kontrolle wie über eine eigene Dienststelle ausübt. Ausgeweitet hat der EuGH diese zunächst nur für *inner*gemeindliche Kooperationen geltende Sichtweise zuletzt auch auf die *interkommunale* Zusammenarbeit.[136]

---

[133] Dazu im Einzelnen *Thomale/Kießling*, N&R 2008, 166 ff.; *Templin*, IR 2009, 101, 125 ff.; *Wegner* (Fn. 44), § 46 EnWG Rn. 105 ff., 114 ff. – darüber hinaus und ausführlich *Keller-Herder*, Der Konzessionsvertrag unter dem neuen Energiewirtschaftsrecht, 2009.

[134] Vgl. § 46 Abs. 2 S. 2 EnWG; zur Fortgeltung früherer „Endschaftsklauseln" in Konzessionsverträgen BGH, RdE 2010, 253 ff. – *HEAG*, mit Anm. *Hampel*; siehe auch *Scholtka/Baumann*, N&R 2010, Beilage Nr. 3, S. 1 ff.

[135] Siehe bereits BGHZ 143, 128 ff. – *„Kaufering"* = LM Nr. 54 zu § 1 GWB, Bl. 1163 f. m. Anm. *Pielow*; siehe auch *Tettinger/Pielow*, Der Sachzeitwert als der nach wie vor maßgebliche Übernahmepreis beim Versorgerwechsel, 1995.

[136] Siehe zuletzt EuGH v. 9.6.2009, Rs. C-480/06 - *Kommission/Deutschland („Rugenberger Damm")*, Slg. 2009, I-4747 = EuZW 2009, 529 mit Anm. *Pielow*; zuvor bereits für

III. Kartell- und Fusionskontrolle

Mit zunehmender Marktmacht kommunaler EVU, insbesondere im Wege horizontaler oder vertikaler Unternehmenskooperationen, geraten diese auch ins Visier der allgemeinen **wettbewerbsrechtlichen Kontrolle**.[137] Erste Untersuchungen fanden bereits statt, auch wenn bislang und soweit ersichtlich kommunale Unternehmenszusammenschlüsse oder -praktiken als solche nicht untersagt wurden.[138] Anders verhält es sich bezüglich *vertikaler* Kooperationen zwischen Großversorgern und Kommunen.[139] Erstere waren ihrerseits in der Vergangenheit mehrfach gezwungen, Geschäftsanteile abzugeben, wovon wiederum, wie im Fall der *Thüga AG*, kommunale Energieversorger profitierten.[140] Aus der kartellbehördlichen Entscheidungspraxis folgt jedenfalls, dass bei erwarteter Begründung oder Verstärkung einer **marktbeherrschenden Stellung** i.S.d. § 35 Abs. 1 GWB auch kommunale Unternehmenskooperation untersagt oder zu Abhilfemaßnahmen verpflichtet werden können – wobei im Anschluss an die Neukonzeption der Ener- 48

einen (förmlichen) kommunalen Zweckverband EuGH v. 13.11.2008, Rs. C-324/07 – *Coditel Brabant S.A. / Commune d'Uccle,* Slg. 2008, I-8457. - Zum umgekehrten und gleichfalls konfliktträchtigen Problem der Prüfung des kommunalen Wirtschaftsrechts im Rahmen vergaberechtlicher Entscheidungen siehe unlängst etwa OVG Münster, NVwZ 2008, 1031 ff., *Ennuschat*, NVwZ 2008, S. 966 ff. und *Mann*, NVwZ 2010, 857 ff.; allg. zum Verhältnis Wettbewerbs- und Kommunalrecht auch BGH, NJW 2003, 586.

137 Siehe zur Anwendbarkeit auch § 130 Abs. 1 GWB sowie die in § 130 Abs. 3 GWB und §§ 46 Abs. 5, 58, 111 EnWG enthaltenen Hinweise zum Verhältnis von wettbewerbs- und energierechtlicher Kontrolle. Der in §§ 35 ff. GWB maßgebliche „funktionale" oder fusionsrechtliche Unternehmensbegriff umfasst auch die Tätigkeit staatlicher Gebietskörperschaften, sofern sie sich als Anbieter oder Nachfrager am wirtschaftlichen Verkehr beteiligen, vgl. *Paschke* (Fn. 44), § 36 GWB Rn. 8 m. w. N.; *Nordemann*, in: Loewenheim/Meessen/Riesenkampff, Kartellrecht, 2. Aufl. 2009, § 1 Rn. 35.

138 Vgl. z. B. *Bundeskartellamt*, Fallbericht v. 23.9.2009, B8 – 100/09 bzgl. des Zusammenschlusses u.a. der Stadtwerke Oberhausen (mit *RWE Rhein-Ruhr*), Duisburg und Dortmund namens *Strasserauf GmbH* zur Errichtung des bundesweiten (Internet)Vertriebes von Ökostrom an Haushaltskunden; siehe ferner die Hinweise zu lfd. Verfahren im Jahr 2010 unter http://www.bundeskartellamt.de mit allein vier Verfahren unter Beteiligung der *Thüga AG* (Az. B8-151/10, B8-131/10, B8-133/10, B8-123/10).

139 Siehe aus letzter Zeit insbes. BGHZ 178, 285 – *E.ON/Stadtwerke Eschwege*; dazu etwa *Ehricke*, JZ 2009, 581 ff. - Auch ging es bislang zuvörderst um Behinderungen örtlicher Weiterverteiler etwa durch langfristige Lieferverträge mit Ferngasunternehmen, siehe zuletzt BGHZ 180, 323 m. w. N.; dazu etwa *Dreher*, EWiR 2009, 717.

140 Siehe zum *Thüga*-Erwerb durch ein kommunales Konsortium aus *N-Energie* (Nürnberg), *Mainova* (Frankfurt a. M.), *Stadtwerke Hannover* und *KOM9 Gmbh* Pressemitteilung des Bundeskartellamt v. 1.12.2009 – mit der wegweisenden Aussage: „Den fortschreitenden Rekommunalisierungsprozess in der deutschen Versorgungswirtschaft wird das Bundeskartellamt weiterhin sorgfältig beobachten, um wettbewerbliche Probleme gegebenenfalls frühzeitig identifizieren zu können."

giemärkte infolge Unternehmensentflechtung (s.o. E. I.) noch Unsicherheiten bei der Bestimmung des jeweils relevanten Marktes existieren.[141]

49 Hinzuweisen ist im Übrigen auf die spezielle wettbewerbsrechtliche **Preis- bzw. Missbrauchskontrolle** über Energieunternehmen nach § 29 GWB[142], auf zurückliegende Verfahren und eine soeben eingeleitete *Sektorenuntersuchung* bezüglich (u.a. kommunaler) **Fernwärmeunternehmen**[143] sowie ganz allgemein auf politische Überlegungen zur Einführung des Instruments einer eigenen **Entflechtungskontrolle** im GWB[144]. Zum anderen beruft sich die kommunale Energiewirtschaft ihrerseits gegenüber der **Verlängerung von Restlaufzeiten** für Atomkraftwerke nach dem „Energiekonzept 2010“ der Bundesregierung[145] u.a. auf den kartellrechtlichen Schutz ihrer (massiven) Investitionen in den Ausbau erneuerbare Energien.[146]

141 Siehe dazu *Ehricke*, JZ 2009, 581 ff.; *Klaue/Schwintowski*, BB Beilage 1/2010, 1 ff.; auch mit Hinweisen zur Fusionskontrolle im ÖPNV- und im Krankenhausbereich *Bechtold*, NJW 2007, 3761. – Zur Genehmigungspflicht von Gemeinschaftsunternehmen im Rahmen der *EU-Fusionskontrolle* etwa *v. Graevenitz*, BB 2010, 1172 ff.

142 Dazu krit. etwa *Börner*, VersorgW 2008, 77 ff.; *Metzger*, ZHR 172 (2008), 458 ff.

143 Vgl. Bundeskartellamt, Pressemeldung v. 14.9.2009.

144 Dazu im Überblick u. kritisch, auch unter eigentumsrechtlichem Blickwinkel, z. B. *Bechtold*, BB 2010, 451 ff.; *Becker*, ZRP 2010, 105 ff.

145 Siehe Energiekonzept der Bundesregierung für eine umweltschonende, zuverlässige und bezahlbare Energieversorgung v. 28.9.2010; zu seiner Umsetzung soll das 11. Gesetz zur Änderung des Atomgesetzes (Entwurf in BT-Drs. 17/3051) dienen, gegen das der Bundesrat keinen Einspruch einlegte (vgl. BR-Drs. 683/10 [Beschluss]), das jedoch hinsichtlich seiner *Zustimmungs*bedürftigkeit nach Art. 77 Abs. 2a GG hoch umstritten ist.

146 Vgl. nur *Verband kommunalen Unternehmen* (VkU), Pressemitteilungen 47/10 v. 10.9.2010 u. 59/10 v. 28.10.2010; dazu aus kartellrechtlicher Sicht etwa *Badtke/Vahrenholt*, WRP 2010, 852 ff.

§ 55 Kommunale Abfallwirtschaft

Alexander Schink

Schrifttum

E. Bartels, Abfallrecht, Eine systematische Darstellung, 1987; *M. Beckmann*, Kreislaufwirtschafts- und Abfallrecht, 2007; *ders./A. Kersting*, Kreislaufwirtschafts- und Abfallgesetz, in: Landmann/Rohmer, Umweltrecht, Kommentar, Loseblatt, Stand: Sept. 2010 ; *G. Feldhaus*, Zur Geschichte des Umweltrechts in Deutschland, in: K. – P. Dolde (Hrsg.), Umweltrecht im Wandel, 2001, S. 15 ff.; *W. Frenz*, Kreislaufwirtschafts- und Abfallgesetz, Kommentar, 3. Aufl. 2002; *G. Hösel*, Unser Abfall aller Zeiten: eine Kulturgeschichte der Städtereinigung, 1987; *H. - D. Jarass/F. Petersen/C. Weidemann*, Kreislaufwirtschafts- und Abfallgesetz, Kommentar, Loseblatt, Stand: Febr. 2010; *P. Kunig/S. Paetow/L.-A. Versteyl*, Kreislaufwirtschafts- und Abfallgesetz, Kommentar, 2. Aufl. 2003; *F. Petersen*, Die kommunale Abfallentsorgung – Auf der Gratwanderung zwischen Daseinsvorsorge und Liberalisierung, in: K. - P. Dolde (Hrsg.), Umweltrecht im Wandel, 2001, S. 575 ff.; *ders.*, Entwicklungen des Kreislaufwirtschaftsrechts, NVwZ 2009, 1063 ff.

Inhaltsübersicht

Rn.

A. Entwicklung der Abfallwirtschaft als Aufgabe der Daseinsvorsorge

1 Die Abfallwirtschaft gehört zu den überkommenen Aufgaben der kommunalen Daseinsvorsorge. Allerdings unterlag diese Aufgabe einem ständigen Wandlungsprozess[1], der auch heute noch andauert und auch zukünftig vielfältige Veränderungen bringen wird.

I. Entwicklung bis zum AbfG 1972

2 Die Kommunen haben bis zum Inkrafttreten des AbfG im Jahre 1972 diese Aufgabe vornehmlich unter dem Aspekt der **Gefahrenbeseitigung** wahrgenommen. Inhaltlich bestand die Aufgabe ganz überwiegend aus dem Einsammeln und der Beseitigung von Abfällen, seinerzeit schlicht als Müllabfuhr bezeichnet. Die Beseitigung erfolgte aus heutiger Sicht im Wesentlichen ungeordnet. Abfälle wurden auf Ödland, in Steinbrüchen, in abgebauten Kiesgruben oder auf sonstigen Flächen in sog. Bürgermeisterdeponien beseitigt, und zwar meist ohne besondere Vorkehrungen zum Schutz der Umwelt. Allerdings gab es in Hamburg bereits 1894 die erste Müllverbrennungsanlage; weitere folgten bis zum ersten Weltkrieg in Beuthen, Kiel, Wiesbaden, Frankfurt, Fürth, Aachen und Altena.[2] Die erste geordnete Deponie wurde erst Anfang der 60´er Jahre des 20. Jahrhunderts eingerichtet.[3] Abfallrechtliche Vorschriften im modernen Sinne gab es bis 1972 nicht. Allerdings sind die Kommunen bereits durch das preußische Kommunalabgabengesetz vom 14.07.1893 ermächtigt worden, Beiträge und Gebühren für die Müllabfuhr zu erheben. Durch Polizeiverordnungen konnte ein **Anschluss- und Benutzungszwang** festgelegt werden. § 18 DGO[4] ermächtigte sie ebenfalls, bei

[1] Zur Geschichte der Abfallentsorgung: *Hösel*, Unser Abfall aller Zeiten: eine Kulturgeschichte der Städtereinigung, 1987; *Feldhaus*, in: Dolde (Hrsg.), Umweltrecht im Wandel, 2001, S. 15, 21 f., 28; zur Entwicklung seit Inkrafttreten des KrW-/AbfG: *Petersen*, ebenda, S. 575 ff.; vgl. auch *Bartels*, Abfallrecht, S. 4 ff.

[2] *Feldhaus* (Fn. 1), S. 15, 22; *Hösel* (Fn. 1), S. 187.

[3] *Feldhaus* (Fn. 1), S. 15, 22.

[4] Deutsche Gemeindeordnung v. 30.1.1935, RGBl. I S. 49.

Vorliegen eines dringenden öffentlichen Bedürfnisses durch Satzung für die Grundstücke ihres Gebietes einen Anschluss- und Benutzungszwang anzuordnen. Diese Bestimmung wurde in die Gemeindeordnungen der deutschen Bundesländer übernommen; heute findet sie sich z. B. in § 19 GO NRW.[5] Materiell-rechtlich waren die Gemeinden durch § 12 Abs. 1 BSeuchG[6] verpflichtet, darauf hinzuwirken, dass feste und flüssige Abfallstoffe beseitigt werden, ohne Gefahren für die menschliche Gesundheit durch Krankheitserreger zu verursachen.[7]

Durch **Satzungsrecht** konnten die Gemeinden das Einsammeln und den Ab- 3
transport insbesondere der Abfälle aus Haushalten zwar sicherstellen. Die anschließende Behandlung und Ablagerung der Abfälle warf jedoch angesichts der Zunahme der Abfallmenge und der Veränderung ihrer Beschaffenheit zunehmend Probleme auf. Allein von 1950 bis 1960 verdoppelte sich die Abfallmenge; gewerblicher Abfall, Bauschutt, Abfälle aus Tierhaltungen und Klärschlamm wiesen ebenfalls erhebliche Steigerungsraten auf. Die ungeordnete Deponierung dieser Abfälle in bundesweit mehr als 50.000 Müllkippen, sog. Bürgermeisterdeponien, warf erhebliche Umweltprobleme auf.[8]

II. Das AbfG 1972

Vor allem das Ziel, eine schadlose Beseitigung aller Abfälle unter Schonung der 4
Umwelt im Interesse der Allgemeinheit und auf wirtschaftlich zweckmäßigste Weise zu gewährleisten, führte 1972 zum Erlass des **Abfallgesetzes.**[9] Das AbfG nahm die Kommunen in die Pflicht: Die Abfallbeseitigung wurde als **öffentliche Aufgabe der Daseinsvorsorge** beschrieben; den Kommunen als öffentlich-rechtlichen Entsorgungsträgern wurde die Aufgabe der Abfallbeseitigung als **Pflichtaufgabe** übertragen. § 3 Abs. 1 AbfG verpflichtete sie, die in ihrem Gebiet angefallenen Abfälle zu entsorgen. Diese Entsorgungspflicht erstreckte sich grundsätzlich auf alle Abfälle und damit nicht nur auf den Hausmüll, sondern auch auf Industrie- und Gewerbeabfälle.[10] Allerdings konnten die Kommunen sich ihrer Entsorgungspflicht unter den Voraussetzungen des § 3 Abs. 3 AbfG entziehen. Eine Übertragung ihrer Pflichten auf private Dritte war nicht möglich; gestattet war ihnen lediglich eine Drittbeauftragung (§ 3 Abs. 2 AbfG). Unter der Geltung des AbfG wurde vor allem zweierlei erreicht: Die Deponierung von Abfällen wur-

---

5 Zu dieser Entwicklung: *Bartels* (Fn. 1), S. 4. Zur Entwicklung des kommunalen Anschluss- und Benutzungszwangs: *Neumann*, Die administrative Bewältigung der Abfallbeseitigung, 1972, S. 3 ff.

6 Gesetz zur Verhütung und Bekämpfung übertragbarer Krankheiten beim Menschen (Bundesseuchengesetz – BSeuchG) v. 18.7.1961, BGBl I S. 1012, 1300.

7 *Bartels* (Fn. 1), S. 4; *Versteyl*, in: Kunig/Paetow/Versteyl, KrW-/AbfG, Einl. Rn. 2.

8 BT-Drs. VI/2401, S. 7.

9 Gesetz über die Beseitigung von Abfällen (Abfallbeseitigungsgesetz – AbfG) v. 7.6.1972, BGBl I S. 593. Zum Gesetzgebungsverfahren *Bartels* (Fn. 1), S. 5 f.

10 *Bartels* (Fn. 1), S. 125.

de durch den Anlagenzwang des § 4 AbfG[11] und das Zulassungsregime für Deponien[12] in geordnete Bahnen gelenkt. Die Bürgermeisterdeponien wurden geschlossen und durch umweltgerechte Anlagen ersetzt; durch den Anlagenzwang wurde sichergestellt, dass Abfälle auch umweltgerecht entsorgt wurden.

III. Änderungen des AbfG 1986

5 1986 wurde das AbfG weitreichend geändert.[13] Die **Abfallvermeidung** und die **Abfallverwertung** waren bis dahin nur politische Forderungen.[14] Im AbfG 1986 wurden sie angesichts der seit Inkrafttreten des AbfG im Jahre 1972 weiter angestiegenen Abfallmengen[15] zur Rechtspflicht erhoben: §§ 1 a Abs. 2, 3 Abs. 2 Satz 3 AbfG legten den Vorrang der Abfallverwertung vor der Abfallbeseitigung fest. Die stoffliche und die energetische Verwertung waren dabei gleichrangig.[16] Auch die **Verwertung** blieb eine **Aufgabe der Daseinsvorsorge** und war den Kommunen als hoheitliche Aufgabe zugewiesen[17], denn nach Auffassung des Gesetzgebers wäre ein gesetzlicher Vorrang für Private einem Entzug dieser Aufgabe gleichgekommen, was im Hinblick auf Art. 28 Abs. 2 S. 1 GG rechtlich fragwürdig angesehen wurde.[18] In der Folgezeit entfalteten die Kommunen vielfältige Aktivitäten im Bereich der Abfallverwertung, vornehmlich für den Hausmüll. In vielen Kommunen wurden Papier, Glas und mancherorts auch Metalle getrennt erfasst und einer Verwertung zugeführt. Von einem systematischen Vorgehen, das dem Vorrang der Verwertung, wie ihn das AbfG statuierte, wirklich Rechnung getragen hätte, war man seinerzeit indessen weit entfernt – der **Wandel von der Abfallbeseitigung zur Abfallwirtschaft** war angelegt, aber noch nicht vollendet.[19]

11 Zum Anlagenzwang des § 4 AbfG: *Bartels* (Fn. 1), S. 89 f.

12 Zur abfallrechtlichen Planfeststellung nach § 7 Abs. 1 AbfG: *Bartels* (Fn. 1), S. 90 ff.

13 Zu weiteren Änderungen: *Bartels* (Fn. 1), S. 7 ff.; *Jarass*, in: ders./Petersen/Weidemann, KrW-/AbfG, Einf. Rn. 40 ff.; *Versteyl* (Fn. 7), Einl. Rn. 20 ff.

14 Dazu Umweltprogramm der Bundesregierung von 1971, in dem bereits die Forderung enthalten war, dass der Verwertung von Abfällen Priorität zukommen müsse, BT-Drs. VI/2710, S. 30.

15 Die Gesamtmenge der Abfälle wurde 1986 von der Bundesregierung auf 200 Mio. Tonnen geschätzt, BR-Drs. 24/71, S. 7.

16 BT-Drs. 10/5656, S. 58; *Frenz*, KrW-/AbfG, Einl. Rn. 3; *Jarass* (Fn. 13), Einl. Rn. 52.

17 *Bartels* (Fn. 1), S. 62.

18 BT-Drs. 10/2885, S. 15.

19 So die treffende Feststellung von *Lottermoser*, Die Fortentwicklung des Abfallbeseitigungsrechts zu einem Recht der Abfallwirtschaft, 1991, S. 15.

IV. Deutsche Wiedervereinigung

Eine Zäsur bildetet die **Wiedervereinigung**, die die Rechtseinheit wiederherstellte und durch den Einigungsvertrag vom 31.08.1990[20] und das Umweltrahmengesetz[21] im Prinzip[22] die Anwendung des AbfG auch in den neuen Bundesländern regelte. Als Folge der Rohstoffknappheit und von wirtschaftlichen Zwängen war in der ehemaligen DDR das sog. **Sero-Rohstoffsystem** installiert worden, das zur Folge hatte, dass dort ein Großteil der Abfallmengen, die in den alten Bundesländern als Abfall entsorgt wurden, in den Wirtschaftskreislauf zurückgeführt wurden. Basis waren §§ 32, 33 Landeskulturgesetz[23] und insgesamt 44 Verordnungen, Durchführungsbestimmungen und Anordnungen, die ausschließlich die Erfassung und Verwertung von "Abprodukten" betrafen.[24] Im Übrigen waren für die Verwertung in der DDR die Wirtschaftbetriebe zuständig.[25] Dieses System, das einerseits eine **hohe Verwertungsquote** gewährleistete, andererseits aber trotz vorhandenem rechtlichen Regelwerk[26] sowohl bei der Herstellung von Recyclingprodukten als auch bei der Ablagerung von Abfällen **erhebliche Umweltprobleme** verursachte, wurde zugunsten der – umfassenden – Entsorgungszuständigkeit der öffentlich-rechtlichen Entsorgungsträger nach dem AbfG unter Verzicht auf das Sero-Rohstoffsystem aufgegeben. 6

V. Verpackungsverordnung

Wesentliche Fortschritte bei der Abfallverwertung[27], aber auch erhebliche Einschnitte in den Aufgaben der Kommunen als öffentlich-rechtlichen Entsorgungsträgern wurden erzielt durch die Verpackungsverordnung[28], die noch unter Geltung des AbfG verabschiedet wurde und für **Verkaufsverpackungen** ein **privatwirtschaftliches System** zur Rücknahme und zur Verwertung einführte. 7

---

[20] Gesetz zu dem Vertrag v. 31.8.1990 zwischen der BRD und der DDR über die Herstellung der Einheit Deutschlands – EinigungsvertragsG – und der Vereinbarung v. 18.9.1990 v. 23.9.1990, BGBl II S. 885.

[21] Umweltrahmengesetz v. 26.6.1990, GBl. I S. 649.

[22] Zu den Abweichungen, z. B. bei der Anwendung der TA Abfall: *Versteyl* (Fn. 7), Einl. Rn. 49.

[23] Gesetz über die planmäßige Gestaltung der sozialistischen Landeskultur in der Deutschen Demokratischen Republik – Landeskulturgesetz – v. 14.5.1970, GBl. I Nr. 12 S. 67 i. d. F. des Wassergesetzes v. 2.7.1982, GBl. I Nr. 26 S. 467.

[24] Dazu: *Oehler*, in: Landeskulturrecht, 1986, S. 197 ff.; *Versteyl*, NVwZ 1991, 849.

[25] § 7 SekundärrohstoffVO; § 4 der 6. DVO zum LKG; § 3 Abs. 2 der 3. DVO zum LKG. Dazu: *Oehler* (Leitung Autorenkollektiv), Landeskulturrecht, 1983, Stichwort: Abprodukte.

[26] Dazu *Oehler*, Landeskulturrecht, S. 198; *Versteyl*, NVwZ 1991, 848, 849.

[27] Zur Bedeutung der Abschaffung des Sero-Sekundärrohstoffsystems für den Erlass der VerpackV: *Versteyl*, NVwZ 1991, 848, 849.

[28] Verordnung über die Vermeidung und Verwertung von Verpackungsabfällen (Verpackungsverordnung – VerpackV) v. 21.8.1998, BGBl I S. 2379.

Damit wurden erstmals Aufgaben der Abfallwirtschaft aus dem ausschließlichen Zuständigkeitsbereich der Kommunen herausgelöst. Diese hatten zwar einen Anspruch auf Abstimmung der Entsorgungssysteme gegenüber den Trägern der Dualen Systeme und auf Übernahme oder Mitbenutzung ihrer Entsorgungseinrichtungen zur Verwertung gegen angemessenes Entgelt; auch konnten sie sich an der Sammlung der Verkaufsverpackungen beteiligen (vgl. § 6 Abs. 4 S. S. 1, 5 VerpackV[29]). Träger des Entsorgungssystems für Verkaufsverpackungen waren sie jedoch nicht mehr. Diese Aufgabe war durch die VerpackV **materiell privatisiert** worden mit dem Ziel in Anwendung des umweltrechtlichen Verursacherprinzips die Produktverantwortung zu realisieren und Hersteller und Vertreiber in die Pflicht zu nehmen und bei der Entsorgung von Verkaufsverpackungen über marktwirtschaftliche Instrumente und Anreize die Abfallvermeidung und Abfallverwertung zu verwirklichen.[30] Der VerpackV kam bei weiteren Aktivitäten zur Realisierung der Produktverantwortung nach den §§ 22 – 26 KrW-/AbfG **Modellcharakter**[31] mit der Folge zu, dass vor allem Aktivitäten der Kommunen im Bereich der Verwertung von Abfällen aus privaten Haushalten zunehmend im Rahmen der Produktverantwortung Privaten übertragen und aus der kommunalen Daseinsvorsorge herausgelöst wurden. Das gilt für Batterien und Elektronikschrott – bei letzterem allerdings nur eingeschränkt, da die Kommunen nach dem Prinzip der geteilten Verantwortung in die Erfassung des Elektronikschrotts eingebunden sind.[32]

VI. Erlass des KrW-/AbfG 1994

8 Einen **Paradigmenwechsel**[33] mit erheblichen Folgen für die kommunale Abfallwirtschaft brachte das KrW-/AbfG.[34] Hierdurch wurden nicht allein der europäi-

---

[29] In der Fassung der 5. ÄnderungsVO v. 2.4.2008 BGBl I S. 531.

[30] Zu diesem Regelungsmodell der VerpackV: BR-Drs. 817/90 S. 39 ff.; *Di Fabio*, NVwZ 1995, 1, 2 f.; *Flanderka*, Verpackungsverordnung, Kommentar, 2. Aufl. 2006, § 1 Anm. 1 b; M. *Kloepfer*/N. *Wimmer*, Die Belastung von Endverbrauchern aufgrund der Verpackungsverordnung, UPR 1993, 409 f.; L.-A. *Versteyl*, NVwZ 1991, 848 f.

[31] *Flanderka* (Fn. 30), aaO.

[32] Nach § 9 Abs. 3, 4 ElektroG (Gesetz über das Inverkehrbringen, die Rücknahme und die umweltverträgliche Entsorgung von Elektro- und Elektronikgeräten [Elektro- und Elektronikgerätegesetz – ElektroG] v. 16.5.2005, BGBl I S. 762) haben die Kommunen Sammelstellen für Elektronikaltgeräte aus privaten Haushalten einzurichten und die erfassten Geräte zur Abholung in Behältnissen unentgeltlich bereitzustellen. Einzelheiten dazu bei *Giesberts*, in: ders./Hilf, ElektroG, Kommentar, 2009, § 9 Rn. 32 ff., 74 ff.; *Stabno*, ElektroG, Kommentar, § 9 Anm. 3, 10; *Thärichen*, in: Prelle/Thärichen/Versteyl, ElektroG, Kommentar, 2008, § 9 Rn. 22 ff., der die Vermischung der Verantwortungsbereiche von Kommunen und Privaten und eine Abweichung von der Herstellerverantwortung kritisiert (Rn. 13). Dazu auch *Scholz*, UPR 2001, 258, 260.

[33] *Dieckmann*/*Reese*, in: Koch, Umweltrecht, 3. Aufl. 2010, § 6 Rn. 73.

[34] Gesetz zur Förderung der Kreislaufwirtschaft und Sicherung der umweltverträglichen Beseitigung von Abfällen (Kreislaufwirtschafts- und Abfallgesetz – KrW-/AbfG) v.

sche Abfallbegriff übernommen und die Vermeidung und Verwertung von Abfällen stärker betont, sondern vor allem auch die **Entsorgungsaufgaben** zwischen den öffentlich-rechtlichen Entsorgungsträgern und Privaten neu **verteilt**: Während bis dahin eine nahezu ausschließliche Verantwortung der Kommunen für die Abfallentsorgung bestand, nahm das KrW-/AbfG hierfür (auch) die Privaten in die Pflicht: **Abfallerzeuger und –besitzer** sind nach § 5 Abs. 2 S. 1, 11 Abs. 1 KrW-/AbfG selbst zur Verwertung und Beseitigung **verpflichtet**. Die Entsorgung durch die öffentlich-rechtlichen Entsorgungsträger ist rechtstechnisch als **Ausnahme** konstruiert[35], wenngleich sie für Abfälle aus privaten Haushalten wegen der nahezu uneingeschränkten Überlassungspflicht nach § 13 Abs. 1 S. 1 KrW-/AbfG und für Beseitigungsabfälle aus anderen Herkunftsbereichen als privaten Haushalten (Gewerbe- und Industrieabfall) faktisch den Regelfall darstellt (vgl. § 13 Abs. 1 S. 2 KrW-/AbfG). Die Folgen dieser Betonung der Verwertung und der neuen Aufgabenverteilung zwischen Privaten und den öffentlich-rechtlichen Entsorgungsträgern waren für die kommunale Abfallwirtschaft gravierend: Nicht nur als Folge veränderter Konsumgewohnheiten, sondern vor allem durch eine erhebliche Steigerung der Verwertung von Abfällen durch gewerbliche Abfallbesitzer ist die Überlassung von Abfällen an die Kommunen stark zurückgegangen. Die stoffliche Verwertung gewerblicher Abfälle, ihre Mitverbrennung in Stahl- und Zementwerken, ihre Verbringung als Bergversatz oder in eine ausländische Verbrennung – alles Vorgänge, für die eine Verwertungseigenschaft reklamiert wird – und nicht zuletzt auch eine Mitverbrennung von gewerblichen Abfällen als Verwertungsmaßnahme in Müllverbrennungsanlagen[36] haben die Kommunen, die Träger von Entsorgungsanlagen sind, vor erhebliche Probleme gestellt. Verschärft wurde diese Problematik bis zum Jahre 2005 noch dadurch, dass als Folge des seit dem 30. Juni 2005 aufgrund der TA-Siedlungsabfall[37] geltenden **Ablagerungsverbotes für Siedlungsabfälle** die Deponiebetreiber mit Dumpingpreisen darum bemüht waren, vor Schließung ihrer Deponien dort möglichst große Mengen abzulagern, um Einnahmen zu erzielen oder Rücklagen für die Rekultivierung zu bilden. Folge davon war, dass große Mengen unvorbehandelten Gewerbeabfalls von den privaten Entsorgungsunternehmen erfasst, aussortiert und möglichst kostengünstig unvorbe-

27.9.1994, BGBl. I S. 2705. Zum Gesetzgebungsverfahren: *Versteyl* (Fn. 7), Einl. Rn. 103 ff.

35 Zu dieser Konzeption des Gesetzes: *Bartram/Schade*, UPR 1995, 253 ff.; *Beckmann/Kersting*, BB 1997, 161 ff.; *Dieckmann/Reese* (Fn. 33), § 6 Rn. 73; *Hölscher*, ZUR 1995, 176 ff.; *Kunig*, in: ders./Paetow/Versteyl, KrW-/AbfG, § 13 Rn. 3; *Kranefeld*, NuR 1996, 269 ff.; *Petersen/Rid*, NJW 1995, 7 ff.; *Reese*, ZUR 2000, 57, 60.; *Schink*, NVwZ 1997, 456 ff.; *Versteyl/Wendenburg*, NVwZ 1994, 833 ff.; *Weidemann*, NVwZ 1995, 631 ff.

36 Dazu: *Baars*, UPR 1997, 229 ff. Zur Hausmüllverbrennung in Müllverbrennungsanlagen, die in aller Regel einen Beseitigungsvorgang darstellt: EuGH, Urt. v. 13.2.2003 – C 458/00 -, AbfallR 2003, 102. Dazu *Beckmann*, Abfallrecht, Rn. 121; *Petersen*, NVwZ 2004, 217 ff.

37 TA Siedlungsabfall, Bundesanzeiger Nr. 99 a v. 14.5.1993. Dazu: *Schink*, NuR 1998, 20 ff.; *ders.*, NuR 1998, 353 ff.

handelt abgelagert wurden.[38] Dies hatte zu erheblichen Auslastungsproblemen insbesondere in der Müllverbrennung geführt. Seit Umsetzung der TASI sind Äußerungen über Entsorgungsengpässe verstummt. Im Gegenteil: Insbesondere die Betreiber von Müllverbrennungsanlagen klagen über Auslastungsprobleme und sind darum bemüht, diese durch restriktive Interpretation des Verwertungsbegriffs und Aktivitäten zur Verschiebung der Entsorgungsverpflichtung der öffentlich-rechtlichen Entsorgungsträger hin zu einer Entsorgungsverantwortung der Kommunen für alle hausmüllähnlichen Gewerbeabfälle zu beheben. Diese Bemühungen sind bislang erfolglos geblieben. Der **Verwertungsbegriff** hat durch die Rechtsprechung des EuGH in Sachen Belgische Zementindustrie eine **weite Auslegung** erfahren[39] - es genügt, dass Abfälle für einen sinnvollen Zweck, nämlich den der Energieerzeugung eingesetzt werden. Sieht man einmal von der Einführung einer Pflichtrestmülltonne[40] durch die Gewerbeabfallverordnung[41] ab, sind auch die Bemühungen um die Rückgewinnung von Terrain für die öffentlich-rechtlichen Entsorgungsträger durch Ausweitung der Überlassungspflichten oder Einführung kategorischer Getrennthaltepflichten – nicht zuletzt wegen EU-rechtlicher Hemmnisse[42] – gescheitert.[43]

VII. Weitere Fortentwicklungen

9 Der Kampf um den Abfall ist damit aber nicht beendet. Er findet aktuell nur auf einem anderen Feld statt. Ging es bislang um die Gewerbeabfälle, wird jetzt um die Haushaltsabfälle und hier namentlich darüber gestritten, ob Private Zugriff auf die verwertbaren Fraktionen aus dem Hausmüll haben und sich direkt an die privaten Haushalte wenden dürfen. Berührt sind damit grundlegende Fragen des Wettbewerbs und der **Reichweite der Daseinsvorsorge**. Die Kommunen haben in dieser Auseinandersetzung durch die Entscheidung des BVerwG zur Zulässigkeit einer gewerblichen Sammlung vom 18.06.2009 sicherlich einen Zwischensieg errungen. Konkret ging es darum, ob eine gewerbliche Papiersammlung, die in Konkurrenz zu den Systemen der öffentlich-rechtlichen Entsorgungsträger betrieben wird, zulässig ist, wenn sie die Planungssicherheit der Kommunen beeinträchtigt oder ihre Sammelsysteme nicht mehr den gewünschten finanziellen Ertrag

---

[38] Dazu: *Dieckmann/Reese* (Fn. 33), § 6 Rn. 155.

[39] EuGH, Urt. v. 13.2.2003 –C-228/00-, AbfallR 2003, 101. Dazu: *Beckmann* (Fn. 36), Rn. 120; *Dieckmann/Koch*, AbfallR 2003, 179; *Gaßner/Fichtner*, AbfallR 2003, 49 ff.; *Petersen*, 2004, 217 ff.; *Reese*, ZUR 2003, 217 ff.; *Schink*, AbfallR 2003, 106 ff.

[40] BVerwG, Urt. v. 17.2.2005 – 7 C 25.03-, DÖV 2005, 734. Ebenso: *Kibele*, NVwZ 2003, 22; *Queitsch*, AbfallR 2003, 289; *Schink*, NuR 2003, 343 ff.; *Wendenburg*, ZUR 2003, 193 ff.; a. A.: *Beckmann* (Fn. 36), Rn. 131.

[41] Verordnung über die Entsorgung von gewerblichen Siedlungsabfällen und von bestimmten Bau- und Abbruchabfällen (Gewerbeabfallverordnung – GewAbfV) v. 19.6.2002, BGBl. I S. 1938.

[42] Eingehend dazu *Petersen* (Fn. 1), S. 575, 580 ff., 588 ff.

[43] Dazu und den vielfältigen Versuchen der Verschiebung der Überlassungspflichten zu Gunsten der öffentlich-rechtlichen Entsorgungsträger: *Petersen* (Fn. 1), S. 575 ff.

bringen und damit eine Quersubventionierung defizitärer Bereiche der kommunalen Entsorgung beeinträchtigt. Das BVerwG sieht überwiegende öffentliche Interessen der öffentlich-rechtlichen Entsorgungsträger schon dann als beeinträchtigt an mit der Folge einer Unzulässigkeit der gewerblichen Sammlung, wenn die Sammlungstätigkeit nach ihrer konkreten Ausgestaltung mehr als nur geringfügige Auswirkungen auf die Organisation und Planungssicherheit des öffentlich-rechtlichen Entsorgungsträgers nach sich zieht.[44] Auch hat die kommunale Daseinsvorsorge durch den Vertrag von Lissabon EU-rechtlich sicherlich eine Aufwertung erfahren und kann sich künftig leichter gegen Privatisierungsbestrebungen durchsetzen.[45] Ob dies freilich ausreicht, um in der aktuellen Diskussion um die **Einführung einer Wertstofftonne**[46] eine kommunale Trägerschaft durchzusetzen und so nicht noch weiteres Terrain an die private Entsorgungswirtschaft zu verlieren oder gar das Rad in Richtung einer Ausweitung der Überlassungspflichten auch auf hausmüllähnliche Gewerbeabfälle zurückzudrehen, erscheint mehr als zweifelhaft. Denn zukünftig wird es noch mehr als in der Vergangenheit darum gehen, über Verwertungsmaßnahmen die **(Rohstoff-)Ressourcen** aus Abfällen zu nutzen und die Vermeidung und Verwertung weiter voranzutreiben.[47] In diesem Feld hat der Gesetzgeber in der jüngsten Vergangenheit zunehmend auf die Produktverantwortung und damit auf private Aktivitäten gesetzt. Eine Trendwende zu Gunsten der Kommunen ist insoweit nicht erkennbar. Das gilt auch für die novellierte AbfallRRL. Dort ist mit dem Ziel, Ressourcen durch verstärkte Recyclinganstrengungen zu schonen (vgl. Erwägungsgründe 5, 8 AbfallRRL) eine neue fünf-stufige Abfallhierarchie eingeführt worden (Art. 4 AbfallRRL). Weiter sieht die AbfallRRL vor, dass die Mitgliedstaaten zur Verbesserung des Recyclings die Hersteller in die Pflicht nehmen können, abfallarme Produkte herzustellen und gebrauchte Produkte zurückzunehmen, um sie wiederzuverwenden oder einem Recycling zuzuführen (Art. 8 AbfallRRL). Schließlich sind eine Getrenntsammlung von Papier, Metall, Kunststoff und Glas aus Haushalten und eine Wiederverwertungsquote von mindestens 50 Gewichtsprozent ab 2020 vorgesehen (Art. 11 Abs. 2 AbfallRRl). All dies läuft ungeachtet der besseren rechtlichen Absicherung der Entsorgung von Abfällen aus Haushalten als Aufgabe der Daseinsvorsorge in Art.

---

[44] BVerwG, Urt. v. 18.6.2009 – 7 C 16-08 -, BVerwGE 134, 154, Rn. 34 = NVwZ 2009, 1292. Zu dieser Entscheidung: *Beckmann/Wittmann*, AbfallR 2009, 235 ff.; *Dieckmann/Reese* (Fn. 33), § 6 Rn. 81; *Hurst*, AbfallR 2010, 180, 181 ff.; *Queitsch*, AbfallR 2009, 259 ff.; *ders.*, AbfallR 2010, 188, 190 ff. Ausführlich zum Thema auch *Karpenstein*, Haushaltsabfälle zwischen Privatisierung und Kommunalisierung, 2009, S. 1 ff.

[45] Dazu aus abfallwirtschaftlicher Perspektive: *Gruneberg/Wenzel*, AbfallR 2010, 162, 166 f. Dagegen z. B. *Pauly/Heidmann*, AbfallR 2010, 291, 294 ff. Allgemein: *Blanke*, DVBl. 2010, 1333 ff.; *Schink*, DVBl. 2005, 861 ff.

[46] Zu dieser Diskussion aus kommunaler Sicht: *Gruneberg/Wenzel*, AbfallR 2010, 162 ff.; *Queitsch*, AbfallR 2010, 188 ff. Aus Sicht der privaten Entsorgungswirtschaft: *Hurst*, AbfallR 2010, 180 ff.; *Pauly/Heidmann*, AbfallR 2010, 171 ff.; *dies.*, AbfallR 2010, 291 ff.

[47] Dazu: *Dieckmann/Reese* (Fn. 33), § 6 Rn. 157.

16 Abs. 2 AbfallRRl eher auf eine Stärkung des privaten Sektors hinaus. Denn Verwertungsabfälle, die die novellierte AbfallRRl besonders im Auge hat, unterliegen der Warenverkehrsfreiheit. Auf diesem Sektor haben die Privaten, gestützt durch das Europäische Recht, die Kommunen in der Vergangenheit stark zurückgedrängt. In der Tendenz setzt die novellierte AbfallRRl diesen Trend fort. Durch die Umsetzungsstrategie des Bundes, wie sie sich im Referentenenrtwurf für ein KrWG manifestiert (Stand: 06.08.2010), wird ebenfalls keine grundsätzliche Abkehr von der bisherigen Struktur geteilter privater und öffentlicher Verantwortung in der Abfallwirtschaft angestrebt. Die Bestimmungen über die kommunalen Überlassungspflichten (§ 17 KrWG-E) sollen nahezu unverändert bleiben. Zur Herstellung von EU-Rechtskonformität ist allerdings vorgesehen, die Regelungen über gewerbliche Sammlungen in Abkehr von der Rechtsprechung des BVerwG in der Weise zu verändern, dass jedenfalls bessere Systeme zur Erfassung von verwertbaren Abfällen aus privaten Haushalten von den Kommunen nicht verhindert werden können (§ 18 KrWG-E). Auch der kommunalen Forderung nach Trägerschaft für eine Wertstofftonne soll nicht entsprochen werden; diese wird lediglich erwähnt, näheres zur Ausgestaltung und Trägerschaft soll in einer Rechtsverordnung geregelt werden. Auch die neue EU-rechtlich vorgegebene fünf-stufige Abfallhierarchie soll in KrWG verankert werden, und zwar in der Weise, dass die Verwertungsmaßnahme den Vorrang hat, die den Schutz von Mensch und Umwelt am besten gewährleistet; dabei soll im Fall ökologisch gleichwertiger Maßnahmen ein Wahlrecht eingeräumt werden und bei einem Heizwert von 11.000 kj/kg ein ökologischer Gleichrang zwischen energetischer und stofflicher Verwertung widerleglich vermutet werden (§§ 6 – 8 KrwG-E). Die Erwartung liegt nicht fern, dass gerade diese Bestimmung die Aktivitäten der Privaten bei der Verwertung hausmüllähnlicher Gewerbeabfälle eher anfachen als beschränken wird. Die kommunalen Gebietskörperschaften werden jedenfalls voraussichtlich durch das neue KrwG wenig Stützung für eine Ausweitung ihrer Aktivitäten in der Abfallwirtschaft erfahren. Eher wird das Gegenteil der Fall sein. Die Perspektiven für die kommunale Entsorgungswirtschaft sind deshalb und angesichts von Anlagenüberkapazitäten in der Müllverbrennung und einer privaten Entsorgungswirtschaft, die nach wie vor auf eine Privatisierung weiterer Bereiche der Abfallwirtschaft drängt, trotz vielfältiger politischer Unterstützung der Position der Kommunen nicht rosig. Es ist wohl nicht mit einer Ausweitung, sondern eher mit der **Erhaltung des Status Quo** oder einer weiteren Reduzierung der kommunalen Verantwortung in der Abfallwirtschaft zu rechnen. Eines kann freilich auch als gesichert gelten: Die Kommunen werden auf absehbare Zeit ihre starke Stellung in der Abfallwirtschaft behalten.

B. Unionsrechtliche und verfassungsrechtliche Rahmenbedingungen der kommunalen Abfallwirtschaft

10 Nach § 15 KrW-/AbfG haben die Kommunen als öffentlich-rechtliche Entsorgungsträger die in ihrem Gebiet angefallenen und überlassenen Abfälle aus priva-

ten Haushalten und die Abfälle zur Beseitigung aus anderen Herkunftsbereichen nach Maßgabe der §§ 4 – 7 KrW-/AbfG zu verwerten oder nach Maßgabe der §§ 10 – 12 KrW-/AbfG zu beseitigen. § 13 Abs. 1 Krw-/AbfG regelt ergänzend dazu, dass ihnen Abfälle aus privaten Haushalten grds. insgesamt und aus anderen Herkunftsbereichen die Abfälle zur Beseitigung zu überlassen sind. Diese Bestimmungen stellen für die kommunale Abfallwirtschaft die **Basis ihrer Tätigkeit** dar. Vor dem Hintergrund der europäischen **Warenverkehrsfreiheit** und der Neigung des Gesetz- und Verordnungsgebers, über das Vehikel der Produktverantwortung oder zur **Liberalisierung** bisher **öffentlicher Aufgaben** Teilbereiche aus dieser Aufgabe herauszubrechen, aber auch angesichts der Forderungen insbesondere der privaten Entsorgungswirtschaft nach weitgehender Privatisierung der Abfallwirtschaft, stellt sich die Frage, ob diese Aufgabenstruktur **EU-rechtlich abgesichert** ist und welche Möglichkeiten zur Veränderung der nationale Gesetzgeber insbesondere vor dem Hintergrund der **Garantie kommunaler Selbstverwaltung** des Art. 28 Abs. 2 GG hat.

I. EU-rechtlicher Rahmen

Abfälle sind Waren und haben deshalb als solche grds. am **freien Warenverkehr** 11
teil[48]. Vor diesem Hintergrund sind Überlassungspflichten, wie sie in § 13 Abs. 1 KrW-/AbfG normiert sind, EU-rechtlich rechtfertigungsbedürftig. Zwingende Vorgaben dazu, ob die Abfallentsorgung in privater oder öffentlicher Trägerschaft auszugestalten ist, enthält das EU-Recht trotz dieser Klassifizierung von Abfällen als Waren nicht[49].

1. Bedeutung des Art. 16 AbfallRRL

Art. 16 Abs. 1 AbfallRRL[50] verpflichtet die Mitgliedstaaten allerdings, geeignete 12
Maßnahmen zur Schaffung eines integrierten und angemessenen Netzes von Abfallbeseitigungsanlagen und Anlagen zur Verwertung von Siedungsabfällen zu schaffen, die bei privaten Haushalten eingesammelt worden sind. Dieses Netz muss es Art. 16 Abs. 3 AbfallRRL zufolge gestatten, dass die Abfälle in einer am nächsten gelegenen Anlage verwertet werden. Zum **Schutz der Anlageninfrastruktur** können die Mitgliedstaaten nach Art. 16 Abs. 1 UAbs. 2 AbfallRRL **Verbringungen** auch von **Verwertungsabfällen begrenzen**, wenn erwiesen ist, dass diese zur Folge hätte, dass inländische Abfälle beseitigt werden müssten oder dass sie in einer Weise behandelt würden, die mit Abfallwirtschaftsplänen nicht im Einklang steht. Manche sehen hierin eine EU-rechtliche Absicherung der kommunalen Abfallwirtschaft.[51] Das ist indessen unzutreffend. Denn über die

48 EuGH, Slg. 1992, I-4431 Rn. 23 ff. – Wallonien-. Dazu *Karpenstein* (Fn. 44), S. 57 f.

49 *Dieckmann/Reese* (Fn. 33), § 6 Rn. 74.

50 Richtlinie 2008/98/EG des Parlaments und des Rates v. 19.11.2008 über Abfälle, ABl L 312/3 v. 22.11.2008.

51 *Gaßner/Thärichen*, AbfallR 2009, 18, 26 f.

Trägerschaft der Abfallentsorgung trifft Art. 16 Abs. 1, 3 AbfallRRL **keine Aussage**. Darüber entscheiden die Mitgliedstaaten vielmehr nach Ermessen. Art. 16 AbfallRRL kann vor diesem Hintergrund deshalb nur entnommen werden, dass zugunsten der Entsorgung von Hausmüll EU-rechtlich Schutzmechanismen greifen sollen und ein Export von Abfällen zur Verwertung aus privaten Haushalten unterbunden werden kann, wenn dieser mit den Abfallwirtschaftsplänen kollidiert. Art. 16 AbfallRRL bewirkt damit nur dann einen Schutz zugunsten der kommunalen Entsorgungsträger, wenn deren abfallwirtschaftliche Aufgabenstellung und insbesondere die Überlassungspflichten des § 13 Abs. 1 KrW-/AbfG EU-rechtlich anderweitig abgesichert werden können. Eines allerdings stellt Art. 16 AbfallRRL sicher: Zur Gewährleistung der dort genannten Prinzipien der Entsorgungsautarkie und des Näheprinzips sind die Mitgliedstaaten auf der Grundlage des Art. 16 AbfallRRL **ermächtigt, gesetzliche Überlassungspflichten einzuführen** oder **beizubehalten.**[52] Mit dem Primärrecht steht dies in Einklang.[53] Letztlich trägt Art. 16 AbfallRRL damit sicherlich zur **Sicherung des Kernbereichs** kommunaler Abfallentsorgung bei. Veränderungen in der Aufgabenträgerschaft vermag diese Norm indessen nicht zu hindern. Vielmehr ist hierüber nur ein solches Mindestmaß an Überlassungspflichten EU-rechtlich abgesichert, das erforderlich ist, um im Einklang mit den Grundsätzen der Entsorgungsautarkie und der Nähe eine Entsorgung von Haushaltabfällen einschließlich ihrer Verwertung sicherzustellen. Insbesondere Regelungen, die die Verwertung weiterer verwertbare Stoffströme (etwa stoffgleiche Nichtverpackungen) im Rahmen der Produktverantwortung Privaten zuweisen, können mit Art. 16 AbfallRRL vereinbar sein. Einen **Anspruch** auf die Entsorgung dieser Materialien und damit auf die **Trägerschaft einer Wertstofftonne** vermittelt diese Regelung den Kommunen nicht. Dagegen sprechen im Übrigen auch Art. 8 und 11 AbfallRRL, die einerseits die Mitgliedstaaten ermächtigen, den Herstellern Rücknahmepflichten im Interesse der Verwertung aufzuerlegen (Art. 8 Abs. 1 UAbs. 2 AbfallRRL) und sie andererseits verpflichten, ab 2015 eine getrennte Sammlung von Papier, Metall, Kunststoff und Glas zu organisieren (Art. 11 Abs. 1 UAbs. 3 AbfallRRL).

2. Bedeutung des Art. 14 AEUV

13 Auch Art. 14 AEUV gibt für eine Absicherung der kommunalen Abfallwirtschaft als Aufgabe der Daseinsvorsorge wenig her.[54] Zwar hebt Art. 14 AEUV, wie schon Art. 16 EG-Vertrag, den besonderen Stellenwert der Dienste von allgemeinem wirtschaftlichem Interesse hervor. Nach dieser Vorschrift tragen Union und Mitgliedstaaten „unbeschadet der Art. 93, 106 und 107" dem hohen Stellenwert der Dienste von allgemeinem wirtschaftlichem Interesse innerhalb ihrer jeweiligen Kompetenzen Rechnung. Insbesondere tragen sie dafür „Sorge, dass die Grund-

---

[52] *Dieckmann*, ZUR 2008, 505, 509; *Karpenstein* (Fn. 44), S. 53 ff, 56 ff; *Petersen*, ZUR 2007, 449, 456; *ders.*, ZUR 2008, 154, 159; *Schink*, AbfallR 2007, 50, 53.

[53] *Karpenstein* (Fn. 44), S. 57 ff.; a. A. *Oexle*, ZUR 2007, 460, 464 f.

[54] Weitergehend: *Gruneberg/Wenzel*, AbfallR 2010, 162, 163; *Queitsch*, AbfallR 2010, 188, 191.

sätze und Bedingungen für das Funktionieren dieser Dienste so ausgestaltet sind, dass sie ihren Aufgaben nachkommen können." Diese Vorschrift ist allerdings so **unbestimmt**, dass aus ihr nach allgemeiner Auffassung **keine konkreten Schlüsse** gezogen werden können.[55] Vielmehr stellt der AEUV unmissverständlich klar, dass sich die Befugnisse der Mitgliedstaaten nicht unmittelbar aus Art. 14 AEUV ergeben können, sondern es einer zielkonformen Auslegung der einschlägigen Befugnissnormen bedarf. Gemeint ist insbesondere Art. 106 Abs. 2 AEUV, der im Lichte des Art. 14 AEUV nicht dazu führen darf, dass die Funktionsfähigkeit der im allgemeinen wirtschaftlichen Interesse ausgestalteten Dienste generell gefährdet wird.[56]

Auch mit dem **Protokoll Nr. 26 zum Vertrag von Lissabon** dürften sich Überlassungspflichten für Wertstoffe kaum begründen lassen. Dieses Protokoll hebt zwar mit Blick auf Art. 14 AEUV hervor, dass die Mitgliedstaaten dafür zuständig sind, auf welche Weise Dienste von allgemeinem wirtschaftlichen Interesse „in Auftrag zu geben und zu organisieren sind" (Art. 1, 1. Spiegelanstrich). Es betont überdies die „Vielfalt der jeweiligen Dienstleistungen von allgemeinem wirtschaftlichen Interesse und die Unterschiede bei den Bedürfnissen und Präferenzen der Nutzer" (Art. 1, 2. Spiegelanstrich). Daraus kann jedoch kaum geschlossen werden, dass dieses Protokoll die Tatbestandsvoraussetzungen des Art. 106 Abs. 2 AEUV verdrängt. Das Protokoll mag zwar den Gestaltungs- und den Prognosespielraum der Mitgliedstaaten bei der Anwendung des Art. 106 Abs. 2 AEUV etwas erweitern.[57] In der Sache ändert dieses Protokoll aber nichts daran, dass Art. 14 AEUV nicht mehr bewirken soll, als dass die Funktionsfähigkeit der Dienste von allgemeinem wirtschaftlichen Interesse **nicht an den marktwirtschaftlichen Regeln scheitern** soll. 14

3. Bedeutung des Art. 106 Abs. 2 AEUV

Überlassungspflichten zugunsten der Kommunen und damit die Abfallwirtschaft als Aufgabe kommunaler Daseinsvorsorge können damit insgesamt letztlich nur über Art. 106 Abs. 2 AEUV gerechtfertigt werden. Auf Unternehmen, die mit **„Dienstleistungen von allgemeinem wirtschaftlichen Interesse"** betraut sind, finden hiernach die Regeln des AEUV und insbesondere die Wettbewerbsregeln nur Anwendung, „soweit die Anwendung dieser Vorschriften nicht die Erfüllung der ihnen übertragenen Aufgabe rechtlich oder tatsächlich verhindert." 15

Ob und in welchem Umfang sich Überlassungspflichten insbesondere für verwertbare Stoffe aus privaten Haushalten für die öffentlich-rechtlichen Entsorgungsträger auf Art. 106 Abs. 2 AEUV stützen lassen, ist umstritten. Während manche aus dem EU-Sekundärrecht eine Sperrwirkung für Art. 106 Abs. 2 AEUV 16

---

55 *Schink*, DVBl 2005, 861, 868 m. w. N.; *Kotzur*, in: Geiger/Khan/Kotzur, EUV/AEUV, 5. Aufl. 2010, Art. 14 Rn. 5, 7; *Hatje*, in: Schwarze, EU-Kommentar, 2. Aufl. 2008, Art. 16 EGV Rn. 7.

56 *Koenig/Kühling*, in: Streinz (Hrsg.), EGV/EUV, Art. 16 EGV Rn. 10.

57 In diesem Sinne *Blanke*, DVBl. 2010, 1333, 1342.

ableiten wollen[58], stellen andere das weite Ermessen der Mitgliedstaaten bei der kommunalen Daseinsvorsorge in den Vordergrund.[59]

17 Der Europäische Gerichtshof hat sich zu der Frage, in welchem Umfang Überlassungspflichten für Wertstoffe auf Art. 106 Abs. 2 AEUV gestützt werden können, bislang noch nicht geäußert. Allerdings hat er im *Kopenhagen*-Urteil die „Beseitigung eines Umweltproblems" als typischen Fall für eine „im allgemeinen Interesse" erbrachte Dienstleistung genannt. Er hat ferner in der Rechtssache *Gemeente Arnhem/BFI Holding* entschieden, dass „das Abholen und die Behandlung von Haushaltsabfällen ... unbestreitbar eine im Allgemeininteresse liegende Aufgabe" sei. "Sie kann möglicherweise durch das Angebot von Dienstleistungen der Müllabfuhr, das zur Gänze oder zum Teil private Unternehmer den Bürgern machen, nicht in dem Maß erfüllt werden, das aus Gründen der öffentlichen Gesundheit und des Umweltschutzes für erforderlich gehalten wird. Daher gehört sie zu denjenigen Aufgaben, die ein Staat von Behörden wahrnehmen lassen kann oder auf die er einen entscheidenden Einfluss behalten möchte".[60] Daraus lässt sich folgern, dass der EuGH **Überlassungspflichten für Hausmüll** im Grundsatz als von **Art. 106 Abs. 2 AEUV gedeckt** ansieht. Gestützt wird dies auch dadurch, dass den Mitgliedstaaten bei der Definition ihrer allgemeinen wirtschaftlichen Interessen eine erhebliche **Beurteilungsprärogative** eingeräumt ist.[61] Der Vertrag von Lissabon betont in seinem Protokoll Nr. 26 ausdrücklich „die wichtige Rolle" und den „weiten Ermessensspielraum", der den „nationalen, regionalen und lokalen Behörden" in der Frage zusteht, „wie Dienste von allgemeinem wirtschaftlichem Interesse auf eine den Bedürfnissen der Nutzer so gut wie möglich entsprechenden Weise zur Verfügung zu stellen, in Auftrag zu geben und zu organisieren sind". Welche Dienste als Dienstleistungen von allgemeinem wirtschaftlichen Interesse angeboten werden, bestimmen hiernach primär die Mitgliedstaaten und ihre Gebietskörperschaften, nicht aber die EU-Organe.[62]

18 Zwar setzt Art. 106 Abs. 2 AEUV nach seinem Wortlaut den konkreten Nachweis voraus, dass die uneingeschränkte Anwendung des EU-Rechts die Erfüllung der den Unternehmen übertragenen besonderen Aufgabe rechtlich oder tatsächlich „verhindern" würde. Allerdings entspricht es gefestigter Rechtsprechung des EuGH, dass einem mit Dienstleistungen von allgemeinem wirtschaftlichem Interesse betrauten Unternehmen auch insoweit ausschließliche Rechte – hier: Überlassungspflichten – eingeräumt werden dürfen, „um es ihm zu ermöglichen, seine im allgemeinen Interesse liegende Aufgabe zu erfüllen, und zwar zu wirtschaftlich

58 *Pauly/Heidmann*, AbfallR 2010, 291, 294 ff.; *Hurst*, AbfallR 2010, 180, 183 f.

59 *Reese/Koch*, DVBl. 2010, 1393, 1396 f.; *Gruneberg/Wenzel*, AbfallR 2010, 162, 166; *Queitsch*, AbfallR 2010, 188, 191.

60 EuGH Rs. C-360/96, *Gemeente Arnhem/BFI Holding BV*, Slg. 1998, I-6821, Rn. 52.

61 In diesem Sinne EuG Rs. T-106/95, *FFSA*, Slg. 1997, II-229, Rn. 192; *Pernice/Wernicke*, in: Grabitz/Hilf, Art. 86 EGV Rn. 38-39. Speziell für abfallwirtschaftliche Dienstleistungen: *Reese/Koch*, DVBl 2010, 1393, 1397.

62 Mitteilung der Kommission an das Europäische Parlament und den Rat: „Dienstleistungen von allgemeinem Interesse unter Einschluss von Sozialdienstleistungen": Europas neues Engagement, 20.11.2007, unter Ziff. 4.

annehmbaren Bedingungen".[63] Es ist nach dieser Rechtsprechung grundsätzlich nicht erforderlich, dass das wirtschaftliche Überleben des betrauten Unternehmens ohne das Ausschließlichkeitsrecht bedroht ist.[64] Vielmehr genügt es, dass das in Rede stehende **Ausschließlichkeitsrecht tatsächlich erforderlich** ist, um seinem Inhaber „die Erfüllung seiner im allgemeinen wirtschaftlichen Interesse liegenden Aufgaben zu **wirtschaftlich annehmbaren Bedingungen** zu ermöglichen".[65]

In diesem Zusammenhang hat der EuGH ausdrücklich klargestellt, dass die Verpflichtung des mit dieser Aufgabe Betrauten, seine Dienstleistungen unter wirtschaftlich ausgewogenen Bedingungen sicherzustellen, die Möglichkeit eines **Ausgleichs** zwischen den **rentablen** und den **weniger rentablen Tätigkeitsbereichen** voraussetze. Die Mitgliedstaaten seien daher „zur Einschränkung des Wettbewerbs von Seiten einzelner Unternehmer in wirtschaftlich rentablen Bereichen" befugt.[66] Um zu verhindern, dass gewerbliche Konkurrenten ihre Dienstleitungsangebote lediglich auf die rentablen „Rosinen" beschränkten und damit den finanziellen Ausgleich des betrauten „Universalanbieters" erschwerten, kann ein umfassendes Ausschließlichkeitsrecht gerechtfertigt sein.[67] **19**

Das BVerwG hat in seinem **Altpapier-Urteil** vom 18.6.2009 nicht zuletzt vor dem Hintergrund dieser Rechtsprechung des EUGH Art. 106 Abs. 2 AEUV einen umfassenden Rechtfertigungsgrund für Überlassungspflichten auch für Wertstoffe entnommen. Da nach der EuGH-Rechtsprechung das Abholen und die Behandlung von Haushaltsabfällen eine im Allgemeininteresse liegende öffentliche Aufgabe sei, gehöre diese zu denjenigen Aufgaben, „auf die er entscheidenden Einfluss behalten dürfe".[68] Öffentlich-rechtliche Entsorgungsträger könnten sich bereits dann auf 106 Abs. 2 AEUV berufen, wenn die öffentliche Aufgabe unter den Voraussetzungen des freien Wettbewerbs nicht mehr zu wirtschaftlich annehmbaren bzw. ausgewogenen Bedingungen erfüllt werden kann, wobei es insbesondere auf die Möglichkeit einer Quersubventionierung innerhalb einer öffentlichen Aufgabe als Voraussetzung ausgewogener wirtschaftlicher Bedingungen der Aufgabenerfüllung ankomme.[69] Angesichts zu erwartender „Funktionsstörungen" bei einer Freigabe des Wettbewerbs im Markt um Abfälle aus privaten Haushaltungen sei daher eine Aufgabenzuweisung an den öffentlichen Entsorgungsträ- **20**

---

63 EuGH Rs. C-320/01, *Corbeau*, Slg. 1993, I-2533, Rn. 14 ff.

64 EuGH Rs.C-340/99, *TNT Traco*, Slg. 2001, I-4109, Rn. 54; *Schink*, DVBl. 2003, 861, 867.

65 EuGH Rs. C-162/06, *International Mail Spain*, Slg. 2007 I-9911, Rn. 34; EuGH Rs.C-340/99, *TNT Traco*, Slg. 2001, I-4109, Rn. 54.

66 EuGH Rs. C-162/06, *International Mail Spain*, Slg. 2007 I- 9911, Rn. 36; EuGH Rs. C-320/91, *Corbeau*, Slg. 1993, I-2533, Rn. 17.

67 EuGH Rs. C-162/06, *International Mail Spain*, Slg. 2007 I- 9911, Rn. 36; EuGH Rs. C-320/91, *Corbeau*, Slg. 1993, I-2533, Rn. 17; EuGH Rs. C-475/99, *Ambulanz Glöckner*, Slg. 2001, I-8089; *Mestmäcker/Schweitzer*, in: Mestmäcker (Hrsg.) Kommentar zum Wettbewerbsrecht, 3. Aufl. 2009, Art. 31, 86 Abs. 2 EG Rn. 91.

68 BVerwGE 134, 154 (165) unter Berufung auf EuGH Rs. C-360/96, BFI-Holding, Slg. 1998, I-6846 Rn. 52.

69 BVerwGE 134, 154 (165) unter Berufung auf EuGH Rs. C-320/91, Corbeau, Slg. 1993, I-2533 Rn. 17 f.

ger gerechtfertigt. Die verlässliche Aufgabenerfüllung der Hausmüllentsorgung setze ein Mindestmaß an Planbarkeit voraus, das bei einem ungehinderten Zugriff privater Dritter nicht gewährleistet wäre.[70]

21 Das BVerwG ist zutreffend davon ausgegangen, dass sich öffentlich-rechtliche Entsorger und die von ihnen betrauten Drittunternehmen auch dort auf Art. 106 Abs. 2 AEUV berufen können, wo das Sekundärrecht Regelungen zum Schutz dieser Unternehmen bereithält.[71] So hat der EuGH in der Rechtssache *International Mail* Spain die Beachtlichkeit von Art. 106 Abs. 2 AEUV ausdrücklich hervorgehoben, obgleich die einschlägige EU-Postdienste-Richtlinie ausdrückliche Vorschriften über den Ausschluss des Wettbewerbs zugunsten der marktbeherrschenden Anbieter vorsieht.[72] Es kommt folglich nicht darauf an, ob die AbfallRRL oder die Abfallverbringungsverordnung Vorschriften enthalten, die Dienstleistungen von allgemeinem wirtschaftlichen Interesse (ebenfalls) zu schützen beabsichtigen.[73] Auf Art. 16 AbfallRRL und Art. 3 Abs. 5 AbfallVerbrVO kommt es deshalb im vorliegenden Zusammenhang nicht an.

22 Problematisch an den europarechtlichen Darlegungen des BVerwG ist allerdings, dass dort zum **Kriterium der Erforderlichkeit** in Art 106 Abs. 2 AEUV nicht näher Stellung genommen wird. Das BVerwG hat weder erörtert, ob eingeschränkte Überlassungspflichten die Funktionsfähigkeit der öffentlich-rechtlichen Entsorgung tatsächlich beeinträchtigen, noch hat es dargelegt, dass für höherwertige und effizientere Dienstleistungen keine Ausschließlichkeitsrechte begründet werden können. Das Urteil ist deshalb im Schrifttum auf Kritik gestoßen.[74] Auch die EU-Kommission hat sich in einem ersten Auskunftsersuchen mit kritischen Rückfragen an die Bundesregierung gewandt.[75]

23 Die genannten Fragen sind für eine EU-rechtlich Rechtfertigung von Überlassungspflichten entscheidend, und zwar auch bei einer großzügigen Betrachtung, wie sie vom BVerwG[76] vertreten wird. Deshalb ist z. B. eine **einengende Auslegung von öffentlichen Interessen** i. S. d. § 13 Abs. 3 Nr. 3 KrW-/AbfG, die einer gewerblichen Sammlung entgegenstehen können, entgegen der Auffassung des BVerwG EU-rechtlich nicht nur zulässig, sondern auch – de lege ferenda – **geboten.**[77] Einschränkungen der Warenverkehrsfreiheit und damit Überlassungspflichten können nach Art. 106 Abs. 2 AEUV nur dann gerechtfertigt werden, wenn sie **verhältnismäßig** sind. Ihre Rechtfertigung scheidet deshalb z. B. aus, wenn der öffentlich-rechtliche Entsorgungsträger nicht in der Lage oder nicht willens ist,

---

[70] BVerwGE 134, 154 (165) unter Berufung auf EuGH Rs. C-209/98, Kopenhagen, Slg. 2000, I-3743 Rn. 78 f., 81.

[71] *Reese/Koch,* DVBl. 2010, 1393, 1396 f.; a. A. *Pauly/Heidmann,* AbfallR 2010, 291, 294 ff.

[72] EuGH Rs. C-162/06, *International Mail Spain*, Slg. 2007, I-9911 Rn. 37.

[73] So aber *Pauly/Heidmann*, AbfallR 2010, 291, 294 ff.

[74] *Dieckmann*, AbfallR 2009, 270, 272 f.; *Karpenstein*, AbfallR 2009, 247, 248 f.; *Beckmann/Wittmann*, AbfallR 2009, 235, 244.

[75] Auskunftsverlangen der Europäischen Kommission v. 9.4.2010, COMP/B-1/39734 .

[76] Ebenso: *Reese/Koch*, DVBl. 2010, 1393, 1397 f.

[77] Wie hier: *Karpenstein* (Fn. 44), S. 77 ff., 80 f.

bestimmt Dienstleistungen im Verwertungsbereich anzubieten.[78] Auch wird eine kommunale Wertstofferfassung für Verpackungen kaum mit Überlassungspflichten unterlegt werden können, da diese Aufgabe ohne Beeinträchtigung der Funktionsfähigkeit der kommunalen Abfallentsorgung bereits seit langem außerhalb der kommunalen Abfallentsorgung von Privaten wahrgenommen wird. Ein Zurückdrehen durchgeführter Liberalisierungen im Bereich von Wertstoffen dürfte mit Art. 106 Abs. 2 AEUV nur schwerlich in Einklang zu bringen sein.

II. Sicherung der kommunalen Abfallwirtschaft durch die Garantie kommunaler Selbstverwaltung, Art. 28 Abs. 2 GG

Die Kommunen als öffentlich-rechtliche Entsorgungsträger nehmen die Aufgabe **24** der Abfallentsorgung als **Selbstverwaltungsangelegenheit** wahr. Rechtliche Änderungen im Aufgabenbestand und in der Art und Weise der Aufgabenwahrnehmung bedürfen deshalb nach Art. 28 Abs. 2 S. 1 GG einer verfassungsrechtlichen Rechtfertigung.

1. Schutzwirkung der Selbstverwaltungsgarantie

Die institutionelle Garantie kommunaler Selbstverwaltung gewährleistet den **25** Kommunen einen bestimmten Aufgabenbestand sowie das Recht zur eigenverantwortlichen Aufgabenwahrnehmung (sog. Rechtsinstitutionsgarantie). Träger der kommunalen Selbstverwaltung sind auf der örtlichen Ebene die Gemeinden (Art. 28 Abs. 2 Satz 1 GG) und auf der überörtlichen die Gemeindeverbände, zu denen insbesondere die Kreise gehören (Art. 28 Abs. 2 Satz 2 GG). In beiden Fällen entfaltet die Selbstverwaltungsgarantie Schutzwirkung. Das gilt insbesondere für die kommunale Eigenverantwortlichkeit. Diese ist beiden kommunalen Ebenen mit gleicher Wirkung und Schutzintensität verfassungsrechtlich verbürgt.[79] Unterschiede bestehen freilich bei der Aufgabengarantie: Diese erstreckt sich bei den Gemeinden nach Art. 28 Abs. 1 Satz 1 GG auf alle Angelegenheiten der örtlichen Gemeinschaft, während die Aufgaben der Kreise von gesetzlicher Zuweisung abhängig sind (Art. 28 Abs. 1 Satz 2 GG). Insoweit ist die Schutzwirkung des Art. 28 Abs. 2 GG deshalb unterschiedlich[80] und in Folge dessen ggf. eine differenzierte Betrachtung der gemeindlichen und der Kreisebene geboten.

---

[78] EuGH, Rs. C-475/99, *Ambulanz Glöckner*, Slg. 2001, I-8089, Rn. 64; *Karpenstein* (Fn. 44), S. 81.

[79] BVerfG, Beschl. v. 7.2.1991 – 2 BvL 24/84 -, BVerfGE 83, 363, 383; *Schink*, VerwArch 81 (1990), 385, 394: *Schoch*, Verfassungsrechtlicher Schutz der kommunalen Finanzautonomie, 1997, S. 106.

[80] Dazu BVerfG, Beschl. v. 7.2.1991 – 2 BvL 24/84 -, BVerfGE 83, 363, 383; *Schoch*, DVBl. 1995, 1074 ff.; *ders.*, Stand der Dogmatik, in: Henneke/Meyer (Hrsg.), Kommunale Selbstverwaltung zwischen Bewahrung, Bewährung und Entwicklung, 2005, S. 11, 38.

2. Veränderungen im Aufgabenbestand

26 a) **Die Abfallwirtschaft als Angelegenheit der örtlichen Gemeinschaft.** Den Gemeinden sind verfassungsunmittelbar alle Angelegenheiten der örtlichen Gemeinschaft zur Erledigung zugewiesen (→ Bd. 1, § 11 Rn. 6 ff.). Darunter sind alle Angelegenheiten bzw. Aufgaben zu verstehen, die in der örtlichen Gemeinschaft wurzeln oder auf sie einen spezifischen Bezug haben, die also den Gemeindeeinwohnern gerade als solchen gemeinsam sind, indem sie das Zusammenleben und –wohnen der Menschen in der politischen Gemeinde betreffen; auf die Verwaltungskraft der Gemeinde kommt es hierbei nicht an.[81] Auch den Kreisen ist ein Mindestbestand an Selbstverwaltungsaufgaben verfassungskräftig verbürgt: Ihr Aufgabenbestand ist zwar von gesetzlicher Zuweisung abhängig; dabei darf es sich jedoch nicht nur um Aufgaben des übertragenen Wirkungskreises handeln. Der Gesetzgeber muss ihnen bestimmte Aufgaben als Selbstverwaltungsaufgaben, also kreiskommunale Aufgaben des eigenen Wirkungskreises zuweisen.[82]

27 Die erste Frage, die sich im vorliegenden Zusammenhang stellt, ist, ob die **Abfallentsorgung** insgesamt zu den **Angelegenheiten der örtlichen Gemeinschaft** gehört und von daher unter die Aufgabengarantie des Art. 28 Abs. 2 GG fällt. Besitzt eine Aufgabe keinen wesentliche örtlichen Bezug mehr, wird sie vom Gewährleistungsgehalt des Art. 28 Abs. 2 S. 1 GG nicht (mehr) erfasst; der Gesetzgeber ist dann in der Zuordnung der Aufgabe frei.[83] Das BVerfG hat die Abfallentsorgung zu den Angelegenheiten der örtlichen Gemeinschaft gerechnet.[84] Dabei hat es allerdings betont, dass es keinen ein für allemal feststehenden Aufgabenkreis der Gemeinden gibt und dass dieser auch nicht für alle Gemeinden, unabhängig von ihrer Größe und Struktur gleich sein kann. Die Prüfung, ob eine Aufgabe sich als Angelegenheit der örtlichen Gemeinschaft darstelle, habe differenziert nach der Größe der Gemeinden anhand von Sachkriterien unter Orientierung an den **Anforderungen** zu erfolgen, die an eine **ordnungsgemäße Aufgabenerfüllung** zu stellen sind. Bei der Einschätzung der örtlichen Bezüge einer Aufgabe und ihres Gewichts komme dem Gesetzgeber eine Einschätzungsprärogative zu, wobei er auch typisieren dürfe.[85] Wichtig dabei ist, dass im Rahmen der Leistungsfähigkeit der Kommunen eine **differenzierte Betrachtung** angezeigt sein kann. Abzustellen ist darauf, was Kommunen einer bestimmten Größe bei entsprechender Ausstattung leisten können.[86] Dabei kommt es auf die Funktions-

---

[81] BVerfG, Beschl. v. 23.11.1988 – 2 BvR 1619, 1628/83 -, BVerfGE 79, 127, 151 f. (Rastede).

[82] BVerfG, Beschl. v. 7.2.1991 – 2 BvL 24/84 -, BVerfGE 83, 363, 383.

[83] BVerfG, Beschl. v. 23.11.1988 – 2 BvR 1619, 1628/83 -, BVerfGE 79, 127, 152 (Rastede); Beschl. v. 18.5.2004 – 2 BvR 2374/99 -, BVerfGE 110, 370, 400 (Gesetzlicher Klärschlammfond).

[84] BVerfG, Beschl. v. 23.11.1988 – 2 BvR 1619, 1628/83 -, BVerfGE 79, 127, 156 f. (Rastede).

[85] BVerfG, Beschl. v. 23.11.1988 – 2 BvR 1619, 1628/83 -, BVerfGE 79, 127, 152 f. (Rastede).

[86] *Maurer*, DVBl 1995, 1043; *Templin*, VerwArch 100 (2009), 529, 544.

fähigkeit an; die Aufgabe muss aufgrund ihrer technischen und wirtschaftlichen Anforderungen überhaupt sinnvoll von Kommunen bestimmter Größenordnung erledigt werden können. Anderenfalls müsste von der kleinsten Gemeinde ausgegangen werden, was die Selbstverwaltung weitgehend inhaltleer machen würde.[87]

Bei Anwendung dieser Grundsätze ist eine differenzierte Betrachtung geboten: 28
Die Aufgabe der **Abfallsammlung** kann auch heute sicher noch zu den Angelegenheiten der örtlichen Gemeinschaft gerechnet werden. Denn die Gemeinden sind, gemessen an den an die Erfassung von Haushaltsabfällen zu stellenden Anforderungen, in der Lage, eine Sammlung der Wertstoffe ordnungsgemäß zu organisieren. Dazu können sie eigene Einrichtungen schaffen und nutzen. Sie können sich auch kommunaler Zusammenschlüsse bedienen. Schließlich können sie auf die Drittbeauftragung und damit private Unternehmen zur Erfüllung dieser Aufgabe zurückgreifen. Die Erfassung von Abfällen überschreitet nicht generell die Organisationskraft der Gemeinden. Die Wertstofferfassung als kommunale Aufgabe hat damit am Gewährleistungsgehalt des Art. 28 Abs. 2 Satz 1 GG teil.

Ob dies auch für die **weiteren Phasen der Abfallentsorgung** und damit insbe- 29
sondere für die **Sortierung und Verwertung** von Wertstoffen oder die **Beseitigung** von Abfällen gilt, ist zweifelhaft. Schon angesichts der in kleinen Gemeinden anfallenden geringen Mengen von Wertstoffen dürfte eine Sortierung und Verwertung dieser Stoffe in kommunaler Regie häufig grob unwirtschaftlich sein. Erforderlich für eine, auch wirtschaftlichen Notwendigkeiten Rechnung tragende Aufgabenerledigung ist eine Sortierung und Verwertung in größeren Mengen. Auch die technische Entwicklung hin zu großen leistungsfähigen automatisierten Sortieranlagen erfordert heute einen großen Mengendurchsatz. Insoweit kann festgestellt werden, dass sich diese Aufgabe "entörtlicht" hat und Sortierung und Verwertung von Wertstoffen aus Haushalten nicht (mehr) zu den Angelegenheiten der örtlichen Gemeinschaft zu zählen ist. Bei großen Städten (und bei den Kreisen) hingegen dürfte dieser Prozess noch nicht eingetreten sein. Angesichts der anfallenden Mengen kann hier eine Sortierung und Verwertung noch technisch und wirtschaftlich sinnvoll erfolgen, wie die Beispiele der von ihnen praktizierten Papierverwertung, der Verwertung von Metallen, aber auch von Kunststoffen zeigen, so dass insoweit die Aufgabengarantie des Art. 28 Abs. 2 Satz1 GG die Aufgabe der Wertstoffsammlung, -sortierung und -verwertung erfasst. Für Die Beseitigung gilt Ähnliches: Die technischen Anforderungen an diese Aufgabe sind so gestiegen, dass sie von kleinen Gemeinden generell nicht mehr beherrscht werden können[88]. Auch insoweit nimmt die Aufgabe der Abfallentsorgung am Gewährleistungsgehalt des Art. 28 Abs. 2 GG auf der Ebene der Kreise und kreisfreien Städte, nicht hingegen der der kreisangehörigen Gemeinden teil.

b) Maßstäbe zur Rechtfertigung eines Aufgabenentzuges. Die Aufgabengaran- 30
tie ist in Art. 28 Abs. 2 GG nicht schrankenlos gewährleistet. Die gemeindliche Selbstverwaltung besteht nur „im Rahmen der Gesetze“, die der Gemeindeverbände, also der Kreise, nur „nach Maßgabe der Gesetze“. Dem Gesetzgeber sind da-

[87] *Schink*, VerwArch 81 (1990), 385, 405; *Templin*, VerwArch 100 (2009), 529, 544.
[88] *Schink*, in: Jarass/Petersen/Weidemann, KrW-/AbfG, § 15 Rn. 22.

mit Eingriffs- und Gestaltungsbefugnisse zugewiesen, die ihm Reglementierungen der kommunalen Selbstverwaltung ermöglichen. Dabei unterliegt der Gesetzgeber nach der Rechtsprechung des BVerfG einer doppelten Grenze: Eine absolute Eingriffsgrenze stellt der Kernbereich der Selbstverwaltung dar; diesen muss er unangetastet lassen, den Wesensgehalt der Selbstverwaltung darf er nicht aushöhlen (→Bd. 1, § 11 Rn. 18 ff.). Im Vorfeld besteht eine relative Eingriffsgrenze: der Gesetzgeber muss die normative Intention des Art. 28 Abs. 2 GG beachten und respektieren, den Bürgern ein eigenes Feld eigenverantwortlicher Aufgabenwahrnehmung zu garantieren.[89]

31 **aa) Reichweite des Kernbereichsschutzes**. Art. 28 Abs. 2 GG verbietet eine Verletzung des Kernbereichs der kommunalen Selbstverwaltung durch den Gesetzgeber. Es geht dabei um das Essentiale der Institution kommunale Selbstverwaltung, das man nicht entfernen kann, ohne deren Struktur oder Typus zu verändern. Nach der Rechtsprechung ist der Kernbereich zu bestimmen anhand der historischen Entwicklung und der verschiedenen Erscheinungsformen der kommunalen Selbstverwaltung; Fortentwicklungen im Rahmen des überkommenen Systems, die auf sachgerechten Gemeinwohlerwägungen beruhen, werden dadurch allerdings nicht ausgeschlossen.[90] Das BVerfG hat betont, dass zum Wesensgehalt der Selbstverwaltung kein gegenständlich bestimmter, nach bestimmten oder feststehenden Merkmalen bestimmbarer Aufgabenkatalog gehört, wohl aber die Befugnis der Gemeinden, sich aller öffentlichen Aufgaben ohne besonderen Kompetenztitel anzunehmen.[91]

32 Eine Verletzung des Kernbereichs kommunaler Selbstverwaltung stellt eine Aufgabenveränderung der kommunalen Abfallwirtschaft in aller Regel nicht dar. Etwas anderes dürfte nur bei einem vollständigen Entzug dieser Aufgabe gelten, nicht hingegen bei der Übertragung auch von Bestandteilen der Aufgabe Abfallwirtschaft, etwa der Wertstofferfassung aus Haushalten oder der Beseitigung von Gewerbeabfällen auf Private. Denn diese Aufgaben gehören **nicht** zu den **typusbestimmenden Merkmalen** kommunaler Selbstverwaltung. Auch ohne diese Aufgabe bleibt für die Selbstverwaltung noch ein ausreichendes Betätigungsfeld. Es lässt sich zwar bei historischer Betrachtung feststellen, dass die Kommunen die Abfallentsorgung schon seit langem organisiert und als Selbstverwaltungsaufgabe wahrgenommen haben. Daraus folgt aber nicht, dass diese Aufgabe auch typusbestimmend in dem Sinne wäre, dass sie den Gemeinden durch den Gesetzgeber nicht entzogen werden könnte. Denn es ist zu berücksichtigen, dass sich die Auf-

[89] BVerfG, Beschl. v. 23.11.1988 – 2 BvR 1619, 1628/83 -, BVerfGE 79, 127, 146 f. (Rastede); Beschl. v. 26.10.1994 – 2 BvR 445/91 -, BVerfGE 91, 228, 238 f. (Kommunale Gleichstellungsbeauftragte).

[90] BVerfG, Beschl. v. 23.11.1988 – 2 BvR 1619, 1628/83 -, BVerfGE 79, 127, 152 f. (Rastede); BVerfG, Beschl. v. 7.2.1991 – 2 BvL 24/84 -, BVerfGE 83, 363, 383; Beschl. v. 26.10.1994 – 2 BvR 445/91 -, BVerfGE 91, 228, 238 f. (Kommunale Gleichstellungsbeauftragte).

[91] BVerfG, Beschl. v. 23.11.1988 – 2 BvR 1619, 1628/83 -, BVerfGE 79, 127, 146 (Rastede).

gabe der Abfallentsorgung erheblich **gewandelt** hat. Die Fortentwicklung der Abfallentsorgung weg von der Beseitigung hin zur Kreislaufwirtschaft verdeutlicht diese Entwicklung. Dem Einsammeln und Befördern kommt heute lediglich eine Hilfsfunktion in der Abfallentsorgung zu.[92] Die Aufgaben der Verwertung und Vermarktung der Wertstoffe aus Abfällen werden heute nicht mehr ortsbezogen und für den größten Teil der verwerteten Stoffe auch nicht mehr von den Kommunen, sondern von Privaten in privater Verantwortung erledigt. Das gilt sowohl für die Wertstoffe aus Verpackungen als auch für die Verwertungsabfälle aus anderen Herkunftsbereichen als privaten Haushaltungen. Dieser Wandel in der Abfallwirtschaft, die deutliche Aufgabenverschiebung weg von einer auf Beseitigung ausgerichteten Abfallwirtschaft und hin zu einer Kreislaufwirtschaft mit überwiegend privater Verantwortung, hat zur Folge, dass die gemeindliche Selbstverwaltung in ihrer Struktur und ihrem Typus unangetastet bleibt, werden Aufgaben auf Private übertragen.

bb) Verletzung des Randbereichs (Vorfeldschutz). Die Aufgabengarantie des Art. 28 Abs. 2 GG erstreckt sich nicht nur auf den Kernbereich kommunaler Selbstverwaltung. Sie entfaltet auch im Vorfeld, im sog. Randbereich Schutzwirkung. Nach der Rechtsprechung des BVerfG gilt im Falle staatlicher Reglementierung des kommunalen Aufgabenbestandes ein materielles Aufgabenverteilungsprinzip hinsichtlich der Angelegenheiten der örtlichen Gemeinschaft, das der zuständige Gesetzgeber zu berücksichtigen hat.[93] Es gilt danach der **Vorrang der dezentralen Aufgabenverteilung** zu Gunsten der gemeindlichen Zuständigkeit (→ Bd. 1, § 11 Rn. 24 f., § 25 Rn. 14); eine Aufgabe mit relevantem örtlichen Charakter darf der Gesetzgeber den Gemeinden nur aus Gemeinwohlgründen entziehen.[94] Letzteres ist insbesondere der Fall, wenn anders die ordnungsgemäße Aufgabenerledigung nicht sicherzustellen ist; allein verwaltungspraktische oder Effizienzüberlegungen rechtfertigen den Aufgabenentzug nicht.[95] Verbreitet wird zur Konkretisierung dieses Prüfungsmaßstabes das **Übermaßverbot** herangezogen.[96] Dabei ist freilich auf eines hinzuweisen: Die Anwendung des Übermaßverbotes im vorliegenden Zusammenhang darf nicht mit einer Grundrechtsprüfung verwechselt werden. Vielmehr ist zu beachten, dass es im Rahmen der Prüfung der Verletzung eines Staatsorganisationsprinzips angewendet wird. Dessen besondere 33

[92] BVerfG, Beschl. v. 23.11.1988 – 2 BvR 1619, 1628/83 -, BVerfGE 79, 127, 159 (Rastede).

[93] BVerfG, Beschl. v. 23.11.1988 – 2 BvR 1619, 1628/83 -, BVerfGE 79, 127, 159 (Rastede); Beschl. v. 7.2.1991 – 2 BvL 24/84 -, BVerfGE 83, 363, 383.

[94] BVerfG, Beschl. v. 19.11.2002 – 2 BvR 329/97 -, BVerfGE 107, 1, 13; Beschl. v. 18.5.2004 – 2 BvR 2374/99 -, BVerfGE 110, 370, 400 (Gesetzlicher Klärschlammfond).

[95] BVerfG, Beschl. v. 23.11.1988 – 2 BvR 1619, 1628/83 -, BVerfGE 79, 127, 159 (Rastede).

[96] *Ehlers*, in: ders./Krebs (Hrsg.), Grundfragen des Verwaltungsrechts und des Kommunalrechts, 2000, S. 59, 83 ff.; *Kenntner*, DÖV 1998, 701, 710 f.; *Maurer*, DVBl. 1995, 1037, 1044 f; *Schink*, VerwArch 81 (1990), 401; bezogen auf die – hier in Rede stehende - subjektive Rechtsstellungsgarantie auch *Schoch* (Fn. 80), S. 29 f.

Schutzwirkung ist folglich stets zu beachten – mit der Folge, das auch „ein eher beiläufiges Vereinfachungs- oder Transparenzinteresse einen hinreichenden Grund für eine gesetzliche Regelung abgeben kann".[97]

34 Nach diesen Kriterien muss ein Entzug abfallwirtschaftlicher Aufgaben auf einem **legitimen öffentlichen Interesse** beruhen, zu seiner Verwirklichung geeignet und erforderlich sein und darf die Kommunen in ihrer Selbstverwaltung nicht übermäßig belasten. In diesem Zusammenhang kommt vor allem der **Produktverantwortung** eine besondere Bedeutung zu. Aufgabenzuweisungen an Private, die dem Ziel dienen, Hersteller von Produkten auch für ihre Entsorgung verantwortlich zu machen und damit zugleich über marktwirtschaftliche Instrumente Vermeidungs- und Verwertungspotentiale zu erschließen, können sich nicht zuletzt wegen Art. 8 AbfallRRL, der die Mitgliedstaaten zu solchen Maßnahmen ermächtigt, auf ein legitimes öffentliches Interesse stützen. Private Sammel- und Verwertungssysteme sind – je nach produktspezifischer Ausgestaltung - auch geeignet und erforderlich, dieses Ziel zu verfolgen. Der Gesetz- und Verordnungsgeber wird dabei allerdings stets sorgfältig prüfen müssen, ob ein solches privates System die Selbstverwaltung der Kommunen nicht über Gebühr belastet. Je mehr **Mitwirkungsmöglichkeiten den Kommunen**, etwa nach dem bei der Elektroschrottentsorgung praktizierten Modell der geteilten Verantwortung, eingeräumt werden, umso geringere Beeinträchtigungen des Selbstverwaltungsrechts sind hiermit verbunden. Der Gesetzgeber muss deshalb abwägen zwischen dem Ziel einer umfassenden – und dann rein privaten – Realisierung der Produktverantwortung und einer auch Selbstverwaltungsspielräume berücksichtigenden Mitwirkung der Kommunen. Freilich: Auch rein private Lösungen werden in aller Regel verhältnismäßig sein, denn trotz teilweisem Aufgabenentzug wird den Kommunen noch ein ausreichender Selbstverwaltungsspielraum belassen.

35 Wird den Kommunen eine **neue abfallwirtschaftliche Aufgabe** übertragen, etwa die Verantwortung für die Wertstofftonne, so ist auch dies an der Selbstverwaltungsgarantie des Art. 28 Abs. 2 GG zu messen. Neben der nach Landesrecht notwendigen Beachtung des finanzverfassungsrechtlichen Konnexitätsprinzips[98] bilden auch hier der Kernbereichsschutz und der Schutz des Randbereichs für den Gesetzgeber eine Grenze, die er bei Aufgabenübertragungen an die kommunale Ebene nicht überschreiten darf.[99]

---

[97] *Schmidt-Aßmann*, in: Henneke/Meyer (Hrsg.), Kommunale Selbstverwaltung zwischen Bewahrung, Bewährung und Entwicklung, 2005, S. 59, 77.

[98] Vgl. jüngst VerfGH Münster, Urt. v. 12.10.2010 zu Art. 78 Abs. 3 LV NRW (Az. 12/09).

[99] BVerfG, Beschl. v. 27.11.1987 – 2 BvR 1241/82 -, DVBl. 1987, 135 f. = NVwZ 1987, 123. Auch: VerfGH Münster, Urt. v. 22.9.1992 – VerfGH 3/91 -, DVBl. 1993, 197, 198; Urt. v. 11.7.1995 – VerfGH 21/93 -, DVBl. 1996, 97, 98 f., Urt. v. 9.12.1996 – VerfGH 11/95 u. a. -, DVBl. 1997, 483 f.; *Dreier*, in: ders. (Hrsg.), GG, 2. Aufl. 2006, Art. 28 Rn. 1200 ff.; *Schmidt-Jortzig*, Kommunalrecht, 1982, Rn. 110, 441 ff.; *Schoch* (Fn. 79), S. 122 f. Einschränkend BVerwG, DVBl. 1985, 926, 927; VerfGH Koblenz, Urt. v. 30.3.1982 – VGH 1/82 u. a. -,DVBl. 1982, 981; Urt. v. 18.3.1992 – VGH 3/91 -, NVwZ 1993, 159, 160; VerfGH Saarbrücken, Urt. v. 10.1.1994 – Lv 2/92 -, NVwZ-RR 1995,

3. Beeinträchtigungen der kommunalen Organisationshoheit durch organisatorische Vorgaben für die kommunale Abfallwirtschaft

Werden den Kommunen Vorgaben für die Ausgestaltung ihrer abfallwirtschaftlichen Aufgaben gemacht, beeinträchtigt dies die **kommunale Organisationshoheit**. Solche Vorgaben können z. B. in neuen technischen Anforderungen, Vorgaben für die Ausgestaltung von Sammel- und Sortiersystemen oder darin bestehen, dass den Kommunen vorgegeben wird, Leistungen der Wertstofferfassung im Wettbewerb zu vergeben und ihnen dabei untersagt wird, Aufgaben im Wege des In-Sich-Geschäfts an kommunale Unternehmen oder kommunale Gemeinschaftsunternehmen ohne Ausschreibung zu vergeben. 36

Die kommunale Organisationshoheit umschreibt die Befugnis der Kommunen zur eigenverantwortlichen Führung der Geschäfte. Insbesondere haben sie das Recht, die Art und Weise der Aufgabenerledigung selbst festzulegen.[100] Auch sie ist nicht schrankenlos gewährleistet. Ebenso wie die kommunale Aufgabengarantie unterliegt auch die kommunale Eigenverantwortlichkeit und damit die kommunale Organisationshoheit als Bestandteil dieser dem Kernbereichsschutz und dem Umfeldschutz. Nach der Rechtsprechung des Bundesverfassungsgerichts ist der Kernbereichsschutz im Bereich der kommunalen Eigenverantwortung freilich noch weniger ausgeprägt als beim Entzug oder der Übertragung von Aufgaben. Den Kernbereich macht hiernach nur ein **unantastbarer Grundbestand** an Organisationsnormen aus. Er ist nur dann verletzt, wenn eine staatliche Regelung „eine eigenständige organisatorische Gestaltungsfähigkeit der Kommunen im Ergebnis ersticken würde“, was vor allem dann der Fall wäre, wenn die Organisation der Kommune durch staatliche Behörden beliebig steuerbar wäre.[101] Diese Voraussetzungen erfüllen staatliche organisatorische Vorgaben für die Abfallwirtschaft ersichtlich in aller Regel nicht. Auch der Schutz des Randbereichs der kommunalen Organisationshoheit ist nicht sonderlich weitreichend. Nach der Rechtsprechung des Bundesverfassungsgerichts bedarf es für den Gesetzgeber im Unterschied zum Aufgabenentzug **keiner „spezifischen Rechtfertigung“** für organisatorische Vorgaben. Vorliegen müssen lediglich hinreichende **Gemeinwohlgründe**. Weiter muss den Kommunen trotz staatlicher Beschränkung ein hinreichender organisatorischer Spielraum bei der Wahrnehmung der einzelnen Aufgabe verbleiben.[102] Von 37

153, die eine Beeinträchtigung der Selbstverwaltungsgarantie verneinen, wenn die zusätzliche Aufgabe keine finanziellen Folgewirkungen hat, denn dann werde lediglich der Selbstverwaltungsspielraum erweitert. Dagegen mit Recht *Schoch* (Fn. 79), S. 118.

100 Zum Begriff der kommunalen Organisationshoheit BVerfG, Beschl. v. 7.2.1991 – 2 BvL 24/84 -, BVerfGE 83, 363, 382; Beschl. v. 26.10.1994 – 2 BvR 445/91 -, BVerfGE 91, 228, 236, 241; *Henneke*, in: Schmidt-Bleibtreu/Hofmann/Hopfauf, GG, 11. Aufl. 2008, Art. 28 Rn. 81; *Schliesky*, Die Verwaltung 2005, 339; *Frenz*, VerwArch 86 (1995), 378.

101 BVerfG, Beschl. v. 26.10.1994 – 2 BvR 445/91 -, BVerfGE 91, 228, 239; Beschl. v. 19.11.2002 – 2 BvR 329/97 -, BVerfGE 107, 1, 13. Kritisch dazu *Frenz*, VerwArch 86 (1995), 378.

102 BVerfG, Beschl. v. 26.10.1994 – 2 BvR 445/91 -, BVerfGE 91, 228, 241; VerfGH Greifswald, ZwischenUrt. v. 6.5.1999 – LVerfG 2/98 -, LKV 1999, 319, 320. Dazu auch *Dreier* (Fn. 99), Art. 28 Rn. 134.

einigen Landesverfassungsgerichten wird dem gegenüber das Übermaßverbot/Verhältnismäßigkeitsprinzip als Prüfungsmaßstab angewendet.[103] Insgesamt kann allerdings festgestellt werden, dass die gesetzlichen Eingriffsbefugnisse in die kommunale Organisationshoheit sehr weitgehend sind. Es genügt demnach, wenn marginale kommunale Gestaltungskompetenzen verbleiben, wie die Entscheidung des BVerfG zur Bestellung hauptamtlicher Gleichstellungsbeauftragter zeigt. Hinsichtlich des „Ob“ verblieb den Kommunen keine Freiheit. Angesichts der Weisungsfreiheit der Gleichstellungsbeauftragten haben sie lediglich noch Gestaltungsmöglichkeiten bei der organisatorischen Einbindung in die Kommunalverwaltung[104]. Geht man von diesen Kriterien aus, besitzt der Gesetz- und Verordnungsgeber einen **weitreichenden Spielraum zur organisatorischen Ausgestaltung** der kommunalen Abfallwirtschaft. Er muss ihnen lediglich überhaupt die Möglichkeit belassen, in der Abfallwirtschaft noch eigenständig frei von rechtlich bindenden Vorgaben zu agieren. Deshalb verletzen – ihre hinreichende sachliche Rechtfertigung aus Gemeinwohlgründen vorausgesetzt - Bestimmungen über technische Vorgaben für Entsorgungsanlagen die kommunale Organisationshoheit ebenso wenig wie solche zur Ausgestaltung von Erfassungssystemen oder zur Ausschreibung von Entsorgungsleistungen, und zwar selbst dann, wenn Inhouse-Vergaben hierdurch ausgeschlossen werden.

C. Pflichten der Kommunen als Öffentlich-rechtliche Entsorgungsträger

38 Nach § 15 KrW-/AbfG haben die öffentlich-rechtlichen Entsorgungsträger die in ihrem Gebiet angefallenen und ihnen überlassenen Abfälle aus privaten Haushalten und Abfälle zur Beseitigung aus anderen Herkunftsbereichen nach Maßgabe der §§ 4 – 7 KrW-/AbfG zu verwerten und nach Maßgabe der §§ 8 – 10 KrW-/AbfG zu beseitigen. Diese Bestimmung umschreibt das Aufgabenfeld der Kommunen in der Abfallwirtschaft und bestimmt den Umfang der ihrer Entsorgungspflicht[105].

I. Öffentlich-rechtliche Entsorgungsträger

39 § 15 Abs. 1 KrW-/AbfG verpflichtet die öffentlich-rechtlichen Entsorgungsträger zur Abfallentsorgung. Wer öffentlich-rechtlicher Entsorgungsträger ist, bestimmen

[103] StGH Bückeburg, Urt. v. 13.3.1996 – StGH 1/94 u. a. -, DÖV 1996, 657; VerfGH Münster, Urt. v. 15.1.2002 – VerfGH 40/00 -, NVwZ 2002, 1502, 1503. Zum ganzen *Henneke* (Fn. 100), Art. 28 Rn. 85; *Schoch*, in: Henneke/Meyer, Kommunale Selbstverwaltung, S. 44 ff.; *Frenz*, VerwArch 86 (1995), 378 ff.

[104] Dazu *Schoch* (Fn. 103), S. 46.

[105] *Kunig* (Fn. 35), § 15 Rn. 7.

die **Länder.**[106] In der Regel sind den **Kreisen und kreisfreien Städten** die Aufgaben der öffentlich-rechtlichen Entsorgungsträger übertragen worden.[107] Diese Zuordnung rechtfertigt zum einen daraus, dass die kleineren Gemeinden mit der Aufgabe der Abfallentsorgung in der Regel überfordert sind. Sie mögen zwar im Einzelfall in der Lage sein, eine Abfallsammlung zu organisieren. Mit der Wahrnehmung der weiteren abfallwirtschaftlichen Aufgaben, nämlich der Verwertung und dem Betrieb von Anlagen, sind sie indessen überfordert. Hinzu kommt, dass ausschließlich eine relativ großräumige Abfallwirtschaft in der Lage ist, die zur Erfüllung der gesetzlichen Standards für Abfallentsorgungsanlagen notwendigen finanziellen Mittel zu erwirtschaften.[108] Allerdings haben einige Bundesländer, wie z. B. NRW, die Aufgaben des Einsammelns und Beförderns den kreisangehörigen Städten und Gemeinden übertragen und für die Entsorgung von Klärschlämmen und von an öffentlichen Straßen oder in Häfen anfallenden Abfällen Sonderregelungen getroffen.[109]

Bei der Frage, in welcher Rechtsform sie die abfallwirtschaftlichen Aufgaben wahrnehmen, ob sie mit anderen Kommunen kooperieren oder Private über ein gemischt-wirtschaftliches Unternehmen oder als Drittbeauftragte nach § 16 Abs. 1 KrW-/AbfG einschalten, steht den Kommunen in den Grenzen des Gemeindewirtschaftsrechts ein Organisationsermessen zu.[110] **40**

II. Entsorgungspflicht der öffentlich-rechtlichen Entsorgungsträger

Die **Entsorgungspflicht** der öffentlich-rechtlichen Entsorgungsträger korrespondiert mit der **Abfallüberlassungspflicht** aus § 13 Abs. 1 KrW-/AbfG: Wenn und soweit eine Überlassungspflicht besteht, haben sie auch eine Entsorgungsverpflichtung oder anders gewendet: Die Entsorgungspflicht ist das **Gegenstück der Überlassungspflicht** und statuiert für die Abfallüberlassungspflichtigen zugleich einen **Entsorgungsanspruch.**[111] Verbunden mit dem Entsorgungsmonopol der öffentlich-rechtlichen Entsorgungsträger ist ein **Verbot der Eigenentsorgung** für die überlassungspflichtigen Abfallerzeuger und –besitzer.[112] **41**

106 *Schink* (Fn. 88), § 15 Rn. 22.

107 Übersicht dazu bei *v. Lersner*, in: ders./Wendenburg/Versteyl, KrW-/AbfG, § 15 Rn. 7 ff.; *Schink* (Fn. 88), § 15 Rn. 77 ff.

108 Zum Vorstehenden *Schink* (Fn. 88), § 15 Rn. 22.

109 Übersicht dazu bei *v. Lersner* (Fn. 107), § 15 Rn. 7 ff. Zur Lösung in Nordrhein-Westfalen: *Schink*, in: ders./Queitsch/Scholz, Abfallgesetz für das Land Nordrhein-Westfalen, Kommentar, Loseblatt, Stand: Juni 2010, § 5 Rn. 2 ff.

110 Einzelheiten dazu unten Rn. 73 ff.

111 *Fluck*, in: ders., KrW-/AbfG, § 15 Rn. 41, 46, 52; *Frenz* (Fn. 16), § 15 Rn. 6; *Kunig* (Fn. 35), § 15 Rn. 11; *Schink* (Fn. 88), § 15 Rn. 21, 45.

112 *Schink* (Fn. 88), § 15 Rn. 21.

1. Von der Entsorgungspflicht erfasste Abfälle

42 Gegenstand der Entsorgungspflicht sind die Abfälle, die in ihrem Gebiet angefallen sind und die den öffentlich-rechtlichen Entsorgungsträgern zu überlassen sind.

43 a) **Gebietsbezug der Entsorgungspflicht.** Die Entsorgungspflicht aus § 15 Abs. 1 KrW-/AbfG ist **gebietsbezogen**. Abfälle müssen die entsorgungspflichtigen Körperschaften nur dann entsorgen, wenn sie in ihrem Gebiet **angefallen** sind. Für die Abfallerzeuger und –besitzer bedeutet dies, dass sie – nach Maßgabe näherer Regelung in der Entsorgungssatzung – ihre Abfälle dem öffentlich-rechtlichen Entsorgungsträger überlassen müssen, in dessen Hoheitsgebiet sie angefallen sind.[113] Hierdurch wird das Näheprinzip des Art. 15 AbfallRRL umgesetzt, ein Abfalltourismus verhindert und den öffentlich-rechtlichen Entsorgungsträgern zugleich Planungssicherheit gewährleistet. Ein **Abfallimportverbot** lässt sich aus § 15 Abs. 1 KrW-/AbfG nicht ableiten.

44 Die öffentlich-rechtlichen Entsorgungsträger sind allerdings nicht verpflichtet, sondern nur **berechtigt**, die in ihrem Gebiet nicht angefallenen Abfälle, die ihnen überlassen werden, **zurückzuweisen**.[114] Das Landesrecht enthält zum Teil allerdings Regelungen über Abfallimportverbote, die die Verbringung von Abfällen in das Landesgebiet von einer Genehmigung abhängig machen, die nur erteilt werden darf, wenn die Entsorgung von außerhalb des Landes stammenden Abfällen nicht gegen den Inhalt von Abfallwirtschaftsplänen verstößt.[115] ngefallen sind die Abfälle, wenn die Abfalleigenschaft i. S. d. Definition des § 3 Abs. 1 S. 1 KrW-/AbfG erstmals erfüllt ist.[116] Das wird regelmäßig der Fall sein, wenn Stoffe in die für die Abfallentsorgung bestimmten Gefäße eingefüllt werden. Bei Abfällen, die **später vermischt** wurden, kann die Frage des erstmaligen Abfallanfalls schwierig zu beurteilen sein. Da solche Abfälle Abfälle zur Verwertung sind, wenn bei der Vermischung nicht gegen **Getrennthaltepflichten** verstoßen wurde[117], liegt ein Abfallanfall erst mit der Vermischung vor. Aussortierte Beseitigungsabfälle fallen erst nach Abschluss der Sortierung an und sind der entsorgungspflichtigen Körperschaft zu überlassen, in deren Gebiet der Sortiervorgang stattgefunden hat.[118]

---

[113] *Kunig* (Fn. 35), § 13 Rn. 5.

[114] *Schink* (Fn. 88), § 15 Rn. 28. Weitergehend: *Kunig* (Fn. 35), § 15 Rn. 11: Entsorgungspflicht für alle überlassenen Abfälle unabhängig von einer Überlassungspflicht.

[115] So: § 19 LAbfG NRW, § 23 Abs. 1 NdsAbfG. Dazu *Schink* (Fn. 88), § 15 Rn. 28 f.; *Scholz*, in: Schink/Queitsch/Scholz, LAbfG NRW, § 19 Rn. 1 f.

[116] *Frenz* (Fn. 16), § 15 Rn. 7; *Schink* (Fn. 88), § 15 Rn. 31.

[117] BVerwG, Urt. v. 15.6.2000 – 3 C 4/00 -, DVBl. 2000, 1356; *Beckmann* (Fn. 36), Rn. 127; *Beckmann/Kersting*, in: Landmann/Rohmer, Umweltrecht, § 4 KrW-/AbfG Rn. 40. A. A.: Es liegt wegen der zu beseitigenden Bestandteile stets überlassungspflichtiger Abfall zur Beseitigung vor: VG Regensburg, Urt. v. 10.11.1997 – RN 13K97.993 -, NVwZ 1998, 431, 433. Zum Ganzen auch *Dolde/Vetter*, NVwZ 1997, 937, 943.

[118] Zu solchen mehrstufigen Entsorgungsvorgängen *Beckmann* (Fn. 36), Rn. 109; *Frenz* (Fn. 16), § 15 Rn. 5; *Wendenburg*, in: v. Lersner/Wendenburg/Versteyl, KrW-/AbfG, § 15 Rn. 10.

Die Abfälle müssen den öffentlich-rechtlichen Überlassungsträgern weiter überlassen worden sein. Das setzt eine tatsächliche Besitzverschaffung des öffentlich-rechtlichen Entsorgungsträgers oder seiner Beauftragten voraus.[119] 45

b) **Haushaltsabfälle.** Für Abfälle aus dem Herkunftsbereich der **privaten Haushalte** besteht nach § 13 Abs. 1 S. 1 KrW-/AbfG eine **prinzipiell unbeschränkte Überlassungspflicht**. Sie erstreckt sich sowohl auf Abfälle zur Beseitigung als auch auf Abfälle zur Verwertung. Abfälle aus privaten Haushalten sind nach § 2 Nr 2 GewAbfV solche, die in privaten Haushalten im Rahmen der privaten Lebensführung anfallen; dazu gehören insbesondere solche, die in Wohnungen und zugehörigen Gebäude- und Grundstücksteilen oder in anderen vergleichbaren Anfallstellen oder in Wohnheimen oder in Einrichtungen des betreuten Wohnens anfallen. Voraussetzung für eine private Haushaltung ist im zuletzt genannten Fall allerdings ein Mindestmaß an Einrichtung, das für eine private Lebensgestaltung unerlässlich ist.[120] 46

Ausnahmen von der **Überlassungspflicht** für Abfälle aus privaten Haushalten bestehen in folgenden Fällen: 47

48

- **Eigenverwertung:** Soweit Erzeuger oder Besitzer von Abfällen aus privaten Haushalten zu einer Verwertung in der Lage sind oder diese beabsichtigen, unterliegen sie nach § 13 Abs. 1 S. 1 KrW-/AbfG keiner Überlassungspflicht. Gemeint ist damit insbesondere die Kompostierung biogener Abfälle auf dem eigenen Grundstück. Unterschiedlich beurteilt wird, ob private Haushalte die Verwertung selbst durchführen müssen oder ob sie ihre Abfälle mit dem Ziel einer Verwertung auch an Dritte überlassen dürfen.[121] Das BVerwG hält eine Beauftragung Dritter nicht für zulässig, und hat dafür auf Systematik und Entstehungsgeschichte der Norm hingewiesen.[122] Die Kompostierung muss im Übrigen ordnungsgemäß sein[123] und eine Verwertung des Kompostes auf dem Grundstück einschließen. Dazu ist ein Mindestmaß an Fläche – 25 m² je Grundstücksbewohner – erforderlich.[124]
- **Pflichtenübertragung:** Im Fall einer Pflichtenübertragung nach §§ 16, 17 oder 18 KrW-/AbfG besteht ebenfalls keine Überlassungspflicht, § 13 Abs. 2 KrW-/AbfG.[125] 49
- **Rücknahme- oder Rückgabepflicht:** Besteht auf Grund einer Rechtsverordnung nach § 24 KrW-/AbfG eine Rücknahme- oder Rückgabepflicht und wirken die öffentlich-rechtlichen Entsorgungsträger am hierfür eingerichteten Sys- 50

---

[119] *Beckmann/Kersting* (Fn. 117), § 15 KrW-/AbfG Rn. 12; *Schink* (Fn. 88), § 15 Rn. 31.

[120] BVerwG, Urt. v. 27.4.2006 – 7 C 10.05 -, ZUR 2006, 486; *Beckmann* (Fn. 36), Rn. 218.

[121] So insbes. OVG Schleswig, Urt. v. 22.4.2008 – 4 LB 7/06 -, ZUR 2008, 422 ff.; *Beckmann* (Fn. 36), Rn. 221 f. Zum Streitstand: *Wenzel*, ZUR 2008, 411, 417 f.; *Koch/Reese*, AbfallR 2009, 58.

[122] BVerwG, Urt. v. 18.6.2009 – 7 C 16.08 -, BVerwGE 134, 154, 156, Rn. 18 ff.

[123] Was bei Kompostierung von Speiseresten zweifelhaft sein kann, *Schink* (Fn. 88), § 15 Rn. 73. Anders: OVG Münster, Urt. v. 13.12.1995 – 22 A 1446/95 -, NuR 1996, 313 f.

[124] *Beckmann* (Fn. 36), Rn. 219.

[125] Näher: *Beckmann* (Fn. 36), Rn. 230 ff.

tem nicht gem. § 24 Abs. 2 Nr. 4 KrW-/AbfG mit, sind die privaten Haushalte ebenfalls nicht zur Überlassung verpflichtet, wohl aber berechtigt. Ihm steht ein Wahlrecht darüber zu, welcher Entsorgungseinrichtung er sich bedient.126 Der wichtigste Fall stellen die Verkaufsverpackungen dar. Nach § 6 VerpackV ist hierfür von den Herstellern ein flächendeckendes Rücknahmesystem oder Duale Systeme zur Rücknahme zu schaffen. Der private Haushalt ist allerdings zur Überlassung der Verpackungen an den öffentlich-rechtlichen Entsorgungsträger berechtigt, es sei denn dieser hat nach § 15 Abs. 3 S. 1 KrW-/AbfG Verkaufsverpackungen von seiner Entsorgungsverpflichtung ausgeschlossen.[127]

51 – **Gemeinnützige Sammlung:** Nicht überlassen werden müssen auch Abfälle, die durch eine gemeinnützige Sammlung einer ordnungsgemäßen und schadlosen Verwertung zugeführt werden, § 13 Abs. 3 Nr. 2 KrW-/AbfG. Gemeinnützig sind Sammlungen, wenn sie nicht auf persönliche Gewinnerzielung gerichtet sind, sondern einem gemeinnützigen Zweck dienen und entsprechend § 52 AO durch oder im Auftrag einer als gemeinnützig anerkannten Gesellschaft erfolgen.[128]

52 – **Gewerbliche Sammlung:** Keine Überlassungspflicht für Abfälle aus privaten Haushalten besteht schließlich, wenn Abfälle durch eine gemeinnützige Sammlung einer ordnungsgemäßen oder schadlosen Verwertung zugeführt werden, soweit dies den öffentlich-rechtlichen Entsorgungsträgern nachgewiesen wird und nicht überwiegende öffentliche Interessen entgegenstehen (§ 13 Abs. 3 Nr. 3 KrW-/AbfG). Über diese Regelung haben private Entsorgungsunternehmen in der jüngsten Vergangenheit versucht, (teils in Konkurrenz zu den Systemen öffentlich-rechtlicher Entsorgungsträger) private Papiersammlungen zu etablieren. Die kommunalen Gebietskörperschaften haben sich zur Abwehr darauf berufen, dass der Einführung solcher Systeme überwiegende öffentliche Interessen entgegenstehen, da hierdurch die Funktionsfähigkeit ihrer Papiererfassung und –verwertung beeinträchtigt würde und ihnen zudem Einnahmen aus der Papierverwertung entgingen, mit denen die – defizitäre – Entsorgung im Übrigen quersubvertioniert werde. Das BVerwG hat – nach uneinheitlicher Rechtsprechung der Verwaltungsgerichte[129] – diese Position der Kommunen weitgehend bestätigt und angenommen, dass überwiegende öffentliche Interessen einer gewerblichen Sammlung nicht erst bei einer Existenzgefährdung des öffentlich-rechtlichen Entsorgungsträgers, sondern schon dann entgegenstehen, wenn die Sammlungstätigkeit nach ihrer konkreten Ausgestaltung mehr als nur geringfügige Auswirkungen auf die Organisation und Planungssicherheit des öffentlich-rechtlichen Entsorgungsträgers nach sich zieht.[130] Diese Entschei-

[126] *Beckmann* (Fn. 36), Rn. 241.

[127] Dazu unten.

[128] *Frenz* (Fn. 16), § 13 Rn. 85; *Kunig* (Fn. 35), § 13 Rn. 35.

[129] Übersicht dazu bei *Karpenstein* (Fn. 44), S. 21 ff.; *Wenzel*, ZUR 2008, 411, 412 f.

[130] BVerwG, Urt. v. 18.6.2009 – 7 C 16-08 -, BVerwGE 134, 154, Rn. 34 = NVwZ 2009, 1292. Zu dieser Entscheidung: *Beckmann/Wittmann*, AbfallR 2009, 235 ff.; *Dieckmann/Reese* (Fn. 33), § 6 Rn. 81; *Hurst,* AbfallR 2010, 180, 181 ff.; *Queitsch*, AbfallR

dung, die teils heftig kritisiert worden ist[131], ist schwerlich mit EU-Recht vereinbar. Jedenfalls dann, wenn das Erfassungssystem des öffentlich-rechtlichen Entsorgungsträgers, etwa weil es in einem Bringsystem besteht, nicht gleichwertig ist, rechtfertigt Art. 106 Abs. 2 AEUV nicht, abweichend von der Warenverkehrsfreiheit Überlassungspflichten zu statuieren.[132] Der Gesetzgeber hat die Absicht, im Zusammenhang mit der anstehenden Anpassung des deutschen Abfallrechts an die Anforderungen der novellierten AbfallRRL diese Anforderungen abweichend von der Rechtsprechung des BVerwG in das Krw-/AbfG aufzunehmen[133] und die gewerbliche Sammlung einer Anzeigepflicht zu unterwerfen.[134]

c) **Abfälle aus anderen Herkunftsbereichen.** Eine **Entsorgungspflicht** der öffentlich-rechtlichen Entsorgungsträger besteht für **Abfälle aus anderen Herkunftsbereichen** als privaten Haushalten nach § 13 Abs. 1 S. 2 KrW-/AbfG nur für **Beseitigungsabfälle**, denn nur diese sind ihnen zu überlassen. Auch für Beseitigungsabfälle besteht eine Überlassungspflicht aber dann nicht, wenn die Abfälle in eigenen Anlagen beseitigt werden, es sei denn, überwiegende öffentliche Interessen erfordern die Überlassung. Eine eigene Anlage setzt voraus, dass der Betroffene hieran ein Nutzungsrecht hat[135]; eine Drittbeauftragung genügt dafür nicht[136]. Eine räumliche Nähe der Anlage zum Ort des Anfalls des Abfalls verlangt § 13 Abs. 1 S. 2 KrW-/AbfG hingegen nicht.[137] Für ein überwiegendes öffentliches Interesse, das einer Beseitigung in eigenen Anlagen entgegenstehen kann, reicht eine Beeinträchtigung des Fortbestandes der kommunalen Anlage, nicht hingegen das bloße Auslastungsinteresse mit der Absicht der Einnahmeerzielung aus.[138] 53

Schwierig im Einzelfall ist die **Abgrenzung** zwischen **Abfällen zur Beseitigung** und **Abfällen zur Verwertung**. Diese Frage stellt das **Einfallstor** für **private Entsorgungsaktivitäten** – von manchmal zweifelhafter Art (Scheinverwertung) – dar. Das gilt insbesondere für die Abgrenzung der thermischen Behandlung als Beseitigungsvorgang von der thermischen Verwertung. Nach der Rspr. des EuGH genügt es, wenn die Abfälle in Industrieanlagen zu einem **vernünftigen Zweck**, nämlich dem der **Energieerzeugung** eingesetzt werden. Abfäl- 54

2009, 259 ff.; *ders.,* AbfallR 2010, 188, 190 ff. Ausführlich zum Thema auch *Karpenstein* (Fn. 44), 2009, S. 1 ff.

[131] *Dieckmann*, AbfallR 2009, 270, 272 f.; *Karpenstein*, AbfallR 2009, 247, 248 f.; *Beckmann/Wittmann*, AbfallR 2009, 235, 244.

[132] *Karpenstein* (Fn. 44), S. 80 ff. und oben.

[133] Referentenentwurf für ein Kreislaufwirtschaftsgesetz, Stand: 6.8.2010.

[134] So auch der – EU-rechtlich begründete – Vorschlag von *Karpenstein* (Fn. 44), S. 86 ff.

[135] *Beckmann* (Fn. 36), Rn. 224; *Bönning*, 1998, 371 ff.; *Kunig* (Fn. 35), § 13 Rn. 22; *Queitsch*, UPR 1995, 412, 416; *Schink*, ZG 1996, 97, 118 f.

[136] OLG München, Beschl. v. 10.11.1997 – 3 OWi 54/98 -, UPR 1998, 219.

[137] *Beckmann* (Fn. 36), Rn. 224; *Kunig* (Fn. 35), § 13 Rn. 22; *Kranefeld*, NuR 1996, 298, 273; *Schink*, ZG 1996, 97, 119.

[138] Zu dieser Frage: *Beckmann* (Fn. 36), Rn. 227; *Fluck* (Fn. 111), § 13 Rn. 108.

le sind, so der EuGH, dann tatsächlich ein Mittel zur Energieerzeugung, wenn durch ihre Verbrennung mehr Energie erzeugt und erfasst als verbraucht und der Energieüberschuss tatsächlich genutzt wird. Letztlich kommt es darauf an, dass die Abfälle für einen sinnvollen Zweck, der Energiegewinnung genutzt werden und dadurch die sonst für diese Zwecke verwendete Energiequelle ersetzt wird.[139] Demgegenüber liegt nach der Rspr. des EuGH bei **Verbrennung von Hausmüll** in einer **Müllverbrennungsanlage** keine energetische Verwertung vor, wenn die durch die Verbrennung erzeugte Energie oder Wärme nicht der Hauptzweck, sondern lediglich ein Nebeneffekt ist. Hauptzweck kann die Energieerzeugung in einer Müllverbrennungsanlage allerdings dann sein, wenn der Betrieb der Anlage auch ohne Einsatz von Abfällen unter Verwendung von Primärenergie weiter fortgesetzt werden muss oder der Betreiber der Anlage für deren Lieferung bezahlen müsse.[140] Unter Bezugnahme auf diese Rechtsprechung werden in nahezu allen Hausmüllverbrennungsanlagen, die über Abnahmeverträge für die erzeugte Energie verfügen, nicht zuletzt mit dem Ziel der Auslastung der Anlagen und der Erzielung eines Deckungsbeitrages Gewerbeabfälle als Verwertungsabfälle angenommen.[141]

55 **d) Wilder Müll.** Zum Teil wird zur Entsorgungspflicht des Öffentlich-rechtlichen Entsorgungsträgers auch das Einsammeln und Entsorgen wilden Mülls gerechnet. Zwar würden diese Abfälle nicht überlassen, da gerade keine Besitzverschaffung beim öffentlich-rechtlichen Entsorgungsträger gegeben sei. Da jedoch das Einsammeln von Abfällen zur Verwertungs- und Beseitigungspflicht gehöre, wie aus §§ 4 Abs. 5 und 10 Abs. 2 KrW-/AbfG folge, sei diese Aufgaben von der Entsorgungspflicht des § 15 Abs. 1 KrW-/AbfG mit erfasst.[142] Demgegenüber ist auf den Wortlaut des § 15 Abs. 1 KrW-/AbfG zu verweisen, der eine Entsorgungsverpflichtung nur für überlassene Abfälle normiert und deshalb – mangels Überlassung – **keine Entsorgungsverpflichtung** für wilden Müll oder sog. Schwemmsel statuiert. Auch aus §§ 4 Abs. 5 und 10 Abs. 2 KrW-/AbfG folgt nichts anderes, denn diese Regeln gelten für den Entsorgungsvorgang, treffen aber über die Frage,

---

[139] EuGH, Urt. v. 13.2.2003 –C-228/00-, AbfallR 2003, 101. Dazu: *Beckmann* (Fn. 36), Rn. 120; *Dieckmann/Koch*, AbfallR 2003, 179; *Gaßner/Fichtner*, AbfallR 2003, 49 ff.; *Petersen*, NVwZ 2004, 217 ff.; *Reese*, ZUR 2003, 217 ff.; *Schink*, AbfallR 2003, 106 ff.

[140] EuGH, Urt. v. 12.3.2003 – C-458/00 – Luxemburg -, AbfallR 2003, 102.

[141] Paradigmatisch dazu die in Nordrhein-Westfalen zwischen den Betreiber von Verbrennungsanlagen und dem Umweltministerium abgeschlossene "Konsenserklärung", die Bedingungen für die Verwertung von Abfällen in Müllverbrennungsanlagen festlegt und abschließend mit der Feststellung endet, dass alle 16 Müllverbrennungsanlagen in Nordrhein-Westfalen Verwertungsanlagen sind. Dazu *Beckmann*, Umweltrecht, Rn. 122. Nach der Neufassung der AbfallRRL müssen zukünftig Müllverbrennungsanlagen bestimmte Wirkungsgrade erzielen, um Verwertungsanlagen zu sein (vgl. Anhang II Anm. 4 AbfallRRL). Auch diese Voraussetzungen erfüllen nahezu alle deutschen Müllverbrennungsanlagen.

[142] *Fluck* (Fn. 111), § 15 Rn. 49, 104, 142; *Kunig* (Fn. 35), § 15 Rn. 12. Auch: *Beckmann* (Fn. 36), Rn. 97.

wer verpflichtet ist, keine Aussage.[143] Wilder Müll unterliegt der Entsorgungsverpflichtung der öffentlich-rechtlichen Entsorgungsträger deshalb nur, wenn es eine dahin gehende **landesrechtliche Bestimmung** gibt – was in der Regel der Fall ist.[144]

e) Entsorgung abgestellter Fahrzeuge. Durch § 15 Abs. 4 KrW-/AbfG wird klargestellt, dass die öffentlich-rechtlichen Entsorgungsträger auch zu Entsorgung von **abgestellten Fahrzeugen und Anhängern** verpflichtet sind.[145] Die Abfalleigenschaft dieser Fahrzeuge ergibt sich bereits aus § 3 Abs. 3 S. 1 Nr. 2 KrW-/AbfG, ohne dass die Voraussetzungen des § 15 Abs. 4 KrW-/AbfG vorliegen müssten. Aus § 15 Abs. 4 KrW-/AbfG folgt, dass abgestellte Fahrzeuge, obwohl sie Abfall sind, erst nach Ablauf eines Monats als Abfall behandelt werden (dürfen), wenn der öffentlich-rechtliche Entsorgungsträger am Fahrzeug eine deutlich sichtbare Aufforderung angebracht hatte, das Fahrzeug zu entfernen.[146] Voraussetzung für die Entsorgungspflicht des öffentlich-rechtlichen Entsorgungsträgers ist darüber hinaus, dass das Fahrzeug ohne amtliches Kennzeichen auf öffentlichen Flächen oder außerhalb im Zusammenhang bebauter Ortsteile abgestellt ist und keine Anhaltspunkte für deren Entwendung oder bestimmungsgemäße Nutzung bestehen. Der öffentlich-rechtliche Entsorgungsträger hat das Fahrzeug im Einklang mit den Vorschriften der AltfahrzeugVO zu entsorgen.[147] 56

f) Entsorgungsausschluss. Die öffentlich-rechtlichen Entsorgungsträger können in den Fällen des § 15 Abs. 3 KrW-/AbfG Abfälle von ihrer Entsorgungsverpflichtung ausschließen. Diese Möglichkeit soll einerseits die **Funktionsfähigkeit der Entsorgungsanlagen** der öffentlich-rechtlichen Entsorgungsträger sichern und sie vor Überforderung durch gewerbliche Massenabfälle und gefährliche Abfälle schützen. Andererseits dient die Bestimmung auch dazu, Private, deren Entsorgungspflichten aus §§ 5 Abs. 2 bzw. 11 Abs. 1 KrW-/AbfG wieder aufleben, zu stimulieren, **Abfälle zu vermeiden** oder zu **verwerten**.[148] 57

Abgesehen vom Fall des Bestehens einer Rücknahmepflicht und von Rücknahmeeinrichtungen – dann ist nach § 15 Abs.3 S. 1 KrW-/AbfG ein Entsorgungsausschluss zulässig[149] -können die öffentlich-rechtlichen Entsorgungsträger **Abfälle aus Privathaushalten nicht** von ihrer Entsorgungsverpflichtung **ausschließen**[150]; dieser ist nur für Abfälle aus anderen Herkunftsbereichen zulässig. Das gilt auch für schadstoffbelastete Abfälle aus Haushalten. Das Landesrecht enthält dazu im Übrigen Sonderregeln, die die öffentlich-rechtlichen Entsorgungs- 58

[143] So: *Beckmann/Kersting* (Fn. 117), § 15 KrW-/AbfG Rn. 14; *Schink* (Fn. 88), § 15 Rn. 41.

[144] Dazu: *Schink* (Fn. 88), § 15 Rn. 43.

[145] *Frenz* (Fn. 16), § 15 Rn. 31; *Kunig* (Fn. 35), § 15 Rn. 37.

[146] *Frenz* (Fn. 16), § 15 Rn. 31.

[147] Dazu: *Schink* (Fn. 88), § 15 Rn. 196.

[148] *Kunig* (Fn. 35), § 15 Rn. 17; *Schink* (Fn. 88), § 15 Rn. 129, 130.

[149] Einzelheiten dazu bei *Schink* (Fn. 88), § 15 Rn. 149 ff. Dazu schon oben Rn. 50.

[150] *Kunig* (Fn. 35), § 15 Rn. 17; *Schink* (Fn. 88), § 15 Rn. 158.

träger zum Entsorgen von Kleinmengen schadstoffbelasteter Anfälle - auch aus Gewerbebetrieben - verpflichten[151]; auch insoweit kommt ein Entsorgungsausschluss nicht in Betracht.

59 § 15 Abs. 3 Satz 2 1. Alt. KrW-/AbfG lässt einen Ausschluss zu, soweit Abfälle aus anderen Herkunftsbereichen nach Art, Menge oder Beschaffenheit nicht mit den in Haushalten anfallenden Abfällen entsorgt werden können. Als **Ausnahmetatbestand** ist diese **Bestimmung eng auszulegen.**[152] Für die Möglichkeit des Ausschlusses genügt es, wenn einer der in § 13 Abs. 3 S. 2 KrW-/AbfG genannten Ausschlusstatbestände vorliegt.[153] Ein Ausschluss wegen der Menge überlassener Abfälle kommt in Betracht, wenn ihre Entsorgung zu Kapazitätsproblemen in den Anlagen der öffentlich-rechtlichen Entsorgungsträger führen würde.[154] Dafür kommt es ganz auf die konkrete örtliche Situation an.[155] Für den Tatbestand des Ausschlusses nach Art und Beschaffenheit der Beseitigungsabfälle kommt es auf Gefahrenpotential und ggf. mit dem Transport verbundene Schwierigkeiten an.[156]

60 Ausgeschlossen werden können Abfälle zur Beseitigung aus anderen Herkunftsbereichen als privaten Haushalten nach § 15 Abs. 3 S. 2 2. Alt. KrW-/AbfG auch, soweit die Sicherheit der umweltverträglichen Beseitigung im Einklang mit den Abfallwirtschaftsplänen der Länder durch einen anderen Beseitigungspflichtigen oder Dritten gewährleistet ist. Es dürfen keine Zweifel daran bestehen, dass eine umweltverträgliche Beseitigung auch außerhalb der öffentlich-rechtlichen Entsorgung durch die betreffende Kommune tatsächlich durchgeführt wird. In Betracht kommt insoweit sowohl eine Aufgabenwahrnehmung durch andere öffentlich-rechtliche Entsorgungsträger als auch durch Private.[157]

61 Ob der öffentlich-rechtliche Entsorgungsträger Abfälle von seiner Entsorgungsverpflichtung ausschließt, steht in seinem **Ermessen.**[158] Bei der Ermessensbetätigung hat er entsprechend dem Zweck der Ermächtigung zum Entsorgungsausschluss sich von der Funktionsfähigkeit der Entsorgungseinrichtung sowie den Anreizen für Abfallerzeuger und –besitzer zur Abfallvermeidung und –verwertung leiten lassen.[159] Dabei kann er den Ausschluss **insgesamt** oder **nur teilweise**, z. Bsp. ab einer bestimmten Mengengrenze oder für einzelne Entsorgungsphasen aussprechen.[160] Der Entsorgungsausschluss, der ausdrücklich - z. Bsp. In der Abfallsatzung oder durch Verwaltungsakt, auch in Form der Allgemeinverfügung - erklärt werden muss[161], bedarf der Zustimmung der nach Landesrecht zuständigen

---

[151] Dazu: *Schink* (Fn. 88), § 15 Rn. 159.

[152] Kunig (Fn. 35), § 15 Rn. 32; *Schink* (Fn. 88), § 15 Rn. 162.

[153] *Fluck* (Fn. 111), § 15 Rn. 112; *Schink* (Fn. 88), § 15 Rn. 162.

[154] *Frenz* (Fn. 16), § 15 Rn. 25.

[155] *Wendenburg* (Fn. 118), § 15 Rn. 20.

[156] *Frenz* (Fn. 16), § 15 Rn. 25; *Schink* (Fn. 88), § 15 Rn. 165 f.

[157] Einzelheiten: *Kunig* (Fn. 35), § 15 Rn. 33; *Schink* (Fn. 88), § 15 Rn. 167 ff.

[158] *Frenz* (Fn. 16), § 15 Rn. 24; *Kunig* (Fn. 35), § 15 Rn. 23; *Schink* (Fn. 88), § 15 Rn. 153.

[159] *Frenz* (Fn. 16), § 15 Rn. 24; *Kunig* (Fn. 35), § 15 Rn. 23.

[160] *Kunig* (Fn. 35), § 15 Rn. 29; *Schink* (Fn. 88), § 15 Rn. 136.

[161] *Schink* (Fn. 88), § 15 Rn. 132 ff.

Behörde[162] und kann nach § 15 Abs. 3 S. 3 KrW-/AbfG widerrufen werden, wenn die Voraussetzungen des § 15 Abs. 3 S. 2 KrW-/AbfG nicht mehr vorliegen.[163]

Der Entsorgungsausschluss ist in der Praxis von erheblicher Bedeutung. Das gilt insbesondere für gefährliche Abfälle, für die die öffentlich-rechtlichen Entsorgungsträger in der Regel keine Entsorgungsanlagen vorhalten. Er wird aber auch teilweise für gewerbliche Massenabfälle, wie Bauschutt oder Schlacken, ausgesprochen, da auch hierfür teils keine Entsorgungseinrichtungen zur Verfügung stehen. 62

g) Landesrechtliche Andienungspflichten. Haben die öffentlich-rechtlichen Entsorgungsträger gefährliche Abfälle zur Beseitigung von ihrer Entsorgungspflicht ausgeschlossen, sind die Abfallerzeuger und Besitzer zur Beseitigung dieser Abfälle verpflichtet. Sie bedienen sich dabei regelmäßig eines (privaten) Entsorgungsunternehmens. § 13 Abs. 4 KrW-/AbfG ermöglicht es den Bundesländern zur **Sicherstellung** einer **umweltverträglichen Beseitigung** landesrechtliche **Andienungs- oder Überwachungspflichten** einzuführen. Dann können von den Ländern eingerichtete zentrale Stellen, meist privatrechtlich organisierte gemischtwirtschaftliche Unternehmen, denen die gefährlichen Abfälle anzudienen, also anzubieten sind, diese Abfälle in bestimmte Anlagen lenken. In diesen Fällen bleibt der Abfallerzeuger oder –besitzer zwar selbst entsorgungspflichtig. Er ist jedoch nicht berechtigt, über den Entsorgungsweg zu entscheiden, sondern muss die Abfälle der Andienungsstelle oder einer von ihr benannten Anlage überlassen und mit dieser einen Entsorgungsvertrag schließen.[164] Von der Einführung einer Andienungspflicht haben nicht alle Bundesländer Gebrauch gemacht. Fehlt eine solche Regelung, verbleibt es für die ausgeschlossen gefährlichen Abfälle bei der ausschließlichen Verantwortung der Abfallerzeuger und –besitzer aus § 11 Abs. 1 KrW-/AbfG. 63

Prinzipiell sind Andienungspflichten auch für **gefährliche Abfälle zur Verwertung** zulässig, soweit eine ordnungsgemäße Verwertung nicht anderweitig gewährleistet werden kann. Konstitutive Voraussetzung dafür ist nach § 13 Abs. 4 S. 3 KrW-/AbfG jedoch der Erlass einer Rechtsverordnung der Bundesregierung, in der die für eine Andienungspflicht in Betracht kommenden Abfälle zur Verwertung benannt werden. Eine solche Verordnung ist bislang nicht erlassen worden, so dass landesrechtliche Andienungspflichten für Verwertungsabfälle derzeit nicht neu begründet werden können.[165] 64

h) Konkretisierung des Anschluss- und Benutzungszwangs. Näheres über die **Art und Weise der Abfallüberlassung** regeln die Kommunen aufgrund landesrechtlicher Ermächtigung durch Abfallsatzung. Hierin konkretisieren sie die Art und Weise der Abfallentsorgung sowohl für die Überlassung der Abfälle als auch 65

---

[162] Einzelheiten dazu: *Schink* (Fn. 88), § 15 Rn. 142 ff.

[163] Dazu: *Schink* (Fn. 88), § 15 Rn. 174 ff.

[164] *Beckmann* (Fn. 36), Rn. 251 f.

[165] *Beckmann* (Fn. 36), Rn. 253. Zum Bestandsschutz für bestehende landesrechtliche Andienungspflichten für Verwertungsabfälle: *Frenz* (Fn. 16), § 13 Rn. 119 ff.

den Betrieb ihrer Entsorgungsanlagen. Üblich in Abfallsatzungen sind Regelungen über Getrennthaltepflichten, **Bring-** oder **Holsysteme**, den **Abfuhrrhythmus**, das **Gefäßvolumen**, die **Biokompostierung** und **Öffnungszeiten** und **Benutzungsregeln** für Abfallentsorgungsanlagen.[166] Durch Regelungen über Getrennthaltepflichten können die Kommunen in ihren Abfallsatzungen die Sammelsysteme näher ausgestalten und z. B. Gefäße für Restmüll, Papier und Bioabfall zwingend vorgeben. Diese Getrennthaltesysteme müssen für Abfallerzeuger und –besitzer zumutbar sein und dem Ziel dienen, eine schadlose und hochwertige Verwertung i. S. d. §§ 4, 5 KrW-/AbfG oder eine umweltverträgliche Beseitigung zu ermöglichen. Das wird bei Sammelsystemen, die zur Wertstoffverwertung dienen, regelmäßig der Fall sein.[167] Prinzipiell zulässig sind auch Regelungen über Bringsysteme.[168] Diese dürfen allerdings im Ergebnis nicht einem teilweisen Ausschluss der Entsorgungspflicht gleichkommen. Das gilt insbesondere für Abfälle aus privaten Haushalten. Wertstoffhöfe oder Depotcontainer sind danach zwar zulässig, dürfen aber nicht so ausgestaltet sein, dass vom Überlassungspflichtigen Tätigkeiten verlangt werden, die so lästig sind, dass sie ihre Trenn- Sortier- oder Bringepflichten zu umgehen versuchen, m. a. W. solche Systeme müssen zumutbar sein.[169] Wann das der Fall ist, ist eine Frage des Einzelfalls.[170] Die üblichen Depotcontainer für Papier verstoßen gegen nicht diesen Grundsatz. Bei Holsystemen kann den Überlassungspflichtigen zugemutet werden, die Abfälle zu einem bestimmten Punkt zu bringen, wo sie übernommen werden, wenn Häuser von Entsorgungsfahrzeugen nicht direkt angefahren werden können.[171] Eine Entfernung von bis zu 300 m kann dabei noch zumutbar sein.[172] Bei satzungsrechtlichen Regelungen über den Anschluss- und Benutzungszwang für die Biokompostierung ist sicherzustellen, dass den Aballerzeugern und –besitzern die Möglichkeit der Eigenkompostierung in den Grenzen des § 13 Abs. 1 S. 1 KrW-IAbfG verbleibt.[173]

2. Durchführung der Entsorgung

66 **a) Inhalt der Entsorgungsaufgabe.** § 15 Abs. 1 KrW-/AbfG verpflichtet die öffentlich-rechtlichen Entsorgungsträger, die ihnen überlassenen Abfälle nach Maßgabe der §§ 4 – 7 KrW-/AbfG zu verwerten oder nach Maßgabe der §§ 10 – 12

---

[166] Ausführlich dazu: *Schink* (Fn. 88), § 15 Rn. 63 ff.

[167] *Schink* (Fn. 88), § 15 Rn. 62; *Queitsch*, in: Schink/Queitsch/Scholz, LAbfG NRW, Loseblatt, Stand: Juni 2010, § 9 Rn. 23 ff.

[168] BVerwG, Beschl. v. 27.7.1995 – 7 NB 1/95 -, DVBl. 1996, 44, 45; VGH Mannheim, Beschl. v. 15.11.1994 – 10 S 1769/93 -, DVBl. 1995, 247; *Kunig* (Fn. 35), § 15 Rn. 12; Dazu: *Schink* (Fn. 88), § 15 Rn. 69.

[169] BVerwG, Beschl. v. 27.7.1995 – 7 NB 1/95 -, DVBl. 1996, 44, 45; *Schink* (Fn. 88), § 15 Rn. 69.

[170] Ausführliche Behandlung verschiedener Fallkonstellationen bei *Queitsch* (Fn. 167), § 9 Rn. 23 – 36 m. Rechtsprechungsnachweisen.

[171] *Beckmann* (Fn. 36), Rn. 243.

[172] VG Freiburg, Beschl. v. 9.10. 1994 – 6 K 1574/94 -, NVwZ 1995, 255, 257.

[173] *Schink* (Fn. 88), § 15 Rn. 73. Dazu schon oben.

KrW-/AbfG zu beseitigen. Die öffentlich-rechtlichen Entsorgungsträger müssen deshalb grds. für jeden ihnen überlassenen Abfall prüfen, ob hierfür die **Voraussetzungen für eine Abfallverwertung** gegeben sind; diese hat auch bei der Entsorgung durch die Kommunen im Rahmen der hierfür geltenden Regelungen der §§ 4 – 7 KrW-/AbfG **Vorrang vor der Beseitigung**. Dies gilt gem. § 15 Abs. 1 S. 2 KrW-/AbfG auch dann, wenn ihnen die Abfälle vom Abfallerzeuger oder –besitzer als Beseitigungsabfälle überlassen worden waren, weil in seiner Person die Verwertungsvoraussetzungen nicht vorlagen, weil die Verwertung technisch unmöglich oder unzumutbar war. Dann müssen die öffentlich-rechtlichen Entsorgungsträger prüfen, ob die Abfälle nicht doch einer Verwertung zugänglich sind. Sie unterliegen nach dieser Regelung einer gesteigerten Verwertungspflicht.[174] Das gilt insbesondere für **Mischabfälle** oder **Bauabfälle**, die häufig erhebliche Mengen verwertbarer Bestandteile enthalten.[175] Aus § 15 Abs. 1 S. 2 KrW-/AbfG folgt nicht, dass die öffentlich-rechtlichen Entsorgungsträger selbst Verwertungsanlagen unterhalten müssen. Sie können sich auch Dritter bedienen, die für sie die Verwertung durchführen.[176] Aus der Finanzierung der kommunalen Entsorgung über Abfallgebühren ergibt sich nicht, dass bei den öffentlich-rechtlichen Entsorgungsträgern die wirtschaftliche Zumutbarkeit der Verwertung stets zu bejahen ist.[177] Damit würde zwar dem Vorrang der Verwertung des § 5 Abs. 2 S. 2 KrW-/AbfG und der Schonung natürlicher Ressourcen in besonderer Weise Rechnung getragen. Entscheidend kommt es jedoch – wie in allen anderen Fällen auch – für die Frage der wirtschaftlichen Zumutbarkeit auf die wirtschaftliche Situation des öffentlich-rechtlichen Entsorgungsträgers sowie das Verhältnis der Kosten der Verwertung zu den Beseitigungskosten an.[178] Dabei kann sich für die öffentlich-rechtlichen Entsorgungsträger durchaus eine **erhöhte wirtschaftliche Zumutbarkeit** ergeben, etwa weil sie größere Mengen als der einzelne Abfallbesitzer entsorgen und damit rationeller vorgehen können. Auch kann eine Zusammenarbeit mit anderen öffentlich-rechtlichen Entsorgungsträgern, zu denen sie freilich nicht verpflichtet sind, bessere wirtschaftliche Rahmenbedingungen für die Verwertung bieten.

Besonderheiten gelten für die **Entsorgung von Bioabfällen**. Das Landesrecht 67
schreibt den öffentlich-rechtlichen Entsorgungsträgern z. T. vor, biogene Abfälle aus privaten Haushalten **flächendeckend zu erfassen** und einer **Verwertung zuzuführen**.[179] Die Bundesregierung beabsichtigt, bei der anstehenden Anpassung des KrW-/AbfG an die AbfallRRL die öffentlich-rechtlichen Entsorgungsträger ab dem 01.01 2015 zur getrennten Erfassung von Bioabfällen zu verpflichten, die einer Überlassungspflicht unterliegen, soweit dies zur ordnungsgemäßen und schad-

---

[174] *Frenz* (Fn. 16), § 15 Rn. 8.

[175] *Frenz* (Fn. 16), § 15 Rn. 8.

[176] *Frenz* (Fn. 16), § 15 Rn. 10.

[177] *Frenz* (Fn. 16), § 15 Rn. 11; *Kunig* (Fn. 35), § 15 Rn. 13.

[178] *Frenz* (Fn. 16), § 15 Rn. 11; *Schink* (Fn. 88), § 15 Rn. 103; *Wendenburg* (Fn. 118), § 15 Rn. 14.

[179] Vgl. z. B. § 7 NAbfG, § 1 Abs. 1 Nr. 7 LAbfG NRW – Zu dieser Vorschrift *Schink* (Fn. 109), § 1 Rn. 22 ff. Überblick über das Landesrecht bei *Schink* (Fn. 88), § 15 Rn. 107 ff.

losen Verwertung der Bioabfälle erforderlich ist (§ 11 Abs. 1 KrWG-E). Diese Regelung, die die öffentlich-rechtlichen Entsorgungsträger angesichts der weitgehend flächendeckend eingeführten getrennten Erfassung biogener Abfälle aus privaten Haushalten und der Geltung der Kriterien der wirtschaftlichen Zumutbarkeit und der technischen Möglichkeit nicht überfordert[180], ist zu begrüßen, da sie die Verwertung von Bioabfällen bundeseinheitlich regelt und auf diese Weise für einen auch mengenmäßig bedeutenden Anteil des Hausmülls eine Verwertung sicherstellt. Freilich besteht für die Kommunen eine Schwierigkeit: Wegen der fehlenden Überlassungspflicht bei einer Eigenkompostierung und der Schwierigkeiten der Erfassung von Bioabfällen in verdichteten Stadtregionen mit einer hohen Fehlwurfquote bereiten die Kompostierung in technischer Hinsicht und die Auslastung der kommunalen Anlagen nicht unerhebliche Probleme.[181]

68 Das KrW-/AbfG verpflichtet die Kommunen zur **Abfallberatung**. Nach § 38 Abs. 1 KrW-/AbfG haben sie in Selbstverwaltung über Möglichkeiten der Vermeidung, Verwertung und Beseitigung von Abfällen zu informieren und zu beraten.[182] Wie sie diese Aufgabe wahrnehmen, regelt das Gesetz nicht. Ziel muss es sein, durch Information und Beratung den Zielen der Vermeidung, Verwertung und umweltverträglichen Beseitigung von Abfällen zu dienen. Dazu können die Kommunen Broschüren erstellen, Informationsmaterial verteilen, die Möglichkeiten des Internet nutzen oder Abfallberater beschäftigen, die gezielt eine Beratung von privaten Haushalten, aber auch von Gewerbebetrieben durchführen.

69 Aufgabe der öffentlich-rechtlichen Entsorgungsträger ist es generell, für die von ihnen zu entsorgenden Abfälle die **Abfalllogistik bereitzustellen**, indem sie – selbst, in Kooperation mit anderen Kommunen oder durch eine Drittbeauftragung – die Einsammlung (durch Hol- oder Bringsysteme) und die Beförderung organisieren. Zu ihren Aufgaben gehört auch die **Verwertung** und **Beseitigung** als solche. Dazu müssen sie die Behandlungs-, Lager-, Ablagerungsmöglichkeiten (Deponien) sowie Verwertungs- und Beseitigungsanlagen bereitstellen.[183] Diese Anlagen müssen sie nicht selbst betreiben. Sie können sich vielmehr der Einrichtungen anderer öffentlich-rechtlicher Entsorgungsträger oder Privater bedienen, haben dabei jedoch für Beseitigungsabfälle für verbindlich erklärte Abfallwirtschaftpläne nach § 29 Abs. 1, 4 KrW-/AbfG zu beachten.[184] Die **Planung der Entsorgungsinfrastruktur** obliegt den öffentlich-rechtlichen Entsorgungsträgern als **Selbstverwaltungsangelegenheit**[185] mit der Folge, dass Weisungen der Länder zu den Einrichtungen, die die Kommunen als öffentlich-rechtliche Entsorgungsträger schaffen und unterhalten müssen, grds. nicht möglich sind. Vielmehr regeln die Kommunen diese Frage in ihren **Abfallwirtschaftskonzepten**[186], bei deren

---

[180] Anders aus kommunaler Sicht: *Queitsch*, AbfallR 2010, 188, 192.

[181] *Schink* (Fn. 88), § 15 Rn. 119.

[182] Näheres dazu bei *Beckmann/Krekeler*, NuR 1997, 223 ff.

[183] *Schink* (Fn. 88), § 15 Rn. 99 ff.

[184] Zur Abfallwirtschaftsplanung unten Rn.

[185] OVG Münster, Beschl. v. 3.4.1995 – 15 B 947/95 -, OVGE 44, 259, 264 = UPR 1995, 456; Beschl. v. 16.3.1995 – 15 B 2839/93 -, UPR 1995, 452, 453.

[186] Dazu unten Rn. 83 f.

Aufstellung sie freilich die Abfallwirtschaftspläne und die dortigen Aussagen zur Entsorgungsinfrastruktur zu beachten haben.[187]

Bei der Durchführung der Entsorgung sind die öffentlich-rechtlichen Entsorgungsträger an die hierfür geltenden technischen Regelwerke gebunden. Insbesondere haben sie einzuhalten 70

- bei der Deponierung die Anforderungen der DepV,
- bei der Abfallverbrennung die Anforderungen der 17. BImSchV,
- bei der Bioabfallkompostierung die Anforderungen,
- bei der mechanisch-biologischen Abfallbehandlung die Anforderungen der 30. BImSchV,
- bei der Altholzverwertung die Anforderungen der AltholzV.

Anlagen, die den in den vorgenannten Regelwerken beschriebenen Anforderungen nicht entsprechen, dürfen von den Kommunen nicht mehr errichtet oder bestrieben werden. Das gilt seit dem 01.07.2005 insbesondere für die das Ablagerungsverbot für organische Abfälle auf Deponien; solche Abfälle müssen sie einer Verwertung, einer thermischen oder mechanisch-biologischen Behandlung zuführen.[188] 71

b) Die Entsorgung als wirtschaftliche Betätigung. Über ihre Pflichtaufgaben hinaus erfüllen manche Kommunen auch freiwillig weitere Entsorgungsaufgaben. So nehmen viele Betreiber von Müllverbrennungsaufgaben auch Gewerbeabfälle als Verwertungsabfälle an; mache kommunalen Entsorger sind auch außerhalb ihres Gemeindegebietes tätig und sammeln z. Bsp. Abfälle im Auftrag anderer Kommunen. Die Entsorgungstätigkeit der öffentlich-rechtlichen Entsorgungsträger ist eine **wirtschaftliche Betätigung**, die vom Kommunalverfassungsrecht der Bundesländer freilich der **Kategorie der nicht-wirtschaftlichen Betätigung zugerechnet** wird. Die Aufgabe ist damit **privilegiert** und nicht an den strengen Zulässigkeitsvoraussetzungen für eine wirtschaftliche Betätigung zu messen[189] (→ § 41 Rn. 11 f.); dies gilt sowohl für die abfallwirtschaftlichen Pflichtaufgaben als auch für die, die die Kommunen, wie die Gewerbeabfallverwertung, freiwillig vornehmen[190]. Ein fördernder Zusammenhang zwischen diesen Aufgaben und den Pflichtaufgaben der Abfallentsorgung muss dabei – auch bei überörtlicher Tätigkeit - nicht bestehen.[191] Aus dem KrW-/AbfG selbst ergeben sich keine Grenzen für die wirtschaftliche Tätigkeit der Kommunen im Abfallsektor; dort sind nur 72

[187] OVG Münster, Beschl. v. 16.3.1995 – 15 B 2839/93 -, UPR 1995, 452, 453; *Beckmann*, DVBl 1997, 216 ff.; *ders.* (Fn. 36), Rn. 265; *Schink* (Fn. 88), § 15 Rn. 101.

[188] Näher: *Beckmann* (Fn. 36), Rn. 64 ff.; *Schink* (Fn. 88), § 15 Rn. 105.

[189] OVG Münster, Beschl. v. 12.10.2004 – 15 B 1873/04 -, NWVBl. 2005, 133; OLG Düsseldorf, Beschl. v. 17.6.2002 – Verg 18/02 – NZBau 2002, 626; OVG Koblenz, Urt. v. 21.3.2006 – 2 A 111 24/05 -, ZUR 2006, 320.

[190] OVG Münster, Beschl. v. 12.10.2004 – 15 B 1873/04 -, NWVBl. 2005, 133; OLG Düsseldorf, Beschl. v. 17.6.2002 – Verg 18/02 – NZBau 2002, 626.

[191] OVG Münster, Beschl. v. 12.10.2004 – 15 B 1873/04 -, NWVBl. 2005, 133.

Entsorgungspflichten, nicht aber rechtliche Grenzen für eine freiwillige Aufgabenwahrnehmung beschrieben.[192]

73 Verstoßen die Kommunen gegen die Vorschriften des Gemeindewirtschaftsrechts zu den Grenzen ihrer wirtschaftlichen Betätigung (z. Bsp. § 107 GO NRW), begründet dies keinen Anspruch privater Wettbewerber aus § 1 UWG.[193] Diese Vorschrift hat nach Auffassung des BGH zwar eine wettbewerbsregelnde Funktion; sie dient jedoch nicht der Kontrolle der Lauterkeit des Marktverhaltens der Gemeinden. Das OVG Münster hat allerdings angenommen, dass § 107 GO NRW drittschützend mit der Folge ist, dass Dritte einen **Unterlassungs- und Folgenbeseitigungsanspruch** haben, wenn die Gemeinde eine unzulässige wirtschaftliche Betätigung ausübt; sie muss dann auch auf ihre Eigengesellschaft einwirken, eine unzulässige wirtschaftliche Betätigung zu unterlassen.[194]

74 Nehmen die Kommunen Aufgaben der Abfallentsorgung in einer **Eigengesellschaft** wahr, so soll sie nach einer Entscheidung des OVG Münster **keine Entgeltvereinbarung** treffen dürfen, bei der sie eine **Gewinnerzielungsabsicht** verfolgt. Dies folge aus dem für die nicht-wirtschaftliche Tätigkeit der Kommunen i. S. d. § 107 Abs. 2 GO NRW allgemein geltenden Prinzip der Steuer- bzw. Abgabenstaatlichkeit.[195] Ob sich hieraus weitreichende Konsequenzen ergeben erscheint angesichts dessen, dass die Kommunen bei Nutzung ihrer Anlagen für die Verwertung von Gewerbeabfällen wegen der bestehenden Überkapazitäten in aller Regel keine kostendeckenden Preise erzielen können, eher zweifelhaft. Eine Einschränkung der abfallwirtschaftlichen Betätigung der Kommunen dürfte hieraus schon vor diesem Hintergrund kaum ableitbar sein.[196]

75 c) **Organisation der Aufgabenwahrnehmung**. Den öffentlich-rechtlichen Entsorgungsträgern steht bei der Frage, ob und in welcher Rechtsform sie ihre Entsorgungsaufgabe selbst wahrnehmen oder ob sie diese auf Dritte übertragen ein **Organisationsermessen** zu (→ § 43 Rn. 7 f.). Darüber entscheiden sie innerhalb des durch das KrW-/AbfG und die Kommunalverfassung gezogenen Grenzen in eigener Verantwortung.

76 **aa) Einschaltung Dritter.** Nach § 16 Abs. 1 S. 1 KrW-/AbfG können sie Dritte mit der Erfüllung ihrer Pflichten beauftragen; diese müssen über die erforderliche Zuverlässigkeit verfügen (§ 16 Abs. 1 S. 3 KrW-/AbfG). Dritter kann jede natürliche oder juristische Person sein.[197] Die Aufgabenübertragung lässt die **Verantwortung** des öffentlich-rechtlichen Entsorgungsträgers zur Erfüllung seiner **Pflichten unberührt**. § 16 Abs. 1 KrW-/AbfG gestattet lediglich eine **Erfül-**

---

[192] *Beckmann*, AbfallR 2006, 263, 264; *ders.* (Fn. 36), Rn. 246. A. A.: *Frenz*, AbfallR 2006, 123, 124; *Weidemann*, VerwArch 1999, 533, 547.

[193] BGH, Urt. v. 26.9.2002 – 1 ZR 293/99 -, AbfallR 2003, 98.

[194] OVG Münster, Beschl. v. 13.8.2003 – 15 B 1137/03 -, NWVBl. 2003, 462.

[195] OVG Münster, Beschl. v. 22.11.2005 – 15 A 873/04 -, NWVBl. 2006, 231.

[196] So aber *Beckmann* (Fn. 36), Rn. 248.

[197] Auch juristische Personen des öffentlichen Rechts. *Versteyl* (Fn. 7), § 16 Rn. 9. A. A. *Frenz* (Fn. 16), § 16 Rn. 2.

lungssubstitution. Scheitert diese, hat die Kommune selbst die Verwertung oder Beseitigung wieder durchzuführen.[198] Es empfiehlt sich, Entsorgungsfachbetriebe i. S. d. § 52 KrW-/AbfG zu beauftragen. Die Entsorgungsleistungen sind, da die öffentlich-rechtlichen Entsorgungsträger öffentliche Auftraggeber i. S. d. § 98 Nr. 1 GWB sind, bei Überschreiten der dafür maßgebenden Schwellenwerte öffentlich auszuschreiben.

Das Rechtsverhältnis zwischen dem öffentlich-rechtlichen Entsorgungsträger 77
und dem Dritten beurteilt sich nach Zivilrecht.

§§ 16 Abs. 2 - 4, 17 Abs. 3 – 6 und 18 Abs. 2 KrW-/AbfG eröffnen die Mög- 78
lichkeit der **Pflichtenübertragung** auf Dritte oder private Entsorgungsträger (Verbände oder Selbstverwaltungskörperschaften der Wirtschaft). Diese Vorschriften und hier vor allem die Pflichtenübertragung auf Dritte sind bisher wenig praktisch geworden, und zwar vor allem wegen der unklaren Folgewirkungen hinsichtlich der Rechtsstellung des Dritten[199], der in § 16 KrW-/AbfG nicht geregelten Folgewirkungen der Pflichtenübertragung[200] und der Neigung der Bundesländer wegen § 15 Abs. 2 KrW-/AbfG eine Pflichtenübertragung für Haushaltsabfälle nicht zuzulassen.[201]

bb) Bildung von Entsorgungsunternehmen. Die Kommunen haben in den 79
Grenzen des Gemeindewirtschaftsrechts eine Freiheit der Formenwahl darüber, in welchen Organisationsstrukturen sie diese Aufgaben wahrnehmen (→ § 43). Nach Maßgabe des Landesrechts könne sie sich eines **Regiebetriebes**, eines **Eigenbetriebes**, einer **Anstalt des öffentlichen Rechts**, **privater Rechtsformen** oder eines **gemischt-wirtschaftlichen Unternehmens** bedienen.[202] In der jüngsten Vergangenheit ist zu beobachten, dass die frühere Neigung vieler Kommunen zur Bildung gemischt-wirtschaftlicher Unternehmen zugunsten der Bildung von Zweckverbänden oder Anstalten des öffentlichen Rechts und damit von Unternehmensformen zurückgegangen ist, an denen ausschließlich kommunale Gebietskörperschaften beteiligt sind. Diese unter dem Stichwort **„Rekommunalisierung"** bekannte Verfahrensweise[203] wird vor allem dadurch befördert, dass hier eine Pflicht zur Ausschreibung von „Gesellschaftsanteilen" im Gegensatz zu ge-

---

198 *Frenz* (Fn. 16), § 16 Rn. 1.

199 Für eine Beleihung: *Fluck* (Fn. 111), § 16 Rn. 1243; *Schink* (Fn. 88), § 16 Rn. 62. A. A. *Frenz* (Fn. 16), § 16 Rn. 18; *Weidemann*, DVBl. 1998, 661.

200 Zweifel werden z. B. daran geäußert, ob mit der Pflichtenübertragung auch die Überlassungspflicht übergeht oder ob der pflichtige Dritte auch das Gebührenerhebungsrecht erwirbt. Dazu: *Beckmann* (Fn. 36), Rn. 263; *Frenz* (Fn. 16), § 16 Rn. 18 f.; *Schink* (Fn. 88), § 16 Rn. 138 ff.

201 Zu dieser Frage: *Frenz* (Fn. 16), § 15 Rn. 8; *v. Lersner* (Fn. 107), § 16 Rn. 31; *Schink* (Fn. 88), § 16 Rn. 66 ff.; *Weidemann*, DVBl. 1998, 661, 667 f.

202 Zu diesem Rechtsformen und ihren Vor- und Nachteilen die Beiträge in *Bauer/Schink* (Hrsg.), Organisationsformen in der öffentlichen Abfallwirtschaft, 1993, S. 1 ff.; *Schoch*, Privatisierung der Abfallentsorgung, 1992, S. 33 ff.

203 Zu den rechtlichen Voraussetzungen und Grenzen einer Rekommunalisierung: *Brüning*, VerwArch 100 (2009), 453 ff.

mischt-wirtschaftlichen Unternehmen nach der Rechtsprechung des EuGH nicht existiert, sondern solche Unternehmensformen als Inhouse-Geschäft zulässig sein können.

3. Finanzierung der Entsorgung

80 Nach dem Kommunalabgabenrecht der Länder können die Kommunen ihre Aufgaben in der Abfallentsorgung durch **Gebühren finanzieren.**[204] Sie können aber auch privatrechtliche Entgelte erheben, wobei die Regeln des Verwaltungsprivatrecht Anwendung finden[205]. Bei der Gebührenbemessung ist in der Regel ein **Wirklichkeitsmaßstab** anzuwenden; dabei kommen als Maßstäbe die Personen- oder Haushaltszahl, die Behältergröße und der Abfuhrrhythmus in Betracht[206]; die Maßstäbe können auch mit einander kombiniert werden. Dabei steht den Kommunen ein weiter Ermessenspielraum zu.[207]Eine Verpflichtung zur Bemessung der Gebühr nach dem Gewicht der Abfälle und damit einer Verwiegung der Abfälle besteht nicht.[208] Problematisch ist eine grundstücksbezogene (Grund-)Gebühr, da hierüber das Maß der Inanspruchnahme nicht abgebildet werden kann.[209] Generell ist eine Erhebung von Grundgebühren und Leistungsentgelten für einzelne Teilleistungen der Abfallentsorgung (Restmüllgefäß, Bioabfallentsorgung) zulässig.[210] Dabei können nur die abfallmengenunabhänigen Vorhaltekosten als Fixkosten in die Grundgebühr eingerechnet werden.[211]

81 Das BVerwG hat es als zulässig angesehen, die **Kosten der Bioabfallentsorgung** teilweise über eine **Grundgebühr** und teilweise über eine **Leistungsgebühr** für die Restmüllentsorgung abgedeckt werden.[212] Hierin liege kein Verstoß gegen den Gleichheitssatz, auch wenn diejenigen, die die Bioabfallentsorgungseinrichtungen nicht nutzen, mit Kosten der Bioabfallentsorgung belastet würden. Ein striktes Gebot gebührenrechtlicher Leistungsproportionalität gebe es nicht. Allerdings seien die Gebühren unter den Gesichtspunkten der Praktikabilität und Wirtschaftlichkeit so zu bemessen, dass sie Unterschieden in der Inanspruchnahme der Leistung Rechnung tragen. Eine evtl. Ungleichbehandlung, die in der unterschiedlich intensiven Benutzung der Bioabfallgefäße begründet sein kann, sieht das BVerwG unter dem Gesichtspunkt der fixen Vorhaltekosten als gerechtfertigt an,

---

[204] Vgl. z. B. § 4 KAG. Ausführliche Darstellung zum Abfallgebührenrecht bei *Queitsch* (Fn. 167), § 9 Rn. 126 - 242 ; vgl. auch *Frenz* (Fn. 16), § 15 Rn. 12 ff.

[205] BGH, Urt. v. 10.10.1993 – III ZR 100/90 -, BGHZ 115, 211 ff. = NJW 1992, 171 ff.; Urt. v. 21.9.2005 – VIII ZR 8/05 -, RdE 2006, 117 ff.

[206] BVerwG, Urt. v. 20.12.2000 – 11 C 7.00 -, DVBl. 2001, 488 ff.; *Frenz* (Fn. 16), § 15 Rn. 12 f.

[207] BVerwG, Urt. v. 20.12.2000 – 11 C 7.00 -, DVBl. 2001, 488 ff.; *Frenz* (Fn. 16), § 15 Rn. 12 f.

[208] *Frenz* (Fn. 16), § 15 Rn. 12.

[209] *Frenz* (Fn. 16), § 15 Rn. 13.

[210] Ausführlich: *Queitsch* (Fn. 167), § 9 Rn. 196 ff.

[211] OVG Münster, Urt. v. 2.2.2000 – 9 A 3915/98 -, NVwZ-RR 2001, 122.

[212] BVerwG, Urt. v. 20.12.2000 – 11 C 7.00 -, DVBl. 2001, 488, 498 f.

dies jedenfalls dann, wenn der Kostenanteil nicht in einem krassen Missverhältnis zum Gesamtkostenanteil stehe und der Gebührenschuldner jederzeit zwischen den Teilleistungen wechseln könne. Entscheidet sich die Gemeinde dafür, für Restmüll, Biomüll, Wertstoffe und Sperrmüll gesonderte Gebühren festzulegen, kann sie die Kosten für die Bioabfallentsorgung nicht einem anderen Teilbereich zuschlagen. Möglich ist jedoch eine Einbeziehung der Kosten aller genannten Teilbereiche in eine einheitliche Grund- oder Leistungsgebühr. Auch eine völlige Freistellung von den Kosten der Bioabfallentsorgung bis zu einem bestimmten Volumen könne zulässig sein, da hierdurch Anreize für die Abfallbesitzer zur Trennung der Abfallfraktionen gesetzt werden.

Nach dem einschlägigen Landesrecht ist durch den **Gebührenmaßstab** auf eine **Abfallvermeidung** und eine **Abfallverwertung hinzuwirken**. Solche Lenkungszwecke sind grds. zulässig.[213] Diese Regelungen ermächtigen die Kommunen z. Bsp. zur stärkeren Belastung der Entsorgung größerer Behälter oder des Restmülls und damit zu einer Quersubventionierung der Bioabfallentsorgung.[214] Allerdings können der Gleichbehandlungsgrundsatz, das Kostendeckungsprinzip und das Äquivalenzprinzip hierdurch nicht überspielt werden mit der Folge, dass die ökologische Lenkungswirkung in einem angemessenen Verhältnis zum Lenkungszweck stehen muss und der Lenkungszweck lediglich als Zusatzfaktor moderat in Erscheinung treten darf.[215] 82

In aller Regel könne private Haushalte ebenso wenig wie Gewerbebetriebe mit der Behauptung gehört werden, sie verwerteten alle Abfälle und könnten deshalb zur Abfallgebühr nicht herangezogen werden. Denn dies widerspricht aller Lebenserfahrung.[216] 83

Zu den **ansatzfähigen Kosten** gehören alle Aufwendungen, die der Kommune für die Aufgabe der Abfallentsorgung entstehen. Zu den Kosten gehören vor allem die, die durch das Vorhalten von Entsorgungsanlagen entstehen, die sicherstellen sollen, dass Entsorgungsdienstleistungen jederzeit erbracht werden können. Dazu rechnen sowohl die Kosten für die Anschaffung als auch die den Betrieb, den Wertverlust (Abschreibungskosten nach dem Wiederbeschaffungs(zeit)wert)[217], die Folgenüberwachung sowie Rücklagen für spätere Nachsorgekosten[218], aber auch die Kosten der Abfallberatung, der Entleerung von Straßenpapierkörben und der Entsorgung wilden Mülls.[219] 84

---

[213] BVerwG, Beschl. v. 3.5.1994 – 8 NB 1.94 -, NuR 1995, 186 ff.; Urt. v. 20.12.2000 – 11 C 7.00 -, DVBl. 2001, 488, 491; *Frenz* (Fn. 16), § 15 Rn. 17.

[214] *Frenz* (Fn. 16), § 15 Rn. 17; *Queitsch*, UPR 1998, 88 ff. m. w. N.

[215] *Frenz* (Fn. 16), § 15 Rn. 19.

[216] Dazu: *Queitsch* (Fn. 167), § 9 Rn. 141 f.

[217] OVG Münster, NWVBl. 1994, 99, 101 ff.

[218] Dazu: *Queitsch* (Fn. 167), § 9 Rn. 132 ff., 150 ff.

[219] Dazu: *Queitsch* (Fn. 167), § 9 Rn. 132 ff., 143 ff.

III. Planung in der Abfallwirtschaft

1. Kommunale Abfallwirtschaftskonzepte

85 Nach § 19 S. 1 KrW-/AbfG sind die Kommunen zur **Aufstellung von Abfallwirtschaftskonzepten** über die Verwertung und die Beseitigung der in ihrem Gebiet angefallenen und ihnen zu überlassenen Abfälle **verpflichtet.**[220] Die näheren Anforderungen regeln die Länder. Die kommunalen Abfallwirtschaftskonzepte sind Planungsinstrumente der Kommunen, durch die diese eine langfristige, transparente, bürgernahe und verantwortliche Daseinsvorsorge auf dem Gebiet der Abfallwirtschaft gestalten.[221] Sie erzeugen eine Selbstbindung der öffentlich-rechtlichen Entsorgungsträger. Vor allem aber sind sie bei der Aufstellung der Abfallwirtschaftspläne der Länder zu berücksichtigen. Sie sind damit Bestandteil der Abfallplanung und unterste Stufe des bundesrechtlichen Planungsinstrumentariums in der Abfallwirtschaft. Hierdurch wird das Gegenstromprinzip in der Abfallplanung verwirklicht und den öffentlich-rechtlichen Entsorgungsträgern mittelbar ein Mitgestaltungsrecht an der Abfallwirtschaftsplanung der Länder eingeräumt. Die kommunalen Belange und Interessen werden auf diese Weise bei der Aufstellung der Abfallwirtschaftspläne berücksichtigt.[222]

86 Den öffentlich-rechtlichen Entsorgungsträgern steht bei der Aufstellung der Abfallwirtschaftskonzepte ein **Planungsermessen** zu, das nur in eingeschränktem Umfang rechtlichen Bindungen, z. Bsp. aus gesetzlichen Planungsvorgaben oder den rechtsstaatlichen Anforderungen des Abwägungsgebotes ergeben.[223]

87 Bei der Aufstellung der Abfallwirtschaftskonzepte haben die öffentlich-rechtlichen Entsorgungsträger sich am Ziel des Abfallrechts zu orientieren, Abfälle vorrangig zu vermeiden und zu verwerten. Dazu müssen sie die Entsorgungssituation in ihrem Hoheitsgebiet zu analysieren und eine Planungsentscheidung zu Maßnahmen der Abfallvermeidung, Abfallverwertung und Abfallbeseitigung in ihrem Hoheitsgebiet mit dem Ziel zu treffen, eine Entsorgungssicherheit zu gewährleisten. Dazu gehört vor allem, dass sie entsprechend dem Abfallanfall in ihrem Hoheitsgebiet Anlagenkapazitäten für die Verwertung und Beseitigung ermitteln und planerisch festlegen, zugleich aber auch Überlegungen dazu anstellen, wie eine Abfallvermeidung und eine Abfallverwertung gesteigert werden kann.

[220] Die Verpflichtung zur Erstellung betrieblicher Abfallwirtschaftskonzepte nach §§ 19 Abs. 1 – 4, 20 Abs. 2 KrW-/AbfG ist 2006 durch das Gesetz zur Vereinfachung der abfallrechtlichen Überwachung gestrichen worden.

[221] OVG Münster, Urt. v. 16.3.1995 – 15 B 2839/93 -, UPR 1995, 452 ff., *Beckmann*, DVBl. 1997, 216 ff.

[222] Zum Vorstehenden: *Beckmann* (Fn. 36), Rn. 265.

[223] OVG Münster, Beschl. v. 16.3.1995 – 15 B 2839/ 93 – UPR 1995, 452, 453.

2. Abfallwirtschaftplanung

Von besonderer Bedeutung für die kommunale Abfallwirtschaft sind die **Abfallwirtschaftspläne** der Länder nach § 29 KrW-/AbfG.[224] In diesen Plänen sind nach überörtlichen Gesichtspunkten die Ziele der Abfallvermeidung und –verwertung sowie die zur Sicherung der Inlandsentsorgung erforderlichen Abfallbeseitigungsanlagen darzustellen (§ 29 Abs. 1 S. 2 KrW-/AbfG), die zugelassenen Abfallbeseitigungsanlagen und geeignete Flächen für neue Abfallbeseitigungsanlagen auszuweisen (§ 29 Abs. 1 S. 3 KrW-/AbfG). Dabei ist es nicht notwendig, dass bereits eine parzellenscharfe Ausweisung vorgenommen wird. Für die geeigneten Flächen sind bei Aufstellung des Planes die geeigneten Standortalternativen zu untersuchen. Die Standorte können für verbindlich erklärt werden. Dieser Verbindlichkeitserklärung kommt keine Ausschlusswirkung in dem Sinne zu, dass die Zulassung einer Abfallbeseitigungsanlage an einem anderen Standort nicht möglich ist.[225] 88

Bestimmt werden kann weiter, **welcher Entsorgungsträger** vorgesehen ist und **welcher Entsorgungsanlage** sich die Entsorgungspflichtigen zu bedienen haben. Gerade die zuletzt genannte Festlegung, die **für verbindlich erklärt** werden kann (§ 29 Abs. 4 KrW-/AbfG), ist für die öffentlich-rechtlichen Entsorgungsträger von besonderer Wichtigkeit. Für die Entsorgungsträger mit eigener Entsorgungsanlage kann über die dadurch mögliche Zuweisung anderer Entsorgungspflichtiger eine Auslastung ihrer Anlagen sichergestellt werden. Für die öffentlich-rechtlichen Entsorgungsträger ohne eigene Anlage bedeuten solche Zuweisungen einerseits Entsorgungssicherheit, andererseits aber einen Ausschluss vom Markt der Entsorgungsanlagen und damit eine Entsorgung zu höheren Kosten als Marktpreisen.[226] Die Länder haben diesen Konflikt bei der Abfallentsorgungsplanung für den Fall der Verbindlichmachung ihrer Pläne planerisch zu bewältigen. Dabei haben sie eine Gleichbehandlung aller Entsorgungsanlagen ebenso anzustreben, wie sie das Interesse an einer Marktöffnung für Entsorgungsdienstleistungen beachten und eine Entsorgungssicherheit gewährleisten müssen. Das Auslastungs- und Refinanzierungsinteresse der Anlagenbetreiber ist dabei kein öffentlicher Belang, der höher zu gewichten wäre als das Interesse an einer Marktöffnung für Entsorgungsleistungen in der Abfallbeseitigung. 89

Bei der Abfallwirtschaftsplanung, die alle fünf Jahre fortzuschreiben ist, ist eine strategische **Umweltprüfung** und eine **Öffentlichkeitsbeteiligung** durchzuführen.[227] 90

---

224 Zur Abfallwirtschaftsplanung: *Beckmann* (Fn. 36), Rn. 307 ff.; *Dolde/Vetter*, NVwZ 2001, 1103 ff.; *Erbguth*, Die Abfallwirtschaftsplanung, 1997, S. 1 ff.; *Frenz*, UPR 2000, 339; *ders.*, UPR 2009, 241 ff.; *Weidemann*, in: Erbguth (Hrsg.), FS für W. Hoppe, 2000, S. 791 ff.

225 *Schink*, DVBl. 1994, 245, 247.

226 Zur bis 2010 in Nordrhein-Westfalen getroffenen Zuweisung in zwei Regierungsbezirken: *Schink*, Müll und Abfall 2003, 167 ff.

227 Näher: *Beckmann* (Fn. 36), Rn. 311, 312.

§ 56 Öffentlicher Personennahverkehr

Martin Kleemeyer/Oliver Mietzsch

Schrifttum

F. Kiepe/O. Mietzsch, Die neue ÖPNV-Verordnung der EU und die Auswirkungen auf das Personenbeförderungsgesetz, Infrastrukturrecht 3 (2008), 56 ff.; *O. Mietzsch*, Der ÖPNV im Spannungsfeld von Liberalisierung und Gemeinwohlverpflichtung, Verkehr und Technik 12 (2001), 529 ff.; *J. Werner*, Reform zur Marktöffnung im Nahverkehr – Bewältigung der Daseinsvorsorgeaufgabe im Wettbewerb, in: Institut für Mobilitätsforschung (Hrsg.), Öffentlicher Nahverkehr – Herausforderungen und Chancen, 2006, S. 3 ff.

Inhaltsübersicht

A. Der ÖPNV im Spannungsfeld zwischen Daseinsvorsorge und Wettbewerb

I. Einleitung

Der ÖPNV-Markt unterliegt derzeit tiefgreifenden Veränderungen. Insbesondere 1
vor dem Hintergrund der von der Europäischen Union vorangetriebenen Öffnung der Nahverkehrsmärkte geraten die rund 400 kommunalen Nahverkehrsunternehmen sowie die rund 2000 privaten Verkehrsunternehmen in Deutschland[1] in eine völlig veränderte Wettbewerbssituation. Standen kommunale Verkehrsunternehmen bislang in erster Linie in einem intermodalen Wettbewerb mit dem motorisierten Individualverkehr, so zeichnet sich im Zuge der **Liberalisierung der europäischen Verkehrsmärkte** neben dem Auto weitere Konkurrenz ab: die

---

[1] Pressemitteilung Nr. 438 v. 20.11.2008, Statistisches Bundesamt Deutschland.

Verkehrsunternehmer stehen nämlich nunmehr auch untereinander in Konkurrenz. Seit Jahren steigende Fahrgastzahlen und die wachsende Bereitschaft bei Autofahrern, auch auf Grund der hohen Benzinpreise auf Angebote des öffentlichen Nahverkehrs zurückzugreifen, machen den deutschen ÖPNV-Markt für europaweit tätige, private Verkehrsunternehmen wie Veolia (früher Connex), Arriva oder Firstgroup, die ihre Dienstleistungen zukünftig flächendeckend ausweiten wollen, attraktiv. Der verschärfte Wettbewerb wird kommen; werden die ÖPNV-Unternehmen darauf vorbereitet sein?

2 Für die in kommunaler Trägerschaft organisierten städtischen ÖPNV-Unternehmen bedeutet das, dass sie ihre Strukturen an den Wettbewerb anpassen müssen, ohne dabei den Gedanken des ÖPNV als Aufgabe der Daseinsvorsorge aufzugeben. Es ist eine Gratwanderung: Orientieren sich die Unternehmen zu einseitig an betriebswirtschaftlichen Kennzahlen, so stellt sich die Frage nach der Legitimation der Fördermittel von jährlich rund 16 Milliarden Euro[2], da der öffentliche Auftrag zur Versorgung der Bevölkerung mit qualitativen und preiswerten ÖPNV-Leistungen ins Hintertreffen zu geraten scheint. Stellen die Verkehrsunternehmer andererseits zu sehr das öffentliche Interesse in den Vordergrund und vernachlässigen dabei die betriebswirtschaftlichen Notwendigkeiten, droht ihnen das Verschwinden vom europaweiten Markt[3].

3 Im Folgenden soll das **Spannungsfeld von Liberalisierung und Gemeinwohlverpflichtung**, in dem sich ÖPNV-Unternehmen zukünftig positionieren müssen, näher beleuchtet werden.

II. Das Konzept der Daseinsvorsorge im ÖPNV

4 In § 1 Abs. 1 des Gesetzes zur Regionalisierung des Öffentlichen Personennahverkehrs (Regionalisierungsgesetz des Bundes) von 1993[4] wird die **Sicherstellung einer ausreichenden Bedienung der Bevölkerung mit Verkehrsleistungen** im ÖPNV als eine Aufgabe der Daseinsvorsorge beschrieben. Der öffentliche Verkehr sichert demzufolge die Mobilität der Bevölkerung, insbesondere von denjenigen, die kein eigenes Auto bewegen können oder wollen, und garantiert für alle ein gleichermaßen zugängliches, qualitativ hochwertiges, flächendeckendes und preiswertes Angebot. Zusätzlich leistet der ÖPNV einen wichtigen Beitrag zum **Umweltschutz** und zur **Sicherstellung von gleichwertigen Lebensbedingungen** und hat somit neben der ökonomischen auch eine nicht zu unterschätzende umweltentlastende und sozialpolitische Bedeutung für das Funktionieren der Gesellschaft. Gerade die beiden letztgenannten Aspekte des ÖPNV sind unter dem Gesichtspunkt der Daseinsvorsorge nicht „marktfähig" und daher werden als

[2] Vgl. *Werner*, in: Institut für Mobilitätsforschung (Hrsg.), Öffentlicher Nahverkehr – Herausforderungen und Chancen, 2006, S. 23.

[3] *Mietzsch*, Verkehr und Technik 2001, 529 ff.

[4] Verkündet als Art. 4 des Eisenbahnneuordnungsgesetzes v. 27.12.1993 BGBl. 1993 I S. 2378 (S. 2395); gem. Art. 11 dieses Gesetzes in Kraft getreten am 1.1.1996.

Ausgleich für die Bereitstellung von ÖPNV im Zuge der kommunalen Daseinsvorsorge erhebliche Fördergelder benötigt.

III. Der derzeitige Ordnungsrahmen

Der Gesetzgeber trägt dem Spannungsfeld zwischen öffentlichen und wettbewerbsrechtlichen Anforderungen mit einer „dualen Gesetzgebung“ Rechnung. 5

Das **Personenbeförderungsgesetz (PBefG)** und das **Allgemeine Eisenbahngesetz (AEG)** regeln die wettbewerbsrechtlichen und unternehmerischen Aspekte. Die Finanzierung und Regelungen für den ÖPNV hingegen, die aus der politischen Verantwortung der Daseinsvorsorge erwachsen, werden durch das **Regionalisierungsgesetz** des Bundes und weiteren Finanzierungsinstrumenten (z.B. **Gemeindeverkehrsfinanzierungsgesetz (GVFG)** bzw. Entflechtungsgesetz sowie §45 a PBefG und §148 SGB IX) geregelt. 6

Auslöser der Diskussionen um den Fortbestand des derzeitigen Ordnungsrahmens des ÖPNV-Marktes in Deutschland und der Finanzierungspraxis im deutschen ÖPNV war die Rechtsentwicklung auf europäischer Ebene. 7

Europarechtliche Bestimmungen führten 1993 zu einer **Novellierung des Personenbeförderungsgesetzes (PBefG)**. Erwähnenswert hierbei ist, dass der Gesetzgeber eine **Unterscheidung nach eigenwirtschaftlichen und gemeinwirtschaftlichen Verkehrsdienstleistungen** eingeführt hat. Gemeinwirtschaftliche Verkehre sind nach Definition des PBefG solche, die sich nicht allein durch „Beförderungserlöse, Erträge aus gesetzlichen Ausgleichs- und Erstattungsregelungen im Tarif- und Fahrplanbereich sowie sonstigen Erträgen im handelsrechtlichen Sinne“ finanzieren. Bei gemeinwirtschaftlichen Verkehren ist gemäß §13 a PBefG eine europaweite Ausschreibung durch den Aufgabenträger als Regelvergabeverfahren vorgesehen. Eigenwirtschaftliche Verkehre sind demgegenüber unternehmensinitiierte Verkehre, die nicht auf öffentliche Beihilfen angewiesen sind und daher auch nicht öffentlich ausgeschrieben werden müssen[5]. 8

In der Praxis findet man aber kaum Ausschreibungen von Nahverkehrsdienstleistungen, obwohl diese doch offensichtlich mit Geldern der öffentlichen Hand finanziert werden (müssen). Dies hat seinen Grund darin, dass die in §13 a PBefG festgeschriebene europaweite Ausschreibung in der Novellierung der EU-Verordnung (EWG) 1191/69 durch die Verordnung (EWG) 1893/91 - die Anlass war für die Überarbeitung des PBefG - nicht explizit festgeschrieben worden ist. Der deutsche Gesetzgeber hat die europaweite Ausschreibung vielmehr selbst eingeführt, um dann gleichzeitig **Ausnahmemöglichkeiten von ihrem Anwendungsbereich** festzuschreiben: Nach § 8 Abs. 4 PBefG stellen sonstige Erträge im handelsrechtlichen Sinne keine Beihilfen dar. So zählen beispielsweise Eigentümerzahlungen von Kommunen an ihre Verkehrsunternehmen insbesondere aus dem kommunalen Querverbund nicht als öffentliche Beihilfen mit der Folge, dass in Deutschland auch kommunale Verkehrsunternehmen eigenwirtschaftliche Linienverkehrsgenehmigungen jenseits der VO 1191 beantragen können. Darüber 9

---

[5] *Kiepe/Mietzsch*, IR 2008, 56 ff.

hinaus genießen gemäß § 8 Abs. 3 PBefG eigenwirtschaftliche Verkehre Vorrang vor gemeinwirtschaftlichen Verkehren.

10 Faktisch fand somit lange Zeit **kein Wettbewerb um ÖPNV-Verkehrsleistungen** statt, da es für konkurrierende Betreiber quasi unmöglich war, ein besseres und zugleich eigenwirtschaftliches (ohne Defizitabdeckung durch die Kommune) Angebot als das des „eigenwirtschaftlichen" Bestandsunternehmens zu unterbreiten. In den letzten Jahren sind allerdings **zunehmend konkurrierende eigenwirtschaftliche Genehmigungsanträge** sowohl von sogenannten **Global Playern** als auch von nationalen - auch mittelständischen - ÖPNV-Unternehmen gestellt worden.

IV. Das Altmark-Trans Urteil

11 Die im Personenbeförderungsgesetz getroffene Unterscheidung zwischen eigenwirtschaftlichen und gemeinwirtschaftlichen Verkehrsleistungen und die damit verbundene Frage, ob der nationale Rechtsrahmen mit dem EU-Beihilferecht konform ist, war **Gegenstand der Rechtssache C280/00 „Altmark-Trans"**[6]. Nach Ansicht des EuGH führt die öffentliche Ko-Finanzierung zur Erbringung von Leistungen im öffentlichen Interesse prinzipiell zur Anwendbarkeit des EG-Vertrags.

12 Die EU-VO 1191/69 lässt allerdings die Möglichkeit zu, dass Mitgliedstaaten der EU den ÖPNV von der Anwendbarkeit dieser Verordnung ausnehmen. Der EuGH hat in seinem Urteil offen gelassen, ob die Vorschriften des deutschen Personenbeförderungsgesetzes eine solche Ausnahme definieren. Hierüber hat das Bundesverwaltungsgericht 2006 letztinstanzlich entschieden und diese Frage bejaht[7]. Gleichwohl haben die Europarichter für den Fall, dass die EU-VO 1191/69 nicht zur Anwendung kommt, **vier Kriterien** definiert, die erfüllt sein müssen, um beihilferechtskonform öffentliche Mittel zum Betrieb des ÖPNV zur Verfügung stellen zu dürfen:

1. Die gemeinwirtschaftlichen Pflichten des Unternehmers sind klar definiert.
2. Die Ausgleichsparameter zur Berechnung des dem Unternehmer für die Erbringung der gemeinwirtschaftlichen Verpflichtung zustehenden Ausgleichsbetrag, d.h. für die vom Unternehmen aus Gründen der Daseinsvorsorge erbrachten Verkehrsleistungen, die sich rein betriebswirtschaftlich nicht rechnen, sind vorab anhand objektiver Kriterien nachprüfbar (transparent) festzulegen.
3. Der Ausgleichsbetrag darf die Mehrkosten der gemeinwirtschaftlichen Verpflichtung nicht übersteigen, d.h. das Unternehmen darf nicht überkompensiert werden.
4. Wenn keine Ausschreibung stattfindet, dann sind die Kosten eines durchschnittlichen, gut geführten Unternehmens bei der Berechnung der Ausgleichsparameter zugrunde zu legen. Damit soll verhindert werden, dass ein Unter-

[6] Vgl. *Mietzsch*, Verkehr und Technik 2004, 57 ff.
[7] Vgl. *v. Kraack/Mietzsch*, Verkehr und Technik 2007, 103 ff.

nehmen mehr an öffentlichen Mitteln erhält, als dem Branchendurchschnitt der Besten an Kosten entstehen würden.

In der Praxis resultiert daraus, dass die Unternehmen zunehmend miteinander 13
in einen Wettbewerb treten. Die ersten drei Kriterien sind der Sicherstellung der Daseinsvorsorge zuzurechnen und legen fest, unter welchen Bedingungen der Staat ein Unternehmen wirtschaftlich unterstützen darf. Kriterium Nummer 4 impliziert, dass trotz nicht erfolgter Ausschreibung Wettbewerbspreise mit einbezogen werden sollen. Das „Altmark-Trans Urteil" charakterisiert damit die Zielvorstellung der Europäischen Union: Zum einen möchte man die **schrittweise Herstellung des Binnenmarkts** in allen Bereichen, man hat aber auch erkannt, dass in Märkten wie dem des ÖPNV die Liberalisierung durch Maßnahmen flankiert sein muss, die dem Schutze des Gemeinwohls dienen.

B. Reform zur Marktöffnung im ÖPNV

I. Die Verordnung 1370/2007

Vor diesem Hintergrund erklärt sich auch die ab dem 3. Dezember 2009 gültige[8] 14
ÖPNV-VO 1370/2007, mit der die bisherigen verkehrsspezifischen Beihilfebestimmungen des EU-Vertrages abgelöst werden. Im Unterschied zur Verordnung 1191/69 fällt der ÖPNV nunmehr grundsätzlich in den Anwendungsbereich der neuen VO 1370/2007 und die Unterscheidung im PBefG in eigen- oder gemeinwirtschaftliche Verkehre wird damit hinfällig. Für den Fall, dass öffentliche Mittel und/oder ausschließliche Rechte als Gegenleistung für die Erbringung von Gemeinwohlverpflichtungen gewährt werden, sieht die VO 1370/2007 den Abschluss eines **öffentlichen Dienstleistungsauftrags** zwischen dem Aufgabenträger und den Verkehrsunternehmen vor. Dabei soll das Subsidiaritätsprinzip stärker berücksichtigt werden.

Zukünftig sollen die **Aufgabenträger über die Art der Vergabe bei Vorlie-** 15
gen der Voraussetzungen frei entscheiden und gegebenenfalls den Weg der Direktvergabe beschreiten können. Alle Vergabemöglichkeiten (Ausschreibung nach Kartellvergaberecht, Direktvergabe an den internen, d.h. kommunalen Betreiber, Direktvergabe an kleine und mittlere Unternehmen ebenso wie an Eisenbahnverkehrsunternehmen und Notvergaben oder transparente und faire wettbewerbliche Vergabe ohne explizite Ausschreibung) finden sich deshalb in der neuen ÖPNV-Verordnung.

Die Aufgabenträger werden damit in ihren Handlungsmöglichkeiten gestärkt, 16
tragen aber gleichzeitig auch mehr Verantwortung für die Gewährleistung der Daseinsvorsorge. Als „Besteller" definieren sie die Leistungen, die neben tarifären und sicherheitstechnischen auch ökologische und soziale Kriterien (Verbraucherschutz, Beförderung mobilitätseingeschränkter Personen, Beförderungsbedürfnisse der Bewohner ländlicher Gebiete) umfassen können. Gleichwohl tun die Aufga-

[8] V. 23.10.2007; veröffentlicht in ABl. L 315 v. 3.12.2007 S. 1 ff.

benträger gut daran, den ÖPNV-Unternehmen ausreichende Anreize und Freiheiten zur eigenverantwortlichen Gestaltung des Nahverkehrangebots zu geben, so dass sie ihr Angebot an die Nachfrage anpassen können. Die Aufgabenträger können also die inhaltliche Ausgestaltung des ÖPNV beeinflussen, wobei hierbei ihre Budgetsituation eine entscheidende Rolle spielen wird. Die bislang im PBefG angelegte Zuständigkeitsaufspaltung in einen Aufgabenträger, der den Verkehr plant und finanziert, und eine Genehmigungsbehörde, die den Marktzugang regelt, ist zukünftig nicht mehr sinnvoll. Es wäre daher folgerichtig, den Aufgabenträgern als Finanziers des Nahverkehrs die Prüfungs- und Entscheidungskompetenz sowohl hinsichtlich der subjektiven als auch der objektiven Genehmigungsvoraussetzungen laut PBefG zu übertragen und somit im Sinne eines schlankeren Verfahrens aus zwei Genehmigungsschritten einen einzigen zu machen.

17 Die VO 1370/2007 gilt nach ihrem Inkrafttreten am 3. Dezember 2009 zwar unmittelbar, dennoch sollte im **Interesse von Rechtsklarheit und Rechtssicherheit der nationale Rechtsrahmen (PBefG) angepasst werden**.

II. Kürzungen der Fördermittel

18 Neben einem eindeutigen Rechtsrahmen ist die Absicherung des zur Verfügung stehenden Budgets zentrale Voraussetzung für die Sicherstellung und Verbesserung des ÖPNV.

19 Gegenwärtig gibt es eine **Vielzahl von öffentlichen Finanzierungsquellen** für ÖPNV-Unternehmen. Neben den Fahrgeldeinnahmen sind dies vor allem die Verlustausgleiche im Rahmen von steuerlichen Querverbünden, Fördermittel der Länder und des Bundes für Investitionen, Bestellerentgelte und gesetzlich geregelte Ausgleichszahlungen. Die für den ÖPNV bereit stehenden Mittel wurden in den letzten Jahren massiv reduziert; das sog. **Koch-Steinbrück-Papier** war dabei nur der Anfang[9]. Den kommunalen Verkehrsunternehmen bleibt daher bislang schon keine andere Wahl, als sich durch **Rationalisierungsmaßnahmen** und **Umstrukturierungen** auf den kommenden Wettbewerb bei gleichzeitigem Rückgang der **öffentlichen Förderung** vorzubereiten. Im Hinblick auf die Verbesserung der Kosten- und Einnahmesituation der kommunalen Verkehrsunternehmen ist bereits eine Menge getan worden. So haben sich die **Kostendeckungsgrade** der im Verband Deutscher Verkehrsunternehmer (VDV) zusammengeschlossenen Verkehrsunternehmen **in den letzten Jahren kontinuierlich verbessert** und erreichten für das Jahr 2006 im Durchschnitt 73.8 Prozent[10].

20 Dennoch dürfte es insbesondere vielen kommunalen Unternehmen schwer fallen, sich gegen die private Konkurrenz durchzusetzen. Bereits im Vergleich zur privaten, inländischen Konkurrenz lagen die Personalkosten der kommunalen Un-

---

[9] Vgl. *Göbel*, „Stadtverkehr“ 2004, 48. Der 115-seitige Entwurf der damaligen Ministerpräsidenten Roland Koch und Peer Steinbrück „Subventionsabbau im Konsens“ findet sich unter: http://www.mobilitaetsportal.info.

[10] VDV Jahresbericht 2007, S. 9.

ternehmen in der Vergangenheit im Schnitt 30 - 50 % höher[11]. Große **Nahverkehrsunternehmen**, wie sie zum Beispiel in Frankreich, Großbritannien und Schweden existieren, verfügen über **Größenvorteile bzw. Kostenvorteile** gegenüber kommunalen Verkehrsunternehmen und ihre wirtschaftliche Existenz hängt nicht vom Gewinn oder Verlust einer einzigen Ausschreibung ab. Kommunalen Verkehrsunternehmen hingegen bleibt im Falle des **Ausschreibungsverlusts** oft die **Geschäftsaufgabe**, da sie als öffentliche Unternehmen nach den Bestimmungen des jeweiligen Landesrechts in der Regel auf das Gemeindegebiet sowie den öffentlichen Versorgungsauftrag beschränkt sind. Folglich stehen die Kommunen als Aufgabenträger in absehbarer Zeit vor schweren Entscheidungen bei der Prioritätensetzung:

- Sicherung der kommunalen Unternehmen durch „In-House-Vergabe" oder Verbesserung der kommunalen Finanzlage durch öffentliche Ausschreibung? Durch Ausschreibung können die erforderlichen Haushaltsmittel für die Gewährleistung der Daseinsvorsorge gesenkt werden, zugleich würden die Kommunen aber die stetige und direkte Einflussnahme auf ihre eigenen Unternehmen einbüßen. **21**
- Kostensenkungen durch Leistungseinschränkungen im öffentlichen Nahverkehr (was unter bestimmten Umständen einer Vernachlässigung der Daseinsvorsorge gleich käme) oder Kostensenkung durch Abbau von sozialen Standards in kommunalen Verkehrsunternehmen (mit der Folge von Unzufriedenheit und damit der Gefahr von negativen Auswirkungen auf die Leistungserbringung)? **22**
- Absenkung von Qualitätsstandards oder die Erhöhung der Fahrentgelte? Beides birgt die Gefahr, dass der ÖPNV seine Position gegenüber dem motorisierten Individualverkehr verschlechtert. **23**

Festzuhalten bleibt: Die Kommunen haben die Entscheidungsfreiheit. Sie tragen aber auch die volle politische und finanzielle Verantwortung. **24**

III. Erfahrungen mit freiem Wettbewerb vs. kontrolliertem Wettbewerb

Die Europäische Union hat mit der VO 1370/2007 eine Regelung geschaffen, die nicht den freien Wettbewerb zum Ziel hat. Die Erfahrungen aus Großbritannien, dessen Modell mitunter auch **„Haifischbecken-Wettwerb"**[12] genannt wird, haben gezeigt, dass ein vollkommen freier Wettbewerb um Nahverkehrsleistungen nicht die gewünschten Ergebnisse hervor bringt. Die völlige Freigabe der Fahrleistungserbringung hat dazu geführt, dass auf den Hauptachsen (Bsp. London-Manchester) ein aus Überangebot resultierender Preiskampf herrscht, in dünn besiedelten Regionen und/oder in aufkommensschwachen Zeiten dagegen kaum Anbieter vorhanden sind. Insgesamt zeigt sich, dass die vollständige Deregulierung im Bereich des **25**

---

[11] *Mietzsch*, Verkehr und Technik 2001, 529 ff.

[12] Vgl. VCÖ, Wettbewerb im Öffentlichen Verkehr – mit Effizienz zu hoher Qualität, Schriftenreihe Wissenschaft & Verkehr, 3 (2001).

Öffentlichen Verkehrs zu Angebotsverschlechterungen und Nachfragerückgängen führt und für die Sicherstellung der Daseinsvorsorge nicht geeignet ist.

26 Die Europäische Kommission hatte sich daher bei der Vorbereitung der VO 1370/2007 offensichtlich **das skandinavische Modell bzw. die Ausschreibung gemeinwirtschaftlicher Verkehre in Deutschland** zum Vorbild genommen. In Skandinavien wurde bereits Anfang der 90er-Jahre eine strikte Regionalisierung eingeführt, wodurch die Regionen die Verantwortung für die Gewährleistung des Öffentlichen Verkehrs zugesprochen bekamen. Gleichzeitig wurde der Ausschreibungswettbewerb eingeführt, bei dem dasjenige Verkehrsunternehmen, das die vom Aufgabenträger geforderten Qualitätsstandards zu den geringsten Kosten umzusetzen verspricht, den Zuschlag erhält. Mit dem exklusiven Recht zur Bedienung einer Linie oder eines Linienbündels, das mit dem Zuschlag einhergeht, kann auch die Gewährung öffentlicher Mittel zur Erfüllung von öffentlichen Dienstleistungsverpflichtungen an das ausgewählte Unternehmen verbunden sein.

27 Die **Wirtschaftlichkeit des ÖPNV** konnte so erheblich verbessert werden und die Effizienzgewinne wurden größtenteils in Angebotsverbesserungen investiert, was wiederum zu einer Steigerung der Nachfrage geführt hat. In Göteborg stiegen die Fahrgastzahlen zwischen 1990 und 1998 um 7.5 %, gleichzeitig sanken die öffentlichen Zuwendungen um 30 %. Bemerkenswert ist auch, dass die Gehälter der Bediensteten in den ersten Jahren konstant blieben, seit 1999 aufgrund der gestiegenen Nachfrage nach öffentlichen Verkehrsmitteln und dem relativ geringen Angebot gut ausgebildeter Busfahrer sogar steigen.

28 In Deutschland hat die Stadt Bocholt im Jahre 2000 Nahverkehrslinien europaweit ausgeschrieben. Das Ergebnis der Ausschreibung wird von der Stadt als uneingeschränkt positiv angesehen; so konnte eine Kostenreduktion im reinen Fahrbetrieb von rund 20 % bei gleichzeitig gestiegener Qualität verzeichnet werden. Auch die Fahrgastzahlen haben sich seither mehr als verdoppelt und 2003 die Millionengrenze überschritten. Ähnliche Erfahrungen hat man bisher auch in Frankfurt am Main gemacht. Außerdem wurde durch Fahrgastbefragungen eine erstaunliche **Verbesserung der Kundenzufriedenheit** festgestellt[13].

C. Ausblick

29 Öffentliche Ausschreibung hin – Direktvergabe her: Die Art der Vergabe sollte für die Verkehrsunternehmen im Grunde genommen zweitrangig sein. Um auf der "sicheren" Seite zu sein und weiterhin im ÖPNV-Markt agieren zu können, müssen sich alle kommunalen Verkehrsunternehmen am Wettbewerb orientieren. Positive Erfahrungen wie in Göteborg, Bocholt oder Frankfurt am Main werden die Aufgabenträger angesichts der prekären Lage der öffentlichen Haushalte unter erheblichen **Legitimationsdruck** bringen und deshalb dürften zukünftig **öffentliche Ausschreibungen** immer häufiger dann der Fall sein, wenn das Einsparpotential

[13] Vgl. *Müller*, in: Zukunftsfähiger öffentlicher Nahverkehr in Europa – Gute Beispiele nachmachen. ICLEI Europasekretariat/Verkehrsclub Deutschland, 2004.

von privaten Verkehrsunternehmen gegenüber den eigenen kommunalen Verkehrsunternehmen als groß genug erachtet wird im Verhältnis zu den dann gegebenenfalls auf die kommunalen Eigentümer zukommenden **Remanenzkosten**.

Durch die VO 1370/2007 haben die Aufgabenträger jedoch die Möglichkeit, 30 den kommunalen Unternehmen die für effizienzsteigernde bzw. kostensenkende Umstrukturierungen notwendige Zeit zu lassen und vorerst per In-House-Vergabe öffentliche Dienstleistungsverträge intern zu vergeben. Höhere Kundenorientierung, Kostenreduktion und vor allem weitere technologische Innovationen könnten dann die Position von kommunalen Verkehrsunternehmen gegenüber ausländischen Anbietern bei späteren Ausschreibungen verbessern. Durch die VO 1370/2007 wird der ÖPNV-Markt auf jeden Fall transparenter, zusätzlich bekommen die Aufgabenträger mit der Wahl zwischen Direktvergabe und Ausschreibung öffentlicher Dienstleistungsaufträge ein Instrument an die Hand, mit dem sie zum einen das Angebot steuern und somit ihrem Gewährleistungsauftrag im Rahmen der Daseinsvorsorge genügen können. Zum anderen lässt sich dadurch die Qualität im Öffentlichen Verkehr sichern, womöglich sogar noch steigern.

Das kommt letztendlich vor allem den Fahrgästen zu Gute, die somit als echte 31 Gewinner aus der Neuordnung des europäischen Rechtsrahmen für den ÖPNV hervorgehen. Allerdings muss der nationale Gesetzgeber jetzt schleunigst seine Hausaufgaben machen und das PBefG an die Vorgaben der neuen Verordnung anpassen.

§ 57 Kommunale Flugplätze

Norbert Kämper

Schrifttum

H. Armbrecht/T. Marner, Regionale Flughafensubventionen – Ein soziales Dilemma? ZfVerkehrswiss. 2008, 221; *Deutscher Städtetag* (Hrsg.), Städte und Flughäfen – miteinander oder gegeneinander? Dokumentation einer Konferenz v. 30.5.2008; *K.-P. Dolde/W. Porsch*, Öffentliche Finanzierung von Infrastrukturanlagen und europäisches Wettbewerbsrecht – dargestellt am Beispiel von Flugplätzen, ZLW 2004, 3 ff.; *E. Grabherr/O. Reidt/P. Wysk*, Luftverkehrsgesetz, Loseblatt, Stand: August 2010; *S. Hobe/N. v. Ruckteschell* (Hrsg.), Kölner Kompendium Luftrecht, Bd. 2, Luftverkehr, 2009; Band 3: Wirtschaftsrechtliche Aspekte des Luftverkehrs, 2010; *W. Horn*, Planungskompetenzen für Verkehrslandeplätze unter besonderer Berücksichtigung des zivilrechtlichen Verhältnisses zwischen den Gebietskörperschaften und gemischtwirtschaftlichen Unternehmen, 1991; *W. Horn*, Sind Verkehrslandeplätze als öffentliche Einrichtungen des Kommunalrechts zu qualifizieren?, BWVBl. 1992, 5 ff.; *A. Jannasch,* Aktuelle Entwicklungen des Luftverkehrsrechts im Spiegel der Rechtsprechung des Bundesverwaltungsgerichts, BWVBl. 2008, 361 ff.; *N. Kämper*, Beteiligungsrechte kommunaler Gebietskörperschaften in luftrechtlichen Genehmigungs- und Normsetzungsverfahren, in: Ziekow (Hrsg.), Bewertung von Fluglärm – Regionalplanung – Planfeststellungsverfahren, 2003, S. 59 ff.; *N. Kämper*, Schließung von Flughäfen, in: Ziekow (Hrsg.), Aktuelle Fragen des Luftverkehrs-, Fachplanungs- und Naturschutzrechts, 2006, S. 81 ff.; *N. Kämper*, Das selbstständige Genehmigungsverfahren für Flugplätze, Teil I, ZLW 2008, 487 ff.; Teil II, ZLW 2009, 16 ff.; *R. Klophaus,* Zur direkten Beschäftigungswirkung zusätzlicher Passagiere im Luftverkehr, ZfVerkehrswiss. 2007, 71; *U.Soltesz*, Regionalflughäfen und „Billigflieger“ aus Sicht des Europäischen Beihilferechts, DVBl 2010, 277 ff.; P. *Wysk*, Rechtliche Aspekte des Fluglärmgesetzes, ZfL 2007, 243 ff.

Inhaltsübersicht

Rn.

A. Einführung

1 Für den Betrieb von Flugplätzen haben sich in der Bundesrepublik Deutschland privatrechtliche Organisationsformen durchgesetzt. Flugplatzbetreibergesellschaften haben regelmäßig die Rechtsform von Kapitalgesellschaften[1]. Das gilt auch für solche Flugplätze, auf die kommunale Gebietskörperschaften maßgeblichen Einfluss ausüben, was bei den meisten Flughäfen der Fall ist. Sie sind an den Kapitalgesellschaften, die in der Bundesrepublik Verkehrsflughäfen oder Verkehrslandeplätze betreiben, regelmäßig einzeln, über kommunale Unternehmen oder über Zweckverbände – häufig auch mehrheitlich – beteiligt.

2 Das Verhältnis der Kommunen zu ihren Flugplätzen ist ambivalent: Einerseits stellen diese wichtige Elemente der nationalen und internationalen **Verkehrsinfrastruktur** dar und sind damit bedeutende Standortfaktoren für die lokale und regionale Wirtschaft. Sie sind auch wichtige Wirtschaftsfaktoren. So gilt der Frankfurter Flughafen mit ca. 70.000 Arbeitsplätzen als größte Betriebsstätte Deutschlands. Der Luftverkehr wies in den letzten Jahrzehnten kontinuierlich hohe Wachstumsraten auf. Diese Entwicklung wird sich voraussichtlich auf mittlere Sicht fortsetzen. Die Bundesregierung rechnet für die Jahre 2005 – 2020 mit einem durchschnittlichen Wachstum des jährlichen Passagieraufkommens von 4,2 %. Für die Anzahl der Flugbewegungen wird für den Zeitraum von 2005 – 2020 ein Wachstum von 47 % prognostiziert[2]. Auch der demografische Wandel wird daran wenig ändern[3]. Andererseits beschränken die Flächeninanspruchnahme und die Umweltauswirkungen von Flugplätzen die kommunalen Gestaltungsmöglichkeiten und senken die Akzeptanz von Flugplatzprojekten in der Bevölkerung[4]. Da die Umweltauswirkungen regelmäßig über die Grenzen der Standortgemeinden hinausgehen, sind interkommunale Konflikte mit den Nachbargemeinden vorprogrammiert.

---

[1] *Steiner*, in: Ennuschat u. a. (Hrsg.), GS für P. J. Tettinger, 2007, S. 179 (184).

[2] Flughafenkonzept der Bundesregierung vom 27.5.2009. S. 9, 11.

[3] Vgl. *Hepting/Pak*, Die Auswirkungen des demografischen Wandels auf den Infrastrukturbedarf im Luftverkehr am Beispiel der Flughäfen Hamburg und Rostock, IR 2009, 332 ff.

[4] Dazu exemplarisch die Diskussionsbeiträge in: Deutscher Städtetag (Hrsg.), Städte und Flughäfen – miteinander oder gegeneinander? Passim.

Nach Aufgabe der militärischen Nutzung kann die **Konversion** von ehemaligen Militärflugplätzen den Standortgemeinden neue Entwicklungsmöglichkeiten eröffnen. 3

Im Folgenden soll die Luftverkehrsinfrastruktur der Bundesrepublik Deutschland mit ihrer kommunalen Beteiligung vorgestellt und die kommunalwirtschaftlichen Aspekte erörtert werden. Sodann werden der rechtliche Rahmen für Investitionen in die Flughafeninfrastruktur und die Implikationen kommunaler Planungshoheit behandelt. 4

B. Die Luftverkehrsinfrastruktur der Bundesrepublik Deutschland

Entsprechend dem förderalen Aufbau der Bundesrepublik hat sich auch die Luftverkehrsinfrastruktur **dezentral** entwickelt. Nach Auffassung der Bundesregierung ist Deutschland mit einem hinreichend dichten Netz von Flughäfen versorgt[5]. Neben den beiden großen Luftdrehkreuzen Frankfurt/Main und München II bestehen 12 internationale Verkehrsflughäfen und 32 Regionalflugplätze mit Fluglinien- und Pauschalreiseflugverkehr sowie zahlreiche Verkehrslandeplätze, die im Wesentlichen für Zwecke des Geschäftsreiseflugs, des Schulflugs und der Sportfliegerei genutzt werden. An verschiedenen militärischen Flugplätzen bestehen zivile Mitbenutzungsmöglichkeiten hauptsächlich für Luftsportvereine, aber auch für den Geschäftsreiseluftverkehr. 5

C. Kommunale Beteiligung an Flugplatzunternehmen

An den meisten Unternehmen, die in der Bundesrepublik Deutschland Flugplätze betreiben, bestehen kommunale Beteiligungen – unabhängig davon, ob es sich um internationale Verkehrsflughäfen oder um kleinere Verkehrslandeplätze handelt. 6

[5] Flughafenkonzept der Bundesregierung v. 27.5.2009, Ziff. 4.1.

7 Anteile kommunaler Gebietskörperschaften an internationalen Verkehrsflughäfen[6]

– Berlin (Tegel, Schönefeld)	37 %
– Bremen	100 %
– Dortmund	100 %
– Dresden	ca. 6 %
– Düsseldorf	50 %
– Frankfurt	20,2 %
– Friedrichshafen	41,2 %
– Hamburg	51 %
– Hannover	35 %
– Köln/Bonn	38,2 %
– Leipzig/Halle	5,2 %
– Lübeck	10 %
– München	23 %
– Münster/Osnabrück	100 %
– Nürnberg	50 %
– Paderborn/Lippstadt	98 %
– Stuttgart	35 %

8 Die Geschäftsanteile kommunaler Gebietskörperschaften an den Betreibergesellschaften kleinerer Verkehrslandeplätze liegen durchschnittlich noch wesentlich höher als an den Verkehrsflughäfen.

9 Ziel kommunaler Beteiligung ist in den meisten Fällen die Verbesserung der Verkehrsinfrastruktur, um der – jedenfalls auch – örtlichen Nachfrage nach Luftverkehrsdienstleistungen Rechnung zu tragen. Zunehmend werden aber Flugplätze als eigenständiger Wirtschaftsfaktor betrachtet.

I. Flugplätze als Infrastrukturen der Daseinsvorsorge

10 Es ist anerkannt, dass auch die zivile Luftverkehrsinfrastruktur, für deren Zwecke nach § 28 Abs. 1 S. 1 LuftVG die Enteignung zulässig ist, der Daseinsvorsorge zuzurechnen ist.[7] Auch wenn dieser wenig konturenscharfe Begriff eher deskriptiv und weniger als Rechtsbegriff verstanden wird[8], findet er seinen Niederschlag in

---

[6] Quelle: Arbeitsgemeinschaft Deutscher Verkehrsflughäfen, Stand: April 2009.

[7] Vgl. BGH, Urt. v. 18.10.2007 – III ZR 277/06 – NVwZ 2008, 110 (113); *Krajewski*, VerwArch. 2008, 174 (183); *Horn*, Planungskompetenzen für Verkehrslandeplätze, 1991, S. 46.

[8] Vgl. *Tettinger*, in: v. Mangoldt/Klein/Starck, Grundgesetz, Bd. 2, 5. Aufl. 2005, Art. 28 Rn. 207; *ders.*, in: Püttner/Mann, HKWP, Bd. 1, 3. Aufl. 2007, § 11 Rn. 14 m. w. N.; *Burgi*, Kommunalrecht, 2. Aufl. 2008, § 17 Rn. 11.

der jüngsten Novelle des Raumordnungsgesetzes. So sieht § 2 Abs. 2 Nr. 3 ROG[9] als Grundsatz der Raumordnung vor, dass die Versorgung mit Dienstleistungen und Infrastrukturen der Daseinsvorsorge … in angemessener Weise zu gewährleisten ist. Soweit damit durch die Kommunen ein örtlicher Bedarf abgedeckt wird, ist diese Aufgabenwahrnehmung auch durch die Selbstverwaltungsgarantie des Art. 28 GG gewährleistet.[10]

Die Europäische Kommission erkennt an, dass jedenfalls die meisten „Kleinflughäfen“ im Interesse der Allgemeinheit betrieben werden[11] und erkennt regionale und lokale Bedarfe insbesondere im Bereich der allgemeinen Luftfahrt und des Geschäftsreiseluftverkehrs.[12] Das europäische Parlament forderte in einer Entschließung vom 3. Februar 2009 die Mitgliedsstaaten auf, in spezifische Infrastrukturen für den Sektor der allgemeinen Luftfahrt und der Geschäftsreiseluftfahrt zu investieren und ermunterte auch die regionalen und lokalen Gebietskörperschaften, in die Modernisierung und den Bau kleinerer und mittelgroßer Flughäfen zu investieren, die für die allgemeine Luftfahrt und die Geschäftsreiseluftfahrt von wesentlicher Bedeutung sind.[13] **11**

II. Flugplätze als öffentliche Einrichtungen der Gemeinden

Inwieweit Flugplätze als Teil der nationalen Verkehrsinfrastruktur auch als öffentliche Einrichtungen der sie tragenden Gemeinden im Sinne des deutschen Kommunalrechts, vgl. z.B. § 8 Abs. 1 GO NRW, anzusehen sind, wird differenziert auch danach zu beurteilen sein, inwieweit mit dem jeweiligen Flugplatz – zumindest auch – ein **Verkehrsbedarf der örtlichen Gemeinschaft** abgedeckt wird. Bei Verkehrslandeplätzen wird das regelmäßig der Fall sein[14]. Demgegenüber hat der Hessische Verwaltungsgerichtshof den örtlichen Bezug eines mehrheitlich einem Landkreis gehörenden Regionalflughafens abgelehnt, weil dieser nicht vorrangig den Kreisangehörigen offen stehe und von einer Gesellschaft privaten **12**

---

[9] In der Fassung des Gesetzes zur Neufassung des Raumordnungsgesetzes und zur Änderung anderer Vorschriften v. 22.12.2008, BGBl. 2008 I S. 2986.

[10] *Mann*, in: Tettinger/Erbguth/Mann, Besonderes Verwaltungsrecht, 10. Aufl. 2009, Rn. 57.

[11] Mitteilung der Kommission: Gemeinschaftliche Leitlinien für die Finanzierung von Flughäfen und die Gewährung staatlicher Anlaufbeihilfen für Luftfahrtunternehmen auf Regionalflughäfen v. 9.12.2005 ABl. C 312/01 Rn 8.

[12] Siehe dazu die Mitteilung der Kommission „Agenda für eine nachhaltige Zukunft der allgemeinen Luftfahrt und der Geschäftsreiseluftfahrt v. 11.1.2008 KOM (2007) 879 endgültig, Rn. 35 ff. 42 ff.

[13] Entschließung des europäischen Parlaments v. 3.2.2009 über eine Agenda für die nachhaltige Zukunft der allgemeinen Luftfahrt und der Geschäftsreiseluftfahrt 2008/2134 (INI).

[14] VGH Mannheim, Urt. v. 23.9.1980, DVBl. 1981, 220 ff.; ablehnend *Horn*, BWVBl. 1992, 5 ff.

Rechts wirtschaftlich betrieben werde.[15] Diese Betrachtung dürfte zu kurz greifen, da die örtliche Radizierung eines Verkehrsangebots nicht zwangsläufig an den Gemeindegrenzen Halt macht[16] und die gemeinsame Wahrnehmung öffentlicher Aufgaben durch Gebietskörperschaften – etwa in Zweckverbänden – in dem jeweiligen Landeskommunalrecht durchgängig vorgesehen ist. Da auch die Wahrnehmung öffentlicher Aufgaben durch kommunale Unternehmen in Rechtsformen des Privatrechts kommunalrechtlich grundsätzlich zugelassen wird, vgl. etwa § 108 GO NRW, kann die Beteiligung kommunaler Gebietskörperschaften an einer Flughafenträgergesellschaft von einem öffentlichen Zweck getragen sein.

13 Die Grenzen der örtlichen Radizierung werden erst dann überschritten, wenn rein kommerzielle Aspekte im Vordergrund der Flugplatzaktivitäten einer Kommune stehen und den Betrieb eines Flughafens weitestgehend von der Deckung örtlichen oder regionalen Verkehrsbedarfs abkoppeln, wie dies etwa bei Konversionsprojekten der Fall sein kann, die vorrangig zur Entwicklung strukturschwacher Gebiete dienen, ohne dass hierfür ein örtlicher Verkehrsbedarf erkennbar ist.[17]

III. Flugplätze als Instrumente der Wirtschaftsförderung

14 Ein anderer Schwerpunkt hat sich in den letzten Jahren mit der Liberalisierung des Luftverkehrs bei Flughafenprojekten entwickelt, die weniger der Bedienung der bereits vorhandenen örtlichen oder regionalen Verkehrsnachfrage dienen, sondern vielmehr eine Angebotsplanung im Rahmen der allgemeinen Wirtschaftsförderung verfolgen.[18] Das gilt insbesondere für Projekte zur Konversion ehemaliger Militärflugplätze. Diese Angebote werden gern von sog. „Billigfluggesellschaften“ angenommen, die mit ihren Angeboten durch attraktive Preisgestaltung auf einen Kundenkreis aus einem großen Einzugsbereich zielen und deren Geschäftsmodell u.a. auch darin besteht, für die Einrichtung von Fluglinien als Gegenleistung Subventionen einzufordern.[19] Für die Betreiber solcher Flughäfen besteht das Risiko, sich sehr stark von einer einzigen Fluggesellschaft abhängig zu machen, die ihrerseits weitere Subventionen für den Verbleib an dem jeweiligen Flughafen fordert, so dass auch auf längere Sicht an einen wirtschaftlichen Betrieb nicht zu denken ist.

15 Zur Begründung solcher Geschäftsmodelle werden häufig positive Arbeitsmarkteffekte herangezogen. Als – allerdings nicht unumstrittene – Faustformel wird die Generierung von ca. 1.000 Arbeitsplätzen je eine Million Passagiere jährlich genannt[20]. Die Rechtsprechung hat allerdings die Arbeitsmarkteffekte und die

---

[15] Urt. v. 17.6.2008 – 11 C 2017/07 – UA S. 7; bestätigt durch BVerwG, Beschl. v. 3.3.2009 – 4 B 59.08.

[16] Vgl. *Mann* (Fn. 10), Rn. 301.

[17] Vgl. dazu OVG Münster, Urt. v. 3.1.2006 – 20 D 118/04 – NVwZ-RR 2007, 89 (n rkr).

[18] Vgl. BVerwG, Urt. v. 11.7.2001 – 11 C 14.00 – BVerwGE 114, 364, (374 ff.).

[19] *Armbrecht/Marner*, ZfVerkehrswiss. 2008, 221 (224).

[20] *Klophaus*, ZfVerkehrswiss. 2007, 71 ff. geht von einer Beschäftigungswirkung je eine Million Passagiere jährlich von ca. 500 direkten Arbeitsplätzen sowie weiteren 1.000 indirekten durch den Flughafenbetrieb induzierten Arbeitsplätzen aus.

Folgewirkungen für die regionale Wirtschaftstruktur nicht als Planrechtfertigung für Flughafenausbaumaßnahmen anerkannt.[21] Für die Planrechtfertigung seien allein die Ziele des Luftverkehrsgesetzes maßgebend, wozu die Schaffung von Arbeitsplätzen und die Förderung der regionalen Wirtschaftsstruktur nicht gehöre. Diese Aspekte sind allerdings als für ein Vorhaben sprechende öffentliche Belange im Rahmen der planerischen Abwägung zu berücksichtigen.

IV. Beihilferechtliche Problematik

Nach der Liberalisierung des Luftverkehrsmarkts auch in der Europäischen Union 16
wird die Finanzierung von Flughäfen durch kommunale Anteilseigner von der EU-Kommission unter beihilferechtlichen Aspekten kontrolliert.[22] Die Kommission geht davon aus, dass die Errichtung und der Betrieb eines Flughafens – auch eines Regionalflughafens in öffentlicher Hand – grundsätzlich als **wirtschaftliche Tätigkeit** zu betrachten ist[23], die den Vorschriften über staatliche Beihilfen unterfällt[24], Art. 107 Abs. 1 AEUV (→ § 39 Rn. 50 ff.). Danach sind staatliche Beihilfen unzulässig, die durch Begünstigung bestimmter Unternehmen den Wettbewerb verfälschen, soweit sie den Handel zwischen den Mitgliedsstaaten beeinträchtigen. Um die Einschätzung der Finanzierung von Flughäfen näher zu konturieren hat die Kommission Leitlinien für die Finanzierung von Flughäfen veröffentlicht.[25] Die Leitlinien übernehmen dabei im Wesentlichen die Kriterien der „Charleroi"-Entscheidung der Europäischen Kommission vom 12. Februar 2004.[26] In dieser Entscheidung ging es um Anlaufbeihilfen für sog. „Low-Cost-Carrier", etwa durch die Gewährung von Rabatten für Flughafenentgelte. Die Kommission stellt Kriterien auf für

- die Finanzierung von Flughafeninfrastruktur (Rn. 55 ff.),
- Beihilfen für den Betrieb von Flughafeninfrastruktur (Rn. 62 ff.),
- Beihilfen für die Erbringung von Flughafendiensten (Rn. 68 ff.) und

---

[21] BVerwG, Urt. v. 13.12.2007 – 4 C 9.06 – BVerwGE 130, 83, Rn. 53; BVerwG, Urt. v. 26.4.2007 – 4 C 12.05 – BVerwGE 128, 358, Rn. 51 ff.

[22] Dazu ausführlich *Martin-Ehlers*, in: Hobe/von Ruckteschell (Hg), Kölner Kompendium Luftrecht, Band 3, 605 ff.; *Lübbig/Martin-Ehlers*, Beihilferecht der EU, 2. Aufl. 2009, Rn. 515 ff..

[23] EuGH, Urt. v. 24.10.2002 – C-82/01 – WuW 2002, 1253, Rn. 78 ff. – Aéroports de Paris.

[24] Dazu kritisch *Dolde/Porsch*, ZLW 2004, 3 ff.; zweifelnd auch *Soltesz,* DVBl 2010, 277, 282.

[25] Mitteilung der Kommission: Gemeinschaftliche Leitlinien für die Finanzierung von Flughäfen und die Gewährung staatlicher Anlaufbeihilfen für Luftfahrtunternehmen auf Regionalflughäfen v. 9.12.2005 ABl. C 312/01; diese Leitlinien ändern und ergänzen die Leitlinien über staatliche Beihilfen im Luftverkehr, ABl. C 350 v. 10.12.1994.

[26] Komm. E. 2004/393/EG v. 12.2.2004, ABl. 2004 L 137/1; diese Entscheidung wurde allerdings aus formalen Gründen vom EuGH für nichtig erklärt, Urt. v. 17.12.2008 – RS T- 196/04 – BeckRS 2008 71341.

– Anlaufbeihilfen (Rn. 71 ff.).

17 Danach müssen Maßnahmen, die möglicherweise eine staatliche Beihilfe für einen Flughafen darstellen, von der Kommission **notifiziert** werden. Als Maßstab für die Qualifizierung als Beihilfe stellt die Kommission einen Privatinvestorenvergleich an und prüft, ob ein privater Investor in einer vergleichbaren Lage unter Zugrundelegung der Rentabilitätsaussichten und unabhängig von allen sozialen oder regionalpolitischen Überlegungen oder Erwägungen einer sektorbezogenen Politik eine solche Kapitalhilfe gewährt hätte.[27] Dieser Maßstab wird nicht nur an unmittelbare staatliche Zuwendungen für bestimmte Projekte angelegt, sondern beispielsweise auch bereits für Kapitalerhöhungen kommunaler Anteilseigner von Flughafenunternehmen.

18 Allerdings erkennt auch die Kommission an, dass Flughafentätigkeiten u.U. als „Dienstleistungen von allgemeinem wirtschaftlichen Interesse“[28] iSv. Art. 106 Abs. 2 AEUV (→ § 39 Rn. 15 ff.) angesehen werden können. Leistungen, die als Ausgleich für solche den Flughäfen auferlegten Verpflichtungen gewährt werden, stellen danach keine Beihilfen dar.[29] Ferner geht die Kommission davon aus, dass Zahlungen an kleine Regionalflughäfen der Kategorie D (weniger als eine Million Passagiere jährlich) kaum als wettbewerbsrelevant im Sinne des Art. 107 Abs. 1 AEUV anzusehen sind. Insbesondere Investitionen in die Infrastruktur kleinerer Verkehrslandeplätze zur Deckung des lokalen und regionalen Verkehrsbedarfs werden regelmäßig nicht geeignet sein, den Wettbewerb im Sinne des Art. 107 Abs. 1 AEUV zu verfälschen und unterfallen als Ausgleichszahlungen für die Erbringung von „Dienstleistungen von allgemeinem wirtschaftlichen Interesse“ nicht dem Beilhilferegime des AEUV[30].

D. Investitionen in die Flugplatzinfrastruktur

19 Die Anlage und die wesentliche Erweiterung bzw. Änderung von Flugplätzen erfordern die Durchführung eines luftrechtlichen Genehmigungsverfahrens nach § 6 LuftVG und ggf. eines Planfeststellungsverfahrens nach § 8 LuftVG. Ausgenommen sind Anlagen, die nicht zur „Luftseite“ eines Flugplatzes zählen, wie etwa Abfertigungsgebäude o.ä. Zwar kann nach § 8 Abs. 4 LuftVG auch die bauplanungsrechtliche Zulässigkeit von Hochbauten auf dem Flugplatzgelände Gegenstand der Planfeststellung sein; erforderlich ist dies jedoch nicht. Sonderregelungen für die zivile Nutzung ehemaliger Militärflugplätze, sog. Konversionsvorhaben, enthält § 8 Abs. 5 LuftVG. Schließlich erfolgt in manchen Gemeinden auch die Desinvestition von Flugplatzanlagen.

---

[27] Leitlinien a.a.O., Rn. 46.

[28] Vgl. dazu *Dolde/Porsch*, ZLW 2004, 3 (14).

[29] Leitlinien a.a.O. Rn. 34, 36.

[30] „Tatbestandslösung“, *Cremer*, in: Callies/Ruffert, EUV EGV, 3. Aufl. 2007, Art. 87 EGV Rn. 12 m. w. N. in Fn. 82.

I. Anlage und Erweiterung von Flugplätzen

20 Die Anlage und die wesentliche Änderung oder Erweiterung von Flugplätzen bedarf der **Genehmigung** nach § 6 LuftVG. Zusätzlich ist für die Anlage oder Änderung von Flughäfen oder Landeplätzen mit beschränktem Bauschutzbereich eine **Planfeststellung** erforderlich, § 8 Abs. 1 S. 1 LuftVG. Diese **Zweigleisigkeit** des luftrechtlichen Zulassungsverfahrens wurde zwar häufig kritisiert[31], hat aber bisher alle fachplanungsrechtlichen Verfahrensvereinfachungs- und Beschleunigungsgesetze überstanden.

21 Begrifflich unterscheidet das LuftVG unter dem Oberbegriff des Flugplatzes nach § 6 Abs. 1 S. 1 LuftVG Flughäfen, Landeplätze und Segelfluggelände. Flughäfen sind in § 38 LuftVZO definiert als Flugplätze, die nach Art und Umfang des vorgesehenen Flugbetriebs einer Sicherung durch einen Bauschutzbereich nach § 12 LuftVG bedürfen. Diese werden genehmigt als Flughäfen des allgemeinen Verkehrs (Verkehrsflughäfen) oder als Flughäfen für besondere Zwecke (Sonderflughäfen) wie etwa Militärflughäfen oder Werksflughäfen luftfahrtechnischer Betriebe.

1. Genehmigungsverfahren nach § 6 LuftVG

22 Für die Anlage und den Betrieb eines Flugplatzes sowie deren wesentliche Änderung oder Erweiterung ist – unabhängig davon, ob ein Planfeststellungsverfahren nach § 8 LuftVG nachfolgt – eine Genehmigung nach § 6 LuftVG erforderlich.[32]

23 Diese Genehmigung ist **sowohl Unternehmergenehmigung als auch Planungsentscheidung**, so dass die Grundsätze rechtsstaatlicher Planung, insbesondere das daraus entwickelte Gebot planerischer Abwägung, zur Anwendung kommen.[33] Das Verwaltungsverfahren ist im LuftVG nur punktuell geregelt; teilweise wird in § 6 Abs. 5 und 6 LuftVG auf die für das Planfeststellungsverfahren geltenden Vorschriften verwiesen.

24 Das Genehmigungsverfahren ist ein Antragsverfahren; die erforderlichen Antragsunterlagen sind in § 40 LuftVZO aufgelistet. Zuständig für die Genehmigung von Flugplätzen sind die Luftfahrtbehörden der Länder, die diese Aufgabe im Auftrag des Bundes nach § 31 Abs. 2 LuftVG ausführen.

25 Soweit nach Maßgabe des Gesetzes über die **Umweltverträglichkeitsprüfung** für die Genehmigung eines Flughafens eine UVP erforderlich ist, wird diese im Rahmen des Genehmigungsverfahrens nach § 6 Abs. 1 S. 2 LuftVG durchgeführt. Eine UVP ist notwendig nach Nr. 14.12 der Anlage zu § 3 UVPG für den Bau eines Flugplatzes mit einer Start- und Landebahngrundlänge von 1.500 m oder mehr. Bei einer geringeren Bahnlänge ist eine allgemeine Vorprüfung des Einzelfalls durchzuführen, § 3 c UVPG. Entsprechendes gilt nach § 3 e UVPG für Änderungen und Erweiterungen UVP-pflichtiger Flugplätze. Nicht UVP-pflichtig ist dagegen die bloße Änderung der Betriebsregelung eines Flugplatzes, selbst wenn

---

[31] Vgl. *Schmidt-Aßmann*, DVBl. 1981, 334 ff.; demgegenüber *Wysk*, ZLW 2001, 173 ff.
[32] Zu den verschiedenen Anwendungsfällen ausführlich *Kämper*, ZLW 2008, 487 (488 ff.).
[33] St. Rspr., vgl. BVerwG, Urt. v. 13.12.2007 – 4 C 9.06 – BVerwGE 130, 83, Rn. 58.

diese zu erheblichen Umweltauswirkungen etwa beim Fluglärm führen kann.[34] Der Gegenstand der Umweltverträglichkeitsprüfung kann ggf. über die luftrechtlich genehmigungspflichtigen Teile eines Flugplatzvorhabens hinausgehen.[35]

26 In dem Genehmigungsverfahren erkennt die Rechtsprechung den Gemeinden ein selbstständig durchsetzbares, aus dem Selbstverwaltungsrecht des Art. 28 Abs. 2 GG abgeleitetes subjektiv-öffentliches **Recht auf Beteiligung** zu, das ein Recht auf Information und Anhörung umfasst.[36] Auch eine Anhörung der Betroffenen ist nach den Grundsätzen eines rechtsstaatlichen Verwaltungsverfahrens und zur vollständigen Sachverhaltsermittlung geboten.[37] Dagegen ist eine Erörterung von Einwendungen nicht vorgesehen; auch bei UVP-pflichtigen Vorhaben kann die nach §§ 9 Abs. 1 S. 2 UVPG, 73 Abs. 4 VwVfG vorgeschriebene mündliche Erörterung entfallen, § 6 Abs. 7 LuftVG.

2. Planfeststellungsverfahren, § 8 LuftVG

27 Flughäfen – das sind nach der Legaldefinition des § 38 Abs. 1 LuftVZO Flugplätze, die nach Art und Umfang des vorgesehenen Flugbetriebs einer Sicherung durch einen Bauschutzbereich nach § 12 LuftVG bedürfen – und Landeplätze mit beschränktem Bauschutzbereich dürfen nur nach vorheriger Planfeststellung angelegt oder geändert werden, § 8 Abs. 1 S. 1 LuftVG. Das Erfordernis der Planfeststellung betrifft nur die für den Flugbetrieb notwendigen – luftseitigen - baulichen Flugbetriebsanlagen eines Flugplatzes,[38] wozu insbesondere die Start- und Landebahnen, Rollwege und Vorfelder zählen, nicht aber Hochbauten wie etwa Abfertigungsgebäude.[39] Betriebsregelungen bedürfen keiner Planfeststellung, können allerdings nach § 8 Abs. 4 S. 1 LuftVG Gegenstand derselben sein.

28 Für das Planfeststellungsverfahren gelten die Vorschriften des Verwaltungsverfahrensgesetzes, insbesondere §§ 72 ff. VwVfG, mit den Modifikationen des § 10 LuftVG.

29 Anstelle eines Planfeststellungsbeschlusses kann eine **Plangenehmigung** erteilt werden, wenn für das Vorhaben keine UVP durchzuführen ist, mit den Trägern öffentlicher Belange, deren Aufgabenbereich berührt wird, das Benehmen hergestellt worden ist und Rechte anderer nicht oder nur unwesentlich beeinträchtigt werden oder die Betroffenen sich mit der Inanspruchnahme ihres Eigentums oder eines anderen Rechts schriftlich einverstanden erklärt haben, § 8 Abs. 2 LuftVG.

30 Bei Änderungen oder Erweiterungen eines Flugplatzes von unwesentlicher Bedeutung können Planfeststellung und Plangenehmigung **unterbleiben**, § 8 Abs. 3 LuftVG. Anders als nach § 74 Abs. 7 VwVfG handelt es sich hierbei um

---

[34] OVG Münster, Urt. v. 16.5.2007 – 20 D 128/05.AK UA S. 18.

[35] EuGH, Urt. v. 28.2.2008 – RS C-2/07 – NuR 2008, 255 Rn. 28.

[36] BVerwG, Beschl. v. 13.12.2006 – 4 B 73.06 – NVwZ 2007, 459 (460), Rn. 6 m. w. N.; dazu *Kämper*, in Ziekow (Hrsg.), Bewertung von Fluglärm – Regionalplanung – Planfeststellungsverfahren, 2003, S. 59 ff.

[37] BVerwG, Beschl. v. 20.2.2008 – 1 BvR 2722/06 – NVwZ 2008, 780 (783), Rn. 56.

[38] OVG Münster, Urt. v. 16.5.2007 – 20 D 128/05.AK – UA S. 16.

[39] OVG Berlin, Beschl. v. 29.1.2007 – 10 S 1/07 – LKV 2007, 322.

eine Ermessensentscheidung, die gleichzeitig eine Zulassungsentscheidung für das Vorhaben beinhaltet[40]. Liegt für ein Bauvorhaben an einem Flughafen ein Bauantrag vor, kann diese Entscheidung auf Anfrage der Baugenehmigungsbehörde durch die Luftfahrtbehörde in einem verwaltungsinternen Zwischenverfahren getroffen werden, die keine rechtliche Aussenwirkungen entfaltet und damit durch Dritte nicht anfechtbar ist.[41]

3. Materielle Entscheidungskriterien

Die Zulassung eines Flugplatzvorhabens setzt die Beachtung aller verbindlichen gesetzlichen Vorgaben, die Bejahung des von der Rechtsprechung entwickelten Kriteriums der Planrechtfertigung sowie die Berücksichtigung aller abwägungserheblichen Belange voraus[42]. **31**

Eine **Planrechtfertigung** ist nicht nur im Hinblick auf die enteignungsrechtliche Vorwirkung von luftrechtlichen Planungsentscheidungen, vgl. § 28 LuftVG, erforderlich, sondern auch im Hinblick auf mittelbare Grundrechtsbeeinträchtigungen etwa durch Fluglärmimmissionen.[43] Sie wird bejaht, wenn das Vorhaben mit den Zielen des Luftverkehrsgesetzes übereinstimmt, „fachplanerische Zielkonformität"[44], was bei dem allgemeinen Verkehr gewidmeten Flughäfen und Landeplätzen ungeachtet ihrer privatrechtlichen Organisationsform regelmäßig der Fall ist. Ferner muss das Vorhaben „vernünftigerweise geboten" sein, was einen konkreten Bedarf für das Vorhaben voraussetzt. Dieser muss zwar bei Erlass der Zulassungsentscheidung noch nicht notwendigerweise eingetreten sein, aber „bei vorausschauender Betrachtung" in absehbarer Zukunft mit hinreichender Sicherheit erwartet werden können.[45] **32**

Als besonders zu berücksichtigende Belange nennt § 6 Abs. 2 LuftVG die Erfordernisse der Raumplanung, des Naturschutzes und der Landschaftspflege sowie des Städtebaus. Eine besondere Bedeutung hat der dem Flugplatzvorhaben zuzurechnende **Fluglärm**, dessen Behandlung mit dem Gesetz zur Verbesserung des Schutzes vor Fluglärm in der Umgebung von Flughäfen[46] eine besondere Regelung erfahren hat. Zum einen sind bereits in der Planungsentscheidung nach Maßgabe der neu eingefügten § 8 Abs. 1 Sätze 3 und 4 LuftVG die jeweils anwendbaren Werte des § 2 Abs. 2 FluglärmSchG zu beachten, wodurch die fachplanerische Zumutbarkeitsgrenze nunmehr gesetzlich definiert ist[47]; zum andern regelt das novellierte Gesetz zum Schutz gegen Fluglärm[48] Ansprüche auf Kostenerstattung für **33**

---

40 BVerwGE 64, 325 (329).

41 BVerwG, Urt. v. 26.9.2001 – 9 A 3.01 – BVerwGE 115, 158 (162).

42 Zum Ganzen ausführlich *Kämper*, ZLW 2009, 16 ff.

43 BVerwG, Urt. v. 26.4.2007 – 4 C 12.05 – BVerwGE 128, 358, Rn. 48.

44 BVerwG, Urt. v. 9.11.2006 – 4 A 201.06 – BVerwGE 127, 95, Rn. 34.

45 BVerwG, Urt. v. 13.12.2007 – 4 C 9.06 – BVerwGE 130, 83, Rn. 50.

46 V. 01.6.2007 – BGBl. 2007 I S. 986.

47 Vgl. BVerwG, Beschl. v. 1.4.2009 – 4 B 61.08 – NVwZ 2009, 910, Rn 33.

48 In der Fassung der Bekanntmachung v. 31.10.2007, BGBl. 2007 I S. 2550.

bauliche Schallschutzmaßnahmen[49] sowie die Entschädigung für die Beeinträchtigung von Außenwohnbereichen mit Wirkung auch für Planungsentscheidungen verbindlich. Damit entfallen im Anwendungsbereich dieser Vorschriften die früher üblichen Auseinandersetzungen um die Festlegung der **fachplanerischen Zumutbarkeitsschwelle** für Fluglärm. Auch die Ermittlung der Fluglärmbelastung ist normativ festgelegt.[50] Allerdings wird hinsichtlich kleinerer Flugplätze, die nicht § 4 Abs. 1 FluglärmSchG unterfallen, vertreten, dass insoweit die fachplanerische Zumutbarkeitsschwelle nach wie vor aufgrund einer Einzelfallbetrachtung festzulegen sei[51].

34 Nicht geregelt sind dagegen aktive Schallschutzmaßnahmen, deren Erfordernis von der Genehmigungsbehörde nach wie vor zu prüfen ist. Aus der Regelung des § 29 b Abs. 1 S. 2 LuftVG, wonach auf die Nachtruhe der Bevölkerung in besonderem Maße Rücksicht zu nehmen ist, folgert die Rechtsprechung eine „Gewichtungsvorgabe“[52] für die **planerische Abwägung**, wonach die Zulassung von Nachtflugverkehr einer gesteigerten Rechtfertigung bedarf[53]. Während für die besonders schutzwürdige „Kernruhezeit“ von 0.00 Uhr bis 5.00 Uhr ein besonders dringlicher „standortspezifischer“ Verkehrsbedarf nachgewiesen werden muss – was etwa für den Transport von Expressfracht der Fall sein kann – , ist für die weniger schutzbedürftigen Nachtrandstunden von 22.00 Uhr bis 24.00 Uhr und von 5.00 Uhr bis 6.00 Uhr nachzuweisen, dass ein bestimmter Verkehrsbedarf nicht befriedigend innerhalb der Tagessstunden abgewickelt werden kann[54]. Im Rahmen der planerischen Abwägungsentscheidung ist allerdings auch zu berücksichtigen, dass Nachtflugbeschränkungen Grundrechtsbeschränkungen für Luftfahrtunternehmen darstellen können[55].

35 Auch die dem Flugplatzvorhaben zuzurechnenden Luftverunreinigungen sind in der planerischen Abwägungsentscheidung zu bewältigen, wobei keine verbindlichen vorhabenbezogenen Grenzwerte gelten; die 22. BImSchV stellt nicht auf die durch ein einzelnes Vorhaben hervorgerufenen Luftverunreinigungen ab.[56]

36 Zunehmende Bedeutung erlangte in den letzten Jahren auch bei luftrechtlichen Planungsentscheidungen der Natur- und Artenschutz. Für unvermeidliche Eingriffe in Natur und Landschaft sind in der Planungsentscheidung Ausgleichs- oder Ersatzmaßnahmen festzusetzen. Werden durch das Vorhaben Natura 2000-Gebiete

---

[49] Weitere Einzelheiten sind geregelt in der zweiten Verordnung zur Durchführung des Gesetzes zum Schutz gegen Fluglärm (Flugplatz-Schallschutzmaßnahmenverordnung – 2. FlugLSV) v. 08.09.2009 BGBl. I S. 2992.

[50] Vgl. die Anlage zu § 3 FluglärmG sowie die Verordnung über die Datenerfassung und das Berechnungsverfahren für die Festsetzung von Lärmschutzbereichen – 1. FlugLSV – v. 27.12.2008 – BGBl. 2008 I S. 2980.

[51] OVG Rheinland-Pfalz, Urteil v. 9.7.2009 – 8 C 10399/08 – UA S. 29; Wysk, ZfL 2007, 243, 248.

[52] BVerwG, Urt. v. 16.3.2006 – 4 A 1075.04 – BVerwGE 125, 116, Rn. 269.

[53] BVerwG, Urt. v. 9.11.2006 – 4 A 2001.06 – BVerwGE 127, 95, Rn. 54.

[54] BVerwG, Urt. v. 24.7.2008 – 4 A 3001.07 – NVwZ 2009, 109, Rn. 39.

[55] BVerfG, Beschluss v. 15.10.2009 – 1 BvR 3474/07 – NVwZ 2009, 1489 Rn 56.

[56] BVerwG, Urt. v. 16.3.2006 – 4 A 1075.04 – BVerwGE 125, 116, Rn. 424 ff.

betroffen, dürfen Eingriffe nur ausnahmsweise zugelassen werden. Dabei ist bei der Gewichtung des für das Vorhaben sprechenden öffentlichen Interesses der Ausnahmecharakter einer Abweichungsentscheidung nach § 34 Abs. 3 BNatSchG besonders zu berücksichtigen[57].

4. Wirkung der Zulassungsentscheidung

Sowohl einer selbstständigen Genehmigung für Flugplatzvorhaben als auch einem Planfeststellungsbeschluss kommen **enteignungsrechtliche Vorwirkung** zu, § 28 LuftVG. Ein Planfeststellungsbeschluss entfaltet darüber hinaus Konzentrationswirkung im Hinblick auf sonstige öffentlich-rechtliche Genehmigunserfordernisse, § 75 Abs. 1 VwVfG. Ferner werden mit Bestandskraft der Zulassungsentscheidung auch zivilrechtliche Ansprüche – etwa aus § 906 BGB – ausgeschlossen.[58] Mit Inbetriebnahme der Flugplatzanlage wächst dem Flughafenunternehmer die Verpflichtung zu, den Flughafen in betriebssicherem Zustand zu halten und ordnungsgemäß zu betreiben, § 45 Abs. 1 S. 1 LuftVZO. Ferner unterliegt er einem Diskriminierungsverbot gegenüber den zur Luftfahrt Berechtigten. 37

II. Konversionsprojekte

Nach dem Ende des kalten Krieges und der deutschen Wiedervereinigung wurden in Folge des Abzuges ausländischer Militäreinheiten aus der Bundesrepublik und der Reduzierung der Stärke der Bundeswehr seit Anfang der 90er-Jahre des letzten Jahrhunderts zahlreiche militärische Liegenschaften, u.a. auch Militärflugplätze nicht mehr zu militärischen Zwecken genutzt. Damit erhielten die Standortkommunen die Möglichkeit, für diese Flächen eine zivile Folgenutzung vorzusehen. Insbesondere konnte damit kostengünstig die zivile Luftverkehrsinfrastruktur verbessert werden. Mit dem Planungsvereinfachungsgesetz vom 17.12.1993[59] wurden in § 8 Luftverkehrsgesetz die Absätze 5 bis 7 eingefügt, wodurch mit einem **vereinfachten einstufigen Fachplanungsverfahren** die Möglichkeit geschaffen wurde, die vorhandene militärische Infrastruktur einer Nutzung für zivile Luftfahrtzwecke zuzuführen. Zur Sicherung einer zivilen Folgenutzung bleibt nach § 8 Abs. 5 S. 4 LuftVG auch nach Aufgabe der militärischen Nutzung ein (zunächst militärischer) Bauschutzbereich bestehen. 38

Die Zulassung erfolgt durch die zivile Luftfahrtbehörde mit einer **Änderungsgenehmigung nach § 6 Abs. 4 S. 2 LuftVG**, ohne dass es einer Planfeststellung bedarf, § 8 Abs. 5 S. 3 LuftVG. Das gilt auch dann, wenn nicht lediglich die Zweckbestimmung des Flugplatzes geändert wird, sondern auch bauliche Anpassungen an die neue Funktion genehmigt werden. Diese Privilegierung gilt aller- 39

---

[57] BVerwG, Urteil v. 9.7.2009 – 4 C 12.07 – BVerwGE 134, 166 Rn 15.

[58] BGH, Urt. v. 10.12.2004 – V ZR 72/04 – BGHZ 161, 323 (330) für Planfeststellungsbeschlüsse; OLG Düsseldorf, Urt. v. 15.12.2008 – I-9 U 82/08 – ZLW 2009, 322 m. Anm. *Kämper* für Genehmigungen nach § 6 LuftVG.

[59] BGBl. 1993 I S. 2123.

dings dann nicht mehr, wenn der Flugplatz z.B. durch eine kapazitätserweiternde Verlängerung der Start- und Landebahn wesentlich geändert wird; in diesem Fall ist eine Planfeststellung nach § 8 Abs. 1 LuftVG erforderlich.[60]

40 Für die Anwendbarkeit der Konversionsvorschriften ist es nicht erforderlich, dass der umzuwandelnde Flugplatz luftrechtlich genehmigt ist oder als genehmigt gilt; das tatsächliche Vorhandensein eines militärischen Flugplatzes reicht vielmehr aus[61]. Im Hinblick auf die Tatsache, dass bei der Konversion eines bestehenden Militärflugplatzes bereits mit erheblichen öffentlichen Mitteln eine Verkehrsinfrastruktur geschaffen wurde, hat das Bundesverwaltungsgericht zunächst reduzierte Anforderungen an die Planrechtfertigung für eine zivile Nachfolgenutzung gestellt und auch eine – vom konkreten Bedarf losgelöste – „Angebotsplanung" zugelassen.[62] Demgegenüber hat der 4. Senat des Bundesverwaltungsgerichts nunmehr klargestellt, dass auch eine Konversionsgenehmigung nur dann gerechtfertigt ist, wenn der vom zivilen Träger geltend gemachte Luftverkehrsbedarf besteht; dieser muss allerdings noch nicht eingetreten sein; es genügt, wenn er bei vorausschauender Betrachtung in absehbarer Zukunft mit hinreichender Sicherheit erwartet werden kann.[63] Die Tatsache, dass ein Konversionsvorhaben der regionalen Strukturhilfe dient, ist für die Planrechtfertigung nicht von Bedeutung.[64]

41 Auch bei Konversionsvorhaben ist nach § 8 Abs. 5 S. 3 LuftVG die Umweltverträglichkeit zu prüfen, wenn die zivile Nutzung des Flugplatzes mit baulichen Änderungen oder Erweiterungen verbunden ist, für die nach dem UVPG eine UVP durchzuführen ist, wobei mittelbare betriebsbedingte Umweltauswirkungen im Rahmen der Vorprüfung des Einzelfalls zu berücksichtigen sind.[65]

42 Keine reduzierten Standards ermöglicht § 8 Abs. 5 LuftVG im Hinblick auf den Fluglärm. Konversionsvorhaben sind in dieser Hinsicht nicht anders zu behandeln als neue oder wesentlich geänderte zivile Flughäfen.[66] Die **Vorbelastung** durch den militärischen Flugbetrieb kann damit **nicht schutzmindernd** berücksichtigt werden. Demgemäß ist auch über eine etwaige Zulassung des Nachtbetriebs nach den Maßstäben der Rechtsprechung unter der Berücksichtigung der Gewichtungsvorgabe des § 29 b Abs. 1 S. 2 LuftVG zu entscheiden.[67] Mit der **Entwidmung** des militärischen Fluglatzes durch **Entlassung aus der militärischen Trägerschaft**, die nach § 8 Abs. 5 S. 5 LuftVG spätestens mit der Erteilung der zivilen Konversionsgenehmigung erfolgt, wird das Flugplatzgelände in die Planungsho-

---

[60] BVerwG, Urt. v. 13.12.2007 – 4 C 9.06 – BVerwGE 130, 82, Rn. 24.
[61] BVerwG, Urt. v. 13.12.2007 – 4 C 9.06 – BVerwGE 130, 82, Rn. 26.
[62] BVerwG, Urt. v. 11.7.2001 – 11 C 14.00 – BVerwGE 114, 364 (376).
[63] BVerwG, Urt. v. 13.12.2007 – 4 C 9.06 – BVerwGE 130, 83, Rn. 50.
[64] BVerwG, Urt. v. 13.12.2007 – 4 C 9.06 – BVerwGE 130, 83, Rn. 53.
[65] BVerwG, Urt. v. 16.10.2008 – 4 C 5.07 – Rn. 30; EuGH, Urt. v. 28.02.2008 – RS.C-2/07 – NuR 2008, 255, Rn. 42.
[66] BVerwG, Urt. v. 13.12.2007 – 4 C 9.06 – BVerwGE 130, 83, Rn. 73.
[67] BVerwG, Urt. v. 16.10.2008 – 4 C 5.07 – Rn. 51; BVerwG, Urt. v. 16.03.2006 – 4 A 1075.04 – BVerwGE 125, 116, Rn. 280 ff.; BVerwG, Urt. v. 9.11.2006 – 4 A 2001.06 – BVerwGE 127, 95, Rn. 67 ff.

heit der Standortgemeinde zurückgeführt, die aber für das Konversionsgenehmigungsverfahren unter den Voraussetzungen des § 38 BauGB praktisch keine Bedeutung entfaltet[68].

III. Schließung von Flugplätzen

Trotz erheblicher Zuwachsraten im Luftverkehr und damit steigenden Bedarfs nach Flugplatzkapazitäten wurde und wird von verschiedenen Kommunen die Schließung von Flugplätzen betrieben. So wurden oder werden Innenstadtflughäfen geschlossen, wenn außerhalb der Städte gelegene Flughafenentwicklungsprojekte realisiert werden, etwa der Flughafen München-Riehm mit Inbetriebnahme des Großflughafens München II oder die Berliner Flughäfen Tegel und Tempelhof im Hinblick auf die beabsichtigte Inbetriebnahme des Projekts Berlin-Brandenburg International. In anderen Fällen lockt die Möglichkeit, umfängliche Flugplatzgelände anderweitig zu vermarkten und die selten gewinnbringenden Flugplätze zu schließen; letztlich führen politische Gegnerschaft zum Luftverkehr und ökologische Bedenken zur Stilllegung. 43

Allerdings waren nicht alle Stilllegungsversuche erfolgreich. So setzte das OVG Berlin dem Versuch, den Flughafen Berlin-Tempelhof vorzeitig durch eine Aufhebung der Betriebspflicht zu schließen, ein Ende[69]. Die Beschlüsse der Städte Essen und Mülheim, den in ihrer Mehrheitsbeteiligung stehenden Flughafen Essen/Mülheim zu schließen, gingen ins Leere, weil eine der beteiligten Städte zuvor mit Flughafennutzern langfristige Erbbaurechtsverträge für auf dem Flugplatzgelände gelegene Grundstücke geschlossen hatte[70]. Auch die Forderung an die Flugplatzbetriebsgesellschaft, die im städtischen Eigentum stehenden Grundstücke herauszugeben, führte nicht zum Ende des Flugbetriebs, weil das private Grundstückseigentum durch die öffentlich-rechtliche Zweckbestimmung, das Flugplatzgelände für Zwecke des allgemeinen Verkehrs zu nutzen, überlagert wird. Ein völliger Fehlschlag war der Versuch einer kommunalen Gebietskörperschaft, einen Flugplatz durch Einstellung von Betriebskostenzuschüssen an die Flugplatzbetreibergesellschaft stillzulegen. Zwar meldete der Geschäftsführer daraufhin Insolvenz an; der Insolvenzverwalter suchte jedoch in Vollzug der ihm obliegenden Betriebspflicht, § 45 Abs. 1 S. 1 LuftVZO, einen neuen Betreiber, dem die Luftfahrtbehörde sodann die Betriebsgenehmigung übertrug, wodurch ein Weiterbetrieb des Flugplatzes gesichert war[71]. 44

Soll die Schließung eines genehmigten Flugplatzes herbeigeführt werden, ist hierfür die **Aufhebung der Betriebsgenehmigung** erforderlich; ein freiwilliger Verzicht des Flughafenunternehmers ist wegen der nach § 45 Abs. 1 S. 1 LuftV- 45

[68] BVerwG, Urt. v. 13.12.2007 – 4 C 9.06 – BVerwGE 130, 83, Rn. 63.

[69] OVG Berlin, Beschl. v. 23.9.2004 – 1 S 45.04 – IR 2004, 257.

[70] Vgl. dazu OLG Düsseldorf, Urt. v. 19.3.1998 – 14 U 231/96.

[71] Vgl. dazu VG München, Urt. v. 30.9.2004 – 3 K 03.6462 – UA S. 25, wonach die Auswechslung eines Flughafenunternehmers nach Insolvenz eine unwesentliche Änderung darstellt, die keines luftrechtlichen Änderungsgenehmigungsverfahrens bedarf.

ZO bestehenden Betriebspflicht nicht möglich.[72] Das Luftverkehrsrecht enthält verschiedene spezielle Ermächtigungsgrundlagen für den Widerruf einer luftrechtlichen Genehmigung, etwa §§ 6 Abs. 2 S. 4 LuftVG, 48 LuftVZO; daneben kann § 49 VwVfG in Betracht kommen.[73] Diese Vorschriften normieren jedoch enge Tatbestandsvoraussetzungen, die häufig nicht erfüllt sind. Das Bundesverwaltungsgericht ist deshalb der – mit dem Gesetzeswortlaut und der Systematik des Luftverkehrsrechts kaum vereinbaren – Auffassung, dass eine Flugplatzbetriebsgenehmigung nach Maßgabe von § 6 Abs. 4 S. 2 LuftVG widerrufen werden kann, weil die Stilllegung des Flugplatzbetriebs sich als dessen weitestgehende Änderung verstehen lasse[74]. Jedenfalls ist die Schließung eines Flughafens mittels einer Änderungsgenehmigung eine Planungsentscheidung, die nur auf Antrag des Flughafenunternehmers ergehen kann. Dabei sind die abwägungserheblichen Belange der von der Schließung betroffenen – insbesondere der an dem zu schließenden Flugplatz angesiedelten – Luftfahrtunternehmen zu ermitteln und die widerstreitenden Interessen unter Beachtung des Grundsatzes der Verhältnismäßigkeit auszugleichen[75]. Um das Flugplatzgelände anderen kommunalen Planungen zuführen zu können, ist wegen der Zweigleisigkeit des luftrechtlichen Genehmigungsverfahrens[76] eine **Entwidmung** des Flugplatzgeländes durch Aufhebung des der Betriebsgenehmigung folgenden Planfeststellungsbeschlusses herbeizuführen.

E. Implikationen kommunaler Planungshoheit

46 Die Anlage und der Betrieb von Flugplätzen beeinflussen wegen der erheblichen Flächeninanspruchnahme und der Umweltauswirkungen auf die Flugplatzumgebung kommunale Planungen. Dabei sind die planungsrechtlichen Einflussnahmemöglichkeiten der Kommunen auf die Flugplatzplanung begrenzt. Ihnen steht lediglich ein **absolutes Beteiligungsrecht** in luftrechtlichen Planfeststellungs- und Genehmigungsverfahren zu, das einen Anspruch auf Information und Gelegenheit zur Stellungnahme umfasst[77].

47 Rechtlich schwieriger zu greifen sind faktische Auswirkungen des den Flugplätzen zugerechneten Fluglärms. So wird auf kommunaler Ebene die Befürchtung geäußert, dass eine hohe Fluglärmbelastung in den davon besonders betroffenen

[72] OVG Berlin, Urt. v. 24.11.2005 – 12 A 3.05 – UA S. 12.

[73] Dazu im Einzelnen *Kämper*, in: Ziekow (Hrsg.), Aktuelle Fragen des Luftverkehrs-, Fachplanungs- und Naturschutzrechts, 2006, S. 86 ff.

[74] Vgl. dazu *Jannasch*, BWVBl. 2008, 361 (367); BVerwG, Beschl. v. 29.11.2007 – 4 B 22.07 – ZLW 2008, 311 (312); a. A. *Kämper* (Fn. 72), S. 83 ff.; *Geisler/Boewe*, ZLW 2008, 314 f.

[75] BVerwG, Beschl. v. 29.11.2007 – 4 B 22.07 – ZLW 2008, 311 (312 f.).

[76] Vgl. dazu *Wysk*, ZLW 2001, 173 ff.

[77] Seit BVerwG, Urt. v. 14.2.1969 – IV C 82.66 – DVBl. 1968, 362 st. Rspr., zuletzt BVerwG, Beschl. v. 13.12.2006 – 4 B 73/06 – NVwZ 2007, 459 (460); dazu *Kämper* (Fn. 34), S. 59 (65 ff.); *ders.*, ZLW 2008, 487 (496f.).

Wohnquartieren zu einer Entmischung der Wohnbevölkerung führe und ernsthafte Verwerfungen in der Sozialstruktur nach sich ziehe.[78]

Regelmäßig handelt es sich bei dem Bau und der Änderung von Flugplätzen um **Maßnahmen von überörtlicher Bedeutung** mit der Folge, dass nach § 38 BauGB in luftrechtlichen Planfeststellungs- und auch selbstständigen Genehmigungsverfahren[79] die §§ 29 bis 37 BauGB nicht anzuwenden sind. Deshalb ermöglicht die kommunale Beteiligung an den Flugplatzbetreibergesellschaften den Städten und Gemeinden weitergehende Einflussmöglichkeiten als sie das Planungsrecht eröffnet. 48

I. Zuständigkeiten für die Planung von Flughäfen

Das Grundgesetz sieht in Art. 87 d Abs. 1 S. 1 GG vor, dass die Luftverkehrsverwaltung in bundeseigener Verwaltung geführt wird. Die Zuständigkeit für die Genehmigung von Flugplätzen ist nach § 31 Abs. 2 Ziff. 4 LuftVG den Ländern in Form der Bundesauftragsverwaltung übertragen worden. Diese Kompetenz wird in der Regel durch die Verkehrsministerien der Länder, die Bezirksregierungen oder Luftfahrtämter als Landesoberbehörden ausgeübt. Für die Genehmigung zur Anlage oder Änderung von Militärflugplätzen sind die Wehrbereichsverwaltungen als Bundesverwaltung zuständig. 49

II. Raumordnungsrechtliche Festlegungen

Die Auswahl von Flugplatzstandorten ist wegen der Raumbedeutsamkeit dieser Vorhaben raumordnungsrelevant; so sind nach § 8 Abs. 5 Nr. 3 lit. a) ROG in Raumordnungsplänen die zu sichernden Standorte der Verkehrsinfrastruktur festzulegen. Trotz der nationalen und internationalen Bedeutung jedenfalls der Großflughäfen bestehen keine bundesweiten Festlegungen für die Flughafeninfrastruktur. Bis Ende 2008 fehlte es hierzu an einer Gesetzgebungskompetenz des Bundes. Erst mit dem infolge der Föderalismusreform erlassenen GeROG[80] wurde in § 17 Abs. 2 ROG die Ermächtigungsgrundlage zum Erlass von Raumordnungsplänen für das Bundesgebiet mit Festlegung zu **länderübergreifenden Standortkonzepten für Flughäfen** als Grundlage für ihre verkehrliche Anbindung im Rahmen der Bundesverkehrswegeplanung geschaffen[81]. Auch auf landesplanerischer Ebene sind **zielförmige Standortausweisungen** für Verkehrsflughäfen zulässig. Der damit verbundene Eingriff in die Planungshoheit der Standortgemeinde kann mit 50

[78] *Beutel*, Flughäfen als Entwicklungshemmnis für Kommunen, in: Städtetag (Hrsg.), Städte und Flughäfen – miteinander oder gegeneinander?, 2008, S. 17.

[79] BVerwG, Beschl. v. 13.12.2006 – 4 B 73.06 – NVwZ 2007, 459; VGH München, Urt. v. 7.7.2006 – 8 BV 05.3026 – UPR 2007, 72 ff.

[80] Gesetz zur Neufassung des Raumordnungsgesetzes und zur Änderung anderer Vorschriften v. 22.12.2008 BGBl. 2008 I S. 2986.

[81] Vgl. dazu *Hösch*, UPR 2008, 378 ff.

der Selbstverwaltungsgarantie des Art. 28 Abs. 2 S. 1 GG vereinbar sein, wenn bei Abwägung mit dem Gewicht der kommunalen Selbstverwaltung die entgegenstehenden überörtlichen Interessen an der Flugplatzinfrastruktur überwiegen[82]. Erforderlich für die Zulässigkeit der Anlage eines Flughafens ist eine positive zielförmige Standortausweisung jedoch nicht[83]. Für die Anlage und wesentliche Änderung eines Flugplatzes, die einer Planfeststellung nach § 8 LuftVG bedürfen, soll ein Raumordnungsverfahren durchgeführt werden, wenn sie im Einzelfall raumbedeutsam sind und überörtliche Bedeutung haben, § 1 Nr. 12 ROV.

III. Kommunales Selbstverwaltungsrecht

51 Die Anlage und der Betrieb von Flugplätzen kann in kommunale Selbstverwaltungsrechte (→ Bd. I § 11 Rn. 4 ff.) eingreifen, etwa wenn wesentliche Teile des Gemeindegebiets der gemeindeeigenen Planung entzogen werden, hinreichend gesicherte Planungen der Gemeinde unmöglich gemacht oder die Funktionsfähigkeit gemeindlicher Einrichtungen beeinträchtigt werden[84]. Solche Wirkungen können entstehen bei der unmittelbaren Inanspruchnahme von Gemeindegebiet für das Vorhaben selbst oder damit verbundene naturschutzrechtliche Ausgleichsmaßnahmen; sie können jedoch auch hervorgerufen werden durch die Festlegung von Lärmschutzbereichen oder Bauschutzbereichen sowie durch die von dem Flugplatzbetrieb ausgehenden Immissionen.

1. Lärmschutzbereiche und Schutzzonen

52 Nach Maßgabe des im Jahre 2007 novellierten Gesetzes zum Schutz gegen Fluglärm (FluglärmSchG) [85] sind für Verkehrsflughäfen mit Fluglinien- oder Pauschalflugreiseverkehr sowie bestimmte Verkehrslandeplätze und militärische Flugplätze Lärmschutzbereiche durch Rechtsverordnung der Landesregierung festzusetzen, § 4 Abs. 1, 2 FluglärmSchG. Darüber hinaus sollen auch für andere als in § 4 Abs. 1 FluglärmSchG genannte Flugplätze Lärmschutzbereiche festgesetzt werden, wenn der Schutz der Allgemeinheit es erfordert, § 4 Abs. 8 FluglärmSchG.

53 Die Konturen der für den Tag und für die Nachtzeit getrennt auszuweisenden Lärmschutzbereiche bestimmen sich nach den in § 2 Abs. 2 FluglärmSchG festgelegten Werten. Die Berechnung erfolgt nach Maßgabe der Anlage zu § 3 FluglärmSchG und der Vorgaben 1. FlugLSV[86]. Obwohl die Konturen damit rechnerisch festgelegt sind, hat das Bundesverfassungsgericht den durch Flug-

---

[82] BVerwG, Urt. v. 16.3.2006 – 4 A 1001.04 – NVwZ 2006, 1055 (1056), Rn. 174.

[83] BVerwG, Urt. v. 13.12.2007 – 4 C 9.06 – NVwZ 2008, 563, Rn. 66.

[84] BVerwG, Urt. v. 16.3.2006 – 4 A 1001.04 – NVwZ 2006, 1055, 1058, Rn. 194.

[85] Durch das Gesetz zur Verbesserung des Schutzes vor Fluglärm in der Umgebung von Flugplätzen v. 1.6.2007 BGBl. 2007 I S. 986; in dieser Fassung neu bekannt gemacht durch Gesetz v. 31.10.2007 BGBl. 2007 I S. 2550.

[86] Verordnung über die Datenerfassung und das Berechnungsverfahren für die Festsetzung von Lärmschutzbereichen – 1. FlugLSV v. 27.12.2008 BGBl. 2008 I S. 2980.

lärmschutzbereiche jedenfalls militärischer Flugplätze betroffenen Kommunen in dem Verfahren zum Erlass der entsprechenden Rechtsverordnungen wegen deren Einwirkungen auf die durch Art. 28 Abs. 2 Satz 1 GG geschützte Planungshoheit ein Anhörungsrecht eingeräumt[87]. Dem wurde aber bereits in einem Minderheitsvotum zweier Verfassungsrichter entgegengehalten, dass der Verordnungsgeber bei der Festlegung der Fluglärmschutzbereiche keinen Gestaltungsspielraum hat, so dass insoweit keine Abwägungsentscheidung stattfinden kann.[88]

In diesen Lärmschutzbereichen gelten **Bauverbote** nach Maßgabe von 54
§ 5 FluglärmSchG etwa für Krankenhäuser, Altenheime, Erholungsheime, Schulen, Kindergärten und ähnliche in gleichem Maße schutzbedürftige Einrichtungen sowie in der Tagschutzzone 1 und der Nachtschutzzone für Wohnungen. Diese Bauverbote müssen bei der Aufstellung von Bauleitplänen zwingend beachtet, bei Vorliegen einer Ausnahmegenehmigung nach § 5 Abs. 1 S. 2 FluglärmSchG im Rahmen der planerischen Abwägung nach § 1 Abs. 7 BauGB berücksichtigt werden. Lassen sich die in einem Bebauungsplan vorgesehenen Vorhaben dauerhaft wegen eines Lärmschutzbereichs nicht verwirklichen, kann der Plan wegen Verstoßes gegen § 1 Abs. 3 BauGB rechtswidrig sein[89].

Die Größe des Lärmschutzbereichs ist davon abhängig, ob er für einen beste- 55
henden oder für einen neuen oder wesentlich baulich erweiterten Flugplatz festgesetzt wird. Eine weitere Differenzierung wird in § 2 Abs. 2 FluglärmSchG vorgenommen zwischen Zivilflugplätzen und Militärflugplätzen. Damit beeinflusst auch die Planungsentscheidung für die Zulassung eines baulich wesentlich erweiterten Flugplatzes mittelbar die kommunale Bauleitplanung[90].

Auch die landesplanerische Ausweisung von Schutzzonen in der Flugplatzum- 56
gebung kann die Planungshoheit der betroffenen Gemeinden in der Flugplatzumgebung einschränken, wenn darin – wie etwa im LEP Schutz vor Fluglärm in Nordrhein-Westfalen[91] – Ziele der Raumordnung festgeschrieben sind[92].

2. Baubeschränkungen im Bauschutzbereich

Bauliche Anlagen in der Umgebung von Flughäfen können die Sicherheit des 57
Luftverkehrs, insbesondere startende und landende Luftfahrzeuge gefährden. Deshalb sieht § 12 LuftVG vor, dass Baugenehmigungen für Bauwerke in dem sog. „Bauschutzbereich" eines Flughafens nur mit Zustimmung der Luftfahrtbehörde erteilt werden dürfen. Diese Vorschrift enthält **materielles Baurecht** und ist im Rahmen der Bauleitplanung zu berücksichtigen[93]. Maßgebend für den Bauschutz-

[87] BVerfG, Beschl. v. 7.10.1980 – 2 BvR 584 u.a./76 – BVerfGE 56, 298 (319 f.).

[88] BVerfGE 56, 298, 324 ff.; dazu *Kämper* (Fn. 36), S. 59 (78 f.).

[89] OVG Münster, Urt. v. 8.4.2008 – 10 D 113/06 – NVwZ-RR 2008, 764 (765) – Seniorenresidenz - ; dazu *Schilder*, BauR 2009, 443 ff.

[90] Vgl. dazu *Kämper*, ZLW 2009, 16 (20 f.).

[91] V. 17.8.1998 GV. NRW S. 512.

[92] OVG Münster, Urt. v. 8.4.2008 – 10 D 113/06 – NVwZ-RR 2008, 764 (767).

[93] VGH Kassel, Urt. v. 17.6.2008 – 11 C 2017/07.T – UA S. 6.

bereich ist der Ausbauplan[94], der für einen Flughafen mit der Genehmigung festzulegen ist. Der Umfang des sog. „großen Bauschutzbereichs" ist für Flughäfen in § 12 Abs. 2 und 3 LuftVG definiert und erstreckt sich zunächst auf den Umkreis von 1,5 km Halbmesser um den Flughafenbezugspunkt sowie auf die Start- und Landeflächen; in der weiteren Umgebung, u.a. in den Anflugsektoren sind die Beschränkungen abhängig von Bauhöhe und Entfernung. Für Verkehrslandeplätze kann ein „beschränkter Bauschutzbereich" nach § 17 LuftVG festgesetzt werden. Auch außerhalb von Bauschutzbereichen darf eine Baugenehmigung nach § 14 LuftVG für Bauwerke, die mehr als 100 m über die Erdoberfläche hinausragen, nur mit Zustimmung der Luftfahrtbehörde erteilt werden.

58 In der Praxis kollidieren insbesondere Windenergieanlagen mit den Erfordernissen der Flugsicherheit, weil sie zum einen Luftfahrthindernisse darstellen, aber auch das Flugsicherungsradar wegen ihrer Reflexwirkungen in seiner Funktionsweise beeinträchtigen. Diese Aspekte sind bauleitplanerisch etwa bei der Ausweisung von Vorranggebieten für Windenergieanlagen im Rahmen der Abwägung zu berücksichtigen, vgl. § 35 Abs. 3 Nr. 8 BauGB, bei Militärflugplätzen auch nach § 1 Abs. 6 Nr. 10 BauGB. Auch die Ausweisung von Vorranggebieten hindert die Luftfahrtbehörde nicht, ihre Zustimmung nach § 14 LuftVG für Windenergieanlagen entsprechender Höhe von mehr als 100 m zu verweigern.[95] Bei der Entscheidung der Luftfahrtbehörde handelt es sich um einen gerichtlich voll überprüfbaren Verwaltungsakt, der auf Grundlage eines Gutachtens der Flugsicherungsorganisation ergeht, § 31 Abs. 3 LuftVG.

59 Auch außerhalb von Bauschutzbereichen kann in der Umgebung von Flugplätzen das baurechtliche Gebot der Rücksichtnahme die Möglichkeit des Hochbaus beschränken.[96]

3. Festlegung von Flugrouten

60 Auch bei der Festlegung von An- und Abflugverfahren nach § 27 a LuftVO, sog. „Flugrouten"[97], können sich wegen der damit verbundenen Verteilung von Fluglärm Einflüsse auf kommunale Planungen ergeben. Allerdings ist die Eingriffsintensität bei der von den Flugrouten ausgehenden Fluglärmbelastung wesentlich geringer zu gewichten, weil daran – anders als in Lärmschutzbereichen – keine unmittelbaren rechtlichen Folgen wie etwa Bauverbote geknüpft werden.

---

[94] Zu den Einzelheiten *Wysk*, in: Grabherr/Reidt/Wysk, Luftverkehrsgesetz, Loseblatt, Stand: August 2010, § 12 Rn. 8 ff.

[95] OVG Koblenz, Beschl. v. 7.3.2005 – 8 A 12244/04 – NVwZ-RR 2005, 536.

[96] Vgl. BVerwG, Urt. v. 18.11.2004 – 4 C 1.04 – NVwZ 2005, 328 (329).

[97] Dazu ausführlich *Lübben*, in: Kölner Kompendium Luftrecht, Bd. 2, 2009, Teil I E III Rn. 74 ff.

IV. Rechtsschutz[98]

Soweit die Kommunen durch ein Flugplatzvorhaben in eigenen wehrfähigen subjektiv-öffentlichen Rechten betroffen sind, können sie verwaltungsgerichtlichen Rechtsschutz begehren. Dabei ist allerdings zu beachten, dass die Gemeinden in den Planungsverfahren in zweifacher Hinsicht beteiligt sind: Zum einen als Behörde, deren Aufgabenbereich durch das Vorhaben berührt wird, § 73 Abs. 2 VwVfG, und zum anderen als Träger des verfassungsrechtlich garantierten wehrfähigen Selbstverwaltungsrechts; die damit verbundenen subjektiv-öffentlichen Rechte sind durch die Gemeinden im Rahmen der Anhörung nach § 73 Abs. 4 VwVfG geltend zu machen.[99] Die Geltendmachung dieser subjektiv-öffentlichen Rechte im Rahmen der Behördenbeteiligung ist nicht ausreichend, um der Präklusionswirkung des § 73 Abs. 4 S. 3 VwVfG zu entgehen. 61

Eine Klagebefugnis einer kommunalen Gebietskörperschaft im Rahmen eines Anfechtungsprozesses gegen eine luftverkehrsrechtliche Genehmigung bzw. Planfeststellung ist dann zu bejahen, wenn die Kommune die Möglichkeit der Verletzung ihres absoluten Beteiligungsrechts oder materieller subjektiv-öffentlicher Rechte darlegen kann. Im Hinblick auf eine Verletzung ihrer Planungshoheit muss die Gemeinde bereits im Anhörungsverfahren und sodann im Verwaltungsprozess ihre Planungsvorstellungen und deren Konkretisierungsstadium darlegen, ferner, worin die möglichen Konflikte des Flugplatzvorhabens mit den kommunalen Planungen liegen und warum trotz Abstimmung der Bauleitplanung auf das Flugplatzvorhaben bauleitplanerische Mittel nicht ausreichen, diese Konflikte zu lösen.[100] 62

Die Kontrolldichte der Verwaltungsgerichte bei kommunalen Anfechtungsklagen gegen Flugplatzgenehmigungen ist je nach Prüfungsgegenstand unterschiedlich: Wird im Rahmen der verwaltungsgerichtlichen Anfechtungsklage eine Inzidentprüfung einer landesplanerischen zielförmigen gebietsscharfen Standortausweisung für einen Verkehrsflughafen durchgeführt, erfolgt eine umfassende objektiv-rechtliche Planprüfung wie in einem Normenkontrollverfahren nach § 47 VwGO.[101] Die Gemeinde kann ferner – obwohl sie nicht grundrechtsberechtigt ist – die fehlende Planrechtfertigung des Flugplatzvorhabens zur gerichtlichen Überprüfung stellen.[102] Letztlich kann die Gemeinde eine fehlerhafte Abwägungsentscheidung rügen, wenn durch den Abwägungsfehler abwägungserhebliche Belange der Gemeinde nicht oder unzureichend berücksichtigt wurden. 63

---

98 Dazu *Schrödter*, in: Frank/Langrehr (Hrsg.), FS für H. Faber, 2007, S. 163 ff.; *Vallendar*, UPR 2003, 41 ff.

99 BVerwG, Urt. v. 17.3.2005 – 4 A 18.04 – BVerwGE 123, 152 (154).

100 BVerwG, Beschl. v. 5.11.2002 – 9 VR 14/02 – NVwZ 2003, 207.

101 BVerwG, Urt. v. 16.3.2006 – 4 A 1001.04 – NVwZ 2006, 1055, Rn. 83 – Verkehrsflughafen Berlin-Brandenburg-International.

102 BVerwG, Urt. v. 16.3.2006 – 4 A 1001.04 – NVwZ 2006, 1055, Rn. 194.

64 Als abwägungserhebliche Belange der Gemeinden sind zu nennen

- Die kommunale Planungshoheit[103], die insbesondere bei Eingriffen in die Bauleitplanung betroffen sein kann, oder wenn wesentliche Teile des Gemeindegebiets einer Planung entzogen werden,
- das Recht der Gemeinden, Aufgaben der Daseinsvorsorge durch kommunale Einrichtungen wahrzunehmen[104],
- Grundeigentum der Gemeinde, das auch durch das verfassungsrechtlich gewährleistete Selbstverwaltungsrecht geschützt ist, soweit es Gegenstand und Grundlage der **Erfüllung kommunaler Aufgaben** ist; fehlt dieser Bezug, genießt es lediglich den geringer zu gewichtenden Schutz einfachen Gesetzesrechts.[105]

65 Auch die Festlegung von Flugrouten – obwohl sie in der Rechtsform von Rechtsverordnungen erfolgt – kann Gegenstand des Rechtschutzes kommunaler Gebietskörperschaften sein. Obwohl Flugrouten vorrangig der Sicherheit des Luftverkehrs dienen, ist bei ihrer Festlegung das rechtsstaatliche Abwägungsgebot zu beachten.[106] Danach dürfen etwa die Interessen der Gemeinden an Schutz vor unzumutbaren Lärmbeeinträchtigungen nicht willkürlich unberücksichtigt bleiben[107].

[103] Dazu ausführlich *Schrödter* (Rn. 93), S. 167 ff.

[104] *Boewe/Geissler/Bues*, in: Kölner Kompendium Luftrecht, Bd. 2, 2009, Rn. 1189.

[105] BVerwG, Urt. v. 16.3.2006 – 4 A 1001.04 – NVwZ 2006, 1055, Rn. 228.

[106] BVerwG, Urt. v. 26.11.2003 – 9 C 6.02 – BVerwGE 119, 245 (249).

[107] BVerwG, Urt. v. 26.11.2003 – 9 C 6.02 – BVerwGE 119, 245 (256).

§ 58 Kommunale Wohnungsunternehmen

Folkert Kiepe/Dieter Kraemer/Gordona Sommer

Schrifttum

Bundesministerium für Verkehr, Bau und Stadtentwicklung/Bundesamt für Bauwesen und Raumordnung (Hrsg.), Wohnungspolitische Konsequenzen der langfristigen demographischen Entwicklung, 2004; *dies.*, Kommunale Wohnraumversorgungskonzepte, 2006; *dies.*, Veränderung der Anbieterstruktur im deutschen Wohnungsmarkt und wohnungspolitische Implikationen, 2007; *Deutscher Städtetag* (Hrsg.), Für eine neue Wohnungspolitik, 1995; *ders.*, Demographischer Wandel – Herausforderungen für die kommunale Wohnungspolitik, 1997; *ders.*, Wohnen in der Stadt – Zukunft sichern! Die Zukunft des Wohnstandortes Stadt, 2003; *ders.*, Wohnen in der Stadt – Anforderungen an eine soziale Wohnraumversorgung, 2006; *J. Dieckmann/B. Hintzsche* (Hrsg.), Wohnungspolitik für Städte, Gemeinden und Kreise, 1996; *B. Egner*, Wohnungspolitik in Deutschland: Positionen, Akteure, Instrumente, 2004; *GdW Bundesverband deutscher Wohnungs- und Immobilienunternehmen e. V.* (Hrsg.), Wohntrends 2020: Wohnkonzepte, Struktur und Wohnkaufkraft der Haushalte in Deutschland – ein Modell für die Praxis – Schlussfolgerungen und Handlungsmöglichkeiten für die Wohnungswirtschaft, 2008; *T. Harlander* (Hrsg.), Geschichte, Städtebau, Perspektiven, 2007; *J. Jörissen/R. Coenen/V. Stelzer*, Zukunftsfähiges Wohnen und Bauen: Herausforderungen, Defizite Strategien, 2005; *J. Steinert* (Hrsg.), Kommunale Wohnungsunternehmen – Tafelsilber oder Saatkartoffeln?, 2007; *M. Voigtländer*, Der öffentliche Wohnungsmarkt in Deutschland: eine Untersuchung aus ordnungspolitischer Sicht, in: Institut der Deutschen Wirtschaft Köln (Hrsg.), IW-Positionen, Bd. 27.

Inhaltsübersicht

Rn.

A. Allgemeiner Teil

I. Zur wohnungspolitischen Ausgangslage und zu den Zielen städtischer Wohnungspolitik

1 Wohnungspolitik hat immer eine stadtentwicklungspolitische Dimension. Generelles Ziel städtischer Wohnungspolitik ist es, allen Einwohnern angemessenes Wohnen zu ermöglichen. Städtische Wohnungspolitik trägt diesem Auftrag abgestuft Rechnung: Einkommensschwache und sozial benachteiligte Haushalte werden – zur Vermeidung von Obdachlosigkeit – z. T. direkt mit Wohnraum *versorgt,* mittlere Einkommensschichten werden – durch finanzielle Leistungen für Unterkunft und Heizung nach dem SGB II , dem SGB XII, bzw. durch das Wohngeld[1] – punktuell *gefördert.* Mit zunehmendem Einkommen reduziert sich der kommunale Auftrag auf die Bereitstellung von Infrastruktur und Baurechten, also zu einer **Infrastrukturverantwortung.**[2] Im Mittelpunkt kommunaler Wohnversorgungsstrategien steht der Erhalt preiswerten Wohnraums und die Förderung des Baus von mietpreis- und belegungsgebundenen Wohnungen. Die Aufgaben kommunaler Wohnungspolitik sind aber nicht statisch, sondern abhängig von gesetzlichen Rahmenbedingungen, finanziellen Handlungsspielräumen, unterschiedlichen Nachfrage- und Investitionsbedingungen auf den örtlichen Wohnungsteilmärkten und kommunalpolitisch festgelegten Zielen.

2 In der Wohnungsversorgung gibt es heute weniger ein quantitatives Problem, als regionale und qualitative Engpässe. Die Bundesbürger sind im Durchschnitt gut mit Wohnraum versorgt; eine allgemeine Wohnungsnot gibt es nicht mehr. Wohnungsversorgungsprobleme haben vielmehr ihre Ursachen in einer ungleichen Verteilung von Wohnfläche und unterschiedlichen Marktzugangschancen.

---

[1] Siehe das neue Wohngeldgesetz (WoGG) v. 24.9.2008 (BGBl. I S. 1856), geändert durch Gesetz v. 22.12.2008 (BGBl. I S. 2963), sowie das Sozialgesetzbuch, SGB II i. d. F. v. 22.12.2008 (BGBl. I S. 2959), §§ 6 und 22, und SGB XII i. d. F. v. 22.12.2008 (BGBl. I S. 2955), § 3.

[2] Siehe hierzu das DST-Grundsatzpapier "Für eine neue Wohnungspolitik", 1995, den DST-Bericht "Demographischer Wandel – Herausforderungen für die kommunale Wohnungspolitik", 1997, und das DST-Positionspapier "Wohnen in der Stadt – Zukunft sichern", 2003.

Trotz der Entspannungstendenzen im oberen und mittleren Marktsegment ist die **Wohnungsmarktlage** für einkommensschwache und sozial benachteiligten Haushalte unverändert **kritisch**. Hinzu kommt die Abwanderung von Familien mit mittleren Einkommen aus den Kernstädten ins Umland, die negative Folgen für die Sozialstruktur und die Finanzen der Kernstädte hat. Beides, die Versorgung der Wohnungsnotfälle und Minderverdienenden sicherzustellen wie die Abwanderung einkommensstärkerer Haushalte - auch durch eine bessere Wohneigentumsförderung - zu bremsen, sind die wohnungs- und strukturpolitischen Aufgaben der nächsten Jahre. Der Spielraum für dynamische Finanzierungsmodelle wie die einkommensorientierte Förderung, die deutlich steigende Einkommen zugrundelegen, ist schon angesichts des hohen Anteils Minderverdienender gering.

Bei der Bewältigung der anstehenden wohnungspolitischen Aufgaben und Herausforderungen müssen sich die Städte mit insgesamt schwierigeren finanziellen Rahmenbedingungen und sehr unterschiedlichen Entwicklungen und daraus folgenden Aufgaben auseinandersetzen; vier möchte ich nennen: **3**

- Die zunehmende regionale und örtliche Ausdifferenzierung der Wohnungsmärkte und **heterogene Haushalts- und Nachfragestrukturen** erfordern eine auf die lokalen Verhältnisse abgestimmte Herangehensweise.
- Die **Sozialwohnungsbestände** sind rapide **rückläufig**, was die Versorgung einkommensschwacher und am Markt benachteiligter Haushalte insbesondere in den Städten mit angespannter Wohnungsmarktlage erschwert und zu einer Verschärfung der sozialen Probleme in den verbleibenden Sozialwohnungsbeständen führen kann.
- Der große Anteil der Wohnungen mit schlechten Standards im Energieverbrauch bei gleichzeitig deutlich steigenden Energiepreisen führt zu einem bisher nicht gekannten Gewicht der **Nebenkosten**, der sog. zweiten Miete. Dies belastet vor allem die unteren Einkommensschichten.
- Aufgrund der angespannten Lage der öffentlichen Haushalte nimmt der **finanzielle Spielraum** der Städte für die Bewältigung der anstehenden wohnungspolitischen Aufgaben ab: So sind die für den sozialen Wohnungsbau von Bund und Ländern bereitgestellten Mittel von knapp 12 Mrd. Euro im Jahr 1993 auf rd. 1,5 Mrd. Euro in 2005 zurückgegangen und auch die zusätzlichen kommunalen Förderangebote blieben vom Zwang zur Haushaltskonsolidierung nicht verschont.
- Die im Rahmen der sog. Föderalismusreform beschlossene **Kompetenzverlagerung** in der Wohnungspolitik vom Bund auf die Länder hat zugleich die Steuerungsmöglichkeiten des Bundes verringert. Damit wächst die Notwendigkeit einer auf die örtlichen Verhältnisse des Wohnungsmarktes ausgerichteten kommunalen Wohnungspolitik noch deutlicher. Dies erfordert einen verstärkten Erfahrungsaustausch unter den Städten.

II. Rechtliche Grundlagen kommunaler Wohnungspolitik

4 Eine gesetzliche Regelung, welche die Städte dazu verpflichtet, Wohnungen zu bauen und für bestimmte Bevölkerungsschichten zur Verfügung zu stellen, gibt es in Deutschland nicht. Ob und welche Wohnungen gebaut werden, entscheidet sich prinzipiell nach den Marktgesetzen. Die Städte und Gemeinden sind nach den **Grundsätzen des Ordnungsrechtes** lediglich verpflichtet, obdachlose Haushalte unterzubringen. Allerdings kann man aus den Artikeln 20 und 28 des Grundgesetzes, wonach die Bundesrepublik Deutschland ein sozialer Rechtsstaat ist, die Aufgabe ableiten, die Versorgung der Bevölkerung mit bezahlbarem und angemessenem Wohnraum zu fördern.

5 Die soziale Wohnraumförderung ist gesetzlich geregelt im Wohnraumförderungsgesetz[3] auf Bundesebene und in Landesfördergesetzen, soweit diese nach Übertragung der Gesetzgebungskompetenz für die soziale Wohnraumförderung auf die Länder (sog. Föderalismusreform I) das Bundesrecht ersetzt haben. Die **Zuständigkeit für die soziale Wohnraumförderung** liegt in Deutschland somit weitgehend bei den Ländern. Mit der Erbringung dieser Dienstleistung von allgemeinem wirtschaftlichen Interesse betrauen die Länder auch Unternehmen.

6 Bei der sozialen Wohnraumförderung handelt es sich um Maßnahmen zur Sicherung und Verbesserung der Wohnraumversorgung von Bevölkerungsgruppen mit Marktzugangsschwierigkeiten. **Zielgruppen** sind Haushalte, die nicht die Mittel haben, sich auf dem freien Wohnungsmarkt angemessen mit Wohnraum zu versorgen und auf Unterstützung angewiesen sind. Hierzu zählen insbesondere Haushalte mit geringem Einkommen, Haushalte mit Kindern, Alleinerziehende, Schwangere, ältere und behinderte Menschen sowie sonstige hilfebedürftige Personen. Die Zielgruppen sind im Wesentlichen über Einkommensgrenzen definiert, deren Einhaltung im Einzelfall nachgewiesen werden muss. Die soziale Wohnraumförderung ist in Deutschland nicht unternehmensbezogen, sondern objektbezogen angelegt. Zu den **Fördergegenständen der sozialen Wohnraumförderung** zählen insbesondere:

- der Mietwohnungs(neu)bau,
- die Modernisierung, d. h. die nachhaltige Erhöhung des Gebrauchswerts von Mietwohnungen bzw. –gebäuden, die dauerhafte Verbesserung der allgemeinen Wohnverhältnisse und die nachhaltige Einsparung von Energie oder Wasser auch zur Senkung der Wohnnebenkosten, sowie
- der Erwerb von Belegungsrechten an bestehendem Wohnraum.

Üblicherweise liegt die Miete dieser Mietwohnungen unterhalb der Marktmiete.

7 Für eine alternde Gesellschaft umfasst die soziale Wohnraumförderung auch die **Unterstützung barrierefreier Bauweisen und altersangemessener Wohnformen** und –qualitäten, z. B. Wohnraum für Gruppen mit besonderem Betreuungs- und Pflegebedarf oder betreutes Wohnen. Zugunsten der Zielgruppen der sozialen Wohnraumförderung kann auch die Übernahme weiterer wohnungswirt-

[3] Gesetz über die soziale Wohnraumförderung (WoFG) v. 13.9.2001 (BGBl. I S. 2376), zuletzt geändert durch Art. II des Gesetzes v. 24.9.2008 (BGBl. I S. 1856).

schaftlicher, baulicher und sozialer Maßnahmen, insbesondere von solchen zur Verbesserung des Wohnumfeldes, der Behebung sozialer Missstände und der Quartiersverwaltung, vereinbart werden.

III. Die wohnungspolitischen Aufgaben der Städte

Ganz unabhängig von der Frage nach bestehenden gesetzlichen Verpflichtungen 8 haben die Städte – nicht nur aus sozialpolitischen Erwägungen – ein eigenes stadtentwicklungspolitisches Interesse an einem ausreichenden Wohnungsangebot für alle Bevölkerungsschichten. Ein breit gefächertes, nachfragegerechtes und attraktives **Wohnungsangebot ist** ein wichtiger **Standortfaktor**, trägt zur Eindämmung der Stadt-Umland-Wanderung, zur Vermeidung von Problemquartieren und zur sozialen Stabilität in den Städten bei und entlastet die Sozialhaushalte.[4]

In der zunehmend sich globalisierenden Wirtschaft mit ihren Unwägbarkeiten 9 und Brüchen bedeutet eine sichere Wohnung nicht nur individuellen Schutz für die betroffenen Menschen, sondern auch Stabilität für die Stadtgesellschaft. **Wohnraum** ist daher nicht nur Wirtschaftsgut, sondern auch **"Sozialgut"**.

Welche Maßnahmen vor Ort erforderlich sind, um die Versorgung aller Bevöl- 10 kerungsschichten mit angemessenem und bezahlbarem Wohnraum sicherzustellen, hängt von den jeweiligen regionalen und örtlichen Verhältnissen ab. Nur vor Ort kann beurteilt werden, in welchen Bereichen Versorgungs- und Qualitätsdefizite bestehen und welche Maßnahmen notwendig sind, um diese Defizite zu beheben. Angepasst an die örtliche Situation müssen sich die Städte insbesondere folgenden wohnungspolitischen Aufgaben widmen:

- Um **Familien mit Kindern und sog. „Schwellenhaushalte“** in den Städten zu halten, muss das Angebot zur Wohneigentumsbildung in den Städten verbessert werden, wobei die Nachfrage nach Wohneigentum aufgrund der knappen Flächenressourcen nach Möglichkeit verstärkt auch in den Bestand gelenkt werden sollte. Zusätzlich bedarf es eines ausreichenden Angebots an Grundstücken für die Errichtung von stadtgerechten Einfamilienhäusern und Eigentumswohnungen.
- Zugleich muss das Angebot im **frei finanzierten Mietwohnungsbereich** durch Neubau, Umbau und Modernisierungsmaßnahmen bedarfsangemessen ausgeweitet und qualitativ verbessert werden.
- Die Städte benötigen ein ausreichendes Potential an preiswertem Wohnraum, um die gerade in den Ballungszentren vorhandene hohe **Zahl sozial- und einkommensschwacher Haushalte** mit Wohnraum versorgen zu können.
- In den neuen Ländern, aber auch in schrumpfenden Regionen der alten Länder sind **Stadtumbaumaßnahmen** erforderlich, um die vorhandenen Wohnungsbestände an die Bevölkerungsentwicklung und die heutigen Wohnansprüche anzupassen.

---

4 Vgl. hierzu das DST-Positionspapier "Wohnen in der Stadt – Anforderungen an eine soziale Wohnraumversorgung", 2006.

- Um den sozialen Frieden in den Städten zu wahren, müssen gefährdete Wohnquartiere mit Hilfe städtebaulicher, wohnungswirtschaftlicher und sozialpolitischer Maßnahmen stabilisiert werden.
- Der demographische Wandel schließlich erfordert eine Anpassung der vorhandenen Wohnungsbestände an die veränderte Nachfrage. Hierzu gehört insbesondere die Schaffung eines **seniorengerechten Wohnraumangebotes** in Neubau und Bestand, um den älteren Menschen möglichst lange ein selbst bestimmtes Wohnen in vertrauter Umgebung zu ermöglichen. Zugleich bedarf es eines guten Angebotes an familiengerechtem Wohnraum, um junge Familien mit Kindern in den Städten zu halten und so für eine ausgewogene Altersstruktur der Stadtbevölkerung zu sorgen.

11 Unabhängig von der konkreten Situation vor Ort gilt in jedem Fall:

- Die örtlich sehr unterschiedlichen Rahmenbedingungen erfordern detaillierte Erkenntnisse über die jeweilige Bevölkerungs- und Haushaltsentwicklung, die Wohnungsmarktsituation und die Nachfragestruktur, um so den spezifischen Anforderungen auch angesichts knapper werdender finanzieller Ressourcen adäquat gerecht werden zu können.
- Für die Umsetzung ihrer wohnungspolitischen Ziele sind die Städte auf Investoren angewiesen. Im Gegensatz zu den Boomzeiten des Wohnungsbaus erfordert dies gerade in den stagnierenden und schrumpfenden Wohnungsmärkten ein hohes Maß an Überzeugungsarbeit bei den **Investoren**. Nur dann, wenn auf einer soliden Datenbasis und durch Formulierung konkreter Handlungserfordernisse der Nachweis gelingt, dass sich das finanzielle Engagement in Neubau und Modernisierung, in die nachfragegerechte Anpassung der Wohnungsbestände und die Attraktivierung des Wohnumfeldes langfristig für die Investoren rechnet, lassen sich die wohnungspolitischen Ziele der Städte realisieren.
- Zudem ist eine **Verständigung mit der Wohnungswirtschaft** und ggf. weiteren relevanten Akteuren auf gemeinsame Ziele und Maßnahmen notwendig, um die wohnungswirtschaftlichen und wohnungs- und stadtentwicklungspolitischen Maßnahmen sinnvoll miteinander zu koordinieren. So reicht es beispielsweise nicht aus, wenn die Wohnungsunternehmen seniorengerechten Wohnraum in Neubau und Bestand schaffen. Um der wachsenden Zahl älterer Menschen ein selbstständiges Wohnen bis ins hohe Alter zu ermöglichen, bedarf es auch entsprechender Infrastrukturangebote. Auch für die Bemühungen um familiengerechte Wohn- und Lebensbedingungen sowie für Maßnahmen zur Stabilisierung von Wohnquartieren ist ein koordiniertes und kooperatives Vorgehen von Stadt und Wohnungswirtschaft erforderlich.

IV. Zur Rolle kommunaler Wohnungsunternehmen

12 Zur Umsetzung ihrer wohnungs- und stadtentwicklungspolitischen Ziele sind die Städte auf die Kooperation mit den vor Ort tätigen Wohnungsunternehmen angewiesen. Dabei waren und sind erfahrungsgemäß die kommunalen Wohnungsunternehmen am ehesten bereit, die wohnungs- und stadtentwicklungspolitischen Ziele der Städte umzusetzen:

- Die kommunalen Wohnungsunternehmen sind die wichtigsten Partner der Städte bei der **Wohnraumversorgung einkommensschwacher und benachteiligter Haushalte**. Untersuchungen zufolge wohnen im Wohnungsbestand der öffentlichen (staatlichen und kommunalen) Wohnungsunternehmen überproportional viele einkommensschwache Haushalte sowie Haushalte mit Marktzugangsproblemen. Dies gilt insbesondere für die kommunalen Wohnungsunternehmen.
- Sie sind gerade in Zeiten rückläufiger Investitionsbereitschaft der privaten Wohnungsunternehmen Träger der Neubau- und Modernisierungsmaßnahmen im öffentlich geförderten Wohnungsbau.
- Die kommunalen Wohnungsunternehmen unterstützen die Städte bei ihren Bemühungen um die **Stabilisierung gefährdeter Wohnquartiere**, unter anderem durch eine gezielte Belegungspolitik, mit der Durchführung von Wohnumfeldmaßnahmen, mit Maßnahmen zur Erhöhung der Sicherheit in den Wohngebäuden, mit dem Ausbau der Mieterbeteiligung, durch Einstellung von Sozialarbeitern und Bereitstellung von Räumen für Nachbarschaftstreffs.
- Mit ihren erheblichen Investitionen in Instandhaltung und Modernisierung ihrer großen Wohnungsbestände sind die kommunalen Wohnungsunternehmen ein Motor für die Stadterneuerung.
- Neben den Genossenschaften sind sie die wichtigsten Partner der Städte bei der Realisierung von **Stadtumbaumaßnahmen**. So befanden sich beispielsweise 87% der in Sachsen im Rahmen des Stadtumbaus abgerissenen Wohnungen im Eigentum kommunaler Wohnungsgesellschaften.
- Mit einem Marktanteil von ca. 8 - 9 %, den die kommunalen Wohnungsunternehmen in den Kernstädten in Agglomerationsräumen und verstädterten Räumen haben, bieten sie den Städten erhebliche Steuerungspotentiale für die örtliche **Wohnungsmarktentwicklung**. So wirkt etwa eine moderate Mietenpolitik der großen kommunalen Wohnungsunternehmen insgesamt mietpreisdämpfend.
- Mit ihrer Hilfe lassen sich beispielgebende Projekte in den Bereichen des altengerechten und des familiengerechten Wohnens realisieren und so wichtige Impulse in den aufgrund der demografischen Entwicklung besonders wichtigen Handlungsfeldern der Wohnungspolitik setzen.

Mit ihrem Engagement zur Wohnraumversorgung einkommensschwacher **13** Haushalte, in die Wohnumfeldverbesserung, die Quartiersstabilisierung und den Stadtumbau erbringen die kommunalen Wohnungsunternehmen neben der Gewinnausschüttung eine zusätzliche Sozial- bzw. Stadtrendite für die Städte, die bei Verkaufsüberlegungen berücksichtigt werden sollte.

Die Stellung kommunal verbundener Wohnungsunternehmen in der Kommu- **14** nalpolitik wird allerdings künftig um so stärker sein, je mehr diese in der Lage sein werden, sich über ihre originäre Aufgabe des Bauens und der Bewirtschaftung von Wohnungen hinaus mit zusätzlichen Angeboten und Leistungen in den Dienst der Stadt stellen. Konkrete **Ansatzpunkte für neue Geschäftsfelder** im

Rahmen eines partnerschaftlichen, nicht-hoheitlichen Handelns können beispielsweise sein:

- Mobilisierung privaten Kapitals (Stichwort: Immobilienfonds, Verkauf von Wohnungen an Mieter),
- Bauträgerschaft,
- Verkauf von Grundstücken und Gebäuden an kommunale Wohnungsunternehmen mit Rückmietung (sale and lease back),
- Planung, Bauherrenfunktion, Projektsteuerung, Verwaltung, Instandhaltung, Bewirtschaftung und Service für den kommunalen Gebäudebestand bis hin zum komplexen Facility-Management,
- Grundstücksbevorratung, vorbereitende (Bauleit-)Planung, Erschließung und Vermarktung ehemaliger Industriebrachen und Konversionsflächen bis hin zum gesamten Liegenschaftsmanagement,
- Dienstleistungen für die Mieter insbesondere der älteren Generation, soziale Betreuungsleistungen für Wohnungsnotfälle in Zusammenarbeit mit den Trägern der öffentlichen und freien Wohlfahrtspflege,
- technische Dienstleistungen von der Telekommunikation bis hin zur Energieberatung, soweit andere Dienstleister der Kommune nicht vorhanden sind,
- strategische Partnerschaften mit öffentlichen und privaten Dienstleistern, in die die kommunalen Wohnungsunternehmen ihr spezifisches Know-how einbringen können (Stichwort: Outsourcing),
- Kooperation im Bereich Wirtschaftsförderung und des Stadtmarketings,
- Dienstleistungen für Dritte (Wohnungsverwaltung, Gebäudemanagement),
- Durchführung von Pilotprojekten (Innovationsmotor).

15 Neben Sozialmanagement und ähnlichen Dienstleistungen „rund ums Wohnen" werden neue Geschäftsfelder an Bedeutung gewinnen und die Rolle kommunaler Wohnungsunternehmen verändern. Gerade in der Bündelung von Resssourcen und Know-how in Formen von Public-Private-Partnership könnten ihnen im Rahmen der Stadtentwicklung **neue Aufgaben, aber auch neue Einnahmequellen** zuwachsen. Sie könnten hier projektorientiert ihre Erfahrungen aus der Wohnungswirtschaft im Bereich der Planung, der Technik, der Finanzierung und der Bewirtschaftung beispielsweise bei der Entwicklung und Erschließung von Gewerbeflächen einbringen. Die kommunalen Wohnungsunternehmen wären geeignete Partner, wenn es künftig darum geht, ein modernes „kommunales Gebäude- und Liegenschaftsmanagement" vor Ort zu entwickeln. Im Bereich des Facility-Managements besteht ein erhebliches Marktpotential, das bis jetzt nur gering entwickelt ist. Private Dienstleister stehen bei den Städten bereits vor der Tür.

16 Eine solche gemischte Struktur an Dienstleistungsangeboten wird nicht nur die Attraktivität kommunal verbundener Wohnungsunternehmen, sondern auch ihre strukturelle Bedeutung für die Städte erhöhen. Sie erschließen dabei nämlich auch Rationalisierungsreserven für eine effizientere Aufgabenerfüllung der Städte. Zugleich wird sich dann ihre Funktion für die Stadt stärker im Bewußtsein der Öffentlichkeit verankern, als dies in der Vergangenheit der Fall war. Dies gilt um so mehr, als bereits vielfach Kooperationsmodelle zwischen Stadt und privaten Dritten in den verschiedensten Formen der **Public-Private-Partnership (PPP)** praktiziert werden. Angesichts der Vor- und Nachteile solcher Partnerschaften erscheinen gerade kommunal verbundene Wohnungsunternehmen besonders geeignet, wirtschaftlichen Sachverstand mit den am Gemeinwohl orientierten Interessen der Kommunen verbinden zu können.

Allerdings steht eine notwendige Diversifizierung der Geschäftstätigkeit in einem „magischen" **Spannungsverhältnis** zwischen der Bewältigung des Kerngeschäfts einerseits und der Übernahme neuer Geschäftsfelder andererseits, die zum ursprünglichen und weiterhin vorrangigen Gesellschaftszweck in Konkurrenz stehen kann. Hierzu vier Thesen: 17

- Die kommunalen Wohnungsunternehmen dürfen bei aller Notwendigkeit, sich für neue Geschäftsfelder öffnen zu müssen, nicht das Kerngeschäft, die Versorgung einkommensschwacher und sozial benachteiligter Haushalte, aus dem Auge verlieren.
- Die kommunalen Wohnungsunternehmen haben - aufgrund ihrer unmittelbaren Kundennähe - natürliche Fühlungs- und damit Wettbewerbsvorteile gegenüber Dritten, wenn es um Dienstleistungen „rund ums Wohnen" geht. Dieses Geschäftsfeld gilt es zu besetzen.
- Die kommunalen Wohnungsunternehmen stehen beim **Outsourcing** bis hin zur Übernahme ganzer Aufgabenbereiche im **Wettbewerb** - nicht nur mit privaten Dritten, sondern zunehmend auch mit modernen „Ämtern". Ein Beispiel dafür ist der Übergang von der klassischen Hochbauverwaltung zu einem umfassenden Gebäude- und Liegenschaftsmanagement. Die Ausweitung der Geschäftstätigkeit muß hier sorgsam vorgenommen werden. Zugleich gibt es in Kommunen andere Unternehmen mit kommunaler Beteiligung, die sich in vergleichbaren Geschäftsfeldern bewegen und auch über erheblichen Immobilienbesitz verfügen. Daher sollten die zwischen den kommunalen Unternehmen einerseits und der Verwaltung andererseits bestehenden Synergiepotentiale im Interesse einer effizienten Aufgabenerfüllung und zukunftsgerichteten Kommunalpolitik gemeinsam genutzt werden.
- Kommunale Wohnungsunternehmen müssen sich wie andere Unternehmen mit kommunaler Beteiligung und wie die Kommunalverwaltung selbst zu modernen Dienstleistungsunternehmen weiterentwickeln. Kundennähe, Flexibilität, effizienter Mitteleinsatz, Innovationsfreudigkeit sind hierbei notwendige Voraussetzungen.

V. Zur Debatte über die Privatisierung kommunaler Wohnungsunternehmen

In der letzten Zeit ist es aufgrund bestimmter Rahmenbedingungen (niedrige Zinsen, niedrige Mieten) und neuer Finanzierungsmodelle mehrfach zu – auch in der Finanzwelt und den Medien vielbeachteten – Verkäufen öffentlicher (d.h. staatlicher, halbstaatlicher oder kommunaler) Wohnungsbestände und auch -unternehmen an private Investoren gekommen. Dabei wird überwiegend nicht deutlich 18 unterschieden, ob es sich um den **Verkauf staatlicher oder kommunaler Wohnungsbestände** handelt. Eine unterschiedliche Bewertung ist aber aufgrund der unterschiedlichen Vorgaben für das Handeln von Bund und Ländern einerseits und dem der Städte und Gemeinden andererseits geboten; diese haben nämlich aufgrund ihrer Verpflichtungen zur kommunalen Daseinsvorsorge – anders als der Staat – auch die Aufgabe, für eine ausreichende Wohnraumversorgung der Bürgerinnen- und Bürger im Gemeindegebiet zu sorgen. Die bisher bekannt gewordenen Zahlen über Wohnungsverkäufe sind deshalb immer differenziert zu betrachten. Recherchen des Instituts Wohnen und Umwelt zufolge wurden seit Mitte der 90er Jahre bis heute insgesamt 33 öffentliche Wohnungsunternehmen mit einem Bestand von 437 000 Wohnungen privatisiert. Dabei handelte es sich überwiegend um halbstaatliche, von öffentlichen Kreditinstituten getragene Wohnungsunternehmen bzw. um Wohnungsbaugesellschaften der Post und der Eisenbahn. Nur ein geringer Teil der verkauften Wohnungsunternehmen waren kommunale Gesellschaften; ihr Anteil am privatisierten Wohnungsbestand lag lediglich bei 9 %. Nach einer neueren Untersuchung des Instituts für Stadtforschung und Strukturpolitik (IfS)[5] sind von Anfang 1999 bis Ende Juni 2006 337.000 kommunale Wohnungen verkauft worden; dem stehen allerdings 138.000 Wohnungskäufe gegenüber, sodass sich der Anteil der kommunalen Wohnungen in dem genannten Zeitraum nur um 199.000 verringert hat.

19 Die konkreten **Auswirkungen** eines Verkaufs dieser Gesellschaften **auf Wohnraumversorgung und Stadtentwicklung** hängen nicht zuletzt von den regional und örtlich sehr unterschiedlichen Wohnungsmarktverhältnissen ab.[6] Deshalb sind folgende Aspekte vor einer Verkaufsentscheidung eingehend zu prüfen:

- Die derzeitige Lage am örtlichen bzw. regionalen Wohnungsmarkt und künftige Entwicklungen;
- das vorhandene Angebot an preisgünstigem Wohnraum sowohl im öffentlich geförderten als auch im frei finanzierten Wohnungsbau;
- die vorhandenen Bestände mit Belegungsrechten zur Unterbringung sozial schwacher Haushalte und ihre künftige Entwicklung;
- die Sozialstruktur der Bevölkerung einschließlich des Anteils der Haushalte, die auf kommunale Unterstützung bei der Wohnraumversorgung angewiesen sind;
- die mögliche Verdrängung der Mieterhaushalte durch Privatisierung;
- mögliche Auswirkungen einer Veräußerung des kommunalen Wohnungsunternehmens auf den Mietwohnungsmarkt insgesamt;
- die bisherige Bedeutung des kommunalen Wohnungsunternehmens oft für die Wohnraumversorgung einkommensschwacher Haushalte und für die Stadterneuerung und Modernisierung sowie die soziale Stabilität in den Wohnquartieren;

5 *BMVBS/BBR* (Hrsg.), Veränderung der Anbieterstruktur im deutschen Wohnungsmarkt und wohnungspolitische Implikationen, 2007.

6 Vgl. hierzu auch *Steinert* (Hrsg.), Kommunale Wohnungsunternehmen - Tafelsilber oder Saatkartoffeln?, 2007.

- die Unternehmensstrategie möglicher Erwerber;
- der Ausfall von regelmäßigen Erträgen für den städtischen Haushalt.

Obwohl ein Komplettverkauf kommunaler Wohnungsunternehmen oft der einfachste Weg ist, um zu kurzfristigen **Entlastungen für den kommunalen Haushalt** zu kommen, sollten - wegen der Bedeutung dieser Gesellschaften für die Wohnraumversorgung und die Stadtentwicklung - vor einer solchen Entscheidung mögliche Alternativen in Erwägung gezogen und eingehend geprüft werden.[7] Folgende andere Lösungen bieten sich an: **20**

- Maßnahmen zur Verbesserung der Ertragslage der kommunalen Wohnungsunternehmen, damit aus den erwirtschafteten Gewinnen langfristig ein Beitrag zur Hauhaltskonsolidierung geleistet werden kann;
- der Verkauf von Mehrheits- bzw. Minderheitsanteilen am kommunalen Wohnungsunternehmen;
- die Veräußerung lediglich eines Teils der Wohnungsbestände, optimalerweise im Rahmen von „Mieterprivatisierungen".

Dies alles abwägen und hierüber entscheiden muss die jeweilige Stadt selbst. **21** Der mit einer Veräußerung verbundene kurzfristige Liquiditätsgewinn birgt die nicht unerhebliche Gefahr, dass erst mittel- bis **längerfristig eintretende ökonomische Folgen** unterschätzt oder möglicherweise völlig außer Acht gelassen werden. Zu den typischen Abwägungsdefiziten gehört zum Beispiel, dass durch den Verkauf auf Dauer zu bewältigende höhere kommunale Lasten übersehen werden (z.B. Unterbringung von Hartz IV-Empfängern, für die Belegungsrechte ggf. neu eingekauft werden müssten). Ein anderes Beispiel ist die Unterschätzung möglicher wohnungs- und siedlungsstruktureller Folgen der Geschäftspolitik der neuen Eigner (z. B. durch Einzelprivatisierung, Luxus-Modernisierungen und dadurch Gefahr der Vertreibung einkommensschwacher Bevölkerungsgruppen, Aussortierung problematischer Bestände). Außerdem zeigen Erfahrungen, dass Maßnahmen zur Energieeinsparung und zur Anpassung an die demografische Entwicklung (barrierefrei, altengerecht) oder Wohnumfeldverbesserungen unterbleiben. Auch die Durchführung von Maßnahmen der Sozialen Stadt wird möglicherweise erschwert. Kommunaleigene Unternehmen (ein anderes Beispiel sind Wohnungsgenossenschaften) können hier eine – im engen Zusammenwirken mit den kommunalen Entscheidungsträgern – effiziente Alternative für die Erledigung wichtiger Aufgaben der kommunalen Daseinsvorsorge sein.

Kommunale Wohnungsunternehmen verfügen in erheblichem Maße über Woh- **22** nungsbestände, die mit einem beachtlichen Subventionsaufwand von Bund, Ländern und Gemeinden zur dringend notwendigen Sicherung des Angebots an Wohnraum für sozial schwache Haushalte mit geringerer Kaufkraft errichtet wurden. Auch dort, wo die **öffentlichen Bindungen** formal ausgelaufen sind, werden viele dieser Bestände weiterhin für diese Zielgruppen genutzt. Bei Veräußerungsüberlegungen ist dies zu beachten. Soweit es zu (Teil)Verkäufen kommt, könnten mittels vertraglicher Regelungen Mieterrechte (zusätzlich) gesichert, städtebauli-

[7] So auch DST-Präsidiumsbeschluss v. 1.6.2006.

che Entwicklungsziele für die Wohnquartiere verankert und „Verkaufsketten" gezielt ausgeschlossen werden.

23 Angesichts des stadtentwicklungs- und wohnungspolitischen Wertes kommunaler Wohnungsunternehmen ist es sinnvoll, zuvor **Alternativen zu einem Komplettverkauf** gründlich zu prüfen und sich so zukunftsfähige Handlungsoptionen möglichst zu erhalten. Zahlreiche Beispiele belegen, dass kommunale Wohnungsunternehmen im Zusammenwirken mit der Stadt durchaus in der Lage sind, sich am örtlichen und regionalen Markt – auch in Konkurrenz zu kapital-kräftigen auswärtigen Investoren – erfolgreich zu behaupten.

24 Eine Patentlösung, mit deren Hilfe sich optimale Erlöse zum Ausgleich des kommunalen Haushaltes kurzfristig erzielen lassen und die zugleich einen uneingeschränkten Fortbestand der kommunalen Wohnungsunternehmen für die Erfüllung der wohnungspolitischen Aufgaben der Städte ermöglicht, gibt es nicht. Jede Stadt muss anhand der Gegebenheiten vor Ort den für sie richtigen Lösungsweg finden. Angesichts der Bedeutung der kommunalen Wohnungsunternehmen als Partner der Städte für Wohnraumversorgung und Stadtentwicklung müssen in jedem Fall die langfristigen wohnungs- und stadtentwicklungspolitischen Ziele im Vordergrund aller Überlegungen der Städte stehen.

B. Beispiele aus der Praxis

I. Beispiel Bochum

1. Bochum – Stadt im Herzen des Ruhrgebiets

25 Auf den ersten Blick könnten die Gegensätze zwischen der prosperierenden Metropolregion München und der Stadt Bochum im Herzen der alten Industrieregion Ruhrgebiet nicht größer sein. Zweifellos haben der gigantische wirtschaftsstrukturelle Wandel mit dem Niedergang des Bergbaus und großer Teile der Montanindustrie wie auch der damit verbundene Arbeitsplatz- und der darauf folgende Abwanderungsverlust den Eindruck einer schrumpfenden Region mit einem schleichenden Bedeutungsverlust verfestigt. Erst in jüngerer Zeit hat sich nach innen wie außen ein differenzierteres Bild der Metropole Ruhr mit dynamischen Entwicklungsprozessen, Beschäftigung schaffenden Impulsen in wirtschaftlichen Zukunftssektoren und eine neue Sicht auf kulturelle Kreativität nicht nur im Sinne spannender Nachnutzungskonzepte für alte Industriebauwerke wie etwa beim Weltkulturerbe „Zeche Zollverein" ergeben. Der gewaltige Handlungsdruck hat in letzter Zeit endlich in dem Großraum mit fast sechs Millionen Einwohnern dazu beigetragen, dass die lokalen **Handlungsakteure** nicht nur über den regionalplanerischen Rahmen des Regionalverbands Ruhrgebiet (RVR), sondern auch durch eine Vielzahl von freiwilligen Kooperationen dabei sind, Stück für Stück den Anspruch einer „Metropole Ruhr" in die Tat umzusetzen. Auch die kommunalnahe Wohnungswirtschaft hat sich unter dem Namen „WIR – Wohnen im Revier" diesem Kooperationsprozess angeschlossen.

Trotz dieser Aufbruchstimmung, die zur Zeit auch durch die positive Erwartung für das Jahr 2010 mit der neuen Rolle als „Kulturhauptstadt Europas“ gestärkt wird, sind die Rahmenbedingungen für eine zukunftsorientierte Wohnungspolitik nüchtern einzuschätzen. Dies gilt für das Ruhrgebiet als Ganzes wie auch für Bochum als eine seiner Kernstädte. Die massiven Einwohnerverluste der Stadt in den vergangenen 20 Jahren, gleichermaßen durch Abwanderungen wie natürlichen Bevölkerungsrückgang geprägt, haben dazu geführt, dass sich am Wohnungsmarkt zumindest partiell **erste Anzeichen von Angebotsüberhängen** bemerkbar machen. Wäre nicht das Gegengewicht der Singularisierung mit einer hohen Stabilität der Haushaltszahlen wirksam, so würden Leerstände auch stadträumlich schon sehr viel sichtbarer. 26

Das Schaubild verdeutlicht die bisherige und zukünftige Einwohner- wie Haushaltsentwicklung im Detail. 27

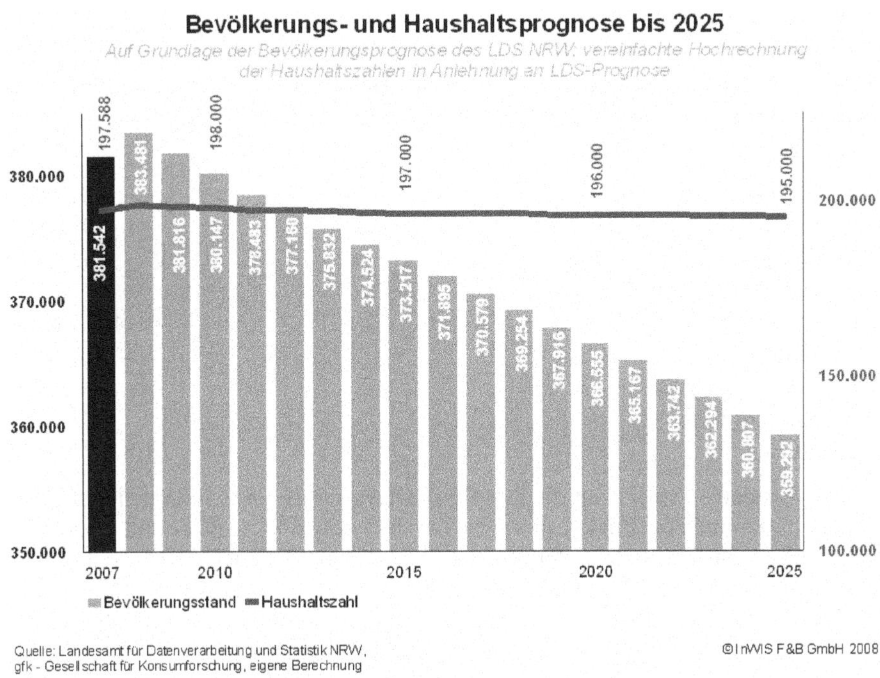

Abb. 1 Bevölkerungs- und Haushaltsprognose bis 2025

Noch differenzierter wird das Bild, wenn man die gesamtstädtische Sicht durch eine kleinräumige Betrachtungsweise ersetzt. Auf der **Stadtteilebene** treten die Gegensätze zwischen prosperierenden Quartieren insbesondere im Süden der Stadt und in der Nähe der Hochschulen gegenüber typischen Arbeiterquartieren mit zum Teil dramatischen Einwohnerverlusten und sich verstärkenden Prozessen der sozialen Segregation noch wesentlich stärker hervor. 28

29 Dass wohnungswirtschaftliches Handeln hierauf ganz generell mit einer bestandsorientierten Strategie reagieren muss, ist unumstritten. Diese freilich differenziert auszugestalten, dazu bedarf es einer kleinräumigen sozialräumlichen Bestandsaufnahme und nach Möglichkeit eines **gesamtstädtischen wohnungswirtschaftlichen Handlungskonzepts**. Grundzüge eines solchen Konzepts liegen wie in anderen Ruhrgebietsstädten inzwischen auch in Bochum in Form eines wohnungswirtschaftlichen Handlungsrahmens vor, der erfreulicherweise auch in Kooperation mit der Wohnungswirtschaft erarbeitet wurde. [8]

2. Die VBW BAUEN UND WOHNEN GMBH – ein Kurzportrait

30 Das Wohnungs- und Immobilienunternehmen VBW BAUEN UND WOHNEN GMBH steht seit mehr als 90 Jahren in der Tradition nachhaltiger Wohnungswirtschaft und bewirtschaftet einen Bestand von rd. 15.000 Wohnungen mit über 30.000 Mietern, Das sind rd. 15 % des vermieteten Wohnungsbestands in Bochum. Damit ist die VBW BAUEN UND WOHNEN GMBH lokaler Marktführer knapp vor der Deutschen Annington. Die **wirtschaftlichen Kennziffern** des Unternehmens stellen sich wie folgt dar:

– 111 Mitarbeiter	
– eigener Wohnungsbestand	rd. 13.500 WE
– verwalteter Fremdbestand	rd. 2.000 WE
– sonstige Immobilien (Gewerbe, Einzelhandel, etc.)	rd. 500 E
– Bilanzsumme	rd. 400 Mio. €
– Umsatz	rd. 74 Mio. €
– Jahresüberschuss 2007	rd. 5,5 Mio. €
– EK-Rentabilität	rd. 11 %
– Cashflow	rd. 17,5 Mio. €

31 Ein besonderes Profil zeigt die **Gesellschafterstruktur** des Unternehmens. Neben der "kommunalen Bank", getragen durch Stadtwerke (49 %) und Sparkasse (7 %), haben die privaten Anteilseigner ein annähernd gleiches Gewicht in der Gesellschafterstruktur. Deren unterschiedliches Erwartungsprofil an den Einsatz des Gesellschafterkapitals hat den ausgeprägten Dualismus zwischen wirtschaftlicher Effizienz und Ergebnisorientierung einerseits und sozialer und städtebaulicher Verantwortung andererseits geprägt; auch ein Zeichen dafür, dass erfolgreiche Geschäftsmodelle nicht zwingend plakativen Priorisierungsformeln wie etwa „Privat vor Staat" folgen müssen.

32 Neben dem klassischen Geschäft des Wohnungsmanagements im Bestand ist das Unternehmen auch in den Geschäftsfeldern Bauträgergeschäft und Projektentwicklung wie auch der WEG-Verwaltung unterwegs.

---

[8] Vgl. Leitlinien und Handlungsempfehlungen für die kommunale Wohnungspolitik in Bochum bis 2020, 2006.

Interessant ist der Blick auf die lokale Bochumer wohnungswirtschaftliche Szenerie auch vor dem Hintergrund der fundamentalen Veränderung der Akteurslandschaft seit dem Ende der 90er Jahre. Immerhin sind von den seitdem im Rahmen größerer Transaktionen rd. 1,8 Mio verkauften Wohnungen in Deutschland mehr als 350.000 in der Rhein-Ruhr-Region zu lokalisieren. Dies verwundert kaum, wenn man weiß, dass zunächst die Industrie verbundenen Wohnungsbestände der Großunternehmen im Focus des ausländischen Erwerbsinteresses standen. Deutsche Annington, Immeo mit den ehemaligen Thyssen-Krupp-Wohnungsbeständen zählen zu den großen „Playern" in der Region und weit darüber hinaus. Sie werden komplettiert durch die aus der Verkaufspolitik des Bundes hervorgegangene neue Eigentümerin Fortress für die GAGFAH sowie Whitehall als Übernehmer der LEG NRW. Deren gemeinsame Bestände belaufen sich in Bochum auf rd. 20.000 Wohnungseinheiten. Es bleibt abzuwarten, wie sich das von deren Eigentümern eingeforderte Cash-Flow-orientierte Geschäftsmodell unter den veränderten Rahmenbedingungen der weltweiten Finanzkrise zu behaupten vermag. Jedenfalls fallen wohl für die nähere Zukunft der mit hohem Fremdkapitaleinsatz erzielbare Leverage-Effekt und das Kalkül hoher Privatisierungsquoten aus den Beständen aus. 33

Demgegenüber bleibt festzuhalten, dass die kommunalnahen Wohnungsunternehmen der großen Städte des Reviers **zu keinem Zeitpunkt Gegenstand von Debatten über eine Privatisierung** gewesen sind, obwohl bei der Lage der kommunalen Haushalte die Verlockung zur „Veräußerung des Tafelsilbers" nachvollziehbar ist. Die dramatischen Entwicklungen der letzten Monate haben freilich den Blick auf ein sich selbst überlassenes marktwirtschaftliches System allgemein und auf den Immobilienmarkt speziell als Auslöser der umfassenden Wirtschaftskrise völlig neu focussiert. Eine Chance wie auch eine Notwendigkeit für die kommunalnahe Wohnungswirtschaft, nachzuweisen, was sie unter einer verantwortlichen, auf Nachhaltigkeit ausgerichteten Wohnungspolitik versteht. 34

3. Ökonomische, ökologische und soziale Nachhaltigkeit als Basis einer verantwortlichen Wohnungspolitik

Vor dem Hintergrund der großen Ernüchterung über die Ergebnisse einer sich weitgehend selbst überlassenen, neoliberalen Wirtschafts- und Finanzpolitik und dem allgemeinen Ruf nach neu definierten Rahmenbedingungen für wirtschaftliches Handeln der Privaten hat gerade die Wohnungswirtschaft die Chance, ihr Verständnis von **Nachhaltigkeit** herauszustellen. Wirtschaftliche, ökologische und soziale Nachhaltigkeit sind die unverzichtbaren Dimensionen dieses Profils, welches durch folgende Kernaussagen konkretisiert werden kann: 35

- Nachhaltige unternehmerische Stärke durch betriebswirtschaftliche Optimierung
- Wert sichernde und Wert schöpfende Investitionspolitik
- Mut zur Innovation
- Soziale und Beschäftigungsverantwortung übernehmen
- Mehr Kooperation zum Nutzen der Region

36 **a) Nachhaltige unternehmerische Stärke durchbetriebswirtschaftliche Optimierung.** Nur gesunde, wirtschaftlich leistungsfähige Wohnungsunternehmen sind in der Lage, auf den Wohnungsmärkten der Zukunft langfristig im Wettbewerb zu bestehen. Deshalb ist es eine stetige Aufgabe, alle Ebenen der betrieblichen Leistungserstellung permanent kritisch auf Verbesserungspotentiale zu überprüfen. Dabei gilt es selbstkritisch zu erkennen, dass begrenzter Wettbewerb, traditionelle Relikte aus der ehemaligen Gemeinnützigkeit und mancherorts auch direkte Eingriffe durch die Gesellschafter in der Vergangenheit nicht gerade zur Ausschöpfung aller dieser Spielräume beigetragen haben.

37 Zentrale Stichworte zur Konkretisierung dieses Optimierungsprozesses sind bei der VBW BAUEN UND WOHNEN GMBH wie auch bei vielen anderen Unternehmen

- die Straffung der Aufbauorganisation durch klare Spartengliederung
- Optimierung der betrieblichen Prozesse im Sinne konsequenter Kundenorientierung
- Portfoliomanagement
- systematische Personalentwicklungspolitik.

38 Auf der Produktebene ist sowohl für eine strategische An- und Verkaufspolitik von Beständen, wie auch als Grundlage für die Investitionsplanung ein systematisches Portfoliomanagement bei Auswertung aller verfügbaren Gebäude- und Marktdaten inzwischen zum unerlässlichen Instrument der Unternehmenssteuerung geworden. Aufbauorganisation und Personalentwicklung haben ihren Schwerpunkt insbesondere in einer wesentlich **stärkeren Kunden- und Dienstleistungsorientierung** aufgrund der Markterfordernisse. Durch diese systematische Optimierungsarbeit erschließen sich Möglichkeiten der Kostenreduzierung und der Ertragssteigerung durch bessere Vermietung der Bestände. Dies hat bei der VBW BAUEN UND WOHNEN GMBH in den vergangenen sieben Jahren zu einer Steigerung des Jahresergebnisses von knapp zwei auf nunmehr rd. sechs Mio Euro bei kontinuierlich wachsender Eigenkapitalbasis beigetragen. Dauerhafte Unternehmenserträge und eine solide Eigenkapitalbasis sind ihrerseits das unerlässliche Fundament für die operativen, insbesondere die investiven Aktivitäten eines Unternehmens. Hinzu tritt freilich die wesentliche Bedingung, dass die Gesellschafter die Unternehmensgewinne zumindest zu einem erheblichen Teil im Unternehmen belassen. Die Ausschüttungspolitik für Unternehmen generell, und in der Wohnungswirtschaft speziell, wird damit zur entscheidenden Nagelprobe für die Glaubwürdigkeit einer Strategie der Nachhaltigkeit, ist sie doch conditio sine qua non für eine darauf aufbauende Investitionspolitik.

39 **b) Wert sichernde und Wert schöpfende Investitionspolitik.** Art und Umfang der Investitionen entscheiden gerade im Mietermarkt des Ruhrgebiets über die nachhaltige Vermietbarkeit und sind damit die Basis des zukünftigen Unternehmenserfolgs, definieren dabei gleichzeitig die Qualität von Stadtquartieren und bemessen so den Beitrag der Wohnungspolitik zur Stadtentwicklung.

40 Ausgehend von einem Wohnungsbestand, der für diese Region typisch zu mehr als 50 % durch das Alterssegment der 50er und 60er Jahre-Bauten, also die Zeit

des Booms im Ruhrgebiet geprägt wird, stand die qualitative Überarbeitung dieses Segments lange im Fokus der Aktivitäten. Steigerung des Wohnkomforts durch nachträgliche Balkonanbauten, Erneuerung der technischen Infrastruktur, energetische Maßnahmen der kompletten Gebäudedämmung zur Energieeinsparung sind inzwischen zum klassischen Programm der **Vollmodernisierung** von Beständen geworden.

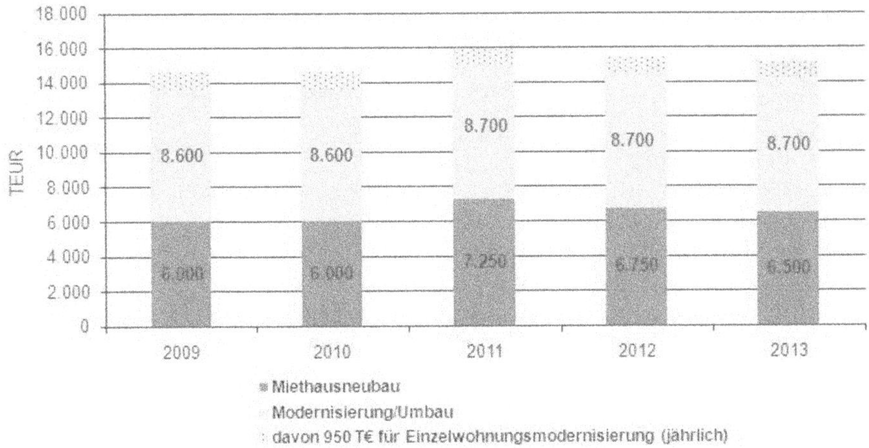

Abb. 2 Investitionen für Miethausneubau bzw. Modernisierung/Umbau

Umfassende Eingriffe in die Grundrissstrukturen sind dabei mit Blick auf die fast auf Neubauniveau steigenden Kosten eher die Seltenheit geblieben, während in stärker nachgefragten Lagen Dachgeschoss-Aufstockungen als noch wirtschaftliche Variante der Wohnraumerweiterung zu gar einer gängigen Option für die unterschiedlichen „Gesichter" von Modernisierungsprozessen geworden sind. **41**

Die Grenzen einer Bestandsmodernisierung i.e.S. werden allerdings aufgrund der relativ stereotypen Grundrissstrukturen, der geringen Wohnungsgrößen und der fundamentalen Defizite in der Bausubstanz in den vergangenen Jahren immer deutlicher. So haben seit einigen Jahren strategisch orientierte Wohnungsunternehmen den Einstieg in den vollständigen Abriss von Wohnungsbeständen und die fundamentale Neuorientierung von Wohnstandorten gewagt. Das erste Beispiel hierfür war im Jahre 2001 der Abriss des gesamten Wohnungsbestands von 90 Kleinwohnungen aus der unmittelbaren Nachkriegszeit im Quartier „Dorstener Straße". Das Neubaukonzept setzte städtebaulich an die Stelle der kammartigen Randbebauung einer Hauptverkehrsstraße einen Blockrand mit Innenhof mit einem Wohnungsmix, der öffentlich geförderte Mietwohnungen unterschiedlicher Größenordnung, Seniorenwohnungen und eine „Stadt-Villa" mit Eigentumswohnungen mit einer Öffnung in den angrenzenden Stadtteilpark unter dem neuen Namen „Hammer Park" verbindet. Dieses **Konzept mit konsequent barrierefreiem Wohnungsbau** belegt eindrucksvoll die zusätzlichen Qualitätsspielräume, die neue Wohnquartiere an alten Standorten für Wohnungsunternehmen eröffnen. Nicht zu unterschätzen als Element dieser Strategie sind Eigentumsmaßnahmen, **42** die sowohl mit Blick auf eine stabile Bewohnerstruktur als auch mit Blick auf die Wirtschaftlichkeit bei guter Gesamtplanung positive Wirkungen entfalten.

43 Ganzheitliche quartiersbezogene Rahmenkonzepte wie beim Hammer Park sind dabei entscheidende Schritte nach vorn im Sinne einer aus Unternehmenssicht besseren Nutzung der Wertschöpfungsmöglichkeiten in bestehenden Wohnquartieren und im Sinne eines nachhaltigen Beitrags zur Stadtteilentwicklung. Auf der Grundlage sorgfältiger **Portfolioanalyse** wird jedes Quartier auf den Prüfstand gestellt und eine differenzierte Zukunftsstrategie erarbeitet, die Elemente der Modernisierung, des Abrisses mit nachfolgendem Neubau, der Teilprivatisierung oder auch der völligen Neuausrichtung enthalten kann. Ein weiteres Beispiel hierfür ist die seit mehreren Jahren erfolgreich betriebene Umstrukturierung der 50er-Jahre-Siedlung „Lennershof", deren letzter, noch ausstehender Bauabschnitt aufgrund der unmittelbaren Nachbarschaft zur Universität ein Campus-Wohnquartier mit einer Zentralausrichtung auf das Thema Wohnen und Arbeiten sein wird.

44 Eine gewichtige Rolle in der Investitionspolitik nimmt inzwischen auch der Umbau der Quartiere der 60er/70er Jahre ein. Mehrere dieser Großsiedlungen haben erfreulicherweise Eingang in das Programm „Stadtumbau West" gefunden. In unserem Bestand ist dabei die Universitäts-Rahmenstadt „Hustadt" das strategische Zukunftsprojekt, wo mit einem Maßnahmenmix aus baulicher Überarbeitung, grundlegender Erneuerung des Wohnumfeldes, optimiertem Bewirtschaftungs- und Sicherheitskonzept sowie einen Ausbau der Dienstleistungs- und Versorgungsstrukturen eine Revitalisierung angestrebt wird.

45 c) **Mut zur Innovation.** Nachhaltige Vermietbarkeit wird auf den Wohnungsmärkten dieser Region nur erreichbar sein, wenn Mut zur Innovation im technischen Sinn wie auch einer bestmöglichen Orientierung an den Bedürfnissen sich ausdifferenzierender Zielgruppen gelingt. Freilich muss sich auch Innovation auf Dauer rechnen.

46 Die technische Dimension steht dabei in engster Verknüpfung mit dem Ziel einer Optimierung der Betriebskosten als „zweiter Miete" und ist damit Teilziel der ökologischen Nachhaltigkeit. Die Wohnungswirtschaft steht in der gegenwärtigen Diskussion über den **Klimawandel als Teil der Gebäudewirtschaft**, die für rd. 40 % der CO^2-Immissionen verantwortlich zeichnet, mit im Zentrum des öffentlichen Handlungsdrucks, der in Kürze durch eine neue Energieeinsparverordnung im Verbund mit weiteren rechtlichen Reglementierungen neu definiert wird. Damit wird freilich verkannt, dass die nachhaltig agierenden Wohnungsunternehmen in den vergangenen Jahren im Rahmen der beschriebenen Investitionspolitik bereits erhebliche Beiträge zum Klimaschutz und damit zur Reduzierung von Energiekosten geleistet haben. Macht man sich klar, dass bei einer „klassischen" Vollmodernisierung eines Objekts der 50er/60er Jahre eine Reduzierung des Energiebedarfs um ca. 60 % gelingt, so konnte auf der Grundlage der Investitionspolitik der letzten zehn Jahre allein in unserem Unternehmen bereits ein Ergieeinspareffekt von rd. 30 % für den Gesamtbestand erzielt werden, wenn man die ergänzenden Effizienzbeiträge durch Einsatz von Solarthermie, Fotovoltaik sowie den Ausbau von Nah- und Fernwärmeinseln hinzurechnet. Auch für das zukünftige mittelfristige Investitionsprogramm ist von ähnlichen Deckungsbeiträgen aus-

zugehen, wobei allein 35 % der geplanten Investitionen für direkte bzw. indirekte Energiesparmaßnahmen eingesetzt werden. Freilich besteht in der Wohnungswirtschaft Einigkeit darin, dass die Mindeststandards für energetische Maßnahmen durch die neue ENEV auf ein Niveau angehoben werden, welches die Wirtschaftlichkeit dieser Investitionen grundsätzlich in Frage stellt. In der öffentlichen Diskussion über die Wirtschaftlichkeit wird nämlich nur allzu oft verkannt, dass bei Investitionen in den Mietwohnungsbestand die Vorteile der erzielten Energieeinsparungen zunächst ausschließlich dem Mieter zufallen, solange es nicht gelingt, über das Mietrecht und/oder eine entsprechende langfristige öffentliche Förderung die Kosten umzuverteilen. Der Erfolg der öffentlichen Förderungsprogramme in diesem Sektor hängt also maßgeblich von der Auflösung des bestehenden Investoren/Nutzer-Dilemmas ab.

Mindestens so bedeutend wie das energetische Thema ist die Ausrichtung des Wohnungsangebots auf die sich wandelnden Nachfrageverhältnisse auf den Märkten. Die soeben vorgelegte Studie „Neue Wohntrends 2020“[9] macht nochmals nachdrücklich deutlich, wie stark die Ausdifferenzierung der Zielgruppen und damit auch der Wohnbedürfnisse inzwischen bereits fortgeschritten ist. Selbstverständlich steht dabei gerade im Ruhrgebiet das **Thema der „alternden Gesellschaft“** stark im Vordergrund. Mit Blick auf die Tatsache, dass Befragungen den eindeutigen Befund bestärken, dass mehr als 80 % der Menschen in ihrer eigenen Wohnung alt werden wollen, muss ein Schwerpunkt aller Aktivitäten darin liegen, das Wohnen im Bestand für die älter werdenden zu erleichtern. Auch dabei kommt es auf die richtige Mischung von Mensch und Technik an. Der Ausbau sozialer und wohnbegleitender Dienstleistungen sowohl durch professionelle Dienstleister im Wege der Kooperation als auch die Initiierung ehrenamtlicher Hilfeleistungen über Nachbarschaftsnetzwerke. So gehören „Stadtteilläden“ inzwischen zu dem Instrumentarium, dessen sich Wohnungsgesellschaften systematisch bedienen. Nur auf der Basis bezahlbarer Dienstleistungen „von Mensch zu Mensch“ macht der verstärkte Einsatz „smarter Technik“ durch den Ausbau von Service-Plattformen, 24-Stunden-Erreichbarkeit von qualifizierten Gesprächspartnern und nach Möglichkeit schrittweiser Erreichung von Barrierearmut im Bestand wirklich Sinn. 47

Die Aktivitäten im Bestand sind durch neue Angebote für das Wohnen im Alter zwingend zu ergänzen. Beim Umbau von Quartieren entsteht Raum für innovative Angebote des gemeinsamen Wohnens im Alter, sei es für Wohngruppen für Demente, Seniorenwohnungen mit optionalen Betreuungs- und Dienstleistungsangeboten für unterschiedliche Bedürfnisse etc. Das in vielen Bundesländern zur Zeit in Novellierung anstehende Heimrecht mit der Priorisierung ambulanter Betreuung vor Heimunterbringung bietet hier neue Chancen für die Wohnungswirtschaft auch in Kooperation mit den unterschiedlichsten Trägern. 48

Allerdings sollten über diesen Schwerpunkt neue Wohnungsangebote für die anderen Zielgruppen nicht vernachlässigt werden. So herrscht offensichtlich auch in Städten mit schrumpfender Einwohnerzahl wie Bochum ein Mangel an adäqua- 49

9 „Neue Wohntrends 2020“, Studie im Auftrag des GdW von Analyse & Konzepte, in Zusammenarbeit mit dem InWIS.

ten Angeboten für Kinderreiche, und auch dem neuen Trend des Wohnens in der Stadt stehen zur Zeit noch zu wenige attraktive Angebote gegenüber. Auch hier ergeben sich Marktchancen für die Wohnungswirtschaft im eigenen wie im Interesse einer nachhaltigen Stadtentwicklung.

50 **d) Soziale- und Beschäftigungsverantwortung.** Im Kern ist eine auf einem soliden ökonomischen Fundament aufbauende und den Wohnungsbestand qualitativ langfristig sichernde unternehmerische Politik auch eine sozial verantwortliche Politik, weil sie die Wohnwerte für ihre Mieter dauerhaft sicherstellt. Geht dies mit einer verantwortlichen Mietenpolitik, einer Ausgewogenheit von Preisgefüge und Qualität und mit einer umsichtigen Belegungspolitik einher, so sind gute Voraussetzungen für eine **stabile Wohnquartiersentwicklung als Ausdruck sozialer Nachhaltigkeit** gegeben. Nachhaltige, investive Wohnungspolitik garantiert im gleichen Zuge auch Sicherheit der Arbeitsplätze im Wohnungsunternehmen und kann durch Beschäftigungsmaßnahmen und Kooperationen auch Beschäftigung im zweiten Arbeitsmarkt für Hausmeisterdienste etc. generieren. Nicht zu unterschätzen ist aber auch die Multiplikatorwirkung, die Investitionen der oben geschilderten Art speziell im Bauhandwerks- und Industriebereich sowie bei damit verbundenen Dienstleistern entfalten. Bei Bestandsinvestitionen incl. Instandhaltungen in einer Größenordnung von rd. 30 Mio Euro jährlich in unserem Unternehmen bedeutet dies die ständige Sicherung von rd. 300 Arbeitsplätzen im regionalen Arbeitsmarkt über die originäre Beschäftigung im Unternehmen hinaus.

51 **e) Kooperation zum Nutzen der Region.** In einem polyzentrischen Verdichtungsraum wie dem Ruhrgebiet, dessen Defizite vor allem in der **Koordinierung der Entscheidungsträger** auf unterschiedlichen Ebenen liegen, ist eine verbesserte Abstimmung zwischen diesen Akteuren immer auch ein Effizienzgewinn im gemeinsamen Handeln. Aus diesem Grunde haben sich vor nunmehr zwei Jahren die kommunalnahen Wohnungsunternehmen der Region unter der Marke „WIR – Wohnen im Revier“ zusammengefunden und einen Verein gegründet, in dem inzwischen acht Unternehmen der großen Städte mit mehr als 80.000 Wohnungen zusammen arbeiten. Gemeinsames Ziel ist es, die Aktivitäten aufeinander abzustimmen und das ihnen gemeinsame Geschäftsmodell ökonomischer, sozialer und ökologischer Nachhaltigkeit gezielt als Profil gegenüber Kunden und Öffentlichkeit mit Leben zu erfüllen. Die ersten Erfolge dieses gemeinsamen Ansatzes sind vielversprechend und machen deutlich, dass die nachhaltig agierende Wohnungswirtschaft willens und in der Lage ist, die Partnerschaft mit den Städten und der Region zu leben. Damit erhält das Schlagwort von der „Stadtrendite“ einen neuen Schub von Glaubwürdigkeit. [10]

[10] Siehe hierzu *Bielka*, Stadtrendite der öffentlichen Wohnungswirtschaft: Hoher Gewinn für die Stadt, in: Steinert (Hrsg.), Kommunale Wohnungsunternehmen - Tafelsilber oder Saatkartoffeln?, 2007, S. 63 ff.

II. Beispiel München

Das Kölner Institut der deutschen Wirtschaft hat beim Städtevergleich erneut festgestellt, dass München die wirtschaftlich erfolgreichste Stadt Deutschlands ist. Auch die Berger Unternehmensberatung platzierte München in Sachen Kreativität und Technologie wie auch beim Talentindex auf Rang eins. Hohe Lebensqualität, eine starke Entwicklungsdynamik und ein breit gefächerter Arbeitsmarkt machen die Stadt **München** zur **bundesweit wachstumsstärksten Region**, obwohl sie der Einwohnerzahl nach nur die drittgrößte Stadt Deutschlands ist. Die wirtschaftlichen Rahmenbedingungen sind positiv. Die Zahl der Beschäftigten wächst, die Arbeitslosenquote ist gering und die bundesweit höchste Kaufkraft der Münchner Haushalte ist in den letzten Jahren auch weiterhin gestiegen. Ohne Frage: München ist erfolgreich. Der Preis des Erfolgs ist jedoch ein angespannter Wohnungsmarkt. 52

1. Münchner Wohnungsmarkt

Die Herausforderungen für den Münchner Wohnungsmarkt sind weithin bekannt. Nicht nur die Lebenshaltungskosten sind hoch, auch die Preise für Wohnungen und Mieten sind deutschlandweit im Spitzenbereich zu finden. Bundesweit waren und sind in München immer die höchsten Mietpreise zu zahlen. Der Grundstücksmarkt ist überhitzt und die Miet- und Immobilienpreise steigen weiter. Den bisherigen Höhepunkt hat der Wohnungsmarkt 2002 erreicht. Aufgrund der hohen Grundstückspreise und Wohnungspreise war der Münchner Wohnungsmarkt immer mehr oder weniger angespannt. 53

Die seit den 70er Jahren relativ konstante Einwohnerzahl von rund 1,3 Millionen nimmt seit der Jahrtausendwende kontinuierlich zu. Aufgrund von Zuwanderung und einem bereits mehrere Jahre anhaltenden Geburtenüberschuss ist die Zahl der Einwohner seit dem Jahr 2000 um 8,3 % gewachsen. Daraus resultiert für die Stadt München ein Wohnungsbedarf von ca. 7.000 Wohnungen jährlich. Gründe dafür sind neben der **steigenden Einwohnerzahl in geänderten Haushaltsstrukturen** zu finden, genauer bei der deutlichen Zunahme von Ein- bis Zwei-Personenhaushalten. Der Anteil der Ein-Personenhaushalte liegt großstadttypisch bei über 54 %. Aber auch steigende Wohnflächenansprüche pro Person tragen zum erhöhten Wohnungsbedarf bei. Der Wohlstand bringt eine Nachfrage nach größeren Wohnungen mit sich und verringert damit das ohnehin knappe Angebot an bezahlbaren Wohnungen in München. 54

Erschwerend kommt hinzu, dass die Baufertigstellungsraten in den letzten Jahren um rund 18 % zurückgegangen sind - vor allem im Mietwohnungsbau. Damit einhergehend sind die **Mieten** im letzten Jahr erneut gestiegen. Laut dem Immobilienverband Deutschland Süd (IVD) um bis zu 9, 1 % auf durchschnittlich 12 bis 13 Euro pro Quadratmeter und damit das **bundesweit höchste Niveau**. Trotz der aktuellen Finanzmarktkrise geht der IVD davon aus, dass die Mieten tendenziell weiter steigen werden. 55

Zudem hat sich der Anteil der Sozial- und Belegrechtswohnungen an den 738.000 Münchner Wohnungen gegenüber dem Jahr 2000 um rund 15 % verrin- 56 gert. Ende 2007 gab es in München rund 48.500 Sozialmietwohnungen.[11] Zusätzlich verfügt die Stadt über Belegrechte von zusätzlichen 30.900 Wohnungen im Bereich nicht preisgebundener Wohnungen. Diese insgesamt für die Stadt zur Steuerung zur Verfügung stehenden 79.400 Wohnungen reichen jedoch nicht aus, um den zukünftigen Bedarf zu decken. Seit Mitte der 80er Jahre **schrumpft der Sozialwohnungsbestand in München** aufgrund des Auslaufens von Sozialbindungen kontinuierlich.

57 Der daraus resultierende Mangel an bezahlbaren Wohnungen wird in den kommenden Jahren zunehmend spürbar werden. Der Bedarf an preisgünstigen Wohnungen wird steigen und die Stadt München unter Druck bringen, die im Rahmen der **Daseinvorsorge für die einkommensschwache Bevölkerung Wohnraum zur Verfügung stellen** muss. Ein Verkauf der städtischen Wohnungsbestände oder ihrer Wohnungsunternehmen wie in anderen Städten kam daher nie in Frage.

2. Kein Verkauf der kommunalen Wohnungsunternehmen in München

58 Der Verkauf der WOBA in Dresden mit nahezu 50.000 Wohneinheiten im März 2006 für 1,5 Mrd. Euro an den amerikanischen Pensionsfonds Fortress hatte bundesweit Schlagzeilen gemacht. Auch die Stadt München bzw. eines ihrer Wohnungsunternehmen geriet 2004 mit dem Verkauf der GAGFAH-Wohnungen ins Blickfeld von Fortress - allerdings mit einem gänzlich anderen Ergebnis. Die HEIMAG, zu gleichen Anteilen von Stadt und GAGFAH 1919 gegründet, befand sich 2004 so zur Hälfte plötzlich in der Hand eines weltweit agierenden Investors, der sein Interesse am Ankauf des städtischen Anteils bekundete. Es hätte sich für die Stadt angeboten, ihren 50 %igen Anteil an der HEIMAG an die Fortress zu veräußern, ein entsprechendes Kaufangebot lag vor. Doch die Stadt München ging einen anderen Weg: in langwierigen Verhandlungen und zusammen mit der GWG Baden-Württemberg gelang es der Stadt München gegen den allgemeinen bundesweiten Trend ihrerseits die Fortress zum Verkauf ihrer HEIMAG-Anteile zu bewegen. Der städtische Haushalt wurde durch den Ankauf nicht belastet: 30 % erwarb die GWG Baden-Württemberg, die restlichen 20 % die städtische Wohnungsbaugesellschaft GEWOFAG.

59 Spätestens mit der in den USA ausgelösten, aber global wirkenden Finanzmarktkrise hat sich die Situation völlig geändert. Für die Finanzinvestoren geht die Rechnung nicht mehr auf. Schwierigkeiten bei der Mieterprivatisierung - auf diesem Geschäftsmodell basiert das Konzept der Finanzinvestoren - kommen hinzu.

3. Geschichte der Münchner Wohnungsunternehmen

60 Kommunale Wohnungsunternehmen haben eine lange Tradition. Der Wohnungsbau, der noch zu Beginn des 19. Jahrhunderts ausschließlich privatwirtschaftlich organisiert war, kam Ende des Ersten Weltkrieges völlig zum Erliegen. Somit hat bereits mit Beginn der Industrialisierung, aber spätestens nach dem Ersten Welt-

[11] Vgl. Bericht zur Wohnungssituation in München 2006 – 2007, 2008.

krieg die Wohnungsnot die Kommunen zu einer aktiven Wohnungspolitik veranlasst. Um die notwendig gewordenen umfangreichen Bauprogramme umsetzen zu können, gründeten zahlreiche Städte eigene Wohnungsbaugesellschaften. Die Zweckbestimmung dieser Unternehmen war es, bezahlbaren und preiswerten Wohnraum für breite Schichten der Bevölkerung zu erstellen. Nach dem Zweiten Weltkrieg in der **Neu- und Wiederaufbauphase** erhielt der kommunale Wohnungsbau nochmals deutliche Impulse. Begünstigt durch den eklatanten Wohnungsmangel und durch die Förderung des Sozialen Wohnungsbaus waren es vor allem kommunale Unternehmen, die ihren Beitrag leisteten. Mit dem späteren Rückgang des Sozialen Wohnungsbaus und der Zunahme von Eigentumsmaßnahmen haben sich öffentliche Wohnungsunternehmen zunehmend auf die Bestandsverwaltung konzentriert.

In München wie auch in einigen nachfragestarken Ballungsräumen stellte sich die Situation jedoch anders dar. So konzentriert sich die Tätigkeit der städtischen Wohnungsunternehmen auch weiterhin auf den geförderten Wohnungsbau. Und weitere Aufgaben kamen hinzu: Neben dem Neubau und der Verwaltung der Bestandswohnungen wurde es immer notwendiger, **Problemlösungen im Rahmen von „sozialem Management"** zu betreiben – ein Aufgabenfeld, das zu Beginn des Jahrhunderts nicht einmal vorstellbar war. 61

Auch die drei Münchner Wohnungsbaugesellschaften wurden in wirtschaftlich äußerst schwierigen Zeiten gegründet: 62

- 1918 die Gemeinnützige Wohnstätten- und Siedlungsgesellschaft mbH (GWG), die zu den ersten kommunalen Wohnungsgesellschaften Deutschlands gehört.
- 1919 die Gemeinnützige Heimstätten-Aktiengesellschaft (HEIMAG)
- 1928 die Gemeinnützige Wohnungsfürsorge AG (GEWOFAG)

Zweck und Auftrag der drei kommunalen Wohnungsunternehmen ist eine sozial verantwortbare Wohnraumversorgung für breite Schichten der Bevölkerung. Der Gesellschaftszweck ist nach wie vor in der Satzung verankert. 63

Die Finanzmittel mussten anfänglich allein von den Mitaktionären bzw. Mitgesellschaftern und der Stadt aufgebracht werden. Erst mit der Verordnung über die Gemeinnützigkeit im Wohnungswesen von 1930, das Wohnungsgemeinnützigkeitsgesetz von 1940 und den Wohnungsbaugesetzen von 1950 und 1956 wurden der Bau und die Modernisierung preiswerter Wohnungen für all jene, die sich nicht selbst am Markt behaupten können, mit Mitteln der öffentlichen Hand geregelt. 64

Mit ihrer Bautätigkeit haben die städtischen Gesellschaften seither wesentlich zur Baugeschichte Münchens beigetragen. Sie besitzen heute einschließlich der 1979 gegründeten und vorwiegend auf Sanierungsgebiete der Städtebauförderung beschränkten Münchner Gesellschaft für Stadterneuerung (MGS) insgesamt rund 52.700 eigene Wohnungen, davon rund 40 % gefördert und noch gebunden. Zusammen mit gepachteten, generalangemieteten und fremdverwalteten Beständen bewirtschaften sie insgesamt rund 60.000 Wohnungen. 65

Viele Siedlungen der kommunalen Gesellschaften in München sind zudem musterhafte und **stadtgeschichtlich bedeutende Siedlungen**, vor allem die Gründersiedlungen aus den 20er- Jahren. Diese schönen und qualitätvollen Wohnsied- 66 lungen prägen auch heute noch das Bild und die Identität Münchens. Die städtischen Wohnungsbaugesellschaften prägen somit auch ein fester Bestandteil der Stadt und ihrer Geschichte.

4. Versorgungsauftrag der Kommunen

67 Die Kommunen sollen von Gesetzes wegen darauf hinwirken, dass alle Haushalte mit Wohnraum versorgt werden können und **Obdachlosigkeit vermieden** wird. Dazu braucht man dauerhaft einen Wohnungsbestand, der in der kommunalen Verfügungsgewalt liegt. Dies gilt umso mehr als der Bestand an belegungsgebundenen Wohnungen immer mehr schrumpft, während die Zahl der auf staatliche Unterstützung angewiesenen Haushalte steigt. Dieser Versorgungsauftrag gehört im weitesten Sinne zu den Aufgaben kommunaler Daseinsvorsorge. Die kommunalen Wohnungsbaugesellschaften können bei entsprechender Satzung und Zielvereinbarungen und auch Kooperationsverträgen zwischen Stadt und Gesellschaften sowie mit aktivem Beteiligungsmanagement den Kommunen bei dieser Aufgabe als verlässliche Partner zur Seite stehen.

68 Auch aufgrund des SGB II (Hartz IV) wird die kommunale Wohnungspolitik weiterhin einen hohen Stellenwert einnehmen. Städte und Gemeinden tragen nach dem SGB II die Unterkunftskosten, wobei die Anzahl der **Bedarfsgemeinschaften** gerade in Großstädten besonders hoch ist. Seit Einführung des ALG II ist die Zahl der Bedarfsgemeinschaften ständig gestiegen und daraus resultierend auch die Belastung für die Städte. Schon deswegen müssen Städte mit angespanntem Wohnungsmarkt wie München ein hohes Interesse an ausreichenden, preisgünstigen Wohnungen haben.

69 Allein die eigenen Bestände der beiden städtischen Wohnungsbaugesellschaften machen rund 7,2 % des gesamten Wohnungsbestandes der rund 738.000 Wohnungen in München aus. Nur noch 48.500 Wohnungen, also rund 6,6 % des Gesamtwohnungsbestandes der Stadt München sind sozial gebunden. Davon halten die kommunalen Wohnungsgesellschaften mit 21.300 Sozialwohnungen rund 45 %, also nahezu die Hälfte, aller gebundenen Wohnungen der Stadt München.

70 Vor dem Hintergrund des ständig hohen Bedarfs an bezahlbaren Wohnungen in München haben sich die städtischen Wohnungsbaugesellschaften auch für große Teile ihrer nicht oder nicht mehr gebundenen Wohnungsbestände einem sozialen Mietenkonzept verpflichtet, um damit die **schrumpfenden Sozialwohnungsbestände** abzufedern, die Eingriffsreserve der Stadt für benachteiligte Menschen zu vergrößern und den Wohnungsmarkt zu entlasten. Besonders Geringverdiener und Haushalte mit Kindern profitieren davon. Allerdings muss die Belegung ungebundener Wohnungen durch städtische Ämter mit viel Feinabstimmung und großer Vorortkenntnis betrieben werden, um soziale Brennpunkte gar nicht entstehen zu lassen.

5. Handlungsprogramm für den Münchner Wohnungsmarkt

71 Die Stadt München hat angesichts des angespannten Wohnungsmarktes und der schrumpfenden Sozialwohnungsbestände bereits seit Ende der 80iger- Jahre um-

fassende **Wohnungsprogramme** unter dem Titel „Wohnen in München“[12] beschlossen, die alle fünf Jahre den aktuellen Entwicklungen und veränderten Bedürfnissen angepasst werden. Darin festgelegt sind

- der jährliche Neubaubedarf (derzeit rund 7.000 Wohnungen jährlich)
- sowie die Förderziele (1.800 Wohnungen jährlich)
- weiterhin Ziele der Baurechtschaffung und Instrumente zum Erhalt preiswerten Wohnraums
- wie auch Ankauf von Belegrechten.

Bei der Umsetzung dieses Handlungsprogramms ist die Stadt zum großen Teil 72
auf ihre Wohnungsbaugesellschaften angewiesen, denn die Anbieter sozialer Wohnungen sind gering geworden. Gründe dafür liegen im **Wegfall der gesetzlichen Gemeinnützigkeit** 1990 wie auch in den umfangreichen Wohnungsverkäufen der ehemals institutionellen Akteure am Wohnungsmarkt wie industrieverbundener Wohnungsunternehmen, Versicherungen, aber auch im Rückzug privater, nicht gewerblicher Vermieter, die heute ihr Kapital lieber „pflegeleicht“ anlegen.

Die städtischen Wohnungsbaugesellschaften leisten bei der Umsetzung der 73
Förderziele den größten Anteil beim Neubauvolumen im geförderten Wohnungsbau und investieren kontinuierlich erhebliche Mittel in ihre Bestände, um diese dauerhaft zu erhalten. Gerade die beständigen **Investitionen in Instandhaltung und Modernisierung** in einer Größenordnung von durchschnittlich über 50 Mio. Euro pro Jahr beschäftigen zahlreiche Handwerker in der Bauwirtschaft und gleichen aufgrund ihrer Kontinuität auch schlechte Zeiten in dem volatilen Baugewerbe aus.

6. Die Aufgabe der städtischen Wohnungsunternehmen

Vor allem bei der Wohnraumversorgung leisten die beiden großen städtischen 74
Wohnungsbaugesellschaften - die GWG mit ihrer Tochtergesellschaft MGS und die GEWOFAG mit ihrer Tochtergesellschaft HEIMAG - als aktive Partner der Stadt einen wesentlichen Beitrag entsprechend ihrem Auftrag und ihrer in der Satzung verankerten Zweckbestimmung.

Das eigentliche **Kerngeschäft** der Wohnungsunternehmen liegt in der Vermie- 75
tung und Betreuung des Wohnungsbestandes und der gewerblichen Einheiten. Mieterwechsel, Mieterberatung, aber auch das professionelle Umgehen mit Mieterbeschwerden gehören dazu. Über 3.000 Wohnungswechsel pro Jahr sind zu steuern.

Allein in den **Neubau von Wohnungen** investierten die beiden Gesellschaften 76
im Jahr 2007 gemeinsam rund 90 Mio. Euro Wobei die GWG ihren Schwerpunkt eher auf Abriss und Wohnungsneubau bzw. Sanierung und Ersatzbau mit Nachverdichtung auf bestehenden Grundstücken legt, während die GEWOFAG Neubau auf neu erworbenen Grundstücken errichtet. Da die GWG über große Bestände verfügt, die strukturell gesehen den heutigen Anforderungen an Grundrisse, Zim-

[12] Vgl. Wohnungspolitisches Handlungsprogramm "Wohnen in München IV", 2006.

mergrößen und Raumhöhen nicht mehr entspricht und eine Modernisierung daher wirtschaftlich kaum vertreten werden kann, hat sich die GWG auf Sanierung im Sinne von Abriss und Neubau konzentriert.

77 In die **Modernisierung und Instandhaltung** ihres Bestandes investierten die beiden Gesellschaften allein im Jahr 2007 weit über 50 Mio. Euro. Entsprechend der die GEWOFAG rund 46 Mio. Euro, die GWG etwa 10 Mio. Euro. Wegen der weniger bestandsorientierten Vorgehensweise investierte die GWG mit rund 10 Mio. Euro entsprechend weniger in die Modernisierung, sondern mehr in Neubau bzw. Ersatzbau, während die GEWOFAG rund 46 Mio. Euro in den Bestand investierte. Bei der Modernisierung geht es auch immer darum, Potentiale für Aufwertung und Nachverdichtung wie auch für die Wohnumfeldgestaltung auszuloten. Vor allem aber stellt die energetische Sanierung des Bestandes eine besondere – kostenträchtige – Herausforderung dar.

78 Instandhaltung sowie regelmäßige Investitionen zum Erhalt und Pflege des Bestandes sind laufend zu leisten. **Gärtner, Handwerker und Hausmeister** leisten ständige Pflege und Instandhaltungsarbeiten im Bestandsbereich und im Wohnumfeld. Die GEWOFAG beschäftigt 180 Hausmeisterinnen, die in den Siedlungen, die sie betreuen, leben und die neben der klassischen Hausmeistertätigkeit auch soziale Aufgaben erfüllen. Die eigenen Handwerker und Gärtner leisten die anfallenden Reparaturarbeiten bzw. Pflege der Grünflächen und sind den Mietern vertraut. Wie die Hausmeisterinnen sind sie direkte Ansprechpartner vor Ort. Es war eine bewusste Entscheidung, diese Arbeiten mit eigenem Personal abzudecken, wegen der persönlichen Verbundenheit zum Unternehmen sowohl bei den Mitarbeitern wie auch bei den Mietern. Voraussetzung ist eine marktvergleichbare Leistungserbringung.

7. Zusätzliche Aufgaben

79 Nicht nur im Kerngeschäft der kommunalen Wohnungsunternehmen wie Neubau, Ausbau und Modernisierung und im Bereitstellen und Verwalten von Bestandswohnungen für einkommensschwache und sozial benachteilige Haushalte sind die Gesellschaften engagiert; sie übernehmen auch eine ganze **Fülle weiterer Aufgaben**. Neben dem Wahrnehmen von sozialen Aufgaben geht es auch um das Aufgreifen von gesellschaftlichen und demografischen Veränderungen und der Entwicklung entsprechender Lösungsansätze.

80 Neben der Bereitstellung von preiswerten Wohnungen für breite Schichten der Bevölkerung bieten kommunale Wohnungsunternehmen der Stadt zudem oft die einzige wirksame Möglichkeit, um Menschen in Notlage, denen sonst **Obdachlosigkeit** drohen würde, zu helfen. Letztendlich liegt die Versorgung der sogenannten A-Gruppen (wie Arbeitslose, Alte und Ausländer despektierlich zusammengefasst werden) in der Hand und der Verantwortung der Kommunen. In München sind es vor allem die kommunalen Wohnungsunternehmen, die die kommunalen Wohnungsprogramme, die den Bereich unterhalb der einkommensorientierten Förderung abdecken, umsetzen. Private Unternehmen finden sich dafür selten. Gefördert werden mit den kommunalen Wohnungsförderprogrammen sozial be-

nachteiligte Haushalte mit einem Einkommen, das die im § 9 Wohnbauförderungsgesetz festlegten Einkommensgrenzen nicht überschreiten darf.

Die Versorgung **soziale Randgruppen** mit Wohnungen bedingt ein Quartiersmanagement, das die soziale Integration der Betroffenen sicherstellen muss. Je nach Problemstellung bieten sich Einzelfallbetreuung oder präventive Gruppenmaßnahmen an, die in Einrichtungen wie **Mietercafés oder Bewohnertreffs** vorgehalten werden. Die Palette reicht dabei von Hausaufgabenbetreuung bis zur Schreinerwerkstatt für Senioren. Durch diese Angebote werden vor allem sozial kompetente Mieter im Stadtviertel gehalten und eine sozial ausgewogene Mischung der Mieter sichergestellt. 81

Beide Gesellschaften entlasten damit die Stadt bei grundlegenden Aufgaben wie beispielsweise Rückführung in die Erwerbstätigkeit und der Schuldnerberatung. Die GEWOFAG hat das überwiegende Leistungsspektrum der Einzelfallbetreuung und das **Quartiersmanagement** in den Siedlungen einer Tochtergesellschaft (Wohnform e.V.) übertragen, da Mieter in aller Regel einem Dritten gegenüber offener reagieren und damit schnellerer Lösungen zu erzielen sind. 82

Die städtischen Gesellschaften sorgen aktiv für intakte Nachbarschaften und tragen mit sozialem Management zum Frieden in den Quartieren und der gesamten Stadt bei. Vor allem in größeren Siedlungen ist diese stabilisierende Wirkung spürbar. Mietercafés, Gemeinschaftsräume, begleitete gemeinschaftliche Aktivitäten und Mieterbetreuung sind mittlerweile ein übliches Angebot vor Ort. Angebote für Mieter wie Mieter- und Stadtteilfeste, Kinderkino oder Open-Air-Kino fördern das Miteinander und den sozialen Frieden auf selbstverständliche Art und Weise. 83

Die **Stadt-Umland-Wanderung** von jungen Familien scheint gebrochen, derzeit ist ein Trend zurück zur Stadt zu beobachten. Dem Wunsch nach geeigneten, bezahlbaren Wohnungen steht jedoch ein Mangel an entsprechenden Angeboten gegenüber. Gerade bei der Bestandsanierung, aber auch im Neubau steht deshalb die Schaffung geeigneter Wohnungsgrößen und Grundrisse, vor allem aber einer entsprechenden Wohnumfeldgestaltung im Vordergrund. 84

Auf den demografischen Wandel bzw. dem **Altern der Gesellschaft** haben beide Wohnungsunternehmen mit dem Bau oder Umbau altengerechter Wohnungen reagiert. Bei der zunehmenden Anzahl älterer Menschen steht bei beiden Gesellschaften das Ziel im Vordergrund, möglichst lange die Selbstständigkeit zu erhalten und ein selbstbestimmtes Leben in der eigenen Wohnung zu ermöglichen. Die GEWOFAG hat dazu das Programm „Wohnen im Viertel“ aufgelegt, das eine Betreuung älterer Menschen in ihren Wohnungen und in ihrer Siedlung sicherstellt. Diese Versorgungssicherheit rund um die Uhr gibt älteren Menschen Sicherheit ohne dass sie in ein Altersheim ziehen müssen. Die GWG hat ein ähnliches Programm „WG +“ (Wohnen in Gemeinschaft plus Service) initiiert, das seinen Mietern unterstützende Dienstleistungen anbietet. 85

Die städtischen Gesellschaften verstehen sich auch als Impulsgeber für Veränderungen, für neue Bauweisen und das Erproben neuer Technologien. 86

Die städtischen Gesellschaften führen **Modellprojekte** für altengerechtes Bauen und familienfreundliches Bauen und für neue Wohnformen des Zusammenle- 87 bens von Alt und Jung durch. Erweitert werden diese Projekte mit sozialen Betreuungsangeboten wie Conciergediensten, Betreuungsangeboten und Gemeinschaftsräumen. Gerade darin, neue Formen des sozialen Miteinanderlebens auszuprobieren, sehen die städtischen Gesellschaften ihre Aufgabe, die von anderen Wohnungsunternehmen kaum aufgegriffen wird.

88 Ebenso werden im kostengünstigen und energetischen Bauen Pilotprojekte durchgeführt zur Forschung und zur **Erprobung neuer Wohnformen**, energie- und flächensparender Bauweisen oder um neue Technologien auszuprobieren. Gerade im Bereich energiesparender Bauweisen können solche Pilotprojekte Möglichkeiten ausloten, die dann in der Praxis Anwendung finden. Weiterhin haben sich die Gesellschaften selbst verpflichtet, die gesetzlichen Vorgaben der Energieverordnung um 10 % zu unterschreiten. Das dient dem Klimaschutz und den Mietern, die dadurch weniger Nebenkosten zahlen .

89 Eine besondere Herausforderung stellt die **energetische Sanierung** der Wohnungsbestände dar. Die Novellierung der Energieeinsparungsverordnung (ENEV), die Mitte 2009 in Kraft treten wird, und die weitere Verschärfung der ENEV, die für 2012 vorgesehen ist, stellen nicht nur die städtischen Wohnungsunternehmen vor große Aufgaben, aber auch Probleme. Dem sogenannten Nutzer/Investor-Dilemma liegt zugrunde, dass die Aufwendungen für die energetische Sanierung zu Lasten des Vermieters gehen, während der eigentliche Nutznießer, also der Mieter, nur über die Modernisierungsumlage beteiligt werden kann, die die investiven Kosten jedoch nicht deckt. Noch lässt das Mietrecht eine sachgerechte Lastenverteilung nicht zu.

90 Die städtischen Gesellschaften fühlen sich zeitgemäßer und gut gestalteter Architektur verpflichtet und haben bereits diverse Preise wie den Bayer. Bauherrenpreis und den Deutschen Bauherrenpreis für ihre **anspruchsvolle Architektur** erhalten. Der Auftrag, zum Stadtbild und zur Architekturlandschaft Münchens beizutragen, wird ernst genommen und konsequent umgesetzt. Immer wieder wird der Weg beschritten, über Architektenwettbewerbe oder gutachterliche Verfahren die besten städtebaulichen und architektonischen Lösungen zu erhalten.

91 Auch im Bereich der Bauträgertätigkeit engagieren sich die Gesellschaften, jedoch in eher untergeordnetem Umfang. Die GEWOFAG versucht derzeit mit einem Bauträgerprojekt, gut gestaltete, moderne Architektur mit rund 200 Wohnungen, die auch hohen Ansprüchen genügen, mit integrierten sozialen Angeboten für Kinder und Senioren zu verbinden und so ein Wohnquartier zu schaffen, das Normalverdiener mit Bessergestellten zusammenbringt, ein vielfältiges **Wohnungsangebot für unterschiedlichste Lebensentwürfe** stellt und mit den sozialen Einrichtungen den gesamten Lebensreigen von Kindheit bis ins hohe Alter begleitet. Mit diesem Anspruch sieht sich das Unternehmen durchaus auch als Impulsgeber für integrative Wohnviertel und kommt damit auch im erweiterten Sinne ihrem Auftrag zur Versorgung breiter Schichten der Bevölkerung nach.

92 Bei der Stadtentwicklung und dem Umsetzen entsprechender Förderprogramme sind beide Gesellschaften für die Stadt und auch für Ditte verlässliche Partner:

Aufgrund der großen und größtenteils in Siedlungen konzentrierten Wohnungsbestände können sich beide Gesellschaften auch aktiv an der **Stadtentwick-**

lung beteiligen. Die Wirksamkeit städtebaulicher, gestalterischer und sozialer Maßnahmen ist bei zusammenhängenden größeren Siedlungskörpern ungleich höher als es bei Streubesitz möglich wäre. Sanierung oder Modernisierung ganzer Siedlungen mit Nachverdichtung, Aufstockung und Wohnumfeldgestaltung, Ergänzung sozialer Infrastrukturen und Aufwertung der Bestandsgebäude sind allein schon aufgrund ihres flächenmäßigen Umfangs im Stadtquartier spürbar und können zur sozialen Stabilisierung von Stadtteilen, die sozial abzudriften drohen, deutlich beitragen..

Mit den beiden städtischen Gesellschaften als Partner hat die Stadt München weite Teile des Programms „Soziale Stadt" umgesetzt. Gerade städtebaulich oder sozial schwierige Situationen wie Lärmschutzbebauungen am Mittleren Ring, Münchens am meisten befahrene und belastete Straße, oder im Hasenbergl, einem sozial einseitig strukturiertes Viertel Münchens, bieten Chancen zur Stadtentwicklung. Nur mit starken Partnern, also großen Wohnungsgesellschaften, kann es gelingen, durch Verbesserung des Wohnumfeldes ganze Stadtviertel zu sanieren.

Die GEWOFAG hat für die Genossenschaft „Bauverein Haidhausen" die Baubetreuung ihres Neubaus mit 56 Wohnungen übernommen und es der mit einem Wohnungsbestand von nur rund 1.500 Wohnungen vergleichsweise kleinen und auf **Verwaltung und Instandhaltung** ihres Wohnungsbestandes ausgerichteten Baugenossenschaft ermöglicht, ihren Wohnungsbestand aktiv zu erweitern. Auch der Stadt München kommt diese Baubetreuung für Dritte zugute, da Baugenossenschaften eine verlässliche Konstante im Wohnungsmarkt darstellen und zur Wohnraumversorgung beitragen ohne die Mietpreispolitik anzuheizen.

Diese Leistung für Dritte erbringen die Gesellschaften auch direkt für die Stadt. **93**
Für das Sozialreferat erstellt die GEWOFAG derzeit ein Gebäude mit 30 Wohnungen in einem eigens für besonders bedürftige Haushalte geförderten Programm mit integriertem Kindergarten.

Nicht zuletzt leisten die Gesellschaften auch einen finanziellen Beitrag für die **94**
Stadt:

- Mit einem Marktanteil von rund 7,2 % vom Münchner Wohnungsbestand, den die beiden städtischen Wohnungsunternehmen halten, bieten sie der Stadt München wertvolle Möglichkeiten, um die Entwicklung des Wohnungsmarktes zu steuern. Mit einer moderaten Mietenpolitik, also mit der der Bereitschaft, auch Teile des ungebundenen Wohnungsbestandes einem sozialen Mietenkonzept zu unterwerfen, leisten die Wohnungsunternehmen einen Beitrag zur Stabilisierung des Mietniveaus auf dem angespannten München Wohnungsmarkt.
- Beide Gesellschaften leisten einen durchaus spürbaren Beitrag zum städtischen Haushalt. Sie haben sich der Stadt gegenüber verpflichtet, eine von Jahr zu Jahr steigende Dividende abzuführen, die allein bis zum Jahr 2019 für beide Gesellschaften rund 200 Mio. Euro ausmacht. Bezogen auf die Finanzsituation der Kommune bedeutet die jährlich abzuführende **Dividende** einen steten und verlässlichen Beitrag für die Haushaltskasse. In Abstimmung mit den Gesellschaften hat die Stadt 2006 für die Jahre von 2007 bis 2011 von der GEWOFAG stark erhöhte und von der GWG erstmalig jährliche Gewinnausschüttungen als **Beitrag zur notwendigen Haushaltskonsolidierung** gefordert. Ein Interes-

sensabgleich musste dabei gefunden werden zwischen den wohnungspolitischen und finanziell noch vertretbaren Zielen, wobei bei geänderten Rahmenbedingungen selbstverständlich auch Korrekturen zulassen werden müssen. So geben das Jahressteuergesetz 2008 und die geplanten Verschärfungen der Energiesparverordnung Anlass, neu über die Höhe bzw. Verwendung der Konsolidierungsbeiträge nachzudenken.

8. Herausforderungen für die Zukunft

95 Angesichts des intensiven Zusammenwirkens zwischen der Stadt München und ihren Gesellschaften, das über Stadtrat, Aufsichtsräte, Gesellschafterversammlungen und Verwaltung geschäftsordnungs- und satzungsgemäß geregelt ist, wird deutlich, dass sich die **Stadt München** immer der wichtigen Rolle ihrer Gesellschaften bewusst war. Ein Verkauf von Teilen des Mietwohnungsbestandes oder der Unternehmen selbst stand deshalb nie ernsthaft zur Debatte. Eindeutige Stadtratsbeschlüsse liegen vor. Im Gegenteil: Die Stadt begegnet den neuen Herausforderungen durch **Umstrukturierung ihrer Gesellschaften** nach innen und im gegenseitigen Verhältnis. Ziel dabei war, sinnvolle Synergien nutzbar zu machen, die Unternehmen betriebswirtschaftlich und steuerlich zu optimieren und dabei auch für bestimmte Neuerungen im Steuerrecht wie der Unternehmenssteuerreform 2007 und im EU-Recht „wetterfest" zu machen.

96 – Die vormals 99 %ige GWG wurde zur 100 %-Tochter und insgesamt den Voraussetzungen für inhouse-Geschäfte unterworfen. Die MGS als Sanierungstreuhänderin wurde unter das Dach der GWG und ihres großen Wohnungsbestandes gestellt – auf diese Weise kann so jederzeit auch Ersatzwohnraum im Sanierungsgeschehen bereitgestellt werden. Die GEWOFAG erwarb den 50 %igen Anteil der Stadt an der HEIMAG; das kam dem städtischen Haushalt zugute und schwächte im Gegensatz zum Verkauf an Dritte nicht die städtischen Steuerungsmöglichkeiten.

97 Intern ordnen sich die Gesellschaften ebenfalls in einem länger währenden Prozess neu mit dem Ziel der Effizienz- und Transparenzsteigerung. Systematische Umstrukturierung und Optimierung der Arbeitsprozesse stehen im Vordergrund. Bisherige Abteilungsstrukturen werden aufgelöst und in einer prozessorientierten, interdisziplinären und teamorientierten Form der Zusammenarbeit neu organisiert. Kennzahlen, Benchmarking, Controlling und Portfoliomanagement sind selbstverständliche Instrumente zur Unternehmenssteuerung geworden.

98 Eine wesentliche Zielsetzung der Neustrukturierung der Gesellschaften ist die Entwicklung „vom Hausverwalter zum Dienstleister". Der Mieter soll im Mittelpunkt des Geschehens stehen. Eine Dezentralisierung der Tätigkeiten „rund um den Mieter" wurde mit Mieterzentren oder Geschäftsstellen in den Stadtteilen umgesetzt. Die GEWOFAG hat diesen Prozess am konsequentesten umgesetzt: Dort werden alle Prozesse, die den Mieter betreffen wie Vermietung, Betreuung der Mieter, Beschwerdemanagement bis hin zur Instandhaltung der Wohnungen in den Mieterzentren „GEWOFAG vor Ort" getätigt. Der Mieter kann alles in seiner Nähe erledigen und muss nicht in die Hauptverwaltung kommen. Dieses Konzept ermöglicht gleichzeitig, detaillierte Kenntnisse über das Stadtviertel zu sammeln und zu pflegen und diese Kenntnisse mit den Organisationen vor Ort (Einrichtungen der Wohlfahrtspflege, städtische Dienststellen, Alten- und Jugendeinrichtungen) auszutauschen und sich zu vernetzen.

99 Auch im aktiven Finanzmanagement zeigt sich diese Neuausrichtung. Die GEWOFAG hat die Umkehr von der reinen Objektfinanzierung hin zur Unternehmensfinanzierung vollzogen und orientiert sich an den Regeln des internationalen Kapitalmarktes, um durch ein effizientes und wertorientiertes Immobilienmanagement Handlungsspielräume zu schaffen und um Liquidität für Neuinvestitionen zu generieren. So wurde 2006 mit einem Share Deal ein Aktienpaket eines anderen Wohnungsunternehmens in München erworben und für 2008 ist ein Asset Deal geplant, mit dem Immobilienbestände der Stadt München erworben werden sollen.

100 Auf den Verkauf großer Mietwohnungsanlagen aus privater Hand hat die Stadt keinen Einfluss. Probleme, die sich daraus für die Mieter ergeben können, sind Mietsteigerungen, Luxussanierungen oder die Umwandlung von Mietwohnungen in Eigentumswohnungen. Unter der Schirmherrschaft des Münchner Oberbürgermeisters haben sich Repräsentanten der Münchner Wohnungswirtschaft, allen voran die städtischen Wohnungsunternehmen, zur Initiative für Mietwohnungen zusammengefunden und sich dafür ausgesprochen, ihren Bestand zu erhalten, zu ihrer sozialen Verantwortung zu stehen und, wann immer private Wohnungsbestände auf den Markt kommen, versuchen, diese zu erwerben, um sie dauerhaft als Mietwohnungen zu erhalten.

101 Mit dem demographischen Wandel, der tendenziell steigenden Zahl von bedürftigen Personen und Haushalten, der Energiekrise und der Klimaproblematik kommen auch in Zukunft im Bereich der Wohnungspolitik immer wieder **neue Aufgaben** auf die Städte zu, bei denen die städtischen Wohnungsunternehmen auch weiterhin Vorreiterrollen übernehmen sollten. Aus Tradition der Innovation verpflichtet, so sehen sich die kommunalen Wohnungsunternehmen den Herausforderungen der Zukunft gegenüber auch in der Pflicht, die Rolle von Impulsgebern zu übernehmen. Beispielsweise übernehmen die beiden Gesellschaften eine Vorreiterrolle bei der energetischen Sanierung ihrer Bestände und haben sich verpflichtet, über die gesetzlichen Anforderungen hinaus die Anforderungen an den KfW 60 Standard zu erfüllen.

102 Als ehemals gemeinnützige Wohnungsunternehmen fühlen die städtischen Gesellschaften zudem dem **Gedanken der Gemeinnützigkeit nach wie vor verpflichtet**; aufgrund veränderter Rahmenbedingungen ist aber eine Neuorientierung hin zur wirtschaftlich erfolgreichen Unternehmensführung gleichermaßen gefordert. Die kommunalen Wohnungsunternehmen haben erkannt, dass sie auf Dauer nur dann überleben werden, wenn sie auch betriebswirtschaftlich erfolgreich agieren. Soziale Wohnraumversorgung, Mitwirkung bei der Stadtentwicklung, aktives Quartiersmanagement und Mieterbetreuung lassen sich nur dann umsetzen, wenn das Unternehmen auch wirtschaftliche Ergebnisse vorweisen kann. Das bedeutet, dass die Beiträge zur Stadtrendite nicht zur Begründung ausbleibender wirtschaftlicher Ergebnisse herangezogen werden dürfen, sondern vielmehr erst auf einem soliden wirtschaftlichen Fundament möglich sind.

Stichwortverzeichnis

Die fettgedruckten Zahlen verweisen auf die Paragraphen, die mageren Zahlen auf die Randnummern.

www.ingramcontent.com/pod-product-compliance
Lightning Source LLC
Chambersburg PA
CBHW070014011026
52420CB00003B/41
9783540775263